1 MONTH OF
FREE
READING

at

www.ForgottenBooks.com

By purchasing this book you are eligible for one month membership to ForgottenBooks.com, giving you unlimited access to our entire collection of over 1,000,000 titles via our web site and mobile apps.

To claim your free month visit: www.forgottenbooks.com/free483253

ISBN 978-0-656-95280-9
PIBN 10483253

Forgotten Books is a registered trademark of FB &c Ltd.
Copyright © 2018 FB &c Ltd.
FB &c Ltd, Dalton House, 60 Windsor Avenue, London, SW19 2RR.
Company number 08720141. Registered in England and Wales.

For support please visit www.forgottenbooks.com

Tilly

im

dreißigjährigen Kriege

von

Onno Klopp.

Ne virtutes sileantur.
Tac.

Erster Band

zur Zeit des Friedensschlusses von Lübeck 1629.

Stuttgart.

J. G. Cotta'scher Verlag.

1861.

Der Verfaſſer behält ſich das Recht der Ueberſetzung vor.

Buchdruckerei der J. G. Cotta'ſchen Buchhandlung in Stuttgart und Augsburg

Inhalt.

Erster Abschnitt.

Zweiter Abschnitt.

Fünfter Abschnitt.

Sechster Abschnitt.

Siebenter Abschnitt.

Achter Abschnitt.

Neunter Abschnitt.

Zehnter Abschnitt.

Eilfter Abschnitt.

Zwölfter Abschnitt.

Dreizehnter Abschnitt.

Beilagen.

Ich unternehme es die Geschichte der Wirksamkeit eines Mannes zu schreiben, der in seinem Leben hochgeachtet von Freund und Feind, am Schlusse desselben und mehr noch nach seinem Tode dem befangenen Urtheile der Parteileidenschaft und der Unkenntnis anheimgefallen, der von dieser Parteileidenschaft aus mit dem Kainszeichen des Mörders und Würgers gebrandmarkt ist. Ich werde suchen nach den Ergebnissen unmittelbarer Quellen und nach den klar vorliegenden Thatsachen den General Johann Tserklaes Grafen von Tilly zu schildern, wie er dastand im Lichte seiner Zeit, wie sein Bild sich verhält zu denen seiner Gegner oder auch seiner Mitstreiter.

Die geschichtliche Literatur der Deutschen und der Belgier zählt in den letzten Jahrzehnten eine Reihe von Schriften auf, welche sich bemühen das Bild dieses Mannes herzustellen rein von den trüben Schatten und Verdunkelungen der Parteileidenschaft. Zunächst und hauptsächlich betreffen diese Darlegungen das Verhältnis Tillys zu dem Brande von Magdeburg. Der Erfolg ist nicht ein geringer gewesen. Es darf schon jetzt für die eigentliche Wissenschaft der Geschichte als feststehend angenommen werden, daß von keinem Standpunkte derselben aus dem General Tilly heute noch die Absicht einer Zerstörung der Stadt Magdeburg beigemessen wird. In ähnlicher Weise hat die Forschung in einzelnen deutschen Ländern, einzelnen deutschen Städten zu Tage gefördert, daß Tilly an dem jedesmaligen Orte, in dem jedesmaligen Falle den Namen, welchen früher die traditionelle Anschauung einer Partei ihm beigelegt, nicht verdient.

Allein es fehlte noch auf deutschem Boden eine Gesammtauffassung seines Wirkens. Es fehlte vor allen Dingen für das Ganze aus unmittelbaren, unzweifelhaften Quellen der Nachweis, wie Tilly in seiner Stellung sich verhielt zu den Menschen, zu den Deutschen, zu den Gesetzen und Rechten der Corporationen und der Einzelnen. Dieses wird unsere Aufgabe sein. Nicht das Gewühl der Schlachten, nicht das Ringen physischer Kräfte, nicht die Operationen der Strategik stehen für unsern Zweck in erster Linie, sondern die Kenntnis, die Erforschung und Durchdringung der moralischen Motive. Es ist nicht bloß der General Tilly, den wir kennen zu lernen haben, sondern der Mensch und der Christ. Wir haben ferner zu lauschen nicht bloß auf die Kundgebungen derer, die den Krieg machten, sondern auch derer, die ihn erlitten. Wir haben die allzu oft

verklungenen Aeußerungen der Schwachen ans Licht zu ziehen, damit sie unmittel=
bar selbst Kunde geben von den schrecklichen Tagen, damit sie namentlich uns
Kunde geben von dem Walten und Wirken des einen Mannes, den die Nach=
kommen der Vorfahren, welche er schützte und rettete, misleitet und bethört ihren
Dränger und Unterdrücker genannt haben.

Wir haben dann ferner zu sagen, wie es möglich war, daß eine solche
Dunkelheit sich legen konnte über das Bild dieses Mannes. Wir haben zu unter=
suchen, von woher diese Dunkelheit ihren Ursprung nahm; wie sie sich aus=
breitete, wie sie zu haften vermag bis herab auf unsere Tage.

Erster Abschnitt.

Der Religionsfriede von Augsburg war ein vorläufiger Abschluß in der großen Bewegung der Reformation. Dennoch darf uns das Wort des Friedens nicht täuschen über den Inhalt desselben. Eben dieser Inhalt war die Wurzel und der Quell des zukünftigen Krieges. Wir haben denselben zu erörtern.

Zunächst nämlich war und ist es ein ungenauer Ausdruck, den man so häufig vernimmt, als sei der Augsburger Religionsfriede geschlossen zwischen den christlichen Parteien als solchen, zwischen Katholiken und Protestanten, als sei von jener Seite durch den Frieden den letzteren die Religionsfreiheit gewährt. Vielmehr ward der Friede abgeschlossen zwischen den katholischen und den protestantischen Reichsständen, den Fürsten und Obrigkeiten, und betraf nur diese. Die Fürsten und Obrigkeiten, und nur diese sicherten gegenseitig einander die Religionsfreiheit zu. Ein Reichsstand soll fortan den andern der Religion wegen nicht bedrängen. Weiter ging der Friede nicht. Innerhalb des eigenen Landes hatten die Reichsfürsten das Recht nach eigener Ansicht zu verfahren. Es ist der Grundsatz, den man kurz und bündig in die Worte kleidete: cujus regio ejus religio. Wessen das Land, dessen auch die Religion. Es lag dabei die Vorstellung zu Grunde, daß nur einerlei Religionsbekenntnis der Unterthanen einem Lande fromme. Demgemäß waren die Unterthanen eines Fürsten, der zur Confession von Augsburg übertrat, reichsgesetzlich verpflichtet dem Befehle des Landesherrn zu gleichem Uebertritte zu gehorchen. Wenn sie sich dessen weigerten, so war es ihnen gestattet Hab und Gut zu verkaufen, und nach Erlegung der Abzugssteuer in ein anderes Land zu ziehen, wo etwa sie Duldung hoffen durften.

Thatsächlich hatte theils mit, theils auch wider den Willen der Unterthanen dieser Satz in allen Gegenden protestantischer Fürsten gegolten, sobald in denselben die Reformation zum Durchbruche kam. Der Kaiser Karl V. verlangte 1530 zu Augsburg von dem Kurfürsten in Sachsen die Gestattung der Messe. Der Kurfürst forderte das Gutachten seiner Theologen. Diese entwickelten die Gefahr einer solchen Erlaubnis. Sie schließen mit den Worten: „Es ist nicht genug, daß wir Prediger dagegen predigen. Die Fürsten dürfen es auch nicht zugeben: sie müffen es wehren." [1] Der Kurfürst war nicht säumig in der Befolgung dieses Gutachtens. In gleicher Weise ward in den Ländern der anderen proteftantischen Fürsten verfahren. Die Bedeutung des Religionsfriedens von Augsburg in dieser Beziehung lag darin, daß er diefem thatsächlichen Beftande reichsrechtliche Gültigkeit verlieh.

Von katholischer Seite ward dieser Satz bis dahin und noch lange nachher nicht folgerecht durchgeführt. Denn auch in denjenigen Ländern, deren Fürsten dem Bekenntnisse der Väter treu blieben, war durch die Stürme der Reformation die alte Kirche heftig erschüttert. Daher rührten auf dem Concile von Trient die Bemühungen des Kaisers Ferdinand I. um die Ehe der Geiftlichen, um den Kelch im Abendmahl für die Laien, weil Ferdinand diese Zugeftändnisse für die Erhaltung der Kirche unerlaßlich hielt. Sie wurden deßungeachtet abgeschlagen. Aber die Neigung zum Proteftantismus blieb.

Erft als allmählig die katholische Kirche auf deutschem Boden hauptsächlich durch die Thätigkeit der Jesuiten wieder erftarkte, trat ein Menschenalter nach dem Abschlusse des Augsburger Friedens aus der katholischen Partei eine Schrift hervor, mit der Behauptung, daß die Sätze des Friedens, vor allem derjenige, den man das landesherrliche Reformationsrecht nannte (cujus regio, ejus religio), für katholische Reichsfürften nicht mindere Berechtigung habe, als für proteftantische. Es war eine Behauptung von bedeutender Tragweite, und das Buch de autonomia, welches dieselbe verkündete, war ein wichtiges Ereigniß. Die Früchte reiften langsam heran.

Wenn man einmal von katholischer Seite die Beftimmungen des Religionsfriedens von Augsburg unterfuchte, in wie weit dieselben günftiger waren, als der Thatbeftand: so ergab sich bald als ein anderer Zündftoff des Streites das Schweigen des Friedens von Augsburg über eine dritte Partei. Die Bedingungen desselben waren feftgesetzt zwischen den katholischen und den lutherischen Reichsfürften, den Anhängern der Confession des Jahres 1530. Der abweichenden Ansichten, welche dem Glaubensfysteme des Calvin näher traten, und deßhalb der Kürze wegen mit dem allerdings nicht ganz präcisen Namen des Calvinismus bezeichnet werden können, ward nicht gedacht. Mithin waren sie, wenn ihnen nicht die Berufung auf die Confession von Augsburg gelang, nach dem Wortlaute der Beftimmungen des Friedens reichsrechtlich ausgeschlossen. Nun aber regte sich in den erften Jahrzehnten nach Luthers Tode an vielen Orten, selbft in Sachsen, eine ftarke calvinische Partei, welcher Melanchthon nicht ferne ftand. Sie ward in Sachsen erdrückt. In der Kurpfalz dagegen errang sie durch Friedrich III. die Herrschaft, und Friedrich zauderte nicht das landesherrliche Reformationsrecht für seinen Calvinismus anzuwenden. Die Regierung seines Sohnes Ludwig, der die Pfälzer ins Lutherthum zurückreformirte, dauerte kurze Zeit. Schon sieben Jahre nachher reformirte Johann Casimir die unglücklichen Pfälzer wieder um in den Calvinismus hinein. Von da an blieb Kurpfalz dauernd das Haupt des Calvinismus in Deutschland.

---

[1] Corpus Reformatorum II. 307.

Einige Jahre später reformirte auch Moritz von Hessen-Cassel seine lutherischen Unterthanen in einen etwas abgeschwächten Calvinismus um. Auch andere Fürsten neigten dahin. Die calvinische Partei stand mächtig da, viel und weitverzweigt. Was diese Partei daheim im Reiche nicht fand, das suchte sie auswärts: sie lehnte sich an den französischen König und an die Generalstaaten von Holland. Die letzteren standen auf der Höhe ihrer Macht. Damals erwarb sich der Kurfürst Johann Sigmund von Brandenburg durch seinen Uebertritt zum Calvinismus die Gunst dieser mächtigen Nachbarn, die ihm in dem Erbfolgestreite um Jülich und Cleve zu statten kam. Der Calvinismus im Reiche schien emporzuwachsen zur Ebenbürtigkeit mit dem Katholicismus und dem Lutherthume. Und doch wußte das positive Recht des Reiches nichts von dieser Partei. Der Buchstabe des Friedens von Augsburg schloß nach wie vor die Calvinisten aus. Was konnte davon kommen?

Eine fernere wichtige Saat des Zwiespalts durch den Frieden von Augsburg war der geistliche Vorbehalt. Auch hier kann nicht die Rede sein von dem Verhältnisse der Katholiken überhaupt als Katholiken gegen Protestanten als Protestanten, sondern es handelte sich um das Besitzthum der katholischen Kirche gegenüber den protestantischen Fürsten und Reichsständen. Es war die Tendenz der Reformation der alten Kirche die reichen Güter zu nehmen und dieselben in weltliche Besitzthümer zu verwandeln. Dieser Reichthum war sehr verlockend. Wir sehen die sämmtlichen deutschen Fürstenhäuser bis auf dasjenige von Bayern eins nach dem andern der Reformation zutreten. Sie hatten alle zu gewinnen. Der Kaiser dagegen war der natürliche Schützer des hergebrachten Rechtszustandes. Es war sein Amt und seine Pflicht denselben zu vertheidigen, jeden in seinem Rechte zu schützen. Dazu war dieß das kaiserliche Interesse. Die Reichsverfassung war gebaut auf geistliche und weltliche Fürsten, nicht auf diese allein. Vielmehr lehrte die Erfahrung, daß die geistlichen Fürsten eine zuverlässigere Stütze der kaiserlichen Macht waren, als die weltlichen. Es war mithin zugleich Pflicht des Kaiserthumes und eigenes Interesse die Bisthümer und Stifter nicht zur Beute weltlicher Erbfürsten werden zu lassen. Aber die kaiserliche Macht war den andringenden Forderungen nicht gewachsen. Sie versuchte 1555 zu Augsburg ein Abkommen zu treffen. Ferdinand I. und die katholischen Reichsfürsten verzichteten auf die Rückforderung der kirchlichen Güter, welche bis zum Passauer Vertrage von 1552 eingezogen waren, unter der Bedingung, daß die noch vorhandenen Güter der katholischen Kirche belassen würden. Der Geistliche, der nach diesem Frieden sich von der katholischen Kirche lossagte, sollte eben dadurch auf seine kirchlichen Pfründen und Lehen verzicht n.

Die protestantischen Reichsfürsten fügten sich zu Augsburg mit Widerstreben in die Aufnahme einer Bedingung, welche mit dem Geiste der Partei unvereinbar war. Auch bewies der Erfolg, daß es der Partei mit dem Halten dieser Bedingung nicht tiefer Ernst war. Sie reformirte, wie man es nannte, fort und fort. Es wurden aus fürstlichen Familien Bischöfe und Aebte erwählt, welche die kirchlich erforderlichen Eigenschaften unzweifelhaft nicht besaßen. Allmählig schien die Gewöhnung das Verfahren der protestantischen fürstlichen Häuser zu einem Rechte zu stempeln.

Aber wie war es, wenn einmal ein Kaiser mit Macht auftrat, um als oberster Richter des Reiches die gesetzlichen Ordnungen desselben zu schützen, sie festzuhalten nach dem Buchstaben? Unter Ferdinand I. ward diese Besorgnis kaum noch rege. Er hatte genug zu thun, um sich der Türken zu erwehren. Auch sein Sohn Maximilian II. gab geringen Anlaß zu solcher Furcht. Max hatte in seinen Jugendjahren geschwankt zwischen der katholischen und der protestantischen Lehre, bis die Zänkereien der Vertreter der letzteren ihm ein Schreckmittel wurden vor solchen Früchten. Es blieb ihm die Abneigung sich für oder wider zu betheiligen, so sehr, daß in seinem Ausschreiben zu seinem letzten Reichstage 1576 ungeachtet der vielen Beschwerden von beiden Seiten der Religionssache nicht gedacht wurde. Was Max aus einer gewissen Ueberzeugung gethan, wenn man dieß Wort hier gelten lassen will, das befolgte sein Sohn Rudolf II. aus Schwäche. Er war dem Glauben seiner Kirche eifriger zugethan als sein Vater; aber einen Kampf im Reiche für dieselbe aufzunehmen wagte er nicht. Er sah die Religionssache durch den Frieden von Augsburg als abgethan an, und die Berufung zum Reichstage von 1582 erwähnte derselben nicht.

Dennoch trat unter ihm der Wendepunkt ein, der Punkt, an welchem es klar wurde, daß die Bestrebungen nach Aneignung des katholischen Kirchengutes ihren Culminationspunkt überschritten hatten, daß sie fortan auf entschiedenen Widerstand stoßen würden. Der junge Erzbischof Gebhard von Köln erblickte bei einer Procession die schöne Gräfin Agnes von Mansfeld. Er führte sie auf sein Schloß zu Poppelsdorf. Die Brüder der Gräfin drangen dort zu ihm ein, und ließen ihm die Wahl zwischen Heirath oder Tod. Gebhard zog die erstere vor. Zu diesem Zwecke dachte er zuerst seinem Erzbisthum zu entsagen; aber bei näherer Erwägung und Berathung meinte er denselben Schritt wagen zu dürfen, den Andere vor ihm glücklich ausgeführt. Er begann sein Erzbisthum zu reformiren. Aber das neue Glaubensbekenntnis war nicht dasjenige, welches der Religionsfriede von Augsburg gestattete, es war nicht das lutherische, sondern das calvinische. Gebhard zog den Calvinismus vor im Vertrauen auf die Hülfe des Auslandes: auf Holland, Frankreich, England. Um so mehr verstieß er gegen die Ansicht der lutherischen Reichsfürsten. Wenige Jahre zuvor hatten diese durch die Errichtung der Concordienformel, welche das deutsche Lutherthum zum Abschlusse brachte, absichtlich und geflissentlich den weiten Spalt zwischen ihrer Lehre und der calvinischen der Welt offen gelegt. [1] Sie hatten ausdrücklich erklärt, daß es also ihr Wille sei. Eben diesen Willen bewiesen sie dem neuen Reformator von Köln. Es lag vor Augen, daß die Bestrebungen desselben in doppelter Hinsicht gegen den Wortlaut des Religionsfriedens von Augsburg verstießen. Der geistliche Vorbehalt untersagte ihm beim Uebertritte zum

[1] Man vgl. das Schreiben des luth. Kurfürsten an den König Heinrich von Navarra, bei Rehtmeyers br. Kirchengeschichte III. Beilage 109, vom 1. März 1585.

Proteſtantismus ſeine Unterthanen mitzunehmen. Die Beſtimmung des cujus regio ejus religio galt nur für Lutheraner und allenfalls für Katholiken, nicht jedoch für Calviniſten. In dieſem Sinne gab der Kurfürſt von Sachſen, der Führer der lutheriſchen Reichsſtände, ſeine Meinung ab: der Religionsfriede von Augs= burg entſcheide zu Gunſten der alten Kirche, und darum ſei das Verfahren Geb= hards unrechtmäßig. [1] Der Plan deſſelben war mislungen.

Innerlich war damals die alte Kirche bereits wieder erſtarkt. Die innere Kräftigung wirkte zurück nach außen. Die Vertreter der alten Kirche hatten ſich auch nach dem Religionsfrieden von Augsburg darein gefügt die norddeutſchen Stifter eines nach dem anderen in die Hände proteſtantiſcher Fürſtenſöhne gelangen zu ſehen. Der katholiſche Theil durfte es ſchon als viel gewonnen anſehen, wenn er nur die Thatſache, in die er ſich fügte, nicht auch als Recht anerkannte. Denn häufig ward von proteſtantiſchen Fürſten die Forderung erhoben, daß der geiſtliche Vorbehalt abzuſchaffen ſei. Sie behaupteten, daß die Stifter von den alten Kaiſern, Königen und Fürſten vornehmlich zum Unterhalte der hohen Geſchlechter beſtimmt ſeien, und daß der geiſtliche Vorbehalt den Fürſten der Confeſſion von Augsburg die Gelegenheit nehme ihre Kinder ſtandesmäßig zu verſorgen. Die Kaiſer Ferdinand und Max dagegen erkannten klar, daß die Aufhebung des geiſtlichen Vorbehaltes, welche alle kirchlichen Fürſtenthümer, in die Hände der weltlichen Reichsfürſten bringen würde, die Kaiſerwürde vollends zu einem weſenloſen Schatten machen und über kurz oder lang die Reichs= verfaſſung zerſprengen müſſe. Deßhalb wollte weder Ferdinand, noch Max, noch Rudolf ſich zur Aufhebung des für die proteſtantiſchen Reichsfürſten ſo läſtigen Riegels verſtehen. Sie ließen geſchehen, was ſie zu wehren nicht vermochten; aber was geſchah, war darum in ihren Augen, in denen der geiſtlichen Fürſten des Reiches und in denen des Oberhauptes der Kirche nicht ein Recht. Das Verhältnis des kirchlichen Vorbehaltes war gleich demjenigen des cujus regio ejus religio eine Saat des Unheiles für ſpätere Jahre.

Gegen das Ende des Jahrhunderts, als die katholiſche Kirche äußerlich und innerlich wieder feſter auftrat, häuften ſich am Reichskammergerichte die Klagen von katholiſcher Seite über eingezogene Klöſter und geiſtliche Güter. Man erörterte namentlich auf calviniſcher Seite lebhaft die Frage, ob das Kammer= gericht berechtigt ſei die Klagen von katholiſcher Seite anzunehmen und zu ent= ſcheiden. Kurpfalz meinte im Jahre 1600: wenn alle eingezogenen Klöſter, Stifter und Gefälle herausgegeben werden, wenn man auch wohl gar die inzwiſchen ge= zogenen Nutzungen ſammt den Gerichtskoſten erſtatten ſolle: ſo ſei das eine ganz unerträgliche Laſt. Das könne für einen einzigen Reichsſtand vielleicht etliche Millionen austragen. [2] Es iſt ſehr wahrſcheinlich, daß Kurpfalz unter dieſem Reichsſtand ſich ſelber meinte. Der Herzog von Zweibrücken erwiederte: es ſei wohl beſſer, man nähme jetzt eine Weile all dieſes Geld zuſammen und ſetze

---

[1] Häberlin, N. D. Reichsgeſchichte XIII. 253 ff.
[2] Londorp. acta publ. III. Nr. XIII.

ſich in eine ſolche Verfaſſung, daß man ſich ſeiner Haut wehre und alle unbillige Proceſſe mit Gewalt abſchaffe. Manche dieſer Fürſten meinten, das Unheil ſolcher Entſcheidungen, welche zur Herausgabe von Kirchengütern nöthigten, komme daher, daß die Zahl der Beiſitzer am Kammergericht nicht paritätiſch abgemeſſen ſei, daß die Katholiken überwögen. Zu ihrem Erſtaunen vernahmen ſie, daß gerade das Urtheil, welches damals ſie ſo heftig aufregte, gefällt ſei von vier proteſtantiſchen und zwei katholiſchen Beiſitzern.

Wie ſollte man ſich in ſo ſchwierigen Händeln benehmen? — Dieſe Frage trat unabweislich näher. Denn man wollte namentlich auf Seiten der calviniſchen Fürſten nicht bloß behalten, was man einmal hatte, ſondern man wollte mehr, je nachdem Zeit und Gunſt der Umſtände es geſtatteten. Es ward innerhalb der Partei im Jahre 1600 der Plan vorgeſchlagen: man müſſe daſſelbe Mittel anwenden, durch welches man früher von dem Kaiſer Religionsſicherheit erlangt habe: man müſſe nämlich dem Kaiſer weder Volk noch Geld zum Beiſtande gegen die Türken gewähren, wenn er nicht zuvor die Kammergerichtsproceſſe in Religionsſachen abſchaffe. Dieß Mittel konnte indeſſen deßhalb nicht angewendet werden, weil Kurſachſen und die anderen lutheriſchen Reichsfürſten, welche der Fahne Kur-ſachſens folgten, auf den Reichstagen mit den katholiſchen Ständen zu ſtimmen pflegten. Dieſe zuſammen als die Mehrheit faßte 1598 zu Regensburg den Beſchluß, daß die Rückſtände der Türkenhülfe beim Kammergerichte eingeklagt und demzufolge beigetrieben werden könnten. Unter ſolchen Umſtänden mußten die calviniſchen Reichsſtände wohl oder übel gehorchen. [1]

Damals, gegen das Ende des ſechzehnten Jahrhunderts, war die ſchroffe Dreitheilung im Reiche bereits vollendet. Die Concordienformel von 1578 war die feſte Burg, welche das Lutherthum gegen den Calvinismus in der Glaubens-lehre aufgerichtet hatte. Man fand in Sachſen den alten Geſang Luthers: Erhalt uns Herr bei deinem Wort, Und ſteur' des Papſts und Türken Mord — verändert in: Und ſteur' der Calviniſten Mord. [2] Das Wort Calviniſt ward in Sachſen ein Schimpfname, der Inbegriff alles Ehrenrührigen. Der gemeine Mann haßte wie immer das, was er ſelber nicht kannte, weil ſeine Lehrer und Führer es ihm als haſſenswerth ſchilderten. Der kurſächſiſche Hof dagegen, an welchem die Bitterkeit ſich concentrirte, haßte mit mehr Grund, weil die Politik hinzutrat. Von Beginn der Reformation an hatte Kurſachſen die Führung derſelben obgelegen. Der liſten- und ränkegewandte Herzog Moritz hatte dieſelbe ſeinem ſchwerfälligen Vetter Johann Friedrich entriſſen. Er hatte dadurch den Kurhut, ſein Nachfolger den Religionsfrieden von Augsburg erlangt. Seitdem begnügten ſich dieſe Nachfolger mit dem Gewonnenen. Der anſtürmende Geiſt der erſten Zeit des Proteſtantismus war von dem Lutherthume gewichen: es ſtagnirte und ſchloß ſich ab. Es entſagte namentlich den Bündniſſen mit fremden undeut-ſchen Mächten. Wie das neue Kurhaus von Sachſen aus Pflicht der Dank-

---

[1] Senkenberg, fortg. Häberlin. XXI. S. 639 ff.
[2] Menzel, Geſchichte der Teutſchen, Bd. V. S. 225 hat mehrere Strophen.

barkeit sich dem Kaiserhause näherte, so folgten dem Beispiele auch die Minder-
mächtigen. Wie die lutherischen Fürsten von ihren Unterthanen Gehorsam
forderten als die von Gott gesetzte Obrigkeit, so zauderten sie auch nicht gelegentlich es auszusprechen, daß sie selber hinwiederum dem Kaiser als ihrer
höchsten Obrigkeit Gehorsam schuldig seien. Um so eher konnte dieß geschehen,
weil seit Ferdinand die Kaiser nach einander die Religionssachen unberührt ließen,
auch sonst den Gehorsam nicht allzu sehr anstrengten. Darum fand der Aufstand der Niederlande gegen Spanien bei den lutherisch-deutschen Fürsten nirgends
Sympathie. Sie waren in der Regel zu genußsüchtig, schlaff und träge, um
ihrer Meinung durch die That Nachdruck zu geben; aber ihre Hoftheologen, welche
die Lehre vom leidenden Gehorsam sehr weit ausbildeten, nannten laut den
Kampf der Niederländer gegen Spanien eine Rebellion gegen die von Gott gesetzte Obrigkeit. Eben dieselben verkündeten gelegentlich bei Unglücksfällen der
Calvinisten, bei der Bartholomäusnacht und sonst, daß dieß die Strafe Gottes
sei gegen die Aufrührer. [1] Einige wenige Fürsten, wie die Grafen von Ostfriesland, wagten thätige Hülfe für Spanien, aber das Reich stand nicht hinter
ihnen, sondern gab sie der Rache der Holländer preis.

Anders der Calvinismus. Der Geist der Neuerung war auf diese Partei
übergegangen und wühlte fort und fort die alten Grundlagen des Reiches auf.
In demselben hatte der Calvinismus keinen gesetzlichen Boden: er strebte ihn sich
zu schaffen. Das heißt: die Fürsten, die in ihre Länder den Calvinismus eingeführt, forderten für sich die Anerkennung des Rechtes dazu, und verhehlten
gelegentlich nicht ihr Streben nach Niederwerfung aller sie hemmenden Schranken.
Wir vernehmen 1608 von Pfalz und Hessen-Cassel die Worte: Hopfen und
Malz sei an den mühsamen Reichstagshändeln verloren; es werde nicht gehen,
man gieße denn das Reich in ein anderes Modell. [2] Es fand sich jedoch unter
den calvinischen Fürsten eben so wenig wie unter den Lutheranern oder unter
den Katholiken vor Ferdinand II. und Maximilian von Bayern eine energisch
durchgreifende Persönlichkeit. Die Abneigung oder die Schwäche der Träger der
Reichsgewalt wandelte sich in den Augen dieser calvinischen Fürsten zu einem
Scheine von eigener Kraft. Indem sie aus sich selber nichts vermochten, wandten
sie sich dem Auslande zu.

Unsere spätere deutsche Geschichte, welche durch den westfälischen Frieden
den Reichsfürsten die Bündnisse mit fremden Mächten gestattete, macht manche
Deutsche geneigt diese Anschauung auch auf frühere Zeiten zu übertragen. Dadurch
geräth der richtige Gesichtspunkt für die Beurtheilung der Persönlichkeiten jener
Zeit in Gefahr verschoben zu werden. Deßhalb ist es wichtig denselben hervorzuheben. Damals war durch die goldene Bulle, wie es in der Natur der Sache
liegt, jedes Bündnis einzelner Fürsten mit fremden Mächten ohne Wissen und
Willen des Reichsoberhauptes scharf untersagt. Es galt ferner der Augsburger

---

[1] Man vgl. Hutteri, concordia conc. fol. 143.
[2] Hurter, Ferdinand II. Bd. VIII. 186.

Religionsfriede, welcher ausdrücklich feststellte, was sich ohnehin von selbst ver=
stand, daß die Punkte und Sachen des gemeinen Friedens deutscher Nation
allein den Kaiser, die Kurfürsten, Fürsten und Stände des Reiches und sonst
Niemand belangen. „Und wir," also erklären die Vorfahren des Pfalzgrafen
Friedrich und des Landgrafen Moritz von Cassel, „wir Otto Heinrich und Wilhelm
bezeugen und bekennen, daß alle und jede Punkte mit unserem guten Wissen
und Willen vorgenommen, verhandelt und abgeschlossen sind, für uns und
unsere Nachkommen." [1] Als der Landgraf Moritz von Hessen=Cassel 1593 vom
Kaiser die Belehnung empfing, leistete er zuvor Gelübde und Eid dem Kaiser
getreu, gehorsam, gewärtig zu sein, den Kaiser für seinen natürlichen Herrn
zu halten, ihm zu dienen und zu thun, wie ein Fürst des heiligen Reiches
dem Kaiser von Rechtswegen zu thun verpflichtet ist. [2] Hat der Landgraf Moritz
das gehalten?

Seitdem der Landgraf Philipp, den man den Großmüthigen genannt hat,
zuerst das Beispiel gegeben, wie der französische König in innere deutsche An=
gelegenheiten hereinzuziehen sei, blieb eine Neigung zu ähnlichen Ränken und
Bündnissen mit fremden Mächten gegen den Kaiser und das Reich in dem
Hause von Hessen=Cassel haften. Namentlich war für den Ehrgeiz von Moritz
sein Land viel zu klein. Er trat mit den Generalstaaten der Niederlande, mit
Heinrich IV. von Frankreich in Verbindung. Er reiste zu diesem Könige, der
ihm gestand, daß er ungeachtet seines Uebertrittes zur katholischen Kirche im
Herzen noch ein Calvinist sei. [3] Ein solches Bekenntnis festigte die Freundschaft.
Sie schrieben einander Briefe über das bien public, die gemeinsame Sache,
und der König betheuerte, wie sehr er den calvinischen Fürsten in Deutschland
geneigt sei. Wie konnte für Moritz, der eben damals im Begriff stand, seine
Unterthanen in den Calvinismus umzureformiren, etwas erwünschter sein! Er
lauschte mit Begier den Planen Heinrichs auf die Begründung dessen, was der
König eine christliche Republik nannte. Wenn auch vielleicht das Wort selber nicht
von Heinrich IV. ausgegangen, so ist doch dasselbe mit dem ganzen Plane ge=
dacht in seinem Geiste und Sinne.

Es ist hergebracht, diesen König Heinrich IV. zu loben, weil er für
Frankreich ein guter König gewesen sein soll. Wir haben das hier nicht zu
bestreiten. Es ist vielmehr für uns die Frage, ob Heinrich IV. darum, weil er
für Frankreich ein guter König war, auch für uns Deutsche irgend welches Lob
verdient. Diese Frage muß verneint werden. Denn streifen wir die schönen
Worte der christlichen Republik, der allgemeinen Duldung und dergleichen mehr
von den Planen Heinrichs IV. ab: so bleibt als Kern übrig die Absicht auf
die Zerstückelung des deutschen Reiches und der deutschen Nation, deren Bruch=
stücke und Splitter der König hierhin oder dahin zu werfen beschloß nach
seinem Gefallen. Die Existenz der deutschen Nation war in ihrem Grunde und

[1] Londorp. III. 885
[2] Rommel, Geschichte von Hessen VII. 413.
[3] a. a. O. S. 265.

Wesen bedroht. Die Lage der Dinge war für solche Zwecke so günstig wie möglich. Das Haus Oestreich war in sich uneinig. Matthias stand an der Spitze eines Heeres gegen seinen Bruder Rudolf, den Kaiser. Dieser ohnehin niemals eines thatkräftigen Entschlusses fähig, war dadurch völlig gelähmt. Als Helfershelfer erboten sich dem Franzosen die calvinischen Fürsten, namentlich Kurpfalz und Moritz von Hessen; denn der letztere ist das Triebrad des Bundes mit Frankreich. Es waren zur Verwirklichung des wohlklingenden Planes, der in Wahrheit alles Völkerrecht und alle bestehende Ordnung mit Füßen trat, die Maßregeln aufs beste getroffen und geordnet. Heinrich IV. hatte seine Rüstungen vollendet. Er meldete am 8. Mai 1609 dem Landgrafen Moritz, daß er selbst mit seinem Heere am 20. Mai an der deutschen Grenze stehen werde. Sechs Tage vorher zerschnitt das Mordmesser von Ravaillac die Plane des französischen Eroberers.

Dennoch hinterließ er auch so dem deutschen Lande ein unseliges Ver=mächtnis. Auf das Anstiften des französischen Königs,[1] auf seine Versprechungen thätiger Hülfe dachten Kurpfalz und einige andere, hauptsächlich calvinische Fürsten seit 1606 an die Stiftung eines besonderen Bundes. Derselbe kam am 4. Mai 1608 zu Ahausen unter dem Namen der Union zusammen. Sie war errichtet nach dem Vorbilde der Generalstaaten der Niederlande, von denen auch ein Gesandter zugegen war.[2] Die öffentlichen Artikel des Bundes waren nicht ge=rade sehr verfänglich; aber es liegt nahe, daß im Fall des wirklichen Einbruchs des Franzosenkönigs in Deutschland diese Union, die er gestiftet, sich zu ihm geschlagen hätte. Wenn auch die Plane nicht so weit dem katholischen Reichs=theile offen lagen, so verkündete doch das Bestehen der Union an sich schon Gefahren für den Frieden des Reiches, insbesondere für die Kirchengüter. Deß=halb schien bei der Schwäche des Trägers der Kaisergewalt ein gleicher Bund geboten. Am 10. Juli 1609 wurde zu München die Liga geschlossen, als deren eigentlicher Stifter nicht Max, sondern der Bischof Julius von Würzburg er=scheint.[3] Maximilian von Bayern war indessen die Seele dieses Bundes.

Wie im Stillen der Zweck der Union auf die Aneignung der Bisthümer und Stifter hinausging, so war der offen ausgesprochene der Liga die Erhaltung derselben. Sie verkündete laut, daß sie nichts wolle, als einzig und allein die Erhaltung des Religions= und öffentlichen Friedens. Die Absicht der Union barg sich hinter die Worte einer Erneuerung[4] des Religionsfriedens. Die Liga erklärte, daß sie denselben buchstäblich wolle im Sinne von 1555, und verwahrte sich feierlich gegen die Weiterdrängenden von der katholischen Seite, welche den Frieden nur für ein einstweiliges Abkommen ausgäben.[5]

Es sind zwei Parteien, bereit in jedem Augenblicke sich gegen einander zu

---

[1] Beckmann, Geschichte von Anhalt V. 317.
[2] Londorp. acta publica I. p. 2.
[3] (Stumpf), Geschichte der Liga, S. 6.
[4] a. a. O. S. 42.
[5] a. a. O. Beilagen S. 22. Der Zweck ganz bestimmt S. 120.

erheben, und zwar nicht zunächst um Interessen der Religion, sondern um diejenigen des Besitzes. Keines von beiden Bündnissen entspricht dem Interesse der
deutschen Nation, keines von beiden demjenigen des Kaisers. Weder Rudolf,
noch Matthias haben die Liga gutgeheißen. Der letztere war stets beflissen sie
aufzulösen. Da indessen die Kaisergewalt nicht mächtig genug war durch sich
den Frieden zu erhalten und zu schützen, so muß anerkannt werden, daß nach
dem Vorgange der Union, bei der beständigen Bedrohung der Ruhe und des
Friedens durch dieselbe, die Stiftung der Liga unvermeidlich war. Es war die
conservative Partei gegenüber der revolutionären, und zwar die katholisch-conser-
vative Partei. Die lutherisch-conservative Partei, die ihre Hauptstütze und ihren
Vertreter in dem Kurfürsten von Sachsen hatte, stand für sich, war jedoch der
Union entschieden abgeneigt. Auf die Anzeige der Unirten, daß sie zum Schutze
der Religion zusammengetreten seien, erwiederte Kursachsen, die Sache der Einziehung von Klöstern sei nicht diejenige der Religion. Der Reichsabschied von
1555 sage klar, daß man keine geistliche Güter ferner einziehen dürfe. Man
könne dem katholischen Reichstheile den Rechtsweg nicht versperren. Kursachsen
betonte scharf: der Kaiser sei nicht bloß Ehren halber da, sondern das Haupt
im Reiche. [1] — Eine Zeit lang neigte Sachsen sich anfangs der Liga zu. Nicht
von dieser, sondern von Johann Georg selbst ging der Antrag aus zum Eintritte
in die Liga. [2] Heinrich Julius von Braunschweig rieth dringend ab. Er hebt
nachdrücklich hervor, daß derartige Bündnisse nicht geschlossen werden dürfen ohne
Genehmigung des Kaisers. Er bittet den Kurfürsten treu zum Kaiser zu stehen,
mit ihm denselben anzugehen, daß er auf einem Reichstage alle Fürsten um sich
sammele und den Frieden sichere. [3] Die Liga dagegen glaubte noch 1611 auf den
Beitritt des Kurfürsten rechnen zu dürfen. [4]

Es kam nicht dazu. Vielmehr trat es allmählig hervor, daß der Kursachse
eine vermittelnde Stellung einzunehmen gedenke, daß er mit Heinrich Julius
von Braunschweig einstimme.

Jeder Bund im Reiche, erklärt er [5] einige Jahre später, ist eine Trennung.
Auf die Union ist die Liga gefolgt. Sollte dieß fortgehen, so wird man keines
Kaisers, keines Kammergerichts, keines Religionsfriedens mehr achten. Der
Kurfürst erkennt nochmals wie vorher den Kaiser für seine ordentliche, von Gott
gesetzte Obrigkeit. Er wird sich deßhalb der Reichsverfassung jederzeit gehorsam
unterwerfen, den Religionsfrieden achten und das Reich ungetrennt auf die Nachwelt zu bringen suchen. — In Wahrheit hat der Kurfürst Johann Georg von
Sachsen mit einer kurzen, freilich inhaltschweren Unterbrechung von 1631—35
diesem Grundsatze gemäß gehandelt.

[1] Londorp. I. p 2 ff.
[2] Wolf, Marimilian Bd. III. 19.
[3] Regierungs- (ehemals Domcapitel-) Archiv in Osnabrück.
[4] (Stumpf), Geschichte der Liga, S. 33.
[5] b. h die Schrift: discursus politicus durch einen erfahrenen Jurisc. und Hist.,
die jedoch dem Zusammenhange nach nur von Dresden ausgegangen sein kann.

Das sehnsüchtig heiße Gelüste der Unirten nach dem schönen Kirchengute blieb auch nach dem Tode des Gönners Heinrich IV. von Frankreich dasselbe wie zuvor. Allein es mangelte an der geeigneten Gelegenheit, und noch mehr vielleicht an dem geeigneten Führer. Man versuchte es auf einem anderen Wege. Auf dem Reichstage zu Regensburg im Jahre 1613 traten die Unirten den katholischen und altlutherischen Reichsständen gegenüber mit der Forderung auf, daß hinfort die Mehrheit der Stimmen in Reichsschlüssen nicht mehr gelten dürfe. Die Mehrheit nämlich dürfe nicht mehr gelten zuerst in Sachen der Religion. Dabei müssen wir uns erinnern, daß auf dieser Seite die Einziehung eines Klosters mit den betreffenden Gütern eine Sache der Religion genannt zu werden pflegte. Ferner solle die Mehrheit nicht mehr gelten in Sachen der Contributionen, des Kammergerichtes, der Privilegien und Freiheiten der Stände, in Sachen, die des gemeinen Vaterlandes Wohlstand, Heil und Ruhe betreffen, in Sachen, darin die Katholischen mit den Evangelischen streitig sind, der Reichsconstitutionen, der goldenen Bulle und dergleichen.[1] Man wird nach solcher Aufzählung zu der Frage gedrängt: was im Reiche denn noch für gemeinsame Beschlüsse übrig blieb? Die Nothwendigkeit dieser Frage zwingt weiter zu dem Urtheile, daß die Union auch ohne Frankreich alles that, was in ihren Kräften stand, um die Bande des Reiches zu sprengen.

Und dessen ungeachtet wies diese selbe Union zwei Jahre später allein dem Kaiser die Entscheidung aller Streitfragen zu. Sie wendete sich an Matthias mit der Bitte, daß er das löbliche Beispiel Ferdinands I. nachahme, welcher den Vertrag von Passau so rühmlich erhandelt habe. Und ob man gleich vorgeben solle, sagten die Fürsten der Union, daß der Kaiser der katholischen Partei keinen Vergleich aufdringen könne: so werde sich doch dadurch der Kaiser von seinem guten Vorhaben, dessen Ausführung für das Heil Deutschlands entscheidend sei, gewiß nicht abwenden lassen.[2] Matthias leistete der Aufforderung keine Folge. Aber betrachten wir diese Sachlage. Damals war die Union übermächtig, wenigstens schien sie es zu sein. Wenn der Kaiser damals eine Entscheidung treffen wollte, so konnte dieselbe bei einer solchen Bitte dazu von solcher Seite nur ausfallen im Sinne der Aufhebung des geistlichen Vorbehaltes. Wie nun aber, wenn einmal die Dinge sich wandten? Wie dann, wenn von der Seite der Liga an den Kaiser die Aufforderung erging seine kaiserliche Macht anzuwenden im Sinne der Befestigung und Bestätigung des kirchlichen Vorbehaltes? — Die Union war 1615 nicht in der Lage die Beantwortung dieser Fragen an sich kommen zu lassen. Vierzehn Jahre später, im Jahre 1629, hatten die Fürsten derselben ihre Forderung vergessen.

Dagegen unterhielt die Union fort und fort ihre Verbindungen mit dem Auslande, hauptsächlich mit den calvinischen Mächten. Der junge Kurfürst Friedrich V. von der Pfalz führte die englische Königstochter Elisabeth auf sein

---

[1] Londorp. act. publ. I. 112.
[2] Wolf, Maximilian IV. 38.

Schloß zu Heidelberg. Die Aufnahme in den Niederlanden auf der Reise nach London bewies, in welch freundlichem Verhältnisse Friedrich mit den General=staaten stand. Auch war ja seine Mutter eine Tochter Wilhelms des Oraniers, sein Oheim Moritz von Nassau stand an der Spitze des Freistaates. Friedrich schloß 1613 das Bündniß der Union mit den Generalstaaten. Die Gesandten derselben fehlten bei keinem Tage der Union. Moritz von Hessen persönlich be=mühte sich mehr um Frankreich. Wie er mit Heinrich IV. befreundet gewesen, der den Hessen als bereitwilliges Werkzeug zu gebrauchen gedachte: so trug Moritz auch Ludwig XIII. die Anhänglichkeit entgegen, die er nach Eid, Recht und Pflicht seinem Vaterlande und dem Kaiser schuldig war. Moritz erzählte dem fremden Könige von dem hessischen Erbstreit mit seinem lutherischen Vetter Ludwig von Darmstadt, von der Abneigung des Kaisers, von der Ungunst, die ihm durch seine Freundschaft mit Frankreich erwachse.[1] Die Lenker dieses Landes jedoch hatten damals fürerst auf die Politik Heinrichs IV. gegen Deutschland verzichtet, und erst zehn Jahre später rief der Cardinal Richelieu dieselbe wieder ins Leben. Dagegen wandte sich Moritz und auf seinen Betrieb die gesammte Union an den Schwedenkönig Gustav Adolf. Diesem thatendurstigen Jüngling war das doch willkommen. Es sei offenbar, meinte er, daß die päpstliche Liga darauf ausgehe die reformirte Religion zu unterdrücken. Dieß sehe man aus dem Verfahren gegen Deutschland, Frankreich, England und die Niederlande.[2] Er stellte seinen Beistand in Aussicht. Das Wort Liga ist hier in Gustav Adolfs Augen offenbar ein allgemeiner Begriff, und nicht die eigentlich deutsche Liga auf deutschem Boden. Diese hatte keine auswärtige Theilnehmer, und konnte den Umständen nach auch keineswegs angriffs=, sondern nur vertheidi=gungsweise sich verhalten. Zur That von Seiten Gustav Adolfs kam es einst=weilen nicht; aber er bewahrte sich die Einladung für günstige Zeiten.

In den letzten Jahren des Kaisers Matthias gingen von allen Seiten eine Menge Druckschriften aus, und flatterten gleich Sturmvögeln umher. Die drei Parteien im Reiche: die katholische, die lutherische, die calvinische sondern sich schroff von einander ab, doch so daß nicht bloß die lutherischen Fürsten, sondern auch die lutherischen Deutschen im Allgemeinen den Katholischen näher stehen als den Calvinisten. Indessen nicht auf die Deutschen im Allgemeinen kommt es an. Durch die Abneigung dieser Parteien unter einander um der Glaubens=sätze willen, die sie von ihren Vätern ererbten, wäre nimmer ein Krieg ent=standen. Ein solcher drohte nur aus dem Eifer der Fürsten um die Erweiterung oder das Festhalten des Besitzes. Die hauptsächlichen Fürsten der calvinischen Partei der Union sind Kur=Pfalz, Hessen=Cassel, Baden=Durlach, Anspach, Anhalt, Nassau. Auch Württemberg finden wir mitgenannt.[3] Die lutherischen

---

[1] Rommel VII. p. 330.

[2] a. a. O. 333.

[3] So zählt Herzog Heinrich Julius von Braunschweig sie auf in einem Schreiben an Johann Georg von Sachsen. Abschrift im Osnabr. Archiv.

Fürsten sind Kursachsen, Hessen-Darmstadt, Braunschweig in den verschiedenen Zweigen des Welfenhauses, Pommern, Mecklenburg. Keiner derselben gehört der Union an. Die Liga umfaßt außer den geistlichen Fürsten den Herzog Max von Bayern, und einige kleinere wie den Grafen Johann von Rietberg als Heerführer. Ihnen gegenüber steht die Union der calvinischen Fürsten entschieden feindlich. So lange es nicht zu den Waffen kam, focht man mit Worten, und dabei traten namentlich die calvinischen Theologen und Hofprediger hervor.

Der Calvinismus hat von Anfang an aller Orten gründlicher mit dem altkatholischen Kirchensysteme gebrochen, als das Lutherthum. Man hat dazu ferner häufig die Annahme aufgestellt, daß der Calvinismus vermöge seines demokratischen Elementes günstiger sei für eine freie politische Entwickelung, als das Lutherthum, welches frühzeitig seine Lehre vom leidenden Gehorsame der Unterthanen ausgeprägt habe. Indessen möchte auf deutschem Boden dieser Unterschied nicht sehr merklich sein. Es kommt in Wahrheit auf den Boden an, in welchem der Calvinismus aufwuchs. Er war allerdings eine bevorzugte Glaubensform der Kirchenänderung in den westlichen Ländern geworden. Er diente in Frankreich, in den Niederlanden zur Fahne des Aufstandes. Desgleichen ward er in Deutschland in dem letzten Viertel des Jahrhunderts die besondere Glaubensform der Fürsten, deren Eifer und Streben nach Erweiterung ihres Besitzes sich mit den bestehenden Ordnungen nicht vertrug. Allein das Beispiel der westlichen Nachbaren, die Aussicht oder die Hoffnung auf die Hülfe derselben wirkte hier wesentlich mit, um die fürstlichen Bekenner dieser Lehre auf deutschem Boden zu kräftigen und zu stählen. So indessen gestaltete sich das Verhältniß nur nach oben hin, wirkte auf die Stellung der calvinischen Fürsten zu Kaiser und Reich. Nach unten hin im eigenen Lande bemerken wir nicht eine ähnliche Wirkung. Die Zumuthungen, die der calvinische Moritz von Hessen-Cassel an den Gehorsam seiner Unterthanen stellte, übertrafen bei weitem diejenigen, welche sein lutherischer Vetter Ludwig von Hessen-Darmstadt an die Seinen erhob. Auch ist eine freiere Kirchenform für die Beherrschten in den deutschen Ländern des Calvinismus nicht wahrzunehmen. Bei den deutschen calvinischen Fürsten nahmen die Hoftheologen wesentlich dieselbe Stellung ein, wie bei den lutherischen.

Die kursächsischen Hoftheologen predigten Gehorsam gegen den Kaiser als die von Gott gesetzte höchste Obrigkeit, weil dieser Gehorsam der Politik des Kurfürsten von Sachsen entsprach. Eher, sagt der Hofprediger Hoe von Hoenegg, sollen wir mit den Papisten, als mit den Calvinisten Gemeinschaft haben, und zwar aus zwei Gründen. Der eine ist theologisch, weil die lutherische Lehre mit der katholischen mehr Verwandtschaft hat, als mit der calvinischen. Der andere Grund ist politisch, weil der Papst für die Vertheidigung des römischen Reiches gegen den orientalischen Antichrist, den Türken strebt. Mit gleichem Nachdrucke widerrieth diese scharf lutherische Partei ein Bündnis mit fremden Mächten. Die Propheten, sagt sie, haben gegen keine Sünde so scharf geeifert, wie gegen ein Bündnis mit den ungläubigen fremden Völkern. Darum sollen auch wir Christen mit Arianern, Wiedertäufern, Calvinisten keinen Bund machen. [1]

Wir bezweifeln nicht, daß solche Predigten die damalige Ueberzeugung des Hofpredigers Hoe aussprachen: wir legen hier nur Gewicht auf die Uebereinstimmung in der Theologie des Hofpredigers mit der Politik des Kurfürsten. Dieselbe Uebereinstimmung in anderer Weise finden wir zu Heidelberg. Dort prägte David Pareus, den die Lutheraner den Mufti des Calvinismus nannten, die politischen Meinungen des jungen Kurfürsten Friedrich in seinen Predigten und Schriften aus. Er ließ ein Buch ausgehen, in welchem er ermahnte das Papstthum aus dem Reiche zu vertilgen. Er nannte dies Buch: Irenicus, der Friedliche. Auch bewies Pareus die Richtigkeit seiner Ansicht aus der Bibel, und zwar aus dem so oft behandelten und mishandelten dreizehnten Kapitel des Briefes Pauli an die Römer. „Christliche Fürsten sollen sein zum Schrecken für die bösen Werke, Rächer für alle, die Böses thun. Das meiste Böse aber thut der Papst. Also muß mit dem Schwerte seine Bosheit gezügelt werden." Dieselbe Logik entwickelt Pareus noch weiter. „Es ist geweissagt," heißt es dort bei ihm,[2] „daß christliche Könige und Fürsten die babylonische Hure werden wüst und öde machen, sie nackend ausziehen, ihr Fleisch essen und sie mit Feuer verbrennen. Nun ist die babylonische Hure das Papstthum. Ferner ist die Weissagung gleich einem Gebote. Also sind unsere Fürsten schuldig demgemäß mit dem Papstthum zu verfahren." Das Fleisch, wie sich von selbst versteht, sind die Stifter und Kirchengüter.

Diese Angriffe scheinen zunächst nur der katholischen Kirche zu gelten. Allein der bestehende kirchliche Zustand war nicht zu trennen von dem weltlichen, von demjenigen des römischen Reiches deutscher Nation. Die Consequenz solcher Predigten des kurfürstlichen Hoftheologen von Heidelberg war eine völlige Umkehrung des rechtlich bestehenden Zustandes. Wir finden die so nahe liegende Folgerung auch offen ausgesprochen. „Das römische Reich," heißt es, „ist des Antichristes Werk und Creatur, und es hat der Erhaltung desselben Niemand mehr zu genießen, als Pfaffen und Mönche. Der Religionsfriede schützt sie. Deßhalb ist es von protestantischer Seite eine Thorheit sich dieses Friedens annehmen zu wollen." [3]

So geneigt nun auch allerdings der Wille war, so sehr von verschiedenen Seiten darauf hingearbeitet wurde die Menschen für solche Entwürfe empfänglich zu machen: so fehlte es doch noch längere Zeit an einer schicklichen und geeigneten Gelegenheit ein solches Feuer anzuzünden, welches die alte Ordnung von Grund aus verzehre und Raum schaffe für eine neue. Aber die Gewitterschwüle blieb. Die Bitten des Kaisers Matthias um Aufhebung der Union, als deren festgesetzte Zeit abgelaufen war, wurden beantwortet mit der Erneuerung des Bundes durch

---

[1] Man vgl. die sächsisch-lutherische Schrift fuga laquei.
[2] Irenicus cap. XXIV.
[3] Londorp. I. 321.

den jungen Kurfürsten Friedrich V. von der Pfalz. Ihm mehr als irgend einem anderen erschien das Maß der Schwäche des Reichsoberhauptes als dasjenige der eigenen Kraft. Die Liga hatte ihr Fortbestehen abhängig gemacht von demjenigen der Union. Da diese erneuert wurde, blieb auch jene.

Am bedrohlichsten vielleicht sah es in den österreichischen Erbstaaten selber aus.

Die Geschichte des Protestantismus dort wiederholt in jedem einzelnen Erblande in kleinerem Maßstabe dasselbe, was im deutschen Reiche im größeren geschah. Wie hier die Fürsten und Reichsstände die neue Lehre benutzten, um eintestheils vermittelst derselben das kirchliche Wesen ihrer Länder sich unterthan zu machen, um zugleich die Besitzthümer der alten Kirche an sich zu nehmen, um durch beides die eigene Selbständigkeit und Territorialhoheit zum Abschlusse zu bringen, dagegen die Bande des Reiches und die kaiserliche Obergewalt um eben so viel zu lockern: eben so schien den Dynasten und mächtigen Adelsfamilien der habsburgischen Erblande der Protestantismus gegen die Landesherrn dienen zu müssen. Anfangs widerstrebten diese. Auch Max II., so geneigt er sich früher dem Protestantismus erwiesen, schlug doch das Begehren der Adelsgeschlechter in Oestreich nach freier Religionsübung ab. Aber diese setzten denselben Hebel an, vor welchem im Reiche der Widerstand der Kaiser gegen die Forderungen der Reichsfürsten mehr als einmal gewichen war. Die Stände b. b. der Adel erklärten 1568, daß sie nur unter dieser Bedingung der freien Religionsübung Geldhülfe zum Türkenkriege hergeben würden.[1] Da mußte Max II. sich fügen. Er verstattete den Herrn und Rittern sowohl im Lande unter, als ob der Ens in ihren Schlössern, Häusern und Gebieten die freie Uebung der Religion. Es war der Anfang.

Max verkannte nicht das Bedenkliche seiner Lage. Die Erfahrung lag vor Augen, daß überall da, wo der Landesherr die neue Lehre mit ergriffen, sich zum Führer der Bewegung gemacht hatte, dieselbe zur Erhöhung seiner Gewalt wesentlich beitrug. So namentlich, um von Deutschland abzusehen, in England und Schweden. Umgekehrt sah man da, wo das Oberhaupt des Staates der alten Kirche getreu verblieb, die Aristokratie unter dem Banner der neuen Lehre zum Streite ausziehen gegen den Oberherrn. Also geschah es in Frankreich. Die Anwendung solcher Erfahrungen auf die östreichischen Erblande lag nicht fern. Das Steuerwesen lag in den Händen der Landstände. Kam noch das Kirchenwesen voll und ungekürzt dazu: so blieb für die landesherrliche Macht kaum noch ein Brocken übrig. Denn es versteht sich, daß ein jeder einzelner Grundherr auf seinem Gebiete ganz dasselbe Verfahren anwandte, wie die deutschen Reichsstände auf dem ihrigen, das sogenannte Reformationsrecht, das Recht des cujus regio ejus religio. Dasselbe ergab sich schon wie von selbst daraus, daß das Patronat der Pfarren in der Regel bei den Grundherren war.

Und darin ja gerade zeigte sich so häufig die vortheilhafte Seite des Protestantismus für kleine Dynasten, die dem Rechte nach einem Größeren, dem

[1] Meiern, acta pacis W. III. p. 136.

Kaiser oder dem Landesherrn, unterthan sein sollten. Die protestantischen Geistlichen, welche von solchen Grundherren angestellt wurden, waren nicht geschützt durch eine mächtige auf sich ruhende Genossenschaft der Kirche. Sie waren hingegeben in die Hand derer, welche ihnen eine Anstellung verliehen. Demgemäß lag für sie die Versuchung nahe zu predigen, wie der Brodherr es wünschte. Nach unten predigten sie eifrig den Gehorsam gegen die von Gott gesetzte Obrigkeit, nach oben rechtfertigten sie unter Umständen den Widerstand ihrer Herren gegen den Kaiser oder den Landesfürsten durch die Berufung auf das Evangelium. Denn man müsse Gott mehr gehorchen als den Menschen.

Um doch wenigstens die Oberleitung des Ganzen in Händen zu behalten, faßte Max II. gleichzeitig mit seiner Bewilligung an die Herren und Ritter den Plan eines landesherrlichen Consistoriums. Da nämlich nach Luthers kirchlichem Systeme der Landesherr geborener Oberbischof der lutherischen Landeskirche ist: so konnte es für Max gelingen durch ein solches Verfahren einen wesentlichen Vortheil, welchen die eigentlich protestantischen Fürsten von der Reformation gezogen, auch für sich zu sichern, wenigstens denselben nicht ganz zu verlieren. Die spätere Erfahrung in Kursachsen und anderen Ländern hat bewiesen, daß der Plan des Kaisers Max nicht auf innere Schwierigkeiten des lutherischen Systemes stieß. Die späteren katholischen Kurfürsten und Könige von Sachsen blieben geborene Oberbischöfe ihrer lutherischen Landeskirche, mochten sie die Rechte dieses Amtes persönlich ausüben oder an ihre Behörden übertragen.

Dennoch wurde der Plan des Kaisers Max II. vereitelt, und zwar theils durch den Papst Pius V., der dem Kaiser heftige Vorstellungen machte, theils durch den Hinblick des Kaisers selbst auf die wüthigen Zänkereien der Theologen im übrigen Deutschland, an deren Heilung und Versöhnung er nicht glauben konnte. Den östreichischen Grundherren blieb die Gestattung der augsburgischen Confession, obwohl in Wirklichkeit der Zustand, da überhaupt kein Band der Einigung durch eine Behörde oder sonst ein Mittel vorhanden war, von einer kirchlichen Anarchie nicht sehr verschieden sein mochte. Aehnliche Verhältnisse walteten ob in den anderen östreichischen Erbländern.

Anders gestaltete sich die Sache durch Ferdinand von Steiermark. Wie die protestantischen Reichsfürsten unausgesetzt in ihren Ländern den Grundsatz befolgten, daß nur diejenige Religion die wahre und für die Unterthanen zu gestatten sei, welche der Landesherr selbst bekenne: so ward Ferdinand von seinem Oheime Wilhelm von Bayern und den Jesuiten zu Ingolstadt zu der Ueberzeugung erzogen, daß wahres Glück und Segen der Regierung geknüpft sei an die Erhaltung oder Herstellung der alten katholischen Religion. Wie der Kaiser Max im Erzherzogthume Oestreich, so hatte auch der Vater von Ferdinand sich 1578 genöthigt gesehen den Herren und Rittern der Steiermark für die Gewährung der Türkenhülfe die Confession von Augsburg zu gestatten. Als Ferdinand 1596 die Regierung der Steiermark antrat, weigerte er sich diese Erlaubnis seines Vaters zu bestätigen. Aber noch griff er nicht durch. Erst zwei Jahre später ward eine kirchenschänderische That eines lutherischen Feldpredigers die

Veranlassung, daß Ferdinand erklärte: er gedenke sich desselben Rechtes zu bedienen, wie alle andere Fürsten im Reiche. Er forderte die Rückkehr seiner Unterthanen zur katholischen Kirche. Hier und da ward eine Kirche mit Pulver aufgesprengt; aber nirgends floß Blut. Steiermark ward wieder katholisch. Es war für Ferdinand der Fingerzeig, daß die Jesuiten Recht hatten mit ihrer Behauptung: es bedürfe nur des festen Entschlusses und der Beharrlichkeit in der Ausführung, um die katholische Kirche herzustellen.

Der Kaiser Rudolf II. blickte mit Verwunderung auf das Werk seines Neffen. Ihm selbst fehlte die Thatkraft zu gleichen Entschlüssen, und noch mehr diejenige zur Durchführung derselben, auch wenn er sie gefaßt hätte. Zudem fühlte er sich nicht sicher im eigenen Hause. Zwischen ihm und seinem Bruder Matthias hatte von den Jünglingsjahren an niemals ein freundschaftliches Verhältnis obgewaltet. Die Schwäche der Regierung Rudolfs lockerte bei den Ständen in Oestrich, Ungarn, Böhmen die Bande des Gehorsams, und machte sie geneigt zu Neuerungen. Matthias lieh den Vorschlägen der Großen dieser Länder ein bereitwilliges Ohr. Rudolf ahnte die Plane seines Bruders: er, selber unverheirathet, dachte daran dem thatkräftigen Ferdinand von Steiermark die Nachfolge zuzuwenden. Aber der Geist der Empörung schwoll rascher empor. Matthias zog gegen seinen Bruder, den Kaiser. Erschreckt und eingeschüchtert trat Rudolf seinem Bruder Matthias beide Oestrich, Mähren und Ungarn ab. Es verblieb ihm noch Böhmen, Schlesien und die Lausitz. Aber bei den Ständen aller dieser Länder gährte derselbe Sinn. Diejenigen Böhmens forderten von Rudolf im Jahr 1609 den Majestätsbrief und erhielten ihn. Der Brief war in kirchlicher Beziehung für die böhmischen Herren dasselbe, was der Religionsfriede von Augsburg für die Fürsten des deutschen Reiches. Er gab die Unterthanen kirchlich dem Willen der Mächtigen anheim. Aber die böhmischen Großen gingen noch einen erheblichen Schritt weiter. Sie ernannten sogenannte Defensoren mit ausgedehnter Gewalt zum Schutze des Majestätsbriefes, und zwar völlig unabhängig vom Kaiser und Landesherrn. Die schlesischen Stände folgten diesem Beispiele der Böhmen, nur daß die Befugnisse der schlesischen Grundherren noch ausgedehnter waren. Mit denjenigen Ständen, welche katholisch geblieben waren und ferner bleiben wollten, kam eine friedliche Vereinbarung zu Stande.

Rudolf hatte bewilligt, was er nur bewilligen konnte. Auch damit noch waren seine Gegner nicht zufrieden. Es liegt in dem Wesen siegender Revolutionen ein Etwas, das immer weiter drängt. Matthias kam nicht eher zur Befriedigung, bis sein Bruder ihm alles abgetreten, und fand dazu abermals an den Ständen Böhmens willige Helfer. Rudolf ward auf seiner Burg zu Prag einem Gefangenen gleich. Als er sich völlig machtlos und von Allen verlassen sah, brach der lang gepreßte Unmuth des unglücklichen Fürsten in bitterer Verwünschung hervor. Er öffnete das Fenster, welches hinausschaute auf die Stadt Prag, und sprach: „Du undankbares Prag, durch mich bist du herrlich geworden, und jetzt stößest du mich, deinen Wohlthäter, von dir. Die Rache Gottes soll dich ereilen und mein Fluch über dich und ganz Böhmen kommen." [1] Das Wort war hart; aber es geht kein Fluch in Erfüllung, wenn nicht diese eine verdiente ist.

Rudolf verzichtete auf alle seine Länder für Matthias. Die Stände huldigten dem neuen Könige. Als Rudolf wenige Monate nachher vor Gram und Kummer starb, wählten die Kurfürsten des deutschen Reiches den König Matthias zum Kaiser. Es mochte Viele geben, die vorher Vertrauen gehegt hatten zu seiner Thatkraft. Matthias rechtfertigte nicht diese Erwartungen. Daheim war er gelähmt durch dieselben Mittel, deren er sich bediente zum Sturze seines Bruders. Wie konnte er es wagen aufzutreten gegen die Großen der Erbländer, die ihm den Sieg über seinen Bruder ermöglicht hatten, deren Forderungen damals auch die seinigen gewesen waren! Im Reiche erhob die Union drohend das Haupt. Auf dem ersten Reichstage, den Matthias 1613 berief, trat sie ihm mit jener Forderung entgegen, deren wir oben gedacht, mit der Forderung, daß in den wichtigen Angelegenheiten des Reiches nicht die Mehrheit gelten solle. Er forderte die Aufhebung der Bündnisse im Reiche, der Union und der Liga. Beide bestanden fort, als sei kein Kaiser vorhanden. Rudolf hatte in dem Streite über die Erbschaft von Jülich, Cleve, Berg die Belehnung an Kursachsen ertheilt. Die andern Bewerber, Pfalz-Neuburg und der Kurfürst von Brandenburg, der eben damals sich überzeugte, daß das calvinische Bekenntnis dem lutherischen vorzuziehen sei, hatten thätige Hülfe von den Generalstaaten. Matthias ließ geschehen. Was auch sollte er thun? Man vernahm, daß die Union, daß namentlich das Haupt derselben, Friedrich V., darauf sinne nach dem Tode von Matthias die Kaiserkrone an ein anderes Fürstenhaus zu bringen. Hier trat die Gefahr dem ganzen Erzhause näher.

Deßhalb einigten sich die Glieder desselben. Wie Matthias, so waren auch die Brüder Maximilian und Albrecht kinderlos. Sie übertrugen ihre Rechte auf das Haupt Ferdinands von Steiermark, und die Linie des Hauses Habsburg in Spanien trat nach kurzem Widerspruche bei. Der Kaiser Matthias erschien mit dem Erzherzoge Ferdinand im Juni 1617 auf dem Landtage der böhmischen Stände zu Prag. Er eröffnete ihnen, daß er mit dem Rathe seiner Brüder den Vetter Ferdinand an Sohnes statt angenommen, und forderte sie auf den Erzherzog als seinen Nachfolger zum Könige zu wählen, zu verkünden und zu krönen. [2] Ein Mitglied des Herrenstandes, Matthias Graf von Thurn wandte ein, daß die Regierung Ferdinands friedlicher sein werde, wenn die Wahl auf einem allgemeinen Landtage geschehe, zu welchem auch die Nebenländer von Böhmen einberufen würden. War die Friedlichkeit der Zweck? — Die königliche Partei durchschaute den Plan. Der Oberstburggraf erwiederte: die goldene Bulle enthalte, daß nach Abgang des regierenden Königshauses in Böhmen den Ständen eine neue Wahl zustehe, und in solchem Falle könne allerdings die Frage nach der Berufung eines allgemeinen Landtages erhoben werden. Nicht also liege hier die

[1] Amos Comenius, hist. persec. Bohem. cap. XLI.
[2] Hurter, Geschichte Ferdinands II. Bd. VII. S. 202 ff. Senkenberg, fortges. Häberlin. Bd. XXIV. S. 111.

Sache. Es handele sich nicht um eine neue Wahl, sondern um Annahme dessen, der durch Geburt und Abtretung das nächste Recht zur Krone habe. Das wirkte. Die Partei Thurns wagte dießmal nicht mit ihm zu gehen. Ferdinand ward als rechtmäßiger König anerkannt ohne Widerspruch. Am St. Peter und Paulstage 1617 bewegte sich der feierliche Krönungszug in die Domkirche zu Prag. Ferdinand beschwor zuerst mit zwei Fingern auf das Evangelienbuch die Rechte und Privilegien der Stände von Böhmen. Alsdann legte vor der Salbung der Erzbischof ihm die Frage vor, ob er den heiligen katholischen Glauben beschützen, das Königreich beschirmen wolle. Ferdinand bejahte mit lauter Stimme in Anwesenheit der Herren und Ritter von Böhmen. Als nun der König umgürtet mit St. Wenzels Schwert, mit Scepter und Reichsapfel in den Händen vor dem Altar stand, rief der Oberstburggraf zu dreienmalen die laute Frage: „Ist es euer Wille, daß die Krönung geschehe?" Dreimal erwiederten die Anwesenden: „Ja es sei!" Die Landofficiere, Herren und Ritter traten vor, berührten die Krone mit zwei Fingern und leisteten den Eid der Huldigung. Die Töne des Lobes und des Dankes schwollen zu dem Gewölbe empor, draußen hallten die Glocken und donnerten die Kanonen den Gruß des neuen Königs an sein Volk. Ferdinand war der rechtmäßige, anerkannte König der Böhmen. Keine Stimme erhob sich gegen ihn. Wie konnte damals in dem böhmischen Volke, wie konnte in der deutschen Nation ein Zweifel auffsteigen an der Pflicht der böhmischen Stände!

Und dennoch war dieselbe im Herzen längst gebrochen, noch bevor sie gelobt war. Schon drei Jahre zuvor hatten die Herren und Ritter von Böhmen nach außen hin Andeutungen gemacht, was am Ende ihre Absicht sei. Das Gelingen der Empörungen erweckte den beständigen Durst nach neuen. Während Matthias durch die Stände von Böhmen gelähmt, jeglichen Wunsch des Widerstandes gegen sie in sich erstiden mußte, äußerte sich Matthias Graf von Thurn schon 1614 zu dem Gesandten des Kurfürsten von Sachsen: es sei in dem ganzen Hause Oestreich des spanischen Praktizirens kein Ende. Man halte weder Zusage, Brief noch Siegel, wie man denn jetzt den Majestätsbrief gern kassiren wolle. Die Böhmen können das nicht länger ansehen. Sie wollen zwar den Anfang nicht machen, sondern warten, bis man sie beißen thäte. Dann würde es geschehen, daß sie dringend und wahrhaftig einen anderen Herrn suchen müßten. [1] Das geschah drei Jahre vor jenem Eide der Treue an Ferdinand.

Ein paar Monate nach der Krönung des Königs Ferdinand zu Prag huldigten ihm auch die Feudalherren von Schlesien, der Lausitz und Mähren. Die ungarischen Magnaten sperrten sich noch bis tief in das folgende Jahr. Sie legten Ferdinand siebenzehn Artikel vor, die er vor seiner Anerkennung einzugehen habe. Ferdinand genehmigte sie und man verständigte sich. Als auch so noch die Krönung hinausgeschoben wurde, fiel ein heftiges Gewitter ein. Der Blitz fuhr in den Schloßthurm, in welchem die Krone aufbewahrt lag: er sprengte die

---

[1] Müller, Forschungen aus dem Dresdener Archiv. Bd. III. S. 205.

Riegel, ließ jedoch die Hüter unversehrt. [1] Das entschied. Am 1. Juli 1618 empfing Ferdinand zu Preßburg die Krone des heiligen Stephan und das Ge= löbnis der Treue von den Magnaten von Ungarn.

Wenn in Wahrheit solche Gelöbnisse, solche Eide damals die Treue der Großen des Reiches bedingten: so ging Ferdinand und die Länder des Erzhauses, die seinem Scepter gehuldigt, einer ruhigen und hoffnungsreichen Zukunft entgegen. Denn mit dem Erbfeinde der Christenheit, mit dem Türken, war man seit 1615 im Frieden, und die Zustände am Bosporus erregten nicht die Besorgnis, daß derselbe vor dem Ablaufe der bestimmten Frist von 20 Jahren von dort her gebrochen werden könne. Aber schon waren die Mächte der Umwälzung und Zerstörung offenbar thätig in ihrem unheilvollen Werke. Noch v o r der Krönung zu Preßburg vernahm die christliche Welt mit Entsetzen die Kunde des Fenstersturzes zu Prag.

So genau der Majestätsbrief der böhmischen Stände die Rechte derselben zu wahren bezweckte: so glaubten doch die Führer später Lücken zu erkennen. Da der Majestätsbrief keinen Unterschied hervorhob zwischen geistlichen und welt= lichen Grundherren, so zogen jene daraus die Folgerung, daß den geistlichen Grundherren auf ihrem Gebiete dieselben Rechte gebührten, wie den weltlichen auf dem ihrigen, daß mithin katholische Grundherren, ob geistlich, ob weltlich, auf ihrem Gebiete protestantische Kirchen zu dulden nach dem Majestätsbriefe nicht verpflichtet waren. Anders folgerten Thurn und seine Anhänger. Indem jeder von ihnen auf dem eigenen Gebiete über die Religion der Unterthanen waltete nach eigenem Ermessen, ihnen Geistliche setzte nach eigener Meinung, waren sie der Ansicht, daß die Unterthanen kirchlicher Grundherren, die Einwohner königs= licher Städte ungehindert sein müßten. [2] Diese Verschiedenheit der Meinung führte bei der Erbauung neuer protestantischer Kirchen in Klostergrab und Braunau zum feindseligen Hader. Die geistlichen Grundherren wollten den Bau nicht dulden. Kaiser Matthias erklärte: er könne nicht hindern, daß der Majestäts= brief, den er gegeben, den Unterthanen von Aebten und Bischöfen erlaube Kirchen zu bauen wider den Willen ihrer Grundherren. Was die Pfarreien in seinen eigenen Herrschaften betreffe: so wolle er nicht geringer sein, als andere unter den böhmischen Ständen. [3] Aber die böhmischen Defensoren, vor Allen Thurn, nahmen sich der Forderungen dieser Unterthanen der geistlichen Herren an. Sie beschwerten sich bei Matthias.

Der Kaiser meldete seinen Statthaltern zu Prag: sie sollten diejenigen Stände, die zu Prag anwesend seien, vor sich bescheiden, ihnen versichern, daß die Entscheidung des Kaisers ihnen nicht zum Abbruch ihrer Freiheiten und Privilegien gereichen solle, zugleich aber auch sie vermahnen, daß sie sich be= gnügen ließen an dem, wozu sie berechtigt seien, und fremder Sachen sich nicht

---

[1] Hurter, Ferdinand Bd. VII. 226.

[2] Man vgl. Gindely, Geschichte der Ertheilung des böhm. Majestätsbriefes von 1609. S. 105.

[3] Hurter, Ferdinand Bd. VII. 140.

anmaßen wollten. [1] Die böhmischen Feudalherren nannten dieß Schreiben ein scharfes. An demselben Tage, wo sieben Jahre zuvor Matthias durch die Hülfe der böhmischen Herren und Ritter die dem Bruder abgetrotzte Krone auf sein Haupt gesetzt, zog eine Schaar derselben bewaffnet auf das Schloß, um die kaiserlichen Statthalter zur Rede zu stellen für dieß Schreiben des Kaisers. Wollte man nur dieß? Die Herren und Ritter — denn von den städtischen Mitgliedern, die den Ständen von Böhmen angehörten, war Niemand anwesend — erfaßten die Räthe und Statthalter ihres Kaisers und warfen höhnend die Flehenden aus den Fenstern des Schlosses.

Geschah der ungeheure Frevel im Aufwallen der Leidenschaft? — Die ausführliche Darstellung des Vorganges deutet nicht auf eine andere Leidenschaft, als welche die Führer in sich selber nach eigenem Willen erregten. Eben so wenig die folgenden Handlungen. Die That geschah am 23. Mai. Der 24. war der Tag Christi Himmelfahrt. Am 25. erwählten die böhmischen Stände dreißig Directoren, und am selben Tage ging das ausführliche Werk einer Apologie der böhmischen Stände an den Kaiser ab. Die Möglichkeit der Ausführung einer solchen Arbeit in solcher Zeit ist kaum denkbar. Die Schrift muß vorher ausgearbeitet sein. Von einer Bitte um Verzeihung des Geschehenen, auch nur von einer Entschuldigung vor dem Kaiser ist in dieser Apologie keine Spur. Die böhmischen Herren und Ritter melden ihrem Kaiser: sie hätten alles nur zum Besten des Kaisers selbst und seiner getreuen Unterthanen vorgenommen: sie hofften daher, er werde gnädigst mit ihnen zufrieden sein. [2]

Wir fassen unser Urtheil über die Schrift zusammen in die Worte Senkenbergs, welche dieser Schriftsteller 150 Jahre später ohne irgend eine Spur einer Neigung für die Sache Ferdinands II. niederschrieb: „Ich gestehe, daß ich auch kein Wort weiß, um dieses Schreiben zu entschuldigen." [3]

Es ist eine seltsame Art der Revolution, diese böhmische. Halten wir uns die Hauptmomente derselben noch einmal vor Augen. Die Bewohner zweier Ortschaften wollen Kirchen erbauen. Die Grundherren verwehren es ihnen und berufen sich für das Verbot auf den Majestätsbrief. Der Kaiser, der den Majestätsbrief verliehen, entscheidet zu Gunsten der Ortsobrigkeiten. Die böhmischen Stände nehmen sich der Ortschaften an. Der Kaiser ermahnt sie in einem milden Schreiben sich zu begnügen mit dem Besitze ihrer Rechte und nicht hinüber zu greifen auf fremdes Gebiet. Die Stände werfen zur Antwort die kaiserlichen Statthalter und Räthe aus den Fenstern, in der unzweifelhaften Absicht sie zu tödten. Sie melden dem Kaiser, was sie gethan, und erklären es für recht, und zwar so, daß die Rechtfertigung der That aller Wahrscheinlichkeit nach eher geschrieben als die That begangen ist. Sie warten nicht eine Antwort des Kaisers ab, sondern wählen sofort am selben Tage eine Executivbehörde, welche sogleich wesentliche Rechte der Regierung ausübt. Sie verbannt die Jesuiten aus

[1] Senkenberg, fortges. Häberlin XXIV. 182.
[2] Londorp. acta publ. I. 418.
[3] Senkenberg a. a. O. S. 214 n. t.

dem Königreiche Böhmen. Sie erläßt sofort ein Aufgebot des ganzen Landes. Der achte Mann soll sich unter die Waffen stellen. Warum? Wozu? Gegen wen? Ein Krieg nach außen ist nicht da. Es kann nur der eigene Landesherr sein, gegen den man sich rüstet, der Kaiser Matthias, der seinerseits auch nicht einen Soldaten damals im böhmischen Lande hat. Und was hat er gethan, der Kaiser? Er ist über die Auslegung einer Stelle des von ihm gegebenen Majestätsbriefes, eine Stelle, die, um alles einzuräumen, was eingeräumt werden kann, im Wortlaute nicht völlig klar ist — über diese Stelle ist er anderer Meinung als die Böhmen. Und deßhalb eine Revolution eines ganzen Landes, das mehre Millionen Einwohner zählt?

Nicht also liegt die Sache. Es ist in Bezug auf die Ereignisse vielfach hergebracht von den Böhmen im Allgemeinen zu reden, als hätte im Mai 1618 das gesammte Volk der Böhmen sich gegen seinen Landesherrn empört. Daraus sind zu nicht geringem Theile die Irrthümer entstanden, welche wir in der gewöhnlichen Geschichtserzählung dieser Zeiten wuchern sehen. Die wahre Sachlage ist, daß im Mai 1618 nur die Rede sein kann von den böhmischen Ständen. Diese Stände sind: die Herren, die Ritter und einige wenige Vertreter der Städte. An dem grausamen Frevel des 23. Mai 1618 nahmen nur Herren und Ritter Theil, nicht die Abgeordneten der Städte; denn den jauchzenden Pöbel von Prag wird man dazu nicht rechnen. Die Herren treten voran in Wort und That, die Ritter folgen dem Beispiele. Und eben dasselbe Verhältnis findet nachher statt. Unter den dreißig Directoren sind zehn aus dem Herrenstande, zehn Ritter, zehn aus dem Stande der Städte. Die letzten treten sofort zurück in den Schatten, ähnlich die Ritter, die Führung bleibt den Herren. Der gemeine Mann betheiligt sich nicht: er verhält sich ruhig von Anfang an. Obwohl die Herren für ihren Frevel den Vorwand gebrauchen, der auf den schlichten einfältigen Landmann jederzeit am meisten wirkt: die Sache betreffe die Religion; obschon dieser Vorwand bei jedem Erlasse, jeder öffentlichen Kundgebung wiederholt wird: so sagte doch dem gemeinen Manne, wenn er auch das Einzelne nicht durchschaute, sein richtiges Gefühl, daß die Religion hier der Vorwand sei, der Schild, unter dem sich andere Dinge bargen. Das Wüthen einzelner Pöbelhaufen zeugt nicht gegen, sondern für unsere Ansicht. Der Bürger, der Landmann nehmen von Anfang an keinen anderen Antheil, als denjenigen des Leidens. Viele der Leibeigenen hätten wohl lieber gegen ihre unmittelbaren Dränger losgeschlagen, als gegen den Kaiser. [1]

Den Führern der böhmischen Großen leuchtete sehr bald dieß Verhältnis ein. In den ersten Tagen nach dem Aufruhr erlassen sie ein Aufgebot des ganzen Landes: der achte Mann soll unter die Waffen treten. Kaum ist ein Monat verflossen, so ist davon nicht mehr die Rede: man beschließt Truppen zu werben. [2] Dann freilich handelte es sich später darum, wer diese geworbenen Truppen

---

[1] Hurter, Geschichte Ferdinands. Bd. VII. S. 279. Man vgl. Müller, Forschungen Bd. III. S. 63.

[2] Müller a. a. O. S. 12.

bezahlen solle. Die Willfährigkeit der Mächtigen dazu war klein. Als die Rückstände des Soldes für die geworbenen Truppen emporschwollen, kamen diese Großen ein Jahr später abermals auf die Frage eines Volksaufgebotes zurück. Es waren jedoch dabei Bedenken. „Damit man sich von den Bauern, wenn sie geübt werden, nichts Ungleiches zu versehen, sollen die Waffen von den Obrigkeiten in Verwahrsam gehalten und nur zur Uebung herausgegeben werden." [1] Also ward es beschlossen; aber weil es also beschlossen wurde, war der Beschluß in sich todt. Weder die Bürger der Städte, noch das Landvolk haben die Waffen für diese Revolution getragen. Die böhmischen Großen meinten sich und nur sich. Ihr Ziel war eine unumschränkte Herrschaft der hohen Feudalaristokratie, etwa nach der Art, wie sie sich in Polen entwickelt und dadurch ein geordnetes Staats= leben unmöglich gemacht hat. Die Sache des Hauses Oestreich gegen die böh= mischen Feudalherren im Jahre 1618 war diejenige des geordneten Rechts= zustandes unter landesfürstlicher Autorität gegen die Tyrannei und die Willkür vieler kleinen Herren.

Dieß Bestreben der kleinen Herren war in seinem innersten Kern und Wesen ein slavisches. Von den Mitgliedern des Herrenstandes in Böhmen war nur einer, Andreas Schlick, der deutschen Sprache mächtig. Auch auf dieser Bahn wollte man weiter gehen. Das Grundeigenthum in Böhmen sollte fortan nur in slavischen Händen sein. Der Landtag beschloß, daß Ausländer, die in Böhmen sich niederlassen, ihre Kinder die böhmische Sprache erlernen lassen sollen. Beim Tode der Eltern sollen die unbeweglichen Güter auf diejenigen Kinder vererben, welche der böhmischen Sprache mächtig sind, die anderen sind mit Gelde abzu= finden. Der Name deutsche Gemeinde soll im Lande Böhmen nicht mehr geduldet werden. [2]

Wir sehen, die Sache des Hauses Oestreich gegen die böhmischen Großen war diejenige des Schutzes deutscher Sprache und deutscher Kultur in einem Lande des deutschen Reiches gegen das Slaventhum.

Noch eine Seite der Sache ist übrig, die wichtigste von allen. Seit länger als einem Jahrhunderte war Oestreich die Vormauer gegen den Erbfeind der Christenheit, das Bollwerk, an welchem die heranwogenden Schaaren des Halb= mondes zerschellten. Der Name der Türken erfüllte den deutschen Bürger, den deutschen Landmann mit Schauder und Entsetzen, und die Türkensteuer zur Ab= wehr dieses Feindes war die einzige im römischen Reiche deutscher Nation, welcher Niemand sich entziehen durfte. Das Bestehen der geeinten Macht des Hauses Habsburg gegen den allgemeinen Feind war nothwendig für die Erhaltung der abendländischen Civilisation. Wenn diese Kräfte im Südosten Deutschlands, diese Hausmacht von Oestreich auseinander fiel: so standen dem Türken die Thore zu Deutschland offen und nicht leicht fand er einen zweiten Gegner. Eben noch hatte Matthias einen Stillstand mit den Türken auf zwanzig Jahre

[1] Müller, Forschungen III. 200. Die Forderungen gegen die Städte S. 202.
[2] Hurter Bd. VII. Urkunde CCLXXV.

geschlossen, und das Verhalten derselben deutete bis 1618 nicht eine Gefahr de Bruches an. Aber was konnte geschehen, wenn diese Revolution Fortgang ge wann, wenn die inneren Kämpfe dieser Länder selbst den Türken einzulade schienen?

Eine solche Rücksicht schreckte die böhmischen Großen nicht ab von ihre Werke. Sie that vielmehr das Gegentheil. Sie feuerte sie an. Um so vi leichter hofften sie ihr Ziel zu erreichen, und strebten darum die Türken herbeiz ziehen. Sie ließen im Sommer 1618 bei dem Sultan um Hülfe ersuchen. S fanden dort kein Gehör. Ein türkischer Gesandter in Wien schickte einen eigene Eilboten an den Sultan: er möge die Personen, die sich der Böhmen wegen b der Pforte anmeldeten, festnehmen und zur Bekräftigung des Friedens dem Kais ausliefern. Auch das noch hielt die Böhmen nicht ab. Am 4. Februar 161 erschien ein Bevollmächtigter der böhmischen Großen mit einem Schreiben an de Sultan, in welchem sie sich ihm zu steuerpflichtigen Unterthanen antrugen. D Ueberbringer dieses Schreibens war ein Pfälzer Namens Bitter. Allerdings w eine Partei in Constantinopel für offene Theilnahme. „Denn," also berich der venetianische Gesandte [1] an die Signoria zu Venedig, „die Türken wissen sehr gut, wie vortheilhaft für sie die Spaltung Deutschlands ist, indem sie a diese Weise vor einem Kriege von jener Seite sicher sind, welchen sie zum Th so sehr fürchten." Dennoch fand dieses Schreiben bei dem Sultan Osman nid die gewünschte Aufnahme. [2]

Zweiter Abschnitt.

Auf die Nachricht des böhmischen Aufruhres vernehmen wir zu Wien de Vorschlag: „Man schicke ein bedeutendes Heer nach Böhmen, befreie die dortige Unterthanen von der Leibeigenschaft und Tyrannei der Herren, so stehen sie a des Kaisers Seite." [3] Matthias wagte es nicht. Er war für Vermittelun Zwar verhehlte er seinen Unmuth nicht. Es sei traurig, meldete er den Böhme daß man so großen, seit Menschengedenken niemals erhörten Unthaten de Deckmantel der Religion umhängen wolle. Auch machten die Rebellen selbst ih diese Friedensneigung um so schwerer, als sie die kaiserlich getreuen Städte dur ihr Kriegsvolk anfallen und belagern ließen. Das Verfahren der Böhmen zwar den Kaiser auch seinerseits sich zu rüsten und Truppen nach Böhmen zu sende

---

[1] Bericht des Paolo Minio von 1620, abgedruckt im Archive des Vereines fü siebenbürgische Landeskunde. Neue Folge II. 2. S. 151.
[2] Man vgl. Müller a. a O. S. 54. — Hurter VII. 281. Hammer, Geschich der Osmanen II. 774.
[3] Müller, Forschungen III. S. 63.

Aber er versicherte in jedem Schreiben an die böhmischen Stände, daß es ihm niemals in den Sinn gekommen sei den Majestätsbrief und ihre Privilegien beschränken zu wollen. Er bat den Kurfürsten von Sachsen um Vermittelung, Johann Georg war dazu bereit. Aber die Sache der böhmischen Feudalherren war nicht auf eine Vermittelung angelegt. Sie wollten weiter. Deßhalb stellten sie die unerfüllbare Forderung, daß der Kaiser vorher sein Heer zurückziehen müsse. Ihr Führer Graf Thurn schrieb im October 1618 an Johann Georg:[1] „Mit dem Kaiser Matthias wäre eine Vereinbarung möglich, aber nicht mit Ferdinand, der unter der Herrschaft der Jesuiten steht." Diese Gesinnung blieb dem Kaiser Matthias nicht unbekannt; aber er ließ nicht ab. In seinem Namen schlug Adam von Wallenstein in Prag vor: die böhmischen Herren möchten wenigstens in so weit sich unterwerfen, daß sie einige Schuld einräumten und erklärten, daß das was sie gethan, in der Furie und aus unbedachtsamem Eifer geschehen sei. Man verwarf diese Vorschläge, weil Wallenstein keine genügende Vollmacht habe. Johann Georg beschied auf den 10. Februar einen Tag nach Eger. Matthias war erbötig Commissarien zu schicken. Die böhmischen Directoren schlugen ab. Ungeachtet aller solcher Erfahrungen hat Johann Georg bis zum Tode des Kaisers Matthias im März 1619 auf Vermittelung gehofft. Dann war es aus.

Ferdinands[2] erste Handlung der Regierung war den böhmischen Feudalherren alle Freiheiten und Privilegien zu bestätigen, und Friedensermahnungen an die Directoren zu senden. Die Directoren verwarfen diese Schreiben wegen mangelhafter Form, und würdigten ihren König keiner Antwort. Es war offenbar kein anderes Mittel als das Schwert.

Das Beispiel der böhmischen Aristokratie hatte damals bereits die Nebenländer nach sich gezogen. Wenn auch das slavische Element nirgends so stark überwog, wie in Böhmen: so waren doch im Wesentlichen in Mähren, in Schlesien, in der Lausitz, auch in Ober- und Niederöstreich sehr verwandte Verhältnisse. Die Stände, das heißt die Feudalaristokratie aller dieser Länder, näherte sich offen den Böhmen. Ferdinands Boten an sie trugen kalte zurückweisende Antworten voller Beschwerden heim. Auch Steiermark, Kärnthen, Krain waren nicht mehr sicher. Dort war das Landvolk längst wieder der katholischen Religion zugethan; aber die Grundherren gedachten der für sie so viel bessern Zeit vor Ferdinand. Im Osten bedrohte Bethlen Gabor von Siebenbürgen, der türkische Vasall, Ungarn mit seinem Einbruche, und die Treue der Magnaten von Ungarn stand nicht auf festeren Füßen, als diejenige der Herren in Böhmen. Und überall gab die Religion den Namen her.

Obwohl dieß überall nur der Schein war, der das Wesen, das Streben der Grundherren nach völliger Unabhängigkeit für sich auf Kosten des Volks und der landesherrlichen Hoheit umhüllte: so erschienen die Umstände nicht ungünstig

---

[1] A. a. O. S. 82.
[2] Die Anschauung Ferdinands von der Sache ist am klarsten ausgedrückt durch das von ihm diktirte Memorial bei Khevenhiller IV. p. 82.

nach auswärts hin diese Lüge glaubhaft zu machen. Zuerst hatten Thurn und seine Genossen klüglich die Gelegenheit der Verweigerung des Baues zweier Kirchen benutzt, um davon ihre Sache anzufangen, wenn auch sie selbst dabei keineswegs betheiligt waren. Ferner zitterte noch aller Orten die Aufregung des vorigen Jahres nach, in welchem man in den protestantischen Gegenden die Jubelfeier des Auftretens von Martin Luther begangen hatte. Nur einer der deutschen Fürsten, der Landgraf Ludwig von Hessen-Darmstadt, hatte die Weisheit besessen seinen Theologen zu gebieten, daß sie sich aller verletzenden Aeußerungen gegen die katholische Kirche zu enthalten hätten. [1] In den anderen Ländern, auch Kursachsen nicht ausgenommen, vernahm man zorndrohende Reden gegen den Antichrist zu Rom. Heftige Flugschriften von beiden Seiten fachten die Glut. Der Fanatiker Schoppe [2] stieß damals in die Trompete zum heiligen Kriege gegen die Ketzer. Die Schriften von calvinischer Seite wiederholen unablässig den Vorwurf: es sei katholischer Grundsatz den Ketzern nicht Treue und Glauben zu halten. Also gebiete es das Concil von Trident. Der kaiserliche Beichtvater Becanus [3] schrieb eine Schrift zur Widerlegung der Anklage, und bewies daß es katholische Lehre sei Ketzern Glauben zu halten. Man achtete dessen nicht. Dieselbe Anklage kehrte damals immer wieder. Die Erfolge der Jesuiten hatten ihnen vor allen katholischen Genossenschaften den Haß der Gegner zugezogen, und das Vorurtheil, als ob die Sache der böhmischen Feudalherren die Religion betreffe, fand nicht geringe Nahrung, als man wenige Tage nach dem Fenstersturze von Prag vernahm: die Jesuiten seien aus Böhmen vertrieben. Diese selbst benahmen sich mit würdevoller Gelassenheit. Sie zogen hinweg, still und geräuschlos. Dann erließen sie eine Schrift, in welcher sie die Beschuldigungen zu widerlegen suchen. Nur dies war der Zweck. Kaum klagen sie ihr Leid, bitten Niemanden um Hülfe oder Wiedereinsetzung, kein Wort des Eifers oder Zornes entfährt ihrer Feder, die mit den Worten schließt: „Vater vergib ihnen; sie wissen nicht, was sie reden." [4]

Indessen was auch immer die deutsche Nation, ob katholischen, ob lutherischen, ob calvinischen Theils von der böhmischen Revolution urtheilen mochte: da ein etwaiger Krieg nur durch Söldner geführt werden konnte: so kam es auf die Meinungen der Unterthanen nicht an, sondern nur auf diejenigen der Fürsten und Mächte, die Geld zum Kriege besaßen. Und hier handelte es sich zunächst darum das Verhältnis der wichtigsten Geldmacht jener Tage zu beleuchten.

Die Generalstaaten der vereinigten sieben Niederlande hatten 1609 mit Spanien einen zwölfjährigen Stillstand geschlossen. Mit Verdruß und Unwillen hatte Moritz von Nassau sich darein gefügt. Dennoch benutzte er während desselben Zeit und Umstände ganz vortrefflich, besser vielleicht als bei der Fort-

---

[1] Senkenberg (fortgesetzter Häberlin) Band XXIV. p. 132.
[2] Scioppius, Classicum belli sacri bei Londorp. I. 903.
[3] Becanus, de fide haereticis servanda.
[4] Ich bemerke, daß das obenstehende Urtheil nicht von mir, sondern von Senkenberg herrührt. Band XXIV. S. 217. Ich nehme es auf, weil ich ihm beistimme.

dauer des Krieges es ihm möglich gewesen wäre. Die Welt war voll von theo=
logischen Redensarten und Zänkereien, welche tief eingreifenden politischen Planen
zur Hülle dienten. Der Calvinismus in den Niederlanden, der dort die Allein=
herrschaft besaß, spaltete sich in zwei Fractionen, welche jede für sich über die
ewigen Rathschlüsse der Gottheit Auskunft geben zu müssen vermeinten. Moritz
wußte nicht, wie er sagte, ob die Streitfrage grau oder blau sei; aber er warf
sein Schwert in die Wagschale derjenigen Partei, deren energischer Fanatismus
für sie selbst daheim den Sieg, nach außen die Wiederaufnahme des Krieges
gegen Spanien verbürgte. Die erstere Berechnung traf sofort ein. Moritz und
die Theologen von Dortrecht. überlieferten ihren gemeinsamen Gegner, den Greis
Oldenbarnevelt, dem Schwerte des Henkers. Die Schranken vor dem Prinzen
waren gefallen. Der Wiederausbruch des Krieges, der im Stillen namentlich
auf der See und in fernen Zonen niemals aufgehört hatte, mußte den Prinzen
persönlich mächtiger, unabhängiger in der Leitung desselben finden, als er es
vorher gewesen war.

Doch das genügte nicht. Früher hatten die Niederlande nur mit. Spanien
zu kämpfen gehabt. Der jüngere Zweig des Hauses Habsburg hatte an dem
Kriege nicht Antheil genommen. Maximilian II. hatte nicht gewollt, Rudolf II.
nicht gekonnt, auch wenn er gewollt hätte. Aehnlich war es mit Matthias.
Allein durfte auch ferner ein solch friedliches Zusehen von dort erwartet werden?
Neben Matthias stand der Vetter Ferdinand in voller Kraft des Lebens, nicht
ohne Energie, die er in seinem Steiermark bereits bewiesen. Es war bekannt,
daß die Mitglieder des Hauses Oestreich sämmtlich ihre Rechte auf das eine
Haupt übertragen. Dann stand auch die Kaiserkrone in wahrscheinlicher und.
vielleicht naher Aussicht. Im Besitze der gesammten Hausmacht von Oestreich,
mit der Kaiserkrone auf dem Haupte konnte Ferdinand und mußte voraussichtlich
zu dem Kampfe im Nordwesten des Reiches eine andere Stellung einnehmen,
als seine Vorgänger gethan. Denn die Niederlande, wenn auch der That nach
längst entfremdet, gehörten doch dem Namen nach als burgundischer Kreis noch
immer als ein Glied dem großen Ganzen an. Wie die etwaige Einmischung
Ferdinands ausfallen würde, konnte auch abgesehen von seinem persönlichen
Charakter in Rücksicht auf seine politische Stellung nicht zweifelhaft sein. Dem
mußte vorgebeugt werden. Moritz und die Generalstaaten wußten längst, was
sie dem deutschen Reiche gegenüber wagen durften. Sie hatten die deutschen
Ströme, den Rhein selbst innerhalb der Grenzen des Reiches gesperrt, und die
wehrlosen Deutschen für die niederländischen Kriegsflotten gegen Spanien tribut=
pflichtig gemacht. Es war seit langen Jahren kaum eine Unruhe, eine Empö=
rung im Reiche gewesen ohne niederländische Emissäre, ohne ihre Geldhülfe, selbst
ohne ihre Söldner. Sie hatten sich die Entscheidung angemaßt über die Erbrechte
deutscher Fürsten in deutschen Ländern, und sie hatten durch das Schwert ihrem
Worte Nachdruck gegeben wider den Kaiser. Das Feuer glomm noch fort. Aber
dießmal mußten sie, wenn sie ihren Zweck erreichen wollten, noch einen bedeu=
tenden Schritt weiter gehen. Ein größeres Feuer mußte angezündet werden.

Es mußte brennen, hell und lichterloh, bevor der Wiederausbruch des Krieges mit Spanien, den man sehnlichst erhoffte, [1] die Niederländer selbst allzusehr in Anspruch nahm. Es fragte sich, ob Böhmen den Herd des Feuers abgeben könne.

Daß die hochmögenden Generalstaaten bereits vor dem Fenstersturze im Mai 1618 thätig gewesen sind, läßt sich schon daraus abnehmen, daß die böhmischen Feudalherren sofort von diesem ihrem Schritte im Haag Anzeige machen. Mehr konnte man dort nicht wünschen, und es kam nun darauf an zu sorgen, daß dieß neue, große Feuer nicht wieder verglimme. Die Hochmögenden stellten sich selber, ihren nun vierzigjährigen Kampf gegen Spanien als Beispiel auf. „Wir prophezeien euch einen gleichen Erfolg,“ meldeten sie, „wegen der Gleichheit der Sache.“ Es fiel den czechischen Feudalherren nicht ein dieser Behauptung von der Gleichheit der Sache im Einzelnen schärfer nachzudenken. Sie mochten immerhin selbst glauben, daß es so sei. Und weiter drängten die Hochmögenden. Sie versprachen am $^{16}/_{26}$. Februar 1619 alle mögliche Hülfe, mit der ausdrücklichen Bedingung, daß die Böhmen sich nicht zu einer Vergleichung herbeiließen und ohne Vorwissen und Einwilligung der Generalstaaten keinen Frieden schlössen. In Prag prahlte man von 300,000 Gulden monatlich, von fünf Regimentern, welche diese Freunde schicken würden. [2] Dazu logen ihnen die Holländer vor, daß auch Jakob von England Hülfe senden würde. Nur möge man Friedensbedingungen der Spanier nicht trauen, weil man nur betrogen werde. Die frommen und tapferen böhmischen Helden, also reden die Holländer, mögen sich wohl vorsehen. Selbst Luther muß sich citiren lassen von den calvinischen Gesandten. „Was würde der theure Mann Gottes,“ ruft der Holländer aus, „zu den schläfrigen Sachsen sagen? Er würde vielmehr dem Heere der Evangelischen im Namen des Herrn vorantreten und den Sieg erhalten.“ Wie süß klang das den Ohren der böhmischen Herren, die das, was sie Freiheit nannten, erstreiten wollten auf Kosten ihrer Leibeigenen und fremder Hülfe, und nicht bedachten, daß diese fremde Hülfe selbst sie gebrauchte als Werkzeuge, wozu sie gut waren.

Auf gleiche Weise wandten sich die böhmischen Directoren an die Union. Die Union versicherte sofort die böhmischen Feudalherren ihres Wohlgefallens an der Einigkeit in der Festhaltung des Majestätsbriefes. Man könne sie noch in die Union nicht aufnehmen; aber man wolle bei Frankreich, England und den Generalstaaten ihre Sache unterbauen. Dem Kaiser Matthias dagegen meldeten die Unirten: seine Schritte schienen darauf abzuzielen die böhmischen Stände um ihren Majestätsbrief zu bringen, und, wenn erst dieser überwunden, dem ganzen Reiche den Religionsfrieden zu entziehen, der jenem Briefe verwandt sei, zu geschweigen, daß diese Unruhe den Türken leicht Gelegenheit geben könne Ungarn anzufallen. Eine Abschrift solcher Rede theilten sie den Böhmen mit. Kein

---

[1] Aitzema, histórie of verhael van zaeken van staet en oorlog. I. p. 12. der Quartausgabe.

[2] Müller, Forschungen. Bd. III. S. 56 ff.

Wort der Ahmahnung an dieselbigen, keine Mißbilligung des unerhörten Frevels an den Stellvertretern des Kaisers kam den Unirten in den Sinn. [1]

Weiter ging das Haupt derselben, Friedrich V. Er war schon seit mehren
Jahren eifrigst bemüht zu erwirken, daß nicht Ferdinand die Kaiserkrone erlange.
Er reiste 1617 nach Seban, um dort mit seinem Vetter, dem Herzoge von
Bouillon und mit englischen Gesandten sich zu besprechen. Wollte Friedrich
sich selber wählen lassen? Man erkannte an, daß es besser sei einen Katholiken vorzuschlagen. Die Rede kam dort auf den König von Frankreich. Es
ist nicht sicher, ob dem Könige selbst dieser Vorschlag wirklich gemacht sei. Dagegen stellte man dem Herzoge von Lothringen die Krone in Aussicht, mit englischer, savoyischer, holländischer Hülfe. Der Herzog lehnte ab. [2] Friedrich eilte
nach München. Max entgegnete, er sei nicht feind mit Ferdinand. Auch er
war nicht Willens das aufzugeben, was man deutsche Freiheit nannte: er wollte
nicht durch die Erblichkeit der Kaiserwürde bei Oestreich allgemach gemeiner Land-
stand des Kaisers werden. Das einzige Mittel dagegen aber sei gemeinsames
Bestreben, und zu diesem Zwecke schlage er Pfalz vor wieder katholisch zu werden.
Die Räthe Jocher und Camerar besprachen dieß. Es ist ein ausführlicher Rathschlag darüber vorhanden, wie Jocher dem Camerar darthun sollte, daß Einigkeit, Andacht, Disciplin, Gehorsam, Wohlstand auf katholischer Seite höher sei,
als auf protestantischer. Camerar lehnte ab. Auf wiederholtes Dringen des
Jocher erklärte er, daß ihm der Vorschlag nicht so gar zuwider sei. [3]

Dennoch kam man darin nicht weiter und Pfalz wandte sich nun Savoyen
zu, um diesen Herzog zur Annahme der Kaiserwürde geneigt zu machen. Friedrich hatte schon vorher kein Bedenken getragen diesen verschlagenen Italiener in
die Union mit aufzunehmen. Als der böhmische Aufruhr losbrach, fand Carl
Emanuel Gelegenheit für diese Aufnahme der Union einen Gegendienst zu thun,
der für Deutschland eine der hauptsächlichen Quellen des unendlichen Jammers
ward. Im Dienste des Herzogs von Savoyen hatte der Bastard Ernst von
Mansfeld eine Truppe von 4000 Mann geworben. Er war der Sohn des
spanischen Generals in den Niederlanden, stand zuerst in östreichischen Diensten,
und trat in savoyische Dienste über, nicht wegen einer Ehrenkränkung von Oestreich, wie man gemeint hat, sondern weil er als länderloser Abenteurer dort
besseres Glück hoffte. Der katholische Carl Emanuel überließ diesen Mansfeld
und seine Truppe dem calvinischen Pfälzer für die gemeinsame Sache, wie man
es nannte. Mansfeld rückte mit oder ohne Wissen der böhmischen Directoren in
Böhmen ein, zog vor die kaiserlich getreue Stadt Pilsen und erstürmte sie. Er
forderte eine Brandschatzung von 120,000 Gulden, führte den Calvinismus ein,
ließ Dankreden halten und in den Kirchen von Pilsen singen: „Ein veste Burg
ist unser Gott;“ [4] und weiter: „Dieß ist der Tag, den Gott gemacht.“

---

[1] Senkenberg XXIV. 253 ff.
[2] a. a. D. S. 124 ff.
[3] Wolf, Maximilian. Bb. IV, S. 192 ff
[4] Theatr. Europ. I. p. 92.

Der Anfang war gemacht und Friedrich stand nicht still. Schon im September 1618 ging eine Gesandtschaft von Heidelberg nach Savoyen. Es galt einen Wettlauf nach Kronen, obwohl dieselben nicht erledigt waren. Beide eifrige Bewerber, der deutsche Kurfürst und der italienische Herzog strebten in diesem Wettlaufe jeder sein Ziel mit Hülfe, und je nach den Umständen auf Kosten des Anderen zu erreichen. Im Namen Friedrichs meldete Christian von Anhalt, dem bald Mansfeld nach Turin folgte: wenn der Herzog von Savoyen den Plan des Kurfürsten Friedrich auf die böhmische Königskrone beförbere: so wolle Friedrich wiederum ihm zur Erlangung der Kaiserkrone behülflich sein. Nicht also meinte es Carl Emanuel. Er erwiederte im Anfange 1619: Böhmen brauche er für sich selbst. Dagegen wolle er dem Kurfürsten von der Pfalz das Elsaß, Ungarn, auch einen Theil von Oestreich abgeben. Dem Markgrafen Joachim Ernst von Anspach, dem General der Union, lachte bei solchen Reden die Zukunft rosenroth. Frohlockend rief er aus: „Wir haben nun das Mittel die Welt aus ihren Angeln zu heben!" [1] War man denn schon so weit? Friedrich trat näher. Er gab sogar die Erklärung ab: obwohl die Böhmen eine starke Reigung zu seiner Person hätten, wolle er doch dem Herzoge von Savoyen ein Genüge thun. Freilich verlangte er eine Bedingung. Der Herzog solle zuvor zwei bis drei Millionen Ducatons an einem sicheren Orte in Deutschland niederlegen; denn ohne diese könne der Lärm nicht angehen. [2] Die Millionen freilich blieben aus. Im März 1619 meldete Friedrich abermals dem savoyischen Herzoge, daß die böhmischen Führer ihm geneigt seien. Der savoyische Herzog zog damals sich zurück. Dennoch prickelte den Friedrich die Ungeduld noch einen Schritt weiter zu gehen. Sein Gesandter Dohna fragte im April 1619 die böhmischen Directoren geradezu, ob sie geneigter seien für Friedrich, oder den Kurfürsten von Sachsen. Man verwies ihm: es sei noch zu früh dergleichen Fragen zu thun. [3]

Das geschah im Frühlinge 1619. Die Lage des Königs Ferdinand ward ungünstiger von Tag zu Tag. Die Böhmen hatten ihm Treue gelobt und geschworen; aber selbst die einzige Regierungshandlung, die er bis dahin ausgeübt, die Bestätigung der Privilegien der böhmischen Stände, war mit Verachtung zurückgewiesen. Man wollte ihn nicht mehr. Als Ferdinand auch damals noch durch den Kurfürsten von Sachsen neue Friedensanträge machen ließ, gab Thurn den Rath: man solle antworten: [4] „Die Sache hat sich nun so weit verlaufen, daß wir unserer selbst nicht mächtig, sondern zur Erhaltung unserer Ehre, Siegel, Brief und Wort gezwungen sind ohne Einwilligung unserer Verbündeten nicht Frieden zu schließen." Also dachten auch die Anderen. Am 26. Mai erklärte der Graf Schlick: nicht allein die Herren Böhmen, sondern auch die anderen und vornehmsten Länder hätten diese beständige Resolution genommen:

---

[1] Wolf, Maximilian Bd. IV. S 197 ff. Vgl. auch Senkenberg XXIV. S. 235.
[2] Hurter VIII. 4.
[3] Müller, Forschungen III. 208
[4] Müller a. a. O. S. 195.

den König keineswegs anzunehmen, er erbiete sich auch was er wolle. Denn man wisse doch wohl, daß nichts gehalten werde. Sie wollen nun einmal sich und ihren Nachkommen aus der östreichischen Servitut helfen und dabei das äußerste, auch Leib, Gut und Blut willigst aufsetzen; denn es ist viel besser einmal redlich gestorben, denn also in der steten Dienstbarkeit und Gewissenszwang zu leben.

Von einer begangenen That Ferdinands gegen die böhmischen Privilegien, welche zu solchen Befürchtungen der Feudalaristokratie einen vollgültigen Grund hätte hergeben mögen, konnte nicht die Rede sein; denn Ferdinand hatte dazu noch keine Gelegenheit gehabt. Dennoch ist es damals und häufig auch später die Ansicht gewesen: Ferdinand habe seine Zusagen nicht redlich gemeint, er habe den offenen Bruch gewünscht, um mit den Waffen dreinschlagen zu können. Es würde nach der Lage der Dinge ein maßloses Selbstvertrauen gewesen sein. In Wahrheit verstieg sich Ferdinand nicht so hoch. Er wünschte den Frieden, selbst mit großen Opfern und Zugeständnissen. Wir haben dafür ein sehr starkes Zeugniß in der Instruction seines Gesandten an den Papst. Ferdinand schildert dem Papste seine Lage. „Ich wünsche sehnlichst den Frieden," sagt er, „damit Böhmen nach sechsjährigem Zustande des Aufruhres wieder zur Ruhe komme. Deshalb habe ich, um von meiner Seite alles zu thun, zuerst alle Privilegien des Reiches bestätigt. Dann habe ich in einem Briefe an den Oberstburggrafen die böhmischen Stände gebeten, daß sie ihres Eides eingedenk und aus Fürsorge gegen alles Unheil des Krieges die Waffen niederlegen und nur nach Frieden streben möchten. Den ersten Brief haben die böhmischen Stände nicht angenommen, weil der rechte Titel fehle, obwohl er ausgefertigt war, wie die früheren. Auf den anderen haben sie mich einer Antwort nicht gewürdigt. Sie haben die Nachbarländer aufgereizt. Sie haben Bethlen Gabor zu Hülfe gefordert, der heranzieht mit Türken und Tartaren. Die östreichischen Stände sind in gleicher Gährung. Es scheint, daß sie mir nicht eher huldigen wollen, bis sie die Bewilligung, die sie von Max II. erhalten, von Matthias ertrotzt haben, auch von mir erlangen." Ferdinand bittet den Papst ihm zu gestatten, daß er diese Bewilligung, die nicht von ihm ihren Ursprung genommen, der Aristokratie von Oestreich zugestehen möge. [1]

Wie Ferdinand moralisch zu der Sache stand, kann nach solcher Darlegung keinem Zweifel unterliegen. Es ist nach dem Fenstersturze zu Prag von Seiten der böhmischen Herren auch nicht ein einziger Schritt zu gütlicher Beilegung gethan. Mit anderen Mitteln wollte man dem Herrscher nahen, dem man Treue geschworen. Im Juni 1619 rückte Thurn mit seinem böhmischen Heere vor Wien. Schon hieß es in der Stadt: man werde den König in ein Kloster stecken, seine Kinder protestantisch erziehen, seine Staaten vertheilen. Der Frevel von Prag ward wo möglich überboten. Die Truppen der Böhmen richteten auf Befehl des Führers ihre Geschosse auf die Fenster des Königs. Die Kugeln schlugen ein in seine Zimmer. Die Räthe Ferdinands fielen ihm zu Füßen und

---

[1] Senkenberg XXIV. in der Vorrede XLVIII.

baten ihn zu fliehen. Ferdinand weigerte sich. Die Abgeordneten der östreichischen Stände drangen zu ihm ein, stellten sich vor ihn und forderten von ihm die Bewilligung ihrer Conföderation mit den böhmischen. Die Gefahr war groß, Ferdinand unerschütterlich. Es fielen heftige Worte: da schmetterten mit hellem Klang hinein bis in den Saal die Töne der Trompeten von kaiserlichen Reitern. Unvermuthet waren sie gekommen, sie ritten ein und stellten sich auf den Burghof. Das entschied. Thurn zog ab. Ferdinand machte sich auf den Weg zur Kaiser-wahl nach Frankfurt am Main.

Denn dorthin hatte der Kurfürst von Mainz den Wahltag sofort nach dem Tode des Kaisers Matthias angesetzt. Es war das gemeinsame Interesse aller friedlich Gesinnten im Reiche, daß das Vikariat des Reiches ein möglichst kurzes, daß der Träger desselben, das unruhvolle Haupt der Union, Friedrich V. von der Pfalz, nicht allzu lange die Zeit seiner Herrschaft benutze. Vor allem hatten dieß Interesse die von Friedrich stets bedrohten geistlichen Fürsten. Daher die eilige Berufung. Daß der bedrängte Ferdinand sich auf den Weg machte zu dieser Wahl, war ein meisterhafter Schachzug. Und diese Reise bot ihm zugleich Gelegenheit den Bund der Jugendfreundschaft mit seinem Vetter von Bayern neu und fest zu knüpfen.

Von Anfang an hatte Ferdinand mit hoffender Seele nach seinem Vetter Max geblickt. „Du hast mir immer treu geholfen, so hilf mir auch jetzt." [1] So schrieb Ferdinand bereits im Juli 1618. Max zauderte. Auch die böhmi-schen Feudalherren wandten sich an ihn; aber Max erwiederte ihnen ernst und bündig: „Ihr habt Euch zu Richtern in eigener Sache gemacht und dieß un-befugte Urtheil auf eine unerhörte Weise vollzogen. Ihr habt Geistliche, die mit dem Willen des Kaisers und des Landes aufgenommen waren, ohne Verhör und Spruch hinausgejagt, mithin habt Ihr gerade das gethan, dessen Ihr die Räthe des Kaisers beschuldigt." Ferdinand erneuerte seine Bitten. Erst im Anfange des Jahres 1619 gab Max dem Andringen des Vetters nach. [2] Er war zur Hülfe bereit, er stellte sie in Aussicht; aber er verlangte Ersatz. Sein Bote in Wien bemühte sich ausführlich die Schwierigkeiten zu zeigen, nicht um abzuschlagen, um auszuweichen, sondern um den Preis der Hülfe zu steigern. Von Geldbeisteuern war nicht die Rede: Max wollte kommen mit einem Heere. Ferdinand war dann dazu gedrängt den Bund der Liga, den er im Gefühl seiner Würde als Kaiser von Herzen eben so wenig willkommen heißen konnte, wie Matthias es gethan, als berechtigt anzuerkennen. Die Unterhandlungen deckte das tiefste Geheimnis. [3] Der Besuch Ferdinands bei seinem Vetter Max auf der Reise nach Frankfurt festigte sie. Ferdinand sicherte für den Fall des Sieges seinem Vetter Max die Kurwürde des Pfälzers zu.

Zur selben Zeit als Ferdinand in München bei seinem Vetter Max weilte,

---

[1] Wolf, Maximilian IV, 130.

[2] a. a. O. 159.

[3] Vgl. Aretin, Bayerns auswärtige Verhältnisse. Urkunden zum dritten und vierten Abschnitt.

erwog Friedrich zu Heidelberg mit seinen Räthen, wie man sich zu verhalten habe bei der demnächstigen Wahl. [1] Lieber freilich hätte Friedrich es gesehen, daß die Kaiserwahl überhaupt vereitelt würde. Seine Räthe ließen sich im März 1619 selbst gegen den Erzbischof von Köln verlauten, [2] ob denn ein Kaiser nothwendig sei, ob nicht wie in Italien, jeder Fürst sich selbst regieren könne. Es war ja das auch später eine der wichtigsten Tendenzen des ganzen Krieges das Reichsfürstenthum auf Kosten der Einheit und der Freiheit der deutschen Nation völlig zu entfesseln von der kaiserlichen Oberhoheit, ein Bestreben, welches folgerecht nur festgehalten wurde von dem Hause der Landgrafen von Hessen-Cassel. Zu diesem Zwecke der Hinderung der Kaiserwahl hatte Friedrich den Herzog von Savoyen aufgefordert: er solle den französischen König vermögen, daß dieser die Kaiserwahl nicht gestatte. [3] Darauf indessen war nicht zu rechnen. Friedrich dachte an einen anderen Plan. Er kam mit Moritz von Hessen-Cassel in Mannheim zu einer Berathung zusammen, wie die Wahl zu hindern sei. [4] Das letzte Mittel, meinten sie, sei sich der Stadt Frankfurt zu bemächtigen. Sie machten ihren Plan dazu schriftlich. Als es sich um die Unterschrift handelte, ging Friedrich zu Bette, der Landgraf reiste in der Nacht ab. Es ist derselbe Charakterzug, der bei den Beiden so oft hervortritt. Sie möchten gern die Früchte des Verbrechens genießen, wollten auch dasselbe wohl ausführen; aber es fehlt ihnen im Augenblicke der Entschließung der Muth.

Demnach blieb für Friedrich nur die Erwägung, wie er sich bei der Wahl zu verhalten habe. Die Protokolle dieser Berathung liegen vor. [5] Sie beweisen, daß weder Friedrich, noch seine Räthe recht wußten, was sie wollten. Christian von Anhalt war nicht dabei. Deßhalb endet jede besondere Berathung, ob Friedrich zur Wahl nach Frankfurt reisen, ob er mitstimmen, für wen er stimmen solle, mit dem Schlusse: Anhalt darüber zu hören. Sie waren rathlos alle zusammen. Doch gab Camerar wiederholt den Rath: es sei besser von dem Wahlconclave in Frankfurt und der nachherigen Gratulation wegzubleiben, weil dieß bei den Böhmen ein seltsames Ansehen geben würde. Friedrich ging nicht dahin. Aber er schickte seinen Gesandten Dohna mit einem eigenhändig geschriebenen Gutachten. [6] Den Inhalt desselben werden wir erfahren.

Ferdinand eilte weiter nach Frankfurt. Als er am 28. Juli 1619 dort eintraf, fand er seine Aussichten nicht überaus günstig. Es war deutlich zu ersehen, daß die Bürger von Frankfurt ihm nicht geneigt waren. Der Kurfürst von Köln schrieb an seinen Bruder Max: „Ich habe wenig Hoffnung auf einen guten Erfolg, ja wir sind hier nicht ohne Gefahr." Der eifrige Moritz von Hessen eilte geschäftig hin und her, um gegen Ferdinand zu wirken. Er scheue

---

[1] Moser, patriotisches Archiv VII. 81.
[2] Hurter, Ferdinand Bd. VIII. 5.
[3] a. a. O. S. 11.
[4] a. a. O. S. 28.
[5] Moser, a. a. O.
[6] Londorp. I. 699.

keinen Haß und keine Gefahr, erklärte er seinen Räthen,[1] wenn es ihm ge=
linge Ferdinands Wahl abzuwenden. Als die Räthe ihn warnten, rief Moritz
im Unmuthe aus: er wolle lieber den Hals darstrecken und sich abhauen lassen,
als einem solchen Kaiser sich fügen. Er rufe Pfui und abermals des Teufels
Pfui aus über alle diejenigen, welche mithülfen zu dieser Wahl. Dennoch
wurden, so seltsam es klingt, die besten Dienste, und zwar ganz unglaubliche
für Ferdinand geleistet durch die pfälzischen Wahlgesandten. Der Kurfürst Johann
Georg von Sachsen hatte dem Pfälzer zugestanden: bevor Ferdinand nicht im
ruhigen Besitze von Böhmen sei, könne er nach der goldenen Bulle nicht Theil
nehmen an der Kaiserwahl. Demgemäß erhob Kursachsen in Frankfurt seine
Stimme, daß die Beilegung der böhmischen Sache als Vorbedingung der Wahl
aufzustellen sei.[2] Die drei Erzbischöfe erwiederten, daß eine solche Vorbedingung
nicht statthaft sei. Die pfälzischen Gesandten erklärten, daß sie keinen Befehl
hätten dem Könige Ferdinand seinen Besitz und sein Recht streitig zu machen.
Desgleichen die Brandenburger. Der Erzkanzler verwies den Abgeordneten Kur=
sachsens ihr Votum. Erzürnt erklärten diese: die Pfälzer seien die Ursache,
daß ihr Herr also gestimmt. Sie traten der Mehrheit bei. Ferdinand ward
von dem gesammten Kurcollegium als Mitkurfürst und mithin als König von
Böhmen anerkannt.

Was half es den Pfälzern, daß sie dann noch auf die Zulassung der Ab=
geordneten von Böhmen brangen, welche gekommen waren, um dem Rechte
Ferdinands zu widersprechen?[3] Was half die pfälzische Erklärung, daß man das
Recht der Böhmen durch die Wahl nicht antaste?[4] Der entscheidende Schritt war
ja einmal geschehen. Die Anerkennung Ferdinands als Kurfürsten von Böhmen
war die Vorbedingung seiner Wahl zum Kaiser. Nach jener war diese unausbleiblich.
Und hier nun läßt sich mehr errathen als im Einzelnen nachweisen, daß die persön=
liche Anwesenheit von entscheidendem Gewichte gewesen ist. Ferdinand selbst sprach
nachher dem Oheime Albrecht in Brüssel Dank für die thätige Mitwirkung aus.[5]

Trier stimmte zuerst. Es nannte Ferdinand. Max von Bayern hatte im
voraus abgelehnt. Dessen ungeachtet verlasen die Kurpfälzer eine Erklärung von
Friedrich mit eigener Hand geschrieben,[6] in welcher er dem Herzoge Max seine
Stimme gab als einem erfahrenen, verständigen, friedfertigen Fürsten, der in
keinen Krieg verwickelt sei. Der Schluß lautete: wenn die Mehrheit der Stimmen
auf Ferdinand laute, so habe Friedrich keine Ursache es ihm zu mißgönnen,
sondern gedenke sich auf solchen Fall aller Gebühr nach zu bezeugen. Die Kur=
fürsten einer nach dem andern stimmten für Ferdinand.[7] Also auch stimmte er

---

[1] Wolf, Maximilian IV. 237.
[2] Rommel, Geschichte von Hessen VII. 363.
[3] Moser patriotisches Archiv VII. 37.
[4] Moser a. a. O.
[5] Archiv zu Brüssel. Corresp. des Empereurs.
[6] Senkenberg XXIV. 343. — Moser VII. 100.
[7] Moser a. a. O. VII. 41.

selbst, wie es der goldenen Bulle gemäß war. Mithin trat die Schlußerklärung in dem Schreiben des Kurfürsten Friedrich in Kraft, daß er der Mehrheit für Ferdinand seine Stimme nicht entziehe. Ferdinand war einstimmig zum Kaiser erwählt.

Als die Fürsten hervortraten aus der Bartholomäuskirche, murmelte das umstehende Volk das Gerücht: die böhmischen Stände hätten Ferdinand als König abgesetzt. Einen Tag zuvor hätte diese Nachricht, dieß Gerücht die ganze Lage der Dinge verändern können. Es war vorbei. Die Kaiserwahl war geschieden. Am 19. August 1619 empfing Ferdinand von den Fürsten des deutschen Reiches den Eid der Huldigung und der Treue. Nicht wenige haben denselben gebrochen; aber der erste, der ihn brach, war derselbe Kurfürst, der unter den weltlichen durch sein Verhalten die schnelle Wahl ermöglicht hatte, und doch von Anfang an keine andere Absicht haben konnte, als diesen Eid zu brechen.

Zur selben Zeit als die Revolution der Böhmen nach außen hin sich wie siegreich ansehen ließ, als Thurn dem Könige in seiner Burg zu Wien in die Fenster schoß, gaben sich in dem Hauptsitze der Umwälzung die deutlichen Spuren des völligen Zerfalles kund. Es war da keine Begeisterung, keine Ordnung, kein Geld. Das Rechtswesen lag danieder. Die Directoren unter sich waren uneinig. Die Finanznoth stieg entsetzlich. [1] Es ward von Freund und Feind später bezeugt, daß die böhmischen Herren sich jeder freiwilligen und unfreiwilligen Zahlung entzogen. [2] Ja es scheint sogar, daß die Häupter selbst geglaubt haben, die reichen Holländer, welche so freudig dem Anfange zugejauchzt hatten, würden zugleich mit dem leibeigenen Volke von Böhmen die Kosten bezahlen und großmüthig den Gewinn den böhmischen Feudalherren überlassen. Da vernahm man denn längst vor der neuen Königswahl in Böhmen die Stimmen einzelner Kundigen: das sei ein Wesen, welches endlich auf Abbitten und Fußfallen hinauslaufen würde. [3] Die Herren selbst dagegen waren frühzeitig beflissen die Schuld auf Andere zu wälzen. Schon im März 1619 erklärte der Präsident der Directoren: die Generalstaaten seien an allem Unheil Schuld, weil sie auf Hülfe vertrösteten und dieselbe nicht schickten. Der sächsische Gesandte sah die Dinge von einem anderen Gesichtspunkte an. Die Holländer haben zur Fortsetzung ermahnt, sagt er, aber nicht um zu helfen, sondern weil die Zeit des Wiederbeginns ihrer Feindseligkeit mit Spanien näher rückt. — Warum auch sollten die Holländer ferner noch Hülfe leisten? Sie hatten die Sache einmal in Gang gebracht. Das dafür aufgewandte Capital war nicht verloren: es war nutzbringend angelegt. Das Weitere machte sich von selbst; denn die böhmischen Herren konnten längst nicht mehr zurück. Sie mußten nun vorwärts, mit Willen oder ohne: was kümmerte das die Hochmögenden? Schon ging in Böhmen die Rede, daß Mansfeld, der bleibend im Kreise von Pilsen stand, im

---

[1] Müller, Forschungen III S. 244.
[2] Vgl. Mansfelds Apologie, ferner Moser, patriotisches Archiv VII. 64.
[3] Moser a. a. O. S. 75.

Namen der Generalstaaten denselben behalten werde, bis die Vorschüsse zurück-
gezahlt seien.

Wie Mansfeld in Pilsen verharrte, ohne daß Jemand ergründen konnte,
was denn eigentlich seine Absicht sei, so zog Thurn, der andere General der
Böhmen, mit seinem Heere planlos umher. Wir erkennen den Sinn dieses
Mannes, den ganzen Stand der Sache und den sittlichen Gehalt derselben aus
einem officiellen Schreiben, das er damals an die Directoren richtet: „Wenn die
kaiserlichen Generale Dampierre und Bucquoi sich vereinigen: so bin ich per-
duto. Aber Gottes Verheißung ist groß, der thut Wunder. Rhedi hat Befehl
mit 10,000 Mann zu mir zu stoßen. Ich sauf heut wacker." [1]

Unter solchen Umständen schien vielleicht Manchem die Wahl eines eigentlichen Hauptes die Bürgschaft einer besseren Ordnung zu sein. Aber vorher
gedachte diese Feudalaristokratie sich selber zu sichern. Im Mai 1619 kamen
Abgeordnete der Stände der vereinigten Länder nach Prag. Man erwartete
dazu vornehme Abgesandte von vielen Orten. Insbesondere ließ Kurpfalz sich
überaus gnädig vernehmen und wünschte guten Erfolg. Dieser war insofern
nicht schwer, als die Feudalherren zuerst sich beflissen in einer neuen Verfassung
sich selber zu bedenken, und dem künftigen Könige und dem Volke von Böhmen
möglichst wenig übrig zu lassen. Sie setzten etwa achtzig Punkte auf, die das,
was man in monarchischen Staaten königliche Rechte nennt, fast völlig ver-
nichteten. Der königliche Name ward in dieser Verfassung zu einem Spotte und
Schimpfe.

Nachdem dieses Werk fertig gemacht, nachdem die Stände von Mähren,
Schlesien, der Lausitz, beigetreten waren, um gemeinsam das was sie ihre
Religionsfreiheit nannten, zu schützen und aufrecht zu halten, erklärten sie am
17. August 1619 ihren König Ferdinand, dem sie zwei Jahre zuvor geschworen,
als den Erbfeind der Gewissensfreiheit und den Sklaven Spaniens und der
Jesuiten, welcher die fürchterlichen D.angsale des Krieges über Böhmen
gebracht, welcher die böhmische Krone durch verwerfliche Kunstgriffe erschlichen
und durch geheime Verträge an Spanien verrathen habe, aller Ansprüche auf
den Thron Böhmens verlustig. [2] Dann kamen die Bewerber in Frage. Der
böhmische General Mansfeld hatte den Herzog von Savoyen vorgeschlagen, mit
dem Bemerken, daß derselbe im Falle der Wahl die Religion wechseln werde.
Die böhmischen Großen waren nicht geneigt. Einige schwankten für den Kurfürsten von Sachsen. Denn obwohl kein Beweis vorhanden ist, daß Johann
Georg jemals sich über das Beginnen der böhmischen Stände billigend geäußert
habe: so hatte doch diejenige Partei, welche es wünschte, eifrig dieß verbreitet.
Wenige Wochen vor der Wahl machte Graf Schlick eine Reise nach Dresden.
Er kam wieder und berichtete: „Der Kurfürst Johann Georg sei also geneigt,
daß man sich dessen billig zu erfreuen habe. Wer es aus Unwissenheit anders

[1] Londorp. acta publica I. 857 vom 5. October 1619.
[2] Müller a. a. O. S. 197 ff.
[3] Londorp. acta publica I. 673.

sage, den solle Gott belehren; wer es aber absichtlich thue, den solle Gott vertilgen." Die aktenmäßige Forschung hat ergeben, daß diese Aeußerungen Schlicks, der für den besten und bedeutendsten Politiker der böhmischen Herren galt, rein erdichtet waren. [1] Der Zweck der Dichtung kann nur gewesen sein das arme betrogene Volk der Böhmen zu täuschen. Jedoch der Schimpf mit einer angebornen Krone zurückgewiesen zu werden, stand allzu drohend vor Augen. [2] Auch der Vorschlag des Dänenkönigs fand geringen Anklang.

Demnach blieb nur übrig Friedrich von der Pfalz. Man erhob als Gründe für ihn: er sei mäßigen Verstandes, behandle den Adel gut, habe Geld, Verbindungen mit dem Auslande, sei ein Schwiegersohn Jakobs von England, eng verbunden mit den Generalstaaten, stehe in uraltem Bündnisse mit Frankreich, mit Venedig, mit Schweden. Er dürfe nicht ausschlagen; denn die Vocation sei von Gott, und daß sie von Gott sei, erscheine daraus, daß Ferdinand sie nicht haben wolle. [3] — Es scheint, daß diese Absurdität aus einem Reste von Scham dieser böhmischen Herren vor der Blasphemie stammte: den eigenen Willen mit der Gottheit zu identificiren.

Es ist merkwürdig, daß den böhmischen Großen ebenso wenig wie Friedrich der Gedanke in den Sinn gekommen ist, wie ungleich wichtiger die Absetzung Ferdinands, die Wahl Friedrichs hätte sein müssen, wenn sie der Kaiserwahl vorangegangen wäre. Allerdings hat man in Prag dieß erwogen. Aber man wartete. Man entschied sich sogar zuvor von Frankfurt zu vernehmen, wie dort die Sache abgelaufen wäre. [4] Danach wolle man sich richten. Als die Führer erkannten, wie in Frankfurt die Sache stünde, beeilten sie sich. Es war schon zu spät. Als Friedrich die Nachricht seiner Wahl zum Könige von Böhmen erhielt, hatten bereits seine Gesandten zu Frankfurt dem Kaiser, dem sie in seinem Namen seine Stimme gegeben, in seinem Namen den Eid der Treue geschworen.

Friedrich erhielt die Nachricht seiner Wahl zu Amberg. So lange hatte er gestrebt, hatte alles aufgeboten, um es dahin zu treiben, und nun, da die Erfüllung ihm vor Augen lag, wo er nur die Hand auszustrecken brauchte, um diese Krone zu ergreifen, schien er zu schwanken. Er fragte seine Räthe. [5] Sie hoben hervor, was sich gegen die Annahme, was sich für dieselbe sagen ließ. Friedrich selbst, sagten sie, habe Ferdinand als König von Böhmen anerkannt. Er habe Güter von Böhmen zu Lehen, und könne sich ohne Felonie der Lehnsverbindlichkeit nicht entziehen. Es ist seltsam, daß die Räthe der unendlich größeren Felonie, des Bruchs der eben beschworenen Pflicht gegen das selbstgewählte Reichsoberhaupt, nicht gedachten. Es sei ohne Beispiel, es müsse die katholische Partei im Reiche in die Waffen bringen, wenn Friedrich zwei Kurstimmen vereinige. Darum würde die Folge der Annahme ein Religionskrieg

[1] Müller, a. a. O. S. 181.
[2] a. a. O. S. 220.
[3] Theatr. Europ. I. 225.
[4] Müller a. a. O. S. 218.
[5] Das Gutachten der Räthe bei Moser, patriotisches Archiv VII. 109.

sein. Friedrich sei nicht stark genug beide Länder zu beschützen. Dann kön
wenn die Sache sich unglücklich wende, das Gelüste des Neuburgers Wolfge
Wilhelm nach der Kur in Erfüllung gehen. Die Räthe Friedrichs dachten n
an Max von Bayern. Aber sie sahen voraus, was kommen würde, was komm
mußte, daß nämlich Ferdinand die Kurwürde nicht bei Friedrich lassen kön
Nur Friedrichs Kanzler Camerar vernahm bereits im September 1619 v
Frankfurt aus Stimmen, welche sagten, wenn Friedrich annähme: so müsse
Kaiser die Kur auf Max von Bayern übertragen. [1] — Für die Annahme
Krone sprach: es sei ein herrlicher Besitz, und die Hülfe auswärtiger Mä
stehe in Aussicht.

Das Gerücht, welches Camerar von Frankfurt aus vernahm, war nicht
falsches. Folgen wir Ferdinand auf seinem Wege. Bevor er von der nei
Wahl in Prag vernommen, hegte er im Anfange Septembers den Wunsch ei
persönlichen Zusammenkunft mit Friedrich, um durch Vermittelung von Max al
Mistrauen wegzunehmen und gutes Vertrauen zu pflanzen. Max wollte sie be
nach München einladen. Dann kam die Nachricht der Wahl, und Ferdin
nahm seinen Wunsch einer Besprechung zurück. Er reiste allein über Münch
Von dort aus hatte bereits Max den Vetter Friedrich dringend abgemahnt,
dargebotene Krone anzunehmen. Als Ferdinand nach München kam, erneuer
beide noch einmal ihre Vorstellungen. Der Kaiser schickte einen eigenen Gesand
nach Amberg, der dem Kurfürsten Friedrich mit Ernst und Milde vorstellen sol
wie er durch die Annahme der böhmischen Krone das Recht des Kaisers verle
das ganze Reich und sich selber in die höchste Gefahr bringe. Auch Max I
die Folgen hervor. Er wies warnend darauf hin, daß der Schritt Friedri
sämmtliche katholische Stände zwingen würde an ihre Vertheidigung zu denk
Von einem Eingriffe des Hauses Oestreich in die Rechte deutscher Fürsten,
dem Herzoge Max eben so theuer seyen, wie Friedrich, könne hier nicht die R
sein. Nicht Ferdinand, sondern Friedrich bedrohe den Frieden. [2]

Also die beiden Fürsten an Friedrich. Wenn aber, wie fast vorauszuseh
war, ihre Abmahnungen an denselben erfolglos blieben: so vereinigten sie sich
gemeinsamem Handeln. Der Kaiser sicherte Max die freie absolute Leitung v
Liga zu, mit dem Versprechen, daß weder er selbst, noch ein Prinz seines Hau
den Versuch machen wolle ihn daran zu hindern. Ferdinand gab damals
October 1619 dem Vetter Max das bestimmte Versprechen: wenn Friedrich
böhmische Krone annähme, so wolle Ferdinand für die Hülfe, die Max ihm lei
die Kurwürde von Friedrich nehmen und auf Max übertragen. [3] Es war ni
eine Forderung von Seiten des Herzogs Max, sondern ein freiwilliges Erbiet
von Seiten Ferdinands. Der Bund ward geschlossen. Die beiden Fürsten
neuerten die Freundschaft ihrer Jugend ganz und voll, und die Erneuerung die

---

[1] Wolf, Maximilian IV. S. 249.
[2] Wolf, Maximilian IV. S. 266.
[3] a. a. O. S. 249   Vgl. auch (Stumpf) Geschichte der Liga S. 121.

Bundes ist ein Markstein in der deutschen Geschichte. Der Zweck und das Ziel
war die gemeinsame Abwehr der Partei der Umwälzung und ihrer fremden Mit=
helfer, die Sicherheit der deutschen Nation gegen die Zertrümmerung. Allein
eben dieser Bund hatte auch eine Kehrseite. Er selbst machte eine straffere Einigung
der Nation unter dem einen Oberhaupte selbst dann unmöglich, wenn der Sieg
von Anfang bis zu Ende auf Seiten des Kaisers geblieben wäre. Maximilian
von Bayern war ein Fürst des Reiches. Es war sein Standesinteresse, daß der
Kaiser die Rechte der Reichsfürsten zu Gunsten der Kaisermacht und der Geschlossen=
heit der Nation nicht beschränke. Dieß war der Punkt, wo früher oder später
im Falle des Sieges die Interessen beider sich trennten.

Ebenso wie Ferdinand und Max, sendeten auch die anderen fünf Kurfürsten
insgesammt ihre dringende Abmahnung an ihren Standesgenossen, den Pfalz=
grafen Friedrich. Es lebt in der ganzen Zeit eine überall sich hervordrängende
Ahnung dessen, was bevorstehe. Sie drückt sich am entschiedensten in dieser Ab=
mahnung der Kurfürsten aus. „Es wird ein solcher allgemeiner Krieg und Auf=
ruhr sich erheben und begeben," sagen sie, [1] „daß von dem erschrecklichen Blut=
vergießen, dem Land= und Leute=Verderben, und von dessen Urhebern die Historien
zu reden haben werden, so lange die Welt steht."

Und welcher deutsche Fürst in der Vorahnung des unsäglichen Jammers,
welcher die unausbleibliche Folge werden mußte, hätte nicht abgerathen? Sogar
Moritz von Hessen=Cassel wollte nicht zustimmen. [2] Von den Fürsten der Union
waren nur Anspach und Anhalt für die Annahme. Sie hatten ihre Gründe.
Wenn Friedrich annahm, so stand für Christian von Anhalt das Generalat in
Böhmen in sicherer Aussicht. Dasselbe ward ihm zu Theil und brachte ihm im
folgenden Jahre an festgestelltem regelmäßigem Gehalte etwa 150,000 Gulden. [3]
Um die Abneigung Anhalts gegen den Kaiser Ferdinand zu erklären, bevor ihm
dieser irgend welches Leid zugefügt haben konnte, erscheint dieser Betrag nicht
unwichtiger, als Anhalts calvinischer Fanatismus. „Lieber den Türken, ja
den Teufel selbst zum Herrn," sagte Anhalt, „als Ferdinand." [4] Es bedurfte
später nur des Wortes der Bitte für Anhalt, um von diesem Ferdinand Ver=
schiebung zu erhalten. Eine ähnliche Stellung in Betreff des Geldes hatte Joachim
Ernst von Anspach als General der Union. Mithin ist auch bei diesem der Eifer
erklärlich.

Von auswärts trieb und hetzte zur Annahme Friedrichs Oheim Moritz von
Nassau. Es war wohl weniger die Sorgfalt für den Neffen, welche diesen nach
einer fremden Krone zu greifen mahnte, als die Folge der holländischen Politik,
die um jeden Preis dem Kaiser und dem deutschen Reiche Feindschaft und Ver=
wirrung zu erregen beflissen war. Die Schwester von Moritz, die Mutter Fried=
richs, flehte weinend den Sohn an abzustehen. Nicht minder rieth Jacob von

[1] Londorp. acta publica Bd. I. 718.
[2] Moser, patriotisches Archiv VII. 46 ff
[3] Müller, Forschungen III. 288.
[4] Senkenberg XXIV. S. 337.

England ab. Als man ihm sagte, daß Moriß zugerathen, erwiederte er: „Der freilich ist der Mann dazu Anderen das ihrige zu nehmen und es dann auch für sich zu behalten; aber mein Schwiegersohn ist es nicht." [1] Doch nicht bloß die richtige Erkenntnis von Friedrichs Unfähigkeit leitete den König Jakob. Er hat aus moralischen, religiösen und politischen Gründen von Anfang an den böhmischen Aufruhr verworfen, und weder Friedrich noch seiner eigenen Tochter jemals den königlichen Titel bewilligt.

Der zweiundzwanzigjährige Friedrich kämpfte mit sich selbst. Wenigstens gab er sich den Anschein, als ob er es thäte. Was seine Pflicht sei, war vor dieser Wahl ihm vollkommen klar gewesen. Sein Abgesandter Dohna hatte noch am 12. August bei dem Kurfürsten von Sachsen gegen die Wahl Ferdinands zum Kaiser geltend gemacht: es sei dem Reiche nachtheilig Ferdinand zu erwählen, weil dieser in so viele Angelegenheiten verwickelt sei, aus welchen ihn das Reich zu retten haben werde. [2] Wenn das nach der Anschauung Friedrichs die Pflicht des Reiches war: so war es sicherlich um so mehr seine eigene, nachdem er mit dieser Anschauung freiwillig selbst seine Stimme für Ferdinand gegeben. Auch war die Verschiedenheit der Religion zwischen Ferdinand und ihm keineswegs ein Hindernis seiner Pflichterfüllung, nicht bloß nach den Gesetzen des Reiches, sondern auch nach Friedrichs eigener Ansicht. Noch im Juli 1619 hatte er sich vor dem spanischen Gesandten zu Diensten in eigener Person für Spanien und das spanische Haus erboten. [3]

Aber die glänzende Krone des schönen Böhmens und aller Nebenländer dazu! Vor diesem Schimmer erblich und erblindete alle Rücksicht auf Recht, Ehre, Patriotismus und gesunde Politik. Es kam für Friedrich nur noch darauf an einen Ausweg zu finden, wie er die Annahme der Krone mit seinen Pflichten, seinen Eiden, seinen Worten vor der Welt mit einigem Scheine und Glimpfe vereine. Er begann mit der Erklärung: er habe die Krone von Böhmen nicht gesucht. So offenkundig das Gegentheil Jedermann vor Augen lag: Friedrich wiederholte seine Behauptung. Dann baute er seine Schlüsse weiter auf. Weil er die Krone nicht gesucht, sagte er, so sei es eine besondere Vorsehung Gottes, die ihn dazu berufen. Diesen Satz stellte er allen Abmahnungen entgegen wie ein festes unangreifbares Bollwerk. Denselben Gedankengang machte sich die Kurfürstin Elisabeth mit der vollen Störrigkeit der Stuarts zu eigen. Daß Elisabeth damals, wie später ihre Enkelin von Orleans erzählt hat, [4] nicht an Königskronen, sondern nur an Komödien, Bälle und Romanlesen gedacht habe, ist sehr fraglich. Es ist an sich unglaublich, daß ein junges hoffärtiges Weib still schweigen werde, wenn der Schimmer einer Königskrone das schwache Geisteslicht ihres Gemahles bethörend und verlockend überstrahlt und blendet. Die eigene Mutter hatte früher sie gereizt, hatte spottend der eben Vermählten noch dabeim

---

[1] Aitzema I. 102.
[2] Müller, Forschungen III. 234.
[3] a. a. O. 236.
[4] Briefe der Herzogin von Orleans, herausgegeben von Menzel, p. 287.

so viel wie möglich nahe gelegt, daß die Königstochter niedergestiegen sei unter ihren Stand. Derartige Jämmerlichkeiten der Mächtigen bedingen die Geschicke der Völker. Elisabeth empfand tief den Spott ihrer Mutter. Er stachelte sie. Sollte nun sie ausweichen, wo das Ersehnte ihr sich wie von selber bot? Es ist sehr unwahrscheinlich. Ferner haben die böhmischen Herren beim Einzuge der neuen Königin ihr Dank gezollt, [1] daß sie Friedrich zur Annahme bewogen, und Elisabeth hat den Dank anerkannt. Endlich sind ihre Worte ganz im Sinne des Gemahls. Sie war an logischer Schärfe ihrer Theologie demselben völlig gewachsen. Weil Gott alles lenkt, sagte sie, und darum auch ohne Zweifel dieses also geschickt habe: so stelle sie ihm anheim, ob er die Krone annehmen wolle, und sei dann erbötig, dem göttlichen Berufe zu folgen, dabei zu leiden, was Gott verordnen werde, ja auf den Nothfall selbst auch ihre Kleinodien zu versetzen. [2] Wir fragen, ob ein junges, eitles Weib wie Elisabeth mehr für eine Sache sagen könne.

Und da nun neben der inneren Gier nach dem lockenden fremden Gute der äußerlich vorgetragene Hauptgrund der Annahme die calvinische Prädestinationslehre war, so muß auch Scultet, der pfälzische Hoftheologe, sein Wort dazu gethan haben. Er selbst hat später, als die Sache fehl schlug, jegliche Mitwirkung abgeleugnet; aber zu der inneren Wahrscheinlichkeit wegen der theologischen Verbrämung des Verbrechens kommt der äußere Umstand, daß er als Hofprediger mit nach Prag ging und dort ein hohes Wort führte von dem göttlichen Berufe des neuen Königs.

Bei dem allen bleibt endlich und zuletzt noch die wichtigste Frage übrig, nämlich die, ob Friedrich an seine Art von Prädestination selber geglaubt habe. Er hat sie allerdings so oft wiederholt, daß, wenn Worte hinreichten, um bei Anderen den Glauben zu erwecken, daß eine Ueberzeugung ehrlich sei, sie in diesem Falle ihren Zweck erfüllen müßten. Und doch ist diese Ansicht nicht begründet. Friedrich hat seinen Schwiegervater Jakob ersucht dem Könige von Frankreich und der Republik Venedig die Versicherung zu geben, daß das Anfassen der Krone Böhmen nicht gerechnet werden dürfe zur Sache der Religion, sondern nur um das Wahlrecht der böhmischen Stände zu bewahren. [3] Mithin war Friedrich sich seiner Verlogenheit sehr wohl bewußt. Des Anstandes wegen zauderte Friedrich einige Wochen das öffentlich zu thun, wozu er nach der ganzen Sachlage, nach seinen Antworten auf die Abmahnungen von Anfang an entschlossen war. Erst auf die wiederholte Gesandtschaft der böhmischen Stände nahm er öffentlich an. Er war unterdessen in seiner Art von Theologie noch einen Schritt weiter gegangen. Den Abmahnungen gegenüber, welche ihm die Verantwortlichkeit für alles folgende Unheil beimessen, wiederholte er in seiner Proclamation, daß er bei dem ganzen Hauptwerke Gottes wunderbarliche Vorsehung

[1] Londorp. acta publica I. 722.
[2] Senkenberg XXIV. 370.
[3] Aitzema I. 321.

und Hand spüren müsse, darum er denn dem göttlichen Berufe keineswegs widerstreben könne. Besonders habe er dabei bedacht, daß im Falle des Widerstrebens
gegen den göttlichen Beruf alles fernere Blutvergießen auf seine Rechnung geschrieben würde. [1] Er betheuert: er habe nichts gethan, um auf den böhmischen
Thron zu gelangen. Hätte er hoffen dürfen, durch die Ablehnung dem Reiche
den Frieden zu sichern, so würden alle Güter und alle Ehren der Welt ihn nicht
zur Annahme vermocht haben.

Ist die Proclamation von dieser Seite angesehen ein Gewebe von Unwahrheit, so schimmert doch aus dem was sie verschweigt, noch einige Scheu des Gewissens hervor. Sie wagt den Namen Ferdinands nicht zu nennen. Sie ist
verfaßt von dem Kanzler Camerar. Derselbe hat nach seiner späteren Behauptung
nicht zur Annahme der Krone gerathen; aber alles negative Verdienst, das daraus
ihm erwachsen könne, hat er für sein Vaterland auch abgesehen von seinem späteren
Verhalten reichlich aufgewogen als Werkzeug für diese Proclamation.

Und doch durchbrang der scharfe Blick desselben Camerar in Prag sofort die
Lage der Dinge. Er und Scultet waren in der Begleitung des sich selbst bethö-
renden jungen königlichen Paares. Der Hoftheologe predigte von lauter Wundern,
daß es also gekommen sei: es sei ein Wunder göttlicher Allmacht, daß er dort
stehe und predige. Anders urtheilte Camerar. „Alles ist in Verwirrung," erklärt
er, „die böhmischen Herren gründen ihre Hoffnung auf die Mittel Friedrichs und
seiner Freunde. Friedrich dagegen setzt alles auf Gott und gute Hoffnung." [2]
Allerdings leuchtete gerade in den Tagen, als Friedrich zu Prag anlangte, der
stärkste Sonnenblick der Hoffnung für ihn. Bethlen Gabor von Siebenbürgen
nahte mit einem großen Heere gegen Wien. Zur selben Zeit zog Thurn aus
Böhmen heran und vereinigte sich mit ihm. Dort standen sie mit einem Heere
von 80,000 Mann, und der neue Kaiser, der gerade von München zurückkehrte,
gelangte nur mit Gefahr in seine Stadt. Seine Festigkeit, welche ein halbes
Jahr vorher sich so ruhmvoll bewährt, stärkte auch dießmal seine Umgebung.
Bevor noch jene Beiden etwas Entscheidendes unternommen, vernahm das erstaunte Wien, daß sie sich getrennt und Jeder besonders wieder heimwärts zogen.
Mangel an Lebensmitteln, Kälte und Schnee sei die Ursache. Es war der Anfang des Umschlags, und von da an stieg Ferdinands Stern empor.

Denn ob auch die Nebenländer von Böhmen dem neuen Könige huldigten,
wie Böhmen es gethan, ob auch selbst die protestantische Aristokratie von Oestreich sehnende Blicke nach ihm warf: es kräftigte nicht den inneren Halt. Verständige Leute hatten gehofft, daß die Einheit auch die Ordnung wieder bringen
werde. Die Hoffnung ward nicht zur Wahrheit. Die Dinge blieben in dem
heillosen Zustande wie vorher. In den Straßen von Prag wüthete allnächtlich der Mord. [3] In gleicher Weise tobten die anderen Laster, die von solchen

[1] Senkenberg **XXIV**. p. 387. Hurter **VIII**. 104.
[2] Londorp. I. S. 860
[3] Wolf, Maximilian Bd. IV. 769   Bericht des pfälzischen Secretärs

Zuständen untrennbar, unter Friedrich fort, wie sie es unter den Directoren gethan. Die Vergnügungslust des jungen königlichen Paares, die im sicheren Heidelberg an ihrem Orte gewesen war, das Ringelrennen und Schlittenfahren, die Bälle und Trinkgelage wurden in Prag, wo eine Krone zu behaupten war, zum verbrecherischen Leichtsinn. Denn während Friedrich in Prag Feste feierte, darbte das Heer, und die Söldner des Darbens müde, sengten und brannten und mordeten den Landmann. Anhalt war zum General gemacht, aber Mansfeld in dem sicheren Pilsen gehorchte ihm nicht weiter, als er wollte, und er wollte möglichst wenig. Der gemeine Mann, der von Anfang an mit der Sache nichts zu schaffen gehabt und doch alle Last tragen mußte, war äußerst schwierig. Kundige, unparteiische Beobachter hielten dafür: wenn zum Besten des gequälten Landmannes ein Heer auf der Grenze erschiene, so möchte er wohl etwas wagen und sich dieser Art von Regenten entledigen, ehe man es vermeinte. [1] Man sah im südlichen Böhmen die Bauern sich zusammen rotten: sie forderten Entfernung des Mansfeld, der sie quäle, und Befreiung von der Leibeigenschaft. [2]

Hätte Friedrich mit seiner Rücksichtslosigkeit auf Gesetz und Recht einen energischen Willen verbunden, so war ihm hier die Möglichkeit gegeben seinem neuen Königthume eine festere Unterlage zu bereiten. Es mußte ihm allmählig klar werden, daß die böhmischen Feudalherren ihn hatten gebrauchen wollen auf seine Kosten für ihre Interessen. Er konnte dieß wenden und diese Aristokraten, die ihn gerufen, auf ihre Kosten für seine Interessen gebrauchen, wenn nämlich er den geringeren Adel, den Landmann, den Bürger zur Grundlage seines Königthumes machte. Friedrich schien davon nichts zu hören, noch zu wissen. Statt die Sympathien des Volkes sich zu erwerben, schien es, als lege er es darauf an sie alle zu zerstören, vor allen Dingen in religiöser Beziehung.

Friedrich war Calvinist. Darum erweckte seine Wahl bei Katholiken und Lutheranern in Böhmen ein großes Wehklagen. [3] 112 Personen des Herrenstandes verließen das Land. Die lutherischen Geistlichen in Böhmen ließen einen schmerzlichen Klagebrief ausgehen. [4] „Das Joch des Antichristes gegen Niedergang ist schwer; aber zehnmal schwerer ist das Joch des Antichristes gegen Aufgang, d. i. der Calvinismus oder die calvinischen Türken. Niemand ist armseliger und übler daran, als wir unglückliche Lutheraner." Diesem Klageruf, der von Böhmen aus erscholl, antworteten die lutherischen Geistlichen im Reiche mit gleichen Tönen. Allen voran trat der kursächsische Oberhofprediger Hoe von Hoenegg. Kaum war die Wahl Friedrichs geschehen, als Hoe an einen der böhmischen Großen, den lutherischen Grafen Schlick, ein Schreiben erließ mit heftigen Ausdrücken gegen den Calvinismus. [5] „O wie Schade, o wie großer

[1] Müller, Forschungen III. 420.
[2] a. a. O. 283.
[3] a. a. O. 264. 361.
[4] Londorp. I. 926.
[5] Londorp. I. 932.

Schade," ruft Hoe aus, „um so viele edle Länder, daß sie alle dem Calvinismus in den Rachen gesteckt werden. Vom occidentalischen Antichrist sich losreißen und den orientalischen dafür bekommen, ist in Wahrheit ein schlechter Vortheil. Das calvinische Joch ist unerträglicher als das papistische."

Es läßt sich in Bezug auf Hoe von Hoenegg entgegnen, daß sein Eifer, der mittelbar auf die Sache des Kaisers gerichtet war, eine etwas trübe Beimischung dadurch erhielt, daß Kaiser Ferdinand ihm bedeutende Geschenke zustellen ließ. [1] Allein Hoe kämpfte hier doch in Wahrheit nach der Weise seiner Zeit für sein Lutherthum. Seine Auffassung entspricht derjenigen der lutherischen Geistlichen in Böhmen, so wie an allen andern Orten in Deutschland. Die Tübinger Theologen bitten in denselben Tagen ihren Herzog als Mitglied der Union: er wolle sich mit den Calvinisten in Böhmen nicht befassen.

Ja dieser lutherische Eifer ging sehr weit. Im Sommer 1620 vernahm man in der Mark Brandenburg, daß kursächsische Truppen dort einfallen würden, um Rache zu nehmen für die Unterstützung der rebellischen Böhmen. Die Nachricht erregte in der Mark nicht etwa Trauer, sondern große Freude. Besonders jauchzte man in Berlin: wenn sie doch nur kämen! Dann würde man der Calvinisten auf einmal los. [2]

Eine Flugschrift von der Wittenberger Universität [3] aus verkündete: „So lange die Papisten und wir Lutherische einig waren, hörte man nichts von Factionen und Parteiungen. Keiner trieb den Andern aus seinem wohl erlangten Besitze. Wir lebten in friedlichem Wohlstande beisammen. Wir heiratheten unter einander. Die Väter zogen ihre Söhne, die Mütter ihre Töchter auf ihre Religion. Damals war unter uns Christen keine Verfolgung, noch Blutvergießen. In Böhmen dagegen zeigt Calvin, daß er sowohl die Päpstlichen als Lutherischen unterdrücken will. Er unternimmt dort eine Reformation, die eine wahre Deformation oder besser noch Destruction ist. Er stürmt die Bilder in den Kirchen, entehrt lästerlich die Reliquien oder verbrennt sie. Wenn man schon zu Anfang solche Gewalt übt, wo man kaum den Fuß hineingesetzt: was wird der Fortgang sein, wenn Calvin gar die Oberhand erhält? — Darum haben Papst und Luther bei so bewandter Gefahr nicht zu feiern, sondern zur Erhaltung deutscher Freiheit, zur Wiederbringung deutscher Treue und Beständigkeit sich kräftig zu verbinden, mit geeinter Kraft ins Feld zu ziehen und das calvinische Unkraut gänzlich auszurotten. Dienlich wäre es vor allen Dingen in den Reichsstädten beide Religionen frei zu lassen, die lutherische und die katholische, im Königreiche Böhmen dagegen das arme Landvolk von der Leibeigenschaft einer heidnischen Dienstbarkeit ledig zu sprechen. Denn es stünde wohl um den Kaiser, wenn er zuerst darin das Beispiel gäbe."

---

[1] Senkenberg XXIV. p. LIX.

[2] Cosmar, über Graf Adam von Schwarzenberg S. 153

[3] Flugschrift von 1621, enthaltend: Drei unterschiedliche Tractätlein. Die dritte davon ist. Einfältig und wolmeinender Discurs sc. eines Wittenbergers.

Nur hier und da neigt sich vereinzelt ein lutherischer Fürst der Sache Friedrichs zu, nicht die lutherischen Unterthanen, nicht die lutherischen Theologen.
Und wo dann ein lutherischer Fürst die Fahne Friedrichs ergreift, da liegt auch
ein besonderes Interesse offen zu Tage. Es sind namentlich die sächsischen Herzöge aus altem Grolle wegen der Uebertragung der Kurwürde an Moritz und
dessen Nachfolger. Die herzoglich sächsischen Landstände, insbesondere die Universität Jena, baten flehentlich: der Herzog Johann Ernst wolle sich an dem Kriege
für Böhmen nicht betheiligen. [1] Es war vergeblich. Johann Ernst folgte mit
seinen Brüdern der Tradition seines Hauses und einer wilden Kriegeslust, die
ihn nimmer ruhen ließ bis zum Grabe. Wir werden ihn ferner auf solchem
Wege kennen lernen, eben so wie den jungen Herzog Christian von Braunschweig,
der schon damals für Friedrich von der Pfalz zu werben suchte. Sehen wir ab
von solchen einzelnen Beispielen, so unterliegt es keinem Zweifel, daß die Gesammtheit des Lutherthums in Deutschland die Sache des Pfälzers Friedrich
in Böhmen mit feindseligen Augen betrachtete. Die Magistrate einiger Reichsstädte, in denen sich mit der calvinischen Färbung der Souveränitätsschwindel
der Patriziergeschlechter verband, schwankten hüben und drüben: die Magistrate
der mittelbaren Städte, die Stände der verschiedenen Landschaften, überhaupt
alle conservativen Corporationen des Reiches, ob katholisch, ob lutherisch, waren
kaiserlich gesinnt, und es wird sich Gelegenheit bieten die Frage zu erheben, ob
in den Ländern des reformirten Bekenntnisses, ob in der Pfalz und in Hessen-
Cassel derartige Corporationen der Ritter- und Landschaft, der Magistrate der
Städte mit den Lutheranern verschiedener Meinung waren.

Diese Gesinnung der Lutheraner lag der Bewegungspartei, den calvinischen
Fürsten und Theologen damals offen vor Augen. Von dieser Seite erhob man
gegen die Lutheraner insgesammt den Vorwurf: sie wendeten in Bezug auf Böhmen das Wort der Bibel an: gebet dem Kaiser, was des Kaisers ist. Böhmen
gehört dem Kaiser zu als sein Erbe und Eigenthum: also — In der That finden
wir diese Worte bei Lutheranern mehrfach ausgesprochen. Von calvinischer Seite
warf man ihnen die Frage entgegen: „Was weiß ein Pfaffe davon, was das
gemeine Lehenrecht vermag, ob und wie ein Vasall schuldig ist seinem Lehnsherrn
zu folgen? Die geistlichen Herren werfen allzu leicht mit Bibelsprüchen um sich.“ [2]
Wir werden Gelegenheit haben zu ersehen, ob die Benutzung der Bibel zu allerlei
Parteizwecken auf Seiten der calvinischen Theologen rücksichtsvoller war, als bei
den Lutherischen.

Friedrich von der Pfalz wußte, daß die lutherischen Geistlichen von Böhmen
insbesondere ihn und seinen Hofprediger Scultet mit bangen Ahnungen empfingen.
Die böhmischen Herren, die ihn zum Könige gewählt, waren zum geringen Theile
calvinisch: sie hatten ihn, den Calvinisten gewählt, weil sie Vortheile von ihm
und seinen Verbindungen hofften. Eine besonnene Politik hätte ihm geboten

[1] Röse, Bernhard von Weimar I. 38.
[2] cf. die Broschüre: Résolu ou plutôst hastif et soudain 1621

die Lutheraner in Böhmen zu schonen, sie an sich zu ziehen, sich geneigt zu machen. Es schien, daß er dieß wolle. Er verkündete in seiner Proclamation, daß die Katholiken von ihm nichts zu besorgen hätten. Um so eher durften dieß die Lutheraner erwarten. Nicht also ward es ihnen zu Theil. Wir haben die Geistlichen selbst zu hören.

Dieselben hatten bis dahin unter dem Kaiser Matthias und den Directoren einer nicht geringen Art von Freiheit genossen. „Bislang," sagen sie, „sind die lutherischen Prediger gegen die Calvinisten und Papisten dermaßen frei und nachdrücklich verfahren, daß der Eifer des frommen Volkes bisweilen diese gar umgebracht und verbannt hat haben wollen. Das wird jetzt hoch verboten. Wir dürfen auf den Kanzeln die Calvinisten und die Zwinglianer nicht mehr nennen, ja auch die Arianer und Türken darf man in Predigten nicht mehr sicher strafen." [1] So hart ein solches Verbot für einen eifrigen lutherischen Pastor jener Zeiten sein mochte: so war es doch nicht ein besonderer Druck zu nennen. Aber Scultet — denn dieser Name galt bei Lutheranern und Katholiken als die Seele der Theologie am Hofe Friedrichs — bezweckte noch andere Dinge.

In den letzten Tagen vor Weihnachten 1619 sah man eine Menge Leute in der Schloßkirche zu Prag beschäftigt mit einer Arbeit, welche Scultet, der König und einige Andere eine Reinigung des Tempels Gottes nannten. [2] Hohe böhmische Herren legten Hand mit an. Sie ergriffen Axt und Haue, und führten ihre Streiche auf Altäre, Bilder, Crucifixe. Die Arbeiter wollten das große Crucifix im Triumphbogen des Chores langsam herab lassen, daß es nicht zerbräche. Man gebot ihnen es zu stürzen, und das Gebäude erzitterte vor dem schrecklichen Falle. Dann kamen Diener des Scultet, packten das zertrümmerte Schnitzwerk in Körbe und trugen es zur Feuerung in die Küche des glaubenseifrigen Mannes. Das Volk von Prag, ob katholisch, ob lutherisch, erzitterte vor Zorn und Grimm ob des furchtbaren Frevels. Die lutherischen Geistlichen predigten heftig. Des König[3] Leute fürchteten Todschlag. Dennoch dachte der junge König darin noch weiter zu gehen. Während die Prager Anstoß nahmen an der Kleidung der Damen vom Hofe, ließ sich die Königin aus: sie könne den nackten Babenknecht auf der Brücke nicht ansehen. Sie meinte das Crucifix. Friedrich verlangte die Wegnahme desselben. Erst die drohende Haltung der Prager brachte ihn von seinem Begehren ab. Scultet aber bestieg die Kanzel und bewies aus der Bibel, daß es die Pflicht der christlichen Obrigkeit sei den Tempel zu reinigen von Götzenbildern.

In Folge dieser That, in Folge der anderen Schritte gegen sie ergießen die lutherischen Geistlichen von Böhmen ihren Zorn in die heftigsten Klagen an ihre Mitbrüder. [3] „Viele große und bittere Drangsale," sagen sie, „haben uns überfallen, viele Schmerzen des Todes haben uns umrungen, unsere Seele muß

---

[1] Schreiben der Prädicanten, abgedruckt in Hormayr, Taschenbuch 1844, p. 71.
[2] Greuel der Verwüstung d. i. kurze und wahrhaftige Erzählung 1620. (Oft gedruckt.)
[3] Hormayr, Taschenbuch 1844 p. 71.

verichmachten unter den Gottlosen." Der Gegenstand ihres allgemeinen Hasses ist Abraham Scultet. Er ist in ihren Augen der Urheber der gotteslästerlichen Bilderstürmerei. Am Hofe und auf der Kanzel streut er mit vollen Händen den Feuersamen, der aufgeht in Bedrückungen gegen die Lutheraner. Er thut mit teuflischer Kunst dem Evangelium in einem halben Jahre mehr Schaden, als alle Jesuiten in fünfzig Jahren. Unter seinem Einflusse steht der König. „Dieser Roboam hat die östreichische Geißel in Scorpionen und giftige Pfeile verkehrt." Deßhalb ergeht die flehende Aufforderung der lutherischen Prediger von Böhmen an ihre Mitbrüder im Reiche: sie mögen thätig sein, damit nicht so viele tausend arme Seelen in die calvinische Mördergrube fallen, damit nicht der leidige Teufel für den wahren Gott angebetet werde. Sie mögen öffentlich und geheim, im Gerichte, auf den Kanzeln, im Gespräche den Fürsten und Herren, den Obrig= leiten und Gemeinden berichten, wie diese ketzerische Pestilenz einreiße und fort= erbe. Sie sollen Bücher ausgehen lassen. — Die lutherischen Geistlichen von Böhmen selbst begnügen sich nicht mit Schreiben und Briefen: sie haben eigene Boten ausgesandt, um in gleichem Sinne überall zu wirken.

Wir sehen, die Ansicht, welche wir vorher von dem sächsischen Hofprediger Hoe vernommen haben, ist im Wesentlichen diejenige aller anderen lutherischen deutschen Theologen.

Die politische Stellung Friedrichs zu dem Auslande verstärkte diese Abneigung gegen ihn. Seitdem das Lutherthum sich durch die Concordienformel abgeschlossen, hatten die tonangebenden Fürsten desselben auf Bündnisse mit dem Auslande ver= zichtet. Allmählig trat innerhalb des Lutherthums wieder der normale Zustand ein, der in den ersten vierzig Jahren der Reformationsbewegung zuerst nament= lich durch den Landgrafen Philipp von Hessen und dann durch den Herzog Moritz sich verdunkelt hatte. Es befestigte sich wieder die natürliche, durch das Beispiel jener beiden Fürsten erschütterte Ueberzeugung, daß ein Bündniß einzelner deut= scher Fürsten mit auswärtigen Mächten, ob Frankreich oder einer anderen Macht, ein Verrath sei an Kaiser, Reich und Nation. Wir haben gesehen, wie um so eifriger die calvinischen Fürsten zu ihrer Sicherheit und zur Befriedigung ihrer Erwerbluft nach Verbindungen mit fremden Mächten trachteten: mit Frankreich, mit England, mit den Generalstaaten. Gegen diese letzteren vor allen waren lutherische Fürsten und Theologen mit Haß erfüllt, und selbst Spaniens Haß gegen die glücklichen Rebellen war nicht heftiger, als derjenige der Lutheraner gegen die glücklichen Calvinisten. Von diesen Generalstaaten hoffte Friedrich Hülfe in der böhmischen Sache. Weder England, noch Frankreich zeigten damals Nei= gung ihm zu helfen. Nur die Generalstaaten schürten fort und fort, im Anfange durch Geld, hernach, als erst einmal die Sache im Gange war, durch Worte. Das war im Reiche aller Orten weltkundig,[1] und wie in den Augen aller wahr= haften Deutschen das Unrecht der Sache Friedrichs stieg durch seine Verbindungen

---

[1] Man vgl. jede lutherische Kundgebung jener Zeit, insbesondere auch die voran= geführte Schrift bei Hormayr, Taschenbuch 1841.

mit dem Auslande überhaupt: so namentlich bei den Lutheranern durch die Verbindung mit den Generalstaaten.

Und dazu kam nun noch eine andere Verbindung, hassenswerth im Sinne jener Zeit, wie keine andere. Gleich den böhmischen Großen und Feudalherren, stand auch Friedrich von Anfang an in Verbindung mit Bethlen Gabor von Siebenbürgen. Werfen wir einen Blick auf diesen Mann. Wie andere Fürsten sich von Gottes Gnaden nennen: so nannte sich Bethlen Gabor Fürst von des Sultans Gnaden. [1] Darin mochte er die Wahrheit reden. Im Uebrigen mußte er sich von dem Türken Mehemed Bassa sagen lassen: „Summa Summarum, du hast bis zu diesem Tage noch nicht ein wahres Wort gesprochen." Sollte das Haus Oestreich seiner Erbländer gänzlich beraubt werden, meldete Bethlen Gabor im Spätherbste 1619 dem eben in Prag eingezogenen neuen Könige von Böhmen: so verlange er für sich und das Königreich Ungarn die Länder: Oestreich, Steier, Kärnthen und Krain. [2] Zwei Monate später verkündeten die Kanonen zu Prag den erstaunten Bürgern die frohe Nachricht der Wahl Bethlen Gabors zum Könige von Ungarn. Friedrich machte diesen Bethlen Gabor zum Pathen seines damals geborenen Sohnes. [3] Bethlen Gabor dagegen meldete seinem Lehnsherrn, dem Sultan: sein Freund Friedrich, der König von Böhmen, werde nächstens Kaiser sein. Bethlen Gabor setze seinen Kopf dafür, daß die Länder Ferdinands alle bereit seien getreue Sklaven des großmächtigsten Sultans zu werden. Damals hatte Bethlen Gabor bei seinem Heere 5000 Türken und Tataren; und mit diesem selben Heere vereinigt stand Friedrichs General Thurn vor Wien. Bethlen Gabor selbst erklärte sich gegen Johann Georg von Sachsen: er führe den Krieg mit Gutheißung und Vorwissen, aber ohne Hülfe der Türken, nicht um die katholische Religion oder irgend eine andere auszurotten, sondern um die rechtgläubige Religion vor Unterdrückung zu erretten. Was Bethlen Gabor unter den Worten der rechtgläubigen Religion verstand, dürfte nicht mit Sicherheit auszumitteln sein. Er ließ wohl einmal in derselben Kirche an demselben Tage in seinem Beisein nach einander die verschiedenen Culte der Religionsparteien durchführen. Nicht also benahm er sich gegen die Personen. Die Jesuiten, die in seine Hände fielen, wurden zerstückt, die Mönche verstümmelt. [4]

Das Verhältnis Friedrichs zu Bethlen Gabor war noch nicht eine unmittelbare Verbindung Friedrichs mit dem Sultan. Auch diese erfolgte. Im Januar 1620 entsendete Friedrich seinen ersten Boten nach Constantinopel. Derselbe wurde dort mit Beifall aufgenommen. Auch kam Mehemed Bassa nach Prag, und verherrlichte die Feier der Taufe des Prinzen Ruprecht durch seine Gegenwart. Im März 1620 legte Friedrich dem böhmischen Landtage vor: es seie hohe Nothdurft gewisse Personen mit ansehnlichen Geschenken an den Sultan

[1] Hurter VIII. 147. 166.
[2] Müller III. 300.
[3] a. a. O. 318.
[4] Müller a. a. O. ff. cf auch Hurter VIII. 226.

abzusenden. Also geschah es. [1] Friedrich erbot sich dem Sultan zum tribut-
pflichtigen Vasallen. [2]

Und abermals mußte, wie zu allem Verrathe und Frevel jener unheilvollen
Tage, auch für diesen die Religion und die Bibel heran. Scultet bestieg die
Kanzel und bewies, daß nach der Bibel ein Bündnis mit den Türken gestattet
sei. So lächerlich immerhin' für unsere Zeit die Worte dieses Hoftheologen
erscheinen, damals hatten sie in solchen Fällen eine trauervolle praktische Bedeutung, und deshalb ist es nicht unwichtig die Irrgänge des Mannes näher anzusehen. Zuerst sage die Schrift: so viel möglich ist, haltet mit allen Menschen
Frieden. Dieß war für den Frieden; aber es kam nun auf ein Bündnis an.
Wie Abraham mit Abimelech, Isaak und Jakob mit Laban einen Bund aufgerichtet: so können auch jetzt, sagt Scultet, christliche Fürsten mit dem Sultan
ein Gleiches thun. Nachdem so die Rechtmäßigkeit dargethan war, ging Scultet
noch einen Schritt weiter. Der Bund sei auch lobenswerth, sagte er, weil die
Königreiche und Länder und deren christliche' Häupter, welche in demselben zusammen getreten, in der Grundlage des christlichen Glaubens einstimmig seien.
„Denn wir alle haben einen und denselben Gott, einen und denselben Erlöser,
einen und denselben Geist der Kindschaft, einerlei Trost im Leben und einerlei
Hoffnung im Sterben. Die Irrthümer in den Nebenpunkten werden vergehen:
die Grundlage aber wird bleiben, zugleich mit allen denen, welche auf diese
Grundlage gebaut haben." Also Scultet zum Preise des Bündnisses, welches
sein Gebieter mit dem Sultan schloß. Die Antwort aus dem übrigen Deutsch-
land hallte ihm in einem Schrei des Entsetzens entgegen, und die theologische
Fakultät zu Tübingen bewies in einer zweitägigen Disputation, daß Scultet ein
Atheist sei.

Die Gesandten Friedrichs und der böhmischen Feudalherren brachten nach
Constantinopel allerlei schöne Dinge: eine Orgel mit silbernem Rohrwerk, von
Friedrich persönlich eine kostbare Uhr mit Rubinen besetzt u. dgl. Sie hatten
den ausdrücklichen Auftrag ihre Sache dem Sultan vorzutragen, wie einen Rechts-
streit vor dem Richter. Der kaiserliche Gesandte war anwesend, als diese Böhmen,
ferner einige Oestreicher vor dem Sultan erschienen. Osman versprach seine Vermittelung, und wenn diese nicht zu Stande käme, bewaffnete Hülfe.

Wir sehen: so viel an Friedrich war, hat derselbe alles aufgewendet, was
er vermochte, um Oestreich, um Deutschland und mit demselben Europa den
Türken preiszugeben. Dieß allein, abgesehen von allem Anderen, was er gethan,
reichte damals wie heute hin seine Sache moralisch zu vernichten. Der friedliche
deutsche Bürger ward gezwungen den Untergang dieses Ruhestörers zu wünschen.
Daß aber dieß Verhalten des neuen Königs, wenn auch nicht im Einzelnen, doch
in den allgemeinen Grundzügen bekannt war, lehrt der Einblick in jede katholische oder lutherische Flugschrift jener unglücklichen Tage.

[1] Man vgl. zu dem Allem: Senkenberg XXIV. 473. Müller III. 303. Hurter
VIII 227. Hammer II. 774.
[2] Man vgl. das Aktenstück am Schlusse dieses Bandes unter Nr. I.

Fassen wir unser Urtheil zusammen in die Worte eines böhmischen, luthe=
rischen Abligen jener Zeit. [1] „Wir geben Apologien und Vertheidigungen heraus,"
sagt er; „aber weder glauben Andere, daß wir dadurch unsere Sache gerecht
machen, noch bestehen wir vor unserem eigenen Gewissen. Der Türke, der König
von Frankreich, [2] der Kurfürst von Sachsen, der Schwiegervater unseres Königs,
sie alle mißbilligen unsere Sache, wenn auch dieser oder jener die Revolution
begünstigt. Wir haben gegen unseren Eid angesehene Männer, die im Namen
unseres Königs kamen, ungehört aus dem Fenster gestürzt: wir haben ihnen
nicht Zeit zum Beten gelassen, geschweige denn zur Vertheidigung. Wir haben
den Kaiser Matthias, den König Ferdinand, die uns auch da noch Frieden,
Verzeihung, unsere Rechte und Privilegien, schiedsrichterliche Beilegung anboten,
nicht einmal hören wollen. Wir haben die Nachbarländer in und außer dem
Reiche, wir haben die Ungarn, die Engländer, die Holländer, die Türken, den
Teufel selbst beschworen. Wir haben Wien belagert, das ganze deutsche Reich,
so viel an uns war, den Türken und Tartaren offen dargeboten. Bethlen Gabor
sagt: er suche nicht Gerechtigkeit, sondern Herrschaft. Anhalt sagt: er suche Geld.
Ebenso die anderen Obersten und Hauptleute. Darin ist eine gewisse Ehrlichkeit.
Aber auch das Gewissen will befriedigt werden, und deßhalb schiebt man die
Religion vor. In Wahrheit war das Bekenntniß unter dem Oestreicher zehn=
mal freier, als unter dem Calvinisten. Darum haben der Kurfürst von Sachsen
und die anderen Lutheraner mit weisem Bedachte die Partei des Kaisers ergriffen.
Was hat denn auch unser König gethan? Er hat Bilder zerbrochen, das Wohl
der Generalstaaten in böhmischem Biere getrunken, und mit böhmischen Damen
getanzt. Mögen wir Sieger sein oder Besiegte: unser Loos ist schwer. Siegen
wir, so steht die lange Reihe derer da, die Friedrich geholfen haben, gierig nach
Besitzthum und Geld auf unsere Kosten. Sind wir besiegt: so kommt über uns
der Zorn des schwer beleibigten Kaisers. Was auch Anderes ist zu erwarten?
Wir haben dem Kaiser genommen, was des Kaisers ist, und was Gottes ist,
haben wir dem Türken dargeboten."

Nachdem Friedrich die böhmische Krone angenommen, konnten nur noch die
Waffen den Ausschlag geben. Es fragte sich, welche Kräfte von beiden Seiten
ins Feld zu stellen waren, zunächst für Friedrich, was die Union für dieß ihr
Haupt thun würde. Getreu seinem Principe sein eigenes Verbrechen dem ganzen
Protestantismus aufzubürden, berief er im November 1619 einen Tag nach
Nürnberg, und lud dahin nicht bloß die eigentlichen Mitglieder der Union, son=
dern alle protestantischen Fürsten und Stände. Die Zahl der Erschienenen war
nicht groß, und dazu brachten sie schwere Bedenken mit. Die Tübinger Theo=
logen baten flehend ihren Herzog: er wolle nicht die reine Jungfrau Tübingen
in den Verdacht einer Befleckung durch den Calvinismus bringen. Die Verfolgung,
die derselbe gegen das Lutherthum übe, sei härter, als diejenige einer päpstlichen

---

[1] Londorp. II. 75.
[2] Daß dies so, vgl. Hurter VIII. 335.

Obrigkeit, insonderheit härter, als die vom Hause Oestreich ausgehe. Solchen Bedenken der Theologen, solcher Stimmung der Gemüther in ihren Ländern entsprach die Haltung der Reichsstände in Nürnberg. Namentlich den Reichsstädten, welche unter dem Regimente ihrer vornehmen und noch höher hinaus strebenden Patricier der Union beigetreten waren, ward bang zu Muthe. Die kaiserlichen Abgeordneten berichteten heim: es sei den Abgeordneten der Städte deutlich anzusehen, daß sie gar gern in Güte von der Sache ab wären. Ferdinand kam entgegen. Es ward damals in jeder gegen Kaiser und Reich revolutionären Flugschrift der Gedanke wiederholt: es sei katholischer Grundsatz und katholische Kirchenlehre den Ketzern nicht Wort zu halten. Aus solchen Flugschriften sog das Mistrauen täglich neue Nahrung. Ferdinand wußte das. Er sprach der Stadt Nürnberg seine Klage aus, daß es also sei. Er wünsche nur, sagte er, daß man etwas von ihm begehre. Wenn er alsdann und zwar binnen der gesetzten Frist dasjenige, was er desfalls zugesagt, nicht hielte: so erkenne er die Beschwerde als billig an. Es ist schmerzlich, daß ein deutscher Kaiser, der noch nicht einmal eine Gelegenheit gehabt hatte, in welcher er möglicher Weise das Vertrauen der Nation hatte verwirken können, eine solche Sprache zu führen sich veranlaßt sah. Allein da er sie einmal führte: so konnte sie nicht wirkungslos bleiben. Die Hauptsache indessen war, daß die zagenden Gewissen der Unirten nicht durch irgend welche Vortheile, die Friedrich ihnen in Aussicht stellte, zum Verstummen gebracht wurden. Denn im günstigen Falle gewann nur Friedrich.' Sollte man für diesen sich selber zum Opfer bringen?[1] •

Während die Unirten zu Nürnberg beriethen, trat im Namen des Kaisers der Graf von Hohenzollern in die Versammlung, und nahm unverweilt den Vorsitz ein. Staunend ließ man es geschehen. Er legte dar, daß von einer Religionssache gar nicht die Rede sein könne, daß der Kaiser die Religion der Böhmen nie gefährdet habe und nicht gefährden wolle. Freilich ertheilte nun Camerar eine Antwort, die kriegerisch genug aussah; aber Camerar war der pfälzische Redner. Wenn die Anderen nicht laut widersprachen: so bewies der Fortgang der Dinge, daß Camerars Worte nicht die ihrigen waren. Die Versammlung dauerte vier Wochen ohne bestimmten greifbaren Beschluß. Ihr Zweifeln und Schwanken endete mit dem Ergebnisse eine[r] Gesandtschaft an den Herzog Max von Bayern zu senden, um zu fragen, was die Liga wolle.

Dem neuen böhmischen Könige mochte dieß Ergebnis als ein bedeutungsvolles erscheinen. Er berichte: über jene Anfrage sehr hochtrabend an die Generalstaaten: er habe eine runde kategorische Erklärung von dem Herzoge Max und der Liga gefordert, ob sie die Waffen niederlegen wollten. Wo nicht, so werde er energisch gegen sie auftreten.[2] Er mag es sich so gedacht haben. Es fragte sich, ob die Liga selbst es auch so dachte.

Nur diese nämlich war die Stütze für den bedrängten Kaiser, der mit

[1] Man vgl. Londorp. I. 873. — Wolf, Maximilian Bd. IV. S. 269
[2] Schreiben Friedrichs vom 1. Dezember 1619 im Archive zu Brüssel.

eigenen Kräften damals kaum vermochte sich Thurns und Bethlen Gabors zu erwehren. Er forderte die Kurfürsten auf ihn zu schützen und bei dem Seinigen zu erhalten. Daß es also ihre Pflicht sei, hatte ja auch selbst Friedrich noch im August 1619 in Dresden anerkannt. Die geistlichen Kurfürsten hatten mit Ferdinand das gemeinsame Interesse in der Vertheidigung des Bestehenden, des römischen Reiches deutscher Nation in der alten Form. Sie waren willig. In denselben Tagen, wo Friedrich die Glieder der Union nach Nürnberg berufen, beschied der Herzog Max diejenigen der Liga nach Würzburg. Dort waren sie versammelt, als die Botschaft der Union eintraf.

Die Union entbehrte trotz Friedrichs Anwesenheit des Hauptes und der Leitung. Nicht also die Liga. Sie folgte dem Herzoge Max. Zuerst erkannte sie an, daß eine gemeinsame Gefahr vorhanden sei. Diese lag in der That nahe genug vor Augen; denn bei dem Fortgange von Friedrichs Beginnen war zunächst das Bestehen aller Bisthümer und kirchlichen Stiftungen in Frage gestellt. Auch hatte Friedrich diese seine Ansicht, die Niemand bezweifelte, thatsächlich dadurch an den Tag gelegt, daß er den rheinischen Erzbischöfen und Bischöfen ihre Einkünfte sperrte. [1] Demgemäß forderte Max gemeinsame Rüstung, ein Heer von 25,000 Mann. Er forderte Geld zur Werbung und zum Unterhalte dieses Heeres. Es ward alles bewilligt und Mittel angegeben, wie das Geld zu beschaffen sei. Die Leitung ward einmüthig in die Hände des Herzogs Max gelegt, Dann kam die Gesandtschaft der Union. Sie erhielt auf ihre Frage die Antwort, daß man keinen Zweck habe, als den der Vertheidigung. Max allerdings drängte zum Losschlagen, weil der Türke, auf den Friedrich hoffe, erst im Sommer heranzuziehen pflege; aber dem stand entgegen, daß man, um den Worten zur Vertheidigung buchstäblich nachzukommen, erst einen Angriff abwarten müsse. [2] Auch kam die Verzögerung nur der innerlich kräftigen Partei zu gute, und nicht der zerfahrenen. Es gingen Gesandtschaften hin und her. Jeder Theil schob dem anderen die Anklage der ersten Rüstung zu, welche zur Vertheidigung zwinge.

Unterdessen verfloß der Winter und die Anzeichen wurden günstiger für Ferdinand. Man hatte geglaubt nach den ausgestreuten Gerüchten die Hülfe des Königs Jakob für Friedrich fürchten zu müssen. Als Friedrich von Nürnberg nach Prag zurückkehrte, fand er englische Gesandte vor, welche im Namen Jakobs ihm den königlichen Titel versagten. [3] Bethlen Gabor schloß einen Stillstand mit dem Kaiser. Die Generalstaaten zahlten nichts mehr. Gustav Adolf von Schweden schickte einige Kugeln und Kanonen, und betheuerte seinen guten Willen. Der Kurfürst von Brandenburg hatte mit Friedrich geliebäugelt, ihm Werbungen verstattet und von ihm böhmische Lehen angenommen. Das war alles was er that. Es ward allgemach offenkundig, wie hohl und nichtig das böhmische Wesen sei. Mit dem Beginne des Jahres 1620 durchlief die Nachricht von dem Gräuel des Bildersturmes zu Prag das deutsche Reich.

[1] Aretin, Bayerns auswärtige Verhältnisse S. 50 ff.
[2] a. a. O. S. 70.
[3] Senkenberg XXIV. 423.

Zur rechten Zeit erließ der Kaiser Ferdinand am 29. Januar 1620 ein Manifest, in welchem er das ganze Wesen der Böhmen für rechtswidrig und ungültig erklärte. Er forderte alle Fürsten und Obrigkeiten auf mit ihm die Empörer zu bekämpfen, welche mit frevelnder Hand alles Recht zerstören und alle bürgerliche Ordnung umkehren.

Und hier kam es nun zunächst auf den Kurfürsten von Sachsen an. Die Stimmung der Geistlichen und des Volkes der Lutheraner kannte man aus zahlreichen Kundgebungen; aber darum war der Kaiser noch nicht sicher, wessen er sich von den lutherischen Fürsten zu versehen, ob nicht diese bei der Aussicht auf die straflose Aneignung der Kirchengüter dennoch dem Pfalzgrafen Friedrich zutreten würden.

Seit der Kaiserwahl in Frankfurt, der Königswahl in Prag wurde das Verhältnis zwischen Johann Georg in Dresden und Friedrich immer gespannter. Schon im October 1619 sprach Friedrichs Rathgeber Camerar die Ansicht aus, daß seine Partei den Kursachsen zugleich mit den Papisten vernichten müsse.[1] Wie Pfalz mit steigender Erbitterung auf Kursachsen blickte: so die Liga mit wachsender Hoffnung. Zu Würzburg im December 1619 hoffte die Liga, daß der Kurfürst Johann Georg wenigstens neutral bleibe. Sein Schwiegersohn, der Landgraf Ludwig von Hessen=Darmstadt, baute die Brücke auf zu noch weiteren Dingen. Es ist ein merkwürdiger Gegensatz zwischen diesem Ludwig und seinem Vetter Moritz von Cassel. Zwischen beiden schwebte ein Erbstreit über Marburg, und Moritz hatte im raschen Zugreifen sich dieser Erbschaft bemächtigt. Wie Moritz hoffend auf die Gewalt des Auslandes schaute, um sich mit fremder Hülfe bei diesem Besitze zu behaupten, wie er zu diesem Zwecke mit allen Feinden des Kaisers und des Reiches ringsum in beständiger Verschwörung war: so blickte Ludwig hoffend auf die Reichsgerichte und den Kaiser. Sein Interesse war die Erhaltung und Kräftigung des Reiches, um dadurch das zu erlangen, was er für sein Recht hielt. Indessen war es nicht bloß sein Interesse, welches ihn diese Bahn der wahrhaft nationalen Politik verfolgen ließ. Es war zugleich seine Gesinnung. Er hatte sich auf sein Sterbehemd die Worte sticken lassen: Gott und dem Kaiser getreu.[2] Diese Treue hat er sein Lebenlang bewährt. Ludwig war lutherisch, und wir haben ihn schon kennen gelernt als denjenigen Fürsten, welcher allein von allen auch bei dem Jubelfeste der Reformation dem Eifer der Seinigen die Schranken der Mäßigung vorschrieb. In Ludwig gipfelte die lutherische Partei, welche festhielt an den alten Ordnungen des Reiches. Wir werden später bei dem Einbruche des Schwedenkönigs Gustav Adolf ersehen, daß Ludwig also handelte und redete in voller Uebereinstimmung mit den Ständen seines Landes.

In dieser Gesinnung erklärte der Landgraf Ludwig: es werde der löblichen Nation deutschen Landes und allen Ständen des Reiches ein unauslöschlicher

---

[1] Wolf, Maximilian Bd. IV. 319. Camerar macht das Wortspiel: Saxea corda flectere non possumus: nihil itaque superest quam ut illa una cum Papistis supprimamus.

[2] Rommel, Geschichte von Hessen VI 115.

Makel und ewige Nachsage bei Auswärtigen und der lieben Posterität sein, wenn man geschehen lasse, daß das Oberhaupt, welches die Kurfürsten des Reiches einstimmig erwählt, so ganz und gar unterdrückt würde. Er fügte hinzu, daß er jüngsthin auf einer Reise bei fremden Nationen solche Rede mit Schmerzen habe vernehmen müssen. [1]

Solche patriotische Worte mußten Eingang finden. Ludwig bot sich zur Unterhandlung an zwischen der Liga und Kursachsen. Johann Georg zauderte nicht mit seiner offenen Erklärung. Er durfte es um so weniger, da der Kaiser Ferdinand ihm schon damals bei kaiserlichem Worte zugesagt, daß er keinen Religionskrieg begehre, noch führen wolle, ja daß er auch damals noch bereit sei, im Falle die Böhmen zur Gebühr zurückkehrten, ihnen alle ihre Privilegien und den Majestätsbrief zu belassen. [2] Darum erwiederte Johann Georg dem Landgrafen Ludwig: er spreche es aller Orten aus, nachdrücklich und ohne Scheu, daß die Gerechtigkeit der Sache in Böhmen notorisch auf des Kaisers Seite, der Unfug bei den Böhmen sei. Die Absicht der Unirten sei dem Hause Oestreich in Deutschland das Garaus zu machen. Man wolle dem Erbfeinde Thür und Thor öffnen, alles mit Gewalt ausrichten, und die Reichsverfassung umstürzen. Da handele es sich nicht um die Religion, sondern um Land, Leute und Herrschaft. Es sei der Kurfürsten Amt und Pflicht mit und neben anderen getreuen Fürsten und Ständen des Reiches darüber nachzudenken, wie solchem allem zu begegnen, wie das heilige Reich bei seinem Oberhaupte und die Glieder bei dem Haupte in Frieden und Ruhe bleiben könnten. Dagegen hob Johann Georg auch die Schwierigkeiten hervor. [3]

Und hiebei traten von lutherischer Seite die Fürsten des niedersächsischen Kreises in den Vordergrund. Dort hauptsächlich waren Bisthümer und Kirchengüter nach dem Religionsfrieden von Augsburg in die Hände der Fürsten gekommen. Wir haben gesehen, wie der thatsächliche Besitz nicht dem gesetzlichen Rechte des Friedens entsprach. Darum fürchteten diese Fürsten die Entschiedenheit des Kaisers. Daß der Pfalzgraf Friedrich gegen den Kaiser im Unrecht sei, sagt Johann Georg, daran zweifeln sie nicht. Aber sie sind für sich selber in Furcht, weil sie wegen der Stifte von dem Kaiser bislang weder Indulte noch Belehnung mit den Regalien haben erlangen können. [4] Diese Furcht war der Punkt, an welchen die Unirten den Hebel setzten. Sie wiederholten unablässig, daß der Kaiser und die Liga nur darauf sännen diese Güter zurückzunehmen und sie der

[1] Müller, Forschungen III. 349.
[2] a. a. O. 370.
[3] Man vgl. zu allem diesem Aretin, Bayerus auswärtige Verhältnisse S. 59. — Dann namentlich die kursächsische Flugschrift: Gnädigste Antwortschreiben des d. h. Fürsten und Herren Johann Georgen u. s. w. 1621. Es sind sechs Schriften: an die böhmischen Herren, an Landgraf Moritz u. s. w. Der Kern aller derselben ist, daß Friedrich, weil er zuerst Ferdinand als König von Böhmen anerkannt, mit zum Kaiser gewählt, ihm als solchem Treue geschworen — ein treubrüchiger Rebell sei, und daß um die Religion es sich hier nicht haudle.
[4] Hurter, Ferdinand Bd. VIII. 208. Ebenso Wolf, Maximilian Bd. IV. 322

Kirche wieder zu übergeben. Deßhalb verlangte Johann Georg: man müsse den
Fürsten des niedersächsischen Kreises den Besitz ihrer Güter zusichern. Alsdann
würden sie ruhig bleiben, und man habe freie Hand.

Diese Erklärungen Johann Georgs ebneten die Bahn. Die rheinischen
Kurfürsten vereinigten sich mit ihm, mit dem Herzoge Max und dem Landgrafen
Ludwig einen Tag zu Mühlhausen zu halten. Dort kamen sie zusammen im
März 1620. Johann Georg erhob seine Forderung einer Versicherung für die
Fürsten beider sächsischen Kreise. Die rheinischen Kurfürsten erklärten, daß sie
ihnen wegen der Stifter, die sie in Besitz genommen, mit Gewalt nicht zusetzen
wollten. Aber sie gingen nicht so weit, diesen Besitz für einen rechtlich gültigen
zu erklären. Dagegen verlangten sie ihrerseits von jenen Inhabern das Versprechen unverrückter Treue gegen den Kaiser, sowohl bei der gegenwärtigen Unruhe in Böhmen, als auch in künftigen Fällen ähnlicher Art, und ferner das
Versprechen die den Katholiken noch zuständigen geistlichen Güter nicht antasten
zu wollen. Auch das ward geleistet. Die Fürsten waren e i n e s Sinnes. Als
die Kurfürsten von einander Abschied nahmen, sprach der Mainzer in Gegenwart
der Brüder von Köln und Bayern zu Johann Georg: „Wir wollen allerseits
bei einander halten, und wenn einem von uns etwas begegnen sollte, einander
treulich beistehen.“ Johann Georg erwiederte: „Haltet Ihr nur, Ihr Herren
Mitbrüder und Kurfürsten, an mir soll kein Mangel sein.“ [1] Der Kaiser Ferdinand bemerkte ausdrücklich: jene Zusicherung an beide sächsische Kreise finde er
geistlichen und weltlichen Rechten, auch den Reichsconstitutionen angemessen. [2]

Demgemäß schickte er eine Gesandtschaft an die nordwärts wohnenden Fürsten.
Das Haupt derselben war der Herzog von Lauenburg, ein Protestant. [3] Er
fand die Stimmung günstiger, als man erwartet hatte. Die Reichsritterschaft
war aller Orten für den Kaiser; denn in ihm erkannte sie den Schützer gegen
die andringende Uebermacht der Fürsten. Aber auch diese selbst äußerten sich
kaiserlich. Der Sachsen-Altenburger erbot sich dem Kaiser tausend Reiter zuzuführen. Christian Wilhelm, der Administrator von Magdeburg rief aus: „Möge
der Teufel diejenigen holen, welche Er. Majestät die Wiedereroberung ihrer
Lande nicht gönnen!“ Christian von Lüneburg-Celle entgegnete: so lange er
einen warmen Tropfen Blutes in sich habe, werde er den Kaiser ehren, ihm
gehorsam sein. Auch der König Christian von Dänemark bezeugte seine Freude
über die Wahl des Kaisers, setzte die Gesandten desselben über sich hinauf, und

---

. [1] Schreiben des Kurfürsten von Sachsen vom 30. Mai 1631. Beilage 5 zur Copia
Resolutionis, welche kurfürstliche Durchlaucht zu Sachsen u. s. w.

[2] Hurter, Ferdinand VIII. 212. Müller III. 372. Die Zusicherung des Kaisers
an den Herzog Christian von Celle im Königlichen Archive zu Hannover lautet: So
wollen wir uns nicht weniger auch gegen E. L. der inhabenden geistlichen Güter wegen auf
dasjenige, was auf obigem mühlhaus. Convente geschlossen, mit ehisten resolviren, unterdessen aber E. L. vor aller Anfechtung und Gefahr, die Sie Ihnen etwa vorgebildet
haben möchten, bei unserem kaiserlichen Worte nochmals sinceriren und versichern.

[3] Hurter a. a. O. 214.

legte ihnen selber vor. Also ein Fürst nach dem anderen. Friedrich Ulrich von Braunschweig schwankte noch etwas; doch erklärte zuletzt auch er: er wolle als gehorsamer Fürst des Reiches die Gnade Sr. Majestät verdienen, für den Kaiser Gut und Blut einsetzen. Nur Moritz von Hessen-Cassel besuchten die Gesandten nicht. Auch so ward ihnen die Reise nicht leicht. Elvern, der Begleiter des Herzogs, schließt seinen Bericht an den Kaiser: er werde treu demselben dienen, so lange er das Leben habe; doch müsse er hinzusetzen, daß dasselbe durch das große und grausame Trinken am sächsischen Hofe nicht um ein Weniges geschwächt sei.

Der Kaiser schickte dann noch eine zweite Gesandtschaft an die Fürsten Niedersachsens.[1] Er erhielt die Nachricht, daß dieselben dem Friedrich den Königstitel versagten und die Meinung aussprachen: der Kaiser müsse ihn in die Reichsacht erklären.

Schon seit dem Beginne des Jahres 1620 hatte Ferdinand diese letzte Frage erwogen. Der Herzog Max von Bayern war einverstanden. Er glaubte sogar, daß auch Johann Georg beistimmen werde. Doch war dieser nicht so bereitwillig. Er verlangte auf dem Tage zu Mühlhausen zuerst noch eine ernste, bedrohende Abmahnung an Friedrich V. Diesem Wunsche gemäß erließ Ferdinand diese Abmahnung am 30. April. Sie blieb fruchtlos, wie alle Abmahnungen an Friedrich; dennoch sprach Ferdinand auch damals noch nicht die Achtserklärung aus. Er verlangte zuvor noch ein Gutachten von dem Reichshofrathe im Mai 1620, ob er Friedrich in die Acht erklären müsse. Der Reichshofrath bejahte am 1. Mai 1620: Friedrich sei notorisch ein Majestätsverbrecher. Ferdinand schickte dieses Gutachten an Max,[2] und dieser wiederum erwog die Sache mit Johann Georg von Sachsen. In Folge dessen erklärte der Kurfürst Johann Georg von Sachsen im Juli 1620: wenn einmal die Unternehmung auf Böhmen glücklich vorüber sei: so werde die Achterklärung des Kurfürsten Friedrich bald im Reinen sein.[3] Also beschloß Ferdinand damit zu warten.

Die katholischen und die lutherischen Fürsten des Reiches hatten zur Genüge anerkannt, daß es ihre Pflicht sei dem Kaiser beizustehen. Dennoch muß es auffallen, daß die hervorragendsten von ihnen, die sich nun der Hülfe unterzogen, dabei zugleich einen Lohn für sich erwarteten, ja daß der Kaiser ihnen vorher denselben anbot.[4] Es lag nicht an den Einzelnen, sondern an den Zuständen und der geschichtlichen Entwickelung des Reiches, in welchem es von jeher also gehalten war. Der Lohn war die Entschädigung für die Kosten und Mühen des Kriegszuges. Ferdinand setzte seine Erbländer zum Pfande, Oberöstreich für Max, die Lausitz für Johann Georg. Wer aber meint, daß Johann Georg nur wegen der Hoffnung auf die Lausitz dem Kaiser beigestanden, der wolle erwägen, daß die Gegenpartei ihm dasselbe bot. Von Seiten der böhmischen Großen wurden dem sächsischen Gesandten Andeutungen gemacht: wenn

[1] a. a. O. S. 220
[2] Wolf, Maximilian IV. 376.
[3] Wolf, Maximilian IV. 387.
[4] Müller III. 371.

sein Herr sich ruhig verhielte, so werde man ihm die Ober- und Niederlausitz in Aussicht stellen. [1]

Während so der Kaiser zwei starke Verbündete innerhalb des Reiches für sich in die Waffen rief, setzte auch sein Gesandter Khevenhiller mit kühner Entschlossenheit in Madrid gegen den königlichen Beichtvater Alliaga es durch, daß das gesammte Haus Habsburg zusammen stand gegen den Räuber der böhmischen Krone. Burgund war ein Reichsland, mithin die burgundischen Truppen im Reiche verwendbar. Spinola erhielt den Auftrag gegen die Unterpfalz zu ziehen.

Dritter Abschnitt.

Im Frühlinge des Jahres 1620 hallte in Deutschland der Kriegslärm auf allen Märkten und Straßen. Die Werbetrommel ging um durch Stadt und Land, das Fähnlein flatterte und die Söldner strömten herzu. Wir haben die Kriegsverfassung jener Zeiten ins Auge zu fassen; denn eben sie ist ein wesentliches Moment zur Erklärung all des unsäglichen Jammers und Herzeleides, das in jenen Tagen über unsere Vorfahren gekommen ist.

„Italien ist aus keiner anderen Ursache zu Grunde gegangen, als weil man sich so viele Jahre lang auf gemiethete Truppen verlassen hat." Also hatte hundert Jahre vor dem Ausbruche des großen deutschen Krieges ein tiefer Menschenkenner aus der eigenen Anschauung und Erfahrung seines Lebens verkündet. [2] Das Buch Machiavellis war in den Händen vieler Fürsten, welche daraus die Kunst des Herrschens zu erlernen strebten. Nur des Guten, was Machiavelli als Patriot verkündet hat, achtete man wenig. Für den herrschenden Theil der Menschheit sind die Lehren der Geschichte nicht geschrieben.

„Die deutschen Fürsten haben zum Verzehren zu viel, dagegen um sich zu wehren, zu wenig." Also lautete beim Beginne des großen Krieges das Urtheil eines anderen Kenners, des Prinzen Moritz von Nassau, [3] der im Interesse der Niederlande für das deutsche Reich den Krieg und das Verderben mit vollen Händen aussäete, mit um so größerer Geschicklichkeit, je besser er Teutschland kannte. Seine Worte finden ihren Beleg in der wüsten Schlemmerei und Völlerei der deutschen Fürstenhöfe jener Tage. [4] Sie finden ferner ihren Beleg in jeder neuen Entwicklungsphase des entsetzlichen Krieges, in jedem deutschen Lande, welches dieser neu berührte und dann auch sofort mit auflodern machte in der allgemeinen Flamme.

[1] a. a. O. 330.
[2] Machiavelli, il principe cap. XII.
[3] Aitzema, staet en oorlog I. p. 239.
[4] Man sehe die Schilderungen des Daniel Eremita

Eine gemeinsame Kriegsverfassung des Reiches gab es nicht. Eben so wenig besaß der einzelne Reichsfürst eine stehende Truppe von einiger Bedeutung. Jedem einzelnen Fürsten und Stande war die Vasallenschaft die Heeresfolge schuldig; aber sie ward im Gehorsame säumiger von Jahr zu Jahr. Höchstens ließ sie sich gegen kleinere streifende Schaaren zum Schutze der Grenzen des Landes verwenden, und selbst dazu reichte sie wegen der Langsamkeit in der Befolgung des Aufgebotes oft nicht hin. Nur hier und da erstrebte ein Fürst mit Ernst und Nachdruck die Wehrfähigkeit seines gesammten Volkes. Dieser Ruhm gebührt dem Herzoge Maximilian von Bayern und seinem General Tilly; aber der Raum war ein zu beschränkter, als daß dieß Bestreben für das gesammte Reich eine dauernde Wichtigkeit haben konnte. Im übrigen Deutschland hatte an wenigen Orten der Landmann das Recht die Waffen zu tragen, und im Falle der Noth fehlte da die Uebung. Am ehesten wehrfähig waren die Bürger hinter den festen Mauern ihrer Städte. Die Macht und die Kraft der Städte bestand außer ihren Geldmitteln für die ersten Jahre des Krieges in dieser Ummauerung. Das platte Land lag in der Regel vertheidigungslos jedem Feinde offen, um so mehr da jedes Territorium für sich bestand und der Fürst des einen sich nicht kümmerte um die Leiden des anderen.

Ein eigentlicher Krieg konnte nur geführt werden mit Söldnern. Deutschland selbst war dafür die hauptsächliche Brutanstalt. Die sogenannten Religionskriege in Frankreich, die Kämpfe Spaniens gegen die abgefallenen Niederlande wurden zu nicht geringem Theile von deutschen Landsknechten gefochten. Also nannten sich diese waffengeübten Bursche, die nach einem Friedensschlusse, einem Stillstande der Waffen herrenlos durch die Länder schweiften, lauschend, von wo zuerst die Trommel erdröhne und sie herberufe. Ob in ob außer Diensten waren sie eine ungeheure, und dennoch, wie es schien, unabwendbare Plage der Länder. Dienstlos zogen die Söldner unter dem Namen der gartenden Knechte einher. Sie wollten leben, und wo der Landmann nicht gutwillig ihnen gab, da nahmen sie es mit Gewalt. Dieser oder jener Fürst, welcher meinte irgend etwas mit den Waffen ausfechten zu müssen, diese oder jene Stadt, welche sich bedroht glaubte, nahm solche Knechte in Dienst, oft nur für sehr kurze Frist, für einen Monat oder mehr. Sobald aber irgendwo ein eigentlicher Krieg ausubrechen drohte, füllten sich die Straßen dahin mit solchen gartenden Knechten. Der ganze Proceß hat eine unverkennbare Aehnlichkeit mit einem bösen Geschwüre im menschlichen Körper. Der Kriegsherr schickt Hauptleute aus mit Werbebriefen, die man Patente nannte, je eins für ein Fähnlein zu Fuß von 300 Mann, oder eine Compagnie zu Pferde von 100 Mann. Jeder Hauptmann wählt sich einen Ort, eine Gegend, wo er umschlagen, das ist, die Werbetrommel rühren läßt. Das nannte man den Laufplatz. Die Knechte stellen sich ein, erhalten ein Handgeld und ziehen dann weiter nach dem eigentlichen Musterplatze. Dort erst wird der Eid geleistet, der oft weiter keine Wirkung hat, als daß die Söldner aus unbeeidigten Quälern des Landmannes zu beeidigten werden.

Die moralischen Kräfte in einem solchen Heere sind der Natur der Sache nach gering. Es gilt von den Söldnerheeren auf deutschem Boden dasselbe, was Macchiavelli ein Jahrhundert zuvor von den Condottieri Italiens berichtet. Der Hauptzweck ist ein Herrenleben zu führen auf Kosten Anderer: deshalb hütet man sich durch allzu großen Eifer das eigene kostbare Leben in unnöthige Gefahr zu bringen. [1] Wahrlich nicht Thatkraft ist das was den dreißigjährigen Krieg charakterisirt. Eine solche wohnt nur bei Einigen, die wir näher kennen lernen werden. Zwar wird auf Reputation gehalten. Allein sie besteht sehr häufig in Aeußerlichkeiten, in pomphaftem Auftreten. Man erfindet fürchterliche Namen, um sich fürchterlich zu machen. Die Darabiribatumbaribes und die Horribili: cribifax des Andreas Gryphius, die in Worten den Himmel stürmen, und bei dem Scheine einer wirklichen Gefahr zittern wie ein Espenlaub, bramarbasiren nicht bloß erst gegen das Ende des Krieges. Ein Lieutenant unter Mansfeld ergibt sich im Januar 1620 in hochgewaltigen Reden und unterschreibt sich dann entsprechend: Bandis Hontolaniasonntasau Lieutenant. [2] Das klingt lächer: ich; aber die Kehrseite für die damalige Zeit ist sehr ernst. Unter diesem Namen belegt der Lieutenant ein offenes Städtchen mit hoher Contribution und zwar bei Strafe der Plünderung. „Kommt derowegen morgen zu mir und bringt Geld mit Euch." Das ist der Kern der Sache. Der Schutz, welchen Wehr= lose von dem Ehrgefühl der Officiere und Soldaten zu erwarten hatten, darf sehr gering angeschlagen werden. Und fast in gleichem Verhältnisse steht das Gefühl der Treue gegen den Kriegsherrn.

Denn auch die Nationalität kann nur bei einem Theile dieser Söldner als ein moralischer Hebel angesehen werden.

> Wir han gar kleine Sorgen
> Wol um das römisch Reich,
> Es sterb heut oder morgen,
> So gilt uns alles gleich.

Statt dessen ist man durch die falsche Tradition, die noch häufig in Deutsch= land über jene Zeiten herrscht, gar leicht geneigt die Religion als Triebfeder jener Krieger anzusehen. Daran ist noch weniger zu denken. „Was ist's einem ehrlichen Soldaten um die Religion? — Sie ist nicht von seiner Profession. Er läßt diesen Handel für Mönche und Pfaffen, damit sie die Suppe nicht umsonst essen." — „Die Pfaffen haben eine Spiegelfechterei erdacht, das nennen sie conscientia, das Gewissen. Das soll solch ein Wunderthier sein, daß sich die Libertät nicht darein schicken kann." [3] Die einzige Triebfeder ist der Sold. Ibi fas, ubi merces.

[1] Man vgl. z. B. Müller, Forschungen II. das Söldnerwesen u. s. w. S. 56. Aehnliche Belege in reicher Fülle gibt es bei allen Heeren jener Zeit. Wir werden Gelegenheit haben solcher zu gedenken.

[2] Müller, Söldnerwesen 43.

[3] Also ein Gespräch in einer Flugschrift zwischen einem holländischen Käsekrämer, einem Söldner u. A.

Außer dem regelmäßigen Solde diente zur Steigerung der Kampflust die Hoffnung auf Plünderung. Hab und Gut in einer mit Sturm genommenen Stadt war rechtmäßige Kriegsbeute der Soldaten. Nur das Geschütz, alles Kriegszeug und die Kirchenglocken gehörten dem Kriegsherrn für die Artillerie.

Bei geordneten Zuständen sind stets die Neigungen zum ruhigen friedlichen Leben überwiegend. Der Bürger, der Handwerker, der Landmann wendeten sich mit Abscheu hinweg von diesem Söldnerleben, und schon deßhalb mußte, damit sich Menschen dennoch dazu hergaben, der Sold höher sein, als der Lohn des Tagelöhners und Arbeiters. Als im Fortgange des Krieges das Söldner=gewerbe sich immer mehr als ein Handwerk ausbildete, als einzelne Heerabthei=lungen Monate, selbst Jahre lang in denselben Quartieren lagen, sah man viele ihre Frauen und Kinder mit sich herumschleppen. Zu Anfang geschah dieß sel=tener. Der Söldner verzichtete in der Regel auf jeden edleren Lebensgenuß, und die thierische Seite des Menschen stieg in ihm empor.

Fragen wir darüber den kundigsten Zeugen, den Söldnerführer Ernst von Mansfeld. [1] „Soll der Soldat leben," sagt er, „so gehört Geld dazu. Gibt man es ihnen nicht, so nehmen sie es, wo sie es finden, und zwar nicht auf Rech=nung dessen, was man ihnen schuldig ist. Denn sie zählen es nicht, so wiegen sie es auch nicht. Und wenn man ihnen also einmal das Thor geöffnet: so rennen sie auf dem Plan ihrer Unbändigkeit immer fort. Da hilft kein Zaum mehr, noch eine Schranke. Sie begnügen sich nicht mit ihrer Nothdurft: sie wollen sich auch bereichern. Sie nehmen alles. Sie plündern alles. Sie schlagen und erschlagen, was ihnen Widerstand thun will. In Summa, da ist keine Unordnung, noch Unwesen zu erdenken, das sie nicht anstiften. Denn sie sind aus verschiedenen Nationen, Praktiken und Gesellschaften in allen Bubenstücken aufs Höchste gekommen. Der Deutsche, der Niederländer, der Franzose, der Italiener, der Ungar gibt ein jeder etwas von dem Seinigen dazu, daß keine Verschlagenheit, noch arge List etwas zu überkommen erfunden werden mag, die ihnen verborgen bliebe, die sie nicht verübten. Da sehen sie keine Person an, sie sei, weß Standes und welcher Würde sie wollen. Es ist ihnen kein Ort frei noch heilig. Das alles wissen wir und gestehens gern, haben dessen auch mit unserem großen Herzeleide viele Exempel sehen müssen. Und das ist das große Ungemach, welches den Unfrieden und Krieg so greulich und abscheulich macht. Das einzige Mittel dagegen ist eine gute Disciplin. Diese kann nicht gehandhabt werden, wo es an Zahlung und Sold mangelt. Ich wüßte Niemand, der solches zu führen sich anders unterfangen könnte."

Wir haben nicht zu vergessen, daß Mansfeld diese seine Schrift zu seiner Vertheidigung in Deutschland ausgehen ließ. Er beschreibt sein eigenes Heer und mit diesem sich selbst.

Allerdings gab es nur e i n Mittel bei dem Mangel edlerer Motive dennoch in diese Schaaren von beutegierigen Abenteurern, von Verbrechern aller Art, von

[1] Mansfelds Apologie für 1618—1622. Seite 18.

Landstreichern und Müssiggängern, von bankerotten Krämern und entlaufenen Mönchen, leider aber auch bald von ruinirten Handwerkern und abgebrannten Landleuten, in solche Banden einen sittlichen Halt zu bringen und daran sie zu leiten. Dieß Mittel war pünktliche Bezahlung des Soldes und demgemäß straffe Disciplin. In enger Verbindung damit stand Gewöhnung an die Fahne und den Feldherrn. Und vollends ward dieser Halt befestigt und gekräftigt, wenn dieser Feldherr nicht bloß eine militärische, sondern auch eine religiös = sittliche Größe war, ein Mann, der selbst voranleuchtete mit dem Beispiele der Zucht und Entsagung und Strenge gegen sich. Ob Mansfeld dieser Mann war, wird der Erfolg uns zeigen.

Als Max von Bayern mit der Liga auf dem Tage zu Würzburg 1619 sich zum Kriege entschloß, wurden zugleich die Leistungen bestimmt, die jeder Einzelne für die Bundeszwecke und das Heer zu zahlen hatte. Diese Feststellung gab von Anfang an dem Heere der Liga den unterscheidenden Charakter. Nur sie hatte eine sichere Kasse, aus welcher sie den Sold des Heeres bezahlte. Der Kaiser Ferdinand II. konnte den Seinigen oft nichts zahlen, weil er nichts hatte. Die böhmischen Großen bezahlten die ihrigen nicht, weil sie von dem eigenen nichts hergeben wollten, weil sie allerdings möglichst frei, möglichst unabhängig zu werden erstrebten, aber nicht auf eigene Kosten, sondern auf fremde, auf diejenigen ihrer Unterthanen, und wer sonst freiwillig oder unfreiwillig beitrug. Darum waren die Heere des Kaisers und der böhmischen Herren so wie sie waren. Darum war das Heer der Liga bei allen Unregelmäßigkeiten, die auch dort in der Zahlung vorkamen, verhältnismäßig das best disciplinirte von An= fang bis zu Ende.

Dieß war der eine Vortheil des ligistischen Heeres. Der andere, wichtigere, beruhte in dem Feldherrn. Es war Johann Tserklaes Freiherr von Tilly.

Unfern von Brüssel, in den Gegenden von Genappe, von Fleurus, von Ligny, und St. Amand, wo jede Kirchthurmspitze an die Schlachten Europas mahnt, hält in unsern Tagen der Bahnzug an einer Station, Namens Tilly. Es ist nur noch der Name: von der einstigen Burg ist keine Spur erhalten. Dort oder in Brüssel wurde im Februar 1559 Johann von Tilly als der jüngste Sohn seiner Eltern geboren. [1] Kaum zehnjährig ward er von seiner Mutter den Jesuiten übergeben, und kam mit diesen nach Köln. Die Neigungen des Knaben zeigten sich früh auf eine ascetische Frömmigkeit gerichtet, und schienen darum ihn zum geistlichen Stande zu bestimmen. Viele meinen, daß er als Novize bei den Jesuiten eingetreten sei. Eine sichere Auskunft ist bislang darüber nicht vorhanden. Indessen wenn auch der junge Tilly eine Zeitlang diese Absicht gehegt haben mag: so ist doch bald der Beruf für den Kriegsdienst entschieden in ihm hervorgetreten. Daß er noch unter Alba gedient, daß er sogar diesem im Aeußeren nachgeahmt habe, ist sehr fraglich; denn bei der Abrufung Albas

---

[1] Man vgl. hiezu, wie sich von selbst versteht, die Nachrichten und Forschungen von Villermont, Tilly ou la guerre de trente ans. T. I. p. 2 ff.

1573 war Johann von Tilly erst vierzehn Jahre alt. Er begann vielmehr seine Laufbahn unter Alexander von Parma, und trug nach der Weise der Zeit zuerst die Pike. Seine Fähigkeiten wurden bemerkt. Er stieg empor, und führte in dem Kriege gegen den Kölner Kurfürsten Gebhard Truchseß von Waldburg ein Regiment.

Der mißlungene Versuch dieses Erzbischofs, der durch die Heirath, zu welcher die Brüder der Agnes von Mansfeld ihn zwangen, und durch das reformirte Glaubensbekenntniß sein schönes Erzstift in ein weltliches Erbfürstenthum zu verwandeln gedachte, dieß Mißlingen ist auf deutschem Boden das erste handgreifliche Zeichen, daß die Fluth des Protestantismus damals den Höhepunkt erreicht hatte, daß sie zu ebben begann. Es ist merkwürdig, daß ein wesentlicher Antheil dieses ersten großen Erfolges für den Besitzstand der katholischen Kirche dem jungen Manne zufiel, der hernach als Greis die volle Höhe der neuen Strömung miterlebte, sie hauptsächlich herbeiführte, und dann in kurzer Zeit sie rasch verrinnen sah.

Der Krieg gegen Gebhard war beendet. Tilly kehrte zurück in die engere Heimat, und diente als Volontär mit der Pike unter dem Prinzen von Parma bei der denkwürdigen Belagerung von Antwerpen. Dieser Feldherr war das Vorbild, welchem der junge Mann nachstrebte, innerlich und äußerlich. Er hatte mit Parma die Wärme der religiösen Ueberzeugung gemein, und man sah ihn gleich jenem dieselbe bethätigen in Wort und That.

Antwerpen fiel. Den jungen Tilly drängte es fort zu neuen Thaten. Er führte unter dem Grafen Adolf von Schwarzenberg eine Compagnie Cürassiere nach Frankreich, und half bei d'Auneau gegen Fabian von Dohna den Sieg erringen. Er zog weiter in die Dienste des Herzogs von Lothringen, und erhielt zum Danke für seine Thaten von diesem Herzoge den Befehl in den Städten Dun und Villefranche. Im Jahre 1594 wurden diese Städte durch Vertrag dem französischen Könige Heinrich IV. übergeben. Der König wußte von Tilly. Er suchte auch diesen mit zu sich herüber zu ziehen. Tilly weigerte sich.

Er schaute ostwärts.[1] Der edelste, erhabenste Kampf war derjenige gegen den Erbfeind der Christenheit. Dieser drängte von Osten heran mit zahllosen Schaaren. Wir erblicken mit voller Sicherheit Johann von Tilly in diesem Kampfe erst 1600. Bis dahin fehlt über ihn jegliche Nachricht von 1595 an. Die Wiener Archive melden von einem Tilly; aber es ist unzweifelhaft, daß auch der ältere Bruder Jakob damals dort die Waffen trug. Es ist möglich, daß alle jene Nachrichten auf diesen sich beziehen, daß keine von ihnen Johann bezeichnet. Es ist möglich, sagen wir. Aber da wir von ihm bis 1600 nichts wissen, da wir ihn 1600 dort finden: so liegt die Vermuthung nahe, daß er auch bislang schon da gewesen, daß er schon 1595 dem inneren Drange seines Jugendmuthes, seiner warmen Begeisterung für Christenthum und Kirche, und zugleich dem Hülferufe der bedrängten Völker im Osten des Reiches gefolgt sei.

[1] Da die möglichst genaue Erörterung dieses Verhältnisses ein besonderes Verdienst des Werkes von Villermont ist: so begnüge ich mich darauf zu verweisen S. 7 ff.

Dort finden wir ihn kämpfend unter dem Herzoge von Mercoeur. Es ist einer jener langen Kriege, die keine Entscheidung bringen, die nur aufhören aus beiderseitiger Erschöpfung, mit einem Frieden, der die Erneuerung des Krieges in nahe Aussicht stellt. Aber es war eine Schule reicher Erfahrung zu demnächstiger Verwendung. Der Krieg dauert bis zum Jahre 1606.

Er hörte auf, um dem Ausbruche eines anderen Zwistes Raum zu geben. Rudolf und Matthias wirkten jeder auf seine Weise gleich verderblich für die östreichischen Erbländer und für das deutsche Reich: dieser durch seine Velleitäten des Ehrgeizes und der Herrschsucht, jener durch die Schwäche seines Widerstandes. Matthias glaubte die Stände, das ist: die Herren und Ritter der Erblande zu gebrauchen gegen seinen kaiserlichen Bruder, und erkannte nicht, wie er, der Schwächere, von den überlegenen Führern dieser Stände gebraucht wurde zu ihren Zwecken der Unabhängigkeit von dem Landesherrn. Matthias kämpfte gegen die Interessen seines Hauses und seine eigenen. Er stand an der Spitze der ungarischen Magnaten. Er selbst führte sie auf dem Reichstage zu Preßburg im Januar 1608 zu weiteren Schritten. Der wichtigste war der Preßburger Vertrag zwischen den Ständen von Ungarn und Oestreich, das ist, zwischen den Magnaten von Ungarn und dem Herrenstande von Oestreich. [1]

Es ist nicht unsere Aufgabe hier diese Schritte im Einzelnen zu erörtern. Es ist nur die Frage aufzuwerfen, wie Johann von Tilly sich dabei verhielt. Er war in Preßburg anwesend. Er war damals Feldmarschall, d. i. nach den Rangstufen unserer Zeit Generalmajor. Aber er allein war der Führer der geringen Macht, auf welche der Kaiser Rudolf zählen durfte. Wenn Matthias diesen Heerführer gewann: so war Rudolf in seine Hand gegeben. Matthias machte seine Versuche. Sie scheiterten. Tilly begab sich auf den Weg nach Prag, um selbst dem Kaiser Rudolf die wahre Lage der Dinge zu enthüllen, zu einer Zeit, wo Matthias noch immer dem kaiserlichen Bruder freundliche Briefe voll Ergebenheit und Treue schrieb. Der Plan Tillys war gut, nur Rudolf unfähig ihn zu hören. Tilly erwirkte indessen von ihm den Befehl, daß das Heer von Niemandem Befehle anzunehmen habe, als dem Feldherrn. Auch das war für Tilly genug. Er eilte zurück und fand sein kleines Heer schon wankend durch die Umtriebe des Erzherzogs Matthias. Tilly festigte die Offiziere in der Treue zu ihrem Eide. Erzürnt über ein solches Durchkreuzen seiner Plane schleuderte Matthias eine Schrift hinaus, in welcher er die schwersten Anklagen der Grausamkeit auf Tilly wirft. Es ist seltsam, wie diesem Manne lebend und todt dasselbe von verschiedenen Seiten hat widerfahren müssen. Aber der Lebende vermochte sich zu wehren gegen die Tücke der Lüge. Tilly weiß, von wem dieselbe ausgegangen ist. Er entwickelt dieß und die ganze Sachlage in einem ausführlichen Schreiben an den Erzherzog Albrecht in Brüssel. Aber zugleich auch verwahrt er sich öffentlich durch eine Druckschrift, ohne den Urheber der

[1] Man wolle vergl. Hurter, Ferdinand Bd. V. p. 130 ff.

Verleumdung zu nennen. [1] Es ist die Sprache eines tiefgekränkten ehrlichen Mannes, die in jeder Zeile sich ausspricht und dennoch nur sich vertheidigt. „Die Schrift behauptet," sagt Tilly, „mein Kriegsvolk habe auf den mährischen Grenzen durch Rauben und Brennen großen Schaden gethan. Ich weiß mich nicht zu erinnern, daß Jemandem durch Rauben der geringste Schaden geschehen, noch ist darüber von Groß oder Klein die geringste Klage an mich gebracht. Wäre es geschehen, so würde ich gewußt haben, wie dem zu begegnen. Was aber das Brennen betrifft, so erkläre ich öffentlich, erbiete und verpflichte mich gegen Jedermann, wenn im Grunde der Wahrheit durch unverdächtigen genügenden Beweis dargethan wird, daß von meinem Kriegsvolk zur selbigen Zeit das geringste Gebäude mit meinem Wissen verbrannt oder angezündet sei: so will ich dasselbe mit meinem Kopfe, mit Leib und Leben bezahlen, und bin erbötig mit Bewilligung des Kaisers mich zu stellen, wohin ich deshalb erfordert werde. Und ferner sagt man von mir, ich hätte den Adel ausrotten wollen. Wenn dieß wäre: so müßte ich die Absicht gehabt haben aus eigenem Antriebe oder auf Befehl. Nun wird mir aber Jeder, der mich kennt, mir gern das Zeugnis geben, daß ich dem Adel gegenüber mich benommen, wie es einem ehrlichen Cavalier zusteht, und ich selbst weiß weder in Oestreich, noch in Mähren einen einzigen Mann hohen oder niederen Standes, den ich wissentlich beleidigt, dem ich feind wäre, oder dem ich mir feind zu sein Ursach gegeben haben möchte. Daß ich aber zu einem solchen Mordstreich gegen den Adel keinen Befehl gehabt, bezeuge ich mit Gott, meinem guten Gewissen und der ganzen Welt. Niemand hatte mir damals, wie noch heute zu befehlen als der Kaiser selbst. Will man auf den Kaiser eine solche Anklage bringen? Wie kann man ein solches Wort vor Gott und der Welt verantworten? — Und gesetzt auch selbst, es sei mir befohlen, was nicht der Fall ist: so lebe ich doch vor Jedermann der guten Zuversicht und Hoffnung: es werde mein Gottlob ohne einigen unziemlichen Ruhm zu melden, guter Name so weit bekannt sein, daß ich mich je und allezeit die Tage meines Lebens aufrichtiger Thaten, mit Leib, Gut und Blut wider den Erbfeind des christlichen Namens befliffen, und nicht heimlichen Mordes, noch dazu mich gebrauchen oder bestellen lassen." Und abermals erbietet er sich dann mit Erlaubnis des Kaisers, wo immer es sei, sich wegen der erhobenen Beschuldigungen zu verantworten und darzuthun, daß er mit seinen langen treuen Kriegsdiensten nicht bloß um den Kaiser, sondern auch um das Reich und das Erzhaus Oestreich ein Anderes verdient habe, als eine solche Schmähschrift.

Seine Antwort that ihre Wirkung. Die Verleumdung von damals, die Tilly selbst abwehren konnte, war aus der Geschichte spurlos verschwunden. Erst die urkundliche Forschung unserer Tage hat sie wieder hervorgezogen, nicht wegen der Verleumdung, sondern wegen der Abwehr.

Matthias beharrte auf seinem Wege mit Hülfe oder vielmehr als Werkzeug

---

[1] Villermont, Tilly etc. II. p. 249 ff. hat die betreffenden Schriften abgedruckt.

der Feudalherren der Erblande des Hauses den kaiserlichen Bruder zu bedrängen. Tillys Kopf und Arm waren dem Kaiser verfügbar; allein Rudolf gab sich selber auf. Am 25. Mai 1608 trat er Ungarn und Mähren dem arglistigen Bruder ab. Tilly zog sich zurück. Während der beiden nächsten Jahre wissen wir nichts von ihm. Es scheint, daß er als Privatmann gelebt, ohne doch seines Dienstes von Rudolf völlig entlassen zu sein.

Er sah, wie die Dinge sich wandten, wie er bei längerem Beharren im Dienste des Hauses Oestreich früher oder später denselben Erzherzog Matthias als seinen Herrn erkennen müsse, der alles gethan, was er vermochte, um die Ehre des Helden zu Schanden zu machen. Deßhalb war ihm der Ruf des Herzogs Maximilians von Bayern im Frühlinge des Jahres 1610 willkommen. Rudolf gewährte ihm die gewünschte Entlassung. Tilly meldete dem Erzherzoge Albrecht in Brüssel sein Vorhaben und betheuerte, daß er ungeachtet dieser Aenderung in treuer Devotion gegen das Haus Oestreich verharren, und wo die Gelegenheit es geben würde, demselben mit Darbringung von Gut und Blut zu dienen bereit sei. [1] Vom Mai 1610 an stand Tilly im Dienste des Herzogs Maximilian von Bayern.

Max war von den Jesuiten zu Ingolstadt erzogen. Der Plan, den sie dabei verfolgten, liegt vor. [2] Max sollte nicht bloß ein strenger Katholik sein, sondern zugleich ward Bedacht genommen auf die möglichste Ausbildung seiner geistigen und körperlichen Fähigkeiten. Der Plan enthält in kurzen gedrängten Zügen ein theoretisches Musterbild seiner Art. Es kommt dabei freilich auf die Praxis an. Und auch daran hat es bei den kundigen, weltmännisch gewandten Vätern der Gesellschaft Jesu nicht gefehlt. Es ward allerdings auch von befreundeter Seite die Klage erhoben, daß dieser Erziehungsplan nicht den Vorschriften entspreche, welche Xenophon bei der Ausbildung des Cyrus als maßgebend aufgestellt. [3] Aber fragen wir nach dem Ergebnisse. Max sprach außer seiner deutschen Muttersprache auch italienisch und französisch, und verstand ziemlich spanisch. Er bemühte sich, was er schrieb, in wohlgesetzte Form zu bringen und stilistisch abzurunden. Auch dabei bewährte er seine deutsche Gesinnung, daß er über die Berichte aus Tillys Kriegskanzlei sich unmuthig gegen denselben äußerte: wer doch die neuen undeutschen Wörter aufbringe. [4] Max war den Künsten hold, insbesondere der Malerei. Er hatte bedeutende Kenntnisse in der Wissenschaft des Rechtes. Von einer finsteren Ascetik enthält der Studienplan nicht ein Wort. Allein während die Fürstenhöfe in Nord- und Mitteldeutschland einer wilden zerrüttenden Sauflust fröhnten, blieb Max und seine Umgebung nüchtern, mäßig, thätig in hohem Grade. Max sah mit eigenen Augen. Er duldete keine Schmeichler. Er war wohlthätig. Er war der einzige deutsche Fürst seiner Zeit, der keine Schulden hatte. Wenn seine Bemühungen

[1] Man sehe das Schreiben bei Villermont, Tilly II. 257.
[2] Adlzreitter, Annales B. G. Pars III. lib. 1.
[3] Wolf, Maximilian I. 83 ff.
[4] Westenrieder, Beiträge VIII. 155.

des Sparens über das rechte Maß hinausgingen, wenn dieselben oft einem Scharren zu gleichen schienen: so sparte Maximilian niemals für sich. Und vor allem, ihm war ein Gedanke aufgegangen von unermeßlicher Tragweite für das nationale Leben. Der Gedanke, den Macchiavelli hundert Jahre vor Maximilians Auftreten für Italien mahnend verkündet, der hundert Jahre nach Maximilians Tode energische Vertreter in dem Domherrn Fürstenberg zu Münster, in dem Grafen Wilhelm von Schaumburg-Lippe fand, der Gedanke, den wiederum dieser letztere als Keim für eine große Aussaat des deutsch=natio= nalen Lebens auf Scharnhorst übertrug: daß die feste Grundlage des Staates und der Nation, der Ordnung und der Sicherheit bestehe in der Wehrfähigkeit und Wehrpflicht aller Angehörigen: dieser Gedanke hatte früh in der Seele Maximilians Wurzel geschlagen und wuchs empor durch ihn. Er hat in seinem Lande dafür gethan, was er vermochte. Allein die Zeit der Ausführung war noch nicht gekommen.

An diesem mäßigen, stillernsten Hofe zu München, dem Gegensatze der Völlerei zu Dresden, der französischen Nachäfferei zu Heidelberg, der schwäch= lichen Mattherzigkeit zu Berlin, war der mäßigste, still ernsteste Mann Johann Tserklaes von Tilly. Nie hatte der Wein Gewalt gewonnen über ihn. Er war unverheirathet geblieben; doch der Vorwurf der Herabwürdigung der Frauen in irgend einer Weise traf ihn nicht. Er war ein Mönch im Gewande des Feld= herrn. Ob darum auch die Bande, die ihn an das menschliche Geschlecht knüpften, weniger stark und fest waren, als bei Anderen, werden wir zu seiner Zeit er= fragen. Tilly stand dem Herzog zur Seite in der Ausführung des Lieblings= planes alle gesunden Männer des Volkes zur Wehrfähigkeit heranzubilden, und ohne das Gutachten des Feldherrn durfte im Kriegsrathe nichts von Wichtigkeit entschieden werden. [1]

Diesen Mann ersah sich die Liga zum Feldherrn. Tilly hatte ein thaten= reiches Leben hinter sich. Als im Jahre 1620 sich ihm die größere Laufbahn eröffnete, stand er im 61sten Jahre, in einem Alter mithin, wo bei gewöhn= lichen Menschen nach wechselvollem Leben das Bedürfnis der Ruhe sich zu regen beginnt. Tilly fühlte dasselbe nicht. Wie sein Geist noch frisch und kräftig war, so waren auch seine Glieder gestählt durch lange Mäßigkeit und Abhärtung. Er war klein von Gestalt, aber sehnig, mit breiter, vorragender Stirn, lebhaften blauen Augen, mit Adlernase, mit spitzigem Kinne, von starkem Barte um= umschattet. Das kurz geschnittene Haupthaar war früh gebleicht. Der Eindruck des Gesichtes war ernst und würdig, [2] aber wohlwollend. Wir werden später oft ersehen, wie die Menschen mit Vertrauen ihm entgegen treten, wie er durch Freundlichkeit die Gemüther gewinnt, und wie oft man sich ihm mit Bitten um seine Fürsprache naht.

[1] Wolf, Maximilian I. 315.
[2] Villermont gibt I. 100 diese Züge nach Porträts, die er gesehen. Die Kupfer= stiche im Theatrum Europ., bei Khevenhiller, in Köhlers Münzbelustigungen sind da= mit vereinbar.

Der Charakterzug, der bei ihm hindurchgeht durch sein Leben, durch sein Thun und Lassen, ist seine Religiosität. Wir meinen nicht bloß die eine Seite derselben: die treue Anhänglichkeit an die Lehren und den Cultus seiner Kirche. Diese besaß Tilly und zwar in hohem Grade. Der Regel nach hört er zweimal täglich die Messe. [1] Er ist mit besonderer Verehrung der Jungfrau Maria ergeben: ihr Name dient ihm zum Feldruf in den wichtigen Treffen. Auf seinen fernen Zügen an der Nordsee gedenkt er ihrer ihm besonders lieben Kirche zu Altenötting, in welcher er seine Ruhestätte sich erkoren, und bringt dahin seine Opfer dar. Diese Kundgebung der Religiosität Tillys ist nie bestritten. Es ist aber noch eine andere Seite derselben, deren Darstellung uns obliegen wird. Es wohnt bei Tilly in einer für seine Zeit beispiellosen Weise die Anerkennung der Rechte anderer Menschen, nicht bloß in Bezug auf ihre Habe, ihr Eigenthum, ihren Anspruch an Frieden und Lebensglück, sondern vor allen Dingen in Bezug auf ihre religiösen und kirchlichen Gewohnheiten. Wir werden im Einzelnen dieß zu erleben haben im Fortgange unserer Darstellung.

Für ihn selbst bethätigt sich die Religiosität in der Hingabe an seine Pflicht und an die Sache, welcher er dient. Tilly ist der Mann der Entsagung nicht bloß in den materiellen Genüssen des Lebens, sondern auch in den feineren, in den Ansprüchen auf Macht und Ehre. Er hatte seine neue Laufbahn zu beginnen mit der Bethätigung dieser Entsagung. Nachdem schon die Liga ihn zu ihrem Feldherrn ersehen, schickte Franz von Vaudemont, Herzog von Lothringen, den Grafen Marques an Maximilian, um für sich die Heerführung zu erhalten. Es war zu erwarten, daß im Falle der Bejahung dieser Herzog sich fest an die Liga binden würde. Maximilian schwankte. Tilly machte bald diesem Schwanken ein Ende. Der 61jährige, kriegserfahrene, ruhmbedeckte, eben erst gewählte Mann trat zu seinem Herzoge und erklärte aus freien Stücken, daß er um der Sache willen sich mit der Stelle unter dem Herzoge von Lothringen begnügen werde. [2] Also im März 1620. Es kam nicht dazu. Die Unterhandlungen geriethen ins Stocken und Tilly behielt das ihm einmal überwiesene Amt, jedoch für die erste Zeit war Max selber beim Heere anwesend.

Noch einmal im Mai 1620 bat der Herzog Max von Bayern den Vetter von der Pfalz abzustehen von dem Beginnen. Eben dasselbe that der Kaiser. Friedrich erwiederte: er habe nicht zu thun mit Ferdinand als dem Kaiser, sondern mit dem Erzherzoge von Oestreich. Der Kaiser könne nicht Richter in eigener Sache sein. Vermeine der Kaiser als Erzherzog von Oestreich eine

---

[1] Historisch-politische Blätter XIV. Tepler Manuscript über die Eroberung von Magdeburg.

[2] Brüsseler Archiv. Am 3. Februar 1620 Max von Bayern an den Kurfürsten von Mainz: „Sonst wollten die catholischen Stände Tilly als Generallieutenant des Bundesheeres haben. Aber durch jenes wird das Haus Lothringen besser an die catholische Union (Liga) gekettet. Daher cedirt Tilly gutwillig und begnügt sich mit dem Feldmarschallamte." Feldmarschall damals etwa gleich Generalmajor. Der Kriegsherr ist der eigentliche General, daher der wirkliche Feldherr Generallieutenant.

Erbforderung auf Böhmen zu haben: so müsse er sie ausführen vor den Richtern, die das böhmische Gesetz bestimme. Diese Richter nennt freilich Friedrich nicht. Wenn dagegen Ferdinand als Kaiser von Jemandem angesprochen werde: so müsse er gemäß der goldenen Bulle vor dem Pfalzgrafen Friedrich selbst zu Rechte stehen. [1]

Es war klar, daß der allzuspitzige Scharfsinn des pfälzischen Rathes Camerar sich hier umgelegt hatte bis zum völligen Unsinn. Von kaiserlicher Seite wandte man diese Sätze spottend um und entgegnete: weil der Pfalzgraf Friedrich mit Ferdinand als Kaiser nichts zu thun hat, sondern nur mit dem Erzherzoge von Oestreich, so hat auch Ferdinand als Kaiser nichts zu thun mit dem Pfalzgrafen Friedrich. Indem deßhalb der Kaiser die Sätze der goldenen Bulle gegen Friedrich zur Anwendung bringt, ist er nicht Richter in eigener Sache, sondern Oberstrichter des Reiches, der die Beleidigung des einen Reichsfürsten gegen den anderen, des Pfalzgrafen gegen den Erzherzog, reichsgesetzlich ahndet. [2]

Kürzer und bündiger ward von lutherischer Seite auf Friedrichs Behauptung die Gegenfrage gestellt: wenn ein Stand im Reiche Aufruhr erweckt, wem gebührt es da den Frieden herzustellen, als dem Kaiser? [3]

Der Stoß des Heeres der Liga, mit welchem Maximilian von Bayern und Tilly im Sommer 1620 dem Kaiser zu Hülfe zu kommen gedachten, sollte den östreichischen Erbländern gelten. Zuvor indessen mußte Max Bedacht nehmen auf Sicherheit im Rücken vor der Union. Spinola rückte damals schon gegen die Unterpfalz heran. Das Heer der Union stand bei Ulm, unfern von da bei Dillingen dasjenige der Liga unter Tilly. Dahin eilte Max. Die Unirten hielten in Ulm einen Bundestag. Dort traten die Bayern auf und forderten eine offene, klar bestimmte Erklärung, ob die Union ihrem Worte gemäß ferner mit der Liga Frieden halten wolle oder nicht. Die Liga wolle lediglich Selbstvertheidigung. Die Union erwiederte, auch sie habe keinen anderen Zweck. Max entgegnete abermals, er biete den Frieden an unter der Bedingung, daß auch jene alsbald klar und bestimmt und ohne Anhang denselben aussprächen. Die Unirten fanden das hochmüthig und bedrohlich. [4]

Inzwischen war eine französische Gesandtschaft angekommen. Die Anschauung derselben von der Sache ist von hoher Wichtigkeit. Seit dem Tode Heinrichs IV. bis zur Erhebung des Cardinals Richelieu schwieg vierzehn Jahre lang die ränkevolle auf Deutschlands Zerrüttung berechnete französische Politik, und die Wahrheit machte dort sich geltend. [5]

Im Beginne des Jahres 1620 stellte Jeannin dem Könige Ludwig XIII. die Lage der Dinge in Deutschland dar. Die katholischen Fürsten dort, sagte er, sind zum Theil waffenlos, oder, wo sie die Waffen tragen, da ist ihr Zweck

[1] Senkenberg XXIV. 523.
[2] Mansfelders Ritterthaten p. 126.
[3] Speculum Germaniae oder neu polirter deutscher Spiegel 1621.
[4] Wolf, Maximilian IV. 399.
[5] Hurter, Ferdinand Bd. VIII. S 467 und 62.

lediglich die Vertheidigung des eigenen Landes und ihrer Unterthanen. Das
Ziel der Union dagegen ist die Theilung der großen geistlichen Güter. Bei solcher
Verwirrung im deutschen Reiche, bei solcher Gefahr der Zersplitterung und Ohn=
macht desselben weist Jeannin warnend auf die Gefahr vor dem Türken hin,
der lauernd im Hintergrunde stehe. Deßhalb räth er zu einer Gesandtschaft mit
dem Zwecke der Vermittelung des Friedens. Ludwig XIII. folgte und schickte
diese Gesandtschaft nach Ulm. Sie redete im Sinne der Bayern.

Die Fürsten der Union setzten das Benehmen des Tages von Nürnberg
fort. [1] Ihr Bund war ein Körper ohne Seele. Heinrich IV. hatte ihn ins
Leben gerufen; dem Interesse des Franzosenkönigs sollten die Velleitäten dieser
deutschen Fürsten dienen. Da das Wort dieses Königs dem Bunde nicht mehr
einen festen Rückhalt gab, war die Union innerlich längst gelöst. Camerar war
anwesend, um das Interesse Friedrichs zu verfechten. Würtemberg und Anspach
bemerkten, daß die Vorschläge von Seiten der Liga billig seien; aber Camerar
dränge sie. Er wurde lästig. Man sagte ihm, das einfachste Friedensmittel sei
die Niederlegung der angemaßten Königskrone. Das wollte ihm nicht zu Sinne.
Eine Weile noch sträubten sich die Unirten und verlangten, daß auch der Erzherzog
Albrecht zu Brüssel in den Frieden aufgenommen werde. Wenn dieß geschah, so
durfte Spinola im Namen desselben die Unterpfalz nicht angreifen. Max er=
wiederte, der Erzherzog gehöre nicht zur Liga und darum könne diese nichts für
ihn versprechen. Die Franzosen redeten begütigend drein. Also einigte man sich
am 3. Juli: es solle Friede sein zwischen beiden Bündnissen, der Union und
der Liga. Der Vertrag jedoch erstrecke sich nicht auf Böhmen, das gänzlich
davon ausgeschlossen sei.

Die Franzosen berichteten heim: die Union habe einst sich auf Befehl und
unter dem Schutze Heinrichs IV. gebildet, deßhalb übe der Sohn dieses Königs
auf die Entschlüsse der unirten Fürsten einen solchen Einfluß, daß sie jederzeit
Allem sich unterziehen würden, was dem Könige für sie anzuordnen belieben
möchte. In Wahrheit verdienten die Franzosen hier die Anerkennung der Deut=
schen. Der Vertrag von Ulm war ein blutloser und doch vollständiger Sieg über
die Zerstörer des Friedens.

Und rasch nun wandten Max und Tilly ihre Schaaren, nicht freilich direkt
gegen Böhmen, sondern gegen Oestreich ob der Ens. Der Herzog Max recht=
fertigte dieß Verfahren. [2] Die in Böhmen nach Bayern zu gelegenen Kreise
seien verödet, und der Uebergang durch den rauhen Böhmerwald sei gar zu schwer.
Das Land Oestreich dagegen liege günstig in der Mitte. Der Wasserstrom er=
leichtere die Verbindung und die ·Hülfe. Dazu sei das Land ob der Ens das
rechte Nest und die Quelle alles Unheils. Wichtiger mochte für Max noch etwas
sein, was er nicht sagte. Oberöstreich war das Pfand, das ihm der Kaiser für

---

[1] Wolf. Maximilian IV. 390 ff. Vgl. Hurter a. a O. 461. Ferner Senkenberg
XXIV. 525 ff
[2] Wolf, Maximilian IV. 402.

seine Hülfe verheißen, und Max beeilte sich zuerst dieses Pfand zu ergreifen. Am 13. Juli stand er zu Schärding, an der Grenze von Oestreich. Die Stände desselben waren sehr bestürzt. Zwar wußten sie, was ihrer warte. [1] Am 30. Juni hatte der Kaiser gegen die Stände Oberöstreichs ein Patent erlassen in folgenden Worten: „Ihr habt euch der Rebellion in Böhmen theilhaft gemacht, wider das Erzhaus euch bewaffnet, der Regierung euch angemaßt, die Gehorsamen kriegsweise bedrängt, den Feinden geholfen: deswegen haben wir unsern lieben Vetter und Fürsten, den Herzog Max beauftragt zu euch: ihm habt ihr die Pässe zu öffnen, die Bundesbriefe kassirt zuzustellen und die Erbhuldigung zu leisten." Noch wäre es Zeit gewesen einzulenken. Die östreichischen Herren wollten nicht. Sie mochten die Gefahr noch nicht für so drohend halten. Erst als Max ihre Grenze überschritt, ging ihnen eine andere Ahnung auf. Sie meldeten dem Herzoge, daß sie gar nicht feindlich gegen ihn seien; auch er, hofften sie deshalb, werde nicht feindlich gegen sie sein: er werde sein Heer von ihren Grenzen entfernen. Max erwiederte: er werde in einigen Tagen zu Linz die Absicht seiner Ankunft eröffnen. Diese Eröffnung lautete: er fordere vollständigen Gehorsam gegen ihn als Stellvertreter des Kaisers. Er gab fünf Tage Zeit. Die Stände waren rathlos. Sie forderten längere Frist. Sie hofften nämlich, daß sie binnen derselben Mansfeld aus Böhmen an sich ziehen würden. In der That näherte sich derselbe. Max kehrte sich nicht daran, er zog fort und rückte am 4. August 1620 in Linz ein. Dort forderte er die Stände vor sich. Sie erschienen zagend und baten um Erhaltung ihrer Privilegien, ihrer Verbindung mit Böhmen. Max erklärte: jene werde der Kaiser schonen, diese nicht gestatten. Noch einmal forderte er binnen zwei Tagen den Eid der Huldigung für sich im Namen des Kaisers. Am 20. August schworen Prälaten, Herren, Ritter und Städte. Sie verzichteten auf den Bund mit Böhmen und gaben ihre Truppen zum Heere der Liga. Die Niederöstreicher hatten schon früher gehuldigt.

Daß es so kommen würde, hatten Max und Tilly vorausgesehen. Bevor der Herzog aufbrach, meldete er im Mai an den Kurfürsten von Sachsen: er hoffe mit Oberöstreich die Sache in acht Tagen abzuthun. [2] Viel länger in der That dauerte es nicht. Widerstand hatte er kaum gefunden. Nur hier und da hatten einige Bauernhaufen sich zur Wehr gesetzt und streifende Bayern erschlagen. Diese rächten das durch Niederbrennen der Dörfer. Nicht also war es der Sinn des Herzogs und seines Feldherrn. Den Brandstiftern ward der Strick zu Theil. Doch schärfer noch mußten die Fesseln der Disciplin angezogen werden.

Es war bei dem Heer eine französische Abtheilung. [3] Von diesen entliefen in Linz sechs Söldner, wurden wieder eingefangen und zum Galgen verurtheilt. Schon standen sie unter demselben, bereit das letzte Gebet zu sprechen, als sich unter den nächsten Soldaten ein leises Murmeln um Gnade erhob. Es schwoll

---

[1] Hurter, Ferdinand VIII. 435.
[2] Müller, Forschungen III. 395.
[3] Wolf, Maximilian IV. 424.

an, ward lauter; es war nicht mehr ein Bitten, sondern ein heftig forderndes Geschrei der ganzen umgebenden Menge. Das Toben ward unruhiger, der Henker bei Seite geführt, der Profoß mit seiner Wache erschien nicht. Einige Verwegene stürzen heran zu den Delinquenten, zerschneiden die Stricke, nehmen die Galgen= vögel auf unter die Schaar und tauschen mit ihnen die Kleider, daß sie un= kenntlich sind. Schon glauben die Verurtheilten sich außer aller Gefahr. Aber Tilly, der Feldherr, und der Oberst Haslang hatten oben vom Fenster herab alles wahrgenommen. Beide stürzen hinunter mit gezogenem Schwerte. Ihnen starren die vorgehaltenen Piken entgegen. Tilly tritt zurück. Er eilt zu seinem Regimente und führt es heran. Die rebellische Schaar wagt weiter keine Thät= lichkeit, und Tilly greift neun heraus, unter ihnen die sechs Verurtheilten oder die er dafür hält. Vier von den neun sind ritterlichen Standes. Es wird ihnen Zeit zum Beichten verstattet, alsdann sollen sie innerhalb der nächsten sechs Stunden den Tod erleiden.

Der Stand der Sache indessen war dennoch sehr gefährlich. Die ganze Schaar der Franzosen im Heere war tief erbittert. Es handelte sich geradezu um die Existenz desselben. Tilly traf weitere Maßregeln. Er ließ das Geschütz auf= fahren gegen den Ort der Franzosen. Das ganze Heer war unter den Waffen. Ein deutsches Regiment zu Fuß stand auf dem Markte von Linz, auf beiden Flügeln Reitergeschwader. Außerhalb der Stadt hielt die andere Reiterei, jeden Augenblick zum Einsprengen bereit. Vor solchen Anstalten unter solcher Leitung mußte der Gedanke eines tumultuarischen Widerstandes erlahmen. Die Delin= quenten wurden herangeführt. Man sieht ihnen an, daß sie sich in ihr Schicksal ergeben. In dichten Reihen umschließen die zuverlässigen Truppen den Ort und lassen nur einen schmalen Durchgang für die Verurtheilten frei. Der Spruch wird vollzogen.

Tillys Maßregeln dauerten die ganze Nacht. Am anderen Morgen wurde noch einer der gleich zu Anfang Verurtheilten gefangen eingeliefert und folgte alsbald dem Loose seiner Gefährten. Tilly hatte sich Gehorsam und Mannszucht erzwungen.

Dieser Vorfall verzögerte einige Tage den Aufbruch von Linz nach Böhmen. Bevor Max die Grenze desselben betrat, erließ er abermals ein Schreiben an Friedrich und an die böhmischen Stände. Max forderte ihn auf doch jetzt noch gutem Rathe Gehör zu geben, der Freundschaft mit dem Erbfeinde des christ= lichen Namens zu entsagen, Krone und Länder dem rechtmäßigen Eigenthümer zurückzustellen. Im Falle des Gehorsams verhieß Max abermals die kaiserliche Gnade. Die Antwort Friedrichs lautete wie immer: der Kaiser könne nicht Richter sein in eigener Sache.[1] Demnach mußte man vorwärts. Am 8. Sep= tember 1620 stieß der kaiserliche General mit seinen Truppen zu den Bayerischen. Aber vergebens spähten beide Heere aus nach den Böhmen. Sie wollten nicht schlagen. „Der Plan," meinte Max, „ist vortrefflich."

[1] Senkenberg XXIV. 573.

War es wirklich ein vorbedachter, überlegter Plan? Richten wir unsern Blick auf die Zustände in Böhmen im Sommer und Herbste 1620, und fragen wir, mit welchen Mitteln Friedrich sein neues Reich zu vertheidigen gedachte. Er hatte gehofft auf Hülfe von außen: auf Bethlen Gabor von Siebenbürgen, auf die Union, auf die Generalstaaten, auf England, auf Brandenburg, auf Schweden, auf die Türken und wen immer sonst. Bethlen Gabor hatte im Januar 1620 seinen Frieden mit dem Kaiser geschlossen: er machte auch ferner Krieg und Frieden nur nach seinem eigenen Vortheil und kümmerte sich dabei nicht um Friedrich. Die Union war gelähmt durch den Vertrag von Ulm. Die Generalstaaten hatten ihren Zweck erreicht: das Feuer brannte einstweilen und Ferdinand war beschäftigt. Wenn ihm das Löschen diesmal gelang, so waren sie sicher noch Brennstoff genug zu finden oder selbst herbeizutragen, um ein neues anzuzünden. Mehr wollten sie nicht. „Das Wenige, was wir thun können," sagten dieselben Hochmögenden,[1] die im Anfange immer vorwärts gedrängt und getrieben hatten, „wird eher hinreichen Erbitterung zu erregen und die gewaltsamen Absichten der Feinde zu verstärken, als die Herren Fürsten vor Unterdrückung sicher zu stellen." Der Schwedenkönig Gustav Adolf erklärte: er halte den Böhmen durch seinen Krieg gegen Polen den Rücken frei.[2] Aus England war allerdings einige Hülfe gekommen: nicht von dem Könige Jakob, sondern von Anderen.[3] Die flehenden Bittschreiben der neuen Königin Elisabeth an englische Bischöfe und vornehme Damen in England hatten erwirkt, daß man in London die Werbetrommel rührte.[4] Jakob sah durch die Finger, vielleicht auch, weil er die also Geworbenen von seinen Unterthanen nicht ungern vermißte. Von den 2000—2500 Knechten, welche der Oberst Grey 1620 nach Deutschland führte, waren die meisten aus Gefängnissen und Kerkern zusammen gelesen. Zu denselbigen gesellten sich 400 ablige Abenteurer, unbewaffnet, nicht geübt. Das hinderte die Bischöfe und Damen von England nicht diese Schaaren als Vertheidiger des evangelischen Glaubens den Deutschen zuzusenden. Sie landeten an der Elbe. Die Herzöge von Mecklenburg wollten sie nicht dulden. Die Engländer gingen auf die andere Seite hinüber und zogen durch Lüneburg der Mark Brandenburg zu. Dort erzitterte man vor Schreck; denn wie fast überall im deutschen Reiche bei der völligen Wehrlosigkeit der Fürsten und ihrer Länder, war man auch in Brandenburg nicht im Stande eine solche Schaar abzuhalten. Und in Wahrheit waren diese Engländer danach angethan den Märkern Furcht einzuflößen. Sie waren nicht bloß halbnackt, hungrig, schlecht bewaffnet, ohne alle Disciplin, aus dem Gefängnisse entronnen oder entlassen, mit ekelhaften Krankheiten behaftet; sondern noch dazu waren sie Calvinisten, oder kamen wenigstens aus einem calvinischen Lande. Die Bevölkerung der Mark war lutherisch. Sie haßte mithin die Eindringlinge wegen der Religion. Sie war ferner

---

[1] Müller III. 307.
[2] a. a. O. 306.
[3] a. a. O. 386.
[4] Cosmar, Schwarzenberg. Urkundliche Beilage XII, p. 62. Vgl. Müller III. 385

eben weil sie lutherisch war, kaiserlich gesinnt. Das geheime Raths=Colleg in Berlin war mit dem Kurfürsten calvinisch und theils darum, theils nach der haltlos schwankenden Neigung des Kurfürsten, der von Friedrich böhmische Lehen angenommen, der Sache desselben geneigt, ohne etwas für dieselbe zu thun. Nun wollten die Geheimräthe wohl den Engländern etwas Gutes erweisen; aber sie fürchteten sich vor dem Bürger und Landmann, und aus der bellommenen Brust des Kanzlers Pruckmann rang sich in der Meldung an den Kurfürsten der Seufzer empor: „Ich wollte, die Fremden wären erst vorüber. Der gemeine Haufe aus Haß gegen die Religion geht knurren und murren, daß man sie nicht abgetrieben.“ Dennoch war es ja, wie Friedrich und seine Freunde sagten, gemeine Sache. Die kurfürstlichen Räthe thaten etwas, so viel sie vermochten, ohne die Berliner zum Aufstande zu reizen. Diese freilich versammelten sich selbst in Wehr und Waffen mit tobendem Lärm. „Wo sie der reformirten Räthe des Kurfürsten ansichtig wurden, da sahen sie uns an, als wollten sie uns fressen.“ Dennoch schützten die Bürger von Berlin sich selbst ohne Schwert=streich und fast ohne es zu wissen. Den Engländern nämlich ward nun auch ihrerseits bang vor dem schreienden und lärmenden Berlin. Sie zogen vorüber. Was auch bedurften sie der Feinde? Sie selbst trugen den bittersten bei sich in dem Mangel an aller Ordnung und Disciplin. Die Mehrzahl ging auf dem Wege nach Böhmen zu Grunde.

Mehr Verlaß für Friedrich schien nach der ersten Aufnahme der Gesandten in Constantinopel auf die Türken zu sein. [1] Im Mai 1620 kam ein türkischer Gesandter nach Prag und erklärte: sein Sultan sei ein Freund der Könige von England, Frankreich, auch des Königs von Böhmen. Er wolle Freund sein aller derer, die des Königs Freunde seien. Darum habe er 80,000 Mann gegen Polen geschickt. Diese mochten immerhin Friedrichs Freunde, dem schwe=dischen Gustav Adolf in dem Kriege gegen Polen nützlich sein. Aber für Fried=rich that unmittelbare Hülfe noth. Und diese kam nicht, weder von den Türken, noch von Gustav Adolf von Schweden, der allein unter allen Königen Europas die Sache des Pfälzers billigte. [2] Auch die Bemühungen der Generalstaaten, denen türkische Hülfe für Friedrich wohlfeiler und darum lieber war als eigene, zu Gunsten der Böhmen in Constantinopel hatten keinen besseren Erfolg. Und dessen ungeachtet, so seltsam es klingt, beharrten Friedrich und die böhmischen Feudalaristokraten bei dieser Hoffnung und diesem Glauben auf die Türken und Bethlen Gabor. Noch im August 1620 berichtete der sächsische Gesandte beim: das ganze Fundament wird hier auf die ungarische und siebenbürgische Hülfe gesetzt. Man schmeichelt sich, der Türke werde mit Geld und Volk nach Mög=lichkeit helfen. [3] Die Hoffnungen gingen noch weiter. „Auch die anderen bar=barischen Völker in Asien haben sich erklärt, daß sie gleichfalls zu den Böhmen

[1] Müller III, 383.
[2] a. a. O. 307.
[3] a. a. O. 388.

stoßen wollen." Ob auch diese sämmtlich unter dem Banner der evangelischen Freiheit und Religion ins Feld ziehen wollten, darüber haben die böhmischen Herren sich nicht erklärt. Ein großer Unterschied mochte es nicht sein.

Das Vertrauen Friedrichs und seiner böhmischen Anhänger auf fremde Hülfe war die unvermeidliche Folge des Gefühls der eigenen Schwäche, sowohl moralisch, als auch physisch. Wie die böhmischen Herren alle Vortheile der -Revolution für sich in Anspruch nahmen, so wälzten sie alle Last, Mühe und Gefahr den anderen Ständen zu. Der böhmische General·Mansfeld, der in der Lage war in die Einzelheiten zu sehen, berichtet uns,[1] daß einer der böhmischen Herren, der 29,000 Gulden Einkünfte hatte, für den Krieg 300 Gulden bot. Manche zahlten ein Zehntel dessen, was von ihnen gefordert wurde. Einer, dem es gelang mit 500 Gulden abzukommen, mußte nachher 300,000 Gulden im Stiche lassen. — Bei solchem Geize derer, welche mit gutem Beispiele hätten vorangehen sollen, waren stets die Kassen leer. Das Heer erhielt keinen Sold. Mehr als einmal geschah es, daß die böhmischen Söldner gerade dann, wenn man sie gebrauchen wollte, den Gehorsam weigerten und erst Geld forderten. In denselben Tagen, als Max und Tilly die böhmische Grenze überschritten, betrugen die Soldrückstände für das böhmische Heer fünfundvierzig Tonnen Goldes.[2] Eben damals, als diese Gegner heranzogen, waren die böhmischen Söldner in vollem Aufstande. Und zur selben Zeit nahte nun auch der Kur= fürst Johann Georg von Sachsen mit seinem Heere von Nordwesten her. Unter solchen Umständen lag es für den sächsischen Gesandten nahe die Ansicht auszu= sprechen: die Sache werde bald in sich selber zusammenfallen. Auch in Thurn regte sich diese Besorgnis. Er ist im Anfange Septembers 1620 in Prag, und sieht, wie Muth und Herz auch den Ansehnlichsten entfallen will. Er entsetzt sich ob solcher Kleinmüthigkeit, und nimmt sich vor mit wenigen herzlichen Worten, wie er es nennt, den böhmischen Landoffizieren zu sagen, nicht etwa daß man zur Revolution des Geldes bedürfe und sie selber dieses zahlen müßten, sondern Thurn will sie erinnern zu bedenken, daß sie nicht ihr eigenes Werk treiben, sondern dasjenige Gottes, und darum guten Muth behalten müßten. Es ist schwer bei solcher Anschauung in dem Urheber des Fenstersturzes die Grenze zu finden, wo die Dummheit aufhört, wo die Verruchtheit anfängt.

Allen voran ging Friedrich selbst. Als die Bayern bereits die Grenze überschritten hatten, traten am 23. September nochmals mit Vorwissen des Herzogs Max der französische und der englische Gesandte zu ihm und baten: er möge sich zur Abtretung erbieten und dadurch auch jetzt noch Ehre und eigene Habe sich bewahren. Friedrich lehnte ab.[3] Daß er dabei sehr wohl wußte, welche Folgen nach dem Lehenrechte der Ungehorsam gegen den Lehensherrn nach sich ziehe, ersehen wir aus einem vertrauten Briefe, den er einige Zeit

[1] Mansfeld in seiner Apologie.
[2] Müller III. 420. a. a. O. 384.
[3] Müller III. 386.

vorher aus Brünn an seine Frau schrieb. [1] Von den mährischen Ständen hatte
der Baron Zierotin sich geweigert ihm den Eid zu leisten. Friedrich meldete
seiner Frau: „Wenn er nicht vor meiner Abreise zur Vernunft kommt, wird er
sicherlich alle seine Güter verlieren." Friedrich ging darin noch weiter. Gleich
als wolle er dem Kaiser Ferdinand noch einmal den Maßstab anweisen, mit
welchem der Kaiser den abtrünnigen Vasallen zu messen habe, erließ Friedrich
in denselben Tagen eine Reclamation gegen Kursachsen. [2] „Weil Johann Georg
durch seinen Einfall in die Oberlausitz wider seine dreifache Pflicht gehandelt,
mit welcher er wegen vieler Lehnstücke uns als regierendem König in Böhmen
verwandt ist, weil Johann Georg unverantwortlich verfahren, und dadurch aller
und jeder Lehnstücke sich durch die That selbst verlustig gemacht hat: so sprechen
wir die Lehen, die Kursachsen von Böhmen hat, demselben ab und dem Herzoge
Johann Ernst von Weimar nebst Brüdern und Vettern zu." Im Hintergrunde
stand für Johann Ernst die Kurwürde durch Friedrich, wenn nämlich erst Friedrich
Kaiser war.

Und doch mußte das was dem Grafen Thurn bei seinem Besuche in Prag
vom Heere aus auf den ersten Blick sich erschloß, dem Friedrich selbst und seinen
Räthen täglich und stündlich offen vor Augen liegen. Es war da, also berichtet
ein Augenzeuge, weder Gehorsam, Eifer, noch Beständigkeit. [3] Jeder einzelne
der Großen strebte nur für den eigenen Vortheil, höchstens noch dazu, wie er
seinen Brüdern, Vettern und Freunden etwas zuwendete. Sie versammelten sich
zwar und gingen oft zu Rathe; aber in ihren Berathungen war weder Gestalt,
noch Ordnung, noch vorhergehende reife Betrachtung der Dinge, und sobald
man wieder zu Hause kam, fing man wieder an, wo man es gelassen, nämlich
zu bankettiren. Um diese Schilderung zu vollenden, müssen wir hinabsteigen zu
Erbärmlichkeiten, die kaum des Wortes werth und dennoch charakteristisch sind.
Als Friedrich die Häupter einmal auf sieben Uhr Morgens in den Rath bestellte,
erwiederten etliche der Vornehmsten: sie könnten um sieben Uhr nicht erscheinen.
Der Mensch müsse nach ausgestandener Arbeit auch seine Ruhe haben, und zudem
sei diese Forderung wider ihre Privilegien. Und mit solchen Menschen wollte
Friedrich den Kampf bestehen gegen Max und gegen Tilly? Sie alle wußten,
daß das Heer ohne Disciplin und Ordnung sei, daß man seit dem Monate
Mai fast täglich mit Meuterei zu kämpfen habe. Sie alle wußten und sprachen es
offen aus, daß Mansfeld höchst unzuverlässig sei, daß man sich keines Gehorsams von ihm zu versehen habe, daß dabei die Unbändigkeit gerade seiner
Söldner das Landvolk zur Verzweiflung bringe. [4] Dennoch geschah keine Abhülfe. Anhalt war Obergeneral; aber wenn auch Thurn und Hohenlohe nicht
wie Mansfeld sich bei Seite hielten, um in einem festen Orte je nach dem

---

[1] Aretin, Beiträge u. s. w. VII. 150.
[2] Röse, Bernhard von Weimar I. 322.
[3] Londorp. acta publica II. p. 220. Schreiben eines Engländers aus Prag.
cf Moser, patriotisches Archiv VII. 118.
[4] Moser, patriotisches Archiv VII. 120.

Gange der Dinge sich eine Thür zum Rückweg offen zu halten: so war doch ein gemeinsames Zusammenwirken, eine einheitliche Leitung nicht zu spüren.

Dieser Zustand der Dinge mehr als ein vorbedachter Plan der Böhmen war es, welcher sie hinderte, dem vereinigten Heere unter Max, Tilly und Bucquoi entgegen zu treten. Für diese freilich war die Wirkung der Mattherzigkeit ihrer Gegner dieselbe, wie die eines tief durchdachten Planes. Das bayerische Heer litt schon in Oestreich Noth. Max ließ Lebensmittel auf der Donau nachkommen; aber das gebackene Brod war nicht gut verwahrt worden. Es war so schimmlicht, daß auch den Augen darob grausete. [1] Das Heer litt an Krankheit. So betrat es das verheerte Böhmen. Die Lebensmittel stiegen hoch im Preise. Man sah eine Krone bezahlen für einen Laib Brodes, einen Thaler für eine Maß Wein. Es geschah, daß man den Herzog Max, seine Obersten und Hofleute unter einem Baume gewahrte, ihr schwarzes Brod zu verzehren. Die Krankheiten mehrten sich. Dennoch eilten Max und Tilly rastlos vorwärts. Als der kaiserliche General Bucquoi zu ihnen stieß, schlug er vor zur besseren Pflege des Heeres sich nach Mähren zu wenden, von wo aus man dem Kaiser nahe sei gegen Bethlen Gabor. Das entsprach nicht dem Plane, den Max und Tilly ausgedacht. „Prag ist das Herz von Böhmen," erwiederten sie. „Dorthin, wo dem Kaiser so manche Herzen treu ergeben sind, führt unser Weg. Mit Prag ist alles gewonnen." Bucquoi fügte sich.

War die Verstärkung, welche Max und Tilly durch die Kaiserlichen erhielten, ihnen erwünscht: so brachte sie auch Nachtheile von anderer Art. Seit dem Tage von Linz war die Disciplin des bayerischen Heeres wohlgefestigt, und demgemäß ward Rauben und Plündern nicht gestattet. Bucquoi nahm es bei den Seinen nicht so genau. Die Soldaten Bucquois raubten und plünderten nicht bloß, sondern brannten dazu, schleppten die unglücklichen Landleute, Frauen und Kinder fort, und gaben sie nur gegen ein Lösegeld frei. Von einem etwaigen Fanatismus der Söldner ist, wie überhaupt fast niemals in jenen Zeiten, nicht die Rede. Die Truppen Bucquois machten weder einen Unterschied der Personen, des Ortes, noch der Religion. Der Soldat beraubte, wen er fand, ob kaiserlich gesinnt, ob pfälzisch, ob katholisch, ob protestantisch, lediglich um seines Gewinnes willen, mochte es sein in Häusern, Kirchen oder Klöstern. Als die Vorstellungen und Erinnerungen des Herzogs bei dem kaiserlichen Feldherrn nicht fruchteten, als Max vor eigenen Augen sehen mußte, wie diese ungezähmten Banden sich auch durch ihn selbst in ihrem wüsten Treiben nicht beirren ließen, wandte er sich mit heftiger Klage an den Kaiser. [2]

Gegen Ende Oktobers standen die Heere einander bei Rakonicz gegenüber, wenige Meilen von Prag. Friedrich schickte einen Trompeter und bat um Geleite für seinen Gesandten zur Unterhandlung. Max bewilligte dasselbe; aber seine erste Bedingung vor aller Unterhandlung war: Verzicht auf die angemaßte

[1] Hurter, Ferdinand VIII. 514.
[2] Wolf, Maximilian IV. 432. Man vgl. Hormayr, Taschenbuch 1844 p. 91 ff.

Krone und Länder. Das erschien Friedrich zu hart. Er lag mit seinem Hof=
staate in dem Städtchen Rakonicz. Hier, wo alles für ihn auf dem Spiele stand,
betrachtet er die Entwickelung der Dinge nicht mit dem Auge des Herrschers,
der berufen ist zu leiten und zu lenken, sondern mit der Neugier eines blasirten
Lebemannes, dessen früh abgestumpfte Genußfähigkeit besonders heftige Reizmittel
erfordert. „Ich habe heute,“ meldet er[1] seiner Frau, „ein sehr schönes und
heftiges Scharmützel gesehen. Die einbrechende Nacht schnitt diesen Zeitvertreib
ab.“ Die Uneinigkeit der Generale dauerte unter seinen Augen fort. Anhalt
gebot Mansfeld aus Pilsen herbeizukommen und zum Haupttheere zu stoßen.
Mansfeld kam nicht. Er unterhandelte damals mit den Kaiserlichen.

Die Witterung ward rauher, die Herbeiführung der Lebensmittel schwieriger,
die Krankheiten nahmen zu. An einem kalten Herbstmorgen sah man im baye=
rischen Lager die Geschützwache, zehn Mann, vor Frost erstarrt. Es mußte
etwas Nachdrückliches geschehen. Da man bei Rakonicz nicht zum Schlagen kam,
zogen Max und Tilly nach längerem Verweilen dort ihren alten Plan hervor
auf Prag zu ziehen. Am 4. November brachen sie auf, am 7. erschauten sie
die Thürme von Prag. Die Böhmen, welche beobachtend erst das Heer der
Feinde begleitet hatten, waren voran geeilt und standen vor der Stadt. Es
war die Frage, ob man sie angreifen sollte; denn ihre Stellung war vortrefflich.
Zur Rechten hatten sie den königlichen Park, den Thiergarten, zur Linken einen
steilen Abhang als Deckung, im Rücken die Stadt. Nur von vorn, wo der
Boden rauh und hügelig, war ein Angriff möglich, und hier waren Verschan=
zungen errichtet. Dazu floß davor ein Bach mit einer einzigen Brücke. Das
Heer des Kaisers und der Bundesgenossen war ermattet von dem langen Marsche,
geschwächt durch Krankheiten und Entbehrungen.

Dennoch entschieden sich Max und Tilly für den sofortigen Angriff. Bucquoi
war dagegen. Dazu war er verwundet und fieberkrank. Er schlug vor die
Feinde zu umgehen, dann Prag anzugreifen. Bei gleicher moralischer Kraft
der Heere und namentlich der Feldherren hätte dieser Rath im regelmäßigen
Verlaufe der Dinge der bessere sein mögen; allein hier kamen mehr Rück=
sichten in Frage. Max und Tilly brachten noch andere Kräfte und Mittel in
Anschlag, als diejenigen der Zahl, des Ortes, der physischen Kraft. Während
die Feldherren uneinig waren, trat der Pater Dominikus zu ihnen, ein Mann
von ernstem strengem Wandel, der im Rufe der Heiligkeit stand. An seiner
Brust sah man das Bild Mariens, auf seinem Stabe das des Gekreuzigten.
„Söhne der Kirche,“ rief er, „was zaudert ihr? Wie sollten wir nicht jetzt sie
angreifen, da der Herr sie in unsere Hände gibt? Wir werden sie überwinden,
so gewiß wir leben.“ Er zog ein verstümmeltes Marienbild hervor, hielt es
hoch und rief: „Seht da, was sie gethan. Die Fürbitte dieser wird mit euch
sein. Vertrauet auf Gott und geht kühn in die Schlacht. Er streitet für euch
und gibt euch den Sieg.“ Bucquoi wich, er stimmte bei. Das Losungswort

---

[1] Aretin, Beiträge VII 168.

war: heilige Maria. Es war ein Sonntag, und das Evangelium desselben
lautete: Gebet dem Kaiser, was des Kaisers ist. Es waren dieselben Worte,
die in fast jeder lutherischen Flugschrift über Böhmen damals wiederkehren, dieselben Worte, deren Anwendung für Ferdinand gegen Friedrich die Calvinisten
den Lutheranern so sehr übel nahmen.

Der Angriff mußte von der Niederung aus beginnen, und zu diesem Zwecke
die Brücke über den Bach überschritten werden, die im Bereiche der feindlichen
Geschütze lag. Tilly wagte es die Seinen zuerst hinüber zu führen. Wallenstein
und andere urtheilsfähige Richter haben dieses Wagestück später sehr getadelt.
Friedrichs Feldherr Christian von Anhalt nannte später den ganzen Angriff eine
unbedachtsame, aber brave Resolution. [1] Daß derselbe taktisch ein Fehler war,
dürfte danach nicht zweifelhaft sein. Aber Tilly war ein alter ergrauter Feldherr,
der als Grundsatz seines Handelns später wohl einmal erklärte: er gehe nicht
tiefer ins Wasser, als wo er den Grund noch sehen könne. Es ist eine alte
Erfahrung, daß ein scheinbarer Fehler strategisch eine wohl begründete Maßregel
sein kann. Wir dürfen annehmen, daß ein Fehler, der jedem anderen Auge
sich erschloß, demjenigen Tillys nicht verborgen gewesen sein kann. Demgemäß
mußte er einen Grund haben, der ihn bewog aus höheren strategischen Rücksichten diesen Fehler zu begehen. Und zwar kann dieser Grund nur in der
Ueberzeugung zu suchen sein, die wir bei ihm, wie bei dem Herzoge Max auf
dem ganzen Zuge lebendig sehen: derjenige der Ueberzeugung von der völligen
inneren Nichtigkeit des böhmischen Unwesens. Wie tief mußte der erfahrene alte
Feldherr seine Gegner verachten, wenn er, der 61jährige Meister der Vorsicht,
das vor ihren Augen wagte!

Wenn, wie wir anzunehmen ein Recht zu haben glauben, dieß die Be-
rechnung Tillys war: so traf sie vollkommen ein. Sein Zug über die Brücke,
sein Aufmarsch ward nicht gestört. Nur der kühne Jugendmuth des jüngeren
Anhalt, sein Beispiel, das Andere mit fortriß, machte für eine kurze Frist die
Wage schwanken. Als Anhalts Ansturm gebrochen, war auch die Schlacht
entschieden. Es war Mittag, als sie begann. Sie dauerte nicht eine Stunde.
Der Verlust der kaiserlichen Waffen in dem entscheidenden Treffen betrug 3—400
Mann. In wilder Flucht wälzten sich die böhmischen Streiter den Thoren der
Stadt zu.

Friedrich saß bei Tafel, als die Nachricht kam, daß die Reihen der Seinigen
sich auflösten. Er eilte hin und gebot das Thor zu öffnen, damit es die Fliehenden aufnehme. Zugleich näherten sich die Bayern. Friedrich schickte einen
Trompeter zu Max und bat um 24 Stunden Aufschub zur Unterhandlung. Max
erwiederte fest und kurz wie immer: die erste Bedingung aller Unterhandlung
sei Verzicht auf die böhmische Krone. Dazu wolle er acht Stunden Zeit gewähren, nicht mehr. Was sollte Friedrich thun? Man wies ihn hin auf die
sichere Festigkeit der Stadt Prag, auf die Noth und die Krankheit des bayerisch

---

[1] Moser, patriotisches Archiv VII. 144.

kaiserlichen Heeres, das zu einer Belagerung sich nicht eigne, auf die Truppen Mansfelds, der ungebrochen in Pilsen stand. Es war vergeblich. Die Erbärm-lichkeit der Menschen, die so lange blasphemisch ihre Gier nach fremdem Eigen-thum für Gottes Sache ausgegeben hatten, trat nun in vollem Maße ans Licht. Thurn und Anhalt zitterten gleich Friedrich. Sie sahen, wie die Bürger von Prag den flüchtigen Soldaten die Quartiere weigerten: wie nahe lag da die Angst, daß dieselben Bürger zur eigenen Rettung die Führer ausliefern würden! Davor mußte man sich sichern. Und wiederum ergriff Friedrich, in welchem Trotz und Verzagtheit so wunderbar sich paarten, das schlimmste Mittel, das er ergreifen konnte. Ohne einen Frieden, ohne einen Stillstand zu schließen, ohne abzudanken, ohne die Unglücklichen, die ihm geschworen, ihres Eides zu entlassen, floh er in der Dunkelheit der nächsten Nacht von dannen und über-ließ das Land hinter sich der Verwirrung und dem Kriege. Die Krone, das Archiv mit allen Briefen und Papieren, welche den Flüchtigen nur brandmarken konnten, seine Anhänger dort ins Verderben bringen mußten, ließ er in Prag. Der Abzug geschah nicht ohne Hinderung von Seiten der Bürger. Es war hohe Zeit. Friedrichs Freunde meinten, wenn die Abreise noch eine Stunde verschoben wäre: so würden die Bürger den König nicht mehr hinausgelassen haben, um nämlich ihn ausliefern zu können. [1]

In der Frühe des Morgens erschienen Abgeordnete der Stände von Böhmen vor dem Herzoge Max und baten wegen der Uebergabe der Stadt um drei Tage Bedenkzeit. Max erwiederte: er bewillige ihnen nicht drei Stunden. Sofort müßten sie sich ergeben. Es war in ihrem eigenen Interesse. Denn die Habe in einer mit Sturm und Kriegsbrand gewonnenen Stadt gehörte nach Kriegs-brauch den Soldaten, und schon waren die Wallonen beutegierig bereit zur Erkletterung der Mauern. Dazu gährte es in der Stadt unter den flüchtigen Söldnern, die seit langem ihres Soldes harrten und nun nicht einmal Obdach und Nahrung fanden. Es kamen Deputationen aus der Stadt und baten um Schutz. Der Herzog eilte zur Stadt. Wilhelm Poppel von Lobkowitz, einer der eifrigsten Mitwirker am Fenstersturze im Mai 1618, dann Oberhofmeister des Königs Friedrich, kam mit fünf anderen böhmischen Herren dem Herzoge entgegen. Sie weinten bitterlich und flehten um Gnade.

Des Herzogs Einritt in die Stadt sicherte dieselbe. [2] Max ließ den Söld-nern der Stände entbieten: obwohl sie wegen ihres Ungehorsams, daß sie gegen ihren Herrn und Kaiser die Waffen getragen, wohl der Schärfe nach zu bestrafen seien: so wolle er doch ihnen Gnade und Sicherheit gewähren, wenn sie sofort Prag räumten. Die Söldner nahmen den sicheren Abzug an, verlangten aber vorher ihren rückständigen Sold. Sie standen im Ringe auf dem Altstädter Markte, trotzig drohend, sie könnten ohne Bezahlung nicht weichen. Aufs we-nigste soll man ihnen erlauben, sich an den Gütern derer, von welchen sie bestellt,

[1] Moser, patriotisches Archiv VII. 157.
[2] Kurze und eigentliche Beschreibung u. s. w. p. 78.

aber nicht bezahlt seien, schadlos zu halten. Die Antwort lautete, daß ihnen die Wahl frei stehe zwischen sofortigem willigem Abzuge oder Gewalt. Da fügten sie sich und zogen ab.

Es war ein Tag der Erlösung für Viele. In den Kreisen der Katholiken und Lutheraner hörte man das Tedeum erschallen, und von allen Seiten ward bemerkt, daß diese im Eifer jenen voran eilten. Es war eine ähnliche Erscheinung an vielen Orten. Als die Nachricht nach Berlin gelangte, riefen die dortigen Lutheraner: da sehe man, daß Gott an den Calvinisten keinen Gefallen habe. [1] „Allhier," meldete der Kanzler, „ist bei dem gemeinen Haufen ein solches Frohlocken über den Verlust bei Prag, daß es nicht auszusprechen." Die Städte von Prag schworen sofort dem Herzoge im Namen des Kaisers.

Am andern Tage kamen auch die Stände von Böhmen. [2] Poppel von Lobkowitz führte den Haufen der Herren und Ritter an, die demüthig hinausschritten, um vor Max Abbitte zu thun. Es sei ihnen alles, was geschehen, sagten sie, von ganzem Herzen leid. Dabei liefen dem Poppel von Lobkowitz die hellen Zähren über die Backen und seine Stimme war die eines Weinenden. Sie flehten mit unterthänigster Bitte den Herzog an: er wolle ihr Fürsprecher sein, daß der Kaiser sie wieder zu Gnaden annehme. Max erwiederte: sie thäten Recht das zu bekennen. Vor allen Dingen sollten sie alle ihre Pacta und Bündnisse herausgeben. Es geschah. Weiter baten die Herren und Ritter, daß sie möchten ungeplündert bleiben. Auch das bewilligte der Herzog. Es ward ihnen dann in Form eines Eides ein Bekenntnis vorgelesen, daß sie sich schwerlich versündigt hätten gegen ihren rechtmäßigen, erblichen, gekrönten und gesalbten König, daß sie fortan dagegen ihm in allen Stücken treu und gehorsam sein wollten. Die Herren und Ritter reckten die Finger empor und schworen, wie ihnen geheißen war. An der Urkunde der Unterwerfung, die nach Wien gesandt wurde, hingen dreihundert Siegel. [3]

Diese Dinge hätten auch nach Friedrichs Gedankengange seine Ansprüche vernichten müssen. Er hatte die Krone erlangt und angenommen, weil nach seiner Ansicht die böhmischen Großen berechtigt waren den bereits gekrönten Ferdinand wieder abzusetzen. Nun hatten eben diese Großen, auf deren Wahl allein Friedrichs Recht sich gründete, Ferdinand wieder angenommen. Allerdings hatten sie Friedrich geschworen, und er sie ihres Eides nicht entlassen. Allein vorher hatten sie Ferdinand geschworen, und auch Ferdinand hatte sie ihres Eides nicht entlassen. Was das erstemal nach Friedrichs Ansicht erlaubt und recht gewesen war, mußte es auch das zweitemal sein. Hatten die böhmischen Großen ungeachtet ihrer Eide Ferdinand absetzen dürfen: so durften sie es ungeachtet ihrer Eide eben so mit Friedrich thun. Es fragte sich, ob Friedrich Willens sein würde sich in diese unbequeme Logik zu vertiefen.

[1] Cosmar, Schwarzenberg 399.
[2] Theatrum Europ. I. 464. (Ausgabe von 1635.)
[3] Theatrum Europ. I. 471.

Nachdem er Prag verlassen, floh er rastlos weiter. Einige treue Anhänger riethen ihm sich nach dem festen Glatz zu werfen. Dort sei er im Mittelpunkte der Länder, könne halten, was noch zu ihm stehe und sich vertheidigen. Nicht das war seine Meinung. Ihm brannte der Boden unter den Füßen. Er eilte nach Breslau, seine Frau zur Sicherheit für ihre Entbindung nach Berlin.

Dort zeigte sich klar, wie Jedermann bis auf Friedrich diesen Ausgang der Dinge vorher gesehen. Der König Jakob hatte bereits einige Monate zuvor den Kurfürsten von Brandenburg um Unterkommen für seine Tochter ersucht, wenn sie demnächst dahin fliehen würde. Der schwache Kurfürst Georg Wilhelm, der so lange mit dem Unfuge der böhmischen Herren geliebäugelt, als möglicher Weise etwas dadurch zu gewinnen war, hatte mehre Wochen vor der Schlacht bei Prag eine Zusage nicht gewagt. Er müsse erst bei dem Kaiser anfragen, meinte er. Inzwischen langte die flüchtige Elisabeth an, und verlangte ein Obdach, um ihrer Leibesfrucht zu genesen. Der Kurfürst war nicht da, die geheimen Räthe sehr in Verlegenheit. Sie wendeten den Mangel der Tapeten ein, dazu dieß und jenes: auch sei die Fürstin in Küstrin nicht sicher vor streifenden Polen. Es half den Jammerseelen nichts: Elisabeth ertrotzte sich ihr menschliches Recht als Weib und Mutter. Zur Beruhigung für jene lief dann auch die Antwort des Kaisers ein: er gebe gerne die Aufnahme zu, nur möge man nicht böhmischen Rebellen eine Zuflucht gewähren. [1]

In Breslau ward Friedrich als König empfangen. Da außer Schlesien damals auch Mähren sich noch nicht von ihm losgesagt hatte, stand es noch in seiner Macht durch freiwilligen Verzicht sich seine Erblande zu sichern. Also rieth es ihm sein Kanzler Rusdorf. [2] Camerar dagegen schwankte. [3] Das eine Mal rieth er die Vermittelung Schwedens und Dänemarks nachzusuchen, damit dadurch die Kurpfalz erhalten werde. Also sah Camerar wie Rusdorf voraus, daß bei Fortsetzung des Widerstandes die Kurpfalz verloren gehen müsse. Abermals rieth Camerar an Frieden zu machen, wenn auch auf harte Bedingungen. Und wiederum sagt er dann: mit der Hülfe von Dänemark, Schweden, Holland, Bethlen Gabor von Siebenbürgen, den Unirten lasse sich alles Verlorene wieder gewinnen, dazu die Länder des Kaisers, die Stifter des Reiches, und dann endlich an Ferdinands Statt ein nicht katholischer Kaiser erwählen. [4] Ein solcher Rath gefiel Friedrich viel besser, und um denselben noch einleuchtender zu machen, trat seine Art von Theologie hinzu. Er schickte im Januar 1621 einen Gesandten an Johann Georg von Sachsen, [5] und berief sich auf die Schickung Gottes, die ihn zu seinem Thun ersehen. Er fügte hinzu: wofern dem Kurfürsten des Reiches Heil und Wohlfahrt angelegen sei: so möge derselbe sich bemühen, daß die Krone Böhmen ehestens wieder an Friedrich abgetreten, und

---

[1] Hurter, Ferdinand VIII. 562.
[2] Rusdorf, consilia et negotia publica p. 1. vom 10. December 1620.
[3] Söltl, Religionskrieg III. 103 ff.
[4] Moser, patriotisches Archiv VIII. 564.
[5] Aretin, Bayerns auswärtige Verhältnisse. Anhang S. 95.

aller Schaden und alle Unkosten erstattet würden: sonst müsse er Türken und Tartaren zu Hülfe rufen, um sich sein Recht zu verschaffen. Johann Georg erwiederte gelassen: der einzige Rath, den er geben könne, sei derjenige der demüthigen Bitte um Verzeihung. Im andern Falle könne geschehen, was Friedrich nicht erwarte. Gegen Türken und Tartaren werde man das Thor zu schließen wissen.

Die Lausitz war schon unterworfen. Als Pfandinhaber dieses kaiserlichen Erblandes hatte Johann Georg dort das Reformationsrecht, und demgemäß bestätigte und befestigte er dort das lutherische Bekenntniß. Die Reihe kam an Schlesien, und Johann Georg stellte unter Zusicherung der Religion die For-derung der Unterwerfung. Die schlesischen Stände wandten sich an Friedrich mit der Frage, ob sie unterhandeln sollten. Friedrich erkannte ihre wahre Her-zensmeinung. Er hatte ohnehin schon seiner Frau gemeldet, daß es in Breslau langweilig sei. [1] Er erwiederte den schlesischen Ständen, daß er es vorziehe seine Person an einen sicheren Ort zu bringen. Mähren hatte damals sich bereits unterworfen. Die schlesischen Stände schenkten dem Könige zum Abschiede 60,000 Gulden, einen Betrag, der kaum einen anderen Zweck gehabt haben kann, als seine Entfernung durch dieß Reisegeld zu beschleunigen. Friedrich zog von dannen. Doch versprach er: er wolle wieder kommen, und durch eigene Macht und fremde Hülfe die Länder wieder an sich bringen. Noch im Januar 1621 verließ er die letzte Stadt seines ehemaligen Königreiches.

Wo sollte er den sicheren Ort finden für seine Person! Er ging nach Berlin. Sein Schwager dort ließ ihn mehre Stunden vor dem Thore warten. Er ließ ihm eine Wohnung anweisen über dem Stalle. Das alles schreckte Friedrich nicht. Erst als die Stände der Mark ihn ersuchten das Land zu räumen, ging er von dannen. Er wandte sich nach Wolfenbüttel. Als der Herzog Friedrich Ulrich die Ankunft des Pfälzers erfuhr, ritt er davon, und überließ es seiner Mutter für den Gast zu sorgen. [2] Auch sie wäre gern fort-gegangen; aber Friedrich war nun einmal da. Er wußte, daß Friedrich Ulrich seinetwegen gegangen sei. Er meldet es seiner Frau und fügt hinzu: eine seltsame Höflichkeit. [3] Aber er blieb lustig und guter Dinge. „Es ist eine Heirath im Werke," schreibt er. „Darüber lachen wir viel, weil die Braut so sehr häßlich ist. Uebrigens thun wir nichts als essen und trinken." Seine Frau dagegen wünscht Perlen für ihre Tochter. Friedrich findet sie theuer. „Doch wenn sie so passend sind," schreibt er, „so kaufe sie." Zu diesem Zwecke schickt er in einer Zeit, wo er nur von der sichtlich widerwilligen Gnade Anderer lebt, seiner Frau 1000 Thaler. Es ist dieselbe Frau, die früher ihre eigenen Kleinodien verkaufen wollte zur Erlangung der böhmischen Krone.

Indessen dachte Friedrich in Wolfenbüttel doch auch an andere Dinge. Er

[1] Aretin, Beiträge Band VII. 172.
[2] Hurter, Ferdinand VIII. 568.
[3] Aretin, Beiträge VII. 174.

hatte nicht abgedankt, die Krone nicht niedergelegt, stand darüber nicht in einer Unterhandlung. Daß die böhmischen Großen und ihrem Beispiele nach diejenigen aller einverleibten Länder sich von ihm losgesagt, daß sie alle Ansprüche des gewählten Königs, des Königs, dessen Scheinansprüche lediglich in der Wahl beruheten, durch diese Lossagung vernichtet und aufgehoben: das alles kümmerte den Friedrich nicht. Er substituirte dafür das was er die göttliche Vorsehung nannte. Es wurde ihm von Böhmen aus eine Darlegung nachgesandt, daß er durch den Bildersturm, durch gewaltsame Einführung des Calvinismus in luthe= rische Kirchen den Majestätsbrief schreiender gebrochen, als von Ferdinand je zu erwarten gewesen. Es ward ihm vorgehalten, daß er durch sein Bündnis mit den Türken alles gethan, was er vermocht, um das grausame Joch derselben über die ganze Christenheit zu bringen. Daher habe er sich viel mehr des Königreiches verlustig gemacht, als Ferdinand. Zuletzt sei er geflohen, und habe die Länder preis gegeben. Das Haupt sei fort: was sollen die Glieder? Es gelangte die flehende Bitte an ihn: da bei Fortdauer des Krieges nur der Ruin der Länder zu erwarten stehe, so möge er, um nicht den Schein auf sich zu laden, daß er seiner Ehre, seines Nutzens wegen die Länder gesucht, jetzt ent= sagen. [1]

Friedrich wollte nicht. Denn zugleich gelangten andere Berichte an ihn. Mansfeld war in der Schlacht bei Prag nicht mit besiegt. Er hatte sich fern gehalten, bei Seite gestanden, abwartend wie die Dinge laufen möchten. Seine Hoffnungen waren zur Wahrheit geworden: ihm winkte der alleinige, der unbeschränkte Oberbefehl, die Aussicht als Söldnerfürst zu herrschen. Denn auf diesen Mann, der während der Anwesenheit Friedrichs in Böhmen nichts für ihn gethan, der Niemandem hatte gehorchen wollen, der mit dem Mistrauen aller anderen Anführer und Räthe Friedrichs, mit dem Fluche des böhmischen Bürgers und Landmannes beladen war: auf diesen Mann, der nun nach der Entscheidung sich zu Allem willig erbot, setzte Friedrich auf einmal alle seine Hoffnung. Wie das geschah, wie Mansfeld diese Hoffnung rechtfertigte, werden wir später ersehen.

Die Sache Friedrichs war nicht bloß im Erfolge vereitelt, sie war in den Augen der deutschen Nation moralisch unrettbar dahin. Sehen wir ab von den Raufbolden aller Lebensstände, von dem fürstlichen bis zu dem geringsten Söldner, der seine Haut und Gesundheit, der Leib und Leben an die Hoffnung auf Plünderung und Beute wagt: so hatte kein deutscher Katholik, kein deutscher Lutheraner die Sache Friedrichs je gebilligt. Von den reformirten Deutschen haben wir erst später unsern Beweis in dieser Art zu bringen. Aber selbst wo man mißbilligt, da scheint der glückliche Erfolg dennoch ein gewisses Recht zu verleihen. Auch ein solcher war hier nicht eingetreten. Die Flugschriften trugen die Nachricht von dem maßlos jämmerlichen Ausgange des böhmischen Unfuges durch die deutschen Länder. Auch Friedrichs Erbärmlichkeit konnte

[1] Theatrum Europ. I 516 ff.

dabei nicht verhehlt bleiben. Die Geringschätzung seiner Person schimmert in allen Flugschriften jener Zeit herdurch. Dem entsprechend war die Behandlung, welche er erfuhr. Friedrich fand zu Wolfenbüttel und Braunschweig nicht einmal die Aufmerksamkeit, um von Theilnahme nicht zu reden, welche das Volk jeder-zeit so gern einem unglücklichen Fürsten zollt. Man achtete seiner nicht. [1] Und während er noch dort weilte, hallte der Achtruf des Kaisers über ihn durch die deutschen Länder.

Wir haben gesehen, wie der Kaiser Ferdinand nach dem Wunsche des Kurfürstentages zu Mühlhausen vor einer Achtserklärung noch eine Abmahnung mit Androhung derselben erlassen sollte. Er hatte dieß gethan. Wir haben ferner gesehen, wie im Mai 1620 der Reichsrath dem Kaiser das Gutachten gab, daß Friedrich als Majestätsverbrecher der Acht verfallen sei. [2] Ferdinand sprach dieselbe noch nicht aus. Unter den kaiserlichen Räthen mochte das nicht von allen gebilligt werden. Derjenige von ihnen, der mit dem sächsischen Hof-prediger Hoe von Hoenegg in Verkehr stand, hätte sie längst schon ausgesprochen gewünscht. [3] Ferdinand zauderte. Auch nach der Schlacht am weißen Berge erließ er sie nicht. Er besprach sich abermals mit dem Herzoge Max, ob es thunlich sei. [4] In dieser Zeit, wo jeder Tag eine neue Kunde brachte, daß die Sache des Pfälzers in Böhmen rettungslos verloren sei, hätte es in der Hand desselben gestanden dem Schlage der Acht zuvorzukommen. Nur das kann der Sinn der Mahnung Johann Georgs gewesen sein: es könne etwas geschehen, was Friedrich nicht erwarte. Und weil wiederum der Kaiser so lange zauderte mit einem Spruche, zu welchem er nach dem Gutachten des Reichshofrathes berechtigt und verpflichtet war: so kann es nur der Zweck des Kaisers gewesen sein dem Pfälzer die Thüre zur Umkehr offen zu halten, so lange es noch möglich war. [5] Die Nachrichten, die im November, im December, im Januar über Friedrich einliefen, bewiesen, daß alle solche Hoffnung vergeblich sei. Der Kaiser entschloß sich zu dem letzten unvermeidlichen Schritte der Achtserklärung. Er sprach sie aus am 23. Januar 1621. Geflissentlich ward zu der feierlichen Handlung aller Pomp aufgeboten, den die goldene Bulle vorschrieb. Der Ruf hallte wieder durch das deutsche Land. Es ist kein Zweifel, daß die ungeheure Mehrheit der Deutschen ihn ansah als wohl verdient.

Friedrich eilte fort von Wolfenbüttel nach Hamburg. Von dort aus ent-sandte er abermals einen glühenden Brandbrief, dießmal an Bethlen Gabor. Er habe, sagt er, nach seiner Niederlage sich nach Schlesien begeben, in der Hoffnung, daß seine Unterthanen dort ihrem Eide gemäß gegen ihn als die von Gott gesetzte Obrigkeit sich bis zum letzten Athem getreu beweisen würden. Nicht also sei es ergangen. Wie die rebellischen Mähren meineidig gegen ihn sich

---

[1] Hurter VIII. 569.
[2] a. a. O. 572.
[3] Senkenberg XXIV. p. LX.
[4] Hurter VIII. 574.
[5] Man vgl. das Schreiben Camerars über die Meinung Spinolas bei Söltl III. 122.

dem Kaiser unterworfen: so seien die Schlesier gleichfalls meineidig einen Vertrag mit dem Kurfürsten von Sachsen eingegangen. Aber es sei Gottes Wille, daß er das Königreich Böhmen wieder gewinne, und seine Pflicht sei dem Willen Gottes zu gehorchen, deshalb müsse er den Krieg auch ferner fortsetzen, seine pflicht- und eidvergessenen Unterthanen mit Feuer und Schwert verfolgen, und die rechtlehrende christliche Religion befördern.[1] „Darum begehren wir anjetzo nichts mehr," sagt Friedrich, „als daß Ew. königliche Würde den angefangenen Krieg in Ungarn wider den Kaiser Ferdinand nach höchstem Vermögen fortsetzen wollen, damit Oestrich, Steier und Kärnthen verheert, Mähren verstört und Schlesien nebst anderen einverleibten Ländern zu Grund in die Asche gelegt werden." Aber Pethlen Gabor konnte seinerseits fragen, was denn Friedrich selber thäte. Auch dieser Frage kam Friedrich mit einer Antwort entgegen, wie sie seiner Sinnesart entsprach. Er habe, sagte er, durch die Hülfe des Königs Jakob, der Könige von Dänemark und Schweden, der Stände von Niedersachsen ein Heer von 20,000 Mann unter seinem Befehle, nehme täglich mehr Söldner an, und gedenke innerhalb zweier Monate sich nach Böhmen zu begeben und mit Mansfeld zu vereinen.

Als Friedrich diese Worte schrieb, hatte er, wie sich von selbst versteht, auch nicht einen einzigen Mann zur Verfügung. Es war alles erlogen. Er floh weiter nach Segeberg, wohin Christian IV. von Dänemark einen Convent der Fürsten berufen. Die Siege der kaiserlichen Waffen schienen doch den Fürsten des Nordens Gefahr zu drohen für die evangelische Religion, d. h. für ihren Besitz der Stifter und anderer Kirchengüter. Sie beriethen, wie sie dagegen sich in Vertheidigung zu setzen hätten. Dagegen waren sie der Person des Pfalzgrafen, der mittelbar diese Gefahr für sie herauf beschworen, keineswegs geneigt.[2] Friedrichs Oheim, Christian IV. von Dänemark, fuhr ihn an: „Wer hat euch geheißen Könige zu verjagen und Königreiche einzunehmen? Haben es eure Räthe gethan: so haben sie gehandelt wie Schelme." Er fragte weiter: „Warum habt ihr die Bilder zerstört?" Friedrich entgegnete: wer ein Haus habe, richte es gern nach Gefallen ein. „Es ist die Frage," erwiederte Christian, „ob es euer Haus gewesen." So sehr sich dann der König für die Sache Friedrichs durch eine Gesandtschaft bemühte, so war doch für die Person desselben, dort, wo man ihm so kurz und bündig die Wahrheit sagte, seines Bleibens nicht.

Er floh westwärts über Bremen und Münster nach Holland. Also war es der Wunsch der hochmögenden Generalstaaten. Gerade damals ließ der König Jakob mehr als einmal seinen zürnenden Unmuth in Briefen an die Generalstaaten aus, daß sie die Ursache seien an dem Unglücke seiner Kinder.[3] Das kümmerte weder die Hochmögenden, noch Friedrich. Unter einem Geleite ihrer Reiterschaaren betrat der Mann, an dessen Fersen sich Deutschlands Fluch und

[1] Londorp. II. 377.
[2] Müller III. 468.
[3] a. a. O. 460.

Unheil heftete, die holländische Grenze und zog nach dem Haag. Dort ward er fortan verwendet als die willkommene Puppe, die gern sich brauchen ließ, um zu Gunsten der Holländer im deutschen Vaterlande Krieg und Verderben aus= zusäen. Im Haag hauptsächlich haben wir für die ersten zehn Jahre das Ge= bläse des Feuers zu suchen, welches Deutschland in Asche legte. Man erkannte dieß damals sehr wohl. „Deutschland," sagt eine der besten lutherischen Flug= schriften [1] jener Zeit, „muß mit Herzeleid sehen und hören, daß fast alle Un= ordnung, Trennung, Krieg und Aufruhr von Holland aus ihm ins Herz geführt werden."

Max hatte sein Versprechen dem Kaiser gelöst. Böhmen war bezwungen. Es liegt in der Natur der menschlichen Dinge, daß der Gegenstoß der bisher unterdrückten Partei gegen die Unterdrücker sich abmaß nach der Heftigkeit und Gewaltsamkeit, welche sie selber erfahren. Deshalb kam über Böhmen unend= liches Weh. Die erste Plage war die des Kriegsvolkes. Das kaiserliche Heer fügte sich in keine Zucht, und ließ an keine Ordnung sich binden. Die lauteste Klage darüber führte der Herzog Max gegen den Kaiser. Am Tage vor seiner Abreise meldete er, daß das Rauben, Plündern, Mishandeln der Frauen endlos sei und nichts anders zu erwarten stehe, als zuletzt ein allgemeiner Aufstand der ganzen Bevölkerung gegen die kaiserlichen Truppen, zu geschweigen der täg= lichen Gefahr des Mordes zwischen bayerischen und kaiserlichen Reitern und Knechten. [2] Diese Klagen des Herzogs sind, wie es scheint, ein vollgültiger Beweis, daß die bayerischen Truppen die bessere Mannszucht, zu welcher Tillys kräftige Faust sie gebracht, auch als Sieger bewahrten.

Dann folgte die Confiscation der Rebellengüter. Die Maßregel war dem Buchstaben des Rechtes gemäß, die Ausführung unendlich hart, um so mehr, da hier, wo die Gewinnsucht betheiligt wurde, sich ein weites Feld für alle bösen Leidenschaften und die Möglichkeit eröffnete Unschuldige mit in das Netz zu verstricken, weil sie das Verbrechen an sich trugen reich zu sein.

Der Majestätsbrief war durch die offene Rebellion der Böhmen von selbst gefallen. Mit demselben fiel auch die sogenannte Religionsfreiheit, welche darin bestand, daß ein jeder Grundherr auf seinem Grund und Boden, in den Kirchen, deren Patronat er besaß, diejenige Religion predigen ließ, welche ihm am besten gefiel. Eben darum rechnete man damals in Böhmen und Mähren dreißig Sekten, jede mit verschiedener Farbe und Gestalt. [3] Anfangs traf die Auswei= sung bloß die calvinischen Geistlichen. Auch ward nicht der Gesichtspunkt der Religion vorangestellt, sondern derjenige der Theilnahme an der Rebellion. Die calvinischen Geistlichen wurden ausgewiesen, „weil sie in der Kreuzwoche des Jahres 1618 durch Verlesung einer mit Unwahrheiten angefüllten Schrift von der Kanzel das Volk aufgehetzt hätten." [4] Die lutherischen Geistlichen schmeichelten

[1] Speculum Germaniae p 20.
[2] Wolf, Maximilian IV. 453.
[3] Hurter VIII. 591.
[4] Hurter, Ferdinand VIII. 591.

sich damals noch mit der Hoffnung, daß man von kaiserlicher Seite dabei stehen bleiben, sich auf das Verbot des Calvinismus beschränken würde. Sie hatten ja so eifrig ihre Loyalität bezeugt, eifriger selbst als die Katholiken. Dennoch irrten sie sich. Der Kaiser Ferdinand selbst hätte vielleicht sie geduldet; allein der päpstliche Nuntius Caraffa betrieb mit Nachdruck die volle Durchführung des landesherrlichen Reformationsrechtes, des Rechtes cujus regio, ejus religio, welches der Religionsfriede von Augsburg den Landesfürsten verlieh. Der Kaiser gab dem Andringen Caraffas zwei Jahre später nach. Im Jahre 1622 mußten die lutherischen Geistlichen Prag und Böhmen verlassen. Die Zahl derselben war nicht groß. Es waren zwei Männer. [1]

Daß der Kaiser also verfuhr, durfte man von protestantischer Seite tief beklagen. Eben darum vernahm der Kaiser auch in seiner Umgebung abrathende Stimmen, welche hinwiesen auf die Möglichkeit der Entfremdung der Lutheraner im Reiche. Johann Georg von Kursachsen führte in demselben das Wort. Aber seinen Klagen setzte man von Wien aus die Frage entgegen: ob der Kaiser in seinen Erblanden des Reiches geringer sein solle, als der kleinste Fürst in seinem Territorium, ob und warum allein der Kaiser nicht thun dürfe, was das Reichs= gesetz des Religionsfriedens einem jeden Fürsten gestatte, was ein jeder Fürst demgemäß ausübe. Also in Wahrheit lag die Sache. Als ein Unrecht hätten die Austreibung der beiden lutherischen Geistlichen von Prag dem Kaiser nur diejenigen lutherischen Fürsten verwerfen dürfen, die in ihren Ländern Calvinisten oder Katholiken duldeten, calvinische Fürsten, die in ihren Ländern Katholiken oder Lutheraner duldeten. Das Letzte geschah nur unter dem Kurfürsten von Brandenburg, und nicht aus Kraftgefühl. Im Uebrigen war Duldung nicht vor= handen, bei keinem jener Fürsten. Wenn sie dem Kaiser Ferdinand über die Herstellung des Katholicismus in Böhmen einen Vorwurf machen wollten, so konnte es nur der sein, daß Ferdinand sich nicht zu einer höheren Stufe der Anschauung empor gehoben, als auf welcher sie standen, daß er nicht um dieser höheren Anschauung willen auf ein Recht verzichtete, welches die Vorfahren dieser protestantischen Fürsten nach ihrem Siege über die Kaisergewalt 1555 festgesetzt, da= mals freilich nicht im Interesse des Kaisers, sondern im eigenen. Auch hielten diese Einwendungen Johann Georgs nicht vor. Der Kaiser that ihm keinen Ein= spruch über die Befestigung des Lutherthums in der verpfändeten Lausitz: durfte da Johann Georg beharren bei seiner Abmahnung an den Kaiser? Wir werden sehen, wie er später das reichsgesetzliche Recht des Kaisers zu diesem Verfahren in den Erblanden vollständig anerkannte.

Schwieriger indessen ward die Frage der Rekatholisirung Böhmens dadurch, daß noch niemals das Recht des cujus regio, ejus religio in einer so groß= artigen Weise angewendet ward. Was die protestantischen Fürsten in ihren

---

[1] Man vgl. über die Sache: Carlo Caraffa, Relatione u. s w., herausgegeben von J. G. Müller. 1860. S. 141 ff. Caraffa bespricht die Sache sehr ausführlich. Ferner: Caraffa de Germ. Sacra rest. p. 114. 130. 134.

Ländern gethan, war im Umfange, nicht im Wesen geringer, als das was Ferdinand that. Darum fiel dieß stärker auf. Und ferner hatten sich die protestantischen
Zustände Böhmens entwickelt in einer langen Reihe von Jahren. Was langsam
und allmählig geworden war, das sollte nun enden mit einem plötzlichen Streiche.
Das mochte Vielen sehr hart erscheinen.

Auf der anderen Seite hatte der Kaiser Ferdinand für sein Verfahren einen
Grund der Rechtfertigung, dessen lutherische und calvinische Fürsten völlig ent-
behrten. Wer denn waren der Mehrzahl nach die Protestanten von Böhmen?
Was war der Protestantismus dort? Seit Jahrzehnten hatten die Feudalaristo-
kraten der östreichischen Erbländer ihre Auflehnung gegen den Landesherrn, ihr
Streben· nach Eigenmacht in den Deckmantel der Religion gehüllt. Bevor der
Protestantismus dort sich erhoben, das heißt, bevor die Feudalaristokraten den
Protestantismus als das geeignete Mittel erkannt, um für sich nach· völliger
Selbstherrlichkeit zu trachten, hatte nach Verhältnis gegen die neuere Zeit Ruhe
und Friede geherrscht. Der Kaiser Ferdinand als Katholik suchte den Grund
dieser Unruhen und Empörungen nicht in der Art und Weise, wie die Großen
des Landes den Protestantismus handhabten, sondern im Protestantismus selbst.
Wir haben vernommen, wie die lutherischen Geistlichen von Prag sich mit Nachdruck gegen das Unwesen Friedrichs aussprachen, wie ihre Klage durch die deutschen Länder ging und dort Wiederhall fand. Freilich; aber also redeten die
lutherischen Geistlichen in der Stadt Prag, nicht diejenigen, welche in den Dörfern
und auf den Edelsitzen der Herren von Böhmen unmittelbar abhingen von diesen
Herren, nicht geschützt durch den Zusammenhang mit irgend einer kirchlichen
Macht, einer kirchlichen Behörde von Ansehen und Gewalt. Diese anderen Geistlichen, preisgegeben mit Weib und Kind in die Hand des Patrones, konnten
nicht anders reden, als wie es der Brodherr gebot. Ferdinand konnte hier nicht
den Unterschied machen zwischen Lutherthum und Calvinismus, weil derselbe für
Böhmen weder in seinen Augen, noch auch in der That wesentlich war. Die
böhmischen Großen hatten einen calvinischen König gewählt, weil sie hoffen
durften, derselbe werde wegen seiner Verbindungen im Auslande rücksichtsloser in
der Wahl seiner Mittel sein. Unter ihnen selbst waren wenige eigentliche Calvinisten. Da überhaupt die Religion nur der Deckmantel ihres Verbrechens war,
so führte jedes äußere Bekenntnis, wenn es nur nicht mit demjenigen des Kaisers
übereinstimmte, wenn es nur den Vorwand bot zur Forderung von Religionsfreiheit, sie auf gleiche Weise zum Ziele. Daß das lutherische Volk in den
Städten und die lutherischen Geistlichen dort, denen es Ernst war um ihr lutherisches Bekenntnis, die Sache anders betrachteten, wie die Feudalaristokraten,
denen die Religion Mittel war zum Zwecke, war für den Kaiser auf seinem
kirchlich-politischen Standpunkte nicht ein durchschlagendes Hindernis gegen seine
Maßregel. In unserer Zeit würde der Gedanke nahe liegen eine kirchliche Behörde für das Lutherthum zu gründen und dadurch die Oberleitung zu behalten.
Wir haben gesehen, wie auch Maximilian II. schon für die Erblande Oestreichs
diesen Gedanken gehabt, aber ihn nicht durchführen konnte, weil die Zeit nicht

reif war dazu. Ferdinand hat an eine solche Maßregel wohl kaum gedacht. Er griff energisch, entscheidend durch. Seine Maßregel traf den ganzen Protestantismus. Indem er diesen ausschloß, sorgte er nach seiner Ueberzeugung für die Ruhe und den Frieden.

Man mag das Verfahren beklagen; aber ein Vorwurf besonderer Art gegen den Kaiser Ferdinand ist von daher nicht gerechtfertigt. Auch ist der Name eines Religionskrieges von daher nicht berechtigt, und Johann Georg von Kursachsen selbst wies ein solches Wort zurück. Wir werden das später ersehen.

Die Maßregel traf offenbar nicht bloß Schuldige, sondern auch Unschuldige mit schwerem Drucke. Vorher schon erfolgte eine andere Strafe, freilich nur für Schuldige, nur für die Leiter und Führer, aber nach der Meinung vieler Späteren dennoch für hart, selbst für grausam geachtet. Erörtern wir dieselbe.

Es war zu erwarten, daß in Böhmen eine Strafe stattfinden würde, blutig gemäß der Größe des Verbrechens der Rebellion und dem Geiste der Zeit. Die Häupter des Aufstandes hatten sich empört gegen Eid und Pflicht. Sie hatten die frevelnde Hand an die Diener ihres Königs gelegt, die in seinem Namen, ohne Ahnung der Absicht des ungeheuren Frevels schutz- und wehrlos vor ihnen standen. Sie hatten erbarmungslos die Flehenden einem anscheinend gewissen Tode überliefert. Sie hatten die auch da noch zur Versöhnung ausgestreckte Hand ihres Fürsten zurückgestoßen, hatten mit fremden Herrschern außer Deutschland, mit dem Erbfeinde der Christenheit Verschwörung angezettelt gegen ihr Oberhaupt. Sie hatten die Sicherheit seines eigenen Hauses gefährdet, in seine Fenster geschossen, hatten dann ihn abgesetzt, ein anderes Haupt erwählt, mit Hülfe desselben Krieg geführt gegen ihren rechtmäßigen Herrn, dem sie geschworen, hatten das Land in unabsehbares Verderben gestürzt, alles unter dem erlogenen Deckmantel der Religion. Ferdinand konnte, durfte um des allgemeinen Beispieles willen nicht verzeihen.

Der Geist der Zeit war hart und grausam. Die Scheiterhaufen der Hexen loderten fern und nah. Die Menschen wuchsen auf in der Gewöhnung an Blutscenen und Hinrichtungen. In den Kellern der Rathhäuser deutscher Städte hallten die Gewölbe wieder von dem Schmerzensrufe derer, die man in politischen Processen auf der Folter sterben ließ. [1] Wir haben nicht die milderen Anschauungen unserer Tage auf jene Zeit zu übertragen. Nicht die Abkürzung der Todesstrafe, das Zusammendrängen derselben auf e i n e n Moment war das Ziel, nach welchem man strebte, sondern die Verlängerung der Qual nach Maßgabe der Schuld. König Jakob von England ließ den Verurtheilten der Pulververschwörung lebendig die Eingeweide aus dem Leibe reißen und verbrennen, fünfzehn wurden lebendig geviertheilt u. s. w. Es war eine Zeit, wo Fürsten selber es ihrer Würde angemessen hielten der Hinrichtung ihrer Gegner zuzusehen. Moritz von Nassau schaute von seinen Fenstern herab auf den Justizmord,

---

[1] Man vgl. Strombecks Henning Brabant in Braunschweig.

der mit seinem Wissen und auf sein Geheiß an Oldenbarnevelt verübt wurde. [1] Sein Vetter Moritz von Hessen, der bewandert war in allen Wissenschaften, hielt es seiner Würde gemäß zuzuschauen bei der Viertheilung eines Lebendigen, der mit unerhörter Eile kaum drei Tage nach seinem Vergehen in des Landgrafen eigener, persönlicher Sache dieses Loos erfuhr, und Moritz schrak nicht zurück von dem Sterbenden das letzte Wort zu vernehmen, daß er seinen irdischen Richter Moritz vorlade vor Gott am Tage des Weltgerichtes. [2]

Verfuhr auch Ferdinand also, der deutsche Kaiser? Gemäß der Carolina, dem Gesetzbuche des römisch-deutschen Reiches, erfolgte der Spruch mehrere der Schuldigen lebendig zu viertheilen. Aber Ferdinand II. war nicht ein Jakob, nicht ein Moritz. Er bestätigte nicht den Spruch. Auch seine heftigsten Gegner, insofern sie nämlich etwas von ihm wußten, und nicht wie später so oft geschehen, ihre Meinung über seinen Charakter lediglich gestalteten nach der eigenen Einbildung, erkennen ihm das Zeugnis zu, daß er von Blutdurst nie eine Spur zeigte. [3] Wallenstein machte später bei der zweiten Uebernahme des Generalates als einen Grund seiner Forderungen geltend: kaiserliche Majestät sind gar zu mild und lassen geschehen, daß Jeder, der den kaiserlichen Hof kenne, Verzeihung erhalte. [4] Vielleicht hat dieser Vorwurf ein begründetes Recht. Der Kaiser war mild. So auch bewährte er sich diesmal. Die Nacht vor der Unterzeichnung des Urtheils brachte er schlaflos zu. Am Morgen legte er seinem Beichtvater Lammermann die Frage vor: ob er ohne Verletzung des Gewissens die Verurtheilten begnadigen könne, oder ob er die Vollziehung des Richterspruches gestatten solle. „Beides," erwiederte Lammermann, „steht in Eurer Majestät Befugnis." [5] In der That suchte Ferdinand Beides zu vereinen.

Es ist die Frage, ob nicht die Geistlichkeit Ferdinand zur Schärfe angereizt, wenn nicht die Jesuiten, so doch die Kapuziner. So nämlich hat man neuerdings gesagt. Die Sache ist diese. Vor etwa 60 Jahren erwähnte zuerst Senkenberg, [6] daß der Kapuziner Sabinus in einer zu Wien gehaltenen Predigt den Kaiser zur äußersten Schärfe gegen die Böhmen aufgerufen. Diese Worte von Senkenberg haben neuerdings den Einen und Anderen verleitet die Sache so anzusehen, als habe der Kapuziner Sabinus von der Kanzel herab das Blutgericht von Prag als ein Gott wohlgefälliges Werk gepriesen. Es ist die Frage, ob die Sache so sich verhalte. Die Predigt des Sabinus ist uns erhalten. [7] Er sagt darin: es sei die Pflicht Ferdinands zu handeln wie der Töpfer, der ein Gefäß, das ihm nicht gefalle, zerbreche und neu forme. Doch fügt er dann selbst hinzu, als hätte er dieß spätere Misverständnis geahnt: „Klarer muß ich es sagen.

---

[1] Cl Sarrarii epistolae p. 196.
[2] Rommel, Geschichte von Hessen VI. 635.
[3] Habernfeld p. 61.
[4] Förster, Wallenstein als Feldherr und Landesfürst p. 179.
[5] Hist. persecutionum eccl. B. 221.
[6] Senkenberg XXV p. 59.
[7] Londorp. II. 228.

Zerreiß ihnen die gegebenen Bewilligungen, weil dieselben dem Gesetze Gottes zu=
wider laufen. Nimm ihnen die Freiheiten, welche deine Vorfahren ihnen gegeben.
Den Majestätsbrief mach zu nichte; denn er gereicht deiner Krone zum Nachtheil
und zum Schaden." Das sind die schärfsten Worte des Sabinus, in denen von
Blut nichts zu finden. Jener Aufforderung zur Vernichtung des Majestäts=
briefes bedurfte es nicht, da bereits der offene Aufruhr der böhmischen Großen,
ihr Krieg gegen ihren Kaiser ihre Privilegien vernichtet hatte.

Andere Vermuthungen über die Neigung der Geistlichen in Ferdinands
Umgebung ermangeln des Beweises, und der Rath Lammermanns, den wir
nach den Worten eines Feindes von Lammermann berichtet haben, ist nicht ein
Zeugniß einer Härte.

Mit Thränen in den Augen, mit zitternder Hand unterschrieb Ferdinand
28 Todesurtheile, doch so, daß er die Viertheilung bei lebendigem Leibe in Ent=
hauptung verwandelte. Zwölf andere wurden zu Gefängniß oder anderer Strafe
begnadigt, unter ihnen auch Poppel von Loblowitz, der vor dem Herzoge Max
mit solchem Nachdrucke geweint hatte. Das Benehmen der Anderen in den letzten
Stunden söhnte Manche aus mit ihrer Vergangenheit, und ließ sie für Viele
als Märtyrer erscheinen. Soll diese Benennung einen Sinn haben: so kann sie
nur das Martyrthum der Feudalaristokratie bezeichnen, welche heilige Namen zu
ihren Zwecken mißbraucht. Die Mehrzahl der Hingerichteten gehörten zum Herren=
und Ritterstande. Allein so seltsam verblendet ist die Meinung der Menschen,
daß man später nicht die Gerechtigkeit des Kaisers pries, der keinen Unterschied
machte zwischen Hohen und Niedrigen, sondern daß man um so mehr das edle
Blut beklagte, das an einem Tage stromweis geflossen.

Und wer von diesen Großen beklagte die Asche der Städte und Dörfer,
alle die Trümmer, welche schon damals Lebensglück und Lebensfreude so vieler
menschlichen Wesen begruben und ferner noch begraben sollten?

Nur dieses Blut ließ Ferdinand fließen. Die in Mähren zum Tode Ver=
urtheilten, 23 an der Zahl, wurden sämmtlich begnadigt. Und wo Ferdinand
verzieh, da verzieh er völlig und ohne Rückhalt. Der Graf Nachod, einst des
Kaisers Kämmerer, war zu Friedrich übergetreten. Hernach verzieh ihm Ferdinand
auf die Bitte des Grafen Zierotin, und gab ihm den Kammerherrnschlüssel zurück.
Aber man wußte, daß Nachod mit Friedrich davon gesprochen, wie Ferdinand
auf der Jagd könne gefangen, oder sonst aus dem Wege geräumt werden.
Hieran wurde Ferdinand erinnert. Man fragte ihn, wie er Jemandem trauen
möge, der so schwer sich gegen ihn vergangen. "Gewähre ich Jemanden Ver=
zeihung," erwiederte Ferdinand, "so thue ich es mit solchem treuen Herzen, daß
ich ihm niemals mehr etwas Böses zutraue, und es ist mir, als hätte er nie=
mals etwas wider mich gethan. [1]

Noch eine Frage haben wir in Bezug auf die Prager Hinrichtung zu erör=
tern, die wichtigste hier für uns: wie stand Tilly dazu? — Der alte Held hatte

---

[1] Khevenhiller IX. 1392.

die böhmischen Rebellen in offenem Kriege besiegt. Nur das wollte er, nicht mehr. Sein milder Sinn hätte nach dem Siege am liebsten die Gnade walten lassen. Da das nicht möglich war, ging Tilly an die Grenze des Erlaubten, es wäre denn, daß er von Ferdinand geheime Weisung bekommen hätte, was nicht unmöglich ist. Er wußte was kommen würde, und gab den Bedrohten einen Fingerzeig ihr Heil in der Flucht zu suchen. Sie blieben. Sie waren in leichter Haft. Eines Tages erblickten sie die Wachen nicht. Dieselben mußten weggenommen sein: der Weg war frei. Auch das benutzten sie nicht. Mehr zu thun stand nicht in Tillys Macht. [1]

Vierter Abschnitt.

Zur selben Zeit als Max und Tilly durch ihren energischen Feldzug in Böhmen die Sache entschieden, ward auch im Westen des Reiches, in der Pfalz am Rhein in ähnlicher Weise gekämpft. Spinola nahte im Sommer 1620 als Feldherr des burgundischen Kreises. Der Zusammenhang der Niederlande mit dem Reiche war rechtlich damals noch nicht aufgehoben: der König von Spanien war als Fürst des burgundischen Kreises ein Glied des deutschen Reiches. Deshalb klingt es seltsam, wie man in späteren Zeiten dem Kaiser einen Vorwurf daraus hat machen können, daß er von einem Reichsfürsten Hülfe forderte und erhielt gegen einen Rebellen, der kein Mittel unversucht gelassen hatte alle denkbaren Potentaten in Ost und West gegen seinen Herrn und Kaiser und das Reich in die Waffen zu bringen. Im August 1620 betrat Spinola die Pfalz. Das Heer der calvinischen Union, die nach dem Ulmer Vertrage doch etwas für das Erbland ihres Hauptes Friedrich thun mußte, stand ihm gegenüber. Zum Schlagen kam man nicht.

In Wahrheit war es auch nur ein Etwas, was die Unirten für Friedrich thaten. Es fehlte ihnen nicht bloß an einer energisch leitenden Persönlichkeit, es fehlte ihnen an dem festen Vertrauen auf ihre eigene Sache. Man tadelte ihre Langsamkeit, ihre Unentschlossenheit. [2] Ihr Feldherr erwiederte: der Zweck der Union sei Vertheidigung; darum habe man nicht Spinola entgegen ziehen, ihm den Uebergang über den Rhein nicht wehren dürfen. Spinola komme in des Kaisers Namen, der Kaiser habe bei jeder Gelegenheit versprochen: er wolle keine Unruhe im Reiche erregen. Darauf habe man sich verlassen. Diese Lage der Dinge bei den Unirten durchschaute der Landgraf Ludwig von Darmstadt, der kaiserlich treu gesinnte Mann, und baute darauf die Hoffnung einer Unter-

---

[1] Pelzel, Geschichte von Böhmen II. 731.
[2] Senkenberg XXIV. 548. — Hurter IX. 12.

handlung. Er trat mit dem Markgrafen Joachim Ernst von Anspach, dem Haupte des Heeres der Union, in brieflichen Verkehr. Diese Briefe beweisen nicht ein Einverständnis, eine Bestechung gar des Markgrafen. Auch konnte man ihm nicht leicht etwas bieten, das seinem bisherigen Solde als General der Union die Wage hielt. Er hatte 5000 fl. monatlich sichere Einkünfte, und eben so viele an unsicheren [1]. Geldvortheile also hatte er gewißlich mehr bei der Union, und diese hielten ihn bei derselben zurück. Er war unentschieden, unschlüssig in sich. Er wollte wohl handeln, fürchtete aber dann wieder dem Kaiser ganz mißfällig zu werden, die Friedensunterhandlungen ganz abgebrochen zu sehen, und gar den Feind in sein eigenes Land zu bekommen. [2] Er meldete am 10. September 1620, daß er mit Fleiß, um dem Feinde nicht zum Aeußersten Anlaß zu geben, manche gute Gelegenheit aus den Händen gelassen habe. Aehnlich drückte sich der Herzog von Würtemberg zur selben Zeit gegen den Kaiser aus. [3] Es lag zu Tage: die Fürsten der Union hatten nur so lange ein großes Wort gehabt, als sie nicht auf energischen Widerstand stießen. Nun da dieser sich zweimal sobald hinter einander gefunden, bei Ulm und in der Pfalz, harrten sie mit Verlangen einer Möglichkeit, um gütlich und mit einigen, wenn auch halben Ehren von der verdrießlichen Sache loszukommen. Auch die Ankunft einer Anzahl Holländer unter dem Grafen Friedrich Heinrich von Nassau, mehrer tausend Engländer unter Horace de Vere spannte wohl die Worte der Unirten ein wenig höher, änderte aber das Wesen der Sache nicht. Spinola schritt vor und die Union sah ruhig zu. Am Ende des Jahres 1620 waren nur noch Mannheim, Heidelberg, Frankenthal und Lautern in den Händen pfälzischer Truppen.

Im Anfange Decembers 1620 kam der Landgraf Ludwig mit mehren der unirten Fürsten zu Worms zusammen. Damals gingen noch die Reden auf hohen Stelzen. Spinola müsse erst abziehen, forderte man; denn er bedrohe nicht nur die Pfalz, sondern auch die Länder der Unirten. Inzwischen kam die Nachricht von Friedrichs Niederlage, von seiner Flucht. Der Landgraf Ludwig meldete im Januar 1621 dem Joachim Ernst und bei dieser Gelegenheit allen anderen Fürsten der Union mit, daß es des Kaisers fester Wille sei Friedrich und seine Anhänger in die Acht des Reiches zu erklären. Das gab einen heilsamen Schrecken. Joachim Ernst erwiederte: er wolle lieber in des Kaisers Diensten eine Pike tragen, als anderswo commandiren. [4] Der Würtemberger Herzog erklärte, daß er nächst Gott und Gottes Wort nichts höher achte, als die kaiserliche Gnade, wofern er derselben gewürdigt werde. Sie baten um einen Stillstand der Waffen. Spinola schlug das Begehren ab. Dessen ungeachtet kamen nun die Unirten dem Landgrafen mit Friedensanträgen immer näher.

---

[1] Müller III. 467.
[2] Senkenberg a. a. O. 551.
[3] a. a. O. 561. eben so für das Folgende Senkenberg hat aus den Darmstädter Archiven geschöpft.
[4] Senkenberg XXV. 52.

Sie wollten eine Gesandtschaft nach Wien abschicken. Sie hofften, der Kaiser werde es nicht übel nehmen, wenn sie im Falle eines Angriffs von Spinola sich wehrten. Sie wollten den Kurfürsten Friedrich ermahnen die böhmische Krone niederzulegen und Abbitte zu thun. Sie wollten bei allen ihren Freunden sich weitere Verstärkung verbitten.

Der Landgraf Ludwig meldete das dem Kaiser. Die spätere Betrachtung dieser Dinge, welche unter veränderten Rechtszuständen des deutschen Reiches geschah, hat eben darum die früheren häufig nicht genug gewürdigt. Es war nicht bloß äußere Furcht, welche die Unirten zu solchem Zurückweichen bewog: es trat auch als nachdrückliches inneres Motiv hinzu die wieder erwachende Scheu vor der Majestät des kaiserlichen Namens. Der Landgraf Ludwig meldet dem Kaiser und dem Kurfürsten von Sachsen ausdrücklich, daß die Unirten bis= lang aus Ehrfurcht vor dem Kaiser gewichen seien von Ort zu Ort, in der Hoffnung dadurch den Frieden zu erlangen.[1] Und weil dieß also geschehen, weil auf der anderen Seite zu fürchten, daß die Unirten bei Versagung des Friedens in Verbindung mit den Fremden sich zum Aeußersten entschließen, weil dann allerdings die Meinung aufkommen könne, als sei es um den Untergang der evangelischen Religion zu thun: so bat der Landgraf Ludwig die Forderungen nicht zu hoch zu spannen. Wir sehen, wie der wackere Mann eine wahrhaft deutsche Politik des Friedens verfolgt.

Indessen hatte doch der Landgraf Ludwig den Muth der meisten Fürsten noch überschätzt. Sie wurden nachgiebiger von Tag zu Tag. Spinola bewilligte nichts: er forderte die schriftliche Erklärung, daß die Unirten sich des Pfälzers Friedrich nicht mehr annehmen wollten, und versprach seinerseits, daß dann der Kaiser sie als getreue Reichsstände anerkennen würde. Im April 1621 sträubten sie sich nicht mehr, sondern fügten sich ohne alle Bedingung. Am $^2/_{12}$ April 1621 ward zu Mainz der Vertrag unterzeichnet. Der Kaiser beeilte sich den= selben zu bestätigen. Der Bund der Union lief mit dem Anfange des Monats Mai ab. Die noch übrigen Fürsten derselben versprachen ihn nicht wieder zu erneuern.

Friedrichs Rath Camerar war damals in Heidelberg. Er machte seinem Verdrusse in den heftigsten Worten Luft. „Weil das Geld aufgehört,“ sagt er,[2] „daß man sich nicht mehr mit Rosenobeln füllen kann, ist Muth und Kraft dahin, zur ewigen Schande. Denn ich glaube nicht, daß solch ein Exempel in irgend einer Geschichte zu finden. Es wäre besser, daß nie eine Union gewesen, als daß sie mit dieser Schmach ein Ende nimmt.“ So dachte Camerar. Ob auch das pfälzische Volk in gleicher Weise dachte? Derselbe Camerar berichtet uns, daß die Söldner der Unirten die Pfalz mehr verdarben, als die Feinde. Wie konnte es anders sein, da die Söldner der Union damals drei Millionen Soldrückstände zu fordern hatten?[3] Daß Spinola Ordnung und Mannszucht

[1] a. a O. XXIV. 26.
[2] Söltl, Religionskrieg III. 120 ff.
[3] Hurter IX. 12.

bielt, berichten uns auch andere Gegner. Die Ursache lag außer der Persönlichkeit dieses großen Feldherrn darin, daß nur er eine wohlgefüllte Kasse hatte,
und darum regelmäßigen Sold auszahlte, nicht seine Gegner. [1]

Schon im Anfange des Jahres waren die Reichsstädte von der Union abgetreten. Daß einige derselben jemals der Union angehört hatten, war abgesehen
von dem moralischen und nationalen Verhältnisse ein großer politischer Misgriff,
dessen Erklärung nur in dem Hochmuthe der Patriciergeschlechter gesucht werden
kann. Auch fehlte es nicht an scharfen Darlegungen dieses Sachverhaltes. Ein
Städter selbst, und zwar augenscheinlich ein lutherischer, hält seinen Mitbürgern
nachdrücklich vor, [2] daß sie in den Augen der Fürsten und Mächtigen nichts
seien als umgemauerte Bauern. „Jene haben das ganze Kriegswesen in ihrer
Verwaltung und werden mit dem Kriegsvolke, das sie auf unsere Kosten geworben, das wir auch ferner bezahlen, von uns herauspressen, was sie gelüstet.
Es ist möglich, daß sie so ehrlich sind es nicht zu thun; aber sollen wir die Freiheit und Sicherheit, deren wir uns im Anschließen an den Kaiser erfreuen, erst
von fremder Gnade erwarten? — Unterliegen wir in diesem Bündnisse mit den
Fürsten: so werden wir dem Ueberwinder zum Raube, so werden wir von den
Fürsten verlassen und verachtet. Will das Glück der Union den Sieg zuwenden,
so sind wir denen, welche denselben erstritten, eine Zugabe zu der übrigen Beute.“
Indessen so lange die Union zu blühen schien, fanden dergleichen Erwägungen
bei den Patriciern von Straßburg, Nürnberg und Ulm keinen Eingang. Erst
als die Schlacht bei Prag dem rechtmäßigen Oberherrn den Sieg gegeben, beeilten sich die Städte glücklich heimzukommen. Straßburg zuerst, dem die
andern folgten, versicherte dem Kaiser seine Treue. Ferdinand nahm sie gnädig
an. Er dehnte die Verzeihung aus auf alles, was nur möglicher Weise auch
von früher her in Betracht kommen konnte. [3] Er erhob ferner die Schule von
Straßburg zu einer Universität. Die Reichsritterschaft hatte von Anfang an
besser ihr eigenes Interesse verstanden. Der Pfälzer Friedrich, der Landgraf
Moriz fanden mit ihren Aufforderungen gemeinsame Sache mit ihnen gegen
Spinola zu machen, nur Ablehnungen. Gegen die Gewalt dieser Fürsten bat
die Reichsritterschaft den Kaiser um Schutz. [4] Ferdinand war sehr bereitwillig
denselben zu erweisen und wies Spinola an den Rittern mit Nachsicht zu begegnen.

Nur ein Fürst, welcher anfangs der Union zugehört und sich nicht losgesagt hatte, war auch dem Mainzer Vertrage nicht beigetreten. Es war der

---

[1] Man vgl. Söltl III. 105. 115. Altzema I. p. 13, in Betreff Spinolas.
[2] Politischer Discurs, ob des heil. Reichs Städten vnd Herren rathsamb u. s. w.
[3] Brüsseler Archiv. Corresp. des Emp. avec les Gouv. des Pays-bas. Wie denn
in diese vnsere Kayserliche gnedigste erklerung alle eure Räthe vnd Diener, so jemals
vor kurzer oder langer zeit wider vns oder vnsere Vorfahren, oder auch sonst, ehe dieselben zu ihren Diensten kommen, geredet, geschrieben, gerathschlagt oder gehandelt haben,
begriffen seyn sollen. 23. Januar 1621.
[4] Hurter IX. 16.

Klopp. Tilly. I

Landgraf Moritz von Hessen-Cassel. Die Art und Weise, wie er dennoch murrend damals sich fügte, erfordert ein tieferes Eingehen, zumal da wir daraus erfahren, in welcher Weise nicht bloß diese Fürsten, die lediglich ihren Vortheil suchten, über die Union dachten, sondern auch wie die Meinung der Geringeren war, deren Stimmen in der Geschichte der Deutschen leider allzuleicht und oft unbeachtet geblieben sind.

Wir haben gesehen, wie die Stände von Böhmen vermöge des Majestätsbriefes sich in kirchlichen Dingen desselben Rechtes erfreuten, welches die deutschen Reichsfürsten nach dem Augsburger Religionsfrieden ausübten. Jeder Grundherr hatte das Recht auf seinem Grund und Boden die Religion seiner Unterthanen zu bestimmen. Wir haben ferner gesehen, wie dies Verhältnis den böhmischen Ständen den Vorwand gab ihre Rebellion gegen den Landesherrn, der in diesem Falle zugleich der Kaiser war, mit dem Vorgeben der Religion zu verbrämen. Anders lag die Sache in Hessen-Cassel. Dort entschied Moritz über die Religion seiner Unterthanen, sowohl der abligen Landstände, als der geringsten Bauern. Demgemäß mußten dieselben calvinisch denken, weil Moritz seit 1606 es so befahl. [1] Viele auch mochten bald der Gewöhnung nach aufrichtig und aus Ueberzeugung so glauben. Allein der Gedanke sich deshalb, weil sie so glaubten, feindselig gegen das Reichsoberhaupt zu stellen, kam nicht den abligen Landständen, sondern nur dem Landesherrn Moritz in den Sinn, und zwar deshalb weil er vermöge des Calvinismus im Bunde mit Frankreich, mit den Generalstaaten, mit anderen auswärtigen Mächten auf Vergrößerung hoffte. Dieser Heißhunger nach fremdem Gute trat manchmal auf eine seltsame Weise zu Tage. Moritz erkannte die Wichtigkeit früher Einwirkung auf die Jugend, um die Anschauung des Menschen für das Leben zu bestimmen. Er war dafür sehr thätig. Er selbst componirte calvinische Kirchengesänge und befahl, daß seine Compositionen in allen Kirchen des Landes gekauft würden. Daran geschehe sein gnädiger Wille. Aehnlich versuchte er sich auf anderen Gebieten der Wissenschaft und Kunst. Er verfertigte deutsche Sprachlehren, weshalb man ihn den Casselschen Grammaticus nannte, ferner Lehrbücher der Poetik und Metrik, durch welche er, wie man gesagt hat, einem Bedürfnisse seiner Schulen abhalf. Aber eben so wichtig war es auf die Begriffe der Jugend über Recht und Unrecht einzuwirken. Geschichtliche Bücher verfertigte Moritz nicht selbst, sondern ließ sie verfertigen, so jedoch, daß der Name Hessen nicht bloß sein Land, sondern auch die umliegenden Herrschaften Waldeck, Rietberg, Darmstadt mit befaßte. [2]

Indessen seine Landstände waren keineswegs geneigt Wünschen Vorschub zu leisten, für deren Ausführung sie die Opfer zu zahlen hatten. Der Beitritt des Landgrafen Moritz zur Union geschah eben so wie in Würtemberg gegen den Willen des hessischen Landes. Die Stände weigerten sich die Beiträge dafür zu

---

[1] Rommel, Geschichte von Hessen VII. 285.
[2] Rommel VI. 431.

zahlen. Das hielt Moritz nicht ab. Als der böhmische Aufruhr losbräch, betonte er auf dem Unionstage mit dem schärfsten Nachdrucke: die böhmische Sache sei eine allgemeine Reichs= und Religionssache. [1] Man habe es hier mit den Je= suiten zu thun. Man müsse sich in Kriegswerbung setzen. Wenn es von ihm abgegangen hätte, so wäre ganz Deutschland schon 1619 in hellen Flammen gestanden. Er mahnte unaufhörlich das Werk zur Ehre Gottes, zur Fortpflan= zung seines heiligen Wortes und zur Erhaltung deutscher Freiheit aufzufassen. [2] Es ist nicht unwahrscheinlich, daß Moritz den Rath gegeben sich der Person Ferdinands vor der Wahl zu versichern. [3] Moritz war zu Allem bereit, jedoch mehr noch in Worten, als in Thaten. Wir kennen bereits seine weittragende Erklärung: er scheue keinen Haß und keine Gefahr, wenn es ihm gelinge Fer= dinands Wahl abzuwenden. Seine Räthe warnten ihn. Im grimmigen Un= muthe rief Moritz aus: er wolle lieber seinen Hals darstrecken und sich abhauen lassen, als einen so beschaffenen Kaiser abuliren. Dennoch hat er sich dann der geschehenen Wahl gefügt. Er war nicht völlig so gewissenlos wie Friedrich. Er hielt diesem vor, daß er durch die Anerkennung Ferdinands als Mitkurfürsten, durch die Wahl selbst sich den Weg zur Annahme der böhmischen Krone ver= sperrt habe. [4] Freilich nachdem Friedrich sie einmal angenommen, that Moritz was er konnte, um ihn dabei zu behaupten.

Die Landstände von Hessen sahen mit Unmuth und Verdruß auf den unruhigen Mann. Fast auf jedem Landtage bewiesen sie ihre Abneigung gegen seine friedenstörenden Projecte. Moritz ließ darum nicht davon. Er wiederholte immer wieder den alten Versuch in langen Reden, die oft zwei Stunden dauerten, die Stände über die Wahrheit irre zu führen und den Kitzel seiner Gier und Großmannsucht unter einem Wulste biblischer Redensarten vor Anderen eben so zu verhüllen, wie er es vor sich selber längst erreicht hatte. Es half nicht. Die Stände zeigten sich unwilliger von Jahr zu Jahr. Als er im Mo= nate August 1620 außerordentliche Mittel forderte, erwiederten sie insgesammt: die Gefahr sei so groß, daß man ihr mit innerlicher Macht nicht hinreichend begegnen könne. [5] Daß dieß nur eine Verkleidung der eigentlich kaiserlichen Gesinnung der Stände, eine schonende Ausdrucksweise für den Landgrafen war, ergab sich aus seiner Weisung an die Räthe seine auswärtigen Verbindungen den Ständen zu verhehlen. Er habe schon 1610, sagte er, darüber verschiedene bosbafte Reden gehört. Daß die Hessen damals die frevelhaften Plane zum Umsturze des Reiches und aller bisherigen Ordnung mit tiefer Entrüstung ver= nommen, liegt sehr nahe. Da die Stände sich weigerten, äußerte er sich im September: [6] er sei mit Moritz von Nassau der Meinung: man müsse die gott=

[1] Rommel VII. 349.
[2] Rommel VII. 350.
[3] a. a. O. 363
[4] a. a. O. 369.
[5] a. a. O. 56.
[6] a. a. O. S. 388.

losen Pfaffen angreifen, um von den Mitteln derselben die Heere zu unterhalten. Es war das bedeutungsvolle Wort, welches bald einen viel gelehrigern Schüler fand, als Moritz war. Den Willen dazu, auch die völlige Nichtachtung fremder Rechte besaß Moritz; allein seine Gier hatte nicht so völlig seine Ueberlegung unterjocht, daß er nicht auch erkannte, wie gefährlich die Bethätigung dieses Eifers sei. Er ging deshalb zu seinen Ständen zurück. Er forderte die Ritter= schaft auf sich binnen acht Tagen, am 7. October, zum Lehnsdienste zu stellen. Er sprach, wie sich von selbst versteht, von Religion und Freiheit, drohte gegen die Säumigen mit landesfürstlicher Ungnade, mit Verlust der Lehngüter und der Pfründen. Im Jahre 1599 hatten hundert hessische Rittergeschlechter noch 227 Mann gestellt. Im Jahre 1620 kamen kaum 100, langsam, schlecht bewaffnet, mit untauglichen Pferden. [1] Immerhin mochte damals die Willigkeit zum Lehndienste aller Orten sehr abnehmen; aber eine Abnahme solcher Art war gar zu groß. Moritz rief aus: das sei scandalös, eine unerhörte Verletzung der ihm von Gottes und Rechts wegen zustehenden Obrigkeit. Der Gedanke, daß er dieselben Lehnspflichten, die er forderte, auch seinerseits nach Eid und Schwur dem Kaiser schuldig war, kam nicht in seinen Sinn.

Die Ursache des Verhaltens der hessischen Stände war in Wahrheit die, daß sie kaiserlich deutsch gesinnt waren, und dieß nicht verhehlten. [2] Moritz er= wiederte unwillig: es scheine ihm, als ob die Stände die kaiserliche Majestät fast vergöttern wollten, als wäre dieselbe unfehlbar. Aus Furcht konnte diese Gesinnung der Stände nicht hervorgehen; denn es war October 1620, wo die Jämmerlichkeit des böhmischen Wesens noch nicht zu Tage lag, die Schlacht am weißen Berge noch nicht geschlagen war, die Union noch anscheinend in voller Stärke stand. Die Stände von Hessen=Cassel riethen damals dem Landgrafen an: er möge gehorchen. Moritz erwiederte: wie ihre Vorfahren Verräther ge= wesen seien gegen den Landgrafen Philipp: also seien sie es gegen ihn. Moritz wollte als Kreisoberster den Kreis in die Waffen rufen gegen Spinola. Die Stände entgegneten: ein solches Recht gegen den Kaiser oder den Feldherrn desselben stehe ihm nicht zu. Sie verlangten gütliche Einigung mit Spinola. Moritz wollte nicht. Als die Nachricht von dem Siege der kaiserlichen Waffen bei Prag die deutschen Länder durcheilte und von den Lutheranern in Dresden und Berlin, wie in Prag selbst, mit großer Freude vernommen ward, ließ Moritz in Cassel alle Feste verbieten und verordnete Gebete zur Abwendung der päpstlichen Tyrannei, der Verfolgung des wahren Christenthumes und der evan= gelischen Kirche. [3] Unterdessen stand Spinola drohend an der Grenze. Moritz mußte sich der Bitte seiner Stände zur Absendung von Gesandten an ihn be= quemen. Spinola forderte Abtritt von der Union im Januar 1621.

Es ist zur Charakteristik der Anschauungen der Menschen in jener Zeit von

---

[1] Rommel a. a. O. S. 9.
[2] a. a. O. S. 63 und 43.
[3] a. a. O. S. 400.

wesentlicher Bedeutung das Gutachten der hessischen Räthe an ihren Landgrafen einzusehen. [1] Sie untersuchen, ob das Beharren bei der Union für Moritz nützlich und ehrenhaft sei. Die Nützlichkeit wird, wie zu erwarten, sofort verneint. Es handelt sich um die Ehrenhaftigkeit. Die Räthe legen ihrem Landgrafen, dessen grimmerfüllte Gesinnung gegen den Kaiser sie kennen, ihre Ansicht dar. Sie verwahren sich, daß sie es thun ohne alle Affecte, in ihrer Einfalt. Sie sagen, daß man sich gegen den Kaiser als die von Gott gesetzte Obrigkeit einzig und allein dann vertheidigen dürfe, wenn die Religion bedroht werde. Daß es bei der Beschützung der Pfalz um die Religion sich handele, sagen sie weiter, wird von Vielen in Zweifel gezogen. Denn der Kaiser ist vorher in Böhmen gewählt, gesalbt, gekrönt. Er ist von den Kurfürsten als König von Böhmen in das Collegium der Kurfürsten aufgenommen, als solcher mit den Titeln und Würden geehrt. Die Union selbst hat ihn als König von Böhmen anerkannt. Erst dann hat man den Kaiser in seinen Erblanden, ja an seinem Hoflager zu Wien selbst feindlich verfolgt, belagert, ihm sein Land verwüstet. Der Kaiser hat das hoch empfunden, hat sich zur Wehr gesetzt, und Gottes Verhängnis hat ihm den Sieg gegeben. „Sollen wir das misbilligen, mit Feuer, Blut und Schwert verfolgen? Das würde nur geschehen können mit der äußersten Gefahr für die Religion und das allgemeine Vaterland. Deshalb halten wir in unserer Einfalt dafür, es sei ehrenhafter in den Schranken des Respectes gegen den Kaiser, zum wenigsten der Neutralität zu verharren. Besser wäre es für das evangelische Wesen, wenn der Kurfürst Friedrich seinen Ansprüchen auf Böhmen entsagte.“

Daß die Räthe des Landgrafen Moritz zu diesem herrischen Manne also zu sprechen wagten, enthält für uns, auch abgesehen von den deutlichen Kundgebungen der hessischen Landstände, den Beweis, daß die Sache des Pfalzgrafen Friedrich bei ihnen moralisch gerichtet war, vor allen Dingen, daß man einen Zusammenhang der Rebellion von Böhmen mit der Religion nicht anerkannte.

Moritz gab so weit nach, daß er sich zu einer weiteren Besprechung in Bingen gefügig erwies. Die Bedingungen, die Spinola als Feldherr des Kaisers ihm auferlegte, waren dieselben, wie für die Union. Für das Aufgeben der Sache des Pfalzgrafen und die Eröffnung des Rheinpasses sicherte Spinola dem Landgrafen die Erhaltung des Friedens kirchlich wie weltlich. Die Räthe nahmen an. Sie gingen durch den Abschluß dieses Vertrages über den Willen des Landgrafen hinaus. [2] Er nannte das einen Landesverrath und jagte zwei der Räthe fort. Er ging noch weiter. Ungeachtet der Bitten und Warnungen seiner Stände, seiner Räthe, einiger benachbarten Fürsten, der Genehmigung des Kaisers und aller anderen Betheiligten für den Vertrag mit Spinola, verweigerte er die seinige. Weil jedoch fürerst den ohnmächtigen Worten des Zornigen

---

[1] Zeitschrift für hessische Geschichte III. S. 200. cf. Londorp. II. 387. — Theatrum Europ. I. 550.
[2] Rommel VII. 407.

weiter keine That entsprach, weil das Land und die Stände von Hessen-Cassel an dem Grimme ihres Herrn sichtlich unschuldig waren: so ließen die kaiserlichen Generale den zorneseifrigen Mann in Frieden. *

Noch einmal hielten die Fürsten der Union im Mai 1621 einen Tag zu Heilbronn, um mit einander zu habern, wer sich am feigsten bewiesen. Die Soldrückstände von einer Million deutete die Fülle der Leiden an, welche die unglücklichen Länder um dieses Rückstandes willen von den Söldnern zu erdulden hatten. [1] Es war mit der Union auch sonst in so mancher Beziehung ein ähnliches Verhältnis, wie mit dem böhmischen Aufruhr. Beide hatten begonnen mit schauerlichen Verbrechen: die Fürsten der Union mit dem Verrathe des deutschen Vaterlandes an Heinrich IV. von Frankreich, die Feudalherren von Böhmen mit dem unerhörten Mordversuche an den wehrlosen Statthaltern ihres Herrn. Beide hatten sich selber und die armen Unterthanen, welche die Last und Bürde zu tragen hatten, mit dem Vorwande zu belügen gesucht: es sei die Sache der Religion. Beide hatten ungeachtet der anscheinenden Furchtbarkeit nach außen innerlich ein jämmerliches Dasein gefristet und schimpflich geendet.

Die Gesinnungen des Landgrafen Moritz über den Vertrag mit Spinola legten sich dar in einer glühenden Flugschrift: Spinolischer Friedens-Unfried. Jene Zeit hat eine Reihe von Schriften hervorgebracht, heftig, fanatisch, voll Mord und Brand: diese alle überbietet der Spinolische Friedens-Unfried. Der inneren Wahrscheinlichkeit nach ist sie das Werk eines hessischen Theologen; denn es versteht sich, daß die Theologen mit den Landesfürsten in der Regel derselben Meinung sind. Die Schrift macht den böhmischen Großen heftige Vorwürfe. „Hätte man damals," sagt sie, „als die kaiserlichen Statthalter zum Fenster hinausgeworfen waren, den Kaiser mit einem Heere überzogen: so wäre jetzt das Spiel gewonnen. Es hätte eines Weiteren nicht bedurft, und wir wären jetzt Herren und Schiedsrichter in der ganzen Christenheit. Aber die böhmischen Herren haben es nicht gewagt sich mit einem jähen Angriffe der Person des Kaisers zu bemächtigen. Sie haben gleichsam mit einer Scham rebellirt." Von dem Vorwurfe eines solchen Gefühles ist allerdings der Verfasser dieser Schrift vollkommen frei zu sprechen. Die Pariser Bluthochzeit und was nur immer in den Augen des Volkes Gräßliches von solcher Art vorhanden, muß hier dazu dienen die Deutschen gegen ihren Kaiser zu entflammen. Es ist eine seltsame Gewandtheit dieser calvinischen Theologen die Sprüche der Apocalypse auf die Katholiken und die katholische Kirche anzuwenden und denjenigen Theil der Deutschen, der dem althergebrachten Glaubensbekenntnisse anhing, als Diener des Antichristes zu bezeichnen. Es ist Lehre der Jesuiten, sagt die schauerliche Schrift, daß die Vergießung alles evangelischen Blutes besser sei, als ein fruchtbarer Regen im heißen Sommerwetter. [2] Aber Spinola hielt doch Mannszucht, war sanftmüthig, mild. Die Schrift leugnet es nicht. Sie erkennt es ausdrücklich

---

[1] Rommel VII. 410. — Senkenberg XXV. 43.
[2] Spinolischer Friedens-Unfried p. 94.

an, hebt es hervor. Eben darum aber, fügt sie hinzu, muß der Abscheu gegen
ihn um so heftiger sein, weil unter der Maske ein um so größerer Schalk verborgen ist. Die Schrift, die von Anfang bis zu Ende immer nur das Banner
des Evangeliums hoch hebt, schließt mit den drohenden Worten: „Des Höchsten
Blutrache über die babylonische Hure ist jetzt allernächst."

Ob eine solche Stimmung bei dem deutschen Volke Anklang fand? Daß die
Katholiken, daß die Lutheraner sehnlichst den Frieden wünschten, daß sie einstimmig das Verbrechen des Pfalzgrafen Friedrich verwarfen, haben wir gesehen,
auch bevor der schimpfliche Ausgang die Erbärmlichkeit desselben völlig enthüllte.
Es konnte sich nur noch fragen um die Reformirten. Wie die Stände von
Hessen-Cassel dachten, haben wir erfahren. Wir haben ferner gesehen, wie die
reformirten Räthe des reformirten Landgrafen Moritz selbst ihm zu sagen wagten,
daß die Schritte des Pfalzgrafen Friedrich wider den Kaiser mit Recht und Ehre
unvereinbar seien, daß die Religion mit dem Thun desselben nichts zu schaffen
habe. Wenn diese Männer, die für eine solche offene Sprache eine Belohnung
wahrlich nicht zu erwarten hatten, in solcher Weise redeten: so haben wir das
Recht anzunehmen, daß nicht bloß die Waffen des Kaisers mit Sieg gekrönt
waren, sondern daß auch die sittliche Anschauung nicht bloß von zwei Dritteln,
sondern der gesammten deutschen Nation 1621 zu Gunsten der Sache des Kaisers war.

Und dennoch hörte der verderbliche, der entsetzliche Krieg nicht auf? Dennoch
schlugen eben damals wieder die Flammen hell und lichterloh empor? Wie war
das möglich?

Auf seiner Flucht hatte Pfalzgraf Friedrich bereits von Breslau aus den
Ernst von Mansfeld aufgefordert zu beharren und ihn zu seinem obersten General bestellt. Wir haben schon angedeutet, wie Mansfeld der Aufforderung
entsprach. Die Person dieses Anführers, sein Verhalten in Böhmen, fordert
hier unsere Aufmerksamkeit.

Seit dem 20. August 1618 stand Mansfeld, der bis dahin Oberst zugleich
bei den unirten Fürsten und bei dem Herzoge von Savoyen war, [1] als General
der Artillerie in Diensten der böhmischen Stände. Als solcher eroberte er die
kaiserlich getreue Stadt Pilsen. Genau genommen war dieß seine einzige Waffenthat, wenn wir nicht eine Niederlage dazu rechnen wollen, die er im Sommer
1619 von Bucquoi erlitt. Er hielt sich in Pilsen, welches er stark befestigte.
Weder Bitte noch Befehl lockte ihn von dort hinweg. Die Verheerungen, welche
seine Völker ausübten, waren schauerlich. [2] Auf die Klagen der böhmischen
Stände über den Mangel an Mannszucht in seinem Heere erwiederte er mit
Beschwerden über die Nichtzahlung des Soldes. Beide Theile hatten Recht; aber
eben darum stieg das Mistrauen zwischen ihnen. Einer der böhmischen Herren
machte den Vorschlag: da Mansfeld mit seinem Volke durch Rauben und

[1] Mansfelds Apologie.
[2] Müller, Forschungen III. 419.

Plündern so unsäglichen Schaden thue, ihm auch sonst in keiner Weise zu trauen sei: so müsse man auf Mittel bedacht sein sich seiner zu bemächtigen und ihn mit allen den Seinigen niederzuhauen. [1] Das Schreiben kam Mansfeld in die Hände, und er forderte demgemäß bei Friedrich seinen Abschied. Es war das überhaupt seine Weise, und seine Gegner erzählen, daß er damals bereits viermal bei verschiedenen Anlässen von Friedrich seinen Abschied gefordert. Die Ursache, weshalb er dennoch blieb, war die Forderung des rückständigen Soldes, und dafür war die feste Stadt Pilsen ihm ein Unterpfand. Als das kaiserliche Heer herannahte, gebot Anhalt dem Mansfeld zu ihm zu stoßen. Mansfeld blieb in Pilsen. Anhalt wiederholte den Befehl. Mansfeld rührte sich nicht, dagegen verlangte er Geld für seine meuterischen Soldaten.

Unterdessen war das kaiserliche Heer herangekommen, und Mansfeld begann mit Bucquoi Unterhandlungen über die Uebergabe von Pilsen. [2] Friedrich und Anhalt hörten davon. Auf ihre Frage erwiederte Mansfeld: er thue dieß lediglich, um Zeit zu gewinnen. Dagegen schickte er Proviant ins bayerische Lager, warnte vor den nahen Ungarn, feuerte nicht auf die Truppen Bucquois, so nahe dieselben auch vorüber zogen. Was damals sein Plan war, wer mag es wissen? Er blieb in Pilsen.

Der Herzog Max von Bayern wünschte und bat damals, daß man den Sieg verfolgen, daß dem Krieg auf einmal ein Ende gemacht werden möchte. [3] Es geschah nicht. Die Hauptschuld scheint an der Uneinigkeit des kaiserlichen Generals Bucquoi mit dem Civilgouverneur Liechtenstein gelegen zu haben. Dazu war das kaiserliche Heer fast wie völlig aufgelöst, und hauste mit Plündern und Beutemachen in ähnlicher Weise, wie die Schaaren Mansfelds. Dieser ward in Pilsen nicht gefährdet, zumal da er wieder Unterhandlungen anknüpfte. Wer auch mochte die volle Gefahr von diesem Manne damals durchschauen? Die Unterhandlungen dauerten, bis Mansfelds Angebot den flüchtigen Friedrich erreichte, bis von diesem die Antwort eintraf, daß er seine Sache nicht aufzugeben gedenke, sondern Mansfeld zu seinem Generale mache, daß er ferner diesen ermächtige in der Wiederbringung des Königreiches Böhmen keine Mühe, noch Unkosten zu sparen und keine Folgen anzusehen. [4] Mansfeld brach die Unterhandlungen ab und meldete seinen Capitänen in Pilsen im Januar 1621: „Ich habe mich mit dem Feinde deshalb in Unterhandlungen eingelassen, auf daß wir durch solches Mittel, es wäre ehrlich oder nicht, wenn wir gar kein anderes haben können, zu unserer Zahlung kommen, und zugleich auch in Mangel anderer Hülfe unser Volk von hinnen bringen könnten. Nachdem aber wir durch einen anderen Weg bezahlt werden und gute Mittel von hier weg zu kommen

---

[1] a. a. O.
[2] Mansfelders Ritterthaten 73. Der Verfasser ist Gegner Mansfelds. Man hat deshalb die Apologie des letzteren damit zu vergleichen.
[3] Hurter VIII. Beilage VI. und VIII.
[4] Londorp. II. 377.

haben können, ich auch vermerke, daß der Feind uns nur hinhält, will ich mit der Unterhandlung nichts mehr zu schaffen haben." [1]

Und nun beginnt für Mansfeld, und daß wir hier gleich es sagen, für Deutschland eine neue Zeit. Es ist eine Zeit, die schrecklicher nicht erdacht werden kann. Niemand auf deutschem Boden billigt noch die Sache Friedrichs von der Pfalz, Niemand hofft und wünscht für ihn. Und dennoch ist die Sache, oder ist vielmehr der Name dieser Sache da, und flattert hoch als Banner des Söldnerfürstenthumes. Mansfeld hält dasselbe empor. Mit ihm tritt es ins Leben. Er schreitet mit demselben durch die deutschen Länder, und wo er hintritt, da lodert die Flamme empor, da trieft das Schwert seiner Mitgesellen vom Blute der Wehrlosen, da ringt sich der Schmerzensruf der gequälten Menschen zum Himmel auf, bis der barmherzige Tod ein Ende macht, da schleichen langsam aber sicher dieser Fahne des Söldnerfürsten die bleichen Geschwister nach, der Hunger und die Pest, um zu fressen, was übrig geblieben. Mansfeld tritt auf als Söldnerfürst. Es ist eine neue Epoche des deutschen Lebens. Friedrich hat ihm geschrieben: er möge keine Folgen ansehen, keine Rücksicht nehmen. Fürchtete Friedrich Rücksichten bei Mansfeld? Er hatte doch wahrlich aus eigener Erfahrung einige Monate zuvor sich wohl überzeugen dürfen, daß Mansfeld keine Rücksicht nahm irgend welcher Art, als nur diejenige seines Vortheils und Genusses. Und dafür war nun Raum und freie Bahn. Es begann für Mansfeld die Zeit der unbedingten Herrschaft über alles, was in seinem Bereiche war. Kein Fürst, kein Herr, kein Kaiser auf Erden herrschte mit solcher unbedingten Gewalt. Was die Erde an Genüssen bot, das war sein. Ein General, der irgend welche Rechenschaft seinem Kriegsherrn abzulegen, ein Fürst, der selber Land und Leute zu verlieren hatte, wäre zu einigen Rücksichten gezwungen gewesen. Nichts davon paßte für Mansfeld. Er hatte unbedingte Vollmacht. Er war länder- und besitzlos. Er war ein Bastard. Er war verwachsen, hasenschartig. Er war von Jugend auf ein anderer Ismael, Jedermanns Hand wider ihn, und seine Hand wider diejenige seiner Mitmenschen. [2]

Aber Friedrich war ein irrender Flüchtling. Der in Welt- und Menschenkenntnis erfahrene Mansfeld mochte voraussehen, daß der Flüchtling auf seiner Fahrt geringe Ermuthigung finden werde, daß Gefahr der Unterwerfung und damit des Endes der Dinge da sei. Deßhalb beeilte sich Mansfeld ihn zum Beharren zu ermuthigen, und zeigte sich dabei in der Redeweise der Partei bewandert trotz Friedrich und Scultet. Er freue sich, meldete der würdige Diener, des heroischen Muthes des Königs und des zu ewigen Zeiten rühmlichen Herzens gegen das Königreich Böhmen und die verbundenen Länder, ferner des großen Eifers die wahre evangelische Religion zu handhaben, und alle frommen Menschen von des Papstes Tyrannei zu erlösen. Was seine Person betreffe, so sei ihm nichts mehr angelegen als geleistete Pflicht und Eide standhaft und getreu zu

---

[1] Mansfelds Ritterthaten p. 83.
[2] Mansfelds Ritterthaten p. 7.

bewahren. Zu diesem Zwecke habe er Pilsen und Tabor in Pflicht erhalten. Er lebe der Hoffnung binnen wenigen Wochen 15,000 Mann zu haben. Der König, also bittet Mansfeld, möge sich zu falscher Friedensstiftung mit den Spaniern keinesweges bereden lassen; denn man habe von dorther ja doch bislang nur grausame Tyrannei, Meineid und Betrug erfahren. Also schrieb Mansfeld, und hatte damit den Sinn Friedrichs ganz und gar getroffen. Er, der als ein fürstlicher Bettler durch die deutschen Länder floh, von Niemandem willkommen geheißen, von Niemandem bedauert noch getröstet, verhieß [1] dem Mansfeld mit genugsamer Hülfe an Volk und Geld auf alle kommende Fälle zu erscheinen. Er werde nicht eher sein Haupt zur Ruhe legen, sagte Friedrich, bis er mit Hülfe des allerhöchsten Richters und vieler großmächtigen Potentaten sich an seinen Feinden gerochen und sie zu Schanden gemacht habe. „Das wird geschehen Gott zu sonderbarem Gefallen, unseren und der christlichen Religion Feinden zum höchsten Schrecken, aller Welt zum denkwürdigen Exempel."

Dazu war ja Mansfeld gern bereit. Aber es mußte erst ein Heer geschaffen werden; denn die Zahl der Truppen, die in Pilsen und Tabor ihm zu Gebote standen, waren nur einige tausend. Wenn das Heer erst da war: so erhielt es sich nach Mansfeldischer Weise so oder so; aber das Anwerben zuvor kostete Geld. Dieß mußte herbeigeschafft werden. Mansfelds Kopf war erfinderisch. Er erwirkte Geld in England und in Holland. Wenn er nur dieses hatte, an Menschen fehlte es nicht. Der Winter war hart und streng. Damals fror der Bosporus zu, was nur zweimal in einem Zeitraume von 900 Jahren berichtet wird. [2] Die Zersprengten des früheren böhmischen Heeres irrten umher, hungernd, von der scharfen Kälte gequält, dazu grollend über den Rückstand, den sie in Böhmen noch zu fordern hatten. Mansfelds Trommel wirbelte um durch Stadt und Land. Er gab aufs Pferd 20 Thaler Handgeld und versprach 15 Gulden Monatssold. Höher bot kein Fürst. „Daneben erbeut er sich ihnen den Raub gänzlichen zu lassen." [3] Sein Heer schwoll an zum Schrecken und Entsetzen der nah gelegenen Länder. Sie hatten allerdings zu erfahren, welche Tragweite in Mansfelds Händen die Vollmacht hatte: er solle keine Folgen ansehen.

Tilly war mit 6000 Mann zu Fuß und 1500 Reitern in Prag geblieben. [4] Es könnte die Frage sich erheben, warum nicht er sofort, nachdem Mansfeld die Unterhandlungen abgebrochen, auf denselben losging, um ihn noch rechtzeitig zu erdrücken. Das bayerische Heer war durch den Marsch von Linz bis Prag unter den grausamsten Entbehrungen heftig mitgenommen. Die Krankheiten wütheten fort. Dazu war ferner ein Winterfeldzug damals nicht der Brauch. Es ist sehr fraglich, ob Tilly seine Schaaren, die wenn auch freilich aus disciplinirten Söldnern, doch immer aus Söldnern bestanden, zu einem Zuge hätte

[1] Londorp. II. 377.
[2] Hammer, Geschichte des osmanischen Reiches II. 787.
[3] Müller III. 438.
[4] Hurter, Ferdinand. VIII. 583.

verwenden können, der wider allen gewöhnlichen Kriegsbrauch war, zumal da diese Truppen einen so wohl begründeten Anspruch auf Ruhe hatten und der Winter so sehr strenge war.

Auch überschätzt man gar leicht die innere Kraft der Liga. Sie hatte, wie jedes Bündniß, die Schwäche aus verschiedenen Personen zu bestehen, von denen jede ein ganz besonderes Interesse neben dem allgemeinen verfolgte. Dieß Interesse war neben der allgemeinen Sicherheit gegen die Raubanfälle calvinischer Fürsten und ihrer Truppen hauptsächlich und zuerst Jeder selber für sich sicher zu sein. Die Liga hatte bis dahin schon viel Geld bezahlt. Bis zum 20. Februar 1621 hatte sie an Sold allein vier Millionen Gulden ausgegeben. [1] Die rheinischen Glieder der Liga zahlten monatlich 70,000 Gulden. Im Januar 1621 meinten sie: sie für sich hätten keine Hülfe genossen, und deßhalb sei es ihr Recht ihre Beiträge geringer anzusetzen. [2] Um dieß durchzutreiben, hatten sie dieselben einstweilen gar nicht gezahlt. Eben so hatte Salzburg seine Pflicht nicht geleistet. Die Folge war, daß auch bei dem Heere der Liga eine große Summe des Soldes rückständig, die Soldaten darum unzufrieden waren, und demgemäß auch die Beweglichkeit des Heeres der Liga sich verringerte. Es bedurfte der vollen Energie des Herzogs Max im Februar 1621 die geistlichen Herren zusammen zu halten, und ihnen die Gefahr nahe zu legen, die sie am allermeisten und nächsten von Mansfeld zu befürchten hatten. In Wahrheit brachte erst das Anwachsen dieser Gefahr die Glieder der Liga zu erneuten Anstrengungen, und eben wegen dieser inneren Schwäche des Bundes nach errungenem Siege konnte derselbe auch in den ersten Monaten des Jahres 1621 nur mit geringem Nachdrucke gegen Mansfeld auftreten. Das Heer desselben mehrte sich.

Der Kaiser Ferdinand erkannte schon damals die volle Furchtbarkeit dieses Abenteurers. Er nennt in einem Briefe an den Erzherzog Albrecht in Brüssel schon im Anfange des Jahres 1621 den Mansfeld den allgemeinen Friedensstörer und Landverderber. [3] Und dennoch vermochte der Kaiser nichts gegen ihn. Da Bethlen Gabor damals wieder den Kaiser bedrohete, hatte Ferdinand gegen Mansfeld keine Waffen verfügbar. Er mußte die Abwehr desselben der Liga anheimstellen. Er bat diese abermals und abermals ihn nicht zu verlassen, ihm auch ferner beizustehen. Das einzige, was der Kaiser gegen den verwegenen Söldner thun konnte, war die Erneuerung der Acht, die schon Matthias gegen Mansfeld ausgesprochen. Da dieser Freibeuter nicht Hab und Gut besaß, das man ihm absprechen konnte: so betraf die Acht lediglich seine Person. Der Kaiser setzte einen Preis aus von 100,000 Gulden für den, welcher den Mansfeld lebendig einbringe, von 10,000 Gulden für den, welcher ihn todt einliefere.

Während die Gefahr für den Frieden des Reiches durch Mansfeld stieg, suchten die Freunde des Pfälzers seine Sache auch wieder moralisch zu heben.

[1] Hurter, Ferdinand. IX 7.
[2] Aretin, Bayerns auswärtige Verhältnisse. Anhang S. 120.
[3] Brüsseler Archiv. Corresp. des Emp. avec les Gouv. des Pays-bas 1619—22.

Dieselbe hatte vielleicht den schlimmsten Stoß erlitten durch Friedrichs Werben um türkische Hülfe. Es war aller Orten in ganz Deutschland bekannt, wie Friedrich früher von Böhmen aus Verbindungen mit Constantinopel angeknüpft, wie sein Hofprediger Scultet von der Kanzel dieß theologisch gerechtfertigt und Gott wohlgefällig dargestellt hatte. Man wußte ferner, wie Friedrich noch auf seiner Flucht dem Kurfürsten von Sachsen gedroht: wenn man ihm Böhmen nicht wieder gäbe: so werde er Türken und Tartaren ins Reich rufen. Bei dem Namen Türken und Tartaren gerann dem Deutschen jener Zeiten das Blut in den Adern. Man kannte nichts Schrecklicheres darüber hinaus. Die Berichte von Plünderungen, Räubereien der Söldner jener Tage betrachten es als die höchste Potenz zu sagen: Türken und Tartaren hätten es nicht ärger machen können. Darum mußte sich auf eine solche Drohung des Pfälzers mit Türken und Tartaren bei dem friedlichen Deutschen jeder Lebensstellung ein Sturm des Unmuthes und des Unwillens erheben.

Nun vernahm man wenige Monate später ein ganz anderes Wort. Fried=
rich, also hieß es, [1] habe einen Brief erhalten vom Sultan mit goldenen Buch=
staben auf Pergamen geschrieben. Darin habe der Sultan dem Pfalzgrafen bei dem lebendigen Gotte und dem großen Propheten Muhamed zugesagt, daß er wenn Friedrich es begehre, mit 200,000 Mann ihm zu Hülfe kommen wolle. Aber der Pfalzgraf lebe der tröstlichen Zuversicht, Gott werde ihm auch durch andere Mittel helfen können, die der Christenheit nicht so schädlich seien. Darum habe er mit David gesprochen (2 Sam. 16, 25. 26.): Werde ich Gnade finden vor dem Herrn, so wird er mich wieder holen. Spricht er aber also: Ich habe nicht Lust zu dir: — siehe, hier bin ich, er thue mit mir, was ihm wohl=
gefällt. Darum habe Friedrich die Hülfe des Sultans abgeschlagen. Man er=
örterte dieß weiter. Viele halten dafür, hieß es, daß der Pfalzgraf Friedrich durch dieses Absagen der Christenheit einen großen Dienst erwiesen, wie es seine Vorfahren durch Abwehr der Türken gethan. Dieses Verdienst um die Christen=
heit, um das Haus Oestreich, um das deutsche Reich sei billig höher anzuschla=
gen, als der Fehltritt, den Friedrich als ein junger Herr von 23 Jahren durch die Annahme der böhmischen Krone begangen. Also die Freunde des Pfalzgrafen.

Leider steht dieß Gerücht von dem Edelmuthe des jungen Fürsten auf sehr schwachen Füßen. Das Actenstück selber ist nirgends gedruckt, wie es doch, wenn Friedrich dieses Erbieten ausschlug, sein Interesse, um sich rein zu waschen, wesentlich erforderte. Die Nachrichten, die der Sache erwähnen, geben es selbst nur als ein Gerücht, begleiten es mit dem inhaltschweren soll, und wie man sagt. Die Lage der Dinge in der Türkei war nicht der Art, daß ein solches Anerbieten auch nur denkbar gewesen wäre. [2] Der Sinn des Sultans Osman stand hartnäckig auf einen Krieg gegen Polen. Im Anfang Mai 1621 steckte er seine Roßschweife auf, und vierzehn Tage später war er mit dem ganzen

---

[1] Meteren III. 73. Man vgl. Theatrum Europ. I. 509 (568).
[2] Vgl. Hammer, Geschichte der Osmanen II. 783.

Heere auf dem Marsche dahin. Etwas Anderes hatte er nicht im Sinne. Da=
gegen ist auf der anderen Seite an ein Lossagen der Partei, mit welcher es
Friedrich hielt, der Generalstaaten, des schwedischen Königs Gustav Adolf und
Anderer, von ihren Umtrieben in Constantinopel gegen den Kaiser und das
Reich nicht zu denken. Sie setzten dieselben mit aller Lebhaftigkeit fort. Das
Gerücht wird ferner widerlegt durch das Verfahren des Markgrafen von Jägern=
dorf, den Friedrich in Schlesien zu seinem General bestellt. Indem dieser Mark=
graf das neue Stratagem nicht kennen mochte, forderte er [1] eben damals die
schlesischen Stände, die Herren und Ritter auf sich nicht dem Kaiser zu unter=
werfen, weil er Nachricht habe, daß der Sultan mit Polen sich vertragen, und
daß zum Schutze des Königs von Ungarn schon etliche tausend Türken und Tar=
taren auf dem Weg seien.

Dazu ferner kommt, um das Gerücht von Friedrichs Edelmuth in der Ab=
weisung einer vermeinten türkischen Hülfe als völlig haltlos und rein ersonnen
darzulegen, die fortdauernde Verbindung desselben mit Bethlen Gabor. Dieser
bespricht im April 1621 zu Friedrich die Gemeinschaft mit den Türken. [2] Er
fragt, wer der größere Feind ·sei, derjenige, welcher sich nicht einen Christen
nennt, auch nicht dafür gehalten sein will, und doch darauf bedacht ist, was
einem Christen geziemt, oder derjenige, welcher den christlichen Namen führt,
und doch auf alle Weise und Wege bedacht ist die Christenheit zu tyrannisiren.
Das soll heißen: der wahre Türk ist in Wien, der wahre Christ in Constan=
tinopel. Friedrich erhielt im Haag dieß Schreiben am 25. Mai, und erwiederte
einige Wochen später frohen Muthes seinem Freunde, daß er die allerheiligste
Gemeinschaft seines Bundes mit ihm erneuere. Es waren Heilige von beson=
derer Art, Friedrich und Bethlen Gabor! Dieser gibt in dem Schreiben die
Zusage: Friedrich möge keinem Gerüchte von Frieden zwischen dem Kaiser und
Bethlen Gabor Glauben schenken; denn es sei ein für allemal sein fester Ent=
schluß in seinem Leben keinen Frieden mit dem Kaiser zu haben. Nach wenigen
Monaten kam zwischen ihm und dem Kaiser der Friede zu Stande. Auch dieß
wiederum meldet Bethlen an Friedrich und gibt als Grund des Friedens an,
daß die türkische Hülfe gar zu langsam gekommen sei. Aber zugleich läßt
Bethlen Gabor an Friedrich schreiben: er wolle auf den künftigen Mai mit
Hülfe und ganzer Macht der Türken die Ungarn tanzen lehren, und alsdann
den Feind bis aufs äußerste verfolgen.

Ziehen wir das Ergebnis. Weil es offenbar in die Augen sprang, daß
Friedrichs Hoffnung auf die Türken ihm bei den Deutschen auch den geringen
Rest der Sympathie entzog, der möglicher Weise für ihn noch Statt haben
konnte: so streuten Friedrich und seine Freunde das Gerücht aus, daß es die
sogar angebotene Hülfe der Türken abgelehnt. Es war an diesem Gerüchte auch
nicht ein wahres Wort.

[1] Theatrum Europ. I. 578
[2] Londorp. II. 434 ff.

Aber es leuchtete ein, daß für die moralische Hebung der Sache Friedrichs mehr noch geschehen müsse. Es hieß, das Verfahren des Kaisers den König von Böhmen ungehört und ohne richterlichen Spruch in die Acht des Reiches zu erklären, sei hart und eigenmächtig. Dieselbe Partei der calvinischen Fürsten, welche auf dem Reichstage von Regensburg im Jahre 1613, so viel an ihr war, die Bande des Reiches zersprengt hatte, weil sie in Reichssachen die Mehrheit der Stimmen nicht mehr anerkennen wollte, dieselbe Partei, welche damals und schon früher bemüht gewesen war das Richteramt in deutschen Angelegenheiten dem französischen Könige Heinrich IV., den Generalstaaten, dem Herzoge von Savoyen, ja gar dem Sultan zuzuwenden, welche ferner ihr Streben darauf angelegt hatte die deutsche Nation und das Reich in Trümmer zu zerschlagen, um Jeder für sich bei dem großen Schiffbruch ein Trümmerchen aufzufischen; diese selbe Partei und ihre Diener legten sich nun eifrig auf das Studium der goldenen Bulle, des Grundgesetzes des deutschen Reiches, und suchten ausführlich und gründlich zu beweisen, daß das Verfahren des Kaisers dem Buchstaben der goldenen Bulle nicht entspreche. Daß das Verfahren Friedrichs nicht dem Geiste der goldenen Bulle entsprach, daß es eine der schnödesten Rechtsverletzungen war, die je auf deutschem Boden verübt sind, das freilich erwog man nicht. Alle Potentaten des Auslandes, vor welchen drohend die Gefahr aufstieg, daß endlich einmal wieder ein Kaiser dieß große deutsche Reich unter sich einigen könne mit starker Hand, daß dieser Kaiser dann wieder in der That das sein werde, wovon ihm nur noch der Name geblieben, das weltliche Haupt und der Schirmherr der Christenheit: alle diese Potentaten, welche um dieser Furcht willen eine Sache suchten gegen den deutschen Kaiser und die deutsche Nation, stimmten ein in diesen Ruf: Friedrich sei ungehört verurtheilt, sei geächtet ohne Richterspruch.

Bevor wir den Kaiser selbst auf diesen Vorwurf sich verantworten lassen, ist es nöthig die Frage zu erörtern, ob nicht doch moralisch betrachtet die Strafe des Kaisers schwerer wiege, als das Vergehen des Pfalzgrafen. Um dieses uns klar zu machen, haben wir uns vorzuhalten, was Friedrich ferner gegen den Kaiser im Sinne hatte, nicht bloß zur Wiedererlangung des Verlorenen, sondern auch dasjenige, was er im Falle des Gelingens damals noch über seinen Kaiser zu verhängen gedachte, denselben Kaiser, den er zu Frankfurt freiwillig mitgewählt, dem er zu Frankfurt Treue geschworen hatte. In denselben Tagen, wo der Ruf der Acht über Friedrich durch das deutsche Land erging, vergab Friedrichs getreuster Rath Camerar vermittelst einer Armee von 40,000 Mann, welche Christian IV. von Dänemark und Christian von Braunschweig anführen sollte, Oestreich ob und unter der Ens nebst Passau an Dänemark. Die anderen deutschen Länder: Kärnthen, Krain u. s. w. sollen an Ungarn fallen. Ferdinand soll nichts behalten. Er wird sich dann, meint Camerar, [1] hoffentlich aus Deutschland weg begeben und in Spanien einsperren. Der Kurfürst von Sachsen, falls er nicht gutwillig mitthut, ist mit Gewalt zu bezwingen. „Und ist sonderlich

---

[1] Londorp. II. 613.

Bayern zu rupfen, weil den Herzog Macht und Vermögen nur zu Uebermuth bewegt, so jedoch, daß die Aussicht auf das ganze Land Bayern bei Pfalz verbleibe." Wie zu erwarten, fügt dann Camerar hinzu: der Allmächtige verleihe dazu Mittel, Herz, Weisheit und Sieg, damit alles zu seines Namens Ehre und zum Troste der Bedrängten abgehe.

Wenn das alles nicht möglich, nicht ausführbar sei: so müsse man, sagt derselbe Camerar, den Kaiser um eine Generalamnestie ersuchen.

Wie wirft doch ein solches Wort einen grellen Lichtblick auf diese Charaktere! Camerar will zur Ehre des göttlichen Namens den Kaiser plündern und berauben, bis nichts mehr übrig bleibt. Wenn aber Camerar und sein Pfalzgraf das nicht vermögen, wenn keine Aussicht da ist in solcher Weise den Namen Gottes zu verherrlichen und die Bedrängten zu trösten: so will man diesen selben Mann, den man eben noch in Gottes Namen plündern und berauben wollte, für das, was man bereits gegen ihn gethan, um Verzeihung bitten. Mithin erwartete Camerar diese Verzeihung, wenn nur man darum bat. Er erwartete sie von demselben Manne, den er, lieber doch, wenn es möglich war, berauben und plündern wollte, und zwar in Gottes Namen. Das alles sagt Camerar nicht, um die Verworfenheit seiner Gesinnung zu enthüllen, sondern um einen politisch guten Rath zu geben.

Und bei solcher Ansicht, bei solcher Ueberzeugung, daß die Bitte um Verzeihung bei dem Kaiser das Mittel sei, um alles friedlich zu beenden, ging die Partei des Pfalzgrafen, Camerar und die Anderen, auch noch den Schritt weiter den Vorwurf der Unversöhnlichkeit öffentlich vor der Welt dem Kaiser beizumessen. Sehen wir, wie es darum stand, wie Ferdinand selber sich aussprach.

Auf die Verwendung des Königs von Dänemark um die Herstellung des Pfälzers, welcher wider den Buchstaben der Reichsverfassung ungehört geächtet sei, holte der Kaiser zuerst das Gutachten der drei rheinischen Kurfürsten und Johann Georgs von Sachsen ein. Dann legte der deutsche Kaiser dem dänischen Könige die ganze Kette der Verbrechen Friedrichs gegen Recht und Reichsverfassung vor Augen. Allerdings, sagte Ferdinand, stehe es dem Kaiser nicht zu Jemanden ungehört und ohne Proceß in die Acht zu erklären. Allein eine solche Regel des gemeinen Rechtes könne nur mit der Ausnahme verstanden werden: wenn das Verbrechen nicht notorisch sei. Ein solches notorisches Verbrechen liege hier vor, und nach dem Reichsgesetze verfalle der Landfriedensbrecher auch ohne alle weitere Erklärung durch die That selbst in die Acht des Reiches. Darum erwarte der Kaiser von dem Könige: Christian werde eben so wenig ferner die Achtserklärung über Friedrich anfechten, als der Kaiser Willens sei sich in die Angelegenheiten von Dänemark einzumischen. Den größten Nachdruck legte der Kaiser darauf, daß von Friedrich noch keine Reue bezeigt werde, daß er beharre bei seinen Planen des Unfriedens und des Verrathes an Kaiser und Reich, daß er zu diesem Zwecke gerade damals wieder den geächteten Mansfeld anstifte und stärke. Der Kaiser stellte dem Dänenkönige die Gegenfrage, ob denn Jemand im Ernste erwarten dürfe, daß der Beleidigte dem Beleidiger, der bei seiner Feindseligkeit beharre, die Versöhnung antrage und zuerst sein Kriegs= volk entlasse. [1]

Der Kaiser hatte von seiner Seite ein Recht diesen Mangel an Selbst= erkenntnis bei Friedrich zu betonen; denn Ferdinand hat damals wie später vielfach und oft bewiesen, daß seine Verzeihung dem reuig Nahenden in sicherer Aussicht stand. Er hat den Christian von Anhalt begnadigt, der bis dahin als der Urheber und Anstifter bei allen Planen Friedrichs galt. Wie vielmehr würde er diesem selbst verziehen haben, zumal da hier zu dem weichen Gemüthe Ferdinands die Erwägung der Klugheit hinzutrat, daß Friedrichs Name der Vorwand war, hinter den fortan alle feindlichen Plane gegen den Kaiser und die deutsche Nation sich versteckten! Aber eine Bedingung vor Allen war dazu unerläßlich: die unbedingte Anerkennung der Schuld von Seiten Friedrichs.

Also dachte der Kaiser von seinem Standpunkte aus. Wir Spätere, die wir die Dinge vollständiger zu übersehen vermögen, haben aus den Worten Camerars selbst an seinen Herrn erfahren, daß man an dieser Gesinnung des Kaisers nicht zweifelte. Camerar selbst hat seinem Herrn und mittelbar der Nach= welt gesagt, daß die Verzeihung des Kaisers in Aussicht stehe, wenn nur man darum bitte. Es war ja das für Camerar das letzte Mittel, wenn man sonst nichts mehr vermöge. Im Wesentlichen war also Camerar mit dem Kaiser völlig einverstanden: für das Bekenntnis der Schuld stand die Verzeihung in Aussicht. Aber wiederum war das eine nöthig: das Bekenntnis der Schuld von Seiten Friedrichs.

Und dazu war derselbe theils wegen des Hochmuthes, mit welchem ihn seine Prädestinationslehre von seiner göttlichen Versehung zum Könige von Böhmen erfüllte, theils wegen der Aufhetzung der Fremden, in deren Interesse der Un= friede und die Zerrüttung von Deutschland lag, nimmer zu bringen. Aber weil man erkannte, wie wichtig es war die Schuld der Störrigkeit von Friedrich ab und auf den Kaiser zu wälzen, behauptete man damals und behauptete auch später: Friedrich habe die Verzeihung des Kaisers gesucht, Ferdinand dagegen sie verweigert. Um dieß glaubhaft zu machen, ließ Friedrich am $^1/_{11}$ Mai 1621 vom Haag aus an verschiedene Kurfürsten und Fürsten des Reiches ein Schreiben ergehen: er wolle gern dem Kaiser zu unterthänigen Ehren sich be= quemen, mit dem Zusatze: „so viel seine Ehre und Gewissen litte.“ Was denn litt Friedrichs Ehre und Gewissen? Das Letztere war nach außen hin weit genug, um unter dem Vorgeben der evangelischen Religion ein ganzes Königreich zu verschlingen, von innen eng genug dasselbe auch dann noch behalten zu wollen, als ihm nichts mehr blieb als der Name. Und eben diesen Namen gebrauchte Friedrich in demselben Schreiben, welches seine Nachgiebigkeit bezeugen sollte. Er nannte sich in demselben König von Böhmen. War es da zu erwarten, daß seine Anschauung von Ehre den Verzicht auch nur auf den Namen gestatten

[1] **Londorp. I. 444.**

würde? Ferner sagte Friedrich: er wolle dem Kaiser allen Gehorsam, Ehre und Respekt bezeugen, mit dem Zusatze: „wie es den Reichsconstitutionen gemäß sei." Was denn war den Reichsconstitutionen gemäß? Wenn es in Friedrichs Hand lag darüber zu entscheiden, oder andere als die Kurfürsten des Reiches im Vereine mit dem Kaiser darüber entscheiden zu lassen: so lag es ferner in seiner Hand nach seiner etwaigen Wiedereinsetzung in ähnlicher Weise das alte Spiel von neuem wieder zu beginnen. Derartige Clauseln gaben für Kaiser und Reich keine Gewähr des Friedens. Sie konnten dieß um so weniger, da Friedrich in denselben Tagen, wo er dieses Schreiben an einige Reichsfürsten abgehen ließ, dem Markgrafen von Jägerndorf abermals die Vollmacht ertheilte für ihn den Krieg aufs äußerste zu führen. Ferdinand that dieß im Juni 1621 den Fürsten des Reiches kund und fragte sie, ob ferner noch einer von ihnen für den verzweifelten Aechter eine Bitte um Stillstand des Achtverfahrens einbringen wolle, eine Bitte, deren Ziel nur darauf hinaus laufen könne dem Kaiser die Hand zu binden, dem Aechter und Rebellen dieselbe frei zu lassen. [1]

In diesem Sinne daß es dem Pfalzgrafen nicht Ernst sein werde mit einem Frieden, der ihm nicht alle seine Wünsche gewähre, faßten nicht bloß der Kaiser Ferdinand, die Kurfürsten und alle getreuen Fürsten des Reiches die Erbietungen Friedrichs auf, sondern was wichtiger und was entscheidend ist: die eigenen Unterthanen desselben in der Pfalz. Wir berufen uns dafür auf das Zeugnis des getreuesten Dieners von Friedrich, seines Rathes Camerar. Er meldet uns zuerst im April 1621, [2] wie man am kaiserlichen Hofe das zum höchsten ansehe, daß seit der Schlacht von Prag der König sein feindliches Gemüth wider den Kaiser immer fortgesetzt, auch nie einige Neigung sich zu accommodiren bliken lassen, vielmehr den Mansfeld mit Werbung und Kriegsrüstung immer noch steife. Im Mai 1621 ist Camerar in Heidelberg. Er fühlt sich dort nicht mehr sicher. [3] Denn auf ihm laste der starke Haß, daß er auf Reichstagen und sonst die Vorträge habe thun müssen. Camerars Erfahrungen in dieser Beziehung werden immer trüber. Nachdem durch das deutsche Reich aller Orten zur Genüge bekannt geworden, welche Schritte im Sommer 1621 von beiden Seiten geschehen, meldet Camerar im September: [4] „Das Größte und Beschwerlichste ist, daß nunmehr auch den Dienern und Unterthanen eingebildet wird, Ihre Majestät hätten mit nur einem guten Brieflein an den Kaiser den Frieden haben können und dieß dennoch nicht gewollt, und gleich wie diejenigen Räthe, welche mit in Böhmen gewesen, den größten Haß auf sich geladen und alles müssen gethan haben, also wird auch der Haß und Neid auf diejenigen fallen, die jetzt in den Niederlanden sind." Erwägen wir, daß die deutschen Volksstämme ohne Ausnahme jederzeit ihren eigenen Landesfürsten eine merkwürdige Treue und Anhänglichkeit bewiesen haben, erwägen wir, daß des Pfälzers eigene Unterthanen

[1] Londorp. II, 437.
[2] Söltl, Religionskrieg III. 126
[3] a. a. O. 129.
[4] a. a. O. 135.

sich so entschieden mißbilligend über die Handlungsweise ihres Pfalzgrafen aussprachen: was dann, fragen wir, wird das Urtheil der anderen Deutschen gewesen
sein, die nicht für den Pfälzer, sondern für den Kaiser und ihre eigenen, dem
Kaiser getreuen Landesfürsten Anhänglichkeit fühlten?

Friedrich war im Haag. Vergegenwärtigen wir uns die Lage der Dinge
in dieser damals so mächtigen Republik. Mit Stolz sagte sie von sich, daß alle
Potentaten sie um Hülfe ersucht. „Unsere Waffen," sagten die Holländer, [1]
„haben dem Könige von Frankreich gezeigt, daß von unserer Hülfe sein Kriegsglück gegen la Rochelle abhangt. England hat gegen Spanien bittend um unsere
Schiffe nachgesucht, ohne welche es der Spanier Gewalt nicht widerstehen kann.
Dänemark begehrt unsere Hülfe für den niedersächsischen Kreis. Die Brandenburger wären von Neuburg und Spanien aus allen Jülichschen Ländern vertrieben, wenn nicht wir ihnen geholfen hätten. Der Pfalzgraf hat mit unserem
Rathe, mit unseren Waffen die böhmische Krone erlangt, und hätte sie behalten,
ja auch das Kaiserthum wäre sein geworden, wenn die böhmische Armada unserem Rathe und unseren vorsichtigen Anschlägen gefolgt wäre. Venedig, Savoyen, Moscovien gegen Polen haben unsere Hülfe in ihren Kriegen anerkannt.
Der Schwede hat mit unserem Rathe glücklich gegen Polen gekriegt und Riga
erworben. Bethlen Gabor hat zu seinen Plänen gegen den Kaiser unsern Rath
und unser Volk gebraucht. Der Großtürke hat uns um Schiffe gebeten wider
seine Feinde. Der Perser hat bei Ormuzd unsere Macht empfunden. Amerika,
Peru, Mexico haben unter unseren Waffen gezittert, Brasilien hat sich im Ve-
trauen auf unsere Hülfe gegen Spanien empört. Der Großmogul begehrt unsere
Allianz, eben so China, Japan und die Könige und Fürsten des indischen
Oceans. Die Herrschaft des Meeres wohnt, wie männiglich bewußt, bei uns.
Unsere Seeleute haben in kurzen Jahren einen weiteren Raum durchmessen, als
alle Schiffleute der ganzen Welt. Und dabei haben wir über 55 Jahre Krieg
geführt gegen den mächtigsten König, der je gewesen, und zwar zu Wasser und
zu Lande durch alle Theile der Welt. Wir haben ihn gezwungen einen nicht
reputirlichen Stillstand bittend einzugehen." Also sprach sich das Selbstgefühl
eines Holländers jener Zeiten aus, der nicht zur herrschenden Partei der Synode
von Dortrecht, sondern zu den Arminianern gehörte und deshalb nach aller
Aufzählung dessen, was die Republik gethan und was sie vermöge, mit dem
Wunsche um Frieden schloß.

Anders dachte die Partei der Prädestinatianer von Dortrecht, deren An-
schauungen das Haus Oranien mit der Mehrheit hauptsächlich des niederen
Volkes und der Geistlichen theilte. Als mit dem Jahre 1621 der zwölfjährige
Waffenstillstand mit Spanien ablief, die Frage sich erhob, ob Krieg, ob Frieden
fortan, redete diese Partei in folgender Weise. [2] „Wir haben vom Frieden nur
Schaden gehabt, und nur Einzelne einigen Nutzen. Allerdings ist der Verkehr

[1] Londorp. II. 473
[2] Londorp II. 468.

nach Flandern und Brabant frei und sicher gewesen; aber dafür sind auch die=
jenigen unter uns, die der katholischen Religion zugethan, frei dahin ausgegan=
gen, haben Pfaffen und Jesuiten gehört, und diese wiederum sind zu uns ge=
kommen. Die Schifffahrt hat danieder gelegen; denn wir waren vom westindischen
Handel ausgeschlossen." Dieß klingt seltsam, erklärt sich aber dadurch, daß der
westindische Handel der Holländer lediglich der Seeraub gegen Spanien war,
dem der Friede Einhalt gebot. „Der Waffenstillstand hat ferner die hochschädliche
Secte der Arminianer ausgebrütet, deren Führer Oldenbarnevelt, Grotius und
Andere waren. Auch liegen die Dinge weder zu Lande, noch zu Wasser günstig.
Aachen und Wesel sind unterdrückt, Böhmen und die Pfalz sind erobert. Dazu
hätten die Gegner keine Mittel gehabt, wenn wir im Kriege verblieben wären.
Die Macht der Seeräuber auf dem Meere ist gestiegen, so daß man jetzt für
die Versicherung gegen sie 16—18 Procent geben muß, wo man früher mit 5$\frac{1}{2}$
ablam. Diese Seeräuber sind entstanden aus unseren abgedankten Kriegsleuten,
die sich mit Türken und anderen Ueberläufern verbunden haben. Der Feind sucht
den Frieden, um sicher zu sein vor uns zu Wasser, und seine kostbaren Waaren
ungefährdet einzubekommen."

Aber soll man denn darum Krieg wollen? Das fiel auch selbst dieser
Partei schwer aufs Gewissen, und zur Befriedigung desselben mußte etwas gesagt
werden. Deshalb preist sie den Frieden und die Segnungen desselben. „Der
Krieg," sagt sie weiter, „ist an ihm selbst ein böses Thier, und wer Lust am
Kriege hat, muß eines wilden unmenschlichen Gemüthes sein." Das genügt zur
Beschwichtigung des Gewissens, und es tritt dann die Lichtseite des Krieges
hervor. „Aus dem Kriege ist für uns allezeit Nutzen zu hoffen, aus dem
Waffenstillstande nur Schaden. Nun ist es ja besser Hoffnung auf Nutzen zu
haben, als sicheren Schaden. Man könnte sagen: die Mittel fehlen uns. Aber
haben unsere Vorfahren auch Mittel gehabt, als die Watergeusen den Briel
überfielen und einnahmen? Lasset uns in wahrhaftiger Bekehrung und demü=
thigem Gebete unser Bündnis und unsere Gemeinschaft mit Gott machen: so
wird uns wohl geholfen werden."

Solche Worte entsprachen der Anschauung der Mehrheit des niederländischen
Volkes. Die Stimmung desselben war 1621 für die Erneuerung des Krieges
zu Wasser und zu Lande. Zu Wasser war Niemand geeigneter ihn zu führen,
als die Niederländer selbst. Zu Lande war nach der Kriegsweise jener Zeit
nur ein einziges Erfordernis nöthig, nämlich Geld. Für dieses kaufte man
Menschen, Kriegserfahrung, geradezu alles. Und dieß eine Mittel, das alles
erschloß, besaßen die Niederländer durch ihren anderen Zweig der Kriegführung.
Um dieß durchzusetzen, durfte vor allen Dingen der Brand in Deutschland nie
erlöschen.

Was sie gegen das deutsche Reich vorhatten, das lag wenn nicht durch
ihre Geldsendungen, doch durch eine lange Reihe von Einbrüchen auf deutsches
Gebiet offen vor Augen. Von Emden an bis hoch hinauf zum Rheine war
eine große Zahl von Städten auf deutschem Reichsboden mit niederländischen

Truppen befetzt. Wer mochte es ihnen wehren? Ein Theil der Reichsfürsten
dort hoffte durch niederländische Waffen den Nachbaren etwas abzutroẞen, der
andere schaute unmuthig drein; aber er beschränkte sich auf Klagen. Sich zu
wehren waren sie allesammt zu schwach. Und um das Maß voll zu machen,
hatten die Holländer eben noch, während das Reich mit ihnen in tiefem Frieden
war, auf dem Boden desselben, auf einer Rheininsel nahe bei Bonn, dem
Ausflusse der Sieg gegenüber eine neue Festung erbaut. Im höhnenden Uebermuthe, um zu zeigen, was diese stachlichte Ecke bedeute, hatten sie ihr den
Namen Pfaffenmüẞ gegeben.

Zu diesem Staate nahm Friedrich von der Pfalz seine Zuflucht. Ferdinand
kannte die Generalstaaten zur Genüge. Er nannte sie: des Krieges in unseren
Erbländern und des allgemeinen Unheiles erste Hauptaufwiegler und Anstifter,
die den meineidigen Unterthanen mit Volk, Geld und Munition an die Hand
gegangen sind. [1] Als der Kaiser erfuhr, daß Friedrich sich dort befinde, äußerte
er sich: dort sei er ein schlafender, halbtodter Schaz im Elende. [2] Aber Ferdinand durfte nach jenen Worten über die Hochmögenden erwarten, daß sie
nicht bloß die Mittel besitzen würden diesem halbtodten Schaze so viel Leben
einzuhauchen, als ihnen dienlich, dem Kaiser und dem Reiche sehr gefährlich
war, sondern auch, daß die Hochmögenden von diesen Mitteln den ausgedehn-
testen Gebrauch machen würden.

Die Holländer empfingen den halbtodten Schaz, wie der Kaiser den Pfalzgrafen bezeichnete, mit großen Ehren. Nicht bloß bis an die Grenze, sondern
bis in die Gegend von Münster auf deutschem Reichsboden hatten die Generalstaaten ihm sechs Compagnien Reiter entgegen geschickt, um ihn zu geleiten. [3]
Auch ferner war man gegen ihn sehr höflich. Am 19. April begehrte er Audienz. Sieben Abgeordnete der Generalstaaten erschienen vor ihm und baten
ihn sich nicht zu bemühen. Sie seien bereit ihn anzuhören. Er erwiederte, daß
es ihm nicht eine Mühe, sondern eine Ehre sei vor der Versammlung zu erscheinen. Also ward er von den sieben eingeführt. Hier erklärte er, daß er
von allen Bundesgenossen verlassen gewesen sei bis auf diesen Staat, von woher
er mehr Hülfe empfangen, als er habe hoffen dürfen. War dieß Compliment
eine Wahrheit? Oder sollte es die Hochmögenden zum Mitleide bewegen? —
Diesen Zweck an diesem Orte zu erreichen war schwerer, als vielleicht Friedrich
sich gedacht. Die Generalstaaten wiesen ihm ein Haus an; aber nur die ersten
vier oder fünf Tage hielten sie ihn frei. Dann mußte Friedrich für den Lebens-
unterhalt seiner Familie täglich Pferde, Kleinodien und was er sonst mitgebracht,
verkaufen. [4] Sein ehemaliger Kanzler in Böhmen, Ruppa, ersuchte die Hochmögenden für Friedrich um ein Darlehen von 200,000 Gulden. Mit dieser
Summe gedachte Friedrich Mähren und Schlesien wieder zu unterwerfen. Die

---

[1] Hurter, Ferdinand VIII. p. 23. Nr. 59. — Vgl. Beilage Nr. II.
[2] Prodromus oder Vortrab u. s. w. 1622. Beilage VI. vom 15. Oktober 1621.
[3] Aitzema I. 101 ff.
[4] Müller III. 460. Bericht des sächsischen Gesandten.

Lenker der Niederlande dagegen erwogen, daß Friedrich und die Seinen im Besitze dieser Summe vielleicht ein anderes Land als Zuflucht suchen möchten. Das wollten sie nicht. Er sollte bei ihnen bleiben, von ihnen, ihrer Gnade abhängig, als das Werkzeug, dessen sie sich bedienten. Sie wiesen die Forderung einstweilen zurück. Den Pfalzgrafen Friedrich schien das alles nicht zu rühren. Er benahm sich, als sei ihm niemals etwas Widerwärtiges begegnet. Er ritt und fuhr lustig vor dem Haag umher, trieb Kinderspiele mit seinen Kindern im Walde vor dem Haag. Der Prinz von Oranien murrte darüber und meinte, es stände ihm besser an Tag und Nacht zu sinnen, wie er seine verlorene Krone wieder erlange.

Dieß allerdings stand nicht in Friedrichs Macht; aber es stand in seiner Macht zur selben Zeit, während er sich an harmlosen Kinderspielen vergnügte, die Brandfackel des Krieges hoch und höher leuchten zu lassen über das unglückliche Deutschland. Die Hochmögenden hatten seine Bitte nicht völlig abgeschlagen: sie hatten sie nur vertagt. Sie selbst wußten zu wohl, daß, wie man im Haag sich ausdrückte,[1] das Gewitter, welches in Böhmen gefallen, auch über sie Regen bringen werde. Deßhalb waren sie sofort thätig gewesen durch Aufreizung in Deutschland, Schweden, Dänemark, und durch Stärkung des Mansfeld. Als Friedrich sein Gesuch um eine Anleihe in die bestimmtere Form faßte, daß das Geld für Mansfeld sein solle, waren die Hochmögenden bereit. Auf die Obligation des Böhmenkönigs, denn nur mit diesem lächerlichen Namen wurde Friedrich dort genannt, übersendeten sie im Juni 1621 dem Mansfeld 150,000 Gulden. Mochte Mansfeld siegen oder nicht: in jedem Falle waren Kaiser und Reich mit ihm beschäftigt und den Niederlanden erwuchs von daher keine Gefahr. Diese Sicherheit war eines solchen Opfers werth.

Der König Jakob von England dagegen unterstützte seinen Schwiegersohn nur mit geringen Mitteln, und noch dazu widerstrebend gegen sein eigenes Gewissen. Er schickte seiner Tochter Geld nach dem Haag, aber mit der Bedingung, daß er es an sie schicke und nicht an Friedrich.[2] Die Engländer nahmen ihm diese Weigerung durchgreifender Hülfe in jener Zeit sehr übel. Das Parlament drängte ihn zum Kriege. Daß auch Deutsche nicht damaliger Zeit, sondern späterer Tage, in denen man leider so häufig die englische Anschauung von deutschen Zuständen auf deutschen Boden zu verpflanzen suchte, diese Meinung der Engländer über den König Jakob sich zu eigen gemacht haben, daß auch Deutsche unzufrieden gewesen, weil nicht der König Jakob die Gier seines Schwiegersohnes nach fremdem Gute durch Verheerung deutscher Länder vertheidigte, ist höchst beklagenswerth. Jakob hat vielmehr in der ganzen Sache wenn auch nicht immer ehrlich gehandelt, doch ehrlich sich geäußert. Er hat Unterstützungen geschickt; aber sie waren gering, dem Zwecke nicht entsprechend. Dagegen hat er sich dem Kaiser Ferdinand gegenüber eben so ausgesprochen, wie seinem

---

[1] Aitzema I. 101.
[2] Müller III. 461.

Parlamente. Vor diesem erklärte er 1621 mit Nachdruck: er habe Friedrichs Wahl, seine Annahme der Krone von Böhmen nie gebilligt. Man sage: es sei um der Religion willen geschehen. Der Teufel möge glauben, daß die Religion Antheil an dieser Sache habe: er glaube es nicht. [1] Christus ist in die Welt gekommen, sagte Jakob, um die Unterthanen zu lehren, daß sie ihren Königen gehorchen sollen, nicht rebelliren. Und eben so erklärte er dem Kaiser: nicht bloß seine Religion verbiete ihm jegliche Unterstützung für Friedrich, sondern noch mehr die Scheu vor dem bösen Beispiele, das er als legitimer König durch die Unterstützung eines Aufruhres geben würde. Als man einmal weiter in ihn drang, legte er selber die Unwahrheit seines Schwiegersohnes offen dar, und bewies aus den Briefen desselben, daß nach Friedrichs eigenen Worten seine Annahme der böhmischen Krone mit der Religion nichts zu thun habe, daß dieses Wort nur gebraucht werde, um die Unterthanen irre zu führen. [2] Es ist ein Beweis mehr für die erstaunliche, fast unglaubliche Verlogenheit Friedrichs. Eben so wichtig mochte immerhin von Anfang an bei Jakob die Erkenntnis der völligen Unfähigkeit seines Schwiegersohnes sein, die Erkenntnis, daß er nur Opfer und zwar vergebliche Opfer bringen würde. Diese Erkenntnis lag den Generalstaaten nicht minder offen vor Augen; aber Friedrich war für sie nicht Zweck, sondern Mittel und dazu war er, auch so wie er war, völlig gut genug, zumal in ihren Händen.

Daß nun aber auch durch Mansfeld und seine Thätigkeit im Jahre 1621 nichts von Bedeutung und Bestand zu hoffen war, sah Camerar, Friedrichs getreuer Rath, gleich von Anfang voraus. Indem er im April 1621 die hoffnungslose Lage der Dinge sich vorhält, rechnet er Mansfeld mit ein. Es ist bekannt, sagt Camerar, wie er es in Böhmen gemacht hat mit Verheeren. Es überfällt den pfälzischen Rath eine bange Sorge, wenn er daran gedenkt, daß Mansfeld von Böhmen aus in die Oberpfalz rücken werde. Wenige Wochen nachher klagt Camerar in schmerzlichen Worten, wie seine Befürchtungen bereits zur Wahrheit geworden. Der üble Zustand in der Oberpfalz ist nicht zu schildern. „Das Mansfeldische Kriegsvolk haust arg." [3]

Tilly blieb den Winter über in Böhmen. Im März 1621, wo er 10,000 Mann unter seinem Befehle hatte, rückte er vor Pilsen. Er wußte, daß die mansfeldischen Soldaten niemals Bezahlung erhielten, und daß es deshalb nur eines Versuches bedürfe. Mansfeld selber hatte wenige Wochen zuvor seinen Hauptleuten den Grundsatz entwickelt, daß der Soldat zu seinem Gelde kommen müsse durch dieses oder jenes Mittel, es sei nun ehrlich oder nicht, und daß er deshalb mit den Kaiserlichen über den Verkauf von Pilsen unterhandelt. [4] Er selbst war nicht in Pilsen. Seine Hauptleute indessen hatten schnell diesen

---

[1] Hume, hist. of E. Chapter IV. p. 76. Theatrum Europ. I. 582.

[2] Aitzema I. 321.

[3] Söltl III. 129. Dort steht Unterpfalz, ein offenbarer Irrthum. Die Unterpfalz nennt Camerar Kurpfalz.

[4] Mansfelds Apologie 50 Ritterthaten p. 83.

Grundsatz sich angeeignet und liehen den Anerbietungen Tillys ein williges Ohr. Es lagen in Pilsen sieben Compagnien mansfeldisches Volk. [1] Für jede Compagnie wurden 20,000 Gulden bezahlt. Dann traten vier von ihnen in das Heer Tillys, die anderen drei zogen friedlich ab. Tilly hatte Pilsen, wo er am 3. April 1621 einzog, ohne Schwertstreich erlangt.

Zu Ende Mai erhielt Tilly den Auftrag gegen Mansfeld zu ziehen, [2] der täglich sich stärkte. Mansfeld zeigte sich in derselben Weise, wie im Jahre zuvor in Böhmen. Während Tilly Elenbogen belagerte, die Besatzung dort auf Hülfe durch Mansfeld vertraute, sah dieser ruhig aus der Ferne zu. Elenbogen ergab sich, und die Besatzung zog mit allen Ehren ab. Dennoch war Tilly an Zahl dem Mansfeld nicht gewachsen. Eben damals hatten die Fürsten der Union ihre Truppen verabschiedet. Der Kriegsruf des Mansfeld durchhallte das deutsche Land. Die dienstlosen Söldner eilten zu ihm. Er hatte 20,000 Mann unter den Waffen, mit denselben ein paar Herzöge von Weimar. Er war stark genug, um mächtig und gebietend aufzutreten. Er forderte die Domcapitel von Würzburg und Bamberg auf ihre Truppen vom Heere der Liga abzurufen: wo nicht, so werde er mit Feuer und Schwert über die Stifter kommen. Also geschah es. Man hätte sagen mögen, das waren seine Feinde. Aber dasselbe Geschick widerfuhr dann auch dem Landgrafen von Leuchtenberg, der sich völlig parteilos verhalten. Mansfeld schleppte ihn gefangen mit.

Tilly vermochte nicht es zu hindern. Mansfeld weigerte sich eines Treffens im offenen Felde. Er lag an günstigen Orten bei Waidhausen verschanzt, und Tilly konnte ihm nicht beikommen, zumal da er schwächer war, und sein Heer durch Ausbleiben des Soldes, da die rheinischen Bundesgenossen im Zahlen säumig waren, auch innerlich gelitten hatte. [3] In kleinen Gefechten behielten die Mansfelder die Oberhand. [4]

Die Last des Heeres drückte schwer auf die Oberpfalz. Die Einwohner wurden täglich unwilliger. Im Juli ließ Mansfeld an Tilly Meldung thun, daß der Statthalter in der Oberpfalz, der Graf Solms, sich mit Tilly zu bereden wünsche. Es ward ein Ort zwischen beiden Lagern bestimmt, und Tilly schickte einige Cavaliere dahin. Auch er selbst ritt am folgenden Tage zu diesem Orte. Als man mitten in der Besprechung war, kam Mansfeld herangesprengt. Tilly wandte sofort sein Roß und ritt von dannen. Man kam über einen Stillstand von sechs Tagen überein.

Einige Wochen später vernahm man vom Mansfeldischen Lager aus das Gerücht, daß ein Italiener gefunden sei mit einem Messer, daß er bekannt habe von Tilly und von Jesuiten zu einem Mordversuche auf Mansfeld gedungen zu sein. Auf die Kunde von diesem Gerüchte schickte Tilly sofort einen Trompeter an Mansfeld und ließ demselben auf seine ritterliche Ehre versichern, daß ein

[1] Hurter IX. 46.
[2] Hurter IX. 51.
[3] Westenrieder, Beiträge VIII. 150
[4] Theatrum Europ. I. 591. Meteren III. 100 ff. Dagegen Ritterthaten 92 ff.

solcher Mensch von ihm nicht geschickt sei. Es kann für uns nicht die Frage sein zu untersuchen, ob es dennoch wahr sei oder wahr sein könne oder nicht. Diese Frage wird erledigt durch die andere, ob Mansfeld selber dieser Aussage des Italieners, die er reichlich ein halbes Jahr später, also ungeachtet der Versicherung Tillys drucken ließ, Glauben beigemessen habe oder nicht. Die Beantwortung dieser Frage müssen wir auf die Ereignisse des folgenden Jahres verschieben. [1]

Der Zustand des Tillyschen Heeres besserte sich unterdessen nicht wesentlich. Im Anfange des August bat Tilly dringend, daß sein Herzog Unterstützung schicke oder selbst komme.

Was in dieser ersten Hälfte des Jahres 1621 der Plan des Herzoges Max gewesen, läßt sich mit Sicherheit nicht sagen. Man kann ihm nicht den Vorwurf machen, daß es seine Absicht gewesen sei den Krieg in die Erbländer des Pfalzgrafen Friedrich zu spielen, die der Kaiser ihm als Entschädigung für die Kriegskosten zugesichert. Nicht Max oder Tilly zuerst waren von Böhmen aus in die Oberpfalz gerückt, sondern Mansfeld. Der Schritt desselben zog den Einmarsch Tillys nach sich, wie der Magnet das Eisen, und wir haben ja darüber die wohlbegründete Klage Camerars vernommen. Aber dann lag Max mit einem Heerhaufen und dem Aufgebote seines Landes zu Straubing und rührte sich nicht. Es ist wahrscheinlich, daß er es vorzog auf dem Fürstentage zu Regensburg, den Ferdinand längst beabsichtigt, zuvor die Kurwürde zu empfangen. Es kam damals nicht zu dem Fürstentage. Als gegen das Ende des Monats August dieß zur Gewißheit ward, entschloß sich der Herzog Max der Bitte Tillys gemäß zu handeln, [2] zumal da er von Wien aus dieselbe Aufforderung erhielt.

Und ferner kam ihm dieselbe Aufforderung zu aus der Oberpfalz selbst. Die Ritter- und Landschaft der Oberpfalz, obwohl Mansfeld der General ihres Landesfürsten war, erkannten an, daß sie von den Banden desselben mehr Noth litten, als von den Truppen der Liga. [3] Deshalb wandten sie sich an den Herzog von Bayern. Max nahte heran. Er verkündete den Bewohnern der Oberpfalz, daß er komme im Namen des Kaisers und darum Gehorsam von ihnen fordere. Cham wurde acht Tage lang belagert. Es ergab sich am 25. September. Eine Stadt nach der anderen folgte rasch und ohne Widerstand, die Ritterschaft that ein Gleiches. Die Oberpfalz erkannte den Herzog willig an. Es schien, daß der Krieg nun ein Ende erreichen werde. Da auf einmal erfolgte ein seltsamer Umschlag, der wiederum sich knüpfte an die aalglatte, schlangenartige Person des Mansfeld.

Mansfeld hatte vorausgesehen, daß auf die Dauer in Böhmen und der Oberpfalz seines Bleibens nicht sei, und deshalb zeitig andere Schritte zu seiner Sicherung gethan. Er hatte einen Theil seiner Jugend zugebracht bei seinem

---

[1] Ueber diese Sache reden viele Berichte. Einen der ausführlichsten hat das Theatrum Europ. 593. cf. dagegen Mansfelds Ritterthaten 93.

[2] Hurter IX. 55.

[3] Meteren III. 108.

Vetter, dem Obersten René de Chalons, spanischem Gouverneur von Hulst. [1]
Zu diesem schickte Mansfeld im Juni 1621 einen Trompeter mit der Bitte ihm
beim Erzherzoge Albrecht die Versöhnung mit Oestreich und Spanien zu bewirken.
Denn nachdem er von dem Pfalzgrafen nichts mehr zu erwarten, wünsche er
nichts anderes, als wiederum die Gnade des Hauses Oestreich sich zu erbitten,
und seine vergangenen Fehler durch künftige treue Dienste wieder gut zu machen.
Eben so schrieb er an den Erzherzog Albrecht. Auf den Befehl desselben reiste
Chalons zu Mansfeld und kam bis Nürnberg. Von da aus sandte er einen
Vertrauten zu Mansfeld. Mansfeld schilderte beredt, wie er nur aus Leicht=
fertigkeit seiner Jugend vom Hause Oestreich abgefallen. Er bat Chalons dieß
dem Kaiser zu sagen. Nicht auf seine Schuld wolle der Kaiser sehen, sondern
auf die Verdienste seines Vaters. Eben so wandte Mansfeld sich an den Herzog
Max, an den spanischen Gesandten Onate.

Was konnte dem ostwärts her bedrängten Kaiser erwünschter kommen, als
ein solches Erbieten! Ferdinand gab dem Herzoge Max Vollmacht mit Mansfeld
abzuschließen. Es wurden Geiseln ausgetauscht. Es war noch die wichtige
Frage übrig, ob Mansfeld auch seines Heeres sicher sei. Er erwiederte: dasselbe
habe nur ihm geschworen, nicht einem Anderen. Das ebnete völlig die Bahn.
Schon am 25. September 1621 berichtet der Herzog Max nach Brüssel, daß er
mit Mansfeld in der Hauptsache einig sei. [2]

Die verlangte Summe für sein Heer, wenn er dasselbe in östreichische
Dienste hinüber führe, ward ihm zugesagt, zugleich Aufhebung der Reichsacht,
Bestallung in spanisch=östreichischen Diensten über 4000 zu Fuß und 2000 Reiter.
Mansfeld kommt mit Chalons zu Neumark zusammen, und sie machen alles fest.
Mansfeld weint vor Rührung über die kaiserliche Gnade. So lange ein Bluts=
tropfen sein ist, will er leben und sterben im Dienste des Kaisers. Hocherfreut
vernahm Ferdinand II. diese Wendung der Dinge, die den Frieden wieder bringe.
Er gab dem Boten des Chalons eine goldene Kette. In Prag läuteten die
Glocken, donnerten die Kanonen, sang man das Te Deum. [3] Alles schien ja
in bester Ordnung. Also am 10. October 1621.

Die ganze kaiserliche Partei, die Fürsten der Liga, der Landgraf Ludwig
von Darmstadt waren voll Hoffnung. Es gingen Berichte hin und wieder.
Man forderte Spinola und Cordova auf in der Unterpfalz keine weitere Fort=
schritte zu machen. Es werde sich bald alles gütlich beenden lassen. Eben
diese Briefe [4] sind ein bündiger Beweis, wie die Partei des Friedens und der
Ruhe es meinte. Nur Cordova scheint gezweifelt zu haben. „Es kommen mir

---

[1] Ich folge hier der Schrift: Mansfelds Ritterthaten p. 95 ff. Der Verfasser
hat den ganzen Verlauf der Sache aus dem Munde von Chalons. Die betreffenden Pa=
piere, so viele ich im Archive zu Brüssel eingesehen, bestätigen die Richtigkeit. Ferner
wolle man vergleichen Mansfelds eigene Apologie.

[2] Archiv zu Brüssel. Corresp. du duc de Bavière avec A. et J. Tom. I.

[3] Meteren III. 108.

[4] Vgl. die urkundlichen Beilagen III. und IV.

über die Unterhandlungen des Mansfeld doch so verschiedene Nachrichten zu," meint er am 23. October. [1] An diesem Tage hatte sich bereits alles geändert. Wir haben über diese Aenderung Mansfeld selbst zu fragen, was er nach seiner Aussage vor der Welt über diese Unterhandlungen gedacht.

Weil die Oberpfalz, sagt Mansfeld, in ihrer Treue gegen Friedrich gewankt, weil sein Heer zu zerstreut gelegen, deshalb habe er sich in Tractaten einlassen müssen, um das Land zu retten. Solche Mittel und Kriegsvortheile seien so wenig verboten, daß sie in den Historien höchlich gepriesen werden. Also Mansfeld selbst. [2] Er sagt mithin: ich habe von Anfang an, als ich die Unterhandlungen begann, die kaiserliche Partei dadurch täuschen wollen. Stellen wir diese Thatsachen zusammen. Erst im August wankt die Treue der Oberpfälzer, und zwar, weil sie der Mishandlungen der Mansfelder müde sind. Mansfelds Bitte in Brüssel ist vom Juni. Dieser Bitte gemäß entspinnen sich die Unterhandlungen. Da Mansfeld das Wesen derselben anerkennt, da es, wenn er nach seiner Aussage von Anfang an die Absicht des Betruges hatte, in seinem Interesse lag diesen Betrug möglichst zu verdecken, von seiner Seite alles aufzubieten, daß man ihn für ehrlich halten möge: so sind sicherlich auch die Nebenumstände in der Weise begründet, wie der Verfasser der Ritterthaten sie erzählt hat.

Bei solcher Sachlage drängt sich mit Nothwendigkeit die Frage auf, ob nach Maßgabe der menschlichen Verhältnisse anzunehmen sei, daß Mansfeld bei einer Unterhandlung, die auf seinen Wunsch begonnen, in solcher Weise Monate lang durchgeführt wird, nur, wie er sagt, die Absicht eines Betruges gegen die kaiserliche Partei gehabt haben kann oder ob er vielmehr hier wie immer das Spiel getrieben habe sich beide Wege offen zu halten.

Leider ist die Erwägung der Irrgänge eines von Grund aus verlogenen Mannes ein wesentliches Moment in der deutschen Geschichte jener Zeit. Man hat viele Worte darüber gemacht, daß der Kaiser damals der Bitte des englischen Gesandten Digby um einen Stillstand nicht willfahrte, daß er alles dem Herzoge Max überwies. Wie konnte der Kaiser anders bei den Erbietungen des Mansfeld? Nicht von den diplomatischen Unterhandlungen der Digby und Onate jener Tage hing damals Krieg oder Friede ab, sondern von dem Entschlusse, welchen Mansfeld im Lager von Waidhausen faßte. Nicht Friedrich, sondern Mansfeld allein als Söldnerfürst war eine Macht, wenn er auch dem Namen nach für Friedrich in den Waffen stand. Er selbst legt immerzu Gewicht darauf, damals wie später, daß sein Heer nur ihm geschworen, daß er es führen könne, gegen wen und für wen er wolle. Die Thatsachen widerlegen nicht seine Behauptung, namentlich im folgenden Jahre. Sein Heer, lediglich eine Söldnerbande, folgte nur ihm. Wenn Mansfeld seinen letzten Versprechungen gemäß das Heer zum Kaiser überführte: so war der ganze Krieg beendet. Wenn er den älteren

[1] a. a. O.
[2] Continuatio Mansfeld Kriegeshandlung p. 8.

Versprechungen gemäß bei Friedrich beharrte: so dauerte das Unheil für Deutsch=
land fort. Denn an die Fersen des unheilvollen Mannes heftet sich die Fackel
des grausigen Krieges. Wir fragen also: was im Grunde wollte Mansfeld im
Lager zu Waidhausen?

Von kaiserlicher Seite hatte Jedermann zu der Unterhandlung gerathen,
und darum waren Mansfeld fast alle seine Forderungen zugestanden. Er kam
aus der Acht, er erhielt Geld, um seine Söldner zu bezahlen oder mitzunehmen
in kaiserliche Dienste, für sich einen stattlichen Jahrgehalt, und Befehl über
6000 Mann im kaiserlichen Heere. Man hielt sich seiner sicher. Er hatte aus=
drücklich bedungen, daß während der Unterhandlungen Waffenruhe herrschen solle. [1]
In der That war es so: die Soldaten von beiden Theilen gingen aus und ver=
kehrten friedlich und freundlich. Binnen vierzehn Tagen, vom 10. October an
gerechnet, sollte die kaiserliche Erklärung erfolgen, ob Ferdinand die Truppen Mans=
felds übernehmen oder sie abdanken wolle. Man erwartete diese Antwort. Von
der anderen Seite erklärte Mansfeld, daß er binnen vierzehn Tagen — so viel sei
nöthig, um seiner Ehre wegen den Pfalzgrafen Friedrich in Kenntnis zu setzen
— das Heer entlassen werde. Er hatte sich dabei ausdrücklich verpflichtet: es
erfolge gleich vom Pfalzgrafen eine Antwort, welche es auch sei. [2]

Da auf einmal, bevor von der einen oder der anderen Seite eine solche
Antwort eintraf, hieß es, Mansfeld habe sein Lager aufgebrochen und ziehe in
Eilmärschen westwärts. Daß es also sei, wußte die Infantin zu Brüssel bereits
am 23. October. [3] Erstaunt und bestürzt sendet der Herzog Max dem Fliehenden
den General Tilly nach. Es ist vergeblich. Wer aus dem Mansfeldischen Heere
nicht mit fortkann, wird zurückgelassen. [4] Die Leichen, die Sterbenden liegen
am Wege. Tilly, der nicht auf gleiche Weise mit den Seinigen verfahren darf
und will, vermag nicht den Flüchtigen einzuholen. Das erstaunte Deutschland
vernimmt im Herbste 1621: Mansfeld ist in der Unterpfalz, und dort am
Rheine schlägt abermals die Lohe des Krieges hoch empor.

War auch die Unterhandlung gescheitert: so kamen doch offenbar die nächsten
Vortheile des Benehmens von Mansfeld dem Kaiser und dem Herzoge Max zu
gute. Die Anwesenheit des Mansfeld mit seinem Heere hielt Böhmen in steter
Unruhe, sicherte, so lange es ging und so lange die Einwohner nicht offen ab=
fielen, die Oberpfalz für Friedrich. Der Herzog von Bayern glaubte zwei Heere
zugleich gerüstet erhalten zu müssen: das eine unter Tilly, um die Grenzen von
Böhmen zu wahren, das andere unter Max selbst, um die Städte der Oberpfalz
einzunehmen. Die Flucht des Mansfeld brachte Böhmen zur Ruhe, gab die
Oberpfalz völlig in die Hände des Herzogs Max. Weil der Kaiser Ferdinand
dem Herzoge dieses Land zum Ersatze der Kriegskosten versprochen, weil dasselbe
dem neuen Besitzer nun mühelos zufiel: so erhob sich schon damals bei den

[1] Söltl III. 86.
[2] Aretin, Bayerns auswärtige Verhältnisse I. 177.
[3] Brüsseler Archiv. Corresp. du duc de Bavière avec A. et J. Tom. I.
[4] Söltl III. 68 ff.

rheinischen Fürsten der Liga der Verdacht, als habe der Herzog den Mansfeld entschlüpfen laffen. Die eigenen Worte des letzteren widerlegen diese Ansicht. Mansfeld sagt, er habe die Verbindung abgebrochen. Eben dasselbe meldete er dem
Pfalzgrafen Friedrich. Er sagt diesem: er habe sich in Unterhandlungen ein-
gelaffen. [1] „Als der Herzog Max antwortete und der Brief in meine Hände
kam, sah ich bei der Eröffnung, daß er den Besitz, nicht aber den Frieden der
Pfalz wollte." Mansfeld trägt seinem Obersten Ferenz auf dieses dem Pfalzgrafen Friedrich ausdrücklich zu sagen. Er muß ein erstaunliches Vertrauen zu
der völligen Blindheit dieses Fürsten gehabt haben; denn eine solche Aeußerung
von Mansfeld hätte nun zu der Erwartung berechtigen müffen, daß er in der
Erkenntnis dieser Absichten des Herzogs Max auf den Besitz der Oberpfalz die
Verhandlungen nur deshalb abgebrochen, um die Oberpfalz gegen denselben zu
vertheidigen. Dagegen liegt es vor Augen, wie er durch seine Flucht die Oberpfalz dem Herzoge Max überliefert hatte.

Was es gewesen sein mag, das den Mansfeld zu diesem so unberechenbaren
Schritte getrieben: wer mag es mit voller Sicherheit sagen? War es ihm um
Sicherheit, um eine gute Stellung in der Welt, um Geld zu thun? Alles das
konnte er in Oestreich haben. Die Hauptsache, die ihn geleitet zu haben scheint,
ist das Streben nach der Fortdauer des unverantwortlichen Oberbefehls. In
östreichischen Diensten hätte er sich unterordnen müffen. In der Oberpfalz hätte
er sich als Friedrichs General noch eine Weile behaupten können, aber nicht
lange mehr. Er hatte sie veröbet, Niemand gab ihm Lebensmittel freiwillig,
keine Zufuhr derselben von außen stand in Aussicht. [2] Er mußte seine Schaaren
beisammen halten; denn Tilly stand ihm nahe. Max und Tilly dagegen hatten
das nicht verheerte Bayern hinter sich; von dorther bezogen sie Zufuhr. Sie
drängten Mansfeld; auf die Dauer mußte er erliegen, wenn er nicht etwa abziehen konnte. Da zur guten Stunde kam von England Geld, eine Summe
von 40,000 Pfund Sterling. [3] Sie machte die Söldner wieder geneigt und
willig. Mansfeld benutzte diesen Zeitpunkt, wo zugleich die Gegner ihn nicht
scharf beobachteten. Er bahnte sich einen Ausweg durch die List, indem er nach
seiner Behauptung Ferdinand und Max und Tilly, in Wahrheit alle zusammen
betrog. Was kümmerte es ihn? Er selbst erklärt: er handele nach dem Spruche:
dolus an virtus, quis in hoste requirat? Als Friedrichs Obergeneral trat
er abermals in der Unterpfalz auf. Und Friedrich mußte gutheißen, was nicht
zu ändern war; denn das einzige Heer, das er befaß, band sich an die Person
dieses Mansfeld. Entlaffen konnte er ihn nicht.

Der Verlauf der Dinge zeigt uns klar, daß die Ereigniffe des Jahres 1621
nicht bedingt wurden durch die diplomatischen Verhandlungen, ob der Kaiser ein
Recht habe die Oberpfalz dem Herzoge von Bayern zuzusprechen, ferner nicht

[1] Söltl, Religionskrieg III. 80
[2] Theatrum Europ. 598.
[3] Lingard, Geschichte von England (deutsche Uebersetzung) IX 223.

durch die Bemühungen des Kaisers den Widerstand Spaniens gegen diese Maß= regeln zu besiegen, oder auch durch die Bemühungen des englischen Gesandten Digby bei dem Kaiser Gnade für den Pfalzgrafen Friedrich zu erwirken und demselben seine Erbländer zu erhalten. Die Entwickelung der Dinge, wir wie= derholen es, knüpfte sich lediglich an die Person des unberechenbaren Mansfeld. Jakob hatte Stillstand der Waffen verlangt, Ferdinand wies die Entscheidung darüber an Max. Es war eine ungeheure Forderung für diesen, daß auf die Bitte eines englischen Königs, dem die Soldaten seines Schwiegersohnes oder richtiger die Söldner Mansfelds zu irgend welchem Gehorsame weder verpflichtet, noch willig waren, der Herzog selbst an der Spitze eines Heeres ruhig zusehen solle, wie der Landverderber Mansfeld nahe an seinen Grenzen stand und dort den Auswurf der Menschheit an sich zog, um aufs neue sich zu stärken zu schauer= vollen Thaten. Daß Engländer dieß verlangten, kann nicht befremden; daß aber jemals Deutsche dieß Verlangen gerecht befunden, den Herzog Max und den deutschen Kaiser wegen der Nichterfüllung desselben getadelt haben, würde kaum glaublich sein, wenn nicht leider so manches mit deutschen Worten ab= gefaßte Buch es bezeugte.

Indem Mansfeld durch die Oberpfalz westwärts eilte, nicht sowohl nach der Unterpfalz, als nach den reichen, damals noch nicht geplünderten Bisthümern am Rheine, mußte Max ihm das Heer der Liga zum Schutze der geistlichen Fürsten nachsenden. Bis dahin war der Herzog Max noch entweder selbst bei dem Heere oder doch häufig mit demselben im Felde gewesen. Erst vom Herbste 1621 an beginnt Tillys selbständige Laufbahn in einem Lebensalter von reichlich 62 Jahren.

Fünfter Abschnitt.

In denselben Tagen, als Mansfeld mit seinen Schaaren aus der Oberpfalz westwärts floh, um den Krieg in den Stiftern am Rheine neu zu entzünden, erstand dem Könige von Böhmen ein neuer Vorkämpfer ähnlicher Art im nord= westlichen Deutschland. Das welfische Haus war in mehrere Linien getheilt, unter denen zwei vorantraten: die von Celle und von Wolfenbüttel. Die letztere hatte zwei männliche Sprossen, den regierenden Herzog Friedrich Ulrich und dessen Bruder Christian, geboren 1599. Die beiden Brüder waren sehr ver= schieden. Während Friedrich Ulrich nachgiebig, schwach sich dem Einflusse jedes stärkeren Willens ergab, entwickelte Christian als Liebling seiner Mutter eine Eigenwilligkeit, die durch keinen Andern sich Maß und Ziel setzen ließ. Er ward siebzehnjährig durch den Einfluß seines Hauses vom Domcapitel zu Halberstadt zum lutherischen Bischofe erwählt. Der Kaiser versagte die Belehnung. In solcher Versagung allein bestand der Schutz, den Rudolf, den Matthias den kirchlichen Stiftern angedeihen lassen konnten. Die Thatsache blieb dieselbe: die Einkünfte von Halberstadt bezog Christian. Er ging nach Holland, und während er daheim noch mehr kirchliche Würden erwarb, stand er als Rittmeister im niederländischen Heere. Daheim war die Regierung des Landes ihm versagt, in den Niederlanden ruhten noch die Waffen. Christian führte im Haag, so jung er war, ein wildes unbändiges Leben, für welches die Einkünfte seiner Pfründen nicht reichten.[1] Doch zugleich ward er von Thatendurst verzehrt. Er bot den böhmischen Ständen 1619 an ein Regiment Cüraffiere für sie zu werben.[2] Auch dazu kam es nicht.

Dagegen hielt Christian sich für berufen und befähigt einen andern Plan auszuführen, und diesen zunächst haben wir zu erörtern. Im Jahre 1620 gab sich die pfälzische Partei viele Mühe den Dänenkönig Christian zur thätigen Hülfe zu bewegen. Sie stellte ihm, seinem langjährigen Trachten gemäß, die niedersächsischen Bisthümer in Aussicht. Es sei unumgänglich nothwendig, hieß es, daß man zu Erhaltung beständiger Sicherheit, auch zur Ergötzung für den erlittenen Schaden, die Pfaffen an allen Orten, so viel möglich und thunlich, angreife. Die Frage, was denn die unglücklichen Deutschen, die unter geistlichen Landesherrn wohnten, den Feinden der Pfaffen zu Leibe gethan hatten, ward nicht aufgeworfen. Der Gesandte Werther im Haag erhielt den Auftrag dem Prinzen Moritz diesen Plan mitzutheilen und um seine Ansicht zu bitten, ob nicht diese Execution anzufangen habe in den Stiftern Paderborn und Münster. Diese seien geeignet, weil die Reiter der Holländer am leichtesten dahin kommen und sich erquicken könnten. Dahin könne der Herzog Christian seinen Laufplatz für die Werbung verlegen. Ja, meint der pfälzische Rath Rusdorf, man könne das sogar auch rechtfertigen. Denn gegen das vielfältige Erinnern der Generalstaaten seien im Bisthum Münster den Feinden des böhmischen Königs Werbungen verstattet. Die Stadt Paderborn dagegen habe früher einmal die Generalstaaten gebeten sich ihrer anzunehmen, und das geschehe also jetzt. Die Herren Staaten würden ihre Reiter nur so lange da liegen lassen, bis der König von Dänemark herzu käme, die Stifter für sich zu nehmen.[3]

Das Frevelhafte dieser Plane, die im October 1620 vorgelegt wurden, ist für uns deshalb weniger in die Augen springend, weil der thatsächliche Bestand längst ein anderer geworden ist, weil selbst die Erinnerung an die früheren Zustände sich fast verloren hat. Um die volle Unrechtmäßigkeit dieser Plane, die weder mit der Pfalz, noch mit Böhmen in irgend welche Beziehung zu bringen waren, sich völlig klar zu machen, muß man sich wieder hineindenken in die Zeit, als alle jene Fürsten in eben so rechtmäßig anerkanntem Besitze ihrer Länder

---

[1] Die Klage seiner Mutter an ihn in der wichtigen Schrift: Kurze gründliche Information, was es umb die Grafschaften Hon- und Reinstein u. s. w. 1628 S. 106.

[2] Rommel, Geschichte von Hessen VII. 350.

[3] Rusdorf im October 1620 bei Londorp II. 606.

waren, wie ihre Unterthanen im Besitze ihres Eigenthums, und alle gleichmäßig in dem deutschen Kaiser den Brunnquell des Rechts und der Gerechtigkeit für Leben und Eigenthum erkannten.

Der dänische König wich damals noch zurück vor solchen Planen. Sie gewannen dagegen Boden in der Seele des jungen Bischofs, wenn dieser Name gestattet ist, Christian von Halberstadt, gingen lustig in ihm auf und reiften. Im August 1621 war Christian mit dem Könige Friedrich und dem Prinzen von Oranien zu Arnheim in Geldern. Dort machte der 22jährige Herzog den Vorschlag, er wolle tausend Reiter für Friedrich anwerben. [1] Das leuchtete nach kurzem Bedenken dem Friedrich ein. Der Prinz von Oranien gab in gleicher Weise seinen Beifall, und Christian zog in die Heimath. Man hat gleich damals dieß Auftreten romanhaft ausgeschmückt. Man läßt den jungen Mann die Sache unternehmen aus schwärmerischer Verehrung für die schöne unglückliche Königin von Böhmen, mit zehn Thalern in der Tasche. [2] Was den Geldpunkt betrifft, so war Christian Administrator zu Halberstadt, Propst zu Braunschweig, Abt zu Michaelstein. Obwohl er schon arg verschuldet war, konnte er doch auf solche Einkünfte immer noch Vorschüsse erhalten. Dazu auch kamen die holländischen Gelder. Denn Christians Freund und Gesinnungsgenosse, der Landgraf Moritz von Hessen-Cassel, erklärt wenige Monate später ungescheut: es sei gewagt Christian zu beleidigen, weil er in holländischen Diensten stehe. Ueberhaupt war es die Weise der Hochmögenden in solcher Art ein kleines Kapital sehr nutzbringend anzulegen.

Eben so haltlos ist der poetische Duft der Liebe, den man über diesen Christian zu breiten gesucht. Von Poesie [3] ist bei Christian wenig vorhanden: es ist bei ihm nur die schauerliche Wirklichkeit des Schwertes und der Brandfackel, und ein gerader Gegensatz gegen allen Platonismus. Wir werden aus den eigenen Worten des 22jährigen Jünglings erfahren, daß das weibliche Geschlecht von ihm mißhandelt und zertreten ist in mehr als der gewöhnlichen Weise jener Zeit.

Christian begann zu werben. Mit Schrecken und Entsetzen hörten und sahen es die umwohnenden Fürsten und Völker. Wo die Drosten und Amtleute die einberziehenden Söldner zur Rede setzten, wer und woher, da erwiderten jene frech und trotzig: sie seien nicht auf Sold, sondern auf Beute ausgezogen, und was sie nicht mitnehmen könnten, das wollten sie verderben. [4] Schon wenige Wochen nach Christians Auftreten berichtete auch der Kurfürst von Mainz an den Kaiser: Christian hat einen starken Zulauf gleich dem Mansfelder; denn er

[1] Aretin, Beiträge VII. 177.

[2] Mémoires de Fréderic Henri, Prince d'Orange p. 3.

[3] Neuerdings hat der Engländer Leigh Hunt, the town p. 262, der Elisabeth sogar die Schönheit abgesprochen. Schönheit sei nicht die Mitgabe der Stuarts gewesen. Ich weiß nicht, inwiefern er Recht hat; doch muß ich bemerken, daß die Porträts der Elisabeth in den Königlichen Schlössern in Hannover und Celle ihr Schönheit beilegen.

[4] Theatrum Europ. I. 548.

geſtattet zu beuten. [1] Ein Fürſt nach dem anderen erließ bittende Abmahnungen
an Chriſtian. Das Domcapitel zu Halberſtadt erwog, ob es nicht möglich ſei
die Wahl Chriſtians wieder aufzuheben und einen kaiſerlichen Prinzen zu erwählen. [2]
Wie überhaupt damals in dem Adel aller deutſchen Länder eine lebhafte kaiſer=
liche Geſinnung ſich geltend machte: ſo erinnerten ſich auch die lutheriſchen abligen
Domherren von Halberſtadt, daß Alles, was dem Adel zum Glanze gereiche:
Adel, Lehen, Güter, Regalien, ſeinen Urſprung habe von dem Kaiſer. Das
Domcapitel wandte ſich im October 1621 flehentlich an den Herzog Friedrich
Ulrich: er wolle den Bruder von dieſem Vorſatze der Werbung abbringen. [3]
Dieſelben Bitten liefen ein von allen Seiten. Die Stände der Landſchaft Calen=
berg boten dem jungen Herzog 20,000 Thaler, wenn er ablaſſen wollte von
dieſem Beginnen. [4] Das irrte Chriſtian nicht. Im ſelben Monate October wußte
bereits der kaiſerliche Statthalter Liechtenſtein in Böhmen, daß Chriſtian werbe,
um mit einem Heere nach Böhmen durchzubrechen. Er ſchrieb es Friedrich Ulrich.
Eben ſo warnten und mahnten die Vettern von Celle. Sie geſtatteten den zu=
laufenden Söldnern nicht den Durchgang durch ihr Land. Friedrich Ulrich ſelber
dachte nicht anders. Er und die Mutter Eliſabeth richteten flehende Abmahnungen
an den Bruder und Sohn. Namentlich ſtellte Eliſabeth ihrem Sohne in den
eindringlichſten Klagen einer Mutter alles Unheil vor, das er herabziehe auf ſich
ſelber, auf ſein Haus, auf ſie, auf das Reich und unzählige Menſchen; denn
ſchon am 20. October hat ſie vernommen, wie die Reiter ihres Sohns plündern,
rauben und brennen. [5] Als dieſe Ermahnungen nicht fruchteten, ließ Friedrich
Ulrich ſelbſt noch im October die zuſammengerotteten Haufen ſeines Bruders
innerhalb ſeines Landes angreifen und aus einander jagen. Chriſtian zog ſich
in das Stift Minden, deſſen erwählter Biſchof ſein Vetter Chriſtian von Celle war.

Und wie tritt nun hier die Wehrloſigkeit der einzelnen deutſchen Reichstheile
abermals in einer ſo traurigen Weiſe ans Licht! Es war auch nicht e i n Fürſt
jener Gegenden, der billigend auf das Unternehmen Chriſtians blickte. Dennoch
waren ſie höchſtens im Stande das Zuſammenlaufen kleinerer Banden in ihrem
Gebiete zu verhindern, einzelnen Rotten den Paß zu verweigern. Sobald die=
ſelben eine gewiſſe Stärke erreicht hatten, ſtand ein ſolcher Anführer da als eine
gebietende Macht, allen Fürſten gefährlich, allen furchtbar, und mächtiger als
ſie alle. Auch lief nur ein kleinerer Haufe Gefahr ſich nicht erhalten zu können.
Ein Heer ernährte ſich ſelbſt, indem es jeden Widerſtand erdrückte. Mansfeld
zuerſt hatte in Böhmen, in der Oberpfalz das Beiſpiel gegeben ſich zu erhalten,
ſich zu verſtärken, ohne Sold zu zahlen. Der gelehrige Schüler Chriſtian ahmte

---

[1] Brüſſeler Archiv. Corresp. des Empereurs avec les Gouv. des Pays-bas.
[2] Londorp. II. 421.
[3] Königliches Archiv zu Hannover. — Wichtig iſt ferner hier vor allen Dingen die
bereits citirte gedruckte Schrift: Kurze und gründliche Information u. ſ. w. mit ihren
60 urkundlichen Beilagen.
[4] Archiv der Landſchaft Calenberg zu Hannover.
[5] Die unter 3 citirte Schrift S. 106 ff.

dieß Beispiel nach mit entschiedenem Glücke. Es war längst eine übliche Rede-weise derer, welche die kirchlichen Fürstenthümer zu vertheilen gedachten, daß man zu diesem Zwecke aus den Stiftsländern selbst die Mittel nehmen müsse sie zu bezwingen. Man müsse die Pferde den Pfaffen an den Zaun binden, hieß es. Es kam, um dieß auszuführen, nur auf das kühne Wagnis an sich nicht bloß mehr in Worten, sondern auch in Thaten um Recht und Besitz anderer Menschen nicht mehr zu kümmern. Und zu diesem Wagnis hatte nächst Mans-feld keiner in solchem Maße den Muth, wie der 22jährige Christian von Braunschweig. Er kam aus einer dazu geeigneten Schule. Er hatte bei seinem Verweilen in den Niederlanden dort den glühenden Haß gegen die ka-tholische Geistlichkeit und das katholische Kirchenwesen eingesogen, der ein so tief charakteristisches Merkmal des damaligen Calvinismus war. Diesen fanatischen Haß brachte er mit und verpflanzte ihn in seine deutschen heimatlichen Gegenden, wo damals Katholiken und Lutheraner wenn auch nicht in herzlicher Eintracht, doch ohne Störung des Friedens neben einander lebten.

Im November 1621 hatte Christian schon 13,000 Mann. Fortan war Widerstand nur durch ein geordnetes Heer möglich. Er brach südwärts auf, um sich, wie es wahrscheinlich ist, mit Mansfeld in der Unterpfalz zu verbinden. Dem mainzischen Eichsfelde drohte er einstweilen nur die Verwüstung, und er-hielt zum Ablauf derselben 100,000 Thaler. Er zog weiter durch Corvei und Paderborn und gelangte an die Grenzen des Landgrafen Ludwig von Darmstadt. Dieser bat um Verschonung mit Durchzug. [1] Christian erwiederte: wenn der Landgraf es hindern und ihm Böses erweisen wolle, so werde er auch Böses erweisen. Ludwig entgegnete klagend, daß die Reiter Christians seine Unter-thanen bereits mißhandelten. Besser sei es für einen kriegslustigen Herrn sich Lob und Ehre im Kampfe gegen den Erbfeind zu erstreiten. Abermals bat er flehend, Christian wolle sein Land verschonen. Der jugendliche Herzog ent-gegnete: „So wir im geringsten angegriffen werden sollten: so haltet gewiß dafür, daß wir dermaßen in dero Landen hausiren werden, daß es dieselben gereuen und Kindeskinder sich darüber sollen zu beklagen haben. Dieß zur Nachricht." Also schrieb [2] Christian aus Neustadt am 28. November 1621. Ludwig flehte den Vetter Moritz an ihm zu helfen. Moritz entgegnete: das Heer des Christian sei nicht bloß für Friedrich, sondern auch für die General-staaten geworben. Deshalb wolle es sich nicht gebühren solche mächtige Leute sich zu Feinden zu machen. Er wisse nichts von Christians Absicht: das sei ein Herr von der Faust und nicht von der Feder. Er nannte den jungen Herzog den heros Germaniae.

In Wahrheit glaubte Moritz, daß nun die Zeit gekommen sei, wo in Deutschland alles drunter und drüber gehen werde, wo es darauf ankomme bei dem großen Schiffbruche sich im voraus möglichst viel zu sichern. Dennoch

[1] Londorp. II. 529.
[2] Zeitschrift des historischen Vereins für Niedersachsen. Hannover 1845. S. 12. Der betreffende Aufsatz von Wittendorf enthält viele archivalische Nachrichten.

legte seine Klugheit seiner Habgier Zügel an. Er hieß den Christian will=
kommen; aber er verband sich nicht mit ihm. [1] Er unterstützte ihn mit Lebens=
mitteln und Pulver, aber heimlich. Er meldete [2] dem General Tilly im December
1621: er befleißige sich vollkommener Neutralität. Der Krieg sei nur eine
böhmische Privatsache, er aber sei ein gehorsamer Fürst des Reiches. Moritz
hatte selbst 8000 Mann geworben; aber er verwandte sie auf eine Weise, welche
die Dauer des dadurch Erworbenen zu sichern schien. Er fiel über seinen
schwachen Nachbarn, den Grafen von Waldeck her, eroberte Corbach und ließ
die Stadt ihm schwören. Wir sehen bei solchen Gelegenheiten die Hofprediger
immer in derselben Weise auftreten. Als Friedrich V. die böhmische Krone
annahm, predigte Scultet. Als er die Bilder zerstörte, predigte Scultet. Als
er ein Bündnis mit den Türken schloß, predigte Scultet. Als der Hesse Moritz
im tiefen Frieden Waldeck überfiel, bestieg sein calvinischer Hoftheologe in dem
eroberten Städtchen Corbach die Kanzel, und predigte von dem Rechte seines
Herrn gegen die Grafen von Waldeck. [3]

Christian drang vor bis in das Busecker Thal in der Nähe von Gießen.
Nicht bloß die Unterthanen des Kurfürsten von Mainz, sondern auch die des
Landgrafen Ludwig zwang er den Eid der Treue für Friedrich von der Pfalz
zu leisten. Unterdessen nahte der Graf von Anholt, den Tilly noch zur rechten
Zeit gesendet, rasch heran, schlug Christian am 10. December 1621, und zwang
ihn zur Umkehr. Rund umher beleuchteten brennende Dörfer und adlige Höfe
den Weg.

Und nun erst brach über das unglückliche Stift Paderborn die volle Wucht
des 22jährigen Jünglings und seiner Banden herein. In Christians
Antwort auf die Bitte der Ungerüsteten und Wehrlosen um Verschonung des
Landes paart sich knabenhafter Trotz mit der Androhung von Grausamkeiten,
deren nur Menschen und nicht Tiger fähig sind. Christian fragt spottend, ob
die Paderborner sich wehren wollten. „Haltet für gewiß,“ sagt er, [4] „daß wir
nichts lieber sehen als dieß, es sei bei Tag oder bei Nacht, wollen euch auch
solche Gelegenheit mit Anzünden der Dörfer machen, daß ihr desto besser sehen
könnt.“ Noch hielten Kanzler und Räthe mit der Absendung von Bevollmäch=
tigten an den Herzog zurück. Darum meldet er ihnen abermals am 23. De=
cember 1621: er spüre wohl ihre Halsstarrigkeit und bösen Willen gegen ihn.
Dennoch warne er sie zum Ueberflusse aufs fleißigste sich stündlich im Augenblick
zu erklären. Wo nicht, „so werden wir alsdann ohne weitere Nachricht das
ganze Stift abbrennen, alle Bauern und Angehörige niederhauen und nieder=
schießen, daß darüber Kindeskinder sich werden zu beklagen haben.“

Also mußten Hunderttausende damals zu sich reden lassen von einem Jüng=
linge, der bis dahin erst einmal erfahren, was es heiße im Kriege als Mann

[1] a. a. O. S. 14.
[2] Hurter, Ferdinand IX. 85.
[3] Londorp. II. 543.
[4] Zeitschrift des historischen Vereins für Niedersachsen. 1845. S. 17.

dem Manne gegenüber zu stehen, an der Spitze einer zusammengerafften Schaar
von Verbrechern, die vor einigen wenigen wohl geordneten und geführten Re=
gimentern deutscher Soldaten unserer Tage in alle Winde zerstieben würde.
Freilich auch damals regte sich der Zorn und der Ingrimm über die schnöde
Gewalt dieser Haufen, und drohte in Thaten auszubrechen. Christian wußte
zuvor zu kommen. Er ließ verkünden, daß für jeden Reiter, den man ihm
tödte, ein Dorf in Flammen aufgehen solle. Der Stadt Paderborn zunächst
blieb nichts anderes übrig, als sich zur Brandschatzung zu verstehen. Sie selbst
zahlte 15,000 Thaler, Domkapitel und Geistlichkeit der Stadt 100,000 Thaler,
die Juden 30,000. Dazu nahm Christian alle Kirchenschätze, das fürstliche
Silbergeschirr, zerstreute das Archiv, setzte die Räthe und Beamten gefangen,
bis ein Jeder von ihnen sich mit einer von Christian bestimmten Summe aus=
löste. [1] Der Domdechant war entflohen. Christian setzte auf seine Einlieferung,
lebendig oder todt, einen Preis von 10,000 Thalern. [2]

Die spätere Zeit ist oft leicht geneigt gewesen über derartige Dinge als den
Kriegsbrauch jener Zeiten hinweg zu sehen. Aber wer denn im Reiche hatte
Krieg mit Christian von Braunschweig? Wer ermächtigte den selbst länderlosen
Jüngling zu einer kriegerischen Unternehmung gegen deutsche Länder, die mit der
böhmischen Sache auch nicht in der entferntesten Beziehung standen? Auch nicht
ein einziger Fürst des Reiches hat es gethan. Sie alle riethen dringend, selbst
flehend ab. Der Einzige, der ihn ermuthigte, der Landgraf Moritz von Hessen,
that es nur verstohlen. [3] Er suchte dabei die Meinung zu verbreiten, daß auch
andere Fürsten derselben Absicht seien. Seine Räthe äußerten sich gegen Tillys
Obersten Anholt, daß nicht bloß Moritz den Durchzug durch sein Land gegen
Christian wehren werde, sondern daß auch Christians Bruder Friedrich Ulrich
bereit sei zu diesem Zwecke mit 7000 Mann zu Hülfe zu kommen. Tilly
wandte sich fragend an Friedrich Ulrich, und bat es nicht zu thun. Friedrich
Ulrich war sehr erstaunt und befremdet. Wer das von ihm sage, daß er dem
kaiserlichen Heere sich widersetzen oder den Paß versperren wolle, der thue ihm
vor Gott und aller Welt unrecht. Er habe vielmehr seinem Bruder Christian
den Durchzug verweigert, einige Compagnien desselben entwaffnet und zertrennt,
ihm brüderlich abgemahnt, ihm noch eben jetzt im Vereine mit Christian Wilhelm
von Magdeburg einen Trompeter zugeschickt, daß er ablassen möge von seinem
Thun.

Wir sehen, wie Christian sich bei keinem Fürsten irgend welcher Sympathien
erfreute. Sollte er vielleicht sie bei dem friedlichen Bürger und Landmann ge=
funden haben? Die Nachwelt hat das verkannt. Sie hat nicht erwogen, daß die
Folge der Handlungsweise Christians bei Allen ohne Ausnahme nur Furcht und
Haß sein konnte. Aber man ist in dieser irrigen Anschauung noch weiter

[1] a. a. O. S. 18.
[2] Hurter IX. 88
[3] Zeitschrift für hessische Geschichte, Bd. II. S. 183.

gegangen. Man hat später über den Raub, den Christian an den Kirchenschätzen von Paderborn beging, mit leichtem Scherze hinweggesehen. Christian fand im Dome zu Paderborn die goldene Bildsäule des heiligen Liborius. Die Ueberlieferung erzählt, daß er dieselbe mit dem Arme umschlungen und dem heiligen Liborius Dank gesagt, weil er so lange seiner gewartet. Alsbann fand er die zwölf Aposteln von Silber. Zu diesen wandte er sich, wie die Sage berichtet, mit den Worten: „Was stehet ihr hier und seid müßig? Es steht doch geschrieben: geht hin in alle Welt. So will ich euch denn hinausschicken." Er sprach's und schickte Liborius und die Apostel in die Münze. Mögen die Nebenumstände nur der Sage ihren Ursprung und ihre Erhaltung verdanken: die Thatsache selbst ist richtig. Also wird es bezeugt durch die Thaler mit dem Gepräge: Christian, Gottes Freund, der Pfaffen Feind.

Und diesem selben Jüngling bot der Kaiser Ferdinand am 13. December 1621 Verzeihung für das Vorgefallene und Ertheilung der Lehen an, wenn er die Waffen niederlege.[1] Christian achtete dessen nicht. Er wollte nicht Verzeihung, nicht Frieden: er wollte Krieg. Um die sittliche Ansicht jener Zeit darüber ins Klare zu bringen, haben wir uns nicht auf Katholiken oder Lutheraner zu beziehen. Daß diese einmüthig davor schauderten, bedarf nicht einer Nachweisung. Daß deutsche Calvinisten den Raub nicht billigten, glauben wir nach Maßgabe aller anderen menschlichen Verhältnisse annehmen zu dürfen. Es kommt nur darauf an das Urtheil eines calvinischen Fürsten jener Zeit einzuholen, allerdings nicht dasjenige Friedrichs V., oder des Landgrafen Moriz, sondern eines Unbetheiligten.

Im Jahre 1620 schlug das Geheimerathscolleg von Brandenburg vor:[2] der Kurfürst möge befehlen die im Dome bei Seite gesetzten Götzenbilder, mit denen in Zukunft vielleicht noch mehr Abgötterei getrieben werden könne, zu Thalern auszuprägen, an denen es im Lande fehle. Freilich sei der letzte Wille und Befehl der in Gott ruhenden kurfürstlichen Eltern dagegen; doch werde es wohl zu entschuldigen sein. Der sonst so gefügige, schwache Kurfürst hatte diesmal den Muth den Antrag abzuschlagen. Denn, erklärte er, darüber ist unserer Vorfahren äußerste Verfluchung vorhanden, auch würde hierdurch das Land gar nicht befreit, uns dagegen ein äußerst böser Name gemacht werden. Der Kurfürst schlug dieß ab im eigenen Lande für Kirchenschätze, auf die er nach der Rechtsansicht jener Zeit und seiner Confession wenigstens einigen Anspruch hatte. Danach darf man annehmen, daß die Meinung über das Verfahren des Herzogs Christian in Paderborn sich außer dem Haag an wenigen Orten einer Billigung erfreut haben werde. Aber weil es geschah, weil es straflos geschah: so war ein solches Beispiel die Saat zu unzähligen anderen Verbrechen der Nachahmung.

Und das ja eben wollte man. Weil Christians Frevel besonders die

[1] Königliches Archiv zu Hannover.
[2] Cosmar, Schwarzenberg S. 156.

Katholiken trafen: so sollte daraus bei dem protestantischen Volke der Gedanke des Religionskrieges Eingang gewinnen. Die protestantischen Deutschen zeigten sich nicht willig darum mit Mord und Brand sich gegen ihre Landsleute zu erheben. Und doch, der Gedanke war da, er trieb Sprossen. Bei den Deutschen, welche fern wohnten von dem Schauplatze der Greuel, wuchs doch leise ein Mißtrauen auf, ob nicht das Vorgeben Christians etwas für sich haben könnte. Namentlich aber wuchs der Natur der Sache nach der Gedanke auf bei denen, welche, da Friedrich Ulrich keine Aussicht auf Nachkommen zu haben schien, möglicher Weise in Christian ihren künftigen Landesherrn erblickten. Durften sie annehmen, daß ihr Herzog so ganz und gar nur ein wüster Raufbold und Räuberhauptmann sei, daß er nicht aus wirklichem Interesse für den Protestantismus also handele? Die Zahl derer, welche also dachten, mochte sehr klein sein; dennoch gab es eine solche.

Die Städte Lippstadt und Soest, welche spanisch=burgundische Besatzung hatten, fielen gutwillig oder mit Gewalt in die Hände des Schrecklichen. Im Anfange des Jahres 1622 zog er gegen Münster. [1] Er that der Stadt kund: sie habe einen Drosten Scharenberg mit Geld und Juwelen in ihre Mauern aufgenommen. Dieses Geld sei aus der Kriegsbeute von Prag. Darum sei Scharenberg ein Feind des Königs von Böhmen, darum auch ein Feind Christians. „Wer unseren Feind aufnimmt, der ist selbst auch unser Feind. Ferner ist unser Feind der pestilenzialische Haufe der Jesuiten, die ihr bei euch habt. Deshalb verlangen wir Auslieferung der Güter, die Scharenberg in die Stadt gebracht, Verjagung der Jesuiten oder 150,000 Thaler für ihre Hälfe. Dagegen wir eine Einrede wegen Neutralität oder andere jesuitische und sophistische Ausflüchte nicht leiden mögen." Was war zu thun? Man wollte sich weigern, Widerstand leisten; aber die Flammen des nahen Mauritzstiftes vor der Stadt zeigten, wie Christian es meine. Man willfahrte seiner Forderung.

Aber sollte man denn nun gar nichts thun? Man wollte wenigstens berathen. Es ward für das Fürstenthum Münster ein Landtag ausgeschrieben. Christian erfuhr es. Er verbot den Besuch desselben bei Strafe des Todes und gründlichen Abbrennens. [2] Der Landtag kam nicht zu Stande.

Man hat es dem Herzoge Christian als einen Act der Menschlichkeit nachgerühmt, [3] daß er zwei Jesuiten, die er im Münsterschen gefangen, fortan mit sich herumführte, ohne sie zu tödten, sie sogar an seiner Tafel speisen ließ. Diese Verschonung fiel auf; denn in der Regel ließ Christian die katholischen Geistlichen tödten oder verstümmeln. Derartige Brutalität fiel nicht Christian allein zur Last: sie gehörte seiner ganzen Partei. Nur wolle man unter der Partei nicht die Protestanten als solche verstehen. Nach den Kriegsartikeln des Landgrafen Moritz von Hessen=Cassel mußten seine Söldner beschwören

[1] Londorp. II. 625.
[2] Hurter, Ferdinand IX. 68.
[3] So Häusser in der Geschichte der rheinischen Pfalz II. 385.

evangelische Kirchenbiener zu schonen. [1] Was denn mit katholischen Geistlichen? Die
Kriegsartikel des Moritz sagten nichts von diesen. Es war die Sache der Söldner
ihr Verhalten passend einzurichten. Aber kehren wir zu Christian und seiner
gerühmten Milde zurück: so fragt es sich doch, ob der moralischen Qual, die
zwei Jesuiten an seiner Tafel auszustehen hatten, nicht der augenblickliche Tod
vorzuziehen gewesen wäre. Und diejenigen, welche nach Maßgabe einseitiger
Ueberlieferung allzu leicht geneigt sind die Jesuiten mit den Augen Christians
anzusehen, wollen nicht vergessen, daß der Jesuitenorden eben damals ein Mitglied zählte, welchem unter den Wohlthätern der deutschen Nation einer der ersten
Plätze von keiner Seite verweigert werden darf. Es ist Friedrich von Spee, der
zuerst dem Wahne des Hexenprocesses die Axt an die Wurzel legte. Und ferner darf
man nicht vergessen, daß eben dieser selbe Held und Erretter Friedrich Spee in seinem
Kampfe gegen das Ungeheuer der Lüge, der Habgier und der Grausamkeit, gegen
den Hexenproceß, ausdrücklich es hervorgehoben[2] hat, daß sein Orden viele ihm
Gleichgesinnte zähle. Es ist sehr möglich, daß unter denjenigen, welche dem Buben-
muthe und der Mordgier Christians zum Opfer fielen, Männer gewesen sind von
derselben Gesinnung, derselben Bethätigung dieser Gesinnung wie Friedrich von Spee.

Der Winter 16²¹/₂₂ verstrich. Das westfälische Stift Paderborn und die
Umgegend verdarb. Städte und Dörfer sanken in Asche, die Menschen erlagen
dem Schwerte, dem Feuer, dem Hunger, der Pest. Das Heer dagegen des
Herzogs Christian schwoll an. Als der Frühling anbrach, als der mildere
Himmel auch die Heimsuchung anderer Länder gestattete, sah man diese Schaaren
daherziehen mit endlosem Trosse, mit Weibern und Kindern in großer Zahl.
Sechs Stunden dauerte der Vorüberzug der gedrängten Menge. Der wehrhaften
Männer rechnete man 20,000. Mit solchen Schaaren schien etwas Bedeutendes
ausgerichtet werden zu müssen. Abermals flehte Friedrich Ulrich seinen Bruder
an: Christian möge gedenken an den Ruin und Untergang seiner Wohlfahrt, an
die Unehre, die er auf das fürstliche Haus und seinen Namen bringe. Christian
möge dagegen sich erinnern an die rühmlichen Thaten der Vorfahren, an das
treuherzige Bezeigen des regierenden Kaisers Ferdinand; er möge ablassen von
solchen Kriegszügen, von dem Verheeren armer, unschuldiger Leute, deren
Thränen zum Himmel steigen. Er erinnert den jüngeren Bruder an das Bitten
und Flehen der gemeinsamen Mutter. [3] Christian Wilhelm von Magdeburg, die
welfischen Vettern von Celle erneuerten ihre Bitten. Sie alle rührten Christian
nicht. Er wollte südwärts nach der Pfalz, zu Mansfeld. — Sehen wir, wie
dort die Dinge lagen.

---

[1] Rommel VII. 230.

[2] Cautio Criminalis. Francofurti a. M. 1632. p. 444.

[3] Königliches Archiv in Hannover. Schon Mittendorf hat in der Zeitschrift des
historischen Vereins für Niedersachsen (1845, S. 10) gesagt, daß v. d. Decken sich darin
irrte, daß er die Briefe Friedrich Ulrichs an Christian nicht für aufrichtig hält. Ich
sollte meinen, solche Worte, wie die hier angeführten, lassen keinen Zweifel übrig, daß
Friedrich Ulrich es ernsthaft meinte.

Mansfeld hatte sich in seinem Zuge nach der Unterpfalz, damit er dem nachsetzenden Tilly entkomme, um die Zurückbleibenden nicht gekümmert. Warum auch sollte er solche Rücksichten nehmen? Der Ausfall ward leichter gedeckt durch die Werbetrommel. Der Bischof von Speier hätte ihm mit Hülfe einiger spanischen Regimenter den Uebergang über den Neckar sperren können; [1] allein Mansfeld versicherte ihm im Voraus schriftlich mit eigener Hand bei ritterlichen Ehren, daß er das Land und die Unterthanen des Bischofs im Geringsten nicht beschädigen, vielmehr gute Freundschaft halten würde. Kannte der Bischof den Spruch, nach welchem Mansfeld handelte: dolus an virtus, quis in hoste requirat? Der spanische General Cordova, der nach Spinolas Rückkehr dort den Oberbefehl führte, belagerte Frankenthal. Er dachte nicht an einen Feind, als plötzlich die Kunde erscholl: Mansfeld nahe heran. Cordova hob die Belagerung auf. Mansfeld begab sich sofort in das Bisthum Speier. In drei Tagen flammten dreißig Dörfer auf.

Die Klage, daß Mansfelds Kriegführung schrecklich war, hallt uns aus jedem Berichte jener Zeit und von allen Seiten entgegen. Er selbst hat in seiner Apologie das Verfahren seiner Söldner in den Grundstrichen gezeichnet. Es ist hier nöthig das Bild weiter auszuführen, mit den Worten freilich eines Gegners, aber eines Officiers von ehrenhafter Gesinnung, [2] dessen Angaben sich jeder eingehenden Forschung als probehaltig erwiesen haben, dessen Angaben in diesem Falle eben nur die Ausführung dessen sind, was aus Mansfelds eigener Darlegung in seiner Apologie sich errathen läßt.

„Die Mansfelder haben die armen, unbewehrten Bauern haufenweise in die brennenden Häuser mitten in die Flammen geworfen, und diejenigen, die sich retten wollten, wie die Hunde niedergeschossen. Sie haben die Kirchen aufgebrochen, beraubt, die Altäre abgerissen, das heilig hochwürdige Sakrament mit Füßen getreten, einander ja ihre blutrünstige Schuh mit dem heiligen Oele und Chrisam angestrichen und beschmiert. Sie haben die Taufsteine ausgeschüttet und sie auf unehrliche Weise zu Schanden gemacht. Sie haben alle Weibspersonen öffentlich geschändet und nach verübtem Muthwillen dieselben ins Feuer geworfen. Ja welches einem die Haare auf dem Kopfe zu Berge lehrt, und in der ganzen Christenheit, ja von allen Zeiten nach der Benjaminiter verteufeltem Laster unerhört, sie haben junge Kinder von neun, zehn Jahren mit unaussprechlicher, teuflischer Unzucht verderbt, so lange unmenschlich rottenweise verschändet, bis sie unter ihnen gestorben. Wie ihrer dann junger und alter Weibsbilder eine gute Anzahl drei Tage danach in offenen Wegen, in den alten verbrannten Scheuern noch unehrlich, unbedeckt todt gefunden worden, andere

---

[1] Mansfelds Ritterthaten S. 117.

[2] Mansfelds Ritterthaten S. 118. Ich habe um so eher ein Recht diese Schilderung für völlig wahr zu halten, da ich in meiner Geschichte Ostfrieslands von 1570 bis 1751 (Hannover 1856) ganz dasselbe aus ostfriesischen Acten und Augenzeugen dargethan habe. Man wolle dort vergleichen S. 251 ff.

aber dermaßen verderbt, daß sie kaum athmen können und nach wenigen Tagen ebenfalls weggestorben. Sind das nicht in den hohen Himmel rufende und ewige Rache begehrende Laster? Wo haben je die kaiserlichen Soldaten, deutsche oder spanische, dermaßen gehandelt? Wo ist solche teuflische Tyrannei, ja deren geringsten Stücken eines, von uns verübt worden?" —

Es ist eine häufige Annahme, die man vielfach gedruckt findet, daß Tilly in der Pfalz in ähnlicher Weise verfahren sei, wie Mansfeld. Von denen, welche diese Tradition zuerst aufgebracht, oder welche sie wiederholt haben, ist bis auf den heutigen Tag ein Beweis für die Wahrheit dieser Ueberlieferung nicht geführt worden. Da dieß nicht geschehen ist: so haben wir die Frage aufzuwerfen, wie sich theils nach der ganzen Sachlage, theils nach den uns überkommenen glaubwürdigen Berichten die Sache verhalte.

Vergleichen wir zuerst Mansfeld und Christian von Braunschweig. So ähnlich sie sich sehen: so ist doch zwischen beiden noch einiger Unterschied. Eigentlicher Mordlust ist Mansfeld persönlich, so viel wir wissen, nicht beschuldigt worden. Er kümmert sich nicht darum, was seine Söldner treiben: er läßt gehen. Auch er mishandelt katholische Geistliche. Er läßt in Wimpfen 1622 drei katholische Geistliche, darunter einen Greis von achtzig Jahren, vom Altare reißen, in ihren priesterlichen Gewändern wie Verbrecher an den Pranger stellen. [1] Aber er tödtet sie nicht. Christian ist persönlich blutdürstig. Er läßt die Geistlichen morden oder verstümmeln. [2] Mansfeld zündet nicht selber die Dörfer an. Er kümmert sich nur nicht darum, wenn sie angezündet werden. Er läßt sie brennen. Christians stete Drohung ist das Brennen. Er hat bei seinem Heere Brandmeister, welche die menschlichen Wohnungen kunstgerecht anzünden. Deshalb heißt er bei den Gegnern der Halberstädter Feuerstocher, der Brenner, seine Truppen die Feuerschaaren. [3] Insofern ist ein Unterschied zwischen beiden. Gemeinsam dagegen ist der Mangel eines regelmäßigen Zuschusses an Geld. Auch die höchsten Summen der Brandschatzungen zerrinnen bald, wo nicht eine solche Regelmäßigkeit des Nachschubs stattfindet. Aehnlich verhält es sich mit den für die Kostspieligkeit der Sache unbedeutenden Geldsendungen, welche von den Generalstaaten, von England, von Friedrich oder Anderen kamen. Die Heere beider Führer waren lediglich auf die Länder angewiesen, welche sie durchzogen. Darum war es für beide nicht möglich Disciplin und Ordnung zu halten, selbst wenn sie einmal wollten. Ferner ist ihnen gemeinsam das böse Beispiel, das sie selbst für ihre Untergebenen darbieten. Christian rühmt sich an offener Tafel vor verschiedenen Fürsten, wie er selbst persönlich an Frauen und Jungfrauen im Stifte Paderborn gehandelt. [4] Mansfeld, der hasenschartige, verwachsene Mensch, schleppt bis an sein Ende einen Harem der ausgesuchtesten

---

[1] Hurter IX. 77. Adlzreitter, Ann. B. G. III. p. 94.
[2] Rehtmeier, braunschweigische Chronik.
[3] Mansfelds Ritterthaten, an vielen Stellen.
[4] Senkenberg XXV. 139, Note.

Schönheiten mit umher. [1] Wie konnte in den Banden solcher Führer nach solchem Beispiele eine Achtung für Frauenehre übrig bleiben?

Wie so ganz anders ist das alles bei Tilly! Mäßig, nüchtern, ernst steht er da vor seinen Schaaren. Sein Beispiel gebietet Achtung vor den Frauen. Er ist würdevoll in seinem Aeußeren, selbst gravitätisch, und dennoch freundlich gegen Jedermann. Er ist der kluge, umsichtige Feldherr, der nicht weiter ins Wasser geht, um seine eigenen Worte zu gebrauchen, als er festen Boden unter den Füßen hat, daß er den Grund erblickt. Und dennoch weiß der Soldat, daß dieser Graubart, wenn es Noth thut, selber den Degen zieht und sich in die Gefahr stürzt, als sei die Zahl seiner Jahre auf die Hälfte verringert. Eben damals bat ihn der Herzog Maximilian seine Person wohl in Acht zu nehmen, sich nicht auszusetzen; denn er wisse ja selbst, was an ihm gelegen sei. Niemals dagegen entfährt ein Wort der Leidenschaft diesem Munde. Wie er sein Aeußeres beherrscht, so auch sein Inneres. Er umhüllt sich nicht mit dem Nimbus der Unnahbarkeit, er ist Allen zugänglich. Jeder einzelne Soldat kennt den alten Johann, den Vater Johann, und er wiederum nennt sie seine Söhne. Eine solche Persönlichkeit an der Spitze des Heeres legt auch dem rohesten Söldling die Zügel der Achtung für das Haupt an, und zwingt ihn seine Gelüste zu bezähmen.

Dazu ferner kommt, um die Grundlage aller Disciplin und Ordnung zu festigen, die regelmäßige Soldzahlung aus der Casse der Liga. Sie zahlte nicht alles. Es galt namentlich in den folgenden Jahren der Grundsatz aus der Casse der Liga nur die Hälfte der Bedürfnisse des Heeres zu decken, die andere Hälfte von dem besetzten Lande zu nehmen. Auch jene Hälfte war wohl einmal im Rückstande, namentlich in den späteren Zeiten. Wir werden von Tilly später erfahren, wie er das ansieht, wie er darüber schmerzlich klagt. Allein es war doch die Regel, welche die Ausnahmen nicht aufhoben. Der Soldat wußte, daß von daher sein Sold ihm verbürgt war. Er war nicht auf Beutemachen angewiesen, um zu leben, sondern auf seinen Sold und die Verpflegung, welche nach Feststellung Tillys und seiner Generalcommissäre Ruepp und Lerchenfeld mit den Commissarien des Landes geschah. Es ist Tillys unabänderlicher Grundsatz nicht selbst zu fordern oder gar die Soldaten fordern zu lassen, sondern, bevor er ein deutsches Land betritt, die gesetzliche Obrigkeit zu ersuchen um die Absendung von Quartiercommissarien, welche mit ihm die Ansprüche und Leistungen regeln. Die Erhebung steht nicht bei den Soldaten oder Officieren, sondern bei den gesetzlichen Autoritäten der Länder. [2]

In dieser Weise sehen wir Tilly überall handeln. Demgemäß war auch sein und seiner Soldaten Verhalten in der Pfalz. Wie wir früher von Friedrichs Rathe Camerar [3] vernommen haben, daß die Truppen der Unirten die

[1] Engel, Geschichte von Ungarn IV. 450.

[2] Wir werden später die archivalischen Belege bringen, hauptsächlich aus dem königlichen Archive in Hannover.

[3] Eben so übrigens auch andere Berichte. Meteren III. 104, wo die Engländer als besonders brutal hervorgehoben werden.

Unterpfalz mehr verheerten, als der Feind, als die Soldaten Spinolas: so
zeigten sich in derselben Weise, wie die Untergebenen Spinolas, auch diejenigen
Tillys. Wir vernehmen dieß abermals von Camerar. [1] Er ist im Frühlinge
1622 zu Lübeck. Von dorther vernehmen wir seine Klagen. „Die Excesse,"
meldet er, „die von den Unsrigen mit Rauben und Plündern vorgehen, werden
sehr stark angezogen." Es hätte doch nahe gelegen darauf zu erwiedern, was in
unseren Tagen vielleicht Jemand erwiedern möchte: also sei es die Kriegesweise
jener Zeit, oder: Tillys Truppen plündern auch. Man dürfte es erwarten,
wenn nämlich Camerar zu dieser Erwiederung einigen Grund gehabt. Aber er
schweigt davon. Er sagt nichts über Tilly. Ueber Mansfeld dagegen, über
Christian sind seine Briefe voll. Es ist mit den beiden, meldet er im März
1622, ein mißliches Ding. Er meint, es könne ihnen ergehen wie dem Markgrafen von Jägerndorf. Das Heer desselben hatte sich zwei Monate zuvor aufgelöst, und der Markgraf war in großer Gefahr von den Söldnern dem Kaiser
ausgeliefert zu werden. „Gott gebe," ruft im April 1622 abermals schmerzlich
Camerar, „daß das mansfeldische Volk in der Pfalz nicht hause wie in Böhmen,
damit nicht alles verzweifele." So bitter auch immer Camerar den Gegner Tilly
hassen mochte, dessen Schwert alle Hoffnungen, alle Entwürfe des gewandten
Mannes durchhieb: niemals hat Camerar gegen Tilly die Andeutung einer ähnlichen Anklage, wie gegen Mansfeld. Ein solches Schweigen ist ein schwer
wiegendes Zeugniß für Tilly. Und darum haben wir das Recht auch die positiven
Zeugnisse der Officiere Tillys für ihn zu vernehmen.

Die Einwohner der Unterpfalz bekannten eben so wie im Jahre zuvor diejenigen der Oberpfalz, viel mehr von den eigenen Truppen des Pfalzgrafen
erlitten zu haben, als von den Feinden. [2] Sie verkehrten den Namen der Vertheidiger der Pfalz in: Verwüster der Pfalz. Vorzüglich sah man dieß an den
Kirchen. Die mansfeldischen Söldner verwüsteten jede Kirche, ob katholisch oder
protestantisch. Tilly achtete jedes Glaubensbekenntnis, jede Art des Cultus, jede
Kirche. Seine Soldaten allerdings mochten nicht immer gleichen Sinn tragen.
Deßhalb ließ Tilly, damit die sonntägliche Feier in den calvinischen Kirchen
ungestört bleibe, Schildwachen an die Kirchenthüren stellen. Diejenigen in Tillys
Heere, welche des Feldherrn Anschauung sich zu eigen gemacht, wiesen mit einem
Gefühle des Stolzes darauf hin, daß in der ganzen Unterpfalz an allen Orten,
die in ihrer Gewalt seien, die Einwohner ungestört ihre Psalmen singen, ihre
Predigten, Kindtaufen, Begräbnisse frei und ungehindert halten, ja daß in keine
der ordentlichen Pfarrkirchen der katholische Cultus eingeführt, oder auch nur
eine katholische Predigt vernommen worden sei. Sie fordern die Städte Kreuz-
nach, Alzei, Oppenheim, Bacharach, Simmern, Kaiserslautern und eine Reihe
anderer auf darüber ein öffentliches Zeugniß abzulegen. Sie leugnen nicht, daß
auch sie Engelstadt, Guntersblum und noch drei andere Dörfer in der Nähe

[1] Söltl. Religionskrieg III. 144 ff.
[2] a a. O.

von Worms verbrannt; aber dieß sei geschehen, weil die Bauern dort die einquartierten Soldaten gemordet hätten. Sie fordern auf Zeugniß abzulegen, ob
irgend sonst von ihnen einer der Unterthanen an Leib und Leben im Geringsten
sei beschädigt worden. [1] —

Das Jahr 1622, das Jahr des glänzenden Ruhmes für Tilly, brach an
mit trüben Aussichten für den Kaiser. Mansfeld hatte zuerst das Bisthum
Speier geplündert. Er hatte von den Städten nah und fern, die er nicht ablangen konnte, Ritterzehrungen verlangt, sogenannte freiwillige Geschenke von
hohem Betrage. Aber er wollte mehr. Er fiel in das kaiserliche Erbland, das
Elsaß, ein. Dort war der Erzherzog Leopold ihm nicht gewachsen. Weit und
breit umher trieb Mansfeld Brandschatzungen ein, bis das feste Elsaßzabern ihm
eine Grenze setzte. Er rächte sich für dieß Mislingen an dem unglücklichen Landvolk. In der bitteren Kälte des Januar 1622 flammten die elsaßischen Dörfer
auf, irrten die elenden Bewohner obdachlos in Frost und Hunger umher, bis
sie verdarben und starben. [2] Mansfelds Heer dagegen schwoll an. Um die
Mitte Januars 1622 berechnete man dasselbe auf 35,000 Mann. [3] Tilly müsse
ihm helfen, rief klagend der Erzherzog Leopold. Aber Tillys Heer war dazu
nicht im Stande. Es lagerte von Heilbronn bis Heidelberg am Neckarstrome,
ermüdet durch die Anstrengungen der letzten Monate, oft dem Hunger ausgesetzt,
und beständig den Krankheiten. [4] Beim Beginne des Jahres 1622 hatte der
General nicht 8000 Mann. Dazu nahm auch die Zahl der Spanier zusehends
ab, und sie waren nicht sehr willig. Seit Spinolas Abzug waltete neben dem
General Cordova der Kriegscommissär van Efferen schonungslos und hart, und
lieh dadurch den Klagen über dieß fremde Volk einen triftigen Grund. Dazu
ward gerüstet von allen Seiten. Der calvinische Markgraf Georg Friedrich von
Baden-Durlach warb Söldner an. Man sagte, er habe 21,000 Mann. Gegen
wen waren sie bestimmt? Er selbst erklärte, er wolle seine Neutralität aufrecht
erhalten. Nicht das war die Wahrheit. Er hatte von Anfang an keinen andern
Zweck als denselben, wie Christian von Braunschweig. Also wissen wir es durch
die Herzöge von Weimar, die jede Erhebung gegen Kaiser und Reich mit Freude
begrüßen. Am 17. April meldeten diese Herzöge dem Durlacher, daß sie mit
ihrem geworbenen Volke wegen Verweigerung der Pässe nicht zu ihm stoßen
könnten, und deshalb sich zu Christian von Braunschweig begeben wollten. [5]
Mithin galt diesen Herzögen von Weimar der Zweck des Baden-Durlachers und
derjenige Christians für gleich.

Ahnte oder wußte das auch der Kaiser? Ihm wurden allerdings diese
badischen Rüstungen bedenklich. Er schickte den Grafen von Hohenzollern, einen
Jugendfreund des Baden-Durlachers, damit er diesen über die Rüstungen befrage.

[1] Mansfelds Ritterthaten S. 119.
[2] Theatrum Europ. I. 713.
[3] Hurter IX. 91.
[4] Hurter IX. 91.
[5] Röse, Bernhard von Weimar I. 91. 95. 334.

Hohenzollern hatte ein Jahr zuvor bei den Unterhandlungen mit Mansfeld diesen durchschaut und den Kaiser vor ihm gewarnt: seinen Jugendfreund durchschaute Hohenzollern nicht. Es sei empörend, meinte er, daß man Georg Friedrich zu verunglimpfen suche. Das sei ein wahrhafter Herr, dem man trauen dürfe.[1] Der Kaiser mochte vielleicht solchen Versicherungen glauben: der alte Tilly traute dem Durlacher nicht. Auch Johann Friedrich von Würtemberg warb abermals. Von Norden her drohte Christian von Braunschweig. Wenn alle Erwartungen und Hoffnungen der Partei des Umsturzes sich erfüllten: so hatte Tilly im Frühlinge 1622 eine Anzahl von Heeren zum Belaufe von 116,000 Mann zu bestehen.

Diese Lage der Dinge war für Friedrich so günstig, wie noch nie. Seine Räthe aus Heidelberg hatten ihm noch im October 1621 gemeldet: der Kaiser habe sich für die Einstellung der Feindseligkeiten erklärt. Er sei geneigt zum Frieden.[2] Im Beginne des Jahres 1622 forderte der Kurfürst Johann Georg von Sachsen mehrere andere Fürsten des Reiches auf: sie möchten allen Einfluß bei Friedrich anwenden, daß er sich unterwerfe und dadurch der Friede hergestellt werde.[3] Wie sollte Friedrich im Haag, wo es seinen Berathern nicht um den Frieden, sondern um den Krieg zu thun war, damit das Reich nicht zur Ruhe komme, der Kaiser nicht freie Hand erhalte gegen sie: wie sollte Friedrich dort auf solche Vorschläge hören? Er faßte auf den Rath seines Oheims Moritz, dem der Schwiegervater Jakob von England beistimmte, einen anderen Entschluß: er selbst wollte nach seinem Erblande, nach der Unterpfalz, sich begeben, und mit Hülfe aller der Heere, die damals für ihn, wie sie selber es sagten, in Waffen standen, dieß sein Erbland wieder gewinnen. Die Hochmögenden vernahmen gern seinen Entschluß. Sie stellten ihm ein Kriegsschiff zur Verfügung. Friedrich bestieg dasselbe am 29. März im Briel. Vorher erließ er eine Betheuerung an die deutschen Fürsten: er habe nicht die Türken in seine Sache verflechten wollen. Ob er bei den Deutschen damit Glauben fand, wo so offenkundige Beweise des Gegentheiles vorlagen? Das Kriegsschiff trug den Pfalzgrafen nach Dieppe. Dort stieg er aus und eilte mit nur einem, höchstens zwei Begleitern durch Frankreich. Unterwegs erkannte ihn ein französischer Edelmann und rief seinem Begleiter zu: „Wahrhaftig, das ist der König von Böhmen!" Friedrich eilte vorüber. Schlimmer sah es für ihn aus, als er auf der Landstraße einigen Reitern des Erzherzogs Leopold begegnete. Sie nahmen ihn gefangen und führten ihn zu ihrem Hauptmanne. Das Schicksal des deutschen Vaterlandes hing in diesem Momente an dem Scharfblicke dieses Offiziers. Wenn er in dem Gefangenen etwas Besonderes ahnte: so konnte für Deutschland der Frieden und die Ruhe wiederkehren. Es geschah nicht. Dagegen hatte Friedrich Gelegenheit aus den Spottreden[4] der Söldner über den Pfälzer Fritze die wahre Meinung des

[1] Hurter IX 104.
[2] a. a. O. 108.
[3] Königliches Archiv in Hannover
[4] Theatrum Europ. 717.

Volkes über ihn zu erkennen. Auch er benutzte diese Gelegenheit nicht. Er entkam und zog zu Mansfeld, dessen Quartier in Germersheim war, 11. April 1622.

Friedrich fand seinen General bei einer sonderbaren Beschäftigung. Mansfeld hatte im October 1621 die Unterhandlung mit dem Herzoge Max von Bayern abgebrochen durch seine Flucht. Er hatte damit auf die Plane dieser Unterhandlung nicht verzichtet. Ja es scheint, als habe ihm diese Flucht dienen müssen seinen Preis zu steigern. Schon im November 1621 war eine abermalige Meldung von ihm in Brüssel.[1] Dießmal schrieb er an Peter Ernst von Rollingen, seinen Gönner aus den Zeiten, wo er in östreichischen Diensten gestanden. Derselbe Mansfeld, der öffentlich gedruckt in die Welt ausgehen ließ, er habe die Unterhandlung in der Oberpfalz nur zum Scheine angesponnen, behauptet gegen Rollingen, seine Unterhandlung mit Chalons sei deshalb nicht zum Ziele gekommen, weil der Herzog von Bayern ihm die versprochenen Artikel nicht gehalten, sondern ihn mit Gewalt aus der Oberpfalz getrieben.[2] Deßhalb sei er gezwungen in die Unterpfalz gekommen. Er wünsche nichts so sehr, als von dem Hause Oestreich zu Gnaden angenommen zu werden; doch wolle er sich ungern mit Chalons wieder einlassen. Rollingen möge zu ihm nach Hagenau kommen. Die Infantin gestattete eine Unterhandlung. Schon am 9. Januar 1622 ist Rollingen auf der Reise zu Mansfeld beim Erzbischofe Lothar in Trier. Ein katholischer Bundesstand nach dem andern willigt ein, daß die Summe, die früher bei dem bayerischen Accord mit Mansfeld vereinbart, auf gemeinsame Kosten ihm gezahlt werde. Auch die Infantin schließt sich an. Tilly gibt seine Einwilligung und meint, auch der Herzog Maximilian von Bayern werde beitreten. Also geschieht es urkundlich durch eine Acte vom 19. Januar 1622. Der Zweck und das Ziel ist die Befreiung der Katholischen und der anderen gehorsamen Stände des Reiches von Mansfeld. Man stellt actenmäßig fest, daß die neue Unterhandlung geschehe auf Mansfelds eigene Veranlassung und Ansuchen. Man verhehlt sich die Unzuverlässigkeit des Mannes nicht, mit dem man zu thun hat; dennoch ist so viel daran gelegen, daß die Sache keinen Verzug leiden will.[3]

Nicht also war es Mansfelds Ansicht. Der Vergleich seiner Stellung im Anfange des Jahres 1622 mit derjenigen des Herbstes 1621 steigerte seine Forderung. Er hebt ferner hervor, daß er seit jenem Vertrage von Waidhausen seine Armee mit großen Kosten sechs Monate lang unterhalten habe. Die maßlose Frechheit dieser Behauptung scheint die Infantin in Brüssel noch nicht

[1] Villermont, Tilly etc. I. p. 153.

[2] Archiv zu Brüssel. Sécrétairerie de l'Etat. L'Allemagne et le nord. Corresp. de Wallenstein etc. Daher das Folgende. Der deutsche Name Rollingen heißt dort Raville.

[3] Archiv zu Brüssel „Nichts destoweniger vnd sluthemahl diese Handlung (darauf gleichwol all erwogen vnd von Tag zu Tag mehr herfürbrechenden vmbstänben nach sehr wenig zu bauen) einigen verzug nicht leiden will, den catholischen Stenden aber merckhlich daran gelegen, daß dieselben ihre gewierige Fortsetzung erreichen" — u. s. w.

abgeschreckt zu haben: denn es ist nicht unwichtig sich dabei vorzuhalten, daß Mansfeld damals noch nicht Gelegenheit gehabt seinen Feldherrnruf aufs Spiel zu setzen. Seine staunenswerthe Geschicklichkeit als Werber und Diplomat schien damals noch, obwohl Männer wie der scharfblickende Camerar ihn längst durch= schaut, den ferner Stehenden auch die anderen Eigenschaften eines Feldherrn zu verbürgen. Die Infantin Isabelle in Brüssel wenigstens hielt etwas darauf. Sie hätte ihn gern in ihre Dienste gezogen, nur nicht als Befehlshaber aller Truppen nach Spinola. Und dieß wollte Mansfeld. Er verlangte am 4. Februar 1622 mündliche Zusammenkunft mit Rollingen. Sie ward gewährt. Die In= fantin hatte vorher zugestanden, Mansfeld solle mit 6000 Fußgängern und 1000 Reitern in ihre Dienste treten. Sie erhöhte die Zahlen auf 10,000 und 2000. [1] Das genügte Mansfeld nicht. Er verlangte am 30. März, daß die Infantin sämmtliche früher mit Bayern verabredeten Punkte genehmige, ihm sofort in Straßburg 200,000 Reichsthaler und 100,000 Dukaten in Species an= weise. Er kleidete dieß bestimmter in die Forderung: dieselbe Pension von Spanien, die sein Vater gehabt, erblichen Besitz der Vogtei Hagenau im Elsaß, und die Würde eines Reichsfürsten. [2] Dann aber kam die Hauptforderung. Die Truppen, die er hat, gehen unter seinem Commando in spanische Dienste. Er will zwölf Regimenter Fußvolk und 5000 Reiter. Er läßt drei Wochen Zeit zum Entschlusse. Von dem Augenblicke an, wo der Vertrag in Kraft tritt, sind Mansfelds Truppen im Dienste der Infantin.

So stand die Sache im März und Anfang April des Jahres 1622. War es dießmal dem Mansfeld Ernst mit seinen Vorschlägen? Er schrieb gleichzeitig dem Markgrafen von Baden-Durlach: [3] er thue dieß blos, um Zeit zu gewinnen, und desto sicherer den Bayern einen tüchtigen Nasenstüber zu geben. Ein solches Verfahren, wenn es, was wir nicht wissen können, von Mansfeld so gemeint war, entsprach ganz dem Sinne des Markgrafen, der in denselben Tagen in ganz ähnlicher Handlungsweise wiederholt hat: [4] der Erzherzog Leopold möge kein Mistrauen in ihn setzen, er meine es ehrlich.

Um inzwischen seinen Preis noch immer höher zu steigern, ließ Mansfeld einstweilen die Unterhandlungen sein, und zog auf Kaiserslautern, um sich dieser Stadt zu bemächtigen. Sein Anschlag ging fehl. Dazu wurden die Aussichten auf die Erhaltung seines Heeres in dem verheerten Lande trüber. Er ließ Rol= lingen nach Germersheim kommen, und besprach dort mit ihm die Sache weiter. Inzwischen langte der Pfalzgraf an. Das änderte die Lage der Dinge. Im Beisein desselben über den Verrath an ihm zu unterhandeln war nicht thunlich.

---

[1] Man sehe die urkundliche Beilage V. aus dem Archive zu Brüssel.
[2] Vgl. Mansfelds Ritterthaten S. 128. Die Unterhandlung über den Eintritt in die Dienste der Infantin scheint der Verfasser derselben nicht gekannt zu haben. Theatrum Europ. 718. erhöht noch die Forderungen. Danach will Mansfeld nur unter Spinola stehen.
[3] Du Jarry, Dreißigjähriger Krieg. I. 87.
[4] Hurter IX. 110.

Auch empfahl sich die Sache überhaupt nicht mehr, weil die Aussichten, sobald der Markgraf von Baden-Durlach sich offen erklärte, offenbar für Friedrich sehr günstig standen. Deshalb verschob Mansfeld seine Plane auf eine bessere Zeit, und benutzte zunächst die Gelegenheit seine Treue glänzend zu beweisen. Er führte den Pfalzgrafen und Rollingen zusammen. Friedrich, der bei aller eigenen Unwahrheit den klügeren Mansfeld zu durchschauen völlig unfähig war, fragte mit fröhlichem Angesichte den bestürzten Rollingen: „Ei, ihr wollt mir meinen getreuesten Diener abspenstig machen?" — Rollingen eilte von dannen. [1]

Wir haben zu beachten, daß diese Zwischenkunft des Pfalzgrafen für Mansfeld die Aussicht gewährte bei abermaligem Versuche von gleicher Art in Brüssel den Vorwand zu haben, daß nicht mit seinem Willen die Sache mislungen sei. Er bewahrte sich diese Aussicht für den geeigneten Fall, wie wir später erfahren werden. Einstweilen kam es für ihn darauf an seinem Kriegsherrn, der selber von der Führung eines Heeres nichts verstand, auch einen Erfolg seiner Waffen zu zeigen. Unter Sengen und Brennen, dem der Pfalzgraf zusehen mußte, führte Mansfeld sein Heer über den Rhein auf Tilly zu. Auch dieser hatte sich in der letzten Zeit verstärkt. Er stand bei Wiesloch. [2] Die Mansfelder rückten in das nahe Mingelsheim 25. April. Von dort hinausgetrieben, kamen sie wieder und zündeten Mingelsheim an. Tillys Musketiere konnten sich in dem brennenden Dorfe nicht halten. Sie wichen. Tilly bemerkte die Gefahr: er schickte zwei Abtheilungen Reiter zu Hülfe. Aber vor dem Dorfe war ein Hohlweg und Sümpfe, die Reiter kamen vom Wege ab und zertheilten sich. Dazu wehte ihnen der Wind den Rauch des brennenden Dorfes entgegen. Die Musketiere wurden theils von den Mansfeldern erschlagen, theils von den eigenen Reitern übergerannt und zertreten. 400 fielen, 100 wurden verwundet.

So gering auch der Erfolg, es war eine Herzstärkung für Friedrich. Es war das erste und einzige Mal, daß Mansfeld für ihn einen Vortheil wirklich erfocht, und noch dazu gegen Tilly, und im Beisein Friedrichs selbst. Mit welcher Freude mochte der Schwachkopf die erbeuteten Fähnlein zu seinen Füßen niederlegen sehen! Ja die Erfolge gingen noch weiter. Sie zogen vor Ladenburg, berannten es und forderten die Uebergabe. Der Befehlshaber kam auf Mansfelds Forderung unkluger Weise selbst zur Unterhandlung hervor. Während er bei Mansfeld war, ließ dieser die Sturmleitern anlegen und stürmen. Ladenburg ward genommen.

Frohen Muthes vernahm Friedrich weitere Kunde. Der Durlacher, der noch am Tage des Treffens bei Wiesloch in geringer Entfernung wie unentschieden dagestanden, hinreichend jedoch, um Tilly zu lähmen, warf endlich die Maske der Neutralität ab. Am 15/25 April versammelte er um sich seine Söhne, den Kanzler und die Landofficiere, entließ sie ihrer Pflichten gegen ihn, und verlangte den Eid gegen seinen ältesten Sohn. Indem er durch solchen

[1] **Theatrum Europ.** I. 718.
[2] Die Darstellung ist nach Abelzreitter III. 96.

Verzicht sich selber zum besitzlosen Abenteurer gleich Mansfeld machte, benahm er dem Kaiser die Möglichkeit ihn zu strafen. Alsdann erklärte er: „Nunmehr wolle er bis an sein Ende ein Soldat sein und als Soldat sterben, auch nicht ruhen, bis die Eduardischen Erben ausgereutet wären, und ferner nicht ruhen, bis den katholischen Geistlichen alle Gewalt und alles Land genommen sei." [1]

Wir sehen dieselben drei Hauptmotive wirksam, wie bei so vielen anderen kleinen deutschen Machthabern jener Zeit: wilde Lust nach Abenteuern, Haß der verwandten Fürstenfamilien untereinander, Habgier nach den Gütern der kirchlichen Fürsten. Es versteht sich, daß auch dieser Baden-Durlacher diese drei Motive, die er selber hier für seinen Krieg angibt, concentrirte in das Wort: Religion.

Das Heer dieses Markgrafen war so stattlich ausgerüstet, wie es aus dem Beutel eines kleinen Reichsfürsten nicht bezahlt, wie es nur durch fremdes, wahrscheinlich holländisches Geld ermöglicht sein konnte, und selbst die Art und Weise der Ausrüstung, die alles übertraf, was man von solchen Dingen bislang gesehen, deutete auf weit hinaus blickende Plane. Im Vertrauen darauf mochte der Markgraf ausrufen: wenn er in diesem Kriege nicht obsiege, so könne Gott nicht gerecht sein.

Das treulos verrätherische Benehmen dieses Markgrafen von Baden-Durlach erregte namentlich den Widerwillen und Abscheu derer, die durch seinen Lug und Trug nicht bloß selbst getäuscht, sondern eben darum von ihm als Werkzeuge zur Täuschung Anderer benutzt waren. Mit Zorn und Scham meldete der Graf von Hohenzollern einem Freunde: „Ich hatte für den Markgrafen beim Kaiser und beim Herzoge von Bayern mein Wort zum Pfande gesetzt. Eher hätte ich mich des Einsturzes des Himmels versehen, als daß ich so zu Schanden werden sollte." [2] Auch bei Tilly entschuldigte sich Hohenzollern: „Ich habe den Markgrafen gekannt von Jugend auf. Ich habe ihn stets für aufrichtig gehalten, weil er jederzeit die Worte im Munde geführt: lieber sterben, als Treue brechen. Ich stand immer in der Meinung mit einem aufrichtigen, gewissenhaften deutschen Fürsten zu verkehren. Hab und Gut hätte ich auf ihn vertraut, zumal in der letzten Zeit." — Tilly für sich durfte ruhig sein. Die Heuchelei des Markgrafen hatte den alten Krieger nicht vermocht in seiner Stellung ihm eine Blöße zu geben.

Es war nun die Frage, was der Markgraf thun würde. Verband er sich mit Mansfeld: so waren sie zusammen stark genug, um Tilly zu erdrücken. Also war es der Plan und die Hoffnung dieser Partei. Sie gedachte dann auch den Herzog Christian von Braunschweig heranzuziehen. Die drei zusammen sollten die Länder aller geistlichen Fürsten besetzen, diese selbst für ihr Lebenlang gefangen halten. Nur der Erzbischof von Mainz, die Bischöfe von Würzburg und Speier sollten mit dem Schwerte hingerichtet werden. [3]

[1] Brüsseler Archiv, Correspondance du duc de Bavière avec A. et J. Der Bericht eines Anwesenden.

[2] Hurter IX. 116.

[3] Brüsseler Archiv, Correspondance du duc de Bavière avec A. et J. enthält darüber verschiedene Briefe.

Der Plan mochte immerhin ganz gut angelegt sein; aber man hatte doch dabei einen sehr bedeutenden Umstand übersehen, nämlich ob Mansfeld und der Baden-Durlacher, abgesehen von dem noch fernen Christian sich vertragen würden. Ein friedliches und freundliches Verhältnis zweier Söldnerfürsten wäre beispiellos in der Weltgeschichte. Auch hier war an ein solches Zusammengehen nicht zu denken. Die Eifersucht vielmehr war mächtiger als irgendwo. Jeder der beiden Führer ging durchaus allein seines Weges nach eigenem Belieben. Dieß rettete Tilly und sein Heer, oder um es nachdrücklicher zusammen zu fassen: es rettete das deutsche Reich und die deutsche Nation vor dem Chaos.

Der spanische General Cordova hatte von Brüssel Befehl sich Tillys Anordnungen zu fügen. Tilly zog ihn an sich, und suchte also gestärkt zuerst den Markgrafen auf. Am 5. Mai trafen sie bei Wimpfen auf einander. Das Treffen schwankte, bis einige Pulverkarren im Rücken des Markgrafen aufflogen. Das entschied. Bei dem erneuten Angriffe brach das Heer des Badeners zusammen, und überließ den Siegern eine reiche Beute, unter welcher 15 Geschütze und die Kriegskasse mit fast einer Viertelmillion Thaler.

Die Sage hat später der Geschichte des Treffens den Heldentod von 400 Pforzheimer Bürgern hinzugedichtet. Sie ist, wie bekannt, nicht die einzige der unwahren [1] Ueberlieferungen, welche nach dem grauenvollen Kriege unter veränderten politischen Verhältnissen entstanden; aber sie gehört zu den harmlosen, die Niemandem wehe thun würden, wenn nämlich die Sache des Badeners nur moralisch, politisch, national einen höheren Werth hätte, als den der Rebellion und einer selbst damals erstaunlichen Verlogenheit. Der Sohn fand bei dem Kaiser seine Fürsprecher an den Besiegern seines Vaters: an dem Herzoge Max und dem General Tilly. [2]

Nach der Niederlage begab sich der Durlacher mit den immer noch bedeutsamen Ueberbleibseln, etwa der Hälfte des Heeres, zu Mansfeld. Dieser durfte damals den Herzog Christian von Braunschweig erwarten. Aber er wandte sich nicht nordwärts, um demselben die Hand zur Vereinigung zu bieten, sondern über den Rhein südwestwärts, wo damals der Erzherzog Leopold die Stadt Hagenau angriff. Es war der feste Ort, in den Mansfeld seinen Raub geborgen. Diesen wollte er bewahren, und wohl oder übel wanderten die beiden abenteuerlichen Fürsten, der Pfälzer und der Badener, an der Hand des größeren Abenteurers dahin, um vor allen anderen Dingen, die in Mansfelds Augen minder wichtig waren, die Beute desselben zu sichern. Es gelang. Leopold ward abgeschlagen, und nach dieser vollbrachten That führte Mansfeld sein Heer mit den beiden Schützlingen nach Mannheim zurück.

Zur Vereinigung mit dem Halberstädter, wie Christian gemeiniglich genannt ward, schien es auch da noch Zeit genug. Und bei dieser Gelegenheit ließ sich gleichzeitig noch ein anderer Zweck erreichen: die Züchtigung des Landgrafen

---

[1] Du Jarry I. 104.
[2] Hurter IX. 118.

Ludwig von Hessen-Darmstadt für seine Treue gegen Kaiser und Reich. So entsprach es dem Sinne Friedrichs. Demjenigen des Mansfelds dagegen und seiner Schaaren lachte die Hoffnung auf die Beute im Lande von Darmstadt. Ludwig war auch damals wieder unermüdlich thätig für die Herstellung der Autorität des Kaisers und die Ruhe des Vaterlandes. Er hatte erreicht, was nur möglich war. Er war ermächtigt dem Pfalzgrafen kund zu thun: wenn Friedrich an den Kurfürsten von Sachsen oder sonst an irgend einen Fürsten des Reiches ein Schreiben mit durchblickender Abbitte richten werde: so könne er seiner Wiedereinsetzung versichert sein. [1] Die Hoffnung des Friedens dämmerte in dem wackeren Landgrafen Ludwig auf. Eben von der Reise zu diesem Zwecke nach Dresden und München zurückgekommen, schickte er Ende Mai 1622 nach Heidelberg Pässe für einen pfälzischen Rath zur Besprechung mit ihm. Zur Antwort kam nicht ein pfälzischer Rath, sondern Mansfeld mit Friedrich und 16,000 Mann nach Darmstadt. Was das Heer dort sollte in dem friedlichen Lande, dessen Fürst noch nicht sich ausgeruht hatte von der Mühe seiner Reisen und letzten Fürbitten für Friedrich: das eröffnete Mansfeld den gierig lauschenden Söldnern also: er führe sie nun auf eine gute Weide. In derselben sei alles ihnen preisgegeben; nur Brennen und Todtschlagen sei verboten, auch Mühlsteine und heißes Eisen sollten sie liegen lassen. [2] Um Mitternacht am 1/2 Juni 1622 brach das Heer von Mannheim auf. Am andern Tage stand es vor Darmstadt, und begehrte Einlaß im Namen des Königs von Böhmen. Auf die Frage des Landgrafen Ludwig, ob als Freund oder Feind, erhielt er die Antwort: als Freund.

Friedrich zog ein, und Ludwig eröffnete ihm sofort den Vorschlag, zu welchem der Kaiser ihn ermächtigt. Jener erwiederte: er an der Spitze eines ansehnlichen Heeres brauche weder sich zu unterwerfen, noch zu verzweifeln: einer Abbitte aber wolle man nur nicht mehr gedenken.

Vier Tage lang benahm sich Friedrich gegen die Person Ludwigs ohne offene Gewalt. Am 5. Juni ließ er ihm mitten in der Nacht fünf Punkte vorlegen, durch deren Annahme der Landgraf die Sache Friedrichs zu der eigenen gemacht hätte. [3] Seine Kinder sollte er als Geiseln hergeben. Noch in derselben Nacht entfloh Ludwig mit seinem ältesten Sohne aus seinem Hause und seiner Stadt. Auf dem Wege nach Mainz hielten Durlacher Reiter ihn an und schleppten ihn gefangen mit ins Lager. Dort eröffnete ihm der Durlacher Markgraf: Ludwigs Abtrünnigkeit von der gemeinen evangelischen Sache rechtfertige den Ueberfall. Wenn er nicht dem Könige von Böhmen in Allem beipflichte: so werde man sein Land mit Feuer und Schwert in den Grund verderben.

Dem Pfalzgrafen Friedrich selbst mochte bei solchen unerhörten Freveln, die nicht bloß mehr gegen die unschuldigen Unterthanen gingen, weil sie unter katholischen oder lutherischen, dem Kaiser und dem Reiche getreuen Fürsten wohnten,

[1] Hurter IX. 120. 146.
[2] Theatrum Europ. I. 721.
[3] Hurter IX. 121.

sondern welche den Standesgeist aller Reichsfürsten ohne Ausnahme aufreizten und verletzten, doch etwas bange zu Muthe werden. Er meinte, seine Forderungen seien ja kein Ultimatum gewesen. Er sei nicht Willens darauf zu beharren. [1] Dennoch wurden sie in der Hauptsache erneuert. Ludwig erklärte: Friedrich habe ihm bei der Ankunft sein fürstliches Wort gegeben ihn nicht als Feind, sondern als Freund zu behandeln. Er verwahrte sich demselben den königlichen Titel zu geben. Er habe an der Execution nicht Antheil genommen, und insofern sei er neutral; aber er sei nicht neutral, indem er die Sache des Kaisers als die gerechte anerkenne. Das Einzige, was man von ihm erlangte, war das Versprechen nicht wieder entfliehen zu wollen. Friedrich wies ihm dafür geziemende Bedienung an.

Und unterdessen das unglückliche Land? Mansfeld hielt seinen Söldnern getreulich, was er ihnen versprochen, ohne auch nach den Bedingungen des nicht Brennens und nicht Tödtens viel zu fragen. Geschont wurde Niemand. Leider ist die Meinung über jene Zeiten noch immer eine solche, daß es nicht überflüssig, sondern geboten ist ausdrücklich zu bemerken, daß die protestantischen Geistlichen nicht geschont wurden. Wie sollte man auch! Mansfeld, der Herr und Gebieter über Leib und Leben, über Hab und Gut, und was sonst dem Menschen lieb und werth ist, hatte ja das alles preisgegeben. Acht Tage lang dauerte der unendliche Jammer. Dann trat eine Wendung ein.

Eben so nämlich, wie es für Friedrich und Mansfeld wichtig war dem nahenden Christian von Braunschweig sobald wie möglich die Hand zur Vereinigung zu bieten: eben so wichtig war es für Tilly das zu hindern, den einen zu schlagen vor dem anderen. Aber Mansfeld stand in Darmstadt, Tilly am Neckar, Christian kam von Norden. Die Vereinigung war mithin schon fast geschehen, nur daß Christian noch um einige Märsche weiter nördlich stand. Tilly mußte auf Mittel sinnen, wie er sie dennoch trenne, wie er dennoch zuerst an Christian gelange. Dieser war jung, aufbrausend, ohne alle Kriegserfahrung: es war wahrscheinlich anzunehmen, daß er nicht wie der glatte Mansfeld seine Kunst darin suchen werde sich einem Treffen zu entziehen, sondern daß er ein dargebotenes annehmen, daß er ferner dann dem alten Tilly gegenüber sich eine Blöße geben würde. Allein bevor Tilly sich auf Christian werfen konnte, mußte Mansfeld aus seiner Stellung weggelockt werden, damit der Weg nordwärts hin frei würde. Tilly hielt es für das geeignete Mittel zu diesem Zwecke scheinbar Mannheim anzugreifen. Die Stadt Mannheim sicherte dem Mansfeld den Weg zu seinen Raubnestern im Elsaß. Es war anzunehmen, daß Mansfeld die Deckung dieses Weges nicht gern verlieren, daß er zum Schutze Mannheims von Darmstadt her südwärts ziehen werde. Freilich stand das Interesse des Pfalzgrafen Friedrich dem entgegen. Dieses forderte Behauptung der Stellung in Darmstadt, und nordwärts gegen den Main, um für Christian den Weg zur

---

[1] Königliches Archiv in Hannover. Mittheilungen des Herzogs Georg, Schwiegersohnes von Ludwig, an Herzog Christian d. Ä. von Celle. Ebenso das Folgende.

Vereinigung offen zu erhalten. Allein Tilly nahm seine Maßregeln nach den Menschen, die er vor sich hatte. Die Erfahrung hatte bewiesen, daß Mansfeld in den Fällen, wo sein eigenes Interesse mit demjenigen seiner Kriegsherren in Conflict kam, zuerst das eigene Interesse wahrnahm. Allerdings war Friedrich selbst anwesend, aber als Puppe, die Mansfeld hierhin und dorthin führte nach seinem Willen und Gefallen.

Tillys Berechnung traf ein nach Wunsch. Sobald er Miene machte Mannheim anzugreifen, wandte Mansfeld mit seinem Heere sich dahin. Tilly dagegen hatte sich bereits in Eilmärschen nach Aschaffenburg begeben. Von dort aus nahm er fast zwischen Mansfeld und Christian eine abwartende Stellung ein, bereit sich auf den ersten zu stürzen, der sich nähere. Daß ein großer Fehler begangen sei, scheint selbst Friedrich eingeleuchtet zu haben. Er schrieb am $^7/_{17}$ Juni aus Mannheim klagend an seine Frau: „Das Heer ist noch immer hier. Ich wünschte, es wäre weit weg." [1] Dachte er vielleicht: Mansfeld zuerst sollte Tilly mit gesammter Macht entgegentreten? Mansfeld theilte nicht einen solchen Eifer. Bei dieser Lage der Dinge bat der englische Gesandte Chichester den deutschen Feldherrn um einen Waffenstillstand auf Grund der Bedingungen, welche die Infantin von Brüssel vorgeschlagen. Der Stillstand sollte drei Wochen dauern. Was auch konnte man mehr wünschen? Der Wunsch war verzeihlich; aber die Hoffnung auf Erfüllung war lächerlich. Tilly wies den Gesandten an den Kaiser, an den Herzog Max von Bayern. Der Engländer und Friedrich erhoben laute Klage über diese Falschheit, wie sie sagten. [2] Sie wollten es dem Könige Jakob klagen, sagten sie.

Unterdessen rückte Christian näher. [3] Die Stadt Frankfurt füllte sich mit Flüchtigen. Am $^5/_{15}$ Juni stand der Vortrab des Halberstädters vor Höchst. Einige Stunden versuchte die Stadt sich zu halten, dann entflohen vor Knyphausens schauerlichen Drohungen die entsetzten Bewohner über den vorbeifließenden Strom. Am $^7/_{17}$ Juni besetzte das Hauptheer Christians die Stadt. Sein Brandmeister erhielt Befehl die nahgelegenen Orte anzuzünden, ob feindlich, ob neutral, und man sah an einem Tage die Feuergarben auffsteigen von den Flecken und Dörfern ringsum, ob mainzischen, ob frankfurtischen, ob hanauischen oder was immer Gebietes.

Doch der Retter war nah, war schon auf dem Wege. Am $^7/_{17}$ Juni setzte Tilly bei Aschaffenburg über den Main, und zog am rechten Ufer des Stromes daher. Es galt den Halberstädter zu erreichen, bevor er südwärts über den Strom setze. Am $^8/_{18}$ Juni lagerte Tilly zwischen Hanau und Frankfurt im freien Felde. Christian ließ unterdessen an einer Brücke arbeiten, zu welcher das Material die Frankfurter ihm zögernd verkauften. Am $^9/_{19}$ Juni erkannte Christian die Fähnlein der Truppen Tillys wehen in der Nähe von Höchst.

[1] Aretin, Beiträge VII. 184

[2] Aretin, Beiträge VII. 186.

[3] Theatrum Europ. 723 ff.

Zum zweiten Male sahen die Mordbrenner nicht mehr wehrloses Landvolk und Bürger vor sich, denen bangte um Weib und Kind, sondern ein schlachtgewohntes Heer. Die Stunde der Vergeltung war gekommen.

Von Kriegskundigen ward später behauptet, daß für Christian nicht eine Nothwendigkeit vorgelegen habe das Treffen anzunehmen. Wenn dem so ist: so hatte Tilly seinen Gegner richtig geschätzt. Weichen erschien in Christians Augen eine Feigheit. Er nahm das Treffen an mit dem vollen physischen Muthe der Jugend. Ungeachtet er nur drei Kanonen hatte, von denen zwei bald unbrauchbar wurden, dauerte doch das Treffen am $^9/_{19}$. Juni mehrere Stunden. Dann erst lösten die Truppen Christians sich auf zur wildesten Flucht. Hinter ihnen war der Main. Sie mußten über die schmale, nothdürftige Brücke, oder durch das Wasser. Viele ertranken. Man erzählte, daß die Fischer am Mainstrome reich geworden seien durch die Beute der Ertrunkenen. An denjenigen, die sich gerettet, und versprengt umherirrten, vollendeten die umwohnenden Bauern die Blutarbeit des heißen Tages. Ueber zwei Drittel des Heeres waren vernichtet. Christian war herangezogen mit 20,000 Mann. Mit 6000 gelang es ihm den Mansfeld zu erreichen. Dieser hatte sich etwas näher gewagt. Er hielt an der Bergstraße. Er ließ zum Zeichen, daß er da sei, dort den Flecken Pfungstadt in Rauch aufgehen. Weiter rückte er nicht vor. [1] Nach der Vereinigung zogen die beiden Abenteurer weiter südwärts auf Mannheim zu.

Es ist gesagt worden, daß Tilly nach dem Treffen die Besatzung, welche Christian in Höchst gelegt, wider sein gegebenes Wort habe niederhauen lassen. Alle diese Ueberlieferungen stützen sich dafür auf eine und dieselbe Quelle, und zwar eine solche, welche für Tilly nicht mehr rein und lauter fließt. [2] Aber hören wir diese Quelle selbst. Sie berichtet, die Befehlshaber in Höchst seien einig gewesen, wenn man ihnen nicht freien Abzug bewillige, sich mit dem Schlosse in die Luft zu sprengen. „Darauf ist ihnen zwar Quartier versprochen und mit weißen Stäben abzuziehen verakkordirt worden. Weil sie aber zuvor so heftig daselbst tyrannisirt, und die armen Weiber und Kinder unverschuldet niedergehauen, auch einen alten Pfaffen castrirt, hat Tilly auf Antrieb des Obersten Cynatten sie alle niederhauen lassen." Ob der Berichterstatter selbst hier eine Anklage gegen Tilly erheben will, dürfte fraglich sein, zumal da der erste Satz zu unbestimmt ist, als daß daraus ein wirkliches Versprechen Tillys zu erhärten wäre. Der mansfeldische Bericht dagegen meldet kurz: die Braunschweiger in Höchst hätten sich auf Gnade und Ungnade ergeben. [3] Der Officier aus Tillys Heere, der eine ausführliche Darstellung dieses ganzen Zuges gibt, erwähnt der Sache gar nicht, sondern gedenkt nur die zum Himmel steigenden Thaten der Banden Christians in Höchst an Weibern, Kindern, Wahnsinnigen und Greisen. [4]

---

[1] Mansfelders Ritterthaten S. 139.

[2] Den Beweis für diese Anklage gegen das Theatrum Europ. sehe man in den „Forschungen auf dem Gebiete der deutschen Geschichte." Bd. I. Heft 1. S. 128 ff.

[3] Actor. Mansf. continuatio p. 21.

[4] Mansfelders Ritterthaten S. 140.

Der Sieg Tillys bei Höchst war von weittragenden Wirkungen. Zuerst ward des Kaisers eifrigster und bitterster Feind, der Landgraf Moritz von Hessen-Cassel, der abwartend lauerte, dadurch zur Ruhe gezwungen. Auch die anderen kleinen Reichsfürsten, die nach Kirchengütern hungerte, fügten sich in das unabwendbare Geschick der Entbehrung. Der geringe moralische Muth im Lager Friedrichs und Mansfelds war gebrochen. Der Durlacher meldete: „Ich sehe menschlich zu reden, den Untergang vor mir." [1] Er verließ das Lager am Tage nach dem Treffen in aller Stille, ohne Friedrich Lebewohl zu sagen. Dieser forschte bei sich nach den Gründen, und kam zu der Ueberzeugung, daß dieselben schwach, auch wohl ganz nichtig seien. [2] An den nächst liegenden Grund, an die Hoffnung des Durlachers durch schleunige Unterwerfung vielleicht noch etwas wieder gut zu machen, dachte Friedrich am 20. Juni noch nicht. Erst allmählig sollte er zur Einsicht kommen, daß derselbe Grund auch bei Anderen obwalte.

Christian von Braunschweig allerdings schien nicht solche Absichten zu hegen. Er traf wenige Tage später in Mannheim bei dem Pfalzgrafen ein, und führte dort ein rohes, lautes Wort. [3] Er nannte den Ulmischen und den Mainzer Vertrag, welche früher die Union geschlossen, Verträge für Schelme. Es kümmerte ihn wenig, daß der Landgraf Ludwig, der hauptsächlich diese Verträge vermittelt, als ein gefangener Mann mit an demselben Tische saß. Christian fuhr fort: der Markgraf Joachim Ernst von Anspach und die Neutralisten würden ihn mit Sengen und Brennen schon kennen lernen. Es sei seine Absicht sich mehr durch Schaden als Gutes thun einen Namen zu machen. Er verweilte mit Wohlgefallen bei dem Unheil, welches er über das verwüstete Stift Paderborn gebracht. Das sei nun ziemlich hergenommen, meint er; aber es sei auch besamet, und er stehe nicht davor, ob nicht auch mit der Zeit einige junge Herzöge dort umherlaufen würden.

Richtiger als aus den hochfahrenden Worten des wilden Jünglings erkennen wir die Stimmung der Partei aus den mit Ueberlegung niedergeschriebenen Worten Camerars. [4] Er weilte in Bremen. Dort vernahm er am $^6/_{16}$ Mai die Nachricht von Mansfelds Vortheile über Tillysche Truppen bei Wiesloch. Seine Phantasie malt ihm dieselben zu einem glänzenden Siege aus. Schon sieht er im Geiste den Friedrich als Sieger in München einziehen. Das Nächste, meint er, wird sein, daß der Kaiser und die Pfaffen um Frieden bitten. Dann freilich steigen auch die Bedenklichkeiten auf. Er weiß nicht, wozu er dem Friedrich rathen soll „bei einer solchen Opposition fast aller Evangelischen."

Man darf die Wichtigkeit dieser Worte Camerars nicht unterschätzen. Es ist nicht etwa eine Einräumung, ein Zugeständnis, das er macht: es ist nicht eine Behauptung, die erst bewiesen werden müßte. Camerar spricht hier als

[1] Londorp. acta publica II. 500.
[2] Aretin, Beiträge VII. 186.
[3] Senkenberg XXV. 139.
[4] Söltl III. 155.

eine anerkannte, Friedrich und der ganzen Partei unverborgene Thatsache aus, daß das Bestreben diesem Kriege, der aus Habgier entsprungen war und aus Habgier fortgeführt wurde, durch den schmählichen Misbrauch des Wortes Evangelium bei den deutschen Protestanten eine Art von religiöser Weihe zu geben, daß dieß frevelhafte Bestreben damals vollständig mislungen war. Es gab wie es scheint, Niemanden, der in dem Maße berufen und befähigt war ein Urtheil in dieser Sache abzugeben, wie Camerar. Er war geistig der am meisten befähigte unter Friedrichs Partei. Er scheint es, so viel wir zu erkennen vermögen, mit diesem am ehrlichsten gemeint zu haben. Er hielt die Sache der Rebellion gegen Kaiser und Reich leidenschaftlich fest durch sein ganzes Leben. Er kannte die Sachlage und Deutschland genau durch seine diplomatischen Reisen. Sein Zeugniß ist ferner offenbar nicht für das, was er erstrebt, sondern dagegen. Sein Zeugniß ist ferner abgelegt im Mai 1622, wo er sich in Siegeshoffnungen wiegte. Fassen wir daher alles zusammen: so gibt es kaum ein Wort so moralisch vernichtend über die eigene Sache, wie dieses von Camerar: daß die Protestanten an seine und Friedrichs Blendwerke nicht glaubten.

Also urtheilte Camerar zu Bremen im Mai 1622. Seitdem hatte Tilly mit zwei gewaltigen Schlägen zwei Heere Friedrichs zertrümmert. Noch bevor Camerar die Nachricht von dem Siege bei Höchst haben konnte, kam er zu der Ueberzeugung: ein ehrlicher Friede sei jetzt am meisten zu wünschen. [1] Denn er sieht keine Hoffnung den Krieg in die Länge mit Glück fortzusetzen. Die Gefangenschaft Ludwigs von Darmstadt empört die Gemüther. Bei der Fortdauer derselben hat Friedrich zu fürchten, daß der König von Dänemark und die Fürsten in Niedersachsen feindlich gegen ihn auftreten.

Friedrich mochte selbst dergleichen fürchten. Er mochte sich selbst nicht wohl fühlen bei dem Anblicke dieses Gefangenen. Er meldete seiner Frau, daß er den Landgrafen so gut bewirthe, wie nur immer möglich. [2] Doch noch schleppte er ihn mit. Mansfeld faßte nach der Schlacht bei Höchst den Entschluß nicht etwa sich nun Tilly gegenüber zu stellen, wo es ihm hätte ergehen mögen, wie dem Durlacher und dem Halberstädter, sondern abermals nach dem Elsaß zu ziehen. Dort gab es noch etwas zu plündern und zu rauben. Abermals loderten die Flecken, Dörfer und Schlösser im Bereiche des marschirenden Heeres in hellen Flammen auf. [3] Friedrich ging mit, wie er gewohnt war, und darum mußte auch der Landgraf Ludwig folgen. In den ersten Tagen hatte Friedrich diesem Gefangenen seine Meinung gesagt: es könne nicht Friede werden, man thue denn Erstattung für den angerichteten Schaden. Denn die kurpfälzischen Lande seien nun ganz verderbt, und ihrer nicht mehr zu genießen. [4] Von solchen Forderungen sprach er nun nicht mehr. Die Aussichten wurden trüber.

[1] Söltl III. 159.
[2] Aretin, Beiträge VII. 184.
[3] Theatrum Europ. 726.
[4] Königliches Archiv in Hannover. — Ludwig an den Herzog Georg von Lüneburg. Mai 1622.

Man hatte Grund zu fürchten, daß das Heer aus Mangel an Lebensmitteln zu Grunde gehe.[1] Die Briefe an den Schwiegervater Jakob von England wurden mit jedem Tage demüthiger.[2]

Am [16]/[26] Juni hielt Friedrich mit seinen Heerführern eine Berathung über seine Lage.[3] Sie einigten sich dahin ihm Unterwerfung anzuempfehlen, und auf die Verwendung des Kurfürsten von Sachsen und des Königs von Dänemark zu vertrauen. Am folgenden Tage verlangte Friedrich von dem gefangenen Landgrafen Ludwig eine schriftliche Zusage, daß Ludwig sich für Wiedereinsetzung Friedrichs in sein Land und seine Würden beim Kaiser verwenden wolle. Ludwig gab das Versprechen, und erhielt dafür seine Freiheit zu Landau am [17]/[27] Juni 1622.

Es war nur die wichtige Frage, wie man mit einigem Scheine von Ehre die Sache zu Ende bringen solle. Das Heer lagerte vor Elsaß-Zabern. Friedrich hatte noch, wie es schien, keine Lust zu enden. In Wahrheit schien es nur so, während er selber die Kläglichkeit seiner Lage vollkommen erkannte.[4] Er war täglicher Zeuge der endlosen Gewaltthaten dieser Räuber, die in seinem Namen bewaffnet waren, aber nicht ihm gehorchten. Er selber fühlte, daß eine etwaige Ausrede, er vermöge nichts über diese Banden, ihm nicht helfen würde, daß er selber vor aller Welt die Schuld dieser Greuel tragen müsse. Wie aber sollte er es anfangen, um loszukommen? Er wußte es nicht. Seine Heerführer dagegen wußten es. Sie selbst, nachdem Mansfeld schon Eröffnungen seines Vorhabens an Tilly gemacht,[5] bahnten ihm den Weg. Sie traten vor ihn mit der Forderung der Entlassung, weil die Sache unhaltbar sei. Friedrich fügte sich und stellte ihnen ihr Zeugniß aus,[6] wie es für Söldner sich schickt, und wie sie es der Lage der Dinge gemäß selbst gefordert haben mögen. Friedrich erklärt darin, daß sie bislang ihm getreue Dienste geleistet. Da ihm aber alle Mittel abgeschnitten seien das Heer ferner zu unterhalten, da mithin dasselbe, ohne sich völlig zu Grunde zu richten, in seiner Pflicht nicht verharren könne: so wolle er es ihnen nicht verdenken, daß sie solcher Pflicht entlassen zu sein begehrten. Demnach entlasse er sie, sei auch damit zufrieden, daß sie ihre Sache anderswo versuchen möchten, wo und welcher Gestalt sie es am besten finden würden. Das geschah am 3/13. Juli im Lager vor Elsaß-Zabern.

Das Aktenstück, und was nun in Folge dessen weiter geschah, ist eine der wichtigsten Urkunden zur Beleuchtung des eigentlichen Charakters des entsetzlichen Krieges. Nicht der Pfalzgraf Friedrich entließ den Mansfeld und den Christian von Halberstadt, sondern sie entließen den Pfalzgrafen. Er konnte gehen. Sie blieben mit ihren Heeren. Sie wollten einen anderen Kriegsherrn suchen für

---

[1] Aretin, Beiträge VII. 186.
[2] Söltl III. 85 ff.
[3] v. d. Decken, Herzog Georg I. 118.
[4] Söltl III. 86.
[5] Theatrum Europ. 734.
[6] a. a. O.

sich und diese Heere. Wer war dieser neue Kriegsherr, den Mansfeld und der Halberstädter suchten?

Am folgenden Tage, dem 4/14 Juli 1622, schickte Mansfeld dieß Zeugniß der Entlassung an den General Tilly. Mansfeld hatte demselben bereits vorher Erbietungen gemacht, auf welche Tilly, wie es scheint, nicht eingegangen ist. Mehrmals waren schon Trompeter zwischen den Anführern ab= und zugegangen. Mansfeld stellt nun mit Berufung auf seine eben erhaltene Entlassung das Anerbieten, daß sowohl er, als Christian von Braunschweig und das ganze Heer willens und bereit seien für die Zahlung des rückständigen Soldes in kaiserliche Dienste zu treten. [1] Denn dem Kaiser zuerst und vor allen Anderen seien sie zu dienen willig. Dieß dem General zu eröffnen sei der Zweck des Schreibens. Wenn aber der Kaiser ihre Dienste nicht wolle: so bitten sie ihn die Reichsacht über sie aufzuheben und einen Generalpardon zu erlassen. In diesem Falle seien sie sämmtlich bereit sofort aus den Grenzen des Reiches zu scheiden. Und eben dazu seien sie auch bereit, erklärt Mansfeld, wenn nur Tilly persönlich ihnen verspreche, daß dieser Generalpardon des Kaisers ergehen werde, und in diesem Falle würden sie auf Tillys Zusage sofort gehen.

Hier ist der Ort zurück zu kehren zu der Beschuldigung, welche Mansfeld ein Jahr zuvor in der Oberpfalz gegen Tilly erhoben, daß auf die Veranlassung desselben ein Mörder ihm nach dem Leben getrachtet. Es war nicht unsere Aufgabe zu erörtern, ob die Wahrheit dieser Beschuldigung möglich sei: es kann lediglich unsere Aufgabe sein zu fragen, ob Mansfeld jemals selber an die Wahrheit seiner Anklage geglaubt habe. Derselbe Mansfeld, der offen von sich aussagt, er handele nach dem Grundsatze: dolus an virtus quis in hoste requirat? der diesen Grundsatz als einen sehr preiswürdigen ansieht, erklärt hier seinem Gegner, der nicht bloß als feindlicher Heerführer, sondern als von Mansfeld persönlich tief und ehrenrührig gekränkter Mann ihm gegenüber steht, diesem selben Gegner erklärt Mansfeld im eigenen Namen und demjenigen seiner Genossen, daß das Wort dieses Mannes für etwas, was nicht einmal völlig in der Macht desselben stand, ihm genügen werde. Erhob sich nicht in Mansfeld der Gedanke an seinen eigenen Satz von dolus und virtus? Erhob sich nicht in ihm die Furcht vor der Rache des beleidigten Mannes? — Von dem Allen nichts. Vor der hohen Seelengröße dieses Gegners schwieg jegliches Bedenken. Der Glanz, den dieser fleckenlose Spiegel menschlicher Ehrenhaftigkeit von sich strahlte, ward selbst in der schmutzigen Seele des Mansfeld durch kein Wölkchen getrübt. Es ist die Huldigung des Lasters vor der Tugend.

Auf die Anfrage des Mansfeld und seiner Gefährten erachtete Tilly sich nicht für ermächtigt eine Zusage zu geben. [2] Er berichtete das Anerbieten der beiden Söldnerführer an seinen Herzog. Max erwiederte: man könne sich auf

[1] Aretin, Baherns auswärtige Verhältnisse I. 182.
[2] Westenrieder, Beiträge VIII. 153.

dieß Anerbieten nicht verlassen. Es sei nur ein Vorwand, um neue Schwierigkeiten zu erregen. Tilly möge es dem Kaiser vorlegen. Also am 22. Juli.
Daß der Kaiser den Söldner, der so oft ihn betrogen, durch schweigende Verachtung habe strafen wollen, scheint uns weniger glaublich, als daß die Ereignisse einer solchen Antwort voraneilten. Mansfeld und Christian konnten sich
iu dem Lager von Zabern nicht mehr halten: sie mußten einen Ausweg suchen.
Ostwärts war ihnen der Weg durch Tillys Schwert versperrt. Da kam zur
guten Stunde von dem Herzoge von Bouillon, der die Banden für die Hugenotten zu gebrauchen hoffte, die Aufforderung westwärts zu ziehen. Mansfeld
folgte, er seinerseits in der Hoffnung, der König von Frankreich werde ihn verwenden. Doch hing das von den Umständen ab. Ibi sas, ubi merces.

Die bedauernswerthe Unkunde, welche über die deutsche Geschichte verbreitet
ist, läßt den armen Friedrich im Lager vor Elsaß-Zabern zum Opfer einer treulosen Politik werden. Man denkt sich ihn da auf dem Gipfel seiner Macht, an
der Spitze eines zahlreichen, mächtigen Heeres, das bereit ist ihm nach allen
Seiten zu gehorchen: da plötzlich verzichtet Friedrich, dessen Klugheit mit seinem
Edelmuthe nicht gleichen Schritt hält, auf alle seine Vortheile, um sich als
Geächteter wehrlos dem Kaiser zu Füßen zu legen und sein Heil nur noch von
der Barmherzigkeit desselben zu erflehen.

Der Widerspruch dieser Ansicht mit der Thatsache liegt vor Augen. Es
fragt sich: woher eine solche Miskennung der offenkundigen Wahrheit?

Während der erwähnten Vorgänge war der englische König Jakob emsig
thätig für Friedensunterhandlungen, deren Zweck von seiner Seite war seinen
Enkeln die Pfalz zu erhalten. Wir haben gesehen, wie Mansfeld um diese und
andere Unterhandlungen sich niemals kümmert, wie er nur verfährt nach eigenem
Gutdünken, wie er nach diesem eigenen Gutdünken im Lager vor Elsaß-Zabern
es für geeignet hält den Pfalzgrafen als Kriegsherrn zu entlassen, und sich einen
anderen Kriegsherrn zu suchen, damit er nicht zu Grunde gehe. Jakob und die
Engländer aber bemühten sich nun die Sache so aufzufassen und darzustellen,
als hätte Friedrich wirklich den seltsam unklugen Edelmuth bewiesen, den Jakob
so gern von seinem Schwiegersohne bewiesen gesehen hätte. Ob Jakob dabei in
freiwilliger oder unfreiwilliger Täuschung sich befand, ob, um es mit dem rechten
Ausdrucke zu benennen, Friedrich in dieser Weise ihn belogen, wagen wir nicht
zu entscheiden. Jakob that, als ob er es glaube. Er und die Engländer wagten
alles Ernstes dem deutschen Kaiser zuzumuthen: er solle nun den Fortlauf des
Sieges hemmen, gegen einen Mann hemmen, der nicht bloß eid- und treubrüchig war gegen Kaiser und Reich, der auch damals noch nicht die leiseste
Reigung zu dem Schritte zeigte, welcher allein dem Kaiser genügen konnte:
Anerkennung seines Unrechtes und Abbitte als moralische Fessel, sondern der
auch damals noch wieder auf jedes Mittel ausging, um nicht bloß diesen oder
jenen christlichen Söldnerfürsten, sondern den Türken dazu in die Waffen zu
bringen gegen den rechtmäßigen Herrn. Denn daß auch da noch immer diese
Hoffnung auf die Türken die Partei Friedrichs nicht verließ, sagt uns sein

getreuester Rath Camerar. [1] Es verlautete im October 1622 das Gerücht: der Sultan werde eine Million Ducaten für Friedrich schicken. Eine Woche nach der anderen verging: es ward nichts daraus, und klagend rief einen Monat später derselbe Camerar: „Wenn nicht Gott plötzlich hilft und aus dem Oriente uns ein Wetter sendet: so ist keine Hülfe mehr." Und diese Partei wagte eben damals Schonung von dem berufenen Schützer der Christenheit gegen den bezwungenen und dennoch widerspenstigen Rebellen nicht bloß zu bitten, sondern zu fordern! — Die Engländer wandten sich an die Infantin zu Brüssel. Sie erwiederte: was in der Pfalz vorgehe, thue Tilly, dem sie nichts zu befehlen habe. Cordova sei von Spanien aus unter Tillys Befehl gestellt. Dennoch fragte auch sie bei Tilly an. Er entgegnete: daß er handele im Auftrage des Kaisers, welcher ihm befohlen die ungehorsamen Fürsten zur Vernunft zu bringen. Der englische Gesandte forderte im September 1622 von Tilly: er solle mit den noch übrigen Plätzen des Pfälzers einen Stillstand abschließen. Der alte Held entgegnete: eben so wenig wie der König von England es gut heißen würde, wenn der Kaiser einen ungehorsamen englischen Vasallen beschützen wolle: eben so wenig könne auch der Kaiser ein Einschreiten des Königs Jakob zu Gunsten deutscher Vasallen gegen den Kaiser billigen.

Immerhin, könnte man erwiedern, ist der Irrthum über Friedrichs Edelmuth im Lager von Elsaß-Zabern englischen Ursprunges; aber warum denn treffen wir ihn wieder auf deutschem Boden? Wie hat er dort sich erhalten, sich befestigen können?

Schon zur Zeit der Herrschaft der schwedischen Waffen auf deutschem Boden wandelte sich unter dem Drucke derselben die gesammte Anschauung. Dasselbe Werk, welches uns die wichtigen Aktenstücke aufbewahrt, durch die Mansfeld und Christian damals von Friedrich ihre Entlassung fordern, trägt unmittelbar darauf die seltsame englische Anschauung vor, [2] als habe Friedrich sich durch diese Entlassung ein Verdienst erworben, für welches er die Rückgabe seiner Länder hätte erwarten dürfen. Er sei aber in dieser Erwartung häßlich betrogen. Der Mangel des deutschen Nationalgefühles in den späteren Zeiten, das Vorherrschen einer einseitigen Auffassung hielt diese Ansicht fest. Namentlich hat vor geraum sechzig Jahren der in mancher Beziehung schätzenswerthe Senkenberg [3] in starken Ausdrücken abermals die einfache Sache verwirrt, und eben so ist seitdem oft und vielfach das Mährchen nachgesprochen und geschrieben.

Wir wiederholen die einfache Sachlage. Friedrich entließ die Söldnerfürsten, weil sie nicht mehr wollten. Und sie wollten nicht mehr, weil sie statt fernerer Raubes vor sich den Untergang erblickten durch den Hunger und durch Tillys Schwert. Auf eine solche Entlassung, zu welcher Friedrichs Söldner ihn zwangen,

---

[1] Söltl III. 166.

[2] Theatrum Europ. I. 735. (Ausgabe von 1635.)

[3] Senkenberg XXV. 144. Alle Quellen, auf die dort Senkenberg sich bezieht, sind secundärer Art. Neuerdings ist wieder Häusser in der Geschichte der rheinischen Pfalz in die Fußstapfen Senkenbergs getreten.

durfte er die Anrechnung eines Verdienstes bei dem Kaiser nicht bauen. Eine Rückgabe seiner Länder konnte er nur erwirken durch die Anerkennung seines Unrechtes und durch die Abbitte desselben. Und diese wollte er nicht leisten.

Auch schien ihn diese Wendung seines Geschickes gar nicht so sehr an= zufechten. Er begab sich nach der Abdankung seiner Söldner sogleich nach Sedan zu seinem Oheime von Bouillon. Sechs Wochen zuvor, als sein Schicksal und dasjenige von ganz Deutschland sich um die Frage drehte, ob die Vereinigung von Christian und Mansfeld vor einer Schlacht gelingen würde, meldete Fried= rich aus Mannheim an seine Frau am 3/13. Juni: [1] „Ich langweile mich so, daß ich es dir nicht sagen kann." Von Sedan aus dagegen meldet er derselben am $^{14}/_{24}$ Juli: „Man bewirthet mich hier gut. Ich verbringe die Zeit hier mit Ballspielen und Baden. Wenn das Eine mich erhitzt, erfrischt mich das Andere. Uebrigens befinde ich mich sehr wohl." Er war heiter und guter Dinge. Was wollte er mehr? Von einem Schmerze, einer Klage um die un= säglichen Leiden, die um seinetwillen die Länder erduldeten, vernehmen wir auch in solchen vertrauten Briefen an seine Frau nicht ein einziges Wort.

Tilly unterdessen verfolgte seine Siegesbahn in der Pfalz. Es waren in der Unterpfalz drei Städte, welche ernsten Widerstand leisteten und deßhalb mit Gewalt zu nehmen waren: Heidelberg, Mannheim und Frankenthal. In der ersten Stadt commandirte der Holländer van der Merven. Vor demselben er= schien am $^{16}/_{26}$ August ein Trompeter Tillys und verlangte die Uebergabe. Merven wies ihn an seinen Obercommandanten de Vere in Mannheim. Auf diese Ent= gegnung begann Tilly die Belagerung. In der Stadt war keine Einigkeit. Die Bürgerschaft von Heidelberg stand gespannt, fast feindlich mit dem Gouverneur, und beide Theile gaben später heftige Schriften gegen einander in Druck. [2] Es sind Parteischriften, wie immer: es fragt sich nur, auf welcher Seite ist die größere innere Wahrscheinlichkeit. Die Bürgerschaft beklagte sich über das un= bändige Wesen der Besatzung, über den Mangel an Zucht und Disciplin unter diesen Söldnern. Sie wirft ihnen Stehlen, Rauben, Fressen, Saufen, Fluchen und Toben, Mißhandlung und Mord der Bürger vor, und fügt mit Nachdruck hinzu, daß auf alle Klagen weder von Seiten des Gouverneurs selbst, noch der Officiere eine Abhülfe geschehen sei. Mit Ingrimm erzählen die Bürger, daß man sie durch Schläge und Mißhandlungen aller Art gezwungen habe die Dirnen der Söldner mit an ihren Familientisch zu nehmen. Der härteste Vorwurf da= gegen von Seiten des Gouverneurs gegen die Bürger ist, daß sie die Stadt an Tilly überliefert haben.

Es ist nach der Lage der Dinge allerdings mit Recht anzunehmen, daß Tilly vielen Heidelbergern als Befreier erschienen ist. Auch spricht die zuver= lässigste Quelle, Tillys eigener Bericht an den Kurfürsten Max, nicht von einem Widerstande der Bürger. Tilly erwähnt nur des Widerstandes der Soldaten

---

[1] Aretin, Beiträge VII. 189.
[2] Londorp. II. 751.

van der Merven, und meldet, daß sein eigener Verlust gering, auf Seiten der Gegner etwa 400 Soldaten gefallen seien. Von einem Einverständnisse mit den Bürgern erwähnt er nichts, sondern lobt vielmehr den Muth seiner Truppen bei dem Sturme. Die Einnahme der Stadt geschah in einer und einer halben Stunde. Befehlshaber und Söldner dagegen flohen auf das Schloß. Von dort aus ließ Merven um Capitulation für die Altstadt ersuchen. Er erhielt die Antwort: warum er es nicht früher gethan? Die Soldaten seien einmal im Anlaufe begriffen, und es sei nun nicht mehr möglich sie zurück zu rufen. Auch die Altstadt ward sofort genommen.

Und die Plünderung? Es ist eins der alten Mährchen dieses Krieges, daß bei der Erstürmung von Heidelberg große Greuel vorgegangen seien. Man pflegt bei solchen Erzählungen den Fanatismus der katholischen Krieger der Liga in Anschlag zu bringen, und denkt nicht daran zuvor die Frage aufzuwerfen, ob diese Krieger katholisch waren. Das mußte der Pfalzgraf Friedrich besser wissen. Er meldet damals seinem Schwiegervater Jakob von England: „Die Mehrzahl des Kriegsvolkes zu Roß und zu Fuß unter dem Banner der Liga ist nicht katholisch." [1] Es ist sogar sehr zweifelhaft, ob geplündert worden sei; denn weder Tilly selbst erwähnt in seinem Berichte an den Herzog Max etwas davon, [2] noch die Stadt Heidelberg in ihrer Verantwortung gegen Merven. Immerhin mag es sein: [3] denn es war das Recht des Soldaten eine mit Sturm genommene Stadt zu plündern. Nach demselben Rechte der Eroberung, welches sogar die Kirchenglocken in Anspruch nehmen durfte, wenn der Feldherr das nicht erließ, fiel auch die Bibliothek von Heidelberg dem Sieger zu. Max schenkte sie dem Papste, der so bedeutende Beisteuer zu diesem Kriege gegeben. Daß dieß geschah, ist zu beklagen, wenn auch anerkannt werden muß, daß diese einmalige Schenkung nicht in Vergleich zu bringen ist mit den Schätzen der Kunst und Wissenschaft, die später von Würzburg, von Mainz und vielen anderen Orten nach Stockholm und Upsala wandern mußten.

Noch war das Schloß nicht gewonnen, und schaute finster drohend über die Stadt. [4] Tilly ließ Merven zur Uebergabe auffordern. Er wolle sich noch zehn Jahre vertheidigen, erwiederte dieser; doch bat er um Anfrage in Mannheim bei de Vere. Die Einnahme stand sicher bevor; doch scheute Tilly nie ein solches Mittel, um Blutvergießen zu hindern, und bewilligte darum den Aufschub, obwohl ungern. De Vere konnte keine Hülfe schicken. Es war im Schlosse Mangel an Kraut und Loth, an Lebensmitteln. Die Söldner waren meuterisch. Deshalb entschloß sich Merven zu der Uebergabe, und bewies bei dieser Handlung das Vollmaß seiner Treulosigkeit und Brutalität gegen die Bürger. Ungeachtet der flehenden Bitten nahm er auf die pfälzischen Räthe, Diener,

[1] Aitzema I. 631.
[2] Villermont, Tilly etc. II. Annexes p 263.
[3] Man sehe Beilage VI.
[4] Man vgl. Theatrum Europ. 739 ff.

Geistliche, Bürger, die mit im Schlosse waren, keine Rücksicht. [1] Nur ihm und seinen Söldnern kam die Capitulation zu gute. Tilly pflegte in solchen Fällen den nach damaliger Weise ehrenvollen Abzug zu gewähren, mit fliegenden Fahnen, brennenden Lunten, Kugeln im Munde, Ober= und Untergewehr, mit Sack und Pack. Seine Soldaten dagegen mochten über die gemachten Bewilligungen an einen Feind, der sich nicht lang mehr hätte wehren können, anders denken als der milde Feldherr. Mehrere von ihnen machten Miene über die Abziehenden herzufallen. Es war in damaliger Zeit überhaupt nicht selten, daß die Söldner die Capitulation, welche ihre Anführer bewilligt, nicht hielten. Der Prinz Friedrich Heinrich von Oranien, dem Niemand hernach den Vorwurf einer be= sonderen Grausamkeit gemacht, hatte einige Monate zuvor ruhig zugesehen, daß aus einer spanischen Besatzung, die auf sein Wort vertrauend auszog, vor seinen Augen acht Mann niedergeschossen wurden. [2] Es war indessen nicht Tillys Weise dergleichen zu dulden. Er selber sprengte mit gezogenem Degen unter die Seinen, und sie wichen zurück. Er gab den Abziehenden eine Bedeckung bis Frankfurt mit.

Der siegende Feldherr konnte nur gewähren, was gefordert wurde, nicht mehr. Deßhalb waren nach der boshaften Absicht Mervens die Zurückbleibenden, die Räthe, die Geistlichen, die Bürger im Schlosse den Soldaten Tillys preis gegeben, das heißt: sie mußten sich nach Kriegesrecht ranzioniren. [3] Das war hart und schwer. Aber fragen wir die Bürgerschaft von Heidelberg selbst. „Nach der Hand," berichtet sie uns, „ist auf Fürbitte der Herrn Commissarien die Ranzion aus sonderlicher Barmherzigkeit gemildert worden."

Wer bewies diese sonderliche Barmherzigkeit? Wer konnte und durfte sie beweisen? Die Ranzion kam nicht Tilly zu, sondern seinem ganzen Heere. Wenn er allein sie milderte: so bewies das eine erstaunliche Herrschaft dieses Mannes über seine Schaaren, daß sie sich schweigend dem Feldherrn unterwarfen, der ihr eigenes Interesse antastete. Wenn er die Soldaten vorher bewog in diese Milderung einzustimmen: so legten diese rauhen Krieger dar, daß die Ge= sinnung ihres Feldherrn in ihnen ähnliche Gefühle zu erwecken vermochte.

Wenn die Unterpfalz dem Herzoge Max von Bayern übergeben wurde: so stand nach dem Geiste der Zeit und dem Buchstaben der Reichsgesetze die Ka= tholisirung derselben in eben so sicherer Aussicht, wie die vollständige Lutherani= sirung der Lausitz durch den Kurfürsten von Sachsen. Tilly beließ einstweilen die calvinischen Geistlichen; denn nicht er griff darin durch. Erst als ihm einige Monate später die Anzeige ward, daß diese calvinischen Geistlichen zu Heidelberg in Conventikeln gegen den Kaiser predigten, gebot er ihnen aus Heidelberg zu weichen. Die Bürgerschaft legte Fürbitte ein. Tilly bewilligte, daß zwei Geist= liche bleiben dürften. Nicht also dachte der Civilpräsident Heinrich von Metternich.

---

[1] Londorp. II. 751.
[2] Altzema I. 272.
[3] Londorp. a. a. O.

Er widerrief die Erlaubnis des Generals. Abermals wandten die Bürger sich an diesen, bittend um seine Vermittelung. Da auch Tilly dießmal nicht zu gewähren vermochte: so ist es wahrscheinlich, daß bestimmte Befehle von München her vorgelegen haben. Die calvinischen Geistlichen mußten aus Heidelberg weichen am 22. Mai 1623, viele Monate nach dem Abzuge Tillys von da. [1]

Wir haben hier dem Gange der Dinge vorgegriffen. Kehren wir zurück in die Zeit unmittelbar nach der Einnahme Heidelbergs.

Von Heidelberg zog Tilly den Neckar hinab vor Mannheim. Auch hier war es ein Fremder, der mit fremden Söldnern eine deutsche Stadt gegen den Feldherrn des deutschen Kaisers zu halten suchte: der Engländer de Vere. Auch hier mag den Umständen nach der gute Wille der Bürger nicht allzu eifrig gewesen sein. Um die Citadelle Friedrichsburg, die näher am Rheine gelegen war, desto besser zu vertheidigen, opferte de Vere vorher die Stadt Mannheim am Neckar den Flammen. Es war der immer wiederkehrende Beweis dieses Krieges, was die Deutschen von auswärtigen sogenannten Freunden zu erwarten hatten, nämlich völlige Rücksichtslosigkeit gegen das Wohl der Schützlinge. Zugleich war die Einäscherung, wie so häufig, ein Vortheil [2] für die Belagerer, welche nun die Stadt um so leichter gewannen und in den Trümmern derselben sich festsetzten. Die Noth in der Citadelle, Hunger, Krankheit, Ermattung nahmen überhand. Am 3. November 1622 erhielt de Vere dieselben ehrenvollen Bedingungen des Abzuges, wie van der Merven; aber dießmal waren die Bürgerlichen nicht vergessen.

Noch eine Stadt blieb übrig. Es war Frankenthal auf dem linken Rheinufer, auch mit englischer Besatzung. Dieselbe hatte ein Jahr zuvor erst Spinola, dann Cordova getrotzt. Sie trotzte auch Tilly. Der einbrechende Winter hinderte den Feldherrn an Unternehmungen gegen sie. Bis auf die eine Stadt, welche erst im folgenden Jahre die Engländer an Spanien abtraten, war die Unterpfalz in Tillys Händen.

Das Jahr 1622 hatte trüb für ihn begonnen. Damals schien er der Uebermacht erliegen zu müssen, und wenn er unterlag: so stürzte in ihm die tragende Säule des alten deutschen Reiches. Dann brach das Chaos herein. Es war anders gekommen, wie man erwarten durfte. Der Greis hatte mit jugendlicher Thatkraft und Schnelle hierhin einen Streich gethan und dahin, und jeder dieser Streiche vernichtete ein anscheinend furchtbares Heer. Noch war ein drittes übrig; aber der Führer derselben erwog weislich das Schicksal seiner Gefährten, und bat um ein gütliches Abkommen. Bevor man damit zu Ende kam, verlor er sich vom deutschen Boden. Tilly stand da als Sieger über alle seine Gegner. Er hatte das Reich gerettet von den Verderbern.

Seit dem 18. Juli 1622 unterschrieb er sich nach dem Willen des Kaisers als Johann Tserklaes Graf von Tilly. [3] Von da an bis an sein Ende sind

---

[1] Man vgl. dieß Aktenstück bei Villermont II. 269.
[2] Theatrum Europ. 741.
[3] Westenrieder, Beiträge VIII. 159.

seine Schreiben so gezeichnet, in der Regel doch kürzer „Johann graue von Tilly," mit fester, sehr deutlicher, wir möchten sagen, zierlicher Hand.

Er verlegte sein Heer nach der Wetterau in die Winterquartiere, um selber von dort aus der Ladung des Kaisers zu dem Fürstentage nach Regensburg zu folgen.

Sechster Abschnitt.

Der Abzug der Freibeuter Mansfeld und Christian vom deutschen Boden im Sommer 1622 stellte nach menschlicher Meinung den Frieden in Aussicht. Werfen wir einen Blick zurück auf den Krieg, wie er bis dahin sich entwickelt, wie sich gestaltet. Er war entsprungen aus Friedrichs Gier nach fremdem Eigenthume, aus seiner Annahme einer nicht erledigten Krone durch eine Wahl, welche im deutschen Reiche Niemand billigte als die böhmischen Feudalherren selbst, als Friedrich, ferner die englische Königstochter und der Hoftheologe Scultet. Vergeblich hatte Friedrich gesucht sein Verbrechen mit dem Namen der Religion zu umhüllen: er hatte damit bei den Deutschen keinen Glauben gefunden. Seine Unterthanen in der Pfalz selbst haßten seine Räthe nach Maßgabe des Verdachtes, daß der Eine mehr als der Andere zur Annahme gerathen, obwohl sie in Wahrheit rechtlich und moralisch abgerathen hatten. Die Annahme der Krone zog den böhmischen Krieg unvermeidlich nach sich. Friedrich ward geschlagen. Dennoch gab er die verlorene Sache nicht auf: er beauftragte den Söldner und Freibeuter Mansfeld sie weiter zu führen. An die Person dieses Mannes, an die unberechenbaren Entschlüsse seiner gewandten Verlogenheit knüpft sich fortan der Krieg fast in gleichem Maße, wie an Friedrichs Eigensinn und seine Lenksamkeit durch holländische Einflüsse. Von einer Theilnahme des Volkes für Friedrichs Sache oder Person ist nirgends eine Spur. Seine Räthe sind verhaßt, in welcher Stadt auch sie sich zeigen. Camerar fürchtet in Bremen, in Hamburg, in Lüneburg für sein Leben. Er darf sich nicht öffentlich zeigen, seine Person ist in steter Gefahr.[1] Katholiken und Lutheraner sind der Sache mit gleicher Energie abgeneigt. Friedrichs eigene Unterthanen in der Oberpfalz sind willig für Max, und an vielen Orten in der Unterpfalz zieht das Volk die Schaaren Tillys den bisherigen Beschützern vor. Nur die Söldner Mansfelds und Christians halten noch den Krieg. Mehr als einmal steht es in Friedrichs Hand durch ein nach der Lage der Dinge günstiges Abkommen die Sache zu enden. Wenige Tage vor dem Treffen von Höchst, das seiner letzten Hoffnung die Axt an die Wurzel legt, bietet sich ihm abermals ein Weg, so völlig geebnet, so

---

[1] Londorp. II. 608. 610 ff.

leicht gebahnt, wie keiner zuvor. Es bedarf nur eines Wortes an den Vermittler selbst, daß Friedrich sein Unrecht erkenne, daß er Versöhnung begehre.
Friedrich spricht es nicht. Er mißhandelt den Wohlthäter, der so viel für ihn
erreicht hat, beraubt und plündert das Land desselben, und prahlend auf das
Heer hinweisend, das nicht ihm gehorcht, sondern dem Mansfeld, ruft er aus:
nur die Waffen können entscheiden. In der That entschieden die Waffen,
und daneben der Wille derjenigen, die Friedrich als seine getreuesten Diener
ansieht, und vier Wochen nach jenem vermessenen Worte irrt Friedrich abermals als Flüchtling durch die Länder, um das Gnadenbrod zu essen von
fremder Hand.

Der Ausgang im Sommer 1622 setzte den Kaiser in den Stand den längst
gehegten Wunsch auszuführen und einen Fürstentag nach Regensburg aus-
zuschreiben. Er lud dahin die Kurfürsten des Reiches, mit ihnen Max von
Bayern, Ludwig von Darmstadt und einige andere lutherische Fürsten; doch
erschienen außer den geistlichen Kurfürsten nur der Herzog Max und der Landgraf Ludwig persönlich. Der Kaiser verlangte von ihnen die Zustimmung zur
Uebertragung der Kurwürde des geächteten Pfälzers an Max von Bayern. Wir
wissen, wie Ferdinand von Anfang an seinem Vetter diese Belohnung versprochen. Wir wissen ferner, wie Friedrich von Anfang an auf einen solchen
Schritt des Kaisers gefaßt sein mußte; denn seine Räthe hatten ihm in ihrem
Gutachten über die Annahme der böhmischen Königskrone dargelegt, daß im
Falle des Mislingens Ferdinand die Kurwürde nicht bei Pfalz belassen werde.
Von diesem Gesichtspunkte aus sind die Beschwerden Friedrichs und seiner Räthe
zu würdigen, die zur selben Zeit als sie meinten, daß nur noch ein Retter aus
dem Oriente ihrer verlorenen Sache helfen könnte, zur selben Zeit aus der
goldenen Bulle zu beweisen suchten, daß Friedrich ungehört und ohne rechtliche
Gründe in die Acht gethan und der Kur beraubt sei. Die Einwendungen anderer Fürsten gegen die Uebertragung der Kur an Max von Bayern flossen
mehr aus Abneigung gegen die emporstrebende Macht von Bayern, gegen das
Uebergewicht der katholischen Stimmen im Kurcollegium, als aus Neigung für
Friedrich, oder der Ansicht eines Unrechtes von Ferdinand gegen ihn.

Unter den Kurfürsten des Reiches waren es die von Sachsen und Branden-
burg, welche sich unzufrieden äußerten, von fremden Königen, auf die der
Kaiser Rücksicht zu nehmen hatte, neben Jakob von England auch der spanische.
Der Brandenburger, der Schwager Friedrichs, konnte wegen seiner völligen
Unfähigkeit kaum in Betracht kommen. Wichtiger war Johann Georg von
Sachsen. Er hatte zu seinem Verdrusse erfahren müssen, daß der Kaiser dasselbe
landesherrliche Recht der Reformation, welches in Sachsen thatsächlich seit hun-
dert Jahren gegolten, gemäß den Bestimmungen des Religionsfriedens von
Augsburg auch in Böhmen ausübe. Alle Einwendungen und Fürbitten Johann
Georgs hatten dagegen nichts geholfen. Das hatte Johann Georg etwas ver-
stimmt, doch nicht so weit ihn darum Friedrich irgendwie geneigt zu machen.
Er sprach noch im Sommer 1622 den Wunsch aus, Friedrich möge in die

Hände des Kaisers fallen, damit Ferdinand mit ihm verfahren könne, wie Karl V. mit Johann Friedrich von Sachsen. [1]

In Wahrheit war auch das Widerstreben des Kurfürsten Johann Georg nicht so ernst gemeint. Der päpstliche Nuntius Carafa zeigte einen Brief vor, den ein sächsischer Rath an seinen in Wien am kaiserlichen Hofe weilenden Bruder geschrieben. [2] Der Kurfürst, hieß es, nehme sich die Vertreibung der lutherischen Geistlichen aus Böhmen gar nicht so sehr zu Herzen, und werde deshalb gewiß keine Unruhen anfangen. Er habe aber seinen Glaubensgenossen zu Liebe, und um das Vertrauen derselben nicht zu verlieren sich mit Worten der Sache annehmen müssen, und diesen Vorwand recht gern ergriffen, um die Regensburger Versammlung nicht zu besuchen, wo die Uebertragung geschehen solle. Seine Gesandten aber seien angewiesen troß aller zu erhebenden Klagen dem Kaiser nachzugeben, wenn nur keiner Gegenreformation in Schlesien und keiner Zurückforderung der Lausitz Erwähnung geschehe.

Der spätere Erfolg hat die Richtigkeit dessen bewiesen. Wir werden ersehen, daß Johann Georg zu Anfang des Jahres 1626 dem Kaiser das formelle Recht zu der Gegenreformation in Böhmen vor seinen Glaubensgenossen selber öffentlich zuerkennt.

Zu Regensburg indessen erhoben seine Gesandten Einwendungen gegen die Uebertragung der Kurwürde. Die Sachsen, die Brandenburger, und, was wahrlich nicht zu übersehen ist, der Landgraf Ludwig, den man gar zu leichthin einen völlig unbedingten Diener des Kaisers genannt hat, billigten zwar das Verfahren des Kaisers gegen Friedrich als Friedensstörer und Majestätsverbrecher; aber sie erhoben den Einwand, ob diese Uebertragung der Kur an Bayern der rechte Weg zum Frieden sei, ob nicht auswärtige Könige sich des Pfalzgrafen annehmen, ob nicht nach der Bitte des Königs von England eine Begnadigung vorzuziehen sei. Dieß sei auch der Rath der Infantin. Ferdinand beharrte dabei, Friedrich habe niemals Reue gezeigt. Er forderte, daß Friedrich durch ein Zugeständnis seines Unrechtes sich moralisch binde. Er erklärte sich bereit auf die Bitte des Königs von Dänemark, von England, ferner der Kurfürsten, wenn der Pfalzgraf sich schuldig unterwerfe, zwar nicht ihm die Kur zurückzugeben, die er nach der Reichsverfassung ihm abgesprochen, aber sonst Milde zu erweisen und ihn herzustellen. Der Kaiser erklärte den Rechten der Verwandten Friedrichs auf die Kur nicht zu nahe treten zu wollen. Diese Rechte sollen geprüft, und demgemäß soll darüber entschieden werden, und Maximilian wird sich verpflichten, daß nach seinem Tode diese Entscheidung in Kraft trete.

Am 25. Februar 1623 geschah die feierliche Belehnung des neuen Kurfürsten. Immerhin waren einige Fürsten damit unzufrieden, weniger diejenigen des Reiches, als die auswärtigen Könige. Es waren diejenige von England und Spanien, die damals an eine Vermählung des Prinzen von Wales mit der

[1] Khevenhiller, Annal. Ferd. XI. 1763.
[2] Carafa, Germania sacra, p. 138. — Ferner Carafa, Relatione etc. p. 148.

ſpaniſchen Infantin dachten, ferner die nordiſchen Könige, die auf eine Schwächung Deutſchlands lauerten, um die günſtig gelegenen Stüde abzureißen. Für die Uebertragung waren mit großem Eifer der Papſt und der König von Frankreich,[1] der damals noch nicht von Richelieu geleitet ward, und noch ſchwankte, ob er zurüdkehren ſolle zu der feindſeligen Politik ſeines Baters gegen das Reich und den Kaiſer.

Daß mithin von mehreren Seiten, nicht ſo ſehr wegen der Religion, als aus anderen nahe liegenden Gründen die Uebertragung der Kur Unzufriedenheit hervorrief, liegt nahe. Aber pflanzte darum der unſelige, verderbliche Krieg ſich fort? Gab dieſer Widerſpruch nur irgend welchen Zündſtoff her das deutſche Land abermals in Flammen zu ſetzen? Hatte einer von den Fürſten, welche die Uebertragung der Kur an Bayern nicht billigten, dazu den Willen oder die Macht? Dieſe Frage haben wir zu unterſuchen.

Mitten in die Berathungen zu Regensburg hinein hallte die Schredenskunde: Mansfeld und Chriſtian von Braunſchweig ſind mit ihren Söldnerbanden von Holland aus abermals ins Reich eingebrochen und hauſen im weſtfäliſchen Kreiſe nach ihrer bekannten Art. Alſo beſtätigte es ſich. Verfolgen wir die Laufbahn der Verderber, ſeitdem Friedrich im Juli 1622 ſie, oder richtiger, ſie ihn entlaſſen.

Sie zogen in ihrer üblichen Weiſe durch Lothringen und betraten den franzöſiſchen Boden.[2] Es iſt merkwürdig, daß nach der damaligen Kriegsverfaſſung der europäiſchen Länder auch Frankreich nicht die Mittel beſaß ſich dieſer Schaaren zu erwehren. Es wurden unter den Befehlshabern jener Gegenden ſeltſame Vorſchläge laut. Einige riethen, man ſolle alle Dörfer auf der Grenze in einem Striche von zwölf Meilen Breite verbrennen, damit dieſe heranziehende trübe Wolke dort nicht verweilen könne. Es ſei beſſer einen Theil des Königreiches für die Erhaltung des Ganzen zu opfern. Der Herzog von Nevers genehmigte das nicht: er meinte, Mansfeld würde doch in einem Tage den verödeten Strich durchziehen, und dann ſei das Uebel um ſo viel ärger. Andere ſchlugen vor, man ſolle Tilly und Cordova um Hülfe gegen das Geſindel bitten. Die Muthigſten dagegen meinten, man müſſe ſich ſelber rüſten. Alſo geſchah es; aber Mansfeld übereilte ſie alle und zerſprengte die ungeübten Gegner. Unterdeſſen gelangten Anträge an ihn. Die Infantin zu Brüſſel, die noch feſt bei dem Glauben beharrte, Mansfeld habe ſeine früheren Anträge ehrlich gemeint, bot 200,000 Kronen für ſeinen Eintritt in ſpaniſche Dienſte. Die Holländer boten 600,000 Gulden für drei Monate, wenn er Bergen op Zoom entſetzte, das von Spinola belagert wurde. Mansfeld neigte ſich den Letzteren zu; doch zauderte er noch mit ſeiner Entſcheidung. Es war die ſchwere Aufgabe dahin zu gelangen. Der hugenottiſche Herzog von Bouillon dagegen forderte von Sedan aus die Großen und Herren auf: man müſſe ſich dieſer Gelegenheit gegen den

---

[1] Aretiu, Bayerns auswärtige Verhältniſſe. S. 192.
[2] Theatrum Europ. 755 ff. Es iſt ſehr ausführlich.

König bedienen. Wiederum schickte der Herzog von Nevers an Mansfeld: er möge in königliche Dienste treten. Die Unterhandlungen dauerten dem Mansfeld zu lange. Er warf sich auf die Stadt Pont=a=Mousson um sie zu belagern.

Mit Entsetzen sahen die Bürger diese Schaaren vor ihrer Stadt. Sie waren aus allerlei Völkern deutscher Nation zusammen gestoppelt, ein zusammen gelaufenes Gesindel, welches ohne alle Ordnung, ohne Kriegsdisciplin, ohne Gehorsam und ohne Besoldung lebte, immer uneinig, von unten bis oben.[1] Christian wollte in die Dienste des Herzogs von Bouillon treten, der ihm 60,000 Kronen versprochen, Mansfeld zog die königlichen vor. Inzwischen steckten die Söldner Christians alle umliegenden Dörfer in Brand, zwanzig an der Zahl. Daneben bildete sich die dritte Partei. 3000 Reiter, die keinen Obersten hatten, forderten von Mansfeld: endlich einmal solle er ihnen den rückständigen Sold auszahlen, sonst wollten sie das Geschütz zum Pfande nehmen. Mansfeld bat in seiner Noth den Befehlshaber von Pont=a=Mousson um Aufnahme in die Stadt. Man wußte von seinen Unterhandlungen um französischen Dienst, und willfahrte, um Schlimmeres zu vermeiden.

Inzwischen nahte Cordova und bot den Franzosen seine Hülfe an. Moritz von Nassau dagegen erneuerte seine Aufforderung zum Entsatze von Bergen op Zoom. Es stieg in den Freibeutern allmählig die Furcht auf, daß die Franzosen sie hinhielten mit Unterhandlungen, und Truppen herbeizögen, um sie dann mit gesammter Macht zu überfallen. Die gegenseitige Gefahr erzwang Einigkeit. Mansfeld und Christian traten wieder zusammen und beschloßen zu entrinnen. Sie verbrannten 200 Wagen, um desto mehr Leute beritten zu machen, und ließen nach ihrer üblichen Weise alle Kranke und Verwundete zurück. Sie eilten nach dem Hennegau. Weder die Franzosen, noch Cordova konnten nachsetzend sie erreichen. Woher sie zogen, da standen die Wohnungen leer, die Menschen waren geflüchtet. Dafür schlug rund umher von Dörfern und Flecken in ihrem Bereiche die Lohe empor. Es war in den Hundstagen, der Himmel tief blau, die Hitze dörrend, dazu hatten sie kein Brod, selbst Mansfeld einmal in acht Tagen nicht, bei Nacht kein Obdach. Sie durften sich nicht trennen; denn ringsum fahndete auf sie das ergrimmte Landvolk. Und dann kam noch ein Anderer, der ihrer wartete. Es war Cordova, der auf einem kürzeren Wege ihnen den Vorsprung abgewonnen hatte. Am 29. August stand er bei Fleurus. Mansfeld und Christian kamen daher: es war kein Ausweg, sie mußten schlagen. Christian ergriff mit Eifer diese Gelegenheit; nicht also Mansfeld. Er durfte seinen Reitern nicht trauen: sie waren meuterisch. Als das Treffen begann, hallte ihm auf sein Befehlwort von ihnen das Geschrei entgegen: „Erst Geld, erst Sold." Und dennoch muß anerkannt werden, daß Cordova unter solchen Umständen nicht einen vollständigen Sieg erfocht. Auch sein Heer, das meist aus Deutschen und Croaten bestand, krankte an mangelhafter Zucht und Ordnung.[2]

---

[1] Also Theatrum Europ. 757.
[2] Aitzema I. 283 ff Dort auch der Zug der beiden Führer.

Mit schwerem Verluste brachen die beiden Abenteurer sich Bahn zum Weiter-
zuge. Christians persönliche Einbuße betraf ihn näher. Eine Drahtkugel zerriß
ihm Hand und Gelenk. Da er der Wunde nicht achtete, ward sie brandig und
er mußte sich den Arm abnehmen lassen. Es geschah einige Tage hernach zu
Breda unter dem Schalle von Pauken und Trompeten. Dann machte ihm ein
kunstverständiger Bauer aus dem Maaslande einén Arm von Kork und Silber,
den er zu mancherlei Verrichtungen gebrauchen konnte. Als er in Breda an der
Wunde krank lag, kam ein spanischer Trompeter nach Breda, um wegen Auslieferung von Gefangenen zu unterhandeln. Christian ließ ihn an sein Bett
führen und gebot ihm dem General Spinola zu sagen: der tolle Herzog habe
zwar einen Arm verloren, aber auch einen behalten, um sich an seinen Feinden
zu rächen. Er hielt diesen Gedanken fest. Er ließ neue Thaler prägen mit einer
Hand darauf und der Umschrift: Altera restat. [1] Die andere Seite dagegen
wiederholte zum Schrecken aller Geistlichen die in Christians Munde so inhalts-
schweren Worte: Gottes Freund, der Pfaffen Feind.

Wie sticht von dem wüsten Kriegsleben seltsam das Thun der Infantin in
Brüssel ab! In Wien nannte man sie die Nonne. [2] Sie war mehr als das.
Sie wußte zu regieren und zugleich sich die warme Zuneigung des Volkes lebendig
zu erhalten. Sie war mild und gütig. Nach der Schlacht von Fleurus ließ sie
die Verwundeten ohne Unterschied in die Spitäler der benachbarten Städte bringen
und die Genesenen mit einem Zehrpfennige entlassen. Diejenigen, die nach Brüssel
gebracht waren, besuchte sie selbst. [3]

Mansfeld und Christian zogen weiter und gelangten nach Bergen op Zoom.
Es war in und um diese Stadt damals ein seltsames Gewimmel von Menschen
und Zungen. [4] Man vernahm dort das wilde Geschrei durch einander: tue,
tue; mata, mata; kill, kill; val aan, val aan. Dazu waren nun noch
die Deutschen gekommen mit den vielfachen Abstufungen ihrer Mundarten, von
der Nordsee bis nach Bayern und dem Elsaß. Denn welches Land immer Mansfeld berührte, da blieben an seinen Schaaren verwandte Elemente kleben und zogen
mit. Vor Bergen op Zoom thaten sie die gewünschte Wirkung: Spinola hob
die Belagerung auf.

Am 18. October war Mansfeld im Haag. In die Versammlung der Hochmögenden geführt, fragte er um weitere Befehle. [5] Man zahlte ihm den letzten
Betrag der versprochenen Summe. Weiter, hieß es, bedürfe man seiner nicht.
Man rieth ihm mit seiner Reiterei an den Rhein zu gehen. Aber die kaiserlichen
und ligistischen Truppen hielten in der Grafschaft Mark und im Stifte Münster
gute Wacht. Das wußte Jeder, das wußten auch die Hochmögenden im Haag
sehr wohl. Indessen sie hatten den Mansfeld und seine Söldner nun einmal

[1] Theatrum Europ 760.
[2] Der Ausdruck im Prodromus.
[3] Aitzema I 286.
[4] a. a. O. 278
[5] a. a O. 213.

gebraucht. Er hatte seine Dienste gethan: er konnte gehen. Was kümmerte es sie, was ferner aus Mansfeld und seinen Truppen ward?

So liegt scheinbar die Sache; so auch wollten die Generalstaaten sie glaubhaft machen, indem sie Mansfeld entließen. Und doch ist die ganze Entlassung ein Gaukelspiel der Lüge, wie so manche andere aus jener Zeit. Es war den Hochmögenden keineswegs gleichgültig, was aus diesen brauchbaren Werkzeugen Mansfeld und Christian wurde. Sie waren zum Schüren des deutschen Feuers so geeignet, wie man es sich im Haag nur wünschen, nur denken mochte. Deshalb sollten sie erhalten bleiben und zu diesem Zwecke gute Winterquartiere haben, um sich für das kommende Jahr zu stärken, nur freilich nicht auf Kosten der Generalstaaten, die von der Erhaltung der Freibeuter den Nutzen zu ziehen gedachten, sondern auf Kosten der Deutschen selbst. Deshalb entließen die Generalstaaten den Mansfeld öffentlich, um vor aller Welt sagen zu können: er stehe nicht in ihren Diensten, seine weiteren Schritte hingen nicht von ihnen ab. Insgeheim trafen Moritz von Nassau, Friedrich von der Pfalz, der sich wiederum im Haag eingefunden, um dort ferner als Puppe zu dienen, und die Mitglieder des Staatsrathes andere Maßregeln.

An der nordöstlichen Grenze der Niederlande lag die deutsche Grafschaft Ostfriesland. Die Grafen derselben hatten schon früh die Reformation eingeführt, und zwar in einer calvinischen Form. Dann heirathete der Graf Edzard II. eine Tochter Gustav Wasas, eine Eiferin für das Lutherthum. Sie führte den Gemahl herüber, er ward eben so eifrig wie sie und behauptete den Ständen gegenüber sein landesherrliches Recht der Reformation. Die Stände widerstrebten. Eine Reihe anderer Zwistigkeiten kam hinzu: die Stadt Emden trat in offenem Aufstande ihrem Grafen gegenüber. Das sahen die Generalstaaten gern. Denn mit dem Lutherthume deutscher Fürsten stand damals in engem Bunde die Hinneigung zu Spanien. Der Graf Edzard II. war besonders stark darin. Seine Söhne fochten im spanischen Heere, er selbst war stets bereit den Spaniern die wohlgelegenen Häfen an seinem schönen Strome zu eröffnen, den Niederländern zu verschließen. Die Erhebung der Stände des Landes gegen den Grafen gewährte den Hochmögenden das Mittel ihm dauernde Fesseln anzulegen. Um den Zwist endlos zu machen, ihn immerfort nach Belieben zu erregen, boten die Generalstaaten ihre Vermittelung an, zwangen sie dem Widerwilligen auf und legten Besatzungen in seine festen Plätze. Neben dem Adel und den Städten gab es dort einen dritten landtagsfähigen Stand, den freien friesischen Landmann. Dieser kam allgemach zur Einsicht, hielt mit seinem Grafen gegen die Ritterschaft und die Stadt Emden, und flehte die Hochmögenden an das Land nicht ferner unter Vorgeben des Schutzes zu bedrängen.[1] Die Bitte kam zur selben Zeit, als man im Haag darüber nachdachte, wo dem Mansfeld und seinen zerlumpten und halb verhungerten Schaaren ein gutes Winterquartier anzuweisen sei. Moritz, Friedrich und einige Mitglieder des Staatsrathes deuteten den Söldnern an: dort

---

[1] Ausführlich in meiner Geschichte Ostfrieslands von 1570—1751. S. 1—244.

könnten sie sich erholen.[1] Die Niederlande hätten sie baldmöglichst zu verlassen. Es geschah. Mansfeld und Christian suchten auf dem kürzesten Wege die deutsche Grenze zu gewinnen, brachen in das Stift Münster ein und zogen durch dasselbe nordwärts, um sich in dem reichen, wohl gelegenen Ostfriesland auszubreiten.

Bei allen seinen früheren Räubereien hatte Mansfeld immer einen gewissen Vorwand, einen Schein seines Thuns gehabt. Er hatte Böhmen ausgeplündert. Immerhin konnte er erwiedern: die böhmischen Herren haben mich und meine Söldner angenommen und bezahlen uns nicht. Er hatte die Oberpfalz geplündert. Sie war Friedrichs Eigenthum, und Mansfeld war in Friedrichs Diensten ohne Sold. Er hatte die Unterpfalz ausgeraubt. Auch sie gehörte Friedrich. Er hatte Speier gebrandschatzt. Der Bischof und das Domcapitel waren katholisch. Mansfeld behauptete: es sei Pflicht gegen seinen Herrn solchen Gegnern die Mittel zum Schaden zu benehmen. Er hatte Hessen-Darmstadt verheert. Der Landesherr war, wie Friedrich sagte, sein Gegner und sollte dafür bestraft werden. Mansfeld hatte das Elsaß geplündert. Es war ein östreichisches Erbland. Er hatte die spanischen Niederlande mit der Brandfackel in der Hand durchzogen. Er war damals im Dienste der Generalstaaten, der Feinde der Infantin.

Von allen diesen Scheingründen und Vorwänden war bei dem Einfalle in Ostfriesland auch nicht der leiseste vorhanden. Die Ostfriesen standen nicht in der entferntesten Beziehung zu dem bisherigen Kriege. Mansfeld hatte öffentlich keinen Kriegsherrn. Er war von Friedrich, von den Generalstaaten entlassen. Diese letzteren, von denen aus Mansfeld zu den Ostfriesen kam, nannten diese ihre Freunde. Sie meldeten dem unglücklichen Lande in denselben Tagen, daß die Wohlfahrt desselben ihnen stets am Herzen liegen werde, wie diejenige ihres eigenen Landes. Die Generalstaaten waren calvinisch. Eben so war es die Mehrheit der Ostfriesen. Sie hatten jüngst auf die Bitte der Hochmögenden die Synode von Dortrecht ·beschickt. Flüchtige Böhmen, unter ihnen auch Friedrichs unseliger Hoftheologe Scultet, hatten in diesem Lande Zuflucht gefunden, und der letztere betrat als Geistlicher die Kanzel in Emden. Mansfeld, katholisch geboren und erzogen, hielt sich zum Calvinismus, obwohl von seinem Uebertritte nichts Sicheres bekannt.

Mansfeld und Christian hatten zuerst das Beispiel gegeben, wie in Feindes oder Freundes Land der Krieg sich selbst ernähre. Hier gingen sie einen Schritt weiter und gaben zuerst das Beispiel, wie man abgesehen von Freund oder Feind, auch auf Kosten derer den Krieg ernähre, die überhaupt etwas besaßen, was dazu dienlich war. Sie gaben dem Kriege den Charakter, den er mit der Zeit allgemein erhielt. Also erkannten umsichtige Zeitgenossen es an, und wälzten auf die Schrecklichen diesen Fluch, drückten dieses Brandmal ihnen auf.[2]

---

[1] Aitzema I. 213.
[2] Pappus, Epitome Rer. Germ. Ausgabe von Arndts. Wien 1856. S. 15.

Und selbst damit noch sind wir nicht bis auf den letzten Grund der Sache gedrungen. Warum, wenn Moritz von Nassau und der holländische Staatsrath den Mansfeld und Christian nur erhalten und auffsparen wollten zu künftigen Thaten, warum riethen sie denselben nicht Quartier zu nehmen im Lande der eigenen Feinde, in den niederländischen Provinzen, welche dem Könige von Spanien getreu waren? — Sie hatten einen anderen Zweck, der ihre Politik leitete seit dem Prager Fenstersturze und vorher und lange nachher. Der leitende Gedanke, der hindurch geht durch all ihr Thun und Treiben, ist immer wieder zu erkennen. Er faßt sich kurz in die wenigen Worte: das deutsche Reich darf nicht zur Ruhe kommen, weil der Friede und die Ruhe des Reiches die kaiserliche Macht stärkt und dadurch die Unabhängigkeit Hollands gefährdet. Deshalb muß man um jeden Preis das Feuer im Reiche schüren, bis es hell wieder auflodert. Sobald Mansfeld und Christian wieder auf deutschem Boden stehen, hat Tilly dort vollauf Beschäftigung. Darum wiesen die Hochmögenden den Freibeutern Ostfriesland an.

Wie eine schwere Wetterwolke, voll Mord und Brand, wälzten die aller Menschlichkeit entwöhnten Verderber sich über die blühende Provinz. Mansfeld begann damit die dem Grafen Enno von den Holländern noch gelassenen festen Plätze in Besitz zu nehmen, den Grafen selbst gefangen zu setzen und von ihm persönlich 300,000 Thaler zu fordern. Dann ergossen sich die Haufen über die Dörfer und das platte Land, um zu verüben, was nicht einem Wolfe, noch Tiger, sondern nur dem Menschen möglich ist. [1] In Emden aber bestieg Scultet die Kanzel und predigte: [2] es sei schlimm in die Hände derer zu fallen, welche den Leib verderben; aber schlimmer noch sei es in die Hände derer zu gerathen, welche Leib und Seele zugleich und mit einander verderben.

Mit Entsetzen vernahmen die Reichsstände in Regensburg diese Kunde von dem Wiederauflodern der Kriegesflamme im äußersten Nordwesten des Reiches. Eben noch hatte man geglaubt nach Besiegung des Pfalzgrafen sichere Hoffnung zum Frieden zu haben, da machte dieser Einbruch alle Hoffnung zu nichte. Da der schon einmal geächtete Ernst Mansfelder, also erklären die Reichsstände zu Regensburg dem Kaiser, [3] derjenige sei, der den Frieden des Reiches betrübe, die Stände mit Heereskraft überziehe, und seinem Brauche nach zu ruiniren in völliger Bereitschaft stehe, dazu auch bereits in der Grafschaft Ostfriesland und dem benachbarten Westfalen einen starken Anfang gemacht: so möge der Kaiser die Verordnung thun, daß sein Kriegsheer solchem allgemeinen Friedensstörer, vor welchem Niemand sicher sei, als der es mit ihm und seinen boshaften Anschlägen halte, unverzüglich unter Augen ziehe und mit Hülfe der benachbarten Reichsstände von des Reiches Boden ab und zur Ruhe treibe. Merkwürdig ist dann, daß dieselben Reichsfürsten, von denen einige eben vorher Zweifel erhoben,

[1] Vgl. Geschichte Ostfrieslands von 1570—1751. S. 215 ff.
[2] Spiegel van der Calvinisten Tyrannie onder beleyd van Mansfeld. 1623.
[3] Londorp. II. 667

ob es dem Kaiser zustehe die Kinder des Pfalzgrafen von der Kurwürde auszu=
schließen, nun in dieser Sache verlangen, daß der Kaiser gegen die Weiber und
Minder der Söldner Mansfelds der Reichsverfassung gemäß mit kaiserlichem Ernste
verfahre. Auch unter Mansfelds Banden fand man reichsfürstliche Personen.
Christians von Braunschweig nicht zu gedenken, wanderten zwei Herzöge von
Sachsen-Weimar mit ihm umher.

Wie wenig aber diese Reichsfürsten von Regensburg zu einem energischen
Handeln befähigt waren, wie sehr sie krankten an dem allgemeinen deutschen
Uebel nicht zu einem festen Entschlusse gelangen zu können, zeigte sich dann in
zwei anderen wichtigen Punkten der Abwehr, dem Schutze des Reiches gegen die
Türken und gegen die Holländer. Auch dabei freilich kargte man nicht mit
Worten. Der Kaiser verlangte Türkenhülfe. Die Fürsten erwiederten, daß seine
väterliche Fürsorge für das Reich zu unterthänigem hohem Danke gereiche, daß
sie aber bei der ohnehin so hohen Last ihrer Unterthanen ihm dießmal mit einer
Steuer nicht entgegen gehen könnten. Es war ferner die Frage, was gegen die
Uebergriffe der Holländer auf deutsches Reichsgebiet zu thun sei. Die drohende
Schanze Pfaffenmütz auf der Rheininsel nahe bei Bonn trat hier in den Vorder-
grund. Die Stände erwiederten dem Kaiser, daß sie auf dem vorigen Reichstage
schon viel berathen, wie dergleichen Feindseligkeiten der Generalstaaten auf des
Reiches Grund und Boden zu begegnen sei. Sie hätten aber jederzeit befunden,
daß solcher Gewalt der Nothdurft nach zu begegnen, nicht in etlicher Stände
Macht stehe. Deshalb sähen sie auch jetzt nicht, wie bei diesem engeren Fürsten=
Convente von einem gründlichen Heilmittel gehandelt werden könne. Es ließ sich
einwenden, daß ein so grober Friedensbruch, wie die Erbauung der Schanze
Pfaffenmütz früher nicht vorgelegen. Die Stände fanden auf diesen Einwand
den glücklichen Ausweg, daß die Schanze Pfaffenmütz bereits von den Truppen
der Infantin erobert sei, und baten nun den Kaiser seinen Einfluß bei der In=
fantin zu verwenden, daß sie die Schanze schleife und damit den Rheinstrom
wieder eröffne.

Ob diese Reichsfürsten wußten, um was zur selben Zeit Friedrich und die
Generalstaaten sich bemühten? — Sie setzten zu Anfang 1623 ganz bestimmte
Hoffnungen auf den Sultan. Der Graf Thurn meldete aus Constantinopel, daß
alle Paschas in Ungarn Befehl hätten zur Unterstützung Bethlen Gabors.[1] Im
Mai werde dieser mit einem großen Heere in Kaschau sein. Er bat, der König
Friedrich möge nach Böhmen kommen, und Camerar unterstützte diese Bitte. Er
wünschte, daß auch Christian von Braunschweig ein Heer werbe und sich dahin
begäbe. — Näher wirkten die Generalstaaten.[2] Der Prinz Moritz ließ gegen
Ende des Jahres 1622 den Residenten Aitzema von Hamburg kommen und gab
ihm den Auftrag bei dem Könige von Dänemark, bei den Hansestädten, bei
den niedersächsischen Reichsfürsten für einen Krieg zu wirken, den er einen

[1] Söltl, Religionskrieg III. 80
[2] Aitzema I 392.

Vertheidigungskrieg nannte. Man wollte zunächst dem Mansfeld und Christian Erleichterung verschaffen und die Sache in Deutschland ins Gleichgewicht bringen. Als Christian einige Monate später sich von Mansfeld trennte und abermals in Niedersachsen selbständig zu werben begann, erhielt er das Geld dazu von den Hochmögenden. [1]

Und selbst derartige Hülfsleistungen, welche die Holländer den Feinden des Kaisers und des Reiches bezahlten, wußten sie auf irgend eine Weise von den gequälten Deutschen baar wieder zu gewinnen. Sie erhoben im Jahre 1622 gegen den Kurfürsten von Köln die Anklage, daß von der Liga ansehnliche Truppen den Spaniern zu Hülfe gekommen seien. Dafür gebühre ihnen Ersatz. Sie schlugen das Erzstift Köln, ebenso Lüttich, jedes auf 50,000 Thaler an, Münster auf 30,000 Thaler. Was half das Sträuben gegen die Uebermächtigen? — Das Geld ward bezahlt. [2]

Nur ein Mann war es, der mit entschiedenem Ernste und Nachdrucke zu Regensburg wirksame Maßregeln gegen die Generalstaaten forderte. Es war der wackere, von deutscher Gesinnung durchdrungene, manneskräftige alte Tilly. Der Kaiser hatte ihn nach Regensburg berufen, damit er seine Ansicht ausspreche, wie gegen den Mansfeld zu verfahren sei. Tilly wies zugleich auf die Holländer hin. Der Gedanke, daß der rechte Brunnquell aller Verwirrung im Reiche bei den Holländern zu suchen sei, ward damals häufig ausgesprochen. [3] Die Holländer selbst wußten das sehr wohl. Auch lag ja, namentlich in diesem Falle, die Sache allzu klar vor Augen. Tilly drang nicht durch. Gleichzeitig mit dem Fürstentage berief der neue Kurfürst Max auch eine Versammlung der Liga nach Regensburg. Auch in dieser Versammlung ward lebhaft die Frage gegen die Holländer erwogen. Die Liga achtete und ehrte ihren Feldherrn. Sie machte ihm Geschenke, sie verpflichtete sich aufs neue zu den regelmäßigen Geldbewilligungen, welche den Sold ihres Heeres deckten und darum es Tilly ermöglichten die Disciplin und die Zucht zu erhalten, durch welche seine Truppen vor denen aller anderen jener Zeit sich hervorthaten. Allein energisch verfuhr die Liga nicht. Sie erklärte, die Sache gegen Mansfeld sei diejenige des Reiches und nicht bloß der katholischen Bundesfürsten; denn es liege vor Augen, daß Mansfeld keinen Unterschied des Glaubens mache zwischen Katholiken oder Protestanten. Das war unzweifelhaft. Aber nur die Liga hatte ein schlagfertiges Heer, nicht die protestantischen Fürsten, auch der Kaiser nur durch die Liga. Die Gefahr drängte. Es war zu befürchten, daß Mansfeld von Ostfriesland aus vorbräche. Lagen ihm doch die Bisthümer Münster und Osnabrück so nahe. Deshalb mußte die Liga auch ohne Verständigung mit den protestantischen Reichsfürsten einen Entschluß zur eigenen Sicherheit fassen, der mit den Ergebnissen der anderen Versammlung völlig eins war. Dabei handelte es sich um die Frage, wie Tilly

[1] Aitzema I. 567.
[2] Aitzema I. 269.
[3] Aitzema I. 115. Was Tilly betrifft, so geht diese Anschauung durch alle seine betreffenden Briefe. Wir werden später darauf zurückkommen.

gegen die Generalstaaten zu verfahren habe. Die Liga kam überein, daß ihr Feldherr ein etwaiges Heer der Holländer, das sich mit Mansfeld vereinige und auf dem Reichsboden demselben Hülfe leiste, als offenbare Feinde angreifen und verfolgen solle. Stünden sie dem Mansfelder nicht bei, zöge sich derselbe aber in das holländische Land: so wolle man ihn als einen öffentlichen Feind aller Orten hin verfolgen. Doch wolle man nicht dort feste Plätze belagern.

Bis dahin hätte der Beschluß noch erträglich sein können. Aber nun fügte noch wieder die Mehrheit hinzu: vorher seien die Generalstaaten zu bitten und zu ermahnen sich des Mansfeld nicht anzunehmen. Ueberhaupt sei ein Bruch mit den Generalstaaten zu vermeiden. [1]

Wahrlich, diese geistlichen Herren der Liga sind nicht kriegsdurstig. Wir sehen sie Beschlüsse fassen, als ob die Holländer selbst mit in ihrem Rathe säßen. Die Neutralität kam nur den Hochmögenden zu gute, welche unter dem Deckmantel derselben Jahr aus, Jahr ein mit ihrem Gelde neue Brandfackeln ins Reich schleuderten. Im Interesse des Reiches und nicht zum wenigsten auch der Liga lag der offene Krieg, im Interesse der Holländer die Neutralität.

Allein das Heer, welches Tilly führte, war nur mittelbar ein Heer des Kaisers. Ferdinand konnte es nicht anders verwenden, als wie die Liga es ihm zuließ. Und die Mahnungen des Feldherrn selbst prallten ab an dem Trugbilde, welches die Sehnsucht nach Frieden den geistlichen Herren vormalte. Wenn sie auf alle Weise an den Tag legten, meinten sie, daß nur die unmittelbare Abwehr ihr Ziel sei: so müßten doch auch endlich die Gegner davon sich überzeugen. Sie bedachten nicht, daß es gar nicht der Vortheil der Gegner war sich davon überzeugen zu lassen.

Tilly fügte sich gehorsam dem Befehle, der wieder seine bessere Einsicht lief, und ging zu seinem Heere in der Wetterau März 1623.

Mansfelds Einbruch in Ostfriesland bedrohte von da aus offenbar alle umliegenden Länder. Was waren von da aus seine weiteren Plane? Man wußte es nicht. Man wußte nicht einmal, ob er lediglich auf eigene Faust das neue Wagestück unternommen, ob er im Dienste einer anderen Macht stand. Dem Herzoge Christian von Lüneburg-Celle meldete Mansfeld selbst [2] noch im November 1622: er stehe in Diensten des Böhmenkönigs Friedrich und bitte um Werbung in Christians Lande. Christian, der Aeltere beigenamt, im Gegensatze zu seinem Vetter, den man eben so häufig den Tollen, als den Jüngeren nannte, war ein kaiserlich und deutsch treu gesinnter Mann, damals Kreisoberst in Niedersachsen. Seine Ansichten, sein Verhalten ist demjenigen des Landgrafen Ludwig sehr ähnlich. Er bat die Stadt Bremen dem Mansfeld ihre Weserpässe zu versperren. Im Januar 1623 verwendete sich der König Jakob bei den Generalstaaten für seinen Vetter, den Grafen Enno von Ostfriesland. Die Hochmögenden erwiederten: Mansfeld stehe nicht in ihren Diensten. Dieselbe Antwort gaben sie den

---

[1] (Stumpf), Geschichte der Liga, S. 189. Beil. S. 207.
[2] Zeitschrift des historischen Vereins für Niedersachsen. Hannover 1845. S. 58.

Oſtfrieſen, die um Erbarmen und um Rettung flehten vor dem Quäler. Sie wüßten nicht einmal, erwiederten die Hochmögenden dieſen Schützlingen, deren Wohlfahrt ihnen, wie ſie ſagten, am Herzen lag gleich der eigenen: ſie wüßten nicht, in welchem Style ſie an Mansfeld zu ſchreiben hätten. Unterdeſſen forderten ſie dieſen auf ſich durch neue Werbungen zu ſtärken. [1]

Was die Generalſtaaten hier den flehenden Ständen von Oſtfriesland ſchrieben, daß ſie nicht wüßten, in weſſen Dienſten Mansfeld ſtehe, hatte dennoch eine gewiſſe Wahrheit, nur daß die hochmögenden Herren es ſelber nicht wußten. Wir haben die Perſönlichkeit Mansfelds eine unberechenbare genannt. Er iſt es niemals mehr als in dieſem Winter, wo er in Oſtfriesland ſtand. Er wälzt in ſich ganz verſchiedene, ganz entgegengeſetzte Plane zu gleicher Zeit, nicht zwei oder drei, ſondern mehr. Während die Generalſtaaten ihn ermahnen ſich zu ſtärken und neu zu werben, überſchlägt er, ob es nicht vortheilhafter für ihn ſei auch einmal den Generalſtaaten einen Poſſen zu ſpielen. Wir haben die verſchiedenen Plane dieſes eigenthümlichen Menſchen zu erwägen.

Zunächſt dachte er daran ſich zum bleibenden Herrn und Fürſten von Oſtfriesland zu machen. Die Lage der Dinge dort war ihm genau bekannt, um ſo mehr da einer der erſten Edelleute des Landes, Dodo von Knyphauſen, mit Chriſtian und ihm wandernd umherzog. Der Vater Dodos, Wilhelm von Knyphauſen, führte die oſtfrieſiſche Ritterſchaft, wie der Graf Thurn die böhmiſchen Feudalherren. Mansfeld war auch mit Wilhelm ſehr bekannt. [2] Demnach ſcheint ſein Plan nicht ſo ganz aus der Luft gegriffen zu ſein. Einige Wochen nach ſeinem Einbruche ſchlug er der Ritterſchaft vor: da der Graf Enno doch nur darauf ſinne mit Hülfe der Spanier die Verfaſſung umzuſtürzen: ſo möge man denſelben auf ſeine Erbgüter beſchränken, die Kloſtergüter dagegen für die Wehrkraft des Landes verwenden, und die vier nächſt gelegenen Aemter des Bisthums Münſter dazu nehmen. Alsdann ſei es zweckmäßig die vollziehende Gewalt einem Gubernator, die geſetzgebende den Ständen zuzuſprechen, mit den Generalſtaaten ein enges Bündnis zu ſchließen und den Schutz des Königs von Frankreich nachzuſuchen. Der Gubernator würde dann ſelbſtverſtändlich Mansfeld ſein.

Die Ritterſchaft lehnte mit höflichen Redensarten die Plane des neuen Beſchützers ab. Die Anträge konnten den Generalſtaaten nicht ein Geheimnis ſein oder bleiben. Sie wußten auch ſo ſchon von Mansfelds Unterhandlungen mit Frankreich. Aber von einem anderen gleichzeitigen Plane des Söldlings hatten ſie ſicherlich keine Ahnung.

Noch im December 1622 erſchienen zwei Abgeordnete Mansfelds vor der Infantin in Brüſſel, um ihr abermals die Dienſte des Abenteurers anzubieten. Der Baſtard hatte inzwiſchen ſeinen Rang erhöht: er nannte ſich Fürſt und

---

[1] Aitzema I. p. 228 ff.
[2] Rathsarchiv zu Emden. Man vgl. zu dem Ganzen meine Geſchichte Oſtfrieslands von 1570—1751. S. 253.

Graf von Mansfeld. Auch seine Bedingungen waren nicht geringer als die früheren. Die erste derselben betraf den Orden des goldenen Bließes. Ferner verlangte er 15,000 Reichsthaler monatlich für den Unterhalt seines Hauses, seiner Leibwache und die außerordentlichen Ausgaben seines Heeres. Die ordentlichen, oder was er so nannte, erhob er von dem besetzten Lande. Er forderte ferner alleiniger General des Heeres zu bleiben, welches zur Zeit unter seinen Befehlen stehe und nur ihm gehorche. Nur von dem Könige selbst, von der Infantin, oder dem Marquis Spinola wolle er Befehle annehmen. Im Falle der Bewilligung werde er sofort schwören und dann die günstige Gelegenheit abwarten, um sein ganzes Heer schwören zu lassen. [1]

So abenteuerlich das alles für unsere Zeit klingt: so erschien es damals doch nicht in diesem Lichte. Mansfeld hatte diesmal für Spanien mehr in die Wagschale zu legen, als bloß die Ueberführung seiner Söldner. Seit langer Zeit hatte man von Spanien aus dem Besitze der Emsmündungen nachgetrachtet. [2] Alba hatte die Wichtigkeit derselben nicht erkannt; aber unter jedem der folgenden Gouverneure war der Wunsch und mit demselben auch die Schwierigkeit gestiegen. Denn die Hochmögenden erkannten die Plane. Wir haben berührt, wie sie denselben entgegen traten durch die Fesseln, welche sie dem spanisch gesinnten Landesherrn anlegten. Sie schürten und reizten die Stände zur Opposition. Sie gaben dem Lande eine Verfassung, welche die endlose Unruhe desselben verbürgte. Sie behielten sich die Garantie derselben vor, und legten, um dieß desto besser zu können, in die hauptsächlichsten zwei festen Plätze des Landes, Emden und Leerort, ihre Besatzungen auf dem Boden des Reiches. Die Spanier vermochten nicht von dort sie zu vertreiben, noch weniger das Reich, wo Rudolph II. und Matthias sich nicht viel darum kümmerten. Ferdinand II. sah es mit bitterem Verdrusse; [3] allein er war nicht in der Lage es wehren zu können. Nun stand Mansfeld mit einem wenigstens anscheinend starken Heere dort. Er war nicht bloß erbötig Emden in spanische Hände zu bringen, sondern alle Seehäfen und festen Plätze jener Gegend, dann die Elbe und Weser zu besetzen, damit die Schifffahrt auf denselben unter spanische Gewalt komme. Er erbot sich in dieser Beziehung alles zu thun, was man nur wünsche. Er erinnerte an die Thaten und Leistungen seines Vaters in spanischen Diensten, an das Testament desselben, durch welches der Sterbende den Sohn der Gnade des Königs von Spanien empfohlen. Für die Friedenszeit verlangt er einen Jahrgehalt von 20,000 Reichsthalern. Dafür will er verzichten auf die Pensionen, die er von Frankreich und Venedig beziehe, von dort 8000 Reichsthaler, von hier 12,000 Dukaten, auf die Ansprüche, die er an England und Holland mache. Auf die Pfalz, sagt Mansfeld, habe er Ansprüche zu mehreren Millionen. Mit Hülfe von Spanien hofft er einige davon verwirklichen zu können. Er ist dem gesammten Hause

---

[1] Vgl. Beilage VII. aus dem Archive zu Brüssel.
[2] Geschichte Ostfrieslands von 1570—1751. S. 12, 28 ff.
[3] Relatione di Carafa, p. 222.

Oestreich immer treu gesinnt gewesen. Er will an Treue und Eifer wetteifern mit seinem Vater. Sein Thun, sagt er, ist durchaus gegen die Holländer gerichtet.

Die Infantin scheint das alles geglaubt zu haben. Sie erwiedert, daß die Treue des Vaters bei Spanien noch in gutem Andenken sei. Sie hofft, daß der Sohn ihm darin nacheifern werde. Sie bewilligt fast alles. Mansfeld soll Anführer seines Heeres bleiben unter Spinola. Er soll Graf Mansfeld sein mit 12,000 Reichsthalern monatlich. Mit dieser Summe und den Contributionen des besetzten Landes soll er sein Heer unterhalten. Er soll das goldene Bließ erhalten, sobald der Vertrag vollzogen ist. Wenn er die Stadt Emden und die Plätze, die er jetzt inne hat, dem Könige von Spanien überliefert: so ist er mit diesem Acte Grande von Spanien.

So weit war man in Brüssel mit der Sache schon am 25. December 1622. Die Unterhandlungen gingen fort. Im Februar 1623 ward bestimmt, daß die Genehmigung des Königs von Spanien binnen drei Monaten eingeholt werden müsse. Mansfeld reichte ein Gutachten ein, wie an dem Jadebusen ein Kriegshafen anzulegen sei. Die Eidesformel für Mansfeld lag fertig vor. Alles war bereit.

Ahnten die Holländer etwas von der Sache? Wir glauben nicht, wenigstens damals nicht. Der holländische Commandant zu Emden hatte die Weisung die Mansfelder unter den Kanonen der Stadt nicht zu dulden. Allein eine solche militärische Maßregel gegen Mansfeld durfte auch getroffen sein ohne bestimmten Verdacht. Die andere Feste, Leerort, stand wenigstens für Mansfeld selber offen.

Aber war es dem Mansfeld Ernst mit seinen spanischen Plänen? Er hatte gleichzeitig noch vieles Andere an der Hand. Seine Truppen standen bis an die Grenze des Oldenburger Landes. Dort regierte der Graf Anton Günther, ein kluger, umsichtiger Herr, der mit ungewöhnlichem Geschicke das Schifflein seines kleinen Staates durch die wilden Wirbel der schauervollen Zeit hindurch steuerte. Er hielt mit dänischer Hülfe die Würgerbanden Mansfelds sich ab; doch wünschte er im Anschauen des unsäglichen Unheiles, welches sein Nachbarland verzehrte und veröbete, der Gefahr ein friedliches Ende zu machen.[1] Deshalb bat er mit Vorwissen des Dänenkönigs im Anfange März 1623 bei dem Kaiser um Gnade für Mansfeld, und bewog auch den Kurfürsten Max von Bayern ein Gleiches zu thun. Mansfeld ließ sich das so weit gefallen. Er ging weiter und bot dem Dänenkönige Ostfriesland an. Christian entgegnete, daß dazu der Graf Enno, sein Vetter, und die Stände ihre Einwilligung nicht geben würden. Doch bemühte Christian sich weiter. Ferdinand erwiederte: wenn Mansfeld selbst oder Jemand mit Vollmacht von ihm sich gebührend anmelde: so wolle der Kaiser sich also erklären, wie es die gemeine Wohlfahrt, Ruhe und Einigkeit, auch die Abwendung größeren Unheiles erfordere. Aber was hatte Mansfeld, der länderlose Abenteurer, von Verzeihung und vom Frieden zu hoffen? Er hatte Vortheil nur vom Kriege, als unverantwortlicher Führer seiner Söldner.

[1] Die betreffenden Schritte bei Winkelmann, oldenburgische Chronik S. 163.

In denselben Tagen des Frühlings 1623, wo Mansfeld in seinen Unterhandlungen mit der Infantin zum Schlusse gekommen zu sein schien, wo hinwiederum der Kaiser nach abermals ausgesprochener Reichsacht dennoch zur Verzeihung erbötig war, in denselben Tagen, wo Mansfeld mit Vorwissen und Genehmigung der Generalstaaten und des Pfalzgrafen Friedrich in Ostfriesland auf deutschem Reichsboden sich stärken sollte zu künftigen Thaten: in denselben Tagen waren auch andere Verhandlungen Mansfelds zum Abschlusse gekommen. Diese, die uns nicht ausführlich vorliegen, erschienen für Mansfeld als die vortheilhaftesten. Das seltsame Chamäleon unterzeichnete im Februar 1623 einen Dienstvertrag mit Frankreich, Savoyen und Venedig. [1] In denselben Tagen, wo der Dänenkönig den Kaiser um Verzeihung für Mansfeld bat, meldete Mansfeld diesem Dänenkönige: Frankreich, Savoyen und Venedig hätten ein Bündnis [2] geschlossen zur Erhaltung der Freiheit der Fürsten und Stände von Deutschland. Das Mittel dazu sei Krieg gegen den Kaiser und Spanien. Mansfeld forderte Christian von Dänemark auf diesem Bunde beizutreten. Er nannte sich den General dieses Bundes. [3]

Womit im Grunde war es diesem Mansfeld Ernst und womit nicht? — Der nächste Zweck jenes Bündnisses der Italiener und Franzosen war den Kaiser zu zwingen, daß er die Pässe und Plätze in Graubündten herausgebe. Mansfeld jedoch blieb mit seinem Heere in Ostfriesland stehen, auf deutschem Reichsboden an der Nordsee. Dort landeten 6000 Franzosen zur Vereinigung mit ihm. Sie blieben dort mit ihm, bis sie wie sein eigenes Heer und die Einwohner des Landes zugleich verdarben und verstarben. Daß dieß das Ende sein, daß Mansfelds Heer dort in sich selbst zergehen werde, sah man im Februar 1623 noch nicht mit voller Sicherheit voraus. Darum lag es Tilly ob gemäß der Sendung des Kaisers und der Fürsten von Regensburg gegen den Landverderber zu ziehen und ihn aus dem Reiche zu schlagen.

Der niedersächsische Kreis war in großem Schrecken vor einem Durchbruche Mansfelds nach Südosten. Und hier tritt abermals der Jammer der Wehrlosigkeit der deutschen Reichsfürsten in einer, wir möchten fast sagen, lächerlichen Weise zu Tage. Sie alle fürchten Mansfeld. Sie nennen ihn das commune malum. Sie beeilen sich dem Kaiser ihre Devotion, ihre Entrüstung über Mansfeld zu betheuern. [4] Allein anstatt nun sofort mit gesammter Macht sich aufzumachen, um den Reichsfriedensbrecher wieder hinauszuschlagen, anstatt dadurch einerseits sich gegen Mansfeld selbst zu sichern, andererseits das Herannahen eines kaiserlichen Heeres unnöthig zu machen, schicken sie im Februar 1623 an Mansfeld eine Besendung mit der Frage, ob er vorhabe auch in den niedersächsischen Kreis

[1] Rathsarchiv zu Emden. Aitzema I. 567
[2] Nach Nani, Storia Veneta p. 255, ist das Bündnis der drei Mächte schon von 1622.
[3] Zeitschrift des historischen Vereins für Niedersachsen. Hannover 1845. S. 101. 18. April 1623.
[4] Hurter, Ferdinand II. IX. 266.

einzurücken. [1] Er verneinte. Was auch sonst konnten sie erwarten, selbst wenn Mansfeld nicht der gewesen wäre, welcher er war? Sie gingen nun freilich nicht so weit die Rüstungen zu unterlassen. Sie warben ein Heer bis zu 10,000 Mann, und gaben den Befehl desselben an den Herzog Georg, den jüngeren Bruder Christians von Celle, später wohl bekannt durch seinen vielfachen Wechsel der Partei, und ferner als Stammhalter des welfischen Hauses. Damals und noch lange nachher war Georg kaiserlich gesinnt, wie sein Bruder Christian. Unversehens aber erhielt der niedersächsische Kreis wider den Willen dieser beiden Fürsten noch ein anderes und zwar stärkeres Heer dazu.

Christian von Braunschweig, der Jüngere oder Tolle zugenamt, hatte sich mit Mansfeld, dem er sich nicht unterordnen wollte, nie vertragen können. Als sie Holland verließen, zog er gerade aus ostwärts in die Länder seines Bruders Friedrich Ulrich und ließ dort die Werbetrommel erschallen. Die Holländer zahlten [2] das Werbegeld und mithin führten abermals im Grunde sie den Krieg. Christian faßte die Fürsten von Niedersachsen bei ihrer schwachen Seite. Er mahnte sie zu bedenken, daß die kirchlichen Stifter, auf welche die Katholiken seit langen Jahren das Auge geworfen, zu unwiederbringlichem Nachtheile aller Evangelischen ihnen abgezwackt werden sollten. Er sei in dieser Sache von Gott dem Allmächtigen erleuchtet, betheuert er, nicht jedoch, wie einige verblendete Leute meinen, dem niedersächsischen Kreise den allgemeinen Feind auf den Hals zu ziehen, sondern ihn abzuwehren. Die verblendeten Leute, welche Christian meint, sind seine Vettern von Celle. Wie lag es doch so nahe, daß nicht diesen verständigen Fürsten die Verblendung zur Last fiel, sondern dem wilden Jüngling selbst! Sein Beginnen zog die Waffen Tillys herbei, wie der Magnet das Eisen. Und dann wähnte dieser Knabe mit seinen frischgeworbenen zuchtlosen Haufen den Graukopf und dessen altversuchte Krieger bestehen zu können.

Christians Mutter Elisabeth und sein Bruder Friedrich Ulrich von Braunschweig sahen mit Angst und Bangen sein neues Beginnen. Sie baten und flehten abermals: er möge ablassen. [3] Er weigerte sich. Da gerieth die Mutter auf einen sonderbaren Einfall. Um zugleich ihren Sohn zu retten, um ihn von Mansfeld abzuziehen, seinen Waffen einen rechtmäßigen Anschein zu geben, und den Kreis gegen Mansfeld zu sichern, mußte Friedrich Ulrich den Vorschlag thun, daß der niedersächsische Kreis ihren Sohn Christian mit seinem Heere in Dienste nehme. Aber Georg von Lüneburg-Celle, kaiserlich gesinnt, war bereits Kreisgeneral, und die Vettern haßten einander. Deshalb nahm Friedrich Ulrich selbst am 3/13 März [4] 1623 seinen Bruder Christian auf drei Monate in Dienst. Christian mußte versprechen sich von Mansfeld völlig loszusagen, den Kreis zu

[1] Londorp. II. 754.
[2] Aitzema I. 567.
[3] Kurze und Gründliche Information, was es mit der Graffschaft Hohn- und Reinstein u. f. w. S. 115.
[4] Also im königlichen Archiv zu Hannover.

vertheidigen, wenn jener denselben angreife, und gegen den Kaiser in schuldiger Devotion zu verharren. Er versprach es.

War das ehrlich gemeint? — Daß Christian selbst es nicht so meinte, daß er nicht Willens sein konnte das mit holländischem Gelde geworbene Heer ungebraucht zu lassen, liegt nahe. Auch war er nicht so verschwiegen über seine Entwürfe. Es verlauteten bald Aeußerungen von ihm, daß er Willens sei nach Böhmen durchzubrechen, dort den Krieg wieder zu beginnen. Es kann nur die Frage sein, ob die Mutter Elisabeth, ob der Bruder Friedrich Ulrich mit Christian einverstanden waren oder nicht. Jene hatte den jüngeren Sohn, ihren Liebling, verzogen, dieser war ein Schwachkopf, der, um sich der Mühe des Durchlesens dessen zu entziehen, was seine Räthe in seinem Namen ausgehen ließen, es vorzog ihnen Blankette mit seiner Unterschrift zu geben. Die weiteren Schritte der beiden und des Oheims von Dänemark, des Bruders der Mutter Elisabeth, werden diese Frage beantworten.

Einstweilen war Zeit gewonnen, und diese sämmtliche Verwandte, die Mutter, der Bruder, der dänische Oheim bemühten sich für Christian bei dem Kaiser. Ferdinand bewies gegen Christian die gleiche Gesinnung, wie gegen Mansfeld, und abermals wieder gegen Friedrich von der Pfalz. Sehen wir zuerst das Verhalten des letzteren.

Am Schlusse des Jahres 1622 hielten noch englische Truppen die Stadt Frankenthal in der Pfalz besetzt. Sie allein war dort nicht haltbar, und Jakob ließ sie im März 1623 nach Zusicherung aller Ehren an die Infantin übergeben. Im Mai 1623 schlossen Jakob und die Infantin, um den Frieden anzubahnen, einen Stillstand auf 15 Monate. Der Kaiser trat bei.[1] Friedrich solle, also verlangte der Kaiser, während dieser Zeit allen feindlichen Verbindungen entsagen. Er solle keine neuen eingehen. Dagegen sollten alle diejenigen, welche auf dem Boden des Reiches Thätlichkeiten üben würden, als Reichsfeinde betrachtet werden. Der Kaiser erklärte sich bereit einen Friedenscongreß nach Frankfurt zu berufen. Die Kurwürde war an Max von Bayern vergeben; aber noch war das Verhältnis der pfälzischen Länder zur Kurwürde ein offenes.[2] Dieses sollte besprochen werden. Der deutsche Kaiser meldete das dem Kurfürsten Max. Er wünschte den Frieden. Er wünschte ihn, um dem Reiche die ersehnte Ruhe wieder zu geben. Er wünschte ihn ferner, weil der Glanz seiner Erfolge sein Auge nicht blendete gegen die Möglichkeit eines Umschlages.

Der Kaiser, die Infantin, der englische König mochten immerhin verabreden dieß und jenes: es kam darauf an, wie Friedrich darüber dachte, der im Haag eine merkwürdige Störrigkeit mit einer noch größeren Lenksamkeit verband. Störrig war er selbst gegen seine eigene Diener. „Er folgt immer seinem eigenen Willen," meldet damals Camerar,[3] „hört unseren Rath nicht, oder verachtet

[1] Khevenhiller X. 202.
[2] Hurter IX. 262.
[3] Söltl III. 200

ihn." In Wahrheit folgte er weniger seinem eigenen Willen, als demjenigen der Holländer. Er war arm, von Schulden gedrückt, und die Hochmögenden hatten viel Geld.[1] Sie ließen ihm ein Weniges davon zukommen, und ermahnten ihn im Uebrigen zu beharren. Denn wenn auch der Kaiser noch so viel verspreche: so sei es ja bekannter Grundsatz der Katholiken, daß man dem Ketzer nicht Wort zu halten brauche. Wir finden in calvinischen Flugschriften jener Tage dieß häßlich böse Wort dem Concile von Trident selber zugeschoben. War Friedrich fähig oder Willens diese Rede anzuzweifeln, oder gar nach Beweisen derselben zu fragen? Sie diente ja seiner Störrigkeit. Das geringe Maß eigener Kraft, das Friedrich je besessen, schwand dahin. Camerar klagt, daß Friedrich nur noch im Frauengemache lebe und weibischer werde von Tag zu Tag. Auch um die Mahnungen und Vorschläge des Königs Jakob kümmerte sich Friedrich nicht mehr. Jakob wußte nicht einmal,[2] daß der neue Einbruch Mansfelds in das deutsche Reich, in Münster und Ostfriesland, mit Friedrichs Vorwissen und Willen geschehen sei.

Diesem Verhalten Friedrichs entsprach seine Antwort auf die Aufforderung Jakobs zum Beitritte zu dem Stillstande.[3] Friedrich entgegnete: er habe nicht gegen den Kaiser die Waffen geführt. Wozu solle ein Stillstand? — Im August 1623 ließ er von dieser kindischen Antwort. Er trat bei, mit der Meldung an seine Parteigänger, an die Söldnerfürsten, die Friedrichs Namen benutzten, um die armen Deutschen zu mishandeln und zu verderben: es sei mit solchen Clauseln geschehen, daß es keine Gefahr für sie habe.[4] Er forderte den Herzog von Würtemberg auf: dieser möge herzutreten. Es gelte Religion und Freiheit zu retten. Friedrich hofft auf Bethlen Gabor.[5] Er meldete diesem Halbtürken: er sträube sich gegen den Frieden seines Schwiegervaters. Sobald Bethlen vorrücke, wolle er diesen Frieden ganz verwerfen. Seine nächste Hoffnung indessen setzt er auf Mansfeld, auf Christian. Der junge Herzog werde rasch nach Böhmen vordringen, meint er. Nur dadurch, fügt auch Friedrichs Rath Rusdorf hinzu, könne etwas beschafft werden.

Daß Friedrich den Frieden nicht wollte, als mit völliger Herstellung, liegt vor Augen. Ferdinand II. war erbötig zur Herstellung, nur mit der einzigen Vorbedingung, daß Friedrich zuvor sein Unrecht anerkenne. Dann stand ihm Herstellung bis auf die Kurwürde in Aussicht, und auch diese blieb seinen Kindern erreichbar. Da Friedrich sich dessen weigerte, fällt abermals auf ihn die Schuld der Fortdauer des Krieges, und in zweiter Linie auf diejenigen, als deren Werkzeug er seinen Namen brauchen ließ.

Der Krieg ward weiter geführt wider den Willen aller Deutschen. Niemand unter ihnen hatte jemals Mitgefühl für die Sache Friedrichs gehabt, als Christian und Mansfeld und alle diejenigen, die sich in gleicher Weise als Söldner

---

[1] a. a. O. 184.
[2] Aitzema I. 313.
[4] Hurter IX. 264.
[4] Mémoires de Rusdorf p. 117.
[5] Rusdorfii epistolae p. 10 hinter dem Consilia et negotia publica abgedruckt.

brauchen ließen. Der Krieg konnte in dieser Art gegen den Willen aller Deut= schen weiter geführt werden, weil Schlaffheit und Mangel an aller Thatkraft der Charakterzug der Zeit war. Er konnte weiter geführt werden, weil jedes einzelne Land den Söldnerheeren wehrlos offen lag und dann ihnen die Mittel gewähren mußte zu neuem Kriegführen nach Söldner Art. Ein bleibender Er= folg dieser Art von Kriegführung war niemals zu erwarten. Die Erfahrung hatte allzu deutlich und augenscheinlich dargethan, daß weder Mansfeld noch Christian vor Tilly zu bestehen vermochten. Der einzige Erfolg konnte sein und war: die Verödung der deutschen Länder.

Wie gegen Mansfeld, wie gegen Friedrich selbst der Kaiser alles that, was er ohne Nachtheil seiner Würde vermochte, um den Frieden wieder zu bringen: so auch gegen Christian. Daß die Werbungen des jungen Herzogs während der ersten Monate des Jahres 1623 nicht bezweckten den Kreis Niedersachsen gegen Mansfeld zu schirmen, daß es sein Plan war den Kriegesbrand abermals in die östreichischen Erbländer zu schleudern, ahnte oder wußte Ferdinand zur Ge= nüge. Nun kamen der Bruder, die Mutter, der Oheim dieses Christian mit Bitten heran um Verzeihung für den Söldnerführer, dessen Rüstungen täglich fortgingen, täglich mehr die deutschen Länder in Schrecken setzten. Waren diese Bitten ehrlich gemeint? Der Zweifel mußte bei dem Kaiser sich regen und Fer= dinand konnte denselben nicht verhehlen. Auf die Bitte der Mutter und des Bruders, auf ihre Entschuldigung, daß Christian in der Leidenschaft der Jugend so gehandelt, wie er gethan, erwiederte der Kaiser Ferdinand: er könne von einem deutschen Fürsten, wie Friedrich Ulrich nicht anders erwarten, als daß die Bitte um Begnadigung und das Anerbieten der Unterwerfung redlich gemeint sei. Doch müsse er ihnen sein Befremden aussprechen, warum nicht Christian selber bitte. [1] Dem Könige Christian IV. namentlich erwiederte Ferdinand: er halte für gewis, daß der König seine Fürbitte nicht ohne diese Ueberzeugung gethan haben würde. Deshalb gewährt der Kaiser die Verzeihung, doch so daß der Herzog als treuer und gehorsamer Fürst sich erweise, sein Versprechen halte, dagegen verhüte, daß das abgedankte Kriegsvolk den Feinden des Kaisers zuziehe.

Auf dieß kaiserliche Schreiben meldete der dänische König Christian seinem Neffen: mehr dürfe man von dem Kaiser nicht verlangen. Wenn sein Neffe vielleicht glaube, daß der Rath der Mutter und des Bruders aus natürlicher Neigung mehr die Sicherheit als die Reputation ins Auge fasse: so möge der Neffe auf den Rath des Oheims hören, der die Sache verstehe und es gut mit ihm meine. Der König bat: der Herzog wolle doch das kaiserliche Anerbieten nicht aus den Händen lassen, nicht auf fremde Einflüsterungen hören. Der Oheim bat den Neffen auch seine Ehre zu schonen. Er habe für den Herzog bei dem Kaiser um Gnade gebeten: darum sei, wenn Christian die Gnade nicht annähme, die Ehre des Königs in Gefahr, und also deute es der Kaiser sehr merklich in

---

[1] Zeitschrift des historischen Vereins für Niedersachsen. Hannover 1845. S. 60 f.

seinem Schreiben an. — Friedrich Ulrich meldete seinem Bruder: der Kaiser habe sich so mild und gnädig erboten, daß nicht abzusehen sei, was derselbe ohne Verletzung seiner kaiserlichen Majestät mehr thun könne, solle oder möge. Mit besserer Reputation als unter diesen Umständen könne Christian von dem Handel nicht abkommen. In gleicher Weise stimmten ein Christian Wilhelm von Magdeburg, Christian von Celle und andere Fürsten. Also am 24. April 1623.[1]

Friedrich Ulrich hatte Recht. Der Kaiser ging in seinem Anerbieten bis an die Grenze dessen, was er moralisch als oberster Richter des Reiches thun durfte. Denn wenn auch die Gnade gegen den reuigen Verbrecher das edelste Recht der Krone ist: so war der Kaiser auf der anderen Seite kraft seines Amtes auch der berufene Schutzherr der Tausende, die in Christians Frevelmuthe schuldlos hingeopfert waren.

Wir sehen, wie nach solchen Worten der Fürsten wir annehmen müssen, daß sie mit ihren Bitten für Christian bei dem Kaiser es aufrichtig meinten. Auch handelten sie in gutem Glauben. Der dänische Gesandte Sivert Pogewitsch versicherte einige Monate später dem Kaiser: Christian habe seiner Mutter mit Hand und Mund versprochen von dem Kriegeswesen abzustehen.[2]

Christian hatte in der Bestallung seinem Bruder bei fürstlichen Ehren und wahren Worten getreulich und ohne Gefährde gelobt nicht eigenmächtig Quartier zu nehmen, keinen Fürsten noch Stand des Reiches zu beleidigen, noch mit Gewalt zu überziehen, sich gegen den Kaiser allerunterthänigst zu verhalten, und dergleichen mehr.[3]

War es dem Christian Ernst solche Versprechen an die Mutter, den Bruder, den Oheim zu halten? Wir werden später das Urtheil der Mutter selbst über ihn vernehmen. Hier haben wir die Thatsachen ins Auge zu fassen.

Christian hielt Rinteln in Westfalen besetzt und bemächtigte sich in gleicher Weise anderer Orte an der Weser. Vergebens mahnte Friedrich Ulrich. Christians Werbungen gingen fort. Er suchte unter den Kreistruppen seines Vetters Georg von Celle Meuterei zu stiften, um sie herüber zu locken.[4] Dabei ließ er unter dem Landvolke verkünden: es gelte die evangelische Religion. Daß er nach Böhmen durchzubrechen strebe, war nirgends ein Geheimniß. Kleine Reichsfürsten aus dem Ernestinischen Geschlechte von Sachsen, welche ihr wilder Kriegesmuth abermals nicht daheim ließ, zogen ihm zu. Von einem derselben geschah das in der eigenthümlichen, für das Söldnerthum so charakteristischen Weise. Der Herzog Friedrich von Altenburg hatte ein Regiment geworben für den spanischen Dienst. Das Regiment war da. Friedrich sah kein Durchkommen damit nach den Niederlanden. Er zog zu Christian. Täglich schwoll das Heer desselben. Es war hohe Zeit, daß Tilly kam.

---

[1] Alle diese Schreiben in der Kurtzen vnd Gründtlichen Information, was es mit den Graffschafften Hohn= vnd Reinstein u. s. w. S. 121 ff.

[2] Hurter IX. S 279. Nr. 79 vom 13. September 1623.

[3] Kurtze vnd Gründtliche Information u. s. w. S. 114.

[4] v. d. Decken, Herzog Georg I. 105.

Das Heer desselben lag den Winter über still und friedlich in den Quartieren der Wetterau und weiter ostwärts. [1] Von Regensburg zurückgekehrt nahm Tilly sein Quartier zu Assenheim, im Herzen der Kornkammer der Wetterau. Dort geschah es, daß Johann Ludwig von Nassau eines Tags sich auf den Weg machte, um bei dem Feldherrn um eine Erleichterung der Einquartierung in Diez zu bitten. Er hatte eine goldene Kette zum Werthe von 2400 fl. bei sich, damit dieselbe seiner Bitte Gewicht verleihe. Als er zuvor Anderen davon erzählte, erhielt er den wohlmeinenden Rath den Versuch mit der Kette zu unterlassen, weil der General solchen Dingen unzugänglich sei. [2] Zur Entschuldigung des Grafen Johann Ludwig mag gereichen, daß Tilly damals zuerst in diese Gegenden kam, daß man damals noch den Unterschied dieses Mannes von den gewöhnlichen Heerführern nicht kannte. Wir werden später ersehen, wie den Bürgern der norddeutschen Städte dieser Unterschied sehr wohl bekannt war.

Zu Assenheim erhielt Tilly von dem Herzoge Friedrich Ulrich die Nachricht, daß er und andere Fürsten bei dem Kaiser sich um Gnade für Christian bemüheten. Tilly entgegnete am 23. März: [3] er freue sich sehr über solche Bemühungen. Denn ein dauernder Friede sei ja nur dadurch zu erlangen, daß sich die protestantischen Fürsten in gleichem Maße wie die katholischen an den Kaiser anschlößen und in ihm ihren Herrn verehrten. Er freue sich, daß Christian diesen Entschluß gefaßt; denn wahrer Ruhm für einen deutschen Fürsten sei ja doch allein unter den Fahnen des Kaisers. Darum habe er gern vernommen, daß die Braunschweiger Herzöge in die Fußstapfen ihrer Vorfahren eingetreten seien. — Aber am selben Tage, wo Tilly den Gesinnungen und Worten in Friedrich Ulrichs Briefen seinen vollen Beifall gab, meldete der Herzog Georg aus Nienburg seinem Bruder Christian dem Aelteren von Celle: weder der Kaiser, noch Tilly würden sich über Christians des Jüngeren wahre Absichten durch Briefe und Bitten täuschen lassen. [4]

Bevor Tilly an ernstliche Thaten gegen Christian und Mansfeld denken konnte, wollte und mußte er zuvor den Ausgang der Unterhandlungen des Königs Jakob von England mit der Infantin zu Brüssel abwarten. Und dann lag ihm, bevor er zu Christian gelangte, noch ein anderes Land zunächst, durch welches er ziehen mußte, das Land des unruhigen, friedelosen Moritz von Hessen=Cassel.

Blicken wir zurück auf die Bewegungen desselben.

Seitdem Christian von Braunschweig im Herbste 1621 zuerst sich geregt, war Moritz in beständiger Geschäftigkeit und darum in beständigem Unfrieden

---

[1] Königliches Archiv zu Hannover. Herzog Johann Ernst von Weimar am 2. Januar 1623 an die Herzogin Clara von Braunschweig: „Wegen des Monſ. Tilly umbligenden Kriegsvolckes melden wir E. L. hierbey, daß wir anderſt nicht wißen, alß das ſich ſolch Volck noch ſtill vnd friedlich verhalten thut."
[2] Keller, Trangſale des naſſauiſchen Volkes S. 47.
[3] Zeitſchrift des hiſtoriſchen Vereins für Niederſachſen 1815. S. 73.
[4] Königliches Archiv zu Hannover.

mit seinen Ständen und seinen Nachbarn. [1] Er ließ damals den Herzog Christian durch sein Land ziehen und unterstützte ihn. Die Stände erklärten ihm, daß sie jegliche Verantwortlichkeit dafür von sich ablehnten. Und nicht minder widerwillig war das Landvolk gegen die Werbungen des Fürsten. Auf den Bericht seiner Befehlshaber erwiederte Moritz zürnend: diese Widerwilligkeit des Volkes zur Anwerbung für die Vertheidigung des Vaterlandes sei ein trauriges Zeichen, daß im langen Frieden die Mannhaftigkeit der Hessen untergegangen, und beweise zugleich die einreißende Gleichgültigkeit gegen die heilige Sache des Evangeliums. Auch in der Streitsache mit Ludwig von Darmstadt über die marburgische Erbschaft waren die Stände von Hessen-Cassel nicht auf der Seite ihres Landesherrn. Als Moritz im März 1622 mit Gewalt gegen die widerspänstigen Ritter einschreiten wollte, mahnten die Räthe dringend ab: wenn Moritz auf der Bestrafung bestehe, werde die ganze Ritterschaft bayerisch, darmstädtisch, oder gar waldeckisch werden. Moritz gab dießmal nach; aber seine Gesinnung blieb dieselbe. Er hatte von seiner Fürstenwürde die ganz besonders hohe Meinung, die bei theologisirenden Fürsten so oft der Quell des Unfriedens für ihre Unterthanen ist. Indem er seines eigenen Eides und seiner Pflichten gegen den Kaiser vergaß, forderte er mit der Bibel in der Hand von den Unterthanen die unbedingte Unterwerfung unter das Trugbild seiner eigenen Hoheit und Unfehlbarkeit in kirchlichen und politischen Dingen. Dabei traf er in der Regel auf entschiedenen Widerspruch. Er wollte sich im Mai 1622 mit Christian von Braunschweig verbinden. Die Stände weigerten sich. Er wollte sich mit Mansfeld zum Ueberfall von Hessen-Darmstadt vereinen. Auch das scheiterte am Widerwillen seiner Stände.

Es sind jene ersten Kriegesjahre, in denen noch die Stände die Kraft des Versagens besitzen, in denen Mannesmuth und Kraft noch nicht gebrochen ist durch die lange entsetzliche Noth des Söldnerthums.

Auch die Erfahrung nach einigen Wochen, daß die Stände selbst dann, wenn sie politisch die Ansichten des Landgrafen getheilt hätten, doch klüger handelten, als er, brachte den von Habgier, calvinischer Theologie und Hochmuth verdrehten Landgrafen nicht zur Besinnung. Er verlangte im August 1622 von den Ständen abermals Geld für Söldner. Die Stände hielten dem bibelfesten Fürsten den Spruch Luc. 14, 30—32 entgegen: dieser Mensch hub an zu bauen und kanns nicht hinausführen u. s. w. Demgemäß riethen sie ihm seine Kräfte nicht zu überschätzen, und lieber bei dem nahenden Tilly Frieden zu suchen, so lange es noch Zeit sei. Sie verlangten Abdankung der Söldner. Selbst der Theil der Stände, der früher zu Moritz gehalten, verließ ihn. Sie sagten ihm: er stehe im Verdachte Christian zu begünstigen. Das müsse er widerlegen. Der zürnende Landgraf erwiederte: ein solcher Beschluß sei der

---

[1] Rommel, Geschichte von Hessen VII. 76. Man hat alle Ursache dem hessischen Historiographen für seine Forschungen dankbar zu sein, zumal da seine eigene Anschauung sich so leicht von denselben ablösen läßt.

Untergang seines fürstlichen Standes, der evangelischen Religion und seiner Unter=
thanen. Sein Gewissen verbiete ihm dazu still zu schweigen. Er suchte aus=
erlesene Mitglieder der Stände aus, um sich von denen seine Forderungen
bewilligen zu lassen. Auch das führte nicht zum Ziele. Er berief im December
1622 abermals die Stände. Mit Klagen und Seufzen bewilligten sie noch
60,000 Gulden für die Abdankung der Söldner, und baten dann sie mit
ferneren Steuern zu verschonen.

Das Ergebniß unserer Betrachtung ist dieß: das hessen=casselische Land war
dem Kaiser als dem rechtmäßigen Oberherrn treu ergeben. Es fürchtete von
demselben weder für seine Religion, noch für seine Freiheit. Die Ursache des
kommenden Unglücks war allein der ungebändigte Ehrgeiz, der fanatische Hoch=
muth dieses Landgrafen, der dann nach der Weise seiner Partei jedes seiner
rechtswidrigen Gelüste gegen Kaiser und Reich, gegen die Einheit und den
Frieden der Nation mit theologischen Redensarten und Bibelworten zu umbrämen
verstand.

Das Alles blieb in Wien nicht verborgen. Als im Sommer 1622 die
Sache Friedrichs abermals gescheitert war, Mansfeld und Christian den deutschen
Boden verlassen hatten, reichte Moritz dem Kaiser eine Entschuldigung seines
Verhaltens ein. [1] Sie befriedigte nicht. Es ward in Wien ernstlich die Frage
erwogen, ob nicht der Landgraf Moritz wegen Felonie zu ächten sei. Dahin
kam es nicht; doch beachtete man genau seine Schritte. Auch Tilly wußte sehr
wohl, was er von diesem Nachbarn zu halten habe, der voll krankhaften Un=
muthes mit seinen Ständen, mit seinen Räthen, mit seiner Frau, seinen Kindern
in beständigem Hader lag. [2] Im August 1622 sagte man: Moritz habe 20,000
Mann auf den Beinen. Tilly fragte einen hessischen Lieutenant, ob dem also.
Als dieser auswich, meinte Tilly: „Euer Herr hat viel zu thun. Er wird nicht
eher ruhig werden, bis ich komme und ihm ein Paar Federn ziehe.“ Dennoch
verharrte sowohl der Kaiser, als Tilly in ihrer milden, schonenden Weise. Auf
der Reise nach Regensburg gab Ferdinand auf die Frage seiner Räthe über
Moritz zur Antwort: er wisse wohl, wie es um denselben stehe. Doch wolle er,
wenn das Heer vor Schaden gegen den Landgrafen sicher sei, das hessische
Land mit Einquartierung verschonen. Dem Landgrafen indessen schlug das Ge=
wissen. Er schickte im December 1622 einige Räthe zu Tilly, der in Assenheim
weilte, und ließ sich nach Tillys Absichten erkundigen. Tilly entgegnete: er für
seine Person habe mit dem Landgrafen in Ungutem nichts zu thun, auch weder
vom Kaiser, noch vom Herzoge Max einen Auftrag zur Feindseligkeit. Er wisse
zwar wohl, welchen Vorschub der Landgraf den Feinden des Kaisers gethan;
doch solle Moritz sich dessen nichts Böses zu befahren haben. Die Räthe thaten
sehr unwissend. Sie fragten, was Tilly meine. Er bewies ihnen, daß Christian
von Braunschweig dort unterstützt, dem Mansfeld im Hessenlande Werbungen

---

[1] Rommel VII. 430. — Hurter IX. 129.
[2] Rommel VII. 431.

verstattet seien. Die hessischen Räthe entgegneten: wenn dieß geschehen: so sei es heimlich gewesen. Tilly wies sie hin auf die Nothwendigkeit des Friedens für das Reich. Der Kaiser sei geneigt. „Auch haben die armen Priester und Pfaffen wenig Lust zum Kriege. Sie sind desselben nicht gewohnt, wollten gern Frieden halten und Jedem das Seinige lassen, wenn man nur ihnen auch das Ihrige nicht nähme." Die Hessen entgegneten: der Kurfürst von Sachsen könne viel zum Frieden thun. „Allerdings," erwiederte Tilly, „aber auch euer Herr, der Landgraf, könnte es und hätte es längst thun können. Er ist ein Fürst von gutem Verstande und großer Autorität im Reiche. Er würde sich selber nützen, dem Kaiser angenehm sein, und sich um das ganze Reich verdient machen." [1]

So stand die Sache, als Tilly von Regensburg zurückkehrte mit dem Auftrage den Mansfeld zu verfolgen. Mehre Monate noch wartete er zu Assenheim auf den Erfolg des Stillstandes, den damals der König Jakob im eigenen Namen und demjenigen Friedrichs mit der Infantin schloß. Erst als Tilly vernahm, [2] daß weder Christian, noch Mansfeld sich darum kümmerten, daß jener dagegen auf dem Eichsfelde abermals mit Feuer und Schwert um sich griff gegen die Unglücklichen, die das in seinen Augen ungeheure Verbrechen begingen katholisch zu sein und dem Erzbischofe von Mainz zu gehorchen, als Tilly ferner vernahm, daß es Christians Absicht sei nach dem Bisthume Würzburg vorzudringen und von da aus in Böhmen einzufallen: erst da entschloß sich Tilly am 27. Mai zum Aufbruch gegen die Weser und bat Cordova im Falle der Gefahr ihm zu Hülfe zu kommen.

Demgemäß forderte er den Durchzug durch Hessen=Cassel. [3] Der Grimm des Moritz hatte in den letzten Tagen neue Nahrung erhalten durch die Nachricht aus Regensburg, daß der Kaiser und die Fürsten dort in dem Marburger Erbstreite zu Gunsten des Landgrafen Ludwig entschieden und den Kurfürsten von Köln und Sachsen den Vollzug aufgetragen. Tillys Forderung ließ Moritz jede Mäßigung vergessen. Er rief alles zu den Waffen, was sich doch nun einmal nicht wehren konnte, Bürger und Landvolk. Er hielt an den Landesausschuß eine Rede, daß die Religion bedroht sei, voll der ihm unentbehrlichen und geläufigen Bibelsprüche. Die Stände erwiederten: man könne sich nicht wehren, nur bitten, daß das Land nicht beschwert werde. Moritz schickte Gesandte an Tilly. Bislang, erklärte Moritz, habe er sich des Vorhabens von Christian nicht theilhaftig gemacht. Er sei dem Kaiser zu allem gebührlichen Gehorsame willfährig, und glaube nicht, daß der Kaiser den Einmarsch Tillys in Hessen billige. Die Gesandten redeten wieder von Neutralität. Tilly fiel ihnen erzürnt ins Wort: „Nicht von Neutralität ist hier die Rede, sondern von Gehorsam gegen Kaiser und Reich, die mich senden. Der Landgraf von Hessen ist ein

[1] Vollständige Abschrift der Verhandlung im königlichen Archive zu Hannover. Vgl. auch Rommel VII. 431

[2] Vgl. das Schreiben Tillys an Cordova bei Röse, Bernhard von Weimar I. S. 395. Ma perche vedo che l'Alberstat etc.

[3] Rommel VII. 534.

Fürst des Reiches, ist wie Andere dem Oberhaupte unterthan. Wie andere Fürsten gehorchen: so muß auch der Landgraf auf vierzehn Tage Quartier geben." Der General verlangte Absendung von Commissarien zur Anordnung und Regelung der Quartiere. Immerhin möge das Land schon bislang gelitten haben, erklärte Tilly; aber daran seien die Kriegsrüstungen des Landgrafen selber schuld.

Es liegt hier die Frage nah, ob unter den damaligen Verhältnissen des Reiches eine Neutralität von solcher Art, wie Moritz sie forderte, möglich und denkbar war. Wie sollte der Kaiser seiner Pflicht des Schutzes für die Angehörigen des Reiches genügen, wenn jeder einzelne Reichfürst mit dem Worte Neutralität dem Heere des Kaisers den Weg versperren durfte? Wir sehen dabei ab von dem Liebäugeln des Landgrafen Moritz mit dem Herzoge Christian: es handelt sich lediglich um eine Neutralität nach beiden Seiten hin. Da noch in neuerer Zeit deutsche Geschichtschreiber geneigt sind dem Moritz wenigstens nicht völlig Unrecht zu geben: so haben wir uns zu wenden an einen Mann aus jener Zeit selbst, der nicht entfernt dem Verdachte unterliegt das Recht des Kaisers über die Fürsten und Reichsstände zu überschätzen. Es ist der schwedische König Gustav Adolf, bei dem wir unsere Antwort suchen. Als wenige Jahre später bei dem Einbruche des Schweden in Deutschland der Graf Anton Günther von Oldenburg ihn um Neutralität bat,[1] erwiederte Gustav Adolf 16. December 1630: „es sei ja nicht abzusehen, wie eine solche Neutralität bei dem Kaiser von einem Vasallen des Reiches nachzusuchen, weniger noch, wie sie zu erlangen sei." Wir werden bald abermals Gelegenheit haben zu erfahren, wie Tilly und Gustav Adolf von ihren verschiedenen Standpunkten aus doch in einigen wichtigen Dingen völlig übereinstimmen.

Zur selben Zeit, als Tilly seinen bevorstehenden Einmarsch ankündigte, meldete Christian von Braunschweig: er werde kommen, um das hessische Land zu entsetzen. Moritz fragte an, wo er gedenke dem Tilly den Kopf zu bieten. Er berief die Stände, und verlangte Geld zu Werbungen. Die Stände lehnten ab, wie gewöhnlich. Erzürnt ging Moritz auf die Hochzeit seiner Tochter nach Dessau.

Es ist dieß ein merkwürdiger böser Zug, der in dem für Deutschland oft so unheilvollen Hause von Hessen-Cassel sich auch später wieder findet, daß sie nämlich in der Zeit wichtiger Krisen das Land verlassen. Die Absicht liegt nahe: es ist diejenige der Provocation zur Anarchie.

Des Verzuges ungeduldig betrat Tilly im Mai das hessische Land. Da der Einzug unabwendbar war, so kann die Nichtabsendung von Commissarien nur absichtlich gewesen sein zu einem ganz besonderen Zwecke. Dieser Zweck wird klarer durch das Verbot des Moritz an seine Beamten die Sorge für den regelmäßigen Unterhalt des Heeres zu übernehmen.[2] Es war dann die unvermeidliche Folge, daß die Soldaten selbst Quartier und Lebensmittel nahmen nach

---

[1] Winkelmann, oldenburgische Chronik S. 225.
[2] Rommel VII. 544.

eigenem Gefallen. Dabei war Unordnung unvermeidlich. Diese etwaige Un=
ordnung konnte dann auf Rechnung eines katholischen Fanatismus geschrieben,
und durch die calvinischen Geistlichen zur Aufreizung des Landvolkes benutzt
werden. Der wohlangelegte Plan mislang nicht völlig. „Obwohl Tilly auf
dem Marsche von der Wetterau nach Hersfeld," erzählt uns ein gleichzeitiger
Bericht, [1] „scharfe Disciplin gehalten und das Streifen ernstlich verboten, ist
doch viel Ungemach vorgegangen, die Straßen sind unsicher geworden, und viele
Flecken haben herhalten müssen." Allein Tilly setzte dem Stratagem des Land=
grafen in dieser Art ein anderes entgegen von seiner Art. Moritz hatte das
Landvolk aufgeboten zur Vertheidigung. Wo Tilly solche Kämpfer fand, griff
er sie nicht an, sondern ließ freundlich zu ihnen reden. „Ihr Bauern," sprach
er selbst zu einer solchen Schaar, „ihr seid gute Leute, zieht heim zu euren
Weibern und Kindern, und sammelt Kraut und Rüben für sie ein: es soll
euch nichts widerfahren." — „Das ist ein Stratagema," sagt ein heftiger
Gegner, [2] „dessen Tilly viel genossen hat." Wir haben keinen Grund das zu
bezweifeln. Der Eiferer zieht daraus die kluge Lehre nicht Besatzungen von
Landvolk zu bestellen, dessen Herzen an Weib und Kindern, an Hab und Gü=
tern hangen, sondern Söldner, die solche Rücksicht nicht nehmen.

Auch auf dem Marsche ließ Tilly nicht ab die Zusendung von Commissarien
zur Anordnung regelmäßiger Verpflegung zu fordern. Am $^{20}/_{30}$ Mai betraten
seine Quartiermeister das Rathhaus zu Hersfeld und forderten in des Kaisers
Namen die Lieferung von Lebensmitteln. Da endlich gaben dort die landgräf=
lichen Beamten nach. Aber auch ferner noch schwankten einige zwischen der
Noth des Augenblicks und dem ausdrücklichen Verbote des Landgrafen. Wan=
fried wollte sich sogar widersetzen. Erst als die Ligisten mit Sturmleitern drohten,
ward ein Accord geschlossen und die Thore geöffnet. Dennoch forderte dann der
junge Landgraf Wilhelm gar die kleine Stadt Allendorf zur standhaften Ver=
theidigung auf. Erst wiederholte Drohungen erzwangen den Accord. Noch
während des Stillstandes, der zu diesem Zwecke angesetzt war, wurden die Thore
aufgeschlagen. Die Ligisten zogen ein. Unter jedem anderen minder discipli=
nirten Heere jener Zeit wäre unter diesen Umständen eine allgemeine Plün=
derung erfolgt. Der Oberst verhinderte sie.

Bevor Tilly Hersfeld verließ, verlangte er von allen Behörden eine schrift=
liche Erklärung die ferneren kaiserlichen Truppen ungehindert durchziehen lassen
zu wollen. [3] Sie beriefen sich auf ihren Eid gegen den hessischen Fürsten. Tilly
erwiederte: obenan stehen die Pflichten der Fürsten und Unterthanen gegen den
Kaiser. Wenn der Landgraf Moritz sie daran hindere, werde es ihm nicht wohl
bekommen. Auch so noch gaben die Behörden den verlangten Revers nur be=
dingungsweise, und entschuldigten sich bei Moritz: sie hätten noch Härteres
befürchten müssen, als diesen Revers.

[1] Theatrum Europ. 838.
[2] Dormi secure oder Spinolas und Mons. Tillys Schlaftrunck 1625.
[3] Rommel VII. 546.

Für den Landgrafen Moritz jedoch war es unmöglich zur Vernunft zu kommen. Er, der unterdessen fern von seinem Lande auf der Hochzeit seiner Tochter gewesen war, kam voll Grimm über Räthe, Stände, Ritter und Befehlshaber zurück und erklärte, daß sie in seiner höchst nöthigen Abwesenheit sich nicht wie Männer, sondern wie Weiber benommen hätten. Tilly wäre nicht ins Land gekommen, sagte er, wenn die Stände mit ihrem Fürsten für e i n e n Mann gestanden. Er ließ den 1. Juni eine Untersuchung anstellen gegen die Mitglieder des letzten Landtages, der ihm Hülfe verweigert. Sie traf besonders die beiden Deputirten des Rathes von Cassel. Die Rache an diesen war leichter als an den Rittern, weil die Ritterschaft als geschlossene einige Corporation gegen die Mishandlung eines jeden ihrer Mitglieder aufgetreten sein würde. Der Stadtschreiber von Cassel rettete sich durch die Flucht. Der Bürgermeister ward für seine leichtsinnige Abstimmung zur Abbitte und 4000 Thaler Buße verurtheilt. Unterdessen dauerte die Verbindung des Landgrafen mit Christian fort. Er hielt den Ständen seines Landes vor: die Verfolgung des Mansfeld in Ostfriesland sei nur ein Vorgeben. Tilly werde, sagte Moritz, sobald er Christian zurückgeschlagen, nach Hessen zurückkehren. Das war allerdings nicht anders zu erwarten n a c h dem Verhalten des Moritz. Er setzte dann es durch, daß der landständische Ausschuß am 1. Juli die Frage der Vertheidigung erwog.[1] Diese Erwägung der Stände, ob man mit Tilly, ob man mit Christian halten sollte, hebt lediglich die politische Seite des Augenblicks hervor, wer von den beiden die Aussichten des Erfolges für sich habe. Die Vertheidigung des Vaterlandes, welche auch die Ritter und Stände im Munde führen, bezieht sich nur darauf, daß man sich jedes Heer möglichst fern halten möchte. Und diese Erörterung mußte der Lage der Dinge gemäß gegen Christian von Braunschweig ausschlagen. Als Moritz in Güte nicht durchdrang, versuchte er Gewalt. Er verschloß den widerspänstigen Rittern die Thore von Cassel, entzog ihnen Futter und Mahl, legte die Führer in Arrest. Die Ritter erklärten einmüthig: die Freiheit der Abstimmung auf Landtagen sei geheiligt durch das Völkerrecht. Sie wandten sich Schutz und Hülfe flehend an den Kaiser.

Um so sicherer durfte nun Moritz nach seinen Benehmen sich als ein Prophet erscheinen, daß Tilly nach dem Siege über Christian und Mansfeld zu ihm nach Hessen zurückkehren werde.

Fürerst mußte Tilly vorwärts. Am Tage seines Aufbruches von Assenheim, am 23. Mai, hatte er diesen dem Herzoge Friedrich Ulrich von Braunschweig, dem Bruder des Halberstädters, und dem Vetter Christian von Celle als Obersten des niedersächsischen Kreises kund gethan. Christian der Aeltere, ein stets kaiserlich und deutsch treu gesinnter Mann, wünschte die Ankunft Tillys. Es sei der kaiserlichen Würde verkleinerlich, meinte er,[2] den immer weiter sich ausbreitenden Umtrieben Christians des Jüngeren zuzusehen, und den Brand,

---

[1] Rommel VII. 554.
[2] Malláth, Geschichte von Oestreich III. 99, aus dem östreichischen Staatsarchive.

der zur Zeit noch zu löschen sei, zu einem blutigen Kriege um sich greifen zu lassen. Es war nicht Hinterlist gegen den Vetter; denn gleichzeitig rieth er diesem, er möge doch endlich die Gnade des Kaisers ergreifen. [1] Friedrich Ulrich dagegen zeigte sich über Tillys Meldung sehr aufgebracht. Er vernehme mit höchstem Befremden, daß Tilly sich wider seine frühere ausdrückliche Erklärung dennoch jetzt nähere. Sein Bruder Christian, sagte er, [2] stehe in seinen Diensten. „Seitdem über den Pardon unterhandelt wird, hat er keinen einzigen Menschen, viel weniger denn euch beleidigt." Glaubte Friedrich Ulrich selbst, was er hier unterzeichnete? — Das Heer der Liga erhielt damals an Sold monatlich eine Viertel Million Thaler zugesandt. [3] Das reichte zur Hälfte. Christian hatte von seinem Bruder Friedrich Ulrich für die drei Monate des verabredeten Dienstes 100,000 Thaler bekommen. Sein Heer war eben so stark als dasjenige der Liga. War es da, abgesehen von allem Anderen, möglich und denkbar, daß Christian und sein Heer Niemanden beleidigte? — Bald indessen vernahm man auch andere Dinge, welche den etwaigen Zweifel lösten.

Am $^9/_{19}$ Mai war Tilly in Eschwege an der Werra. Von dort aus theilte er bestimmter an Friedrich Ulrich seinen Entschluß mit weiter vorzurücken, und bat zur Verhütung aller Unordnung um Quartiercommissarien. [4] Friedrich Ulrich erwiederte, wie früher. Er sähe gar nicht ein, meldete er, wie sein freundlicher lieber Herr Bruder zu solchem Vorrücken Anlaß gegeben. Derselbe berathe über die Annahme des kaiserlichen Pardons.

In Wahrheit berieth Christian ohne zu einem Entschlusse zu kommen, weil er zu einem solchen nicht kommen wollte. Auf das erste Versprechen, welches sein Bruder, seine Mutter und sein Oheim erwirkt, berief er seine Officiere am $^{16}/_{26}$ Mai. [5] Sie waren bereit die Waffen niederzulegen, wenn Christian so lange zu ihnen halte, bis die kaiserliche Verzeihung auch auf sie ausgedehnt und eine ewige Vergessenheit verheißen sei. Abermals legte der dänische König dieß Gesuch dem Kaiser vor. Und wiederum genehmigte der geduldige Ferdinand auch diese Forderung. Er wolle Allen verzeihen mit Ausnahme derer, die aus seinen Erb= ländern gebürtig seien; aber die Frist zur Annahme laufe nur acht Tage. Binnen dieser Zeit müßten sie sich entscheiden.

Ferdinand traute ihnen nicht; dennoch ging er um des Friedens willen, so weit er konnte. Er hoffte, daß die Fürsten des Kreises vielleicht dennoch Chri= stian bewegen würden. Dieß meldete er am selben Tage, 18. Juni, an Tilly. Weil doch eine Möglichkeit sei, daß auf gütliche Weise alles zur Ruhe komme: so sollte Tilly noch nicht in den niedersächsischen Kreis einrücken, sondern an den Grenzen desselben sich aufhalten. Wenn auch Christian sich nicht unterwerfe:

---

[1] Königliches Archiv zu Hannover. Schreiben vom $\frac{28. \text{ Mai}}{7. \text{ Juni}}$ 1623.

[2] Eben dort. Schreiben vom $\frac{25. \text{ Mai}}{4. \text{ Juni}}$ aus Calvörde.

[3] Westenrieder, Beiträge VIII. 155.

[4] Königliches Archiv zu Hannover.

[5] Röse, Bernhard von Weimar I 58.

so werde sein Heer bei längerem Warten Tillys sich in dem Kreise von selbst verzehren, die unschlüssigen Stände desselben gegen sich reizen und vielleicht Anlaß geben, daß der Kreis Tilly um Hülfe ersuche. Also die Meinung des Kaisers. Doch wollte er den Feldherrn nicht binden. Ausdrücklich fügt er hinzu, daß er die ganze Sache der bekannten Discretion Tillys anheimstelle.[1]

Inzwischen baten der König von Dänemark und der Kurfürst von Sachsen um Verlängerung der Frist. Und abermals war der Kaiser Ferdinand auch dazu bereit. Er dehnte die Begnadigung aus. Wenn Tilly bemerke, daß die Ausnahme der Unterthanen des Kaisers aus seinen Erbländern ein Hinderniß sei: so gebe er ihm die Vollmacht auch diese mit einzuschließen. Also handele er, sagte der deutsche Kaiser Ferdinand, damit er hernach bei der ganzen Welt um so mehr entschuldigt sein wolle, daß nicht er die Ursache der Fortdauer des Krieges sei. Er erneuerte seine Vollmacht an Tilly und legte die Entscheidung in die Hand seiner Feldherrn. Also am 30. Juni.

Von kaiserlicher Seite war geschehen, was geschehen konnte. Und wiederum ward aus dem Lande Friedrich Ulrichs von einsichtigen Männern alles gethan, was sie thun konnten. Zwei Tage nach der letzten Aufforderung Tillys vom 19. Juni legten die Räthe Friedrich Ulrichs ihm die flehende Bitte vor, der Herzog wolle seinen Bruder ermahnen, daß Christian in sich gehe und bedenke, was zum zeitlichen und ewigen Frieden diene. „Wir können," sagen sie, „das Unternehmen des Herzogs jetzt so wenig wie zuvor genehm halten. Auch möchten wir nicht gern beschuldigt werden, daß wir nicht als ehrliche Deutsche das Unsrige gethan hätten. Wenn der Erfolg ein ungünstiger ist, so wird gemeiniglich alles den Räthen beigemessen. Darum wollen wir unseres Ortes vor Gott, vor der kaiserlichen Majestät, vor allen Kurfürsten, Fürsten und Ständen des Reiches hiermit entschuldigt sein."[2] Sie wiederholten die Bitte, Christian müsse die kaiserliche Gnade annehmen.

Der junge Herzog fühlte, wie sich der Boden unter seinen Füßen höhlte. Wer überhaupt war noch für ihn? Er wußte oder ahnte, daß die Vettern von Celle mit Tilly in lebhaftem Verkehre standen. Keiner von den anderen Fürsten des Kreises billigte seine Sache, höchstens war Moritz von Hessen-Cassel zweifelhaft und wartete den Ausgang ab, um sich dann zu entscheiden. Das Landvolk konnte man immerhin durch die Predigten der Geistlichen fanatisiren lassen. Wir finden einen Brief eines Pastors, welcher meldet:[3] „Der Tilly soll die Menschen mit Pferden zerreißen lassen." Aber war auf dieses Landvolk zu vertrauen? Zu vertrauen im Kampfe gegen Tilly? Das alles machte Christian nicht irre. Seinem wilden Frevelmuthe behagte der Contrast. Während der Kaiser ihm Verzeihung anbot, forderte Christian am 16/26 Juni von Tilly eine offene, runde Erklärung, ob er Freund oder Feind

[1] Londorp. II. 763. Theatrum Europ. 738.
[2] Königliches Archiv zu Hannover.
[3] Königliches Archiv zu Hannover.

sei. Er werde keinen Pardon annehmen, sagte Christian, als wie er selber ihn vorgeschrieben. Bis dahin halte er seinen Revers gegen seinen Bruder fürstlich und redlich, und harre in Geduld. Zwar ziehe er vom Eichsfelde einige Gelder ein, welche man ihm dort das Jahr zuvor wegen Verschonung versprochen; doch könne man das keine Brandschatzung nennen. Es wäre denn etwa, daß man auch die Gelder, welche Tilly in der Wetterau, in Franken und Schwaben erhebe, Brandschatzung nennen wolle.

Tilly antwortete ihm eben so ruhig, eben so fest und sicher, wie er als Feldherr diesem leidenschaftlich zähen Raufbold gegenüber stand. Es ist die Sprache des erprobten und bewährten, maßvollen und herzlich wohlmeinenden Mannes gegenüber dem gährenden Strudel ungezähmter Kampfes- und Zerstörungslust, und was mehr sagen will: die Sprache der Wahrheit gegenüber der Lüge. [1] Der alte Tilly bittet den Jüngling Christian inständigst: er möge gedenken an allen Jammer und alles Leid, das er über Land und Leute bringe, er möge auch jetzt noch die kaiserliche Gnade annehmen. Dann aber verwahrte er sich selber. Er wolle in Unterthänigkeit nicht verhalten, sagt der alte Mann zu dem Jüngling, daß seine fürstliche Gnaden von einem oder dem anderen, der dem Kaiser oder seinem Feldherrn übel zugethan sein müsse, mit Unrecht berichtet sei, als habe er irgend Geld erpreßt. „Denn ich habe mich derselben Mittel nie gebraucht, auch zu brauchen niemals genöthigt gewesen." Und weiter verantwortet sich der alte Feldherr gegen den Vorwurf, als führe er fremde Truppen ins deutsche Reich. „Die Soldaten unter meinem Commando," sagt er, „bestehen nur aus solchen Nationen, welche jederzeit unter des kaiserlichen Adlers Schutz und Schirm gelebt, und die noch wohl vor kurzen Tagen für die werthe Christenheit wider den allgemeinen Erbfeind Gut und Blut willig dargeschossen und ritterlich aufgeopfert haben." Christian hatte ihm ferner den Vorwurf gemacht, Tilly handele der Reichsverfassung zuwider. „Nicht im Geringsten ist das mein Sinn," erwiederte Tilly. „Es ist nur meine Aufgabe das zu vollziehen, was des Kaisers als des höchsten Oberhauptes im Reiche und in der Christenheit, Ordnung und Befehl mit sich bringen, und diese bezwecken Achtung vor dem Kaiser, Ruhe und Einigkeit, und Aufhören des verderblichen Krieges."

Es hätte für Manchen an Tillys Statt nahe gelegen in diesem Schreiben alle die Vorwürfe, welche Christian gegen ihn erhebt, nicht bloß wie er thut, in ihrem Ungrunde aufzudecken, sondern sie dann auch in vollem Maße und zwar begründet zurückzugeben. Tilly thut es nicht. Nur eine nothwendige Ablehnung der Vorwürfe, die man ihm macht, hat er bezweckt, nicht mehr. Und am Schlusse gar fügt dieser Greis, der als Muster der Zucht und Disciplin seines Heeres allen Anderen voranging, dem Landverderber und Mordbrenner Christian von Braunschweig gegenüber die bescheidenen Worte hinzu: „Es ist Ewr. Fürstl. Gnaden nicht unbewußt, daß es unmöglich ist eine so

---

[1] Londorp. II. 763.

starke Armee mit großem Nuh, Frommen und Vortheil durchzuführen ohne Un= gelegenheit der Unterthanen.“

Das Schreiben Tillys ist vom 3. Juli [1] zu Eschwege datirt. Es verflossen nicht acht Tage, da ließ der wilde Christian auf dem Eichsfelde die Dörfer auf= lodern. Am $2/_{12}$ Juli lagen bereits fünfzig in Asche. [2] Und auch das noch genügte ihm nicht. Am $10/_{20}$ Juli ließ er in seinem Heere ausrufen, daß er das Eichsfeld preisgebe. [3] Man erzählte, daß er in einem Kloster dort die Mönche mit verbrannt habe. [4] Wie lange verzog der Retter?

Hatte Christian dabei bloß den Zweck die Bewohner des Eichsfeldes für die Säumigkeit in ihren Zahlungen zu bestrafen, und zugleich seinen Söldnern etwas zuzuwenden? Erinnern wir uns, daß Christian, wie Friedrich selbst, wie alle Mitglieder dieser unheilvollen Partei, ihre bösen Plane stets mit den Worten umhüllten: es gelte die Religion. Erinnern wir uns, daß Christian sich vorzugs= weise katholische Gegenden zu seinen Raubzügen aussucht. Sein Zweck liegt nahe. Er will durch seine Thaten den Religionshaß entzünden. Er will durch den Frevel an katholischen Deutschen in dem lutherischen Volke Niedersachsens den Glauben erwecken: es sei doch in Wahrheit um die Religion zu thun. Ist es ja doch immer so leicht die Menge mit den Worten: Religion und Freiheit zu bethören, und nun gar für einen Fürsten, der als Landesherr oder Bruder desselben gemäß der abhängigen Stellung der Geistlichen auf die Mitwirkung derselben zu diesem Rufe sich sichere Rechnung machen durfte!

Dabei ist nun doch auch ein Verhältnis von der größten Wichtigkeit. Tilly nannte sein Heer das kaiserliche. Der Kaiser versah ihn mit dem Vollmaße der Autorität. Ferdinand II. beauftragte Tilly zu handeln nach seiner Discretion. Dennoch war und blieb Tilly nur der mittelbare General des Kaisers mit allen Hemmnissen, welche dieß Verhältnis ihm selber wie dem Kaiser in den Weg legte. Er war unmittelbar der General des Bundes der Liga. Zu diesem Bunde gehörten nur katholische Fürsten, nicht ein protestantischer. Es gehörte selbst, abgesehen von dem Grafen von Ostfriesland=Rietberg, der nur eine Zeit= lang Mitglied gewesen zu sein scheint, kein katholischer weltlicher Fürst dazu, als Maximilian von Bayern. Alle anderen Theilhaber waren geistliche Fürsten, Aebte, kirchliche Genossenschaften. Wie lag es da so nahe dieß Heer das katho= lische zu nennen, obwohl es, wie wir gesehen haben, nach Friedrichs eigener Behauptung der Mehrzahl nach aus Protestanten bestand! Wie lag es so nahe, daß die protestantischen Geistlichen, die so dürftig und abhängig diesen katholischen

---

[1] Es versteht sich, daß Tilly nach dem neuen Kalender schreibt. Man hielt dieß allgemein fest, daß Katholiken nach dem neuen Kalender, Protestanten nach dem alten schreiben. Danach sind auch hier die Daten. Nur wo die Parteien in Berührung treten, ist das doppelte Datum erforderlich.

[2] Bericht des Amtmanns von Catlenburg an Christian von Celle, vom 21. Juli, im königlichen Archive zu Hannover.

[3] Adlzreitter, A. B. III. 116.

[4] Ein Bericht im ehemaligen Domcapitelarchiv zu Osnabrück.

Bischöfen und Aebten, diesen kirchlichen Fürsten gegenüber standen, den Unmuth gegen das Heer derselben auch da nicht vergessen konnten, wo dieses Heer ihnen persönlich keinen Anlaß zur Klage gab! Es war doch in Wahrheit nach ihrer Ansicht nicht ein eigentlich kaiserliches Heer, sondern ein katholisches, ein Heer der Pfaffen. Wir finden diesen Ausdruck, wenn auch nicht damals, doch später oft und oft. Sollte denn dieses Heer wirklich nicht einen Religionskrieg führen? So ganz ohne Stütze stand Christian nicht mit seiner Behauptung.

Es bedurfte, um diesem Geschrei des Religionskrieges mehr Schein zu geben, nur noch des Beispieles, daß Tillys Truppen in gleicher Weise gegen die protestantische Bevölkerung Niedersachsens handelten. Auch diese Klage ward laut. Gerade damals hören wir sie erheben. Wir haben sie zu vernehmen und ferner von Tilly selbst zu erfahren, wie er dazu stand.

Nachdem die Truppen Tillys mehrere Tage lang still und friedlich an der Grenze des niedersächsischen Kreises, an dem Amte Radolfshausen gelegen, änderte sich ihr Betragen. [1] Einige Schaaren fielen über Radolfshausen her, plünderten und legten Brand. Das Dorf Hattorf und ein großer Theil von Radolfshausen lag in Asche. Das Amt gehörte dem Herzoge Christian dem Aelteren von Lüneburg-Celle, dessen kaiserlich treue Gesinnung außer Zweifel stand. Er führte sofort bei Tilly schwere Klage.

Tilly vernimmt dieselbe mit tiefem Schmerze. Er ist sich bewußt das verderbliche Brennen jederzeit in tiefster Seele verabscheut zu haben. Es gibt ja Kriegsanführer, sagt er, [2] welche solches leidige, verderbliche Brennen für nöthig, ja wohl gar für die Hauptsache der ganzen Kriegsführung halten, welche zu diesem Zwecke eigene hohe Officiere anstellen und besolden. Aber ihm selber gibt nicht bloß sein Gewissen ein anderes Zeugniß: er hat bis dahin das Recht sich auf die Erfahrung von seiner Kriegeszucht, auf seinen Namen vor der ganzen ehrbaren Welt zu berufen. Und nun droht diesem seinem Namen Gefahr! Es droht ihm die Gefahr, daß ehrliebende Männer sich hinwegwenden von ihm, daß sie diesen seinen makellosen Namen werfen zu denen der Bürger, welche mit roher Lust menschliche Wohnungen vernichten, Glück und Frieden der Familien zertreten, Leben und Habe, Ehre und Gesundheit wehrloser Menschen dem brutalen Willen heimathloser Verbrecher unterwerfen! Was doch soll Tilly thun, um sich zu reinigen von diesem ungeheuren Vorwurfe? Er zieht die Gesandten des Herzogs Christian von Celle herbei zur Nachforschung und Untersuchung gegen die Schuldigen. Wer nur immer von den Soldaten sich nicht reinigen kann von dem allergeringsten Verdachte des begangenen Frevels, der büßt sofort in Anwesenheit der Commissarien des Herzogs mit Leib und Leben. Er bittet ihm einen kriegsverständigen Commissar zu schicken, der ihm Nachricht gebe über des Landes Ort und Gelegenheit. Er versichert, daß die Erhaltung von Land und Leuten des Herzogs ihm angelegen sein werde, wie diejenige seines eigenen Heeres.

[1] Beilage Nr. VIII.
[2] Beilage Nr. IX.

Allein mit allem Nachdrucke, mit voller moralischer Ueberzeugung spricht Tilly zugleich dem Herzoge Christian von Celle gegenüber es aus, daß die ganze Sache ausgehe von den Widerwärtigen, welche durch die Verschlagenheit solcher Mittel in dem Herzoge Mistrauen erwecken und die kaiserliche Armee verhaßt machen wollen. Verhielt sich dieß so? Wir haben nur die Ansichten damaliger Zeit zu berichten. Die Beamten des Herzogs Christian waren der Ansicht, Tillys Soldaten müßten geglaubt haben, daß das von ihnen verheerte Amt Christian dem Jüngeren gehöre. In dieser Weise sah acht Tage später auch Tilly die Sache an.[1] Er spricht von Irrthum und Misverstand der Soldaten. Er hofft, daß Christian von Celle seine Entschuldigung und die Strafe der Verbrecher in Gnaden vermerkt, daß der Herzog dieselbe den Umständen nach als gültige Satisfaction annehmen wolle, zumal da fortan gute Ordnung herrschen werde. Man fühlt aus dem Briefe die Sicherheit der Ueberzeugung des Feldherrn, daß sein guter Name nicht gelitten habe.

Unterdessen wandte Tilly sich abermals an die Fürsten des Kreises und bat sie den jungen Herzog zur Niederlegung der Waffen zu bewegen.[2] Er wiederholte sein Versprechen, daß der Kreis nichts von ihm zu befürchten habe, sobald nur dieß geschähe. Die Fürsten versammelten sich zu einem Kreistage in Lüneburg. Sie mahnten den Christian: er möge sich fügen. Er wollte nicht. Er rückte auf mainzisches Gebiet und griff dort kaiserliche Truppen an. Er wiederholte dieß. Da durfte Tilly nicht länger warten. Es lag klar zu Tage, daß der Halberstädter nicht den Frieden, daß er Krieg wolle. Aus strategischen Gründen[3] rückte Tilly in braunschweigisches Land, und besetzte das Schloß Friedland. Friedrich Ulrich schickte keine Commissare zur Ordnung der Quartiere. Das Landvolk war sehr widerwillig. Christian von Halberstadt ließ laut verkünden und ausrufen: Tilly habe die Neutralität des Kreises gebrochen. Es gingen unheildrohende Gerüchte und Verleumdungen. Das Alles meldete Tilly am 14. Juli dem kaiserlich gesinnten Herzoge von Celle und bat ihn das Seinige zu thun, damit diesen Verleumdungen ein Ziel gesetzt werde. Christian von Halberstadt besetzte Northeim.

Die Gefahr eines Zusammenstoßes lag vor Augen, und es mußte ein Ende gemacht werden. Die Noth zwang die Fürsten des Kreises zu einer entschiedenen Erklärung. Am 20. Juli trafen ihre Abgeordneten den Halberstädter unter der Burg Plesse unfern von Göttingen. Sie stellten ihm die Wahl: Abdankung seines Heeres oder Abführung desselben aus dem Kreise binnen drei Tagen: im anderen Falle würden sie sich mit Tilly gegen ihn vereinen. Auch da noch hätte es in Christians Macht gestanden durch Entlassung seines Heeres Gnade zu erlangen. Sein Schritt am anderen Tage bewies, daß er es nie gewollt. Er erklärte, daß er sein Heer binnen drei Tagen nicht bloß aus dem Kreise, sondern

---

[1] Beilage X.
[2] Londorp. II. 766.
[3] Königliches Archiv zu Hannover. Tilly an Christian von Celle den 14. Juli. Er habe es gethan wegen der ratio belli.

auch aus dem Reiche abführen und abdanken wolle, um in eines anderen Potentaten Dienste zu treten. [1] In wessen, das wußte er noch nicht. Er rief Wehe über diejenigen, die ihn so hülflos gelassen und dagegen den Katholischen, wie er immer mit wohlberechneter Absicht das kaiserliche Heer nannte, sich unterwerfen wollten. Er entsagte seinem Bisthume Halberstadt, wie seinen anderen geistlichen Pfründen; nur sein Degen solle fortan ihn ernähren. Seltsamer Weise schloß er seine Erklärung mit der Forderung, daß nun auch Tilly zurückgehen müsse. Dann brach er auf am 21. Juli mit 21,000 Mann, überschritt am 25. Juli bei Hameln [2] die Weser, und zog nordwestwärts, um sich, wie man allgemein glaubte, [3] mit Mansfeld, der noch in Ostfriesland stand, im Stifte Münster zu vereinigen.

Christian hatte die Erwartung ausgesprochen, daß Tilly ihn ziehen lassen werde. Daß er selbst an die Möglichkeit der Erfüllung dieser Erwartung geglaubt habe, ist kaum denkbar. Tilly verließ sofort den niedersächsischen Kreis; denn nicht um dessen willen war er gesendet, sondern gegen Christian. Am 30. Juli setzte Tilly bei Höxter über die Weser und eilte durch das Paderbornische, Lippe und Ravensberg seinem Gegner nach. Christian hatte mithin fünf volle Tage voraus, und dazu von Hameln aus nach dem Stifte Münster einen bedeutend kürzeren Weg als Tilly von Höxter. Es galt für Tilly ihn einzuholen.

Christian scheint anfangs nicht große Eile gehabt zu haben. Wir finden ihn am $^{20}/_{30}$ Juli zu Borgholzhausen südöstlich von Osnabrück. [4] Dort schreibt er auf den $\frac{22. Juli}{1 August}$ eine Lieferung von 75,000 Pfund Brod nach Iburg aus, eine geringe Strecke weiter westwärts. Er selbst verweilt auf dem Schlosse zu Iburg. Erst dann mochte er Nachricht erhalten haben, wie schnell Tilly herannahe. Er bricht auf und eilt nun auch selber rastlos weiter. Jegliches Zurückbleiben ist bei Todesstrafe verboten. Diese wird vollstreckt selbst an dem Weibe eines Soldaten, welches im Augenblicke des Hängens ein lebensfähiges Kind gebiert. Dennoch rächte sich die Rast der zwei Tage. Tilly vergönnte den Seinen keine Rast. Als er am Abend des 4. August in Greven an der Ems einrückte, meldeten die Bewohner, daß Christian am Morgen über den Fluß gegangen. Sie behaupteten noch vor einer halben Stunde die Feldmusik desselben vernommen zu haben. Aber die Soldaten Tillys waren ermüdet. Er gewährte Ruhe, um in der Frühe des nächsten Morgens, durch Anholt verstärkt, um so eifriger nachzueilen. Es war klar, daß Christian nicht wie man zuerst erwartet, die Richtung nach Mansfeld hin einschlug, der bis Meppen südwärts gezogen war, [5] sondern daß er westwärts die holländische Grenze zu gewinnen suchte.

---

[1] Londorp. II. 767.

[2] Andere Nachrichten sagen Bodenwerder. Tilly selbst nennt der Infantin bei Villermont II. 272 den ersten Ort. Es wäre möglich, daß Christian sein Heer getheilt. Die Daten hier sind nach dem neuen Kalender.

[3] Aitzema I. 569. Auch Tilly so an die Infantin.

[4] Domcapitelarchiv in Osnabrück.

[5] Also ein Schreiben im Rathsarchive zu Osnabrück.

Tilly wollte vorher ihn schlagen, auf deutschem Boden. Am Abend des 5. August wechselte man einige Kugeln. Der Tagesanbruch am 6. beleuchtete Tillys Krieger wieder in Bewegung. Sie fanden die Feuer im Lager der Gegner noch brennend. Rascher ging der Marsch. Um acht Uhr wurden die vordersten der Reiter Tillys mit den letzten Christians handgemein. Christian suchte durch Scharmützel den Verfolger aufzuhalten. Es war nicht mehr möglich. Das ganze Heer drückte nach. Um Mittag mußten die Schaaren des Halberstädters unweit Stadtlohn Stand halten zum Treffen. Die ersten beiden Treffen geschehen bei Alms, dann bei dem Dorfe Wullen, das letzte auf dem Lohner Bruche. [1]

Der Ort war nicht ungünstig gewählt, ein Morast deckte die eine Seite; aber die Führung, die Ordnung, der Kampfesmuth waren sehr verschieden. Zwei Stunden dauerte das Treffen. Christian und seine Officiere mahnten mit abgezogenen Hüten die Soldaten zum Treffen. [2] Es half nicht mehr. Tilly hatte geboten der Gegner zu schonen und Jedem Pardon zu gewähren, der darum bitten würde. Man sah ganze Fähnlein auf den Knieen flehend ihre Hände empor halten und um ihr Leben bitten. In dem ersten Anlaufe war die Wuth der Soldaten nicht zu bändigen, bis Tilly durch Trompetenschall Aufhören des Blutbades gebot. 4000 der Braunschweiger lagen auf dem Schlachtfelde, 7000 wurden gefangen, die übrigen waren zerstreut. Alles Gepäck, alle Kanonen wurden genommen, zum großen Theil holländische, das Fußvolk war völlig dahin. [3] Nur ein Theil der Reiter rettete sich mit dem Führer auf das nahe holländische Gebiet, wo das schützende Breevoort sie aufnahm.

Die Gefangenen, so viele ihrer sich nicht erboten Dienste zu nehmen, wurden nach Münster geführt. Dort lagerten sie zu Tausenden an der Zahl am 9., 10., 11. August vor dem Liebfrauen= und dem Jubefelder Thore. Es war ein erbärmlicher Anblick. Man sah Geistliche und Weltliche, Jesuiten und Capuziner ihnen Brod, Wein, Bier, Kleider zubringen. [4] Unter den Gefangenen waren die Herzöge Wilhelm von Weimar und Friedrich von Altenburg, derselbe, der für Spanien geworben, und dann mit den Geworbenen zu Christian gezogen war. Ein Herzog von Weimar war gefallen. Der Kaiser verzieh jenen beiden. Wir werden ersehen, wozu sie die wiedererlangte Freiheit benutzten.

Abermals hatte Tilly gesiegt. Bis an die Grenze verfolgte er den Gegner. Dort hielt er an und schaute hinüber auf das Gebiet, von wo aller Jammer dem deutschen Vaterlande entsprang. [5] Es zuckte in der Seele des Feldherrn dem Feinde weiter nachzusetzen, und seinen Sieg vollständig zu machen. Es lag in seiner Macht. Es lag in seiner Hand den Generalstaaten Ruhe zu gebieten.

---

[1] Diese Einzelheiten aus einem ausführlichen Berichte im ehemaligen Domcapitelarchive in Osnabrück.

[2] a. a. O.

[3] a. a. O. Man sehe auch den Bericht Tillys bei Villermont II. 277.

[4] a. a. O.

[5] Den Anhaltspunkt zu dieser Betrachtung gibt Weßenrieder, Beiträge VIII. 155, und im Uebrigen Tillys politische Anschauung.

Wenn Tilly mit seinem Heere, dem versuchtesten, dem schlagfertigsten, dem best disciplinirten von Europa; innerhalb der Grenzen dieser Nachbarn erschien: so konnte er einen Frieden erzwingen, der dem deutschen Reiche auf einmal Sicherheit und Ruhe wieder gab. Was halfen alle vereinzelten Siege, die Heilung der Symptome der Krankheit, wenn man nicht das Uebel anfaßte an seiner verderblichen, immer neue Sproßen treibenden Wurzel?

Und war man nicht dazu moralisch und nach dem Rechte aller Völker wohl befugt? Es lag an der ganzen deutschen Nordwestgrenze vor Augen, wie die Holländer nie das Recht geachtet, wie sie ungescheut aller Orten die Grenze überschritten, wie sie Besatzungen eingelegt in deutsche Städte, wie sie Contributionen erhoben auf deutschem Boden, aus dem einzigen Grunde, weil man es ihnen nicht wehrte. Sie und hauptsächlich sie hatten unablässig den Krieg auf deutschem Boden geschürt und geführt. Von dort her waren noch zuletzt, als schon das ganze Reich beruhigt erschien, Mansfeld und Christian wieder eingebrochen in das deutsche Land. Sie hatten Christian die Mittel gewährt zur Anwerbung eines neuen Heeres. [1] Die eben genommenen noch neuen Kanonen gaben Zeugnis ab wider sie. Man hatte bislang nicht gewehrt, weil man nicht konnte. Nun war die Stunde gekommen, die Möglichkeit war gegeben, wie man es wehren konnte. Tilly verband mit dem Willen die Einsicht und die Kraft.

Daß dieser Wunsch, dieser Wille Tillys nicht bloß strategisch, sondern auch politisch richtig war, ersehen wir aus dem Urtheile eines anderen Mannes, dessen Ansicht, wie wir schon bemerkt, bei gänzlich verschiedenen Beweggründen des Thuns und Lassens sehr häufig mit derjenigen Tillys zusammenfällt. Fast am Tage des Sieges von Stadtlohn spricht der Schwedenkönig Gustav Adolf seinem Agenten Rutgers im Haag die Ansicht aus, daß Tilly den Krieg nun sofort in die vereinigten Provinzen versetzen werde. [2]

Also hatte Tilly oft, also hatte er noch jüngst zu Regensburg gebeten: man möge ihm freie Hand laßen gegen die Generalstaaten. Aber mit dieser Erinnerung an Regensburg verband sich für den alten Helden auch die andere: man hatte es ihm abgeschlagen.

Gehorsam wandte Tilly sein Roß und ritt ostwärts.

Dann stattete er dem Kaiser, dem Kurfürsten Max Bericht ab von dem Siege. [3] Wer doch hatte denselben errungen? Tilly sprach viel von den Leistungen dieses und jenes seiner Obersten und Anderer. Er hob vor Allen den Feldmarschall Anholt hervor. Er lobte den Obersten Lindelo, den er nicht liebte, wegen rühmlichen Verhaltens, und bat diesen Mann zum Generalwachtmeister zu ernennen. [4] Der Infantin zu Brüssel meldet er, daß er den Sieg nächst Gott der Verwirrung des unruhigen Geistes verdanke, der so fruchtbar sei an

[1] Aitzema I 660.
[2] Söltl. Religionskrieg III. 267.
[3] Die bekannten Berichte bei Londorp. Theatrum Europ. Der französische an die Infantin ist bei Villermont II. 274. Er scheint der genaueste.
[4] Westenrieder VIII. 154.

unheilbringenden Plänen.[1] Von sich selber, von dem was er gethan, redet er nicht. Erst dann, als er die Lage der Dinge nach dem Siege angibt, als ihm alle Vortheile wieder vor die Seele treten, die er um Gehorsams willen hingegeben, erneuert er die Bitte von Regensburg mit der schmerzlichen Klage, daß ihm zur Verfolgung des Sieges die Hand gebunden gewesen sei. Er hob hervor, wie man sonst noch lange Jahre mit dieser Unruhe zu thun haben werde, weil ja diesen Leuten im Haag niemals zu trauen sei, weil sie niemals ruhen würden. Wozu hatte er ferner der Hydra einen Kopf zertreten, wenn sofort ein neuer nachwuchs? Wenn aber, fügte der Feldherr hinzu, es an den begehrten Mitteln und der freien Verfügung fehle: so bat er, man wolle ihn der schweren Bürde seines Amtes gnädigst entheben. Er stand damals im 65. Jahre seines Lebens.

Daß weder der Kurfürst Max, noch der Kaiser das letzte Gesuch erfüllen würden, war vorauszusehen. An dem Haupte dieses Mannes hing ja alles. Und so ganz ohne Aussicht, daß sein Wunsch in Erfüllung gehen würde, war damals auch Tilly nicht. Mansfeld lag noch in Ostfriesland. Dahin ging nun der Marsch des kaiserlich-ligistischen Heeres. Wenn es gelang diesen Gegner zu einem Treffen zu bringen: so war es möglich, daß Tilly der Instruction seiner Kriegsherren selbst gehorsam den Boden der Niederlande betrat, und dort am Herde des Feuers dem deutschen Reiche den ersehnten Frieden wieder gab. Nach einigen Rasttagen bewegte sich das Heer nordwärts auf Meppen zu, wo die Ems und die Hase ihre Gewässer vereinigen.

Von Meppen aus meldete Tilly seine Ankunft, sein Anrücken dem ihm verwandten Grafen Enno von Ostfriesland, und der Stadt Emden.[2] Tilly kannte genau die Lage der Dinge in dem kleinen Lande. Diese Kenntnis lag ihm persönlich nahe, weil der Schwiegervater seines Bruders ein Graf von Ostfriesland war. Tilly wußte, wie aller innere Unfriede dort listiglich erweckt, und mit wundersamen Praktiken und Anschlägen genährt war von den wohlbekannten Nachbarn im Westen. Er forderte den Grafen, die Stadt auf ihm behülflich zu sein, um die edle Provinz wieder unter den gesegneten Schutz des deutschen Adlers zu bringen. Wie gern hätte der Graf Enno das gethan! Aber was sollte er? Er war aus der Haft des Mansfeld entflohen, aber dennoch machtlos. Er weilte in Emden, einem gefangenen Manne gleich. Die Bürgerschaft dort haßte die Beschützer im Haag; aber die Hochmögenden hatten ihre Besatzung in der deutschen Stadt, die sie auch dem Mansfeld verschlossen hielten. Zwei Agenten der Generalstaaten weilten in der Stadt, pflegten dort mit Zwang und Drang der Bürger den Rath der Stadt zu bestellen, und der also bestellte Rath war gehorsam diesen Herren. Er übergab das Schreiben Tillys den Bevollmächtigten der Generalstaaten. Nach wenigen Tagen landeten zur Verstärkung der Garnison 600 Mann holländischer Truppen. Gleichzeitig blokirten holländische

---

[1] Villermont II. 276. Bericht an die Infantin.
[2] Geschichte Ostfrieslands von 1570—1751. S. 264.

Kriegsschiffe die Jade und die Weser, damit nicht Tilly seewärts her eine Zufuhr erhalte. [1]

Auch Mansfeld selbst, der schlaue Fuchs, war nicht zu fangen. Tilly wiederholt oft die Klage, daß Mansfeld niemals ihm Stand halte. [2] Er durfte es auch dieß Mal nicht erwarten. Nicht um das Schlagen und Geschlagenwerden war es Mansfeld zu thun, sondern um das Kriegführen. Und das konnte im Falle einer Schlacht ein häßliches Ende nehmen. Mansfeld zog bei Tillys Heran=nahen seine Besatzungen aus dem Münsterlande an sich, zerbrach und ver=brannte die Mühlen, durchstach die Deiche und setzte das Land unter Wasser. Von Süden her ist Ostfriesland von Moor umgeben. Dort war für Tilly kein Durchbringen möglich. Er wandte sich ostwärts, ob es ihm möglich sei durch Oldenburg dem Mansfeld beizukommen. Auch von dort aus lassen sich die Zu=gänge zu dem wasserreichen Lande leicht versperren. Nicht umsonst hatte Moritz von Nassau dem Mansfeld beim Scheiden im Haag gesagt: wenn er Ostfriesland nicht zu halten verstehe: so sei er ein schlechter Kerl. Nur ein sicherer Zugang auf festem Sandboden führte von Oldenburg aus in das ostfriesische Land, und am Ausgange desselben lag Mansfeld in und bei dem festen Stickhausen ver=schanzt. In Brüssel dagegen war man voll Hoffnung. Es verlautete das Ge=rücht, Mansfeld habe beim Herannahen Tillys sich nach Westfriesland gezogen. Die Infantin meldete es Tilly. Sie forderte ihn im Einverständnisse mit Maximilian von Bayern auf nach dem Rheine zu eilen, sich mit Cordova zu vereinen, und dann mit gesammter Kraft die Feinde des Reiches und der all=gemeinen Ruhe zu verfolgen, wo er sie finde. [3]

Anders lautete Tillys Bericht. [4] Er hatte vorausgesetzt: die Bürger von Emden würden sich erheben gegen die Holländer. Es war nicht geschehen. Die 600 Mann mehr drückten jeglichen Willen dazu nieder. Mansfeld war wohl verwahrt. Ein andauernder Regen kam ihm zu Hülfe. Er hatte die Schleusen gesperrt, das Land unter Wasser gesetzt, und weilte selbst im äußersten Nord=westen in dem festen Gretsiel, von wo aus beim unglücklichen Ausgange der Wasserweg zur Flucht ihm offen stand. Tillys Heer war ermüdet und erschöpft. Lebensmittel waren beim ferneren Vordringen in Ostfriesland nicht mehr zu finden. Tilly stand bei Oldenburg und Wardenburg. Von dort aus schrieb er noch einmal wieder an die Stadt Emden. [5] Er durfte voraussehen, daß der Rath von Emden abermals seinen Brief den Commissarien der Hochmögenden einhändigen werde. Deshalb benutzte Tilly diese Gelegenheit, um mittelbar den Hochmögenden selber seine wahre Herzensmeinung über sie zu entwickeln. Der

---

[1] Aitzema I. 557.

[2] In mehreren Schreiben damals an Christian von Celle im königlichen Archiv zu Hannover.

[3] Villermont II. 282.

[4] a. a. O.

[5] Beilage XI. — Zu dem Folgenden im Texte vgl. man meine Geschichte Ostfries=lands von 1570—1751. S. 245 ff.

Brief athmet das volle Gefühl des Patriotismus in dem wackeren Manne für das deutsche Reich. Er benennt dem Rathe von Emden das Verhältniß desselben zu den Generalstaaten als dasjenige der Sklaverei und Dienstbarkeit. Konnte der Rath von Emden es leugnen? Aber Tilly droht deßhalb nicht. Er sagt der Stadt, daß sein ausdrücklicher Auftrag vom Kaiser dahin laute die Stadt zu erretten aus ihrer Sklaverei, und sie dem deutschen Reiche, unter dem sie einst= mals so herrlich geblüht, wieder einzufügen. Die Generalstaaten werden das nicht hindern, sagt er; denn zuerst ist ein solches Bestreben an sich selber billig. Ferner ist Emden eine Stadt des Reiches. Die Generalstaaten haben oft und oft die Neutralität versprochen. Wenn sie sich in diese offenbare Reichssache mischen: so gehen sie hinaus über die Neutralität. „Dann,“ sagt Tilly, „möchte der Kaiser mir oder einem Anderen einen Befehl ertheilen, welcher der Ehre und Würde des Reiches entspräche, den Herrn Generalstaaten aber großes Un= gemach und Nachtheil gebären möchte.“ Er fordert abermals die Stadt auf hülfreiche Hand mitanzulegen, daß der Zweck der Befreiung des Landes von Mansfeld erreicht werde. Er bittet sie kein Mistrauen in ihn zu setzen, als suche er etwas Anderes. Er verpflichtet sich im Voraus die Versicherungen ab= zugeben, welche die Stadt Emden zur Wahrung ihrer Rechte und ihrer Freiheit von ihm fordern werde.

Die Stadt indessen konnte nicht handeln, auch wenn sie wollte. Das Ge= wicht der verstärkten holländischen Besatzung lag schwer auf ihr, und der Rath selbst, die Obrigkeit war von den Holländern ernannt und ihnen dienstbar. Tilly wiederum durfte sich nicht vorwärts wagen, ohne die Stütze eines solchen Entgegenkommens. Er genehmigte die Unterhandlung, welche der oldenburgische Graf Anton Günther und dänische Gesandte mit Mansfeld anknüpften, um ihn in Güte zum Abzuge zu bewegen. Für den Fall des Mislingens führte Anton Günther dem General den augenscheinlichen Nachweis, daß das Mansfeldische Heer dort abgeschlossen sich in sich selber verzehren müsse.

In der That, es mußte sich verzehren. Als die Mansfelder Banden, 12,000 Mann stark, im November 1622 einzogen, war das Land blühend, reich, wohlbevölkert. Es hatte durch die Schifffahrt freien Verkehr zur Herbeischaffung der Lebensmittel, die es selbst etwa nicht besaß. Ein disciplinirtes Heer konnte dort ohne allzuharten Bedruck der Einwohner sich erholen und stärken. Nicht also das Mansfeldische. Die Frevel desselben schrieen zum Himmel. Nach wenigen Wochen bereits waren alle Bande bürgerlicher Ordnung zerrissen, Handel und Gewerbe standen still. Die Menschen flohen, heimlich, in der Nacht, wenn noch möglich. Denn die Mansfelder rächten die Flucht an den Ergriffenen durch Mishandlung aller Art, durch Peitschenhiebe und dergleichen, an den Entflohenen durch das Niederreißen der Häuser. Der Winter brach ein, hart und kalt. Er machte Ströme und Moräste gangbar.

An der Südostgrenze von Ostfriesland liegt ein kleiner Bezirk, das Sater= land, mit sächsisch=friesischer Bevölkerung, wichtig für den Sprach= und Geschichts= forscher durch die Bewahrung mancher Eigenthümlichkeit. Denn das Ländchen von tiefem ungangbarem Moore umgeben, wird von der Außenwelt kaum berührt. Es haben fremde Heere die Nachbargegend betreten, zu den Saterländern sind sie nicht gekommen. Aber den Mansfeldern bahnte der Frost den Weg zu dem harmlosen Völkchen. Seitdem sind reichlich zwei Jahrhunderte vergangen. Das Völkchen ist geblieben wie es war: es hat seine Erinnerungen bewahrt, nicht getrübt durch die Fälschungen und Irrthümer der Bücher. In diesen Erinnerungen, welche ein Geschlecht dem anderen überliefert, tritt eine Persönlichkeit hervor in glühenden Farben. Die saterländische Mutter, die das schreiende Kind zur Ruhe bringen will, ruft ihm zu: der Mansfeld will kommen. Es ist der Inbegriff alles Entsetzlichen, und das Kind verstummt. [1]

Im Sommer 1623 war Ostfriesland und der südwärts anstoßende Theil Westfalens bereits völlig veröbet, Hunger und Pest an allen Orten. Im Juni landeten 5000 Franzosen, um Mansfeld zu helfen. Auch für diese ward kein Sold, keine Lebensmittel nachgeschickt, und rasch brach der doppelte Würgeengel ein auch über sie. Im August ließen die Generalstaaten täglich von Groningen aus Bier und Brod schicken, nicht für die unglücklichen Ostfriesen, welche sie ihre Freunde nannten, sondern damit die Mansfelder dem Tilly widerstehen könnten.

Tilly erkannte, daß der Erfolg, den er möglicher Weise erringen könne, nicht im Verhältnisse stehe zu den Opfern, welche er zu bringen habe. Auch wenn die Unterhandlungen scheiterten, durfte er ruhig den Auflösungsproceß sich in sich selber vollenden lassen. Bevor er schied, meldete er dem Kaiser in sehr warmen Ausdrücken die getreue deutsche Gesinnung des Grafen von Oldenburg. „Derselbe hat sich täglich also erwiesen und bezeigt, daß ich nichts mehr in dergleichen Begebenheiten von ihm zu verlangen mich unterstehen würde." Er bittet den Kaiser dieser Treue, die der Graf im Angesichte der Feinde bewiesen, ihm eingedenk sein zu wollen. [2] Alsdann wendete er nach einem Aufenthalte von zwölf Tagen sein Heer südwärts, um in Hessen-Cassel die Winterquartiere zu beziehen. Er ließ Anholt zum Schutze Westfalens zurück.

In der That scheiterten die Unterhandlungen. Mansfeld forderte von den Ständen Ostfrieslands 300,000 Gulden, um seine Söldner zu entlassen. Die Stände konnten und wollten nicht geben. Die Hochmögenden mengten sich darein mit gleißenden Reden. Sie mochten immer noch hoffen, daß Mansfeld etwas ausrichten werde. Sie sandten ihm Verstärkung. Sie hatten nach der Schlacht bei Stadtlohn den Herzog Christian mit seinen Reitern in Sold genommen. Aber das Volk war wild, unbändig, der Disciplin unfähig, wie ihr Herr selbst. Deshalb wurde es entlassen, damit es sich mit den Mansfeldern und Franzosen in Ostfriesland vereinige, und mit ihnen zusammen irgendwo etwas ausrichte.

Da endlich brach der Zorn des lang gequälten Volkes, so viel dessen noch

[1] Also nach mündlicher Erzählung eines Saterländers. Hoche, Reise durch das Saterland vom Jahre 1800, berichtet dasselbe.

[2] Villermont II. 299. Das Schreiben Tillys vom 15. September 1623

übrig war, in helle Flammen aus, und es begann ein wilder Kampf der Vernichtung, Mann gegen Mann, und Mord gegen Mord. Mansfeld brachte seinen Raub an Silber und Gold, dazu eine Anzahl Kirchenglocken in zwei Schiffe und suchte sie hinweg zu führen. Aber die Stadt Emden war nicht von ihm besetzt. Die Bürger und die Landbewohner, die dort Zuflucht gefunden, hatten noch Muth. Sie nahmen die Schiffe. Sie lieferten täglich ihm Gefechte. Die Holländer in Emden wagten nicht es zu hindern. Dem Mansfeld und den Seinen ward bang: sie kämpften nicht mehr um Raub und Beute: sie rangen um ihr Leben. Von Süden her nahte Anholt, den Tilly als Wächter im Bisthume Münster gelassen, und erlegte so viele er erreichen konnte.

Das ward im November 1623 den Generalstaaten bedenklich: sie suchten nun ernstlich zu vermitteln. Mansfeld hatte längst für den Abzug 300,000 Gulden gefordert. Die Ostfriesen weigerten es. Ihre Antwort auf sein damaliges Erbieten, daß er von nun an Mannszucht halten wollte, ist schrecklich selbst für jene Zeiten. Das allerdings, erwiederte ihm der ständische Ausschuß, sei die Pflicht eines Generals, der disciplinirte Officiere und rechtschaffene Kriegesleute unter sich habe; aber nicht ihm sei das möglich mit seinem herrenlosen, flüchtigen Gesindel. „Darum geleben wir der einzigen uns noch übrigen Hoffnung," also reden sie zu ihrem Verderber, „daß uns Frost, Pestilenz, Hunger und Kummer bald von einander scheiden werden."

Die Holländer redeten zu den Ständen für den Ablauf von Mansfeld durch jene Summe. Die ostfriesischen Stände entgegneten, ob es recht sei von ihnen zu verlangen, daß sie die Natter an ihrer Brust noch hegten und pflegten.

Mansfeld machte noch einen Versuch des Durchbruches. Er raffte mehre noch nicht ganz unfähige Regimenter zusammen, und schickte sie gegen Friesoythe vor. Dort kam zwischen Friesoythe und Oldenoythe Anholt über sie, schlug sie nieder, oder nahm sie gefangen.

Fortan war es vorbei. Christian von Braunschweig zuerst machte ein Ende. Er ließ den Grafen Anton Günther von Oldenburg um die Erlaubnis des Durchzuges mit seinen noch übrigen Reitern bitten, damit er sie daheim in Braunschweig entlasse. Anton Günther schlug es ab. [1] Christian kam selber. Er verwünschte den Mansfeld mit tausend Flüchen. Er bat um Fürbitte bei dem Kaiser um Gnade. Er versprach unter Hand und Siegel, daß er fortan sich bemühen wolle die kaiserliche Gnade und Huld durch wirkliche Dienstleistung zu verdienen. Auf solche Bitten zeigte Anton Günther sich willig, und streckte 9000 Thaler vor unter der Verpflichtung, daß Christian noch auf ostfriesischem Boden seine Reiter mit dieser Summe entlasse. Also geschah es. Die noch übrigen Franzosen, krank, hungrig und zerlumpt, wurden zu Schiffe nach Holland hinübergeführt.

Dann kam die Reihe an Mansfeld selbst, dessen Truppen Anton Günther

[1] Villermont II. 296 ff. 301 ff. Zwei Berichte, der letzte von Anton Günther selbst an Tilly.

noch auf 4000 schätzte. Er beharrte bei seiner Forderung von 300,000 Gulden für die Entlassung. Er verlangte dazu die Kanonen und das Heergeräth, welches die Stadt Emden ihm gekapert hatte. Die Bürger beriefen sich darauf, daß Mansfeld ohne Treu und Glauben gegen sie gehandelt, wider sein Wort und Versprechen ihre Güter außerhalb der Stadt geraubt und geplündert habe. Es erfolgten Fürbitten an die Stadt von Moritz von Nassau, von Friedrich von der Pfalz, von Jakob von England. [1] Sie blieben vergeblich. Die Holländer kannten die Stimmung in der Stadt: sie wagten nicht es zum Aeußersten kommen zu lassen: Mansfeld mußte abstehen. Dagegen erboten sich die Hochmögenden dem ständischen Ausschusse das Geld vorzustrecken, welches Mansfeld für seinen Abzug forderte. Die Stände nahmen an. Geschah etwa dieß Angebot aus Mitgefühl und Menschlichkeit? Wir werden ersehen, daß die Hochmögenden abermals mit diesen 300,000 Gulden ein gutes Geschäft machten, und zwar nach mehr als einer Seite.

Die Dinge lagen derartig, daß ohne diese Dazwischenkunft der Holländer Mansfeld mit seinen noch übrigen Schaaren, wie es der ständische Ausschuß als die einzige noch übrige Hoffnung vorausgesagt, an Frost, Pestilenz, Hunger und Kummer vergehen mußte. Demnach retteten die Holländer, was noch zu retten war. Mansfeld war ihnen [2] für Geschütz und Kriegsgeräth Geld schuldig, dessen Bezahlung von ihm nicht zu erwarten stand. Also kürzten sie ihm sofort die Hälfte. Dann kam die Reihe an die Ostfriesen. Sie mußten als Unterpfand für das Darleben die sämmtlichen festen Plätze den Holländern übergeben. Wir werden darauf zurück kommen.

Mansfeld erhielt 150,000 Gulden und lohnte mit einem Theile desselben die Seinigen ab, die in drei Jahren nicht drei Monate Sold erhalten hatten. [3] Er versprach, daß sie beim Abzuge nicht rauben, noch brennen, noch Menschen oder Vieh mit wegführen sollten. Die Ostfriesen dagegen sicherten zu auch ihrerseits die Abziehenden nicht beschädigen zu wollen. Ein Theil der Mansfelder trat in holländische Dienste, die anderen zogen ostwärts ab, durch Oldenburg; denn an der Südgrenze harrte Anholt. Auch Anton Günther stand gerüstet und duldete sie nur waffenlos, je in kleiner Zahl. Wo sie einzeln sich fanden, da wurden sie von den oldenburgischen Bauern erschlagen. Dennoch kamen sie in solcher Zahl weiter ostwärts, daß die besorgten Fürsten in Niedersachsen glaubten: es sei ein neues Stratagem des Mansfeld die Söldner vorgeblich zu entlassen, um zwischen Weser und Elbe mit einem Heere wieder aufzutreten. Nicht also war es sein Plan. Er ging sofort nach dem Haag, um zunächst dort anzufragen, wo man weiter seiner bedürfe. Dort auch fanden die höheren Officiere sich ein, eines neuen Kriegsrufes ihres Führers gewärtig.

In solcher Weise wie Ostfriesland hatte selbst nicht Böhmen, nicht die Pfalz

---

[1] Die betreffenden Schreiben im Rathhausarchive zu Emden

[2] Eigentlich dem Louis de Geer, dem großen holländischen Kriegslieferanten jener Zeit.

[3] Aussagen von Soldaten an die Beamten Christians von Celle, im königlichen Archiv zu Hannover.

gelitten. Vierzehn Monate hatte Mansfeld dort geweilt, und bei seinem Abschiede lebte nicht mehr der fünfte Mensch, stand nicht mehr das sechste Haus. Man rechnete die Einbuße des Landes an Geld und Geldeswerth auf zehn Millionen Gulden. Es sind dieß die Angaben eines officiellen Gesandten des Grafen im Haag.[1] Immerhin ist es möglich, daß die letztere Angabe für ein freilich sehr wohlhabendes Land von 54 Quadratmeilen übertrieben ist. Indessen, wenn sie übertrieben ist: so mußte noch immer die zu Grunde liegende Wahrheit entsetzlich sein.

Der Vortheil der Generalstaaten dagegen liegt vor Augen. Der Besitz der festen Plätze von Ostfriesland deckte nach damaliger Kriegführung ihre Grenzen gegen abermalige Gelüste von Tilly, öffnete zugleich ein Thor ins Reich von ihnen her, oder zu einer Landung von England aus, nährte auf jeden Fall die Unruhe und Besorgnis im Reiche. Das Alles ward sofort sehr wohl erkannt. Anton Günther von Oldenburg wies auf diese Gefahr hin und bat die Fürsten und Stände von Niedersachsen die 300,000 Gulden herzugeben, damit den Holländern der Vorwand des Verweilens auf deutschem Boden benommen werde.[2] Der Kaiser billigte diese Schritte des Grafen Anton Günther. Er selbst machte Christian von Celle aufmerksam,[3] daß dieß Verweilen holländischer Garnisonen auf deutschem Reichsboden in solcher Zahl ihn nöthige Tilly in der Nähe zu lassen. Christian von Celle verhehlte selber sich das nicht, eben so auch die anderen Fürsten von Niedersachsen. Aber man kam zu keinem Entschlusse, und es geschah nichts. So wollten es die Holländer, und ihre Besatzungen blieben wie ein Pfahl im deutschen Fleische.

Alle diese Fürsten wünschten und hofften, daß namentlich die Stadt Emden sich frei mache vom holländischen Joche. Man kannte ja die Stimmung der Bürger. Man wußte, was sie gegen Mansfeld gethan. Auch der Kaiser lobte sie.[4] Er mahnte die Stadt zu gedenken an ihre einstige Blüthe, ihren Glanz, ihre uralte Freiheit unter dem Schutze und Schirme des Kaisers und des Reiches, und damit zu vergleichen das jetzige Elend, den Jammer und die Dienstbarkeit. Sie möge gewis dafür halten, daß der Kaiser nur ihre Errettung erstrebe.

Es ist nach der Sachlage kein Zweifel, daß die Bürger dieser Stadt damals solche Worte gern vernommen. Aber die Hoffnung, welche durch alle diese Schreiben Tillys, des Kaisers an die Stadt, durch die Correspondenzen Anderer über dieselbe herdurchklingt, die Hoffnung, daß sie das holländische Joch durch eigene Kraft abschütteln werde, ward nicht erfüllt. Allzu schwer lastete die Besatzung auf der einstmals blühenden Stadt und drückte sie nieder.

[1] Aitzema I. 938. Winckelmann hat dasselbe. Ebenso eine handschriftliche Chronik von einem Zeitgenossen auf der landschaftlichen Bibliothek zu Aurich.

[2] Villermont II. p. 305 ff. Schreiben P. de Bischers an die Infantin.

[3] Schreiben des Kaisers vom 14. April 1624 im königlichen Archive zu Hannover.

[4] Verschiedene kaiserliche Schreiben im Rathhausarchive zu Emden. Man sehe eine derselben Beilage XII.

Siebenter Abschnitt.

Mit dem Schlusse des Jahres 1623 hatte abermals das Schwert des alten Tilly den deutschen Boden rein gefegt von den Verderbern, und nun doch schien der Friede wieder kehren zu müssen. Wie war der Jammer und das Herzeleid schon so groß! „Bei jetzigem zerrüttetem Zustande," also meldet Christian von Celle im Mai 1624 an den Kaiser, [1] „sind Kurfürsten, Fürsten und Stände, die Katholischen, wie diejenigen augsburgischer Confession bis auf den Grund erschöpft. Das ist männiglich vor Augen. Die Commercien sind gesperrt, Handel und Wandel lahm gelegt, der Herrschaften und Unterthanen Intraden und Vermögen zerrüttet." Das Streifen nahm überhand: es ward ein Handwerk und Gewerbe. Man fing viele Streifer und Raubvögel, knüpfte sie auf in ihren köstlichen Kleidern und mit goldenen Sporen, oder legte sie aufs Rad. [2] In Niedersachsen ergingen Erlasse der welfischen Herzöge an die Landdrosten und Obrigkeiten, daß sie die Dörfer mit Glockenklang aufbieten sollten zur Verfolgung eines verwegenen Räubers mit seiner Bande. [3] Schon damals vernehmen wir die Klage von einer Entsetzen erregenden Zunahme der Selbstmorde. „Die Unterthanen stürzen sich ins Wasser, erhängen sich, verlassen Haus und Hof, und wandern mit Weib und Kind hinaus ins Elend." Also Christian von Celle im Jahre 1624. Es sollte ja noch anders kommen.

Und warum wurde nicht Friede? — Die Unterhandlungen zur Beilegung der Pfälzer Sache, die den Söldnerführern und Verderbern den Vorwand lieh, hatten das ganze Jahr 1623 hindurch gedauert. Der König Jakob von England hätte gern seinen Schwiegersohn hergestellt, wenigstens das Erbe seiner Enkel erhalten gesehen, und zwar auf friedlichem Wege. Er warb für seinen Sohn Karl, den Prinzen von Wales, um eine spanische Königstochter. Zu Folge dessen hoffte er durch friedliche Unterhandlung das Gewünschte zu erlangen, und lieh den Vorschlägen von kaiserlicher Seite ein williges Ohr. Es kommt nicht darauf an die Einzelheiten der Verhandlung zu erörtern. Denn nicht an der Verhandlung scheiterte die Sache: sie brachte vielmehr ein Ergebnis. Dagegen ist es wichtig und ist mit Nachdruck hervorzuheben, daß Jakob unterhandelte und mit dem Kaiser zum Schlusse kam, ohne der Einwilligung des Schwiegersohnes in das Beschlossene vorher sicher zu sein. Am 20. November 1623 that der König Jakob seinem Schwiegersohne kund, was er durch die Unterhandlungen für diesen erreicht. [4] Die Bedingung für Friedrich ist persönliche Unterwerfung vor dem Kaiser in einer möglichst ehrenhaften Form, die zuvor mit Friedrich selbst vereinbart werden soll. Dafür bietet der Kaiser die völlige Herstellung

---

[1] Königliches Archiv zu Hannover. ¹⁵⁄₂₄ Mai 1624.
[2] Theatrum Europ. 924.
[3] Archiv der calenbergischen Landschaft zu Hannover
[4] Das Schreiben Jakobs bei Aitzema I. 626 f.

der Pfalz für Friedrichs Sohn, dessen Administrator der Vater für Lebenszeit sein soll. Nach dem Tode des Herzogs Maximilian von Bayern soll die Kurwürde an das pfälzische Haus zurückfallen, und zwar soll, wenn Friedrich dann noch lebt, er selber die Kurwürde zurückerhalten, im anderen Falle sein Sohn. Zur Besiegelung des Ganzen ist der Vorschlag gemacht den ältesten Sohn Friedrichs mit der Tochter des Kaisers zu verheirathen. Es wird dafür von kaiserlicher Seite gefordert, daß der Prinz in Wien erzogen werde; allein Jakob stellt Friedrich die Aussicht der Erziehung des Knaben am englischen Hofe unter den Augen der spanischen Infantin, welche der Prinz Karl demnächst heimführen wird.

Wir dürfen die Frage aufwerfen, ob unter den damaligen Umständen ein Ausweg geboten werden konnte, welcher für die Forderung der Unterwerfung, die der deutsche Kaiser Ferdinand um Rechts und Ehre willen nicht erlassen durfte, die Geneigtheit des Kaisers zum Frieden klarer und offenbarer an den Tag legte. Jakob ermahnte seinen Schwiegersohn die Augen auf seinen jämmerlichen Zustand zu richten, und sich die Frage zu beantworten, ob es nicht besser sei ein freies ehrliches Leben zu genießen, als von gefahrvoller Hoffnung und unsicherer Unterstützung abzuhangen.

Friedrich war im Haag, und seine Antwort[1] an Jakob trug den vollen Erdgeschmack des Grundes und Bodens an sich, auf welchem er stand. Der Rath einer persönlichen Unterwerfung vor dem Kaiser, erwiederte er, sei ausgegangen von seinen Feinden. Er wolle nicht sein verlorenes Erbgut wieder erlangen auf Kosten seiner Ehre. Die Vorschläge des Königs Jakob drehten den natürlichen Gang der Dinge um, sagte Friedrich. Die Herstellung müsse der Unterwerfung vorangehen. Wenigstens müssen im Voraus solche Versicherungen getroffen werden, die durchaus bündig seien. Wenn es dann dem Kaiser ernstlich gemeint sei, wenn Ferdinand nicht die Absicht habe sich den Vortheil über die Person Friedrichs zu Nutze zu machen, wie einst Karl V. mit dem Landgrafen von Hessen durch die Veränderung der Sylbe einig in ewig gethan: so werde sich der Kaiser auch begnügen mit der Abbitte eines Gesandten und dadurch Friedrich befreien von der Furcht eines Prager Blutgerichtes, und anderer kaiserlicher Unthaten.

Also Friedrich. Er mochte immerhin glauben an das Mährchen von der Veränderung der Sylben ewig in einig, welches von Franzosen und landgräflichen Hessen erfunden und eifrig verbreitet, sich der Forschung als haltlos erwiesen hat:[2] die ungeheure moralische Schuld, welche der bethörte Mann durch das Ausschlagen auch dieser Friedenserbietungen gegen das deutsche Vaterland auf sich lud, wird dadurch nur um ein Weniges verringert. Nicht in Brüssel, nicht in Wien, nicht in Madrid, nicht in Whitehall scheiterte jeglicher Versuch des Friedens für Deutschland, sondern abermals an Friedrichs Starrsinne im

---

[1] a. a. O. S. 627. 30. December 1623

[2] Bekanntlich hat auch Ranke, deutsche Geschichte im Zeitalter der Reformation IV. 413 das Mährchen preisgegeben. Sleidan, der besoldete Geschichtschreiber des schmalkaldischen Bundes, kannte es noch nicht.

Haag. Friedrich schlug aus und forderte abermals von seinem Schwiegervater den Krieg zu seiner ganzen und vollen Herstellung. So viel an Friedrich lag, er wollte nicht den Frieden.

Und doch hatte er in Deutschland selbst keine Hoffnung irgend welcher Art. Also sagt es uns kurz und bündig sein eifriger Anhänger, sein Kanzler Rusdorf, einer aus der langen Reihe der Unglückseligen, die damals Deutschland an die Fremden verriethen. „Wenn es dem Kaiser gelingt,“ erklärte Rusdorf im Beginne des Jahres 1624, [1] „einen Reichstag zusammen zu bringen und mit den Fürsten Beschlüsse zu fassen: so ist es um uns geschehen. Das einzige Mittel dagegen ist durch das Geräusch der Waffen es zu verhindern, daß wenigstens in diesem Jahre ein solcher Tag zu Stande komme. Dann sind wir nicht ganz verloren.“ Und geschäftig wühlten dann Rusdorf und Andere, um neuen Brenn=stoff, neuen Zunder zu dem Brande ihres Vaterlandes herbei zu tragen. Sie hatten gar nicht weit zu suchen.

Der deutsche Kaiser dagegen wollte den Frieden, und that auch Schritte dazu selbst dort, wo am wenigsten man es vermuthen durfte.

In denselben Tagen als der deutsche Kaiser Ferdinand II. sich zu jenen Bewilligungen gegen Friedrich bereit erklärte, als Tilly bei Stadtlohn an der Grenze des holländischen Gebietes sehnend hinüberschaute und doch über sich selber einen größeren Sieg errang, als über Christian von Braunschweig: in denselben Tagen machte Ferdinand noch einmal den Versuch diese erbitterten Feinde im Haag selber zum Frieden nicht bloß in Worten, sondern auch in Werken zu bewegen. Er sendete an den Prinzen Moriz und an die Generalstaaten im Haag den Prälaten Johann Baptiste Gramay, Primas von Afrika. [2] Es war der Entschluß und Wille des deutschen Kaisers alles was dem Reiche verloren gegangen war, wieder herzu zu bringen. Deshalb war die Vollmacht Gramays gerichtet nicht bloß an die kurfürstlichen Erzbischöfe des Rheines, sondern auch an die von Utrecht und Cambrai, an die Bischöfe von Metz, Tull, Verdun, an die Aebte jener Gegenden, an die Capitel, ferner an die Generalstaaten, an den König von Spanien, an Alle, welche durch Unterlassung der Erneuerung ihrer Lehen das Recht des deutschen Reiches bisher unterdrückt oder vernachlässigt hatten. An Alle diese erging die Aufforderung des Kaisers sich dem Reichs=adler zu unterwerfen, und den Kaiser, der sie zurückrufe zum Reiche, als Ober=lehensherrn anzuerkennen. Die Trennung der sieben vereinigten Provinzen von Deutschland war damals nur erst eine thatsächliche, nicht eine rechtlich anerkannte. Die Utrechter Union von 1579 erklärte in ihrem Eingange ausdrücklich, daß die Provinzen durch ihren Bund in keinerlei Weise dem römischen Reiche deutscher Nation sich entziehen wollten.

Auf die Nachricht, daß und warum Gramay herannahe, schickten die Hoch=mögenden vom Haag aus ihm Befehl entgegen, daß es ihm nicht gestattet sei

---

[1] Rusdorfii epistolae p. 37.
[2] Aitzema I. 534.

ihr Gebiet zu betreten, bevor sie seine Vollmacht gesehen. In Wahrheit fürchtete man seine Ankunft; denn so energisch fest auch die herrschende Partei der Prädestinationslehre das Ruder hielt: so gab es doch eine große Anzahl misvergnügter und zum Frieden geneigter Parteien. Es gab Arminianer, es gab heimliche Katholiken an allen Orten. Es waren für diese 220 Weltpriester beschäftigt. Sie reichten nicht aus. Allein in der Erzdiöcese Utrecht zählte man 150,000 Katholiken. Der apostolische Vicar, welcher damals vom römischen Stuhle nach Deventer geschickt wurde, ertheilte in drei Städten und einigen Dörfern an 12,000 Personen die Firmelung. [1] Darum, weil die Generalstaaten nicht wußten, was Gramay bringe, suchten sie ihn abzuwehren. Er vermied den Befehl. Von Köln bis Dortrecht trieb sein Fahrzeug stromabwärts, ohne irgendwo anzuhalten. Am 29. September 1623 erschien Gramay im Haag, und überreichte sofort seine Vollmacht.

Und hier gleich fand sich ein Stein des Anstoßes, geeignet zur weiteren Abwehr aller Vorschläge zu dienen. Der Kaiser hatte den Generalstaaten denselben Titel gegeben, wie den Schweizer Cantonen: Amplissimi u. s. w. Das genügte nicht. Die Generalstaaten verlangten den Titel der Signoria von Venedig: Illustrissimi u. s. w. Es ist der Titel der deutschen Reichsfürsten damaliger Zeit. Sie ihrerseits, um allen Schein für sich zu haben, legten nach dem Willen des Prinzen Moritz dem Abgesandten den Titel Excellenz bei, der damals nur einem wirklichen Ambassadeur zukam; allein sie fügten hinzu, daß eine Audienz ihm nicht verstattet werden könne. Sie würden jederzeit, also sagten sie, gute Freundschaft und Nachbarschaft mit dem Reiche unterhalten; allein sie müßten auch ihr Recht behaupten. Gramay verwahrte sich, daß es nicht des Kaisers, nicht sein Wille sei ihre Würde zu beeinträchtigen. Man blieb dabei und weigerte die Annahme seiner anderen Papiere. Erst auf die wiederholte Bitte Gramays, da man sich ja überzeugte, daß nun keine Gefahr mehr zu besorgen sei, erfüllte man diese Höflichkeit.

Der Aufträge Gramays waren viele und mancherlei. Sie beschränkten sich nicht auf die Forderung in dem Kaiser den Oberlehnsherrn zu erkennen, die Städte des Reiches zurückzugeben, welche die Holländer mit Garnisonen besetzt hielten, und ferner zur Abwehr des gemeinsamen Feindes der Christenheit eine Türkensteuer zu entrichten. Vielmehr erinnerte der Kaiser in gleicher Weise an seine Pflicht des Schutzes für alle Deutsche und alle Angehörige des Reiches auch in der Ferne, unter Türken, Sarazenen und anderen barbarischen Völkern, ferner auch unter Spaniern und überall, wo Gefangene sein könnten. In Oberdeutschland bestand damals eine geordnete Gesellschaft zum Loskaufe christlicher Sklaven aus türkischer Gefangenschaft. Gramay als Prälat von Afrika erklärte sich im Namen seines Ordens bereit dieselben Dienste auch für alle andern Angehörige des deutschen Reiches zu thun, unentgeltlich und ohne Unterschied der Religion.

[1] Ranke, Päpste III. 479.

Diese Vorschläge Gramays berührten eine wunde Seite jener Zeit, welcher in den üblichen deutschen Geschichtsbüchern kaum jemals Erwähnung geschieht: die ungeheure Macht der Barbaresken des Mittelmeeres. Die anderen seefahrenden Nationen Europas konnten sich schützen oder Rache nehmen: die unglücklichen Deutschen waren wehrlos ihnen preisgegeben. Der Jammer und die Klage jener Zeiten sind verstummt. Damals war der Hülferuf heftig und schreiend, ein würdiger Gegenstand für die Sorge des Oberhauptes der Nation. Die deutsche Stadt Emden wußte im Sommer 1622 von ihren Angehörigen 33 Seeleute als Sklaven allein in Tunis. [1] In Algier fanden sich im Jahre 1648 20,000 Christensklaven. Wie viele Deutsche unter ihnen waren, meldet Niemand. Damals, als auch die Plane des deutschen Kaisers auf eine Kriegsflotte für seine Nation längst zu Grunde gegangen waren, konnte diesen Unglücklichen von nirgendwoher Hülfe erscheinen. Nahte eine Kriegsflotte der seemächtigen Nationen dem Räuberneste: so geschah der Loslauf ihrer Angehörigen leicht und schnell. Den deutschen Seeleuten ward keine Rettung als zu hohen Preisen, welche die Liebe der Angehörigen, das Mitleid Anderer aufbrachte. An diesem allerdings hat es nicht gefehlt. Die Kirchenbücher der norddeutschen Küstengegenden vermögen Zeugnis davon abzulegen, wie oft und mit welchem Ertrage die Collecten stattfanden für den Loslauf der Sklaven in der Türkei, wie oft diese Collecten die einzige Zuflucht der Unglücklichen waren.

In denselben Tagen als Gramay im Haag diesen Antrag machte, bemühte sich der holländische Gesandte in Venedig von da aus den Sultan zum Kriege gegen den Kaiser zu reizen. [2] Es wies auf das Beispiel seines Heimatlandes hin. Daheim, sagte er, in ihren Städten von den Spaniern fast belagert, durcheilen meine Landsleute alle Meere, und machen sich furchtbar in allen Himmelsstrichen der Erde. Die Holländer sind nicht der zweihundertste Theil der Osmanen: was also würden erst diese vermögen! In denselben Tagen ferner forderten die Hochmögenden die Seeräuber von Algier auf mit ihnen gegen die Spanier zu kreuzen. [3]

Gramays Vorschläge gingen noch weiter. Da die Seele der menschlichen Gesellschaft, sagt durch ihn der deutsche Kaiser Ferdinand II., die Freiheit des Handels, da eben diese auch das Hauptziel der Hanseaten ist: so wünscht er die Herstellung dieser Freiheit, und bittet die Generalstaaten ihre Wünsche und Ansichten dem Prälaten Gramay mitzutheilen. Ferdinand verspricht, daß er mit der Infantin zu Brüssel und dem Könige von Spanien über die etwaigen Beschwerden unterhandeln will.

Allein die Hochmögenden waren noch derselben Ansicht wie drei Jahre zuvor, daß nämlich die Fortdauer des Seekrieges durch den freien Raub an Spanien ihnen größeren Nutzen bringe, als ein Friede, der eine große Anzahl

---

[1] Meine Geschichte Ostfrieslands von 1370—1751. S. 428.
[2] Mysteria politica hoc est epistolae arcanae etc. Neapoli 1625 (aus Venedig).
[3] Theatrum Europ. I. 886

ihrer Seeleute zur Unthätigkeit verbamme. Sie erwieberten dem Gramay aber=
mals, baß sie nicht in Verhandlung mit ihm treten könnten, bis er nicht eine
kaiserliche Vollmacht beibringe, welche beweise, baß der deutsche Kaiser kein Ober=
hoheitsrecht irgend welcher Art über die Niederlande beanspruche. Gramay reiste
wieder ab.

Es war banach mit Sicherheit vorauszusehen, baß die schürende und hetzende
Politik der Generalstaaten gegen Deutschland auch fernerhin dieselbe bleiben werde,
wie zuvor. Nur ein bislang von ihnen gebrauchtes Mittel wandten sie nicht
mehr an. Mansfeld und Christian von Braunschweig hatten bei den Hoch=
mögenden ihren Ruf verscherzt; denn auch das Treffen gegen Corbova bei
Fleurus, wo ihnen von mancher Seite ein Sieg zugeschrieben wird, legten die
schärferen Richter im Haag den beiden Abenteurern keineswegs günstig aus.[1]
Die folgenden Ereignisse mit den beiden sprachen für sich. Die Hochmögenden
glaubten doch zu bemerken, baß viel Geld an diese beiden fruchtloser Weise
verquistet war, baß man dafür doch mehr Nutzen hätte haben können. Sie
waren nach den gemachten Erfahrungen nicht geneigt es noch einmal wieder mit
diesen Abenteurern zu versuchen. Möglich auch, baß Mansfelds letzte Versuche
bei der Infantin in Brüssel ihnen nicht völlig geheim geblieben waren. Sie
warteten ab und schauten aus, ob ein besserer sich fände.

Dagegen rief schon der Ausgang des Treffens von Stabtlohn in der Mutter
Christians abermals den Wunsch hervor ihren Sohn dem schauerlichen Söldner=
handwerke zu entreißen.[2] Was auch ihre Erziehung an ihm versündigt haben
mochte: ihr Schreiben an den Verlorenen athmet die Fülle der Mutterliebe und
der Wahrheit. „Du siehst ja,“ ruft sie ihm zu, „baß Gott dieß Werk nicht
gefällt. Darum geht alles zurück, was dein Vornehmen ist. Denn vor Gott
kann man nicht lügen, wie vor den Menschen; denn Gott sieht ins Herze.“
Sie gedenkt an seine Versprechungen, die er ein halbes Jahr zuvor ihr und
dem Könige von Dänemark wegen der kaiserlichen Amnestie gethan. „Wärst bu
damals mir gefolgt: so hättest du nicht so betrogen deinen Oheim, den König, und
alle die Verwandten, die es so gut mit dir gemeint haben. Folg nur noch
dießmal deiner Mutter. Dank ab von den Generalstaaten: du hast keine Ehre
von ihnen. Sie achten deiner wie nichts. Bedenk, in welches Unglück du uns
alle mit einander gebracht hast. Welch Seufzen hast du auf dich geladen! Ich
hätte wohl Ursache dir zu fluchen; aber nein, ich bitte den lieben Gott, baß er
dir endlich einmal soll die Augen öffnen.“

Die Mutter flucht nicht ihrem Kinde. Die Last der Flüche auf der Seele
des jungen Verberbers war ja ohnehin schon groß genug. Und nachdem Christian
diesen Brief empfangen im October 1623, zog er zu Mansfeld nach Ostfriesland,
um dort mit demselben zu erkennen, baß wieder einmal alles verloren war,

[1] Aitzema I. 569.
[2] Kurze und gründliche Information, was es mit den Grafschaften Hohn= und
Reinstein u. s. w. S. 137 ff.

verloren durch ihren Frevel und durch ihre Schuld. Wir haben gesehen, wie abermals dann Christian dem Grafen Anton Günther von Oldenburg mit Hand und Siegel versprach nun ernstlich die Gnade des Kaisers zu suchen.

Unterdessen waren nämlich Mutter, Bruder und Oheim abermals in Wien für Christian thätig. Sie fanden dort wiederum die Gnadenthür geöffnet. Am 6. März 1624 erklärte sich der Kaiser Ferdinand auch da noch bereit die begangenen Excesse, Mishandlungen und Verbrechen Christians von Braunschweig seiner Jugend zuzuschreiben, ihm Pardon widerfahren zu lassen, auch ihm eine Bestallung gegen die Türken zu geben.[1] Die Bedingung ist, wie immer, daß Christian sein Unrecht erkenne und auch wirklich selber um Verzeihung bitte. Christian hörte auf den Ruf seiner Angehörigen insoweit, daß er im April 1624 nach Wolfenbüttel ging.[2] Es litt ihn nicht dort. Ohne auf die Bitten seiner Mutter und seines Bruders zu achten, zog er wieder nach dem Haag, wo man seiner nicht begehrte. Am 5. Mai versprach er von dort aus: er wolle gegen den Kaiser nichts unternehmen. Am 15. Mai äußerte er sich schwankend. Am 30. Mai erklärte er wieder entschieden: er wolle seine fortune par la guerre suchen.[3] Was dort im Haag in solcher Weise auf ihn bestimmend eingewirkt, werden wir später ersehen.

Es liegt uns zunächst die Frage ob zu erörtern, ob Tillys Verhalten in Norddeutschland, seine Stellung dort eine Ursache war zur Fortdauer des Krieges.

Es gab nach Tillys Anschauung nur ein Mittel des Friedens, und dieses Mittel legte der kaiserliche Feldherr warnend und mahnend jedem der Fürsten in Niedersachsen ans Herz, wo und wie er konnte. Wenn Gesandte derselben vor ihm erschienen: so pflegte er sie mit der Bitte zu entlassen, der Fürst oder Herzog möge dahin trachten, daß der Friede im Reiche hergestellt und befestigt werde. Auf die Frage, wie das zu bewirken, war es immer dieselbe Antwort: die Fürsten müssen sich eng an den Kaiser anschließen.[4] Sie müssen sich verpflichten, daß wo immer die Generalstaaten, der Herzog Christian, der Mansfelder den Fuß auf des Reiches Boden setzen, die Fürsten gesammter Hand und mit vereinten Kräften sie hinaustreiben. Wo das nicht geschieht, fügt dann Tilly mit ernster Mahnung hinzu: so wird es mit dem Kriege auf deutschem Boden noch immer ärger werden.

Zu solchen Entschlüssen fehlte den Fürsten in Niedersachsen zugleich der Wille und der Muth. Sie wollten der Furcht vor Mansfeld gern ledig sein, wollten dieß aber auch gern ohne irgend welche Last und Beschwerde für sich selbst. Sie hielten im Jahre 1623 ein Kreisheer unter dem Herzoge Georg; aber sie bezahlten es gar nicht oder sehr schlecht. „Ich thue hiermit nachrichtlich zu wissen," meldet der Beamte der Kreiskasse für Niedersachsen am 18. December 1623,

---

[1] Königliches Archiv zu Hannover.
[2] Lichtenstein, die Schlacht bei Lutter a B. S. 26.
[4] a. a. O.
[4] Königliches Archiv zu Hannover. An Christian von Celle 1623, 11. September, an Friedrich Ulrich 27. September.

„daß im Kreiskasten nicht ein einziger Thaler vorhanden, auch nunmehr fast in fünf Monaten kein Geld eingekommen ist." [1] Und dabei beklagte sich der Herzog Georg zur selben Zeit, daß beinahe der ganze Sold seines Heeres rückständig sei. Zugleich mahnte ein Kaufmann aus Hamburg die Kreisfürsten um seine Forderungen. „Das ist ein wunderlicher Kerl und scharfer Mahner," hieß es. [2] War da ein Ernst vorhanden zu entschiedenem Handeln?

Und doch wollte man gern nach allen Seiten sicher sein. Die ärgste Krankheit der schlaffen Zeit ist das Mistrauen. Weil Meineid und Verrath hoher Häupter gegen einander etwas so Alltägliches war: so konnte man sich schwer zu dem Gedanken erheben einmal Vertrauen zu fassen. Und freilich war für die Fürsten des niedersächsischen Kreises eine reich sprossende Wurzel des Mistrauens das böse Gewissen. Die Stifter und Kirchengüter, welche sie thatsächlich inne hatten, waren ihnen rechtlich nie verbürgt. Die katholischen Kurfürsten hatten 1620 zu Mühlhausen erklärt die Güter den Inhabern mit Gewalt nicht nehmen zu wollen; aber die Anerkennung der Rechtmäßigkeit des Besitzes hatten sie verneint. Eben so hatte der Kaiser gethan. Der nagende Wurm der Unsicherheit blieb derselbe, und legte 1623 dem siegreichen Feldherrn des Kaisers Pläne unter, die er weder aus sich selbst, noch im Namen seiner Kriegsherren hegte. Die Rückwirkung dieses Mistrauens traf das Heer. „Der ganze Feldzug," also schrieb [3] Tilly im September 1623, „ist für meine Soldaten eine Verkettung von Ungemach, Noth und Mangel." Es ward ihm schwer die Verpflegung zu beschaffen, um so schwerer, da er niemals herrisch auftrat, da er selbst an die geringsten Reichsfürsten in den Ausdrücken eines Unterthans schrieb. [4] Oesters bat er dreimal, bis man ihm Quartiercommissarien schickte. Es ist fast lächerlich, wie man sich oftmals dem Unvermeidlichen zu entziehen suchte. Tilly schickt auf seiner Rückkehr von Oldenburg im September 1623 einen Boten voraus zu dem Amtmanne von Stolzenau mit Bitte um Anweisung von Quartieren für eine Anzahl Truppen. [5] Der Amtmann erwiedert: er selber sei krank, habe deshalb das Schreiben des Generals an seinen Herzog Friedrich Ulrich geschickt. Er bittet mit der Einlagerung zu warten, bis Antwort zurück sei. Tillys Heer ist auf dem Marsche. Dennoch greift er nicht durch. Er wartet. Er schickt eine ausführliche Darlegung der Gründe, weshalb er hier Quartier verlangen müsse; und setzt endlich in Güte durch, daß seine Soldaten nicht unter freiem Himmel zu liegen haben. In Wahrheit, diese Geduld streift an Langmuth.

Wenn es damals im Herbste 1623 dem Kaiser, der Liga, dem Feldherrn selbst mit Feindseligkeiten gegen den niedersächsischen Kreis Ernst gewesen wäre:

---

[1] Königliches Archiv zu Hannover.

[2] a. a. O.

[3] Hurter IX. 302.

[4] Alle Briefe Tillys dieser Art, so viele ich gesehen, gedruckte und ungedruckte. Beispielsweise erinnere ich an das Schreiben an Christian den Jüngeren, seinen Gegner, bei Londorp. II. 765.

[5] Königliches Archiv zu Hannover.

so lag derselbe offen da. Zwar gab es eine Kreisarmee unter dem kriegeshurtigen Herzoge Georg; aber sie war halb so stark wie das Heer Tillys, nicht in gleichem Maße geübt, und sehr schlecht bezahlt. [1] Tilly hätte auf seiner Rückkehr von Oldenburg im September 1623 gegen die Fürsten von Niedersachsen leichtes Spiel gehabt. Er hatte sogar einigen Grund; denn es lagen genügende Andeutungen vor, daß im Falle einer Verwickelung mit Mansfeld in dem abgelegenen Ost-friesland, im Falle eines unglücklichen Ausganges dort das Heer der Fürsten desselben Kreises, den er eben von dem Halberstädter befreit, sich feindlich gegen ihn gestellt, ihn im Rücken angefallen haben würde. Statt dafür irgend welche Rache zu nehmen, wo er es konnte, versicherte Tilly gemäß seiner Instruction den Fürsten auf seinem Rückzuge ausdrücklich, daß er, um den Kreis möglichst wenig zu berühren, nicht auf das rechte Weserufer hinübergehen wolle. Aber wenn auch dann noch bei der geringsten Forderung, die er für seine Soldaten erhob, ihm die Neutralität des Kreises entgegen gehalten wurde, erwiederte er nach der Anschauung, die ihn beseelte, die, wie wir gesehen haben, auch Gustav Adolf von seinem eigenen Standpunkte aus für richtig erkannte: „Ich weiß nicht, wie man einen Fürsten, der seinem Kaiser Eid und Treue geschworen, und einen neutralen Fürsten in e i n e Person vereinigen will.“

Der Zug Tillys von Oldenburg nach Hessen ging durch den westfälischen Kreis. Damit dort keiner über Gebühr belastet werde, bat der General, daß Officiere der verschiedenen Fürsten, deren Besitzungen auf dieser Strecke lagen, zusammen kämen, und sich über die Einquartierung verglichen. Von den Fürsten des niedersächsischen Kreises verlangt er Verkauf von Getreide gegen gebührliche Zahlung. Wir finden einem solchen Schreiben von Tillys Hand hinzugefügt, daß er persönlich für die Rücksendung der Wagen und Pferde einstehe, und wo nicht, sie aus seinen eigenen Mitteln ersetzen werde. [2] Und in gleichem Sinne und Geiste zieht er mit seinen Truppen am linken Weserufer einher. Es liegt uns ein Bericht einiger Beamten vor, die wegen der Quartiere zu ihm gekommen. [3] Sie klagen in allgemeinen Ausdrücken über die Last des Durchzuges. Tilly ent-gegnet: wenn die Einwohner wegen des Durchzuges beschwert würden, so sei das wider seine Anordnung, er höre es ungern und trage ein großes Misfallen daran. Wofern es geklagt werde, solle alsbald die Strafe erfolgen an Leib und Leben. Es hätte aber Niemand geklagt, und darum könne er auch nicht richten. Er wolle aber nochmals bei höchster Strafe allen Muthwillen verbieten lassen, verhoffe auch morgen, als am Sonntag Abend, mit allem seinem Volke hindurch zu sein und wolle selbst den letzten Haufen abwarten.

Also der Feldherr zu diesen Beamten. Wenn nun in Wahrheit gegründete Klagen, auf Einzelnes und Besonderes sich beziehend, da gewesen wären: so war es für die Beamten nach diesen Worten Tillys die rechte Zeit sie anzubringen.

---

[1] v. d. Decken, Herzog Georg I. 113. 118.
[2] Im königlichen Archive zu Hannover.
[3] a. a. O.

Statt dessen fährt ihr Bericht fort: Weiteres zu handeln waren wir nicht befehligt.

Erst als Tilly die Länder des Herzogs Christian des Aelteren verließ, der
zugleich Bischof von Minden war, nimmt sich der Feldherr, der an der Spitze
eines Heeres von 25,000 alter Soldaten einherzieht, das Herz dem Beamten,
der ihn bis Rehme begleitet, eine persönliche Bitte vorzubringen. Er habe gehört, sagt Tilly,[1] daß im fürstlichen Gestüte eine gute Art Pferde falle. Nun
sei er Willens gewesen den Herzog um ein solches zu ersuchen. Weil er aber
besorgt, daß es etwa ungleich möchte aufgenommen werden: so möge der Beamte
bei dem Herzoge bitten, daß dem General Tilly mit einem guten Pferde für
seinen Leib möchte gewillfahrt werden. Tilly begehrt nicht, daß es ein ansehn-
liches schönes Pferd sein soll. Wenn es nur guten Maules, gewisser Schenkel
und sanften Ganges ist: so ist ihm das die Hauptsache, wenn es auch sonst ein
schlechter Klepper ist. Mit einem solchen Pferde, also berichtet der Beamte an den
Herzog, geschähe dem General eine wunderbar große Freundschaft und Courtoisie.

Tilly zieht nach Hessen. Er hat den niedersächsischen Kreis geschont, so
viel er vermag, und dieses sein Bestreben ist nicht ohne Wirkung auf die Fürsten
desselben geblieben. Auf einer Rundreise durch die Quartiere seines Heeres, die
sich nordwestwärts bis tief in Westfalen erstrecken, findet er zu Lübbele Gesandte
von Christian von Celle, Friedrich Ulrich von Braunschweig-Wolfenbüttel, und
Christian Wilhelm von Magdeburg. Sie bitten ihn um sein Fürwort bei der
Infantin von Brüssel; denn diese will ihre Truppen nordostwärts vorschieben bis
in die Länder Christians, in das Bisthum Minden. Also brachte es das
traurige Verhältnis der Wehrlosigkeit mit sich. Wie der eine Reichsfürst, der
Kurfürst von Brandenburg, wegen seiner Ansprüche auf Jülich-Berg die immer
bereitwilligen Holländer über die Grenze auf den Boden des deutschen Reiches
zog: so der Pfalzgraf von Neuburg in der entgegengesetzten Absicht burgundische Truppen. Tilly vernahm die Klage der Fürsten und meldet sie der Infantin. „Es ist Wahrheit," sagt er, „was jene berichten. Ich habe dem
Berichte allein nicht trauen wollen; allein ich habe mich mit eigenen Augen auf
dieser meiner Reise überzeugt. Das Land ist durch die Raubfahrten des Halberstädters und des Mansfelders, durch die Züge meiner Armee hin und zurück
sehr verarmt. Eine neue Einlagerung wird hinwegnehmen, was noch geblieben
ist, wird das Land ruiniren. Auch darf ich Ew. Hoheit aufmerksam machen
auf die Folgen des Mißvergnügens und Mistrauens, welches bei diesen Fürsten
erwachsen muß, wenn sie so starke Heereskraft sich so nahe kommen sehen, zu
einer Zeit, wo sie hoffen völlig befreit zu bleiben, und nach den vergangenen
Leiden einmal wieder Athem zu schöpfen. Ich bitte Ew. Hoheit um des Wohles
und der Ruhe des Reiches willen auf diese meine Bitte achten zu wollen."
Also Tilly am 3. Februar 1624.[2] Er erhielt die Antwort, daß der Graf

---

[1] Bericht des Beamten a. a. O.
[2] Villermont II. 308. 310.

von Rietberg, der diese Truppen führe, Befehl habe dieselben nicht ostwärts der Weser zu legen.

Derartige Schritte des Feldherrn übten ihre Wirkung zurück auf die Fürsten und Stände des niedersächsischen Kreises. In derselben Zeit waren sie zum Kreistage versammelt. Sie beriethen, ob das Heer des Kreises unter dem Herzoge Georg noch beizubehalten sei. Die Landstände unter den einzelnen Fürsten baten dringend es zu entlassen. Am 16. März erfolgte der Kreisabschied: weil den Unterthanen die Contributionen für das Heer allzu beschwerlich sind: so wollen die Fürsten und Stände von Niedersachsen desselben entlassen, in dem Vertrauen, der Kaiser werde sie wider seine vielfachen Zusicherungen nicht beschweren. [1]

Aber warum entließ denn nicht auch der Kaiser, oder vielmehr die Liga das Heer? Die Frage liegt nahe, weil ja dann doch, wie es scheint, nach allseitiger Entwaffnung das gegenseitige Vertrauen den Frieden verbürgt hätte.

Es waren zwei Gründe, welche dem entgegen standen: die Besorgnis vor den Generalstaaten, und dem unruhigen Landgrafen Moritz von Hessen-Cassel.

Wir haben die Plane der Generalstaaten bereits angedeutet. Obwohl sie im Jahre 1624 nicht geneigt waren weder Mansfeld noch Christian auf die bisher übliche Weise zu verwenden, obwohl sie abwarteten, bis ein besserer sich fände: so hatten sie doch durch die Besetzung von Ostfriesland genugsame Maßregeln getroffen, um zu reizen und zu stacheln, und die Kohlen des Mißtrauens glimmend zu erhalten. Vermöge der festen Plätze in Ostfriesland beherrschten die Holländer die Einfahrt in die Häfen der Ems. Wozu anders konnte nach der Ansicht des Kaisers das sein, als um die Landung eines abermaligen Heeres auf deutschem Boden zu sichern? Hatten sich doch schon im Juni 1623 6000 französische Abenteurer auf diesem Wege zu Mansfeld gefunden. Daß die Holländer den Mansfeld und den Christian zu solchem Zwecke nicht wieder verwenden wollten, wußte der Kaiser nicht. Er warnte am 10. April 1624 den niedersächsischen Kreis, daß Mansfeld im Haag seine vornehmsten Officiere um sich sehe, daß er dort von ihnen das Versprechen genommen sich binnen den nächsten drei Monaten nicht in andere Dienste zu begeben. Der Kaiser mahnt die Fürsten von Niedersachsen daran, daß alle festen Plätze an der Ems in holländischen Händen seien. [2]

Offenbar war dagegen das sicherste Mittel, die Holländer aus Ostfriesland zu schlagen. Aber dabei tritt wieder der Unterschied hervor, daß Tilly und sein Heer nur mittelbar dem Kaiser gehorchten. Der Kaiser drang im Juni 1624 bei der Liga auf ein entschiedenes Vorgehen in diesem Sinne. [3] Die geistlichen Fürsten verhielten sich wie immer. Sie waren wahrlich nicht kriegesdurstig. Am entschiedensten widerstrebte Ferdinand von Köln, der Bruder Maximilians von Bayern. Er hielt ein solches Unternehmen für sehr schwer und sehr

---

[1] Archiv der calenbergischen Landschaft zu Hannover. Beilage XIII.
[2] Königliches Archiv zu Hannover.
[3] Ehemaliges Domcapitelarchiv in Osnabrück.

gefährlich. Tilly, sagt er, hat nach dem Siege über Christian von Braunschweig sich mit aller Macht dahin gewendet, und doch nichts erreichen können gegen Mansfeld. Nun sind die Holländer da, die sich besser wehren werden. Auch Spinola, sagt der Erzbischof, hat die großen Schwierigkeiten erkannt. Dennoch, meint dann Ferdinand von Köln, geht das Verlangen des Kaisers von Spanien aus. Denn den Spaniern ist ja am höchsten daran gelegen das Reich in den Krieg mit den Holländern zu verwickeln, und weil sie direct immer eine abschlägige Antwort erhalten: so versuchen sie es auf einem Umwege.

Dann jedoch fügt der geistliche Fürst den treibenden Grund für seine Abneigung gegen einen solchen Angriff hinzu: wenn die Generalstaaten durch das Heer des katholischen Bundes angegriffen werden: so werden sie sich an den nächst gelegenen Gliedern dieses Bundes erholen und die Länder derselben feindlich heimsuchen. Man sieht, in welchem Ansehen die kriegerische Macht der Holländer damals stand.

Wenn etwas geschehen solle, sagt Ferdinand von Köln: so müsse es mit dem ganzen Reiche überlegt werden. Zudem sei Ostfriesland durch Mansfeld verödet, biete weder für Freund noch Feind einige Nahrung.

Mußten nicht derartige Antworten in dem Kaiser den Wunsch hervorrufen nach einem Heere, das nur ihm selbst gehorchte? —

In Wahrheit scheinen die Hochmögenden mit der Besetzung von Ostfriesland im Jahre 1624 nichts bezweckt zu haben, als die Schürung des Mistrauens. Die Politiker im Haag, die an Schlauheit alle andere ihrer Zeit überragten, kannten die Dinge und die Menschen ihrer Zeit zur Genüge, um zu wissen, daß im deutschen Reiche gegen sie darüber viel Redens, aber keine That erfolgen würde. Sie sahen voraus, daß man eben nur die halbe Maßregel ergreifen würde: das Heer in Norddeutschland zu halten, mit dem unvermeidlichen Erfolge des Mistrauens und der Unruhe. Daß dieß und nur dieß der Zweck jener Einlagerung war: das Schüren des Mistrauens, sehen wir ein Jahr später. Als die anderen Bestrebungen gelangen, als das Feuer des deutschen Krieges abermals hoch aufloderte, zogen die Politiker vom Haag ihre nicht unmittelbar nutzbaren Garnisonen ohne weiteres Bitten und Bemühen Anderer von selbst zurück.

Die andere Triebfeder der Unruhe war Moritz von Hessen-Cassel. Von Oldenburg aus, wie bereits erwähnt, zog Tilly zu ihm.

Schon am $^{20}/_{30}$ September 1623 traf ein Abgeordneter Tillys bei dem Landgrafen Moritz von Hessen ein. Da weder Mansfeld noch Christian die Waffen niederlegten, meldete Tilly: so müsse er in der Nähe bleiben und verlange Commissarien für die Quartiere. Das Eintreffen der eigenen Prophezeiung war für Moritz dennoch sehr schmerzlich. Er wollte aber nicht. Er befragte zuerst seine Räthe. Sie erwiederten, daß Widerstand unmöglich sei. Er fragte die Befehlshaber der Söldner, die er noch immer nicht verabschiedet hatte. Sie erwiederten, daß man sich bei dem jetzigen Unwesen weder auf die geworbenen, noch auf eigene Truppen verlassen könne. Moritz entgegnete: er erkenne

mit Schmerzen, daß seine Räthe und Kriegsanführer sich mit den Ständen ver=
schworen hätten ihn der Tollkühnheit zu beschuldigen. Aber er wolle nicht die
wenigen Truppen abdanken. Er berief die Stände, warnte und mahnte sie.
Die Stände beschlossen: man müsse die Truppen entlassen und der Forderung
Tillys gemäß Commissäre an ihn absenden. Abermals hielt Moritz lange Reden
über Religion und Freiheit. Während alle seine Handlungen eine Kette von
fortgesetzter Felonie gegen Kaiser und Reich waren, warf er den Ständen, die
nicht die Kosten und den Schaden seines thörichten Widerstandes auf sich nehmen
wollten, den Bruch ihrer eidlichen Huldigungs= und Unterthanenpflichten vor.
Wenn die Stände auf Abdankung seiner Truppen beständen, sagte Moritz: so
sähe er das für einen Rath an mit den Seinigen aufzupacken und aus dem
Lande zu gehen. Die Antwort der Stände war ein dringendes Gesuch um so=
fortige Entlassung der Truppen. In denselben Tagen rückte Tilly ein.

Moritz ergriff abermals das tückische Mittel, dessen er schon einmal sich
bedient. Er überließ das Land seinem Schicksale, und eilte von dannen, um
überall, wo man ihn aufnahm, gegen den Kaiser und den Frieden des Reiches
zu hetzen. Die Klagen des Landes, dem die oberste Autorität fehlte, wo Nie=
mand sicher war später von Moritz zur Rechenschaft gezogen zu werden für das,
was im Drange der Umstände unvermeidlich war, rührten Moritz nicht. Er
habe, erwiederte er aus sicherer Ferne, mit der Tillyschen Einquartierung nichts
zu thun. [1]

Tilly hielt nach seiner altbekannten Weise strenge Mannszucht. [2] Aber die
Lage der Dinge machte dieselbe dort ihm schwerer als irgendwo sonst. Die
höchste obrigkeitliche Person des Landes hatte dasselbe in der Zeit der Noth bös=
willig verlassen. Die Gesinnung desselben fand immerhin, wenn auch die Stände
sie nicht theilten, im Lande hier und dort Wiederhall. Sie fand denselben bei
den Beamten, welche erwogen, daß die Einlagerung vorübergehend, die Re=
gierung des Landgrafen dauernd sei. Sie fand denselben ferner bei vielen Geist=
lichen; denn allzu oft schon haben wir gesehen, daß das Gebot des Landesherrn
maßgebend ist für die Anschauung der Theologen. Sie fand denselben ferner
bei denjenigen, welchen die Worte Religion und Freiheit um so süßer erscheinen,
je weniger sie davon verstehen. Die niedere Bevölkerung hielt mit Moritz.
Tillys Soldaten waren ihres Lebens nicht sicher, selbst nicht unter dem Dache
ihrer Wirthe. [3] Der Zorn, die Rache der Soldaten drohte Gefahr. Tilly for=
derte den Landgrafen Wilhelm, den Sohn des Moritz, auf zum ernstlichen Ein=
schreiten. Am 15. November 1623 untersagte Wilhelm bei Lebensstrafe jeden
Angriff, Mord und Plünderung gegen die eingelagerten, sich des Marktes und

---

[1] Rommel VI. 568. Ich bemerke, wie sich von selbst versteht, daß von daher nur
die Thatsachen entnommen sind, daß Rommel selbst die Thatsachen zu Gunsten von Moritz
auffaßt.

[2] a. a. O. 571.

[3] Man vgl., was der Hesse Wolf später an Falkenberg berichtet bei Rommel VIII.
S. 92 Nr. 106.

der freien Straßen bedienenden Truppen, unter der Bedingung, daß diese sich keiner Verletzung der Unterthanen schuldig machten, und sich den Festen des Landes nicht näherten.

Hatte sich denn hier das gewöhnliche Verhältnis umgekehrt? — In der Regel müssen und mußten namentlich damals die Einwohner gegen die Soldaten geschützt werden, und nicht Soldaten gegen Einwohner. Nicht diese pflegten Bedingungen ihres Wohlverhaltens vorzuschreiben, sondern jene. Waren denn hier Tillys Soldaten friedlicher als die Bewohner des Hessenlandes? So in der That scheint es. Jedenfalls erweckt eine solche Verordnung des Landesherrn oder seines Stellvertreters mit einer solchen Bedingung dabei die Frage, ob ein Feldherr, der an der Spitze eines zahlreichen, sieggewohnten Heeres solche Erlasse durch seine Aufforderung hervorrief, die Absicht haben konnte das Land, welches er mit seinem Heere inne hatte, welches ihm Gegenwehr zu leisten nicht fähig war, welches, wenn er gewollt hätte, von ihm das Gesetz des Siegers empfangen mußte, ob ein solcher Feldherr nach solchen Vorgängen die Absicht haben konnte dieses Land feindlich zu behandeln.

Und doch war es bei Tilly nicht Unkenntnis, was so ihn handeln ließ. Er kannte den Moritz. Dieser selbst mochte immerhin noch wähnen, daß der Kaiser, daß Tilly ihn nicht völlig durchschauten: der Feldherr zeichnete ihn den hessischen Commissarien in wahrem Lichte. Moritz, sagte er,[1] nennt sich einen neutralen, einen gehorsamen Fürsten gegen Kaiser und Reich. Weder das Eine ist wahr, noch das Andere. Seine aufgefangenen Briefe beweisen Feindseligkeit. Sie legen klar vor Augen, daß Moritz nur auf einen Erfolg von Christian oder Mansfeld gewartet, um sich auch offen für dieselben zu erklären. Die Abwesenheit des Landgrafen, der Fortbestand der Soldtruppen, die Moritz geworben, verschulden alle Reibungen und alle Excesse. Der General fragt, wozu diese Last der Söldner dienen solle, wozu sie dem Lande fromme, da er ja wiederholt erklärt habe, daß er zu Feindseligkeiten keinen Auftrag habe. Da der Landgraf weder die Macht habe sich zu widersetzen, noch die Selbstüberwindung zu gehorchen: warum da nicht Moritz seinem Sohne die Regierung abtrete?

In den Ständen regte sich derselbe Gedanke. In Abwesenheit des Vaters berief Wilhelm dieselben. Sie erklärten einmüthig: das hessische Kriegsvolk müsse bis auf ein Regiment abgedankt werden. Namentlich war man besorgt und erzürnt wegen des Regimentes des Obersten Lippe, der mit Mansfeld in Beziehungen stand und nach dessen Weise handelte.[2] Wilhelm erwiederte: die Forderung, daß ein unschuldiger und gehorsamer Reichsfürst nur ein Regiment Soldaten haben solle, sei eine unbefugte Beschränkung der deutschen Freiheit. Doch meldete er dann seinem Vater: es sei besser nachzugeben, zumal da Tilly dem Regimente des Obersten Lippe sehr feindselig gesinnt sei. Moritz erwiederte

[1] Rommel VI. S. 571.
[2] Rommel 562. Nr. 502.

ihm: Wilhelm sei ein einfältiger und unerfahrener Sohn, die Rathgeber desselben seien bös und strafwürdig, Wilhelm selbst von Tilly verführt. Daß der Vater Moritz hier sich sehr irrte, daß Wilhelm sein ächter Sohn war, nur mit etwas mehr Umsicht und Berechnung begabt, hatten sowohl Moritz selbst, als die Hessen, und mit ihnen das gequälte Deutschland noch schmerzlich zu erfahren.

In einer anderen wichtigen Sache war dagegen alles Widerstreben umsonst. Zu Regensburg im Beginne des Jahres 1623 war das Urtheil gefällt, daß Moritz die marburgische Erbschaft seinem Vetter Ludwig herauszugeben habe. Der Vollzug war den Kurfürsten von Köln und Sachsen aufgetragen. Die Anwesenheit Tillys gab Nachdruck. Mit der Einsetzung Ludwigs von Darmstadt in sein Erbe verband sich unmittelbar die Wiedereinführung des Lutherthumes, und das Land folgte unweigerlich, selbst mit einem gewissen Eifer. Dieser Eifer gab vielen Katholiken im Reiche Gelegenheit zu verschiedenen Betrachtungen. Sie meinten:[1] die Deutschen gehen nach dem Gebote ihrer Fürsten leicht von einem Bekenntnisse zum anderen über, wenn es nur nicht den katholischen Namen hat. Denn diesen Namen hassen sie, nicht die Lehre, welche sie nicht tief erforschen und wenig kennen. — Diese Ansicht war indessen nur halb richtig. Der Erblasser von Hessen-Marburg war lutherisch gewesen, ebenso sein Land, und er hatte in seinem letzten Willen das Lutherthum dadurch zu schützen gesucht, daß er das Bekenntnis desselben zur Bedingung der Erbfolge machte. Das hatte Moritz nicht gehindert sofort, indem er Besitz von dem Lande ergriff, nach dem von Gott erhaltenen Berufe, wie er es nannte,[2] sein Bekenntnis dort einzuführen. Er disputirte höchst persönlich mit Geistlichen und Professoren und entließ diejenigen, welche sich nicht überzeugten, daß der Landgraf die Bibel besser verstehe als sie, von Amt und Brod. Demgemäß galt das reformirte Bekenntnis. Dafür priesen neben den hessen-casselischen auch die pfälzischen Geistlichen den begeisterten Mann, der nicht bloß redete, predigte und schrieb, sondern auch noch diese anderen so wirksamen Mittel zur Verbreitung der wahren Lehre anwandte. Das Volk dagegen, obwohl äußerlich reformirt, hielt fest an seiner lutherischen Gewöhnung, und betrachtete die Wiederkehr des Lutherthums durch den Landgrafen Ludwig als eine Erlösung. Darum war der Uebergang so leicht und schnell.

Die Zustände des Landes waren trüb. Wiederholt bat die Ritterschaft ihren Landgrafen, der fern in Güstrow weilte: er möge wiederkehren, er möge das Vertrauen mit den Ständen durch einige Selbstüberwindung herstellen und dadurch das Elend lindern. Moritz wollte nicht. Er nannte sie Aufwiegler. Er sagte, daß er wie ein Verbannter sei wegen der übergroßen Halsstarrigkeit seiner Stände.[3] Er fragte den König von Dänemark um Rath. Auch von diesem ward ihm die verdrießliche Antwort: er möge allen seinen Landständen wegen der bisherigen Vorgänge verzeihen. Moritz wollte nicht und blieb grollend fern.

[1] Carafa. Germania sacra p. 179.

[2] Rommel VI 570.

[3] Rommel VII. 579.

Unter solchen Verhältnissen war es für einen damaligen Heerführer eine schwere Aufgabe in einem halb feindlichen Lande die Ordnung zu erhalten. Namentlich in der Umgegend von Cassel ward die Gesinnung des Landesfürsten von einigen Unterthanen in entsprechenden Thaten ausgeprägt. [1] Sie lagen mit langen Röhren im Hinterhalte, lauerten den Tilly'schen Soldaten auf und schossen sie nieder. Dennoch ist es merkwürdig, daß im Jahre 1624 die Klagen nicht Excesse der Soldaten, sondern die allgemeinen Zustände betrafen: Theurung und Druck der Contribution. Ist schon jederzeit eine solche Abwesenheit von Klagen ein gutes Zeugniß für den Kriegsobersten: so war es in jener Zeit, unter solchen Verhältnissen für Tilly ein wahrhaft glänzendes.

Freilich hinderte das Moritz und die wenigen von seiner Gesinnung nicht an ihren Bestrebungen. Obwohl die reformirten Geistlichen ihr Amt ausübten nach wie vor, obwohl die Behörden in ihren Befugnissen nicht gestört wurden: so erwiederten doch im September 1624 auf die Klagen der Stände, auf ihre Bitten um die Rückkehr desselben seine Commissarien: die Gewißheit, daß hier ein rein papistischer Druck und ein maßloser Gebrauch feindseliger Gewalt zur Ausrottung des Staates und der Religion im Werke sei, fordern nach göttlichen und menschlichen Rechten um jeden Preis die Nothwehr. Moritz wußte, wie damals die Dinge auswärts standen. Er war in fortwährender Verbindung mit allen Mächten, welche mit Furcht und Schrecken die deutsche Kaisergewalt erstarken, eine kräftige Einigung der deutschen Nation sich vorbereiten sahen. Moritz wußte, welche Plane abermals und zwar hauptsächlich wiederum im Haag geschmiedet wurden den deutschen Brand aufs neue zu entzünden.

Wir haben diese Plane zu erwägen.

Die Unterhandlungen über eine Heirath zwischen Jakobs einzigem Sohne Karl und der spanischen Infantin, als deren Folge der englische König Jakob eine völlige Herstellung seines Schwiegersohnes auf friedlichem Wege hoffte, dauerten bis in das Jahr 1624. Im Sommer 1623 schien die Sache fest zu stehen: im August reiste Karl nach Madrid, begleitet von dem charakterlosen, unheilvollen Günstling Buckingham. Der Tag der Vermählung ward bestimmt, in London der Grundstein zu einer Kapelle für die Infantin gelegt. Als die beiden Reisenden, die Jakob seine fahrenden Ritter nannte, zu ihm zurückkehrten, wandelte sich die Stimmung bei Jakob und seinem Sohne. Sie schlug um in Abneigung, in Haß. Wer trug die Schuld? Es ist unzweifelhaft, daß man auf katholischer Seite von dieser Heirath hoffte, nämlich zunächst Duldung für die Katholiken in England. Es ist eben so gewiß, daß mit Ausschluß des Königs die in England herrschende Partei, die im Parlamente ihren Ausdruck findet, eben wegen der Duldung der Katholiken diese Heirath fürchtete. [2] Der kaiserliche Gesandte in Madrid, Khevenhiller, [3] mißt die Schuld lediglich dem Herzoge

---

[1] a. a O. 583.
[2] Aitzema I. 557.
[3] Khevenhiller. Ann. Ferdinand. X. 333.

Buckingham bei. In der letzten Frist vor dem Tage, der zur feierlichen Ver-
lobung in Madrid angesetzt war, trafen dort kurz nach einander drei Eilboten
ein, welche als neue Bedingung zu den bereits eingegangenen forderten: der
spanische König solle im Falle der Weigerung des Kaisers den Pfalzgrafen völlig
wieder einzusetzen, die Waffen für denselben ergreifen. Philipp erwiederte: [1] der
Vertrag ist geschlossen, die Eide sind geleistet: mögen der englische König und
sein Sohn ihren Verpflichtungen nachkommen, wie ich die meinigen erfülle!" —
Die Heirath war so gut wie abgebrochen, und an der Stelle des jungen Keimes
der Freundschaft wuchs mit um so stärkerer Gewalt die alte Pflanze des Hasses
empor.

Der Plan der spanischen Heirath war von Anfang an wider den Willen
desjenigen Theiles der Bevölkerung von England, den man das englische Parlament nannte. Dasselbe hatte in gleicher Weise von Anfang an die Sache der
Elisabeth und ihrer Kinder mit günstigem Auge betrachtet. Das Parlament war
nicht für Friedrich gesinnt. Niemand unter den Vornehmen von England, also
berichtet Friedrichs geheimer Rath Rusdorf, [2] billigt die Sache Friedrichs. Wenn
sie nicht Rücksicht nähmen auf das englische Blut der Elisabeth und ihrer Kinder:
so hätten sie Friedrich längst verlassen. Es tritt uns, wie wir sehen, der Charakterzug der Engländer entgegen keinen ihrer Angehörigen, dem wahres oder
vermeintes Unrecht geschehen, schutz- und hülflos zu lassen. Für Elisabeth und
ihre Kinder wollte das Parlament den Krieg, nicht für Friedrich. Auf diesem
persönlich haftete in England ein sehr schmählicher Verdacht: man hielt ihn für
feige. [3] Nur in Betreff der Angehörigen der Nation — denn als solche galt
Elisabeth, galten auch ihre Kinder — hatte das Parlament dem Könige Jakob
sehr deutlich nahe gelegt, daß es zu Bewilligungen für den Krieg erbötig sei.

Jakob hatte nicht gewollt, nicht bloß aus persönlicher Abneigung gegen den
Krieg, aus moralischen, sondern auch, was man häufig übersieht, aus politischen
Gründen, die er dem Kaiser Ferdinand nicht verschwieg. Er wollte nicht durch
seine Unterstützung der Rebellion der böhmischen Großen einen Schein des Rechtes
verleihen. Gab es doch auch daheim bei ihm verwandte Elemente. Es gab
dort eine zahlreiche Partei, welchen das Beispiel der Böhmen verlockend erschien.
Sie dachte daran die königlichen Rechte bis auf den Titel zu beschränken. Sie
hoffte auf Jakobs Tod. Wenn dann nicht Karl ihre Forderungen bewillige: so
gedachten sie ihn zu verlassen, wie die Israeliten den Roboam. [4] Und weiter
sahen die Kundigen schon damals ein puritanisches Regiment voraus. Die puritanische Strömung regte sich stark in der Nation. Es gab in derselben sogar
eine Partei, welcher selbst der Pfälzer Friedrich genehm war, weil bei ihr sein
fanatischer Haß gegen alles was katholisch, östreichisch, spanisch war, die fehlenden

---

[1] Lingard, Geschichte von England (deutsche Uebersetzung) IX. 200
[2] Rusdorf, consilia et negotia publica p. 317.
[3] Rusdorfii epistolae p. 48.
[4] Mysteria politica hoc est epistolae arcanae. Neapoli 1625. (Neap. ist fingirt,
wahrscheinlich ist es Venedig.)

Eigenschaften erseßte. Der Pfälzer Rusdorf erkannte das. England ist wie ein Meer vor dem Sturme, sagte er. Leichte Winde nur kräuseln die Fläche; aber der erfahrene Seemann kennt dieß Kräuseln, er weiß, was es verkündet. [1] Es waren damals noch 17 Jahre vor dem Beginne des langen Parlamentes.

Wir haben gesehen, wie Friedrich im December 1623 die Vorschläge von sich wies, deren Bewilligung der König Jakob bei dem deutschen Kaiser für ihn erlangt. Wie liefen doch die Dinge so merkwürdig, daß zur selben Zeit, wo Friedrich dieß Angebot verschmähte, ihm die Hoffnungsstrahlen eines neuen Krieges aufgingen!

Im Beginne des Jahres 1624 berief Jakob das Parlament und legte demselben die Heirathssache seines Sohnes vor. Buckingham erstattete Bericht. [2] Er wußte, in welcher Richtung die Strömung rann. Er wußte, wie man ihm den bisherigen Verlauf der Dinge Schuld gab, was mithin er zu thun hatte, um sich rein zu waschen. Demgemäß fiel sein Bericht über die Reise nach Spanien aus. Der spanische Gesandte beschwerte sich bei dem Könige über diesen Bericht. Das Parlament athmete Krieg, Wiedereinseßung des Pfalzgrafen mit bewaffneter Hand. Buckingham zur eigenen Sicherheit schürte und blies in das Feuer. Das Parlament trug dem Könige seine Bewilligungen entgegen, und forderte dafür nachsichtslose Strenge und Austreibung der Katholiken. In die leßte Forderung willfahrte Jakob. Er hob seine Verdienste um den protestantischen Glauben hervor. Ein Märtyrer sei er zwar nicht, meinte er; aber auf die Ehre eines Confessors mache er Anspruch; denn er habe um der Religion willen Verfolgung gelitten: der Cardinal Bellarmin habe gegen ihn geschrieben. [3] Gegen den Krieg sträubte er sich noch. Niemals solle der Mensch durch Gewalt etwas erstreben wollen, so lange noch eine Möglichkeit sei des friedlichen Weges. Jumal er dürfe das nicht. Er berief sich auf seinen Namen: pacificus rex werde er genannt.

Als dennoch endlich Jakob in den Krieg einwilligte, war in London großes Frohlocken mit Freudenfeuern und Glockenklang. Warum auch sollten die Engländer nicht feiern? Die gewöhnlichen Rücksichten, welche die Völker der Kriegeslust ihrer Herrscher abgeneigt machen, waren hier nicht vorhanden. Nicht die Engländer hatten die eigene Kriegeslust auszubüßen, sondern zunächst und hauptsächlich, wie immer, die Deutschen. Der Gedanke an irgend ein Recht der Wiedervergeltung von den Deutschen gegen England konnte nicht aufkommen. England war unnahbar. Es konnte durch einiges Geld und dabei durch einige Menschen, deren man dort ihrer Qualität nach lieber entbehrte, den Krieg auf dem Festlande führen, ohne weiter selbst zu leiden, und konnte mit dem Kriege aufhören, wann es ihm gefiel. Dagegen bot in jedem Falle ein Krieg gegen Spanien Aussicht auf Gewinn. Noch besaß Spanien, dem Portugal gezwungen

[1] Rusdorfii epistolae p. 10 von 1623.
[2] Londorp. II. 800.
[3] Theatrum Europ. I. 913.

gehorchte, faſt alle Colonien in Oſt und Weſt. Bis dahin warf der Raub an
Spanien jährlich eine reiche Beute ab. Aber dieſe Beute kam nur den Holländern
zu gute. Sollten die Engländer noch länger zuſehen, wie nur dieſe Nachbarn
allein das ergiebige Geſchäft ausbeuteten? Das erſchien weder klug, nach vortheilhaft.

Der weite Mantel der Religion diente auch dabei wieder ſolche Gelüſte mit
bibliſchen Redensarten zu umhüllen. Selbſt als dieſer Mantel ſofort einen weiten
Riß erhielt, reichte er doch für den großen Haufen noch immer hin. Auf die
vereitelte Werbung um eine ſpaniſche Prinzeſſin für den engliſchen Prinzen Karl
folgte ſofort die Werbung um eine franzöſiſche Prinzeſſin. War Henriette Marie
von Bourbon minder katholiſch, als die Infantin von Spanien? Man überſah
das. Dieſe franzöſiſche Heirath, ſagt der pfälziſche Rath Rusdorf, iſt das Fundament, auf welches wir bauen. [1]

Der König von Frankreich hatte während des böhmiſchen Aufruhrs, auch
noch gegen die Union bei Ulm 1620 dem Kaiſer und dem deutſchen Reiche namhafte
Dienſte geleiſtet. Im Jahre 1623 wendete ſich der Strich des Windes. Der
Einfluß Richelieus begann. Frankreich neigte ſich den Bewerbungen Savoyens
und Venedigs zu. Wir haben geſehen, wie Mansfeld auf deutſchem Reichsboden
ſtehend im Februar 1623 in den Dienſt des Bundes dieſer drei Mächte trat.
Dieß Verhältnis ſcheint damals in Deutſchland nicht einmal bekannt geworden
zu ſein. Im Juni 1623 wurden ſogar 6000 Franzoſen an der Ems auf deutſchem Reichsboden gelandet. Hierüber erſt führte der deutſche Kaiſer in Frankreich ſchwere Klage. [2] Er fragte den franzöſiſchen König, ob es ſeiner würdig
ſei einem ſolchen Manne Vorſchub zu leiſten. Das half nicht mehr. In unſeren
Tagen würde ein ſolcher Schritt wie derjenige des franzöſiſchen Königs, ebenſo
wie die vielfachen der Generalſtaaten als ein offener Friedensbruch angeſehen
werden. Damals war das nicht in gleicher Weiſe ſo, zumal bei dem friedliebenden Sinne des Kaiſers Ferdinand, und weil ja auch dieſe Franzoſen ohne
weitere That wie Schnee an der Sonne zerſchmolzen. Dennoch ſah man deutlich,
was fortan kommen würde, wie der Leiter des franzöſiſchen Staates einlenkte
in die Bahn Heinrichs IV. Es war klar, daß jeder Plan auf die Zerrüttung
der kaiſerlichen Macht, der Einheit und Kraft der deutſchen Nation fortan wieder
ſeine Förderer in Frankreich finden würde.

Sofort nach Abbruch des Planes der ſpaniſchen Heirath näherten ſich England
und Frankreich. Es galt für ſie beide den Kampf gegen Spanien und Oeſtreich, das
Haus Habsburg insgeſammt. Der Umſchwung am franzöſiſchen Hofe, im Jahre
1623 nicht zu verkennen, trat 1624 vollendet hervor. Doch fehlte es auch da
noch nicht an Vorſtellungen des Rechts und der Gerechtigkeit. „Wir haben keine
gerechte Urſache zum Kriege,“ ſagt ein franzöſiſcher Staatsmann jener Tage. [3]

[1] Rusdorfii epistolae p. 46.
[2] Hurter IX. 306.
[3] Die mehrerwähnten Mysteria politica. Der Name des Franzoſen iſt Auserville.
Der Brief iſt aus Paris vom 8. September 1624.

„Sollen wir dem Pfalzgrafen Friedrich helfen? — Er hat sich eine Krone angemaßt, die nicht sein war. Er hat den Türken um Hülfe angerufen. Er hat
dem Savoyer die Kaiserkrone versprochen. Er hat seine Mitfürsten mit Krieg
überzogen. Der dänische König hat ihn abgewiesen. Sein Schwiegervater hat
seine Sache oft mißbilligt, hat ihn gebeten, daß er sich dem Kaiser gebührend
unterwerfe. Die Urheber des Unheiles selbst haben nachher sich von ihm losgesagt. Nie hat ein wahrer Christ das böhmische Wesen gebilligt. Unser König
hat die Sache des Kaisers Ferdinand als die gerechte anerkannt, hat in diesem
Sinne auf die Union gewirkt. Alle Archive enthalten davon Zeugniß. Soll er
jetzt mit Hand anlegen für den Pfalzgrafen? Wenn er das thut, so wird Gott
auch ihm einen Pfalzgrafen erwecken. Soll er ferner mithelfen den Völkern
calvinische Herrscher aufzuzwingen? Dagegen empört sich das Gefühl des Katholiken." Und weiter fragt dieser katholische Franzose: „Sollen wir uns mit den
Holländern verbinden, welche den französischen Soldaten unter ihrem Heere katholische Priester und Sacramente verweigern? Eine solche Unterstützung wäre wider
die Religion. Sie wäre ferner ein Eingriff in die gesetzliche Ordnung des Rechtes
im deutschen Reiche. Der Calvinismus ist in Deutschland nur geduldet. Er hat
das Recht des Religionsfriedens von Augsburg nie erlangt. Soll er dieß Recht
jetzt erlangen durch katholische Waffen?"

„Und was spricht denn im Grunde für den Krieg?" fragt dieser französische
Patriot. „Allen unseren Beweisgründen gegen denselben halten die Holländer,
die Venetianer, die Freunde Mansfelds, und unsere eigene kriegesdurstige Jugend
entgegen: Frankreich wird wachsen, die Kaiserkrone wird auf Frankreich zurückkehren, das deutsche Reich wird kraftlos uns zu Füßen liegen. Aber jeder von
diesen Freunden hat seinen eigenen Zweck, seine eigene Begier: das Wohl Frankreichs ist nur in ihrem Munde zur Verdeckung dessen, was jeder für sich begehrt."
— Er weist dann die Zwecke der einzelnen Kriegeslustigen nach. Wir dürfen
dieselben je nach der Stellung des Einzelnen derselben, der Generalstaaten, der
Republik Venedig, Mansfelds u. s. w. so als bekannt voraussetzen, wie der
Franzose sie schildert.

Wenn auch immerhin von Manchen diese Einwendungen gemacht wurden: so
war das Uebergewicht des Richelieu, dem die Königin Mutter den rothen Hut
verschafft, schon damals übermächtig. Die französische Speculation auf den
inneren deutschen Unfrieden, die mit Franz I. begann, die von Heinrich IV. in
romanhaften Planen der Umwälzung und Vernichtung mit lieblich klingendem
Namen ausgesponnen wurde, um von da an fort und fort einer der Angelpunkte
des politischen Strebens unserer Nachbarn im Westen zu werden, besaß an diesem
Cardinal einen tückisch schlauen, und zugleich energisch erbarmungslosen Vertreter.
Die Kehrseite des Planes der Centralisation von Frankreich unter den königlichen Absolutismus war die Zerknitterung Deutschlands bis zur völligen Ohnmacht
des Kaisers. Für beide Länder wirkte Richelieu gleich verderblich. Das Mittel
gegen den Kaiser und die deutsche Nation war Krieg im Innern. Die Sendlinge
des Cardinals gingen aus, um bei den Fürsten des deutschen Reiches zu wühlen

gegen den Frieden desselben. [1] Zugleich schauten sie hoffend und erwartend nach England und nach dem Haag. Und namentlich hier waren ihre Wünsche nicht vergeblich.

Auch nach anderen Seiten waren damals die Holländer wieder rastlos wie je zuvor, um dem Kaiser und dem Reiche Feinde zu erwecken, wo immer möglich. Eben damals war ein Gesandter des Bethlen Gabor im Haag. [2] Er beklagte sich, daß man ihn nicht genügend unterstützt, daß Christian von Braunschweig nicht nach den östreichischen Erbländern durchgebrochen sei. Wenn das geschehen wäre, meinte Bethlen Gabor: so würde er jetzt Meister sein von Böhmen und den Nebenländern. Aber er sei noch Willens. Wenn nur die Generalstaaten ihm Geld vorstreckten: so würde er selbst alles aufbieten, dazu auch von den Türken Hülfe erlangen und niemals wieder mit dem Kaiser Frieden schließen. Das klang den Hochmögenden angenehm. Man ermahnte ihn nicht abzulassen, und namentlich dem Sultan alle Dienste zu leisten, damit derselbe Antheil nähme am Kriege. Dennoch mochten die Generalstaaten nicht großes Vertrauen hegen zu einem Manne, dessen Wechsel und Wandel bereits sprichwörtlich geworden war. Um so eifriger lauschten sie im Beginne des Jahres 1624 auf die Anfangs noch leisen Kundgebungen, die von England aus an ihr Ohr schlugen.

Der König Jakob hatte die Generalstaaten nie geliebt. Es haftete in ihm so manche schmerzliche Erinnerung, wie diese schlauen Hochmögenden auch bei der besonderen Königsweisheit, die mit ihm geboren sei, ihn häßlich überlistet hatten. Doch nicht bloß die schlauere Politik der Hochmögenden war ihm ein Dorn, nicht minder verdroß ihn ihre unverkennbare Ueberlegenheit zur See. [3] Bei den Völkern und Fürsten des fernen Indiens galt Moriz von Nassau als der eigentliche Herr in Europa, den König Jakob sahen sie viel geringer an. Auch in Europa überwog weit die holländische Flagge. Jakob pflegte den Holländern weder seinen Unmuth, noch den Grund desselben zu verhehlen. „Ihr seid weit und breit Meister auf der See," fuhr er holländische Abgeordnete in einer Audienz an, [4] „Ihr thut was Ihr wollt. Ihr hindert meine eigenen Unterthanen am Fischen auf meinen Küsten. Ihr seid Blutegel meines Volkes." Der Grund des Unmuthes der Engländer lag nahe. Wir haben denselben bereits berührt. Die Holländer wurden reich und mächtig durch den Raubkrieg an Spanien, und der Neid darüber war ein Sporn für das englische Volk zu der Forderung einen Antheil an dieser Quelle des Gewinnes zu erlangen.

Der Eifer in England für den Krieg wandelte diese Abneigung. Sobald die Generalstaaten das Bevorstehen der Wendung der Dinge in England wahrnahmen, erschienen dort ihre Gesandten, um mitzuwirken. Schon am 26. Februar 1624 gingen sie unter Segel. [5] Das Jahr zuvor hatten sie sich an der Friedensliebe

[1] Hurter IX 323 ff.
[2] Archiv zu Brüssel. Corresp. du duc de Bavière avec A. et J.
[3] Aitzema I. 477.
[4] a. a. O. 490. cf. 477.
[5] a. a. O. 671.

Jakobs vergeblich abgemüht: dießmal fühlten sie sofort bei dem Empfange
den Hauch einer anderen Strömung. Ihre Anträge waren willkommen. Am
15. Juni 1624 ward zwischen Jakob und den Generalstaaten ein Bund geschlossen, nach dem üblichen Ausdrucke jener Zeit zur gegenseitigen Vertheidigung
der zugehörigen Länder. Wenige Wochen später erfolgte der Abschluß des Bundes
der Generalstaaten mit dem französischen Könige. [1] Der Zweck in Worten war
die Einigkeit und Ruhe der Christenheit.

Wir werden bald in nächster Nähe ersehen, auf welche Weise und wo diese
drei Mächte die Ruhe und den Frieden der Christenheit erstrebten.

Zunächst verband Richelieu mit dem Plane dieses Bundes gegen Spanien
und den Kaiser auch die andere Seite seines Wirkens. Gewicht und Gegen-
gewicht ward in die Wagschaale gelegt. Der französische König versprach den
Hochmögenden jährlich eine Million Livres, und sie verpflichteten sich nicht Frieden
zu machen, als mit Rath und Genehmigung des Königs von Frankreich. Dieß
war nicht schwer zu erfüllen, weil die Holländer überhaupt nicht Frieden mit
Spanien wollten, sondern Krieg. Aber dazu forderte Richelieu noch einen anderen
Dienst.

Ebenso wie in den Erblanden des Kaisers, hatte auch in Frankreich seit
70 Jahren die Religion für eine Anzahl von Herren und Großen als das
Banner der Empörung gegen das Oberhaupt gedient. Es war das nächste Ziel
des Cardinals Richelieu diese Empörung ganz und für immer niederzuschlagen,
die Bollwerke zu schlichten, welche dem Absolutismus entgegenstanden. Heinrich IV.
hatte den Hugenotten feste Plätze zur Sicherheit gewährt. Diese mußten fallen.
Die stärkste Feste war la Rochelle, deren Bezwingung nur durch eine Flotte
möglich war. Eine solche war nur von den Holländern zu erlangen. Es war
kein Hinderniß. Noch vor dem Schlusse des Jahres 1624 ward zwischen Frankreich und den Generalstaaten ein anderer Vertrag abgeschlossen, demzufolge eine
holländische Kriegesflotte von 20 Segeln vor la Rochelle erschien. [2] Die Stadt
war calvinisch. Die Bewohner ergriffen, wie sie meinten, die Waffen für die
Religion. Sie duldeten in dieser Belagerung Qualen des Hungers, wie einst
die Juden in Jerusalem gegen Titus. Die Holländer hielten sich für nicht
schlechtere Calvinisten. Sie bewiesen das daheim. Während die Flotte der calvinischen Holländer das calvinische la Rochelle für den Cardinal der katholischen
Kirche belagerte, duldeten dieselben Holländer nach wie vor daheim keinen katholischen Gottesdienst, legten sie den Gesandten katholischer Mächte im Haag die
Verpflichtung auf in ihren eigenen Wohnungen zur Messe nur die eigenen Haus-
genossen zuzulassen. [3] Während die calvinischen Holländer das calvinische la
Rochelle, das für seine Religion zu kämpfen vermeinte, belagerten für den
Cardinal der katholischen Kirche, gingen daheim die Verfolgungen gegen die

---

[1] a. a. O. 717.
[2] Aitzema I. 717.
[3] Aitzema I. 915.

Arminianer und Katholiken, das Fangen und Spannen, das Verbannen, die Aus-
mergelung durch Geldbußen, ungehemmt fort. [1] Auch das geschah um der Religion
willen. Also sagte man.

Der Grund des Verfahrens der Holländer gegen la Rochelle lag darin,
daß die Regungen der Hugenotten von damals unter dem Herzoge von Soubise
nicht in den allgemeinen Plan paßten. Dieser allgemeine Plan der Mächte
gegen Spanien und Oestreich, gegen das Haus Habsburg insgesammt und als
Mittel dazu der Krieg zu Wasser und zu Lande, vor allen Dingen in Deutschland, erforderte vielmehr, daß Frankreich nicht zerrüttet werde. Darum tadelten
nicht bloß die Generalstaaten an den französischen Führern der Hugenotten dasselbe
. Verfahren, zu welchem sie die protestantischen Reichsfürsten in Deutschland gegen
den Kaiser aufzuhetzen suchten. In Schweden herrschte ganz dieselbe Ansicht.
„Es ist zu erbarmen," meinte Johann Casimir, [2] der Oheim Gustav Adolfs,
zu Camerar, „daß Soubise bei diesem Stande der Dinge in Europa sich erhoben
hat. Es ist zu fürchten, daß auch bei den Unseren sich allgemach Wölfe im
Schafsfelle einschleichen, welche dergleichen junge Herren aufreizen." „Ich hoffe
aber," setzte er hinzu, „es sei nunmehr gestillt. Das gebe Gott und segne
alle guten Rathschläge." Mit diesen anderen guten Rathschlägen außer der
Besiegung der Hugenotten meint Johann Casimir die damaligen Plane des
Schwedenkönigs Gustav Adolf gegen Deutschland. Wir werden dieselben bald
näher zu erwägen haben, wie sie bedingt werden durch den großen Bund der
drei Mächte. Zunächst haben wir unseren Blick zu lenken auf die schon allzu
sehr bekannten Werkzeuge derartiger Plane.

Die Theilnahme Frankreichs und Englands am Kriege stand schon im Frühlinge 1624 fest. Es fragte sich, wer das Werkzeug zur Führung sein solle.
Damals war ein guter General so viel und mehr werth als eine Armee. Denn
man hatte keine. In England war nach dem Urtheile damaliger Staatsmänner
auch nicht einer, der es verstände ein Heer zu führen. Auch Horace de Vere,
den manche Deutsche späterer Zeit für sein Verhalten in Mannheim eben so mit
rühmenden Beiworten ausgeschmückt, wie den Holländer van der Merven in
Heidelberg, hatte sich nach dem Urtheile kundiger Zeitgenossen in der Pfalz als
unfähig bewiesen. [3] Die Blicke der Engländer fielen auf Mansfeld. Als dieser
Mann im Januar 1624 Ostfriesland verlassen mußte, wendete er sich nach dem
Haag. Dort fand er geringe Willfährigkeit für ihn: sein Credit bei den Hochmögenden war in den Sümpfen Ostfrieslands stecken geblieben. Savoyen und
Benedig, die alle dasselbe Interesse hatten den deutschen Kaiser daheim in Kriege
zu verstricken, empfahlen ihn nach Frankreich. Dort ward Mansfeld wohl
empfangen, und mit einem stattlichen Zehrpfennige versehen. [4] Während er noch
dort weilte, schlug die Kunde von dem Abbruche der Heirathshandlung zwischen

[1] a. a. O. 459.
[2] Moser, patriotisches Archiv I, S. 49, vom 17. Mai 1625.
[3] Rusdorf, consilia et negotia publica p. 350.
[4] Theatrum Europ 921.

England und Spanien an sein Ohr. Wo ein Krieg in Aussicht stand, da fehlte Mansfeld nie die Witterung. Eine neue Aussicht erblühte für ihn. Im Einverständnisse mit den Lenkern Frankreichs bestieg Mansfeld das nächste Schiff nach England. Der König Jakob hatte bis dahin von Mansfeld nicht wohl gedacht. Die Ankunft des gewandten Söldners, der trefflich zu reden verstand, wandelte den König um. [1] Jakob und Carl hießen ihn willkommen. Man wies ihm zum Hohne für Spanien den Palast an, der für die Infantin bestimmt gewesen war. Jakob gab ihm ein Landgut von bedeutendem Ertrage. Ja der König von England, der sich vor seinem Parlamente mit einem gewissen Stolze den rex pacificus nannte, vergaß sich so weit den landverderbenden Bastard, dessen Hände besudelt waren mit dem Blute so vieler tausende wehrloser Menschen, seinen lieben Oheim, Fürsten und Grafen zu nennen. [2] Der König Jakob bezeugte diesem Manne, daß seine Kinder ein großes Belieben hätten an Mansfelds Tapferkeit, Weisheit, Verstand, Wohlverhalten, Treue und Glückseligkeit. Das Zeugnis war nicht der Wahrheit gemäß. [3] Friedrich, der so oft von Mansfeld betrogen war, mochte endlich doch einigen Einblick in diesen Abgrund gewonnen haben. Er hatte den Mansfeld nicht empfohlen, und eben diese Nichtempfehlung gereichte bei Jakob dem Mansfeld zum Vortheile. Jakob und Friedrich waren weit getrennt. Der letztere nannte sich standhaft oder vielmehr störrig noch immer König von Böhmen: seinen Schwiegervater brachte schon der Name Böhmen in Aufregung und Zorn. Es war Jakob nur um die Pfalz zu thun. Nur das Erbe seiner Enkel wollte er sichern, und zu diesem Zwecke sollte nun Mansfeld ein Heer führen. Mansfeld verlangte für 12,000 Mann monatlich 200,000 Gulden. Das etwa Fehlende, sagte er, lasse sich durch Contributionen des besetzten Landes beitreiben. [4]

Der Erfolg Mansfelds in England rief in dem Genossen seiner Gesinnung den Wetteifer hervor. Wir haben gesehen, wie Christian von Braunschweig im Mai 1624 noch schwankte, ob er den flehenden Bitten seiner Mutter folgen, sein dem Grafen Anton Günther von Oldenburg in bündigster Form gegebenes Wort erfüllen, und mithin die abermals ihm entgegen getragene Verzeihung des Kaisers annehmen solle. Im Juni schwankte er nicht mehr. Er hatte inzwischen in Holland zu seinem militärischen Rufe auch noch jeden anderen eingebüßt, so viel ihm davon verblieben war. Was er begangen, sagt uns Camerar nicht, nur daß es eine schmachvolle Handlung gewesen sei. [5] Die Obrigkeit in Amsterdam erholte sich an dem Diener des Herzogs; aber es war offenkundig, daß derselbe auf Befehl Christians gehandelt hatte. „Wir bemühen uns insgeheim," sagt Camerar, „diesen von der Schmach zu befreien; aber fürwahr, wenn er seine Gesinnung nicht ändert und Gott fürchten lernt: so dürfen wir für uns

[1] Rusdorfii epistolae p. 36.
[2] Londorp. II. 813.
[3] Rusdorfii epistolae p. 36.
[4] Rusdorf, consilia et negotia publica p. 283. cf. Aitzema I. 917.
[5] Söltl, Religionskrieg III. 190.

nichts Großes, noch Gutes erwarten." Christian ging nach England und Frank=
reich, und fand dort eine ähnliche Aufnahme wie Mansfeld.

Und selbst damals noch, nach allem was vorangegangen war, bot im
August 1624 der Kaiser diesem Christian Verzeihung an und Eintritt in den
kaiserlichen Dienst. [1] Christian wollte nicht. Hatte er zu seinem Nichtwollen
eine Triebfeder, die von irgend einem Standpunkte aus eine moralische genannt
werden könnte? Wir bezweifeln es namentlich deshalb, weil Christian und
Mansfeld im Juli 1622, als sie im Elsaß in Noth waren, dem Kaiser ihre
Dienste anboten. Hätte damals Tilly aus eigener Macht sofort bewilligt: so
waren Mansfeld und Christian gebunden. Einen moralischen Grund irgend
welcher Art gegen den kaiserlichen Dienst konnte also Christian nicht haben.
Seine Weigerung erwuchs aus einem anderen Motive. Wir glauben nach der
ganzen Art und Weise wie Christian auftritt, annehmen zu müssen, daß der
eigentliche Grund seiner Weigerung die Furcht vor Unterordnung war. Für
ihn, wie für Mansfeld war schrankenloses Herrschen und Gebieten über Leib
und Leben, Güter und Habe anderer Menschen das alleinige Streben. Im
Dienste des Kaisers als der höchsten Obrigkeit selbst, des berufenen Schützers
der Ordnung, des Friedens und der Gerechtigkeit unter den Menschen schien
damals noch das Söldnerfürstenthum nicht gedeihen zu können.

Eben wegen dieses Strebens eines Jeden für sich konnten Mansfeld und
Christian sich unter einander nimmer vertragen. Sie hinderten einander, sie
waren einander lästig. Und doch lag es in der Natur der Sache, daß das
gleiche Streben beider nach dem Söldnerfürstenthume sie in dieselben Bahnen
führte, daß sie in denselben einander antreffen mußten. Wir haben deshalb
die kundigsten Führer der Umsturzpartei über sie noch näher zu befragen.

Auf die Person des Mansfeld setzte damals Friedrichs geheimer Rath Rus=
dorf noch einiges Vertrauen. Mannigfache Gründe des Verdachts gegen den
Söldner waren Rusdorf wohl bekannt. [2] Er half sich mit dem Troste: man
muß Vertrauen haben, weil es einmal nicht anders ist, weil ja auch Mansfeld
die Autorität des Königs von Böhmen anzuerkennen verspricht. Ob Rusdorf
wohl bedachte, wie schwer oder leicht ein Versprechen des Mansfeld wog, ob er
eine Ahnung hatte, daß Mansfeld ein Jahr zuvor im Anfange 1623 im
Stande gewesen war vier oder fünf entgegengesetzte Unterhandlungen zu gleicher
Zeit anzuspinnen? — Auf Christian dagegen hat Rusdorf gar kein Vertrauen.
„Wir müssen uns bemühen," meint er [3] bei der Ueberkunft des Jünglings nach
England," daß er die Unterhandlungen mit Mansfeld nicht stört. Wenn Chri=
stian mit diesem zusammen thun und etwa Anführer der Reiter sein will: so ist
es aus. Die beiden können sich nimmer vertragen. Ihre Eifersucht, ihr Neid,
ihr Haß gegen einander wird die Sache verderben."

[1] Hurter IX. 337. Nr. 122
[2] Rusdorfii epistolae p. 41.
[3] a a. O. S. 41.

Anders dachte der bislang für Friedrich gleich unermüdliche Camerar. Er traute weder dem Mansfeld, noch dem Christian. Camerar hatte seit Jahren mit banger Sorge dem Treiben Mansfelds zugeschaut. Er zuerst hatte schon in Böhmen das Vertrauen auf diesen Söldner verloren. [1] Er hatte dort mit Schrecken die Verheerungen der Banden desselben angesehen. Seitdem hatte Mansfeld nicht eine bessere Meinung bei Camerar begründet. Mit Sorge und Bangen sah nun dieser erfahrene Politiker, welchen Einfluß Mansfeld über den König Jakob gewann. Camerar verkennt die Jämmerlichkeit Friedrichs nicht; allein er hegt damals noch die Hoffnung, daß durch englische Unterstützung der Schwächling angeregt werde sich selber aufzurichten, aus dem Frauengemach hervor zu kommen, und seinen Kindern ein Beispiel zu geben. Die Hoffnung trübt sich durch Jakob selbst. Nicht seinem Schwiegersohne und dessen Räthen vertraut der englische König Geld an, sondern dem Mansfeld. Davon, sagt Camerar, ist die Herstellung der Pfalz nicht zu erwarten. Und nicht bloß das, er fürchtet Schlimmeres. Er gedenkt an Mansfelds Kriegsweise. Wenn Mansfeld nicht der Mehrzahl nach deutsche Soldaten hat, sondern ausländische: so wird das ganze Reich sich wider ihn verbinden. Und dann tritt der Gedanke an Christian von Braunschweig hinzu. „Wenn dieser, der bei Gott und den Menschen gleich verhaßt ist, sich mit Mansfeld vereinigt: so wird die Gefahr erst recht groß." [2]

Wir wiederholen, daß es Camerar ist, der also im Interesse des Pfälzers Friedrich redet, nicht ein Anderer. Er fährt fort in diesem Sinne.

„Der Haß gegen Mansfeld ist verbreitet durch ganz Deutschland; doch größer noch ist derjenige gegen den Braunschweiger. Nicht solche Beschützer fordert die Zeit. Wenn nicht auf Kriegszucht gehalten, wenn nicht die Unternehmungen von Friedrich selber abhängig gemacht, die Geldmittel von treuen Männern verwaltet werden: so ist nichts zu hoffen."

Auf einen Anderen hofft Camerar, und gibt diese Hoffnung zu erkennen, wo und wie er kann. „Der König von Schweden," sagt Camerar, „ist der einzige, der uns helfen kann. Wenn der englische König an Gustav Adolf die Gelder gäbe, die er nun dem Mansfeld bestimmt: so würden auch die Generalstaaten eine bedeutende Summe zuschießen."

Die Bemühungen Camerars und Anderer für Gustav Adolf waren nicht so ganz vergeblich. Wir haben die Pläne dieser Art näher ins Auge zu fassen. Einstweilen hielt Jakob an Mansfeld. Wir haben deshalb zuvor den Mansfeldischen Entwürfen weiter zu folgen.

Camerars Meinung über diese Entwürfe, die nur auf Kriegführen so oder so, und nicht auf einen Zweck und ein Ziel des Krieges berechnet sind, die nach Mansfeldischer Art den Krieg nur erstreben um des Krieges willen, ist nicht eine vereinzelte. Moritz von Nassau stimmt mit ihm überein. Sie beide

---

[1] Die Briefe Camerars bei Söltl III. 192 ff.
[2] a. a. O. S. 196.

find der Ansicht, daß der englische König sich verpflichten müsse für Friedrich ein paar Jahre 16,000 Mann zu besolden. [1] Damit ließe sich Westfalen erobern und so lange behalten, bis der Kaiser die Pfalz zurückgegeben. Westfalen und die Pfalz? Was denn hatten die armen Westfalen, die Fürsten und Unterthanen dort mit der Sache Friedrichs zu thun? — Moritz und Camerar erwogen nicht diese Frage. Sie waren der Meinung: wo das nicht geschehe, da werde der Ausgang abermals derselbe sein, wie bei den bisherigen plötzlichen und unbesonnenen Anschlägen des Mansfeld und des Christian. Ihre Warnungen finden kein Gehör. Im November 1624 beschließen die Könige von England und Frankreich mit der Heirath zugleich, daß sie den Mansfeld auf sechs Monate unterstützen wollen. „Auf sechs Monate?" ruft unwillig Camerar. „Glauben denn diese Könige, man könne eine solche Sache durch einen Krieg innerhalb sechs Monate beenden? Und was soll dann werden?" — Er wiederholt abermals: durch Mansfeld kann man das Verlorene nicht wieder erringen.

Auch den Hochmögenden bangte vor der Nähe von Mansfeld. Andererseits hatten sie den Schrecken vom August 1623 nach der Schlacht bei Stadtlohn, wo damals Tilly waffenklirrend an ihrer Grenze stand, noch nicht vergessen. Sie baten den englischen König, wenn er die Absicht habe ein Heer unter Mansfeld zu schicken: so möge er es nicht in der Nähe der Niederlande thun. Nicht, sagen sie, [2] als ob Mansfelds Person ihnen unangenehm sei; allein die Folge werde sein, daß die ganze Macht des Kaisers und der Liga sich dahin ziehe, und daß ferner die Eifersucht und der Unwille Dänemarks und des niedersächsischen Kreises rege gemacht werde. Denn diese hätten über Mansfelds Züge, Einlagerungen und Plünderungen, da er ja seine Leute nicht bezahlen könne, sich oft beklagt. — Also die Hochmögenden wußten sehr wohl, wie es um Mansfeld stand. Sie wußten es dann nämlich, wenn die Gefahr möglicher Weise sie mit berühren könne. Darum stellten sie dem Könige Jakob ihre Besorgnis vor, daß für sie aus der Nähe eines solchen Heeres mehr Schaden als Nutzen erwachsen würde. Wenn dagegen der König Jakob ein Heer unter Mansfeld nach Burgund, dem Valtellin oder sonst wohin schicken wolle: so sei das den Hochmögenden sehr angenehm.

Eben damals erfüllte die Nachricht von einer grausenhaften Barbarei, welche die Holländer auf Amboina gegen die dortigen Engländer verübt hatten, den König Jakob mit Schrecken und Zorn. [3] Er war ingrimmig auf die Holländer. Er sah voraus, daß sie seine Truppen nicht landen lassen würden. Auch sonst war die Willfährigkeit der Holländer klein. Jakob verlangte, daß sie dem Mansfeld das Geschütz und Heergeräth wieder verschafften, welches die Stadt Emden dem Mansfeld genommen. Emden war in der Gewalt der Holländer; aber Mansfeld erhielt sein Geschütz nicht zurück. Dennoch mußte Jakob nun vorwärts.

[1] Söltl III. 195.
[2] Aitzema I. 907.
[3] Aitzema I. 917. — Rusdorfii epistolae p. 53.

Im October 1624 gebot er 12,000 Mann Engländer zu pressen. Es war ein merkwürdiger Unterschied zwischen der Kriegsweise des Festlandes und der englischen. Auf dem Festlande pflegte man zu werben. Wenn die Trommel erdröhnte, wenn die Werbefahne lustig flatterte, strömten, wie sich von selbst versteht, zunächst die Auswürflinge der menschlichen Gesellschaft herzu. Selbstverständlich zog man das versuchte Volk, d. h. kriegserfahrene Leute vor. Der Jammer und die Leiden, welche diese Menschen selbst erduldeten, welche sie Anderen zufügten, kamen auf Rechnung des eigenen freien Willens. Anders in England. [1] Die Presser nahmen Jeden, welchen sie tauglich fanden. Um den eigenen Willen der Unglücklichen, um Befähigung und Uebung in den Waffen handelte es sich nicht. Sie sollten fechten für Religion und Freiheit, wie man es nannte, mit oder ohne Willen. Während also das Heer zusammen gebracht wurde, kam auch der Führer heran.

Am 12. November bestieg Mansfeld in den Niederlanden ein Schiff zur Ueberfahrt, um diese neuen Krieger zu holen. Das Fahrzeug strandete an der Küste: die Seeleute ertranken, nur Mansfeld mit einigen Officieren ward gerettet. Gleich nachher kam Christian von Braunschweig zum zweitenmale nach England. Beide wurden abermals festlich dort empfangen und hoch geehrt. Mansfeld sollte die englischen Fußgänger, Christian französische Reiter führen. Dazu wollte man Deutsche werben. Fast war es dem Könige Jakob schon wieder leid. [2] Mansfeld erkannte es. Er bat den englischen König ihn nur so weit zu unterstützen, bis er das Heer in Waffen fertig stehen habe. Das Uebrige, sagt Mansfeld, werde sich machen.

Es ist seltsam, daß weder die Heerführer, noch der englische König sich vorher vergewissert hatten, ob die zusammen gerafften Haufen, wenn nicht nach der Pfalz, doch wenigstens nach Deutschland einen Weg offen finden würden. Mansfeld schrieb an die Infantin zu Brüssel: sie müsse ihn durchziehen lassen, mit Güte oder mit Gewalt. [3] Die Fürstin kannte endlich diesen Mann. Sie würdigte ihn keiner Antwort. Dagegen meldete sie es an Tilly. [4] Sie fügte hinzu, daß sie den Durchzug niemals und unter keinem Vorwande gestatten würde. Sie bat Tilly um Hülfe. Das Gerücht verbreitete unterdessen die Nachricht, daß man die Landung des Mansfeld wahrscheinlich an der Küste der spanischen Niederlande zu gewärtigen habe. Bei dem Namen Mansfeld durchrieselte ein Schauder den wohlhabenden Bürger und Landmann, den Gatten und Vater. Die Menschen verließen Haus und Hof auf dem Lande, um sich mit allen Habseligkeiten hinter die Mauern der Städte zu flüchten. „Es ist ein Jammer anzusehen," meldet [5] der spanische Statthalter aus Arras an die

---

[1] Rusdorf hebt diesen Unterschied hervor in Consilia et negotia publica p. 349.
[2] Rusdorfii epistolae p. 51.
[3] Aitzema I. 1040.
[4] Villermont II. 322 vom 1. Februar 1625.
[5] Archiv zu Brüssel. Corresp. du duc de Bavière avec l'Infante. Bericht des Grafen Hoogstraten, December 1624.

Infantin, „welches Entsetzen die Menschen ergriffen hat. Die Landstraßen sind bedeckt mit Fliehenden." Und freilich war ja die Gefahr groß, da man wenige Truppen zur Verfügung hatte. Tilly sagte Hülfe zu bis auf 13,000 Mann;[1] aber die Schwierigkeit der Zusendung im Winter war groß. Die Infantin bot das Landvolk auf und bewaffnete es. Tag und Nacht spähten die Wachen von den Küsten, damit alles bereit sei zum Empfange des Verderbers.

Mansfeld ließ die gepreßten 12,000 Engländer in 300 Fahrzeuge laden, stieß von England ab und segelte auf Calais. Die Franzosen wollten ihn nicht aussteigen lassen. Die burgundische Küste war augenscheinlich wohl verwahrt, die Landung dort nicht thunlich. Mansfeld steuerte nach Seeland, und kam im Februar 1625 vor Gertruidenberg. Er erbot sich zum Entsatze von Breda, welches Spinola hart belagerte. Aus diesem Grunde wollten die Holländer dort die Landung zulassen; doch nicht also willfährig bewiesen sich Wind und Wellen. Mehre Tage lang wütheten Stürme, stießen die Schiffe auf der Rhede an ein= ander, daß einige zerschellten. Es folgte ein Wechsel von Frost und Thauwetter. Pest, Fieber und Seekrankheit wütheten zugleich auf den Schiffen. Für die Gesunden hatte Gertruidenberg nicht Lebensmittel genug. Der gelinde Frost sperrte die Wege. Die zusammen Gepreßten starben haufenweise. Mansfeld ließ die Leichen und was man dafür hielt, bei Dutzenden ins Wasser werfen. Sie trieben an die Küste, der Hauch der Verwesung verbreitete in den nah gelegenen Orten Pest und Tod. Endlich wurde die Ausschiffung ermöglicht, und sofort begann die Desertion in Haufen. Was auch sollten die Armen? Sie waren gepreßt. Sie wußten nichts von Waffen und der Handhabung derselben. Manche füllten ihr Musketenrohr mit Pulver bis an die Mündung.[2] Sie wußten nicht, wofür und weßhalb der Krieg, wer ihnen Freund sei oder Feind. Allein sie sahen, daß sie sterben mußten so wie so, vor Frost und Hunger, vor Pest und Ungemach. Darum entliefen sie. Mit 12,000 Menschen war Mansfeld von England abgegangen. Die nach seiner Landung noch übrigen 6000 wurden mit den Deutschen verbunden, die in Holland für englisches Geld geworben waren.

Zur selben Zeit führte Christian von Braunschweig französische Reiter zu Schiffe von Calais aus nach derselben Gegend. Der Sturm fuhr unter die Flotte, verschlug, verstreute sie. Ein Theil der Schiffe scheiterte, eine große Menge Menschen ging zu Grunde. Mit den Ueberlebenden stieß Christian zu Mansfeld: sie sollten Breda entsetzen. Was sie dort und ferner verrichtet, werden wir später erfahren. Wir haben zunächst zu erfragen, wie die Regungen der beiden in England und aller Orten während des Jahres 1624 ihren Rückschlag übten auf Deutschland.

Die Furcht vor Mansfelds und Christians Umtrieben ist im Jahre 1624

---

[1] Die Schreiben bei Villermont II. 373 ff.
[2] Ausführlich erzählt in der Schrift von Hermannus Hugo, de Belagering van Breda. — cf. Rapin de Thoyras, Hist. de l'A. A. VII. 241. 253.

auf deutschem Boden die Nahrung für das glimmende Kriegsfeuer. Der Name der beiden Freibeuter war für die Deutschen jener Tage ein Gegenstand des Hasses und des Abscheues, mehr noch derjenige Christians, als Mansfelds. [1] Wohin wird Mansfeld sich wenden, wo abermals in das Reich einbrechen, um abermals den Greuel der Verwüstung in die deutschen Länder zu tragen: das ist die Frage, welche wie in den spanischen Niederlanden, so auch im deutschen Reiche die Gemüther mit ängstlicher Sorge beschäftigt, sie nicht zur Ruhe, das Reich nicht zum inneren Frieden, den Kaiser und die Liga nicht zu einer durchgreifenden Entwaffnung kommen läßt. Wenn Mansfeld von Holland, von England aus wieder kommen will: so sind in Ostfriesland, wo nur holländische Besatzungen liegen, über die Ems her die Pforten des Reiches ihm aufgethan, und von da aus ist es leicht für ihn auch die Weser und die Elbe zu gewinnen. Darum ist es die wiederholte Bitte [2] des Kaisers und Tillys an die Fürsten des niedersächsischen Kreises, denen das Feuer zunächst, daß sie alles aufbieten, damit die Holländer Ostfriesland räumen, sei es in Güte, sei es mit Gewalt. So lange dieß nicht geschieht, darf der Kaiser den General Tilly nicht aus Hessen abberufen, zumal da die Umtriebe der Landgrafen Moritz mit Allem, was feindlich gegen Kaiser und Reich ist, Niemandem ein Geheimnis sind. Das Alles war nicht zu leugnen. Dennoch schwankten die Fürsten des niedersächsischen Kreises zwischen dieser Anerkennung und der Furcht, dem Mistrauen, daß Tillys Einlagerung in Hessen doch noch auf weitere Plane ziele. Es war die beständige Regung der Unsicherheit wegen der Kirchengüter, welche sie thatsächlich und nicht rechtlich inne hatten. Sie hatten ihr Heer entlassen: mit Gewalt also vermochten sie nichts gegen die Holländer. Auf Bitten und Rechtsgutachten hörten diese nicht. Darum versuchten es die Fürsten von Niedersachsen mit Bitten nach der anderen Seite. Sie ersuchten den Kaiser um Abführung der Truppen von ihren Grenzen.

War das die Ansicht aller protestantischen Reichsfürsten?

Johann Georg von Kursachsen sprach dem Kaiser denselben Wunsch aus. Er meinte im Anfange 1624: es sei nun doch die Gefahr vorbei, und man könne die Fürsten in Niedersachsen beruhigen. Zugleich beharrte er in seinem Grollen gegen die bayerische Kurwürde. Deshalb bemühte sich der Kurfürst von Mainz im Frühlinge 1624 den Sachsen zu begütigen. Man kam zusammen zu Schleusingen in der Grafschaft Henneberg. Dort erschienen im Juni 1624 die beiden Kurfürsten von Mainz und Sachsen, der Landgraf Ludwig von Hessen-Darmstadt, einige kleine Reichsfürsten, und Tilly. Die beiden Kurfürsten und der Landgraf Ludwig hatten besondere Zusammenkünfte. Die Ansicht des letzteren Mannes ist maßgebend für die geschichtliche Betrachtung. Denn Ludwig hatte als Reichsfürst dasselbe Interesse, wie alle andere Reichsfürsten, den Kaiser nicht zum absoluten Herrn zu machen. Er war lutherisch und keineswegs geneigt sein

---

[1] Söltl III. 196.
[2] Königliches Archiv in Hannover.

oder seines Landes Bekenntnis der katholischen Kirche zu opfern. Aber er duldete andererseits keine Verunglimpfung derselben durch seine Theologen. Er war dem Kaiser und dem Reiche treu ergeben. Aber er war ein Mann von selbständiger Gesinnung. Er hatte dieselbe bewährt in der Gefangenschaft des Sommers 1622, als Friedrich und Mansfeld ihn mit umherschleppten auf ihren Irrfahrten. Er hatte sie dann bewährt in Regensburg vor dem Kaiser; denn er hatte sich dort dem Bedenken von Sachsen und Brandenburg gegen die Uebertragung der Kurwürde auf Max von Bayern angeschlossen. Die Ansicht eines solchen Mannes hat Gewicht.

Ludwig nun erklärte und bewies [1] dem Kurfürsten Johann Georg: das kaiserlich-ligistische Heer dürfe die besetzten Oerter nicht verlassen, weil man wegen des Mansfeld und des Christian nie Sicherheit habe vor neuen Unternehmungen. Außerdem sei bei Hessen-Cassel noch der besondere Umstand vorhanden, daß Moritz es offenbar mit den Feinden des Reiches halte.

Hier könnte man vielleicht einwerfen, daß Ludwig so redete aus Abneigung gegen seinen Vetter Moritz von Cassel. Allein wenn durch den Abzug Tillys von Hessen in Wahrheit der allgemeine Friede zu erreichen stand: so war in einem solchen Frieden Moritz für Ludwig am wenigsten gefährlich. Hatten doch die Räthe des Moritz ihm mehr als einmal angedeutet, daß seine Ritter- und Landschaft mehr Neigung zu Ludwig habe, als zu ihm.

Und dann wies Ludwig ferner auf das Ausland hin. Sowohl England, als Schweden und Dänemark rüsteten, die Holländer stünden auf Reiches Boden. Johann Georg erkannte das an. Es gelang den eindringlichen Vorstellungen Ludwigs, diesen Kurfürsten völlig zu überzeugen. Johann Georg erkannte die fortdauernde Einlagerung in Hessen-Cassel als unvermeidlich an, und nahm seinen Widerspruch gegen die Verleihung der Kurwürde an Max von Bayern zurück. Wir sehen die hauptsächlichsten deutschen Fürsten des Protestantismus mit dem Kaiser völlig einig.

Während also der deutsche Kaiser, die katholischen und lutherischen Fürsten dahin trachteten das Reich innerlich zu beruhigen, regte sich schon seit Jahren ein Feind, der in sich die Kraft verspürte die Plane Friedrichs von der Pfalz mit gewandterem Geschicke, mit rastloser Energie durchzuführen. Mansfeld und Christian konnten verderben, konnten Tod und Jammer bringen. Aber nicht sie waren die gefährlichsten Feinde. Noch ein anderer war da, harrend seiner Zeit. Es war Gustav Adolf, König von Schweden.

Er war entsprossen aus dem mit Greuel und Brudermord besudelten Hause der Wasa. Sein Vater Karl IX. hatte die schwedische Krone dem Neffen Siegmund vorweggenommen. Karl war protestantisch, Siegmund katholisch. Diese Verschiedenheit des Bekenntnisses war das Mittel, durch welches Karl sich behauptete, und sogar die Krone seinem Sohne Gustav Adolf vererbte. Der katholische Siegmund von Polen verzichtete nicht auf seine Ansprüche. Dieß

Verhältnis begründete den politischen Haß Gustav Adolfs gegen den Katholicis-mus. Um seiner Krone willen haßte Gustav Adolf die katholische Kirche. Um seiner Krone willen drückte er dem Lande Schweden das dauernde Gepräge der Unduldsamkeit auf, von welchem es noch neuerdings wieder dem erstaunten Europa merkwürdige Beweise gegeben. Die Jesuiten, die es wagten in Schweden zu landen, traf der Tod von Henkershand. [1] Zunächst um seiner Krone willen führte Gustav Adolf gegen seine Blutsverwandten von Polen den Krieg, der dann und wann abgebrochen, nicht beendet wurde.

Doch war dieser politische Haß gegen den Katholicismus nur eins der Motive. Gustav Adolf war der Mann der entschlossensten That. Man sah ihn eifrig sich persönlich in Gefahr stürzen, nicht ohne einen Hang zu den Mei-nungen der Prädestination. „Der Apfel ist noch nicht reif," rief er aus, als vor Ingolstadt eine Stückkugel das Pferd unter ihm zerriß. Sein Leben war eine Kette von Kriegen, weil er persönlich kriegesdurftig war. Keiner dieser Kriege ist auf schwedischem Boden geführt: sie sind sämmtlich Angriffskriege des Schweden. Also brachte seine Neigung, sein Wille es mit sich. „Für mich ist keine andere Ruhe zu erwarten, es sei denn die ewige Ruhe." [2]

Mit diesem rastlosen Ehrgeize, mit dieser entschlossenen Thatkraft verband Gustav Adolf die Befähigung zu einer ungemeinen Leutseligkeit, welche die Menschen ihm persönlich gewann, und ferner eine hohe intellectuelle Begabung. Er war einer Reihe von Sprachen mächtig, namentlich der hochdeutschen. Teutschland war auch damals noch vor dem Kriege für die Länder des Nordens die Heimat geistiger Bildung. Wir finden 1614 die Urkunde über ein Bündnis Gustav Adolfs mit den Generalstaaten im Original in hochdeutscher Sprache ausgestellt. [3]

Nach diesem deutschen Lande schaute schon früh der Ehrgeiz des jungen Eroberers. Wenn er nicht aus sich es gethan hätte, so kam die Aufforderung von daher selbst ihm zu. Die Union, welche einige calvinische Fürsten des Reiches im Jahre 1608 auf die Verlockung und das Geheiß Heinrichs IV. von Frankreich geschlossen, sah sich durch den Tod desselben bald verwaist. Die Gelüste der kleinen Machthaber nach fremdem Eigenthume blieben dieselben. In stiller Anerkennung der eigenen Unfähigkeit zur Vollbringung derselben wandten sie sich 1615 an den jungen Gustav Adolf, und erhielten schon damals weit aussehende Versprechen. [4] Er bedaure sie, sagt Gustav Adolf, wegen der Praktiken der Geistlichen. Auch er selbst werde von dem Könige von Polen als einem vornehmen Mitgliede der Liga immer gedrängt. War dieser Irrthum, als ob der König von Polen zur deutschen Liga gehörte, absichtlich oder nicht? Wir haben den Umständen nach die Wahl. Gustav Adolf erörterte weiter, daß der König von Polen dahin strebe auch Moskau an sich zu reißen. Wenn ihm

---

[1] Moser, patriotisches Archiv VI. 15
[2] Geijer, Geschichte von Schweden (deutsche Uebersetzung) III 160.
[3] Aitzema I. 609.
[4] Senkenberg XXIV. S. 29.

das gelinge: so werde Siegmund aus seinem Reiche einen Sitz des Krieges gegen die protestantischen Mächte machen wollen.

Irren wir nicht: so schimmert aus dieser Darlegung ein leitender Gedanke des Königs Gustav Adolf hervor. Er will eine Solidarität der protestantischen Fürsten begründen gegen die katholischen. Deshalb schafft er sich das Phantom einer katholischen Liga auf der anderen Seite. Er fühlte in sich die Kraft die Führerschaft jener Solidarität zu übernehmen.

Indessen, versichert Gustav Adolf weiter, widerstehe er seines Ortes, so gut er könne, und sobald er nur Mittel habe den langwierigen Krieg mit Polen beizulegen: so sollten die Unirten gewiß versichert sein, daß er in Ansehung der großen Gefahr, auch der Billigkeit ihnen beistehen, und die evangelische Religion besten Fleißes zu erhalten suchen wolle.

Wir sehen, wie Gustav Adolf in dem Sprachgebrauche der Unionsfürsten die eigene Habgier mit dem wohlllingenden Namen des Evangeliums zu umhüllen, schon damals vollkommen Meister war. Gustav Adolf war lutherisch, die Unionsfürsten calvinisch. Das deutsche Lutherthum, die Fürsten voran, standen der Union fast feindlich gegenüber. Sie verneinten entschieden die Sache des Evangeliums bei Kurpfalz und Hessen-Cassel.

Beim Ausbruche der böhmischen Rebellion stellte sich Gustav Adolf auf die Seite der Feudalherren von Böhmen. Sollte er als König, der in der Militärmonarchie, welche er schuf, dem Adel nur noch die Freiheit seines Dienstes beließ, das Streben der Feudalherren nach anarchischer Unabhängigkeit gebilligt haben? Nicht das war es. Es gab Unruhe im deutschen Reiche, und diese Unruhe war sein Wunsch. Gustav Adolf billigte als der einzige von allen Fürsten Europas die Wahl Friedrichs zum Könige. Er wäre zu einem Bunde erbötig gewesen; doch wollte er sich darum bitten, sich Anträge stellen lassen, um danach seine Forderungen zu bemessen. [1] Er schickte Unterstützungen, die indessen mehr seinen guten Willen bewiesen, als eine That. In derselben Zeit bereiste er das deutsche Reich, um sich des Landes Art und Bewohner für zukünftige Fälle anzusehen. Wie konnte einem scharfblickenden Fürsten, der die ignavia für das charakteristische Zeichen seiner Zeit erklärte, es entgehen, was auf diesem Boden zu erreichen sei für den, welcher statt der ignavia in sich selber eine rücksichtslose Energie fühlte! Das Land war blühend, war reich, wie damals noch kein anderes, und zugleich völlig wehrlos. Es gingen damals bei der Partei der Union die Reden, daß man, um die kirchlichen Fürstenthümer an sich zu bringen, den Pfaffen die Pferde an den Zaun zu binden habe. Der Gedanke war da: es handelte sich nur um die Ausführung. Mansfeld und Christian faßten ihn auf. Wäre ihnen mehr als die Anfänge gelungen: sie hätten ein Chaos bewirkt und weiter nichts. Auch Gustav Adolf vernahm solche Reden. Er sah sich die deutschen Städte an voll stattlicher Gebäude, voll ragender Thürme, reich an Erzeugnissen der Gewerbe und

---

[1] Hurter, Ferdinand II. Bd. IX. 392.

des Kunstfleißes, bewohnt von haberfüchtigen, thatlosen Menschen. Er verglich damit sein armes Schweden, wo die Dörfer sich fanden, wie in Deutschland die Städte. Nicht umsonst bereiste er das deutsche Reich.

Er kam nach Berlin und warb um die brandenburgische Prinzessin. Es geschah dieß in wohlerwogener Kenntnis, [1] daß das Haus Brandenburg wegen der clevischen Lande, die es sich von den Generalstaaten hatte verbürgen lassen, schlecht mit Spanien und mittelbar auch mit dem Kaiser, freundlich dagegen mit den Generalstaaten stand. Gustav Adolf bedurfte der Hülfe der letzteren; denn sie hatten viel Geld, und er und sein Königreich waren arm.

Das war während der Zeit des Stillstandes mit Polen. Im folgenden Jahre 1621 griffen die Türken Polen an. Gleichzeitig stürzte sich der junge Schwedenkönig auf Liefland und belagerte Riga. Er hielt es für nöthig eine Vertheidigung und Klage darüber in die Welt ausgehen zu lassen, daß er seinen Vetter in solcher Bedrängnis angreifen müsse. Die Nachwelt hat das, wie alles was Gustav Adolf für sich sagte, bereitwillig geglaubt. Die Mitwelt dachte darüber anders. Sie meinte, er habe die günstige Gelegenheit wahrgenommen, um an sich zu bringen, was zu erlangen war. [2]

Aber in Bezug auf Deutschland wollte die Gelegenheit nicht erscheinen. Gustav Adolf harrte derselben. Auch fand er Entgegenkommen bei denen, welche seine Bedeutung ahnten. Bereits im Laufe des Sommers 1622 bot Camerar, der Rath des Pfalzgrafen Friedrich, dem Schwedenkönige seine Dienste an. Sie waren willkommen. Er erhielt den Auftrag fortdauernd über die deutschen Zustände zu berichten. Der Oheim Gustav Adolfs, der Pfalzgraf Johann Casimir, legte von Stockholm aus dem Camerar einmal über das andere dar, daß der König sich den betrübten Zustand von Deutschland sehr zu Herzen gehen lasse und täglich darüber nachdenke, wie er dagegen Rath schaffen möge. [3] Er versichert, daß es bei Gustav Adolf ein rechter heroischer Ernst sei. Er bittet den Camerar nach Schweden zu kommen, damit dort ein Mehres verabredet werde.

Im Sommer 1623 folgte Camerar mit Zustimmung Friedrichs dieser Ladung. Er traf einen anderen Mann, als dem er diente. Nur eins hatte Gustav Adolf mit Friedrich gemein: es war bei dem lutherischen Könige dieselbe Schlagfertigkeit im Gebrauche des Wortes evangelisch für alle Gelüste des Ehrgeizes und der Habgier, wie bei dem calvinischen Pfälzer. Wir sehen sofort den Grundgedanken Gustav Adolfs hervortreten. Der Kanzler Oxenstjerna empfängt Camerar mit den Worten: „Die Sache unseres Königs gegen Polen ist die gemeinsame Sache aller Evangelischen." [4] Hocherfreut meldete Camerar heim: „Der schwedische König nimmt sich unserer Sache so an, als ob er der nächste Blutsverwandte

---

[1] Aitzema I. 109. In den Worten des auf holländischem Standpunkte möglichst unparteilichen Westfriesen spiegelt sich überhaupt für uns sehr oft die Auffassung der nicht betheiligten Zeitgenossen.

[2] Aitzema I. 109.

[3] Der Briefwechsel bei Moser, patriotisches Archiv I. 12 ff.

[4] Moser, patriotisches Archiv V. 31.

wäre, und verspricht zu unserem Wohle alles."[1] Sollte Camerar, der welt-
und menschenerfahrene Mann, damals geglaubt haben, der König Gustav Adolf
werde sich für das Wohl Friedrichs in einen gefährlichen Krieg stürzen, und
nach dem Siege etwa das Errungene dem Friedrich großmüthig zu Füßen legen?

In Wahrheit erwog Gustav Adolf schon damals alle Möglichkeiten die Sache
anzufassen und auszuführen. Er überlegt, ob man den Krieg nach Italien,
nach Spanien verſetzen, ob man die Türken herbeiziehen ſolle. Moralische Bedenken irgend welcher Art hat er bei dieſen Fragen nicht, namentlich nicht bei
derjenigen der Hülfe durch die Türken; denn ſein Geſandter Paul Straßberger
arbeitete ſeit längerer Zeit in Conſtantinopel raſtlos für die Unterſtützung Bethlen
Gabors gegen den deutſchen Kaiſer.[2] Aber ſoll man die Türken direct herbeiziehen? Gustav Adolf meint, es ſei doch zur Zeit nicht gut. Der Türke ſei den
Chriſten verhaßt, und es ſtehe bei jenem daheim auch nicht ſicher. Deßhalb
müſſe man den Krieg über Polen nach Mähren und Schleſien verſetzen.[3] Dieß
könne geſchehen, wenn die Generalſtaaten ihm monatlich 50,000 Reichsthaler
gäben. Gustav Adolf meint: ſein Heer übertreffe dasjenige der übrigen Fürſten
an Gehorſam, Abhärtung und Uebung, es ſei noch nicht durch Lüſte und Hab-
ſucht verdorben. Er meint: die Generalſtaaten müßten Mansfeld und Chriſtian
von Braunſchweig bewegen nach Polen zu ziehen.

Die Hochmögenden indeſſen bewieſen damals noch gar keine Reigung ſich
tiefer mit dem Schwedenkönige einzulaſſen. Sie hatten ihm 1616 eine Summe
von drei Viertel einer Million vorgeſtreckt, welche er in Kupfer zurückzahlen
ſollte. Gustav Adolf und ſein Land waren damals vor dem großen deutſchen
Raube ſehr arm. Als jene 1623 ihn mahnten, erwiederte er: da er im Kriege
mit Polen ſei, deſſen König dem Kaiſer und Spanien ſo nahe ſtehe: ſo müſſe
man ſtatt Zahlung zu fordern, viel eher ihm beiſtehen.[4]

Sobald die Wendung der Dinge in England im Beginne des Jahres 1624
dem Könige Gustav Adolf zu Ohren kam, eilte er dort ſich anzubieten.[5] Im
Anfange ward das nicht verſchmäht. Gustav Adolf ſchickte an Friedrich Geſchenke,
und eben ſo that ſeine Frau an Eliſabeth, die Pfalzgräfin. Die Geſchenke waren
koſtbar: ſie ſollten dienen zur Darlegung der wohlgeneigten Geſinnung.[6] Derartige Dinge und die Verheißungen Gustav Adolfs wirkten. Am 2. Auguſt 1624
ſprach Gustav Adolf dem Pfälzer Friedrich ſeine Freude aus, daß Friedrich,
Jakob, Karl auf ihn die Hoffnung der Herſtellung ſetzten. Er war durchaus

[1] Söltl III. 185
[2] Hammer, Geſchichte des osmaniſchen Reiches III. 72.
[3] Söltl III. 267.
[4] Aitzema I. 529
[5] Moſer, patriotiſches Archiv V. S. 41 ff.
[6] Handſchriftliche Briefe auf der königlichen Bibliothek in Hannover. Die Geſchenke
waren ea magnificentia, ut omnium regum munera suo splendore anteirent, et
singularem Majestatum vestrarum erga se affectum atque benevolentiam praefati
principes ex iis perspexerunt. 23. Februar 1624. Nicht unterzeichnet.

dazu bereit und versprach alle möglichen Dienste. Tag und Nacht sinnt er über diese Plane nach. Oxenstjerna meldet, daß all dieß Sinnen und Trachten lediglich die Herstellung des Pfälzers bezwecke. Gustav Adolf hält dabei seinen Grundgedanken fest. Alle evangelischen Fürsten und Staaten müssen sich zu einem großen Bunde vereinigen, und dann muß man den Krieg in die östreichischen Erbländer tragen. Sie stehen offen. Die Frage, ob der deutsche Kaiser Ferdinand dem Schweden=könige auch nur den leisesten Grund oder Vorwand zum Kriege gegeben, wird nicht aufgeworfen. Doch hat Gustav Adolf für sich einen Grund: Polen und Oestreich sind die Stützen des Papstthumes: wer dem Einen Schaden zufügt, thut es dem Andern. Der Weg des Königs geht nach Schlesien. Aber er darf Polen nicht im Rücken lassen, und eben so wenig den Dänen. Darum fordert er gegen diesen von England 24 Kriegsschiffe zur Hülfe. Er hofft 16 Regimenter Deutsche zu werben, 4 Regimenter Franzosen und eben so viele Engländer. Auch der Kurfürst von Brandenburg forderte damals, nicht später, den Schweden auf als das Schwert gegen den Kaiser zu dienen. [1] Von anderen deutschen Fürsten ist dieß nicht geschehen, weder damals, noch später. Namentlich hat niemals ein lutherischer Reichsfürst den Schweden gerufen.

Man hat sich nachher in der Zeit der nationalen Verkommenheit nach dem westfälischen Frieden häufig der Ansicht hingegeben, daß das Einladen und Her=einziehen fremder Mächte in innere Angelegenheiten des deutschen Reiches damals nicht mehr auffallend gewesen sei. Wir müssen hier wiederholen, daß man sehr leicht die Anschauungen, welche der westfälische Friede durch die französische und schwedische Einwirkung begründete, die derselbe sogar rechtlich feststellte, auf die Zeit vor dem westfälischen Frieden überträgt. Es kommt uns darauf an die Kundgebungen der Mitwelt, der Zeugen des Krieges selbst unmittelbar zu erfassen. Nun hat der deutsche Kaiser Ferdinand jederzeit die Einmischung und Einflechtung fremder Könige und Potentaten in das Reich mit schwerem Nachdrucke als die hauptsächlichste Quelle des Unheiles hervorgehoben. Wir haben schon gesehen und werden ferner oft ersehen, daß Niemand diesen Satz energischer, eindring=licher wiederholt als Tilly. Mit dem Kaiser, mit Tilly übereinstimmend dachte mit Ausschluß der raufluftigen Angehörigen einiger kleinen Fürstenhäuser und mit Ausschluß des Söldnerthumes die Mehrheit der deutschen Nation. Es ist ja eben dieß, wie wir von Rusdorf vernommen haben, das Bestreben der friedestörenden Partei, daß durch nimmer ruhendes Waffengeflirr der Kaiser nicht dahin komme einen Reichs= oder einen Deputationstag zu berufen, weil derselbe einstimmig die Sache des Pfälzers verurtheilen würde. Es gelingt. Die Stimme der Nation wird übertönt durch den Kriegesruf und das Geräusch der Waffen. Um so eifriger werden wir darauf zu lauschen haben, ob und wo sich Kundgebungen der Denkenden und Besitzenden jener Zeit erhalten haben, welche uns die wahre Ansicht jener Zeit erkennen lassen. Wir hoffen derartige Kundgebungen unzwei=deutiger Art zur Genüge zu bringen.

[1] Moser a. a. O. S. 58.

Auch Ludwig XIII., oder wenn man lieber will, der Cardinal Richelieu vernahm im Sommer 1624 mit Freude die Regungen Gustav Adolfs, und meldete demselben sein Vergnügen, daß Schweden und Dänemark zum Wohle der Christenheit mit einander friedlich verblieben. [1] Wir sehen, wie hier der Sprachgebrauch sich ändert. An die Stelle des Evangeliums, welches Friedrich und Camerar, welches Gustav Adolf und Oxenstjerna für ihre Plane gegen den Kaiser, das Reich und die deutsche Nation mit so erstaunlicher Geläufigkeit unter einander handhaben, tritt bei Frankreich und dem Cardinal der katholischen Kirche das Wort Christenheit. Es leistet ganz dieselben Dienste. In Constantinopel wird daraus das gemeine Wohl. Auch dieses ist verständlich.

Gustav Adolf erhob für seinen beabsichtigten Kriegeszug gegen den deutschen Kaiser eine schwere Bedingung. Zu einem festen Sitze, zum Ausgangspunkte des Krieges muß der König zwei deutsche Häfen haben, einen an der Ostsee, einen an der Nordsee. Er dachte an Wismar und Bremen. Aber wer sollte ihm diese Häfen verschaffen? Namentlich die letztere Forderung war völlig unausführbar. Durfte man dem Senate einer freien Reichsstadt, den Bürgern derselben den Leichtsinn zutrauen, daß sie sich und ihre Stadt der Gnade eines fremden Königs gutwillig überliefern würden? Gustav Adolf kannte damals noch die deutschen Städte nicht von dieser Seite. Er hatte später zu erfahren, welche Fehler seiner Gegner, welche Gunst der Umstände ihm zu Hülfe kommen, welche Mittel seiner kunstreichen Politik er auch dann noch aufwenden mußte, bis die deutsche Stadt Stralsund nur halb freiwillig ihn einließ. Nicht so völlig unerfüllbar erschien die Hoffnung auf Wismar. Gustav Adolf stand mit seinen Vettern von Mecklenburg in freundschaftlichem Verhältnisse. Er hatte im Jahre 1620 auch auf sie seinen Besuch zur Recognoscirung des Terrains ausgedehnt. Er warnte sie damals vor dem Dänen Christian. „Dann," also berichtet der Herzog Adolf Friedrich, [2] „haben wir unmenschlich mit ihm gesoffen. Sind also mit guter Vertraulichkeit und Courtoisie geschieden." Die Gesinnung war offenbar freundlich; aber dagegen stand, daß die Herzöge nach dem eigenen späteren Zeugnisse des Königs treu dem Kaiser anhingen. Immerhin ließ sich einige Hoffnung für den Schweden auf die geringe geistige Befähigung dieser Herzöge setzen, die nachher von dem Dänenkönige so meisterhaft ausgebeutet wurde, namentlich wenn etwa der Landgraf Moritz mit seinen Reden und Predigten von evangelischer Freiheit, mit seiner Fluth von Bibelsprüchen den natürlich gesunden Sinn dieser Leute überschwemmte. [3] Auch diese Hoffnung freilich war gering.

Während noch Gustav Adolf und Oxenstjerna sich in der Hoffnung des Gelingens wiegten, war an den entscheidenden Stellen in Whitehall und im Haag bereits eine Wendung der Dinge eingetreten.

Ein wesentliches Hinderniß gegen die Annahme der Vorschläge des Schweden

[1] Moser, patriotisches Archiv V. 74.
[2] Jahrbücher des Vereins für mecklenburgische Geschichte I. 139
[3] Vgl. Moser, patriotisches Archiv Bd. V. S. 95.

lag in der Persönlichkeit des englischen Königs Jakob, in dem Rechtsgefühle desselben. Wir haben gesehen, wie die Pläne Gustav Adolfs weit ausschauend auf einen Zug in die kaiserlichen Erblande, nach Schlesien und Böhmen gingen. Was alles Gustav Adolf vorhabe, mochte Jakob kaum ahnen. Jakob wollte das Erbe seiner Enkel sichern. Dafür wollte er Hülfe. Dabei blieb er der Ansicht getreu, daß die böhmische Sache eine unehrenhafte und unredliche sei. Er wollte mit derselben nichts zu thun haben. Er wollte den Namen Böhmen nicht einmal hören. Deshalb konnte auch eine Unternehmung, die dahin gerichtet war, seinen Beifall nicht haben. [1] Nicht Böhmen sollte das Mittel sein die Kurpfalz zu retten. Denn nur daran dachte Jakob. Dieses Land betrachtete er als das rechtmäßige Erbe seiner Enkel, und war bereit für diese etwas zu thun. Die Generalstaaten fühlten sich von solchen Scrupeln der Ehrlichkeit in der Politik nicht behelligt. Sie waren für Gustav Adolf.

Da bot sich auf einmal der Däne an, der geborene Nebenbuhler Gustav Adolfs, und drängte sich vor. Das änderte die Dinge.

Wir haben gesehen, wie Christian IV. von Anfang an die Sache des Pfälzers in Böhmen mißbilligte. Nach dem Tage von Segeberg im März 1621, als ihn wie die norddeutschen Fürsten eine große Furcht für ihre Bisthümer überkam, warb er 6000 Mann. [2] Er entließ sie bald wieder, und zwar, wie er selbst sagt, wegen des großen Hasses, den er sich dadurch zugezogen. Den Umständen nach kann sich dieser Haß nur auf das deutsche Volk, die deutschen Unterthanen beziehen; denn wir haben von Camerar vernommen, wie er als pfälzischer Rath in Norddeutschland betrachtet wurde. Es fehlte nicht an Anträgen, an Versprechen Friedrichs für Christian IV. Aber dieser mißtraute der Sache. Der französische, der englische Beistand, meinte er, sei ungewiß, der ungarische und der türkische sei gefährlich für Friedrich selbst. Auch ließ ihm Jakob damals im Jahre 1621 sagen: Christian möge doch nicht rüsten, möge nicht durch Krieg die friedliche Verhandlung hindern. Christian hatte nur ein Ziel im Auge. Es waren die norddeutschen Bisthümer für ihn und sein Haus, und zwar so viele wie möglich. Wer ihm diese gab oder verbürgte, wessen Bürgschaft die stärkere erschien, dessen Freund war er. Er glaubte damals und noch 1622 und 23 am sichersten bei dem Kaiser zu fahren. Deshalb suchte er seinen Neffen Christian von Braunschweig mit dem Kaiser auszusöhnen. Wir haben gesehen, wie nach seinen eigenen Worten seine Ehre dabei betheiligt war, daß die Aussöhnung gelinge, wie ferner die Mutter Elisabeth, die Schwester des Königs, ihrem Sohne den Vorwurf macht seinen Oheim betrogen zu haben. Nach dieser Sachlage kann damals Christian IV. seine Erbietungen an den Kaiser nicht anders als aufrichtig gemeint haben.

Im Jahre 1624 erfolgte der Umschwung, nicht auf einmal, nicht auf eine einzelne besondere Veranlassung, sondern allmälich. Der König, der bereits das

---

[1] Rusdorfii epistolae p. 45.
[2] Londorp. II. 608 ff.

Bisthum Verden besaß, fand Schwierigkeit bei der Wahl in Halberstadt. Es kamen englische, französische, brandenburgische Gesandten nach Kopenhagen. Die Hochmögenden boten alles auf den Christian anzufeuern. [1] Im August 1624 fand sich der Kurfürst von Sachsen bewogen den Kaiser vor den Werbungen Christians zu warnen. [2] Damals wußte oder ahnte man dort längst etwas. Am 14. April 1624 wußte man bereits in Brüssel und München, daß in Schweden und Dänemark auf ungewöhnliche Weise geworben werde. [3] Es war das ein Grund mehr Tilly nicht aus Hessen zurückzuziehen, nicht zu entwaffnen.

Die Entscheidung, der Entschluß des Dänenkönigs ist jedoch nach der Ansicht der Schweden und schwedisch Gesinnten erst durch die Kunde von den Anerbietungen Gustav Adolfs erfolgt. Diesem seinem Nebenbuhler glaubte Christian IV. um jeden Preis zuvorkommen zu müssen. Daß er dieß Bestreben haben werde, sah man in Stockholm voraus; denn also, hieß es dort, ist es seine Weise. [4] Eben darum suchten die Schweden alles geheim zu halten, was denn freilich bei der siebartigen Beschaffenheit der Höfe nicht gelang. Es handelte sich dabei für den Dänenkönig nicht bloß um die Ehre. Wenn Gustav Adolf das erlangte, was er als die Grundlage seines Planes angab, eine deutsche Stadt an der Nord- oder Ostsee: so konnten seine weiteren Plane eben so wohl gegen Dänemark berechnet sein, wie gegen den Kaiser. [5] Großes Vertrauen, daß Gustav Adolf im Haag und in Whitehall seine wahre Absicht enthülle, hatte Christian nicht. Er fürchtete für sich. Um Gustav Adolf abzuwenden, suchte er ihm Schwierigkeiten in Polen zu machen. [6] Christian war geneigt zu einem Bündnisse mit Siegmund von Polen gegen Gustav Adolf. So nämlich deuteten die Schweden aufgefangene Briefe des Dänen nach Polen. Wirksamer indessen als solche Mittel, um dem Schweden die Rechnung zu kreuzen, waren Christians eigene Anerbietungen in England. Er erbot sich der Streiter gegen den Kaiser und das Reich zu sein. Er hatte dabei viel voraus. Er war Jakobs Schwager und hatte darum bei diesem größeres Vertrauen, als der ferne, unbekannte, jugendliche Schwede, dessen Entwürfe Jakob aus moralischen Gründen nicht billigte. Zugleich war Christians Plan wohlfeiler.

Der schwedischen Partei kam das sehr unerwartet und unangenehm. Oxenstjerna meinte im Februar 1625: er könne den Wandel der Dinge nicht begreifen. [7] Daß Jakob in Wahrheit aus einem gewissen Rechtsgefühle die schwedischen Vorschläge verworfen, mochte allerdings einem Manne wie Oxenstjerna schwer in den Sinn kommen. Den positiven Grund dagegen, das eifersüchtige Vordrängen

[1] Aitzema I. 1216.
[2] Hurter IX. 335.
[3] Archiv zu Brüssel. Correspondance du duc de Bavière avec l'Infante.
[4] Moser, patriotisches Archiv I. 37. vom 2. October 1624.
[5] Moser, patriotisches Archiv V. 95.
[6] a. a O. S. 97.
[7] a. a. O. S. 104

des Dänen durchschaute er völlig. „Unsere Plane," meint er, [1] „sind entweder aus den Höfen der deutschen Fürsten, oder aus England selbst verlautbart. Der Däne sucht sie zu durchkreuzen, als wenn man gegen ihn etwas bezwecke, und findet kein besseres Mittel als sich selber anzubieten, und dadurch alles zu nichte zu machen. Aber es ist noch," sagt er im März 1625, „des Königs ernstlicher Wille zu handeln. Er ist bereit zu jeder Stunde." — „Er ist auch dann noch bereit," meldet gleichzeitig Johann Casimir aus Stockholm, [2] „wenn vielleicht jetzt oder künftig der Däne der Sache müde werden sollte." Einstweilen jedoch soll der Gesandte Spens in London alles aufbieten, um den englischen König bei der anfänglichen Geneigtheit zu erhalten. Auch selbst neben dem Dänen ist der König Gustav Adolf bereit zu operiren.

Es ist merkwürdig zu sehen, wie unterdessen diese beiden Könige Christian IV. und Gustav Adolf, die sich gegenseitig nicht trauen, unter dem Scheine des Vertrauens sich gegenseitig zu täuschen suchen. Jeder von ihnen thut, als wisse er nichts von den Planen des Anderen. Am 22. Februar 1625 entwickelt Christian dem Nachbar seine Plane, und fragt, was Gustav Adolf zur Hülfe thun könne. [3] Dieser antwortet: er wolle Vertrauen mit Vertrauen erwiedern, und müsse deshalb sagen, daß er einen schweren Krieg in Polen zu führen habe. Darum habe er oft gewünscht, daß irgend ein mächtiger evangelischer Fürst den deutschen Protestanten helfe. Da das nun der Däne thun wolle, sei ihm das sehr lieb. Er seinerseits wolle dafür sorgen, daß unter der Zeit Dänemark von Polen aus nicht angegriffen werde. Gustav Adolf ließ sich sogar den Vorschlag des Cardinals Richelieu gefallen, daß Christian, um den Kaiser und Tilly zu täuschen, in solcher Weise und mit solchen Worten rüsten solle, als gelte es dem Schweden. [4] Dabei indessen fühlte sich Gustav Adolf gar nicht behaglich und sicher. Wenige Wochen später meldet er seinem Gesandten in England: er traue dem Dänen nicht. Es könne im Grunde doch alles, was Christian treibe, gegen Schweden gerichtet sein. [5]

Dessenungeachtet hielten Gustav Adolf, Oxenstjerna und Camerar auch im April 1625 noch fest. Friedrich von der Pfalz mochte erstaunt und freudig den Eifer dieser Freunde anschauen. Das Alles war für ihn! Freilich fielen auch Aeußerungen, die einiges Bedenken erregen konnten. „Wer große Dinge unter= nimmt," sagte Gustav Adolf, [6] „ohne sich auf eigene starke Kraft und gute Hülfsquellen zu stützen, nur weil ihn eine unbestimmte, unsichere Hoffnung leitet, der wird dann, wenn die Dinge eine andere Wendung nehmen, am Ende sehen, wie er sich durch sich selbst und Andere hat täuschen lassen." Die Worte waren aus dem Leben gegriffen; denn Gustav Adolf kannte dasselbe. Die Worte warfen

[1] a. a. O. S. 143.
[2] Moser, patriotisches Archiv I. 45.
[3] Moser, patriotisches Archiv V. 153.
[4] a. a. O. S. 127. Februar 1625.
[5] a. a. O. S 133.
[6] a. a O. S. 140.

im Voraus ein Dämmerlicht auf das, was Friedrich sowohl von Christians, als von Gustav Adolfs Hülfe zu erwarten hatte. Aber die Augen Friedrichs waren zur Aufnahme eines solchen Dämmerlichtes, oder zu einem Einblicke in sich selber vermöge seiner Störrigkeit allzu blöde. Er vertraute Jedem bis auf den, welchem er nach Eid und Pflicht und gegebenem Worte hätte vertrauen sollen. Er vernahm gern die Vorschläge der beiden Könige. Gustav Adolf erklärte sich im April 1625 bereit neben dem Dänenkönige mit einem Heere zu operiren, er nach Schlesien, der Däne nach der Pfalz hin. [1] Holland und England müßten das Geld hergeben zur Anwerbung von reichlich 20,000 Mann, denen er 16 Regimenter Schweden beifügen werde. Auf eigentlich deutsche Hafenstädte hatte er damals verzichtet. Er wollte durch Polen nach Schlesien. Aber er könne Danzig nicht neutral hinter sich lassen: entweder müsse es freundlich sein oder in seiner Gewalt. Ein solcher fester Platz als Stützpunkt sei durchaus nothwendig, und deßhalb müssen die Verbündeten Danzig auffordern, daß es zu dem Schweden übertrete.

Man hat die Darlegung dieses Planes ein Meisterstück genannt. Es mag dieß in strategischer Beziehung also sein. Nicht von dieser Seite her unterziehen wir ihn einer Beurtheilung, sondern von sittlicher Seite. Denn dieses ist unsere Pflicht. Wenn man sich darauf beschränkt hätte Gustav Adolf zu feiern als den großen Strategen, der um seine Zwecke zu erreichen mit Menschen rechnet, wie mit Zahlen, unbekümmert um die sittlichen Bande der menschlichen Gesellschaft: so wäre diese Art von Lob nicht anzufechten. Allein man hat sich nicht darauf beschränkt. Man hat Gustav Adolf nicht bloß gefeiert wegen seiner intellectuellen Eigenschaften als Stratege, sondern man hat ihn emporgehoben wegen seiner moralischen Eigenschaften. Wir haben mithin ihn von dieser Seite zu betrachten, wie er selber in diesem als strategisch meisterhaft bezeichneten Plane sich darstellt.

Gustav Adolf will aus Polen durchbrechen nach Schlesien. Um sich den Weg dahin zu bahnen, schlägt er folgende Mittel vor. [2] Es versteht sich von selbst, daß der König von Polen Widerstand leisten wird. Dieser Widerstand kann gebrochen werden einmal durch den Angriff mehrer Feinde — denn auch der Moskowite, der damals dem westlichen Europa auf gleicher Linie menschlicher Achtung mit dem Türken stand, wird in diese Berechnung hineingezogen — und ferner durch die Verheerung des polnischen Reiches, da dort keine Mannszucht gehalten zu werden pflegt. Diese Verheerung kann noch zu Weiterem dienen. Es ist wahrscheinlich, daß die polnischen Stände, die ohnehin zur Frechheit sich neigen, die Ursache dieser Leiden auf den König von Polen schieben, gegen ihn schwierig werden, und andere Plane verfolgen, namentlich wenn sie sehen, daß der Krieg sich in die Länge zieht und kein Ende der Leiden ist. In diesem Falle würden die polnischen Stände selbst den Durchzug nach Schlesien gewähren.

Der Sinn also dessen ist: Gustav Adolf will Polen verheeren, endlos, und

---

[1] a. a. O. S. 167.
[2] Moser, patriotisches Archiv V. 175.

zwar will er es in solcher Weise thun, daß die von Leidenschaft getrübten Augen der Polen nicht dem eigentlichen Thäter die Schuld beimessen, sondern dem natürlichen Vertheidiger und Beschützer, daß sie ferner in Folge dieser irre geleiteten Meinung sich von dem natürlichen Beschützer lossagen, und dem Verderber die Hand bieten. Zunächst speculirt Gustav Adolf für diesen Plan auf die Frechheit der Polen gegen ihren König. Durch welche andere Mittel er seinerseits den Plan dieses Irreführens zu Werke hat bringen wollen, sagt er nicht ausdrücklich. Nur so viel steht fest, daß, da der Zweck der Wahrheit entgegen lief, auch die Mittel zu diesem Zwecke diejenigen der Wahrheit und Ehrlichkeit nicht sein konnten.

Und hier nun müssen wir noch einen Schritt weiter gehen. Es ist eine bekannte Sache, daß große Feldherrn ähnlich wie andere Menschen sich einen Gang der Gedanken und Handlungen so angewöhnen, daß sie bei der Wiederkehr ähnlicher Umstände in ihrer Lebenslage ähnlich denken und ähnlich handeln, wie zuvor. Deshalb legen wir Gewicht auf dieses ruhig und kaltblütig ausgedachte Stratagem, weil es möglich, weil es sogar wahrscheinlich ist, daß wir auch Gustav Adolf bei der Wiederkehr ähnlicher Umstände, wie hier in Polen, ähnlich denken und nach Maßgabe der Umstände nicht bloß denken, sondern auch handeln sehen.

Der Plan der Operation zweier Heere gefiel den Holländern.[1] Sie begünstigten denselben. Im April 1625 waren sie mit Gustav Adolf völlig einverstanden. Auch Brandenburg war geneigt, vielleicht weil ihm der Plan auf Danzig nicht bekannt war.[2] Um den Kurfürsten Georg Wilhelm damit auszusöhnen, schlug Oxenstjerna vor: die Verbündeten müssen ihm einreden, daß er neutral bleiben könne. Der Vorschlag war immerhin trefflich auf den erblichen Hang der Familie berechnet, welcher Georg Wilhelm angehörte; dennoch mochte dieß Bereden auch selbst bei Georg Wilhelm nicht eine leichte Aufgabe sein, um so weniger, da ebenderselbe Oxenstjerna sagt, daß das Herzogthum Preußen der Sitz des Krieges sein müsse. Indessen es kam nicht dazu. England zog den Dänenkönig vor, und zwei gekrönte Söldner auf einmal erschienen gar zu theuer. Unter solchen Umständen war es nur Spiegelfechterei, daß Dänemark noch im April 1625 dem Schweden Vorschläge machte über die Vertheilung der deutschen Contributionen, die man aus dem schwäbischen Kreise und aus dem Elsaß zu erheben gedacht.[3] War denn Christian IV. schon dort? Immerhin mochte es dahin ihn drängen; doch noch hielt das Schwert des alten Tilly gute Wacht.

Tilly wußte oder ahnte, was vorging. „Ich sehe," schrieb er schon zu Ende Februar 1625 an den Kurfürsten von Mainz,[4] „einen grimmigeren, blutigeren Krieg voraus, als jemals seit der böhmischen Rebellion. Ich sehe aber mein Vertrauen auf Gott und die Gerechtigkeit." Ob solche Worte im Munde

---

[1] a. a. O. S. 184.
[2] a. a. O. S. 191.
[3] a. a. O. S. 225
[4] Hurter, Ferdinand IX. 396.

Tillys dieselbe Bedeutung hatten, wie bei seinen Gegnern, ist nach der ganzen Laufbahn dieses Mannes, nach seinen Thaten zu erwägen.

Auch die Bundesgenossen der Liga durften sich kein Hehl daraus machen, was ferner kommen würde. Sie hatten bis zum 24. April 1624 die für jene Zeiten ungeheure Summe von 24 Millionen an ihre Truppen bezahlt. Eroberungen hatte die Liga ungeachtet aller Siege Tillys nicht gemacht, und konnte keine machen, weil ihr Zweck lediglich derjenige des Erhaltens war dessen was bestand. Die Versicherungen, die Bitten des Bundes um Frieden konnten daher der Natur der Sache nach nicht anders als aufrichtig gemeint sein. Aber die Dinge lagen nicht derartig. Schon im Frühlinge 1624 drängte sich die Nothwendigkeit auf das Heer so stark zu erhalten, daß es Dänemark und Schweden, allenfalls auch einem Dritten gewachsen sei. [2] Tilly sah mit Sorge die Haltung von Frankreich, wie sich französische Truppen um Metz versammelten. Die Rüstungen in Dänemark, in Schweden waren gegen das Ende des Jahres 1624 offenkundig. Daß für Mansfeld und den Herzog Christian damals Engländer und Franzosen gepreßt wurden, verlautete aller Orten. Das nächste Ziel derselben war, wie man im Anfange 1625 sah, der Entsatz von Breda. Aber wenn dieser gelang: was war weiter von ihnen zu erwarten?

Das Jahr 1624 schloß für die Aussicht auf Frieden hoffnungslos.

Und doch waren es bis dahin nur noch Ausländer, von denen für Deutschland Gefahr drohte. Sie wollten, wie sich von selbst verstand, den Krieg führen auf Kosten der Deutschen. Wären sie doch nur gekommen als Ausländer! Allein nicht also war es die Absicht. Es erübrigte noch der Plan die armen Deutschen, welche den Krieg bezahlen sollten mit Leib und Leben, mit Hab und Gut, diese armen Deutschen abermals dahin zu bethören, daß sie die Söldner der fremden Eroberer begrüßten als die Vorkämpfer ihrer Religion und ihrer Freiheit. Christian IV. von Dänemark hatte die Führung des Krieges übernommen: ihm lag es ob dieß Stratagem durchzuspielen. Wir werden sehen, ob ihm gegen Tilly auf die Dauer das gelang.

Achter Abschnitt.

Der Landgraf Moritz von Hessen-Cassel war mit allen diesen Planen und Anschlägen, welche nicht die Deutschen, sondern die calvinischen Generalstaaten, die calvinische Partei in England, der Cardinal Richelieu, das katholische Venedig, die lutherischen Könige von Dänemark und Schweden in bunter Genossenschaft

---

[1] a. a. O. S. 349
[2] Hurter IX. 347.

gegen den deutschen Kaiser, das Reich und die Nation aussannen, völlig vertraut und ein rathender Helfer. Er weilte fern von seinem Lande in Güstrow, und schürte von da aus das Feuer der Zwietracht daheim in seinem Lande, und wo sonst eine Gelegenheit sich bot. Er hätte gern noch mehr gethan. Gegen das Ende des Jahres 1624 war er bereit seine Festungen Cassel und Ziegenhain den Holländern zu überliefern. [1] Der Kaiser dagegen gab an Tilly den Auftrag entweder die Landstände von Hessen-Cassel, oder sich selbst vorher in den Besitz derselben zu setzen, mit der bestimmten Erklärung sie zurückzustellen, wenn die Gefahr vorüber sei. Tilly weilte in Hersfeld. Dahin berief er im Januar 1625 einige Landstände. Er ließ ihnen eröffnen, daß die Kriegsunruhen bald seinen Abzug aus Hessen erfordern würden. Nun folge Moritz den Einflüsterungen boshafter Leute, und bezeige sich immer widerwilliger gegen den Kaiser zugleich und die eigenen Stände des Landes, die er nach dem Abzuge des Heeres seine Ungnade wolle fühlen lassen. Moritz habe wegen seiner Landesfesten eine gefährliche Verabredung mit auswärtigen Feinden. Es sei die Pflicht der Stände dem Kaiser zu gehorchen, dem Landgrafen dagegen, wenn er so fortfahre, nicht anzuhangen. Die Stände baten um Beschickung des Landgrafen Moritz. Der Sohn Wilhelm, die Gemahlin des Moritz, die Räthe ersuchten diesen, er möge heimkehren. Er erwiederte, daß er abgesehen von den Beschwerden der Winterreise in Güstrow sicherer sei. Es gäbe wohl Leute in Cassel, die den Tilly dort lieber sähen als ihn. Wenn er jetzt einen Landtag ausschriebe: so sähe es aus, als wenn Tilly Oberschultheiß, er Unterschultheiß sei.

Da Moritz nicht wollte, da Tilly drängte, berief der Sohn Landgraf Wilhelm einen Landtag nach Cassel. Er redete im Sinne seines Vaters Moritz. Prälaten, Ritter und Landschaft baten flehentlich: er möge dem allgemeinen Wohle als dem höchsten Gesetze ein Opfer bringen. Wilhelm forderte eine andere Erklärung. Sie beharrten und baten, er möge nun auch das Seinige thun.

Es ist merkwürdig, wie Tilly auch da noch an sich hielt, wie er mit der Vollmacht in der Hand doch nicht gewaltsam durchgriff. Neben der persönlichen Geduld und Milde des Feldherrn wirkte hier aller Wahrscheinlichkeit nach noch ein Beweggrund mit, der aus seiner Stellung floß: er war der Generallieutenant vieler Reichsfürsten, zunächst des Kurfürsten Max von Bayern. Wie auch immer Moritz von Hessen-Cassel sich rebellisch gegen Kaiser und Reich betrug, wie auch immer er in den Augen des Kurfürsten Max eben sowohl als in denen der anderen Reichsstände als der Urheber, die Fackel und die Trompete aller Verwirrung im Reiche galt: [2] so hatte doch Max mit Moritz das gemeinsame Interesse des reichsfürstlichen Standes. Es ist möglich und wahrscheinlich, daß Tilly als unmittelbar kaiserlicher Feldherr andere Instructionen erhalten, daß er demnach energischer durchgegriffen haben würde. Aber so war er nur mittelbar Feldherr des Kaisers, mittelbar durch den Kurfürsten von Bayern und die Liga.

---

[1] Rommel, Geschichte von Hessen VII. 590.
[2] Hurter, Ferdinand Bd. VIII. 28.

Darum wandte er die möglichste Schonung an, und Moritz beutete dieselbe zum Vollmaße aus. Doch verstärkte Tilly seine Truppen. Zugleich sicherte der Kaiser als der berufene Schützer der ständischen Corporationen im Reiche gegen die Uebergriffe landesfürstlicher Willkür, am 24. März 1625 ausdrücklich der hessischen Ritter= und Landschaft ihre Freiheiten zu. Dieß geschah zum Schutze derselben gegen die Rache des Landgrafen, wenn sie Beschlüsse faßte gegen seinen Willen. Also sicher gestellt, bewegten die Stände sich freier. Sie erklärten am 31. Mai 1625, kein fremdes Kriegsvolk in die Festen des Landes aufnehmen zu wollen, und wenn der Landgraf Moritz sie dazu zwinge, sich der Eide und Pflichten gegen ihn entbunden zu achten.

Ziehen wir das Ergebniß. Die conservativen Corporationen des Landes Hessen=Cassel, ob calvinisch, ob lutherisch, waren nicht einverstanden mit der undeutschen Politik ihres Landgrafen. Die conservativen Corporationen des Landes Hessen=Cassel hielten treu zu ihrem Kaiser und dem deutschen Reiche gegen die verrätherischen Entwürfe des Landgrafen Moritz.

Nachdem Tilly also sich den Rücken gedeckt, zog er seine Macht weiter nord= wärts. Er hatte eine doppelte Aufgabe. Er mußte sowohl gegen einen etwaigen Einbruch des Mansfeld und des Christian von den Niederlanden her Wache halten, als gegen den Dänenkönig auf der Hut sein. Dieser war eben damals beschäftigt mit Hülfe des Landgrafen Moritz eine Art von politischem Meister= stücke zu vollbringen. Er strebte die deutschen Fürsten von Niedersachsen oder einen Theil derselben mit ihren Ländern sich dienstbar zu machen für seine Plane. Sie sollten ihm die Stücke von Deutschland, die er für sich begehrte, erobern helfen auf ihre Gefahr und ihre Kosten, ohne Lohn für sich im Falle des Ge= lingens, ohne Schutz für sich im Falle des Fehlschlagens. In jedem Falle wurden ihre Länder der Schauplatz des Krieges, wurden wüst und öde. Und dennoch gelang es dem Dänenkönige zu solchen Dingen einige dieser Fürsten bereitwillig zu finden! Wir haben zu sehen, wie er das anfing.

Das Jahr 1624 hindurch bewahrten die Fürsten des niedersächsischen Kreises ihre eigenthümliche Haltung, in welcher sich Furcht vor einem abermaligen Ein= bruche Mansfelds in das Reich, und Mistrauen gegen den Kaiser und die Liga zu einem seltsamen Gemisch verschlangen. Die wühlenden Umtriebe des Land= grafen Moritz in Güstrow fanden noch kein rechtes Gehör. Am 16. Juni 1624 erklärten die Fürsten und Stände von Niedersachsen: durch kein Misgeschick, wie groß es auch sei, würden sie von der kaiserlichen Majestät sich abwendig machen lassen. [1] Diese Gesinnung trat sehr entschieden bei dem Herzoge Christian von Celle hervor. Er stand fortdauernd mit Tilly in gutem Vernehmen, und beide hielten viel auf einander. Im Laufe des Jahres 1624 ging Tilly einmal nach Wien, und berichtete hier dem Kaiser über den guten Willen des Herzogs Christian. Tilly bat, [2] der Kaiser wolle die Kriegeslast, welche die Unterthanen

---

[1] Hurter IX. 342.
[2] Königliches Archiv zu Hannover.

des Herzogs für das Heer hätten tragen müssen, bei einer künftigen Reichssteuer ihnen in Rechnung bringen. Der Kaiser erkannte Christians Sinn und Willen an. Er gab demselben im December 1624 das Zeugnis, daß Christian auf richtig, wohlmeinend und treuherzig das Heer unterstützt, seinen Mitständen ein gutes Beispiel gegeben, und mehrmals böse Anschläge der offenen Feinde, Aechter und Rebellen vereitelt habe. [1] Christian konnte allerdings bis 1624 in seiner besonderen Stellung als Kreisoberster vortheilhaft einwirken. Allein er sah weitere Stürme voraus, und diesen fühlte sich der ruhige, friedliebende Mann nicht gewachsen. Er legte schon im Frühlinge 1624 das Kreisoberstenamt nieder. Die Versuche des Kaisers ihn umzustimmen, hatten keinen Erfolg. Im Januar 1625 stand der Kaiser von weiteren Versuchen ab, und forderte den Kreis auf einen anderen Obersten zu wählen. [2]

Und nun eröffnete sich ein weites Feld zur Intrigue für den dänischen König, der als Herzog von Holstein Mitstand des Kreises war. Es bot sich ihm die Möglichkeit als Kreisoberst die ungewissen, schwankenden Fürsten Nieder sachsens zu dem Plane des Krieges herüberzuziehen, den er mit englischem, hol ländischem, französischem Gelde zu führen gedachte. Es bot sich ihm die Mög lichkeit diesen seinen Eroberungskrieg, den er beabsichtigte gegen Kaiser und Reich, zu einem inneren deutschen Kriege zu machen, die Deutschen bezahlen zu lassen für den Raub, den Christian an ihnen verüben wollte.

Am 25. März 1625 kam der Dänenkönig mit einigen dieser Fürsten zu Lauenburg zusammen. Es war ein schicksalschwerer Tag für Norddeutschland zunächst, und weiter für die gesammte Nation. Die Geladenen waren Inhaber von Bisthümern, dazu die Herzöge von Mecklenburg, Friedrich Ulrich von Braun schweig, sämmtlich namhaft durch ihr geringes Maß von Einsicht in die Ver wickelungen menschlicher Dinge. Zugegen war ferner der Landgraf Moritz von Hessen und ein holländischer Abgeordneter, Foppius van Aitzema, Oheim des Geschichtschreibers. Es sei Gefahr vorhanden für den Kreis, hieß es. Man müsse sich in Vertheidigungsstand setzen. Woher und von wem die Gefahr? Es ward Gewicht darauf gelegt, von woher Mansfeld einbrechen wolle in das Reich. Man müsse auf seiner Hut sein gegen ihn. Tilly selbst habe ja so oft vor ihm gewarnt. Wußten diese Fürsten damals noch nicht, daß Mansfeld einige Wochen zuvor auf der Rhede von Gertruidenberg angekommen war? Die Fürsten zu Lauenburg verabredeten, daß allerdings ein Heer zur Vertheidigung geworben, daß der Kreis dafür die dreifache Tripelhülfe, also die neunfache Reichssteuer erlegen müsse. Der Dänenkönig solle das Heer anführen. Die versammelten Fürsten versprachen ihm die Wahl zum Kreisobersten. Er ließ sich darum bitten. Nur auf inständiges Bitten nahm er an. Er versprach den Kreis zu vertheidigen. Gegen wen? Man glitt über diese inhaltschwere Frage in der Vertragsurkunde leicht hinweg, als wäre sie nicht da. Dagegen setzte diese Partei von Lauenburg

---

[1] Königliches Archiv zu Hannover.
[2] Londorp. III. 919 ff.

andere Punkte fest von sonderbarer Art. Wenn der eine oder andere Stand dieses Kreises zu solchem einhelligem Belieben sich nicht gutwillig verstehen will: so soll es dem Könige anheim gestellt sein den Widerwärtigen zu seiner Schuldigkeit anzustrengen. Insonderheit sollen die Städte beitragen für das Heer, das zu ihrer Vertheidigung aufgestellt wird. Und doch hatten die Leiter die Vorsicht gebraucht auch nicht eine der Städte zur Mitberathung nach Lauenburg einzuladen. Aber man blieb nicht einmal bei dem Kreise stehen. Wenn die Armee auf den Beinen, hieß es, so sollen sämmtliche Stände, bevorab diejenigen des Kreises schuldig sein Lebensmittel und Bedürfnisse zuzuführen. Was barg sich unter diesen Ausdruck, daß zuerst die Kreisstände das thun sollten? — Es war nun ferner möglich, daß der König Christian auf eigene Hand verfuhr, ohne die Fürsten des Kreises zu fragen. Auch dagegen wollten diese sich sicher stellen. Sie setzten fest, der König solle keinen Vertrag mit Anderen eingehen, als mit Bewilligung und Genehmigung der Fürsten des Kreises. Ob diese Fürsten eine Ahnung hatten von Christians Anträgen in England? Der Bund von Lauenburg konnte ferner dem Kaiser misfallen. Also dachten die Fürsten. Damit dieß nicht geschehe, wollen sie zur Vermeidung allen etwaigen Verdachtes ihre Absicht der Vertheidigung des Kreises wohlmeinend dem Kaiser entdecken.[1]

Auch wenn wir nicht wüßten, was Christian IV. von Dänemark vorhatte, welche Unterhandlungen er mit fremden Mächten angesponnen: so würde die Auslassung des Feindes, gegen den man rüstet, in einer solchen Vertragsurkunde genügenden Grund zu dem Verdachte bieten, daß hier ein doppeltes Spiel getrieben sei. Der Vertrag ließ Christian und seinen Bundesgenossen scheinbar noch freie Hand. Sie konnten dem fragenden Tilly antworten: er selber habe ja oft gewarnt und gemahnt, der Kreis möge sich in Stand halten und bereit sein, um jeden etwaigen Einbruch Mansfelds zurückzuschlagen.

Eine andere Frage ist die, ob die sämmtlichen Fürsten, die den Vertrag von Lauenburg mit unterzeichneten, die eigentliche Absicht Christians von Dänemark durchschauten, ob sie wußten um seine Bemühungen in London und im Haag, oder ob sie in Wahrheit bei dieser Rüstung an Mansfeld und die Abwehr desselben dachten. Wir sehen in Lauenburg zwei Wahlfürsten: Christian Wilhelm von Magdeburg, und Johann Friedrich von Bremen als Inhaber dieser Stifter, und drei Erbfürsten: Friedrich Ulrich von Braunschweig, und die beiden Herzöge von Meklenburg. Der Herzog Friedrich von Holstein tritt verhältnismäßig zurück. Keiner von allen diesen fünf scheint, wie die Folgezeit zur Genüge darthun wird, das gewöhnliche Mittelmaß menschlicher Einsicht besessen zu haben. Wir haben sie selbst zu vernehmen, was sie über ihr Benehmen in Lauenburg aussagen.

Der Bremer Erzbischof, Johann Friedrich von Holstein, verwahrte sich später gegen Tilly noch vor der Schlacht bei Lutter:[2] er habe vom Beginne des

---

[1] Londorp III. 924 und verschiedene Berichte im ehemaligen Domcapitelarchiv in Osnabrück.
[2] Hurter IX. 491.

böhmischen Aufruhres an sich dem Kaiser als getreu erwiesen. Er habe in die Bewaffnung zu Lauenburg nur ungern gewilligt, und nur unter dem Vorbehalte, daß dieselbe nicht gegen Kaiser und Reich gerichtet sei. Er habe dann, als er des Kaisers Misbilligung vernommen, sich nicht mehr zurückziehen können, aber von da an stets zum Frieden gerathen. Der Dänenkönig habe im Lande des Erzbischofs den Unterthanen gegenüber Drohungen gegen ihn ausgestoßen. — Wir werden ersehen, daß sowohl der Kaiser, als Tilly diesen Versicherungen des schwankenden, haltlosen Johann Friedrich Glauben schenkten, den Glauben mithin, daß Johann Friedrich zu Lauenburg betrogen sei.

Aehnlich verhielt es sich mit dem bedauernswerthen Friedrich Ulrich von Braunschweig. Gutmüthigen, freundlichen Sinnes, aber ohne Kraft und Haltung ward er verrathen ringsumher. Sein Weib lebte im offenen Ehebruche, bis sie vor den Beweisen ihrer Schuld von ihm floh. Der einzige Bruder Christian, der verzogene Liebling der Mutter, brachte Unheil und Verderben über das Land und über den warnenden, mahnenden Bruder. Die Räthe des Herzogs, Rautenberg und Elz, standen im Solde des Oheims von Dänemark. Von ihnen, von dem Oheim bewogen, durch Moritz von Hessen verwirrt, unterzeichnete Friedrich Ulrich zu Lauenburg in gutem Glauben. Als er dann zur Einsicht kam, sprach er einige Jahre später vor seinen Ständen: [1] „Ich bezeuge vor dem allwissenden Gott, der in das Verborgene siehet, vor der kaiserlichen Majestät und vor dem ganzen Reiche, daß ich es nicht anders verstanden, gewußt, gemeint oder geglaubt, als daß der Beschluß von Lauenburg den Reichsgesetzen gemäß sei. Denn niemals ist es mir in den Sinn gekommen von der schuldigen Treue und Gehorsam gegen den Kaiser auch nur um eines Fingers breit abzuweichen." Friedrich Ulrich begnügte sich nicht dieß später vor den Ständen, vor den Prälaten, den Rittern, den Magistraten der Städte zu erklären. Er that es durch eine Proclamation dem ganzen Lande kund, daß man ihn getäuscht, daß es niemals sein Wille gewesen sei gegen den Kaiser die Waffen zu erheben. [2] Wer denn anders hatte ihn getäuscht, als sein Oheim und seine Räthe? Die letzteren täuschten ihn auch wohl noch einmal nach einer anderen Seite, zunächst indessen waren sie dem Dänenkönige verkauft.

Die Herzöge von Mecklenburg endlich, Adolf Friedrich und Hans Albrecht, sahen noch vor Ablauf desselben Jahres den Mansfeld in ihrem Gebiete. Gegen diesen allein, den gefürchteten Landverderber, hatten sie durch den Vertrag von Lauenburg sich sicher zu stellen vermeint. Also beweist es ihre Klage und flehende Bitte an den Dänenkönig um Abhülfe. Die Bitte und Klage an diesen ist eben nichts Anderes, als der Vorwurf, daß er sie betrogen habe. [3]

Fügen wir zu solcher Selbstvertheidigung dieser Fürsten noch das Zeugniß eines Mannes, der in diesen Dingen als welt- und menschenkundig ein besonderes

[1] Archiv der calenbergischen Landschaft zu Hannover. Man sehe die Beilage XIV.
[2] Archiv der Landschaft Calenberg.
[3] Man sehe Beilage XV.

Gewicht in Anspruch nehmen darf. Es ist der Schwedenkönig Gustav Adolf. Er legte zwei Jahre nach dem Vertrage von Lauenburg seinen kriegschürenden Sendlingen in Deutschland das Gebot auf in ihren Reden bei den Fürsten von Niedersachsen sehr vorsichtig zu sein, weil der lutherische Erzbischof Johann Friedrich von Bremen, der Herzog Friedrich von Holstein, die Brüder von Mecklenburg im Herzen ganz und gar kaiserlich gesinnt seien. [1]

Von allen den Fürsten, die dem Lauenburger Vertrage beigetreten waren, nahm nur der Hohenzoller Christian Wilhelm von Magdeburg am Kriege thätigen Antheil. Die Ursache lag nahe. Die Stände des Erzbisthums weigerten ihm jegliche Beihülfe. [2] Er stand allein. Das Erzbisthum war den kaiserlichen Truppen zunächst. Die Besetzung desselben war unausbleiblich, und damit sofort für Christian Wilhelm alles verloren. Deshalb blieb er dem Bunde mit dem Dänen getreu, weil er nichts Anderes hatte.

Der Vertrag zu Lauenburg auch in seiner Unbestimmtheit und eben wegen derselben war ein großer Gewinn für den Dänen. Er ging fort auf diesem Wege. Einige Tage später ward er zu Lüneburg zum Kreisobersten erwählt. Die Partei unter sich erneuerte die Beschlüsse von Lauenburg, und es half dazu nicht wenig, wie Christian IV. sagte, daß auf dieser Versammlung ein Schreiben von Tilly verlesen ward, in welchem der Feldherr selbst wegen der fremden ausländischen Heere, die dem Reiche nahen, den Kreis auffordert sich in Vertheidigungsstand zu setzen. Ausdrücklich wurden abermals die Schwachen mit der Versicherung beruhigt, daß das Heer dienen solle allein zu des Kreises Sicherheit und Vertheidigung, und gegen Niemanden zum Angriff. Alsdann schrieb Christian IV. einen Kreistag nach Braunschweig aus. Dort hoffte er mit der Phalanx von Lauenburg hinter sich, die nun einmal gebunden war, die Mehrheit der Kreisstände für die sogenannte Vertheidigung des Kreises zu gewinnen. Das Weitere dann war seine Sache.

In welcher Weise die Führer wiederum schon zu Lüneburg verfuhren, sehen wir aus einem Klageschreiben, welches von Lüneburg aus einer oder mehre unter ihnen am 23. April an den Kaiser richteten. Es ist darin unter anderen eine Beschwerde gegen Tilly. Er habe ihnen vorgeworfen, sagen die unterzeichneten Kreisstände, daß sie für Mansfeld im Kreise von Niedersachsen Werbungen zugelassen. Sie verwahren sich hoch und theuer, daß sie das nicht gethan, daß sie vielmehr im Gehorsam gegen den Kaiser solche Werbungen überall verboten. Sie haben noch jüngst wieder zu Lauenburg sich verabredet fest und treu an diesem Verbote zu halten. Sie bitten, der Kaiser wolle der anderen Meinung keinen Glauben beimessen, er wolle dem General Tilly eine solche Rede ernstlich verweisen. Es sei ja klar, sagen sie, daß der Erz- und Erbfeind des christlichen Namens, eben so die auswärtigen Potentaten ihre Freude hätten an der Zerrüttung der deutschen Nation. [3]

[1] Geijer III. 144.
[2] Hoffmann, Geschichte von Magdeburg, Bd. III. S. 29
[3] Aus einer ausführlichen Darlegung im ehemaligen Domcapitelarchive zu Osnabrück.

Man sieht, das Schreiben entsprach dem Sinne des Kaisers. Es mußte ihm gefallen, ihn beruhigen, ihn sicher machen vor jedem Verdachte gegen die treuen Fürsten und Stände des Kreises. Aber wie verhielt es sich mit dem Ursprunge des Schreibens? Dasselbe war datirt vom 23. April zu Lüneburg. Aber am 23. April war die Versammlung von Lüneburg längst auseinander gegangen. Das Schreiben war mitunterzeichnet im Namen der Städte: Lübeck, Goslar, Mühlhausen, Nordhausen. Aber seltsamer Weise war von diesen Städten überhaupt kein Vertreter in Lüneburg zugegen gewesen.

Das Ergebniß ist: das Schreiben vom 23. April 1625 an den Kaiser war eine Fälschung. Es war nicht die einzige in dieser schlechten Sache.

Im Mai 1625 fanden sich die Abgeordneten der Fürsten und Stände des Kreises Niedersachsen in Braunschweig zum Kreistage zusammen. In dem Ausschreiben der Berufung ward nachdrücklich hervorgehoben, daß der Kaiser und Tilly wiederholt den Kreis aufgefordert die Pässe zu sichern und zu bewahren. Die Hauptfrage also war: ob man für die Vertheidigung des Kreises ein Heer werben solle oder nicht. Man erörterte dieselbe acht Tage lang. Friedrich Ulrich schien zur Erkenntniß gekommen zu sein. Er ließ zuerst gegen die Bewaffnung reden. Dann schlug er wieder um. Die Phalanx von Lauenburg hielt zusammen. Es ergaben sich acht bejahende Stimmen gegen sieben verneinende. Zur Vernichtung der irrigen traditionellen Annahme, als hätten die Niedersachsen gern und bereitwillig sich den Fremdlingen in die Arme geworfen gegen ihren Kaiser, gegen das Reich und die Nation, zur Rechtfertigung mithin deutscher Ehre gegen diesen Vorwurf des Verrathes haben wir die Ansicht der sieben Stimmen zu vernehmen. [1] Es sind die Städte des Reiches, der Herzog Christian von Celle und das Bisthum Hildesheim.

Die Minderheit der sieben Stimmen wies der Mehrheit der acht nach, daß diese nur durch Kunstgriffe sich zur Mehrheit gestempelt habe. Der dänische König hatte zweimal gestimmt, einmal für sich als Herzog von Holstein, das zweitemal für seinen minderjährigen Sohn als Administrator von Schwerin. Die Stadt Nordhausen hatte, ohne einen Abgeordneten zu senden, schriftlich erklärt: was man einhellig bewillige, werde sie genehm halten. Die Bejahenden zählten darauf die Stimme der Stadt ihrer Partei zu. Da sämmtliche andere Reichsstädte gegen die Bewaffnung waren: so sprach die Wahrscheinlichkeit dafür, daß auch Nordhausen dagegen sein würde. Zieht man Schwerin und Nordhausen von den acht bejahenden Stimmen ab: so ergeben sich sechs bejahende gegen sieben verneinende. An jenen Kunstgriffen hing das Geschick des Reiches und der deutschen Nation.

Aber nun die Gründe. „Wozu," fragt die angebliche Minderheit, die in der That die Mehrheit, und nur nach dänischer Zählung Minderheit war, „wozu soll die Rüstung des Kreises dienen? Von Mansfeld, von England, von Frankreich ist nicht das geringste Drohschreiben an den Kreis gelangt. Viel weniger

---

[1] Das Folgende eben daher.

wissen wir, daß wir mit der einen oder der anderen fremden Macht irgend etwas in Ungutem zu schaffen haben. Deshalb droht von dort nicht die geringste Gefahr. Was den Kaiser und die anderen gehorsamen Kurfürsten und Fürsten des Reiches betrifft: so hat man die festen Zusicherungen derselben in Händen. Wir haben bislang denselben getraut, und haben bis zur Stunde keine Ursache in dieselben das geringste Mistrauen zu setzen. Und obgleich man einwendet, der Kaiser und der General Tilly hätten ja selbst den Kreis gewarnt auf der Hut zu sein vor einem unvermutheten Einbruche des Mansfeld nach Bremen zu, und hätten deshalb ermahnt die Grenzen zu bewahren: so ist ja auch ohnehin dieß unsere Pflicht. Wir haben uns dessen auch jedesmal gegen den Kaiser erboten. Auch kann dieß mit dem Landvolke oder anderer geringer Macht leicht geschehen, zumal da der Kaiser sich zur Hülfe immer erboten, und offenbar allen Feinden zur Genüge gewachsen ist."

„Nicht das ist die Absicht," sagen diese Stände des Kreises, „nicht das ist der Zweck dieser Bewaffnung. Er liegt anderswo. Alle Umstände deuten darauf hin, die Gespräche, die Schreiben. Man will die in diesem Kreise noch übrigen Stifter und Klöster sich aneignen. Wenn der Kaiser sich dazu bereit fände, würde man dem Kaiser gegen Mansfeld und die Anderen wohl beistehen."

Wir sehen, daß doch auch diese protestirenden Stände des Kreises die volle Tragweite der Plane Christians IV. nicht erkennen. Sie denken nur an die Stifter und Klöster des Kreises. Sollte Christian IV. im Falle des Gelingens damit sich begnügt haben?

„Warum aber," fragen weiter diese Stände, „sollen dafür diejenigen zahlen oder fechten, die für ihre Person nichts davon zu genießen haben? Warum sollen sie aus dem Seckel ihrer unschuldigen Unterthanen dazu kriegen helfen? — Das von uns zu fordern, haben die Kriegsdurstigen kein Recht. Vielmehr muß ein Beschluß, dem wir kraft der Geschichte, kraft des Rechtes widersprechen, dem Kaiser zur Entscheidung verstellt werden. Bis dahin, wenn Recht Recht sein und bleiben soll, darf man eine Execution gegen uns nicht beginnen. Geschieht dieß aber dennoch, wie denn leider nach den täglichen Drohungen bereits vor Augen schwebt: so müssen wir zwar eine Zeitlang Geduld haben, hegen jedoch zu dem Kaiser und zu der Liga das Vertrauen, daß. sie die getreuen Stände des Reiches und des Kreises nicht hülf- und trostlos lassen werden, weder mit den Mitteln des Rechtes, noch denen ihrer siegreichen Waffen." [1]

Ziehen wir das Ergebnis. Zunächst ist mit Nachdruck hervorzuheben, daß weder zu Lauenburg, noch zu Braunschweig von einer etwaigen Gefährdung der Religion die Rede ist. Nicht darum hatten die Fürsten des Kreises mit Christian IV. Bewaffnung beschlossen. Sie hatten es gethan in wirklicher oder vorgegebener Furcht vor Mansfeld. Gibt man immerhin zu, was nicht zugegeben zu werden braucht, daß die Mehrheit der Fürsten des Kreises für die Bewaffnung war: so

---

[1] Quod ipsis tam juris remediis quam armis victricibus praesentibus licet, si libeat.

wußten diese Fürsten offenbar nicht, was sie thaten. Und selbst, wenn sie es gewußt, wenn sie mit Einsicht in das Wesen der Dinge die Felonie begangen die mittelbare Kriegserklärung gegen den Kaiser, dem sie Treue geschworen, der sie nicht gekränkt, unter die Worte der Furcht vor Mansfeld zu verhüllen: so tritt nun noch ein anderer Umstand hinzu, der das Sachverhältnis in seinem innersten Kerne uns beleuchtet: die Landstände, die Magistrate der Städte billigten nicht die Bewaffnung des Kreises. Die Fürsten hatten zu Lauenburg dem Dänenkönige die dreifache Tripelhülfe versprochen. Nicht sie indessen hatten zu bewilligen, sondern ihre Landstände. Und diese Landstände sammt und sonders, in jedem einzelnen Gebiete des Kreises von Niedersachsen, unangesehen ob der Fürst desselben zu dem Bunde von Lauenburg gehörte oder nicht, versagten alle und jede Bewilligung für den Krieg.

Friedrich Ulrich hatte noch vor dem Kreistage von Braunschweig seinen Landständen die Sache vorgelegt. Sowohl die Landschaft von Calenberg, als diejenige von Wolfenbüttel erwiederten mit der Bitte, daß die Kreisbewaffnung unterbleibe. Dieselbe sei unvereinbar mit dem Vertrauen zu dem Kaiser, sei unnöthig, unnütz, das Geld dafür aufzubringen ihnen unmöglich. [1] Bei dieser Erklärung beharrten sie auch fortan unter allen Wechselfällen.

Christian Wilhelm von Magdeburg forderte am 2. Juli 1625 auf dem Landtage zu Celle die Bewilligung der Mittel, zu welchen er persönlich sich durch den Tag von Lauenburg und den von Braunschweig verpflichtet hatte. Die Landstände des Erzstiftes lehnten ab. [2]

Die Meklenburger Herzöge meldeten desgleichen dem Dänenkönige: ihre Ritter= und Landschaft weigere sich jeder Bewilligung, und Gewalt anzuwenden seien sie nicht im Stande. [3]

Wir werden dieß Verhalten der conservativen Corporationen auch ferner hervorzuheben haben.

Bei alledem war der Vortheil des Dänenkönigs in Folge des Kreistages von Braunschweig sehr groß. Er hatte Grund und Schein den Kreis Niedersachsen mit seinen Truppen anzufüllen. Diese Truppen waren nur ihm vereidet, nur er hatte die Führung. Nur er besoldete sie, oder richtiger, nur er versprach sie zu besolden. Es war ein merkwürdiger Krieg, den er zu führen ging. Es war ein Krieg, der seinem eigenen Lande wenig oder nichts kosten sollte. Die Söldner wurden geworben aus aller Welt Enden. Das Geld für dieselben sollte von England und Holland, zumeist aber von den Deutschen selber kommen. Der König Christian hatte so viel wie nichts zu verlieren, und zu gewinnen sehr viel. Die unglücksreiche Geschichte unserer deutschen Nation meldet von vielen Fällen, in denen deutsche Fürsten dem Fremden behülflich gewesen sind zum Verderben des eigenen Landes. Aber dann hatten doch in der Regel sie

[1] Beilage XVI.
[2] Hoffmann, Geschichte von Magdeburg III. 29.
[3] Vgl. den Schluß von Beilage XV.

selber perfönlich Vortheil davon. Hier hatte Niemand Vortheil als Christian
der Dänenkönig. Ob Sieg, ob Niederlage, ob vorwärts, ob zurück: es kam
alles auf Kosten der Deutschen, und nicht zum wenigsten der betreffenden
Fürsten selbst.

Tilly mahnte ab. Auf die Nachricht von dem Convente zu Lauenburg
erwiederte er am 11. Mai[1], daß die Stände des Kreises in des Kaisers Devotion zu verharren gedenken, ist ihre Schuldigkeit auch ohne erneuerte Zusage.
Tilly hat bislang keine Feindseligkeit gegen den niedersächsischen Kreis verübt,
und wünscht auch keine zu verüben. Auch setzt er kein Mistrauen in den König
von Dänemark, als könnten die Truppen desselben zu einem anderen Zwecke
geworben seyn, als den der König selbst angebe, nämlich gegen Mansfeld. Aber
es ist ihm doch bedenklich, also spricht sich Tilly weiter aus, daß zu Lauenburg,
und dann auch zu Lüneburg ein Abgeordneter der Generalstaaten von Holland
zugegen gewesen. Jedermann wisse ja, daß die Generalstaaten und Mansfeld
eines Sinnes seien. „Es ist ja die größte List und der Fleiß der Generalstaaten, ihre Macht und Größe zu bauen und zu befestigen mit dem Anzünden
fremder Empörung, und zu diesem Zwecke immer neue Bündnisse anzuzetteln.“
Und dann, fügt Tilly bald in einem anderen Schreiben hinzu, sind auch die
vorgenommenen Werbungen für den Zweck der Abwehr gegen Mansfeld zu stark.
Er erinnert an die Rüstungen des Jahres 1623. Damals als Mansfeld in
Ostfriesland gestanden, als Christian von Braunschweig im Frühlinge neue
Werbung begonnen, habe der Kreis ein Heer errichtet von 10,000 Mann. Nun
ist zur Zeit eine unmittelbare Gefahr von Mansfeld nicht da, und die Werbungen
des Dänenkönigs deuten auf eine Macht von 30,000 Mann.[2] Gegen wen ist
das? Tilly bittet und beschwört die Fürsten von Niedersachsen, zu erwägen,
welches Unheil ein Krieg in ihrem Lande über sie bringe.

Im Mai und Juni füllte sich der Kreis mit dänischen Truppen. Was
da geschah, erfuhr Tilly alles ganz genau, theils durch den Herzog Christian
von Celle, theils durch den Magistrat von Hamburg.[3] Die Gier des Dänenkönigs bedrohte ja auch diese Stadt. Es war ihr natürliches Interesse Schutz
gegen ihn zu suchen bei dem Kaiser und bei Tilly.

Düstere Gerüchte durchliefen den Kreis von Niedersachsen. Man vernahm,
daß zahlreiche Horden von Kosaken geworben würden, die in den Kreis Niedersachsen einbrechen sollten. Wer und woher die Kosaken eigentlich seien, wußten
die Niedersachsen eben so wenig, wie ihre Fürsten. Aber gerade daß man es
nicht wußte, erhöhte die Furchtbarkeit des Namens, stellte dieselbe mindestens
demjenigen der Türken und Tartaren gleich. „Diese Furcht vor den Kosaken,“
so meldeten einige Fürsten an Johann Georg von Kursachsen, „hat hauptsächlich
uns mitbewogen werben zu lassen.“ Johann Georg erkundigte sich näher. Er

---

[1] Theatr. Europ. I 945.
[2] Tillys Schreiben vom 6/16 August 1625 im Archive der Landschaft Calenberg zu
Hannover.
[3] Villermont: Tilly etc. II. 335.

fragte den Fürsten von Liegnitz, was denn es mit diesen Kosacken auf sich habe. Dieser erwiedert, es sei ein leeres Gerücht. „Allerdings," sagt er, „hat sich ein Haufe solches Gesindels an der schlesischen Grenze sehen lassen, hat auch über dieselbe hinaus geplündert. Indessen hat es Gott verliehen, daß durch Zutbun des Kaisers und der polnischen Herren das lose Völk zerstreut ist, und seinen Raub hat dahinten lassen müssen." Johann Georg sandte dieß Schreiben den Fürsten von Niedersachsen ein. Er bat und ermahnte sie nicht aus den Schranken dessen zu schreiten, was sie vor Gott und dem Kaiser verantworten können. [1]

Unterdessen ergingen auch die Abmahnungen des Kaisers. Er hebt hervor, daß man die Kriegsverfassung gerade zu einer Zeit begonnen, wo es schon reichs- kundig gewesen, daß der Kaiser zur Beruhigung und zum Frieden des Reiches eine Versammlung aller Fürsten habe ausschreiben wollen. Schon sei dieser Tag vereitelt, und er könne nicht anders als annehmen, daß es also die Absicht ge- wesen. Er warnt und mahnt die Fürsten sich nicht einzulassen mit dem geächteten, landverderbenden Mansfeld. Er meldet, daß er Tilly gesendet, damit er die Entwaffnung des Kreises fordere. Dafür sichert der Kaiser abermals den Religions- frieden zu. Er erinnert daran, daß er nie demselben zuwider gehandelt, obwohl er es gekonnt. [2] Er theilt Johann Georg von Sachsen dasselbe Schreiben mit. Der Kurfürst ermahnt die Niedersachsen im selben Sinne. „Ich sehe nicht ab," ruft er ihnen zu, „was Ihr nach solchem Schreiben des Kaisers noch begehren wollt. Ihr habt Brief und Siegel des Kaisers, der Euch alles bestätigt, was vor fünf Jahren zu Mühlhausen versprochen ist. Bedenkt, was Ihr thut. Wenn erst das kaiserliche Kriegsheer den Fuß in Eure Länder gesetzt, wenn der namen- lose Jammer des Krieges über Eure Unterthanen gekommen ist, über alle die armen Menschen, die an dieser Bewaffnung unschuldig sind: dann, fürchte ich, werdet Ihr solche Bedingungen nicht mehr erhalten. Ich bitte Euch freundlich und ermahne Euch das eigene Heil zu bedenken. Bislang hat der Kreis sich in standhafter Treue zu Kaiser und Reich bewährt: möge er auch ferner davon nicht lassen!" [3]

Konnte dieß Schreiben bei den Fürsten von Niedersachsen Frucht schaffen, auch wenn sie wollten? Sie hatten den Stärkeren aufgenommen in das eigene Haus, und fortan galt dort sein Wille, nicht der ihrige.

Der Dänenkönig begnügte sich nicht damit, daß bereits so viele Fürsten ihm dienstbar waren. Er hoffte noch immer auch Christian von Celle zu sich herüber zu ziehen. [4] Bei diesem ruft er den fürstlichen Standesgeist an. Er fragt, ob Christian als geborener freier Reichsfürst die stolz hochmüthige Zumuthung

---

[1] Archiv der Landschaft Calenberg zu Hannover. Das Schreiben Georg Rudolfs von Liegnitz ist vom 23. Juni, dasjenige Johann Georgs vom 5. Juli.

[2] Ebendaselbst. Schreiben des Kaisers vom 25. Juli.

[3] Ebendaselbst Schreiben vom 10. August 1625.

[4] Also der König zu einem Gesandten Christians von Celle im Mai 1625. Königl. Archiv zu Hannover.

eines kaiserlichen Feldherrn ertragen, ob er nicht lieber zur Erhaltung der
deutschen Libertät das Aeußerste daran setzen wolle. Es scheint in solchen Worten
des Königs Christian IV. die Redeweise des Landgrafen Moritz durchzuklingen,
der in Lauenburg und wo immer sonst so wesentlich mitgewirkt. Im selben
Athem lenkt der Däne die Furcht des Herzogs Christian wieder auf den fernen
Mansfeld. Sogar noch im Juni 1625, als man nun doch längst erkannte,
wohin das alles steuere, berief sich der König dem Herzoge von Celle gegenüber
auf die Gefahr, die dem Kreise von Mansfeld drohe. Die Gefahr allerdings
war vorhanden. Drei Monate später finden wir den König Christian und
Mansfeld im niedersächsischen Kreise zusammen, nicht feindlich, sondern sehr
freundlich.

Die Kriegesmacht im niedersächsischen Kreise schwoll an. Tilly bat, mahnte,
warnte. Er berichtete den Fürsten von Niedersachsen, daß seine Kriegsherren
schon eine Abdankung vorgehabt, daß schon einige Truppen entlassen seien, als
dieser neue Kriegesruf von Niedersachsen aus ergangen. Seitdem sind die Ent-
lassenen wieder angeworben, und neue dazu. Und nicht bloß das. Er hat bei
der Kunde von den Umtrieben im Haag und in Whitehall, in Kopenhagen und
wo immer sonst gegen den Kaiser und das Reich sich der ganzen Last nicht
gewachsen gesehen, sondern hat den Kaiser um Nachhülfe gebeten. Ein neues
Heer wird kommen. Er bittet sie das zu bedenken. Er müsse die Grenze des
Reiches westwärts verwahren gegen Mansfeld und Christian, die von dort aus
einzubrechen begehren. Er müsse nordwärts auf seiner Hut sein gegen den
Dänenkönig.

Was doch im Grunde wollte Christian IV.? Wofür ergriff er die Waffen?
Es war offenbar sein Vortheil dieß nicht zu sagen, sondern abzuwarten. Darum
verlangte Tilly am 30. Juni von ihm eine runde, deutsche, unverdunkelte Erklärung, was Christian vorhabe, ob er dem Pfälzer beistehen wolle, oder was
sonst, damit der Kaiser wisse, wessen er sich von ihm zu versehen. Für den
niedersächsischen Kreis, wiederholte Tilly, sei nicht die mindeste Gefahr. Christian
erwiederte mit derselben Halbheit wie bisher: er und der Kreis seien noch immer
zum Frieden geneigt; aber das kaiserliche Heer übe Druck und Drohung. Ueber
seine Rüstungen stehe er nur dem Kaiser Rede, sonst Niemandem.[1] Es war
klar, daß Christian durch seine Stellung die erste Thätlichkeit von Tilly her
provociren wollte. Er suchte es dahin zu bringen, daß Tilly nicht anders konnte.

Wir haben gesehen, wie Tilly durch die Zustimmung der hessischen Stände
mit dem Kaiser sich das hessische Land im Rücken sichert. Dann zog er sein
Heer an die Weser.

Tilly kannte die ganze Lage der Dinge genauer, als diese Fürsten von
Niedersachsen. Er entwickelt ihnen umständlich alle Momente, welche darthun,
daß die dänische Armee nicht zur Vertheidigung, sondern zum Angriff bestimmt

---

[1] Hurter IX. 407. Villermont II. 332.

ift. Er ſieht ſie ſchanzen vor ſeinen Augen, gegen ihn.[1] Er gedenkt an die früheren Ereigniſſe, wie Mansfeld in der Oberpfalz ihn getäuſcht, wie der Durlacher Markgraf ein Jahr ſpäter ihn zu täuſchen geſucht, wie Chriſtian von Braunſchweig zwei Jahre zuvor an derſelben Stelle mit dem Handeln um die Gnade des Kaiſers ihn hingehalten. Soll er abermals nun daſſelbe Lügenſpiel mit ſich treiben laſſen? Soll er da, wo er offenbar die Anſtalten zum Angriffe vor ſich ſieht, ſich irre führen laſſen durch das Vorgeben der Vertheidigung? Soll er die Päſſe über die Weſer in die Hände des Feindes fallen laſſen, wo er ſie nehmen und verwahren kann? Nicht alſo handelt der umſichtige Feldherr. Tilly iſt ſehr umſtändlich im Schreiben und Unterhandeln. Allein er iſt zugleich der Mann der That. Er zieht auf Höxter. Er überſchreitet die Weſer. Es iſt dort eine feſte Schanze, von Dänen beſetzt. Bei Tillys Herannahen eilen ſie davon und fliehen nach Hameln. Tilly beſetzt die Schanze ohne Widerſtand. Der vornehmſte Paß über die Weſer iſt in ſeiner Hand. Er ſteht auf dem Boden des Kreiſes Niederſachſen. Es iſt der Beginn des däniſchen Krieges, am 18. Juli 1625.

Denn ſofort nun erhob der Dänenkönig ein lautes Geſchrei, daß Tilly den Frieden gebrochen, daß er feindſelig in den niederſächſiſchen Kreis gedrungen, daß dagegen in Wahrheit der König nichts bezwecke, als die Vertheidigung deſſelben. Das niederſächſiſche Volk, welches nichts wußte von den weitausſchauenden Planen des gierigen Dänen, welches nichts ahnte von ſeinen Vorſchlägen an Guſtav Adolf von Schweden über die Vertheilung der Contributionen in Schwaben und dem Elſaß, ließ ſich täuſchen durch den Schein. Sichtlich hatte offenbar Tilly den erſten Schlag geführt. Alſo er war der Angreifer. Der König vertheidigte ſich.

Und dann erhoben der Däne und ſeine Werkzeuge wiederum das ſchauerliche Wort des Religionskrieges. „Vieler Menſchen Gewiſſen ſind in Gefahr,“ ruft der König aus. „Die ganze evangeliſche Religion iſt bedroht.“ Es liegt ja in dieſem Worte eine ſo ergreifende, erregende Kraft für die Menge, daß ſelbſt Friedrich von der Pfalz, ſelbſt Mansfeld und Chriſtian die Faßbarkeit der Menſchen für dieſe Lüge nicht verbraucht hatten. Nun gar, wo dieß Wort von einem gekrönten Haupte erſcholl, wo der Landesherr im Bunde war mit dieſem Könige, wo mithin die Geiſtlichen im Gehorſame gegen die Obrigkeit es von den Kanzeln predigten, da mußte das traurige Wort ſeine Wirkung üben, verſetzend, zerſtörend für die ſittliche Kraft und die Beſonnenheit der Menſchen.

Und dennoch glaubt noch immer Tilly ſelbſt an die Möglichkeit einer friedlichen Ausgleichung, oder, wenn er innerlich nicht daran glaubt, bemüht er ſich wenigſtens äußerlich ſeinerſeits dieſelbe nicht abzuſchneiden. Er thut keinen Schritt vorwärts, ohne die Fürſten von Niederſachſen in Kenntnis zu ſetzen, ohne ſie mahnend zu erinnern an die Leiden und Gefahren, welche ſie über ſich

---

[1] Alſo Tilly ſelbſt in einem Schreiben an Chriſtian Wilhelm von Magdeburg 15. Auguſt 1625, im Archive der Calenbergiſchen Landſchaft zu Hannover.

herauf beschwören. [1] Er erinnert sie an die Art und Weise, wie die Beschlüsse zu Braunschweig gefaßt sind, daß es doch nur ein Theil ist, der gegen den Kaiser halte. Er weist nachdrücklich darauf hin, daß die Reden vom Schutze des Religionsfriedens hohl und nichtig sind, weil gerade der Kaiser denselben halte und dessen versichere. Er fragt, wo doch irgend ein evangelischer Reichsstand, der treu zum Kaiser gehalten, auch nur die geringste Zumuthung in Religionssachen erfahren. Er hätte mehr sagen dürfen. Er stand damals seit zwanzig Monaten in Hessen-Cassel, dem Lande des feindseligen Moritz, und noch war auch nicht die geringste Klage über Religionsdruck gegen ihn erhoben. Aber es scheint, daß Tilly damals die Wirkung der Kriegeslist dieser Lüge auf den gemeinen Mann in Niedersachsen noch nicht zum Vollen erkennt. Nur an die Fürsten wendet sich Tilly. Er fragt, warum doch sie gerade damals auf Krieg sinnen, wo der Kaiser zur Beruhigung des Reiches einen Fürstentag nach Ulm zu berufen gedenke. Dahin gehe der Weg friedlich gesinnter Fürsten, nicht zu Rüstungen. Er erneuert abermals seine Warnungen vor Mansfeld, vor Christian. Die dänische Bewaffnung ist dem Kaiser verdächtig: Eid und Pflicht des Feldherrn gebieten ihm dem Dänen entgegen zu gehen. Tilly verspricht den Ausschweifungen, welche bei allen Heeren zu weit eingerissen, nach Möglichkeit zu steuern; doch bittet er seinerseits, daß für billige Bezahlung den Soldaten das Unentbehrliche gereicht werde. Nochmals ersucht er die Deutschen sich loszusagen von dem fremden Könige, der im Bündnisse stehe mit anderen auswärtigen Mächten zur Zerrüttung des Reiches und der Nation. Er bittet sie zu ihrem eigenen Kaiser zu halten. Er bittet sie endlich für sich persönlich nicht ihm zur Last zu legen, was zur Herstellung der Autorität des Kaisers seine Pflicht sei.

Die Schreiben gehen herüber und hinüber. Diejenigen Tillys decken überall die hohle Lüge auf. Von Winkelzügen und Hinterhalten ist dort keine Spur. Jede Zeile trägt in ihrer treuherzigen Wahrheit das Gepräge der tief bekümmerten Gesinnung des alten Helden, der abermals den Krieg bringen muß, wo er Frieden begehrt.

Aus den Antworten der Fürsten von Niedersachsen heben wir eine Thatsache besonders hervor. „Es müssen die Kreisstände sich ein für allemal kategorisch und rund erklären, daß sie mit fremden Bündnissen, mit auswärtigen Mächten nichts zu thun haben." [2]

Also diese Thoren, an deren Aufrichtigkeit dabei wir nicht zweifeln. Freilich nicht sie hatten damit zu thun, sondern der Dänenkönig. Nicht sie wußten darum, sondern der Dänenkönig. Aber auch nicht sie waren die Herren im eigenen Hause, nicht sie entschieden, ob Frieden, ob Krieg, sondern der Dänenkönig.

Am 20. Juli traf Abends spät zu Hameln ein Schreiben des Feldherrn

---

[1] Theatr. Europ. 952 ff.
[2] Archiv der Galenbergischen Landschaft zu Hannover. 30. August.

Tilly an den König ein: er sei in den Kreis eingerückt auf Befehl des Kaisers; aber er sei zum sofortigen Abzuge bereit, wenn der König dagegen sich zur Abdankung des geworbenen Heeres verpflichte. Christian IV. war nicht im Stande das Schreiben zu vernehmen. Eben vorher war er auf dem Walle zu Hameln mit seinem Pferde in eine tiefe Grube gestürzt. Der König zwar lebend, war ohne Besinnung, die Führer seines Heeres rathlos. Niemand kannte die Entwürfe des Königs. Unter solchen Umständen hätte es für manchen anderen General nahe gelegen diesen Zufall zu nutzen, sich mit aller Kraft auf das dänische Heer zu werfen, und es mit einem Schlage zu zertrümmern. Die dänischen Führer und Räthe befürchteten dieß. [1] Sie meldeten Tilly: sie könnten unter diesen Umständen sein Schreiben dem Könige nicht vorlegen, und hofften von ihm, daß er inzwischen keine Feindseligkeit verüben werde. Durften sie das hoffen? Der Kriegszustand lag offen vor. Der Dänenkönig war auch seinerseits nicht auf dem Boden von Niedersachsen geblieben, wo er einen Schein des Rechtes hätte für sich haben können: er hatte mit schlauer List seinem kaiserlich getreuen Vetter, dem Herzoge Christian von Celle, die Feste Nienburg an der Weser überrumpelt. Dadurch hatte der Däne den Krieg in den westfälischen Kreis hinübergespielt. Das war Grund genug. Der friedenshoffende Tilly indessen benutzte nicht den gegebenen Vortheil. Er ließ sich abermals auf Erörterungen ein. Die Dänen beuteten das aus. Sie begannen abermals die Absichten ihres Königs mit langen Reden zu umhüllen. Sie hielten abermals Tilly vor: er selbst ja habe den Kreis ermahnt sich in den Stand der Vertheidigung zu setzen: warum denn jetzt er Entlassung fordere. Abermals war der alte Feldherr so gutmüthig sich auf solche Erörterungen einzulassen. Er erwiederte vorwurfsvoll, ob es recht sei also seine Worte auszubeuten, ob es recht sei den Rath, den er gegen Mansfeld gegeben, so auszulegen, als ob man darum gegen den Kaiser und den Frieden des Reiches rüsten dürfe. Er forderte endliche Entscheidung. Wenn man das Heer nicht gutwillig entlasse: so müsse er Gewalt anwenden, daß es also geschehe. Die Folge der Forderung war der allgemeine Rückzug der Dänen, so eilig, daß sie selbst Hameln ohne Besatzung ließen. Tilly zog dort ein. Aber noch immer griff er nicht entscheidend durch. Er hoffte noch auf Frieden.

Inzwischen waren andere unheilvolle Mächte wach geworden. Tilly stand im Lande Friedrich Ulrichs. Er hatte Lebensmittel von demselben für sein Heer gefordert, Absendung von Commissarien. Niemand erschien. Kein Brod ward gebracht. Die Wohnungen waren verlassen. Die Landleute flüchteten sich mit ihrer Habe in die Wälder. Es war gewühlt in Wort und Schrift, in Druck und Predigt. Die Saat des Unheiles schoß empor. Die Bosheit reichte der Unkunde die Hand. Zum erstenmale vernehmen wir das unselige Wort des Religionskrieges in einem lutherischen Lande, von Lutheranern. Sie nannten die Soldaten Tillys papistische Bluthunde. In Elze ward eine Compagnie

Soldaten von Bauern überfallen, und nach zugesagtem Accorde schauerlich ermordet. [1] Man nannte sie Spanier, und rief ihnen höhnend zu: nun sollten sie Maria anrufen und schreien, bis sie komme und helfe. Friedrich Ulrich verlangte von Tilly die Abführung einer Schutzwache, die Tilly nach Poppenburg verlegt. „Sie ist bereits abgeschafft," erwiederte der alte Feldherr [2]; „denn man hat mir meine Oberofficiere von dort gefangen weggeschleppt, dann sich über die Anderen gestürzt und sie gemordet." „Woher nun", fragt er den Herzog, „sollte es nicht erfolgen, daß meine Soldaten zur Ungeduld gebracht und zu ungebührlichen Excessen gereizt werden?" —

Und in der That, diese Excesse wurden begangen. Es ist unwesentlich zu untersuchen, ob die Handlungen von Elze und Poppenburg die ersten waren. Die Begegnung, welche Tillys Krieger erfuhren, war dieselbe von Anfang an. Man gab ihnen kein Brod, man floh vor ihnen. Da loderte die wilde Leidenschaft der Soldaten zur vollen Wuth empor. Sie vergalten Gleiches mit Gleichem und mit Schlimmerem: es schien nicht mehr ein Unterschied zu sein zwischen Tillys disciplinirtem Heere und den Horden des Mansfeld und des Christian. Es geschahen Thaten voll Grausens und Entsetzens, nach der üblichen Redeweise jener Zeit also, daß es auch Türken und Tartaren nicht ärger machen können.

Tilly sah das Unheil mit Kummer und Verdruß. Am 31. August betraten seine Truppen das Städtchen Oldendorf. Der Landesausschuß, das Aufgebot der Landleute setzte sich zur Wehr. Die Soldaten, dadurch ergrimmt, plünderten und zündeten das Städtchen an. Dießmal war Tilly selbst in der Nähe. Er eilt herbei den Unfug zu bestrafen, und trifft selber die Anordnungen zum Löschen.

Fällt aber dennoch auf den Feldherrn ein Vorwurf wegen dieser Thaten der Nacht? Haben wir ein Recht, wenn auch nur für dieß eine Mal, seinen Namen gleich zu stellen mit demjenigen eines Mansfeld oder eines Christian von Braunschweig? Die Berichte der Beamten Friedrich Ulrichs liegen vor: die Thatsache ist unzweifelhaft. Aber keiner dieser Berichte bringt einen Vorwurf auf den Feldherrn selbst, und einer derselben fügt ausdrücklich hinzu, daß es wohl ohne Wissen und Befehl des Feldherrn geschehen sein möge. [3]

Wir haben Tilly selbst zu fragen. „Die ungebührlichen Excesse", erwiedert er, [4] „sind durchaus nicht auf mein Verhängen, mit meinem Wissen und Willen verübt. Dessen bin ich Gottlob in meinem Gewissen genugsam versichert. Ich habe sie mit scharfem Ernste verboten und gesteuert, und verbiete sie noch täglich. Aber ich muß verlangen, daß meine Soldaten ihre Nothdurft haben, daß man ihnen Brod darreiche. Im anderen Falle will ich alles Unheiles entschuldigt sein."

---

[1] B. v. Decken: Herzog Georg I. 335 Nr. 15.
[2] Archiv der Calenbergischen Landschaft. Man sehe unten, Beilage XVII.
[3] Es liegen im Archive der Landschaft Calenberg verschiedene Berichte vor. Vgl. Göttinger Gelehrte Anzeigen 1846. Hurter IX. 600, Beilage V., in Bezug auf das Gesagte.
[4] Man vgl. Beil. XVII.

Die Sache kommt ferner zur Sprache. Tilly ist unermüdlich in Friedensberedungen. Die Aufforderung dazu geht immer von ihm aus, niemals von
den Dänen. Tilly sendet einige Wochen später den Obersten Gronsfeld und den
Commissär Ruepp nach Braunschweig, damit sie dort das Werk des Friedens
versuchen, damit sie dort abermals die Fürsten des niedersächsischen Kreises
ermahnen, daß sie sich nicht auflehnen gegen die von Gott gesetzte höchste Obrigkeit. Abermals und abermals bittet er die Fürsten, daß, wenn auch der Dänenkönig auf seinem Sinne beharre, doch sie als deutsche Reichsstände zu ihrem
Kaiser stehen mögen. Die Dänen erhoben die Anklage, ihr König würde ruhig
und still sich verhalten haben, wenn nicht Tilly über die Weser gegangen und
durch seine Soldateska Raub und Plünderung verhängt oder nachgesehen. Ob
die Dänen selber dieß glaubten, wird in der Folge sich ergeben. Gronsfeld
und Ruepp dagegen stellten die Lage der Dinge dar, wie sie wirklich sich verhielt.
Zuerst, sagen sie[1], sind die Soldaten erbittert worden durch die Schmähschriften,
in denen man sie papistische Bluthunde und ähnlich genannt, durch alle wider-
wärtige Begegnung, welche sie erfahren. Die Gesandten des Feldherrn erhoben
ferner die Frage, ob das, was hier geschehen, entfernt zu vergleichen sei mit
dem, was Mansfeld und Christian nicht einmal, sondern immer verübt. Und
entschieden weisen sie jegliche Anklage gegen Tilly zurück. Ihm als einem in
der ganzen Welt hochberühmten Kriegshelden, einem Liebhaber sowohl guter
militärischer Disciplin, als der heilsamen Justiz und guten Ordnung dürfe das
Geschehene mit einigem Fuge nicht beigemessen werden.

Also die Gesandten Tillys in Braunschweig. In gleicher Weise spricht er
selbst in einem besonderen Briefe sich gegen Gronsfeld aus.[2] Auch dort hebt
er die Ursachen hervor, durch welche die Soldaten zu diesem Gebahren gekommen
sind. „Daß aber", sagt hier der Feldherr zu seinem Abgeordneten, „irgend
eine Unthat mit meinem Wissen, Willen oder Gefallen geschehe, dessen wird
mich kein Mensch überzeugen, auch wird kein Vernünftiger dergleichen Verfahren
von mir ausgeben können. Mein Gewissen gibt mir ein anderes Zeugniß."
Aber er durchschaut die Absicht. „Man will den gemeinen Pöbel zur Erbitterung
anreizen, ihn ferner antreiben zu ähnlichen Thaten, als die er schon bewiesen
hat. Solche Verhetzer und Aufwiegler, die so ungereimt alles übertreiben, sind
billig nicht außer Acht zu lassen, weil sie alles nur noch ärger machen." Tilly
fordert seine Gesandten in Braunschweig auf dieß kräftig zur Sprache zu bringen,
dort die Bitte zu stellen, daß alle falsche Libelle und Scharteken verboten werden.

Wir werden später ersehen, welche Art von Rache dieser Mann in einem
besonderen solchen Falle nahm, wo er persönlich das Ziel einer Beleidigung war.

Wir haben uns die Lage der Umstände im Herbste 1625 klar zu machen.
In dem Herzogthum Braunschweig war die Stimmung gegen Tilly entschieden
ungünstig. Selbst der Ausschuß der Landschaft Calenberg meint im August

---

[1] Londorp. III. 831.
[2] Abschrift desselben im Stadtarchive zu Hannover.

1625: es ist die Absicht Tillys das reine Wort Gottes auszurotten und das tridentinische Concil einzuführen. [1] Wie tief die Kenntnis der Ritter von Calenberg in die Beschlüsse des Concils von Trient eindrang, dürfte zu erörtern schwierig sein; aber gewis ist, daß das Schreckbild um so furchtbärer wird, je weniger man es kennt.

Der Däne dagegen hatte für das Braunschweiger Land einen großen Vortheil. Er hatte dort noch nicht geraubt, noch geplündert. Er behauptete, daß Tilly die Religion anfechten wolle, daß dagegen er sie schütze. Das gesammte Volk mithin glaubte nach dem Vorgefallenen in ihm den Schützer und Helfer zu erblicken. Er, der fremde König, durfte der Zustimmung der Menschen sicher sein: der deutsche Feldherr, der im Namen des Kaisers kam, sah sich gehaßt, mit dem Vorwurfe der Menschen beladen für das was er nicht gethan und nicht gewollt. Eine schwere Aufgabe lag ihm vor. Wir meinen nicht bloß diejenige des Krieges gegen den Dänen. Die andere Aufgabe Tillys war schwieriger. Er mußte die Meinung der Menschen wandeln. Er mußte es dahin zu bringen suchen, daß der Däne in seinem wahren Lichte erkannt ward als der Unterdrücker, Tilly dagegen als der Befreier. Und zwar hatte Tilly dieß zu erstreben auf allen Gebieten, nicht bloß auf demjenigen des täglichen Lebens, der Habe und des Eigenthumes, sondern auch auf dem kirchlichen Gebiete. Es war Tillys Aufgabe den Beweis zu führen, daß nicht er die Religion unterdrücke, sondern der Däne. Er mußte es dahin zu bringen suchen, daß die urtheilsfähigen Corporationen des Braunschweiger Landes selbst das Zeugnis aussprachen: nicht Tilly unterdrücke die Religion, sondern der Däne. Wenn Tilly diese Aufgabe löste: so hatte er Hoffnung das Trugbild des Religionskrieges zu vernichten. Mithin war das sein Streben. Wir werden später zu erfahren haben, ob dieses Bestreben ihm gelang.

Allerdings konnte das Bestreben nur gelingen, wenn Christian IV. durch seine Thaten nicht in bestimmter Absicht, sondern weil in den Thaten die Wahrheit offenbar wird, welche die Worte verhehlen, wenn Christian IV. durch diese seine Thaten nach der entgegengesetzten Seite hin arbeitete. Wir haben auf das Verfahren des Dänenkönigs unser Auge zu richten.

Als es gegen Ende August 1625 aus aufgefangenen Briefen dem Dänen unzweifelhaft hervorging, daß der Herzog Christian von Celle mit dem Kaiser und mit Tilly fortdauernd in gutem Einverständnisse sei, gab der Dänenkönig in derselben Zeit, wo er zu Braunschweig jene Anklage gegen Tilly erheben ließ, das Lüneburger Land seinen Söldnern durch öffentlichen Ausruf für einige Tage preis. Das hat Manchem, heißt es, [2] der beutelustigen Söldner den Sack gar tapfer gefüllet. Eine Kuh von der Beute ward für drei Reichsthaler, ein Ochs für vier Reichsthaler verkauft.

Und damit die dänische Lüge von der Vertheidigung für den Sehenden

[1] Schreiben vom 14. August 1625 im Archive der Landschaft Calenberg
[2] Theatr. Europ. I. 967.

ganz und voll ans Licht träte, gelang es Tilly in denselben Tagen ein Schreiben des Pfalzgrafen Friedrich an den Grafen Thurn aufzufangen, jenen Anfänger des böhmischen Unheiles. [1] Es war datirt vom 4. September. Friedrich enthüllte mit offenherziger Aufrichtigkeit alle Umtriebe und Hoffnungen. Das Ziel derselben war noch immer das Königreich Böhmen, wo man Friedrich längst vergessen, wo auch nicht der leiseste Anspruch ihm aufbewahrt war. Nur Friedrich selber bewahrte alle Ansprüche. Er erzählt dem Grafen Thurn, was er von diesem, was er von jenem, von den verschiedenen Königen, von Venedig zu erwarten habe. Er berichtet, wie die Könige von England und von Frankreich Geld schicken wollen für Mansfeld, der sich mit Christian von Dänemark vereinen werde. Auch dieser König, sagt Friedrich, ist Gottlob wohlauf, verbleibt noch beständig in seinem guten Vorhaben und stärkt sich täglich. Friedrich kennt die Einzelheiten. Er weiß, welche Officiere der Dänenkönig bestellt. Das alles meldet er Thurn. Er meint, die Signoria von Venedig könne ihr Geld nicht besser anlegen, als indem sie den Dänenkönig unterstütze. — Hier endlich schien sich für Tilly das Mittel zu finden den Fürsten von Niedersachsen die Binde des Wahnes von den Augen zu reißen. Er schickte eine Abschrift dieses Briefes an die Fürsten von Niedersachsen. Er fragt sie, ob sie etwa glauben, daß Venedig Geld hergäbe für die Vertheidigung des Kreises Niedersachsen gegen Mansfeld, denselben Mansfeld, gegen den die Niedersachsen ihrer Meinung nach gerüstet, und der nun mit dem Dänenkönige sich vereinen solle. Er fragt sie, ob es denn nun nicht mit Händen zu greifen, daß der Dänenkönig die deutschen Stände in ein Labyrinth geführt, sie getäuscht und betrogen. Er fragt sie, ob sie, die immerdar ihre Devotion gegen den Kaiser betheuern, noch ferner dem Kaiser und seinem Heerführer Vorwürfe machen wollen über das Einrücken in den Kreis. Er bittet sie ernstlich sich die Frage zu erwägen, wer die Schuld trage an dem neuen Kriege. Er fordert sie abermals auf sich loszusagen und zu entwaffnen.

Konnten es diese Fürsten, auch wenn sie die Ansicht Tillys vollständig sich zu eigen machten? Sie hatten nichts zu entwaffnen, weil auch nicht ein einziger Mann des dänischen Heeres ihnen gehorchte. Sie und ihre Länder hatten lediglich die Kosten zu zahlen für den dänischen Kriegesmuth, willig oder unwillig. Wie der dänische König gegen diejenigen verfuhr, die nicht wollten, wie er, hatte eben noch der Herzog Christian von Lüneburg = Celle mit Schrecken und Wehklagen erfahren. Demnach brachte auch der Verdruß über das Walten des Tillyschen Heeres beim ersten Einbruche in den Gesinnungen der Landstände keine Aenderung hervor. Sie mußten die dänische Einlagerung tragen; aber die Kriegessteuer, welche Friedrich Ulrich in dem Lauenburger Vertrage dem Könige versprochen, gaben sie freiwillig nicht her, weder früher noch später.

Allmählig indessen begann eine Ahnung des wirklichen Sachverhalts zu dämmern. Seitdem Friedrich Ulrich der Forderung Tillys sich gefügt, Commissarien

[1] Theatr. Europ. I. 994. Ausführlich bei Villermont II. 338.

geſchickt und Brod geliefert, wandelten ſich die Dinge. Der feſte Wille des Generals ſtellte die Kriegszucht her. Schon am 24. September ſchlägt bei den Landſtänden von Calenberg ein anderer Ton herdurch. Sie zählen den däniſchen Heerführern ihre Klagen auf. „Die armen Leute,“ ſagen ſie,[1] „haben gehofft, ſie würden von den Freunden Schutz, Schirm und Erleichterung haben; allein ſie befinden leider das Widerſpiel. Wenn die verhofften Freunde und Verthei- diger ſich faſt eben ſo arg und ärger als Feinde ſich erzeigen wollen: ſo werden die Gemüther der verzweifelten Unterthanen ſich wenden und auf die widrige Seite fallen.“

Wir haben zu lauſchen auf ſolche Stimmen. Nicht das Getümmel der Schlachten, nicht das Ringen phyſiſcher Kraft, nicht die Operationen der Stra- tegik ſind ja die weſentlichen Aufgaben unſerer Geſchichte, ſondern das Durch- dringen der moraliſchen Motive, das Erforſchen derjenigen Kundgebungen der Vorfahren, die allzu oft verklungen ſind. Darum wenden wir uns lieber als dem Schlachtfelde einem deutſchen Rathhauſe zu, um dort zu vernehmen, nicht was das jetzt lebende Geſchlecht unſerer Tage, ſondern was die damalige Mit- welt dachte über den entſponnenen Streit.

Im September und October 1625 drängte Tilly den däniſchen König nord- wärts. Chriſtian gedachte die Stadt Hannover zu ſeinem Hauptquartier zu machen, und forderte wiederholt den Rath auf eine Beſatzung einzunehmen. Die Stadt erkannte Friedrich Ulrich als ihren Landesherrn. Dieſer fügte den Aufforderungen des Dänen ſeine Befehle hinzu und bedrohte die Stadt mit Strafen. Der Rath[2] hielt dem Landesherrn entgegen, daß er die Einnahme einer däniſchen Beſatzung vor dem Kaiſer nicht verantworten könnte, und blieb bei ſeiner Weigerung. In den letzten Tagen des October traf Tilly unfern von Hannover bei Seelze eine däniſche Reiterſchaar unter dem Pfälzer Obentraut und dem Herzoge Friedrich von Altenburg. Sie wurde mit großem Verluſte zerſtreut, die beiden Führer fielen. Tilly ſelber fand auf dem Schlachtfelde den ſterbenden Obentraut. Als der Feldherr dem Gegner ſein Mitgefühl aus- ſprach, erwiederte Obentraut: „In ſolchen Gärten pflückt man ſolche Roſen.“ Tilly ließ ihn aufheben und in ſeinen Wagen legen. Dort ſtarb der Mann, deſſen Kriegesluſt nur ſo ein Ende finden konnte. Nach dieſem Treffen näherte ſich Tilly der Stadt Hannover, und ſtellte ſeine Vorpoſten bis auf den Lindener Berg vor derſelben. Er forderte die Stadt auf ſeine Beſatzung einzunehmen, und der Rath ſchickte eins ſeiner Mitglieder zum Unterhandeln. Unterdeſſen lagen jedoch die Dänen nordwärts von der Stadt, höhere Officiere gingen dort aus und ein und hatten Anhang unter der geringeren Bürgerſchaft. Der Rath, obwohl in ſich vollkommen einig, wußte ſich dieſen Forderungen gegenüber nicht

---

[1] Schreiben der Landſtände vom 24. September an den däniſchen Oberſten Nellen in Pattenſen. Archiv der Landſchaft Calenberg zu Hannover.
[2] Das Folgende aus dem Archive der Stadt Hannover. Das Protokoll und andere Schreiben.

zu fassen. Er berief am $^{16}/_{26}$ October die Gelehrten der Stadt. Auch das gab keinen Ausschlag. Inzwischen ritt der Herzog Johann Ernst von Weimar als dänischer Oberst abermals in die Stadt, und redete zu dem Volke von Religion und Freiheit. Am $^{17}/_{27}$ October erschien der Ausschuß der Zünfte zu Rathhause und forderte von dem Rathe die Einnahme der dänischen Besatzung. Der Rath weigerte sich. Während sie noch redeten, drang der dänische Oberst Schlammersdorf in die Rathsstube, stellte sich unter den Ausschuß der Zünfte und versicherte hoch und theuer, daß es der Wille und die Absicht des dänischen Königs sey die christliche, wahre und reine Religion zu erhalten und zu beschützen. Ihm erwiederte ein allgemeines Geschrei, daß man dänische Garnison einnehmen wolle.

Da erhob sich einer der Rathsherren und sprach zu seinen Mitbürgern:[1] „Bedenket alle wohl und recht, wie der allmächtige Gott je und allewege über seine Ordnung mit gewaltiger Hand gehalten. Ich will nicht reden von alten Geschichten, von Datham und Abiram, sondern von denen, die in frischem Gedächtnisse sind. Bedenket, wie der vermeinte König aus Böhmen durch Gottes Kraft am weißen Berge gestürzt, wie er sich selbst um Land und Leute, ja um kurfürstliche Ehre und Reputation gebracht hat. Und wofern wir uns nun von unserer von Gott gesetzten höchsten Obrigkeit, dem römischen Kaiser deutscher Nation, lossagen und einem fremden Könige anhängen wollen, dem wir weder angeboren, noch verschworen sind: solches wird man besorglich noch hiernächst mit Zahnklirren und Haarraufen beseufzen müssen."

„Dann es kann der verführte König von Dänemark in seinem unbefugten Kriege wider Gott und sein Wort keinen Sieg, kein Glück, keinen Segen, keine Wohlfahrt haben. Will man mir solches nicht glauben: so thut mich in ein Gemach mit nothdürftiger Speise und Trank, und verwahrt mich. Wenn dann der König siegt: so mögt ihr mich strafen an Leib und Leben."

Die Worte verhallten. Das Gedränge nahm zu. Da erhob sich der erste Bürgermeister Barteldes und forderte den Rath auf wegen gestörter Berathung ihm in ein anderes Gemach zu folgen. Es geschah. Dort trat er vor den Tisch und rief mit lauter Stimme: „Ich bezeuge vor Gott und der Welt, daß ich in diese Rathschläge zu Gunsten des Dänenkönigs nicht gewilligt, und daß ich hiernächst vor Gott, vor Mit = und Nachwelt deshalb entschuldigt sein will." Dem Beispiele des Vorsitzenden folgte der ganze Rath, Mann vor Mann. Noch hatten sie nicht geendet, als die Thür wiederum sich eröffnete und der Oberst Schlammersdorf mit einem Haufen Volkes auch da eindrang. Schweigend hörte der Rath abermals die Rede an. Schlammersdorf trat an den Tisch, schüttete einen Beutel Goldstücke aus und verlangte dafür Ankauf von Lebensmitteln für die Garnison. Die Goldstücke blieben unberührt. Der Rath beharrte bei seiner Weigerung. Er meldete dem Herzoge Friedrich Ulrich wie zuvor, daß er dem Kaiser getreu wider dessen Willen eine dänische Garnison nicht aufnehmen werde.

[1] Das betreffende Protokoll ist notariell.

Darüber war es Nachmittag geworden. Man sah dreizehn dänische Fähnlein hart an der Stadt vorüberziehen. Es gelang den Dänen mit Hülfe einiger
Bürger zwei davon in die Stadt zu bringen. Der Rath betheuert, daß es
wider sein Wissen und Wollen geschehen sei, und es ist nach dem ferneren Verhalten des Dänenkönigs und Tillys gegen die Stadt kein Grund vorhanden
diese Betheuerung in Zweifel zu ziehen. Der kaiserliche Feldherr behandelt die
Stadt fortdauernd mit derselben Schonung wie bisher. Er meldet ihr: er habe
ihr wohl Schaden thun, ihr das Wasser benehmen und das Mühlenwerk lahm
legen können; doch habe er das um Glimpfs willen unterlassen. Er droht
nicht. Er fordert nicht. Er richtet an die Stadt das freundliche Gesinnen, sie
wolle den Dänenkönig vermögen, sein Kriegsvolk von der Stadt abzufordern.
Er ermahnt sie dem obersten Richter des Reiches den schuldigen Respect zu
erweisen.

Anders der Dänenkönig. Wenige Wochen vergingen, da führte der Rath
von Hannover bei ihm schwere Klage über seine beiden Compagnien in der
Stadt. Sie erhalten keinen Sold. Vor ihren Diebeshänden ist nichts sicher.
Sie stehlen Säcke, geschnittene Bretter aus den Mühlen, Schlösser und Hespen
von den Thüren und verkaufen sie. Der König erwiederte: dergleichen Querelen
seien der Rede nicht werth. Die Stadt müsse mehr Truppen, müsse Reiter einnehmen. Der Herzog Johann Ernst von Sachsen-Weimar erläuterte den Befehl.
Wenn dieß nicht geschehe, setzte er hinzu, so erfordere es das gemeine Wesen,
das Land rings um die Stadt auf zwei Meilen weit in Asche zu legen. Die
Drohung scheint berechnet gewesen zu sein auf die Ritterschaft, die sich zahlreich
in die Stadt Hannover geflüchtet. Wenn das so war: so schlug der Plan, die
Hoffnung eines Druckes der Ritter auf den Magistrat völlig fehl.

Denn schon hatte sich die Ritter- und Landschaft von Calenberg völlig um-
gethan. Sie hatte Tillys Walten inzwischen näher kennen gelernt. Sie hatte
aus dem aufgefangenen Briefe des Pfalzgrafen Friedrich ersehen, wohinaus man
ziele. Schon waren Mansfeld und Christian von Braunschweig im Anzuge, um
sich zu verbinden mit dem Dänen. Das entschied. Die Landschaft bat den
Herzog Friedrich Ulrich: er wolle dem ruhestörenden, friedelosen Beginnen seines
Bruders Christian Einhalt thun. Sie ging dann weiter. Sie bat am 28. October
1625: Friedrich Ulrich wolle allen Forderungen Tillys willfahren. Sie flehte
auf das eindringlichste den Herzog an: er wolle sich nicht theilhaftig machen an
den Planen des landverderbenden, geächteten Mansfeld. Nun kam von Johann
Ernst von Weimar, und gleichlautend dann von dem Dänenkönige diese Drohung,
die sie so nahe berührte. Sie wanden sich mit zürnender Frage an ihren Herzog,
was für ein gemeines Wesen das sei, welches erfordere die Länder in Asche
zu legen. Sie halten ihm mit ernster Mahnung vor, daß selbst im Falle des
Sieges, der nicht wahrscheinlich, für den Herzog und seine Unterthanen das
Ergebnis nichts Anderes sei, als ein verheertes Land. Sie bitten ihn abermals
die Gefahr zu erwägen, welche für Fürst und Land aus dem Verdachte entspringe mit einem Aechter wie Mansfeld in irgend welcher Verbindung zu

ſteben. Sie erneuern ihr Gesuch an ihren Herzog: er wolle eingehen auf die Vorschläge des kaiserlichen Generals. [1]

Es war zu spät oder zu früh. Der Dänenkönig stand mächtig da und duldete keinen Widerspruch. Zuvor mußte Tilly die Macht desselben brechen. Das Volk von Niedersachsen mußte büßen für die Thorheit seiner Lenker. Und diese Buße war erst im Beginne. Von beiden Seiten schoben sich neue Heere Verderben bringend nach. Mansfeld und Christian kamen von der einen Seite heran, von der anderen Wallenstein.

Wir haben jene beiden verlassen zwischen Gertruidenberg und Breda, wie sie dort im Beginne des Jahres 1625 mit dem Ueberreste ihrer kläglich ge-schwundenen Mannschaft das von Spinola bedrängte Breda entsetzen wollten.

In dieser Belagerung von Breda concentrirt sich der Charakter des nieder-ländischen Krieges zu Lande. Die Stadt lag in der schönsten Gegend von Nord-brabant, von Baumgärten und grasreichen Weiden umringt, die letzteren mit grünen Hecken eingefaßt, von Bächen durchrieselt. Der Prinz Moritz nannte die Stadt mit der Umgegend das Paradies von Brabant. Aber sie hatte ihm noch einen höheren Werth. Wenn ihm ein Gast aus anderen Ländern die Lage, die Sicherheit einer Festung anpries: so pflegte Moritz zur Antwort ihn nach Breda zu weisen, damit er dort lerne, was eine Festung sei. [2]

Es schien sich dort alles zu vereinigen, was die Vertheidigung leicht, den Angriff schwierig machte. Das Land ringsumher war leicht unter Wasser zu setzen, der Boden dazu morastig, gestattete an wenigen Orten dem Angreifer festen Fuß. Breda galt als die Kriegsakademie für Deutsche, Franzosen, Eng-länder. Und doch war der Ort nicht von einer erheblichen Bedeutung. Er zählte 1600 Häuser, in einer Stunde ließ er mit allen Außenwerken sich um-gehen. Diesen Ort beschloß Spinola im Sommer 1624 zu belagern. „Wenn er das ohne Schaden unternimmt," rief Moritz bei der Nachricht aus, „so ist er geschickter als ich und ärger als der Teufel selbst." Spinola nahte heran und legte sich vor die Stadt. Es ward Herbst, es ward Winter, die Fluthen bedeckten das Land: Spinola hielt aus. Es mochte ein seltsamer Anblick sein diese Art von Belagerung zu sehen. Um den Kern der festen Stadt legte sich zunächst Spinolas befestigtes Lager, durch Deiche geschützt, nach innen und nach außen eine neue Festung. Und wiederum ward dieser Kreis zu verschiedenen Zeiten umschlossen von einem Entsatzheere in festen Lagern. Die Belagerung war denkwürdig in ganz Europa. Man erzählte sich, daß der Sultan sich emsig erkundige, wie es um Breda stehe. Sie ward es noch mehr durch die von beiden Seiten aufgewandte Umsicht und Thatkraft, durch die ungeheuren Mittel, für die ein ganzer Feldzug hätte geführt werden können. Es ward Frühling, die Bäume belaubten sich wieder, Moritz erkrankte und starb mit der Frage auf den Lippen, ob Breda sich noch halte. Als endlich der Hunger, der grimmigste

---

[1] Sämmtliche betreffende Acten im Archive der Stadt Hannover.
[2] Ich berichte nach Aitzema I. 823 ff. 1012 ff.

Feind, die Menſchen bezwang, mußte Breda fallen. Spinola wußte es. Er hatte die beflügelten Boten aufgefangen, die den letzten Hülferuf der Erliegenden durch die Lüfte trugen. Er zeigte die eigenen Briefe des Gouverneurs und bot Abzug an mit allen Ehren. Alſo geſchah es, und Sieger wie Beſiegte begrüßten einander mit gleicher Hochachtung.

Die Belagerung ward endlich eine der denkwürdigſten ihrer Zeit, weil ſie den Geldbeutel der ſiegenden Macht erſchöpfte. [1] Seit der Belagerung von Breda erſchienen die Spanier nicht mehr offenſiv im Felde. Sie warteten den Angriff der Niederländer ab, um höchſtens ſich zu wehren.

Mansfeld und Chriſtian hatten den Entſatz, den man für Breda von ihnen hoffte, nicht zu bringen vermocht. Mit bitterem Unmuthe ſieht Friedrichs Rath Camerar auf den erſteren, dem der König Jakob zum Nachtheile ſeines Schwieger-ſohnes ſo viel vertraut. Mansfeld begann nach ſeiner Ankunft ſofort neue Geld-forderungen im Haag zu ſtellen. Er bedürfe 200,000 Kronen, ſagte er. Die Hochmögenden vernahmen das mit ſchlecht verhehltem Verdruſſe. Sie gewährten nichts. [2] Selbſt Friedrich kam zu der Ueberzeugung, daß viel Geld unnütz aus-gegeben ſei. [3] Es iſt nicht genug, meint nun auch er, daß die Könige von England und Frankreich ein Heer errichten: man hätte auch für den Unterhalt ſorgen müſſen. Dieſe Wahrheit erſchloß ſich ihm ſehr ſpät. Und doch konnten Mansfeld und Chriſtian ihm und den zornigen Hochmögenden entgegnen, daß ihre Heere niemals anders geweſen, als ſie es dießmal waren. Der Unter-ſchied lag nur an dem Boden, auf welchem ſie ſtanden. Früher waren ſie mit den Schaaren, welche ſie mit dem vorgeſtreckten Werbegelde der Holländer zu-ſammen brachten, auf deutſchem Boden geweſen. Dort war ihnen alles erlaubt, weil Niemand ſie hinderte, ſo lange erlaubt, bis Tilly über ſie kam und ſie niederſchlug. Dießmal ſtanden Mansfeld und Chriſtian mit den Truppen, welche die Könige von England und Frankreich für ſie gepreßt oder geworben, auf holländiſchem Boden. Sie hätten gern gelebt nach alter Weiſe, hätten gern die holländiſchen Landleute behandelt, wie ſonſt die deutſchen. Das durften ſie nicht. Darum litten ſie und ihr Heer Hunger und Kummer, darum verging das bunte Gemiſch der Unglücklichen und Verbrecher, wie Schnee. Die Hoch-mögenden erkannten das vollaus. Sie hatten wegen des Entſatzes von Breda die Banden aufgenommen und geduldet. Das war vorbei. Nun mußten ſie fort. Wohin? Das konnte kaum die Frage ſein; denn zum Nähren des Krieges-feuers in Deutſchland waren ſie immer noch gut genug. „Aber was dann?" fragt Camerar. „Von allem Gelde, das Mansfeld aus England erhalten, haben die Soldaten noch keinen Sold empfangen. Wenn er mit ſeinem Heere nicht vorher aus Hunger zu Grunde geht, wenn er nach Cleve gelangt, wie er vor-hat: ſo wird er die armen Unterthanen verderben, wie er es in Oſtfriesland

[1] Aitzema I. 1093.
[2] Söltl III. 100 ff.
[3] Villermont II. 342.

gemacht hat." Camerars Unwille steigt von Tag zu Tag. Erst allmählig erschließt sich ihm das ganze Geheimnis, welches er schon fünf Jahre zuvor hätte durchschauen sollen. „Mansfeld hat nie die Absicht gehabt unsere Sache zu führen, sondern nur seine eigene. Und während er weit entfernt ist die Oberleitung unseres Herrn anzuerkennen, ja offen erklärt hat, daß er das nie thun werde, fällt alle Schuld auf uns?" Konnte sie denn auch auf Jemanden sonst fallen? — „Die Holländer," sagt weiter Camerar, „verwünschen ihn. Sie sehen, wie er ihr Geld verschleudert und nichts thut." Camerar erlangt mit unsäglicher Mühe einige Lebensmittel und Geld von den Generalstaaten, doch mit der ausdrücklichen Erklärung, daß sie ferner nichts für Mansfeld thun wollen. Und dennoch ist das Elend so groß, daß es mit Worten nicht zu beschreiben ist. Im Beginne des Juli 1625 sind von den Engländern und Franzosen noch 400 am Leben, Deutsche noch 4000, die das Schwert ziehen können. Mansfeld darf aus Furcht für sein Leben Wochen lang nicht ins Lager kommen.

Nachdem Breda gefallen und damit auch die letzte Möglichkeit der Verwendung dieser Truppen geschwunden war, wollten die Generalstaaten unwiderruflich der Schaaren ledig sein. Im Juni 1625 setzen diese sich in Bewegung. Sie erreichen das deutsche Land. Mansfeld und Christian haben den für sie seltsamen Einfall die Ordnung, welche sie auf holländischem Boden gezwungener Weise haben halten müssen, auch auf deutschem Boden fortsetzen zu wollen. Damit indessen waren ihre Haufen nicht einverstanden. Sie entliefen. Mansfeld und Christian hatten nur die Wahl zwischen einem Heere nach ihrer gebräuchlichen Art, oder gar keinem. Deshalb ließen sie den eben angelegten Zaum wieder los, und sofort verkündete von den zuvor ausgeplünderten Dörfern in Cleve und im Kölnischen der Rauch und die Flammen die Nähe der Entsetzlichen. [1]

Unterdessen näherte sich ihnen Anholt, von Tilly gesendet. Die Sehnsucht desselben endlich einmal diesen Mansfeld zum Stehen zu bringen und in offener Feldschlacht mit ihm zu schlagen, ward nicht erfüllt. Nicht das war Mansfelds Art. Er wollte Krieg führen, so lange wie möglich, nicht schlagen. Er lag verschanzt, dann wich er nordwärts ab, bis Anholt aus Rücksicht auf seine Verbindung mit dem Hauptheere nicht weiter folgen durfte. Der Grund, weshalb nicht Tilly mit ganzer Macht dem Obersten Anholt zu Hülfe kam, um sich auf die Verderber zu stürzen, war die gefahrdrohende Stellung des Königs von Dänemark. [2] Zur selben Zeit, wo noch dieser König den unglücklichen Niedersachsen gegenüber erzählte, daß der Zweck seiner Rüstung sei den Kreis gegen Mansfeld zu decken, gelang es vermöge der Stellung des dänischen Heeres sowohl dem Mansfeld als dem Christian nach dem niedersächsischen Kreise durchzubringen. Sie zogen mit 5000 Reitern an der Westgrenze des deutschen Landes her bis nordwärts von Münster. Von da wandten sie sich ostwärts über Greven, Cappeln, Bramsche nach der Grafschaft Diepholz. Dort reichten die Dänen ihnen

[1] Theatr. Europ. I. 950.
[2] Beilage XVIII.

die Hand.[1] Christian ging mit seinen noch übrigen Reitern zu dem Oheime von Dänemark, Mansfeld in das Erzstift Bremen, um abermals auf eigene Hand zu rauben und zu plündern, und, wenn möglich, nicht zu schlagen. Es behagte ihm besser als vor Breda auf deutschem Boden; denn hier war er, so weit seine Waffen reichten, alleiniger und unbeschränkter Herr.

Zur selben Zeit nahte von der andern Seite der neue kaiserliche Feldherr Wallenstein.

Als Tilly im Beginne des Jahres 1625 erkannte, daß er im Laufe desselben mit mehr als einem Feinde zu ringen haben werde im Norden und im Westen, bat er in Wien um Unterstützung. Der Kaiser warf sein Auge auf Albrecht von Wallenstein, den er kurz zuvor zum Herzoge von Friedland gemacht. Es mochte für Ferdinand II. längst ein drückendes Gefühl gewesen sein, daß das Heer, welches für ihn im Felde stand und mit Ruhm und Ehre seine Sache führte, dennoch nicht eigentlich ihm gehörte, sondern dem Bunde der Liga. Das ließ sich bis dahin nicht vermeiden. Fast alle Länder des Kaisers waren vom Aufruhre des Herrenstandes angefressen. Der Kaiser mußte in Waffen stehen nicht bloß gegen den Erbfeind der Christenheit und den Vasallen desselben, Bethlen Gabor, sondern auch gegen viele seiner Unterthanen. So eifrig die Könige und Staatsmänner Europas ihre Furcht vor der Einigung und dem Erstarken der deutschen Nation unter dem Kaiser zu verhüllen strebten mit dem Schleier der Redensarten von einem östreichischen Dominate, das ganz Europa zu umstricken drohe: so hatte doch dieser gefürchtete Kaiser kein Geld zur Errichtung eines Heeres gegen diese vielfachen Feinde ringsum, welche im Reiche selbst ihm das Feuer schürten, welche dort der Habsucht und des Ehrgeizes kleiner Machthaber, sowie der Rauflust und Beutegier des kriegsdurstigen Gesindels aller Art und jeglichen Standes sich bedienten, um für die armen friedebedürftigen Deutschen stets neue Kriege anzuzetteln. Für Ferdinand focht das Heer der Liga. Auch war ja ein Zwiespalt zwischen dem Kaiser und diesem Bunde bislang nicht bemerkbar. Ihre Sache war eine und dieselbe: diejenige des Friedens, der Ordnung und des Rechtes, der Aufrechterhaltung der bestehenden Verfassung im Reiche, der Sicherheit nach außen. Als nun jedoch von Tilly her die Darlegung der Rothwendigkeit der Verstärkung an den Kaiser gelangte, als gleichzeitig eine bestimmte, geeignete Persönlichkeit sich darbot, säumte der Kaiser nicht davon Gebrauch zu machen.

Wir haben zugleich die Kriegesweise der Zeit dabei zu beachten. Als ein ordentliches Heer, ein exercitus formatus, eine formirte Armee galt ein Bestand von 25,000 bis 30,000 Mann. Eine höhere Anzahl ward aus tactischen Gründen für unzweckmäßig gehalten. Nun war Tillys Heer so stark. Sollte eine bedeutende Nachhülfe geschickt werden: so mußte dieselbe nach der militärischen Ansicht jener Zeit einen besonderen Führer haben.

Im April 1625 ernannte der Kaiser den Albrecht von Wallenstein, Herzog

---

[1] Rathsarchiv der Stadt Osnabrück.

zu Friedland, zum „Capo über alles kaiserliche Volk," über das Heer, das erst noch geworben werden sollte.

Wallenstein trug dazu in sich die Befähigung. Der emporstrebende Ehrgeiz dieses Mannes war früh vom Glücke unterstützt. Seine erste Frau brachte ihm großen Reichthum zu, und hinterließ ihm denselben bald. Er rüstete auf eigene Kosten ein Reiterregiment gegen die Venetianer und kehrte heim, mit Ehren genannt, der Dankbarkeit des Kaisers sicher, und an Mitteln nicht ärmer. Der Glanz seines Auftretens in Wien zog die Augen auf den jungen Cavalier. Er erwarb sich durch eine zweite Heirath mit einer Gräfin Harrach Verbindung mit den ersten Familien des Landes. So fand ihn der böhmische Aufruhr. Wallenstein hielt zum Kaiser, und fand seinen Lohn durch Ankäufe von confiscirten Gütern der Rebellen. Sein Streben ging früh in das Ungewöhnliche, das Ungeheure. Er kaufte fünfzehn Güter auf einmal.[1] Von ein und vierzig derer, die er erwarb, ist der Kaufpreis bekannt, zugleich aber auch, daß Wallenstein nicht die Hälfte der Summe bezahlte, und ferner, daß er das, was er bezahlte, durch Gegenrechnungen an die kaiserliche Kammer abtrug. Sein Reichthum schwoll an zu einer fabelhaften Höhe. Daß die vielfachen Wege zu diesem Ziele ehrenhaft waren, hat, so viel wir wissen, noch Niemand zu behaupten gewagt.

Bevor der Kaiser diesen Mann zum Haupte über das Heer einsetzte, das noch nicht da war, legte Wallenstein den Plan vor, nach welchem dasselbe zu errichten sei. Schon 1619 hatte der kaiserliche Oberst Fuchs, der nachher zu dem Dänen überlief, aus Nürnberg dem Kaiser gemeldet:[2] das einzige Mittel zur Erhaltung der Hoheit des Kaisers im Reiche beruhe auf der Errichtung eines Heeres unter der kaiserlichen Fahne und dem Reichsadler. Das sei nicht so schwer ins Werk zu richten, wie man sich einbilde. Der Kaiser ging damals nicht darauf ein. Erst Mansfeld gab das entsetzliche Beispiel, wie man auf deutschem Boden — denn nur dieser und nicht ein anderer war dazu tauglich — ein Heer aufstelle, das ohne eigene Mittel, ohne Sold sich ernähre und erhalte durch sich selbst. Mansfeld zuerst entdeckte das schauervolle Geheimnis, das sich in die Worte barg: der Krieg muß den Krieg ernähren, das entsetzliche Wort, welches das Grab aushöhlte für Deutschlands Einheit und Cultur. Christian von Braunschweig war Mansfelds gelehriger Schüler. Sie beide fanden ihren Meister in Wallenstein. Nicht als ob dieser an wilder, nutzloser Zerstörungswuth den beiden Schrecklichen zu vergleichen sei — denn wo nicht Wallensteins Interesse ins Spiel kam, da fuhr er dann und wann schrecklich unter seine Räuber; — aber sein organisatorischer Geist brachte das, was jene ohne leitende Kraft des Willens versucht, in ein großartiges System. Nicht freilich gleich zu Anfang.

Denn wenn auch immer der Gedanke eines Heeres in dieser Weise nicht mehr neu war: so überraschte er in Wien dennoch. Wenn ferner auch immer

---

[1] Hurter, zur Geschichte Wallensteins S. 8.
[2] Hurter, Ferdinand II. Bd. VIII. 646.

Wallenstein in sich von Anfang an den furchtbaren Plan hegen mochte den Aussatz des Söldnerthumes über das ganze Reich vernichtend auszubreiten: so erhielt er doch das Commando nicht mit der Vollmacht zu einem Heere über das gewöhnliche Maß hinaus. [1] So glatt und leicht, wie man in späterer Zeit die Sache wohl angesehen hat, war sie keineswegs. Wallenstein trug in Wien Bedenken einen hohen Generalofficier zur Hülfe zu begehren, weil er nicht wußte, ob ihm die Sache gelingen würde. [2] So wenigstens sagte er. Dabei bleibt die Möglichkeit des Gedankens offen, daß er von Anfang an das Heer nur an sich, an seine Person binden wollte. Als er seine Werbung begann, als das Volk ihm rasch zulief, versicherte er wiederholt: man möge nicht sorgen: es sei nicht seine Absicht das Heer auf mehr als 24,000 Mann zu bringen. [3]

Der Gedanke eines solchen Heeres nach wallensteinischer Art, das allein aus den Contributionen des besetzten Landes erhalten werden sollte, lag allerdings in der Zeit und den Umständen des deutschen Reiches. Wallenstein that nur den glücklichen Griff der Benutzung dieser Umstände. Und allerdings hatte es ja einen bedeutenden Grund für sich, daß ein Heer, welches zum Schutze des Reiches gegen den Feind von außen und von innen dienen sollte, für den Kaiser und das Reich dieselben Mittel benutze, welche die Gegner, die Feinde und Verwüster des Reiches anwandten gegen dasselbe. Das war der Grund, welcher auf der Seite des Kaisers geltend gemacht werden konnte für die wallensteinischen Pläne. Aber darum fanden sie noch nicht die Billigung wohldenkender und einsichtiger Zeitgenossen. Namentlich Maximilian von Bayern schaute mit Sorge auf das neu sich bildende Heer. [4] Er hielt dem Kaiser nachdrücklich die schwache Seite desselben vor. [5] Wenn nicht der friedländischen Armee, sagte er, wöchentlich oder monatlich ein bestimmter Sold gereicht wird: so ist nicht bloß zu erwarten, daß sie zergeht, sondern auch, daß sie zu dem Dänen, zu Christian von Braunschweig, zu dem Mansfelder überläuft, und diese gegen die Bundesarmee verstärkt. — Wir sehen, der Kurfürst Max war mit sich über die Frage, wie Wallenstein das Heer ferner noch erhalten wolle, nicht im Klaren. Der Gedanke ganz Deutschland gleichzeitig mit dem Giftstoffe des Söldnerwesens bedeckt zu sehen, wie ein Aussatz den menschlichen Körper überzieht, und aus demselben immer neue Nahrung zu weiteren Mißbildungen saugt — dieser Gedanke lag im Sommer 1625 dem einsichtigsten der deutschen Fürsten noch fern, oder wenigstens wagte er nicht die schreckliche Möglichkeit auszusprechen. Auch Ferdinand II. dachte es nicht. Die Vorstellungen des Kurfürsten machten bei ihm Eindruck. Er schickte Collalto zu Wallenstein. Nach wenigen Wochen meldete dieser heim: [6] er könne nicht länger bei dem Heere bleiben, er könne

---

[1] Hurter, zur Geschichte Wallensteins S. 8.

[2] Chlumecky Regesten der mährischen Archive I. Briefe Wallensteins S. 10.

[3] Hurter a. a. O. Nr. 10. Chlumecky a. a. O. S. 13 an Collalto.

[4] Chlumecky Seite 9 im Juli 1625.

[5] Aretin, Bayerns auswärtige Verhältnisse S. 207.

[6] Aretin, Wallenstein S. 9.

sein Amt nicht mit Reputation und zu des Kaisers Nuzen führen. Er kam wieder.

Die Sache war einmal begonnen. Man mußte sie gehen lassen, willig oder unwillig. Das Unglück, das über die Menschen kommt, kündigt selten sich vorher in seiner vollen Höhe an. Es naht schrittweise, und ein Schritt kommt über den anderen, bis es wächst, riesengroß.

Es könnte scheinen, als vernähmen wir in Max von Bayern allzu sehr die Stimme des Reichsfürsten, der an der Spize der Liga stand, der lieber dem Kaiser nicht ein solches Heer gönnte. Wir haben darum einen Feldherrn zu fragen, nicht vor dem Auffteigen Wallensteins, sondern nachdem schon das Thun und Walten desselben zwei Jahre lang offen vor Augen lag. Wir wenden uns an Spinola, einen der erprobtesten und ehrenhaftesten Männer jener Zeit.

Als der spanische Minister im Jahre 1627 dem Feldherrn Spinola das Ansinnen stellte:[1] er solle ohne Geld zum Heere abgehen, man werde es ihm nachschiden, entgegnete Spinola: er wolle seine theuer erworbene Kriegsehre aus Mangel an Geld nicht in Gefahr bringen. Wenn man ihm nicht die Mittel des Soldes gewähre: so wolle er lieber mit der Pike in der Hand seinem Könige dienen, als sonst mit einem Commandostabe. Also die Ansicht Spinolas über die eigene Ehre; ob sie nicht einwirkte auf seine Ansicht über Wallenstein? Ob ferner Tilly, der mit Spinola aus derselben Kriegesschule stammte, anders dachte als dieser Spanier? —

Es ist Pflicht und Recht von Anfang an mit Nachdruck die Verschiedenheit der Heere Tillys und Wallensteins zu betonen. Die Liga gab regelmäßigen Sold. Sie forderte von den Ländern, in welchen die Truppen standen, nur einen Theil der Verpflegung. Dieser regelmäßige Sold war das erste und hauptsächliche Mittel, durch welches Tilly sich die alten versuchten Krieger erhielt, während die neu zusammen gerafften, nur auf Raub und Beute angewiesenen Schaaren seiner Gegner beim ersten Zusammentreffen mit ihm wie Spreu zerstoben. Die Glieder der Liga hatten Geld, der Kaiser hatte keines. Jene zahlten die Hälfte dessen, was ihr Heer bedurfte,[2] der Kaiser konnte nicht, wenigstens nicht regelmäßig. Das kaiserliche Heer, das Wallenstein führte, war ebenso wie die Schaaren der Gegner Tillys, nur auf die Länder angewiesen, die es besezte. Die Contributionen, welche von denselben erhoben wurden, mochten mit mehr Ordnung, mit mehr Regel erhoben werden, als die Brandschazungen Mansfelds und Christians: es blieb dem Tillyschen Heere gegenüber doch ein wesentlicher Unterschied. Selbst auch dann, wenn die Erhebung solcher Gelder unter Wallenstein mit derselben Ordnung geschah, wie diejenige unter Tilly, ferner wenn auch die Besoldungen an sich unter Wallenstein nicht höher, wenn auch die Zahl der hohen, besonders kostbaren Officiere unter Wallenstein

---

[1] Khevenhiller X. 1697.
[2] Khevenhiller XI. 495. Gelegentlich werden auch andere Zeugnisse dessen vorkommen.

nicht größer war, als unter Tilly: so lastete doch eine Compagnie von Wallensteins Truppen bei gleicher Stärke auf jeden Fall so schwer, wie zwei von denjenigen Tillys. Wir wiederholen, daß dieß geschah, wenn wir unter beiden
Heeren dieselbe Ordnung, dieselbe Kriegeszucht, überhaupt dieselben Verhältnisse
voraussetzen. Ob eine solche Voraussetzung begründet sei, wird die Folgezeit
uns offenbaren.

Eine besondere Verschiedenheit jedoch tritt von vorn herein und unmittelbar
hervor: diejenige der Persönlichkeiten. Die Bedeutung der Persönlichkeit an der
Spitze eines Heeres ist in jenen Tagen ungleich wichtiger, als sie es in den
unseren sein kann; denn auf dem Feldherrn, auf seiner Art und Weise beruhete
damals das Heer. Es ward nicht für den Kaiser ein Heer geworben, welchem
dann Ferdinand einen General nach seiner Wahl verliehen hätte, diesen oder
jenen, für den er auch einen Anderen hätte nehmen können, sondern zuerst ward
der Feldherr ernannt, und dieser und kein Anderer warb das Heer, welches
dem Kaiser diente nur unter diesem Feldherrn. Er war der Mittelpunkt, um
welchen das Heer abstufend sich anlegte in concentrischen Kreisen, um von dem
Mittelpunkte aus sein Gepräge zu empfangen im Thun und Lassen. Da
war nun Wallenstein ein anderer Mann als Tilly. Wallensteins Streben ist
immerdar gerichtet auf das Pomphafte, das Glänzende. Sobald der Kaiser ihn
zum Fürsten von Friedland gemacht, schrieb [1] Wallenstein sich von Gottes Gnaden,
wie es damals Andere von gleichem Range nicht wagten, und einige Zeit später
führte er den Herzogstitel, bevor er dazu ernannt war. Selbst in der Unterschrift seines Namens geht eine merkwürdige Veränderung vor. Früher schreibt
er einen sehr deutlichen Namenszug. Je höher er steigt, desto weniger leserlich
wird derselbe, obwohl seine Handschrift sonst noch immer ganz leserlich bleibt.
Seitdem er sich als Albrecht Herzog zu Friedland unterzeichnet, ist es geradezu
unmöglich dieß aus den verworrenen Haken herauszulesen, wenn man nicht es
vorher weiß. Tilly hat seine Lebtage mit derselben festen, deutlichen Hand
unterzeichnet, die auch einem Kinde noch heute auf den ersten Blick lesbar ist.-

Diesem Charakterzuge, der nicht unwichtig ist, entsprach das sonstige Verhalten. An der Spitze seines Heeres, des ersten, des ruhmvollsten seiner Zeit
in der Christenheit, schrieb Tilly an die kleinsten Reichsfürsten bescheiden wie ein
Unterthan. Im dänischen Kriege diente unter ihm und Wallenstein der Herzog
Georg von Lüneburg-Celle, später der Stammhalter des Welfenhauses, damals
mit dem kleinen Amte Herzberg appanagirt. Tilly setzte in Verordnungen, die
er mit seinem Unterbefehlshaber Georg erließ, seinen Namen demjenigen des
Herzogs nach, weil derselbe Reichsfürst war. [2] Niemals suchte Tilly um eine
Erhöhung seiner Würden, seiner Titel nach. Was sollte das ihm? Er hatte
sein Verdienst und seinen Lohn in sich.

Und damit mußte er sich begnügen, mehr als billig war. Er hatte am

---

[1] Hurter, zur Geschichte Wallensteins S. 20.
[2] Mehrere solcher Schreiben im königl. Archiv zu Hannover.

kaiserlichen Hofe keine Verbindungen von Macht und Geltung. Als er, der Sieger am weißen Berge vor Prag, im Jahre 1621 um eins der confiscirten Rebellengüter in Böhmen anhielt, ward ihm die Antwort: der Kaiser könne sich noch nicht erklären. [1] Auch mit anderen Gesuchen ging es ihm nicht viel besser. Die Erfüllung ward verschoben. Erst 1628 ward ihm eine Pension von 10,000 fl. aus minder gesicherten Quellen zuerkannt. Und selbst seine eigenen Kriegsherren, die Fürsten der Liga, behandelten den um sie hochverdienten Mann nicht nach Gebühr. Nach seinen Siegen sprachen sie ihm Belohnungen zu; aber die Erfüllung blieb aus. Tilly sah sich genöthigt sie zu mahnen, weil er des Geldes bedurfte. [2] Er hatte dem Namen nach erst 2000 fl., dann 3000 fl. monatlich. Aber er erhielt das Geld in schlechter Münze, von welcher 4 fl. erst einen Thaler machten. So hoch anscheinend der Gehalt ist: so war er in Wahrheit für Tilly gering. Wallenstein ließ jedem Obersten vom Stabe wöchentlich 500 fl. zahlen, [3] mit welcher Summe diese sich in der Regel nicht begnügten. Sehen wir uns indessen das Verhältnis der Ausgaben Tillys näher an.

Die Heere jener Zeit waren auf eine für uns fast unglaubliche Weise mit überzähligen Menschen, Thieren und hemmendem Gepäcke beladen. Der Rittmeister im Heere Tillys hatte etatsmäßig 9 Diener, 7 Dienst- und 6 Gepäckpferde. Der Lieutenant hatte 5 Diener, 5 Dienst- und 4 Gepäckpferde. Ein Fourier oder Corporal hatte einen Diener, 2 Dienst- und 2 Gepäckpferde. Der Rittmeister erhielt für seine Person täglich 3½ Thlr., seine Diener wöchentlich je 1½ Thlr., so daß ein Rittmeister mit seinen Dienern wöchentlich auf 24½ Thlr. für ihn selber, und 13½ Thlr. für seine Diener zu stehen kam, zusammen 38 Thlr. ohne die Pferde, je ein Pferd einen Thaler. Ebenso kam ein Lieutenant und ein Cornet je auf 22 Thlr., ein Corporal auf 7 Thlr., ein gemeiner Reiter auf 2½ Thlr. ohne sein Pferd. Dieß Verhältnis fand statt beim Heere Tillys, dem best disciplinirten seiner Zeit. Nach oben hin stiegen die Zahlen rasch. Die beiden Generalcommissäre Tillys, Ruepp und Lerchenfeld, hatten jeder 26 Pferde. Die Umgebung des Feldherrn, nicht ein eigentlicher Generalstab im Sinne unserer Zeit, ward Hofstaat genannt. Dieser Hofstaat bei Tilly zählte im Ganzen 278 Pferde. Tilly selbst und seine eigentliche Dienerschaft hatten davon 68 Pferde. [4] Es versteht sich, daß Tilly seinen eigenen Silberwagen hatte.

Sehen wir dagegen Wallenstein. Für sein unmittelbares Gefolge, welches zu seiner Person gehörte, bedurfte er 50 Sechsspänner, für seine Küche und das Personal dazu 50 Vierspänner, für die Hofdienerschaft 10 Sechsspänner. Außerdem führten 50 Stallknechte die 100 Leibrosse des Herzogs. Er selbst meldet 1628 seine Ankunft mit 800 Pferden. Die Zahl stieg 1632 auf etwa 1100. [5]

---

[1] Hurter, zur Geschichte Wallensteins. S. 16

[2] Hurter, Ferdinand II. Band IX. 351.

[3] Also die Verzeichnisse im königl. Archive zu Hannover vom 10. November 1626. Die Angabe im Theatr. Europ. II. 185 vom Jahr 1630 ist 200 Thaler.

[4] Beilage XIX.

[5] Förster, Wallenstein als Feldherr u. s. w. S. 376. 380.

Es läßt sich danach ermessen, ob Tillys Sekretär Gilger mit Recht vor den Fürsten der Liga auftreten und sagen durfte:[1] es sei allgemein bekannt, wie bescheiden der Feldherr sein Hauswesen eingerichtet habe und daß er es selbst bezahle. Und nicht bloß das bezahlte Tilly, was er persönlich verzehrte, sondern auch seine Commissionen und Gesandte. Seine Lebensweise war mäßig und einfach, wie nur möglich. Sein Bett bestand aus einer Matratze auf zwei Brettern.[2] Er schlief angekleidet, nur des Morgens wechselte er die Wäsche. Er speist allein, nimmt keinen Theil an Festmahlen, die ihm zu Ehren gegeben werden, nicht weil es ihm nicht genug, sondern weil es ihm zu viel ist.[3] Für ihn reichen Fische mit etwas Grün und Bier. Er ging nicht so weit, wie man wohl von ihm gesagt hat, dem Weine zu entsagen. Als der Herzog Christian von Celle ihm ein Faß zum Geschenke macht, erwiedert Tilly dankend: er wolle es auf die Gesundheit des Herzogs trinken.[4] Er zieht eine scharfe Grenze zwischen der eigenen Enthaltsamkeit und der Bewirthung seiner Gäste. Die Abgesandten der Fürsten an ihn berichten mit Verwunderung heim, wie genau der Feldherr selber seine Fasten halte, während er seine Gäste nach Wunsch bewirthe.[5] Die sofortige Zulassung zur Audienz ist Regel. Wo dieselbe nicht geschieht, da geben die Gesandten auch den Grund an: Andere sind zuvorgekommen. Sie alle loben seine Freundlichkeit, seine Höflichkeit. Aller Bitten und Einwendungen ungeachtet führt derselbe Mann, der im Namen des Kaisers ausgerüstet ist mit der Vollgewalt zu handeln nach Discretion, die Gesandten des geringsten deutschen Fürsten beim Abschiede selber an den Wagen. „So viel wir auch baten," melden die Abgeordneten des Herzogs Christian von Celle heim: „er ließ es nicht."

Anders Wallenstein. Ihn umgibt der Nimbus des pomphaften Auftretens und zugleich des unnahbaren Geheimnisses. Tiefe Stille herrscht um das Haus, welches er bewohnt. Wehe selbst dem Officier, der mit klirrenden Sporen ihm zu nahen wagt! Audienz bei ihm zu erlangen ist schwer, selbst für die Gesandten der Städte, welche er belagert. Wohin er dagegen mit seinem Hofstaate kommt, da ist es, als sei eine kleine Stadt angelangt. Der Küchenzettel verkündet die tägliche Lieferung, die statt für 800 Menschen von damals in unserer Zeit etwa für die dreifache Zahl reichen würde. Von den 2 guten Ochsen, 20 Hämmeln u. s. w. bis hinab zu Coriander, Zimmt und Eis ist alles genau vorgeschrieben, was täglich dargebracht werden muß. Von Erstattung solcher Dinge ist nicht die Rede. Demnach blieben Wallensteins Einkünfte für ihn. Er empfing an Gehalt die doppelte Summe monatlich gegen Tilly. Dieß jedoch war die geringere Quelle der Einkünfte Wallensteins. Sein Finanztalent war unübertroffen. Er wußte sich als Werber, als Lieferant für das Heer, als

---

[1] Hurter IX. 351.
[2] Villermont I 103.
[3] Ehemaliges Domcapitelarchiv in Osnabrück. Juli 1628
[4] Vaterländisches Archiv von Spiel und Spangenberg 1826. Bd. II. S. 3.
[5] Verschiedene Berichte an Herzog Christian von Celle im königl. Archiv zu Hannover.

Getreidehändler Quellen der Einnahmen zu eröffnen zugleich von allen Seiten. Wir werden dieß später ersehen. Wir reden hier nur von dem Anfange des Auftretens.

Und dabei kommen wir zurück auf die Macht der Persönlichkeit und das Beispieles der Führer. Es springt in die Augen, daß es für die Mehrzahl der Menschen, für Officiere und Soldaten lockender war den prächtig imponirenden Wallenstein sich zum Muster zu nehmen, als den einfachen alten Tilly, dessen höchstes Lebensziel bestand in der Erfüllung seiner Pflicht. Es war glänzender mit Wallenstein hinwegzuschreiten hoch über die Häupter und die Rechte der Menschen, als mit Tilly zu sorgen, wie man einem Jeden das Seine widerfahren lasse. Es ist einer der beiden wesentlichen Unterschiede, dieser der Persönlichkeiten, der sehr bald für das Heer Tillys gefährliche Folgen hatte. Der andere principielle Unterschied beider Heere ist die Art und Weise des Soldes.

Eger in Böhmen war der Mittelpunkt, um welchen die faulen Säfte des deutschen Reichskörpers sich zu einem neuen Geschwüre zusammen zogen. An Söldnern fehlte es nimmer. Denn schon waren die Zustände in solcher Auflösung begriffen, daß für manche einst ruhig und friedlich ansässige Menschen als letztes Mittel, um zu Brode zu gelangen, nur noch Pike und Muskete übrig blieben. Die Werbetrommel erdröhnte. Die Fahne flatterte. Die Söldner zogen zu. Es ward da nicht viel Unterschied gemacht. Was ist es einem ehrlichen Soldaten um die Religion? war ja schon ein längst bekanntes Wort. Auch das Heer der Liga bestand keineswegs allein, oder auch nur vorzugsweise aus Katholiken. Als Tilly damals einen seiner Officiere zur Beförderung vorschlug, verlangte der Kurfürst Max zuvor zu wissen, ob derselbe katholisch sei, da es doch Bedenken habe in gewissen Fällen unkatholische Officiere zu verwenden. [1] Max seinerseits also glaubte, daß Tilly nur das Verdienst in Anschlag bringe, und nicht das Religionsbekenntnis. Der Kurfürst dachte dabei an die Gegenden, die er vermöge des landesherrlichen Reformationsrechtes zum Katholicismus zurückzuführen hoffte. Aus Wallensteins ganzem Verhalten scheint sogar hervorzugehen, daß er unkatholischen Officieren den Vorzug gegeben. Einer seiner ersten Befehlshaber, auf den er in den nächsten Jahren am meisten vertraute, war der lutherische Hans Georg von Arnim, der von dem Schweden Gustav Adolf zu Wallenstein überging. Das in unseren Tagen häufig noch übliche Vorurtheil von einem katholischen oder protestantischen Heere, mit welchem sich dann sehr leicht die Vorstellung eines Glaubenseifers verbindet, ist entstanden aus dem Vorgeben eines Religionskrieges, welches durch die Siege Gustav Adolfs eine gewisse Weihe des Erfolges erhielt. Wir werden auf diese wesentliche Frage noch sehr oft zurückkommen müssen.

Gegen Ende Augusts 1625 [2] setzte sich das neugeworbene Heer in Bewegung. Es bedurfte nur der Werbung, nicht der Einübung; denn der Waffen

---

[1] Westenrieder, Beiträge VIII. 161.
[2] Chlumecky, Regesten u. s. w. S. 14 ff

pflegten die Söldner längst kundig zu sein. Wallenstein selbst fand das Fußvolk über die Maßen schön, das neue schöner als das alte. Am 10. September 1625 ist er in Schweinfurt. Damals noch ist er sehr sorglich, daß seine Regimenter nicht das Gebiet der katholischen Liga betreten. Am 16. September ist er in Bach. Am 22. in Eschwege. Von dort will er am folgenden Tage auf Göttingen ziehen. Am 6. October schlägt er sein Feldlager auf unfern von dieser Stadt. Als Sturmvögel sah man dem Heere bewaffnete Zigeunerbanden voranziehen, 10 auch 15 Mann stark.

In diese Gegend schickte der Herzog Christian von Lüneburg-Celle dem nahenden Wallenstein seinen Landdrosten Hodenberg entgegen. Hodenberg traf den Feldherrn nahe am Stadtthore von Einbeck in einem Garten, wo Wallenstein Tafel hielt. Er versprach gute Mannszucht, und Hodenberg sah von da aus in nächster Nähe das Heer vorüberziehen. [1] Es geschah in großer Stille, ohne irgend welche Gewalt. Wallenstein war erst am Tage zuvor schreckend unter sie gefahren: er hatte fünfzehn, darunter auch Knaben, zugleich aufhängen lassen. Auch waren schon wieder einige ergriffen, die gleiches Schicksal erleiden sollten. Es ging dem Heere die Meinung voran, daß es schlechtes, übel disciplinirtes Volk sei. Hodenberg meinte: die Strenge des Herzogs von Friedland bewirke doch einige Ordnung. Auch Andere theilten die Verwunderung, daß es noch so möglich sei. Der Zug währte vom Morgen an den ganzen Tag und die Nacht hindurch. 2—3000 Wagen fuhren einher, alle wohl gespickt mit geraubtem Gute. An Weibern, Kindern und gemeinem Gesindel war keine Zahl, daß es mit Verwunderung anzusehen war. Als endlich die lange Schlange des Zuges vorüber war, preßte die Erinnerung dessen, was er angesehen, aus dem Drosten Hodenberg den Seufzer hervor: „Gott tröste den Ort, wo die hinkommen und ihr Winterlager halten!"

Es liegt hier die Frage nah nach dem Verhältnisse der beiden Heerführer zu einander.

Eine sehr freundliche Gesinnung gegen Tilly konnte Wallenstein, abgesehen von ihrer persönlichen Verschiedenheit, deshalb nicht haben, weil ein Jahr zuvor Wallensteins Bitte in den Dienst der Liga zu treten, von Tilly abgeschlagen war. [2] Nun kam er heran als selbständiger Feldherr. Da mußte die schwierige Frage sich erheben: wem in zweifelhaften Fällen die Oberleitung zukam. Sprach für den greisen Tilly die Erfahrung so langer Jahre, die Reihe seiner Siege und Erfolge, die Sachlage selbst, da er um Hülfe und nicht um einen Vorgesetzten gebeten: so konnte Wallenstein geltend machen, daß er unmittelbar dem größeren Herrn diene. Wallenstein äußerte sich im October 1625 zu Hodenberg: wenn er sich mit Tilly vereinige, so würden sie zusammen 60—70,000 Krieger stark sein. Allein er erklärte zugleich, er wolle mit Tilly nichts zu

---

[1] Hodenbergs Bericht im königl. Archive zu Hannover. Einen Theil desselben hat v. d. Decken: Herzog Georg. Bd. I. 157.
[2] Förster, Wallensteins Briefe I. 56.

schaffen haben. [1] Statt demselben damals, wo Tilly bei Hannover dem Dänen gegenüber stand, irgend welche Hülfe zu leisten, wandte sich Wallenstein von Alfeld ostwärts ab nach dem Stifte Halberstadt. Ja wir finden sogar im Januar 1626 eine Aeußerung Wallensteins, welche bei dem klar hervortretenden Streben beider Persönlichkeiten einen seltsamen Eindruck macht. Als im Winter 16 25/26 Friedensberedungen zu Braunschweig stattfanden, ließ Wallenstein sich zu einem der Fürsten verlauten: wenn Tilly nicht wolle, werde man ihm die Wege wohl weisen. [2] Der Zweck dieser Worte kann nur gewesen sein dem Tilly in den Augen der Gegner den Vorwurf zuzuschieben: er begehre nicht Frieden, sondern Krieg.

Tilly wandte sich an seinen Kriegsherrn um Auskunft in dieser Frage des Vorranges, und bewährte sich dabei in seiner Weise. [3] Wenn der Herzog von Friedland in Betreff des Ranges die Präeminenz in Anspruch nehme, sagte Tilly, und nicht davon lassen wolle: so sei er nicht Willens, fernere Schwierig- keiten dagegen zu erheben. Er ordne der gemeinsamen Sache sein Privatinteresse unter. Max hatte sich bis dahin mit dem Gedanken getragen: die Feldherren könnten abwechselnd einen Tag um den anderen den Oberbefehl führen. Dann jedoch stimmte er diesem Vorschlage bei, mit dem Zusatze, daß Wallenstein sich in Betreff der Oberleitung im Felde mit Tilly vergleichen und dessen guten Vorschlägen nachgeben werde. Max bat Tilly, da ihm ja Wallensteins Sinnesart bekannt sei, mit demselben geschickt zu verfahren. Auch der Kaiser wagte nicht eine endgültige Entscheidung. Er bat jedoch Wallenstein die Meinung nicht aufkommen zu lassen, als sei dem Heere des katholischen Bundes die Vollziehung der kaiserlichen Aufträge im niedersächsischen Kreise nicht unmittelbar befohlen, als sei dasselbe geringeren Ranges. Eine solche Meinung, sagt der Kaiser aus- drücklich, stehe in Widerspruch mit dem gegebenen Auftrage. Er bat Wallen- stein sich der Einigkeit zu befleißigen. [4] Das Ergebnis dessen war, daß der Vorzug des Ranges an Wallenstein kam, daß beide jedoch als Feldherren neben einander bestanden. Die Natur der Sache selbst machte eine Unterordnung Tillys unmöglich, und Wallenstein blieb lieber für sich allein. Er suchte sich in den Bisthümern Magdeburg und Halberstadt die besseren Winterquartiere auf, und überließ Tilly die Sorge den Feinden entgegen zu stehen.

Die Zahl derselben war unterdessen angeschwollen. Es war dem Christian von Halberstadt und Mansfeld im Spätsommer 1625 gelungen, vom Rheine aus nordostwärts durchzukommen. Im Anfange Decembers vernehmen wir die flehende Klage des Herzogs Christian von Celle. [5] Mansfeld ist in einige seiner Aemter eingefallen. Die Mansfelder haben alles Vieh weggenommen, die Menschen ohne Unterschied des Geschlechtes ohne einige Ursache jämmerlich

---

[1] Hodenbergs Bericht. cf. v. d. Decken I. 159.
[2] Also ein Bericht im Archive der Stadt Hannover.
[3] Westenrieders Beiträge VIII. 160.
[4] Förster, Wallenstein als Feldherr u. s. w. S. 420.
[5] Königl. Archiv zu Hannover.

erschossen, bis auf den Tod verwundet, zerquetscht, gesengt, am Feuer gebraten, in Rauch gesetzt, an eiserne Ketten geschlossen, ob adelig, ob unadelig, ihnen die Ohren abgeschnitten. Die unglücklichen Leute müssen ihr Vieh auslösen. Haben sie es gethan, so nimmt man es ihnen zum zweiten und zum dritten Male, bis sie mehr dafür bezahlt haben, als es werth ist. Schon wandern ehemals vermögende Leute als Bettler durch das Land. Der Herzog wendet sich mit zürnender Frage an den Dänenkönig, ob er denn das dulden wolle. Der König erwiedert, Mansfeld stehe nicht unter seinem Befehle. Noch vor dem Ende des Jahres 1625 ging Mansfeld über die Elbe nach Lauenburg und begann dort aufs neue zu werben. Hunger, Pest und Elend rafften täglich eben so viele Soldaten weg, als neue kamen. Es hinderte nicht: Mansfeld warb fort. Auch in den Herzögen von Mecklenburg ging eine Ahnung dessen auf, was sie gethan und wozu man sie gebraucht. Sie wandten sich mit unwilliger Klage an den Dänenkönig. Gegen Mansfeld hatten sie gedacht sich und den ganzen Kreis durch die Verabredung von Lauenburg zu schützen. Nun stand Mansfeld in ihrem Lande und berief sich auf dänische Befehle. Sie hatten sich aufgelehnt wider den Kaiser, ohne es doch eigentlich zu wollen. Sie fürchteten den gerechten Zorn desselben, zumal bei den Vorwürfen ihrer Stände. Sie flehten den Dänenkönig an nicht das über sie zu verhängen. Ihr Flehen war umsonst. Mansfeld und die Dänen standen im Lande. Wehren konnten die Herzöge sich nicht. Der Fluch ihrer Thorheit kam über sie und über das unglückliche Land.

Christian von Halberstadt dagegen rief im Herbste 1625 in dem Lande seines Bruders durch ein Volksaufgebot alle männliche Bevölkerung über 14 Jahre zu den Waffen.[1] So lange hatte der Kaiser seiner geschont, hatte mit der Reichsacht über den unermüdlichen Friedensbrecher gezögert und ihm wiederholt, zum letzten Male noch im Herbste 1624 seine Gnade in Aussicht gestellt: nun erfolgte auch über ihn der verhängnisvolle Spruch, der ihm die Erbfolge in den Ländern seines Bruders abschnitt.[2] Das übte auf Christians Handlungsweise nur den Einfluß, daß die Unterthanen seiner Vettern von Celle in gleicher Weise behandelt wurden, als seien es Katholiken. An seinen Feinden dagegen, den alten Soldaten Tillys, glaubte er bei den wiederholten Begegnungen als besonderes Mittel ihrer Sicherheit vor ihm entdeckt zu haben, daß sie fest und gefroren seien. Ein solcher Bund mit dem Teufel schützte indessen nur gegen Kugeln von Blei und Eisen. Deshalb ließ Christian auf einigen Glashütten seines Bruders Tag und Nacht gläserne Kugeln bereiten. Diesen, meinte er, würden Tillys alte Krieger nicht abermals widerstehen.[3] Viele Bauern aus dem Lande seines Bruders folgten dem wilden Jüngling, der sie aufrief zum Kampfe für das Evangelium, namentlich eine große Menge Harzer. Es fehlte

[1] Zeitschrift des historischen Vereins für Niedersachsen 1845 S. 125.
[2] W. v. Decken, Herzog Georg I. Beilage 18. Nr. III.
[3] Flugblatt von 1625. Abgedruckt im Braunschweigischen Magazin 1826. Stück 3

an Waffen für diese Schaaren. Christian ließ eiserne Dreschflegel machen und Keulen, die mit eisernen Spitzen beschlagen waren. Solche Mordgewehre erfüllten zugleich den Zweck der Brauchbarkeit gegen Feste und Gefrorene, die nur Kugeln, nicht aber Keulen und Dreschflegeln widerstanden.

Ungeachtet dieser Verstärkung durch Mansfeld und Christian den Jüngeren, fehlte es dem Dänenkönige noch sehr an dem Fundamente aller Kriegführung: am Gelde. Die Fürsten von Niedersachsen, die mit ihm hielten, gaben nichts her. Nur den ersten Monat hindurch hatten die dänischen Truppen Sold bekommen, dann stockten die Quellen. [1]. Aber der Däne führte ja die Sache der Holländer, Engländer und Franzosen gegen den Kaiser, das deutsche Reich, die deutsche Nation: deshalb mußten nun von dort aus die Mittel flüssig gemacht werden. Foppius van Aitzema ging im September 1625 nach dem Haag. Die Generalstaaten, noch etwas niedergeschlagen über den Verlust von Breda, schickten sofort 3000 Mann und sagten monatlich 50,000 fl. zu. Dieß nämlich war der Betrag, zu welchem sich damals die Generalstaaten England gegenüber verpflichteten. Jakob war todt. Sein Sohn Karl stand unter dem Einflusse Buckinghams, und dieser suchte die Gunst des Parlamentes wieder zu erringen durch eifrige Befürwortung des Krieges gegen Spanien und gegen den Kaiser. Für den Haß des fanatisirten Volkes von England, in welchem die puritanische Strömung von Jahr zu Jahr stärker hervortrat, für die Gunstbuhlerei des verworfenen Buckingham, für die schlaue Politik der Generalstaaten mußten die armen Deutschen bluten, mußten den Krieg gegen sich führen lassen auf ihre Kosten. Und dann sagte man ihnen: es geschehe das für ihre Religion und ihre Freiheit.

Der Vertrag von Southampton ward am 13. September 1625 geschlossen zwischen England und den Generalstaaten, offensiv und defensiv gegen Spanien und dessen Verbündete zu Wasser und zu Lande. Der Vertrag solle so lange dauern, bis die vereinigten Provinzen zu ihrem vorigen Wohlstande zurückgekehrt und der Schwager des Königs Karl wieder in seine Länder eingesetzt sei. Der erste Punkt war lächerlich; denn die vereinigten Provinzen standen auf der Höhe ihrer Macht und ihres Reichthumes. Höher als damals im Vergleiche zu anderen Mächten sind sie nie gekommen. Damals gehörte ihnen das Meer als ihre Domaine, und England war machtlos im Vergleiche gegen sie. Der Vertrag war indirect offenbar eine Kriegserklärung gegen den Kaiser. Bestimmter noch ward dieß ausgesprochen durch die Beitrittserklärung des dänischen Königs am 9. December 1625 im Haag. [2] Weil der Kaiser gegen die beschworene Wahlcapitulation die Kurfürsten, Fürsten, Städte und Stände von Deutschland bedränge, ja auch andere Könige, Fürsten und Staaten von Europa demgemäß bedrohe — also sagen die Niederländer, die seit 30 Jahren ungestraft das Reichsgebiet täglich verletzt hatten: — so ist es die Pflicht Aller zeitig dem

---

[1] Moser, patriotisches Archiv Bd. VI. S. 74.
[2] Aitzema I. 1253 ff.

entgegen zu treten, um das Verderben abzuwehren. Demgemäß will der dänische König bis 30,000 Mann Fußvolk und 8000 Reiter gerüstet halten. England zahlt ihm dafür die nach der Anschauung jener Zeiten ungeheure Subsidie von monatlich 300,000 fl., die Generalstaaten 50,000 fl. Die Schaaren des Mansfeld werden ausdrücklich als zum Heere gehörig mitbezeichnet. Der König von Frankreich, der seine Bereitwilligkeit ausgesprochen dem traurigen Zustande des deutschen Reiches abzuhelfen, soll ersucht werden dem Bunde beizutreten. Es sollen ferner zum Beitritte aufgefordert werden: Venedig, Savoyen, die deutschen Fürsten und Bethlen Gabor.

Also machten sich England, die Generalstaaten, Dänemark, Frankreich u. s. w. auf, um die deutsche Freiheit zu schützen. Was konnte davon kommen?

Und dieser selbe Christian von Dänemark unterzeichnete am 21. Januar 1626 zu Rotenburg an die Fürsten der Liga ein Schreiben, [1] welches beginnt: „Wir zweifeln nicht, daß ihr genugsam wissen werdet, wie der Kaiser unsere und der Fürsten des niedersächsischen Kreises jetzige Wehrverfassung verdächtig machen will, als ob sie etwas anderes bezwecke, als nur die Vertheidigung des Kreises, und unter diesem Vorwande den Kreis mit zwei Armeen überzogen hat." Und abermals wiederholt dann der dänische König, daß Tilly selber den Kreis zur Vertheidigung gegen Mansfeld aufgefordert, denselben Mansfeld, der damals, als der König diese Worte schrieb, gemäß dem Vertrage des Königs mit fremden Mächten, als sein guter Freund neben ihm stand! War die Stirn dieses Königs von Dänemark denn so ganz und gar eisern? Wir müssen ihm unabwendbar noch weiter auf diesem Wege begegnen.

Der Abschluß des Vertrages schien alle Wünsche des dänischen Königs zu erfüllen. Er hatte seinem schwedischen Nebenbuhler den Rang abgelaufen. Er stand an der Spitze eines starken Heeres, welches Andere für ihn zu bezahlen versprachen. Ihm winkte lachend der Besitz der norddeutschen Bisthümer, und seine deutschen Freunde trugen die Kosten. Er hatte nur zu gewinnen, und nichts zu verlieren. So dachte Christian IV. Anders dachten klügere Politiker derselben Partei: Venedig, Savoyen, die sich des Beitrittes weigerten, ferner die pfälzischen Räthe Rusdorf und Camerar, die seit Jahren ihre Hoffnung der Herstellung des Pfälzers nur auf den Schwedenkönig setzten. Lediglich sein eigenes Interesse, sagten sie [2], hat den Dänenkönig zu diesem Kriege bestimmt, den er unter irgend einem Vorwande allein für sich so nützlich wie möglich enden wird. Rusdorf meint: Christian werde nichts für den Pfälzer thun, er werde den Krieg nur für seine eigenen Zwecke im niedersächsischen Kreise führen. Während daraus scheinbar eine Uebereinstimmung mit Christians Vorgeben hervorgehen könnte, eine Vertheidigung desselben, als ob der dänische König nichts weiter im Schilde gehabt, folgt vielmehr für Rusdorf daraus gegen Christian die Anklage der Unwahrheit auch nach jener Seite, für welche er zu weiterem

---

[1] Theatrum Europ. I. 1022.
[2] Rusdorfii consil. et neg. publ. 193. Söltl III. 200. 214.

Angriffe verpflichtet ist. Das Bündniß, sagen sie, beruht nicht auf soliden Grundlagen: es fehlt ihm Fundament und Form, weil der Feind nicht genannt wird. Das eben ist die Absicht des Königs. Er will für sich allein handeln, damit ihn Niemand eines Fehlers zeihen könne, und er allein den Nutzen habe.

So mochte immerhin der König denken, und in der That trugen ja den Schaden auf alle Fälle des Ausganges nur die Deutschen, die wiederum an sich den Krieg mußten führen lassen, der gegen ihre Interessen war. Die deutschen Fürsten des Kreises erschienen in den Augen des Dänenkönigs als seine Werkzeuge, die er gebrauchte. Er erschien sich als der Kriegsherr. Und doch, indem er zu schieben glaubte, ward er geschoben. Er selber war das Werkzeug der klugen Rechner und Menschenkenner im Haag, die ihn bezahlten und gebrauchten, wozu er gut war. Und er war gut genug den Kaiser zu beschäftigen und das deutsche Feuer brennend zu erhalten. Sich selber zum Meister des Feuers zu machen, die Flamme zu lenken nach seinem Willen: dazu besaß Christian in den Augen der Hochmögenden nicht die Kraft. Auch wußten sie sehr wohl, daß der Vertrag unausführbar war. Buckingham, der den Werth des Geldes nicht kannte, hatte die monatliche Unterstützung an den Dänen von England auf 500,000 fl. gesetzt.[1] Die Generalstaaten machten ihm dafür ein Geschenk von 20,000 fl.; aber sie sahen voraus, daß der König Karl dieß thörichte Versprechen nicht halten könne, daß er dazu die Mittel nicht besaß. Was verschlug das ihnen? Ihr nächster Wunsch war erreicht: Krieg in Deutschland.

Während derselbe abermals und in größerem Maße als bisher vorbereitet wurde, kam nochmals im Spätherbste 1625 eine Friedensberedung in Braun-schweig zu Stande. Der Kurfürst von Sachsen hatte dieselbe vorgeschlagen, und wie zu erwarten, bei Tilly entgegenkommende Willfährigkeit gefunden.[2] Doch verhehlte der Feldherr die Schwierigkeit nicht. Die Abführung der dänischen Truppen vom Boden des deutschen Reiches sei die Bedingung, auf welche er bestehen müsse. Das schreckte Johann Georg nicht. Auf die Bitte des Kaisers übernahmen er und der Kurfürst von Brandenburg das Amt der Vermittelung, und schickten sofort ihre Gesandten nach Braunschweig.

Konnte es nach dem Vertrage, der eben damals im Haag geschlossen wurde, dem Könige Christian IV. Ernst sein mit dem Frieden? — Gleich zu Anfang sprach der Kurfürst von Sachsen schweren Tadel aus über die Säumigkeit der dänischen Abgeordneten.[3] Als sie endlich erschienen, gab es über den Stillstand der Waffen während der Zeit der Beredung allerlei Verhandlungen. Die Kaiser-lichen wollten Mansfeld als Aechter von dem Stillstande ausschließen. Die Dänen erwiederten: Mansfeld habe seine Bestallung von Frankreich und England und sei dem Kreise zum Besten geschickt: deßhalb müsse er als Diener jener beiden Mächte angesehen werden. Die Acht könne dabei nicht gelten. Auch das ward

[1] Aitzema I. 1226. 1253.
[2] Hurter, Ferdinand Bd. IX. 429.
[3] Theatrum Europ. I. 1004.

von kaiserlicher Seite nachgegeben und der Stillstand ward verkündet. Dann standen die Forderungen schroff einander gegenüber. Die Dänen verlangten: Tilly solle den Kreis verlassen, sein Heer abführen, die eingenommenen Orte zurückstellen, allen Schaden ersetzen, den Kreis fortan mit Einquartierung und Durchzügen verschonen. Von kaiserlicher Seite war man zum Abzuge erbötig, wenn zuvor der Däne den Reichsboden verlasse. Dazu jedoch forderte Tilly Schadenersatz für Christian von Lüneburg-Celle und Verjagung des allgemeinen Feindes, des Mansfeld.

In Folge der traurigen Verdunkelung, welche mit dem dreißigjährigen Kriege und nach demselben sich über Deutschland legte, hat es leider noch in unseren Tagen deutsche Geschichtschreiber gegeben, welche das Recht dieser Forderungen auf dänischer Seite erkennen, das Unrecht auf kaiserlicher und deutscher Seite. Nicht auf solche haben wir Rücksicht zu nehmen, sondern auf die Thatsachen, auf das Zeugnis derer, welche mit handelten und mit litten.

Die in der Stadt Hannover versammelte Ritter- und Landschaft Friedrich Ulrichs wandte sich abermals mit einer Reihe der nachdrücklichsten Vorstellungen an ihren Herzog um den Frieden. In Friedrich Ulrich dämmerte die Erkenntnis, daß seine Thorheit nur ein Werkzeug sei für die Habgier des Oheims. Wir werden später sehen, wie er dieß Geständnis umhüllt und umwunden und dennoch wohl erkennbar seinen Unterthanen ablegt. Man darf nach den späteren Betheuerungen Friedrich Ulrichs vor seinen Ständen, vor seinen Unterthanen wohl annehmen: er habe zu Braunschweig ernstlich den Frieden gesucht. Gleich damals erwiedert er[1] seinen Ständen, er habe die Zuversicht, daß der General Tilly es nicht so übel mit ihm meine. Er sagt, daß seine Gesandten angewiesen seien sich den Frieden zum höchsten angelegen sein zu lassen. Also war es sein Wille. Allein Friedrich Ulrich handelte damals noch nicht frei und selbständig. Auf den schwachen Mann drückte mit lähmender Wucht sein jüngerer energischer Bruder, der wilde Christian. Nicht Friedrich Ulrich war Herr im Lande, sondern Christian, und nur der Tod desselben konnte für die unglücklichen Unterthanen Friedrich Ulrichs Rettung und Befreiung von dem unnatürlichen Bündnisse mit dem Dänen bringen.

In ähnlichem Verhältnisse wie Friedrich Ulrich standen die Herzöge zu Mecklenburg. Daß auch diese zu Braunschweig den Frieden suchten und hofften, berichtet ein sehr zuverlässiger Zeuge. Der Kurfürst Johann Georg von Sachsen hatte zu Braunschweig die Vermittelung übernommen. „Ich muß dem Herzoge Hans Albrecht von Mecklenburg das Zeugnis geben," sagt später Johann Georg,[2] „wie derselbe nichts lieber gesehen, als daß die Unterhandlung zu Braunschweig einen anderen und besseren Ausgang genommen, als leider erfolgt ist."

Ueberhaupt kann ja nur dieser Kurfürst von Sachsen als der Vermittler für die Nachwelt das sichere Zeugnis ablegen, an wem die Schuld der Fort-

---

[1] Archiv der Landschaft Calenberg zu Hannover.
[2] Brüsseler Archiv. Schreiben Johann Georgs an den Kaiser vom 30. Nov. 1627

dauer des ungeheuren Jammers für Deutschland lag. Fragen wir also ihn. Johann Georg erklärt zwei Jahre später dem Dänenkönige, daß die Instructionen und das Verhalten der dänischen Gesandten in Braunschweig die Ursache gewesen seien des Scheiterns der Verhandlungen. Nur daran, wiederholt Johann Georg, habe alles sich gestoßen und zerschlagen. [1] Diese Erklärung des Kurfürsten von Sachsen im Jahre 1627 muß auch für uns genügen. Nicht ein Deutscher, sondern der Dänenkönig im Solde der Generalstaaten, Englands und Frankreichs trug die Schuld des ferneren Krieges. Was auch Anderes war nach seinen Bündnissen zu erwarten als Krieg?

Es kann demnach nicht unsere Aufgabe sein die Kriegsfechterei, wie Tilly sie nennt, dieser Verhandlungen zu erörtern. Nur eine Frage fordert eine besondere Erwägung. Die dänischen Abgeordneten verlangten Sicherung des Religionsfriedens. [2] Tilly entgegnete: er habe sich in dem niedersächsischen Kreise in Religions- und geistliche Sachen niemals eingemengt: wie könne man denn von ihm Abstellung einer Beschwerde fordern? — Die Antwort hinderte den Dänenkönig nicht auch nach dem Abbruche der Verhandlungen Druckschriften ausgehen zu lassen, in welchen er dieselbe Forderung wiederholte: Sicherheit des Religionsfriedens, in welchen er abermals dem armen Volke predigte: der Krieg betreffe die wahre evangelische Religion, welche durch die katholischen Heere ausgerottet werden solle.

Abermals also sollte diese Furie des Religionskrieges losgelassen werden. Tilly mußte darauf antworten. Er mußte zuerst und vor allen Dingen dieß Trugbild zu bannen suchen. Wir haben seine Antwort zu vernehmen. Sie ist von schwerem Gewichte für die Beurtheilung des Mannes und der Zeit, in welcher er stand.

Die anklagende Schrift von dänischer Seite begnügte sich weislich mit der allgemeinen Forderung des Religionsfriedens, mit der Behauptung: es sei um die evangelische Religion zu thun. Sie brachte nicht den Beweis einer Verletzung derselben bei: die düstere unbestimmte Furcht vor einer solchen sollte die Menge ködern, die mit dem Ruf Religion und Freiheit so oft und leicht sich hat bethören lassen, und jederzeit sich bethören lassen wird. Demnach mußte Tilly auf diese allgemeine Anklage mit einer besonderen Forderung antworten, nämlich mit der Forderung des Beweises.

„Es mögen", also läßt Tilly seine Gegenschrift reden, [3] „alle und jedwede Pfarrer, Prediger und Geistliche der Confession von Augsburg im niedersächsischen Kreise und anderswo kühnlich auftreten und sagen, ob Jemand derselben von dem General Tilly vertrieben, ob ihnen sonst in der Verwaltung ihrer Aemter

---

[1] Theatrum Europ. I. 1090 Aehnlich der Kurfürst Johann Georg schon im März 1626 an den Kaiser bei Hurter: Ferdinand. Bd. IX. 438.

[2] Theatrum Europ. I. 1017.

[3] Londorp. III. 871. Theatrum Europ. I. 1026. Khevenhiller X. 1212. Die Abdrücke sind jedoch nicht ganz genau. Ich ziehe deshalb vor das Original als Beilage XX. wieder abdrucken zu lassen.

und Kirchendienste jemals auch die geringste Behinderung, Hemmnis und Sperrung begegnet ist. Denn man weiß sich genugsam versichert, und es liegt notorisch unzweifelhaft vor, daß keiner unter ihnen mit Grundes Bestand den Mund zur Klage und Beschwerde desfalls eröffnen kann, sondern daß sie sammt und sonders vielmehr sich werden zu bedanken wissen für den starken Schutz und Schirm, der wider allen Betrug und Bedrang ihnen geleistet ist."

Also Tilly. Eine solche Forderung in öffentlicher Proclamation durfte nur ein Mann stellen, der seiner Sache vollkommen sich bewußt und sicher war. Und gerade in dieser Achtung vor jedem religiösen Bekenntnis, so weit auch dasselbe ablag von dem seinigen, ist der edle Mann eine merkwürdige Erscheinung in seiner Zeit. Er wäre berechtigt gewesen jene Frage zu stellen, wenn er sich um die protestantischen Geistlichen gar nicht bekümmert, wenn er gethan hätte, als sehe er sie nicht, als wisse er nichts von ihnen. Nicht also verfuhr Tilly. Seine Quartierordnungen, seine Vorschriften über Disciplin nehmen besondere Rücksicht auf Geistliche und Schullehrer. Wir werden dieß bald genauer erfahren.

Es könnte möglicher Weise noch der Einwand offen bleiben, daß auf jene Aufforderung die Geistlichen, denen etwa Unglimpf geschehen, bei der Anwesenheit des Heeres zu klagen nicht gewagt haben, daß darum die Proclamation ohne Antwort geblieben sei. Der Einwand ist möglich. Wir wiederholen mithin unser früheres Wort, daß die volle Rechtfertigung Tillys erst dann eintreten wird und muß, wenn die berufenen Vertreter des Landes selbst, der Herzog und die Stände, für Mit- und Nachwelt erklären: nicht Tilly hindere die Uebung des Gottesdienstes und der Religion, sondern der Däne. Wir werden mithin später dieß zu erfragen haben.

Dagegen hob der Feldherr damals wie immer seinen Standpunkt hervor, den des deutschen Patriotismus für Kaiser, Reich und Nation. Die Gegner, sagt er, reden beständig von deutscher Libertät und Freiheit. Was für eine Freiheit denn ist es, die im Namen der Fremden, der Holländer, der Engländer, der Franzosen die geächteten Rebellen dem deutschen Reiche bringen? — Sie haben ganze Provinzen geplündert, zerrüttet und verwüstet. Sie haben durch ihre Bündnisse gegen uns in allen anderen Völkern Muth und Hoffnung erweckt sich zum Spotte und zur Schande der Deutschen mit des römisch deutschen Adlers kostbaren Schwungfedern zu erhöhen. Darum ist die Berufung auf die augsburgische Confession, die von Niemandem in dem ganzen Kreise irgendwo angefochten worden, hohl und nichtig. Auch ist ja nicht zu erwarten, daß diejenigen, welche sich hier laut für die Beschützer der Confession ausgeben, eine besondere Anhänglichkeit an dieselbe besitzen, weil sie nämlich sich verbünden mit Fürsten und Potentaten, die in ihren Ländern für die Confession von Augsburg nicht eine Kirche, nicht eine Kapelle verstatten.

Es ist ein anderer Zweck, den man unter dem Namen der deutschen Libertät verfolgt, sagt uns der alte Feldherr. Er hatte in Hessen-Cassel aus unmittelbarer Nähe einen tiefen Blick gethan in die Gelüste des Hoheitsschwindels bei dem unglückseligen Hause dieser Landgrafen. Er hatte dort erkannt, wie die

deutſchen Territorialherren ſtrebten nach der vollen Souveränität, wie ſie wohl
wußten, daß dieſe volle Souveränität nur zu erreichen ſei durch Rebellion gegen
den Kaiſer nach oben, und durch Vernichtung der Rechte der Corporationen
nach unten. Das Geſchlecht von Heſſen-Caſſel hat in allen ſolchen deſpotiſchen
Gelüſten immer oben an geſtanden. Aus dem reichhaltigen Schaße dieſer Erfahrung des Selbſterlebten ſchöpft Tilly, um im Voraus in kurzen Strichen die
Zuſtände darzuthun, welche ſpäter in Folge des Krieges mit einigen Modifica-
tionen nicht bloß in Heſſen-Caſſel, ſondern in Deutſchland allgemein wurden.

Das Wort der deutſchen Libertät, ſagt Tilly, bedeutet die Begierde nach
unumſchränkter Herrſchaft, die nicht gehemmt werden ſoll durch die Furcht vor
Kaiſer und Reichsgericht. Man will über Leib, Hab und Gut vollkommen
dominiren, den Schwächeren unter die Füße treten, Land und Leute, Stifter
und Genoſſenſchaften an ſich reißen, Adel und Städte um ihre Gerechtigkeit und
ihre Privilegien bringen, dazu den Bedrängten allen Zugang zum Rechte ab-
ſtricken, keine Juſtiz, kein Geſeß, keinen Richter, keine höhere Obrigkeit über
ſich dulden, in Summa das Joch der Dienſtbarkeit den Ständen, Communen
und Privatperſonen über den Hals werfen: das iſt deutſche Libertät, diejenige
Libertät, die man den Deutſchen bringen will mit Hülfe der Holländer, Engländer, Franzoſen und weſſen immer ſonſt. Und dieſes Beſtreben umhüllt man
mit dem Namen der Religion. Alſo Tilly im Jahre 1626.

Dauerte denn wirklich die Verblendung über dieſen Religionspunkt noch
immer fort? — Bei dem großen Haufen ließ ſie nicht ſo leicht ſich löſen. Die
conſervativen Corporationen dagegen erwogen die Sache. Allerdings ſprach auch
die Ritter- und Landſchaft von Calenberg noch im Auguſt 1625 ihre Beſorgnis
aus, Tilly wolle das Tridentinum einführen. Aber dieſelbe Ritter- und Landſchaft weigerte dem Herzoge Friedrich Ulrich und dem Dänen jeden Mann und
jeden Thaler gegen Tilly. War es ihr denn mit jenen Worten nicht Ernſt?
Wir haben geſehen, wie ſie mit dem Rathe der Stadt Hannover eines Sinnes
war, wie ſie bringend den Herzog Friedrich Ulrich bat ſeinem Bruder Chriſtian
nicht Einfluß über ſich zu geſtatten. Chriſtian aber predigte, wie ſich von ſelbſt
verſteht, den Religionskrieg.

Wir entnehmen die Antwort auf dieſe Frage aus dem Verhalten der Stadt
Braunſchweig. Das Trugbild des Religionskrieges war dort nicht unwirkſam
geblieben; dennoch weigerte die Stadt im November 1625 dem Könige und dem
Herzoge Chriſtian die erbetene Beihülfe an Geſchüß und Munition. Die Verhandlungen in der Stadt ſelbſt über den Frieden ſchlugen durch. Bislang,
meldet der Rath im December 1625 an Tilly[1], ſei den Einwohnern ihrer Stadt
der Krieg als eine Religionsſache vorgeſtellt. Seitdem ſie aber aus den kaiſerlichen Schreiben ſo ſtattliche Zuſicherungen bekommen, müßten ſie erſtaunen, wie
man von jener Seite ſich befugt erachten könne gegen den Kaiſer ein ſo behart-
liches und ſteifes Mistrauen zu hegen.

[1] Hurter, Ferdinand II. Bd. IX 433

Neunter Abschnitt.

Wir haben gesehen, wie die conservativen Corporationen im niedersächsischen Kreise von Anfang an über den dänischen Krieg urtheilten. Wir haben die Abstimmung der freien Städte auf dem Kreistage zu Braunschweig gegen den Krieg vernommen. Wir haben dann gesehen, wie der Rath der mittelbaren Stadt Hannover, wie derjenige von Braunschweig über den Krieg dachten. Es darf mit Gewißheit gesagt werden, daß auch nicht eine Stadt für den Krieg und den Dänenkönig war. Wallenstein sagt dasselbe von den Hansestädten insgesammt.[1] „Sie stehen mit den kaiserlichen Heeren in guter Correspondenz, und wir sind gleichermaßen bereit uns ihnen in Allem willig zu erzeigen. Daburch hoffen wir sie ganz auf kaiserliche Seite zu bringen."

Wir haben damit zu vergleichen, in welchem Lichte die kriegenden Parteien dem neutralen Theile der Deutschen erschienen. Und hier tritt die Meinung des kurfürstlichen Hofes von Dresden in den Vordergrund. Denn Johann Georg war zugleich ein eifriger Lutheraner, der berufene Schützer seines Bekenntnisses, und gemäß der siebzigjährigen Tradition seines Hauses damals noch ein deutschgesinnter, kaiserlich getreuer Mann. Er kannte die Sachlage genauer, als irgend Jemand sonst; denn der letzte Friedensversuch zu Braunschweig war auf seine Anregung geschehen. Er hatte dort das Amt des Vermittlers geführt. Wir haben gesehen, wie er alle Schuld des Abbruches der Verhandlung, alle moralische Verantwortung für den ferneren Krieg nur dem Dänen zuwies. Aber wir haben genauer seine Ansicht über die ganze Sachlage zu vernehmen. Wir suchen dieselbe nicht hervor aus gelegentlichen Aeußerungen, die in Briefen an diese und jene verstreut hier und da in den Archiven ruhen. Johann Georg ließ absichtlich und geflissentlich nach dem Scheitern der Vermittelung zu Braunschweig seine Ansicht von der Sache öffentlich durch die deutschen Länder verkünden.[2]

Es ist ein erhebender Gedanke, sagt der Kurfürst von Sachsen, daß ein Volk alles daran setzt seine Religion und seine Freiheit gegen ungerechten Angriff zu vertheidigen. Also, meint er, ist es geschehen im Jahre 1552 von den deutschen Fürsten gegen den Kaiser Karl. In gleicher Weise behauptet nun der Dänenkönig, daß auch sein Kampf gegen den Kaiser die Rettung und Erhaltung dieser edlen Güter bezwecke. Es ist die Frage, ob dem also sei. Der Kaiser bedrohte damals den Protestantismus. Er wollte das Papstthum allgemach wieder einführen. Nicht also liegt jetzt die Sache. Der Kaiser Ferdinand hat auch nicht einem einzigen Stande des Reiches zugemuthet sich von der evangelischen Religion loszusagen, und dafür die katholische wieder anzunehmen. Auch nicht die geringste Reichsstadt kann diesen Vorwurf auf den Kaiser bringen: eine jede bleibt frei bei der Uebung des Glaubens, welchen sie von vielen Jahren her bekannt hat. Der Vorwurf einer Religionsbedrückung ist mithin hohl und nichtig.

[1] Chlumecky, Regesten u. f. w. p. 30.
[2] Londorp. III. 890 ff. Ich habe die Worte verändert, nicht die Gedanken.

Und eben so verhält es sich mit der Freiheit. Unter dem Kaiser Karl V. allerdings litt die deutsche Freiheit Noth. Der Kaiser führte den Kurfürsten Johann Friedrich, den Landgrafen Philipp gefangen umher, und alle Bitten um die Loslassung derselben waren vergeblich. Die Haft ward nicht erleichtert, sondern erschwert. Nicht also ist es jetzt. Wohl hätte der Kaiser Ursache gehabt die gefangenen Reichsfürsten ferner und besser zu verwahren. Er hat es nicht gethan. Er hat sie nach einander erledigt und begnadigt. Er hat sich gnädig und willfährig gegen Alle erzeigt, welche sich erst höchlich gegen ihn vergriffen hatten und dann seine Gnade suchten. Auch in Betreff der Freiheit liegt der Unterschied der Zeiten Ferdinands von denjenigen Karls V. sonnenklar vor Augen.

Und ferner, sagt der Kurfürst von Sachsen, spricht man viel von der Furcht vor einem spanischen Dominat, von einer Knechtung Deutschlands unter denselben. Zur Zeit des Kaisers Karl V. hatte das einigen Grund. Damals suchte Karl V. seinen Bruder Ferdinand bei Seite zu schieben, um seinem Sohne Philipp die Kaiserkrone zu verschaffen. Nicht also liegt es jetzt. Der Kaiser Ferdinand II. hat im Anfange seiner Regierung das spanische Haus bewogen allen Ansprüchen auf die deutschen Erbländer des Hauses Oestreich ausdrücklich zu entsagen. Und wenn man dessungeachtet immer dieselbe Rede und diese Besorgnis wiederholt: so müssen wir wieder entgegnen, daß es nur Reden sind, die man nicht beweist, grundlose Vermuthungen solcher Leute, die da meinen: ohne ihre Sorgfalt stürze der Himmel ein und die Sonne höre auf zu leuchten. Anders liegt die Thatsache. Spanien hat schon jetzt alle Kraft aufzuwenden, um nur sich selber zu schützen und zu erhalten, und der Zustand dort deutet nicht auf Fortschritt, sondern auf Rückgang. Die Furcht vor einem spanischen Dominat über Deutschland ist eitel und grundlos.

Und doch hält man uns entgegen, sagt der Kurfürst von Sachsen, daß es im Hintergrunde die Absicht des Kaisers sei die evangelische Lehre auszurotten und alle Reichsstände mit Gewalt zur Annahme der päpstlichen Religion zu zwingen. Man weist hin auf Böhmen, Oestreich und Mähren, auf Schriften der Jesuiten, die das fordern und dergleichen mehr. Man schürt täglich das Mistrauen und meint, man dürfe nicht still dazu sitzen, nicht schweigen. Auf solche Reden erwiedern wir: was der Kaiser im Sinne hat, ob er mit solchen Planen umgeht, das weiß allein Gott und nicht wir. Wir können uns nicht vermessen die Gedanken der Menschen zu ergründen. Wir haben uns zu halten an die oft und vielfach ausgesprochenen Verheißungen des Kaisers, daß seine Heere nur dienen sollen zur Vertheidigung des Reiches gegen die Feinde. Wir haben das kaiserliche Wort, und unser Luther sagt, daß man das Wort des Kaisers für rechtlich und wahrhaft zu halten fest und getreulich schuldig ist, so lange bis der Kaiser selbst es widerruft. Allerdings hat der Kaiser in Böhmen, Mähren, Oestreich die katholische Religion hergestellt. Aber das sind seine Erblande, über welche diese Befugnis ihm zusteht, und mit dem Reiche hat das nichts zu schaffen.

Man sagt uns ferner: der Kaiser hat den Pfalzgrafen Friedrich seiner
Länder entsetzt, und darüber sind diese auch den Kindern entzogen und in fremde
Hände gekommen. Dafür müsse man die Katholischen wieder heimsuchen. Daß
der Pfalzgraf seiner Länder beraubt in der Verbannung umherirrt, entgegnet
Johann Georg, ist zu beklagen; allein wer trägt die Schuld? Er hat den Kaiser,
den er zuvor als rechten König von Böhmen anerkannt, mit zum Kaiser erwählen helfen, und dann hat er nach geleistetem Eide und Schwure den Kaiser
böslicher Weise um seine Länder zu bringen getrachtet. Dafür ist ihm mit demselben Maße wieder gemessen, wie er gemessen hat, um so mehr, da er niemals zur Erkenntnis seines Unrechtes hat kommen wollen. Er hat Zeit und
Raum genug dazu gehabt; denn nach der Schlacht bei Prag ist fast ein Jahr
verflossen, bis die Oberpfalz ihm genommen wurde. Damals hätte er sich entschließen können und sollen. Statt dessen haben sein General Mansfeld und
Andere Tod und Verderben über die Länder gebracht, und jener selbst hat den
Gegnern den Weg gewiesen zuerst in die Ober- und dann in die Unterpfalz.
Friedrich hat auch damals und später sein Unrecht nicht einsehen wollen: vielmehr hat er statt dessen abermals die deutschen Länder verheeren lassen. Wer
will da dem Kaiser verdenken, daß er schärfere Mittel gebrauchte? Wer will es
dem Kaiser verargen sich desselben Rechtes zu bedienen, welches jeder Andere in
gleichem Falle auch angewendet haben würde?

Dennoch hat sich nun abermals der dänische König in Waffen gegen den
Kaiser erhoben. Er will den Krieg. Nehmen wir an, seine Sache sei gerecht:
so beweist es doch die Erfahrung aller Zeiten, daß gar oftmals Fürsten und
Könige auch da, wo sie zur gerechten Vertheidigung des Vaterlandes die Waffen
erhoben, dennoch unterlegen sind. Wie vielmehr hat der sich eines Schadens
zu befahren, der nicht eine gerechte Sache treibt, und doch, wo er etwas zu
klagen hätte, für die Erhaltung der allgemeinen Wohlfahrt wohl andere Mittel
näher finden könnte, als Krieg und Blutvergießen? Eine gerechte Sache aber
hat der König von Dänemark keineswegs. Weder um ihn, noch um den niedersächsischen Kreis hat der Kaiser etwas verschuldet, vielmehr hat er sich ihnen
immerdar zu kaiserlicher Gnade und Freundschaft erboten. Das Einzige, was
man vorwenden könnte, ist der neuliche Einfall und das Streifen im Herzogthume
Braunschweig. Auch dazu hatte man auf jener Seite Ursache gegeben. Dagegen
hat der Kaiser mit Geduld und Langmuth zugesehen, wie alljährlich im niedersächsischen Kreise Söldner zu Roß und zu Fuß für seine Gegner angeworben
wurden. Will der Dänenkönig vielleicht den vertriebenen Pfalzgrafen wieder in
sein Land einsetzen? Aber es findet sich bei diesem noch keine rechte Erkenntnis
des hohen Verbrechens, welches er wider seinen Kaiser begangen. Darum ist,
wie Zeit und Erfahrung lehren wird, ein glücklicher Fortgang dieser Dinge nicht
zu hoffen.

Denn es ist offenkundig, wie augenscheinlich Gott bisher dem Kaiser beigestanden wider alle seine Feinde. Anfangs und bald nach der Krönung gab
fast Jedermann ihn für verloren. Ja es kam dahin, daß auch deutsche Fürsten

sich erdreisteten schimpflich zu reden über ihren eigenen Herrn. Dann wendete es sich und das Symbol der fünf Vocale des Kaisers Friedrich III. Aquila Electa Juste Omnia Vincit ward zur Wahrheit. Denn Gott der Herr hält über seiner Ordnung und stürzt diejenigen, welche sich auflehnen wider die Obrigkeit. Es hat sich mancher Geier, Falk und Habicht gegen den kaiserlichen Adler versucht und bisweilen ihm auch eine Feder ausgezogen; dennoch hat sich der Adler jederzeit des Schadens erholt, hat seine Gegner überdauert und ist der Oberste geblieben.

Das ist das Glück und das Geschick des östreichischen Hauses, gegen welches der Däne in die Waffen tritt. Und dabei hat er zu thun mit einem so vorsichtigen, so wohlversuchten, so kundigen, so klugen Feldherrn, daß dessen Gleichen in unseren Tagen in Europa nicht viele zu finden sind. Also haben die letzten fünf Jahre der Laufbahn Tillys ihn erprobt. Bei seinem Kriegsvolke findet sich ein solcher Gehorsam, bei dem General selbst eine solche Freundlichkeit gegen Jedermann, sonst aber ein so scharfes Regiment und eine solche Kriegszucht, daß man billig ihn loben muß. Darum ist es auch kein Wunder, daß ihm bisher alles glücklich von statten geht. Es ist die Frage, es ist fast unmöglich, daß auf der anderen Seite eine gleiche Kriegszucht erhalten werden könne. Darum ist um so weniger Glück für den Dänen zu hoffen, zumal da Tilly nun auch Verstärkungen an sich zieht. Der König von Dänemark ist in keiner geringen Gefahr, und es kann ihm leicht ergehen, wie es vor zwei Jahren in Westfalen bei Stadtlohn geschah, wo nicht alle davon kamen, die zu entrinnen vermeinten.

Und nicht allein den göttlichen Schutz über das Haus Oestreich, das Feldherrngeschick des alten Tilly hat der Däne zu befahren, sondern auch die Schwäche seiner Bündnisse. Es ist kein Glück dabei sich mit fremden Mächten in Bündnisse gegen das Reich einzulassen. Also lehrt es die Erfahrung. Was haben die Anderen ausgerichtet, die bislang in fremdem Solde das deutsche Land überzogen? Sie haben die Länder der Freunde geplündert, und dann ist Tilly über sie gekommen, und sie haben den Raub den Kaiserlichen lassen müssen.

Darum ist von diesen neuen Kriegsrüstungen, die als zum Besten des Religionsfriedens geschehen ausgerufen werden, für diesen Frieden nichts Gutes zu erwarten. Alle wöchentliche Zeitungen haben mit Rühmen verkündet, wie stark diese Rüstungen seien. Aber in den letzten Jahren war ein solches Rühmen und Verkünden immer eine gewisse Anzeige, eine Art Prophezeiung, daß die Rüstenden geschlagen werden sollten. Das Rühmen und Verkünden hat die Gegner niemals verzagt gemacht: sie sind dadurch nur um so sorgfältiger und eifriger geworden. Es ist nun freilich dennoch möglich, daß Gott durch eine besondere Schickung eine Züchtigung über die Papisten verhängt, die es auch wohl verdient haben. Es ist möglich, daß wider die Erwartung der Sieg für die Dänen sich entscheidet. Aber was dann? Dann wird erst recht kein Ende des Krieges sein; denn der Kaiser und die katholische Macht wird durch einen Sieg nicht gebrochen. Und dann droht auch für Kursachsen eine große Gefahr, und die Gegner werden uns büßen lassen wollen für die Treue, die wir dem

Kaiser und dem Reiche bewiesen haben. Der Sieg des Dänen würde verderblich sein für uns.

Dagegen erhebt sich die Frage, ob nicht der Sieg der kaiserlichen und katholischen Macht noch mehr zu fürchten sei. Es geht die Rede, daß der Kaiser nach erlangtem völligem Siege die geistlichen Stifter und Bisthümer nicht bloß wieder fordern, sondern sofort ergreifen werde. Er werde, sagt man, anfangen bei den zunächst Ueberwundenen und bei den Geringeren, und dann werde er zuletzt Sachsen und Brandenburg auch zu finden wissen. Auch diesen werde er die Stifter und geistlichen Güter wieder nehmen, und es werde dann dem Kur=fürsten von Sachsen nicht helfen, daß er dem Kaiser getreu gewesen, sondern er werde den Dank der Welt dafür empfangen. Man stützt diese Besorgnis auf die gewaltsame Herstellung der katholischen Kirche in den Erblanden des Kaisers. Das hat allerdings einigen Schein für sich, und es ist aus den Schriften und Reden auf katholischer Seite nicht zu verkennen, wie Viele da wünschen das gefallene Papstthum in Deutschland wieder aufzurichten und der entfremdeten Stifter, wo nicht aller, doch zum Theile sich wieder zu bemächtigen.

Aber man hat durch allerlei Zumuthungen ihnen dazu nicht geringe Ursache gegeben. Es bildete sich im Reiche die bekannte Union einiger Fürsten. Sie bewiesen den katholischen Fürsten vielfältige Unbill. Sie entzogen denselben ihr Einkommen, quartierten ihre Söldner in katholisches Gebiet, hegten, schützten und beförderten die böhmische Rebellion, deren Ziel der gewaltsame Untergang der katholischen Kirche war. Sie warfen auf Reichs= und Deputationstagen um sich mit bedrohlichen Reden, welche deutlich die Absicht auf den Sturz der katho=lischen Kirche verriethen, und handelten mithin gegen den Religionsfrieden, der dieß ausdrücklich untersagt. Darf man sich da wundern, daß die katholischen Fürsten dessen eingedenk blieben, daß sie später, als die Macht in ihren Händen war, dasselbe zu thun anfingen, was vorher von unseren Evangelischen gegen sie verübt war?

Es ist allerdings zu erwarten, sagt weiter der Kurfürst von Sachsen, daß nach erlangtem völligem Siege die geistlichen Stifter wieder gefordert, oder den Besitzern sonst irgend welche Zumuthungen gestellt werden. Nur daß sofort und mit Gewalt verfahren werde, ist nicht anzunehmen. Man wird es nicht thun, weil dieß die Gemüther der protestantischen Reichsstände sowohl wie auswärtiger Könige und Fürsten zu sehr aufregen und ein Anlaß zu einem Religionskriege sein könnte. In solchem Falle würde unsere Partei angegriffen sein, und darum, weil sie sich zu vertheidigen hätte, desto eher Aussicht auf Erfolg haben. Es ist ferner nicht wahrscheinlich, weil auch die katholischen Reichsstände an Gelde erschöpft sind, und nicht Krieg wünschen, sondern Frieden. Sie sind aber zu verständige und erfahrene Politiker, um nicht einzusehen, daß ein solcher Krieg sie am schwersten heimsuchen würde. Dazu sind viele ihrer eigenen Unterthanen der evangelischen Religion zugethan, und namentlich halten die Ritterschaften es im Geheimen mit uns. Und endlich sollten wir doch dem Worte des Kaisers mehr vertrauen, als den unzeitigen Reden, die auf Mistrauen ausgehen. So

Gott will, wird es mit den eingezogenen geistlichen Gütern nicht so arg werden, wie Mancher sich dünken läßt; doch darf und muß der Kaiser dafür erwarten, daß man in Devotion und Gehorsam gegen ihn verbleibe, wie es bislang nicht geschehen ist. In Niedersachsen freilich muß man sich etwas gefallen lassen, und die dortigen Fürsten tragen selber die Schuld. Man wird dort katholische Prälaten wieder einsetzen, und Klöster aufrichten. Soll man sich dessen mit Gewalt erwehren? Ich rathe, daß man Gottes Allmacht in der Beschützung der wahren Kirche nicht vorgreife, noch unter der Hülle der Religion seinen Eigennutz suche.

Wir Alle wünschen und sehnen den Frieden zurück auf des Reiches Boden. Dazu ist vor allen Dingen nöthig, daß der Pfalzgraf Kurfürst sein Vergehen bei den böhmischen Händeln aufrichtig bekenne und den Kaiser um Verzeihung bitte. Dann ferner ist nöthig, daß alle evangelische Fürsten des Reiches in gebührlichem Gehorsam sich um ihren Kaiser schaaren und ablassen von allen Bündnissen unter einander und mit fremden, undeutschen Mächten. —

Diese Worte enthalten den Standpunkt, aus welchem der Kurfürst von Sachsen den Krieg und die ganze Lage der Dinge ansah. Dürfen wir zweifeln nach Allem was vorangegangen ist, ob die deutsche Nation im Ganzen und Großen einer anderen Ansicht war? — Niemals hat bis dahin eine unbefangene, urtheilsfähige Corporation das schauerliche Wort des Religionskrieges gebilligt.

In gleicher Weise wie der Kurfürst Johann Georg, mahnte noch einmal der Kaiser die Fürsten und Stände von Niedersachsen. Das Bündnis des Dänenkönigs mit den Generalstaaten, mit England, mit Frankreich war im März 1626 allbekannt. Darauf wies der Kaiser hin.[1] Er fragte die Niedersachsen, ob sie glauben könnten, daß ein Mann, der heute jene Bündnisse suche, morgen mit Ernst einen Friedenscongreß beschicken werde. Er versicherte die Fürsten und Stände abermals, daß es nicht sein Wille sei wider den Religionsfrieden zu handeln. Er verwies sie auf die Erfahrung der letzten Zeit, daß Niemand jemals eine Rebellion oder einen Krieg erwecke, der sich zu diesem Zwecke nicht der schimmernden Namen der Religion und der Freiheit bediene. Er setzte sein kaiserliches Wort zum Pfande, daß alle diejenigen, die noch jetzt sich von dem Bunde mit dem fremden Könige lossagten, zu vollen Gnaden angenommen und ungefährdet sein sollten.

Der Dänenkönig ersah die Gefahr. Er kannte seinen schwachen Neffen Friedrich Ulrich. Er wußte um die Gesinnung der Landstände, welche jede Beisteuer zum Kriege weigerten. Er hatte schon am 23. Januar 1626 ein heftiges Schreiben an sie erlassen, daß sie mehr für Tilly thäten, als für ihn, daß sie Schutzwachen von dem kaiserlichen Feldherrn nähmen, daß sie die Bewaffnung des Volkes gegen denselben hinderten.[2] Er wußte, wie die Stände ihren Herzog zur Unterwerfung unter den Kaiser drängten. Um dem entgegen

---

[1] Königliches Archiv in Hannover

[2] Archiv der Landschaft Calenberg in Hannover.

zu treten, war es das sicherste Mittel sich der Person Friedrich Ulrichs zu versichern. Die Sache war trefflich eingefädelt. Die Räthe des unglücklichen Herzogs, Rautenberg und Elz, waren von dem Dänen erkauft. [1] Sie beredeten
ihn mit seiner Mutter nach Rotenburg zu dem Dänenkönige zu reisen, und dort
diesen zum Frieden zu bewegen. Das ließ Friedrich Ulrich sich gefallen. Es
kam freilich anders. Nicht der König ward zum Frieden beredet, sondern der
arme, verlassene Friedrich Ulrich ward abermals bethört. Von Rotenburg aus
eilte Rautenberg heim mit Vollmacht. Er entließ in Wolfenbüttel diejenigen
Räthe, welche für Unterwerfung gestimmt hatten. Er entließ ferner den Commandanten von Wolfenbüttel, und öffnete diese stärkste Feste des Landes den
dänischen Truppen. Und dazu fügte endlich Friedrich Ulrich die Ernennung
seines wilden Bruders Christian zum Statthalter. Abermals hatte der Dänenkönig an seinem unglücklichen Neffen und zugleich an dem Lande desselben einen
Meisterstreich verübt.

In Wien erkannte man die Absicht. Friedrich Ulrich war kinderlos, sein
Weib wegen Ehebruchs entflohen, Christian war körperlich schon völlig zerrüttet: an
berechtigte Leibeserben war selbst dann nicht zu denken, wenn der Kaiser diesem
noch einmal verzieh. Die Uebertragung der Regierung an den Bruder Christian
war der erste Schritt das Land in die Hände des dänischen Oheimes zu bringen,
der Cellischen Linie des Welfenhauses es zu entziehen. Deshalb wandten sich
die Celler Herzöge an den Kaiser. Die Statthalterschaft ward für ungültig
erklärt, [2] die Unterthanen angewiesen dem Herzoge Christian nicht Folge zu
leisten.

Und hier nun tritt uns ein anderer Mann in einem sonderbaren Lichte
entgegen. Das kaiserliche Schreiben an die Landstände von Calenberg und
Wolfenbüttel sollte durch Wallensteins Hände gehen. Es war datirt vom
14. März. Die Stände erhielten das Schreiben nicht. Sie erfuhren durch den
Herzog von Celle, daß ein solches Schreiben erlassen sei. Sie wendeten sich an
Wallenstein. Das Schreiben erfolgte nicht. Erst am 28. Juni, nachdem Wallen-
stein das Schreiben ein Vierteljahr unter sich gehabt, mehrere Wochen nach dem
Tode Christians von Halberstadt, erhalten die Stände von Wallenstein das Ori-
ginal, und auch da nur erst auf ihr Verlangen. Wallenstein erwiedert: die
Sache betreffe den Herzog Christian. Da derselbe ja inzwischen gestorben, habe
er die Uebersendung nicht für nöthig erachtet. Aber, entgegnen die Stände von
Calenberg, der Herzog Christian hat noch lange nach dem Dato gelebt. Sie

---

[1] Man vgl. kurze Gründliche Information, was es mit der Grafschaft Hohn- und
Reinstein u. s. w. p. 24. — Ferner v. d. Decken: Herzog Georg I. 183. — In der
Landtagsproposition von 1628 bekennt Friedrich Ulrich indirect die Sache seinen Landständen. „S. F. G. sind nicht geschonet, sondern dieselben unter allerhand vornehmen
praetexten zu übernehmung einer Reise an andere Oertter bewogen, biß es mit der
Vestung Wolfenbüttel solcher Leute unverantwortlichem practiciren nach zu einem anderen
standt gebracht worden." Archiv der Landschaft Calenberg zu Hannover

[2] v. d. Decken I. 360. Beilage III. Nr. 2.

klagen es dem Kaiser. „Das Betragen befremdet uns sehr," sagen sie. [1] Schärfer lautet der Ausdruck in ihren Berathungen. Sie sagen dort: das Schreiben ist unterschlagen zu unserem Nachtheile.

Warum verfuhr Wallenstein so? Welche Absicht hatte er dabei? Denn so handelt man offenbar nicht ohne Absicht. Wie dem auch sei: ein weiterer that-sächlicher Anhaltspunkt ist nicht da. Der Tod Christians veränderte die Sach-lage, und schnitt etwaige Plane ab. Nur so viel steht auf jeden Fall fest, daß die Eigenmacht und Willkür Wallensteins sich für die Deutschen in einer merk-würdigen Weise ankündigte.

Kehren wir zurück zu dem neuen Statthalter in den letzten Monaten seines Lebens. Sein Regiment begann. Es war freilich nicht ein solches, wie Oheim und Neffe es sich ausgedacht haben mochten. Am 10. März 1626 forderte der junge Herzog im Namen seines Bruders von den Landständen die Gelder, zu welchen sie durch frühere Verträge verpflichtet seien. Sie weigerten sich. Chri-stian redete von dem reinen Worte Gottes und so weiter nach seiner Art. Es half nichts. Er ließ die von Friedrich Ulrich gezeichneten Schreiben vorlegen. Die Landstände schreiben an Friedrich Ulrich: „Wir bestreiten Ew. Fürstlichen Gnaden nicht das Recht sich des Ihrigen zu begeben; allein daß nun auch wir und die liebe Armuth darum unserer Rechte uns begeben sollten, kann uns mit Fug nicht zugemuthet werden." [2] Der Rath von Hannover entgegnete: das Land könne immerhin die dreifache Tripelhülfe bezahlen, wenn der Dänenkönig seinerseits den zugefügten Schaden ersetze. Dieser Schaden aber sei bereits mit der fünffachen Tripelhülfe nicht mehr zu decken.

Was konnten die Worte helfen? Da die Stände gutwillig nicht wollten: so gebot der Dänenkönig am 2. Mai mit Gewalt durchzugreifen und die Steuer zu nehmen. [3]

Tilly dagegen ließ keine Gelegenheit unbenutzt sich zu zeigen in seiner Weise. Noch im October 1625 nahm er das feste Schloß Calenberg. Die Besatzung ward ungekränkt entlassen. Die Bauern des Amtes Calenberg, welche mit-geholfen hatten zur Vertheidigung, ermahnte er sich ferner nicht mit den Dänen zu befassen, sondern des Ackerbaues zu pflegen. Zu diesem Zwecke überwies er ihnen Pferde und Saatkorn. [4]

Des ungeachtet beharrte die Mehrheit des Landvolkes noch in seiner Täu-schung. Die Mannschaft, die der Herzog Christian zusammen brachte, bestand hauptsächlich aus den armen, betrogenen und verführten Bauern, welche Gott einen Dienst zu thun vermeinten, wenn sie auf die Papisten schlügen. Christian hatte demnach nicht ein ordentliches Heer, das irgendwo eine Entscheidung geben konnte, und dennoch war es sehr gefährlich; denn fast seine ganze Schaar war beritten.

---

[1] Archiv der Landschaft Calenberg zu Hannover. Fasc. von 1626.
[2] Archiv der Landschaft Calenberg, und dasjenige der Stadt Hannover.
[3] a. a O.
[4] Henke, Georg Calixt I. 367. Nr. 4. Die Worte des Briefes lauten: quo fine ipse illis semina et equos concessit.

Im Beginne des Jahres 1626 lagen für den alten Helden Tilly die Dinge
so drohend, wie nur jemals. Von Wallenstein durfte er sich keiner Hülfe getrösten. Dieser lag ostwärts in den Gegenden von Magdeburg und Halberstadt,
um Mansfeld zu erwarten, wenn derselbe von der Trave aus, wo er im Beginn
des Jahres 1626 sich gelagert, südwärts nach Schlesien durchbräche. Also war
es Mansfelds von jeher gehegter Plan: man müsse den Krieg in die kaiserlichen
Erblande verpflanzen. Daß er auch dießmal fest daran hält, war schon im
December 1625 offenkundig. Darum blieb Tilly gegen den Dänen und gegen
den Herzog Christian auf seine eigene Heereskraft beschränkt. Und auch diese
war gelockert in jeder Beziehung. Wallenstein hatte Tilly keinen Nutzen gebracht:
seine Nähe war sogar verderblich für die moralischen Bande des Tillyschen Heeres.
Daß die Armee Wallensteins lediglich auf Kosten der Länder bestand, in denen
sie weilte, war den Soldaten Tillys kein Geheimnis, und noch viel weniger
den höheren Officieren. Auch wußten diese sehr wohl um den Unterschied des
Soldes. [1] Ein Hauptmann erhielt bei Tilly wöchentlich für seine Person und
für die Pferde, Alles in Allem, 37 Thaler, ein Lieutenant 13 Thaler, ein
Fähnrich 9½ Thaler. Unter Wallenstein erhielt der Hauptmann 100 Gulden,
der Lieutenant 35 Gulden, der Fähnrich 25 Gulden, dazu Fourage für sechs
Pferde. Ein Oberst vom Stabe erhielt unter Tilly 62 Thaler und Verpflegung
für 16 Pferde je zu einem Reichsthaler wöchentlich, ein Oberst vom Stabe unter
Wallenstein wöchentlich 500 Gulden und Verpflegung für 15 Pferde. Der
Unterschied war einleuchtend. Unter Tilly hatte man öfters auf den Sold zu
warten, bis es den sparsamen, kriegsunlustigen Kirchenfürsten gefiel ihre Beiträge
einzusenden. Sehr zur Unzeit blieben gerade damals diese Beiträge monatelang
aus. Nicht also war es unter Wallenstein. Die Officiere verschafften selber sich
den Sold. Damals war Collalto als Oberst unter Wallenstein eingetreten. Er
hatte auf Befehl Wallensteins der Stadt Halle eine Contribution auferlegt. Sie
erschien den Bürgern zu schwer. Wallenstein gebot Collalto Ernst zu brauchen.[2]
Er säumt nicht und berichtet, daß er die vornehmsten Bürger auf das Schloß
eingesperrt. Dreimal ist eine Deputation gekommen, um die Freilassung zu
erbitten, um zu sagen, daß es ihnen unmöglich sei. Es half nichts: sie mußten
zahlen.

Es war einer der Anfänge des Wallensteinischen Thuns. Es war doch
anders dort, schien es den Officieren, als unter Tilly. Dort durfte der Krieger-
stand frei hinwegschreiten über die Häupter der Menschen, und hier gab es die
endlosen Bedenklichkeiten der Rücksicht, der Schonung, der Milde gegen die Einwohner, des strengen Ernstes der Gerechtigkeit ohne Unterschied der Person und
des Standes. [3]

[1] Die Verpflegungsliste Wallensteins, die ich hier benutzt, ist datirt vom 10. November 1626, diejenige Tillys vom 5. Februar 1629. Beide im Königlichen Archive zu
Hannover.
[2] Chlumecky, Regesten u. s. w. 32.
[3] Bericht des hessischen Abgeordneten bei Villermont I. 102 f.

Also mochten die Officiere denken. Aber auch der Soldat stellte Vergleichungen an. Wie war doch das Leben unter Wallenstein so viel leichter und froher! Wallenstein hatte für sein Heer, bevor er mit demselben etwas Anderes gethan als den Marsch von Eger aus durch Franken und Hessen nach Niedersachsen, im Herbste 1625 sich gute, nicht erschöpfte Quartiere in den Stiftern ausgesucht, die bislang vom Kriege nur mittelbar gelitten. Tillys Veteranen, die ihm getreu nun sechs Jahre vor dem Feinde gelegen, mußten sich begnügen mit den Gegenden, die von beiden Theilen erschöpft, durch die Miserente des Jahres 1625 ganz besonders niedergedrückt waren. [1]

Diese Miserente war von ganz besonderem Gewichte. Das Jahr 1625 begann mit heftigen Stürmen. [2] Dann trat eine solche Wärme ein, daß Sommer und Winter vertauscht zu sein schienen. Im Januar blüheten Blumen, die man in anderen Jahren frühestens im April erwarten durfte. Im Rheingau, in den Aemtern Wiesbaden, Hochheim und Höchst fand man im Januar die Mandelbäume und andere feine Obstsorten in voller Blüthe. Gegen Ende Februars wurde es sehr kalt. Um Pfingsten lag in der ganzen Wetterau und an den Ufern des Maines her, namentlich auf dem Taunus ein tiefer Schnee, der dem blühenden Korne verderblich wurde. Im Juni war es kälter als im Januar, und auch fortan blieb es den ganzen Sommer hindurch kalt und windig. Der Erfolg war eine allgemeine Miserente. Kaum minder groß war dieß Unglück im Braunschweiger Lande. Korn und Stroh war sehr spärlich eingekommen.

In den Quartieren der Reiter, meldete Tilly im März 1626, [3] ist auch nicht ein Strohhalm mehr vorhanden. Er klagt über den Zustand seines Heeres. [4] Die Kleidung, das Lederzeug ist zerrissen und verfault. Es mangelt an Fuhren. Die Regimenter schmelzen zusammen. Viele Soldaten sind krank. Vor allen Dingen fehlt Brod. Tilly ist gegen das Ende des Monats Januar 1626 nicht im Stande mehr als 6000 Mann ins Feld zu stellen. Er bittet und fleht in München, in Brüssel um Unterstützung.

Und ringsum steht der Feind. Der Dänenkönig, dem damals die holländischen und englischen Gelder zukommen, stärkt sich täglich mit neuen Werbungen. Sein Heer schwillt an. Er entsendet im Anfange März den Herzog Johann Ernst von Weimar über die Weser gegen Osnabrück. Dort soll dieser deutsche Herzog das Domcapitel zwingen einen dänischen Prinzen zum Coadjutor zu erwählen. Johann Ernst lagert sich auf dem Gertrudenberge im Nordosten der Stadt. [5] Die erschrockenen Mitglieder des Domcapitels folgen seiner Ladung und kamen hervor aus der sicheren Stadt, deren Rath und Bürger jede Gemeinschaft mit dem Herzoge weigern. [6] Der deutsche Herzog stellt die Prälaten

[1] Villermont, Tilly. Tom. II. p. 346.
[2] Keller. Drangsale des nassauischen Volkes S. 57.
[3] Hurter, zur Geschichte Wallensteins 20 ff. ꝛc.
[4] Hurter, Ferdinand Bd. IX. 441.
[5] Ehemaliges Domcapitelarchiv in Osnabrück.
[6] Rathsarchiv der Stadt Osnabrück.

auf seine Batterien, und erlangt von ihnen unter dem Krachen des Geschützes, unter der Drohung des Brennens für das ganze Stift das Versprechen der Wahl des dänischen Prinzen Friedrich zum Nachfolger. Und weiter droht er von da aus vorzubrechen gegen Münster, gegen Paderborn, um Tilly das Hinterland abzuschneiden, aus welchem das Heer der Liga seine Zufuhr bezieht.

Unmittelbar im Rücken Tillys liegt das hessische Land. Moritz ist inzwischen heimgekehrt, und lauert nur auf einen Erfolg der dänischen Waffen, um seinerseits offen die Fahne des Aufruhres gegen den Kaiser zu erheben.

Der gefährlichste jedoch zur Zeit ist der junge Herzog Christian. So sehnlich die Landstände von Braunschweig den Anschluß ihres Herzogs an die kaiserlichen Fahnen wünschten: so glaubte doch das geringe Volk nach wie vor den Predigten und Reden von dem Worte Gottes, das man schützen müsse. Viele der Unglücklichen hatten durch Raub und Brand und Plünderung alles verloren: auf wen anders konnte in ihren Augen die Schuld fallen, als auf das Heer des katholischen Bundes? Denn nicht bloß Wallenstein und seine Untergebenen, auch die Bauern in Braunschweig, die nicht von der Einquartierung der Wallensteiner, sondern der Truppen Tillys litten, wußten diesen Unterschied zu machen: Wallensteins Heer sei wirklich ein kaiserliches, dasjenige Tillys diene den katholischen Bischöfen. [1] Es bildeten sich namentlich am Harze durch Christians Bemühen zahlreiche Banden, die von da aus auf die Soldaten streiften, sie würgten und mordeten. Der Dänenkönig nahm dieß Gesindel in seinen Schutz. Tilly entsetzte sich darüber so sehr, daß er dem Kaiser rieth dieses Verfahren des Königs durch einen besonderen Erlaß öffentlich zu brandmarken. [2] Aber auch er selber griff durch. Es lag im Harze ein Städtchen, Im Grund genannt, das zum Sammelplatze dieser Haufen erkoren war. Von da zogen die bewaffneten Schaaren aus, die man Harzschützen nannte, und überfielen die Quartiere. Oder sie lauerten an den Wegen dem Wanderer auf, daß Niemand sich mehr getraute die Straßen zu ziehen, noch das Feld zu bestellen. Diesem Treiben mußte Einhalt gethan werden. Tilly schickte eine Abtheilung nach dem Städtchen Im Grund, und ließ es anzünden. Die Maßregel fand die volle Billigung der Beamten des Herzogs von Lüneburg-Celle. [3]

Dadurch indessen ward dem Uebel nicht bleibend gesteuert: man fand andere Plätze zum Verstecke. Der Herzog Christian mit seinen Reiterschaaren, wohl an 3000 Mann, ist wie das fliegende Wetter bald hier, bald dort. Tilly muß des Unterhaltes wegen seine Soldaten weit vertheilen. Es sind lauter offene Derter, klagt er, in denen man keiner Gewalt widerstehen kann. Und rasch und unversehens ist dann der Herzog Christian da mit seinen Reiterschaaren, fällt nächtlich in die Quartiere, schlägt hier eine Compagnie und dort eine andere. Christian sprengt bei Nachtzeit plötzlich die Thore der kaiserlich getreuen Reichsstadt Goslar ein, weil er dort, wie an vielen Orten, das niedere Volk sich

[1] Hurter, zur Geschichte Wallensteins 55
[2] Mailáth, Geschichte Oestreichs III. 131.
[3] Beilage XXI.

geneigt weiß. Der Rath indeſſen iſt auf ſeiner Hut. Er ruft die getreuen Bürger in die Waffen, und Chriſtian zieht ab, wie er gekommen.

Die Bergwerke am Harze dagegen litten von ihm große Noth.[1] Die Arbeit ſtockte. Die Bergleute flohen. Chriſtians wilde Banden erklärten, daß alles ihnen gehöre. Es war das Eigenthum des Herzogs von Celle, und darum der Zorn. Dagegen mußte Hülfe geſchafft werden. Tilly ſelber rückte mit mehreren Regimentern heran, um den bedrängten Bewohnern von Clausthal als Retter und Befreier zu erſcheinen.[2] Der junge Herzog indeſſen fuhr fort in ſeinem Zorne und Grimme. Gefangene aus ſeinen Schaaren ſagten aus: er habe ihnen nicht bloß das katholiſche Eichsfeld, ſondern auch das Fürſtenthum Grubenhagen ſeiner Vettern preis gegeben.[3] Sie ſollten alles verfolgen mit Raub und Feuer. Mit Schmerzen und Klagen rufen im Anfange des April die Beamten des älteren Chriſtian ihrem Herzoge zu: „Wenn nicht nächſt Gott der Herzog von Friedland oder der Graf Tilly uns zu Hülfe kommen: ſo ſteht es um uns ſchlimm." Der böſen Ahnung folgt die Wirklichkeit auf dem Fuße. An jedem Abende ſteigt am Himmel eine neue Flammenröthe auf, und jeder folgende Morgen bringt neue Berichte, wie der junge Herzog zum Sühnopfer für die kaiſerliche Politik ſeiner Vettern in Celle die Habe und das Obdach unglücklicher Menſchen den Flammen darbringt.

Erwägen wir die Rückwirkung aller ſolcher Zuſtände in moraliſcher Beziehung auf das Heer Tillys. Die Truppen Wallenſteins, die nichts gethan, lagen in den fruchtbaren Ländern, die bis dahin nichts gelitten. Sie lagen dort in behaglicher Ruhe, ungefährdet, wartend, ob etwa ein Feind komme. Tillys Krieger, die bis dahin alles gethan, erduldeten alle Entbehrungen, zu jeder Stunde des Tages und mehr noch bei Nacht des raſchen Feindes gewärtig, dem bis in ſeine verborgenen Schlupfwinkel zu folgen nicht möglich war. Und bei ſolchem Treiben ſollte der Soldat in Hunger und Noth noch die ſchärfſte Mannszucht halten, auf dem Boden des Freundes wie des Feindes, ſollte täglich zittern vor dem Galgen, der jegliche Ausſchweifung zu rächen drohte? War das der Lohn für alle Mühen, alle Beſchwerden? Die Soldaten waren unmuthig. Die Beamten aus Harzberg melden im März 1626 dem Herzoge von Celle:[4] „Der General Tilly hat die Vorſchläge über die Kriegeszucht, die wir ihm eingereicht, ſchärfer gefaßt, als wir es wollten. Aber die Soldaten handeln nicht danach, und die Officiere ſehen durch die Finger. Wenn wir Klagen anbringen, ſo iſt der Name der Thäter nicht zu erforſchen." Und eben ſo berichtet ein Anderer:[5] „Es mag dem Herrn General leid genug ſein, und er läßt ernſtliche Befehle an die Oberſten ausgehen. Dennoch thut das alles bei denſelben nicht verfangen, noch helfen. Sie berufen ſich auf die Noth, den Mangel, das Ausbleiben des

---

[1] Beilage XXII.
[2] Beilage XXIII.
[3] Königliches Archiv zu Hannover.
[4] Königliches Archiv zu Hannover.
[5] Königliches Archiv zu Hannover. Der Landdroſt M. v. Hodenberg, 24. März 1626.

Soldes. Der General darf nichts Ernstliches gegen sie vornehmen, und es ge= winnt fast das Ansehen, als stecke eine heimliche Meuterei darunter.“

Tilly fühlte tief die drückenden Schwierigkeiten seiner Lage. Das Nächste war sich an Wallenstein um Hülfe zu wenden. Wallenstein schlug ab. Und nicht bloß das. Er forderte im Anfange März,[1] daß eher Tilly sich mit ihm in Magdeburg und Halberstadt vereinen solle. Er gab dabei zu verstehen, daß wenn dieß nicht geschehe, er seinen Mitfeldherrn den mächtigen Feinden gegen= über allein lassen werde. Tilly berichtet es zürnend an seinen Kurfürsten, an die Infantin. „Nicht der Herzog von Friedland,“ sagt er, „sondern ich stehe dem Feinde zunächst, und darum kann ich ohne hohe Gefahr mich nicht mit dem Herzoge von Friedland vereinen.“ Er bricht weiter in schmerzliche Klagen aus: „So lange ich mit dem Herzoge von Friedland zu schaffen haben muß: so lange verursacht er mir alle Stunde Unruhe und einen Aufruhr und Lärmen über den andern.“ Ein jedes dieser Schreiben enthält die Bitte um Hülfe und Nachschub. Maximilian begütigte seinen Feldherrn, dessen Lob und Ruhm ja männiglich bekannt und unauslöschlich sei. Er hoffe, sagt weiter der Kurfürst, Tilly werde nichts unterlassen, was zur Verhütung von Schaden für Wallenstein, oder wohl gar von gänzlichem Ruin desselben dienen könne. Die Worte deuten klar genug die Mei= nung des Kurfürsten an. Nicht für Tilly fürchtete er, sondern für Wallenstein. Darum blieb freilich die Lage Tillys dieselbe. Er bat bei Wallenstein um Zufuhr wenigstens von Lebensmitteln aus Magdeburg und Halberstadt. Wallenstein schlug ab. Ob er auch wolle, sagte er, seien doch die Quartiere so ausgezehrt, daß es eine Unmöglichkeit sei. Tilly zog die Bedürfnisse für sein Heer haupt= sächlich aus Hessen, Westfalen, dem Bisthume Paderborn. Wallenstein dehnte seine Quartiere aus nach Hessen hinein. „Wenn mir dort und in Westfalen die Quartiere abgeschlagen werden,“ meldet Tilly nach Brüssel an die Infantin, „so werde ich zuletzt mit höchster Ungelegenheit der Sache nicht allein die Orte auf= geben, die ich bereits inne habe, sondern mit dem ganzen Heere zurückgehen müssen.“

Es war die Aufgabe Tillys aus so bedrohlichen Umständen sich empor zu arbeiten, das Heer moralisch neu zu kräftigen, sich der Feinde zu erwehren, sie sämmtlich zu schlagen, und dabei zugleich durch das eigene Verhalten die bethörten Landleute zu überzeugen, daß nicht gegen sie der Krieg geführt werde. Tilly löste diese Aufgabe. Die Herzöge von Lüneburg=Celle erwarteten Hülfe von Wallenstein oder Tilly. Sie wie alle andere durften sie mit Sicherheit und Nachdruck nur von Tilly erwarten.

Sehen wir zuerst Wallenstein.

Er hielt in den Ländern von Magdeburg und Halberstadt Wache gegen Mans= feld. Im Beginne des Jahres lag dieser Verderber zwischen Lübeck und Ham= burg, und waltete dort nach seiner Weise. Er hatte Geld vollauf; denn England

---

[1] Villermont II. 353. Hormayr, Taschenbuch 1839 p. 343, offenbar hier quellen= gemäß.

und Frankreich hatten für vier Monate im Voraus bezahlt. Täglich stießen
Niederländer und Schotten zu seinem Heere. Sie waren alle eifrig den Deutschen Religion und Freiheit zu bringen. Der Rath von Lübeck verlangte von
dem Dänenkönige die Entlassung des Verderbers. Christian erwiederte: er habe
Mansfeld nichts zu befehlen. Dieser sei Feldherr in den Diensten des Königs
von Frankreich. Die Lübecker verschafften sich selber Recht, und jagten durch
wiederholte Angriffe den Freibeuter von ihrem Gebiete. Er wollte durch Mecklenburg südwärts weiter bringen. Die Herzöge verlangten, daß er vor dem Durch-
zuge sein Heer entwaffne. [1] Dessen weigerte sich Mansfeld. Er erzwang sich
den Weg. Der Kaiser nahm jeden, auch den geringsten Widerstand gegen den
Friedensstörer mit Gunst und Gnade auf. Er erließ an die Mecklenburger Herzöge ein Dankschreiben wegen ihres Verhaltens gegen Mansfeld. [2] Dann stand
Mansfeld an den Grenzen von Brandenburg. Der Kurfürst Georg Wilhelm
bewies die Art von Vorsicht, die seinem übrigen Verhalten entsprach. Statt
mit einiger Macht seine Grenze zu decken, schickte er an Mansfeld einen Geheimerath mit der Frage, ob er auch in die Mark Brandenburg einfallen wolle. [3]
Mansfeld verneinte. Was Anderes konnte der Geheimerath erwarten? Er kehrte
beruhigt heim, um dem Kurfürsten dieselbe Beruhigung mitzutheilen. Sie ward
gestört durch die Nachricht, daß Mansfeld sofort mit hellen Haufen in das schutz-
und wehrlose Land eingebrochen sei. Es war ein schreckliches Heer, an losen
Weibern und diebischen Jungen dreimal so stark als an Kämpfern. Demgemäß
erging es dem armen Lande. Mansfeld überschritt die Havel bei Havelberg und
näherte sich der Elbe, um sie bei Dessau zu passiren. Es war dort nur eine
Schanze unter Aldringers Befehl, und es schien nicht schwer sich derselben zu
bemächtigen. Aber Aldringer hatte zeitig genug Wallenstein in Kenntniß gesetzt,
um Hülfe gebeten und gedrängt. Sie kam. Um sie Mansfeld zu verhehlen,
hatte man die Brücke mit Tüchern verhängt, und dadurch in der That den
Zweck erreicht. Erst als Mansfeld angriff, erkannte er an dem Widerstande,
an den zahlreich aus dem nahen Gehölze nun hervorbrechenden Schaaren, daß
es sich hier endlich einmal wieder um etwas Anderes handele, als Gewalt gegen
wehrlose Menschen mit ihrem Hab und Gut. Eine Weile hielt er Stand, dann
brachen seine Schaaren zusammen $^{15}/_{25}$ April 1626.

Die Siegesberichte Wallensteins thun Aldringers nicht Erwähnung. [4] Und
doch wußte man, daß Wallenstein das Treffen nicht gewollt, daß Aldringer ihn
fast dazu genöthigt hatte. Die Stimmung in Wien erhöhte sich durch den Sieg
nicht zu Wallensteins Gunsten. Man erzählte, daß Wallensteins eigener Schwiegervater sich geäußert: er fürchte sein Eidam sei bei den schwierigen Verhältnissen
dort dem hohen Amte nicht gewachsen. Es sei besser die ganze Kriegsmacht an

[1] Khevenhiller X. 1234.
[2] Frank, altes und neues Mecklenburg. XII. 323.
[3] Cosmar, Schwarzenberg. 47.
[4] Förster, Wallenstein als Feldherr und L. 422. Hurter, zur Geschichte Wallensteins S. 62.

Tilly zu geben, welcher der Liebe der Soldaten sich erfreue, und dem an Kriegs=
erfahrung kein Anderer gleichkomme.

Es ist merkwürdig dann das Verfahren Wallensteins zu beobachten. Jeder=
mann erwartete, daß er durch kräftige Verfolgung den Mansfeld völlig aufreiben
würde. Er selbst bittet den Kurfürsten von Brandenburg den Mansfeld in seinem
Lande nicht zu unterstützen, „dieweil Euer Liebden wohl bekannt, daß man den
Feind suchen muß, wo er ist.“ Aber Wallenstein suchte seinen Feind dort nicht.
Er ließ Mansfeld fliehen und blieb ruhig daheim in seinen guten Quartieren. Dem
erstaunten Kaiser meldete er: daß er Mansfeld nicht verfolge, geschehe darum,
damit nicht der Krieg in die kaiserlichen Erblande gespielt werde, und damit
nicht Tilly gegen die vielen und mächtigen Feinde allein gelassen werde. Aber
derselbe Wallenstein schickte dem bittenden Tilly noch lange keine Hülfe; dagegen
wurde durch sein Verfahren der Krieg erst recht in die kaiserlichen Erblande ge=
spielt. Denn Mansfeld floh zunächst in die Mark Brandenburg, sammelte dort
die Ueberbleibsel seines Heeres und warb neue Truppen dazu, um mit denselben
seiner ursprünglichen Absicht gemäß in die kaiserlichen Erblande einzubrechen.
Er konnte in der Mark Brandenburg ungestört sein Wesen treiben; denn der
Kurfürst Georg Wilhelm war eben so wehrlos, wie etwa der Herzog von Celle
oder der Graf von Oldenburg. Es bedurfte mehrere Monate nachher einer aus=
drücklichen kaiserlichen Sendung, bis Wallenstein über ein Vierteljahr nach diesem
Treffen sich zur Verfolgung des Mansfeld in Bereitschaft setzte. [1]

Zur selben Zeit war der alte Tilly beschäftigt hier und da. Eben hatte er
die Bergwerke des Harzes gegen den wilden Christian geschützt, als die Gefahr
Westfalens ihn westwärts rief. Johann Ernst von Weimar stand im Fürsten=
thume Osnabrück, seine Reiter streiften nach Münster und Paderborn. Tilly
fürchtete, daß Johann Ernst mit den Holländern sich gegenseitig die Hand reichen
werde. Deshalb bat, deshalb drängte er die Infantin dort zu wehren und zu
helfen. [2] Aber sicherer war es selbst dahin sich zu nähern. Johann Ernst hatte
dort nicht ein Entgegenkommen gefunden. Die Prälaten, die in thörichter Furcht
sich hatten bewegen lassen aus der festen Stadt der Ladung des Herzogs Johann
Ernst zu folgen, brachten nachher den Vorwurf auf den Rath von Osnabrück: die
Haltung desselben habe sie gezwungen. Der Vorwurf war unbegründet, eine Be=
mäntelung der eigenen Furcht. Sie selbst berichten, daß Johann Ernst sie mit
Lachen empfangen. Und mit Recht, er lachte über ihre Thorheit. Das niedere
Volk lauschte auch dort wie überall auf die Reden von Religion und Freiheit: der
Rath dagegen, die Ritterschaft, die nicht minder fast gänzlich protestantisch war,
betheuerten damals und später oft ihre treue Gesinnung zu Kaiser und Reich. [3]
Es liegt kein Grund vor an der Wahrheit der Betheuerung zu zweifeln. Wir
finden dasselbe nachher bei den Oertern, die für einige Zeit in die Gewalt der

[1] Hurter, zur Geschichte Wallensteins 65
[2] Villermont, Tilly II. 353.
[3] Ehemaliges Domcapitel= und Rathsarchiv zu Osnabrück.

Tänen fielen. [1] Die Stadt Osnabrück dagegen ließ den Herzog Johann Ernst
nicht ein. Sie zahlte ihm eine Brandschatzung, weil sie nicht anders konnte.
Als Anholt im Auftrage Tillys herandrängte, wich Johann Ernst zurück. Bleibendes hatte er nicht errungen. Und doch war sein kurzer Aufenthalt von lang
nachhaltiger Wirkung. Es war das einzige von dänischen Truppen erreichte deutsche
Land, in welchem sie mit einigem Scheine einen Religionskrieg verkünden konnten.
Es fanden sich dort katholische und protestantische Gemeinden, und lebten ohne
scharfe Scheidung in Frieden mit einander. Johann Ernst jagte die katholischen
Geistlichen fort, und setzte protestantische ein. Der Religionshader wuchs empor.

Tilly dagegen ertheilte den Städten jener Gegend, namentlich der Stadt
Herford das Lob standhaft bewiesener Treue, die durch keine Lockungen zu
erschüttern gewesen sei. [2] Und seltsam klingt es dann und merkwürdig, daß der
Kaiser an Tilly den Befehl ertheilt auf die Bitte dieser Stadt ihr eine Salvegarde von 50 Mann zu ertheilen. Das Beispiel ist selten, ist fast unerhört,
daß eine Stadt jener Zeit um die Einlagerung auch nur eines einzigen Soldaten
bittet. Nur Tilly gegenüber mag es anders gewesen sein; denn wir sehen einige
Jahre später auch die Stadt Minden bei ihm um mindestens eine Compagnie bitten.

Kaum war dieß im Westen vollbracht, so rief gegen Ende des April den
Feldherrn eine andere Pflicht. Er mußte sich im Rücken sichern gegen den Land-
grafen Moritz. Rastloser als dieser von fanatischem Eifer verzehrte Mann schürte
Keiner, nur daß sein Muth seiner Habgier und seinem Trotze nicht entsprach.
Er hütete sich vor offenem Bruche, ja er beharrte vor Tilly dabei ein devoter
Fürst des Reiches zu sein; aber er war thätig nach allen Seiten. Bei den
Generalstaaten, die wohl bedächtig zu erwägen pflegten, was einer für sie leisten
könne oder wolle, drang er niemals recht durch. [3] Moritz war Reichsfürst, hatte
etwas zu verlieren, und auf solche Fürsten war, wenn sie in Noth kamen, für
die Hochmögenden kein sicherer Verlaß. Nicht immer durften sie hoffen einen
Friedrich von der Pfalz zu treffen. Sie weigerten die Gesuche des Moritz um
Anleihen, zumal da er als Bittender dennoch hochmüthig in Briefen an die
Generalstaaten seinen Namen der Anrede an sie vorsetzte. Auch gaben sie ihm
das sehr deutlich zu verstehen. Dessen ungeachtet ließ Moritz nicht ab, auch im
Frühling 1626 warb er im Haag emsig um Zuschuß. Zur selben Zeit jedoch
war ihm eine andere Sonne aufgegangen. Das Wirken des Cardinals Richelieu
erweckte seine Hoffnungen. Der deutsche Reichsfürst Moritz, der mit und ohne
Anlaß jederzeit das Wort Evangelium im Munde führte, der dem Huldigungs-
eide an seinen Kaiser den Besitz seiner Reichslande verdankte, beeilte sich unauf-
gefordert dem Cardinal der katholischen Kirche und französischem Minister, der
damals in Frankreich die Hugenotten, die Glaubensgenossen des Moritz, zu Boden
zu treten suchte, der in Deutschland den allverhaßten Landverderber Mansfeld

[1] Beilage XXIV.
[2] Beilage XXV.
[3] Aitzema II. 119. 121.

besoldete — diesem Cardinal beeilte sich Moritz die Gefühle seiner Huldigung und seines Dankes darzubringen. Dem Cardinal Richelieu allein, also schrieb der deutsche Reichsfürst, verdanke man die weisen Rathschläge und die großen Thaten, durch welche Frankreich in der letzten Zeit sich bei den Freunden Lob, bei den Feinden Haß erworben, und dadurch den gefallenen Ruhm der französischen Nation hergestellt habe. Und weshalb schrieb der deutsche Reichsfürst Moritz also an diesen französischen Cardinal? Er baute auf die ruhmreichen Thaten desselben die Bitte, daß der Cardinal auch ihm behülflich sein werde in den besonderen Angelegenheiten des hessischen Hauses, das so große Verdienste um Frankreich habe. In der That, die Verdienste des landgräflichen Hauses um Frankreich waren in demselben Verhältnisse groß, wie sie um Deutschland gering waren. Sie konnten es auch noch ferner sein. Eben darum fanden die Bitten des deutschen Landgrafen wenn nicht sofortige Erhörung, doch ein geneigtes Ohr. Sie zeigten dem Cardinal, wenn er nicht vorher es wußte, die krankhaft wunde Stelle, den hauptsächlichen Krebsschaden des deutschen Reiches, und ferner das Mittel, durch welches diese Habgier der deutschen Fürsten, ihr Neid gegen einander am leichtesten zu Meineid und Verrath gegen Kaiser und Reich, und damit gegen die deutsche Nationaleinheit und Nationalkraft geködert werden könne. Das Mittel ist alt und neu.

Moritz ließ es nicht bei Briefen bewenden. Im März 1626 war ein hessischer Edelmann von der Partei des Moritz in Paris. Moritz machte den Vorschlag, daß die Franzosen die günstige Gelegenheit benutzen möchten sich auf die Unterpfalz zu werfen. In diesem Falle erbot nicht bloß er selbst mit der Kraft seines ganzen Landes sich zur Mithülfe, sondern fügte die Versicherung hinzu, daß auch andere Fürsten sofort sich erklären und mit den Franzosen sich vereinen würden.[1] Es liegt nahe, daß dießmal in solchem Vorschlage an den Cardinal Richelieu vom Evangelium und dem Worte Gottes nicht die Rede gewesen sein kann.

Welche Antwort auch immer der Cardinal Richelieu gegeben haben mag: die Hoffnungen des Moritz und seines in der Hauptsache gleich gesinnten Sohnes Wilhelm begannen zu steigen. Moritz schickte diesen nach Frankreich. Bevor Wilhelm abreiste, ritt er eines Tages mit fünf Begleitern an einem Tillyschen Regimente vorbei, das in Waffen stand. Er redete mit dem Führer desselben und sagte ihm in Gegenwart der ganzen Mannschaft: die Truppen müßten abziehen; denn man werde sie dort nicht länger dulden. Es war ihm und seinem Vater Ernst mit solchen Reden. Moritz kündigte am 10. April dem kaiserlichen Obersten Schönberg das Quartier in Hessen auf. Er sei neutraler Fürst des Reiches, sagte er, und habe mit diesen Kriegen nichts zu schaffen. Er fügte hinzu, daß er im Falle der Gewalt die erlaubten Mittel der Vertheidigung an die Hand nehmen werde.[2] Dieß Mittel bestand in der Bewaffnung und Fanatisirung des hessischen Landvolkes.

[1] Rommel, Geschichte von Hessen VII. 621.
[2] Beilage XXVI.

Tilly erhielt diese Nachrichten zu Clausthal. Von dort aus bat er am 15. April den Kurfürsten Max: er wolle den Kaiser bewegen, daß einige Regimenter Wallensteins an die Werra rückten und dort zwischen Cassel und Münden sich verschanzten. [1] Tilly hoffte dadurch die Verbindung zwischen Moritz und Christian von Braunschweig abzuschneiden. Es geschah nicht. Die Regimenter blieben aus.

Unterdessen war Moritz und sein hauptsächlichster Rath Wolfgang Günther mit dem Dänen Christian in beständiger Unterhandlung. [2] Nur an der Säumnis des Dänenkönigs scheint es gelegen zu haben, daß der Bund nicht vollzogen wurde. Christian von Braunschweig dagegen mit seinen Reiterschaaren eilte ab und zu. Moritz erkannte darin eine besondere Fügung Gottes, daß der Nachkomme desselben Heinrich von Braunschweig, den der Landgraf Philipp bekriegt, nun einem Landgrafen von Hessen helfen sollte. Anders dachte die hessische Ritterschaft. Christian hatte einen Anschlag gemacht ein kaiserliches Regiment in seinen Quartieren im Hessenlande zu überfallen. [3] Einige hessische Adlige gaben dem kaiserlichen Obersten davon Kunde und der Anschlag ging fehl. Auch war die Unterstützung, welche der Herzog dem Landgrafen brachte, nicht eine solche, wie Moritz sie wünschte. Christian eilte an der Spitze von 3000 Reitern hierhin und dorthin, zerstörend und verderbend; aber etwas Bleibendes auszurichten war er nicht im Stande. Das gefiel Moritz nicht. Sie wurden lau gegen einander. Christian forderte den wollenden, aber nicht dürfenden Moritz wegen seines Wankelmuthes vor den Richter der Lebendigen und der Todten. [4] Man sieht, wie selbst unter einander diese Eiferer ihre Redeweise nicht vergaßen. Moritz hatte doch dießmal einigen Grund dem Begehren des Christian nicht zu willfahren. Er erwiederte: was Christian von ihm verlange, die heimliche Aufhebung des Herzogs von Holstein im kaiserlichen Heere sei wider das Völkerrecht. Er beklagte sich gegen seine Räthe, daß Christian aus Mangel an Fußvoll sich immer vor dem Feinde verstecke. Hatte denn nicht auch Christian Grund dazu? Er kannte Tilly aus Erfahrung. Er wußte, was es heiße sich diesem zu stellen.

Die Umtriebe des Moritz blieben nicht verborgen. Es ist sogar merkwürdig, wie genau immer der Kaiser, wie genau auch Tilly unterrichtet ist. Schon am ^{22 März}⁄_{1. April} erließ der Kaiser an Tilly das Gebot den Landgrafen zu entwaffnen, und die dem Reiche getreue hessische Ritterschaft außer Gefahr zu setzen. Und doch wußte damals noch der Kaiser die letzten Schritte des Moritz nicht. Tilly berichtet sie der Infantin zu Brüssel. „Es sind 3000 Mann Fußvoll für Christian in Hessen angeworben," sagt er am 11. Mai. [5] „Sie haben zu Cassel die Musterung passirt, vor Moritz und Christian. Moritz hat sich bislang vor dem Kaiser noch

---

[1] Archiv zu Brüssel. Correspondance du duc de Bavière avec l'Infante. Es sind hier Auszüge aus Briefen des Abtes von Fulda an Max von Bayern.

[2] Rommel VII. 621.

[3] Theatrum Europ. I. 1030.

[4] Rommel VII. 627. Nt. 582.

[5] Villermont. Tilly II. 356.

immer einen devoten Fürsten genannt; aber er tritt auf als unser offener Feind."

Hier mußte Einhalt gethan werden. Nachdem Tilly den Herzog Christian aus Hessen wieder hinaus gescheucht, forderte es dem Gebote des Kaisers gemäß Tillys eigene Sicherheit die hessischen Festungen zu besitzen. Bevor er indessen dazu schritt, lag es ihm näher die Stadt Münden zu entwaffnen, von wo aus die dänische Besatzung den ligistischen Truppen die Wege sperrte, sie auf alle Weise neckte und hinderte.

Es ist hier der Ort zurückzubliden auf diese und die anderen deutschen Städte, die in ähnlicher Lage waren. Wir finden häufig die Ansicht ausgesprochen, als hätten die Städte Niedersachsens willig und thätig Antheil am Kriege genommen, als hätten diese deutschen Städte die Sache des fremden Dänenkönigs zu der ihrigen gemacht. Was wir von der Stadt Hannover erfahren haben, steht einer solchen Meinung scharf entgegen. Doch erörtern wir die Thatsachen.[1] Wir beginnen mit Hameln.

Als Tilly am linken Weserufer stand, waren der Rath und die Mehrzahl der Bürger mit den Truppen desselben in gutem Einvernehmen. Die Soldaten kamen in die Stadt, kauften und zehrten für ihr Geld. „Wir mögen es ihnen nicht weigern," berichtet der Rath von Hameln im Juni 1625 an den Herzog Friedrich Ulrich; „denn das Vieh unserer Bürger weidet über der Weser, und unsere Kornfrüchte stehen dort auf dem Felde. Auch ist uns das ja nicht verboten." Tilly verlangt damals wiederholt von der Stadt Proviant, und zwar für baare Bezahlung von seiner Seite. Er warnt die Stadt fremde Truppen einzunehmen, die im Dienste auswärtiger Mächte stehen. Es war nicht die Absicht des Rathes das zu thun. Der Rath betheuert, daß er in der Devotion zum Kaiser verharren wolle. Als die Gefahr näher drängt, bittet und fleht er den Herzog Friedrich Ulrich: er wolle die Stadt mit einer Besatzung verschonen, die ja unvermeidlich das kaiserliche Heer gegen sie heranziehe. Zwei dänische Kriegscommissäre erscheinen, und drohen mit Gewalt, wenn nicht die Stadt gutwillig sich füge. Als der König selbst herannaht, erlahmt der Widerstand. Die Dänen ziehen ein. Wir haben bereits berührt, wie der Fall des Königs die Veranlassung zum Rückzuge wurde.

Tilly seinerseits nahte heran. Die Stadt hatte nicht Partei genommen für den Dänen, sie nahm nicht energisch Partei für den Kaiser. Einige Bürger redeten von Widerstand. Die Zahl derselben war gering. Der Rath legte dem kaiserlichen Feldherrn einige Artikel vor. Der erste derselben betraf die Sicherheit der Bürger, der Geistlichen, der Religion. Tilly erwiederte, daß er die Artikel allerdings und gern bewillige. Am 2/12 August 1625 nahm Hameln kaiserliche Besatzung ein.

Nicht alle Bürger indessen scheinen damit einverstanden gewesen zu sein. Wir finden in Hameln eine ähnliche Partei wie in Hannover. Wie hier gegen

[1] Das Folgende nach den Schreiben im Königlichen Archive zu Hannover.

ben Willen des Rathes dänische Truppen in die Stadt gelangen: so wird bald nachher gegen eine Reihe von Bürgern aus Hameln die Anklage erhoben, daß sie gegen das kaiserliche Heer in Hameln eine schädliche und gefährliche Verschwörung und Verrath angesponnen haben. Die meisten Angeklagten waren entflohen. Tilly und der Stadtrath zu Hameln erlaßen im Mai 1626 eine öffentliche Ladung. Der Rath von Hameln fordert die Auslieferung namentlich von der Stadt Hannover, und beschwert sich dort heftig über die Gefahr, in welche durch jene Versuche die Stadt gebracht sei. Tilly überließ die Sache zuerst dem Rathe, der nach dem Urtheile einer Juristenfacultät mehrere der Angeklagten mit dem Tode bestrafte. Im Januar 1627 erließ Tilly selbst gegen sechsundzwanzig, die entflohen waren, eine öffentliche Ladung,[1] die wahrscheinlich erfolglos blieb.

Anders als mit Hameln stand die Sache mit Northeim, Göttingen, Helmstädt und Münden. Im September 1625, als das Tilly'sche Heer bereits zwei Monate auf dem Boden Niedersachsens stand, verlangte der Herzog Friedrich Ulrich als Landesherr, daß Northeim Besatzung einnähme. Der Rath legte den Bürgern die Sache vor, zweimal. Die Bürgerschaft weigerte sich, am 2. October. Man sagte ihr: sie möge dem Landesausschuße nur ein Nachtlager gewähren. Die Stadt erwiederte: sie sei zu arm, habe keinen Raum, habe überhaupt auch zu viel gelitten. Friedrich Ulrich war damit nicht zufrieden. Wallenstein liege zu Alfeld, sagte er, und wolle von da aus Göttingen und Northeim besetzen. Deshalb verlange der Herzog als Landesherr die Aufnahme des Landesausschußes. Also sei es sein ernster Wille und Befehl. Der Rath von Northeim ward unsicher. Er meldete den Befehl des Herzogs am 12. October an die Nachbarstadt Göttingen. Er selbst wiße nicht, sagte der Rath, was darin zu thun sei. Seine Meinung sei noch immer, man müße um Verschonung bitten; doch möge Göttingen die dortige Ansicht mittheilen. Der Rath von Göttingen erwiederte am 13. October: er habe sich bereit erklärt zwei Fähnlein einzunehmen. Demgemäß meldete am folgenden Tage auch Northeim: es wolle ein Fähnlein einnehmen; doch möge der Herzog Friedrich Ulrich demselben Gehorsam gegen den Stadthauptmann auferlegen. Der Rath schließt mit einer Lobpreisung des eigenen Gehorsams, daß die arme Stadt so willig sei.

Man sieht, ein Eifer für den Krieg nach irgend einer Seite hin ist hier nicht vorhanden. Der leitende und bestimmende Gedanke ist lediglich der, wie man möglichst ohne Schaden und ohne Parteinahme hindurch steuere und lavire.

Göttingen hatte am 12. October sich bereit erklärt zur Einnahme von zwei Fähnlein; allein der Eifer war nicht groß. Am 17. November 1625 meldet Wobersnow im Namen Friedrich Ulrichs: obwohl dem Rathe von Göttingen sichtlich nichts daran gelegen eine Besatzung zum Schutze zu erhalten: so habe er doch den Auftrag sie der Stadt noch einmal anzubieten. Eben so war auch

---

[1] Vgl. das Actenstück in der Zeitschrift des historischen Vereines in Niedersachsen. Hannover 1857. S. 363

Northeim wieder schwankend geworden. Die Ursache dieses Schwankens tritt uns am deutlichsten entgegen aus einer Mahnung des jungen Herzogs Christian an Northeim. Er mahnt, er beschwört die Stadt nicht eine Besatzung von Tilly einzunehmen. Die Unterhandlungen mit dem deutschen Feldherrn dauern dennoch bis gegen Weihnachten 1625. Dann nimmt die Stadt Northeim einige Truppen des Herzogs Christian ein. Damit war der Finger gegeben, es galt nun die ganze Hand zu bekommen. Der Herzog Christian meldete der Stadt Northeim am 3. Januar 1626: er erfahre mit großem Unmuthe, daß die Officiere und Soldaten in Northeim, besonders die geworbenen, sehr schlecht von den Bürgern unterhalten würden. Er kam selbst dahin. Er ließ am 26. Januar 1626 die Soldaten in Northeim dem Dänenkönige vereiden. Er zog mehr Mannschaft in die Stadt. Was den Sold betreffe, sagte der Herzog Christian: so sei das Geld da. Es könne nur wegen der Gefahr der Wege nicht geschickt werden. Einstweilen möge der Rath von Northeim es auslegen. — In derselben Weise ward mit Göttingen verfahren. Nachdem dort Truppen genug in der Stadt waren, eröffnete Wobersnow im Namen des Herzogs Christian den Bürgern am 12. Februar 1626: er setze voraus, daß man ja doch für die gemeinsame Sache dies thun und einstweilen das Geld auslegen wolle, zumal da man dann den Vortheil habe, daß der Soldat zufrieden und ruhig sei.

Die Bürger indessen waren nicht sehr zufrieden. „Wir haben mit großem Befremden vernommen," meldet Christian am 27. Februar 1626 der Stadt Northeim, „daß die Einquartierung der neu angeworbenen und noch täglich frisch ankommenden Truppen unseren Capitänen von euch rund abgeschlagen wird. Dadurch geht die Werbung zurück, und wir leiden großen Schaden. Besonders aber haben wir sehr unmuthig vernommen, daß ihr unseren Soldaten die Wachen abgenommen habe und sie selber bestellt."

Also die Klagen des Herzogs Christian über das Verhalten der Bürger gegen die Truppen. Stellen wir denselben die Klagen des berühmten Theologen Calixt an den Statthalter Steinberg über das Verhalten der Truppen gegen die Bürger in Helmstädt entgegen. „Könnte doch," sagt Calixt im November 1625,[1] „den unglücklichen Bürgern, welche uns und unsere Musen 50 Jahre lang gastlich beherbergt haben, auf irgend eine Weise Hülfe geschafft werden! Denn, wenn das nicht geschieht, werden sie unter der Last erliegen, und völlig zu Grunde gehen, so daß sie künftig weder dem Fürsten noch dem Vaterlande irgend welche Dienste leisten können. Ein Drittel, oder mindestens ein Viertel ist im letzten Sommer und Herbst von der Pest weggerafft. Von da an hat der Handel, die Getreideeinfuhr in die Stadt aufgehört. Dennoch hat man den Bürgern befohlen 500 Mann zu Fuß und 100 Reiter aufzunehmen und zu ernähren. Dabei ist es nicht geblieben; denn jetzt sind in der Stadt 1200 Reiter und Soldaten oder mehr. Ein Ziel und Maß ist nicht abzusehen: es kommen täglich 50, 60 und mehr, und fordern mit Soldatenrohheit für sich Quartier

---

[1] Henke, Georg Calixt und seine Zeit. I. S. 383.

und Essen, und Futter für die Pferde. Es wird nicht anders verfahren, wie in einer mit den Waffen genommenen Stadt. Obersten und Officiere erpressen wöchentlich, der eine 30 Thlr., der andere 20, einige mehr, andere weniger. Sie geben kostbare Gastmähler auf Kosten der armen Bürger. Was in den Häusern ist, das erklären sie für ihr Eigenthum. Ja die Häuser selbst, welche die Bürger vor Armuth und Einquartierung verlassen haben, wollen sie, wie sie sagen, verkaufen, sobald sie einen Käufer finden. Es würde jedoch dieselben auch geschenkt Niemand von den unrechtmäßigen Besitzern annehmen. Einer machte neulich Anspruch auf alle Windmühlen um die Stadt her, und verlangte, daß sie ihm wieder abgelauft werden müßten. Ich weiß ein Beispiel, daß ein Bürger, welcher mit seiner Frau von dem einquartierten Soldaten geschlagen und verwundet war, noch für die Beschädigung des Degens, der an seinem Kopfe zerschlagen war, Schadenersatz leisten und dem wüthenden Menschen einen neuen kaufen mußte. Das Unerträglichste ist, daß sie sich darauf berufen, das alles geschehe nicht gegen den Willen des Herzogs Christian, von welchem sie leicht auch zu noch schlimmeren Dingen Erlaubnis erhalten könnten. Indem sie also ihre Rohheit beschönigen, thun sie dem durchlauchtigsten Fürsten noch das größte Unrecht, da dessen Gesinnung gegen die Unterthanen als eine ganz andere bekannt ist."

Also Calixt an den herzoglichen Statthalter. Sein Brief allein könnte zu einer genügenden Antwort auf die Frage dienen, ob zwischen den Besatzungen, die Herzog Christian für die Sache seines dänischen Oheimes in deutsche Städte gebracht, und den Bürgern dieser Städte irgend welche positive Gemeinsamkeit der Interessen statt fand. Im April 1626 brachte Christian die Besatzung von Northeim auf 4000 Mann. Auch diejenige von Göttingen ward verstärkt. Damals oder schon früher hatte Münden sich zur Einnahme von 800 Mann verstehen müssen. Christian versorgte diese Städte mit Schlachtvieh und Korn, das er vom mainzischen Eichsfelde zusammenbrachte. Es war für Tilly darum zu thun sich in den Besitz dieser Städte zu setzen, zunächst Münden zu bekommen.

In den Pfingsttagen des Jahres 1626 lagerte sich der Feldherr vor dieser Stadt. Sie liegt in dem Winkel, an dessen Spitze die Werra und die Fulda ihre Gewässer vereinend den Weserstrom bilden. Die Art und Weise der Eroberung dieser Stadt ist eine derjenigen Thaten, aus welchen spätere Unkunde, um noch von Schlimmerem nicht zu reden,[1] für den Feldherrn allerlei Anklagen aufgebaut hat. Um dieselbe im Lichte der Zeit zu betrachten, stellen wir zur Vergleichung ein auf den ersten Blick ähnliches Ereignis vorher.

Als der König Gustav Adolf von Schweden im Jahre 1632 vor Nürnberg lag,[2] erfuhr er, daß Wallenstein einen großen Vorrath von Lebensmitteln nach Freistädtlein zusammengebracht, und sie da abholen lassen wollte. Der König

---

[1] Ich habe die Entstellung des ursprünglichen Berichtes durch das Theatrum Europ. dargethan in den Forschungen zur deutschen Geschichte, Bd. I. Heft 1, S. 128 f.

[2] Chemnitz, Schwedischer Krieg I. 360.

entschloß sich eine Abtheilung unter dem Obersten Tupadel dahin zu schicken, um zu versuchen, ob er die Lebensmittel vernichten könne. Am Abend des 29. Juli brach Tupadel auf Befehl des Königs zu diesem Zwecke mit seinen Dragonern und einigen Reitercompagnien auf. In der Nacht kamen diese an. Es war alles still und ruhig, eine Besatzung augenscheinlich nicht vorhanden. Die Dragoner hingen zwei Petarden an das Thor. Da diese keine rechte Wirkung thaten, wurde eine dritte angeschroben, und zugleich Leitern an die Mauern geworfen. „Da dann so wol diese dritte Petarde das Thor zersprengt, als auch die Dragoner die Mauern überstiegen, alles was sie angetroffen, niedergemacht, das Städtlein geplündert, in tausend Stück Vieh und was sonst davonzubringen gewesen, mitgenommen, hernacher den Ort in Brand gesteckt und sammt allem darin vorhandenen Vorrath in die Asche gelegt. Die Königlich Schwedischen haben keinen Verlust erlitten. Nur daß der Oberstlieutenant, Herr Hans Khevenhiller, von ihrem eigenen Volke, aus Irrthum, in der finstern Nacht erschossen worden."[1] Eine weitere Bemerkung des deutsch-schwedischen Berichterstatters ist nicht vorhanden. Die Erzählung redet für sich.

Es ist im Verhältnis dazu die Frage, wie der deutsche Held Tilly gegen Münden verfuhr.

Bevor Tilly ein Lager vor Münden aufschlug, ließ er durch Abgeordnete Accord und Pardon anbieten, wenn die Stadt fortan in des Kaisers Devotion verharren wolle. Seine Abgeordneten wurden mishandelt und ermordet. Das bewog ihn vor die Stadt zu ziehen und am Sonnabend vor Pfingsten, am $\frac{\text{27. Mai}}{\text{6. Juni}}$, drei Lager um die Stadt zu schlagen: das eine in der nordwärts gelegenen Vorstadt, welche die Bewohner selbst verbrannt hatten, die Blume genannt, ein anderes auf der Spitze vor der Stadt, wo die Ströme sich vereinigen, das dritte auf dem Galgenberge, wo Tilly selbst sein Quartier nahm. Die Besatzung bestand aus 800 Mann, Tilly lag davor mit 8 Regimentern, also mit starker Uebermacht. Tilly hatte die Gewohnheit, die wir ihn jederzeit beobachten sehen, belagerte Städte mindestens dreimal aufzufordern. Er schickte deshalb am Sonnabend, dem 6. Juni, abermals einen Trompeter. Die Antwort war verneinend.

Am ersten Pfingsttage berief der Bürgermeister Mengerssen den Rath und eröffnete seine Ansicht.[2] Ein Entsatz sei nicht zu erwarten. Dagegen stehe im Falle der Erstürmung der gänzliche Untergang der Stadt und Bürgerschaft bevor. Deshalb erfordere es die hohe Nothdurft davon zu reden, wie der Gefahr zu begegnen sei, damit die Bürger selbst, ihre armen Weiber und Kinder errettet werden könnten. Der Rath erwog die Frage und entschied sich dahin: man wolle, um einen Accord zu erlangen, an den General Tilly eine demüthige Bitte ergehen lassen. Während sie redeten, trat der dänische Commandant Lawis

---

[1] Wörtlich nach Chemnitz a. a. O.
[2] Vaterländisches Archiv von Spiel und Spaugenberg. Jahrgang 1832 und 1837. Damit zu vergleichen das in den Forschungen abgedruckte Flugblatt. Dasselbe ist fast wörtlich auch bei Meteren III. 453.

ober Lauch herein und nahm sogleich das Wort. Wenn der Rath und die Bürgerschaft gemeint sein sollten, erklärte er, sich mit Tilly in einen Accord zu begeben: so werde er das nicht zulassen. Dieser Platz sei ihm anbefohlen und er habe darauf Eid und Pflicht geleistet. Der Rath solle noch einen Tag oder einige das Werk ansehen und die Bürgerschaft zur Standhaftigkeit ermahnen. Was sollte der Rath thun? Es war in demselben auch nicht ein einziger Mann von Entschlossenheit gegen Lawis. Sie alle fügten sich schweigend. [1] Lawis mochte immerhin ein entschiedener, thatkräftiger Mann sein; aber er hatte dazu noch einen anderen wichtigen Grund, der ihn bestimmte. Er war ein Deserteur von Tillys Truppen, und demgemäß erwartete ihn dort der Strang. Es ist übrigens sowohl nach der Sachlage, als nach der folgenden Entwickelung bis zur Gewißheit wahrscheinlich, daß damals die Mehrzahl der Einwohner bereits geflohen war.

Unterdessen feuerten den ersten Pfingsttag über die Geschütze von beiden Seiten. Namentlich ließ der Graf Fürstenberg von der Blum und den Höhen aus, die nordwärts am rechten Ufer der Werra die Stadt überschauen und beherrschen, seine Kanonen nicht ruhen. Am Montag Morgen glaubte Tilly einen wirksamen Eindruck gemacht zu haben, und schickte abermals einen Trompeter mit der Aufforderung der Uebergabe. Der Commandant holte die Mitglieder des Rathes zu sich und gab in deren Beisein dem Trompeter die Antwort: der Platz sei ihm vom Könige anvertraut und befohlen. Er wolle seinem Eide und seiner Pflicht getreu sein. Denn wenn er einen mit allem Kriegsbedarf so wohl versehenen Ort so leichtfertig aufgäbe: so verdiene er an dem höchsten der Bäume, die da herum ständen, aufgehängt zu werden. Der General Tilly würde in gleichem Falle ebenso handeln. Der Magistrat habe nichts damit zu thun. Der Commandant sei Meister der Stadt, und Magistrat und Bürger müßten nach seiner Geige tanzen.

Der Rath der Stadt war anwesend. Er hörte das mit an. Er kannte seine Lage. Daß die von den Höhen ringsum beherrschte Stadt, deren Mauern nicht gegen Kriegsheere errichtet waren, gegen die kaiserliche Macht unhaltbar sei, lehrte der Augenschein. Der Rath hatte seine Meinung in diesem Sinne durch seinen Beschluß des vorigen Tages kund gethan. Diese Meinung konnte seitdem sich nur befestigt haben. Der Rath wußte, daß eine Hülfe, ein Entsatz nicht möglich war. Und dennoch wagte auch nicht ein Mitglied dieses Rathes im Interesse der eigenen Stadt, des eigenen Heerdes, und des eigenen Lebens seine Stimme zu erheben gegen den dänischen Obersten! Sie alle schwiegen. Der Trompeter ritt fort, und die Besatzung höhnte ihm mit Schmähreden nach.

Der Pfingstmontag verstrich, ohne daß irgend etwas von Bedeutung unternommen wurde. Wartete Tilly ab, ob noch wenigstens die Bürger zur Besinnung, zum Aufraffen aus dieser feigen Nachgiebigkeit kommen könnten? Indessen die Mehrzahl der eigentlichen Bürger war geflohen. Am Dienstage früh

---

[1] Willigerod, Geschichte von Münden 252.

um fünf Uhr begann das Feuer aus zwölf großen Kanonen. Tilly gebot einen Mauerbruch so weit zu legen, daß zur Schonung der Mannschaft ein ganzes Regiment auf einmal stürmen könne. Der Bruch ward gelegt. Er klaffte weiter. Kein Zeichen einer Willigkeit zur Uebergabe von Seiten der unglücklichen Stadt gab sich kund. Nach Allem, was vorangegangen, durfte der kaiserliche Feldherr nur annehmen, daß der Rath und die Bürgerschaft mit dem Commandanten desselben halsstarrigen Sinnes sei. Auch so noch harrte Tilly. Wenn erst der Sturm befohlen war, lag das Zurückhalten nicht mehr in seiner Macht. Nach dem Rechte des Krieges gehörte die Beute der eroberten Stadt den Stürmenden. Der Tag verging. Die Sonne sank. Kein Trompeter erschien, keine Bitte irgend welcher Art ward laut. [1] Gähnend lag der Mauerbruch da.

Am Abend des 8. Juni n. St. um 9 Uhr setzt der Graf Fürstenberg von der Blum herab mit zwei Regimentern durch die Werra. Er bringt in den Mauerbruch. Die Besatzung leistet mannhafte Gegenwehr. Sie kann nur verzögern. Innerhalb einer Viertelstunde sind die Ligisten in der Stadt. Auch da noch finden sie Widerstand. Auf dem Kirchhofe haben die Dänen sich verschanzt. Als sie auch da sich nicht mehr halten können, weichen sie auf das Schloß, um abermals sich zu vertheidigen. Ringsumher häufen sich auch dort die Leichen, bis endlich alle erlegen sind. Dem Obersten Lawis gibt auf sein Geheiß der eigene Diener den Todesstoß.

War schon diese zwecklose Vertheidigung eines unhaltbaren Platzes geeignet die Wuth der Sieger zu reizen: so geschah das noch mehr durch die Art und Weise. Nachdem die Stadt erstürmt, näherten sich die anderen kaiserlichen Truppen den Thoren. Vor dem südlichen Brückenthore stand ein Geschütz, bei welchem ein Bürger Constabel war. [2] Er hatte dasselbe mit Radnägeln und ähnlichen Dingen voll geladen. Als das Thor sich eröffnete, als die Kaiserlichen einmarschirten, feuerte der Bürger dieß Geschütz in den dichten Haufen. Das Jammergeschrei der vielen Getroffenen verkündete die Wirkung. Also meldet ein Bericht. Ob der Berichterstatter, der dann über die Wuth der kaiserlichen Soldaten klagt, auch wohl erwogen haben mochte, welche Wirkung das Abfeuern dieses Geschützes moralisch haben mußte?

Dazu kam nach einigen Berichten noch ein besonderer Umstand. Der Pulverthurm bei der Aegidienkirche fing Feuer und zersprang gegen Tagesanbruch mit schrecklichem Krachen. Wer hatte es gethan? Der Bericht, der es uns erzählt, ob von einem Augenzeugen oder nicht, ist nicht mit Sicherheit zu sagen, mißt die Schuld der Unvorsichtigkeit kaiserlicher Soldaten bei. Es wäre nicht unglaublich; aber eben so nahe läge die Vermuthung, daß die Sieger darin eine That der Verzweiflung der Bezwungenen gesehen. Als das schreckliche Krachen verhallte, sah man nach diesem Berichte Tilly und Fürstenberg auf der langen Straße in Münden halten. Der letztere rief in leidenschaftlichem Zorne: „Haut

[1] Adlzreitter, Annal. Boic. gentis III. 156.
[2] Willigerod, Geschichte von Münden S. 255

die rebellischen Hunde alle nieder!" Auch das würde nach dem Vorangegangenen keineswegs unwahrscheinlich sein. Ob Tilly dagegen eingeschritten, sagt der Bericht weiter nicht. Jedenfalls ist gewis, daß nicht alle niedergehauen sind.

Immerhin war das Blutvergießen groß genug. Auch Frauen, die den Soldaten entgegen liefen, um ihre Männer zu erretten, fielen der Wuth zum Opfer. [1] Es wird berichtet, daß die Zahl der Leichen in Allem 2260 gewesen sei. [2] Nun bestand allein die Besatzung aus 800 Mann. Sie waren sämmtlich gefallen, dazu 269 kaiserliche Soldaten. [3] Rechnen wir diese ab: so sind 1200 Bürger und Bauern umgekommen. Die Zahl ist noch immer groß genug; doch reicht sie nicht hin von einer Vernichtung der ganzen Bevölkerung zu reden. Obwohl der Kriegesstand fortdauert, sehen wir im Jahre 1627 den Bürgermeister von Münden mit einem Prälaten und einem Ritter in einer besondern Commission für die Landschaft Calenberg. [4] Vier Jahre später finden wir die Stadt Münden im Streite mit dem Landgrafen von Hessen über das Stapelrecht. [5] Mithin bestand die Stadt fort, zumal da sie bei der Erstürmung nicht erheblich durch Brand beschädigt war.

Alle Berichte stimmen überein, daß der Pulverthurm aufgeflogen sei. Nur setzen die Berichte vom Heere aus dieß neue Unglück auf den vierten Tag nachher, den Sonnabend. [6] Die Mündener Erzählung sagt: es sei in der Morgenfrühe nach dem Sturme geschehen. Die Verschiedenheit ist nicht von Bedeutung, zumal da keiner der Berichte von einem Brande in Folge der Explosion erzählt.

Am anderen Morgen durchritt Tilly die Stadt und betrat auch den Schloßhof. Dort zeigte man ihm die Leiche des jugendlichen Hauptmanns Reden, in dessen Lobe des bewiesenen Muthes alle einstimmig waren. Man hatte dem Verwundeten Quartier angeboten, Reden sich geweigert es anzunehmen. Gerührt betrachtete ihn der Feldherr. Dann schüttelte er das Haupt und sagte: „Der junge Lecker hätte ein braver Kerl werden können." Er ließ die Leiche aufnehmen und mit Ehren in der St. Blasienkirche bestatten. Die anderen Leichen wurden theils begraben, theils in die Weser geworfen.

Alsdann gedachte Tilly den kaiserlichen Auftrag gegen den Landgrafen Moritz auszuführen. Von Münden aus forderte er Aufnahme seiner Truppen in die hessischen Festungen. [7] Tilly bedauerte, es sei ihm selbst schmerzlich, daß die tiefgewurzelten Vorurtheile des Landgrafen die eigene Person desselben, seine Nachkommenschaft und sein ganzes Fürstenthum von Tag zu Tag in größere Gefahr setzten. Wenn Moritz sich von jedem Verdachte reinigen und sein Land

[1] Das angeführte Flugblatt.
[2] Willigerod, Geschichte von Münden 251.
[3] Adlzreitter a. a. O.
[4] Archiv der Landschaft Calenberg.
[5] Rommel VIII. 160.
[6] Adlzreitter III. 156 und das Flugblatt. Da das Theatrum Europ. und Mercteren das letztere ausschreiben, so haben sie als secundär kein Gewicht.
[7] Rommel VII. 624.

sich erhalten wolle: so gäbe es kein anderes Mittel, als die freiwillige Uebergabe seiner Festungen, die im anderen Falle kraft kaiserlichen Auftrages Tilly doch erzwingen müsse.

Wir sehen, wie Tilly immer die Hand zur gütlichen Ausgleichung bietet. Offenbar hätte er diesem unruhigen, friedensbrüchigen Landgrafen gegenüber, der so oft ihn beleidigt, kraft der kaiserlichen Vollmacht das Recht gehabt sogleich mit Ernst durchzugreifen. Statt dessen versuchte er mit einer fast unbegreiflichen Langmuth nochmals den Weg der Güte. Derselbe war bei Moritz vergeblich, wie immer. Vielmehr erwiederte Moritz: Tilly habe unversehens wieder sein Land überzogen. Allerdings, entgegnete der Feldherr, nur liege die Schuld an dem Landgrafen selbst, der den Herzog Christian von Halberstadt ins Land gelockt und unterstützt habe. Er warnte abermals, der Landgraf möge mehr auf die Meinung seiner Ritter und Stände halten, als auf die Lockungen fremder, undeutscher Mächte. Die Antwort der landgräflichen Räthe brachte endlich auch den gelassenen Feldherrn auf. Er schnellte seinen Daumen an den Zahn und sagte eifrig: ihm sei in Hessen alles verweigert, den Feinden dagegen alles freiwillig dargebracht.

Moritz wich nicht. Doch machte man sich klar, was kommen würde.[1] Die Räthe des Landgrafen meinten: Tilly würde Abdankung verlangen zu Gunsten des Sohnes Wilhelm. Moritz dagegen befürchtete Schlimmeres, und eröffnete diese seine Furcht. Nicht um seine Person allein sei es zu thun, sondern Tilly habe im Einverständnisse mit der Ritterschaft weit aussehende Plane. Daß die Ritterschaft in dem Streite mit Hessen-Darmstadt sich ganz dieser Seite zuneigte, war allbekannt. Nicht das war die Furcht, die den Landgrafen drückte. Der Plan Tillys ging noch weiter hinaus, meinte er. Tilly wolle die östreichische Monarchie stärken, sagte Moritz, und in Hessen das Lutherthum wieder einführen, und das sei halb papistisch.

Wir legen Gewicht auf diese Worte. Seit drei Jahren stand Tilly im Lande Hessen selbst, oder nahe dabei. In diesen drei Jahren hatte Moritz und sein Land den kaiserlichen General kennen lernen müssen. Und das Ergebnis dieser Kenntnis ist bei Moritz die Furcht: Tilly wolle das reformirte Land wieder lutherisch machen. Einen stärkeren Beweis dafür, daß Tilly niemals und nirgends auch den leisesten Religionsdruck geübt, kann es nicht geben, als diese im besten Falle alberne Befürchtung des Landgrafen Moritz. Es war dem zorneseifrigen Fürsten freilich damit bitterer Ernst. Hier nachzugeben, erklärte er, sei ewig unverantwortlich.

Tilly ließ sich dadurch nicht stören. Er brauchte keine Gewalt, sondern da Moritz nicht wollte, berief Tilly im Namen des Kaisers am 18. Juni einen Landtag. Auf demselben erschienen die Räthe des Moritz und protestirten. Tilly ließ darauf den Ständen die Sachlage vorstellen und sie auffordern: da mit Moritz nicht auszukommen sei, so möchten sie mit dem Sohne Wilhelm gütlich

[1] Rommel VII. 633.

verhandeln. Dazu biete er die Hand; aber die heſſiſchen Feſtungen müſſe er zur Sicherheit ſeines Heeres haben. Die Stände erkannten das an und ſchickten eine Deputation an Moritz. Er weigerte ſich auf etwas einzugehen. Er ſei im Gewiſſen verbunden, ſagte er, ſeinen Stand und Beruf zu behaupten. Auch ſei er des Müſſigganges nicht gewohnt. Wenn er dieſes undankbare und abtrünnige Volk verlaſſe: ſo werde er anderswo doch nicht ſicher ſein.

Der Zuſtand im Lande ward täglich verworrener. Caſſel war voll landgräflicher Söldner. Der Pöbel dort hielt mit Moritz und ſtreifte auf Tillyſche Soldaten. Durfte die Geduld derſelben ſo lange auf die Probe geſetzt werden wie diejenige ihres Feldherrn? Auch Moritz erkannte die Rothwendigkeit etwas zu thun. Er ließ mit Tilly ſelbſt unterhandeln. Ungeachtet aller erlittenen Kränkungen blieb Tilly ſich gleich, ruhig und feſt. Er milderte ſeine Forderungen. Zuerſt verlangte er Gehorſam gegen Kaiſer und Reich und die feſte Zuſage: der Landgraf wolle ſeine Feſtungen nie in die Hände eines Fremden geben, er ſei auch wer er wolle. Dann verlangte er Entlaſſung der übel geſinnten Rathgeber, namentlich des Wolfgang Günther, ungehinderte Rechtspflege und Geſtattung der Berufungen an die Reichsgerichte, Verſöhnung mit der Ritterſchaft und den Ständen. Die Bedingungen enthielten kaum etwas, wozu nicht Moritz als Fürſt des deutſchen Reiches und darum nicht ſouveräner Herr an ſich verpflichtet war. Deshalb ſchloß die Annahme derſelben das Bekenntnis einer ſchweren Schuld ein. Moritz fragte ſeine Theologen. Sie erwiederten: es ſei in der Hauptſache nichts gegen Gottes Wort. Dennoch trieb es den Landgrafen um. Lieber, als das zugeſtehen, wolle er abdanken. Tilly erbot ſich ihm einen Reiſepaß zu geben, wohin er wolle. Dann jedoch ſchritt er zu einer abermaligen Milderung der Worte. Da endlich unterſchrieb Moritz, im Hader mit ſich, ſeiner Frau, ſeinem Sohne, ſeinen Ständen. Nur der Pöbel von Caſſel war und blieb ſein.

In Folge deſſen führte Tilly am 21. Juli 1626 ſofort alle Truppen ab. Was etwa von ſeinen Soldaten geraubt war, ward auf den Markt zu Münden gebracht. Es kam alles zurück, nur ein Stück Geſchütz hat Tilly gegen Göttingen mitnehmen zu dürfen, unter dem Verſprechen baldiger Rückſendung. Dann ertheilte er an die Beamten von Heſſen ein gedrucktes Patent mit der Ermächtigung die etwa ſtreifenden Soldaten zu verhaften und in Gewahrſam zu bringen.

Wir heben dieß deshalb hervor, weil unter allen Feldherren jener Zeit einzig und allein Tilly den Landesobrigkeiten dieſe Befugnis zuwies.

Der Trotz des unſeligen Moritz war für dießmal gebrochen; aber mit demſelben hatte auch ſeine Geiſteskraft ſchwer gelitten. Sein Thun und Treiben ſtreifte an Verrücktheit. Bis zum 17. März 1627 noch führte er die Regierung fort.[1] Dann dankte er ab, ſich ſelber wohl bewußt, daß die meiſten Zeugen der Abdankung heimlich frohlocken würden. Die Abdankung ermöglichte für die beiden heſſiſchen Linien den Vergleich ihres langjährigen Zwiſtes. Moritz willigte

---

[1] Rommel VII. 676. Rt. 628.

nicht ein. Deshalb ward in der Vertragsurkunde festgestellt, daß Moritz nicht einwillige wegen seines bekannten Gemüthszustandes, wegen allerhand Perplexitäten desselben, und darum wurde von beiden Theilen der Kaiser ersucht diese Einwilligung aus kaiserlicher Macht zu ergänzen.[1]

Obwohl politisch todt, lebte dennoch Moritz fort, zerfallen mit sich selber und der Welt, vor Allen mit seinem Sohne Wilhelm. Von diesem hatte er sich eine jährliche Summe zu seinem Unterhalte ausbedungen. Was durfte ein Mann wie Moritz von seinem Sohne erwarten? Schon im ersten Jahre blieb Wilhelm dem Vater schuldig. Nach Ablauf desselben setzte Wilhelm die Summe von 20,000 fl. auf 12,000 fl. Abermals blieb er auch so noch dem Vater schuldig. Moritz erntete was er gesäet. Aber doch wenigstens lebte er.

Seinem Rather und Helfer ward es nicht so gut. Wolfgang Günther, die rechte Hand des Moritz, war mit dem Hasse und Fluche der Landgräfin Juliane, des Landgrafen Wilhelm, der Ritter und Stände, des Volkes schwer beladen. Die Rache aller dieser traf den bösen Mann.[2] Moritz warf seinem Sohne vor, daß man Günther vier Stunden gemartert habe. Gesetzlich war nur eine Anzahl Minuten gestattet. Die Art der Marter war noch schauerlicher. Nicht zufrieden mit der gewöhnlichen Pein, hatte man dem Unglückseligen die Haare mit Branntwein gefeuchtet und dann abgesengt. Nach langer Qual fiel erst am 12. December 1628 das Haupt Wolfgang Günthers unter dem Schwerte des Henkers.

Das Verfahren war abscheulich, ohne Zweifel. Es ist nur die Frage, ob der Landgraf Moritz, auch wenn er in dem Diener mittelbar selber getroffen wurde, ein Recht hatte sich zu beklagen. Er hatte bei einigen seiner Räthe, die nicht seiner Meinung waren, nicht das Feuer, sondern den Frost als Quälmittel angewandt. „Am 13. Januar 1626 Abends zwischen 8 und 9 Uhr haben Friedrich von Schollei und einige andere, weil sie etliche Sachen nicht approbiren wollen, nachdem ihnen die Thore geöffnet, in großer Kälte aus der Stadt weichen müssen."[3] —

Die Sache des Dänenkönigs ging in raschem Gange rückwärts. Am 25. April ward Mansfeld geschlagen, am 8. Juni fiel Münden, in den folgenden Tagen wurde der Landgraf von Hessen-Cassel zur Ruhe gebracht, und abermals fügte sich bald eine neue Kunde dazu: Christian von Halberstadt hatte sein Ziel gefunden. Mehrere Tage lang durchwühlte ihn ein Fieber, ohne daß sein rastloser Sinn nachgeben wollte, bis er endlich zusammenbrechend gebot ihn nach Wolfenbüttel zu tragen. Dort endete im Beginne des Monats Juni, noch nicht 27 Jahre alt, dieser Schrecken seiner Heimat und des deutschen Vaterlandes. Der frühe Tod gab in späterer trüber Zeit, die eben so wie sie Moritz von

---

[1] Khevenhiller X. 1580. 1582.
[2] Rommel VII. 681.
[3] Zeitschrift für hessische Geschichte und Landeskunde V. 77. Ein vorhergehender Aufsatz von Dr. Landau beweist, daß Schollei auch schon früher als Ehrenmann sich den ungerechtfertigten Forderungen des Moritz widersetzt hatte.

Hessen zu einem edlen Fürsten machte, selbst diesen fluchbeladenen Christian zu einem ritterlichen Helden verklärte, Anlaß zu fabelhaften Gerüchten über die Ursache des schleunigen Todes. Er selbst sagte: er sei verzaubert. Er hätte die Ursache näher finden können. Sein Oheim von Dänemark und Andere waren der Meinung: „Die Krankheit und der Tod haben ihren Ursprung von dem unordentlichen Leben, das seine fürstliche Gnaden jederzeit geführt."[1] Wo solche Zeugnisse vorliegen, da wäre es überflüssig nach weiteren zu suchen.

Der Tod des jungen Mannes befreite seine Heimat von einem schwer lasten-den Drucke. Zu den bisherigen Erwägungen der Landstände unter Friedrich Ulrich war ein neuer, sehr wichtiger Umstand hinzugekommen. Am 20. April hatte der Kaiser eine Abberufung von fremden Diensten gegen Kaiser und Reich erlassen, die Aufforderung zum Gehorsame binnen sechs Wochen, im andern Falle die Androhung des Verlustes aller Lehen. Dazu lag vor Augen die gänz-liche Verheerung des Landes. Dringend und mahnend wenden sich die Land-stände an Friedrich Ulrich. „Wir Prälaten und Ritter haben nichts Anderes als unsere Landgüter. Werden diese uns abermals verheert: so haben wir nichts, wovon wir leben, und unsere Zukunft ist der Bettelstab."[2]

Auch in Friedrich Ulrich selber dämmerte längst die Erkenntnis, wie er und sein Land zum Schemel dienen sollten für das Emporsteigen des gierigen Oheims. Schon am 11. Mai richtete er an diesen ein flehendes Schreiben. „Wir müssen täglich," sagt Friedrich Ulrich, „von den armen Unterthanen mit Winseln und Wehklagen anhören, haben auch zum Theil mit Augen selbst gesehen, wie die Soldatesca verfährt. Vor dem Rauben und Plündern der Soldaten kann das arme Landvolk auch nicht ein Bischen Brodes erretten."

Bereits ist es dahin gekommen, wie in dem Städtchen Dransfeld, daß dänische Obersten die Kirchenglocken herausnehmen und mit wegführen Schon im Juni werden täglich auf dem Markte von Braunschweig die Kirchenglocken der Dörfer herangeführt und feil geboten.[4] Friedrich Ulrich bittet um Ordnung und Zucht. „Das wird", fügt er hinzu, „Eurer Majestät zu unsterblichem Nachruhme gereichen, unzählige bedrängte Herzen werden ihre Fürbitte für Ew. K. Majestät zu Gott dem Allerhöchsten hinaufsenden," und dergleichen. Es blieb beim Alten.

Auch in der alten Herzogin Elisabeth, der Schwester des Dänenkönigs, der Mutter Friedrich Ulrichs und Christians, gewann allmählig der Zweifel Raum, ob es wahr sei, was ihr dänischer Bruder und ihr jüngerer Sohn so eifrig von diesem Kriege verkündeten. Sie fragte den Kanzler Elz, ob denn wirklich es ein Religionskrieg sei. Elz war dem dänischen Könige verkauft. Es ist derselbe Mann, der später den Herzog Friedrich Ulrich an Wallenstein und Pappenheim verrieth, und nach dem Mislingen des Verrathes durch Tillys Rechtlichkeit in

[1] Söltl, Religionskrieg Bd. III. 232.
[2] Archiv der Landschaft Calenberg, Mai 1626.
[3] Im Archiv der Stadt Hannover.
[4] Hornejus an Calixt, bei Henke, Georg Calixt Band I. S. 376. Nr. 1.

die Dienste Wallensteins trat. Elz bejahte die Frage: gewiß und unzweifelhaft sei es ein Religionskrieg. [1] Die Herzogin war dadurch nicht beruhigt. Sie ließ sich von dem Consistorium ein Gutachten geben. [2] Die Theologen befanden sich in einer mißlichen Lage; denn officiell war das Wort Religionskrieg noch nicht widerrufen. Deshalb drehten sie und wanden sich, wie in solchen Fällen üblich. Sie schrieben eine endlos lange Folge von Seiten voll mit Berufung auf diesen, auf jenen. Sie gebrauchten für die kriegenden Parteien die Namen: katholisch und evangelisch. Aber im Angesichte dessen was vor ihren Augen vorging, im Vorgefühl ferner der nahenden Wendung, wagten sie nicht das Schlagwort Religionskrieg zu gebrauchen, sondern hüllten ihre Meinung in langathmige Sätze ein, die im Grunde Niemand verstand und auch wohl Niemand verstehen sollte. In Wahrheit freilich war auch das schon genug. Wenn selber die Landes= theologen es nicht mehr wagten von einem Religionskriege zu sprechen: so konnte bei den schärfer Blickenden das Wort nur noch Verdruß und Widerwillen er= wecken. Und in dieser Umwandlung war im Sommer 1626 das braunschweigische Land begriffen.

Am $^8/_{18}$ Juni, noch vor dem Tode seines Bruders, ließ Friedrich Ulrich dem Rathe der Stadt Hannover verschiedene Punkte zugehen mit der Weisung dieselben mit den anwesenden und rund umher Angesessenen von Adel zu be= sprechen. Es geschah. Der Tod Christians löste den Ständen vollends die Zunge. Täglich kamen und gingen die Boten zwischen Friedrich Ulrich und den Ständen. [3] Der Anfang und das Ende aller Bitten war die Unterwerfung unter den Kaiser. Die Stände hoben ausdrücklich das kaiserliche Avocatorium vom 20. April her= vor, das nur sechs Wochen Frist verstatte. Man müsse die Fürsprache der Herzöge von Celle nachsuchen. Christian der Aeltere war sofort bereit. Schon am 20. Juni meldet er an Tilly und Wallenstein, daß Friedrich Ulrich bereit sein werde zur Unterwerfung. Seine Abgeordneten an Tilly fanden den General sanftmüthig und bescheiden. [4] Er lasse Mittel der Aussöhnung zu, berichteten sie; doch fordere er, wie nicht anders zu erwarten: Friedrich Ulrich müsse sich ganz von seinem Oheime lossagen.

Die Landstände waren eifriger als Friedrich Ulrich. Schon am 8. Juli schickten sie von Braunschweig aus einen eigenen Courier an den Kaiser mit der Versicherung ihrer Treue. [5] Die Antwort des Kaisers war lobend und beruhigend. Er wisse wohl, sagte er, wie die Landstände immer zum Besten gerathen. [6] Am 26. Juli erklärte Friedrich Ulrich auf dem Schlosse zu Wolfenbüttel vor zwei Notaren, daß es niemals seine Absicht gewesen sei den Kaiser feindlich anzugreifen. Die Antwort des Kaisers versicherte im Voraus dem Herzoge

---

[1] Archiv der Landschaft Calenberg.
[2] Das Gutachten im Archive der Stadt Hannover.
[3] Eine lange Reihe von Schreiben im Archiv der Landschaft Calenberg.
[4] v. d. Decken I. 214.
[5] Kurze gründliche Information u. s. w. S. 179.
[6] Archiv der Landschaft Calenberg.

Schutz und Sicherheit für seine Besitzthümer, für das Land und die Religion. Doch forderte der Kaiser bestimmtere Erklärung. Friedrich Ulrich konnte, wie es scheint, sich dazu doch nicht sofort entschließen, oder er ward gehemmt durch die Abhängigkeit von seinen Räthen. Er zauderte noch.

Entschiedener wandelte sich die Stimmung des Landes. Man hatte beide Heerführer, den deutschen Feldherrn und den Dänenkönig, um die Einstellung der Feindseligkeiten während der Unterhandlung, oder wo nicht das gewährt würde, um genaue Kriegeszucht ersucht. Tilly war bereit, nicht also der Dänenkönig. Oder vielleicht konnte er nicht, auch wenn er wollte. Wir erinnern uns an das Wort des Kurfürsten von Sachsen in dem Vergleiche des Dänenkönigs mit Tilly: es ist schwer, es ist fast unmöglich, daß ein anderer Feldherr eine solche Kriegeszucht bei seinem Heere erhalten könne, wie Tilly.

Es war gerade ein volles Jahr verflossen, nachdem Tilly die Weser überschritten. Damals als man seinen Truppen entgegenkam wie den ärgsten Feinden, wie den Verwüstern des Landes, wie den Zerstörern der Religion, hatten diese Truppen Gleiches mit Gleichem vergolten. Damals hatten die Braunschweiger in den Fremden, in den dänischen Söldnern ihre Schützer und Erretter zu erblicken geglaubt. Nun hatte sich das gewandt. „Die Tillyschen," also rufen ein Jahr nach der Anwesenheit beider Heere die Landstände ihrem Herzoge zu, „die Tillyschen sind mitleidig und barmherzig; aber die Dänen handeln, als wenn kein Gott im Himmel lebte, der sein wachendes Auge auf uns hätte." Am 18. Juli 1625 hatte Tilly die Weser überschritten, am 20. Juli 1626 erhoben die Landstände diesen Schmerzensruf. [1]

Es ist noch nicht der Beweis, den wir zu liefern schuldig sind: die Anklage von Seiten der Braunschweiger, daß nicht Tilly die Religion unterdrücke, sondern der Däne. Wir werden diesen noch zu bringen haben.

Ein Erfolg nach dem andern sprach für Tilly, und doch sehen wir ihn nicht frei aufathmen. Es ist der merkwürdige Charakterzug dieses Feldherrn in seiner Vorsicht, in seiner Besonnenheit die Kräfte des Feindes immer eher zu hoch anzuschlagen, und niemals zu gering. Er fühlt sich dem Dänenkönige an Zahl nicht gewachsen. Er bittet in jedem Briefe um Unterstützung. Die Kraft der Liga war nach Maßgabe der Kriegeslust der geistlichen Herren zur Genüge angespannt, nur von Brüssel oder von Wallenstein her durfte Tilly Hülfe erwarten. Daß Wallenstein dazu sich bereit finden lasse, dafür waren sowohl die Infantin, als der Kurfürst Max, als auch der Kaiser thätig. Am 13. Juni meldete der Kurfürst: der Kaiser habe an Wallenstein den Grafen Trautmannsdorf geschickt, zur Beförderung guter Correspondenz. Tilly möge die Gelegenheit benutzen, um seinerseits ein gutes Verhältnis herzustellen. Max fügt eigenhändig hinzu: [2] „Ihr seid ja doch dieser Prudenz, daß Ihr solchem Humor mit Eurem großen Ruhme in etwas nachzugeben ohne dieß werdet geneigt sein."

[1] Beilage XXVII.
[2] Hormayr, Taschenbuch für 1839 S. 346.

In den ersten Tagen des Monates Juli 1626 kam Tilly mit Wallenstein zu Duderstadt zusammen. Im Namen der Infantin war la Motterie zugegen. Es handelte sich dort um viel und mancherlei. Die geringe Kriegslust der geist=lichen Fürsten lag offen zu Tage. Wozu noch, dachten sie, sollten sie ein Heer unterhalten gegen den Feind, dessen Abwehr die Sache des gesammten Reiches war? Sie hätten damals wohl gern Friede geschlossen, unter welcher Bedingung auch es sei.[1] Maximilian von Bayern war nicht dazu geneigt. Wenn auch die Kirchenfürsten nicht mehr wollten: so dachte er darum nicht auf ein Heer zu verzichten, sondern etwa mit spanischem Zuschusse dasselbe aufrecht zu halten. Man hatte schon längere Zeit ein enges Bündnis zwischen dem Kaiser, dem Kurfürsten Maximilian, der Infantin besprochen.[2] Damit verband sich die Aus=sicht auf den endlichen offenen Bruch des Reiches mit den Holländern. Der Kaiser wollte von ihnen den Rückzug aller ihrer Truppen von des Reiches Boden fordern, namentlich aus der Stadt Emden: im anderen Falle über sie die Acht des Reiches aussprechen. Die Frage eines gemeinsamen Wirkens zur See kam in Anregung. Alles dieß ward in Duderstadt wieder erörtert. Die Entscheidung der weiteren Fragen blieb der Zukunft vorbehalten, nur über eine derselben einigte man sich. Die Nothwendigkeit der Hülfe für Tilly ward anerkannt. Im Namen der Infantin versicherte der Gesandte, daß sie etwa 8000 Mann schicken wolle. Wallenstein versprach einige Regimenter.[3]

Alsdann wandte Tilly sich gegen Göttingen, in welches eben so wie in Münden der Herzog Christian eine dänische Besatzung gebracht hatte. Diese und die Bürger vertheidigten sich lebhaft. Die Arbeit vor Göttingen war mühsam durch den andauernden Sommerregen. Tilly ließ vom Harze Bergleute kommen, die durch unterirdische Arbeiten den Gräben der Stadt das Wasser entzogen. Bis in die sechste Woche lag Tilly vor dieser Stadt. Am 9. August wurden die Batterien eröffnet. Sie feuerten den ganzen Tag, bis am Abend an zwei Stellen ein Wallbruch fertig war. Der Sturm konnte beginnen.

Die Laufbrücken werden gelegt, die Sturmleitern zur Hand genommen, die Soldaten harren begierig des Zeichens zum Anlaufen. Ist es also die Weise dieses Feldherrn? Bevor er es zu solchen Dingen kommen läßt, fordert er noch einmal die Stadt auf sich zu ergeben. Die Unterhandlung begann, und ward am 11. August vollendet. Tilly gewährte hier wie immer die möglichst ehren=haften Bedingungen. Die Besatzung zieht aus frei und frank, unbekümmert um irgend welche Ursache es auch sei, mit fliegenden Fahnen, Kugeln im Munde, brennenden Lunten, mit Trommelschlag, mit Sack und Pack, nur daß sie aus der Stadt nichts mitnimmt, was hineingeflüchtet ist, oder was den Bürgern gehört, und ferner Deserteure von kaiserlicher Seite auf Ehrenwort nicht

[1] Villermont II. 351. Nr. 108.
[2] Villermont II. 357 ff. Nr. 114 ff.
[3] Der Bericht Tillys an die Infantin bei Villermont II. 363. Bericht des Kanz=lers Hundt bei v. d. Decken I. 368, ferner ein Flugblatt, nach welchem Theatrum Europ., Meteren, Khevenhiller geschrieben.

verhehlt. [1] Von der Religion fiel kein Wort. Wozu auch das? Tilly hatte sie ja weder dort, noch sonst irgendwo gefährdet. Seine Bedingungen bezwecken lediglich Sicherheit der Bürger von Göttingen und ihres Eigenthums gegen die abziehenden Truppen der Dänen.

Die Capitulation von Göttingen gebietet einen Rückblick auf Münden. Dort wäre dasselbe geschehen, wenn nicht der Commandant ein Deserteur von kaiserlicher Seite gewesen, wenn diesem gegenüber der Rath der Stadt Entschlossenheit genug gehabt hätte auf das wiederholte Angebot Tillys auch ohne den Commandanten den Wunsch und die Bitte um Unterhandlung zu erkennen zu geben.

Das alles geschah, ohne daß der Dänenkönig eine nachdrückliche Hülfe gebracht hätte. Er ließ das Schloß Calenberg angreifen, welches von ligistischen Truppen besetzt war, in der Hoffnung, daß Tilly sich dadurch von Göttingen würde abziehen lassen. Nicht also war es der Sinn des Feldherrn. Er schickte Unterstützung nach Calenberg. Unweit von da, bei dem Dorfe Rössing, wurde die dänische Reiterei geschlagen und zerstreut. Die Aussichten für den Dänen gestalteten sich trüber. Während Tilly Fortschritte machte, lockerte sich das Bündnis, welches die niedersächsischen Fürsten an den Dänen knüpfte. Wir reden immer nur von den Fürsten, die Christian IV. zu Lauenburg umstrickt hatte; denn die Corporationen bewiesen überall, wo sie zur freien Aeußerung ihrer Ansichten gelangten, Treue gegen Kaiser und Reich. Christian Wilhelm, der Administrator von Magdeburg, erlangte von dem Rathe nicht den Einlaß in die Stadt, weder in Güte, noch mit List. Aehnlich regte es sich in den Städten von Mecklenburg. Dazu wußte schon der Landgraf Moritz, [2] daß auch die Mecklenburger Herzöge selbst, daß Johann Friedrich von Bremen nur der Gelegenheit harrten, um sich offen loszusagen. Nicht viel besser sah es im dänischen Heere selber aus. England hatte mehr versprochen, als es leisten konnte. Die Gelder blieben aus, und das dänische Kriegsvolk erhielt keinen Sold. Der König selbst war irre in sich. Um selbständig zu sein oder zu scheinen, hörte er nicht auf den Rath Anderer und verfuhr nach eigenem Sinne. Sein Heer glaubte, der Fall in Hameln habe nachhaltig seine Verstandeskräfte erschüttert. Andere, welche die Lage der Dinge besser erkannten, berichten, daß Christian sich täglich betrank. [3]

Dennoch wollte er nach dem Falle von Göttingen dem kaiserlichen Feldherrn ernstlich widerstehen. Tillys Absicht war gerichtet auf Northeim, das wie Münden und Göttingen dänische Besatzung hatte. Diese Stadt gedachte der Dänenkönig zu entsetzen.

Von beiden Seiten rückten die Heere gegen die Stadt Northeim heran. Tilly war gehemmt durch ein Unwohlsein, das einige Tage anhielt. Der Dänenkönig kam ihm zuvor, und brachte Mannschaft und Lebensmittel nach Northeim

[1] Die Bedingungen in der Flugschrift, Wahrhaftiger und gründlicher Bericht von unterschiedliche Belagerungen u. s. w. 1626. Frankfurt a. M.
[2] Rommel VIII. 643.
[3] a. a. O. Moser, patriotisches Archiv VI. 105.

hinein, bevor Tilly es zu hindern vermochte. Ein Bach, der daher floß, bildete die Grenze beider Heere. Tilly ersah die Gelegenheit einer guten Stellung unfern von da, und zog sich dahin zurück. Es war das erstemal, daß der Dänenkönig dem gefürchteten Feldherrn so nahe stand. Darum erschien ihm dieses Zurückgehen wie ein Sieg, und triumphirend meldete[3] er heim: „Ich habe Northeim entsetzt, und Tilly mußte vor mir davon." War es schon so weit? Wir haben in Böhmen, in der Pfalz, in Westfalen gesehen, daß es der Grundzug von Tillys Strategik ist zum Schlagen mit seinem Gegner zu kommen. Wo eine solche Gelegenheit sich bot den Krieg mit einem Schlage von mächtiger Wucht zu enden, da ließ wahrlich nicht Tilly dieselbe sich entschlüpfen. Nur mußte er seinem Gegner an Zahl gewachsen sein, und dann war ja am Erfolge nicht zu zweifeln.

Die Absicht Tillys war Verstärkung an sich zu ziehen. Wallenstein nämlich hatte endlich sich entschlossen der Verabredung von Duderstadt gemäß zu handeln. Bevor er sich aufmachte, um nach dem Befehle des Kaisers den Mansfeld zu verfolgen, der in der Mark Brandenburg und in Schlesien hauste, schickte er die versprochenen Truppen unter Desfours ab. Am 21. August 1626 zog Tilly diese Macht an sich. Es waren zwei Regimenter zu Fuß und vier zu Pferde. Die Verstärkung dagegen, welche die Infantin ihm zu Duderstadt hatte zusagen lassen, kam nicht. Es war nicht böser Wille. Die Holländer leisteten ihrem dänischen Bundesgenossen mittelbare Hülfe durch die Bedrohung der Städte Lingen, Oldenzeel und Grol. Darum glaubten die Infantin und Spinola keine Truppen entbehren zu können, und meldeten dieß an Tilly. Er meinte auch so den Kampf wagen zu dürfen.

Die Plane des Dänen gingen weit hinaus. Er wollte über das Eichsfeld nach Thüringen durchbrechen, und von da aus den Krieg in die kaiserlichen Erblande verpflanzen. Er schien ganz vergessen zu haben, daß Tillys Zurückweichen aus bestimmten Gründen noch nicht ein dänischer Sieg sei.

Der König marschirte am $^{12}/_{22}$ August auf Duderstadt. Tilly erkannte und durchschauete den Plan. Er eilte seinen Gegner davon abzuschneiden, ihm den Weg zu verlegen. Es geschah. Der Dänenkönig wagte nicht die eingeschlagene Richtung zu verfolgen. Er wandte sich nordwärts. Auch dahin folgte ihm Tilly, stets auf den Fersen. Am Abend des $^{15}/_{25}$ August wurden schon die vordersten der deutschen Truppen mit den letzten Dänen handgemein. Die Nacht schied sie. Am Morgen des 26. flammten nach dem Aufbruche der Dänen die Dörfer auf, welche sie verließen. Sie gehörten dem Herzoge von Celle. Der Dänenkönig in Person leitete bei einem der Dörfer die Brandlegung, und hielt dort so lange, bis dasselbe von allen Seiten loderte.[1] Er hatte, wie es hieß, sämmtliche Dörfer des Amtes Herzberg, das dem kaiserlichen Obersten Herzog Georg gehörte, dem gleichen Geschicke bestimmt. Er hatte dazu keine

---

[1] Aretin, Bayerns auswärtige Verhältnisse S. 235. Beilagen 49. 50. Für das Folgende Tillys Bericht bei Villermont II. 363.

[2] v. d. Decken I. 217.

[3] Bericht des Kanzlers Hundt bei Decken I. 376.

Zeit. Abermals war Tilly nahe und brängte den Dänenkönig in voller Schlacht-ordnung von einem Berge und Grunde auf und in den andern. Am Nach-mittage des $^{16}/_{26}$ August lagerte sich der König an einem Berge. Er wäre gern weiter marschirt; aber Menschen und Pferde waren ermüdet.

Unterdessen rückte Tilly heran, und beim Untergange der Sonne waren die Heere in unmittelbarer Nähe, nur getrennt durch den Bach Neile, von dessen Ufern die Vorposten einander sehen und anrufen konnten. Man sandte einander einige Stückkugeln zu. Dann begaben sich die Heere zur Ruhe. Es war nicht die Absicht des Dänenkönigs zu schlagen, und der Anbruch des Morgens fand sein Heer bereits wieder in Bewegung. Auch Tilly zauderte mit dem Angriffe; denn noch waren nicht alle seine Truppen zur Stelle. Der Zug ging durch ein enges, vielfach durchschnittenes Thal, bis dasselbe sich weiterhin zwischen Bockenem und Goslar zu einer Ebene eröffnete. Nahe dabei lag das Schloß Lutter. Hier mußte wohl oder übel der Dänenkönig sich zum Treffen stellen. Der Vortheil des Ortes war für ihn. Er stand höher als das Tillysche Heer und hatte dazu als Deckung von der einen Seite eine morastige Schlucht.

Um die Mittagszeit desselben Tages, an welchem sieben Jahre zuvor Fer-dinand zu Frankfurt a. M. die Kaiserwürde empfangen, begann der Angriff des deutschen Heeres auf den fremden König, den bis dahin gefährlichsten Gegner des Kaisers und des Reiches. Das Treffen war hart und blutig. Der dänische Oberst Fuchs, ein Ueberläufer von deutscher Seite, wie es deren so viele gab, bringt zuerst die Regimenter Tillys zum Weichen, und nur die persönliche Da-zwischenkunft des Feldherrn stellt das Treffen wieder her. Dann wenden sich die Dinge. Ein mächtiger Angriff der kaiserlichen Truppen wirft die erste Schlacht-reihe der Dänen. Die zweite steht zu entfernt, um der ersten nachdrücklich zu helfen. Auch sie bricht zusammen, zumal da die schlecht bezahlten dänischen Reiter, wie es häufig die Weise der Söldner war, im Augenblicke, wo sie an-greifen sollen, zuerst ihren Sold fordern. [2] Dreißig Fähnlein dänischer Truppen flohen auf das Haus Lutter und baten von da aus um Gnade. Weil sie jedoch ihr Wort gebrochen und nach früher schon einmal erlangtem Pardon wieder gegen kaiserliche Truppen gefochten, stand eine unbedingte Gewährung der Bitte nicht in Tillys Macht. Er sagte zu mit dem Vorbehalte der Genehmigung des Kaisers. Daß diese nicht ausblieb, war seine Sorge. Die Besiegten legten ihm ihre Fähnlein zu Füßen und ein großer Theil trat wieder in kaiserliche Dienste. Am Abend langte der Dänenkönig, kaum dem Tode entronnen, mit wenigen Be-gleitern in Wolfenbüttel an. Tilly rechnete diesen Sieg für den wichtigsten, den er erfochten. [1]

Der Siegesbericht des Feldherrn an den Kaiser und an seinen Kurfürsten trug dasselbe Gepräge wie immer. Er lobte diesen und jenen: von sich selber sprach er kein Wort. Wem konnte es freilich unbekannt sein? Der Papst, die

---

[1] Decken I. 224. 226
[2] Wesreurieder VIII. 161.

Kurfürsten, die Infantin zu Brüssel sandten ihm ehrende Schreiben zu. Namentlich die Infantin [1] überhäufte ihn mit Lob für seine Erfolge. Es schien, als suche sie dadurch dem Vorwurfe zu entgehen, daß sie ihm die so oft erbetene, so sehnlichst gewünschte, dann endlich zugesagte Hülfe doch nicht geschickt hatte. Tilly benahm ihr jede Besorgnis solcher Art. „Ich hatte," erwiederte er, „mit einem mächtigen Feinde zu thun, und daraus entsprang mein Recht so sehr um Hülfe zu drängen. Darum erkenne ich nicht weniger die Erwägungen an, welche Ew. Hoheit hinderten sie mir zu senden. Aber die göttliche Weisheit, welche hinaus= geht über die Klugheit der Menschen, hat alles besser gewendet, als wir hoffen durften." Abermals überschüttete ihn die Infantin mit Lob und Ruhm. „Das Wenige was ich habe thun können für den glücklichen Erfolg dieses Tages," erwiederte Tilly, „war nur ein Abtrag meiner Pflicht."

Irren wir nicht, so ist Tilly selbst beflissen dieses Jauchzen und diese Freude zu dämpfen. Er berichtet einige Wochen später, wie er sofort die ganze Reiterei aufgeboten zur Verfolgung. [2] „Aber sei es," meint er, „daß die Furcht den Gegnern Flügel verliehen oder daß die Meinen zu sehr ermüdet waren: sie haben nur wenige erreicht und die anderen nicht hindern können die Elbe zu gewinnen. Rund umher sind noch feste Plätze in der Gewalt der Feinde, und gegen diese habe ich mich wenden müssen, zunächst gegen die, welche meine Verbindung mit den Stiftern Halberstadt und Magdeburg durchschnitten. Diese habe ich genommen. Aber meine Armee ist durch die beständige Arbeit so vieler Monate gänzlich ermüdet und beträchtlich vermindert. Viele meiner Soldaten sind krank. Sie werden schlecht bezahlt, sie haben kein Geld gesehen seit dem letzten Winter. Dazu kommt der Mangel an Lebensmitteln. Mehr als einmal ist es geschehen, daß die Fußgänger in ganzen acht Tagen kein Brod erblickt haben. Die Fürsten wie die Städte entschuldigen sich mit der Verwüstung, welche der Dänenkönig und der verstorbene Herzog Christian über das Land gebracht haben. Darum sind meine weiteren Fortschritte unterbrochen."

Bevor Tilly das Schlachtfeld von Lutter verließ, handelte er seiner Ge= sinnung und seinem Charakter gemäß gegen die Besiegten und Gefallenen. Ein Sohn desselben Landgrafen Moritz, der mehr als einmal dem milden Feldherrn persönlich den Vorwurf des Ueberschreitens seiner Befugnisse gemacht, war bei Lutter in dänischen Diensten gegen sein deutsches Vaterland gefallen. Tilly ließ die Leiche aufheben, einbalsamiren und schickte sie mit dem Ausdrucke seines Be= dauerns dem alten Vater zu. [3]

Tilly überschätzte nicht die Folgen seines Sieges. Und doch war derselbe von weit tragender Bedeutung. Zunächst ward dadurch der völlige moralische Umschlag im Lande Braunschweig vollendet. Der politische war schon vorher erfolgt.

[1] cf. Villermont. Tilly. II. 367 ff.
[2] Villermont II. 371. Nr. 128.
[3] Rommel VI. 339. Leider hat Rommel das Schreiben selbst nicht mitgetheilt.

Wir haben gesehen, wie der Herzog Friedrich Ulrich dem Kaiser seine Treue und Ergebenheit betheuerte. Diese Erklärungen genügten weder Tilly, noch dem Kaiser. Tilly forderte Thaten, nicht bloß Worte. „Von Werken ist noch nichts zu schauen," sagte er am 4. August zu Christian von Celle; „denn die dänischen Besatzungen bleiben."[1] War Friedrich Ulrich noch nicht frei von dem Drucke des Oheims und der bestochenen Räthe? Indessen er ging weiter. Noch vor dem Treffen bei Lutter berief Friedrich Ulrich seine Unterthanen, die etwa im Heere des Dänenkönigs dienten, von demselben ab.[2] Er gebot am selben Tage den dänischen Commandanten, welche seine Festungen und Städte inne hatten, dieselben aufzugeben und unter dem Geleite kaiserlicher Truppen, wozu sich Tilly erboten, friedlich von dannen zu ziehen.

Nach dem Siege bei Lutter gab die Gesinnung der Landstände sich kräftiger kund. Am $\frac{24.\ \text{August}}{3\ \text{September}}$ 1626 senden Prälaten, Ritterschaft und Städte der Länder Friedrich Ulrichs eine Deputation an Tilly.[3] Sie betheuern, was ja allerdings dem Kaiser und seinem Feldherrn längst offenkundig vorgelegen, daß sie diesen unseligen Krieg nie gebilligt, daß sie alles gethan, was in ihren Kräften gestanden, um denselben abzuwenden, und daß sie auch dann noch, als er wider ihren Wunsch und Willen durch das Zuthun fremder Mächte ausgebrochen sei, sich an demselben nie betheiligt hätten. Sie thun dem Feldherrn kund, wie sie mit ganz besonderer Freude vernommen, daß der General nach erlangtem so rühmlichem und trefflichem Siege seinen Sinn nur darauf richte den edlen Frieden wieder zu bringen, daß er zu diesem Zwecke dienliche Mittel vorgeschlagen. Es scheint demnach, daß Tilly damals an den Dänenkönig Friedensvorschläge habe gelangen lassen, wenn nicht vielleicht der Dank der Landstände eher auf die Unterhandlungen mit Friedrich Ulrich zu beziehen ist. Diese gewannen nun raschen Fortgang, zumal durch die Vermittelung Christians von Celle und seines Bruders Georg.

Der förmliche Vertrag, durch welchen sich Friedrich Ulrich von dem Dänen lossagte, kam erst am $\frac{29.\ \text{August}}{8\ \text{September}}$ in Celle zu Stande. Friedrich Ulrich wiederholte hier seine Zusage die dänischen Garnisonen seiner Städte auszubieten. Durfte er hoffen und vertrauen, daß er die Schaaren, die er in seiner Verblendung und Thorheit mit allem Jammer und Wehe über sein Land gerufen, durch sein Wort wieder abschütteln könne?

Nicht also waren die Dänen gesinnt. Sie waren im Besitze. Sie wichen nur der Gewalt. Und eine solche anzuwenden, dazu war unter all den zehn Städten, die noch unter dem Drucke dänischer Garnisonen seufzten, nur eine einzige im Stande. Es war die Stadt Hannover, deren Rath und Geschworene (Bürgervorsteher) in die Aufnahme der Dänen nie gewilligt, die sich nur darein

---

[1] Archiv der Landschaft Calenberg. Tilly am $\frac{25\ \text{Juli}}{4\ \text{August}}$ an Christian von Celle.

[2] Kurze und gründliche Information u. s. w. p. 181 Datum der Ausbietung ist der $^{11}/_{21}$ August. cf. Londorp. III. 873.

[3] Archiv der Stadt Hannover.

gegeben hatten, als die Dänen, jene wußten selber nicht wie, durch ein Einverständnis mit einigen Bürgern in die Stadt gebracht waren. Der General
Tilly gab ihr im Voraus das Versprechen, daß sie nicht gezwungen werden solle
eine kaiserlich-ligistische Besatzung einzunehmen. [1] Tilly konnte dieß auch bei aller
Verwendung des Herzogs Christian von Celle doch nur dann thun, wenn er
sich der Gesinnung des Rathes dieser wichtigen Stadt so versichert hielt, daß er
überzeugt sein durfte: die Stadt würde freiwillig nicht wieder dem Dänen die
Thore öffnen, vielmehr in solchem Falle ihm den nöthigen Widerstand thun.
Er selber hatte davon den Vortheil sein Heer nicht noch mehr durch Abtheilungen
für Garnisonen zu zersplittern. Und doch wie viele Feldherren jener Zeit außer
Tilly hätten die Entsagung besessen eine wohlhabende Stadt, die wie offen dalag,
nicht mit einer Garnison zu versehen!

Nur eine Bedingung forderte der kaiserliche Feldherr: sofortige Ausschaffung
der dänischen Garnison. Der Rath erwies sich in der Erfüllung nicht säumig.
Es war nicht so gar schwer. Der Mangel an aller Kriegeszucht, die unabläßige
Dieberei dieser Söldner mochten allmählig auch die ganze Gemeinde der Bürger
von Hannover überzeugt haben, daß auf den Eifer dieser Banden für das Evangelium und das reine Wort Gottes nicht allzu fest zu bauen sei. Die dänischen
Truppen sperrten sich. Sie wollten nicht gern die gute Herberge verlassen. Aber
der Rath hatte nicht einmal nöthig die Bürger in die Waffen zu rufen: er hatte
selbst zwei Compagnien Soldaten unter einem wohlerfahrenen, von Tilly selbst
geachteten Hauptmann. Dieser bot dem dänischen Führer die Wahl: sofortigen
freiwilligen Abzug, oder einen Kampf auf dem Markte der Stadt Mann gegen
Mann. Der Däne wählte den Abzug und ward unter ligistischer Bedeckung nach
Rienburg geleitet, wo noch eine dänische Besatzung lag.

Alsdann erließ der Rath von Hannover das Gebot: nachdem der General
Tilly die Anordnungen getroffen, daß das Streifen auf dem Lande aufhöre und
die Sicherheit hergestellt sei: so haben alle Nichtbürger, die in die Stadt sich
geflüchtet, mit Weibern, Kindern und Vieh sich aus der Stadt wieder an ihren
Wohnort auf dem Lande zu begeben. [2] Bis dahin hatten dort die Dänen gestanden, deren König nach seinen eigenen Worten der Freund des Landesfürsten
war. Vor diesen Dänen waren die Einwohner des Landes in die Stadt geflüchtet. Bei Tillys Ankunft fordert der Magistrat, daß diese Nichtbürger, durch
deren Andrang, deren Ueberfülle die Stadt von Seuchen heimgesucht ward, sich
an ihren Wohnort zurück begeben sollen. Mithin war nicht allein der Rath der
Stadt Hannover überzeugt von der Verschiedenheit der Mannszucht unter dem
Dänenkönige und unter Tilly: sein Gebot des Ausgehens aus der Stadt setzte
dieselbe Kenntnis dieses Unterschiedes bei den Landleuten voraus. Demgemäß
mußten damals schon die Vorurtheile, mit welchen die mißleiteten Unterthanen
Friedrich Ulrichs ein Jahr zuvor die Truppen Tillys empfangen hatten, beseitigt

[1] Archiv der Stadt Hannover.
[2] Archiv der Stadt Hannover.

sein, und zwar beseitigt ungeachtet des auch bei dem Landvolke anfänglichen Mistrauens und des Hasses, durch das Verhalten der darbenden und hungernden Soldaten Tillys.

Der Feldherr selbst regte den einen und wichtigsten Punkt immer aufs neue an. Einige Monate nach dem Friedensschlusse mit Friedrich Ulrich forderte ein Maueranschlag [1] die Bewohner der Länder des Herzogs auf selber zu urtheilen, was es mit dem Vorgeben des Religionskrieges auf sich habe. Tilly wiederholt stetig und unablässig: „Weder hat der Kaiser mir den Auftrag gegeben, noch ist es mein eigener Wille in das Religionswesen mich irgendwie einzumischen. Es ist der Wille und die Zusage des Kaisers, daß die Religion und jegliche hergebrachte Freiheit des Herzogs und des Landes unangetastet und ungeändert verbleibe, wie sie ist. Ich berufe mich auf mein Verfahren, ob ich also gehandelt."

Und weiter entwickelten sich diese Dinge. Die kleineren Städte, welche die Dänen noch besetzt hielten, fielen bald in die Hände der kaiserlichen Truppen, nur die dänischen Besatzungen in dem festen Wolfenbüttel, in Northeim und in Nienburg leisteten harten Widerstand. Der Commandant in Wolfenbüttel führte eine Sprache, als sei er Herr im Lande. Er schrieb Brandschatzungen aus. Er schickte von dem festen sicheren Orte kleine Corps durch das Land, um die Gelder und Lebensmittel aufzuholen. Jeder seiner Erlasse verkündete: das alles geschehe um der Religion willen, die der Kaiser und Tilly dem Volke nehmen wollten. Der unglückliche Friedrich Ulrich, nun in völliger Eintracht mit seinen Ständen, berief einen Landtag. Der Landtag entschied: [2] das Benehmen der dänischen Besatzung in Wolfenbüttel sei wider alles geistliche, weltliche und Völkerrecht. Die Besatzung nehme zum Deckmantel ihres Raubens die Religion vor, die doch weder im Lande Braunschweig, noch überhaupt im niedersächsischen Kreise auch nicht im Geringsten angefochten sei, deren Vorgeben vielmehr nur dazu diene die unwissenden und einfältigen armen Leute zu bethören. Der Beschluß des Herzogs und seiner Stände fiel dahin aus: die Wolfenbütteler Besatzung mit scharfen Mandaten zu bewegen, daß sie die Festung an Tilly übergebe. Was konnten die scharfen Mandate fruchten? Die Antwort des Commandanten auf dieselben lautete: der katholische General Tilly stehe im Lande, und von diesem komme alles Unheil her. Abermals erwiederten die Landstände: [3] „Die Kriegsleiden, die in unserem Lande noch fortdauern, rühren einzig und allein von der dänischen Garnison in Wolfenbüttel. Fürwahr, es muß Gott darüber erzürnt werden und der Herr Christus sich gänzlich aus etlicher Leute Augen und Herzen verlieren, weil ja nun auch die Diener des göttlichen Wortes um Wolfenbüttel der vor dem viel täglichen Ausreiten nicht sicher sind, die Seelsorge nicht abwarten können, sondern gefangen, verjagt, geplagt und verderbt werden. Daher bleibt manches Kind ungetauft, mancher kranker, elender Mensch muß in höchster Seelenangst, ohne Beichte, Trost und Communion elendiglich dahin sterben."

[1] Beilage XXVIII.
[2] Archiv der Stadt Hannover.
[3] Das Actenstück ist abgedruckt Theatrum Europ. I. 1100. (Ausgabe von 1635).

Und dieß ist der Beweis, den wir zu bringen schuldig sind: der Beweis der völligen Wendung, der Beweis, daß nicht mehr Tilly als der Religions-bedrücker galt, sondern der Dänenkönig. Wir haben den Beweis noch fortzusetzen. Er liegt uns vor in der nachdrücklichsten Weise.

Wir haben die Stimme des ersten protestantischen Theologen seiner Zeit, Georg Calixt zu Helmstädt, zu vernehmen. „Wahrlich," sagt Calixt am 15. October 1626,[1] „von da an wo mein Geist sich zu entwickeln und ein Urtheil über menschliche Dinge zu gewinnen anfing, bin ich stets auf das ent-schiedenste überzeugt gewesen, daß von dem ungeschwächten Ansehen der Kaiser-macht auch das Heil des ganzen Deutschlands, unseres theuren Vaterlandes abhängig sei. Ohne diese Autorität des Kaises können weder innere Unruhen und bürgerliche Zwietracht unterdrückt, noch der auswärtige Feind von uns ab-gehalten werden. Wenn die Würde und die Macht des Kaisers nicht feststeht: so ist der ohnmächtige gute Wille der mächtigeren Schlechtigkeit preisgegeben, und dann fällt, was Gott verhüten wolle, das ganze Reich demjenigen als Beute zu, welcher im rechten Augenblick die mit einander kämpfenden, die vom Wechselmord blutenden Deutschen überfällt. Niemand darf es darum dem Kaiser zum Vorwurfe machen, wenn er sein Ansehen unverkürzt erhalten, wenn er es nicht ertragen will, daß dasselbe von zügelloser Willkür frech geschändet werde. Denn dadurch sorgt er nicht allein für sich, sondern für das gesammte Reich und das ganze Deutschland, welches, wenn es seinen Kaiser nicht in Ehren hält, nicht unverletzt, viel weniger glücklich sein kann. Darum handeln alle die-jenigen schlecht und niederträchtig, welche den Kaiser, den sie freiwillig verehren, und durch ihre Dienste und ihren Gehorsam unterstützen sollten, durch Be-schimpfungen und Attentate nöthigen, daß er den Gehorsam, den sie aus sich willig leisten sollten, ihnen unfreiwillig abpresse, und wenn kein anderes Mittel mehr ausreicht, zu den Waffen greife." In völliger Uebereinstimmung mit der politischen Grundanschauung Tillys nennt dann Calixt als die Urheber des deutschen Jammers, als die Aufwiegler, die mit fremdem Unglücke und Ver-derben ihre eigene Sicherheit und Wohlfahrt erkaufen — die Holländer. Die Lüge des Religionskrieges ist dem ehrenwerthen Theologen allzu hohl und nichtig, als daß er sie zu widerlegen sich bemühte. Er erwähnt nur, daß gerade dieser Vorwand ein treffliches Mittel der verschlagenen Holländer sei.

Aber Friedrich Ulrich hatte ein Jahr zuvor sich umgarnen lassen mit diesem Vorwande. Er konnte nicht anders, er selbst mußte das Wort vom Religions-kriege öffentlich zurücknehmen. Es geschah.

Denn Friedrich Ulrich ließ es nun von den Kanzeln seines Landes predigen. In denselben Kirchen, wo ein Jahr zuvor auf Befehl des wilden, bösen Chri-stian der Ruf des Religionskrieges erschollen war, vernahm man nun die Pre-digt, „daß der allmächtige Gott über diejenigen, welche die Religion und das seligmachende Wort Gottes zum Deckmantel ihrer Räuberei, Tyrannei und Brand-

---

[1] Henke, Georg Calixt I. 389.

ſchatzung gebrauchen, endlich mit deren Ach und Wehe ſeine Rache und Strafe werde ergehen laſſen." [1]

Friedrich Ulrich ſelbſt legt in einer Proclamation ein reuiges Geſtändnis ab, daß er verführt und betrogen ſei zu dieſem Kriege. [2] „Es bekümmert uns von Herzen," ſagt er, „daß die Unterthanen in dieß jämmerliche, landverderbliche, blutige Kriegsweſen verflochten ſind, und bis daher ſo elendiglich gemartert, gepreßt und abgemergelt werden." Er bittet, er ermahnt ſeine Unterthanen: ſie mögen ſich nicht abermals irre machen laſſen, ſie mögen treu zu ihm und dem Kaiſer halten, unter welchem ſie ihrer Religion ſicher ſeien. Er droht bei ſchwerer Ungnade, bei Verluſt der Güter, bei Leib= und Lebensſtrafe den Forderungen der däniſchen Garniſon in Wolfenbüttel, der alleinigen Quelle alles Unheiles nicht Folge zu leiſten. Was half es den Armen? Die däniſche Beſatzung ſaß feſt. Dort in der eigenen Burg des Herzogs ſpottete ſie ſeiner und des unglücklichen Landes, daß es jemals hatte glauben können, es ſei dem Dänenkönige mit ſeinen Söldnern um die Religion zu thun. Auch ihnen ſelbſt bangt wohl einmal bei dem Frevel dieſer Lüge vor Gott und den Menſchen. Dennoch, meint einer dieſer Führer, müſſe man dabei beharren, müſſe ſchwören, es ſei ein Religionskrieg, müſſe ſchwören, daß die Papiſten nicht halten, was ſie ſagen. Nicht freilich er ſelbſt will es thun. Denn er kennt ja den Sinn des Königs beſſer. Darum will er nicht mehr ſchwören; der Teufel möchte ſonſt ein Schelm werden. [3]

Alſo geſchah es. Die gottloſe Rotte von Wolfenbüttel rief nach wie vor den Religionskrieg aus über das unglückliche Land. Sie ſchickte ihre Streifparteien um zu holen, was für ſie brauchbar war. Das Land zahlte und gab, wenn nicht willig, ſo mit Gewalt, und die Reue für Friedrich Ulrich kam zu ſpät.

Nicht bloß der Sieg der Waffen bei Lutter am Barenberge hatte für den Kaiſer entſchieden, ſondern eben ſo wichtig war der moraliſche Sieg, der ſich durch das Verhalten Tillys und ſeiner Truppen an ſeine Fahnen band. Im November 1626 erließ der Kaiſer ein Dankſchreiben an die Bisthümer Halberſtadt und Magdeburg, an Pommern, Holſtein, Sachſen, Lauenburg, Oldenburg, an die Städte Lübeck, Goslar, Mühlhauſen, daß ſie ſich zu ewigem Lobe und Ruhme dieſes Unweſens gänzlich enthalten. [4] Er ſprach ihnen ferner ſeine Freude aus, daß, wenn auch nicht alle, doch die meiſten und vornehmſten Glieder des Kreiſes ſich losſagten von dem Dänen und den Ungrund ihres Mistrauens erkannten. Der Kaiſer hob mit wohl berechtigtem Selbſtgefühle hervor, daß die Urſache dieſer Sinnesänderung aus der Ueberzeugung entſpringe, wie es dem

---

[1] Kurze und gründliche Information, was es mit der Grafſchaft Hon- und Reinſtein u. ſ. w. S. 213.

[2] Königliches Archiv zu Hannover.

[3] Beilage XXIX. als ein Spiegelbild des Söldnerthums. Deßhalb möge daſſelbe, obwohl ich es bereits in der Zeitſchrift des hiſtoriſchen Vereines für Niederſachſen, Jahrgang 1859, habe abdrucken laſſen, hier wiederholt werden.

[4] Kurze und gründliche Information, was es u. ſ. w. S. 193.

Kaiser nicht um irgend ein Privatinteresse, sondern nur um den Schutz und die Erhaltung der Ordnung des Reiches zu thun sei. Er mahnte die Stände des Kreises auch fernerhin in deutscher Aufrichtigkeit und Treue zu dem Oberhaupte des Reiches zu stehen, und auf den Schutz desselben zu vertrauen. Er schrieb eigenhändig, was er selten that, an Friedrich Ulrich, und versicherte ihn noch einmal ausdrücklich seines Schutzes und seiner Gnade. Er forderte den Herzog Christian von Lüneburg-Celle auf, [1] daß er das Werk, welches er bei Friedrich Ulrich angefangen, auch weiter fortsetze, daß er im Vereine mit dem General Tilly als kaiserlicher Commissar auch die Herzöge von Mecklenburg bewege sich von dem fremden Könige abzuthun und zu ihrem Kaiser zu treten. Die Forderung war auch dadurch begründet, daß die Herzöge längst vor der Schlacht bei Lutter in Wien betheuert hatten: [2] es sei ihnen niemals in den Sinn gekommen feindlich gegen den Kaiser aufzutreten. Nur die Aufrechthaltung des Religionsfriedens sei ihr Ziel gewesen. Dasselbe erklärten Abgeordnete der Herzöge am 12. September vor dem General Tilly. Noch kräftiger sprach sich der lutherische Erzbischof von Bremen aus dem Hause Holstein aus. Aber auf Tillys Forderung des offenen Lossagens von dem fremden-Könige wiesen diese Fürsten hin auf die dänischen Truppen in ihrem Lande. Wie auch konnte man Fürsten, die zu eigenem Schaden in Lauenburg zwei Jahre vorher im alleinigen Interesse des Dänenkönigs so schmählich sich hatten bethören lassen, die Entschlossenheit einer offenen Erklärung zutrauen, zumal da sie alle nach der Weise der Zeit völlig wehrlos waren? Sie wagten es nicht, selbst nicht auf die Mahnung ihrer Stände. Denn namentlich die Stände von Mecklenburg gaben in derselben Weise, wie die Stände aller anderen deutschen Länder, ihre kaiserlich getreue Gesinnung kund, so oft sich ihnen Gelegenheit bot. Nach der Schlacht bei Lutter erklärten zu Güstrow die Stände von Mecklenburg: [3] wenn ihre Herzöge es mit ihnen getreulich meinten, so möchten sie nur das Land aufbieten. Dann getrauten sie sich mit göttlichem Beistande wohl die Dänen hinaus zu schlagen. Die Herzöge hatten dazu so geringen Muth, daß sie selbst noch Contributionen für Dänemark begehrten. Die Stände wurden darüber schwierig. Man vernahm auf offenem Landtage die Worte: es werde Gottes und des Kaisers Zorn über die Herzöge kommen. Dennoch war es nicht böser Wille derselben, sondern Mangel an Kraft und Entschluß.

In Wahrheit hatten sie zu fürchten. Die Hand des Dänenkönigs war schwer. Am schlimmsten stand die Sache für den getreuen Reichsfürsten Christian von Lüneburg-Celle. Ihm grollte der Dänenkönig am heftigsten. Durch die Weigerung dem Lauenburger Vertrage beizutreten, der die deutschen Fürsten mit ihren Ländern der Eroberungsgier des Dänen zu Füßen legte, hatte der Herzog von Lüneburg-Celle der Sache des Dänenkönigs politisch und moralisch einen

[1] a. a. O. 197.
[2] Londorp. III. 844.
[3] Khevenhiller XI. 692. Frank, altes und neues Mecklenburg XIII. p. 17

schweren Stoß verſetzt. Er hatte die Lüge des Dänen, daß ſein Krieg der Habgier ein Religions- und Vertheidigungskrieg ſei, von Anfang an unhaltbar
gemacht. Dafür hatte der Däne das Land ſeines Vetters ſchon im Sommer
1625 büßen laſſen. Nun kamen noch andere Dinge hinzu. Des Herzogs
Chriſtian jüngſter Bruder Georg handelte im ſelben Sinne, wie jener. Georg
hatte früher in däniſchen Dienſten geſtanden. Als der Krieg drohte, ſagte er ſich
davon los. Und nicht bloß dieß. Er warb Regimenter für den kaiſerlichen
Dienſt. Die üblichen Phraſen des Dänenkönigs von Religion und Libertät irrten
ihn nicht. Vor der Schlacht bei Lutter befahl Wallenſtein dem Herzoge Georg
die verſprochene Hülfe zu Tilly zu führen. Der Herzog ſelbſt war damals fern
auf Werbung in der Wetterau;[1] aber ſeine Truppen fochten mit. Es war den
Dänen ſehr wohl bekannt, welchen Nachtheil ſie durch dieſe Hülfe erlitten.
Daher ſetzte ſich bei dem Könige Chriſtian und ſeinen Dänen die Meinung feſt:
dieſen Heerhaufen habe der Herzog Georg geführt. Um ſo größer war der
Zorn gegen dieſen und ſeine Brüder, die zur ſelben Zeit den Vetter Friedrich
Ulrich wieder mit dem Kaiſer verſöhnten. Der Verdruß, daß dieſe welfiſchen
Herzöge alle Plane durchkreuzten, fraß ſich tief in die Seele des Dänenkönigs
Chriſtian. Dafür ſollten die Unterthanen dieſer Vettern büßen.

Vom Anfange Septembers an liefen in Celle tägliche Berichte der Beamten
aus den Elbgegenden ein, angefüllt mit ſchmerzlichen Klagen über die grimmige
Zorneswuth der Dänen.[2] Sie nehmen, heißt es darin, den armen Leuten alles
was ſie haben. Das Vieh wird heerdenweiſe weggetrieben, ein Schaf wird von
den Plünderern um zwei oder drei Schillinge verkauft. Die Menſchen werden
gejagt, gehetzt, mit langen Röhren wird Jagd auf ſie gemacht. Täglich vernimmt man laut und öffentlich die Rede, daß der rothe Hahn ſteigen müſſe.
In ſolcher Noth bat Chriſtian flehend Tilly herbei. Er ſchickt dem kaiſerlichen
Feldherrn die Berichte ſeiner Beamten. Er bittet ihn des kaiſerlichen Spruches,
des Schutzes und der Sicherheit auch wirklich genießen zu laſſen. Tilly war
dem ehrenhaften Herzoge Chriſtian freundlich zugethan. Obwohl er auch an
dieſen, der ihn um Hülfe bittet, in Ausdrücken ſchreibt, wie ein Unterthan an
ſeinen Fürſten: ſo war doch Tilly ſich ſeiner wirklichen Macht ſehr wohl bewußt.
Er für ſeine Perſon, erwiederte er dem Geſandten des Herzogs, werde, ſo lange
er lebe, es ſich höchſt angelegen ſein laſſen, um den Herzog und ſein Haus
groß zu machen und zu erhöhen. Doch ſo ſchleunige Hülfe zu bringen vermochte Tilly nicht. Er war die Weſer hinabgezogen, um dort die däniſchen
Beſatzungen aufzuheben. Erſt als die Klagen immer dringender wurden, betrat
Tilly im December 1626 das Herzogthum Lüneburg.

Wohin auch immer dieſer Feldherr vorrückt, da geſchieht es mit einer
merkwürdigen Umſicht, die ihn deckt nach allen Seiten. Wir meinen nicht bloß
in militäriſcher Hinſicht — denn daran hat nie Jemand gezweifelt — ſondern

[1] Decken I. 225.
[2] Königliches Archiv zu Hannover.

eben so sehr in politischer und moralischer Beziehung. Nur gerufen, nur dringend gebeten betritt Tilly ein Land, dessen Fürsten er ein Jahr zuvor zugesichert,
daß er das Land desselben nicht betreten werde. Und wie bei dem Fürsten,
sichert er sich dieselbe Achtung seines gegebenen Wortes auch bei den Bewohnern.
Tilly betritt kein Land, ohne sich vorher mit den Commissarien desselben über
die Quartiere, die Lieferungen genau und ins Einzelne zu verständigen, [1] ohne
vorher diese selbst zu fragen, welche besondere Vorschläge sie ihm zu machen
haben für die Mannszucht unter seinen Truppen. Bevor dann Tilly einzieht,
sendet er eine genaue Proclamation [2] voraus, wie er es gehalten haben will.
Er selber ja weiß es am besten, was die Anwesenheit eines Heeres seiner Tage
in einem Lande auf sich habe. Darum ist es seine Sorge alles dahin zu richten,
daß die Sicherheit der Personen und des Eigenthumes in keiner Weise gefährdet
werde, daß Bürger und Landmann ihrem täglichen Gewerbe nachgehen wie
zuvor. Ein besonderer Gegenstand seiner Obhut sind die Mühlen: sie dürfen keine
Einquartierung erhalten. Mehr noch liegt ihm am Herzen die Aufrechthaltung
der Befugnisse der Obrigkeit; damit diese in keiner Weise beeinträchtigt werde,
sind die Vögte von Einquartierung frei. Der wichtigste Gegenstand seiner Obhut
aber ist die Schonung und Pflege des kirchlichen und geistigen Lebens. Darum
darf kein Pastor, kein Schuldiener, kein Küster Einquartierung erhalten. Und
damit nicht unter irgend einem Vorwande eines anderen Namens dennoch dieß
umgangen werde, setzt der Feldherr hinzu: und andere geistliche Personen.
Aber auch das genügt ihm nicht. Er erklärt noch ausdrücklich dazu, daß dieß
geschehe, damit „zuvörderst der Gottesdienst und was dem mit Besuchen der
Kranken, mit Taufen der Kinder und sonst anhängig sei, unbehindert verrichtet
werde."

Die Proclamation gibt uns das deutlich getreue Bild des Mannes in
seiner Zeit.

Tilly erließ nicht allein dergleichen Proclamationen: er gab, wenn es darauf
ankam, ihnen Nachdruck durch eigenes Beispiel. Eines Tages verübte ein Haufe
seiner Reiter in Fallersleben Gewalt. [3] Die Bewohner setzten sich zur Wehr,
schlugen den Haufen hinaus und behielten vier derselben gefangen. Es waren
zwei Deutsche und zwei Franzosen. Am Tage hernach kam Tilly dahin, erfuhr,
was vorgefallen war, und ließ sofort alle vier aufhängen. Kaum war das geschehen, als man in der Ferne wieder den Reiterhaufen sich nähern sah. Es
mochte diesen leid thun ihre Kameraden bei dem gemeinschaftlichen Unternehmen
den Bürgern zur Beute gelassen zu haben: sie wollten dieselben holen. Von der
Ankunft des Feldherrn wußten sie nichts. Eben diese aber gedachten die Bürger
für sich zu benützen. Plötzlich ertönte die Sturmglocke. Tilly aufgeschreckt, eilt
hervor und jagt selbst als der Vorderste der Reiterschaar nach, die mit Entsetzen

---

[1] Der Briefwechsel Tillys mit dem Großvogt Johann von Behre im Königlichen
Archiv zu Hannover, vgl. auch Khevenhiller X. 1601 ff.
[2] Beilage **XXX**.
[3] Königliches Archiv zu Hannover.

den Feldherrn erkennend nach allen Richtungen auseinander stiebt. Zwei wurden gefaßt. Auch sie sollten hängen; aber die Bürger selbst, die auf eine so nachdrückliche Weise ihrer Dränger losgeworden waren, legten nun ein Fürwort für sie ein. Tilly willfahrte der Bitte.

Bei solchem Verfahren mochte Tilly persönlich ein Recht haben an den Herzog Christian zu Celle nach einigen Wochen im Januar 1627 zu schreiben: [1] „Ich hoffe Ew. Fürstlichen Gnaden und die Ihrigen werden nunmehr zum Oefteren durch die That verspürt haben, daß ich es an nothwendiger Kriegsdisciplin und Ordnung nicht ermangeln lasse. Also will ich auch fernerhin verfahren, daß hoffentlich daran nichts fehlen soll, wenn nur auch die Einwohner den Soldaten das Nothwendige liefern wollen."

Während Tilly hier im Norden den Feind zurückdrängte, der dort das Reich zu zerstückeln gedachte, waren die Waffen des Kaisers auch im Osten siegreich. Es ist eins der traurigsten Zeichen jener Zeit, daß dieselben Mächte, die in ihren öffentlichen Kundgebungen jederzeit das Wort Religion obenan stellen, unablässig beflissen sind den Erbfeind der Christenheit gegen den Kaiser in die Waffen zu bringen. Es war zu gleicher Zeit eine verruchte und leichtsinnige Politik. Sie war verrucht und leichtsinnig, weil sie nicht bloß Oestreich, nicht bloß Deutschland, sondern überhaupt die Christenheit und ihre Cultur aufs Spiel setzte. Denn Oestreich allein war das Bollwerk und die Vormauer des Abendlandes und seiner Civilisation. Wenn Oestreich zusammenbrach: so war auch Deutschland türkisch: und wer sollte dann noch Halt gebieten? Zuweilen mochten Erwägungen solcher Art selbst bei den Generalstaaten im Haag auftauchen. Wir finden den Gesandten derselben mit demjenigen der Signoria von Venedig zu Constantinopel einmal in einem ganz besonderen Streite. [2]

Der Venetianer bat die Türken namentlich Oberungarn, Mähren, Schlesien und Böhmen anzugreifen. Dort sei noch gute Beute zu holen. Von da aus könne man leicht in Deutschland streifen, und das sei die allerreichste Provinz. Es sei übel gethan, meinte der Venetianer, daß man außen herum und an den Grenzen die Zeit und das Volk verzehre, da man doch mit geringer Mühe die inwendigen Glieder und das Leben selber treffen könne. Die deutsche Nation sei unter sich getrennt, sagte weiter der Venetianer, die Theile einander feind und gehässig: deshalb würden sie weder Rath noch That zum Kriege zu geben wissen. — Nicht also, erwiederte der Holländer, dem es bangen mochte bei dem Gedanken, daß von dem deutschen Reiche der Weg zu den Städten im Niederland leicht zu finden sei, daß kein Meeresarm trennend sie schütze, nicht also, meinte er, sei es für den Sultan ersprießlich. Viel besser sei es für ihn sich mächtig zu machen zur See; denn wer Meister sei zur See, der vermöge alles. Die Holländer seien bereit dem Sultan Schiffe zu geben.

Die Paschas schienen mit Behagen solche Worte zu vernehmen. Wiederum

[1] Königliches Archiv zu Hannover.
[2] Khevenhiller X. 723.

ward dem Benetianer bang bei solchem guten Willen. Er suchte den Türken
darzuthun, daß der holländische Rathschlag aus lauter Hochmuth und Bosheit
entspringe. Der Holländer dagegen erwiederte: die Benetianer seien feig. Sie
wollten Niemanden zur See, als sich selbst. Sie behaupteten, das Meer sei
ihre Braut. Darum widerrathe der Benetianer dem Türken jegliche Seerüstung.

Es war ein Glück, freilich nicht ein verdientes, für beide Republiken, daß
die Vorschläge weder der einen, noch der anderen in Constantinopel damals aus=
geführt wurden.

Waren es bei diesen beiden Republiken Rücksichten auf die eigene Sicherheit:
so gaben sich in Frankreich religiöse Bedenken kund, ob es recht sei, daß der
König mit dem Namen des très-chrétien geschmückt, ein Bündnis mit dem
Großtürken habe.[1] Der Scharfsinn des Cardinals Richelieu wußte das Hindernis
dieser Frage hinwegzuräumen. Das Bündnis, erwiederte er, bringe der katho=
lischen Kirche Nutzen; denn in Constantinopel und Galata werde an eilf Orten
die Messe gefeiert. Der Papst sende neun Bischöfe nach der Türkei. Jerusalem
werde beschützt, es seien Franziskaner zu Bethlehem. Das Haus der französischen
Gesandtschaft in Constantinopel sei ein Zufluchtsort für Bekehrte, auch würden
dort viele Sklaven freigekauft. Also Richelieu. Es ist vielleicht möglich, daß
diese Erwägungen dem Gewissen des Cardinals Richelieu genügten. Der eng=
lische König Karl I., die Generalstaaten von Holland, Gustav Adolf von Schweden
hatten den Muth sich über Fragen solcher Art hinwegzusetzen, und auch ohne
Beruhigungsmittel für sich in Constantinopel gegen den deutschen Kaiser und das
deutsche Reich zu hetzen und zu schüren. Sie warben dort um Hülfe für Bethlen
Gabor, den stets unberechenbaren Fürsten von Siebenbürgen.

Wie war doch solchen Mächten gegenüber die Stellung des deutschen Kaisers
Ferdinand moralisch so ungleich edler und höher! Was nur immer jenen Fürsten
und Gewalten Europas im Norden, im Westen, im Süden möglich war, das
thaten sie, um die Grundfesten menschlicher Civilisation und Cultur dem Islam
und damit der Vernichtung preis zu geben. Die Türkenmacht besaß damals
nicht mehr die frisch anstürmende Kraft. Es zeigten sich bereits leise Vorboten
des Verfalles. Aber gebrochen war sie nicht. Es schaudert uns bei dem Ge=
danken, daß die gewaltige letzte Fluthwelle, welche im Jahre 1683 sich auf
Wunsch und Bitte des französischen Ludwig erhob, welche damals an den festen
Mauern und Wällen von Wien, an der Ausdauer der wackeren Bertheidiger,
an dem Aufgebote der Kraft des deutschen und des polnischen Reiches zerschellte,
daß diese selbe Fluthwelle sich auch im Jahre 1627 aufgethürmt haben möchte.
Es ist nicht also geschehen. Daß es nicht so weit gekommen, ist nicht das Ver=
dienst der Könige und Republiken Europas. Es ist auch nicht das Verdienst des
deutschen Kaisers, wir wissen es. Aber es war sein Verdienst und seine Ehre
dem Drängen und Hetzen dieser Könige und Republiken Europas gegenüber als
derjenige dazustehen, welchem, im Falle es geschah, die Aufgabe zufiel der Hort

[1] Aitzema I. 1108.

und die Burg der menschlichen und christlichen Cultur zu sein. Und diese Lage der Dinge mußte das Selbstgefühl des deutschen Kaisers mächtig schwellen. Alle seine Gegner, im Reiche selbst, wie außerhalb dessen, nahmen ihre Zuflucht gegen ihn zu verwerflichen Mitteln. Die Fürsten des Reiches, die sich gegen ihn empörten, zogen als Verräther an ihrer Nation fremde Mächte in das Reich. Ein ähnliches Verhältnis im weiteren Umfange hatte es mit diesen fremden Königen und Republiken. Indem sie den Kaiser angriffen, waren sie mittelbar beflissen als Verräther an der christlichen Cultur dieselbe dem Islam zu opfern. Darum mußte dem Kaiser Ferdinand seine Aufgabe als eine erhabene, dem göttlichen Willen entsprechende erscheinen. Indem er seine Rechte gegen rebellische Fürsten aufrecht hielt, vertheidigte er die Einheit, die Macht, die Freiheit der deutschen Nation. Indem er die fremden Fürsten und Könige abwehrte vom deutschen Boden, vertheidigte er nicht bloß seine Nation, sondern die Möglichkeit der Abwehr des gemeinsamen Feindes der Christenheit. Indem er sich selber schützte, sein Haus und seine Macht, rettete er die christliche Cultur.

Im Jahre 1625, drei Monate nach dem zweiten Frieden, den Bethlen Gabor mit dem Kaiser geschlossen, bat er beim Sultan sich die Erlaubnis aus sich mit den christlichen, dem Kaiser feindlich gesinnten Mächten in ein Bündniß einzulassen. Der Sultan gewährte sie. Es war nach der Handlungsweise des Bethlen zu erwarten, daß er in denselben Tagen dem Kaiser meldete: es liege ihm nichts mehr am Herzen, als sein aufrichtiges Gemüth und seinen guten Willen gegen das Haus Oestreich zu beweisen. [1] Dann erbat sich Bethlen Gabor von dem Sultan die Genehmigung zur Heirath mit Katharina, der Schwester des Kurfürsten von Brandenburg. Auch das gewährte der Sultan. Die Verbündeten waren England, Frankreich, Holland, Venedig, d. h. sie zahlten das Geld zu den Angriffen Bethlen Gabors gegen den Kaiser. Schweden hatte nichts zu zahlen. Das Bündnis zwischen Bethlen Gabor und Dänemark war selbstverständlich, nur daß auch Christian IV. nicht zahlte. In ähnlichem Verhältnisse war es mit Mansfeld, der in Wahrheit betrachtet werden muß nicht wie der General irgend eines anderen Kriegsherrn, sondern wie eine selbständige Macht für sich, ein souveräner Fürst der Werbetrommel.

Nach seiner Niederlage an der Dessauer Brücke am 25. April 1626 begab sich Mansfeld in die Mark Brandenburg, und verfuhr dort nach seiner Art. Hindernisse fand er nicht. Wallenstein hatte sogar den Kurfürsten im Verdachte der Begünstigung des Freibeuters. [2] Es liegt in diesem Verdachte für den Kurfürsten Georg Wilhelm ein ungeheurer Vorwurf, der Vorwurf zugleich der Thorheit für sich selber und des Verrathes an seinem eigenen Lande. Der Verdacht ist unbegründet. Georg Wilhelm selbst beklagte sich, daß seine Schwiegermutter, die alte Pfalzgräfin, die Mutter des Friedrich, und einige seiner Räthe, die von dieser alten Frau abhingen, ihm den Verderber ins Land gezogen. Es ist

---

[1] Londorp. III. 924.
[2] Förster, Wallenstein als Feldherr und Landesfürst S. 426.

lächerlich zugleich und bezeichnend für die Lage der Dinge, daß Georg Wilhelm wegen der Unthaten des Mansfeld in London Beschwerde führte. [1] Wie dem auch sei: Georg Wilhelm war wehrlos. Zwar die Bürger und Bauern griffen zu den Waffen; aber ihr ungeordneter und planloser Widerstand diente nur dazu in den Händen ihrer Dränger die Brandfackel zu entzünden. Von der Mark aus brach Mansfeld nach Schlesien vor. Schon verkündete das Gerücht, daß er von da aus sich mit Bethlen Gabor zu vereinen strebe. Dieser, unterstützt durch venetianisches Geld und türkische Mannschaft, nahte in Ungarn heran. Da erst gelangte der Befehl des Kaisers an Wallenstein dem Mansfeld nachzujagen. Die Macht des Mansfeld war unterdessen durch die verwandten Elemente, die aller Orten an ihm kleben blieben, wieder bedeutend geschwollen bis auf 16,000 Mann. Auch der Herzog Johann Ernst von Weimar war zu ihm gestoßen, und dänische Heerhaufen sollten folgen. [2]

Es war nicht Mansfelds eigener Wunsch sich zu Bethlen Gabor zu begeben. Er hatte seit der böhmischen Rebellion überall und jeder Zeit bewiesen, wie ver= haßt ihm jeglicher Gedanke der Unterordnung und des Gehorchens war. Er hatte beständig seinen eigenen Weg verfolgt. Auch dießmal wäre er lieber durch Böhmen und Bayern nach dem Elsaß gezogen. [3] Das war nicht thunlich. Nicht freilich die Befehle des Dänenkönigs, auf welche Johann Ernst von Weimar verwies, hielten Mansfeld davon ab: sein Grund war triftiger. Der kaiserliche Reiteroberst Pechmann, welcher den Abenteurern auf den Fersen folgte, drängte vorwärts. Der Weg ging durch Mähren, wo Mansfeld 22 Dörfer des Car= dinals Dietrichstein in Flammen aufgehen ließ. Es war eine seiner letzten Kriegesthaten.

Bevor Bethlen Gabor den Mansfeld an sich angezogen, stand Wallenstein am 30. September 1626 ihm gegenüber. Vierzehn Tage zuvor vernehmen wir von Wallenstein das hochfahrende Wort: [4] „Ich muß jetzt mich gefaßt machen mit dem Bethlen, dem Mansfeld und dem Türken zugleich zu raufen. Es graust mir aber vor ihnen allen nicht." In Wirklichkeit war es nicht so schlimm. Er raufte mit keinem von ihnen. Bethlen Gabor erbat sich auf eine Nacht Still= stand, um vom Frieden zu handeln. Als der Morgen anbrach, war Bethlen mit seinem ganzen Heere auf dem Rückmarsche. Wallenstein folgte nicht nach, sondern gab Unterhandlungen Raum, die den Stillstand herbeiführten. In diesen Unterhandlungen drangen die Kaiserlichen auf die Ausschaffung von Mansfeld. Dieser selbst sah ein, daß Ungarn nicht sei wie Deutschland, wo der eine Reichs= fürst ruhig zusah, wie sein Nachbar gebrandschatzt wurde, abwartend, bis auch an ihn selber die Reihe käme.

Mansfeld nahm von Bethlen Gabor tausend Dukaten, um nach Venedig zu gehen und dort sich nach England einzuschiffen. Sein Harem ausgesuchter

---

[1] Rusdorfi. consilia et negot. publ. p. 716.
[2] Londorp. III. 880.
[3] Hurter, Ferdinand, Bd. IX. 503.
[4] Chlumecky, Regesten u. f. w. 37.

Schönheiten war ihm bis dahin gefolgt. [1] Dann endlich zerrann sein Glück, und die Lebenskraft des 46jährigen Mannes war verbraucht. Schon in Ofen mußte er wegen Krankheit verweilen. Dort besuchten ihn vornehme Türken, und ein Mufti stellte ihm einen Paß an Muhamed aus, damit Mansfeld als Freund des Islam die Thore des Paradieses geöffnet finde. [2] Er reiste weiter. Zu Wralowitz in Bosnien ward er so schwach, daß er nicht mehr vorwärts konnte. Er machte sein Testament. Dort traten katholische Geistliche zu ihm, und Mansfeld erneuerte reuig das Bekenntnis des Glaubens seiner Jugend. Also wird berichtet, [3] und wir vermögen weder etwas dafür, noch dawider zu sagen. Er ließ sich sterbend aus dem Bette heben, Kriegsstücke anlegen, und erwartete, auf zwei Officiere gestützt, stehend seinen Tod.

Mansfeld hatte sieben Jahre lang durchweg als selbständiger Führer Krieg geführt, und in diesen sieben Jahren zweimal, bei Fleurus und bei Dessau, sich auf ein erhebliches Treffen einlassen müssen, weil er nicht mehr ausweichen konnte. Nicht Schlagen war sein Ziel, sondern Krieg führen, so lange wie möglich.

Ob auch der Säemann selbst dahin geschieden war: die Saat seines Beispieles blieb. Mansfeld zuerst hatte den schauerlichen Satz ins Dasein gerufen, daß der Krieg den Krieg ernähre. Er hatte darin eifrige Jünger gefunden. Das Wort war der Aussatz, der noch 22 Jahre lang den Körper Deutschlands überdeckte, die Säfte desselben an sich sog und zu den grauslich ekelhaften Mißbildungen verwendete, die wir in den Kriegsheeren jener Zeit uns vor Augen treten sehen. Mansfeld war einer der wirksamsten Mitarbeiter an dem Werke der Vernichtung unserer deutschen Nationalkraft, Einheit und Cultur. Sein Auftreten noch hatte die Deutschen gefunden als die erste aller Nationen. War sie es noch bei seinem Abschiede? Schon waren viele Sehnen und Nerven ihr durchschnitten durch ihn. Eine lange Reihe einst blühender Gemeinwesen von Böhmen bis zum Rheine, und wiederum im Norden und im Osten lag zerrüttet und zertrümmert durch ihn. Das Werk zu vollenden, verblieb seinen Nachfolgern.

Noch vor dem Ende des Jahres 1626 schloß Bethlen Gabor seinen Frieden mit dem Kaiser.

Auch selbst von dem Dänen her schien gegen das Ende dieses Jahres eine Friedenshoffnung aufzuleuchten. Dem Kurfürsten Johann Georg von Sachsen gebührt das Lob, daß er ebenso wie ein Jahr zuvor sich auch diesmal die Sache eifrig angelegen sein ließ. Er fand gleiche Willfährigkeit bei allen Personen auf deutscher Seite. Schon am 24. October 1626 richtet er ein Dankschreiben an Tilly für die Bereitwilligkeit, mit welcher Tilly die Vorschläge beim Kaiser, bei dem Kurfürsten Maximilian befürwortet. [4] Am 7. November schon sind die kursächsischen Gesandten in Braunschweig, dem Orte der Vermittelung. Der Däne schien geneigt. Für die Aufrichtigkeit seines Willens könnte sprechen, daß

[1] Engel, Geschichte von Ungarn IV. 450.
[2] Carafa, Germania sacra 317 ff. beruft sich auf Briefe.
[3] Gualdo Priorato, storia di Ferd. p. 173.
[4] Villermont II. 373. Nr. 130.

Kaiser nicht um irgend ein Privatinteresse, sondern nur um den Schutz und die Erhaltung der Ordnung des Reiches zu thun sei. Er mahnte die Stände des Kreises auch fernerhin in deutscher Aufrichtigkeit und Treue zu dem Oberhaupte des Reiches zu stehen, und auf den Schutz desselben zu vertrauen. Er schrieb eigenhändig, was er selten that, an Friedrich Ulrich, und versicherte ihn noch einmal ausdrücklich seines Schutzes und seiner Gnade. Er forderte den Herzog Christian von Lüneburg-Celle auf, [1] daß er das Werk, welches er bei Friedrich Ulrich angefangen, auch weiter fortsetzen, daß er im Vereine mit dem General Tilly als kaiserlicher Commissar auch die Herzöge von Mecklenburg bewege sich von dem fremden Könige abzuthun und zu ihrem Kaiser zu treten. Die Forderung war auch dadurch begründet, daß die Herzöge längst vor der Schlacht bei Lutter in Wien betheuert hatten: [2] es sei ihnen niemals in den Sinn gekommen feindlich gegen den Kaiser aufzutreten. Nur die Aufrechthaltung des Religionsfriedens sei ihr Ziel gewesen. Dasselbe erklärten Abgeordnete der Herzöge am 12. September vor dem General Tilly. Noch kräftiger sprach sich der lutherische Erzbischof von Bremen aus dem Hause Holstein aus. Aber auf Tillys Forderung des offenen Lossagens von dem fremden-Könige wiesen diese Fürsten hin auf die dänischen Truppen in ihrem Lande. Wie auch konnte man Fürsten, die zu eigenem Schaden in Lauenburg zwei Jahre vorher im alleinigen Interesse des Dänenkönigs so schmählich sich hatten bethören lassen, die Entschlossenheit einer offenen Erklärung zutrauen, zumal da sie alle nach der Weise der Zeit völlig wehrlos waren? Sie wagten es nicht, selbst nicht auf die Mahnung ihrer Stände. Denn namentlich die Stände von Mecklenburg gaben in derselben Weise, wie die Stände aller anderen deutschen Länder, ihre kaiserlich getreue Gesinnung kund, so oft sich ihnen Gelegenheit bot. Nach der Schlacht bei Lutter erklärten zu Güstrow die Stände von Mecklenburg: [3] wenn ihre Herzöge es mit ihnen getreulich meinten, so möchten sie nur das Land aufbieten. Dann getrauten sie sich mit göttlichem Beistande wohl die Dänen hinaus zu schlagen. Die Herzöge hatten dazu so geringen Muth, daß sie selbst noch Contributionen für Dänemark begehrten. Die Stände wurden darüber schwierig. Man vernahm auf offenem Landtage die Worte: es werde Gottes und des Kaisers Zorn über die Herzöge kommen. Dennoch war es nicht böser Wille derselben, sondern Mangel an Kraft und Entschluß.

In Wahrheit hatten sie zu fürchten. Die Hand des Dänenkönigs war schwer. Am schlimmsten stand die Sache für den getreuen Reichsfürsten Christian von Lüneburg-Celle. Ihm grollte der Dänenkönig am heftigsten. Durch die Weigerung dem Lauenburger Vertrage beizutreten, der die deutschen Fürsten mit ihren Ländern der Eroberungsgier des Dänen zu Füßen legte, hatte der Herzog von Lüneburg-Celle der Sache des Dänenkönigs politisch und moralisch einen

[1] a. a. O. 197.
[2] Londorp. III. 811.
[3] Khevenhiller XI. 692. Frank, altes und neues Mecklenburg XIII. p. 17

Zehnter Abschnitt.

Daß es dem Dänenkönige einmal so ergehen würde, wie es bei Lutter geschehen war, hatte man im Haag vorausgesehen. Man kannte dort die Trunkfälligkeit Christians IV., die üble Leitung seines Heeres, vor allen Dingen seinen Geldmangel und die daraus entstehende Unzufriedenheit der Söldner. [1] Denn auch Christian hatte sich noch nicht völlig die Mansfeldische und Wallensteinische Ansicht angeeignet, daß lediglich das Land selbst, in welchem man stehe, die Last des Heeres zu tragen habe: auch er wollte noch Sold bezahlen. Den größten Theil dieses Soldes hatte der englische König Karl versprochen; aber er hatte sein Versprechen nicht gehalten. Er war sehr im Rückstande. Das milderte in den Augen der Generalstaaten ein wenig die Fehler des Dänenkönigs, und sie beschlossen, da sie doch nur noch dieses eine Werkzeug hatten, ihn nicht fallen zu lassen. Sie hatten für Mansfeld eine Million verwendet: sie konnten immerhin auch noch für den Dänenkönig etwas thun, zumal da ohne ihn der Friede für Norddeutschland in sicherer Aussicht stand. Statt der versprochenen 50,000 Gulden boten sie ihm im April 1627 die dreifache Summe. [2] Frankreich gewährte eine halbe Million Livres. Karl von England hätte Geld senden mögen, wenn er etwas besessen hätte. Dafür schickte er einen Hosenbandorden zum Versetzen. Der Werth sollte 700,000 Kronen betragen; aber Christian konnte in England nicht 160,000 Thaler darauf geborgt erhalten. Ferner kamen Mannschaften: 3000 Engländer, 3000 Franzosen, eben so viele holländische Söldner. Auch des Königs eigene Kleinodien wurden verkauft, und dazu gewährte ihm der Adel Geld und Mannschaft, auch selbst der holsteinische. Christian hielt am 28. November 1626 zu Rendsburg einen Landtag. [3] Er bat die Ritter sich nicht daran zu ärgern, daß nicht der eigene Herzog Friedrich den Landtag berufe; denn das sei ein Friedmacher. Dann ließ der König haarsträubende Dinge berichten über alles was der Kaiser vorhabe: spanische Servitut, Ausrottung aller Fürsten und hohen Familien, Vernichtung der christlichen alleinseligmachenden Kirche, allgemeine Verwüstung, Knechtschaft der Einwohner, Schändung aller Weiber und Kinder, und was des Grauslichen mehr gesagt werden konnte, bis das Entsetzen die Ritter ankam. Diesem Entsetzen gemäß fiel die Antwort aus. Der Statthalter Gerhard Rantzau erwiederte: er sei ein alter Mann; aber er wolle seine grauen Haare dem Feinde entgegen setzen; denn es sei besser mit grauen Haaren in deutscher Freiheit zu sterben, als in spanischer Knechtschaft zu leben. Der Eifer war groß. Einige meinten, daß die Städte bei ihrer alten Gewohnheit bleiben dürften; aber die eifrigen

---

[1] Camerar bei Moser, patriotisches Archiv. VI. 103.
[2] Hurter IX. 512. Niels Slangen II. 338.
[3] Extract der Proposition So Ihre K. M. zu Dennemark u. s. w. Eine Flugschrift.

Ritter beschlossen: die Städte sollten thun gleich wie sie, und der Bauer solle aufgeboten werden Mann für Mann. Die Städte hatten nicht solchen Eifer; dennoch einte man sich: so viele Pflüge, so viele Soldaten. Das hätte ein stattliches Heer von 70—80,000 Mann gegeben, wenn nämlich der Rausch des Eifers über solche grausliche Erzählungen des Königs Christian hätte bleibend sein können.

Denn schon die nächsten Worte Tillys waren berechnet auf einige Ernüchterung dieser kampfeslustigen Ritter. [1] Er warf ihnen zürnend vor, ob der Adel auch gedenke an Eid, Pflicht und Gewissen, mit welchen er dem Kaiser verwandt sei. Er hob hier wie immer den Frevel hervor, daß unter dem Scheine und der Larve, unter der falschen Anklage einer Unterdrückung des göttlichen Wortes das arme unwissende Volk aufgewiegelt werde. Tilly wiederholt hier wie immer sein altes Wort, ob das deutsche Freiheit sei, was durch Engländer, Franzosen, Schotten, Irländer und alle möglichen Nationen im Dienste des Dänenkönigs errungen werden solle. Solche Worte und vielleicht auch eigene Erfahrungen scheinen bei der Ritterschaft von Holstein Eindruck gemacht zu haben; denn die Erfüllung der hochtrabenden Worte von 70—80,000 Mann blieb aus.

Anders dagegen wendet Tilly sich an die meklenburgische Ritterschaft. Er habe gern vernommen, meldet er, daß sie sich neulich zu Rostock erklärt dem Kaiser als oberstem Haupte und Schutzherrn eid= und pflichtgetreu zu bleiben. Er ermahnt sie dabei zu verharren. — Sie mochten immerhin verharren. Der König Christian wußte um die eigentliche Gesinnung der meklenburgischen Ritterschaft eben so wohl wie Tilly, und hatte deshalb in zeitiger Fürsorge das Land so besetzt, daß jene sich begnügen mußte mit ihrem guten Willen. Eben weil er diesen guten Willen kannte, waren die Meklenburger darüber einig, daß Christian absichtlich schlechte Mannszucht hielt. [2]

Das Heer des Dänenkönigs im Frühlinge 1627 war sicherlich nicht minder stark, als dasjenige Tillys. Dazu hielten sich die dänischen Besatzungen in Northeim und Wolfenbüttel, und ihre Belagerung erforderte bedeutende Abtheilungen unter Fürstenberg und Pappenheim. Ferner hatte der Däne damals noch ein Heer in Schlesien, bis Wallenstein im Sommer 1627 dasselbe bewältigte. Auch erhielt er neue Anführer. Christian Wilhelm, den weder das Domcapitel, noch die Stadt Magdeburg noch anerkannte, war schon in dänischen Diensten. Dazu kam die Brandfackel des böhmischen Aufruhrs, der Graf Thurn, und endlich auch der Durlacher Markgraf. Dieser hatte im Hasse gegen seinen Kaiser, der ihm auch nach seiner Empörung vom April 1622 noch wohlgewollt, alle Länder Europas durchirrt. Im Mai 1627 war er im Haag. [3] Die Generalstaaten stellten ihm ein Kriegsschiff zur Fahrt nach Dänemark. Dorthin

[1] Londorp. III. 961.
[2] Frank, altes und neues Meklenburg XIII. S. 17.
[3] Aitzema II. 153.

trugen alle drei Männer den Haß, der ihnen selbst und vielleicht auch dem Dänenkönige für Befähigung galt. Alle drei erhielten Befehle über Truppencorps.

Mit dem Frühlinge des Jahres 1627 rollten wiederum die eisernen Kriegeswürfel, und dießmal zunächst verderbend und vernichtend über das Lüneburger Land.

Der Dänenkönig beharrte dabei den Krieg, den er zur Zerstückelung des deutschen Landes für fremdes Geld unternommen, einen Religionskrieg nennen zu wollen. Es ist merkwürdig zu sehen, wie weit er diese Dinge trieb. [1] Auf der königlichen Kunstkammer in Kopenhagen bewahrt man ein Gemälde auf Holz, das nach Befehl und Anweisung Christians IV. angefertigt wurde. Es stellt den Heiland dar, auf einem Steine sitzend, entkleidet, nur mit dem Purpurmantel angethan, eine Dornenkrone auf dem Haupte, in der Hand ein zerbrochenes Rohr. Unter diesem Gemälde ist ein Zettel, von des Königs Christian Hand zierlich geschrieben, mit Glas bedeckt in einem Rahmen. Der Zettel besagt: „Diese Gestalt ist mir den 8. December auf dem Hause Rotenburg Morgens früh gezeigt, der Hohn und Spott, so unser Erlöser und Seligmacher unsernthalben gelitten, bei währendem Gebete für die Noth der ganzen evangelischen Kirche Anno 1626. Chr. IV. D. G. Rex Daniae et Norw. etc.“.

Es ist möglich, daß bei den Hallucinationen in Folge der Trunkfälligkeit des Dänenkönigs auffallende Erscheinungen eingetreten sind, welche der König dann im wachen Zustande zu solchen Bildern verklärte. Er verkündete sich demgemäß als den von Gott erwählten Streiter für den Heiland der Welt. Dieser Idee sollte, wie es scheint, auch das Folgende entsprechen.

Bei der Eröffnung des Feldzuges im Jahre 1627 ließ Christian eine Proclamation für den Religionskrieg ausgehen. [2] Er erinnerte am $\frac{29.\ April}{9.\ Mai}$ seine Untergebenen, daß aller Segen, alles Glück und alle Wohlfahrt wider die Feinde allein von Gott dem Herrn herrühre und von demselben in rechtschaffener Bußfertigkeit, durch ein inbrünstig Gebet müsse erhalten werden. Deßhalb gebietet der Generalkriegscommissär, daß in Städten, Flecken und Dörfern und überall, wo eine dänische Garnison sich finde, jeden Morgen um zehn Uhr eine Betstunde gehalten werden solle. Ferner soll jeden Mittwoch ein allgemeiner Buß-, Fast- und Bettag sein. An demselben soll Jedermann die Bußpredigt hören, und abermals um ein Uhr Mittags zu Gebet und Gesang sich versammeln. Damit ferner solche Fast-, Buß- und Bettage in rechter Gottesfurcht abgehalten werden, sollen alle, Menschen und Vieh, von aller Arbeit gänzlich feiern, Jedermann fasten und nicht essen noch trinken; alles Zapfen von Wein, Bier und Branntwein und andere Gewerbe sollen verboten sein. Die Officiere u. s. w. sollen mit gutem Beispiele vorangehen, damit der gerechte Zorn Gottes abgewendet, seine Barmherzigkeit und Güte wieder zugewendet, und ferner Glück und Sieg durch Gebet und wahre Buße erhalten werden möge. Damit jegliche

---

[1] Decken I. 172.
[2] Londorp. III. 976.

Annäherung an katholische Weise möglichst verhütet werde, sollen die Geistlichen sich nur des alten und nicht des neuen, durch den Papst Gregor verbesserten Kalenders bedienen.

Also lauten die Worte des Dänenkönigs. Wir haben zu fragen nach seinen Werken.

Schon während des Monats Mai 1627 kamen die Dänen, die am rechten Elbufer lagen, allnächtlich herüber in das Herzogthum Lüneburg und zündeten einzelne Häuser an.[1] Im Juni wurden andere Maßregeln ergriffen. Es kam Methode in diese Sache. Nach dem Systeme des verstorbenen Neffen bestellte der König Christian einen ordentlichen Brandmeister in Eid und Pflicht. Zahlreiche Truppen streiften herüber und legten, wie im Fluge, in Flecken und Dörfern Feuer an. Sie waren freilich menschlicher, als ihre Auftraggeber. Sie entschuldigten sich bei den flehenden, jammernden Menschen, daß sie sich gern begnügen würden nur das Vieh und die Habseligkeiten wegzunehmen. Man möge darum ihnen den Brand nicht verdenken: es geschehe auf besonderen Befehl des Königs. Er habe geboten alles schlicht zu machen. Von den Wällen der Stadt Lüneburg aus sah man allnächtlich in der Ferne den Himmel sich röthen von der Flammenglut. In dem einzigen Amte Winsen an der Luhe loderten in wenigen Tagen fünfundzwanzig Dörfer auf.

Es liegt uns aus dieser Gegend der Bericht des Amtmannes Kahrstett aus Winsen vor. Das Gefühl des selber tief getroffenen Mannes durchbricht in demselben die officielle Sprache. Kahrstett kann wegen der streifenden Dänenrotten eines Tages nicht von Lüneburg nach seinem Amtssitze Winsen gelangen: er muß in jener Stadt abwarten, was ihm kommt. Von da aus sieht er die Feuer aufgehen. Er schreibt an seinen Herzog. Der Bericht geht nicht zu Ende; denn Stunde auf Stunde fügt er eine Nachschrift hinzu, immer trauriger. „Anjetzo kommt Zeitung,“ schließt endlich der gepreßte Mann, „daß die Königlichen die Nacht um zwölf Uhr auch Winsen angefallen, es angesteckt, und darüber, daß sich Gott im hohen Himmel erbarm! das Städtlein in Rauch aufgegangen. Man vernimmt, der König sei persönlich in der Nähe. Mächtiger Succurs will hoch nöthig sein. Ach des großen Jammers und Elendes! Gott sei aller Betrübten und Elenden Trost! 22. Juni 1627.“

Die Menschen flohen umher, verschüchtert und verzagt, wenn sie noch fliehen konnten oder durften. Denn nicht auf das Brennen, das man den Armen gegenüber als den Befehl des Königes zum Schlichtmachen bezeichnete, beschränkte sich dieser Dänenkönig, der täglich zur Betstunde trommeln und blasen und commandiren ließ. Er gebot ferner seinen Söldnern die Weiber und Kinder jener Gegenden gleich Heerden von Schlachtvieh vor sich her zu treiben. Die Unglücklichen sollten nach Dänemark und Norwegen geschafft werden. Was ist aus ihnen geworden? Kein Bericht, keine Klage meldet es. Sie sind verdorben und gestorben.

[1] Man vgl. Walmerodes Bericht vom 11. Juli aus Gifhorn bei Hurter IX. 517. Ich folge den Berichten der Lüneburger Beamten im Königlichen Archive zu Hannover.

Flehend wandten sich die Herzöge von Lüneburg-Celle an den General Tilly, und baten um Hülfe und Rettung gegen den Barbaren des Nordens. Tilly war mit der Hauptmacht noch zurück; doch machten hier und da vorsprengende Kroatenhaufen das Werk der Dänen unsicher und gefährlich. Während das Dorf Adendorf brennt und die Dänen schon bereit sind Pechkränze in das Kloster daneben zu schleudern, eilen zwei Compagnien Kroaten heran. Die Dänen sind stärker an Zahl; dennoch schlagen die Kroaten mit hartem Verluste sie in die Flucht. „Das war Gottes Schickung," also berichtet der Amtmann seinem Herzog in Celle. Ob zweihundert Jahre später der Gedanke, daß solche Worte einmal dort an der Elbe gesprochen, dort einmal Kroaten als Retter und Befreier begrüßt seien, nicht wie ein Mährchen erklingt aus einer hingeschwundenen, längst vergessenen Welt? Die Vorurtheile und irrigen Traditionen späterer Jahre haben sich wie die Schlinggewächse eines Urwaldes zu einer wie es scheint unburchbringlichen Wand verschlungen. Ob sie vor der scharfen Axt geschichtlicher Forschung jemals fallen werden?

Im Beginn des Monates Juli 1627 stand Tilly, der bereits den Herzog Georg von Lüneburg-Celle vorangeschickt, mit seinen Truppen in der Nähe der Stadt Lüneburg, und dieser dänische Jammer hatte ein Ende. Der König floh so eilig, daß er in die Elbe stürzte. Viele seiner Officiere ertranken, er selbst ward gerettet.

Tilly konnte ungehindert vorwärts dringen; denn er war unterdessen im Rücken frei geworden. Die dänische Besatzung der Stadt Northeim hatte sich muthig vertheidigt, wiederholte Stürme des Generals Fürstenberg abgeschlagen, bis sie sich am 27. Juni eine ehrenhafte Capitulation erstritt. Sie erhielt Geleit nach Wolfenbüttel. Auch diese Stadt ward mit gleicher Kraft vertheidigt. Weder die Vorstellungen Friedrich Ulrichs, noch die Bitten der Stände übten auf den Commandanten auch nur den geringsten Einfluß. Die Stände wandten sich im Sommer 1627 flehend an den König Christian.[1] Das Land ist verdorben, sagen sie: 300 Dörfer liegen in Asche. Die Stände erklären: daß Friedrich Ulrich nicht aus sich, sondern auf ihren Rath seinen Vetter von Celle aufgefordert beim Kaiser Fürbitte für ihn einzulegen. Sie berufen sich auf das Wort des Generals Tilly, daß im Falle der Abführung der Garnison von Wolfenbüttel er die Stadt nicht wieder besetzen wolle. Sie machen dem Könige harte Vorwürfe über das Rauben und Plündern, Schlagen, Drängen und Pressen seines Heeres von Anfang an. Sie wiederholen das längst bekannte Wort, daß ihnen in Betreff der Religion noch in keiner Weise Eintrag geschehen sei. Nicht wegen der kaiserlichen Truppen, sondern wegen der dänischen Garnison in Wolfenbüttel können die Geistlichen ihr Amt nicht mehr verrichten. Von Wolfenbüttel aus schaltet und waltet der Graf Solms, als sei er Herr im Lande und keiner sonst. Die Stände fragen den dänischen König, was er selber denken würde, wenn ein fremder Potentat die dänischen Unterthanen auf solche Weise

---

[1] Theatrum Europ. I. 1101.

behandeln würde. Im selben Verhältnisse stehe zu ihnen der Kaiser als ihre höchste Obrigkeit.

Es war alles vergeblich. Weder der König, noch der Commandant Solms milderten das Loos der unglücklichen Bevölkerung. Solms beharrte bei seiner Behauptung: der Krieg sei ein Religionskrieg, und verübte unter diesem Namen die schauerlichsten Frevel. Seit der Mitte des Sommers 1627 hielt Pappenheim die Stadt umschlossen. An einen Entsatz war nicht zu denken; dennoch wollte Solms, dessen Truppen doppelt so stark waren als die Zahl der Bürger, die Stadt nicht übergeben. Pappenheim fand als das einzige Mittel zur Bezwingung der Stadt die Wassersnoth. Er dämmte den Strom der Oder, bis Wolfenbüttel von einem See umgeben lag. Das Wasser stieg in die unteren Stockwerke der Häuser. Es war keine Rettung mehr. Da endlich ward ein Accord gemacht, am $^8/_{18}$ December 1627. Solms zog aus, und seine Truppen liefen sofort aus einander.

Es ist die Frage, wie im Verhältnisse zu den Dänen Tilly ferner im lüneburgischen Lande verfuhr. Er erneuerte im Juli mit Rücksicht auf die erlittenen Leiden des Landes durch das dänische Brennen, mit Rücksicht auf die nah bevorstehende Ernte seine ernste Mahnung der Ordnung an seine Soldaten.[1] Er hob ferner, wie es immer und aller Orten seine Weise war, mit Nachdruck seinen Schutz für die Geistlichen bei allen ihren Verrichtungen hervor. Einige Tage hernach besichtigte der General die Feldfrüchte. Er fand, daß seinem Gebote nicht nachgekommen war. Deßhalb erließ er ein neues und schärferes. „Man treibt", sagt er,[2] „die Pferde in das hochgewachsene Korn: der Troß und das unnütze Gesindel schneiden das reife Getreide ab und bringen es in vollen Ladungen heim. Darum soll man es mit Trompeten ausblasen, durch die Trommel in allen Quartieren verkünden lassen, daß Alle und Jede, die von heute ab wieder dergleichen thun, und dabei betroffen oder erkundigt werden, ohne irgend welche Rücksicht, es sei Jung oder Alt, sofort gehängt werden sollen. Die Profosen sollen Aufsicht führen Tag und Nacht." Fortan verstummte jegliche Klage.

Dann ward die Verpflegung abermals geregelt. Auch hier folgt Tilly seiner alten Weise nur durch die gesetzlichen Obrigkeiten zu verhandeln. Er gab an, welcher Summe er für sein Heer bedürfe, und die Vertheilung der Auflage geschah durch die Obrigkeiten des Landes. Diese zogen die Gelder ein, überlieferten sie dem Abte des Michaelisklosters zu Lüneburg, einem der ersten Prälaten des Landes, wie sich von selbst versteht, protestantisch. Von dem Abte wiederum erhielten die Officiere die Beträge für ihre Compagnien. Nach ausdrücklicher Uebereinkunft zwischen dem Herzoge Christian von Lüneburg-Celle und Tilly waren die Commissarien berechtigt und verpflichtet für jede etwaige Verletzung des Eigenthums durch die Soldaten den Ersatz des Schadens bei der

---

[1] Beilage **XXXI**.
[2] Königliches Archiv zu Hannover.

Auszahlung an Gelde zurück zu behalten.[1] Auf der anderen Seite ward den Einwohnern kund gethan, daß außer diesem Solde die Kriegsleute zu keiner Forderung irgend welcher Art berechtigt seien, daß sie für ihren Sold alle ihre Bedürfnisse zu kaufen hätten.

Die Kriegszucht im Heere Tillys ward ferner wesentlich erleichtert durch die Befugnisse, welche der Feldherr den Landesobrigkeiten über die Soldaten gestattete. Andere Generale und die kriegführenden Mächte selbst weigerten sich jedes Zugeständnisses an die Obrigkeiten über die Söldner. Die Holländer namentlich waren darin sehr eifersüchtig auf ihre Gewalt.[2] Der Kurfürst von Köln führte 1627 im Haag schwere Klage, daß man die Soldaten aus den Grenzstädten auslaufen lasse. „Sie plündern, rauben, knebeln und ranzioniren von Tag zu Tage mehr. Das nimmt in einer Weise zu, daß kein Handel, noch Wandel mehr möglich. Weder Edelmann, noch Bauer kann die Wege gebrauchen, ja Niemand ist auf dem platten Lande seines eigenen Hauses oder Bettes sicher. Wenn ferner kleine Haufen zu diesem oder jenem Zwecke ausgeschickt werden gegen die Feinde: so suchen sie nicht diesen, sondern mit Anschluß des Gesindels von allen Orten her ziehen sie von Dorf zu Dorf und unter dem Vorwande von Futter und Mahl erpressen sie, was sie finden. Flüchten die armen Leute in die Kirche: so haben sie auch da keinen Schutz. Oft auch lodern die Häuser in Flammen auf." Die Klagen des armen Kurfürsten bewirkten im Haag die Erneuerung derselben Vorschriften, die sich eben als unwirksam erwiesen hatten. Der Kurfürst wagte es sich selber helfen zu wollen. Er wies nämlich seine Unterthanen an sich zu vertheidigen, die Zugänge zu schließen, mit Glockenklang die Nachbarn aufzubieten, und im Nothfalle kaiserliche Truppen zu Hülfe zu rufen.[3] Diese Verordnungen waren allgemein, gegen alles streifende Kriegsvolk überhaupt, gegen spanisches nicht minder als gegen holländisches. Der Kurfürst ließ dieß im Haag vorstellen. Die Hochmögenden entgegneten: sie wüßten das besser, es seien ihre Truppen damit gemeint. Das seien Neuerungen, die sie nicht dulden würden.

Anders verfuhr Tilly. Er verlieh den Ortsobrigkeiten die ausdrückliche Ermächtigung die Soldaten, welche nach dem üblichen Ausdrucke jener Zeit sich auf das Auslaufen verlegten, zu verhaften und an das Regiment abzuliefern. Auf die Klage über einen Unfug, den mehre Compagnien zusammen verübt, entgegnet Tilly: es würde ihm lieb und angenehm gewesen sein zu vernehmen, wenn der Herzog Christian die Officiere so lange in Arrest behalten hätte, bis alles erstattet sei. Da dieß nicht geschehen, so werde er selbst eine solche Strafe verhängen, daß der Herzog daran erkennen solle, wie sehr ihm die Sache mißfalle.[4] Ja Tilly gestattete selbst der Behörde des Herzogs Christian Urtheile.

---

[1] Beilage XXXII.
[2] Aitzema II. 674.
[3] a. a. O. S. 757.
[4] Königliches Archiv zu Hannover.

spruch und Vollziehung der Todesstrafe an einem seiner Soldaten. [1] Ein solcher
Fall mag in der Geschichte jener Zeit dastehen als völlig unerhört. Der Ge=
danke an die Möglichkeit einer solchen Befugnis mußte den Localobrigkeiten und
dem Landesherrn selbst in den Augen der Soldaten ein ganz anderes Gewicht
verleihen, als sie es bei den meisten Heeren jener Zeit haben konnten. Auch
ging in dieser Beziehung wiederum Tilly mit seinem Beispiele voran. Nach den
Reichsordnungen war die Residenz auch des kleinsten Landesherrn von jeglicher
Einquartierung frei. Tilly wagte es niemals ohne besondere Erlaubnis oder
Einladung eine solche Residenz zu betreten, und eben so wie er, verfuhren dem=
gemäß auch seine Officiere.

Wir lernen bei einer solchen Gelegenheit den Mann kennen in seiner ganzen
liebenswürdigen Bescheidenheit. Auf einer Rundreise beim Heere begriffen,
kündigt er dem Amte zu Winsen an, daß er im dortigen herzoglichen Schlosse
zu übernachten gedenke. [2] Weder der Amtmann noch der Amtsschreiber sind an=
wesend, lediglich der Hausvogt des Schlosses. Bestürzt geht der Mann zu den
kaiserlichen Officieren im Städtchen und klagt ihnen, daß er ja keine Vollmacht
habe das Schloß einzuräumen. Diese erwiedern ihm: Tilly habe vor seiner
Abreise ausdrücklich gesagt, daß er bei seiner Wiederkehr sein Quartier auf dem
Hause Winsen nehmen werde. Dann aber habe er sich Gedanken darüber ge=
macht, es möchte vielleicht dem Herzoge Christian nicht gefallen. Deshalb habe
er sofort an den Herzog Christian darüber geschrieben, und von diesem sei die
Antwort gekommen: der General möge sich nicht einbilden, daß dem Herzoge
das mißfallen würde; er möge nach Gefallen allemal sein Quartier auf dem
Hause des Herzogs nehmen. Dem armen Vogte bangte nach beiden Seiten.
Er hat vom Herzoge keine schriftliche Vollmacht; aber darf er den Officieren
Tillys sagen, daß er Mistrauen in ihre Worte setze? Die Ankunft des Feld=
herrn befreit ihn endlich aus der Sorge. Es ist Tilly selbst, der Geistliche, der
ihn immer begleitet, noch zwei andere Personen, und Tillys Kanzlei. Die Zahl
der Personen ist wenig gefährlich, und noch weniger die Forderungen für die=
selben. Tilly speist allein, und zwar Fische, Bier und Brod. Die Officiere
erhalten Fleisch und Wein. Am andern Morgen hört Tilly seiner Gewohnheit
nach die Messe. Nach derselben steigt er die Wendeltreppe des Schlosses zu
Winsen herab und läßt den Hausvogt rufen. Dieser erwartet neue Befehle.
Statt dessen spricht der Feldherr dem verwunderten Manne seinen Dank aus,
daß er aufgenommen und ihm Gutes geschehen sei. Er wolle dem Herzoge dessen
dankbarlich eingedenk sein. Alsdann begehrt er das Schloß und den Wall zu
besehen, und der Hausvogt führt ihn umher. Tilly äußert Lob und Tadel über
diese und jene Einrichtung der Brücken, der Geschütze. Endlich hat er noch eine
besondere Bitte. Er gehe nun nach Lauenburg, sagt er, und wisse nicht, ob
er dort jederzeit Fische haben könne. Es sei deshalb sein Wunsch, daß man

---

[1] Beilage **XXXIII.**
[2] Königliches Archiv zu Hannover. Bericht des Hausvogtes zu Winsen.

Fische nach Lauenburg bringe, wie man es nach Lüneburg thue. Die Leute
würden nicht allein Schutz und Sicherheit haben, sondern sollten auch der Billigkeit nach alles wohl bezahlt erhalten.

Tilly begnügte sich nicht den Wirkungskreis der gesetzlichen Obrigkeiten unverletzt zu erhalten. Er begnügte sich nicht nach einmaliger Verabredung mit
ihnen die Anordnungen für die Verpflegung seines Heeres zu treffen. Er unterhielt auch ferner beständigen Verkehr mit ihnen und zwar lebendigen. Zuerst
begleitete ihn der Großvogt Behre, einer der ersten Beamten des Herzogthumes.
Als dieser erkrankte und sich heim sehnte, bat Tilly sich vom Herzoge Christian
den Amtmann Kahrstett zu Winsen aus. Es ist derselbe Mann, der seinem
Herzoge den klagenden Bericht über den vermeinten Untergang seines Städtchens
Winsens durch die Dänen meldete. Als Kahrstett damals dann heimkehrte, erkannte er, daß ihm das Glück der Verschonung beschieden war.[1] Seine Wohnung
und seine Habe war nicht ein Raub des Feuers geworden. Zum Danke spendete
er aus seinen Mitteln tausend Thaler an seine unglücklichen Mitbürger. Dieser
wackere Mann zog fortan mit dem Feldherrn umher, so lange er im Lüneburger
Lande verweilte, und gab dem Herzoge Nachricht über die Vorfälle im Haupt-
quartiere. Er genoß des Vertrauens von beiden Seiten, und Tilly entließ ihn
mit einem ansehnlichen Geschenke. Wir werden ihm später noch einmal bei diesem
Feldherrn begegnen.

Die Hauptsache jedoch ist bei Tilly das Beispiel. Die eigene Rechtschaffen-
heit und Ehrlichkeit dieses Mannes schützte die Länder gegen die Zumuthungen
und Ansprüche auch seiner Officiere. Es ist der beständige Grundsatz des Feldherrn seine Bedürfnisse für seine Person selbst zu bezahlen, und niemals Geschenke zu nehmen. Also kannte man ihn längst. Wir haben gesehen, wie man
dem Grafen von Nassau-Diez abrieth mit dem Angebot seiner goldenen Kette
vor Tilly zu erscheinen. In Niedersachsen galt dieselbe Ansicht. Die Stände
von Calenberg haben dem General-Commissär Ruepp eine goldene Kette verehrt,[2]
nicht Tilly. Wo der Feldherr neben der Contribution, welche das Landvolk ent-
richtet, von den Städten etwas fordert: da ist es in der Regel nicht Geld,
sondern Brod oder Korn für seine Soldaten. Das mochte den Städten hier
und da drückend sein; aber die Forderung selbst ist ein Beweis gegen Habgier
und Willkür. Das einzige Geschenk, welches er, so viel man weiß, von einer
Commune angenommen, waren 1000 Rosenobel von Hamburg, und er nahm
dieselben nur, um sie sofort zu einer kirchlichen Stiftung zu verwenden.[3]

Und dennoch wissen wir noch von einem Geschenke ganz besonderer Art.
Im April 1627 übersandte ihm die Stadt Hannover 1800 Malter Korn für
seine Soldaten. Dieß hatte Tilly gefordert. Aber die Ueberbringer, unter ihnen
der Stadthauptmann Barthold Knauff, dem Tilly eben so wie dem Rathe bei

---

[1] Königliches Archiv zu Hannover.
[2] Archiv der Landschaft Calenberg zu Hannover.
[3] Adlzreitter, Ann. B. G. III. lib. XVII. p. 279.

der Austreibung der Dänen im September 1626 Vertrauen bewiesen, brachten noch ein anderes für Tilly selber mit. Sie überreichten ihm einen Vorrath schöner Aepfel. „Womit," also lautet der Bericht,[1] „der General wohl zufrieden war."

Stellen wir uns diese Thatsache lebhaft vor Augen. Eine wohlhabende Stadt, welche der siegreich im Lande stehende Feldherr mit Einquartierung verschont, weil er ihr Vertrauen beweist, bietet außer dem verlangten Brode für die Soldaten diesem Feldherrn persönlich ein Geschenk von Aepfeln. Wie birgt sich schweigend unter dem Darbieten des unscheinbaren Geschenkes die volle, die unbedingte Anerkennung der Ehrenhaftigkeit und Redlichkeit des Mannes, dem eine ihm zu Danke verschuldete Stadt nur mit einer solchen werthlosen Gabe zu nahen wagt! Es ist die Frage, ob jemals ein Feldherr alter oder neuer Zeit an der Spitze seiner Truppen eine solche Huldigung, eine solche Anerkennung wahrer Ehre empfangen. Das Zeugnis für Tilly ist um so stärker in einem Kriege, der unter der Larve der Religion von denen, welche ihn erregten, nur auf Beutemachen und Rauben abgesehen war, von den Großen im Großen, von den Kleinen im Kleinen, von einem Jeglichen nach seiner Art.

Es ist bei alledem nicht anzunehmen, daß Tillys Verordnungen so befolgt wurden, sein Beispiel eine solche Nachahme fand, wie er selbst es wünschte, wie er selbst es forderte. Daß die Soldaten Tillys namentlich da, wo sie ihn selber fern wußten, sich aller Ungebühr enthalten hätten, ist nicht wahrscheinlich. Weniger noch als im Lüneburgischen war die Verhinderung jeglicher Ausschweifung im Lande Braunschweig möglich, wo die irre geleiteten Bewohner durch das Vorgeben des Religionskrieges bethört, anfangs die Soldaten so übel empfangen hatten, wo die zersprengten Banden der Harzschützen in Wäldern und Schluchten noch immer ihr Unwesen trieben. Von dort aus bringen Ritter- und Landschaft dem Feldherrn im Sommer 1627 das anerkennende Zeugnis, daß man vertraue und wisse, wie er sein Wort halte, und daß nur da ein Grund zur Klage gegeben werde, wo er fern sei.[2] Namentlich handelten nicht alle Obersten im Sinne des Feldherrn, am wenigsten vielleicht der Italiener Leo de Medicis, der im Nassauischen für sich und sein Gefolge von 51 der Mehrzahl nach sehr überflüssigen Personen wöchentlich über 2000 Pfund Fleisch und das Uebrige nach Verhältnis forderte.[3] Auch Pappenheim zog sich durch Geschehenlassen die strenge Rüge des Feldherrn zu.[4]

Der Kurfürst Max selber wies Tilly auf die Officiere hin, nicht im Tone des Vorwurfs, sondern so schonend wie nur immer möglich.[5] Er wisse, sagt er, wie sein Feldherr mehr als zu viel mit den Geschäften seiner schwierigen Laufbahn überhäuft, den Officieren das Vertrauen schenken müsse, daß ein

[1] Redekers Chronik im Archive der Stadt Hannover.
[2] Königliches Archiv zu Hannover.
[3] Keller, Drangsale des nassauischen Volkes S. 91.
[4] Beilage XXXIV.
[5] Hormayr, Taschenbuch 1844, S. 348 vom 3. Januar 1627.

jeglicher sich halte nach seiner Pflicht. Darum hätte der Kurfürst lieber geschwiegen. Aber alle Uebelstände entspringen lediglich aus der Habgier der Officiere. Nicht den Soldaten, sondern jenen kommen alle Vortheile zu gut; in die Beutel der Officiere verlieren sich die reichen Geldsendungen, und der arme Soldat soll fechten, soll sein Leben aufsetzen und dabei Hunger, Noth und Kummer leiden. Es kommt die Bundesstände wunderbar an, daß, wenn ein oder zwei Monate Sold auszutheilen sind, alsdann so viele Soldaten sich finden, und wenn man fechten soll, der Kaiser und die Spanier um Hülfe gebeten werden.

Bei solchen Worten jedoch fühlt der Kurfürst, daß sie, obwohl er es nicht gewollt, mittelbar doch Tilly treffen und ihn kränken müssen. Er wendet deshalb seine Rede. „Ich weiß wohl," fährt er fort, „daß Euch als einem so berühmten und der ganzen Welt bekannten General solche Ungelegenheit unlieb ist. Ich weiß, daß Ihr daran unschuldig seid, daß alles nur von Anderen herrührt. Nicht Euch verdenke ich, viel weniger ist das die Absicht meines Schreibens. Ich gebe Euch nur meine Ansicht, wie den Dingen zu helfen, wie die Gefahr, die Ihr befürchtet, abzuwenden sei. Denn auf Euch haben ja ich und die anderen Bundesstände all unser Vertrauen gesetzt; Euch haben wir durch die That alle unsere Wohlfahrt, unsere Länder und Leute befohlen. Deswegen nehmt mein Schreiben nicht ungleich auf, denkt nicht, als ob Ihr an den Uebelständen schuldig sein sollet. Seid vielmehr gewiß, daß ich wie bisher jederzeit, also auch noch und hinfortan Euch hochachte, Euch ehre und liebe, meine ganze Hoffnung auf Euch gründe und nicht zweifle, daß Ihr nicht ablassen werdet von Eurer so löblichen Bahn."

Dennoch mochte der alte Feldherr durch einige Ausdrücke empfindlich berührt sein. Deshalb antwortet ihm der Kurfürst noch einmal mit voller Anerkennung. „Keine Historien," ruft Max aus, „werden dasjenige zeigen, was Ihr und diese Armee allein verrichtet habt. Deshalb wird auch Euer Muth, Euer Verstand, Eure Treue, Eure Tapferkeit an allen Orten gepriesen, und Ihr seid darum mit Eurer Armee billig lob- und liebenswerth. Wir kennen ja Eure aufrichtige, getreue, gottselige Weise, Eure Mühe, Eure Arbeit, Euren Fleiß und Eure Sorge."

Hat jemals irgendwo ein anderer General von seinem Kriegsherrn ein solches Zeugnis empfangen? —

Auch von dem besetzten Lande kam die Anerkennung der Bewohner dem Heere Tillys entgegen. Der eigene Herzog ja hatte Tilly gerufen, gebeten zum Schutze. Den Lüneburgern ward eine freundliche Stellung zu dem kaiserlichen Heere um so viel leichter, als den Braunschweigern, weil das Trugbild des Religionskrieges dort, wo der Landesfürst getreu zu dem Kaiser hielt, auch gar nicht hatte aufkommen können, weil vielmehr die Lüneburger von Anfang an gewußt hatten Worte und Werke des Dänenkönigs zu unterscheiden. Wo eine Möglichkeit des Erfolges vorlag, da erhoben sich beim Vordringen der kaiserlichen Truppen die Lüneburger, und in gleicher Weise die Bremenser, und jagten die dänischen Glaubensretter und Mordbrenner hinaus. Die Bewohner von

Buxtehude entrangen der dänischen Garnison die Waffen und trieben sie aus dem Thore. Das erwarb ihnen die warme Anerkennung und Zuneigung Tillys, und auf seinen Bericht und denjenigen des Rathes von Buxtehude ehrende Lob-schreiben von dem Kaiser und dem Kurfürsten von Bayern.[1] Wo dänische Soldaten einzeln sich sehen ließen, harrte ihrer von den ergrimmten Bauern der Tod. Im Spätherbste 1627 wurden im Kehdinger Lande an der Elbe zehn Cornette Reiter und ein Fähnlein Fußvolk zersprengt. Der Bericht des kaiser-lichen Officiers an Tilly meldet:[2] „Die Reiter und Soldaten, welche nicht von den Bauern erschlagen sind, haben sich untergestellt." Der Bericht hört sich an, als ob das Erschlagenwerden der Dänen durch die Bauern sich ganz von selbst verstehe. Das Unterstellen unter Tillys Truppen war für die einzelnen versprengten Dänen das einzige Rettungsmittel.

Nach und nach verstummten auch in den Ländern Friedrich Ulrichs die Schmähschriften. Wir haben gesehen, wie Tilly auf dem Friedenscongresse zu Braunschweig heftige Beschwerde erhob gegen die Libelle, die damals zu Anfange des Krieges gegen ihn und sein Heer in Umlauf gesetzt wurden. Er hatte da-mals nachdrückliche Bestrafung derer verlangt, welche dahin trachteten das arme unwissende Volk mit falschen, erdichteten Reden aufzuwiegeln, und den Samen der Zwietracht auszusäen. Wir haben ferner gesehen, wie viele Mühe er sich gab durch Erlasse, Proclamationen, durch öffentliche Anschläge, durch Berufung auf die Thatsache seines Verfahrens das Volk zu beruhigen. Es gelang. Dennoch ward auch noch 1627 ein abermaliger Versuch dieser Art gemacht, und erheischte darum desto mehr ein nachdrückliches Einschreiten. Es lagen einige Truppen Tillys in der Neustadt vor Hannover. Gegen dieselben und namentlich gegen Tilly persönlich erschien eine verläumberische Schrift. Der Verdacht fiel auf einen gewissen Barkhausen zu Hannover.

Wir haben bei der Besprechung des Unwillens von Seiten des Feldherrn über solche Schmähschriften ein Beispiel von der Art in Aussicht gestellt, wie Tilly Rache nahm an solchen Beleidigern. Wir haben dasselbe hier zu bringen.[3]

Auf das Begehren des Obersten Albers legte der Magistrat den Barkhausen in Haft. Dann fragte Albers bei Tilly an, der in Lauenburg weilte, ob der General den Barkhausen ausgeliefert haben wolle. In der Voraussetzung einer Bejahung hatte Albers von dem Rathe bereits die Herausgabe des Barkhausen gefordert. Tilly entgegnete: „Ich begehre seiner Person gar nicht. Allein ich mag leiden, daß der Rath von Hannover, gemäß seinem rechtmäßigen Erbieten gegen den Barkhausen so verfahre, wie es in solchen Fällen Recht und Gesetz mit sich bringen." Demgemäß erhoben die Geschworenen der Stadt Hannover gegen den ehemaligen Notar Barkhausen die Anklage, daß er den kaiserlichen Feldherrn und das Heer auf heftige und höchst strafbare Weise beleidigt und

[1] Beilage XXXV.
[2] Königliches Archiv zu Hannover.
[3] Archiv der Stadt Hannover.

verleumdet habe. Die Sache schlich langsam vorwärts. Im Januar 1628 entschied die Juristenfacultät zu Helmstädt, daß der Beklagte, der bis dahin sich geweigert, verpflichtet sei sich auf die Anklage einzulassen. Da endlich ergriff die Frau des Gefangenen, der bereits vierunddreißig Wochen in Haft gesessen, das rechte Mittel. Sie wandte sich an Tilly selbst. Sie behauptete, daß nicht ihr Gatte, sondern irgend ein Anderer die Schmähschrift verfaßt habe. Sie bat den Feldherrn ihren Mann befreien zu lassen. Einige Tage nachher gelangte ein Schreiben Tillys an den Rath der Stadt Hannover: „Da es nicht unser Begehren ist, daß der Angeklagte unseretwegen länger in Haft gehalten werde; so möget Ihr, wenn Ihr wider denselben Anderes nicht habt, unserethalb ihn wohl wieder auf freien Fuß kommen lassen."

Also kannten damals den alten Helden diejenigen, welche um ihn lebten und sein Walten sahen. Und so sicher, so fest begründet war damals der Glaube, daß er helfen werde, wo er helfen könne, daß man bittend sich an ihn wandte in Dingen, die ihn auch nicht von fern betrafen. Ostfriesische Pferde-händler erbaten durch ihn sich die Erlaubnis ihre Pferde nach Brüssel zu bringen.[1] Andere erlangten durch ihn die Rückgabe confiscirter Güter. Die Archive zu Brüssel enthalten eine lange Reihe solcher Bitten und Verwendungen. Sie be-weisen, wie der alte Feldherr eine Zuflucht und eine Hülfe der Bedrängten war in Dingen der verschiedensten Art.

Wie die Mathematiker lehren, daß zwei gegebene Punkte eine gerade Linie bestimmen: so ist ähnlich auch auf moralischem Gebiete anzunehmen, daß ein Mann, der da wo bestimmte urkundliche Zeugnisse vorliegen, überall als Schützer, Helfer und Retter erscheint, sich als derselbe auch noch in vielen anderen Fällen erzeigt haben werde, die bislang nicht offenkundig sind. Es ist kaum eine Stadt zwischen Elbe und Ems, deren Archiv nicht irgend welche Schreiben von Tilly enthielte. Es ist nach dem Ergebnis aller bisherigen Forschungen in unmittelbaren Quellen und Zeugnissen anzunehmen, daß mehr als eine dieser deutschen Städte in dem unendlichen Kriegsjammer der schauer-lichen Zeit begründete Ursache hat das Andenken des alten Helden zu ehren.

Tilly stand Jahre lang in diesen Gegenden. Ob in dieser Zeit im Ganzen und Großen das Walten des Mannes sich volle Anerkennung errungen bei Hohen und Niedrigen, bei Reichsfürsten, bei Magistraten, bei dem Volke: das ist eine Frage, die wir vollgültig erst zu beantworten haben werden bei seinem Scheiden.

Das Kriegsglück des Sommers 1627 war entschieden gegen die Dänen. Sie wurden zurückgedrängt an allen Orten. Während Wallenstein in Schlesien, der Herzog Georg von Lüneburg-Celle an der Havel Erfolge errangen, überschritt Tilly im Anfange August 1627 bei Artlenburg die Elbe. Er sah nicht ein erhebliches Hindernis mehr vor sich. Stieße nur ein Theil von Frieslands Armee zu mir, meldete Tilly dem Kaiser am 20. August:[2] so würde ich dem

---

[1] Archiv zu Brüssel.
[2] Hurter, Ferdinand Bd. IX. S. 523.

Kriege bald ein Ende machen. Alsdann könnten beide Heere gegen die Urheber alles Unheiles, gegen die Holländer geführt werden.

Unterdessen nahte schon Wallenstein nicht mit einem Theile, sondern mit seiner gesammten Macht.

Das zahlreiche Heer, mit welchem Wallenstein im Sommer 1626 dem Mansfeld durch Schlesien nach Ungarn hinein gefolgt war, unterlag den Beschwerden des Marsches und dem Hunger in Ungarn. Die Meinungen Vieler waren der feldherrlichen Begabung Wallensteins nicht günstig. [1] Der Palatin und der Banus von Croatien äußerten unverhohlen: Wallenstein habe die Führung seines Amtes nicht verstanden. Dieser Banus, ein junger Mann von 31 Jahren, starb kurz nachher. Bei den Ungarn war die Meinung: das sei geschehen in Folge eines vergifteten Rettigs, den der Banus bei Wallenstein genossen. [2] Die Geschichte darf und muß Kenntnis nehmen von einem solchen Verdachte, weil ein Brief von Wallenstein auf uns gekommen, der beweist, daß die Grundsätze Wallensteins mit dergleichen Dingen nicht unvereinbar waren. [3]

Die ungünstige Meinung Vieler, daß er ein Heer zu Grunde gerichtet haben solle, ohne irgendwie nennenswerthe Erfolge zu erringen, blieb Wallenstein nicht verborgen. Er wandte dagegen das in jenen Zeiten gewöhnliche Mittel der Führer geworbener Heere an: er drohte mit Niederlegung des Oberbefehles. Auch er hatte seine Freunde, welche am kaiserlichen Hofe die Wichtigkeit dieses Mannes hervorhoben, der ganze Heere hervorzurufen wisse aus dem Nichts. Unter diesen Freunden war der einflußreichste Mann am kaiserlichen Hofe, der Fürst Eggenberg.

Eggenberg war Präsident im geheimen Rathe des Kaisers. Es ist ein besonderer Charakterzug des Kaisers Ferdinand II., daß er da, wo er einmal Vertrauen hegte, darin keine Grenzen kannte. Der Fürst Eggenberg war unbedingter Herr des kaiserlichen Willens. [4] Ferdinand legte ein solches Gewicht auf das Wort Eggenbergs, daß er bei den häufigen Krankheiten des Fürsten den geheimen Rath, der täglich zusammentrat, sich in die Wohnung des Fürsten begeben ließ, und dort mit den anderen Räthen um das Bett des kranken Fürsten die Dinge erwog. Ferdinand that nichts ohne den Rath Eggenbergs.

Außer diesem hatte Wallenstein am kaiserlichen Hofe einen anderen Freund, den Präsidenten des Kriegsrathes, den Grafen Rambaldo von Collalto. Dieser stand zu dem Kaiser in einem persönlich freundlichen Verhältnisse. Ferdinand schreibt eigenhändig ihm Briefe, in welchen wir die Erwähnung der wichtigsten

---

[1] Die Berichte des bayerischen Gesandten Leuker bei Aretin, Wallenstein S. 13; ferner Carolo Carafa, Relatione dello Stato u. s. w. p. 98.

[2] Hurter, zur Geschichte Wallensteins S. 68.

[3] Chlumecky, Regesten u. s. w. S. 54 Nr. XCVII., der Brief betrifft Bethlen Gabor. Die Sache wird später in Betreff Gustav Adolfs von Schweden noch einmal zur Sprache kommen.

[4] Carafa, Relatione u. s. w. p. 196, Il Principe d'Egghembergh è assoluto padrone della volontà dell' Imperatore.

politischen Verhältnisse wechseln sehen mit Erzählungen von den Jagden des Kaisers. Der Kaiser betheuert ihm, daß er nie daran denke seinem Eide zuwider die Kurfürsten in ihren Rechten zu kränken, und erzählt ihm dann im selben Athem, daß er einen Hirsch erlegt von 627 Pfund.[1] Der Kaiser hielt Collalto offenbar für seinen persönlichen Freund. Wie stand Collalto zu Wallenstein? Es ist möglich, daß einmal eine kurze Zeit zwischen ihnen eine Spannung obgewaltet. Indessen sie kann nicht von Dauer gewesen sein; denn in Wallensteins Briefwechsel[2] mit Collalto, durch mehrere hundert Schreiben, die auf uns gekommen sind, nennt Wallenstein diesen Italiener seinen Herrn Bruder, und offenbart ihm, wenn nicht alle, doch viele seiner Geheimnisse. Collalto dagegen verpflichtet sich schon im Februar 1626 dem Wallenstein zu ganz getreuem pünktlichem Dienste in Wien.[3] Collalto war als Präsident des Kriegsrathes mittelbar der Vorgesetzte Wallensteins, als Oberst im Heere der Untergebene. Wallenstein machte ihn bald nachher zum Feldmarschall, und wendete ihm Anderes zu, wie der Fortgang der Dinge uns zeigen wird. Der Nutzen war gegenseitig.

Was dagegen den Bund zwischen Eggenberg und Wallenstein in solcher Weise ermöglicht hat, liegt uns nicht vor Augen. Wir haben uns auf das Thatsächliche zu beschränken. Im Auftrage des Kaisers begab sich Eggenberg im November 1626 zu einer Unterredung mit Wallenstein nach Bruck an der Leytha. Dahin kam auch Wallensteins Schwager Harrach. Der Kurfürst Maximilian von Bayern war der Meinung, Wallenstein habe sein Gesuch um Entlassung deshalb zurückgenommen, weil er gesehen, daß man ihm einen Nachfolger geben wolle.[4] Wie dem auch sei: Wallenstein ließ sich beschwichtigen. Er erklärte, daß er im Frühjahre 1627 wieder mit 70,000 Mann und 70 Geschützen ins Feld rücken werde. Es kam zur Sprache, daß die Mehrzahl seines Heeres aus Protestanten bestehe. Wallenstein erwiederte: eben dadurch begegne man dem Mißtrauen, als trachte der Kaiser den Protestantismus in Deutschland auszurotten.[5] Wallenstein verlangte in der Wahl der Quartiere nicht gehindert zu werden, auch katholische Stände mit Einquartierung belegen zu dürfen. Dieß bezog sich auf die Mitglieder der Liga, welche für ihr Heer unter Tilly die Hälfte des Unterhaltes aus ihren Mitteln bezahlten, und deshalb den Anspruch erhoben frei zu sein von weiterer Einquartierung. Die Freunde Wallensteins beim Kaiser setzten alles für ihn durch. Aufs neue begann Wallenstein durch das Reich zu werben. Abermals strömten die Söldner herbei. Der Feldherr, der eben zuvor sein Heer verloren, stand im Frühlinge 1627 mächtiger da, als

---

[1] Chlumecky S. 270, Nr. XXXIII.

[2] Chlumecky a. a. O.

[3] Chlumecky, Regesten u. s. w. Brief Collaltos S. 314 Febr. 1626, dove et in ogni loco saro sempre particolar servitore di V. E. Collalto führt dann diese Betheuerungen weiter aus.

[4] Hurter, zur Geschichte Wallensteins S. 69 Nr. 29.

[5] Aretin, Wallenstein Urkunde 1.

vorher. Er fragte keinen Reichsfürsten, keinen Kreisobersten mehr, ob ihm der Durchzug, ob ihm Einlagerung für seine Truppen gestattet sei. Sie waren alle wehrlos und fügten sich dem Mächtigen.

Im Sommer warf Wallenstein sich auf das schwache dänische Heer, das nach dem Tode des Herzogs Johann Ernst von Weimar in Schlesien noch übrig war. Es ward erdrückt von der Uebermacht. Das Wallensteinische Heer wälzte sich nordwärts an der Elbe hinunter. Am $\frac{22.\ August}{1.\ September}$ traf Wallenstein selbst mit Tilly in Lauenburg zusammen.

Es mochte ein seltsamer Anblick sein diese beiden Feldherrn dort vereinigt zu sehen. Auf der einen Seite der schlichte, einfache, stillernste Greis, nichts für sich begehrend, und dennoch sich selber wohl bewußt, daß alle Erfolge, die bislang gegen die Feinde des Kaisers, des Reiches und der Nation nach außen und nach innen errungen, wesentlich und hauptsächlich sein Verdienst waren. Auf der anderen Seite der prachtliebende, hochfahrende Mann, der gegen die wirklich vollbrachten Thaten Tillys im günstigsten Falle in die Wagschale nur dasjenige legen konnte, was er erst noch vollbringen wollte. Und was bargen sie in sich, die Entwürfe dieses planenreichen Mannes? Bislang hatte von jedem Schritte im Leben, den er vorwärts that, er selbst den Löwenantheil des Nutzens gehabt. Wie lag es den Blicken auch des schlichtesten der anwesenden Personen so offen vor Augen, daß diese Charaktere sich zu einem gemeinsamen Wirken schwer vereinigen würden! Wie auch war das möglich! Durfte Jemand an den längst in Sturm und Kampf und jeglicher Versuchung, die das Leben bietet, erprobten und bewährten Greis die Forderung stellen sich Wallenstein unterzuordnen? Das war nicht des Kaisers Wille, und in der Seele Wallensteins selber stieg höchstens der unerfüllbare Wunsch empor. Auch standen sie nicht also vor der gesammten Mitwelt da; denn wir müssen uns jene Zeit selbst vergegenwärtigen. Noch war damals Tillys Ehre und guter Name nicht mit dem Schleier der Parteileidenschaft bedeckt, den bald nachher die geschäftige Lüge über ihn gewoben. Im Jahre 1627 war Tilly noch vor dem gesammten deutschen Reiche der alte wackere Held, der brave deutsche Mann, wie er uns ein Jahr zuvor in den Worten des Kurfürsten von Sachsen über den dänischen Krieg erschienen ist. Wallensteins Name dagegen war noch nicht durch poetische Dichtung verklärt, noch nicht durch einseitige Anschauung eines Theiles der deutschen Nation auf eine höhere Stufe empor gehoben. Er ward damals angeschaut in dem Lichte seiner Zeit, die unter dem Drucke seines eisernen Armes ängstlich und beklommen fragte, was Gutes aus diesem Drucke kommen sollte. Und wie und mit welchen Worten sie dieß fragte, werden wir bald erfahren.

Sollte auf der anderen Seite Wallenstein sich Tilly unterordnen? Daß dieß geschehen müsse, hatte allerdings ein Jahr zuvor der kundigste, in dieser Sache gewichtvollste Zeitgenosse, hatte Spinola in Brüssel ausgesprochen.[1] Und gewiß, wäre Tilly an Wallensteins Stelle der unmittelbare General des Kaisers, Wallen-

[1] Aretin, Bayerns auswärtige Verhältnisse Beilage S 117.

stein derjenige der Liga gewesen: so würde an dem Rechte dieser Forderung Niemand gezweifelt haben. So jedoch, wie damals in Wirklichkeit die Dinge lagen, ist schwerlich diese Forderung erhoben. Abgesehen selbst von den Persönlichkeiten war die Organisation beider Heere zu verschieden. Das Wallensteinische glich einem großen Fabrikwesen unserer Tage, bei welchem Unternehmer und Mithelfer ihre Rechnung im Reichwerden zu finden hoffen. Auch Tillys Heer zählte unter sich ähnliche Elemente; aber der Kern desselben bestand in Veteranen, die den Feldherrn ihren Vater, die der Feldherr seine Söhne nannte, die ihm und nur ihm folgten in Noth und Tod. Wo Wallensteins Truppen ihre Rechnung gefunden hatten, da gingen sie davon. Nur die Hoffnung auf Gewinn verband sie mit Wallenstein und nicht ein moralisches Band. Beide Heere trugen das Gepräge der Persönlichkeit ihrer Feldherrn. Sie waren nicht zusammen zu schmelzen.

Dennoch vereinigten sich die Feldherrn zu einem gemeinschaftlichen Plane. Sie legten dem Dänenkönige harte Bedingungen vor. Da wir wissen, wie damals der Rath des Kaisers, Strahlendorf, für die energische Fortführung des Krieges war:[1] so können diese Vorschläge nur von dorther ausgegangen sein. Der Däne lehnte sie ab. Also beschloß man ihn zu erdrücken mit der gesammten Macht. Tillys Heer bildete den linken Flügel, die Mitte hielt Wallenstein, rechts zog der Graf Schlick unter ihm einher. Dann drängten sie vorwärts.

Während der Krieg im Norden durch die nachdrücklichsten Anstalten seinem Ende zugeführt werden sollte, schien es eine Zeit lang, als wenn die scheinbar wichtigste Wurzel endlich einmal abgeschnitten, als ob im Inneren des deutschen Reiches Friede und Ruhe wiederkehren könne. Im Jahre 1626 ließ der Kaiser Ferdinand dem Herzoge von Lothringen sagen:[2] da es scheine, als ob die Schreiben des Pfalzgrafen Friedrich glimpflicher lauten, als zuvor: so möge der Herzog erforschen, wie weit Friedrich sich herbeizulassen gedenke. Der Kaiser hoffte damals einen Deputationstag zu Nürnberg zu Stande zu bringen. Als Friedrich die Absicht des Kaisers erfuhr, bat er fortan in öffentlichen Ausschreiben ihn zunächst mit dem Namen des Aechters, des geächteten Pfalzgrafen zu verschonen. Ferdinand willfahrte. Diese Worte unterblieben.

Auch von der anderen Seite trat zur selben Zeit die Mahnung an Friedrich, nämlich von seinen eigenen Räthen. Wir meinen nicht seine eigentlichen wahren Berather, die ihn benutzten, nicht die Generalstaaten von Holland, sondern Rusdorf.[3] Der andere früher für Friedrich so eifrige Camerar war im Widerwillen gegen das halb weibische, halb kindische Wesen Friedrichs gern der Aufforderung des Schwedenkönigs gefolgt, um fortan in dessen Diensten im Haag an dem Leichentuche für sein Vaterland zu weben. Rusdorf reichte am 1. Mai 1627 seinem Pfalzgrafen ein Gutachten für die Unterwerfung ein. Nicht

---

[1] Hurter, zur Geschichte Wallensteins S. 117.
[2] Hurter, Ferdinand Band IX. S. 445.
[3] Rusdorfii consilia et neg. publ. p. 309.

freilich, als ob Rusdorf zur Erkenntnis des begangenen Verbrechens gekommen wäre. Der Grund ist ein anderer. Er sieht keine Hülfsquellen mehr. Er fragt, was denn die Generalstaaten, was England Nachdrückliches gethan. Um den Dänen ist es geschehen. Deßhalb muß Friedrich sich jetzt unterwerfen, wo er noch gute Bedingungen erhalten kann. Denn noch stehen die Dänen in Schlesien. Das Lob der Großmuth und Milde, sagt Rusdorf, nach welchem der Kaiser strebt, wird ihm nicht gestatten auch bei besseren Erfolgen das einmal Bewilligte zurückzunehmen. Auch darf er es nicht gegenüber den Ständen des Reiches, wenn er sich einmal verpflichtet hat. — Hatte denn der Kaiser jemals das ge= durft? möchte man hier Rusdorf fragen. Warum ging diese Ueberzeugung dem Gehülfen an dem Unheile erst so spät auf?

Zu diesem Zwecke, fährt Rusdorf fort, müsse der Pfalzgraf dem Kaiser bittend nahen. Der jüngere Anhalt, der längst Verzeihung gefunden, muß dem Kaiser im Namen Friedrichs Abbitte thun, muß ihm sagen, wie eifrig, wie devot und ernst der König von Böhmen — denn noch immer verlangte Friedrich von seinen Untergebenen diesen lächerlichen Titel — die kaiserliche Gnade wieder zu erlangen wünsche. Er muß auf alle Fälle zu bewirken suchen, daß die Fürsten und Stände des deutschen Reiches fortan milder von ihm denken.

Es liegt in diesen Worten des Rusdorf die Anerkennung, daß die Sache des Pfälzers bei allen Deutschen moralisch längst gerichtet war. Und um sie wieder zu heben, um ein milderes Urtheil zu bewirken, gibt Rusdorf seinem Herrn den Rath das zu thun, was Ferdinand von Anfang an als die haupt= sächlichste und als die einzigste Bedingung gefordert hatte: die Abbitte des be= gangenen Unrechtes, und zwar darum gefordert hatte, weil allein diese Abbitte den Friedrich gegen die Wiederholung seines Verbrechens moralisch binden konnte. Rusdorf beweist, daß die Ehre und der Ruhm des Kaisers die Wiederannahme des Pfalzgrafen fordere; denn es ist etwas Großes, sagt er, den Feind bittend vor sich zu sehen und dann sofort ihm zu verzeihen. Rusdorf mahnt Friedrich ab von den Rathschlägen, die er aus England empfange. Der König Karl I. hatte nämlich sich geäußert, daß die Vorschläge des Kaisers aller Billigkeit und Ehre zuwiderliefen.[1] Wer hat diese Ansichten? fragt Rusdorf. Wer gibt diese Rathschläge? Es ist Buckinghams Interesse, des allmächtigen Günstlings, daß es so bleibt, weil Friedrich und seine Kinder von der Gnade dieses Mannes abhangen, und weil das seinem Ehrgeize schmeichelt. Rusdorf bittet den Pfalz= grafen sich über Anhänger in England keinen Täuschungen hinzugeben. Kein einziger unter den englischen Großen, sagt der dießmal völlig aufrichtige Diener seinem Herrn, billigt die Sache. Wenn sie nicht Rücksicht nähmen auf das englische Blut der Pfalzgräfin und ihrer Kinder: so hätten sie die pfälzische Sache längst verlassen. Und noch wichtiger ist diese sittliche Anschauung der Sache in Deutschland. Wenn wir jetzt nicht uns unterwerfen, sagt Rusdorf: so laden wir bei allen Ständen des deutschen Reiches den Vorwurf der Hals-

---

[1] Sattler, Geschichte Württembergs VI. Beilage 63

starrigkeit auf uns und machen uns den Frieden für immer schwer. Er fragt: was ist denn auch in Wahrheit der Grund, der uns von der Unterwerfung zurückhalten sollte? — Die Engländer und Holländer haben keinen anderen Grund uns von derselben abzuschrecken, als die Meinung: wir würden betrogen werden. Es sei dort nicht Treu und Glauben, sagen sie. Angenommen es sei so, sagt Rusdof: so würden die Gegner dennoch in diesem Falle unserer Sache etwas geben, was wir jetzt nicht haben, nämlich moralisches Gewicht.

Er erörtert die Bedingungen, die der Kaiser Ferdinand 1626 gefordert. Obenan steht wie immer die Abbitte und Unterwerfung mit Verzicht auf Böhmen. Sie muß geleistet werden, sagt Rusdorf; doch verhüllt er dem störrischen Friedrich den schweren Schritt unter einem Schwalle von Worten, daß diese Abbitte nicht eine Abbitte, sondern nur eine flehentliche Bitte sei. Die Kurwürde wird sich der Bayer, nachdem er sie mit solchem Eifer gesucht, und vom Kaiser erpreßt hat, nicht wieder nehmen lassen. Im günstigen Falle kann vielleicht ein Wechsel der beiden Fürsten in der Führung der Kurstimme erreicht werden. An eine Wiedererlangung der ganzen Pfalz ist nicht zu denken, nur an einen Theil; aber jeder Tag macht unsere Sache schlimmer. Der Kaiser hat begonnen die katholische Kirche in der Pfalz wieder aufzurichten. Er ist ein Mann von höchster Religiosität, er wird darauf halten, und es bleibt uns nur übrig uns zu fügen. Wir können Einwendungen machen, daß der Kaiser doch auch nicht von anderen Reichsfürsten, die er zu Gnaden wieder angenommen, eine Herstellung der katholischen Kirche gefordert: warum denn allein von uns? Warum sollen wir geringer sein, als andere? Solches können wir einwenden und schrittweise dann nachgeben, wenn wir nur so viel erhalten, daß das päpstliche und das orthodoxe (calvinische) Bekenntnis mit gleichen Rechten in der Pfalz neben einander bestehen. Es liegt auch hier Gefahr im Verzuge; denn wenn erst der Däne völlig zu Boden liegt: so wird der Kaiser die Rückgabe der kirchlichen Güter durch das ganze Reich fordern. Er wird ein Restitutionsedict erlassen. Und wer wird ihn an der Ausführung desselben hindern? — Der Kaiser hat endlich Erstattung seiner Kriegskosten gefordert. Das ist eine Forderung, die zu erfüllen unmöglich ist; aber sie ist auch nur vorgeschlagen zum Unterhandeln. Nachdem Rusdorf in diesem bedeutsamen Gutachten seinem Herrn die Lage der Dinge gezeichnet hat, schließt er mit den Worten: „Wem nicht zu rathen ist, dem ist auch nicht zu helfen."

Ganz ohne Eindruck auf Friedrich blieb dieß Gutachten nicht. Er schickte im Juni 1627 Rusdorf nach Colmar im Elsaß, wo auch die Herzöge von Lothringen und Württemberg erschienen. Friedrich erklärte sich bereit Abbitte zu thun, nicht jedoch selbst, sondern durch eine dritte Person und in Ausdrücken, die nicht eigentlich eine Abbitte waren.[1] Er wolle auch der Krone Böhmen entsagen, wenn er Kurwürde und Erblande wieder erhalte. Doch müsse die Herstellung der Abbitte sofort folgen. Wo nicht, so sei diese als nicht geschehen zu betrachten.

[1] Khevenhiller X. 1527.

Friedrich wolle dann in der Pfalz zwei Klöster dulden. Die Kriegskosten zu ersetzen sei er nicht schuldig, da er sich nur gegen Angriff vertheidigt habe. Dennoch erwiederte der Kaiser auch auf diese Gegenvorschläge, daß dieselben Hoffnung erweckten auf gesicherten Frieden.[1] Nur müsse der Pfalzgraf noch näher treten. Wenn er das nicht thue: so liege an ihm die Schuld des verzögerten Friedens. Der Pfalzgraf erwiederte in seiner üblichen Weise: das bisherige Verfahren des Kaisers beweise klar, daß Ferdinand zu einer billigen gütlichen Ausgleichung niemals Lust gehabt, daß er nur Zögerung gesucht, um die Gelegenheit abzuwarten. Was war da zu thun? Der Kaiser erklärte sich über seine Forderungen noch milder als zuvor. Aber dann verwies er die Sache an den Kurfürstentag, der eben damals nach vielfältigen Bemühungen des Kaisers in Mühlhausen zusammentreten sollte.

Seit Jahren hatte der Kaiser die Zusammenkunft eines solchen Tags gehofft, seine Gegner dieselbe gefürchtet. Dieß war namentlich der Fall in dem Jahre, welches dem dänischen Kriege vorherging. Wir haben gesehen, wie im Mai 1624 Rusdorf ausrief:[2] „Wenn es dem Kaiser gelingt einen Reichstag zusammen zu bringen und mit den Fürsten Beschlüsse zu fassen: so ist es um uns geschehen. Das einzige Mittel in unserer Hand ist das Bestreben durch das Geklirr der Waffen zu verhindern, daß wenigstens in diesem Jahre kein solcher Tag zu Stande kommt. Dann sind wir nicht ganz verloren.“ Die Bemühungen damals waren mit Erfolg gekrönt. Es gelang nur eine kleinere Anzahl Fürsten zu vereinigen. Auch das war nicht ohne Werth. Der Kurfürst von Mainz und der Landgraf Ludwig von Hessen bewogen Johann Georg von Sachsen in freundlicher Besprechung zu Schleusingen 1624 zur Anerkennung der bayerischen Kurwürde. Nur Brandenburg blieb noch übrig.

Die Politik dieses Hauses ist eine sehr klägliche.[3] Wir sehen es beständig hin und her getrieben zwischen Wollen und Nichtwollen. Der Kurfürst schließt sich der Union an, welche Deutschland zum Raube des französischen Königs zu machen trachtet; aber die Thätigkeit für diesen reichsfeindlichen Bund beschränkt sich auf Unterzeichnung des Namens. Er billigt und lobt den böhmischen Aufruhr. Er arbeitet der Kaiserwahl Ferdinands entgegen, wählt ihn dann selber mit und erkennt zur selben Zeit Friedrich als böhmischen König an. Er verstattet ihm Werbung, läßt fremde Truppen durchziehen, sogar englische Schaaren, die in Gefängnissen aufgelesen sind und statt der Waffen Hunger und Pest mit sich bringen. Aber eine selbstthätige Hülfe leistet der Brandenburger Kurfürst seinem Schwager nicht. Dann wenden sich die Dinge. Der Brandenburger Kurfürst ist der erste, der seinem Schwager den vorher anerkannten Königstitel wieder versagt.[4] Er läßt den Flüchtigen flehend vor seinem Thore um Obdach bitten, und kündigt ihm das zögernd gewährte so bald wie möglich. Er und

[1] Hurter, Ferdinand. IX. 536.
[2] Rusdorfii epistolae p. 37.
[3] Cosmar, Schwarzenberg 45 ff
[4] Söltl III. 145.

seine Räthe treiben ihre Furcht bis zur rohen Abweisung einer hülfsbedürftigen Frau und Mutter. Aber die Furcht ist ungegründet. Der Zorn des friedliebenden Kaisers trifft nur die Schuldigsten. Abermals wachsen die Wollungen Brandenburgs empor. Es schürt mit an dem neuen Kriegsbrande im Norden. Der Kurfürst gibt dem türkischen Vasallen Bethlen Gabor seine Schwester. Die Mahnungen des treuen Schwarzenberg verhallen. Damit nicht der warnende Ruf des ehrlichen Mannes endlich Gehör finde, wird er fortgeschickt, muß er dem Halbtürken die brandenburgische Prinzessin zuführen. Als dann endlich der Krieg im Norden unvermeidlich erscheint, ist es die erste Sorge Brandenburgs sich für neutral zu erklären.

Die Strafe für solche Worte ohne Thaten, für alle Halbheiten, die im Sande der Spree so üppig gedeihen, ist freilich unabwendbar. Mansfeld wußte, was hier gewagt werden durfte. Wir haben gesehen, wie er verfuhr. Er meldet dem Kurfürsten, daß er nicht daran denke in das Land desselben einzubringen. [1] Kaum war der brandenburgische Geheimerath wieder in Berlin, als Mansfelds Banden, Soldaten, Weiber und Jungen die Mark überflutheten. Was an Metall vorhanden war, gehörte ihnen, und weithin verkündeten flammende Dörfer das, was Mansfeld den Kampf für die gemeine Sache nannte. Ihm folgte der General Fuchs, und auch bei diesem, wie bei dem Könige Christian selbst war alle Bitte um Mannszucht ein verlorenes Wort. In Angst und Noth forderte Georg Wilhelm seinen Rath Schwarzenberg zur schleunigen Rückkehr. Er kam und gleichzeitig die Nachricht, daß der Schwager des Kurfürsten, der Schwedenkönig Gustav Adolf, so eben, wie wir später berichten werden, ihm Pillau genommen. Was war zu thun? Schwarzenberg entwickelte, wie Recht, Pflicht und Ehre sowohl als eigenes Interesse des Kurfürsten den Anschluß an den Kaiser geböten. Das Haus Brandenburg sei gewachsen durch Treue gegen das Haus Oestreich, und also werde es ferner sein.

Der Kurfürst war sehr traurig. „Mein Land wird mir verdorben," klagte er im Juli 1626. „Ich selber werde gering geachtet und verhöhnt. Meine Räthe berathen und erwägen und kommen nicht zu einem Beschlusse, was ich thun soll. Man hat mir große Hoffnung von dem Schweden gemacht, und der nimmt mir jetzt Pillau, und das soll Freundschaft heißen und Beförderung der gemeinen Sache. Was helfen mir Freunde, wenn sie mir das thun, was ich von meinen ärgsten Feinden erwarten sollte? Was geht mich die gemeine Sache an, wenn ich darüber Ehre, guten Namen und meine Habe verliere? Sitze ich so stille und sehe meinem Unglücke zu: was wird man von mir sagen? Hingegen da ich mich noch wehre und thue was ich kann: so habe ich doch nicht solchen Schimpf, und ich glaube nicht, daß es der Kaiser ärger mit mir machen werde, als dieser. Und weil der Kaiser bis daher nichts gegen mich gethan: so muß ich doch dann, wenn ich mich zu ihm schlage, Gnade und alles Gute hoffen." An diesem Gedanken spann Georg Wilhelm weiter: wenn er sich zum Kaiser

[1] Cosmar, Schwarzenberg S. 47.

schlug, stand ihm eher ein Gewinn in Aussicht, als von dem Dänen oder dem Schweden. Dazu war auch der Ehrenpunkt wachgerufen. „Alle Welt," ruft er weiter aus, „wird mich für eine feige Memme halten, daß ich ich so ganz stille sitze. Besser mit Ehren gestorben, als mit Schanden gelebt. Ich habe nur einen Sohn. Bleibt der Kaiser Kaiser, so bleibe ich und mein Sohn auch wohl Kurfürst, wenn ich mich zum Kaiser halte. Also sehe ich nichts Anderes, als daß ich mich zum Kaiser schlagen muß, so lange ich noch etwas habe. Denn je länger ich zaudere: desto mehr greifen der Däne und der Schwede um sich, und wenn ich alles quitt bin, und sie meine Lande in ihrer Gewalt haben: was soll ich dann thun?"

Nach solchen Herzensergüssen des Kurfürsten hätte man nun ein unverweiltes Anschließen an den Kaiser erwarten sollen. Allein dazu gehörte die Kraft eines Entschlusses, die Georg Wilhelm nicht besaß. Schwarzenberg hielt ihm abermals mahnend das Wort des Pfalzgrafen Friedrich über Brandenburg entgegen: „Weil der Kurfürst neutral sein will: so ist er keines Menschen Freund, und Jedermann ist ihm unfreund." Dennoch darf man deshalb auf den Kurfürsten nicht allzu schweren Tadel bringen. Er war fast völlig wehrlos. Er glaubte den Dänen nicht reizen zu dürfen. Das Einzige, was er that, war, daß er mit Genehmigung seiner Stände seine Festungen besetzte.

Wir haben bislang nur die Gesinnung des Kurfürsten erwogen, dessen Räthe zum Theil dänisch und schwedisch gesinnt waren. [1] Wir müssen hier wie überall damals in Deutschland diese Häupter von den Gliedern unterscheiden und trennen. Bislang haben uns die inneren Verhältnisse jedes deutschen Landes gezeigt, daß die conservativen Corporationen desselben, die Stände, für den Kaiser gesinnt sind. Nicht anders ist es in der Mark Brandenburg. Als der Krieg 1627 sichtlich sich zum Nachtheil Dänemarks wandte, weigerten sich die Stände der Mark Brandenburg noch ferner Geld für Truppen aufzubringen. „Von den Dänen," sagten sie, [2] „ist jetzt nichts mehr zu besorgen. Wir stehen aber in kaiserlicher Majestät Devotion, und wenn wir das Kriegsvolk noch ferner unterhalten: so müssen wir fürchten beim kaiserlichen Hofe Anstoß zu geben." Es ist möglich, daß die Abneigung gegen das Zahlen bei den Ständen eben so mächtig war, wie ihre Furcht dem Kaiser zu misfallen. Aber zugegeben auch daß jene Abneigung gegen das Zahlen der mächtigste Antrieb der Weigerung war: so ist die Verhüllung derselben dem Kurfürsten gegenüber gerade unter diese Einkleidung der Pflicht gegen den Kaiser ein bedeutsames Zeichen der Zeit. Sie lehrt uns, wie damals noch alle Deutschen hoffend auf ihren Kaiser schauten.

Auch in dem Kurfürsten Georg Wilhelm regte sich 1627 bei den siegreichen Fortschritten der kaiserlichen Heere das Pflichtgefühl noch mächtiger als im Jahre zuvor. Als Wallenstein herannahte, nahm Georg Wilhelm ihn mit offenen Armen auf. [3] Er schilderte seinem Lande, was dasselbe allerdings sehr wohl

[1] Cosmar, Schwarzenberg S. 129.
[2] Cosmar, Schwarzenberg S. 97.
[3] Theatrum Europ. I. 1128 cf. Carlo Carafa, Relatione etc. p. 308 sq.

aus eigener Erfahrung kannte, die Räubereien der Dänen. Sie hätten ihm, sagte er, alles Böse angethan. Darum solle Niemand sich unterstehen den Dänen Lebensmittel zuzuführen. Die Kaiserlichen dagegen solle man als Retter und Befreier unentgeltlich unterstützen. Georg Wilhelm ging weiter auf dieser Bahn. Er war nun auch bereit Max von Bayern als Kurfürsten anzuerkennen.[1] Glaube der Kaiser, sagte er dem Abgesandten desselben, daß durch Anerkennung des neuen Kurfürsten die Ruhe und der Friede im Reiche hergestellt werde, daß es demnach bloß von Brandenburg abhange dieß zu thun: so wolle er dem Kaiser zu Ehren, dem Frieden zu Liebe sich nicht mehr sträuben. Daran knüpfte Georg Wilhelm noch weitere Anerbieten. Er wolle fernerhin auf Deputations- und Reichstagen ganz so stimmen, wie der Kaiser es ihm vorschreibe, unter der Bedingung, daß er dafür die Anwartschaft auf die Gebiete seiner Nachbaren erhalte. Die Zahl dieser Nachbaren war nicht gering: es waren so ziemlich sämmtliche Fürsten in Norddeutschland. Der Kaiser nahm den schmählichen Antrag auf, wie Georg Wilhelm es verdiente: er würdigte ihn seiner Antwort.[2]

Die Bereitwilligkeit des Kurfürsten von Brandenburg ebnete die Bahn zu dem Kurfürstentage von Mühlhausen. Im October 1627 trat derselbe zusammen. Er verhandelte über wichtige Angelegenheiten des Reiches: über das Wallensteinische Heer, über den Pfalzgrafen Friedrich, über den Frieden mit Dänemark, über die Rückgabe der Kirchengüter, die nach dem Passauer Vertrage eingezogen waren. Betrachten wir zuerst die Sache des Pfalzgrafen.[3]

Die Voraussage Rusdorfs, welche dieser schon 1624 gethan, daß jede Versammlung im Reiche die Sache Friedrichs verurtheilen werde, erwies sich in Mühlhausen als völlig begründet. Friedrich hätte noch in der letzten Stunde klüger gethan die kaiserlichen Vorschläge von Colmar anzunehmen, weil er dadurch noch die Ehre der Freiwilligkeit gerettet haben würde: nach diesem Tage zu Mühlhausen war das nicht mehr möglich. Die erste Forderung der Kurfürsten war dieselbe, welche von Anfang an der Kaiser als die nothwendige und unerläßliche voran gestellt: Unterwerfung und Abbitte des Pfalzgrafen. Auch die anderen Bedingungen, welche die Kurfürsten des Reiches erhoben, waren mindestens eben so scharf wie die kaiserlichen. Sie waren in der Sachlage gegründet. Die Kurfürsten verlangten Verzicht auf Böhmen, Verzicht auf die verwirkte Kur, Verzicht auf alle Bündnisse mit fremden undeutschen Mächten. Man erkannte an, daß die kaiserliche Forderung des Ersatzes der Kosten rechtmäßig sei; aber man hoffte kaiserliche Mäßigung und Milde. Nach gethaner Abbitte soll der Kaiser nicht aus Schuldigkeit, sondern aus Gnaden den Pfalzgrafen der Acht entbinden, und ihm einen Theil seiner Länder wieder zustellen. Im Falle der Nichtunterwerfung dagegen sind Kurfürsten und Stände des Reiches dem Kaiser zu fernerer

[1] Londorp. IV. 656

[2] Hurter IX. 537.

[3] Senkenberg XXV. 545. Hurter IX. 542.

Beihülfe erbötig. Das Ergebniß war: die gesammten Kurfürsten und Stände des gesammten Reiches erkannten das Recht und den moralischen Sieg des Kaisers an.

In gleicher Weise urtheilten sie über den Krieg mit Dänemark. Das Recht des Kaisers gegen den friedensbrüchigen Dänen war sonnenklar. Die Kurfürsten baten den Kaiser: wenn der Däne sich zu Friedenshandlungen erbiete, die Milde walten zu lassen.

Dann trat eine andere wichtige Frage hervor: die Rückgabe der Kirchen- güter, welche nach dem Passauer Vertrage in die Hände protestantischer Fürsten und Obrigkeiten gekommen waren. Wie war doch das die unvermeidliche Folge der Dinge, auf die Johann Georg von Sachsen so oft nachdrücklich hingewiesen! Er hatte zur Zeit der böhmischen Rebellion gegen Friedrich von der Pfalz mit ernster Mahnung betont, daß ein solch unrechtmäßiges Beginnen die katholische Partei mächtig in die Waffen rufe. Er hatte abermals dieß hervorgehoben, als im Beginne des Jahres 1626 seine Friedensvermittelung zu Braunschweig scheiterte. Er hatte warnend vorausgesagt, daß im Falle des Sieges die katho- lische Partei wenn nicht alle, doch viele Kirchengüter zurückfordern werde. Wie auch konnte es nach der Natur menschlicher Dinge anders kommen? Seit einer langen Reihe von Jahren hatte der Bund der katholischen Kirchenfürsten ein starkes Heer in Waffen, nicht zum Angriffe, sondern zur Vertheidigung. Die geistlichen Herren waren nicht kriegsdurstig: sie waren längst kriegesmüde. Maximilian von Bayern hatte oft eindringliche Vorstellungen anwenden müssen, um sie zum Beharren zu bewegen. Aber sie hatten nun beharrt. Ihr Heer war siegreich nah und fern. Sollte denn das gar keinen Gewinn bringen, wenn nicht für die Einzelnen selbst, so doch für die Gesammtheit, welcher sie an- gehörten, für ihre Kirche? Sollten sie nun nicht, wo der Erfolg so offen für sie sprach, für ihre Kirche wieder in Anspruch nehmen, was nach ihrer Ansicht auch nach dem positiven Rechte des Reiches derselben nie hätte entzogen werden dürfen? Also dachten die katholischen Kurfürsten.

Sie legten ihre Ansicht in folgender Weise dar.[1]

Es sind nach dem Religionsfrieden von Augsburg und wider denselben von den protestantischen Fürsten und Reichsständen eine lange Reihe von Stiftern und geistlichen Gütern eingezogen. Gegen die Klagen darüber ist von protestantischer Seite der Einwand geltend gemacht, daß der geistliche Vorbehalt nicht ein wesent- liches Stück des Religionsfriedens von Augsburg sei. Allein die Sache verhält sich anders. Nur unter dieser ausdrücklichen Bedingung ist der Religionsfriede abgeschlossen. Die Güter, die vor dem Passauer Vertrage eingezogen waren, sind von katholischer Seite nur darum aufgegeben, weil man durch dieses Zu- geständnis Sicherheit erlangen wollte für die noch übrigen. Also war es begründet in der Natur der Sache und in den Verhältnissen. Und selbst wenn der Friede zweifelhaft wäre, was er nicht ist: so darf schon nach gemeinen Rechten und

---

[1] Senkenberg XXV. 548.

nach dem Landfrieden Niemandem das Seinige genommen werden. Und ferner auch selbst wenn es den protestantischen Fürsten völlig frei stünde zu reformiren: so kann dieses Reformiren in Bezug auf die katholische Geistlichkeit doch nicht weiter gehen, als in Betreff eines jeden Anderen. Jeder Andere nämlich, der um der Religion willen ausziehen muß, weil der Landesherr ein anderes Bekenntnis von ihm fordert, hat das Recht vorher seine Güter zu verkaufen. Dieser Satz ist in jedem einzelnen Falle der Einziehung von Kirchengütern entgegen gehalten. Wie von dieser Seite das Recht der Einzelnen eine Abhülfe fordert, so auf der anderen Seite die Reichsverfassung selbst. Diese beruht auf allen Reichsständen, auf geistlichen und auf weltlichen, und es steht nicht diesen zu die Zahl jener nach eigenem Gefallen zu verringern. Darum hat der Kaiser das Recht als Schutzherr der katholischen Kirche und als oberster Richter des Reiches die Herausgabe der entrissenen Kirchengüter zu befehlen. Dieses Recht ist bislang nicht ausgeübt, weil man sich vor den Türken, vor einem Angriffe derselben von außen zu fürchten hatte. Nun da diese Gefahr nicht droht, hat der Kaiser das Recht einzuschreiten, und Niemand wird seinen Anforderungen sich widersetzen.

Der Kurfürst Johann Georg unterzeichnete nicht dieses Gutachten der katholischen Kurfürsten; aber die wesentliche Frage, den Rechtspunkt, erkannte er zur selben Zeit vollkommen an.[1] Als der Herzog von Würtemberg sich beklagte, daß ihm ein Kloster genommen werden solle, entgegnete Johann Georg: er könne dem Kaiser die Gerichtsbarkeit in geistlichen Sachen nicht nehmen. Denn von den sämmtlichen Kurfürsten sei dem Kaiser alle Gerichtsbarkeit überlassen, und der Religionsfriede sei klar. Er wünsche nur, sagte der Kurfürst, daß seine Warnungen besser in Acht genommen seien. Es sei nicht seine Schuld, daß man den katholischen Theil so in Waffen gebracht habe. Dann ließ Johann Georg in den Kirchen Gott danken für die erlangte Einigkeit.

Es könnte scheinen, als hätten aus Nachgiebigkeit gegen die Uebermacht des Kaisers die Kurfürsten zu Mühlhausen sich gegen die Forderungen desselben bereitwilliger erzeigt, als es im Herzen ihr Wunsch und Wille war. Wir haben an einer anderen Sache zu sehen, ob sie wirklich gegen den Kaiser so nachgiebig und bereitwillig waren.

Sie hatten zuvor und zuerst von allen eine Frage erwogen, deren Besprechung in ihrem Gutachten für den Kaiser wenig Erfreuliches enthielt. Es war die laute Klage gegen das Wallensteinische Kriegsvolk, das wie ein Netz von Blutegeln Deutschland überzog und bedeckte. Von einem Religionsdrucke ist, wie sich von selbst verstand, nirgends die Rede. In dem Heere Wallensteins ward nach einem Glaubensbekenntnisse nicht gefragt. Wir haben gesehen, wie er selbst hervorhob: es sei sogar besser, daß sein Heer mehr als zur Hälfte aus Protestanten bestehe, weil dann um so weniger die Meinung aufkommen könne, daß der Kaiser etwas gegen den Protestantismus beabsichtige. Also nicht davon

[1] Sattler, Geschichte Württembergs VI. 222 ff.

konnte die Rede sein, sondern von dem Drucke des Heeres auf Protestanten und Katholiken ohne Unterschied.

Die Klagen über die Eigenmacht Wallensteins und seiner Officiere beginnen mit der Errichtung seines Heeres im Sommer 1625. Und doch beobachtete Wallenstein damals noch einige Zurückhaltung. Er verlangte wegen des Durchzuges durch die Länder der verschiedenen Reichsfürsten kaiserliche Pässe.[1] Er ist noch sehr besorgt die Länder der Fürsten der katholischen Liga zu betreten.[2] Denn da diese regelmäßig ihr eigenes Heer besoldeten, das lediglich für den Kaiser und die Reichsverfassung focht: so hätte ein solches Verfahren sie doppelt getroffen. Schon im Frühlinge 1626 beobachtet Wallenstein diese Zurückhaltung nicht mehr. Während er in den Stiftern Magdeburg und Halberstadt ruhig lag, abwartend, ob Mansfeld komme, mußte er von dem Kaiser vernehmen, daß die Klagen des schwäbischen Kreises über die Ungebühr des kaiserlichen Kriegsvolkes dringende Abhülfe verlangten.[3] In gleicher Weise klagten damals bereits der Kurfürst von Mainz und viele andere. An die Reichsordnungen kehrten die Obersten Wallensteins sich nicht mehr. Mansfeld schien wieder erstanden zu sein in vielfacher Zahl.

Ob Wallenstein selber dafür verantwortlich gemacht werden kann? Ein Scheusal vor Allen war Adam Wilhelm von Schelhart, Herr zu Görzenich. Der Kaiser selbst wußte um die Thaten desselben. Ferdinand selbst schreibt im October 1625 an den Fürsten Eggenberg, daß Görzenich in der Wetterau mehr als barbarische Abscheulichkeiten verübt.[4] Diesen Görzenich schickte Wallenstein das folgende Jahr in den fränkischen Kreis. Flehend erhob der Bischof von Bamberg die Klage: wenn man nicht einschreite, werde ein allgemeiner Aufstand das Ende sein. Der Kaiser gebot die Regimenter Görzenichs aufzulösen. Es geschah. Dann gab Wallenstein demselben Görzenich ein neues Patent, und Görzenich richtete abermals seine Werbefahne auf. Bald hatte er eine Schaar wieder beisammen. Görzenich war nicht der einzige in seiner Art.

Die Klagen der deutschen Länder schwellen das Jahr 1626 hindurch an in immer weiterem Umfange, in stärkerer Gewalt. Der Kriegszustand begann eine veränderte Gestalt anzunehmen. Die deutschen Länder fingen an den Feldherrn ihres Kaisers zu fürchten, wie einen grimmigen Feind.

Im Februar und März 1627 als Wallenstein nach seiner Rückkehr aus Ungarn zum zweitenmale werben ließ, hielt die Liga einen Tag zu Würzburg.[5] Sie berieth, wie sie sich von dem Drucke des Wallensteinischen Kriegsvolkes befreie. Einige meinten: man müsse Gewalt mit Gewalt vertreiben. Andere schlugen glimpfliche Mittel vor. Man solle im eigenen Lande keine Werbung gestatten. Man solle die kleinen Haufen zerstreuen, ehe sie zu groß geworden,

---

[1] Chlumecky, Regesten u. s. w. S. 9.
[2] a. a. O. S. 15.
[3] Hurter, zur Geschichte Wallensteins S. 77. Man sehe dort Einzelheiten.
[4] Hurter, zur Geschichte Wallensteins 79 ff
[5] (Stumpf), Geschichte der Liga 228. Hurter, zur Geschichte Wallensteins S. 87.

doch ohne besondere Gewalt. Was konnte das helfen? Noch während der Berathung erfuhr man, daß Wallenstein neue Musterplätze anweise hier und da. Man berichtete, daß allein der Herzog von Lauenburg von Wallenstein Patente habe auf Anwerbung von 25,000 Mann. Gerade dieser Herzog Rudolf Maximilian war einer der verhaßtesten.[1] Es liegt ein Schreiben des Kaisers an diesen Herzog vor: er solle auf Durchzügen mit seinem Kriegsvolk gute Disciplin halten. Das Schreiben ist erlassen zu Ende Juli 1626. Sechs Wochen später klagte der Erzbischof von Trier beim Kaiser: der Herzog habe gedroht in dem Erzstifte Alt und Jung zusammen hauen zu lassen. Der Kurfürst von Mainz stellte diesen Herzog dem Christian von Halberstadt gleich, ja er übertreffe diesen. Der Herzog ward nach Wien berufen. Vorher versprach er schriftlich und mündlich dem Mainzer Kurfürsten: er wolle den Unterthanen desselben alles Genommene zurückgeben, wolle sie künftighin schonen. Aber dann wieder vernahm man das Wort von ihm: die Kurfürsten von Mainz und Trier, der Landgraf Georg von Hessen-Darmstadt hätten ihn beim Kaiser verklagt. Das wolle er ihnen gedenken: er werde nach seiner Rückkehr sie schon finden. In Wien läugnete er alles ab. Das und vieles Andere lag zu Würzburg offen vor. Man erzählte sich von anderen drohenden Reden solcher Heerführer, die kein Gebot über sich erkennen wollten, als dasjenige Wallensteins. Die Liga beschloß das dem Kaiser zu berichten, zugleich aber auch sich selbst in wehrhafter Verfassung zu erhalten.

Dahin schon war es gekommen. Der Kurfürst Maximilian von Bayern hatte oft Mühe gehabt die kriegsunlustigen geistlichen Herren zur Erhaltung ihres Heeres gegen die Reichsfeinde zu bewegen. Dießmal waren sie willig, weil möglicher Weise ein anderer Feind sie bedrohen könne. Es ward genehmigt das Heer Tillys auf einer Stärke von 15000 Fußgängern und 7000 Reitern zu erhalten. Die Liga bewilligte zu diesem Zwecke eine Million Reichsthaler.

Im Laufe des Sommers 1627 wurden die Klagen über die Truppen Wallensteins lauter von allen Ecken und Enden. Es war die erste und wichtigste Frage, welche die Kurfürsten zu Mühlhausen verhandelten. Sie alle dachten darin gleich. Der Kurfürst Johann Georg fuhr heftig heraus:[2] wenn nicht geholfen werde: so müsse er mit Anderen sich verbinden und zu erkennen geben, daß zum Schutze gegen unbillige Gewalt im Reiche noch nicht alle Mittel verloren seien.

Dachte Johann Georg bei solchen Worten etwa an ein Bündnis mit einer fremden Macht gegen den Kaiser? — Eine solche Vermuthung würde ihm Unrecht thun. Johann Georg unterschied gleich den Anderen den Kaiser von dem Feldherrn. Wenn Johann Georg ein Bündnis mit einer fremden Macht gewollt hätte: so bot sich Gelegenheit. Der Cardinal Richelieu hatte den Franzosen Marcheville nach Mühlhausen geschickt.[3] Johann Georg erklärte den anderen Kurfürsten: der Marcheville sei Spionirens halber gekommen. Doch ließ er ihn

---

[1] Hurter, zur Geschichte Wallensteins S. 80 ff.
[2] Hurter, zur Geschichte Wallensteins 104.
[3] Ehemaliges Domcapitelarchiv zu Osnabrück. Bericht des Bischofs Franz Wilhelm an Ferdinand von Köln.

vor. Marcheville eröffnete dem Kurfürsten: sein König habe vernommen, wie im Reiche Uneinigkeit sei. Sein König habe oft schon Zwistigkeiten im Reiche vermittelt, sei auch jetzt dazu erbötig, wenn etwa die Kurfürsten sich nicht einen könnten. Johann Georg hörte das an. Dann entgegnete er: „Ich und die anderen Kurfürsten haben auch vernommen, daß Frankreich und England feindselig gegen einander sind, und daß im französischen Reiche allerlei Unruhe ist. Ich für meine Person erbiete mich, und setze eine gleiche Bereitwilligkeit bei meinen Mit= turfürsten voraus die inneren Irrungen in Frankreich und diejenigen mit Eng= land zu vergleichen." An solcher Stelle waren die Worte des Franzosen verloren.

Wies der Kurfürst Johann Georg hier den Gedanken der Einmischung einer fremden Macht weit ab: so klingt doch aus seinen Worten an die katholischen Kurfürsten schon ein anderer Gedanke, ein Wunsch hindurch. Es ist der Wunsch auf einmal gerüstet dastehen zu können, wie sie.

Die Kurfürsten insgesammt entwarfen dann dem Kaiser ein ausführliches Bild von der trübseligen Lage der Dinge im Reiche, deren Hauptursache das Wallensteinische Heer sei. [1]

Die Mißbräuche bei dem Heere, also beginnen sie ihre Unglück weissagende Schrift, sind also beschaffen, daß dadurch bei längerem Zusehen der Respect vor dem Kaiser mehr gefährdet als erhalten, der Dienst desselben mehr ver= hindert als befördert, dem Reiche mehr geschadet als genützt, und allen Ständen desselben ohne einigen Unterschied von diesem Kriegsheere fast nicht weniger zugesetzt wird, als von den Feinden. Es ist leider dahin gekommen, daß die Kurfürsten des Reiches ihrem Amte und ihren Pflichten nicht genügen würden, es nicht vor Gott, vor dem Kaiser und der Nachwelt verantworten können, wenn sie diese Gefahr dem Kaiser verschweigen und nicht bei Zeiten vor dem herannahenden Unglücke treulich und ernstlich warnen wollten.

Die Grundlage alles Kriegswesens ist Disciplin und Ordnung von oben bis unten. Diese ist hier nicht vorhanden. Sie ist zuerst nicht bei dem General selbst. Er hält kein Maß in der Verstärkung seines Heeres. Er gibt nach seinem eigenen Gefallen Werbepatente aus in übermäßiger Anzahl. Er gibt sie Jedem, der darum sich anmeldet, nicht bloß Fremden, die in ausländischen Diensten gestanden, sondern auch solchen, die des Kriegswesens unkundig sind, und gibt sie nicht bloß für ein Regiment, sondern bis zu vier zu Roß und zu Fuß. Diese Obersten können oder wollen nicht selbst die Werbung übernehmen. Sie vertrauen dieselbe ihren Officieren, und verlangen für sich von Anfang an ihren Unterhalt ohne den geringsten Abzug. Sie zahlen nicht einmal Anritt= noch Laufgeld. Sie schlagen auch dieß auf die Contribution, die das Land tragen muß, in welchem sie nach des Feldherrn Befehl oder eigener Wahl ihre Werbefahne aufpflanzen. —

Wie so ganz anders war es bis dahin in den deutschen Ländern mit Geld= forderungen gehalten! Die Stände aller dieser einzelnen deutschen Länder waren

---

[1] Das Actenstück bei Hurter, zur Geschichte Wallensteins S. 104 ff.

gewohnt je nach ihrem Ermeſſen ihren Landesfürſten Gelder zu bewilligen oder zu verweigern. Das Letztere war ſehr häufig. Wallenſtein und ſeine Officiere fragten Niemand. Sie forderten, nicht um eine Gewährung der Frage ob? zu erwarten, ſondern lediglich, um das Maß anzugeben: wie viel, das ſie allein beſtimmten. Die Bewilligung zunächſt ſtand nur bei Wallenſtein. Und von welcher Art, von welchem Betrage waren dieſe? Der Oberſt eines Regimentes erhielt 500 fl. wöchentlich, der Hauptmann eines Fähnleins 100 fl. wöchentlich. Solche Sätze waren unerhört. Dennoch blieb Wallenſtein auch dabei nicht ſtehen. Dem Oberſten Arnim bewilligte er 3000 fl. monatlich.[1] Woher das kommen ſollte, dafür mochten die unglücklichen Bewohner des Landes ſorgen, in welchem dieſe Truppen ſtanden. Die Bewilligung des Feldherrn war das Recht, auf welches Officiere und Soldaten fußten. Wenn ſie nämlich, was weſentlich iſt, ſich an dieſe Ordnung banden. Und ob dieß geſchah, berichten uns weiter die Kurfürſten des Reiches.

Indem man, alſo fahren ſie fort, das Lauf- und Anrittgeld zu den Contributionen mit anſetzt, wird bewirkt, daß es überflüſſig und wohl vierfach einkommt, daß es den Oberſten und Officieren bis in viele Tauſende, ja wohl Tonnen Goldes mehr in ihren eigenen Beutel einbringt. Und ähnlich iſt es mit der Contribution ſelbſt. Sie wird gerechnet von der erſten Stunde an, gleich als ob das Regiment bis auf den letzten Mann vollzählig geweſen wäre. Das iſt leicht, wenn der Oberſt, der ein Regiment wirbt, bereits ein anderes hat. Er legt eine Compagnie des alten an den Ort des Muſterplatzes, und dieſe Compagnie treibt alles ein. Alſo handeln die Oberſten und Officiere. In gleichem Geiſte die Untergebenen auf ihre Weiſe. Sie rauben und plündern. Sie laſſen ſich nicht einmal anwerben, ſondern vielmals. Dieß geſchieht alſo. Beim Verlauten der Nachricht von einer neuen Werbung verläßt das Kriegsvolk haufenweiſe ſeine Standorte, um den Vortheilen und der Ungebundenheit der neuen Werbung nachzulaufen. Es gibt viele Soldaten, die ſich Jahre lang auf allen Muſterplätzen umher getrieben haben und niemals vor den Feind gekommen ſind. So iſt die Zahl der Regimenter groß, der wirkliche Beſtand jedes einzelnen gering, die Plage und die Koſten aber ſo bedeutend, daß man bei rechter Ordnung ſtatt für ein Regiment auch für drei damit ausgereicht hätte. Und dabei wird noch nicht in Anſchlag gebracht das Morden und Brennen, wie es durch den Herzog von Sachſen-Lauenburg neulich in der Wetterau geſchehen, ohne irgend welche Erſtattung noch Strafe.

Dieſe Art von Kriegsweſen, ſagen ferner die Kurfürſten und Stände des Reiches, iſt das Uebel, welches Deutſchland ausmergelt und zu Schanden macht. Des heiligen Reiches Kraft und Vermögen war ehedem den Türken und allen Ausländern ein Schrecken. Es erhielt das Kaiſerthum viele hundert Jahre in glänzendem Flor; aber nun wird es ganz und gar bis auf den Grund erſchöpft. Allein gibt es denn keine Abhülfe? Der Kaiſer hat auf das Flehen der

---

[1] Förſter, Wallenſteins Briefe I. 126.

Stände des Reiches wiederholt geboten den Ausschweifungen ein Ende zu machen. Er hat drohende Befehle erlassen. Freilich, aber sie werden nicht befolgt. Sie werden statt dessen verhöhnt. Auch die Kurfürsten selbst, die Säulen des Reiches, haben bei hohen und niederen Officieren keinen Respect mehr. Ihre Schreiber, ihre Commissarien werden mit Spott und Verachtung behandelt. Man scheut sich nicht sie öffentlich zu bedrohen. Fürsten und Stände des Reiches sollen Obersten und Befehlshabern bittend nachlaufen. Jene leben im eigenen Lande, in ihrem Eigenthume in Dürftigkeit. Diese prassen und schwelgen und werden dann noch reich dazu. Wie auch kann es anders sein? Die Obersten und Officiere kümmern sich um keine Satzung des Reiches. Alles ist ihnen tributär und gleichsam vogelfrei. Sie fragen nach keinen fürstlichen Commissarien, nach keiner Vereinbarung mit ihnen. Sie selbst weisen die Quartiere an. Sie kündigen diese auch vorher nicht einmal an. Die Truppen sind da, unversehens, und fordern. Sie ziehen ab und zu, aus und ein nach dem Belieben der Obersten. Die bedrängten Einwohner müssen nicht bloß hergeben, zahlen, was sie haben, sondern man nimmt ihnen auch alle Mittel sich wieder aufzurichten. Die Pferde werden ihnen ausgespannt, mit fortgenommen, und aller theuren Zusagen und Versprechungen ungeachtet kommt selten eines zurück. Darum liegt an vielen Orten das Feld wüst und unangebaut. Der Acker trägt keine Früchte mehr. Der Handel steht still. Aber von allen Menschen will am wenigsten der Soldat eine Einbuße erleiden. Er fordert nach wie vor. Und selbst wenn endlich der Abzug erfolgt, bleibt zur Eintreibung der Reste noch eine Wache zurück und fordert die volle Contribution, als sei das ganze Regiment noch da. Der arme Bauersmann läßt allen Muth und alle Hoffnung fahren. Er greift verzweifelnd mit Weib und Kind zum Bettelstabe, verläßt Haus und Hof und wandert hinaus ins Elend, um zu sterben. Ganze Dörfer und ansehnliche Flecken stehen öde und leer.

Wie soll das enden? Wo solchem Unheil noch länger zugesehen wird, wo nicht ein durchgreifendes Heilmittel erfolgt: da ist nichts anderes zu erwarten als ein allgemeiner Aufstand der bis aufs Blut mishandelten Menschen. Dann steht des Reiches Ruin und Untergang vor der Thür. Aber noch ist Hülfe möglich. Und darum wenden sich die Kurfürsten und Stände des Reiches an den Kaiser als den Vater des Vaterlandes. Sie bitten ihn, er möge der ferneren Werbung ein Ziel setzen, er möge mehr Regimenter einziehen, vor allen Dingen diejenigen, welche nutzlos zur Qual der Menschen am Rheine stehen. Er möge zur Verhütung größeren Mistrauens bei dem Heere eine solche Oberleitung einführen, daß die Stände des Reiches dazu ein gutes Vertrauen, die Soldaten selbst davor Respect haben. Sie bitten den Kaiser ferner: er wolle befehlen, daß nicht die Obersten und Officiere einseitig alles verfügen, Quartiere anordnen, Contributionen erheben, diesen verschonen, jenen belegen, dann wiederum sich mit Gelde ablaufen lassen, um einen dritten heimzusuchen. Eine schleunige bessere Ordnung ist ein Gott wohlgefälliges und gemeinnütziges Werk, eine Erlösung von vielen tausenden betrübter Seelen, eine Rettung der Witwen und Waisen.

Wenn aber dasselbe nicht geschieht, wenn die Generale, die Obersten und Officiere sich auch ferner um kaiserliche Befehle nicht kümmern und wider den Willen und die Meinung des Kaisers die gehorsamen Stände des Reiches bedrängen: so müssen diese selbst auf Mittel zu ihrem Schutze sinnen und hoffen, daß der Kaiser ihnen das, was sein eigenes und des Reiches Bestes erheischt, nicht als Eingriff in kaiserliche Rechte oder gar als Ungehorsam auslegen.

Die Eingabe der Kurfürsten an den Kaiser bezeichnet Tilly nicht. Sie spricht nicht von ihm. Wie auch sollte sie es? Im Bösen konnte sie nicht, im Guten, wie er es verdiente, von ihm zu reden, war in einer solchen Eingabe nicht der Ort. Also schwieg sie von ihm. Aber dieses Schweigen ist ein sehr beredtes Schweigen. Jede einzelne dieser himmelschreienden Anklagen gegen Wallenstein ist mittelbar für Tilly ein glänzendes Lob. Alles was für Wallenstein hier gefordert wird, sah man bei Tilly erfüllt. Er kann sein Heer nicht maßlos und ziellos vermehren; denn er hat seine bestimmte Zahl, für deren Sold zur Hälfte seine Kriegsherren sorgen. Nur die Hälfte fällt dem Lande zur Last, in welchem er steht, und zwar nach gemachter Verständigung. Jeder Oberst, jeder Officier unter Wallenstein verfährt eigenmächtig, als seien die Landesfürsten und Obrigkeiten nicht vorhanden. Tilly selbst verlangt für sich die stäte Anwesenheit landesherrlicher Commissarien, damit dem Lande nicht Unerträgliches aufgebürdet werde. Und vor allen Dingen ist wichtig, daß der Regel nach nicht seine Officiere und Soldaten die Contributionen erheben, sondern die Obrigkeiten des Landes mit der Vollmacht zum Abzuge des angerichteten Schadens. Eben darum aber war es die unvermeidliche Folge, daß Wallensteins Heer täglich schwoll, daß Tilly bekümmerten Herzens seinem Kurfürsten melden mußte von zahlreichen Desertionen. [1]

Dennoch thaten die Kurfürsten zu Mühlhausen auch äußerlich einen Schritt, der dem Kaiser jeglichen Zweifel benehmen mußte, wie sie Tilly anschauten im Verhältnis zu Wallenstein. [2] Sie heben hervor, wie die hohe Bescheidenheit und das demütige Wesen dieses Mannes zu bekannt sei, als daß er in sich selber auch nur den Gedanken aufkommen lasse nach höheren Dingen zu streben. Die Versammlung der Kurfürsten zu Mühlhausen aber wolle es nicht außer Acht lassen, daß der Feldherr bei seinen Verdiensten Anspruch habe auf höhere Würden. Deshalb bittet sie: der Kaiser wolle dem Feldherrn den fürstlichen Stand antragen lassen. Das würden sie, setzen die Kurfürsten hinzu, nebst dem Grafen Tilly als eine besondere kaiserliche Gnade betrachten. Wie zu erwarten, genehmigte der Kaiser diese Bitte sofort. Er ließ dem alten Tilly die Fürstenwürde antragen.

Und Tilly? War das das Ziel des alten Helden? Die Kurfürsten waren ihm ohne Zweifel wohlgesinnt. Auch seine Bescheidenheit erschien ihnen lobenswerth. Sie thaten das Ihrige, um ihm zur Anerkennung zu verhelfen. Aber die stille Größe des in sich selber klaren und gewissen Mannes erkannten sie

---

[1] Hurter, zur Geschichte Wallensteins S. 91.
[2] Hurter, a. a. O. S. 114.

nicht. Sie beurtheilten ihn nach dem Maße anderer Menschen, welche streben nach Ehren, Reichthum und Würden. Aber nicht nach solchem Maße des Gewöhnlichen war Tilly zu messen. Er wollte dem deutschen Reiche Ruhe und Frieden wieder geben, nicht Reichthum noch Würden für sich erlangen. Tilly bedurfte keines Fürstentitels. Er zahlte dem kaiserlichen Sekretär Gereon die übliche Summe für das Diplom, damit Gereon dasselbe n i c h t ausfertige. [1]

Tilly indessen beschränkte diese Entsagung nur auf seine eigene Person. Da er selbst nie verheirathet war, so hatte er seine volle Neigung seinem Neffen Werner zugewendet, dem Sohne seines Bruders Jakob. [2] Im Jahre 1626 machte der Oheim sein Testament zu Gunsten dieses Neffen, und begünstigte die Heirath desselben mit der Tochter des Fürsten Carl von Liechtenstein. Er wünschte, daß Werner seinen Wohnsitz nähme auf dem Stammhause Tilly. Zu der Zeit des Tages von Mühlhausen ließ die Infantin dem alten Helden andeuten, daß sie von ihm eine Bitte um irgend eine Verleihung zum Lohne für seine Dienste erwarte. Es lag unfern von dem Hause Tilly eine Besitzung Durbuy, welche seit längerer Zeit zwischen der Regierung und der Familie Tilly streitig war. Tilly bat diese Besitzung ihm zu gewähren nicht bloß wegen seiner eigenen Verdienste, sondern zugleich auch zur Erinnerung an diejenigen seines Bruders, für dessen Sohn er das Gewünschte bestimme. Denn dieser Sohn sei ihm an Kindes statt. —

Wir werden später ersehen, welchen Erfolg die Berathungen und Beschlüsse der Kurfürsten von Mühlhausen hatten.

Während dieselben beriethen, verfolgten die kaiserlichen Heere mit Nachdruck die Laufbahn des Sieges, welche Tilly im Norden eröffnet. Tilly belagerte Pinneberg unweit Hamburg. Als er dort im Eifer der Besichtigung die Festung umritt, traf ihn eine Kugel oberhalb des Kniees. Die Anhänglichkeit seiner Veteranen an ihn erwies sich auf eine rührende Weise. [3] Aber es war Tillys Bleiben nicht mehr im Feldlager. Er mußte sich in einer Sänfte nach Lauenburg zurück bringen lassen, von wo er einige Tage zuvor ausgezogen, und überließ es Wallenstein die Ernte einzuheimschen, welche Tilly geschnitten hatte.

Auch in Lauenburg verweilte Tilly nicht. Er hatte das Schloß zu Winsen an der Luhe lieb gewonnen, und bat den Herzog Christian sich dahin begeben zu dürfen. Christian gestattete es gern und nahm herzlichen Antheil. Er schickte ihm dieß und jenes Hausmittel, gebrannten Hirschhorn u. dgl., ferner aber auch einen Leibmedicus und seinen Chirurgen. [4] Der Leibmedicus erwarb sich Tillys Vertrauen so sehr, daß derselbe von seinem eigenen Doktor und Balbierer, wie der Leibmedicus berichtet, nichts mehr wissen wollte. Die Wunde war bedeutend, zumal da die Entzündung, welche der Leibarzt die Rose nennt, sehr heftig wurde. Mit Interesse folgen wir den Berichten dieses Arztes an den Herzog Christian

[1] Adlzreitter, A. B. G. III. 167.
[2] Villermont II. 381. Nr. 141.—392. Nr. 153.
[3] Adlzreitter, III. 167.
[4] Königliches Archiv zu Hannover.

über seinen Patienten. Sie zollen ihm das Lob, welches freilich bei einem solchen Manne erwartet werden darf, der stillen Geduld in heftigen Schmerzen, und nicht minder lassen selbst die officiellen Worte der Berichte die eigene Freude des Arztes über die wiederkehrende Genesung deutlich erkennen. Auch während dieser Krankheit unterzeichnet Tilly die vielfachen Schreiben seiner Kriegskanzlei; aber die festen deutlichen Züge, in denen wir sonst das „Johann grave von Tilly" lesen, sind hier zitternd, uneben und verschwommen. Am 19. October, fünf und eine halbe Woche nach seiner Verwundung war Tilly so weit hergestellt, daß er dem Herzoge Christian den Leibmedicus zurücksendete.

Auf die Nachricht von Tillys Verwundung war der Kurfürst Max sehr betroffen. [1] Es ging ihm das, wie er an Tilly schreibt, sehr sorgsam zu Gemüthe. Er sprach ihm allerdings sein Mitleid aus, verhehlte aber auch nicht einen leisen Vorwurf, daß Tilly wider seines Kurfürsten so wohlmeinende Warnungsschreiben sich zu weit gewagt habe. Er dürfe darum nicht unterlassen, sagt der Kurfürst, ihn abermals zu ermahnen und ihm zu befehlen, daß er seine Person, an deren Erhaltung so hoch und viel gelegen sei, nicht wieder der Gefahr aussetze. Tilly selbst scheint sein Ende gefürchtet zu haben. Er sprach seinem Generalcommissär Ruepp den Wunsch aus, daß er seinen Kurfürsten gern noch einmal sehen und mit ihm reden wolle. Wahrscheinlich drängte es ihn diesem seine Ansicht über die Lage der Dinge im Reiche auszusprechen. Zugleich meldete Ruepp, daß Tilly ihm einen anderen Wunsch von geringer Erheblichkeit für sich persönlich ausgesprochen, den er dennoch nicht zu erfüllen wisse. Tilly auf seinem Krankenlager hatte nach Granatäpfeln verlangt. Einem Manne gegenüber, der so selten einen Wunsch, eine Bitte für sich aussprach, erschien die Gewährung auch des Geringsten eine Pflicht. Der Kurfürst Max sendete durch einen eigenen Boten Granatäpfel von München nach Winsen an der Luhe für seinen kranken Feldherrn.

Wallenstein drang unterdessen vorwärts. Der Graf Schlick fand auf dem rechten Flügel den Kern des dänischen Heeres, unter dem alten Markgrafen von Baden-Durlach, und schlug denselben bis zur Vernichtung. Der Durlacher hatte dicke Bücher über die Kriegskunst geschrieben; aber seine Fehler hier erschienen dem erzürnten Dänenkönige so gröblich, daß Christian ihn vor ein Kriegsgericht stellen wollte. In solcher Noth und Gefahr erwachte der reichsfürstliche Standesgeist, der diesen Mann nicht gehindert hatte nun zum zweitenmale gegen Kaiser und Reich Eid und Pflicht zu brechen. Er verwahrte sich hoch und theuer, daß ein deutscher Reichsfürst nur Gott und dem Kaiser verantwortlich sei. Dem Kaiser, gegen den derselbe Mann eid- und treubrüchig in Waffen stand? Der Dänenkönig begnügte sich, und ließ den Dänen Mitzlaff für die Niederlage büßen. Die Strafen halfen nicht. Das dänische Heer war entmuthigt und verlief. Der Himmel senkte sich täglich schwerer über Dänemark. Wallenstein überschritt die dänische Grenze. Christian und seine Reichsräthe, die

[1] Westenrieder VIII. 163.

so weit es von ihnen abhing, Deutschland in eine Brandstätte verwandelten, besaßen die aufgeblasene Frechheit dem kaiserlichen Feldherrn entgegen zu rufen: Das sei wider alles Völkerrecht. [1] Der Krieg gehe nur den niedersächsischen Kreis des deutschen Reiches an: die Krone und das Land von Dänemark hätten mit demselben nichts zu thun. Wallenstein entgegnete: er suche seinen Feind auf, wo er ihn finde. Er vermerke aus dem Tone des Schreibens der Reichsräthe, setzte er hinzu, daß sie zum Frieden noch nicht sehr geneigt zu sein schienen. Er durchzog Jütland bis in die Spitze, bis wo die endlos sich dehnende Wasserfläche ihm eine Grenze setzte.

Sollte das Meer ihm und dem Reiche immer eine Grenze sein? Bereits seit längerer Zeit waren in Wien, in Madrid, in Brüssel Gedanken erwogen, inhaltsreich und folgenschwer. Dieselben Gedanken wurden damals erörtert und erwogen von den bedächtigen Handelsherren an den Ufern der Elbe und der Trave. Wir haben sie kennen zu lernen, und zwar so daß wir zunächst unsere Blicke richten auf die Niederlande.

Die Macht derselben, ihre Kraft des Widerstandes gegen Spanien war erwachsen auf dem Meere. In dem Beginne des Abfalles schlugen alle Unternehmungen Wilhelms von Oranien zu Lande fehl. Erst als er Kaperbriefe ausgab an die wilden Watergeusen, als diese im April 1572 den Briel eroberten, wendeten sich die Dinge. Es hob sich eine Macht empor, mit welcher auf ihrem Elemente die Gallionen Spaniens sich nicht mehr messen konnten. Diese Macht behielt fortdauernd ihren ursprünglichen Charakter: der Reichthum der Holländer gründete sich nicht zuerst auf ihren Handel, sondern auf ihren Seeraub an Spanien. Die Schätze beider Indien an edlen Metallen, an herrlichen Früchten des warmen Erdgürtels fielen den Holländern zu, nicht weil sie dort gruben und bauten, sondern weil sie auf dem Meere die heimkehrenden Fahrzeuge überwanden und dieselben mit der Ladung als ihre Beute davon führten. Dazu kam der Handel. Und seltsamer Weise führten die Niederländer diesen Handel nach Spanien. Dieß konnte nicht gehindert werden, weil Spanien des fremden Getreides bedurfte. Jeder Versuch der Hinderung rächte sich sofort an den Spaniern selbst. Als der König von Spanien 1625 den Handel der Holländer auf Spanien untersagte, stieg in Sevilla der Preis des Kornes zu einer unerschwinglichen Höhe. [2] Das strenge Verbot war nicht durchzuführen, weil es Spanien selber traf. Auf der anderen Seite gingen auch die Holländer nicht so offen zu Werke. Sie bedienten sich der Hanseaten. Und zwar ist die Politik der Generalstaaten in dieser Sache, wie so oft, ein Meisterstück. Sie schlossen im Jahre 1616 ein Bündnis mit den Hanseaten; [3] aber sie schlossen dieß Bündnis nicht, um die Hauptstädte in ihren Krieg mit Spanien hineinzuziehen, sondern um sie davor zu bewahren, und nebenbei die Hansestädte und sich selbst

---

[1] Londorp. III. 1011. Theatrum Europ. 1107.
[2] Theatrum Europ. I. 1068. Die Last (4000 Pfd.) auf 250 fl.
[3] Aitzema I. 391.

gegen übergreifende dänische Gelüste zu sichern. Die Holländer trieben nämlich
Handel und Schifffahrt nach Spanien hauptsächlich durch die Seebriefe und
Pässe der Osterlinge. Dieß Auskunftsmittel ward befördert durch das Bündniß.
Des Namens wegen wurden für die Städte der Hansa die Beiträge zur Führung
der gemeinen Sache angesetzt. Der Ansatz lehrt uns das damalige Verhältniß
der Wohlhabenheit und Macht der Hansestädte kennen. Lübeck sollte so viel
zahlen wie Hamburg, Bremen, Rostock und Wismar zusammen, die sieben Hansestädte in Allem dreizehn Procent des Betrages, den die vereinigten Provinzen
zahlten. [1] Aber man hütete sich jemals diese Quoten einzuziehen, damit nicht
die Hansestädte mit Spanien offen verfeindet würden.

Für die Hansestädte gewährte das Bündniß den Vortheil frei zu sein von
dem Seeraube der Holländer. Indessen hinderte es die Generalstaaten nicht
gelegentlich die Hansestädte zu drücken und an ihre politische Ohnmacht zu erinnern.
Wenn sich ein geeigneter Vorwand bot gut oder schlecht: so nahmen die Holländer
die Schiffe ihrer Freunde von Hamburg gelegentlich auch auf der Elbe weg. [2]
Ebenso wenig genossen die Hanseaten des Schutzes der Holländer gegen die mächtigen Freunde derselben auf der afrikanischen Küste. Als Freunde der Holländer
durften die Barbaresken bezeichnet werden; denn sie fuhren ungehindert in holländische Häfen ein, [3] kauften und verkauften. Um sich dem französischen Könige gefällig zu beweisen, nahmen dann die Holländer vielleicht diesen oder jenen französischen Sklaven heraus und schickten ihn frei nach Frankreich. Den Barbaresken
dagegen das Handwerk zu legen, hatten sie gar keine Neigung, weil dieselben sehr
nützliche Verbündete gegen Spanien waren. Nur wenn Klagen einliefen, daß diese
guten Freunde es wagten Holländer zu behandeln gleich Hanseaten, daß die Seeräuber durch Anwendung der Bastonade holländische Schiffscapitäne zu dem Bekenntniß hatten zwingen wollen, daß sie Hanseaten seien: nur in solchem Falle
legten sich einige holländische Kriegsschiffe vor die Städte der Barbaresken, öffneten
die Stückpforten und forderten also die Abhülfe der Beschwerden. Dieselbe pflegte
dann sofort zu erfolgen. [4]

Alle solche Dinge waren in Spanien sehr wohl bekannt. Allein wie sollte
man es anfangen den Niederländern mit Nachdruck entgegenzutreten? Eine lange
schmerzliche Erfahrung hatte für Spanien gezeigt, daß auf offener See der einzelne
Spanier dem einzelnen Holländer nicht gewachsen war, daß bei einem Kampfe
mit gleichen Kräften die Spanier zu Wasser immer unterliegen würden. Man
hatte andere Pläne entworfen. Man wollte von den Nachbarhäfen zu Wasser
und zu Lande zugleich in die vereinigten Niederlande eindringen. Lange vor
der Aussendung der großen Armada war Philipp II. in Unterhandlung mit dem
Grafen von Ostfriesland, dem die Ems gehörte, über Emden oder einen anderen

[1] Gegen 100 Pr. der Generalstaaten sollten zahlen: Lübeck 5½, Hamburg 3½,
Bremen 2½, Magdeburg 1, Lüneburg 1, Rostock und Wismar zusammen ½.

[2] Aitzema I. 1104. II. 252.

[3] Aitzema II. 207.

[4] Aitzema II. 69.

Hafen an diesem Strome. [1] Die Armada ging zu Grunde, weil der castilische
Hochmuth sich hinwegsetzte über die wichtige Frage zuerst einen Hafen zu besitzen,
von wo aus man gegen England in See gehen, wohin man im Falle der Noth
sich wieder zurückziehen könne. Die Nothwendigkeit dessen leuchtete dann wieder
ein, und man hoffte auf die Mitwirkung der Hansestädte. Der Plan spielt
Jahrzehnte hindurch, und wird von den Hochmögenden mit überlegener Schlauheit und Berechnung jedesmal vereitelt. Dennoch sprosst er aufs neue wieder
auf. Auch Mansfeld, der Abenteurer, kannte diese Dinge sehr genau. Wir
haben gesehen, wie er im Winter 1622 der Infantin seine Erbietungen macht,
die durchaus den lang gehegten spanischen Planen entsprechen, wie die Infantin
ihrerseits ihm zusichert, daß er mit dem Tage der Ueberlieferung der Stadt
Emden in spanische Hände Grande von Spanien sein solle. Wir haben gesehen,
wie sie daran denkt einen Kriegshafen am Jadebusen anzulegen.

Im Sommer 1625 fordert Spanien in Brüssel: der bayerische Gesandte
solle die Einräumung eines Hafens an der Ems für Spanien bewirken. [2] Man
dachte hier also noch an eine Kriegsunternehmung dieser Art gegen die Generalstaaten. Spanien hoffte damals noch mit seinen wiederholten Anträgen durchzubringen, daß der Kaiser und das Reich, oder doch wenigstens die Liga die
Sache gegen die Generalstaaten so als eine gemeinsame erkennen würden, wie
sie es in Wahrheit war. Aber ungeachtet Tillys nachdrücklicher Stimme, seiner
Mahnung, die in der langen Zeit seines Feldherrnamtes immer dieselbe bleibt,
wollte die Liga aus dem Kreise ihres unmittelbar conservativen Bestrebens, aus
der Vertheidigung nicht heraustreten. Sie wollte nur auf deutschem Boden,
nur angegriffen gegen die Feinde des Reiches streiten. Spanien ließ zögernd
von dieser Forderung ab, um mit einer neuen, in den Augen der Deutschen
besser begründeten hervorzutreten. Der Plan läßt sich zusammen drängen in
einen einzigen Namen. Bei der Zusammenkunft zwischen Tilly, Wallenstein
und dem spanischen Gesandten zu Duderstadt im Juli 1626 ist die Rede
von Lübeck. [3]

Die Natur der Dinge leitete nachdrücklich darauf hin. Während Spanien
zur See sich auf die Vertheidigung beschränken mußte, verfuhr es bis dahin zu
Lande angriffsweise. Aber betrachten wir diese Unternehmungen zu Lande. Es
sind nicht großartige Feldzüge mit zahlreichen Heeren, welche die geringere Land-
macht der Niederlande zu erdrücken vermöchten, sondern man zieht aus, belagert
diese oder jene Stadt, nimmt sie entweder nach einer Belagerung von vielen
Monaten, oder läßt sich auch davon zurück treiben. Damit geht ein ganzer
Feldzug hin. Jeder Erfolg der Holländer zur See dagegen bringt ihnen baaren
Gewinn. Das Ergebnis einer solchen Unternehmung von spanischer Seite steht
auch bei günstigem Ausgange nicht im Verhältnisse zu den Mitteln, die dafür

[1] Vergl. des Verfassers Geschichte von Ostfriesland von 1570—1751. S. 28 ff.
[2] Aretin, Bayerns auswärtige Verhältnisse, Beilage p. 201.
[3] a. a. O. 236.

aufgewendet werden. Die letzte That dieser Art war die Belagerung von Breda. Die Stadt wurde endlich von Spinola gewonnen. Der Verlust war scheinbar auf der Seite der Niederländer, und dennoch war er in Wahrheit auf der Seite Spaniens. Es hatte sich für diese Belagerung so erschöpft, daß es fortan auch selbst zu Lande auf den Angriff verzichtete, daß es schon im nächsten Jahre nur zur Vertheidigung im Felde erschien. Die Nachricht, daß dem also sei, daß die Holländer zu Lande angriffsweise verfuhren, daß die Spanier nur noch sich vertheidigten, erregte in Europa allgemeines Erstaunen. „Ich kann es nicht glauben," rief der Cardinal Richelieu aus. [1] „Es kann nicht sein: sie haben noch keine Subsidien von uns bekommen."

Bedurften die Holländer derselben? Sie nahmen die dargebotenen immerhin gern an, bemühten sich auch sie zu erlangen; aber sie hätten derselben auch entbehren können. Die Versuche der Spanier zu Lande trafen das innere Leben der Holländer nicht. Waren ihre Söldner gefallen, von Pest und Hunger weggerafft: so kauften sie sich neue. Denn ihre Märkte überströmten von Geld, theils durch ihre Erfolge zur See, theils durch ihren Handel. Als die Seele ihres Handels bezeichneten sie selber die ostseeische Fahrt. [2] In den südlichen Küstenländern dieses Meeres wuchs das Getreide, welches die Holländer unter dem Namen der Hanseaten nach Spanien verführten, welches dort ihnen reicheren Gewinn brachte, als den Erzeugern. An den Küsten dieses Meeres wuchsen ferner die Kiele und die Masten ihrer Schiffe, der Hanf ihrer Taue, der Leinsamen für ihr Segeltuch. Die Bergwerke von Schweden lieferten das Eisen und das Kupfer. An die Fahrt nach der Ostsee knüpfte sich das Gedeihen und selbst die Existenz des holländischen Freistaates. Wollte Spanien diesen treffen ins Leben hinein: so mußte es ihm die Wurzel abgraben, die Quelle verstopfen. Der Gedanke, der Wunsch mag auch früher in Spanien sich geregt haben: die Möglichkeit der Ausführung erschloß sich erst damals, als kaiserliche Fahnen wehten an beiden Meeren, als der Adler des deutschen Reiches die deutschen Ströme schützend überwachte bis da, wo sie sich in die unendliche Wasserwüste verlieren.

Der Inbegriff der spanischen Plane war, daß allein die Hansestädte das Recht des Handels nach Spanien haben sollten. [3] Nur sie sollten nach Spanien Getreide bringen, und was es sonst bedurfte; nur sie sollten die Erzeugnisse des warmen Erdgürtels, soweit derselbe der Krone Spanien unterthan war, und diejenigen des Landes Spanien selbst nach dem übrigen Europa bringen. Die Hansestädte sollten die Stapelplätze für beide Zweige des Handels sein. Die nordwärts gelegenen Städte sollten die Waaren, welche sie nach Spanien zu verführen gedächten, nur über die Hansestädte dort einbringen, und wiederum nur auf den Märkten der Hansestädte die Producte des Südens einkaufen dürfen.

[1] Aitzema II. 429.
[2] Aitzema II. 358.
[3] Khevenhiller X. 1512 ff.

Das Auge des deutschen Kaisers Ferdinand war offen für solche Plane. Wir haben gesehen, wie er im Jahre 1623 durch die Vorschläge einer Handelseinigung die Generalstaaten zum Frieden zu bringen hoffte, wie diesen damals ihres besondern Gewinnes willen der Krieg lieber war als der Friede. Der Kaiser Ferdinand erkannte die Bedeutung des Handels für das Wohl und die Cultur der Nation in vollem Maße. Es bot sich ihm hier die Gelegenheit die Hansestädte, deren Werth für das Reich und die Nation er niemals unterschätzte, denen er jederzeit besondere Geneigtheit bewies, diese Hansestädte durch die Aussicht auf Vortheile von unermeßlicher Tragweite mit sich und dem Reiche fester wieder zu verknüpfen. Er ließ sich verschiedene Gutachten über die Möglichkeit der Ausführung geben. Als diese bestimmend ausfielen, schickte der Kaiser im Herbste 1627 den Grafen Ludwig von Schwarzenberg nach Lübeck. Von spanischer Seite erschien zugleich Gabriel de Roy. Sie verständigten sich mit Friedland, der die Sache zu unterstützen versprach. Schwarzenberg legte dem Rathe von Lübeck die kaiserlichen und spanischen Plane vor. Er hob hervor, daß die spanische Fahrt früher als die rechte Quelle alles Reichthums gegolten, daß jetzt das Monopol derselben für die Hanse sich darbiete. Er verhehlte die Gefahren nicht; aber er wies zugleich hin auf den kaiserlichen Schutz. Er forderte die Hansestädte auf sich die Sache zu überlegen. Es war eine Frage von unabsehbaren Folgen, wichtiger vielleicht als bis dahin im Laufe dieses Krieges eine erwogen war.

In nächster Verbindung mit einem solchen Handelsplane stand dann nothwendig die Errichtung einer Kriegsflotte des deutschen Reiches zum Schutze dieses Handels. Die spätere Zeit hat in völliger Unkenntnis der Dinge des siebzehnten Jahrhunderts diesen Plan einer Kriegsflotte phantastisch genannt. Er wurde nur phantastisch in der Hand eines Phantasten. Wir haben, um den Plan wohl zu würdigen, nicht die Meinungen späterer Zeiten zu befragen, sondern hier wie überall bislang von uns geschehen ist, lediglich Gewicht zu legen auf die Anschauung der damaligen Mitwelt. Eine Kriegsflotte von damals erforderte nicht die ungeheuren Anstrengungen, wie die Errichtung einer solchen in unserer Zeit. Die deutschen Hansestädte waren noch nicht wehrlos zur See. Noch einige Jahre später wagte es Hamburg allein zur See den Kampf gegen den Dänenkönig aufzunehmen. Es war nämlich noch nicht der große Unterschied in der Bauart zwischen Kriegs- und Handelsschiffen. Jene waren schwächer als in unserer Zeit, diese verhältnismäßig stärker. Noch konnten sehr viele Handelsschiffe mit nicht großer Mühe zu Kriegsfahrzeugen umgeschaffen werden. Dazu war selbst diese Art von Schiffen in der Regel nur klein. Die Kriegsschiffe jener Tage verhalten sich zu denjenigen unserer Zeit ähnlich, wie die Landheere dieser verschiedenen Zeiten. Tilly hat selten 30,000 Mann geführt, und in der Regel überstieg die Stärke eines ordentlichen Kriegsheeres nicht 25,000 Mann. Man nannte das ein formirtes Heer, einen exercitus formatus. Aehnlich war es mit den Schiffen. Die größten Kriegsschiffe der Holländer jener Tage würden in unserer Zeit denen des dritten oder vierten Ranges nachstehen. Aehnlich verhielt es sich mit der Zahl dieser Kriegsschiffe.

Sehen wir die holländische Republik, die damals vor den Zeiten Cromwells unbestritten die Herrschaft des Meeres besaß. Die Holländer schickten im Jahre 1627 von Staatswegen in See dreißig Kriegsschiffe von 120 bis 150 Last;[1] denn auch Kriegsschiffe wurden nach der Tragfähigkeit bemessen. Jedes dieser Schiffe war bewehrt mit 20—22 Stücken, theils Zwölf-, theils Achtpfündern, bemannt mit 85 Matrosen und 20 Musketieren. Das waren die damaligen Schiffe des ersten Ranges. Dazu kamen fünf Fregatten und fünf Jachten zu 50 und 60 Last, jede besetzt mit 50 Mann. Mithin betrug die ganze Be-

sehnlichen Reihe von
beherrschte das Meer.
Tromp, in denen jede
zum Kampfe stellt, wurden in
bis 1648 noch nicht geschlagen.
fahrzeuge den Seehandel des e

den Generalstaaten eine Vorstellung ein, daß die Matrosen sich weigerten in See zu gehen, wenn nicht das Gebot der Fußspülung gemildert würde. Mit

nicht gestattet werden könne.[2] Ganz in derselben Weise verfuhren die spanischen Kaper von Dünkirchen.[3]

War es denn so schwer gegen diese Kriegsflotte eine andere aufzurichten? Die Spanier allerdings waren bei gleicher Zahl und gleichen Kräften zur See den Niederländern nicht gewachsen; aber die norddeutschen Matrosen des friesischen und des sächsischen Stammes sind den holländischen an Seetüchtigkeit heutzutage völlig gleich: warum sollte es damals anders gewesen sein? Es blieb nur dann allerdings die sehr gewichtige Frage, ob eine Kriegsflotte des deutschen Kaisers es allein mit den Holländern zu thun haben werde, ob nicht in gleicher Weise, wie zu Lande die sämmtlichen Könige und Potentaten im Westen und Norden das Reich und die deutsche Nation zu zerrütten beflissen waren, sie auch mit gesammter Kraft dem Aufwachsen einer deutschen Wehrkraft zur See sich

[1] Aitzema II. 252. Es ist selbstverständlich die Last Roden zu 4000 Pfd. gemeint. Die Last ist gleich zwei englischen Tons.
[2] Aitzema II. 628.
[3] Khevenhiller X. 392.

entgegenstellen würden. Die Erinnerung an die einstigen Tage, wo der Hansa=
bund unbestritten die Seeherrschaft besaß, in der Ostsee, wie in der Nordsee
und in den Gewässern, die England umspülen, war damals noch wohl nicht
vergessen.

Es lag in der Natur der Sache, daß ein Plan, der so viele Mitwisser
hatte, von so vielen erwogen wurde, nicht geheim bleiben konnte. Die Kunde
erfüllte zuerst den Dänenkönig mit Schrecken. Es war mit Sicherheit zu er=
warten, daß das nächste Ziel des Angriffes einer kaiserlichen Flotte die dänischen
Inseln sein würden. Darum hielt Christian den Hansestädten zuerst die Religion
vor. Er wiederholte sein altes Wort, daß alles nur den Untergang des allein
seligmachenden Wortes und Evangelii bezwecke.[1] Obwohl man damals längst
wußte, was es mit dem Religionskriege des Dänen in Niedersachsen auf sich
hatte: so war doch diese Redensart noch nicht verbraucht. Die Hamburgischen
Bürgermeister verhehlten dem kaiserlichen Residenten dort nicht,[2] daß die Prediger
durch dänisches und holländisches Geld überzeugt seien: es handele sich um die
Religion, und daß sie demgemäß von allen Kanzeln gegen die kaiserlichen Plane
eiferten. Auf den anderen Theil der Bevölkerung wirkten Christian und der
holländische Resident Aitzema durch andere Mittel. Christian erklärte: er werde
sich mit Schweden, mit England, mit den Generalstaaten so stark zur See rüsten,
daß sie im Stande sein würden allen Handel der Hansestädte zu vernichten.

Auf der anderen Seite waren die in Aussicht gestellten Vortheile zu lockend
und einladend, um nicht die ernste Erwägung der Handelsherren zu fordern.
Dazu hatte man sich ferner auch keinen Vorwurf in Betreff der Rechtsfrage zu
machen. Der Vertrag mit den Generalstaaten lief in wenigen Monaten ab,
und alsdann hatte man freie Hand. Schwarzenberg war unermüdlich thätig
die Vortheile hervorzuheben.[3] Aber von spanischer Seite hatte man ihm einen
Gehülfen zugegeben, der mehr verdarb als er gut machte. Er forderte aller=
dings zu Fahrten nach Spanien auf; aber er schlug zu eigenem Vortheile solche
Taxen auf die Pässe, die er gab, daß man es vorzog nach Holland und Eng=
land zu fahren. Auch in Spanien selbst entsprach das Verfahren der Behörden
dem Wunsche der Regierung nicht. Man machte den Seeleuten allerlei Hinder=
nisse. Man sagte ihnen, sie führten die Waaren für holländische Rechnung aus.
Man machte ihnen solche Quälereien, daß die Hanseaten verdrießlich die Waaren
um jeden Preis losschlugen. Die kaiserlichen Gesandten beschwerten sich, ob
man so den Versprechungen und Anerbieten nachkomme. Das Mißtrauen der
Hanseaten schlug Wurzel. Es fragte sich, ob man die sichere Feindschaft aller
Seemächte des Nordens auf sich laden sollte, wenn die Vortheile so unsicher waren.

Also schwankend versammelten sich die Abgeordneten der Hansestädte im
Beginne des Jahres 1628 zu Lübeck, um dort von dem Gesandten des Kaisers

---

[1] Khevenhiller X. 1510.
[2] Hurter, Ferdinand II., Band IX. 568.
[3] Khevenhiller X. 1510.

feine Anträge zu vernehmen. [1] Es waren kaiserlich deutsche Worte, wie sie vor Ferdinand II. keiner gesprochen, wie sie nach ihm keiner mehr sprechen konnte. „Es ist aller Welt bekannt," sagte der Kaiser, „wie blühend einst der Handel und die Schifffahrt der Hanse gewesen ist. Sie würden es noch sein, wenn nicht die gewaltthätigen Eingriffe der Machthaber rund umher es verhinderten. Als ich zur Regierung kam, habe ich die Canzleien angefüllt gefunden mit Klageschriften über Bedrückungen aller Art. Damals faßte ich den Entschluß dem abzuhelfen; aber die vielfache Rebellion im Reiche hat mich daran gehindert; und die Dinge stehen wie damals. Ja es ist so weit gekommen, daß eine so ansehnliche, volkreiche, streitbare, mächtige Nation, wie die deutsche, sich von anderen Völkern, die in keiner Weise sich mit ihr vergleichen können, auf ihren eigenen Meeren und Flüssen Gesetze und Rechte muß vorschreiben lassen. Das ist ein Schimpf und Spott für uns Deutsche. England hat die Hansestädte der mit Gut und Blut theuer erworbenen Privilegien beraubt, und hat dieß gethan auf eine für Deutschland ehrenrührige Weise. Es hat die Deutschen behandelt, wie wehrlose Kinder. Dänemark erhebt den Zoll im Sunde wie einen Tribut von Deutschland, und läßt sich verlauten: das sei der rechte Zaum, den man den Hansestädten anlegen müsse. Es ist meine kaiserliche Pflicht als Haupt des Reiches zu solchen Anmaßungen nicht zu schweigen; denn wenn ich es thäte, so würde mir das bei der Mitwelt nicht zur Ehre, bei der Nachwelt unverantwortlich sein."

Nach solchen Worten legte Schwarzenberg den Plan des Kaisers abermals dar. Die Bedenklichkeiten der Abgeordneten überwogen ihre Neigung auf die lockenden Vorschläge einzugehen. Sie sprachen ihre Besorgnis offen aus, daß im Falle der Annahme alle Seemächte feindlich über sie herfallen würden. Doch versprachen sie am 1. September mit endgültiger Antwort wieder zu kehren.

Daß ein Vorschlag von so weitreichenden Folgen bei bedächtlichen Corporationen von Kaufleuten, die einen heftigen Krieg zunächst voraussehen mußten, die im glücklichen Falle nur etwa für ihre Kinder, nicht mehr für sich selbst Früchte hoffen durften, daß ein solcher Vorschlag da nicht mit beiden Händen ergriffen werden konnte, darüber hatte auch Schwarzenberg sich keine Hoffnungen gemacht. Er erlangte immerhin etwas. Die Häupter der Städte sagten ihm zu, daß der Bund mit den Generalstaaten, der im Juni ablief, nicht erneuert werden solle, daß man dagegen in Correspondenz bleiben wolle mit dem spanischen Admiral. Sie stellten ferner Ueberlassung der Schiffe von Lübeck gegen Dänemark in Aussicht.

Dadurch war immerhin etwas erreicht, und wenn inzwischen die Führung der Dinge an den Küsten beider Meere eine geschickte und glückliche war, wenn die Anstalten zur Errichtung einer kaiserlichen Kriegsflotte Vertrauen auf den Schutz derselben einflößten: so ließ sich mehr erreichen. Es kam wesentlich und hauptsächlich auf den Mann an, welchen der Kaiser an die Spitze stellte. Dieser

---

[1] Khevenhiller XI. 133.

Mann war Wallenstein. Wir sehen ihn sofort verfahren in seiner gewohnten
Art. Bevor er ein Kriegsschiff zur Verfügung hatte, unterschrieb er sich seit
dem Beginne 1628: „General der ganzen kaiserlichen Schiffsarmada zu Meer,
wie auch des ozeanischen und baltischen Meeres General."[1] — „Die eingebildete
Possession eines solchen hochtrabenden Titels," meldete der Däne seinen Freunden,
„wollen wir nicht dulden."

In denselben Tagen, als Wallenstein sich diesen Titel zulegte, im Mai
1628 forderte England die Generalstaaten auf zu einem Bunde dieser Macht
mit den Königen von England, Schweden, Dänemark. Der Bund solle bezwecken die Erhaltung der Freiheit des Sundes, der Ostsee, der Elbe, der Weser
und der Ems, das Mittel dazu die gemeinschaftliche Ausrüstung einer bedeutenden Anzahl von Kriegsschiffen.[2] Die Hochmögenden sagten den Engländern: es
sei noch so gefährlich nicht. Sie wollten beharren, sagten sie, ihre Subsidien
an Dänemark zu zahlen. Die Befreiung der Ems hätten sie bereits auf sich
genommen. Unterdessen jedoch schickten sie einen besonderen Gesandten nach
Dänemark, um dem Könige ihre Betrübnis über den Stand der Sache zu
melden.[3] Sie thun ihm die Pläne der Kaiserlichen kund sich beider Meere und
ihrer Verbindung zu bemächtigen. Sie seien erbötig, sagten sie, 2000 Mann
zur Besetzung von Kronenburg zu schicken, auch weitere Mithülfe zu leisten. Es
war selbstverständlich, daß Christian den wohlwollenden Absichten dieser Freunde
in der Besetzung seiner Schlösser nicht viel Gutes zutraute. Er lehnte das ab.
Die Holländer meinten: er stehe schon mit Wallenstein in freundlichen Unterhandlungen. Ob etwaige freundliche Unterhandlungen solcher Art das Mittel
zur Vereitelung der Seepläne des Kaisers sein konnten, oder waren, wird der
Verlauf uns zeigen.

Eilfter Abschnitt.

Wenn in unseren Tagen solche heftige Klagen über einen General laut
würden, wie diejenigen, welche die Kurfürsten von Mühlhausen aus an den
Kaiser richteten: so würde der Kriegsherr genöthigt sein diesen seinen General
sofort zur strengen Rechenschaft zu ziehen. Im anderen Falle würde er den
schweren Verdacht der Mitschuld auf sich laden: es würde sich der gegründete
Argwohn erheben, daß ein solches Heer und ein solcher Führer zu anderen
Plänen bestimmt seien, als bloß denjenigen der Abwehr des äußeren Feindes.
Daß auch damals dieser Verdacht keimte, schimmert aus den schweren Anklagen

[1] Hurter, zur Geschichte Wallensteins 143.
[2] Aitzema II. 594.
[3] Aitzema II. 495 ff.

gegen Wallenstein, aus den Versicherungen der Treue und Ergebenheit gegen den Kaiser wohl erkennbar hervor. „Meine stets bewiesene Treue," also schreibt Johann Georg von Kursachsen an den Kaiser im Herbste 1627, [1] „sollte doch Besseres verdient haben: sonst müßte ich vermuthen, es sei hierunter etwas Anderes verborgen."

Hatte der Kaiser Ferdinand II. in Wirklichkeit solche Plane gegen die Reichsfürsten?

Es ist das eine Frage, die unter den Umständen, wie sie waren und blieben, mehr als einmal sich hervordrängen wird, bis wir endgültig die Antwort von dem Kaiser selbst vernehmen werden. Wir haben zunächst die That-sachen zu erörtern, wie sie damals lagen.

Der Kaiser hatte einem Reichsfürsten und Stande nach dem anderen, die durch ihre Felonie ihre Reichslehen verwirkt hatten, unter der einzigen Bedingung der eigenen Anerkennung ihres Unrechtes verziehen. Also hatte er gethan gegen die Patriciergeschlechter, welche die Reichsstädte Nürnberg, Straßburg und Ulm beherrschten, also ferner gegen die Weimarschen Herzöge, gegen Friedrich von Altenburg, gegen Christian von Anhalt, gegen Friedrich Ulrich von Braunschweig und Andere. Moritz von Hessen-Kassel hätte unter jedem anderen Kaiser, der so mächtig dastand wie Ferdinand II., der Reichsacht gewärtigen müssen: Ferdi-nand hatte seiner geschont. Diese Thatsachen, wie sie bisher vorlagen, forderten Vertrauen. Daß in Wahrheit in den eigenen Augen des Kaisers Ferdinand eine solche Anklage auf Unterdrückung der reichsfürstlichen Macht als ein schwerer Vorwurf erschien, werden wir bald Gelegenheit haben zu ersehen. Wir werden sehen, daß es unter Ferdinands Räthe einige gab, welche vor dem Kaiser den Feldherrn Wallenstein solcher Plane anklagten. Da mußten sie doch wissen, zu wem sie redeten. Indem sie vor dem Kaiser gegen Wallenstein eine solche Klage erhoben, mußten sie erwägen und wissen, daß derjenige, vor dem sie also redeten und anklagten, selber diese Plane nicht theile. Ferdinand trug sich nicht mit solchen Entwürfen. Er hatte durchaus das conservative Bestreben, welches dem Hause Habsburg eigenthümlich ist. Es war sein Ziel die Reichsverfassung so zu erhalten, wie er sie überkommen, ohne Uebergriffe seinerseits zu thun, aber auch ohne solche zu dulden.

Dennoch aber glaubte er auch seinen Feldherrn nicht entlassen zu dürfen. Denn eben der Feldherr war der Kern und der Mittelpunkt des Heeres, ohne welchen die Geworbenen sofort sich wieder auflösen würden. Ferdinand erwog bei sich diese Dinge. Er suchte sie sich klar zu machen in folgender Weise. „Die Kurfürsten," sagte er, [2] „haben viele Klagen über Wallenstein, über sein herrisches Auftreten. Die katholischen Kurfürsten beschweren sich, daß die pro-testantischen Fürsten milder behandelt werden als katholische. Sie drohen ihr Heer abzurufen, sich selber zu schützen. Aber da sind von außen die Feinde:

---

[1] Hurter, zur Geschichte Wallensteins 140.
[2] Chlumecky, Regesten u. s. w. p. 267.

Dänemark, England, Schweden, die Generalstaaten, dazu andere Verbündete, die alles thun zum Schaden der Katholiken und der anderen Gehorsamen im Reiche. Der Friede mit den Türken ist nicht vollständig sicher. Bethlen Gabor ist leicht in die Waffen zu bringen. Er hat Verständnis mit den Tartaren. Um die Beschwerden zur Entscheidung zu bringen, bedarf ich eines Heeres. Aber es muß geholfen werden. Die Handlungsweise des Herzogs von Friedland misfällt mir; [1] allein weil er zum Nutzen der Christenheit so erprießliche Dienste geleistet, muß man über das Geringere hinweg sehen. Nur soll er fortan mit mehr Bescheidenheit und Discretion verfahren."

Wir wissen, wie Wallenstein am kaiserlichen Hofe seine Freunde in den einflußreichsten Personen hatte, welche unablässig das Verdienst dieses Mannes emporhoben. Er erwarb sich neue dazu, Freunde von solcher Art, wie sie an allen Höfen jener moralisch verkommenen Zeit in genügender Zahl zu haben wären. Für den Kanzler Werda bestimmte er 20,000 Thaler. Das Geld kam durch ein Misverständnis an den Kriegsrath Questenberg. [2] Also erfuhr man die Sache. Ein anderesmal wagte sich Wallenstein in solcher Art an den spanischen Gesandten, Marquis von Aytona. Er war an den Unrechten gekommen. Ingrimmig ließ sich Aytona verlauten: „Dieß friebländische Directorium wird noch einmal mit einer seltsamen Katastrophe enden." Andere nahmen das Geld und verkündeten laut die Tugenden Wallensteins. In denselben Tagen, als die Kurfürsten zu Mühlhausen beriethen, befliß sich Wallenstein ein glänzendes Beispiel seiner Gerechtigkeit zu geben. Er ließ den Herrn von Görzenich, dessen Frevel zum Himmel schrieen, in Rendsburg greifen und ihm den Proceß machen. Wenn es nur einmal dahin kam: so blieb der Erfolg nicht aus. „Auf daß man sich über mich im Reiche nicht zu beschweren habe," meldet er an Collalto, [3] „daß ich die Uebertreter nicht strafe: so habe ich heute dem von Görzenich den Kopf weghauen lassen. Er ist wohl aufs Rad sententiirt worden; aber ich vermein, daß man sich mit diesem contentiren könne. Er soll gar wohl und andächtig gestorben sein."

Die Hinrichtung kam zur guten Stunde für die Freunde Wallensteins. Allein änderte dieß das Wesen der Sache? Was erst hatte geschehen müssen, bis einmal dieß erfolgte?

Wallenstein selber war in Prag anwesend, als im Spätherbst 1627 das Gutachten der Kurfürsten erwogen wurde. Das lebendige Wort vermag mehr als das geschriebene. Das kaiserliche Ohr stand dem Feldherrn offen. Und da lag es nahe, daß dem Mistrauen gegenüber, welches in den Kurfürsten in Folge des Gebahrens von Wallenstein erwachsen mußte, auch ein kaiserliches Mistrauen erweckt werden konnte. Daß das Oberhaupt des Reiches niemals mit voller Genugthuung auf das Heer der Liga blicken konnte, auf die kriegerische

---

[1] a. a. O. Il suo modo di trattare dove displacere a. S. M. C., also die Worte des Kaisers, die er im Mai 1628 für sich dictirt.

[2] Hurter, zur Geschichte Wallensteins S. 90.

[3] Chlumecky, Regesten u. s. w. S. 56, 20. October 1627.

Macht im Reiche neben dem Kaiser, liegt gar zu nahe. Wallenstein verstand es meisterlich solche wunde Punkte leise zu berühren. Schon auf die ersten nachdrücklichen Klagen der Liga im Mai 1627 ließ er durch Collalto dem Kaiser andeuten: [1] „Es wäre gut, wenn E. M. bei aller Satisfaction für die Liga ihr auch anzeigten, daß sie Kaiser seien und Unbilliges nicht gewähren würden." Dießmal erregte er ein ähnliches Mistrauen in Betreff des Kurfürsten von Sachsen. Wir meinen nicht in Betreff der Religion; denn davon kann ja nicht die Rede sein. Wallenstein spricht darüber kein Wort. Aber er läßt in seine Antwort an den Kaiser einfließen, daß es dem Kurfürsten gebühre mehr Dis- cretion gegen seinen Kaiser und Herrn zu beobachten. [2] „Wollte Gott," fährt er fort, „daß Mittel zur Abführung des Kriegsvolkes da wären: so versichere ich Ew. Majestät, daß ich keine Minute damit zaudern wollte. Aber ich bezeug es mit Gott, daß keine Möglichkeit da ist zur Abführung, daß sogar die äußerste Noth mich treibt noch 6—7000 Pferde über die Elbe zu schicken. Wenn an- ders der Kurfürst nicht selber Ursache gibt: so soll kein Kriegsvolk in sein Land gelegt werden." Was bedeutet dieser Wink des Ursachgebens? Hatte der Kaiser bis dahin auch nur das Geringste über Johann Georg zu klagen? Solche kleine Samenkörner werden selten vergebens ausgestreut.

Wallenstein war in Böhmen, in Prag bei dem Kaiser. Die Kurfürsten zu Mühlhausen hatten eifrig und warm für den baldigen Abschluß des Friedens mit Dänemark geredet, damit das Reich des Kriegsbruckes einmal lebig würde. Wallenstein selbst war noch im September 1627 für den Frieden. Dann wen- deten sich für ihn die Dinge. [3] Sein persönliches Interesse, das wir bald näher kennen lernen werden, gebot ihm die nachdrückliche Fortführung des Krieges. Er stellte dieß Interesse als das kaiserliche dar, und fand darin Unterstützung von Anderen. [4] Der Gewinn von ganz Dänemark stand in Aussicht. Man erinnerte sich, daß von dort aus einst die Cimbern ausgegangen seien, um den ersten germanischen Sturmlauf gegen das altersschwache Rom zu wagen, daß von dort aus die gefürchteten Normannen die Küsten Europas sich tributpflichtig, viele Länder sich völlig unterthänig gemacht. Man dachte durch den Besitz von Holstein und Schleswig auch die Nachbarküsten zu sichern, durch die Elbe und Weser die Hansestädte und den ganzen niedersächsischen Kreis fest an den Kaiser zu knüpfen. Der Sund, meinte man, der Schlüssel der Ostsee, falle dem deutschen Kaiser zu, mit ihm die Herrschaft des Meeres, und eine Kriegesflotte bringe Reichthum und Macht. Wo die Umgebung des Kaisers von solchen Rathschlägen widerhallte: da war es nicht zu verwundern, wenn auch der Kaiser Ferdinand selbst, der wider seinen Willen von dem habgierigen Dänen zu diesem Kriege gereizt war, in der Fortführung desselben eine gerechte Vergeltung sah. Wenn aber diese Fortsetzung des Krieges ihm und dem deutschen Reiche eine

[1] Chlumecky a. a. O. S. 49.
[2] Hurter, zur Geschichte Wallensteins S. 141. 16. Dec. 1627.
[3] Chlumecky a. a. O. S. 54.
[4] Hurter, zur Geschichte Wallensteins S. 117.

solche Fülle von Vortheilen in Aussicht stellte: so wendete sich die Gunst und der Dank des Kaisers dafür dem Manne zu, welcher seinen Worten nach für die Erreichung alles dessen die Bürgschaft zu übernehmen schien.

Es ist nicht unser Zweck den Kaiser Ferdinand völlig zu rechtfertigen. Es ist unser Zweck zu zeigen, wie nach der Lage der Umstände eine außergewöhnliche Willenskraft erforderlich war, um das Netz der Täuschung zu zerreißen, mit welchem man den Kaiser umwob. Ferdinand war mild, gütig, wohlwollend; aber eine außergewöhnliche Willenskraft und Energie besaß er nicht.

Da der Kaiser den Feldherrn Wallenstein nicht entließ, so ist die Frage, was er zur Abhülfe der Beschwerden der Reichsstände that. Er ließ sich zuerst ein ausführliches und eingehendes Gutachten darüber abstatten. [1] Man scheint danach am kaiserlichen Hofe geglaubt zu haben, daß die Klagen über das Wallensteinische Kriegsvolk wesentlich von den katholischen Kurfürsten ausgingen, während in der That in dieser Beschwerde alle Fürsten und Stände des Reiches eines und desselben Sinnes waren, daß nämlich dieser immer steigende Druck unerträglich sei. Das Jahr 1628 brach an, und noch verlautete nichts von Reformen. Der Kurfürst Max von Bayern gedachte der Forderung von Mühlhausen durch einen besonderen Abgesandten in Prag bei dem Kaiser nachzuhelfen. [2] Er verlangte die Abdankung wenigstens derjenigen Truppen, für welche in der Nähe der Orte des Krieges kein Unterhalt mehr übrig sei. Der Abgeordnete fand den Herzog von Friedland am kaiserlichen Hofe allmächtig, die kaiserlichen Räthe von ihm abhängig, die Treumeinenden, so hoch und vornehm auch immer sie seien, eingeschüchtert, nicht wagend ihre Meinung zu sagen. Der Kaiser schickte eigene Gesandte aus nach Mainz und München, um diese Kurfürsten zu beruhigen. In Folge dessen finden wir strenge Verordnungen von Wallenstein. [3] Die Verordnungen deuten im Wesentlichen die Grundzüge derselben Klagen an, welche kurz vorher die Kurfürsten erhoben. Wallenstein gebietet, daß dem Kriegsvolke monatlich ein fester Sold gegeben werde. Das Gebot hört sich gut an; aber war damit der Knoten gelöst? Es knüpfte sich daran die zweite Frage von ungleich schwererm Gewichte: woher der Sold und wie wird er aufgebracht? Das Unheil des Ausschreibens und der Erhebung der Contribution durch Obersten und Officiere, und nicht durch die legalen Landesobrigkeiten, wie es bei Tilly geschah, blieb dasselbe, und damit blieb die Wurzel alles Uebels. Wallenstein wurde reicher von Tage zu Tage. Sollten die Obersten es nicht werden?

Schwer litten darunter Tilly und seine wohlverdienten Truppen. Sie hatten oft nicht das trockene Brod, und standen dabei beständig dem Feinde gegenüber. [4] Wallensteins Truppen waren verstreut durch das ganze Reich, lagen müßelos in reichen Quartieren und setzten Bürgern und Bauern den Fuß

---

[1] Hurter, zur Geschichte Wallensteins S. 117.
[2] a. a. O. 146.
[3] Londorp. III. 996.
[4] Hurter, zur Geschichte Wallensteins S. 124.

auf den Nacken. Die Officiere Tillys erhielten die vertragsmäßig accordirten und angewiesenen Gelder aus den Händen der Beamten des Landes, in welchem sie standen, mit Abzug des angerichteten Schadens. Die Wallensteinischen Obersten bewilligten selbst, wie sie es nannten, und erhoben selbst mit immer bereit stehender Execution. Tilly klagte, daß ein Rittmeister unter ihm 28 Thaler wöchentlich empfange, unter Wallenstein bis 200 und darüber, auch 400. Oft regte sich Meuterei unter Tillys Truppen. Er berichtet seinem Kurfürsten, wie er neulich einige Compagnien Reiter zu Pferde gefunden. Sie wollten fortreiten. Schon hatten sie die Stangen ihrer Standarten zerbrochen. Nur sein Wort beschwichtigte sie. Dreihundert seiner Officiere, meldete er im Jahre 1627, seien zu Wallenstein übergegangen. Dazu kam der von Wallenstein oft und geflissentlich hervorgehobene Unterschied: nur sein Heer sei wahrhaft ein kaiserliches, dasjenige Tillys diene den katholischen Bischöfen. [1]

Wir haben gesehen, wie Tilly und Wallenstein am 1. September 1627 zu Lauenburg zusammen kamen, um sich über gemeinschaftliche Operationen zu besprechen. Dahin gehörte auch die Frage der Winterquartiere. [2] Ludwig von Schwarzenberg, der kaiserliche Gesandte bei den Hansestädten, hatte den besonderen Auftrag Wallenstein an ein gutes Einvernehmen mit Tilly zu mahnen. Der Winter nahe: da müsse das Heer mit guten Quartieren versehen sein, an denen es Tilly bislang gefehlt. Also war es der Wille des Kaisers. Tilly nun begehrte zu Lauenburg: er wolle seine Truppen aus den ausgezehrten Quartieren nach Mecklenburg verlegen. [3] Er bat inständigst. Wallenstein schlug es rund ab. Er berief sich darauf, daß kaiserliches und nicht bayerisches Kriegsvolk von jenen Gegenden Besitz genommen. [4] Das war richtig; aber die Bahn dazu, daß Wallensteins Truppen Mecklenburg besetzen konnten, hatten nicht sie, sondern diejenigen Tillys gebrochen und geebnet. Wallenstein beharrte. Am liebsten hätte er Mecklenburg ganz verschont; denn er hatte einen besonderen Plan für dieses Land im Sinne. Deshalb hatte er schon am 30. August die Stadt Güstrow und die Umgegend [5] von aller Einquartierung frei gesprochen. Aber dieß Verhältnis zu Tilly, die Forderung desselben gebot um des Scheines willen einstweilen andere Schritte. Der Feldmarschall Arnim erhielt sofort Befehl alle Oerter in Mecklenburg zu besetzen, [6] nicht stark, aber überall etwas nach Gelegenheit des Ortes, damit man sich mit Fug darauf berufen könne: Mecklenburg sei bereits von kaiserlichen Truppen bezogen. Also geschah es. Nur die bereits erschöpften Quartiere von Braunschweig und Lüneburg, von Hessen, der Wetterau, dem Westerwalde, von Oldenburg und von Ostfriesland, wo Mansfeld drei Jahre vorher in vierzehn Monaten die Bevölkerung auf den fünften Theil herab-

[1] a. a. O. S. 125
[2] a. a. O. S. 97.
[3] Förster, Wallensteins Briefe I. 108.
[4] Hurter, zur Geschichte Wallensteins S. 126. Nr. 22.
[5] Förster a. a. O. S. 107.
[6] Förster a. a. O. S. 112.

gebracht hatte, wurden Tilly überlaffen. [1] Ein anſehnlicher Theil der Macht deſſelben ſtand zwiſchen Unterweſer und Unterelbe. Dort hatte der engliſche Oberſt Morgan noch die Feſtung Stade beſezt. Sie zu erringen war Tillys nächſte Aufgabe; denn mit dem Falle von Stade war alles deutſche Land dort vom Feinde geſäubert.

Den Winter über gebrauchte Tilly vier Regimenter die Feſtung Stade blokirt zu halten. [2] Dieſe Soldaten litten in den bremiſchen Marſchen unſäglich. Die Häuſer lagen dort nach der Weiſe des ſächſiſchen Stammes und der Oert= lichkeit gemäß nicht Dörferweiſe beiſammen, ſondern verſtreut. Die Folge war, daß viele Soldaten nicht unter ein Obdach kommen konnten, ſondern im Felde, auch wohl unter offenem Himmel lagern mußten. Der Winter war gelind: es regnete und ſtürmte, und der Boden war tief durchweicht, daß die Soldaten bis in das Knie einſanken. Die Weiſe der Bewohner jener Gegenden mit Stelzen und Springſtöcken über die moraſtigen Stellen hinwegzukommen, kannten ſie nicht. Es fehlte den Unglücklichen an der nothwendigſten Kleidung, an Hemden, an Schuhen, Hüten, Strümpfen und Mänteln. Sie erſtarrten und verkamen in Näſſe, Kälte, Koth und Schmuz. Dazu hatten die Dänen durch die mehr= jährige Einlagerung dieſe Gegenden völlig ausgegeſſen. Für die Mühen und die Noth ſeiner täglichen Arbeit ward dem Soldaten im günſtigen Falle trockenes Commißbrod und Waſſer. Dazu kam noch ein beſonderes, den Soldaten bis dahin unbekanntes Leiden, daſſelbe, vor welchem anderthalb Jahrtauſende zuvor die Römer in jenen Gegenden ſich entſezten: der Nordweſtſturm und die Waſſers= noth. Viele wackere Soldaten kamen elend um. Sobald Tillys Wunde genügend geheilt war, ritt er ſelbſt zu ſeinen Getreuen, um ſie zu tröſten. Es war ihnen eine Erleichterung ihm ihre Leiden zu klagen. So manchen gefährlichen Strauß, ſagten ſie, hätten ſie gekämpft auf Heerſtraßen und auf feſtem Boden unter den Füßen; aber hier zu Lande ſeien die Wege unbekannt, verdächtig, gefährlich. Hier laure der Feind von hinten und von vorne, nicht Menſchen, ſondern Waſſer und immerdar Waſſer, und ehe ſie es ſich verſähen, ſteige die Fluth ihnen heran bis an den Hals. Dazu wehe der Wind vom nahen Meere herüber ſchnöde, ſcharf und grauſam über die ebenen Flächen, und trage für die Hung= rigen und Entblößten allerlei Schwächen und Peſtilenz mit ſich. „Was hilft es uns nun," riefen die Veteranen ihrem alten Vater zu, „daß wir bisher ſo viele lange Jahre durch unſere tapfere Thaten und Kriegsdienſte einen guten Namen erhalten, daß man uns lobt im heiligen Reiche, wenn man uns nun wie arme Schlucker hier verderben und ſterben läßt? Unſer verdienter Sold bleibt uns aus bis an unſeren Tod, und könnte uns doch jezt, wo wir noch Kräfte haben und dabei die größte Noth leiden, helfen gleich einem Almoſen." Sie wenden ſich bittend an ihren Feldherrn. Sie flehen ihn an bei dem Blute derer, die verlaſſen umgekommen ſeien: er wolle ſie als ehrliche Soldaten, die er als

---

[1] Aretin, Bayerns auswärtige Verhältniſſe Beilage S. 276.
[2] Hurter, zur Geſchichte Wallenſteins S. 128.

seine aufrichtigen und redlichen Bürgen in so mancher Gefahr erprobt, nicht stecken lassen in solcher Noth, nicht sie vollends um ihre Stärke und Gesundheit bringen. „Also verhält es sich in Wahrheit," meldete der Feldherr seinem Kurfürsten. „Es sind ehrliche, in aller Noth durchwetterte Soldaten, die durch ihren Schweiß und ihr Blut, durch ihre beständigen Dienste und tapfern Thaten das gemeine Wesen bisher erhalten. Darum bitte ich hochfleißig, daß diesen alten wohlverdienten Kriegern der vier Regimenter in ihrer Noth durch einige Monatsolde geholfen werde."

Von den anderen Regimentern Tillys lagen zwei weiter westwärts in Oldenburg und Ostfriesland. In der letzteren Provinz berührten sie die Truppen der Generalstaaten. Denn über dieß kleine deutsche Land war in höherem Maße als über eins der anderen deutschen Grenzländer seit einer Reihe von Jahren das Unglück gekommen, daß die Hochmögenden unter den gleißenden Worten innerer Friedensstiftung den Grafen und die Stände fortwährend an einander hetzten. [1] Die wichtigsten Grenzplätze des Landes waren in ihren Händen. Gerade damals als die kaiserliche Einquartierung bevor stand, waren alle Parteien zur Einsicht in diese Lage der Dinge gekommen. Mit Gewalt die Holländer aus den festen Plätzen Emden und Leerort zu treiben, war nicht möglich: man hatte nur Bitten. Der Graf und seine sämmtlichen Stände vereinigten sich zu diesem Zwecke, schickten ihre Abgeordneten nach dem Haag und baten und fleheten, daß die Truppen aus dem Lande gezogen würden. Die Hochmögenden erwiederten, daß die Bittenden die Lage der Dinge und die eigene Gefahr nicht erkenneten. Statt die Garnisonen abzuberufen, müsse man sie verstärken. Es geschah. Bevor die Deputirten zurückgekehrt waren, hatte die Stadt Emden eine solche Besatzung, daß die Hochmögenden einer etwaigen Belagerung durch Tilly mit Ruhe entgegensehen konnten. Dazu herrschten staatische Commissarien in der Stadt. Der Landesherr war dem Kaiser getreu, deutsch gesinnt, mit den Anführern des kaiserlichen Heeres befreundet. Die Commissarien der Holländer in Emden bestraften jegliche Aeußerung der Bürger für ihren Kaiser, für ihren Landesherrn mit Geldbußen, Gefängniß oder Ausweisung. [2] Sie erhoben Contributionen von dem Lande, und im Besitze des Stroms sperrten sie die Zufuhr von Lebensmitteln.

Das Alles wußte Tilly sehr wohl. Er schrieb an den Rath von Emden: er kenne die Sklaverei der Stadt, und wünsche ihr Erlösung, Rückkehr zu dem alten Frieden und dem Wohlstande unter des kaiserlichen Adlers Schirm und Schutz. [3] Aber was sollte er machen? Seine Kriegsherren gestatteten ihm nicht den offenen Bruch, den Angriff auf die Holländer. Die unausbleibliche Folge für ihn war, daß seine Beschwerden im Haag mit höhnenden Entschuldigungen abgewiesen wurden. Er lag in Buxtehude. Dorthin sandte man ihm die

[1] Man vgl des Verfassers Geschichte von Ostfriesland 1570—1751. S. 284 ff.
[2] Aitzema II. 441.
[3] Rathsarchiv zu Emden.

Antwort: ihm sei falsch berichtet. Bei näherer Kunde werde er alles anders befinden. Von Emden aus streiften staatische Truppen in die Quartiere der Kaiserlichen. Die Hochmögenden erwiederten: es seien nicht staatische Truppen, es seyen dänische gewesen, die sich in Emden aufhielten. [1] Oder man verlangte von Tilly den Namen der Delinquenten. Alsdann, erklärten die Holländer, würden sie Gerechtigkeit üben. Er forderte, daß die Holländer auf der Ems als auf einem freien deutschen Strome die Schiffe frei aus und einsegeln lassen sollten. Das ward gestattet mit dem Bedinge, daß Schiffe mit kaiserlicher Flagge auf der Ems, also innerhalb des Reiches auf deutschem Boden, vor deutschen Festungen, welche die neutral und friedlich sich nennenden Holländer mit eigen= mächtiger Willkür besetzt hielten, die Flagge strichen und sich durchsuchen ließen. Die Ungestraftheit, mit welcher man all diesen Uebermuth ausführte, rief in hitzigern Köpfen der Holländer den Wunsch hervor: es sei doch besser mit den Kaiserlichen offen zu brechen. Nicht also dachten die ergrauten Politiker im Haag. Sie verkündeten laut und öffentlich der Welt, daß sie mit den Kaiser= lichen die alte vertrauliche Neutralität unterhielten. [2] Sie sprachen das Ver= trauen aus, Jedermann werde erkennen, daß die Gerüchte, als ob die Besatzung der Stadt Emden die Kaiserlichen mit Gewalt aus Ostfriesland schlagen wolle, nur von solchen Böswilligen erfunden seien, welche die Dinge immer noch ver= worrener zu machen sich bestrebten. Um dieß mit einigem Scheine von sich zu sagen, hatten die Generalstaaten ein Mittel angewendet, dessen sie sich in solchen Fällen des Widerspruchs von Wort und That häufig bedienten. Die ganze Ver= sammlung der Generalstaaten beschloß Festhalten an der Neutralität. Dann traten der Prinz von Oranien und einige Mitglieder der Versammlung abge= sondert in seinem Cabinette zusammen, beriethen und beschlossen, daß man unter diesem Deckmantel der Neutralität den Kaiserlichen in jeder Weise hinderlich und beschwerlich sein wolle. [3] Demnach hatte denn die Versammlung das Recht, wie man es nannte, officiell dem Feldherrn zu antworten, daß ihre Beschlüsse nichts anderes enthielten als Neutralität gegen den Kaiser und die Liga. Von Feind= seligkeiten wußte sie nichts. Und zu dergleichen Dingen mußte ein Mann wie Tilly zusehen, ohne sich wehren zu dürfen! Auf seine Klagen in München, in Wien, in Mainz erhielt er die Weisung neutral zu bleiben nach wie vor. Seine Beschwerden im Haag beantwortete man mit Spott und Hohn! War es zu verwundern, daß seine Seele brütete über Planen, wie diese Niederlande wieder zu bezwingen seien!

Wir sehen in diesen Generalstaaten die politische Lüge so mächtig, wie kaum irgendwo. Sie standen damals auf dem Gipfel der Macht. Ihre Schiffe durchfurchten alle Meere, waren in allen Himmelsstrichen gefürchtet. Sie hatten in den verschiedenen Ländern und Himmelsstrichen, wo sie offen oder verstedt

[1] Aitzema II. 438.
[2] a. a O. 445.
[3] a. a. O. 442.

Krieg führten, zusammen nahe an 130,000 Mann Truppen, welche von ihnen Sold empfingen. Die Spanier wichen vor ihnen nicht bloß mehr zu Wasser, sondern auch zu Lande. Daheim galt das schärfst ausgeprägte calvinische Bekenntnis, welches die Dortrechter Synode festgestellt, voll und unbeschränkt. Den Arminianer, wie den Katholiken, und jeden offenen Gegner der Lehre von der unbedingten Prädestination, trafen Verfolgung und Geldbußen. Ein öffentlicher Gottesdienst ward keiner dieser Glaubensparteien verstattet. Zur selben Zeit sahen die Lenker dieses Staates, wie in den benachbarten Gegenden, welche Tilly besetzt hielt, dieser katholische Feldherr nicht bloß das lutherische, sondern auch das calvinische Bekenntnis schützte, wie er alle Geistliche auf gleiche Weise unter seine Obhut nahm, sie befreite von Einquartierung, und jegliche Störung der Uebung ihres Cultus abwehrte. Und zur selben Zeit riefen die Hochmögenden ihren Unterthanen zu: die Unterdrückung der wahren christlichen Religion stehe nahe bevor, es sei denn, daß der allmächtige Gott, der alles regiere, durch seine weise Leitung gnädig dieß verhindere. [1]

Tillys Truppen lagerten fortan für mehre Jahre in diesen Gegenden zwischen den Mündungen der Ems, der Weser und der Elbe. Wir sehen den alten Feldherrn dort nach denselben Grundsätzen der Kriegsdisciplin handeln, die wir längst an ihm kennen. Einer der wichtigsten unter denselben ist der Verkehr mit den Unterthanen durch die gesetzlichen Obrigkeiten, und die Befugnisse der letzteren seinen Truppen gegenüber. Ob es ihm dadurch gelang auch bei den verworrenen Verhältnissen an der Ems die gegenseitige Zufriedenheit der Soldaten und der Einwohner zu erreichen, das zu erfahren, müssen wir einstweilen der Folgezeit überlassen. Wir haben uns nach den Planen seiner Nebenbuhler und Gegner umzusehen.

Bevor Wallenstein im Sommer 1627 nordwärts zog, hatte er vom Kaiser das Fürstenthum Sagan in Schlesien käuflich erworben. Die Art und Weise des Kaufes stand einer Schenkung durch den Kaiser gleich. [2] Seit dem Beginne dieses Jahres 1627 war Wallenstein nicht mehr Fürst, sondern Herzog von Friedland mit reichsfürstlichen Rechten, nur daß Friedland dem Königreiche Böhmen einverleibt blieb. Im Anfange des Jahres 1628 erhielt er auch für Sagan den Herzogstitel, abermals mit ausgedehnten Rechten, unter denselben dasjenige der Verleihung des Adels. Er hatte ferner das Münzrecht, und übte auch dieß mit demselben Streben nach dem Ungewöhnlichen, nach dem Auffallenden, das einen so hervorstechenden Zug in dem Leben dieses Mannes ausmacht. Er ließ Goldmünzen prägen von fünfzigfachem Werthe der Ducaten, und zwar ja nicht mit dem kaiserlichen Adler, sondern mit seinem eigenen Wappen. Wenn das nicht geschah, zürnte er sehr. „Ich thue das nicht um des Nutzens willen," sagte er: [3] „sondern wegen der Reputation." Indessen

[1] Aitzema II. p. 418.
[2] Förster, Wallenstein als Feldherr und Landesfürst S. 72.
[3] Förster, Wallenstein als Feldherr und Landesfürst 395.

begnügte er sich nicht mit solchen Aeußerlichkeiten. Er wollte höher hinaus, er wollte mehr. In denselben Tagen, als der Kaiser Ferdinand ihn zum Herzoge von Sagan machte, war ein anderer Plan der Reise nahe.

Die beiden Herzöge von Mecklenburg standen in ähnlichem Verhältnisse zu dem Dänenkönige, wie Friedrich Ulrich von Braunschweig. Wie dieser, hatten sie gegen den Willen ihres Landes, ohne irgend welche Hoffnung auf eigenen Vortheil, mit sicherer Aussicht dagegen auf unsäglichen Schaden sich zu Werkzeugen des dänischen Ehrgeizes und der dänischen Habgier gemacht. Sie selbst thaten nichts. Eben so wenig wie Friedrich Ulrich stellten sie einen Söldner in die Waffen. Aber ihre Unterthanen mußten zahlen. Die Herzöge kamen, wie wir gesehen haben, noch vor dem Ende des Jahres 1625, als Mansfeld sie heimsuchte, zur verspäteten Einsicht ihres unseligen Misgriffes und ihrer Thorheit. Es war geschehen. Die Folgen lasteten auf ihnen. Der Däne stand in ihrem Lande, und verfuhr dort nach seinem Gefallen.

Die Stände von Mecklenburg hatten mehr als einmal den Muth die Dänen hinauszuschlagen zu wollen, die Herzöge waren voll Furcht nach beiden Seiten.[1] Nach der Schlacht bei Lutter versicherten sie dem Kaiser, daß sie nicht ablassen würden von ihrer Treue und Ergebenheit gegen das Oberhaupt des Reiches; aber in der That fügten sie sich ohne Widerstand der dänischen Gewalt.[2] Sie baten den Dänenkönig ihr Land zu verlassen, und ergaben sich ruhig in seine Verneinung. Als der Kaiser den Herzog Christian von Celle und den General Tilly zu seinen Commissarien bei den Herzögen ernannte, konnten diese eben so wenig die schwachen Fürsten zu einem Entschlusse bewegen. Dieselben gehorchten nach wie vor der dänischen Gewalt, welche sie nicht Herren sein ließ im eigenen Hause, als unter der Bedingung der Dienste für Dänemark. Noch im Juli 1627, in denselben Tagen, als der Kaiser an sie und an die Ritterschaft ein ernstes, drohendes Schreiben erließ, hielten die Schwächlinge einen Landtag zu Gunsten der Dänen.[3] Die Stände erwiederten auf die Vorschläge der Landesherren, daß durch eine neue Contribution für Dänemark nichts anderes ausgerichtet werde, als daß Gottes und des Kaisers Strafe je länger je mehr ansteige.

Erst als Tilly dann stärker herandrängte, als zugleich auch Wallensteins schwere Massen sich heran wälzten, war Mecklenburg für den Dänen nicht mehr zu behaupten. Die Herzöge beeilten sich den kaiserlichen Feldherrn entgegen zu kommen. Ihre Boten trafen Tilly zu Lauenburg. Er nahm sie freundlich an, verlangte jedoch die Einräumung der Feste Dömitz. Die Boten trafen Wallenstein zu Perleberg, 16. August. Sie schilderten ihm, daß die Herzöge in Verdacht gekommen seien, als stünden sie nicht in kaiserlicher Devotion. Aber die Gewalt des Dänenkönigs hätte ihnen auf dem Halse gelegen, und Niemand sie geschützt. Deshalb hofften sie, Wallenstein werde keine Gewalt gegen sie brauchen.

[1] Franck, altes und neues Mecklenburg XIII. 13.
[2] Hurter, zur Geschichte Wallensteins 159. -
[3] Franck a. a. O. XII. 13. Khevenhiller XI. 692.

Wallenstein entgegnete: er habe vom Kaiser keinen Auftrag einen Fürsten im Reiche, der nicht gegen den Kaiser in Waffen stünde, feindlich zu behandeln. Er werde Befehl geben der herzoglichen Häuser zu schonen. Aber er verlange Freundschaft in Werken, und nicht bloß in Worten, damit es ihm nicht erginge, wie zwei Jahre zuvor Tilly in Braunschweig.

Der Oberst Arnim, der früher bei Gustav Adolf gedient hatte, damals Wallensteins rechte Hand war, führte die Vorhut. Zu ihm sandten die Herzöge erneute Erbieten ihrer treuen Ergebenheit an den Kaiser. Dömitz, welches Tilly verlangt hatte, wurde eröffnet, und ohne Tilly zu fragen, von Wallensteinern besetzt. Arnim entgegnete am 2. August,[1] daß der Kaiser das in Gnaden aufnehmen und den Herzögen dafür willfährig sein werde. Am 3. September, also nach der Besprechung mit Tilly zu Lauenburg, die am 1. September statt fand, wiederholt Wallenstein dieselbe Gesinnung.[2] Er bat die Herzöge von Mecklenburg ihm zu helfen und allen möglichen Vorschub zu leisten. Das gereiche zu ihrer und des Landes Wohlfahrt. Zum Mistrauen schien da kein Grund. Und dennoch regte sich in Wallensteins Seele schon ein Anderes, das immerhin damals noch keine feste Gestalt gewonnen haben mochte. Aber es war vorhanden. Am Tage zuvor, am 2. September,[3] also nach der Zusammenkunft in Lauenburg, meldete Wallenstein an Arnim: er sei über den Mecklenburger Herzog mit Arnim einverstanden; doch fügte er hinzu: „Wir wollen uns richten nach seinen Werken, und nicht nach seinen Worten." Was bedeutete das?

Tilly hatte zu Lauenburg am 1. September die Forderung der Winterquartiere in Mecklenburg gestellt. Die Forderung ließ Wallenstein nicht ruhen.[4] So einfach und klar der Grund des Verlangens vorlag, Wallenstein suchte einen anderen.

Es ist Tillys Absicht dabei gewesen, also dachte sich Wallenstein: weil diese Fürsten sich wider den Kaiser vergangen: so könne sein Herr ihnen eine Feder ziehen. Er berichtet das an Arnim im höchsten Vertrauen und Geheimnis. Einen Anhaltspunkt für den Verdacht dieser Absicht gibt Wallenstein nicht an. Wir wissen mithin nicht, ob er selbst an diesen Verdacht glaubte, zumal da er später desselben nicht mehr erwähnte. Um so eifriger entwickelt er in sich dieselbe Absicht, die er eben noch dem Kurfürsten von Bayern und Tilly beigemessen. Er bittet sich zuerst von dem Kaiser die Erlaubnis aus sich auf drei Monate nach Hause zu begeben, das ist nach Böhmen, wo der Kaiser in Prag verweilt. Dann meldet er an Arnim: es erfordere die höchste Noth, daß Arnim sich aller festen Oerter in Mecklenburg bemächtige, sei der Ort auch nur mit einer Mauer umfangen. Auch an die Schutzbriefe und Wachen, die Wallenstein selbst verliehen, darf Arnim sich dabei nicht kehren. Er muß verfahren,

[1] Förster, Wallensteins Briefe I. S. 103. Nr. 32 ff.

[2] a. a. O. S. 109.

[3] a. a. O. 108

[4] a. a. O. S. III. Nr. 11.

als seien sie nicht da. „Denn ich komme,“ also fügt Wallenstein hinzu, „hinter seltsame Praktiken.“

Was für Praktiken dieser Herzöge von Mecklenburg meint hier Wallenstein? — Er sagt es nicht. Er besiehlt Arnim sich fleißig zu erkundigen, wie sich die Herzöge verhalten, damit Wallenstein es wissen könne vor seiner Abreise. Die Befehle nehmen zu. Acht Tage später[1] soll Arnim alle Stücke notiren, die der ältere Herzog von Mecklenburg gethan; denn Wallenstein sieht, „daß er nicht gut thun will. Er hat wohl verdient, daß man ihn strafe.“ Womit der Herzog von Mecklenburg das verdient, was er nach der Lossagung von Dänemark Böses gethan, sagt Wallenstein nicht. Daß weder der eine, noch der andere Herzog etwas habe thun können, geht genugsam aus den Verhältnissen hervor. Das ganze Land war der bisherigen Verbindung mit Dänemark abgeneigt. Die Verbindung war nur eine erzwungene, so lange nämlich die Dänen im Lande standen. Nun hatte sich das gewendet: die Kaiserlichen standen im Lande, sie waren siegreich. Zu jeglicher eigenen That, welche für die Dänen gegen die Kaiserlichen hätte gerichtet sein können, zu jeglicher eigenen Unternehmung fehlte es den Herzögen an aller geistigen Kraft. Und dazu fehlte es ihnen, auch wenn sie die Kraft besessen hätten, an dem Willen. Der Schwedenkönig, der Mann des erstaunlichen Scharfblickes, durchschaute alle diese deutschen Fürsten sehr genau. Er meinte später von ihnen: sie seien im Herzen immer sehr gut kaiserlich gewesen. Dieß ist sicherlich das richtige Urtheil.

Wallenstein indessen war sich seines Sieges im Voraus schon gewis. Auf der Reise nach Böhmen meldet er von Frankfurt a. O. aus am 2. November seinem getreuen Diener Arnim:[2] es sei möglich, daß in kurzer Zeit in Mecklenburg eine Veränderung vorgenommen würde. In diesem Falle müsse das Land von Kriegsvolk befreit werden. Wallenstein wußte ja zu wohl, was eine Einquartierung seiner Truppen mit sich brachte, als daß er dieselbe in seinem eigenen Lande hätte dulden wollen. Ganz eben so befreite er sein Herzogthum Friedland in Böhmen, und darum gelangte von Städten, Dörfern und manchen Adeligen in Böhmen an ihn die Bitte in den Unterthanenverband seiner Herrschaft aufgenommen zu werden.[3]

Daß Wallenstein irgend etwas gegen die Mecklenburger Herzöge im Schilde führe, konnte nach der ganzen Sachlage nicht lange unbekannt bleiben. Es kam auch dem Herzoge Hans Albrecht zu Ohren, und er wendete sich an Wallenstein selbst. Wir erinnern uns, wie dieser am 2. November dem Arnim geschrieben, daß Mecklenburg von der Einquartierung befreit werden müsse, sobald die beabsichtigte Veränderung stattgefunden. Dem Herzoge Hans Albrecht dagegen meldet er am 10. November, also acht Tage später: es sei nicht möglich das Kriegsvolk anderswohin zu legen. Der Herzog wolle sich der Billigkeit

---

[1] Förster, Wallensteins Briefe I. 115. 9. October.
[2] Förster, Wallensteins Briefe I. S. 123.
[3] Hurter, zur Geschichte Wallensteins S. 144.

bequemen und sich in die unvermeidliche Forderung der allgemeinen Wohlfahrt fügen. Daß aber Hans Albrecht durch böse Leute bei dem Feldherrn verklagt sei, darin, also meldet derselbe Wallenstein, sei der Herzog übel benachrichtigt. [1]

Das Lügenspiel Wallensteins liegt uns hier offen vor Augen. Aber war es denn damals ganz verborgen? Durfte Hans Albrecht den gleißenden Worten trauen? Wallenstein hatte Arnim angewiesen den Mecklenburger Herzögen aufzupassen, alle ihre Stücklein zu notiren, weil sie nicht gut thun wollten. Es ist nicht denkbar, daß ein solches Aufpassen und Auflauern statt haben konnte, ohne Aufmerksamkeit und Verdacht zu erregen. Adolf Friedrich beeiferte sich durch Willfährigkeit in der Hingabe der Insel Pöl an Arnim alles etwaige Mistrauen zu zerstreuen. [2] Das geschah noch im November. Es änderte den Zustand der Dinge nicht, und den Herzögen ahnte Schlimmes. Eine Gesandtschaft von ihnen an den Kaiser mit Zeugnissen ihrer treuen Ergebenheit erschien als das sicherste Mittel. Tilly hatte sich ihnen beim Betreten ihres Landes wohlgesinnt erwiesen, und demnach wandten sie sich an ihn. [3] Der alte Feldherr, zum Schutze der Bedrängten und Verfolgten jederzeit bereit, gab ohne Wallensteins zu erwähnen, dem Kaiser Bericht, [4] wie die Herzöge bei seinem Eintritte in das Land ihrer Schuldigkeit gemäß gehandelt, wie er erwarten dürfe, daß sie auch ferner so handeln würden. Das Schreiben hat augenscheinlich die Absicht die Mecklenburger Herzöge im Voraus gegen jeden Verdacht sicher zu stellen. In der Meinung, daß vielleicht die nicht sofortige Uebergabe von Dömitz ein Anklagepunkt sein würde, berichtete Tilly, daß er zuerst die Uebergabe gefordert, nicht die Wallensteiner. Der Bericht Tillys ist schon vom 7. November, also noch vor der letzten gleisnerischen Schrift Wallensteins an Hans Albrecht. Eben so wandten sich die Herzöge an Ludwig von Schwarzenberg, der als kaiserlicher Gesandter bei den Hansestädten weilte. Schwarzenberg lobt [5] das treue Bezeigen der Herzöge. Er weist darauf hin, daß die vornehmsten Officiere des kaiserlichen Heeres dieß würden bezeugen müssen. Sollte danach vielleicht Wallenstein selber Zeugniß ablegen? Schwarzenberg hebt rühmend hervor, wie die Herzöge in Wismar das murrende Volk gegen die Einquartierung beruhigt und dadurch den Seeplanen des Kaisers hülfreich entgegen gekommen. Er bittet den Kaiser diese Treue und Ergebenheit der Herzöge anzuerkennen. 14. November. Mit diesen Zeugnissen von Tilly und Schwarzenberg ging eine Gesandtschaft der Herzöge nach Prag an den Kaiser. Unterwegs verschaffte sie sich andere. Der Kurfürst Johann Georg von Sachsen bezeugte, [6] daß die Herzöge bei der Friedenshandlung zu Braunschweig im Winter 16$^{25}/_{26}$ allen

---

[1] Förster, a. a. O. S. 131.
[2] Franck, altes und neues Mecklenburg XIII. 30.
[3] a. a. O. 91.
[4] Villermont II. 399. Nr. 160.
[5] Beilage XXXVI.
[6] Beilage XXXVII.

Fleiß für den Frieden aufgewendet, an dem Kriege nie Gefallen getragen, und so viel der Kurfürst wisse, jederzeit in kaiserlicher Devotion verblieben seien.

Im December trafen die Boten in Prag ein. Dort waren alle Hebel Wallensteins bereits in voller Thätigkeit.[1] Die mecklenburgischen Gesandten erhielten keinen Zutritt zu dem Kaiser. Man wies sie an den Kanzler Strahlendorf. Dort erhielten sie den Bescheid: in Mecklenburg solle die Sache untersucht werden.[2]

Den armen Herzögen dagegen war es bei Arnims Verfahren gegen sie daheim nicht mehr geheuer. Sie dachten, also glaubte oder hoffte wenigstens Wallenstein, an eine Reise nach Schweden. Er gebot Arnim dazu allen möglichen Vorschub zu leisten. Es werde ihm dadurch ein großer Dienst geschehen.[3] Seine Sprache gegen Arnim wird täglich offener und weniger umwunden. Schon am 22. November, zwölf Tage nachdem er an Hans Albrecht beruhigend geschrieben, befiehlt er Arnim die Anordnungen so zu treffen, daß sofort nach der Aenderung mit Mecklenburg das Heer nach Pommern abgeführt werden könne.[4] Schon betrachtet er sich als Besitzer. „Ich will in Mecklenburg nicht mehr als zehn oder zwölf Fähnlein leiden." An eine abschlägige Antwort des Herzogs von Pommern darf sich Arnim nicht kehren: Wallenstein will es. Am Tage vorher, als Wallenstein von Frankfurt a. O. aus diesen Befehl gab, nahm Adolf Friedrich von Mecklenburg Arnims Truppen in das feste Haus Pöl auf, und bat, wie wir gesehen haben, den Arnim die abermals durch die That bewiesene treue Ergebenheit gegen den Kaiser berichten zu wollen.

Das Spiel dieser Tücke und Lüge dauert fort. Gemäß den Befehlen Wallensteins mußte Arnim darauf ausgehen zugleich mit den Herzögen von Mecklenburg nun auch den alten Bogislav von Pommern zu täuschen. Dieser ward nach Arnims Veranstaltung ihm auf halbem Wege entgegen geführt. Er ließ sich wider den Rath einiger Wohlgesinnten zu einer Reise nach Franzburg verleiten, in die Nähe der Truppen Arnims.[5] Das geschah noch im October. Am selben Abende seiner Ankunft trat ein Wallensteinischer Oberst dort mit der Forderung zu ihm, daß zehn Regimenter auf eine kurze Zeit von wenigen Wochen in Pommern einquartiert werden müßten. Der bestürzte Bogislav erwiederte: er müsse vorher seine Stände fragen. Er berief dieselben. Arnim war schneller. Er selbst erschien am 4. November mit starker Begleitung in Franzburg. Bogislav bewilligte alles. Er hätte gar gern dann sein Wort zurückgenommen. Allein Arnim erwiederte kurz: wenn es nicht freundlich geschähe, so mit Gewalt. Wir sehen, wie getreu er seiner Instruction nachkommt.

Wallenstein vernimmt mit Freuden die Nachricht, daß Bogislav sich seufzend

---

[1] Hurter, zur Geschichte Wallensteins 171.

[2] Franck XIII. 40.

[3] Förster, Wallensteins Briefe I. S. 139.

[4] a. a. O. p 143.

[5] Neubur, Geschichte des 30jährigen Krieges. 1774 (betrifft im Grunde nur Stralsund). S 16.

in die Einquartierung verstanden. Deßhalb muß Mecklenburg sofort geräumt werden. Vor Tillys Ansprüchen auf Quartiere dort war zunächst keine Gefahr. Die Truppen desselben waren, wie wir gesehen haben, damals bereits auf dem Marsche nach Oldenburg und Ostfriesland.

Und hier tritt nun ein großer Unterschied hervor zwischen dem Einzuge der Tillyschen Truppen dort fern im Nordwesten, der Wallensteinischen im Osten. Die Tillyschen Truppen zogen dort ein auf ausdrücklichen Befehl des Kaisers und rechtfertigten sich durch die Berufung auf denselben.[1] Sie wurden dort willig aufgenommen. Anders die Wallensteiner in Pommern. Der Kaiser verwendete sich bei Wallenstein für die Befreiung von Pommern, doch mit dem Zusatze, wenn die Kriegsraison es zulasse.[2] Der Zusatz war die Eröffnung des Thores für die Eigenmacht Wallensteins. Daß der Kaiser es aufrichtig damit meinte, sagt Wallenstein selbst: Ihre Majestät wollen gern einem Jeden zu willen sein. Aber er behauptet, daß eben strategische Gründe eine Befreiung Pommerns nicht zuließen.

Unterdessen kam Wallenstein auf dem Schlosse Brandeis in Böhmen an. Von dort aus meldet er am 20. December 1627: die Sache ist bereits accordirt.[3] Er bittet jedoch, Arnim möge dafür sorgen, daß die beiden Herren durchgehen. Also nennt es Wallenstein. Das werde nicht schwer sein, meint er, weil der eine der beiden schon einmal reisefertig gewesen. Die Absicht dieses Wunsches, daß die Herzöge fliehen mögen, liegt nahe. Eine Flucht gab einen Anhaltspunkt zum Verdachte. Wallenstein erneuert seinen Befehl die Einquartierung aus Mecklenburg abzuführen; denn über 3000 Mann wolle er da nicht leiden.

Wallenstein hat in diesen Briefen an seinen Vertrauten und Helfershelfer auch nicht eine einzige Anklage vorgebracht, welche die Herzöge von Mecklenburg härter träfe, als die anderen Fürsten des niedersächsischen Kreises, die sich von dem Dänen gegen Pflicht, Ehre und eigenes Interesse hatten verführen lassen. Er hat von seltsamen Stücklein gesprochen, hinter die er gekommen sei. Worin diese bestehen, hat er weder Arnim gemeldet, noch vor dem Kaiser und dessen Räthen dargelegt. Die Herzöge von Mecklenburg waren offenbar schlaff, unselbständig, ohne festen Willen, ohne Entschluß. Aber auch nur dieß fiel nach den Thatsachen ihnen zu Last, nicht eine Tücke, ein Verrath, ein Bruch geschworener Eide. Warum denn verfuhr man anders gegen sie, wie gegen die anderen? Warum schlimmer gar, als gegen Moritz von Hessen, den Tilly mit so großmüthiger Geduld getragen? — Wir haben die Gründe der kaiserlichen Räthe zu hören. Nicht alle diese waren Wallenstein ergeben: es sind zwei Gutachten vorhanden, sehr verschiedenen Inhaltes.

Die Mecklenburger Herzöge, sagt ein Theil der kaiserlichen Räthe,[4] haben

---

[1] Also der Kaiser und der Kurfürst von Bayern an Franz Wilhelm von Osnabrück. 23. Januar 1628, im Domcapitelarchive zu Osnabrück.
[2] Förster, Wallensteins Briefe I. 154. Brief 83.
[3] Förster, S. 169. Nr. 100.
[4] Khevenhiller XI. 62 ff.

nicht mehr Unrecht gethan, als die anderen Fürsten des niedersächsischen Kreises, welche sich mit dem Dänenkönige verbunden. Wenn diese begnadigt sind: warum will man jene strafen? Der König von Dänemark wird sich der Herzöge an= nehmen, und derjenige von Schweden wird dadurch ins Reich gezogen werden. Wenn man darüber noch hinwegsehen will: so ist von größerer Wichtigkeit, daß das Mistrauen im Reiche selbst durch eine solche Uebertragung der Herzogthümer an Wallenstein gesteigert wird. Denn es ist bekannt, daß Wallenstein sich geäußert: man bedürfe keiner Kurfürsten und Fürsten mehr. Man müsse ihnen das Gast= hütel abziehen. Wie in Frankreich und Spanien, so müsse auch in Deutschland nur ein einziger Herr sein.

Wie rufen doch diese Worte der Räthe ganze Reihen von Gedanken hervor! Also von Anfang an, sehen wir, war die Strafe für die Mecklenburger Herzöge, der Lohn für Wallenstein am kaiserlichen Hofe eine und dieselbe Angelegenheit, beide ganz verschiedene Dinge nur ein Ganzes. Eine solche Vermengung machte von vorn herein die Gerechtigkeit, die der Kaiser üben wollte oder sollte, zur Dienerin des Interesses.

Und weiter sind die Worte der kaiserlichen Räthe so höchst gewichtig. In= dem sie sich vor dem Kaiser auf das beziehen, es bekannt nennen, was Wallen= stein über die Reichsfürsten gesagt, mußten diese Worte Wallensteins offenkundig, eine unbestreitbare Thatsache sein. Indem ferner die kaiserlichen Räthe diese Worte vor dem Kaiser als Grund gegen die Forderungen Wallensteins geltend machten, mußten sie wissen und überzeugt sein, daß der Kaiser solche Ansichten und Worte Wallensteins nicht billige. Die Räthe, welche bei der Kenntnis der politischen Anschauung des Kaisers solche Worte Wallensteins gegen denselben geltend machen, mußten wissen und überzeugt sein, daß es keineswegs die Ab= sicht des Kaisers war die sogenannte deutsche Libertät zu vernichten und sich nach französischem Muster zum Alleinherrn zu machen. Die Räthe mußten überzeugt sein, daß der Kaiser die Reichsverfassung zu beobachten Willens war, daß er einen Plan des Bruches und des Umsturzes derselben auch dann nicht billigte, wenn dieser Bruch, dieser Umsturz im kaiserlichen Interesse geschähe.

Denn eben dieß führen die kaiserlichen Räthe ausdrücklich weiter aus. Wenn die Fürsten des Reiches, sagen sie, auf ihre vielfältigen Klagen hören und sehen, daß anstatt der Gewährung einer Abhülfe derselbe Mann, den alle als den Urheber dieser Klagen betrachten, noch mit mehr Gewalt ausgestattet wird, als der Kaiser vermöge der Wahlbedingungen ihm geben kann: so ist unfehlbar zu besorgen, daß die Fürsten und Stände des Reiches sich einbilden, jene Worte rühren von einer höheren Stelle her, jenes Verfahren werde an einer höheren Stelle gebilligt. Die Fürsten sehen, wie er so schon hoch be= gnadigt, wie er durch die erhaltenen Gnaden hochmüthig geworden ist, wie er ferner alle Kriegsvölker mit der armen Leute Schweiß und Blut an sich zieht, seine Anhänger sowohl am kaiserlichen Hofe, als im Heere mit solchen Geschenken begabt, daß auf die Dauer das ganze Reich und die kaiserlichen Erblande dafür nicht ausreichen werden. Da ist sehr zu fürchten, daß man zum Aeußersten greife, daß ein Krieg entbrenne, deffen Ende nicht abzusehen. Der Kaiser ist Wallenstein nichts mehr schuldig. Wallenstein hat sich in Güte oder mit Gewalt längst bezahlt gemacht. Wenn man die Rechnung genau unterfucht: so hat nicht Wallenstein von dem Kaiser, sondern der Kaiser von Wallenstein zu fordern. Und selbst wenn man behaupten will: es komme Wallenstein etwas zu: so erhebt sich die wesentliche Frage, ob es recht ist ihn zu bezahlen mit dem Eigenthume der Herzöge von Mecklenburg. Diese sind noch nicht gehört, und es ist nicht recht sie erst zu entsetzen, und nachher erst die Anklage des Hochverrathes gegen sie auszubringen. Vielmehr ist es beffer die Herzöge nach geleisteter Unterwerfung wieder einzusetzen. Man kann ihnen, wenn das nöthig ist, eine Geldstrafe auferlegen, und für die Zahlung derselben Wallenstein einige Oerter zum Pfande geben. Beffer aber ist es jetzt Maß und Ziel zu setzen; denn Wallenstein wird in Zukunft immer mehr verlangen.

Man hat dieses Gutachten eines Theiles der kaiserlichen Räthe in neuerer Zeit als von dem Kurfürsten Max beeinflußt angesehen. Ein Beweis für diese Ansicht ist nicht erbracht. Dagegen redet das Gutachten für sich selber, daß es verfaßt sei von Männern, die nicht Wallenstein dienstbar waren, die ihre Unabhängigkeit von ihm bewahrt hatten. Der Gedankengang stimmt überein mit demjenigen in den Zeugniffen, die wir von Tilly, von Schwarzenberg, von dem Kurfürsten Johann Georg über die Herzöge vernommen. Er stimmt ferner mit derjenigen Ansicht über Wallenstein, in welcher drei Monate zuvor zu Mühlhausen sämmtliche katholische und protestantische Kurfürsten und andere Stände des Reiches sich geeinigt. Eben dieselbe Ansicht darf den Umständen nach ferner als diejenige der deutschen Nation jener Tage angesehen werden.

Die Mehrheit dagegen der kaiserlichen Räthe hob das Verbrechen der Herzöge von Mecklenburg hervor, das Verdienst Wallensteins und den Nutzen des Kaisers. Die Mecklenburger Herzöge, sagen diese Räthe, haben sich schwer vergangen. Sie halten fest zu dem Dänen und haben beide kaiserliche Heere in ihren Fortschritten gehindert. Es ist Zeit, daß einmal ein Beispiel gegeben werde; denn bislang ist die Meinung: ein Reichsfürst dürfe nur ungestraft rebelliren, und wenn er sich dann unterwerfe: so sei alles vergeben und vergeffen. Nicht also muß es sein. Strafen und Belohnungen sind die Stützen eines wohlgeordneten Staates. Die Strafe muß erfolgen, aber auch die Belohnung. Und zwar ist Wallenstein dieser vor allen würdig; denn sein Verdienst hat nicht seines Gleichen. Niemals hat man gehört noch gelesen, daß ein Feldherr eine Armee von 100,000 Mann auf die Beine bringt und sie erhält ohne Entgeld noch Bezahlung, ja noch dazu aus den Contributionen Geld zu allerlei Nothdurft nach Hofe schickt, um treue Minister zu belohnen. Er hat die Kriegsoberſten, Befehlshaber und Soldaten durch Gaben und Geschenke also angefeuert, daß sie ihrem Kaiser und Herrn vor allen anderen dienen.

Jedes dieser Worte ist, schärfer angesehen, eine schwere Anklage gegen Wallenstein, und mittelbar ein Lob für Tilly. Jener war unermeßlich reich, [1] und dieser nach Maßgabe seiner Stellung arm. Tilly hat niemals Geld nach München geschickt: er hat nur gefordert. Wenn das Verdienst des Feldherrn nicht bloß darin besteht die Feinde zu schlagen, sondern auch die unvermeidlichen Uebel des Krieges bei Freund und Feind nach Kräften erträglich zu machen, so fragen wir: wessen Verdienst ist größer, desjenigen, der von seinem Kriegsherrn fordert, oder desjenigen, der ihm schenkt? Von einer Beute, einem Raube an den Feinden kann hier nicht die Rede sein; denn Wallenstein stand nur in solchen Ländern, deren Bewohner deutsch und kaiserlich getreu gesinnt waren. Sie durften von dem Feldherrn ihres Kaisers erwarten, daß er sie als Freunde behandele, nicht mehr von ihnen fordere, als unmittelbar nothwendig war. Also in Bezug auf die Freunde. Abermals wenn das Verdienst eines Feldherrn darin besteht seine Feinde zu schlagen, so fragen wir: wer von jenen beiden hatte das Verdienst die Feinde des Kaisers und des Reiches geschlagen zu haben? Wenn einem Feldherrn mit seinem Heere der Ruhm gebührte es verhindert zu haben, daß nicht das deutsche Reich in das Chaos des Räuberwesens versank: welchem Feldherrn gebührte dieser Ruhm?

Die Mehrheit der Räthe des Kaisers ging über die Beantwortung solcher Fragen hinweg, um statt derselben neue Unwahrheiten zu häufen. Nur Wallenstein, sagten sie, hat das Vertrauen, die Liebe und die Furcht der Soldaten. Er ist unentbehrlich. Wenn er nicht mehr da ist, so gibt es Niemanden, der seine Stelle vertreten könnte. Die Räthe vergaßen abermals, in wessen Händen die Sache des Kaisers gestanden, bevor Tilly im Frühlinge des Jahres 1625 Unterstützung gefordert.

Und ferner, sagten die Räthe, ist eine Gefahr nicht zu befürchten. Die Kurfürsten werden sich auf eine Fürbitte beschränken. Dänemark wird Frieden schließen auch ohne die Herzöge. Schweden ist in Polen beschäftigt. Die Erwerbung von Mecklenburg bietet dagegen neue Vortheile. Sie gewährt Seehäfen und dadurch kann der so lange mit Spanien beabsichtigte Handel ins Werk gesetzt werden.

Nachdem sie dieß erörtert, fügen sie noch einen Grund hinzu, der in Ferdinands Seele jederzeit anschlug: eine solche Uebertragung des Landes Mecklenburg an Wallenstein gereiche zum Nutzen der katholischen Religion. In der That: wenn Wallenstein wirklicher Reichsfürst war, so mußte auf ihn auch das landesherrliche Reformationsrecht kommen, und er durfte demgemäß Mecklenburg wieder katholisch machen. Wenn etwa der Kaiser diese Hoffnung, wenn die Mecklenburger diese Furcht hatten: so waren diese Regungen am wenigsten

[1] Förster, Wallensteins Briefe II. S. 74 behauptet, daß die jährlichen Einkünfte Wallensteins sich auf sechs Millionen Thaler beliefen. Caraffa (Relatione p. 166) gibt die am meisten gesicherten Einkünfte des Kaisers, nämlich diejenigen aus Steiermark, Kärnthen, Krain und Unterösterreich zusammen auf zwei Millionen Gulden an. — Die Verantwortlichkeit für jene Angabe der sechs Millionen Thaler kann nur Förster selbst übernehmen; allein auch selbst wenn wir sie auf ein Viertel reduciren: so war dennoch Wallenstein unermeßlich reich.

begründet. Wallenstein war ein zu guter Rechner, als daß er um solcher Dinge willen, die nicht ihm persönlich reellen Vortheil brachten, das Erworbene aufs Spiel zu setzen gedachte. Vor einer Einführung der katholischen Religion in Mecklenburg nachher hat er sich wohl gehütet. Was brachte das ihm? Dagegen hat er vorher diese Aussicht als Drücker auf die vielgeltenden Geistlichen am Kaiserhofe benutzt. Er machte ihnen Zusicherungen, die zu weitergehenden Hoffnungen zu berechtigen schienen. Es ist Thatsache, daß einflußreiche Geistliche am Hofe des Kaisers ihre Stimme für die Uebertragung geltend gemacht haben. [1]

Der Kaiser schwankte. Aber Wallenstein hatte eine fest geschlossene, und nach den mehrfachen Andeutungen gut bezahlte Partei. Wie er dem Arnim gegenüber von Anfang an seiner Sache gewis gewesen war: so sehen wir auch nachher keinen Zweifel in ihm sich regen, wenigstens nicht laut werden. Im December 1627 hat er gemeldet, daß alles bewilligt sei. Am 19. Januar 1628 gebot der von allen Seiten umbrängte, wider seine Pflicht und sein Interesse umgarnte und bethörte Kaiser dem neuen Herzoge von Mecklenburg bei Tische in der Gegenwart des Kaisers bedeckten Hauptes zu sein.

Die Form, in welcher das Land Mecklenburg dem neuen Herzog übertragen wurde, entsprach dem Gutachten der Mehrheit der kaiserlichen Räthe. [2] Der Spruch des Kaisers gegen die Herzöge sagte, daß sie sich mit fremden Mächten zum Nachtheile und zur Gefahr des Reiches in ein hochschädliches Bündniß eingelassen, daß sie dann alle Mahnungen und Drohungen des Kaisers verächtlich in den Wind geschlagen, halsstarrig in der Conspiration verharrt und sogar Ursache gewesen seien den Erbfeind der Christenheit mit in das Spiel zu ziehen. Deshalb, weil die Herzöge den Krieg veranlaßt und in demselben beharrt, sind sie dem Kaiser verantwortlich für die Kriegskosten. Der Kaiser wiederum ist für die Kosten dem Herzoge von Friedland und Sagan verpflichtet, der sie ausgelegt. Deshalb gewährt ihm der Kaiser die Herzogthümer als ein Unterpfand. Die Forderung des Herzogs an den Kaiser von 700,000 fl. ist damit getilgt.

An diese Erwerbung von Mecklenburg für sich knüpft fortan Wallenstein Krieg oder Frieden für das deutsche Reich. Also lehrt es nicht blos der fernere Gang der Thatsachen, sondern seine eigenen Worte. Vier Tage, nachdem er vom Kaiser als regierender Herzog von Mecklenburg begrüßt war, meldet er seinem Vertrauten: [3] „Ich will zum Frieden helfen mit Hand und Fuß; allein Mecklenburg muß ich behalten und dabei bleiben. Im anderen Falle begehre ich keinen Frieden."

Eine Zeitlang schien es eben damals, als dürfe Wallenstein, wenn er wolle, noch höher hinausgehende Pläne hegen. Von Dänemark aus verlautete die Nachricht, daß die Dänen müde ob der drückenden Kriegslust ihres Königs, mit

[1] Khevenhiller XI. 67.
[2] Förster I. S. 291. Hurter, zur Geschichte Wallensteins S. 172.
[3] Förster I. 181. Nr. 145.

dem Gedanken umgingen ihn abzuſetzen und einen anderen zu erwählen. [1] Alſo berichtete Schwarzenberg aus Lübeck. Wallenſtein beauftragte Arnim in Verbindung mit Schwarzenberg dahin zu wirken, daß die Dänen den Kaiſer zu ihrem Könige wählten. Er verbürge ihnen mit ſeinem Worte ihre Freiheiten und ihre Religionsübung. Am kaiſerlichen Hofe gönnte man dem Feldherrn ſelbſt die Königskrone von Dänemark. Auch der Kaiſer zeigte ſich dieſem Plane geneigt. Wallenſtein indeſſen ſchwankte nicht lange. Er meint, er würde ſich dort nicht behaupten können. Deßhalb wolle er lieber das Sichere nehmen, nämlich Mecklenburg.

Was ſollten die armen Herzöge thun? Sie erließen Schreiben hierhin und dorthin, an alle Fürſten des Reiches, an Tilly. Was konnten die Fürſten? Sie waren machtlos gegenüber Wallenſtein. Nur der Bund der katholiſchen Liga ſchwieg nicht. Er gab deutlich ſeine Anſicht zu erkennen, daß dieß Verfahren gegen die Herzöge nicht zu Recht beſtehen, nicht gebilligt werden könne. Demnach war zu erwarten, daß auf dem erſten demnächſtigen Tage des Reiches die Liga mit Nachdruck ihre Stimme für die Mecklenburger Herzöge erheben würde. Zunächſt kümmerte das Wallenſtein nicht. Er legte ſich ſofort die äußeren Zeichen ſeiner Würde zu. Damals ſtanden noch die deutſchen Fürſten ihrem Volke nicht fern. Wallenſtein machte es anders. Er war unnahbar. Der Titel Hoheit war damals ungewöhnlich: er gebührte nur der Infantin Iſabella, der Tochter und Schweſter ſpaniſcher Könige. Wallenſtein nahm dieſen Titel an. [2]

Es handelte ſich nun darum den neuen Regenten in das Land einzuführen, von den Ständen die Huldigung zu erlangen. Walmerode und Albringer erhielten vom Kaiſer dazu den Auftrag, und Arnim von Seiten Wallenſteins den Befehl ihnen dabei mit ſeinen Truppen zu helfen. Sobald es geſchehen, ſagt Wallenſtein, müſſen die Truppen abgeführt werden, theils nach Ulm in Schwaben, theils nach Lübeck und anderen Orten. Dieſe haben allerdings gegen jegliche Einquartierung Schutzwachen von Wallenſtein erhalten, und zwar nach der Weiſe der Zeit nicht umſonſt; aber das darf Arnim nicht hindern. [3] Mecklenburg ſoll aller Kriegsbeſchwerden enthoben ſein. Dort ſollte, alſo war es fortan Wallenſteins Wille, die Ordnung herrſchen, die Sicherheit des Eigenthums, des Verkehrs, welcher alle anderen von Wallenſteins Schaaren belaſteten Länder ſo ſchmerzlich entbehrten. Dort ſollte, um es mit einem Worte zu ſagen, die Ordnung und Kriegszucht herrſchen, welche Tilly in jedem Lande aufrecht zu erhalten ſtrebte. Die Nachricht von Arnim, daß die Huldigung in Mecklenburg Schwierigkeit finden werde, iſt für Wallenſtein ſehr erfreulich. „Ich würde das von Grund meines Herzens gern ſehen,“ meldet er; [4] „denn dann verlören ſie alle ihre Privilegien.“ Er gibt ſofort die nöthigen Befehle. „Sobald eine ſolche

[1] a. a. O. S 162. Nr. 92 S. 258. Aretin, Bayerns auswärtige Verhältniſſe, Beilage S. 283.

[2] G. Priorato, Vita di Valstain, p. 25.

[3] Förſter, Wallenſteins Briefe I. S. 290.

[4] a. a. O. S. 322.

Weigerung geschieht, müssen mehr Truppen einrücken und die Güter der Wei-
gernden mit Beschlag belegt werden. Auch ihre Personen muß man greifen, sie
in Haft nehmen, die Herzöge dagegen unverzüglich aus dem Lande schaffen. Die
Citadellen zu Rostock und Wismar müssen schleunigst gebaut werden; denn was
ist eine Stadt werth, der man nicht durch eine Citadelle einen Zaum anlegt?
Man muß damit eilen, damit sie nicht noch vor der Huldigung ein Bubenstück
begehen."[1]. Wallenstein hat nicht angegeben, was etwa in seinen Augen ein
Bubenstück sei.

Die Hoffnung Wallensteins auch die Güter der Ritterschaft mit einem Schein
und Vorwande des Rechtes an sich zu bringen, ging nicht in Erfüllung. Auf
die drohende Ladung zum Landtage erschienen sie am 3. April. Am 4. flohen
die Herzöge aus ihrem Lande. Die Ritter baten um Aufschub der Huldigung.
Er ward ihnen für einige Wochen gewährt. Am 27. April kamen sie wieder
und baten abermals um Frist. Sie war abgelaufen. Wohl oder übel mußten
die Ritter und Städte von Mecklenburg am 30. April dem aufgedrungenen Herzoge schwören.

Wußte es der Kaiser, was da geschah? Die Mehrheit der Räthe in seiner
Umgebung stand in Wallensteins Solde. Er selbst nennt den Kaiser häufig allzu
fromm, allzu gutmüthig. In Wahrheit, Ferdinand war es für ihn. Bis zu
Wallensteins Auftreten war, abgesehen von den wenigen kleinen Fürsten, denen
Ehrgeiz, Habgier und Rauflust die Heimath zu enge machte, die Anhänglichkeit
und die Treue des einsichtigen Theiles der deutschen Nation, namentlich diejenige
der conservativen Corporationen für ihren Kaiser. Wallensteins maßlose Habgier
und Herrschsucht, seine Tücke und seine Falschheit unterwühlten und unterhöhlten
die moralischen Grundfesten des deutschen Reiches.

Denn Wallenstein war der Herr, er und kein Anderer.[2] Er erkennt mittelbar alle Beschwerden der Kurfürsten gegen ihn an. Die heftigsten Klagen wurden überall gegen die maßlose Anhäufung der drückenden Reiterei geführt. Nun
sagt Wallenstein am 15. November 1627 offen zu Collalto:[3] „Ich habe fünf-
mal mehr Cavallerie, als nöthig ist." Aber sie abschaffen wollte er nicht. Auch
hatte er es nicht nöthig. Collalto war sein Untergebener, eifriges Werkzeug Wallensteins, und war zugleich Präsident des Hofkriegsrathes. Durch ihn
herrschte Wallenstein, auch selbst über Tilly. Durch den Hofkriegsrath ließ
Wallenstein seine Befehle an Tilly schreiben. Der Hofkriegsrath gibt nach
Wallensteins Anweisung an Tilly Befehl, wo dieser Quartier nehmen lassen soll,
und wo nicht. Tilly bittet um Verstattung der Quartiere in Franken. „Nicht
dort," sagt Wallenstein,[4] sondern den Westerwald und die Eifel trete ich ihm
ab, dazu die Wetterau." Diese war ausgezehrt, jenes zum großen Theile öde,
rauhe Hochflächen. Wenn der Herzog von Pommern sich über Wallenstein

---

[1] a. a. O. S. 310.
[2] Aretin, Wallenstein S. 36. Bericht von Kurz.
[3] Chlumecky, Regesten u. s. w. S. 62.
[4] Chlumecky, Regesten 67 ff.

beklagt, so gibt desgleichen wieder Wallenstein an den Hoftriegsrath die Instruction
für die Antwort. Seltsamer noch ist seine Meinung in Betreff der Festung
Wolfenbüttel. Im November 1627 bat Pappenheim um Begnadigung für den
Commandanten Solms in Wolfenbüttel, damit er zum Accorde willig sey.
Wallenstein meint: Solms suche nur die Gnade, weil ihm das Wasser ins Maul
gekommen sei. Aber die Gnade sei von bösen Folgen, weil Andere gestraft
werden, die sich minder vergangen. „Zudem," fährt Wallenstein fort, [1] „kann
man des Heeres von Wolfenbüttel wohl entbehren, weil kein Feind mehr im
Reiche ist, gegen den man es gebrauchen könnte. Wenn sich Wolfenbüttel
ergibt: so steht die Sache nur um so ärger; denn die Reiter von dort müssen
doch irgendwo untergebracht werden, und nirgends ist Quartier für sie." Und
dieser selbe Wallenstein, der also spricht, gab neue Patente aus Söldner zu
werben mehr und mehr. [2]

Wie war der Zustand des Reiches so unsäglich elend, wie ward er elender
von Tag zu Tag! Zwar der Kaiser wollte helfen. Er wollte den Mahnungen
der Kurfürsten von Mühlhausen nachkommen. Er sendete zu diesem Zwecke Commissarien in das Reich mit dem Auftrage die Obersten zu visitiren und dahin zu
treiben, daß sie Rechnung ablegten. Die Commissarien erschienen und luden die
Obersten vor. [3] Aber diese hatten keine Zeit. Sie entgegneten, daß sie stündlich auf Befehl zum Fortmarschiren gefaßt sein müßten. Deshalb schickten sie
ihre Rittmeister oder andere Personen, und die Sache blieb wie sie war. Jeder
Oberst war ein kleiner Wallenstein. Sie forderten für sich persönlich 8000 fl.
monatlich und mehr. [4] Viele Andere gingen mit der Beute von dannen. „Es
sind ausländische Obersten," meldet der Kurfürst von Sachsen. „Sie zeigen
ohne weitere Frage den Reichsfürsten an, wie viele Truppen sie in die Länder
derselben einzulegen gedenken, in welcher Weise und wie lange diese Soldaten
unterhalten werden müssen. Durch diese Truppen scharren solche Fremde im
römischen Reiche deutscher Nation Gold und Silber zusammen, und wenn sie
genug haben, geben sie damit hinweg." „Ich kenne Offiziere," meldet der Erzherzog Leopold seinem kaiserlichen Bruder, „die vor wenigen Jahren nichts besaßen. Jetzt haben sie 3 und 400,000 fl. Das haben sie nicht vom Feinde
erobert, sondern den armen Unterthanen abgepreßt."

Es ist nicht zu leugnen, daß Wallenstein Befehle gegen dieß Rauben erließ,
daß er auch zuweilen mit rächender Hand unter dieses Raubgesindel fuhr. Wir
haben des Görzenich gedacht. Sehen wir an einem anderen Falle, ob Wallenstein selbst dann, wenn man ihm den ernstlichen, folgerechten Willen beimessen
wollte, es vermochte denselben ins Werk zu setzen.

Wallenstein selbst schildert den Obersten Jahrensbach, einen schwedischen
Ueberläufer. Wir bemerken im Voraus, daß dieser Mensch erst 1632 nach dem

---

[1] a. a. O. S. 66 vom 29. November 1627.
[2] Förster, Wallensteins Briefe I. 317, 321 und oft.
[3] Theatrum Europ. 1212. Khevenhiller XI. 97.
[4] Förster I. 67.

Spruche eines bayerischen Kriegsgerichts wegen Versuchs des Verraths von Ingolstadt an Gustav Adolph enthauptet wurde. „Es kommen so viele Klagen ein über den Fahrensbach," sagt Wallenstein im November 1627 zu Collalto,[1] „daß er es nicht viel besser, wo nicht ärger gemacht hat, als der Görzenich." Wallenstein will also eine Demonstration gegen ihn thun. Aber wie? Es müssen zuerst alle Klagen zusammen gebracht und beglaubigt werden. Darüber gehen drei Monate hin. Setzt man ihn gefangen, so läuft sein Regiment auseinander; denn sein Oberstlieutenant ist bereits entlaufen. Nun will Wallenstein aber gern die Leute behalten, und unter seine Regimenter stecken. Wie ist das anzufangen? Collalto, der Präsident des Hoftkriegsrathes, soll im Namen des Kaisers ein Schreiben an Fahrensbach richten: der König von Polen habe sich beschwert, daß der Kaiser den Fahrensbach in seinen Diensten leide, weil derselbe am Könige von Polen Verrath begangen. Nun wolle der Kaiser nicht einen solchen in seinen Diensten leiden, befehle mithin, daß Fahrensbach austrete. „Dieß wird mir dienen," sagte Wallenstein, „daß ich alsdann zum Regimente greifen und es unter die meinigen stecken kann, ohne auf die Sentenz zu warten. Weiter muß in dem Schreiben stehen, daß Fahrensbach so unverantwortlich in Schlesien, der Lausitz, der Mark Brandenburg gehaust hat. Darauf will ich ihn lassen einziehen und ihm den Proceß machen." Das Schreiben soll Collalto dem Wallenstein nach Friedland schicken. War denn ein solches Verfahren der Weg Rechtens gegen einen offenkundigen Erpresser und Räuber? Anders doch handelte Tilly. Nicht bloß geschah bei ihm die Erhebung der Contribution durch die legalen Obrigkeiten: er macht dazu die Commandanten eines jeden Ortes verantwortlich für den Schaden, den ihre Untergebenen anrichten. Er fordert von den Commandanten die Wiedererstattung des Schadens nach den Reichsgesetzen.[2] In Betreff jenes Fahrensbach ist es selbst zweifelhaft, ob Wallenstein es so schlimm mit ihm gemeint. Am 13. December 1627 warnt er den Arnim vor Fahrensbach.[3] Am 27. Februar 1628 ist Fahrensbach noch in Wallensteins Diensten als Oberst seines Regiments.[4] Nun wird merkwürdiger Weise dieser Oberst eines Regiments, das in der Mark Brandenburg steht, von den Feinden, die nicht mehr auf deutschem Boden sind, gefangen genommen.[5] Er wird wieder ausgelöst, bleibt dennoch in Wallensteins Diensten, sucht im August 1628 sein Regiment nach Wallensteins eignem Bericht zu dem Schweden über-

[1] Chlumecky, Regesten u. s. w. S. 65.
[2] Aus einem Tagesbefehl Tillys aus Peine 17. März 1627, im Archive der Landschaft Calenberg: da aber ein oder ander hierüber betretten würde, wollen wir all allein den oder dieselb, zu vorangedeutteter Straffe (Leibes und Lebens) exemplariter ziehen lassen. Besondern es sollen auch die Commandanten jedes Orths, daß sie dieß unser Protectorium der schuldigen Gebühr nicht in acht genommen, nach Inhalt Reichs Constitution, einem ieden Beschedigten seinen Schaden, ohne alle Einrede, zu erstatten schuldig sein. Wornach sich ein ieder zu richten, unnd vor Schaden zu hüten wissen wird.
[3] Förster, Wallensteins Briefe I. 163.
[4] a. a. O. 269. 313.
[5] Chlumecky, Regesten u. s. w. S. 42.

zuführen. [1] „Er thut sonst noch mehr böse Stück," sagt Wallenstein. In Wahrheit, Fahrensbach that noch mehr böse Stücke. Wir werden ihm noch mehrmals
begegnen.

Nicht an den einzelnen Personen lag die Schuld des unseligen Jammers,
sondern an dem entsetzlichen Systeme, welches Mansfeld erfunden, welches Wallenstein in großartigerem Maßstabe nachahmte. Wohin sollte das führen? Der
Kurfürst Max von Bayern hält abermals dem Kaiser die Warnung und Mahnung entgegen, daß Wallensteins Verfahren endlich zur Verzweiflung und zum
Aufstande des gemeinen Mannes führen würde. Es blieb, wie es war. Der
Kaiser war umlagert von den Creaturen Wallensteins.

Diesem selber lag zunächst nur Mecklenburg im Sinne. Von dem Kaiser
hatte er es als Pfand seiner Kriegsvorschüsse empfangen, von den Fürsten des
Reiches besorgte er höchstens Fürbitten für die vertriebenen Herzöge, das wider-
willige Volk von Mecklenburg ward durch seine Truppen zum Gehorsame ge-
schreckt. Aber auch von außen her konnte Gefahr drohen, und zwar zunächst
von dem dänischen Könige. Denn nach den gewöhnlichen Forderungen des
menschlichen Rechtes und der menschlichen Ehre mußte sich Christian IV. bei
einem etwaigen Friedensschlusse der Verbündeten annehmen, die um seinetwillen
alles verloren hatten. Diese Gefahr mußte mithin abgewendet werden. Auch
der Dänenkönig hatte eine besondere Gefahr zu fürchten, die seit einem Jahre
sich erhoben hatte, nämlich die Gefahr den deutschen Kaiser und das deutsche
Reich mächtig werden zu sehen zur See. Der Plan war, wie wir gesehen haben,
auf eine enge Handelsverbindung zwischen den Hansestädten und Spanien berechnet; denn eine kaiserlich = deutsche Kriegsflotte war nur möglich im Vereine
mit der Hansa, ohne dieselbe war der Gedanke phantastisch und abenteuerlich.
Schwarzenbergs Bemühungen und Vorschläge hatten den Boden vorbereitet. Der
sicherste Beweis, daß die Erfüllung nicht unmöglich sei, war die mehr und mehr
aufsteigende Furcht der Seemächte. „Der Plan, sagten die Holländer, [2] gegen
die er allerdings zunächst gerichtet war, „greift uns an die Seele unseres
Lebens." Der englische König forderte und erhielt von seinem Parlamente ganz
außerordentliche Bewilligungen, um das eigene Land zu schützen und die Mündungen der deutschen Ströme zu überwachen. [3] In der Redeweise dieser fremden
Länder über Deutschland nannte man diese Anstalten gegen den Kaiser und das
deutsche Reich die Sorgfalt für die Freiheit der deutschen Ströme. In Schweden
war große Besorgnis, daß die Städte die kaiserlichen Plane annehmen möchten.
„Gebe Gott," hieß es dort, [4] „daß sie es nicht thun!" Am nächsten sah sich
Christian von Dänemark bedroht. Der dänische Weinberg, also nannte man
dort den Sundzoll, gerieth zuerst in Gefahr.

Wie es darum für den Dänenkönig wichtig war, daß die Verbindung der

[1] Förster, Wallensteins Briefe I. 391. Nr. 239.
[2] Aitzema II. 499.
[3] Khevenhiller XI. 382.
[4] Moser, patriotisches Archiv I. 79.

Hanſa mit Spanien nicht zu Stande komme: ſo war Wallenſtein daran gelegen, daß der Däne, auf jede Hülfe und Verwendung für die Mecklenburger Herzöge verzichte. Hier berührten ſich die Intereſſen: es war der Punkt, wo die beiden gleichgeſinnten Seelen ſich fanden. Der Dänenkönig verzichtete darauf ſich der Mecklenburger Herzöge anzunehmen, die von ihm betrogen und gezwungen ſeine Habgier auf deutſche Länder mit dem Verluſte ihres Eigenthumes hatten büßen müſſen. Wallenſtein verzichtete auf den einen Lieblingsplan ſeines Kaiſers, auf den Bund der Hanſa mit Spanien und die unabſehbaren Folgen, die daran ſich knüpften, oder vielmehr, er verſprach die bereits gemachten Anfänge dieſes Bundes zu zerſtören. Das Mittel dazu war die Abberufung Schwarzenbergs aus Lübeck, des Mannes, der am eifrigſten für den großen Plan des Kaiſers wirkte. [1] Wallenſtein mochte um ſo eher dazu geneigt ſein dieſen Mann zu beſeitigen, da es ihm nicht unbekannt bleiben konnte, wie ſehr Schwarzenberg zu Gunſten der unglücklichen Herzöge von Mecklenburg geredet hatte. Noch im Januar 1628 iſt Wallenſtein für Schwarzenberg. Er gebietet dem Arnim auf alle Weiſe demſelben für die Plane der Schifffahrt behülflich zu ſein. [2] Dadurch, ſagt Wallenſtein, werde Arnim ſeinen Eifer für den kaiſerlichen Dienſt beweiſen. Einen Monat ſpäter hat die Sache ſich gewendet. Wallenſtein meldet dem Kaiſer: „Die Bosheit Schwarzenbergs iſt gar zu groß und giftig. Mit ſeinen Berichten möchte er zu verſtehen geben, als ſei auch ich ein Rebell, wie er das gegen Andere ausgeſprochen hat.“ Das mochte immerhin möglich ſein. An Arnim berichtet Wallenſtein kurz und bündig: „Ich habe dem Kaiſer ſagen laſſen: ich würde nicht zu der Armee abgehen, ſo lange Schwarzenberg bei den Hanſeſtädten iſt. Ich meine, er wird binnen kurzem abgefordert werden.“ Er hatte dieß allerdings an Collalto geſchrieben, und dieſen dafür verantwortlich gemacht. [3] Demnach geſchah es. Wir ſehen Wallenſtein mehr als einmal dieß Mittel der Drohung ſeines Abganges vom Heere anwenden, und dieſe Drohung wurde dann von dem Chor der beſtochenen Räthe dem Kaiſer ſo lange wieder-holt, bis ſie den gewünſchten Erfolg hatte. Ferdinand glaubte ja nun einmal dieſes Mannes nicht entbehren zu können. Schwarzenberg ging ab. Die Hanſe-ſtädte blickten verwundert drein.

Chriſtian von Dänemark konnte zufrieden ſein. Sein ganzer Verluſt bei der Sache war moraliſcher Art: eine neue Treuloſigkeit, ein neuer Schandfleck auf ſeiner Ehre. Das Schickſal der Mecklenburger Herzöge durfte er immerhin den deutſchen Reichsfürſten überlaſſen, die er unbefangener anſchaute, als der von Gier verblendete Wallenſtein. Daß die anderen Reichsfürſten; daß nament-lich Max von Bayern und die Liga die Sache der Mecklenburger ſo nicht fallen laſſen, daß ſie bei erſter Gelegenheit dieſelbe aufnehmen würden, konnte bei dem

---

[1] Khevenhiller XI. 145. Förſter I. 196. 333. Hurter, zur Geſchichte Wallen-ſteins, S. 180. Ein unmittelbar direktes Zeugnis läßt ſich für eine ſolche Sache aller-dings nicht bringen. Man hat die Thatſachen zu prüfen, und den Verfolg der Dinge.

[2] Förſter I. 271.

[3] Chlumecky, Regeſten S. 71.

reichsfürstlichen Standesgeiste nicht fraglich sein. Der Gewinn dagegen war für den Dänenkönig; denn nach der plötzlichen, unbegründeten Abberufung Schwarzenbergs war eine Wiederanknüpfung des roh zerrissenen Fadens bei den vorsichtigen und bedächtigen Kaufleuten nicht wieder möglich. Mit den Planen zum Wiedererstehen der Hansa war es zu Ende. Eine Kriegsflotte aber ohne die Mitwirkung der Hansa, wie sie sich allerdings Wallenstein auch so noch ernstlich angelegen sein ließ, war ein Projekt ohne Lebensfähigkeit, und was etwa Wallenstein baute, das baute er nicht für sich, sondern für den Dänenkönig, oder allenfalls auch für den Schweden. Dieser fordert von nun an unsere Aufmerksamkeit.

Wir haben gesehen, wie Gustav Adolf im Jahre 1625 dem Dänenkönige den Vortritt in diesem Kriege hatte überlassen müssen, hauptsächlich weil das Rechtsgefühl des damaligen Königs Jakob von England sich sträubte gegen Plane, die mit dem böhmischen Aufruhre in Verbindung standen und den Kriegesbrand in die Erbländer des Kaisers zu schleudern bezweckten. Gustav Adolf mußte damals zurücktreten. Er that es mit der wiederholten Erklärung an die Generalstaaten, daß er auch ferner, wenn etwa der Däne des Werkes müde werde, bereit sei zu jeder Stunde. Um dieses sein Angebot in steter Erinnerung zu halten, bestellte er damals den unermüdlichen Camerar als seinen Geschäftsträger im Haag.[1] Dieser Mann machte dadurch einen großen Fortschritt auf seiner unheilvollen Bahn. Er war bis dahin Rath des Pfalzgrafen Friedrich gewesen, hatte für denselben gegen den Kaiser und sein deutsches Vaterland gewirkt, wo nur immer sich eine Aussicht bot. Dieß war verwerflich, immerhin; aber das Streben Camerars erhielt einen gewissen Schein der Pflicht dadurch, daß er wirkte in Treue gegen denselben Herrn, der wider Camerars Rath durch die Annahme der böhmischen Krone die Schleusen des Unheils auch für Camerar eröffnet hatte. Seit 1626 lagen die Dinge anders. Die Erbärmlichkeit des Pfalzgrafen Friedrich ward dem gewandten, thatkräftigen Manne unerträglich durch den Vergleich desselben mit dem umsichtigen, entschlossenen Schweden. Camerar folgte gern der Ladung in schwedische Dienste zu treten.[2] Er ließ dann seinem Spotte und Hohne über den Pfalzgrafen und das kindische Treiben desselben seinen Lauf. Er wünscht ihn in das äußerste Japan oder anderswohin, von wo man nicht wiederkehre. Allein Camerar bedachte nicht, daß die Lossagung von diesem Pfalzgrafen fortan seinem Thun und Treiben wesentlich ein anderes Gepräge aufdrückte. Im Dienste des Pfalzgrafen hatte er für sein kriegschürendes Treiben gegen Kaiser und Reich die Entschuldigung der Treue gegen seinen Herrn. Die Bethätigung dieser war Zweck, jenes war Mittel. Indem er zu Gustav Adolf übertrat, fiel der ursprüngliche Zweck weg, und das bisherige Mittel ward Zweck. Erst fortan war Camerar der Verräther an seinem Vaterlande ohne alle Entschuldigung.

[1] Moser, patriotisches Archiv I. 45.
[2] Londorp. III. 956.

Es ist von Interesse zu sehen, wie dieser scharfblickende Politiker Camerar das Werden der Dinge im Voraus erkennt. Bevor eine Unterhandlung über die Verbindung der Hansa mit Spanien angeknüpft war, spricht schon Camerar sofort nach Tillys Siege bei Lutter dem Könige Gustav Adolf seine Ansicht aus: es sei nicht daran zu zweifeln, das Haus Oestreich werfe beständig das Auge auf das baltische Meer. Er bringt dann bei den Generalstaaten den Schweden= könig in öftere Erinnerung. [1] Die Hochmögenden hören gern von dem jungen talentvollen Könige, freuen sich über seine Erfolge gegen Polen. Ihre An= gesichter heitern sich auf, sobald nur Camerar von ihm zu sprechen beginnt. Aber wenn er seine Rede mit einem Gesuche um Unterstützung für den Schweden schließt, werden die Gesichter länger. Ihr Privatnutzen, meint Camerar, ist das einzige Himmelsgestirn, nach welchem sie alle ihre Ratschläge und Ver= richtungen anstellen. Dieß ist gewis ganz unzweifelhafte Wahrheit; aber es ist nicht minder unzweifelhaft, daß die Hochmögenden dasselbe Urtheil über Camerar und seinen neuen Herrn fällten. So lange der Däne, den man im Haag theuer genug bezahlte, noch in voller Kraft zu stehen schien, ließ sich für Gustav Adolf im Haag nichts Anderes als Vertröstungen auf die Zukunft erreichen. Deutsch= land stand nach wie vor in Flammen: mehr wollten die Hochmögenden nicht. So lange dieser Brand nicht zu erlöschen drohte, wäre eine Besoldung des Schweden neben dem Dänen eine überflüssige Ausgabe gewesen.

Zur selben Zeit war ein anderer Gesandter für Schweden in Constantinopel thätig. [2] Er rühmte den König Gustav Adolf dort so sehr, daß viele Paschas wünschten, es möchte ein Bündnis zwischen dem Sultan und dem Schweden= könige gemacht werden. Je nach den Personen und dem Glaubensbekenntnisse nahm ein solcher Bund einen anderen Namen und ein anderes Ziel an. Mit protestantischen Fürsten verband sich Gustav Adolf für das allein seligmachende Wort des Evangeliums, für Glaubens= und Gewissensfreiheit, für das evan= gelische Wesen u. s. w., bei Unterhandlungen mit dem französischen Cardinal Richelieu trat für das evangelische Wesen der Ausdruck ein: das Wohl der Christenheit. Dem Türken gegenüber sprach man von dem gemeinen Wesen schlichtweg. Es lief alles auf dasselbe Ziel hinaus: die Schwächung und Er= niedrigung des deutschen Kaisers und mithin der deutschen Nation; das Abreißen günstig gelegener Theile von dem morschen Leibe des deutschen Reiches. Denn wohin auch immer Gustav Adolf seine Waffen lenkte, wo immer er Krieg führte, da war Deutschland sein erster und letzter Gedanke, und was er sonst betrieb und was er erstrebte: es war nur eine Vorbereitung auf den deutschen Krieg. Die erste und wichtigste Grundlage dazu war ein Hafen an der deutschen Nord= küste. Seine Hoffnungen auf einen solchen waren nicht ungegründet. Im October 1626 erfolgte sogar geradezu eine Einladung des Herzogs Adolf Friedrich von Mecklenburg: Gustav Adolf möge einige Schiffe nach Wismar schicken. [3]

---

[1] Londorp. III. 959.
[2] Londorp. III. 961.
[3] Londorp. III. 962.

Der König ging nicht mit Nachdruck darauf ein, einestheils weil er bei einer
solchen Unterstützung, die er seinem Verwandten leistete, nicht die unbedingte
Verfügung über den Platz gehabt hätte, deren er für seine Zwecke bedurfte,
andererseits, weil er eben damals schon einen anderen Ort besetzt hielt, der für
die Ausführung seiner bisherigen Plane brauchbar erschien. Wir erinnern uns,
daß er im Jahre 1625 für den Krieg, den er durch Polen nach Schlesien und
den anderen kaiserlichen Erblanden zu führen gedachte, zuletzt die Stadt Danzig
als sicheren Hafen und Rückzugsplatz von seinen Verbündeten gefordert hatte.
Die verbündeten Mächte, die damals den Dänenkönig ihm vorzogen, hatten sich
auf den ehrgeizigen Schweden nicht weiter einlassen wollen. Damit war indessen
der Plan desselben auf Danzig nicht aufgegeben. Was die Verbündeten ihm
nicht gewährten, das glaubte er auch ohne sie erlangen zu können.

Ein wichtiger Baustein für seine Entwürfe war die volle Erkenntnis der
Wehrlosigkeit und der erbärmlichen persönlichen Schwäche seines Schwagers von
Brandenburg. Georg Wilhelm ließ sich gleichzeitig von allen Seiten mißhandeln.
Nicht er war Herr in seinem Lande, sondern wer sonst die Macht und den
Willen dazu hatte. Die Holländer hielten Kleve für ihn besetzt: in Wahrheit
herrschten sie dort. [1] Der Commandant bewohnte das dortige Schloß. Georg
Wilhelm bat im Haag: die Hochmögenden wollten befehlen, daß sein Haus in
Kleve ihm eingeräumt würde. Er erhielt die Antwort, daß die Sicherheit der
Stadt die Wohnung des Commandanten im Schlosse erfordere. Auch zweifle
man nicht, daß der Kurfürst damit zufrieden sein werde. Derselbe Kurfürst
fragte dann an, wie er sich zu verhalten habe, wenn die Truppen des Kaisers
oder Tillys den Durchzug durch die Grafschaft Mark begehrten. Er erhielt die
Antwort: man müsse sich schicken nach Zeit und Gelegenheit. Er fragte weiter
an, wie er sich zu verhalten habe, wenn staatische Truppen ohne Befehl des
Prinzen von Oranien in sein Land kämen. Die Hochmögenden entgegneten:
der Prinz werde Sorge tragen, daß nichts Unordentliches geschehe. In Wahrheit behandelten die Holländer das Land Kleve, als sei es ihr Eigenthum. [2]
Sie ließen der brandenburgischen Regierung melden, daß dieselbe in die Einziehung der Contributionen bessere Ordnung bringen müsse. Wo nicht, so werde
man die nöthigen Befehle geben, daß es durch holländische Truppen geschehe.
Solchen Anmaßungen gegenüber wagte nur ein einziger Mann von branden-
burgischer Seite eine feste und entschiedene Sprache zu führen. Es war der
Minister Schwarzenberg. Er erwiederte, daß die Schritte der Hochmögenden
häufig wie berechnet erschienen, um die kurfürstliche Regierung in Verachtung
zu bringen. Schwarzenberg bemühte sich um völlige Verschonung des Landes
Kleve, um Entlassung der dortigen holländischen Truppen. Dafür ward er im
Haag gehaßt, wie die Pest.

Nicht bloß von Westen her traf diesen später so schwer verkannten Mann

---

[1] Aitzema II. 73.
[2] Aitzema II. 667.

darum ein grimmiger Haß, weil er das Recht seines Kurfürsten aufrecht zu halten suchte: dasselbe widerfuhr ihm von Norden her, weil er als einer von sehr wenigen am brandenburgischen Hofe nicht dem schwedischen Interesse diente.[1] Diese Partei, welche es durchgesetzt hatte, daß Schwarzenberg die brandenburgische Prinzessin Catharina dem Gemahle Bethlen Gabor zuführte, benutzte die Zeit seiner Abwesenheit. Der kurfürstliche Rath Winterfeld, der von den Schweden der unsrige genannt wird, erschien am 6. Juni 1626 vor Gustav Adolf und forderte den Schwedenkönig auf sich mit seinem Heere nach Deutschland zu begeben. So lockend die Aufforderung an sich war: so schadete es doch ihrer günstigen Aufnahme sehr, daß sie einige Wochen nach der Dessauer Niederlage des Mansfeld erfolgte. Ferner war Schwarzenberg nicht anwesend. Was hierin für die schwedische Partei in Brandenburg ein Antrieb gewesen war zu dieser Aufforderung, war für Gustav Adolf ein Hinderniß sie zu befolgen. Denn der Schwedenkönig rechnete kühl und besonnen. Wenn Schwarzenberg zurückkehrt, meinte Gustav Adolf, so wird er alles durchkreuzen.

Aber sollte der König nun nach Liefland gehen? Weit ab zu einer Zeit, wo vielleicht bald die Dinge in Deutschland sich günstig für ihn gestalten konnten? Besser erschien es den alten mit Friedrich von der Pfalz und Moritz von Nassau besprochenen Plan wieder aufzunehmen. Da lachte ihn das Herzogthum Preußen an. Dort könne man, meinten er und Oxenstjerna, zugleich den Polen wehe thun, und doch in der Nähe von Pommern bleiben, könne ferner unter dem Vorwande des eigenen Krieges durch Polen vordringen nach Deutschland, oder direkt gehen. Eine Schwierigkeit dagegen lag darin, daß man nur durch den Hafen von Pillau dahin gelangen konnte, welcher zum herzoglichen Preußen gehörte. Da indessen der König des Aus- und Einganges sicher sein muß, meinten er und Oxenstjerna: so muß Pillau genommen werden mit oder ohne Willen des Kurfürsten. Dieser Nachtheil — denn unter diesem unverfänglichen Namen verhüllen sie den schnöden Friedensbruch — wird aufgewogen durch den Vortheil der gemeinen Sache, auch kann die Nothwendigkeit ihn entschuldigen. Ferner, meinen sie, kann ja Pillau nach dem Frieden zurückgegeben werden. Den Preußen soll kein Leid zugefügt werden, wenn sie nämlich sich ruhig verhalten. Der Kurfürst endlich hat nicht zu besorgen, meint Oxenstjerna, daß ihm daraus bei den Polen allzu viel Haß daraus entstehen werde; denn es ist ja nicht schwer zu urtheilen, daß diese Wegnahme von Pillau ohne seinen Willen geschieht. Also meinte Oxenstjerna am 6. Juni 1626.

Wir sehen einerseits, wie die Wegnahme von Pillau im tiefen Frieden des Kurfürsten-Herzogs mit seinem Schwager von Schweden dennoch mittelbar von Brandenburg aus verschuldet wurde. Wir erkennen zugleich die fast unglaubliche Geringschätzung des Schwedenkönigs gegen seinen Schwager von Brandenburg.

Von einiger Gewissensfurcht blieben die Unternehmer freilich dennoch dabei nicht frei. Camerar im Haag erhält den besonderen Auftrag sich Mühe zu

---

[1] Moser, patriotisches Archiv VI. S. 82.

geben, daß dieser so wohl ausgedachte, so lange gewünschte Plan nicht von bissigen Auslegungen böswilliger und neidischer, oder müßiger Leute durchgezogen und etwa dem Schwedenkönige zum Vorwurfe ausgelegt werde, besonders am Hofe zu Brandenburg. Also man fühlt es. Aber damit nun auch Camerar sich nicht irre, wird ihm bemerkt, daß er so lange zu schweigen habe, bis erst der König im Herzogthume Preußen gelandet sei und dort festen Fuß gefaßt habe. Denn sonst, wenn etwas dazwischen käme, könne man leicht den König tadeln.

Die Besorgnis des Fehlschlagens war ungegründet, ungeachtet der Polenkönig zeitig seinen Lehensmann gewarnt hatte. Am $\frac{20.\ Juni}{6.\ Juli}$ 1626 erschien Gustav Adolf mit einer Flotte von 150 Segeln vor Pillau. Die Stadt ward mühelos sein. „Durch Gottes Gnaden," berichtet [1] des Königs Oheim Johann Casimir an Camerar, „ist Pillau genommen."

An vielen Orten und namentlich im Haag war man dennoch der Meinung, daß Gustav Adolf südwärts drängen und streben werde sich mit Mansfeld und Bethlen Gabor zu vereinigen. [2] Diese Hoffnung stieg durch günstige Nachrichten aus Constantinopel. [3] Dort wenden, also meldet Camerar einige Monate später, sich alle Dinge zum Besseren. Bethlen Gabors Forderungen sind erfüllt. Der Stillstand mit dem Kaiser ist abgelaufen. Die Türken wollen keinen anderen schließen, weil das Haus Oestreich ihnen zu groß wachse. Derselbe Camerar beklagt sich damals bei seinem neuen Könige Gustav Adolf, daß seine aufgefangenen Briefe ähnlichen Inhaltes ihn verhaßt machen werden. [4] Gustav Adolf beruhigt ihn. Er sei bei den Gegnern der öffentlichen Freiheit so verhaßt, daß er es nicht mehr werden könne. Der Schwedenkönig mochte Recht haben. Wir haben ja früher von Camerar selbst vernommen, wie er in der Pfalz, in Bremen, in ganz Norddeutschland mit Unwillen und Haß angesehen wurde. Sollte die deutsche Nation, die damals im Jahre 1627 noch nicht über ihre eigentlichen Verderber getäuscht war, die Hoffnungen Camerars auf den Sultan und Bethlen Gabor mit günstigerem Auge angeschaut haben? Gustav Adolf kannte die Dinge besser.

Er selbst jedoch war nicht geneigt die zunächst von ihm gehegten Erwartungen zu erfüllen. Denn Gustav Adolf ist überall der sorgfältige Rechner, der keinen Factor übersieht, der nichts unternimmt ohne feste Grundlage. Die feste Grundlage eines Kriegs in Deutschland war für ihn der Besitz einer deutschen Seestadt. Das ist die unerlaßliche Bedingung, sagt Orenstjerna. [5] Wenn wir auf eine andere Weise den Krieg gegen den Kaiser unternehmen: so hätten wir im Falle des Schadens nur uns selber anzuklagen. Deshalb müssen wir einen

---

[1] Moser, patriotisches Archiv I. 65.
[2] a. a. O. Bd. VI. 101.
[3] a. a. O. 103.
[4] a. a. O. S. 121.
[5] Moser, patriotisches Archiv V. 188.

feſten Platz an der Oſtſee haben, ihn feſthalten mit allem Eifer und aller Ge-
walt, wenn wir nämlich vernünftig vorwärts ſchreiten und unſere Plane zur
Ausführung bringen wollen. Alſo ſchrieb Oxenſtjerna am 20. April 1625.
Damals ſchwankte ſein König zwiſchen Stettin und Danzig. Aber auf das
erſtere, ſagt Oxenſtjerna, haben wir gar keinen Anſpruch. Das Land, der
Fürſt, die Stadt iſt uns freundlich. Wir können wir dahin den Krieg bringen?
Wir haben gar keinen Vorwand. Danzig iſt uns verhaßt und gefährlich —
das müſſen wir haben, müſſen wir zum Sitze des Kriegs machen. Von da
aus können wir vorbrechen. Alſo ſprach Oxenſtjerna im Jahre 1625. Im
Jahre 1626 nahm Guſtav Adolf die Stadt Pillau. Es war die Vorſtufe zu
Danzig. Auf dieſes war es abgeſehen.

Wir haben zuerſt zu fragen, wie dieſe Wegnahme der Stadt Pillau mitten
im tiefen Frieden angeſehen ward. Die Polen murrten über Verrath. Der
brandenburger Kurfürſt, ſagten ſie, halte mit ſeinem Schwager von Schweden
zuſammen, und habe ihm Pillau in die Hände geſpielt. Es war nicht zu verkennen: der Verdacht lag ſehr nahe. Dennoch iſt er unbegründet, wenigſtens
in Betreff des Kurfürſten ſelbſt. Daß ein Landesherr ſeine eigene Stadt verrathen ſollte, noch dazu ohne allen Gewinn für ſich perſönlich, iſt geradezu
undenkbar. Als Karl II. von England die Stadt Calais an den franzöſiſchen
König verkaufte, empfing er wenigſtens für ſich perſönlich eine bedeutende
Summe. Daß Georg Wilhelm eine ſolche erhalten, hat Niemand je berichtet.
Auch hat Georg Wilhelm ſich über die Wegnahme beklagt, und die Treuloſigkeit
ſeines Schwagers war, wie wir geſehen haben, eine derjenigen Urſachen, die
ihn antrieben mehre Wochen ſpäter Wallenſtein willkommen zu heißen. Anders
dagegen ſtand es mit einigen kurfürſtlichen Räthen. Der Frevel des Raubes
von Pillau war ſo empörend, daß wir von treuen Dienern des Kurfürſten
dieſelbe Entrüſtung hätten erwarten müſſen, wie von ihm. Eine ſolche erfolgte
nicht.[1] Der Grabmeſſer für das Benehmen der Räthe von Brandenburg ſind
die Urtheile der Schweden und ſchwediſch Geſinnten über ſie. Camerar wünſcht
nur den Grafen Schwarzenberg, gleich wie ſeinen ehemaligen Herrn von der
Pfalz, nach Japan, von wo man nicht wiederkehre. Aehnlich äußert ſich
Oxenſtjerna ſowohl vor als nach der That.[2] Georg Wilhelm ſchickte nach der
Wegnahme von Pillau ſeinen Rath Kneſebeck an den König und forderte den
Hafen zurück. Er erhielt zur Antwort: die Nothwendigkeit habe zur Einnahme
deſſelben gezwungen, und man könne ihn nicht wieder geben. Kneſebeck gab
ſich darein das anzuerkennen, und Oxenſtjerna rief aus: „**Bonus Elector!**" —
„Wenn nur der Schwarzenberg dort nicht wäre," meldet der ſchwediſche Kanzler
an Camerar, „ſo ginge alles gut." Dieſe Anerkennung von Seiten Oxenſtjernas
nach einer ſolchen von Schweden aus verübten That iſt für Schwarzenberg ein
vollgültiges Zeugnis ſeiner Treue und ſeiner Dienſte für Georg Wilhelm.

[1] Cosmar, Schwarzenberg S. 129. ff.
[2] Moſer, patriotiſches Archiv VI. 119.

Die Einnahme von Pillau war für Gustav Adolf nur ein Mittel zum
anderen, nächsten Zwecke. Dieser Zweck war seinem ursprünglichen Plane gemäß
die Stadt Danzig. Zunächst machte der König das Land seines Schwagers,
das Herzogthum Preußen, zum Sitze des ferneren Krieges gegen den König von
Polen.[1] Er forderte von der Regierung Georg Wilhelms in Preußen und von
der Stadt Königsberg die Erklärung, ob sie seine Freunde oder seine Feinde
sein wollten. Auf seine Ladung erschienen preußische Abgeordnete vor ihm. Sie
erklärten, daß sie nicht befugt seien sich über seine Forderung auszusprechen;
denn sie seien Diener ihres Herrn, und ihr Herr sei dem Könige von Polen
mit Eiden verbunden. Auch habe der Kurfürst gewisse Verträge beschworen,
gegen welche sie nicht handeln dürften. „Was Verträge?" fiel der Schwedenkönig ein, „Verträge sind keine Verträge, wenn sie gegen das jus humanitatis
sind." Was dieser letzte Bedingungssatz bedeute, mochte Gustav Adolf selbst
nicht recht klar sein. Er fragte weiter: „Warum hat man solche Verträge eingegangen?" Die Preußen erwiederten: „Die Verträge sind althergebracht, und
der Kurfürst hat das Land mit ihnen angenommen. Er muß sie halten." Der
König fragte weiter: „Wer hat ihm und Euch das befohlen? Ihr wollt von
Eurem Herrn Resolution; aber diese Resolution wird weder kalt noch warm
sein. Faßt Ihr selbst Resolution, und Euer Herr wird sich damit zufrieden
geben." Man erwiederte: „Auch das ist nicht möglich; denn die preußische
Regierung darf nicht handeln ohne die Stände, und diese Stände sind Polen
mit Eiden verbunden." Der König drohte. „Faßt gute Resolution," sagte er,
„sonst seid Ihr verdorbene Leute. Ich greife hier zu, auch die Polen greifen
von dort zu, und wenn Ihr auch noch so viel sagt, werden sie erwiedern, daß
Ihr Verräther seid; denn Ihr habt die Durchfahrt von Pillau verloren."

Man erkennt, wie Gustav Adolf die Folgen seines Ueberfalles auf Pillau
wohlweislich im Voraus berechnet hat. Nicht bloß hat er die Stadt und die
wichtige Durchfahrt für sich gewonnen, sondern er hat bei dem mühelosen Er-
werbe des ungeschützten fremden Eigenthumes noch den anderen Plan Polen und
Preußen an einander zu hetzen. Denn allerdings konnte ja eine Regierung von
einiger Kraft, von einigem Selbstgefühl einen befestigten Ort von solcher Wichtigkeit mitten im Frieden nicht anders verlieren als durch Verrath. Wenn in
Folge der Anklage, welche dann die Polen aller Wahrscheinlichkeit nach gegen
Preußen erhoben, beide Länder in Feindschaft zu einander geriethen: so bot
eben diese Feindschaft den weiteren Planen des Schweden eine Handhabe. Also
war es seine Absicht. Sehen wir, ob sie gelang. Bis dahin hatten die Polen
keine Feindseligkeiten verübt.

Der König wies die preußischen Gesandten darauf hin, daß die Polen bei
ihnen sengen und brennen würden. „Das wollen wir nicht hoffen," erwiederten
sie. (Geschieht es aber, so können wir es nicht ändern." „Allerdings könnt

[1] Cosmar, Schwarzenberg. Beilagen II. S. 4. Nach dem preußischen Archiv
dritte Sammlung 1810. Beiträge zur Kunde Preußens 1818. Band I. Heft 1. Nr. III.

Ihr," rief Gustav Adolf, „wehrt Euch. Nehmt mich zum General an." —
„Ew. Majestät," entgegnete einer der Abgeordneten, „sind uns zu hoch." Die
Anderen schwiegen. Das steigerte die Leidenschaft des Königs. Er trat zu einem
Hauptmanne unter den Abgeordneten und forderte ihn auf die Compagnie, die
auf Landeskosten geworben war, eigenmächtig aufzulösen, weil Gustav Adolf
behauptete, die Compagnie sei in Dienst genommen gegen ihn. Ruhig entgegnete der Angeredete: er werde das Land da vertheidigen, wohin sein Herr
ihn sende.

Das mannhafte Benehmen dieser Abgeordneten der preußischen Regierung
preßte endlich dem Könige das Zugeständnis ab: er sähe ein, daß in dieser
Sache die Regierung nicht handeln könne, ohne die Stände zu befragen. Aber
er war einmal auf dem Wege seine Speculation auf Verrath und Aufruhr noch
ferner bloß zu legen. Also fuhr er fort. Er wendete sich an die Abgeordneten
der Stadt Königsberg. Er forderte sie auf binnen drei Tagen sich zu erklären;
denn Königsberg sei eine freie Stadt. Die Abgeordneten der preußischen Regierung verneinten, und die Königsberger selbst stimmten zu: die Stadt dürfe nicht
handeln, ohne den Kurfürsten-Herzog Georg Wilhelm zu fragen. Gustav Adolf
blieb dabei. „Königsberg ist eine freie Stadt. Sie kann sich wohl entschließen
und zu mir treten. Ich will ihr Capitän sein und ohne Sold." Die Abgesandten schwiegen. Der König fuhr in seinem Eifer fort: „Ich merke wohl:
Ihr wollt den Mittelweg halten; aber der Mittelweg bricht Euch den Hals.
Wollt Ihr Euch recht rathen, so müßt Ihr Partei ergreifen, mich oder Polen.
Ich bin Euer Religionsverwandter, habe ein Fräulein aus Preußen in meinem
Bette, ich will für Euch fechten, will die Stadt gegen die Krone Polen, auch
gegen den Teufel selbst vertheidigen." Auch auf solche Reden ward ihm nicht
ein besserer Bescheid. Man dürfe, hieß es, nichts beschließen, was gegen den
Kurfürsten und die Verträge sei. Gustav Adolf erwiederte: „Ich verlange nichts
gegen den Kurfürsten; aber die Verträge habt Ihr selbst gebacken und meinen
Schwiegervater mit eingemischt. Sie werden Euch noch im Halse stecken bleiben.
Pacta non sunt pacta. Inter arma silent leges." Er wurde immer
eifriger, immer zorniger. „Ich will mit meinen Schiffen an Königsberg kommen,"
drohte er, „und will Euch lehren ja oder nein sagen."

Da endlich riß die Geduld, und das Gefühl der sittlichen Ueberlegenheit
gab den Abgeordneten Muth diesem fremden Könige und Eindringlinge auf
ihrem Boden unumwunden die Wahrheit zu sagen. „Es kennen ja doch Ew.
Majestät," sagte einer der Abgeordneten, „das Naturgesetz: was du nicht willst,
daß es dir geschieht, das thue auch einem Anderen nicht. Wenn Ew. Majestät
Unterthanen in dem Falle wären, wie wir es jetzt leider sind; wenn sie da
ohne Ew. Majestät Erlaubnis mit einem Fremden in ein Bündnis sich einlassen
wollten: was würden Ew. Majestät dazu sagen?" Die Frage war spitzig;
indessen der König war zu weit gegangen. Er konnte nicht mehr zurück. „In
solchem Falle," entgegnete er, „kann kein christlicher Potentat seinen Unterthanen einen solchen Schritt verargen, auch wenn sie ihm noch so hoch und

hart verpflichtet wären." Dann aber mochte er selbst doch fühlen und erwägen, daß hier die Unterredung auf ein sehr mißliches und schlüpfriges Feld geführt worden war. Er brach die Besprechung ab. Er zeigte den Abgeordneten seine Truppen und meinte: „Diese armen schwedischen Bauern wären auch wohl lieber zu Hause geblieben, wenn sie nicht den Frieden suchten." Den Frieden suchten die armen schwedischen Bauern ganz gewis: es war nur die Frage, ob der Mann den Frieden suchte, der ohne allen Grund und ohne alle Veranlassung sie in ein friedliches fremdes Land geführt hatte. Arm waren sie in der That; denn es fehlte ihnen mit der nöthigen Kleidung auch die nöthige Bewaffnung, die erst das fremde Land ihnen liefern mußte.

Wir haben hier den Schwedenkönig in einem fremden Lande, auf welches er nicht den Schatten eines Anspruches hatte, welches seinem eigenen Schwager gehörte und welches diesem Fürsten bei aller Schwäche desselben treu ergeben war, vor den Unterthanen seines Schwagers Grundsätze aussprechen hören, mit denen ein geordnetes Staatsleben, ein einheitliches Zusammenwirken des Fürsten und der Unterthanen unvereinbar ist. Die Worte des Königs lassen die Leidenschaft erkennen, mit welcher sie gesprochen wurden. Es ist demnach die Frage, ob wir sie als die Aufwallung des Augenblickes zu betrachten haben, obwohl dem Könige dazu keine Ursache gegeben war, oder als den Ausdruck einer durchdachten Lebensanschauung, die auch bei anderen Gelegenheiten sich in ähnlicher Weise äußert. Begleiten wir ihn weiter auf diesem seinem Zuge.

Die Rathsherren der Stadt Elbing aus dem polnischen Preußen treten vor ihm auf. „Euer König," spricht Gustav Adolf zu diesen Rathsherren, „kann Euch den zugesagten Schutz nicht gewähren. Deshalb seid auch Ihr nicht schuldig ihm Eid und Pflicht zu halten." Die Rathsherren von Elbing hatten nicht den Muth, wie die Königsberger, ihm auf solche Reden in verdienter Weise zu antworten. Der König Gustav Adolf unternahm es ihnen den Beweis zu liefern, daß sie ihm den Eid der Treue leisten müßten: Die Bürger von Elbing, sagte er, seien nun nicht mehr seine Feinde, sondern seine Freunde. Seines Gleichen aber seien sie nicht. Seine Nachbarn seien sie auch nicht. Es bliebe mithin nur das dritte übrig: sie müßten seine Unterthanen sein. Zwischen Unterthanen und Herrn aber gäbe es kein anderes Band als Huldigung. Mithin müßten sie ihm huldigen. Er selbst machte diese Art von Logik praktisch. Fünf Tage nach seiner Landung stand er vor Elbing und rückte ungehindert ein.[1] Während des Einzuges hielt er eine Rede an die umdrängende Menge, und fragte, ob sie ihn zum Könige wollte. Wann hat jemals das Volk auf solche Reden geschwiegen? Es schrie jubelnd: „Ja, ja," und weiter ging der Ruf: „da kommt unser König." Einige Leute traten näher heran und jauchzten ihm zu: „Willkommen, Herr König!" War es ihnen Scherz oder Ernst? Weder in dem einen, noch dem anderen Falle war die Ehre auf Seiten des Schwedenkönigs, selbst nicht in seinen eigenen Augen. „Denn in dem Pöbel," sagt er zu einer

---

[1] Cosmar, Schwarzenberg. Beilagen S. 10.

anderen Zeit,[1] „ist keine Ueberlegung, keine Vernunft, keine Einsicht, keine Unterscheidung."

Und noch weiter ging der König in seinen Forderungen an die Bürger von Elbing. Er verlangte, daß sie auf die Erbverträge der Krone Schweden schwören sollten, d. h. sie sollten ihren König Siegmund, den legitimen Erben von Schweden, durch ihren Eidschwur seines Rechtes auf die schwedische Krone verlustig erklären, und durch denselben Eidschwur anerkennen, daß Gustav Adolf, der Usurpator eines ihnen völlig fremden Landes, im Rechte sei. Dieß Verfahren hätte einen Sinn haben können, wenn Gustav Adolf das ganze Land Preußen zu behalten vorgehabt hätte. Er hatte nicht diese Absicht und konnte sie nicht haben, weil das Land seinem Schwager gehörte. Mithin war die Forderung eines solchen Eides lediglich ein zweckloser Akt des Uebermuthes, der die Elbinger für die Zukunft der etwaigen Rache ihres Oberherrn, des Königs von Polen, völlig bloßstellte.

Zu anderen Zeiten äußerte er sich besonnener. Aber eben weil er zu anderen Zeiten die Rechtmäßigkeit und Unverbrüchlichkeit des Eides anerkannte, mit welchem die polnischen Unterthanen ihrem Könige verpflichtet waren: so waren die mehrmaligen Aufforderungen denselben zu brechen, um so auffallender. Es würde sich dann die Frage erheben, welche Ansicht mehr seinem inneren Wesen entsprach.

Wir haben den Schwedenkönig nicht zu betrachten nach dem Glorienscheine, den eine sagenhafte Anschauung aus der Zeit der völligen Zerrüttung, der Ohnmacht und Verkehrung der deutschen Nation ihm ums Haupt gewunden, sondern lediglich nach den Thatsachen. Gustav Adolf ist uns die geschichtliche Persönlichkeit des Königs von Schweden, der vom Beginne seiner Regierung an bis an seinen Tod eine Kette von Kriegen geführt hat. Wir betrachten ihn, wie er sich uns selber gibt, nicht wie Andere ihn gegeben haben.

Gustav Adolf ging in seinen Anforderungen des Lossagens von der rechtmäßigen Obrigkeit noch weiter. Er richtete diese Aufforderungen an Privatpersonen, mittelbar und unmittelbar.[2] Indem er nach seiner Landung in Pillau vordringt in das polnische Gebiet, übergibt er alle Güter der polnischen Adeligen, die ihrem Könige getreu sind, der Plünderung. Die Güter derjenigen, welche sich unter schwedischen Gehorsam begeben, sind frei. Man wolle nicht sagen, daß ein derartiges Verfahren der allgemeine Kriegsbrauch jener Zeit gewesen sei: es war lediglich der Kriegsbrauch Gustav Adolfs. Er entwickelt diese Ansicht einem polnischen Adeligen. Er behauptet, daß er das Recht habe da, wo man nicht den Frieden wolle — wer denn wollte ihn nicht? — seine Gegner mit Feuer und Schwert auf das äußerste zu verfolgen, damit, wenn es anders nicht geschehen könne, die Verwüstung wenigstens dem Kriege ein Ende mache.[3]

---

[1] Geijer, Geschichte von Schweden III. 21. 23.
[2] Geijer III. 119.
[3] Londorp. III. 1024. Khevenhüller XI. 407.

Als seinen Gegner sieht dabei Gustav Adolf jeden an, welcher nicht bloß mit Rath, sondern auch mit Proviant, Geld, Gewehr dem Kriege Vorschub gethan, also jeden einzelnen Unterthan seines Gegners. „Allein weil wir wissen," fügt er hinzu, „daß der übrige elende Pöbel und die Ritterschaft nicht so sehr aus ihnen selbst, als gezwungen den Krieg führen, wollen wir das Kriegsrecht mäßiger gebrauchen." Wie er das verstehe, gibt der König weiter diesem polnischen Adeligen also an: „Weil wir vernehmen, daß du einer der Ansehnlichsten und Vornehmsten im kulmischen Lande seiest, haben wir nicht allein befohlen, daß unsere Soldatesca im Marschieren deine Güter und Unterthanen mit Würgen und Anzünden verschonen solle, sondern auch zu größerer Sicherheit dir eine Schutzwache verliehen." Dann schließt er mit der Drohung: „Werdet Ihr den Krieg der Neutralität vorziehen: so haben wir beschlossen, daß wer sich nach Krieg sehnt, auch im Kriege umkommen soll."

Um über den Zweck und die Mittel des Schwedenkönigs zur völligen Gewißheit zu kommen, haben wir uns zu erinnern, wie er drei Jahre zuvor seinen Plan entwickelt, um sich den Weg durch Polen nach Schlesien zu bahnen. Die Verheerung des polnischen Gebietes soll dazu dienen, daß die polnischen Stände, die ohnehin zur Frechheit sich neigen, die Ursachen dieser Leiden nicht dem Schwedenkönige beimessen, von dem sie herrührt, sondern dem eigenen Könige von Polen. In Folge dessen hofft Gustav Adolf, daß die polnischen Stände sich gegen ihren König auflehnen, daß sie ferner in der Ueberlegung, wie der Krieg sich in die Länge ziehe und kein Ende der Leiden sei, auch wider den Willen des eigenen polnischen Königs dem schwedischen den Durchzug nach Schlesien gewähren werden. Gustav Adolf täuschte sich in dieser Hoffnung. Aber die Grundsätze, auf deren Durchführung er seine Hoffnungen baute, blieben augenscheinlich dieselben. Werden seine Hoffnungen ihn immer täuschen? Es ist eine Frage ernster Mahnung an die Deutschen. Was werden sie thun, wie werden sie sich verhalten, wenn der Schwedenkönig bei ihnen diese Art von Grundsätzen zur Anwendung bringt? Doch noch ist es nicht Zeit den Vorhang von diesem trüben Bilde des Jammers unserer deutschen Nation hinweg zu heben.

Der Krieg zwischen Schweden und Polen währte das Jahr 1626 hindurch fort ohne bedeutende Erfolge. Das Ziel des Königs Gustav Adolf war namentlich die Stadt und der Hafen von Danzig. Danzig leistete kräftige und erfolgreiche Gegenwehr. Weshalb die Stadt dieselbe leistete, sollte, wie es scheint, einer Frage, noch Untersuchung nicht bedürfen: sie wollte nicht schwedisch sein. Die Schweden und ihr König fanden jedoch einen ganz besonderen Grund. Nach der Anschauung, die Gustav Adolf auszubreiten sucht, wo auch immer er steht und wandelt, ob auf schwedischem, ob auf polnischem, ob auf deutschem Boden, waren die Jesuiten Schuld an allem Unheile. Demnach mußte auch der Vorwurf des Kriegs gegen Danzig bei den Schweden nicht auf den König fallen, der ungereizt und ohne Ursache diesen Krieg begann, sondern auf die Jesuiten. Danzig war eine protestantische Stadt, in welcher höchst wahrscheinlich auch nicht ein Mitglied dieses Ordens sich befand. Das half nichts. Gustav Adolf verkündete und seine Schweden glaubten oder sollten wenigstens glauben, daß die Stadt Danzig sich durch die Jesuiten zum Widerstande gegen Schweden habe verleiten lassen.[1] Also fiel in den Augen der Schweden auf die Jesuiten die Schuld des Krieges gegen Danzig.

Für den nächsten Zweck selbst brachte freilich diese Kriegslist keinen Erfolg. Der Schwedenkönig gewann Danzig nicht.

Im folgenden Jahre 1627 ermannte sich der Kurfürst Georg Wilhelm zu einigem Widerstande gegen seinen übergreifenden Schwager. Der Anfang war nicht günstig. In Mecklenburg war eine Schaar von 4000 Mann auf schwedische Rechnung geworben. Sie wollte von da ostwärts nach Polen ziehen. Der Herzog Bogislav von Pommern schlug ihnen den Paß ab, und sie wagten sich nicht. Sie näherten sich dagegen der Mark Brandenburg. Auf Schwarzenbergs Rath ließ der Kurfürst Georg Wilhelm das Landvolk aufbieten.[2] Dennoch gingen die schwedischen Söldner über die Oder bei Schwedt, und die geheimen Räthe der Brandenburger Kurfürsten meldeten heim, daß sie die Nachricht zu spät erfahren, den Uebergang darum nicht hätten hindern können. Hatte vielleicht Oxenstjerna abermals Gelegenheit zu seinem Ausrufe: Bonus elector!—?

Aber der Kurfürst hatte Nachdrücklicheres im Sinne: er wollte Preußen vertheidigen. Zu solchem Entschlusse, so selbstverständlich er zu sein scheint, hatten wesentlich die Mahnungen des Ministers Schwarzenberg beigetragen. Auch die Stände des Herzogthums Preußen entsprachen dieser Gesinnung.[3] Als Georg Wilhelm sie berief, erklärten sie, daß sie bei dem Könige in Polen und dem Kurfürsten von Brandenburg mit Zusetzung von Gut und Blut beständig verharren wollten. Sie machen einen Ueberschlag der Kosten, und bestimmen 10,000 Mann zur Wiedereroberung von Pillau, und 10,000 Mann zur Besetzung der Grenzen, damit nicht der Schwede unversehens einbreche. Die Unkosten aller Art belaufen sich in neun Monaten auf 60 Tonnen Goldes. Die Landschaft bittet zuerst, ob nicht noch alles gütlich vermittelt werden könne. Wo nicht, so sei sie pflichtschuldig und erbötig den Rest dabei aufzusetzen. Unterdessen nahen die Schweden heran mit 16,000 Mann zu Fuß, 3000 zu Roß.

Ein solcher Schluß eines Landtags, den der Landesherr berufen, thut dar, daß Fürst und Unterthanen entschlossen waren sich zu wehren. In solchem Sinne faßte auch Gustav Adolf die Sache auf und warf die Anklage, wenn dieser Name dafür zulässig ist, daß dieß geschehen sollte, auf den einen Mann. Als preußische Abgeordnete vor ihm erschienen, ließ er seinem Zorne freien Lauf.[4] Man solle den Kurfürsten vor dem Grafen Schwarzenberg warnen, sagte er; denn der Graf verkaufe das Gewissen seines Herrn dem Kaiser und dem Könige von Polen und heuchele mit den Papisten. Dachte Gustav Adolf daran, daß der Kurfürst von Brandenburg sowohl dem Kaiser als dem Könige von Polen

[1] Moser, patriotisches Archiv I. 97.
[2] Cosmar, Schwarzenberg S. 343.
[3] Londorp. III. 980.
[4] Cosmar, Schwarzenberg S. 371.

durch den Lehnseid verpflichtet war? Er gab weiter den Rath: die Preußen sollten den Grafen Schwarzenberg fenestriren, d. h. aus dem Fenster stürzen, wie die böhmischen Stände es mit den kaiserlichen Ministern gemacht, oder sie sollen ihm den Hals entzwei schlagen. Georg Wilhelm ließ dem Könige erwiedern, wie es ihm gefallen würde, wenn einer seiner liebsten Diener und ersten Räthe also öffentlich geschmäht würde. Gustav Adolf beharrte: was er geredet habe, sei wahr. Er fügte hinzu: Schwarzenberg habe den Kurfürsten beim Kaiser und beim Dänenkönige in schlechten Ruf gebracht. Es war doch nur eins von beiden möglich. Und wenn der Kurfürst von Brandenburg wegen seiner Halbheiten und Velleitäten hierhin und dahin sich die Ungunst des einen und des anderen Theiles zugleich zugezogen hätte: so wußte Gustav Adolf sehr wohl, daß nicht Schwarzenberg zu halben Maßregeln geneigt war. Wenn es nur von Schwarzenberg abgehangen hätte: so stand Gustav Adolf nicht in Pillau und dem Lande seines Schwagers von Brandenburg.

Georg Wilhelm und sein Land hatten nach ihren Schritten und Beschlüssen offenbar die Absicht dießmal sich zu wehren. Der Kurfürst=Herzog stand im Anfange Mai unfern von Pillau bei Lochstädt verschanzt. Es kam nicht zum Schlagen: nach einigen Unterhandlungen ward ein Vertrag vermittelt. Man [1] hat Gewicht gelegt auf den Bericht des Schweden Salvius: es sei wohl zu erkennen gewesen, daß der Kurfürst nicht mit dem Schwedenkönige habe brechen wollen, daß er gern in gutem Einverständnisse mit demselben geblieben wäre, daß nur die Furcht vor den Drohungen der Polen ihn gezwungen habe Pillau zurückzunehmen zu wollen. Bei diesen gehäuften Anklagen gegen den Kurfürsten ist zu fragen, an wen der schwedische Bericht gerichtet sei. Es ist der schwedische Reichsrath. Erwägen wir die Lage der Dinge in diesem Lande. Die ganze Bevölkerung war dem Kriege abgeneigt, der ihr für die Ehr= und Habgier des Königs unsägliche Lasten aufbürdete. Gustav Adolf hatte kurz vorher einen Aufstand zu Calmar gegen seine Aushebungen mit grausamer Hand niedergeschlagen. Deshalb kam es darauf an die Bevölkerung und den Reichsrath von Schweden bei guter Stimmung zu erhalten, oder diese zu erwecken. Dieß geschah am geeignetsten durch günstige Berichte vom Kriegsschauplatze. Und ebenso wichtig als der Bericht von einem gewonnenen Treffen war eine solche Nachricht, daß der Schwager des Königs, der Kurfürst von Brandenburg und Herzog von Preußen die Sache seines Schwagers im Herzen billige. Und das auf eigene Kosten? In der That, die Zumuthungen des Salvius an den schwedischen Reichsrath, und der deutschen und schwedischen Schriftsteller, welche die Worte des Salvius für ehrlich gemeint ansehen, fordern einen Glauben, der Berge versetzt.

Wir haben hier die Wahl. Entweder ist der Bericht des Schweden an den Reichsrath wahr und ächt. Demgemäß erscheint Georg Wilhelm als dreifacher Verräther: gegen den König von Polen, dem er Eid und Pflicht geschworen, gegen seine Landstände, die er eben noch zu bedeutenden Opfern gegen den

---

[1] z. B. Geijer III. 123, und Gfrörer, Gustav Adolf, S. 179.

Schwedenkönig aufgefordert und zu solchen Opfern willig befunden, endlich gegen sich selbst und seine Erben, daß er aus Vorliebe für die Plane seines Schwagers von Schweden selbst beigetragen habe sein eigenes Besitzthum und das Erbe seines Hauses, seines Nachfolgers zu verkürzen.

Oder der Bericht des Schweden an den Reichsrath ist erlogen. In diesem Falle ist Georg Wilhelm rein von dem Vorwurfe des dreifachen Verrathes. Er bleibt der schwache, unbeständige Mann, als welchen er sich immer erwiesen, der bei jedem Windeshauche erschrickt und sich wendet und dreht, der gern einmal einen Anlauf nehmen wollte selbstständig zu sein und die lästigen Fesseln seiner Schwäche abzuschütteln, und der dann doch bei der ersten Drohung nachgibt: nicht weil es sein Wille ist nachzugeben, sondern weil es ihm an der nachhaltigen, selbstbewußten, inneren Kraft gebricht. Man sollte glauben, die Erfahrung in menschlichen Dingen entscheide für die letztere Annahme. Und jedenfalls liegt uns Deutschen diese Ansicht über einen deutschen Fürsten näher, als die Anklage einer so durchdachten Böswilligkeit, welche den Vorwurf der Schwäche nicht einmal hinwegnimmt.

Der Vortheil des Vertrages, der am 12. Mai 1627 geschlossen wurde, war ganz auf der Seite des Schwedenkönigs. Pillau blieb in seinen Händen, und der Kurfürst von Brandenburg verhielt sich in dem ferneren Kriege mit Schweden gegen die Polen neutral. Um diese Neutralität aufrecht zu erhalten, ward ein kleines Heer geworben von etwa 4000 Mann. Zu diesem Zwecke erhob man eine Accise, welche Schwarzenberg der gehässigen Contribution vorzog.[1] Es war der Anfang eines brandenburgisch-preußischen Heeres. Den Schwedenkönig überkam einige Sorge, ob nicht doch von diesem Heere etwas zu besorgen sei, und er wandte abermals das Mittel an, zu welchem er so oft seine Zuflucht nahm. Er ermahnte die preußischen Stände die von dem Landesherrn geforderten neuen Steuern zu verweigern, weil sie zu Kriegsrüstungen gegen ihn bestimmt seien. Er durfte ohne Sorge sein. Georg Wilhelm hatte dazu nicht den Muth. Gustav Adolf sah sich von dieser Seite her ganz gesichert. Er konnte für den Sommer 1627 alle seine Kraft gegen Polen verwenden.

Während dort fern im Nordosten der Schwedenkönig und der Kurfürst Georg Wilhelm nahe bei Pillau sich gegenüber standen, erwogen die Hochmögenden im Haag ernstlich die Frage, was bei dem Krebsgange des Dänen zu thun sei.[2] Es erhob sich dringend die Besorgnis, daß der Kriegsbrand in Deutschland ausgehen, das Reich zum Frieden und zur Ruhe kommen könne. Es fragte sich um einen neuen Kämpfer, den man statt des Dänenkönigs aufstelle, um eine neue Brandfackel des Krieges. Die Blicke der Hochmögenden fielen auf Gustav Adolf. Aber dieser war in Polen beschäftigt. Es kam mithin darauf an ihn dort frei zu machen. Um so dringender schien die Nothwendigkeit heran zu treten, da die spanisch-östreichischen Plane auf den Handel für die Hanse damals

---

[1] Cosmar, Schwarzenberg S. 352.
[2] Für das Folgende Aitzema II. 255 Instruction und Bericht der Gesandten.

aufgingen. Man wußte bereits, daß nur Hamburgische Schiffe berechtigt sein sollten die Materialien für den Schiffbau in spanische und flandrische Häfen einzubringen. Schweden lieferte sowohl Kupfer als Eisen. Hier mußte der Schwedenkönig gewarnt werden gegen das, was man die Anschläge des allgemeinen Feindes nannte.

Im Maimonate 1627 meldete Tilly [1] dem Kaiser seine Ueberzeugung: ein Friede mit Dänemark würde nicht ein Friede sein, so lange es nicht gelinge den Holländern ein Gebiß einzulegen. Denn wenn auch der Däne zu Boden liege, so würden die Generalstaaten den König von Schweden aufhetzen und bezahlen, und wiederum beginne dann das alte Spiel.

In denselben Tagen trugen holländische Schiffe eine besondere Gesandtschaft ostwärts nach Schweden. Sie kehrte zuerst in Kopenhagen ein und begann dort, wo das calvinische Bekenntnis eben so wenig geduldet ward, wie die Hochmögenden daheim den Hugo Grotius und die anderen Arminianer duldeten, mit dem Ruhme und Preise des evangelischen Wesens und der deutschen Freiheit. Sie versicherten, daß die Verdienste des Königs um dieselben unsterblich seien. Sie führten einige Klagen über die Erhöhung des Sundzolles; aber sie beruhigten sich bei der Antwort, daß diese Erhöhung nur geschehen sei, um die Kriegsmittel gegen den deutschen Kaiser zu erlangen. [2] Dann segelten sie weiter und trafen zuerst den Schwedenkönig im Lager bei Dirschau. Sie sprachen ihm in deutscher Rede ihre Glückwünsche aus zu seinen Erfolgen. Er selbst war nicht zufrieden und erging sich in solchen Drohungen gegen die Stadt Danzig, daß die Holländer davor erschraken. Sie sagten ihm, daß sie gekommen seien, um Frieden oder wenigstens Stillstand zu vermitteln, und daß sie deshalb zunächst den Weg zu dem Polenkönige einschlagen würden. Gustav Adolf war damit zufrieden. Sie traten vor den Polenkönig. Wie sie Gustav Adolph beglückwünscht hatten: so sprachen sie seinem Vetter Siegmund ihr Bedauern aus, daß er von feindlicher Macht in seinem Lande angefallen sei. Sie betheuerten, daß sie neutral seien nach allen Seiten, und daß ihnen nichts mehr am Herzen liege als ein allgemeiner Friede. Deshalb auch seien sie zu ihm gekommen. Siegmund erwiederte ihnen: er nehme die Wünsche für Frieden und Ruhe an und strebe seinerseits durch die That ihnen zu beweisen, wie sehr er diejenigen verabscheue, die ohne allen Grund und alle Veranlassung aus Habgier und Ehrgeiz den Kriegesbrand unter friedliche Völker schleuderten und ruhige Menschen zum Blutvergießen aufstachelten. [3] Die scharfe Antwort auf die gleißenden Reden that den Vertretern der Hochmögenden indessen nicht so wehe, als der frostige Empfang. Der König Siegmund hatte sie baarhäuptig reden lassen, und selber bedeckten Hauptes ihnen geantwortet. Das empfanden sie tief. Auch der Unterhalt war so mager, daß sie unter dieser Behandlung eine Absicht

[1] Hurter, Ferdinand Bd. IX. 479. Nr. 104
[2] Aitzema II. 271.
[3] a. a. O. S. 285.

vermutheten.[1] Nach reiflicher Erwägung kamen sie zu dem Schlusse, daß dieß geschehe aus Respect des Königs vor dem Hause Oestreich. In Betreff der Hauptfrage erwiederte Siegmund: Gustav Adolfs Regierung sei eine Kette von Ungerechtig-keiten gegen ihn; doch wolle er Versuche zur Vermittelung gestatten. Die Hoff-nung, die aus solchen Worten entsprang, war nicht groß, und nicht größer war diejenige, welche dann Gustav Adolf den Holländern machte. Er verließ sofort diesen Gegenstand, um von den Entwürfen zum Kriege in Deutschland zu reden, die er früher dem Prinzen von Oranien und den Generalstaaten vorgelegt habe, nämlich den Kaiser durch Polen und Schlesien, oder von Pommern und Mecklen-burg her anzugreifen. Er erkannte an, daß die Dinge seitdem sich sehr geändert hätten; dennoch könne auch noch etwas Gutes ausgerichtet werden, wenn nur die Hochmögenden und andere Potentaten die Hand dazu bieten und gemäß der Wichtigkeit der Sache beisteuern wollten. Sein Eifer stieg während des Redens,[2] und die Holländer erkannten, wie sehr es ihm Ernst damit sei. Er bemühte sich ihnen zu zeigen, wie das Interesse der Hochmögenden diesen Krieg der Schweden gegen den Kaiser verlange, wie nur dadurch die Macht des Kaisers von den westlichen Grenzen gegen die Niederlande abgelenkt werden könne.

Zur Beförderung der Angelegenheit blieben die Niederländer im Lager. Die nächsten Tage fielen heftige Gefechte vor. Der König ward verwundet; aber seine Wunde hinderte ihn nicht. Er ließ Beaumont, das Haupt der holländi-schen Gesandtschaft, zu sich bescheiden und begann sofort wieder von den Gedanken zu reden, die seine Seele erfüllten. „Mein ganzes Kriegswesen," sagte er:[3] bezweckt nichts Anderes als den Vortheil und die Erleichterung aller derer, die ein gemeinsames Interesse gegen das Haus Oestreich und Spanien verbindet." Es liegt in diesen Worten die unumwundene Anerkennung der allerdings auch sonst klar vorliegenden Thatsache, wie Gustav Adolf sich wohl bewußt war, daß nur er und nicht seine Gegner die zerstörenden Kriege begannen. Er hatte ja hier nicht mit dem großen Haufen zu thun, den man zu allen Zeiten durch Reden und Proclamationen bethört, sondern mit einsichtigen, erfahrenen Poli-tikern, welche wußten, wie die Dinge lagen. Deshalb unterblieben in einer solchen Zusammenkunft alle hier überflüssigen Redensarten von Religion und dergleichen. Gustav Adolf legte wiederum seinen alten Plan dar, daß Oestreich nirgends besser angegriffen werden könne, als durch Polen und Schlesien. Die Folge würde sein, daß aller Kriegsschwall sich dahin zöge. Aber er vermöge das nicht allein, Andere müßten ihn unterstützen, und namentlich die Hoch-mögenden, weil man sich auf diese sicher verlassen könne. Dieß Lob allerdings verdienten die Hochmögenden. Während Karl von England seinem dänischen Oheime immer schuldig blieb, zahlten die Generalstaaten pünktlich aus. Gustav

---

[1] a. a. O. S. 286. Sy hebben niet konnen vernemen waer dese soberr ende magere onthalinghe die sy voordeelden dat x desseln wierde ghedaen. heenen mochte komen etc.

[2] a. a. O S. 297.

[3] a. a. O. 303.

Adolf erklärte, er müsse ein Heer haben von 20,000 Mann zu Fuß und 8000 Reitern. Wenn der Weg durch Polen zu lang sei: so wolle er von Pommern aus die Oder hinauf ziehen; denn der Rhein sei zu fern, und die Elbe und Weser zu stark besetzt. Er drang in den Gesandten dieß heim zu melden. Er ergoß seinen Zorn in heftigen Worten über den Dänenkönig, der sich ihm vorgedrängt habe. Er erneuerte seine Erbietungen, und bat dieß schleunigst nach dem Haag zu melden. Der Holländer blieb sehr gemessen. Je eifriger der König wurde, je mehr er den Holländer zu überzeugen suchte, daß all sein Sinnen und Streben nur auf einen deutschen Krieg gerichtet sei: desto kühler und schweigsamer wurde Beaumont. [1] Je feuriger der Eifer des Königs, desto weniger hatten ja die Generalstaaten für seine Dienste zu zahlen. Nur zuweilen warf Beaumont ein Wort ein von der schweren Schuldenlast, welche die Generalstaaten so drücke, daß sie sogar Geld aufnehmen müßten in fremden Ländern. Gustav Adolf wiederholte seine Bitten, bis Beaumont die Zusage gab sich mit seinem Gefährten zu besprechen. Er hoffe, sagte er, diese würden keine Schwierigkeit erheben das Verlangen des Königs den Generalstaaten vorzustellen. So oft die Gesandten ferner mit dem Könige zusammen kamen, begann er aufs neue von dieser Sache zu reden.

Es liegt hier die Frage nah, ob Gustav Adolf nicht durchschaut habe, daß hinter all den Worten, welche die Holländer von dem Zwecke ihrer Gesandtschaft machten, hinter all der kühlen Ruhe, mit welcher sie seinem Eifer zuhörten, sie doch im Grunde ganz denselben Plan verbargen, den er von ihnen wünschte. Sie sagten, daß sie der Friedensstiftung halber gekommen seien. Sie redeten von holländischen Schiffen, welche der König von Polen genommen, von der Störung des Handels in Folge des Kriegs zwischen Polen und Schweden, von der Nothwendigkeit denselben beizulegen. Der ganzen Sachlage nach erwartete Gustav Adolf mehr. Er erwartete ein Angebot. Dieß machten die Holländer nicht. Der Grund kann nur der gewesen sein, daß sie seine Forderung möglichst billig wollten. Der Eifer des Königs, durch den er ein solches Angebot hervorrufen wollte, bestärkte die Holländer in der Absicht damit zurückzuhalten. Dafür aber hielt nun auch seinerseits der König zurück. Wie die Holländer ihm kein Angebot für den deutschen Krieg machten: so verweigerte er die Zugeständnisse für den Frieden mit Polen. Die Holländer zeigten sich als Vermittler unermüdlich. Sie boten alles auf, um dem Schweden zunächst dort die Hände frei zu machen. Aber sie zeigten dem Schweden nur die Möglichkeit, und nicht die Gewißheit eines neuen Krieges. Krieg mußte und wollte er haben, es war ihm das Lebenselement, wie dem Fische das Wasser. Warum sollte er den Krieg aufgeben, den er einmal hatte, für die Möglichkeit eines neuen, ohne die Gewißheit? Darum standen die Forderungen der Schweden denen der Polen so schroff gegenüber, daß auch die biegsame aalglatte Gewandtheit der Holländer daran scheiterte. Hätten sie dem Schwedenkönige ein annehmliches Gebot für den Krieg in Deutschland gethan: so hätte er sicherlich seinem Lieblingsplane ein Opfer gebracht. Aber so wie die Sache lag, fühlte er sich dazu nicht geneigt. Beide Theile durchschauten einander; aber um nicht den Vortheil der Stellung zu verlieren, wollte keiner dem Anderen direkt entgegen kommen.

Am 27. September nahmen die Holländer Abschied von dem Könige von Schweden. Er widmete seinem Streite mit Polen nur wenige Worte, um dann sogleich seinen schweren Kummer auszusprechen über die Fortschritte des deutschen Kaisers, über den Nachtheil, der daraus für das gemeine Wesen erfolge, zumal wenn der Dänenkönig nicht bessere Ordnung in seine Angelegenheiten bringe. „Wir alle,“ sprach er zuletzt,[1] „ich, die Hochmögenden, und andere Fürsten müssen bei Zeiten darauf Acht haben und fernerem Unheile zuvorkommen. Der erste und hauptsächlichste von allen Gründen die eigene Sache wahrzunehmen ist die günstige Gelegenheit. Noch ist es Zeit.“ Abermals bat er die Gesandten im Haag dieß vorzustellen.

Die Willfährigkeit von beiden Seiten war offenbar vorhanden; aber das Uebermaß der Schlauheit von beiden Seiten verhinderte damals den Bund. In der nächsten Zeit errichtete Gustav Adolf selbst noch eine andere Schranke zwischen sich und den Hochmögenden. Er war arm und wollte doch kriegen. Er bedurfte Geld. Zugleich wollte er für künftige Plane die Stadt Danzig in seiner Gewalt haben. Um beides zugleich zu erreichen, erhob er zu Pillau im Lande seines Schwagers von den vorbeifahrenden Schiffen einen ungeheuren Zoll von dreißig Procent des Werthes der eingeladenen Güter.[2] Das war den Hochmögenden zu stark. Sie hatten dem Dänenkönige die Erhöhung des Sundzolles wegen seines Zweckes gegen den Kaiser verziehen; aber so weit ging ihre Nachgiebigkeit nicht. Ihr Verhältnis zu Gustav Adolf ward kälter. Erst seine späteren Erfolge knüpften es wieder an.

Gustav Adolf dagegen harrte, wie er es nannte, seiner günstigen Gelegenheit. Der Dänenkönig führte damals bei ihm schwere Klage über die Verbündeten, die ihn mit großen Verheißungen in diesen Krieg verwickelt hätten und nun schändlich stecken ließen.[3] Er müsse das Gott und den Menschen klagen, und hoffe nur, daß Gustav Adolf ihm freundlich bleiben und ihn nicht verlassen werde.

Die Klage des Dänen bei seinem Nachbarn bezweckte nicht eigentlich eine Klage, sondern die Sondirung des dortigen Terrains, dem nicht ganz mehr zu trauen war. Gustav Adolf schwankte damals, wo er seine Ansicht, daß die günstige Gelegenheit der zuverlässigste und beste Grund zum Kriege sei, zuerst in Anwendung bringen sollte, ob gegen den Kaiser, oder seinen Nachbarn von Dänemark. Wenn er nur seiner Neigung folgte: so war ein Krieg gegen den deutschen Kaiser vorzuziehen, und an günstiger Gelegenheit innerhalb dieses

---

[1] a. a. O. S. 333.
[2] Aitzema II. S. 494.
[3] Aitzema II. 342. 12. September 1627.

Reiches bei dem drohend emporwachsenden Ingrimm gegen Wallenstein fehlte es nicht. Aber noch war dem Schweden die Brücke nach Deutschland nicht geschlagen. Deshalb zog er zunächst die Gelegenheit gegen Dänemark vor. Dieses war ermattet, entkräftet, nur das Meer hinderte die völlige Eroberung des Landes durch die kaiserlichen Heere. Durch die Verbindung mit denselben glaubte Gustav Adolf einen Theil von der dänischen Beute mit erlangen zu können.

Das Anknüpfen mit Wallenstein war nicht schwer. Es dienten unter diesem mehrere Obersten, die früher bei Gustav Adolf gewesen waren, auch ferner mit ihm in gutem Verkehre blieben, und je nach den Umständen· nachher wieder mittelbar oder unmittelbar in seine Dienste traten. Der wichtigste unter ihnen war Hans Georg von Arnim, den man den lutherischen Kapuziner nannte. Wir haben diesen Mann, dem damals Wallenstein sein Vertrauen schenkte, kennen gelernt als das Werkzeug desselben gegen die unglücklichen Herzöge von Mecklenburg. Wir haben gesehen, wie Arnim gegen dieselben handelte. Wallenstein benutzte ihn auch ferner zu ähnlichen Planen, denen wir noch begegnen werden. Nicht jedoch an Arnim gelangten die ersten Anträge Gustav Adolfs, sondern an den Obersten Fahrensbach. Auch diesen haben wir nach seiner moralischen Qualification bereits kennen gelernt. Diese ersten Anträge Gustav Adolfs erfolgten schon 1626 nach der Schlacht bei Lutter.[1] Damals blieben sie unbeachtet. Im Herbste 1627, in denselben Tagen, als Christian IV. dem Schweden seine Klage über die Wortlosigkeit seiner Verbündeten aussprach, meldete Oxenstjerna dem Feldmarschall Arnim, daß Gustav Adolf Willens sei sich mit den Kaiserlichen gegen die Dänen zu vereinen. Für Wallenstein war der Antrag willkommen, und wäre es auch nur gewesen, um den Schweden von einer Vereinigung mit dem Dänen abzuhalten. Denn Wallenstein fürchtet den Schweden. Er warnt schon im März 1627 den Kaiser. „Wir dürfen den König von Polen auf keine Weise im Stiche lassen," sagt er;[2] „denn wir hätten nachher an dem Schweden einen viel ärgeren Feind, als an dem Türken." Der Plan Gustav Adolfs im Herbste 1627 war den Dänen von seiner Seite her anzugreifen, und die Theile Dänemarks, die an Schweden stoßen, sowie Norwegen für sich zu nehmen. Wallenstein zweifelte nicht daran, daß der Kaiser keine Schwierigkeit dagegen erheben werde.[3] In der That kam man so weit gegenseitige Bedingungen aufzustellen. Der Schwede bot seine Hülfe gegen den Dänen an, wenn er vor den Polen sicher sein könne, und wenn der Kaiser ihn denjenigen Theil von Dänemark behalten lasse, den er einnähme. Dagegen verlangte der Kaiser das Versprechen, daß Gustav Adolf, wenn der Kaiser ihm den Frieden mit Polen verschafft habe, denselben nicht benutzen wolle, um Dänemark zu helfen.

Wir sehen, was der Kaiser diesem neu sich anbietenden Freunde zutraute.

[1] Förster, Wallensteins Briefe I. S. 124.
[2] Chlumecky, Regesten u. s. w. 46.
[3] Förster a. a. O. S 143. Aretin, Bayerns auswärtige Verhältnisse. Beilage S 281. 13 Dezember.

Hatte er ein Recht dazu? War es dem Könige Gustav Adolf Ernst mit solchen Absichten gegen Dänemark, oder heuchelte er sie? — Er knüpfte zur selben Zeit Unterhandlungen mit dem Dänenkönige gegen den Kaiser an. [1]

Dennoch ist es schwer zu sagen, welchen von beiden Theilen der Schwedenkönig lieber betrogen hätte. Die Wahrscheinlichkeit spricht dafür, daß er nach beiden Seiten seiner Gelegenheit harrte. Und wie damals, im Herbste 1627, die Dinge lagen, war die günstige Gelegenheit eher mit Hülfe der Kaiserlichen zu finden, als mit den Dänen. Damit ist nicht gesagt, daß der Angriff auf den Dänen mit den Deutschen einen Verzicht auf die hauptsächlichen Plane des Schweden gegen Kaiser und Reich in sich schloß. Diese konnten verschoben werden. Wir möchten sogar glauben, daß Oxenstjerna, der Freund und Berather des Schweden im Jahre 1627 ernstlich gegen den Dänen gesprochen habe. Denn noch zwei Jahre später, als die bis dahin unbestimmten Entwürfe des Schwedenkönigs auf Deutschland eine festere Gestalt gewannen, hält Oxenstjerna ihm vor, daß er besser thue sich zum Herrn des Nordens zu machen. [2]

Auf der anderen Seite hatte Wallenstein zu der Ehrlichkeit des Schwedenkönigs, wenn nämlich auch bei der Aufrichtigkeit solcher Anträge von einer Ehrlichkeit überhaupt noch die Rede sein kann, auch nicht das leiseste Vertrauen. Die Häupter jener Zeit wußten mehr von einander, als man wohl glauben sollte. Im September 1627, eben damals als Oxenstjerna die schwedischen Anträge an Arnim gelangen ließ, bat Christian von Dänemark den Senat von Hamburg bei Wallenstein Fürsprecher zu sein wegen des Friedens. Wallenstein entgegnete damals vor der Zeit des mecklenburgischen Handels: der Däne habe nur sich selber die Schuld seines Unglückes zuzuschreiben. [3] Die Habgier Christians sei nicht bloß auf die norddeutschen Bisthümer gegangen, sondern habe auch das Herzogthum Braunschweig für sich erlangen wollen. Und doch habe Christian selbst oft genug die Gründe dargelegt, die gegen einen Krieg mit dem Kaiser sprächen; aber die Eifersucht gegen Schweden habe ihn nicht ruhen lassen, und darum habe er mit seinen Erbietungen in London und im Haag sich dem Schwedenkönige vorgedrängt. Nun habe er sein Unglück selbst zu tragen. Der pfälzische Rath Rusdorf brach bei der Kunde solcher Antwort in Erstaunen aus, wie Wallenstein das wissen, wie er über die Plane des Schweden etwas habe erfahren können. Woher Wallenstein davon etwas erfahren, vermögen wir nicht anzugeben; aber die eine Probe thut genugsam dar, daß es ihm völlig klar vorlag, was er von Gustav Adolf zu erwarten habe, daß es darum seine Pflicht war auf seiner Hut zu sein.

Wallenstein war es zu dieser Zeit, freilich auf eine Weise, die an Ehrenhaftigkeit sogar dem Benehmen des Schwedenkönigs nachstand. Er hatte den Gedanken einer kaiserlichen Kriegsflotte mit lebhaftem Eifer ergriffen. Obwohl

---

[1] Förster, Wallensteins Briefe I. 266.
[2] Geijer III. 154.
[3] Rusdorf, Epistolae p. 87.

er das wesentliche Erforderniß, daß eine Kriegsflotte mit einer Handelsflotte in inniger Beziehung stehen muß, um seines Privatvortheiles willen preis gab: so glaubte er doch, wie vor ihm und nach ihm mehr als einmal unumschränkte Herrscher durch ihr Machtgebot es gethan, daß auch er in gleicher Weise eine Kriegsflotte schaffend hervorzaubern könne aus dem Nichts. Indessen verfolgte er auch andere Wege, als die des Aufbauens. Um für sich eine Kriegsflotte zu erhalten und sie lebensfähig zu machen, dachte er sich den Plan aus die entgegenstehenden, die etwa feindlichen nicht durch einen offenen Angriff zu vernichten, sondern durch heimlich angelegtes Feuer. Nicht bloß die dänischen Schiffe sollten dieß Geschick erleiden, auch die schwedischen bestimmte er zu gleichem Untergange. Die leisen Gewissensbedenken dabei legte er sich bald zurecht. Indem er dem Arnim seine Bereitwilligkeit zu dem angetragenen Bündnisse mit Schweden ausspricht, erneuert er seinen Befehl einen Brandstifter für die schwedische Flotte ohne Zeitverlust zu gewinnen. [1] „Denn," sagt er, „bis jetzt ist das Bündniß nicht gemacht, und Jedermann weiß, daß der Schwede die Leute gern bei der Nase führt. Wenn er nur sich vertheidigen will: so bedarf er keiner Schiffe. Mithin müssen sie brennen. Will er aber zu uns, so sollen sie ihm auch verbrannt werden. Um das auszurichten, ist kein Geld zu sparen." Als Oxenstjerna in seinen Anerbietungen näher trat, stieg einmal in Wallenstein der Gedanke auf: es sei doch besser mit dem Anzünden der schwedischen Schiffe noch zurückzuhalten. [2] Es ist nur die Regung eines einzigen Tages. Jeder folgende Brief bringt den erneuten Befehl, daß die Schiffe brennen müssen, mit der steten Hinweisung, daß auf Treue und Glauben des Schwedenkönigs auch nicht das Geringste zu bauen sei. Wir glauben annehmen zu dürfen, daß das Vertrauen des Schwedenkönigs zu Wallenstein auch nicht um ein Haarbreit größer war, als dasjenige Wallensteins zu dem Schweden. Das Recht dazu war auf beiden Seiten unverkennbar nicht sehr verschieden.

Zwölfter Abschnitt.

Daß Deutschland vor einem Einbruche des Schwedenkönigs auch nicht einen Augenblick sicher sei, sobald Gustav Adolf seinen Vortheil dabei ersähe, war Wallensteins feste Ueberzeugung auch zur selben Zeit, als Gustav Adolf ein Bündniß antragen ließ. Wallenstein ist unermüdlich in Warnungen an Arnim vor diesem gefährlichen Nachbar, auf dessen Treue und Glauben man sich eben so wenig verlassen könne, wie auf diejenige seines Schwagers Bethlen Gabor.

[1] Förster, Wallensteins Briefe I. 125.
[2] a. a. O. S. 144 vom 21 November 1627.

„Ich meine," [1] meldet Wallenstein an Arnim, „wenn der Schwede anseßen wird, so thut er es am frischen Haff, um von da aus an der Oder herauf zu gehen." Er beauftragt Arnim mit dem Herzoge von Pommern in steter Correspondenz über den Schweden zu bleiben. Er scheint also gedacht zu haben, daß Gustav Adolf in Deutschland landen würde, ohne sich vorher einen festen Stüßpunkt gesichert zu haben. So dachte Gustav Adolf nicht. Seine Seele brannte vor Begier nach dem Kriege in Deutschland; aber wie im Jahre 1625 seine erste Forderung an seine Verbündeten in England und Holland diejenige eines oder zweier Häfen gewesen war: so war diese seine Ansicht auch 1628 ganz dieselbe. Im Beginne des Jahres 1628 erlangte er von einem dazu besonders aus-gewählten Ausschusse der schwedischen Stände einen Beschluß, [2] daß sie in Er-wägung der Gefahr, welche von dem Kaiser und der papistischen Liga drohe, für die gerechte Sache weder Leben noch Gut schonen wolle. In dieser Beziehung also durfte der König etwas wagen.

In Wallensteins Kopfe dagegen durchkreuzten sich damals, wie es schien, gar seltsame Gedanken. Er versicherte seinem Vertrauten Arnim einmal über das andere, daß es sein Lieblingswunsch sei die Waffen gegen den Erbfeind der Christenheit zu tragen. Er fürchtet nur, daß ihm inzwischen der Schwede ein Bubenstück anfange, wie er sagt. War dieser Wunsch aufrichtig gemeint oder nicht? Wir sind bei Wallenstein in stetem Zweifel, selbst wenn er Briefe an seine Vertraute schreibt. Denn das Bramarbasiren und Hochfahren ist Wallen-steins eigenste Natur. Selbst diesem Arnim gegenüber, der ihn und seine ge-heimen Anschläge hinreichend kennt, begeht er die närrische Albernheit einen Brief vom 30. October aus Elmshorn, drei Briefe vom 2. November aus Frankfurt, und wiederum einen Brief vom 3. November aus Elmshorn zu datiren, als wenn er über Nacht mit einem Zauberstabe nach Frankfurt und wieder nach Elmshorn geflogen sei. [3] Man darf den Zauberglauben jener Zeit immerhin sehr hoch anschlagen. Aber man schlage ihn so hoch an, wie man will: eine solche Zumuthung an den Glauben des Arnim übersteigt alles Maß. Auf der anderen Seite weiß man, wie gerade der Verdacht der Zauberei da-mals der entsetzlichste, der ungeheuerlichste war, ein Verdacht, der für den niedrig stehenden Menschen der bürgerlichen Gesellschaft unvermeidlich die end-losen Qualen der Folter nach Willkür des Richters und schmählichen Feuertod nach sich zog. Wallenstein vermeidet nicht diesen Verdacht. Er ruft ihn bei Arnim hervor, oder bemüht sich wenigstens ihn hervorzurufen. Und das nur, um desto abenteuerlicher, desto geheimnisvoller, desto gewaltiger zu erscheinen! Es ist ein merkwürdiges Bestreben, um so merkwürdiger, da zur Erklärung des Benehmens von Wallenstein die gewöhnlichen Leidenschaften des Söldners: Hab-gier und Prahlsucht, durchweg ausreichend sind.

---

[1] Förster, Wallensteins Briefe I. 114. vom 9. October 1627.
[2] Geijer III. 150.
[3] Förster, Wallensteins Briefe I. S. 122 ff. Man vergl. die Anmerkung des Herrn Förster Seite 126.

Wallensteins Worte vom Kriege gegen die Türken verdienen deshalb kein besonderes Gewicht, weil so oft er sie auch wiederholt, es immer nur Worte bleiben, für die er in der Sache selbst nichts thut. Der Kaiser selbst nennt sie Soldatenreden.[1] Und doch hatten sie wieder ihre Bedeutung. Wenn auch der Kaiser sie also bezeichnete: so wußte man doch sehr wohl, wie dem Kaiser ein solcher Gedanke des Ringens gegen den Erbfeind der Christenheit ganz aus der Seele gesprochen war, wie deshalb auf der anderen Seite diese Worte dienen konnten zur Beschönigung der maßlosen Werbungen.

In Wahrheit lagen für Wallenstein andere Dinge näher. Da war es zunächst die Sicherung seines neuen Besitzthumes Mecklenburg! Dann war es die neu zu schaffende Kriegsflotte, mit welcher er den Dänen auf den Inseln heimsuchen wollte. Der spanische König, in der Meinung, daß die Plane mit der Hansa in bestem Gange seien, hatte eben damals 200,000 Kronen geschickt, für welche 25 Schiffe ausgerüstet werden sollten.[2] Wallenstein ließ ferner dazu von den Städten beträchtliche Contributionen erheben.[3] Rostock und Wismar zahlten gutwillig, ohne doch dadurch von der Einquartierung sich retten zu können. Wallenstein weilte in Böhmen; aber sein Arm war lang. Er griff durch sein gefügiges Werkzeug Arnim, der damals 18,000 Thlr.[4] Monatssold erhielt nicht auf Kosten Wallensteins oder des Kaisers, sondern der unglücklichen Länder, mit metallener Hand in alle Verhältnisse ein. Die Erwerbsthätigkeit der Ostseeländer bestand in der Getreideausfuhr, welche die Städte vermittelten. Wallenstein gebot alle Vorräthe in den Städten mit Beschlag zu belegen,[5] weil das kaiserliche Heer sie gebrauchen müsse. Rostock und Wismar waren besetzt. Aber große Städte sind ohne Citadellen nichts werth, sagte Wallenstein. Es muß ihnen ein Zaum ins Maul gelegt werden. Deshalb soll Arnim im No-vember anfangen Citadellen dort zu bauen, und zwar ohne daß die Bürger es merken. Wie er das anzufangen habe, werde Arnim wissen. Es ist die Frage, ob Wallenstein selbst es wußte. Eine Erwägung, ob auch andere Menschen Rechte haben, steigt bei Wallenstein nicht auf. Er läßt den Städten befehlen, daß sie Schiffe ausrüsten. Arnim soll alle Schiffe anhalten.[6] Der eine Theil soll bewaffnet werden, der andere soll zur Ueberfahrt dienen. Es sind in Pommern 28 Seehäfen. Zwar ist die Zahl groß; doch müssen sie alle befestigt werden. Kein Ort, an welchem etwas gelegen, darf unbefestigt gelassen werden. In also hochtönenden, stelzenhaften Befehlen fuhr Wallenstein daher. Von den-selben führte Arnim aus, was ihm beliebte. Wie viel dessen war, wird sich uns zeigen.

---

[1] Hurter, Wallenstein S. 154.
[2] Förster, Wallensteins Briefe I. 269.
[3] a. a. O. 129.
[4] a. a. O. 173. Nr. 106   So unglaublich die Summe ist, steht sie doch zwei-mal da.
[5] a. a. O 139.
[6] a. a. O. 129.

In Angst und Schrecken vor dem furchtbaren Manne schmiegten sich zitternd
die Städte unter seine eiserne Hand. Nur eine der pommerschen Städte machte
Schwierigkeiten. Stralsund vertraute auf seine feste Lage, um sich wenn nicht
gegen Contribution, doch gegen die Einnahme einer Wallensteinischen Besatzung
zu schützen. „Ich vernehme," meldete der Feldherr von seinen Schlössern in
Böhmen am 2. December 1627,[1] „daß die Stralsunder anfangen ihre Stadt
zu befestigen. Das muß man ihnen auf alle Weise einstellen." Arnim war
dazu bereit. Wußte dieser Mann, der aus der Ferne gebietend solche Befehle
gab, was er hier unternahm? Freilich er hatte noch niemals erfolgreichen
Widerstand gefunden, weder bei Feind, noch bei Freund. Er war ein Schoß-
kind des Glückes. Der einzige namhafte Sieg, den er während seines Feldherrnamtes errungen, der Sieg über Mansfeld an der Dessauer Brücke, war ihm
zugefallen wie ein Geschenk des Himmels. Seitdem hatte Wallenstein nichts
Erhebliches ausgerichtet, als daß er die Früchte der Mühen Tillys gepflückt.
Das war ihm in hohem Maße gelungen, und dabei war nach der Natur menschlicher Dinge unvermeidlich das Verhältnis eingetreten, daß er und Andere mit
ihm die Gunst der Umstände für eigenes Verdienst ansahen. Er hatte den siegreichen Feldherrn, der eine Reihe von Jahren herdurch als das Schwert des
Reiches den deutschen Boden geschützt nach innen und nach außen, bei Seite
gedrängt, in einen Winkel geschoben. Die Ehre, die dem bescheidenen stillen
Manne gebührte, umfloß am Hofe des Kaisers den lauten, den hochtrabenden,
der von seinen Thaten redete und reden ließ, ehe er sie gethan. Das alles
war gelungen. Wallenstein schien nur wollen zu dürfen. Er wußte, mit welchem
Ingrimme alle Kurfürsten und Fürsten des Reiches auf ihn blickten. Aber er
wußte auch, wie dennoch keiner von ihnen den Muth hatte seinen Truppen den
Eintritt in das eigene Land zu versagen, zumal da er seinerseits so klug war
bei dem Einzigen, der es nicht geduldet haben würde, bei Max von Bayern
den Versuch nicht zu machen. Als der Herzog von Pommern im Herbste 1627
die schüchternen Einwendungen erhob, weil Wallenstein, um Mecklenburg zu
entlasten, ein Regiment über das andere nach Pommern schickte, brauste der
Gewaltherrscher auf: noch habe ihm kein Kurfürst den Paß verweigert.[2] Wir
haben seinen Befehl vernommen, daß Arnim sich an Einwendungen nicht zu
kehren habe. Zu dem Allen kam das kaiserliche Ansehen. Die ganze Umgebung
des Kaisers, die Mehrheit der Räthe, denen das Ohr des Kaisers offen stand,
waren in seinem Dienste und Solde. Die Genehmigung des Kaisers, der von
Wallensteins Creaturen umlagert, diesen Mann nicht entbehren zu können
meinte, drückte, ob willig oder unwillig auf die Gewaltschritte des Feldherrn
das Siegel des Oberhauptes im Reiche. Eben noch hatte Wallenstein ein Reichsfürstenthum an sich gebracht. Er konnte in seinem Sinne sagen, daß er die
Krone von Dänemark nicht gewollt. Wie sollte in einem solchen Manne der

---

[1] a. a. O. 161.
[2] Förster, Wallensteins Briefe I. 145.

Gedanke aufsteigen, daß eine verhältnismäßig kleine Stadt ihm nachhaltigen, geschweige denn erfolgreichen Widerstand bieten dürfe?

Auch lagen in mancher Beziehung die Aussichten für Stralsund nicht günstig. Die Stimmung des Herzogs Bogislav und der Landstände gegen die auch damals noch blühende Hansestadt, die gern ihre Privilegien im Munde führte, war nicht eine besonders freundliche.[1] Bogislav hatte wohl einmal herausgestoßen: der Teufel hole ihre Privilegien. Er hatte mit Arnim den Vertrag von Franzburg abgeschlossen. Gemäß demselben sollten nur die Städte Stettin, Cöslin, Wolgast, nicht Stralsund von Einquartierung befreit sein. Dennoch weigerte sich auf dem Landtage auch Stralsund.[2] Es fielen harte Worte. Stralsund sei nicht so frei, hieß es, wie es wohl glaube. Die Stadt würde bald befinden, wie es ihr ergehe. Man werde ihr bald eine Brille auf die Nase setzen. Dennoch versprach Bogislav sich für die Stadt gegen die Forderung der Einnahme einer Besatzung zu verwenden. Aber es ist klar, daß die Stadt von Anfang an in einem etwaigen Widerstande gegen Wallenstein auf die Hülfe des Herzogs und des Landes nicht rechnen konnte.

Der Rath von Stralsund täuschte sich nicht über diese Lage. Der Gedanke eines bewaffneten Widerstandes war nicht der ursprüngliche.[3] Alle gedruckten und geschriebenen Nachrichten thun unzweifelhaft dar, daß die Bürgermeister, die Glieder des Rathes und die angesehensten Bürger sich nur mit dem Gedanken beschäftigen in gütlicher Weise durch eine Uebereinkunft, durch Zahlung einer Geldsumme sich mit dem kaiserlichen Feldherrn abzufinden. Der gemeine Mann hier wie überall durch das dänische Vorgeben getäuscht: der Krieg betreffe die Religion, fordert tapfere Vertheidigung, Aufsetzen von Gut und Blut. Deshalb zielen fast alle Vorträge im Rathe dahin der Bürgerschaft die Gefahr des Widerstandes vorzustellen, sie zu einer gütlichen Einigung zu bewegen. Es ist die Frage, ob eine solche Uebereinkunft von Seiten Wallensteins und Arnims möglich war.

Wallenstein betrieb damals mit Nachdruck seine Seeplane. Für dieselben war die Stadt Stralsund von hoher Wichtigkeit. Sie war ihm, namentlich nachdem er von dem Kaiser die Abberufung Schwarzenbergs ertrotzt, und dadurch auf die spanischen Plane einer Vereinigung der kaiserlichen Macht mit der hanseatischen verzichtet hatte, geradezu unentbehrlich. Wallenstein mußte für seine Plane Stralsund haben, eine Besatzung hinein legen, um sich der Stadt zu versichern. Also lauten seine Befehle, seine Instructionen an Arnim. Wallenstein wollte Besatzung in der Stadt und dann einige Tonnen Goldes dazu. Dieser Instruction gemäß mußte Arnim handeln. Abkaufen lassen durfte er sich nicht.[4]

[1] Neubur, Geschichte des dreißigjährigen Krieges (d. h. der Stadt Stralsund in demselben) S. 19.
[2] a. a. O. S. 26.
[3] a. a. O. S. 28.
[4] a. a. O. S. 47.

Dieß wußte selbstverständlich zu Anfang nicht der Rath von Stralsund und deshalb suchte er Unterhandlungen anzuknüpfen. [1] Indem Arnim sich auf dieselben einließ, war seine Absicht eine doppelte: einestheils die Stadt über seine wahren Plane gemäß den erhaltenen Befehlen zu täuschen, anderntheils im Voraus von ihr so viel Geld wie möglich zu erhalten, ohne dafür seinerseits an etwas gebunden sein zu wollen. Er forderte 150,000 Thlr. und zwar sofort: dann werde er alles dem Herrn General im Besten referiren. [2]

Man hat diesen Arnim häufig einen klugen, listigen Mann genannt. Die Absicht der listigen Umgarnung hatte er unzweifelhaft. Allein er war gar zu listig. Von Anfang an häufte er bei dieser Sache so viele Zweideutigkeiten und Winkelzüge, [3] daß selbst auch Bogislav ihm mit der kaiserlichen Ungnade drohte. Der Rath von Stralsund ward zur Bedenklichkeit, zum Mistrauen gezwungen. Arnim verlangte am 3. December den Durchzug von 1000 Kürassieren durch die Stadt nach Rügen. Er versprach sie in kleinen Abtheilungen von je 50 geben zu lassen. Er betheuerte bei Cavaliersparole die Sicherheit der Stadt. Es half nicht: der Rath traute ihm nicht. Dennoch wollte der Rath gern gütlich von der Sache loskommen. Die Abgeordneten hatten den Auftrag dem Arnim bis 80,000 Thlr. zu bieten. Als es zum Abschluß kommen sollte, war er krank, sein Schreiber verreist.

In der Stadt dagegen schwoll im December und Januar 1628 die Stimmung zum Widerstande. Man nahm Söldner an bis zu 300, die aus dänischem Dienste herüber liefen. Man arbeitete eifrig an den Wällen, den Gräben, warf neue Befestigungen auf.

Arnim stimmte seine Forderungen herunter. Am 23. Januar erschien in seinem Namen der Oberst Sparre in der Stadt. Er forderte Entlassung der Soldaten, Einstellung der Festungsarbeiten, und ferner „weil Kaiserliche Majestät Geldes benöthigt sei," auf den folgenden Tag 60,000 Thlr., dazu ein langes Verzeichnis von Gold= und Silberzeug für Arnim. Sparre drohte mit des Kaisers Ungnade. Der Unmuth der Bürger wurde laut. Sie verlangten das kaiserliche Mandat zu sehen, welches den Arnim ermächtige 60,000 Thlr. von der Stadt zu fordern. Der Rath hatte schon früher einmal sich bereit erklärt die Hälfte zu zahlen. [4] So viel wollte er auch dießmal geben. Nicht also die Bürgerschaft. Sie würde dieß nur bewilligen, erklärte sie, wenn sie dafür sicher gestellt würde gegen alle Anforderung jeglicher Art. Der Oberst Sparre kehrte fruchtlos zurück.

Die Gier Arnims stieg und verblendete ihn noch mehr. Er eröffnete der Stadt geradezu, daß seine Befehle von Wallenstein auf Besatzung in der Stadt lauteten, daß er aus guter Neigung gegen die Stadt durch die Geldforderung

[1] a. a. O. S. 25.
[2] Förster, Wallensteins Briefe I. 201.
[3] Neubur S. 30.
[4] Neubur S. 47.

seine Befehle bereits überschritten habe. [1] Darum habe er Willfährigkeit, Erfüllung der bereits geleisteten Zusage erwartet, statt des Trotzes. Dennoch solle auch so noch dieser bewiesene Trotz der Stadt nicht nachtheilig sein,
wenn sie nur dem Kaiser sich zur Schuldigkeit erbiete und sofort bezahle. Dann
fügt er die merkwürdigen Worte hinzu, daß die Noth ihn dränge einige neue
Schanzen zu verfertigen. Dieß Schreiben war datirt vom 4. Februar. Es
ward überreicht von einem Officier, der die 30,000 Thlr. in Empfang nehmen solle.

Es war ein merkwürdiges Schreiben, abermals voll Unwahrheit. Die
Stadt hatte nicht eine Zusage geleistet, deren Erfüllung Arnim beanspruchen
durfte. Der Kaiser wußte nichts von diesen Forderungen Arnims. Und während der Rath diese seltsamen Behauptungen erwog, während er nachdachte über
die Befehle Wallensteins zur Besetzung der Stadt, die einzige Wahrheit, welche
in dem Schreiben stand, während er das dunkele Wort von den neuen Schanzen
zu enträthseln suchte, lief die wichtige, die bedeutungsvolle Nachricht ein, daß
Arnim in derselben Stunde den Dänholm besetzt habe. Es war die Insel vor
dem Hafen, welche die Einfahrt in denselben beherrschte, deren Besitz, wenn sie
befestigt wurde, den Handel und die Schifffahrt und weiter die Stadt selbst in
Arnims Hände gab. Das also war die nothwendige Anlegung neuer Schanzen?
Ob der treulose Mann die Folgen seines Schrittes erwog? Er warf durch denselben der Stadt den Fehdehandschuh hin. Sie nahm ihn auf.

Wie gewann der deutsche Krieg durch diesen treulos verwegenen Schritt
des geldgierigen Arnim einen seltsamen Charakter! Bis dahin hatten sich an
dem Kriege nur solche deutsche Städte betheiligt, oder vielmehr nur solche waren
in denselben hinein gerissen worden, welche halb gezwungen, halb freiwillig
reichsfeindliche Besatzungen in sich aufgenommen. Die Bürger hatten hier und
da in solchem Falle mitgekämpft, um das Unheil der Plünderung oder der Zerstörung von ihrem Haupte abzuwenden. Wo eine Stadt nicht eine solche dem
Kaiser und dem Reiche feindliche Besatzung hatte, da war namentlich Tilly friedlich und freundlich an ihr vorübergezogen, nur daß er etwa um Brod bat für
seine Soldaten. Wie anders war hier die Sache in Stralsund! Die Stadt lag
in einem Kreise des Reiches, der mit dem Kriege nichts zu schaffen hatte. Sie
war einem Fürsten unterthan, der seinen Stolz darein setzte gut kaiserlich zu
sein, der sich an einem Schreiben des Kaisers so sehr erfreute, nur deshalb
weil es eigenhändig vom Kaiser, von der höchsten Obrigkeit des Reiches kam,
daß er es eben darum seinen Landständen vorlesen ließ. [2] Die Stadt selbst
war ihrem Kaiser ergeben, dachte nicht an Abfall von ihm, hatte mit den
Reichsfeinden nichts zu schaffen. Schon 1625 hatte Gustav Adolf der Stadt
sagen lassen: wenn sie in Noth käme, so sei er zu ihrer Hülfe bereit. Am
8. Februar 1628 erneuerte er sein Erbieten. [3] Der Rath von Stralsund

---

[1] a. a. O.
[2] Hurter, Ferdinand. Band IX. 603.
[3] Geijer III. 144.

beachtete es nicht. Er war deutsch gesinnt, seinem Kaiser getreu. Und der Feldherr dieses selben Kaisers, dem die Stadt getreu war, überzog sie nun, drohte ihr, griff sie feindlich an. Was denn hatte sie verbrochen? Ihr Verbrechen bestand darin dem Machtgebote dieses Mannes ungehorsam zu sein, die Ordnung ihres Bürgerwesens, den Frieden ihrer Häuser, die Ruhe ihrer Familien seinen Söldnerbanden nicht preis geben zu wollen. Ihr Verbrechen bestand ferner darin der Habgier und Erpressung der Söldnerführer nicht wehrlos sich fügen zu wollen.

Eine Gefahr für ihr kirchliches Bekenntniß trieb nicht die Stralsunder zu den Waffen. Von einer Forderung dieser Art war nicht die Rede. Wallenstein selbst sagte am kaiserlichen Hofe: sein Heer müsse der Mehrzahl oder der Hälfte nach aus Lutheranern bestehen, damit nicht ein Verdacht sich erhebe, der Kaiser wolle gewaltsam die katholische Religion wieder einführen. Also war in Wahrheit der Bestand, und der Bedränger selbst, der Oberst und nachherige Feldmarschall Arnim war ein Lutheraner. Wallenstein und seine buntscheckig aus allen Ländern zusammengewürfelten Obersten kümmerten sich nicht um das Bekenntniß der unglücklichen Deutschen, welche von ihnen ausgepreßt wurden, sondern lediglich um den Geldbeutel derselben. Mochten auch in Stralsund, wie anderswo, die niederen Classen sich bethören lassen durch die Lüge des Religionskrieges, mit welcher fremde Könige die Deutschen hetzten zur Rebellion gegen die Einheit und das Oberhaupt des Reiches und der Nation: die Einsichtigeren dort wußten, was es damit auf sich habe. Mecklenburg lag ja ihnen nahe genug. Sie konnten dort selber ersehen und sich überzeugen, daß Wallenstein nichts begehre als die Einkünfte des reichen Landes.

Mit der Besetzung des Dänholms begannen die offenen Feindseligkeiten. Obwohl noch der Rath von Stralsund die Unterhandlungen fortsetzte, wollten die Bürger die Soldaten dort nicht dulden. Sie eröffneten den Angriff. Ihre Schiffe umschwärmten die Insel, und ihr unaufhörliches Feuer ließ den Soldaten keine Ruhe.

Die Sache ward bedrohlich für das ganze Land. Die Ritterschaft bot ihre Vermittelung an. Man suchte Arnim auf und zwar nicht ohne Geschenke,[1] während die Schiffer mit oder wider Willen des Rathes die Feindseligkeiten gegen die Mannschaft auf dem Dänholm fortsetzten. Der Bürgermeister Steinwig stellte als seine erste und hauptsächlichste Forderung voran: die Räumung des Dänholms. Aber Arnims militärische Ehre lag dort verpfändet. Er hatte einmal die Thorheit begangen diese Insel zu besetzen, ohne zur Zeit noch gewichtigen Nachdruck durch Verstärkung, durch Ueberbringung von Geschützen dahin geben zu können. Er konnte gutwillig ohne Schande nicht von da zurück, und wiederum hielten die Stralsunder sorgfältige Wacht, daß dieser Anfang nicht weiter gedieh. Um sich mit einem Scheine des Rechtes zu umhüllen, sagte Arnim, der Rath habe es vorher gewußt, und berief sich dafür auf den Brief,

[1] Neubur a. a. O. S. 51.

in welchem er am selben Tage der Besetzung von der Anlage neuer Schanzen geredet.

Diese Tücke lag offen vor Augen. Dennoch war auch dem Rathe der Stadt sorglich und bange zu Muthe. Es waren gährende Elemente in der Stadt und drängten vorwärts. Der Rath war nicht sicher vor einer wilden Pöbelherrschaft. Wohl oder übel, der Rath mußte vorantreten, um das Steuerruder in Händen zu behalten. Vier Tage nach der Besetzung des Dänholms, am 8. Februar, trat der Wortführer der Bürger vor den Rath.[1] Es sei allerlei Mistrauen zwischen dem Rathe und den Bürgern, sagte er, und die Sache lasse sich gefährlicher an von Tag zu Tage. Darum verlangt die Bürgerschaft des Rathes endlichen Entschluß, ob derselbe anders als in der höchsten Noth und insonderheit, ehe man mit Gewalt dazu gezwungen sei, sich zur Einnahme einer Besatzung verstehen würde. Die Bürger verlangen diese Antwort, damit sie sich danach zu richten wissen.

Der Rath entgegnete offen und entschieden, wie er gefragt war. Er werde nie die Einquartierung gestatten, noch weniger sie in der Güte bewilligen. Im Falle der Gewalt gegen die Stadt wolle man Gott um Hülfe anrufen und sich thätlich so bezeigen, wie es recht und billig sei. Nur mögen die Bürger sich mäßigen und dem Rathe vertrauen. Rede Jemand anders, den wolle man für einen Schelm und Verräther halten.

Eine solche Erklärung schien die geringere Bürgerschaft befriedigen zu müssen. In Wahrheit jedoch stand darum die Sache nicht besser. Die Schiffer und viele andere geringere Bürger neckten und reizten die kaiserlichen Truppen. Indem die Abgeordneten des Herzogs Bogislav den Frieden zu vermitteln suchten,[2] riefen sie warnend und mahnend der Stadt zu: Gott habe über seine Ordnung gehalten und den kaiserlichen Truppen allenthalben Sieg gegeben. Der Rath war im Grunde ganz derselben Ansicht: er hieß die Anträge einiger Mitglieder der Ritterschaft zur Ausgleichung willkommen. Der Vertrag ward am $^{11}/_{21}$ Februar zu Greifswalde abgeschlossen. Die Stadt versprach erst 30,000 Thlr., hernach noch 50,000 zu zahlen, und zwei Kanonen auszuliefern, die Arnim in der Stadt gekauft hatte. Die Besatzung auf dem Dänholm solle verbleiben bis auf Wallensteins Befehl. Es war der thunlichste Ausweg Arnims militärische Ehre zu retten. Der Rath selber wandte sich an Wallenstein am $^{13}/_{23}$ Februar, berichtete die Lage der Dinge, bat den General sich mit 80,000 Thlrn. zu begnügen und dafür von aller Besatzung abzustehen.[3]

Damit schien die Sache beendet. Sie war es nicht. Als die Kanonen ausgeliefert werden sollten, widersetzte sich das Volk, schlug auf die Bedeckung derselben ein, warf die Geschütze in den Koth. Es war die allgemeine Meinung, daß der Pöbel von Stralsund dadurch den Vertrag gebrochen, daß er

[1] a. a. D. S. 56.
[2] Neubur S. 209. Actenstück 22
[3] Neubur S. 212.

an allem weiteren Unheile schuld sei. Also gab es der Rath selber der Bürgerschaft zu erkennen. „Männiglich hält dafür," sagt er,[1] „daß wir in Verweigerung der Stücke Ursache gegeben." Er mahnte ab von Schmähreden gegen die kaiserlichen Officiere und drohte mit Strafen. „Denn es ist der Kaiser das ordentliche Oberhaupt der Christenheit, und von Gottes und Rechtswegen unsere Obrigkeit."[2] Heftiger redete der Herzog Bogislav:[3] „Bei den Geschützen hat man verspüret, daß Senatus des Pöbels nicht mächtig ist. Gegen Herrn Omnes ist der Verdacht der Rebellion und nicht gegen den Rath und andere ehrliche Leute. Der Pöbel sieht nicht auf die Freiheit des Vaterlandes, sondern nur wie er rauben kann."

Allein nur einen Augenblick hatte der Pöbel die Oberhand gehabt. Der Rath versammelte die Bürger nach den vier Kirchspielen der Stadt, ein jedes in seiner Kirche. Sie genehmigten sämmtlich die Erfüllung des Vertrages, die Ablieferung der Stücke. Aber sie verlangten zugleich nachdrückliche Maßregeln zur Vertheidigung der Stadt.

Wallenstein mochte glauben, daß Arnim mit der Stadt schon viel weiter sei. Am 6. Februar gebot er von Böhmen aus dem Arnim: wenn es irgend möglich sei: so solle er schleunigst eine Besatzung in Stralsund einbringen. Arnim kam mit anderen Berichten. Wallenstein schalt und drohte gegen die Rebellen. Schon dämmert in ihm eine Ahnung, daß die Sache dort mehr auf sich haben, andere Dinge nach sich ziehen könne. Die schlimmen Kerle, meint er, können Ursache geben, daß kein Friede erfolgt. Allerdings konnten sie das, wenn auch auf eine andere Weise, als sich der hochfahrende Wallenstein damals träumen ließ. Ohne zu fragen, ob gütliche Mittel zum Ziele führen können, ohne ein Wort des Tadels für Arnims unverantwortliches Benehmen, gebietet Wallenstein am $^{17}/_{27}$ Februar die Anwendung der äußersten Mittel. Arnim soll Stralsund mit Ernst angreifen und nicht eher wegziehen, bis die Stadt eine starke Besatzung eingenommen. „Denn ich will es nicht dazu kommen lassen," setzt er hinzu,[4] „daß sie etwas wider uns erhalten und dadurch sie und Andere ihres Gleichen ein Herz fassen und Ungebührlichkeiten anfangen." Also auch nicht einmal die wichtige Sache, um deren willen allein Wallenstein einigen Grund haben konnte zum Nutzen des Kaisers und des Reiches sich der Stadt Stralsund auch gegen ihren Willen zu bemächtigen, nicht die Errichtung einer kaiserlichen Kriegsflotte stellt er seinem Diener Arnim gegenüber als Grund seines Befehles voran, sondern das imperatorische: „Ich will nicht, daß es Jemandem gelinge sich mir zu widersetzen." In dem Befehle spiegelt sich Wallensteins ganze Anschauung wieder. Das: Ich will, oder Ich will nicht, ist der alleinige Maßstab, nach welchem sein Handeln und Lassen sich bestimmt.

[1] Neubur S. 215.
[2] Zober, Stralsund S. 58. Die Schrift hat weniges, was nicht auch bei Neubur.
[3] Neubur S. 69.
[4] Förster, Wallensteins Briefe I. 308. Nr. 163. Aehnlich an Collalto bei Chlumecky, Regesten S. 69. Nr. CXXIII.

Deshalb soll Arnim Ernst anwenden und auf alle Weise — auch diese Vollmacht ist von Gewicht — sich der Stadt bemächtigen. Wenn er sie durch Vertrag erhält, so müssen sie einige Tonnen Goldes für das Heer zahlen.

Der Besitz von Stralsund war von großer Wichtigkeit für Wallenstein. Aber sein Verfahren die Stadt zu erlangen, gleicht demjenigen eines Knaben, der im Uebermaße seines Zornes mit Knüppeln nach Vögeln schlägt. Nachdem er an Arnim solche Befehle gegeben, erscheint nicht mehr Arnim, sondern Wallenstein selbst der Nachwelt verantwortlich für das folgende Unrecht. Das Unheil, das aus diesem seinem Unrechte entspringen konnte für das ganze Reich, für den Kaiser insbesondere, sah Wallenstein wohl voraus. Er selbst hatte vorher schon an Arnim gemeldet: man müsse mit Gewalt gegen die Stadt verfahren, damit sie nicht feindliche Hülfe herbeiziehe. Umgekehrt lag die Sache. Eben weil die Gefahr einer feindlichen Hülfe so nahe lag, hätte man sich hüten sollen ohne Fug und Grund gegen eine kaiserlich gesinnte, dem Reiche getreue Stadt Gewalt anzuwenden.

Mit schwerem Herzen sah der Herzog Bogislav die Lage der Dinge.[1] Es erschien ihm als das einzige Mittel, daß der Rath und die Bürger von Stralsund ihre geworbenen Soldaten ihm selber schwören ließen. Er versicherte, daß er damit nichts bezwecke als das Beste des Kaisers und des Reiches, seines eigenen Landes und die Sicherheit der Stadt Stralsund. Seine Commissarien hielten dem Rathe vor, daß es Wallensteins feste Absicht sei Besatzung in Stralsund zu legen, daß er nur unter der Bedingung davon abstehe, wenn die Stadt das geworbene Volk dem Herzoge selber schwören lasse. Darauf stützten die Commissarien ihre Forderung. Allein eben diese Bedingung erweckte das Mißtrauen. Wenn es danach, wie es schien, Wallenstein einerlei war, ob seine eigenen Truppen die Stadt besetzten, oder ob die Söldner dem Herzoge schwuren: so schien das letztere als eine Vorstufe zum ersteren betrachtet werden zu müssen. Und auf jeden Fall, auch wenn dieß nicht geschah, drohte auch eine herzogliche Besatzung Gefahr für die Privilegien der Stadt. Die ungünstigen Worte des Herzogs gegen diese Privilegien waren nicht ungehört verklungen. Dazu kannte man die Stimmung der Ritter- und Landschaft gegen diese Stadt. Und selbst, wenn der Herzog Bogislav keinen bösen Willen hatte: so wußte man, daß er ein alter schwacher Mann war, fremden Einflüssen, fremder Zuflüsterung offen. Also dachte die Bürgerschaft.[2] Sie sah bei dem Schwure der Stadtsoldaten für den Herzog kein Heil, sondern neue Gefahren. Sie drängte, sie preßte dem Rath nicht zu willfahren. Der Rath entschloß sich zu den Bürgern zu stehen. Er berief sich auf die Unterhandlungen, die Verwendungen bei Wallenstein. Er berief sich darauf, daß die Stadt dem Herzoge auch so mit theuren Eiden verwandt und die Soldaten wiederum der Stadt geschworen hätten. Rath und Ausschuß der Stadt Stralsund lehnten am 2. März 1628 die Vorschläge des Herzogs ab.

[1] Neubur S. 220. Actenstücke 27. 28.
[2] Neubur S. 75.

Dagegen verwahrte sich der Rath hoch und theuer gegen jeglichen Verdacht eines Zusammenhaltens mit einer fremden Macht. Er berief sich auf die Geschichte. Niemals, erklärte der Rath, wie groß auch öfters die Gefahr gewesen, hat die Stadt die Hülfe auswärtiger Potentaten gebraucht, sondern sie hat vielmehr gegen dieselben bei aller Gelegenheit öffentlich Krieg geführt. „Wir sind je und allewege beständige Glieder und Unterthanen des heiligen Reiches deutscher Nation gewesen, und wollen es bleiben bis in die Grube."

Es fragte sich, ob das immer in ihrer Macht stehen würde.

Der Gedanke, die Möglichkeit des Verdachtes, daß er mit fremden Potentaten zuhalten solle, bewegt den Rath heftig. Als schon die Commissarien des Herzogs geschieden sind, tritt der Rath abermals zusammen und sendet ihnen ein Schreiben nach:[2] „Wir sind erbötig dem Eide der Soldaten ausdrücklich einzuverleiben, daß sie von der Correspondenz mit fremden Potentaten durchaus frei sind, auch ferner, so lange sie in Diensten der Stadt stehen, sich darin nicht gebrauchen lassen wollen." Eine Absicht des Verrathes der deutschen Stadt Stralsund an einen fremden König ist nach solchen Worten des Rathes augenscheinlich nicht vorhanden.

Auf gleiche Weise jedoch erkannte auch Bogislav das Mistrauen gegen ihn selbst. Er ließ die Unterhandlungen fortführen.[3] Er gab der Stadt die bündigste Versicherung, daß er die Söldner der Stadt, wenn sie ihm geschworen, nicht an Officiere Wallensteins übergeben, oder mit Eidespflicht an dieselben verweisen wolle. Er betheuerte, daß der Befehl über die Söldner dem Rathe und der Bürgerschaft verbleiben, daß er für sich nur durch diese das Commando führen wolle. Dagegen forderte der Herzog Abberufung der Stralsunder Schiffe von der Insel Dänholm.

Dieß eben war der Stein des Anstoßes. Arnims Besatzung lag auf der Insel Dänholm. Ließ man dort ihr freie Hand, so holte sie Geschütze herüber, und dann war es um den Hafen und die Stadt geschehen. Deßhalb forderte die Bürgerschaft von dem Rathe, daß er die Schiffe nicht abberufe, daß er dort sie belasse zur Sicherheit. Arnim verwahrte sich hoch und theuer, daß er keine Geschütze hinüber bringen lasse. Aber er hatte bei der Stadt alles Vertrauen längst verwirkt. Die Commissarien des Herzogs warfen am 27. März auf die Stadt die schwere Anklage, daß sie alle guten Mittel in den Wind schlüge. Sie wollten es dem gerechten Gott anheimstellen, ob das Verfahren der Stadt den Frieden befördere. Sie hatten mehr als einmal hervorgehoben, daß nach Wallensteins drohenden Briefen nur die Stadt Stralsund den Frieden mit Dänemark, die Beruhigung des Reiches hindere. Wir zweifeln nicht daran, daß die Commissarien des Herzogs es so meinten, wie sie sagten, daß nach ihrer Ansicht dieser schwere Vorwurf den Stralsundern mit Recht zur Last fiel. Der Irrthum

---

[1] Neubur S. 224.
[2] Neubur S. 225. Nr. 30.
[3] Neubur S. 235.

war nicht ein freiwilliger. Sie durchschauten nicht, wie für Wallenstein ein fremdes Recht, ein fremder Anspruch nicht da war, wenn derselbe in seinem Wege lag, durch seine List, durch seine Gewalt zu beseitigen war. Denn es ist nach der ganzen Sachlage, nach den Instructionen Wallensteins an Arnim nicht zu bezweifeln, daß im Falle des Abzuges der Stralsunder Schiffe vom Dänholm Arnim diese Insel befestigt, sie mit Kanonen versehen und demgemäß an Stralsund seinen Willen erreicht haben würde: Besatzung und einige Tonnen Goldes. Darum weigerte sich die Stadt.

Die Absicht eines Verrathes an Schweden oder Dänemark lag nicht bloß in Worten, sondern auch in der That dem Rathe fern. Gustav Adolf sprach am 8. Februar durch einen Brief einem Bürger der Stadt seine Bereitwilligkeit zur Hülfe aus.[1] Der Rath achtete des Angebotes nicht. Am 5. März sah man einen Abgeordneten des Dänenkönigs in der Stadt. Er brachte, wie zu erwarten, die alte Rede des Dänenkönigs vor, daß Wallenstein gänzliche Unter-drückung der Religion und Freiheit beabsichtige.[2] Das letztere war glaubhaft, das erstere war lächerlich. Er bot Hülfe an. Wo sie nicht angenommen werde, setzte der Dänenkönig hinzu, werde er die Stadt für feind halten. Der Rath dankte für die gute Gesinnung und setzte hinzu, daß er und die Stadt sich von Seiten des Kaisers auf den hochbetheuerten Religionsfrieden verlasse, und von der kaiserlichen Einquartierung in Pommern, die mit Bewilligung des Herzogs Bogislav geschehen sei, nichts befürchte. Die Einmischung des Dänenkönigs war damit abgelehnt. Der Gesandte kehrte sofort wieder um.

Nicht diesen fremden Mächten wollte der Rath die Rettung der Stadt ver-danken, sondern dem Kaiser. Deshalb wurde am 30. März der Protonotar Vahl entsendet, um dem Kaiser, dem Kurfürsten von Sachsen als Kreisobersten, und dem Feldherrn Wallenstein die Lage der Dinge vorzustellen.

Bogislav indessen beharrte bei den Versuchen der Vermittelung.[3] Allein die Stadt war sichtlich im Vortheile. Ihre Schiffe schnitten der Besatzung Arnims auf der Insel Dänholm jeglichen Verkehr mit dem festen Lande ab. Es war unverkennbar, daß der Hunger die Schaar dort bald bezwingen müsse. Wenn auch der Rath sich zu Unterhandlungen immer geneigt erwies: die eifrige Partei in der Bürgerschaft wollte diese Vortheile nicht aus den Händen geben. Dazu vernahm der Rath in den ersten Tagen des Aprilmonates, daß Arnim weitgreifende Anstalten zu einer Belagerung treffe.[4] In solcher Lage der Dinge war den friedlichen Versicherungen der Commissarien des Herzogs nicht zu trauen. Man beharrte. Der Hunger rückte der kleinen Schaar auf dem Dänholme näher. Am 5. April bot man ihr den Abzug an. Es war keine Wahl. Der Abzug geschah mit Bewilligung der üblichen Kriegsehren.

Und nun erst war alles zu fürchten. Arnim persönlich und das ganze

[1] Geijer III. 146. Nt 3.
[2] Neubur a. a. O S. 72.
[4] Neubur S. 237. Actenstück 38.
[4] Neubur a. a. O. S. 85.

kaiserliche Heer hatten durch die Aushungerung ihrer Besatzung auf dem Dänholme einen Schimpf erlitten, den sie nicht vergessen würden. Das lag klar
vor Augen. Die Belagerung stand in gewisser Aussicht. Um so mehr that
Einigkeit in der Stadt Noth. Es darf mit Gewißheit angenommen werden,
daß nach der Ansicht mancher Mitglieder des Rathes und des wohlhabenden
Theils der Bürgerschaft man längst zu weit gegangen, daß man gegen die Erbietungen des Herzogs Bogislav allzu mißtrauisch gewesen war. Aber man
konnte nun nicht mehr zurück. Man mußte vorwärts. Darum einigten sich
Rath und Bürgerschaft am 9. April durch einen gemeinsamen Eid fest zusammen
zu stehen. [1] Sie verpflichten sich für ihre Religion, ihre Privilegien, ihr Recht
und ihre Wohlfahrt bis auf den letzten Blutstropfen zu streiten und zu fechten.
Aber sie suchen keine Verbindung mit dem Fremden. „Wie wir bislang verharrt haben, als ein unzweifelhaftes mittelbares Glied des Reiches, demselben
treu und zugethan bis in den Tod: also wollen wir auch ferner thun; so weit
es vor Gott, vor der Nachwelt und unseren zu der Stadt Bestem geschworenen
theuren Eiden verantwortlich ist. Deßhalb haben wir uns fest vereinigt und
verbunden innerhalb unserer Ringmauer und Eingeln keine Besatzung noch Einquartierung aufzunehmen, sie werde angemuthet, von wem sie wolle, Niemand
ausgeschlossen, sondern wir wollen dieselbe mit allen möglichen Kräften, Mitteln
und Wegen, und wo nöthig, mit Vergießung unseres Blutes und mit äußerster
Gegenwehr durch göttlichen Beistand abwenden.“

Der Eid war trefflich, wo es darauf ankam der plumpen, unverhüllt ge-
walttätigen Habgier Arnims und Wallensteins entgegen zu treten. Es war
die Frage, ob er sich auch bewähren würde gegen die freundliche, heuchlerisch
sanftmüthige Larve fremder List, die nach demselben Ziele strebte.

Die Umschließung der Stadt begann mit wechselnden Gefechten. Inzwischen
gingen Unterhandlungen fort, die erfolglos bleiben mußten, weil auch der Herzog
Bogislav und andere Vermittler von der Stadt die Rückgabe des Dänholms
an Arnim forderten. Abermals dachte der Dänenkönig diese Lage der Dinge
zu nutzen. Er schickte am $\frac{23.\ April}{3.\ Mai}$ mehrere Schiffe mit Kriegsbedarf. [2] Das,
erklärte der Gesandte, sei nur der Anfang der königlichen Hülfe. Christian IV.
werde bald mit noch mehr Dingen sich bereit finden lassen. Wenn die Stadt
nicht annehme, drohte der König abermals, wie sieben Wochen zuvor: so wolle
er ihr Feind sein. Was war zu thun? Annehmen sowohl wie Ablehnen war
gefährlich: der Kriegsbedarf dagegen sehr willkommen. Der Rath entschloß sich
für die Annahme und gab dem Gesandten Steinberg mündlichen Bescheid, daß
die Stadt sich wegen des Friedens in kirchlichen und weltlichen Dingen auf den
Kaiser verlasse, in dessen Devotion sie stehe. Das war dem Gesandten nicht
genug. Er fragte, ob die Stadt die Kaiserlichen auch ferner abwehren, den
Dänholm gegen sie vertheidigen wolle. Der Rath bejahte. Steinberg meinte,

[1] Neubur S. 240. Nr. 39.
[2] Neubur S. 104.

ein Brieflein zu mehrerer Versicherung seines Königs wäre gut. Der Rath fand das bedenklich. Und weiter dann beschloß er die Sache im Geheim zu behalten und behutsam damit umzugehen. In der That ward das Geschehene nicht einmal ruchbar.

Der dänische Gesandte blieb in der Stadt. Er hoffte, daß die Umstände sich nach dem Wunsche seines Königs ändern würden. Diesem Wunsche entsprach es nicht, daß der Rath auch da noch immer stets bereit war, wo nur immer ein neuer Hoffnungsschimmer der Vermittelung aufging. Bald war es die alte Herzogin, die Mutter des Bogislav, welche mehr mit herzlicher Theilnahme als mit Sachkenntnis ihr Wort geltend machte, bald die Abgeordneten der Hansestädte, bald wieder die Commissarien des Herzogs selbst. Keine dieser Vermittelungen brachte ein Ergebnis; dennoch wurde es dem Dänen Steinberg zu lang. Er warnte am 12. Mai die Stadt vor aller Vermittelung. Er bat sich endlich eine kategorische Antwort aus, damit er nicht länger zur Beschimpfung der Majestät seines Königs dort vergeblich aufwarte.[1] Der Rath entgegnete: Da der König der Stadt so gewogen sei, so könne es ihm nicht zuwider sein, wenn die Stadt in der Gnade und Huld und zugleich in Devotion gegen den Kaiser zu verharren suche, und deshalb keinerlei Unterhandlung ausschlage. Vielmehr seien sie als des Kaisers und Reiches allergehorsamste Unterthanen schuldig das alles nach ganzem Vermögen zu befördern. Nur das sei immer ihre Absicht gewesen, und nur das bezeugten ihre Antworten. Allerdings bedränge das kaiserliche Heer die Stadt; allein die Stralsunder hoffen, daß der Kaiser das abstellen und ändern werde.

Also antwortet der Rath am $^{14}/_{24}$ Mai dem Gesandten eines fremden Königs, der Schutz und Hülfe anbot. Von einer Geneigtheit des Rathes zum Bündnisse mit einer fremden Macht, oder gar zur Unterwerfung unter eine solche ist darin noch keine Spur. Der Rath von Stralsund war kaiserlich und deutsch gesinnt.

Am Tage zuvor, dem $^{13}/_{23}$ Mai war Arnim mit 8000 Mann in das Hainholz nahe vor der Stadt gerückt. Dort begann er sich zu verschanzen. Es war der Anfang der eigentlichen Belagerung.

Der Briefwechsel Arnims während dieser Zeit mit Wallenstein ist sehr lebhaft. Der Oberfeldherr billigt die Maßregeln des Feldmarschalls, und zwar ist ein Schreiben vom $^{10}/_{20}$ Mai hier besonders wichtig. Wallenstein schreibt aus Gogits:[2]

---

[1] Neubur S. 253. Nr. 44. 45. Neubur sagt in seiner Vorrede S. 13: „Die erste dänische Hülfe kam zwar sehr gelegen, aber doch unerbeten, und ich könnte, wenn es erfordert würde, durch authentische Beweise darthun, daß die Stadt auch noch während der Belagerung dieser Hülfsvölker gern entledigt gewesen wäre." Neubur steht, wie bei dem Jahre 1772 zu erwarten, nicht auf dem deutsch-nationalen Standpunkte der Beurtheilung der Sache. Um desto mehr ist zu bedauern, daß er nicht, statt vieler für die Nachwelt gleichgültigen Dinge, diese authentischen Beweise mitgetheilt hat, die der deutschen Stadt Stralsund nicht zur Unehre gereichen würden.

[2] Förster, Briefe I. 337. Nr. 194.

„Ich habe vernommen, wie der Herr mit denen von Stralsund accordirt, auch wie er vermeint durch die Mittel, die er gebraucht, eine Garnison in die Stadt zu bringen. Daraus erscheint des Herrn Fleiß und Dexterität, welches ich bei Kaiserlicher Majestät nicht unterlassen werde zu rühmen. Ich bitte nur, der Herr wolle allen Fleiß anwenden, auf daß die Garnison hinein gebracht wird; denn ich trau den Städten so ganz und gar nicht." Es ist für uns die Frage, was dieß Accordiren und diese Mittel Arnims, die Wallenstein hier lobt, zu bedeuten hatten.

Auf die Bitten der Abgeordneten der Hansa legte Arnim von seinem Lager im Hainholze aus die Bedingungen vor, unter denen er Frieden machen wollte. Es waren zehn Punkte, hoch und schwer, die alles überstiegen, was er je gefordert, die mit Aussicht auf Erfolg nur dann hätten gefordert werden können, wenn ein Wallbruch vollendet war, wenn es nur noch eines Sturmes beburfte:[1] die Stadt lehnte sie ab. Seltsamer Weise schlug Arnim dann völlig um, und zwar, wie man sagte, auf Bitten der fürstlichen Räthe. Eben noch hatte er mehr gefordert als je: am Abend des 16/26 Mai überbrachten die hansischen Abgeordneten in die Stadt andere Vorschläge, die milder waren als je. Wenn nur Wallenstein es genehmige, wolle Arnim das Kriegsvolk um Stralsund abführen, die übelhausenden Regimenter aus Pommern ganz wegschaffen. Er fügte mündlich hinzu, daß er der Stadt gefällig sein wolle, so viel nur immer möglich, wenn sie nur einigermaßen sich billig anschickte. Er ließ ferner melden, daß er, wenn die Stralsunder sich des Schießens und Schanzens enthielten, sich gleichfalls danach richten wolle.

Am Abend des 16/26 Mai berichteten die hansischen Abgeordneten das in Stralsund. Die Hoffnung des Friedens leuchtete empor. Das Feuer schwieg. Die Arbeit an Wall und Schanzen hörte auf. Die meisten Bürger von Wachen und Arbeit ermüdet verließen ihre Posten, um daheim sich der Ruhe zu freuen.[2]

Arnim läßt sie ruhig einschlafen. Er wartet so lange, bis der erste feste Schlaf die Stralsunder umfangen hält. Dann nahen in der Nacht um 11 Uhr seine Haufen heran, ohne Trommel und Klang, still, leise. Sie überwältigen die halb schlummernden Wachen. Sie nehmen die Außenwerke am Knieper und am Frankenthore. Aber zugleich auch durchhallt der Kriegsruf die friedlich stille Stadt. Die Trommel wirbelt. Die Glocken läuten Sturm. Die Bürger eilen zur Stelle. Es gilt ja um alles: um Habe und Eigenthum, um Ehre und Leben; denn ein gewonnener Sturm macht den heimatlosen Söldner, den Sohn des Verbrechens zum Herrn und Meister über alles was menschlichen Gefühlen theuer ist. Den Muth krönt der Erfolg. In dem Kampfe der Nacht behalten die ortskundigen Bürger die Oberhand. Die aufgehende Sonne beleuchtet die Schanzen als das wiedererrungene Eigenthum der Stadt Stralsund. Arnims Bubenstück ist mislungen.

Sehen wir, wie in denselben Tagen Tilly verfuhr.

---

[1] Neubur S. 117.
[2] Neubur S. 119

In derselben Zeit lag Tilly mit zahlreicher Macht vor Stade, welches der englische Oberst Morgan im Dienste des Dänenkönigs mit 44 Compagnien vertheidigte. [1] Den Winter über hatte Tilly zu großer Noth und bitterer Plage seiner Krieger in dem durchweichten Marschlande die Festung blokirt gehalten, im Frühlinge schloß er sie eng ein. Seiner Gewohnheit gemäß bot er Accord an. Morgan weigerte jegliche Unterhandlung; denn der Dänenkönig ermahnte ihn wiederholt sich auf das äußerste zu halten. Tilly zog mehr Truppen heran und rückte vor. Seine Laufgräben reichten bis an den Stadtgraben. Seine Krieger standen bereits unter den Kanonen und errichteten dort drei Batterien, um einen Wallbruch zu legen. Drinnen wüthete Krankheit und Fieber. Da sah man vierzehn dänische Segel vor der Schwingemündung. Sie kamen zum Entsatze, den der König Christian so oft versprochen. Es war zu spät. Die Führer überzeugten sich, daß ein Entsatz nicht mehr möglich, daß die Stadt verloren sei. Man sah die dänischen Segel wieder verschwinden. Es bedurfte nur noch eines Sturmes, und die Stadt war in den Händen des Siegers.

Nicht also war es Tillys Weise. Er hatte noch niemals einen Sturm befohlen, als bis alle und jede Aussicht auf gütliche Beilegung geschwunden war. Und dieß war hier nicht der Fall. Der Rath der Stadt Bremen erbot sich zur Vermittelung und fand sofort bei Tilly das gewünschte Gehör. Die Capitulation für den Obersten Morgan war so vollständig ehrenvoll, als wenn er und seine Truppen dastanden in ungeschwächter Kraft. Denn Tilly ehrte den Muth und die Standhaftigkeit des Ueberwundenen. Als am 7. Mai 1628 Morgan auszog und vor dem Sieger die Fahnen senken ließ, hielt Tilly auf einer kleinen Anhöhe nahe vor der Stadt. Er trat dem Besiegten mit der Freundlichkeit entgegen, welche diesem eine Erleichterung war vor solchem Manne weichen zu müssen. Den Bürgern sicherte die Capitulation das in solchem Munde bedeutsame Wort zu: Stadt und Bürgerschaft sollen zu verspüren haben, daß man ihres Ruines und Unterganges nicht begehre. Tilly ließ nur 1200 Soldaten in die Stadt. Damit aber auch nicht der Schein aufkäme, als sei nach dem Gewinne der Stadt den Soldaten irgend etwas dessen erlaubt, was im Falle der Eroberung durch Sturm ihr Kriegsrecht gewesen wäre, wurden sie am ersten Tage nicht einquartiert, sondern sofort auf die Wachen gelegt. Man fand die Stadt von dem englischen Kriegsvolke sehr verwüstet, die Häuser sehr unsauber. Tilly ließ zuerst die Häuser und Gassen reinigen und zog dann am dritten Tage in die Stadt.

Die Uebergabe von Stade geschah am 7. Mai; in der Nacht vom $^{16}/_{17}$ Mai stürmte Arnim gegen Stralsund. War vielleicht der Fall von Stade für Arnim ein Antrieb? Aber nur Tilly war derjenige Feldherr, dem auf die Dauer niemals ein Ort widerstand, an welchem er seine Kraft setzte. Denn diese Kraft war nicht bloß die rohe Gewalt des Schwertes: sie war zugleich diejenige der Rechtlichkeit im Unterhandeln, der Freundlichkeit und der Güte.

[1] Theatrum Europ. I. 1220.

Stralſund hatte den Sturm des treulosen Mannes abgeschlagen; allein die Bedrängniß blieb. Um die Weiber und Kinder vor dem Verderben im Falle eines Unglückes zu ſichern, brachte man ſie zu Schiffe hinüber nach Schweden und anderen kriegsfreien Gegenden. Die Bürgerschaft war ingrimmig, der Rath dagegen unterhandelte fort und fort. Er schaute ſehnend aus auf Nachricht von dem Kaiser und von Wallenstein. Wir haben geſehen, wie der Rath der däniſchen Verlockung gegenüber ſich auf ſeine Treue gegen Kaiser und Reich berief, auf ſeine Hoffnung, daß das Wort des Kaisers, der nicht wiſſentlich eine getreue Stadt ſo bedrängen laſſen würde, bald dem Drohen Arnims ein Ziel ſetzen müſſe. Auch selbst auf Wallenstein hoffte man. Auch dieser Feldherr, meinte der Rath, werde die Schritte Arnims nicht billigen. Darum war die Sendung des Protonotars Vahl auch an Wallenstein gerichtet. Dieser befand ſich auf ſeinen Gütern in Böhmen. Dort suchte Vahl ihn auf am ¹⁶/₂₆ April und erhielt nach zehn Tagen Harrens Audienz. Auf die Bitte der bedrängten Stadt um Verschonung entgegnete der Gewaltige: er habe bereits Befehl gegeben, daß noch 15 Regimenter vor Stralſund rücken ſollten. Er ſelbst werde ſich dahin begeben und nicht eher weichen, bis Stralſund kaiſerliche Beſatzung eingenommen. Er werde es mit der Stadt ſo machen, fuhr der Zornige fort, indem er mit der Hand über den Tiſch ſtrich. Wenn auch 100,000 Mann davor fallen oder er ſelbst das Leben dabei laſſen müſſe: ſo ſolle nichts von ihr übrig bleiben.

Bekümmert wendete ſich Vahl an den Kaiser. Der kaiſerliche Rath Strahlendorf erwiederte auf Ferdinands Frage, daß eine rechtlich begründete Urſache zur Belagerung von Stralſund ſich nicht auffinden laſſe.[1] Dagegen ſei Gefahr, daß bei fortgeſetzter Belagerung Stralſund ſich dem Dänen oder dem Schweden in die Arme weiſe. Demgemäß erwiederte der Kaiser am 14. Juni dem Abgeordneten von Stralſund:[2] er ſei nicht gemeint die Stadt ungehört und wider die Billigkeit bedrängen zu laſſen, oder Jemandem ſolches zu geſtatten. Er verſprach ſeinem General die Beseitigung aller Mißverständniſſe anzubefehlen, damit die Stadt Urſache habe getreu bei Kaiser und Reich zu verharren. An Wallenstein erging der Befehl: er möge die Wichtigkeit der Sache erwägen, er möge nachdenken, wie der Gefahr vorzubeugen, wie das Gemeinwohl ins Auge zu faſſen ſei. Wallenstein vernahm das mit tauben Ohren. Er eilte nordwärts, um selbst die Leitung der Belagerung zu übernehmen. Froh der erlangten kaiſerlichen Zuſage eilte auch der Abgeordnete Vahl zurück und traf den Feldherrn in Prenzlau. „Und wäre Stralſund mit Ketten an den Himmel gebunden,“ herrschte der Stolze den Bittenden an: „es müßte herunter.“

Wo auf Erden war Hülfe, war Rettung für Stralſund gegen die Drohungen des Wütherichs? Und dennoch kam eine Hülfe, nicht erbeten, nicht verlangt: ſie bot ſich freundlich, wohlwollend dar, anfangs gering, um dann, nachdem

[1] Hurter IX. 592.
[2] Londorp. III. 1018.

sie einmal als solche angenommen war, anzuschwellen, sich aufzudrängen bis zur Herrschaft.

Im April, bevor Arnim zu einem eigentlichen Sturme geschritten war, befürchtete die Stadt Stralsund Mangel an Pulver zur Gegenwehr. Sie sendete ein Schiff nach dem befreundeten Danzig, um dort Pulver zu erhalten. Danzig selbst war belagert. Die Flotte eines fremden Königs lag auf der Rhede vor dieser Stadt und bedrohte sie in ähnlicher Weise, wie Wallenstein Stralsund bedrohte. Weil Danzig dem eigenen Könige getreu nichts wissen wollte von dem Schweden, der diese Stadt zum Thore seines Einzuges in Deutschland machen wollte, ließ der Schwedenkönig an alle seefahrenden Nationen ein Rundschreiben zur Rechtfertigung seines Angriffs ausgehen.[1] Es ist die alte Geschichte von dem Wolfe, der oberhalb des Lammes am Bache steht und zornig schilt, daß das Lamm ihm das Wasser trübe. Ungeachtet aller seiner Freundlichkeit und Milde gegen diese Stadt, der er nie etwas zu Leide gethan, sagt Gustav Adolf, habe sie doch nicht allein seine Unterthanen, sondern auch andere Kaufleute verfolgt, ja das Meer selbst mit ihren Raubschiffen erfüllt. Er fügt mehr Worte desselben Inhaltes zu, die auf den ersten Blick sich widerlegen durch die Natur der Sache. Aber es blieb nicht bei Worten. Er setzte der Stadt heftig zu. Darum konnte Danzig auch bei gutem Willen der bittenden Schwesterstadt nicht willfahren. Das Gesuch um Ueberlassung von Pulver mußte, auch dem Befehle des Königs von Polen gemäß, abgeschlagen werden. Das Stralsunder Schiff bereitete sich zur Heimkehr.

Aber die Schweden hielten die Rhede von Danzig besetzt. Es konnte dort nichts aus noch ein ohne ihr Vorwissen. Der Admiral Gyldenhielm erfuhr von dem Stralsunder Capitän die Ursache des Dortseins.[2] Er schickte Abschriften der Briefe von Stralsund und Danzig an den König Gustav Adolf, der auf der Flotte bei Landsort weilte. Wie war das für diesen so wichtig![3] Stralsund war ein besseres Thor zum Einzuge nach Deutschland, als Danzig. Seit Wochen und Monaten war diese Stadt Stralsund ein Kernpunkt der Gedanken des Schweden. Erst wenige Wochen zuvor hatte er dem Dänen Eröffnungen gemacht, wie sie gemeinsam sich der Sache annehmen müßten. Der Wille von ihrer Seite war vorhanden, aber nicht der Wille des deutschgesinnten Rathes von Stralsund. Er hatte beide Könige abgewiesen, beiden Königen gegenüber sich auf seine Treue berufen gegen Kaiser und Reich. Wie soll man es anfangen diesen Rath willfährig zu machen, ihn dahin zu bringen, daß er die dargebotene Hülfe nur nicht ausschlage? Denn die Hülfe ist der erste Schritt zur Herrschaft. Da kommt dieses Schiff, die vergebliche Bitte desselben in Danzig um Pulver. Ein Strahl der Hoffnung blitzt in dem Könige auf. Die unbesonnene Gier der kaiserlichen Feldherren scheint endlich doch hier das edle Wild dem Jäger in das längst gestellte Garn zu treiben.

[1] Londorp. III. 1010. Theatr. Europ. I. 1297.
[2] Neubur S. 120.
[3] Geijer III. 146.

Es kam auf die umsichtige Benutzung der Umstände an, um von einer unscheinbaren kleinen Hülfeleistung aus, die den Umständen nach nicht anders als mit Dank angenommen werden konnte, den Weg sich weiter zu bahnen, bis die deutsche Stadt Stralsund bei aller Absicht der Treue gegen Kaiser und Reich dem Schwedenkönige als sein Eigenthum in die Hände fiel, und ihm die Thore eröffnete zu dem längst ersehnten Kriege, dem Dichten und Trachten seines Lebens. Gustav Adolf besaß diese Umsicht. Jeder seiner Schritte in dieser Sache mit Stralsund ist ein Meisterstück, freilich ein Meisterstück der List und Tücke, welche auch hier wieder damit beginnt vor dem armen bethörten Volke die Gier des Habens mit dem erlogenen Namen der Religion zu um- hüllen, aber dem plumpen Zutappen des Wallenstein und Arnim gegenüber in seiner Art bewunderungswerth.

Gustav Adolf ließ eine Last Pulver, nicht mehr, in das Stralsunder Schiff hinüber laden. Er gab einen Brief mit an den Rath, freundlich, gewinnend.[1] Er trage herzliches Mitleiden mit der bedrängten Stadt, meldete er, die in Gefahr stehe um ihre Religion und Freiheit. Doch wundere er sich, sagte er, daß sie in solcher Lage nicht dem allgemein menschlichen und heilsamen Drange folge guten Freunden ihre Noth zu klagen. Er wenigstens wisse nicht, daß bis- lang sie das gethan. Darum aber wolle er doch ihnen seine Freundschaft be- weisen, und schicke ihnen als Beihülfe für die Vertheidigung ihrer Religion und Freiheit etwas Pulver. Er ermahnt sie zum mannhaften Ausharren für die evangelische Religion; denn Gott sei mit der reinen Absicht. Und dann endlich folgt nach solchen frommen Worten die Andeutung: „Wenn ich euch mit Rath und That eine Gunst erweisen kann: so habt ihr nur auf geziemende Weise zu bitten." Also ließ der König schreiben. Mündlich durfte er einen Schritt weiter gehen. Er schickte einen Gesandten mit, aber vorsichtig. Derselbe durfte seine Instruction nur durchlesen, dann mußte er sie bei dem Könige zurücklassen.[2] Wenn er von den Kaiserlichen ergriffen würde, solle er sich durchlügen: der König denke nicht an Feindseligkeiten gegen den Kaiser. Noch war ja der Krieg mit Polen drohend im Gange: es war Gefahr, daß die ganze Wallensteinische Macht sich dahin wende, zumal da der Kaiser von dem Dänen zu Lande nichts mehr zu befürchten hatte.

Es ist nicht unwichtig zu bemerken, daß das Schiff mit dem geschenkten Pulver und dem schwedischen Gesandten in Stralsund am [18]/28 Mai eintraf, am Tage nach dem Sturme, den Arnim so treulos um Mitternacht auf die ruhige Stadt unternommen. Um so günstiger für den Schweden mußte das Geschenk, die glatten Worte des Gesandten wirken. Dennoch überlegte der Rath sehr bedächtig. Er konnte sich nicht entschließen, ob und in wie weit er die dargebotene Hülfe annehmen solle.[3] Es war ja doch weit ein Anderes, ob

---

[1] Neubur S. 255. Nr. 46.
[2] Geijer III. 147.
[3] Man vgl. Neubur 122. 257. Aktenstücke 47. 48. 49. Ferner das dort ab- gedruckte ausführliche Tagebuch der Belagerung S 10. Ich setze die wichtige Stelle

man nur Wallenstein sich widersetzte, der die vom Kaiser ihm verliehene Gewalt
mißbrauchte, oder ob man dazu mit Wissen und Willen die Hülfe einer fremden
Macht annahm. Konnte auch die höchste Noth den Treubruch an Kaiser und
Reich entschuldigen? Und selbst wenn er es konnte: welche Folgen zog der
Treubruch nach sich? Verblieb es bei dem einmaligen Einlassen der Fremden
auf den Boden des Reiches? — Diese Fragen, über welche man später, als
die Erinnerung an die Gefühle der einstigen Treue gegen Kaiser und Reich
erstarb, allzu leicht hinweggegangen ist — diese Fragen waren für den Rath
von Stralsund im Mai 1628 hart und schwer. Er hoffte noch immer auf
Unterhandlung. Der schwedische Gesandte unterdessen drängte. Da draußen
vor der Stadt betrug sich Arnim, als habe er selber nur den Zweck die Stadt
durch Schießen und Stürmen dahin zu treiben, wohin sie aus sich selber nicht
wollte. Die Hansestädte schickten Gesandte zur Vermittelung. Arnim hielt dieselben an. Wußte der Thor, was er that? Seine neue That brachte den Rath
von Stralsund zum Entschlusse. Er beschloß aus dringender Noth, weil die
Stadt allein zu schwach, die dargebotene Hülfe mit großem Danke anzunehmen,
jedoch ohne Präjudiz des Kaisers und des Herzogs von Pommern. Am $^{20}/_{30}$ Mai
entschlossen sich Rath und Bürgerschaft von Stralsund Gesandte an den Schwedenkönig zu senden, abermals mit derselben Verwahrung. Sie betheuerten ihm,
daß sie niemals von der Treue gegen Kaiser und Reich abgewichen seien, daß
sie bedrängt würden ohne Befehl des Kaisers. Aber der Kern der Worte war,
daß sie um Hülfe baten. Die Gesandten gingen ab am $^{20}/_{30}$ Mai.

Arnim fuhr unterdessen fort. Am $\frac{23\ Mai}{2\ Juni}$ stürmte er abermals und zwar mit
besserem Erfolge; denn die meisten Außenwerke fielen in seine Hände. Noch
stand damals alles in seiner Macht. Es stand bei ihm zu verhindern, daß die
deutsche Stadt in ihrer Noth sich dem fremden Könige in die Arme warf. Die
Stadt bat und beschwor den Mann bei allem, was dem Menschen hoch und
theuer ist, einen Stillstand zur Unterhandlung zu gewähren. Arnim erwiederte
ingrimmig: nicht er, sondern die ungezähmten Bürger hätten den Anfang der
Feindseligkeiten gemacht. Es war Sonntag, der 25. Mai a. St., als diese
Antwort eintraf. Die Bürger waren in den Kirchen, auch die Wachen auf den
Wällen glaubten ruhen zu dürfen. Abermals nahte Arnim still heran. Ein
Rathsherr und eine Frau wurden zuerst der Haufen gewahr. Die Frau ergriff
eine Trommel und das Dröhnen derselben rief die Bürger auf den Wall. Aber-
mals mußten die Stürmenden heimkehren mit blutigen Köpfen.

Darf man sich wundern, daß am selben Tage von einer deutschen und

---

hierher: Es hat E. E. Rath den königl. schwedischen Abgesandten lange aufgehalten,
und die angebotene Hülfe nicht annehmen wollen, bis daß sie gesehen, daß der von
Arnim der Hansestädte Gesandte aufgehalten, daß keine Hülfe von den Städten konnte
gesandt werden, er sich aber gestärket und ihnen heftig zugesetzet, da haben sie aus
dringender Noth, weil sie allein zu schwach waren, die Hülfe zu großem Danke angenommen, jedoch ohne Präjudiz der kaiserl. Majestät und S. F. Gnaden, des Herzogs
von Pommern.

auch da noch immer kaiserlich treu gesinnten Stadt vier dänische Compagnien unter dem Obersten Heinrich Holk, die Christian IV. zur Hülfe gesandt, nicht mehr abgewiesen wurden?

Dennoch nahm die Stadt die fremden Truppen ungern auf, nur gezwungen durch den Drang der Umstände. [1] Indem sie es that, meldete sie an Arnim: sie wolle sich nach aller Möglichkeit zum Frieden bequemen. Wo sie aber dessen nicht genießen könne: so würden der Stadt alle möglichen Mittel zur Vertheidigung nicht verargt werden können. Die Stadt war sich wohl bewußt, daß sie durch die Aufnahme der Dänen eine schwere Anklage sich zuzog. Bogislav forderte Rechenschaft für dieß Beginnen. Doch die Gefahr, welche von den Fremden kam, traf zunächst die Stadt selbst. Deßhalb verlangte sie von dem Obersten Holk einen Revers, vor allen Dingen des Inhalts, daß der Oberst und seine Schaar den golbenen Frieden, falls derselbe erlangt werden könne, nicht hindern wolle. Von einer Hinneigung zu Dänemark war in den Bürgern keine Spur. Die Wortführer derselben verlangten, daß die dänischen Soldaten in Eid und Pflicht der Stadt genommen würden. Das gelang nur zum Theile. Holk sträubte sich gegen jeden Revers und leistete ihn erst am 16. Juni. Es ist derselbe Mann, der in den folgenden Jahren als Oberst unter Wallenstein auch selbst in den Gräueln jener Zeit den Preis des Frevels gegen die Gesetze der Menschlichkeit errang und ein solches Entsetzen um sich her verbreitete, daß in seiner Todesstunde weder für Geld, noch für Bitten ein Geistlicher es wagte sich ihm zu nahen. Was es auf sich habe diesen Mann nur mit einigen Compagnien innerhalb der Mauern zu sehen, erkannte der Rath sofort nach einigen Tagen. Holk nahm die Schreiben an den Rath in Empfang, erbrach sie und übergab sie erst, nachdem er sie gelesen. [2] Seine Aufgabe war das Mißtrauen zu nähren, von jeder gütlichen Einigung abzurathen, Rath und Bürgerschaft zu trennen. Er erfüllte sie. Er erhob heftige Anklagen gegen den Rath, der immer nur vermitteln wolle, der aus unzeitiger Friedensliebe alle Vortheile vernachlässige. [3] Diese Beschuldigung war vom 2/12 Juni. Es ist kaum irgend ein Zeugnis vorhanden, welches mehr zu Gunsten des Rathes spräche, als diese Anklagen des Dänen.

Unterdessen langten die Stralsunder Abgeordneten am 30. Mai a. St. bei dem Schwedenkönige an, der an der Weichsel stand. Die Instruction derselben war vorsichtig und bedächtig. Sie sollten um 5—600 Mann bitten, welche die Stadt besolde und unter die eigenen Compagnien vertheile. Das heißt: der Rath wollte Herr bleiben über diese fremden Truppen. [4] Wenn der König eine Schutzherrlichkeit in Anspruch nähme: so sollten die Gesandten erwiedern, daß sie darauf nicht instruirt seien. Gustav Adolf bewilligte, was man bat. Einen

---

[1] Neubur S. 127.
[2] Neubur S. 131.
[3] Neubur S. 277 Actenstück 55.
[4] a. a. O. S. 258. Nr. 49.

Vertrag verlangte er nicht. Es war sicherer damit so lange zu warten, bis er erst festen Fuß in der Stadt gefaßt. Dann war es leichter.

Während er dort bewilligte, was die Stadt von ihm bat, und nicht mehr, gelangten neue Geschenke von ihm nach Stralsund: hundert Ochsen, ferner Pulver und Kanonen. Wie so großmüthig erschien dieser König, der nur schenkte und nichts forderte! Wie so viel großmüthiger als der Däne, der für seine Geschenke gleich Forderungen erhob, welche den Werth derselben weit überstiegen!

Und auf der anderen Seite: wie so merkwürdig diente der Zufall oder Arnims Tücke, um diese vermeinte Großmuth des Schweden desto heller strahlen zu lassen! Am $\frac{31. \text{Mai}}{10. \text{Juni}}$ langte ein reicher Transport von Geschenken an. Am $^1/_{11}$ Juni, dem folgenden Tage, kam ein Bauer in die Stadt und offenbarte, daß er eine Summe Geldes empfangen, um die Stadt an verschiedenen Stellen anzuzünden.[1] Als es dunkelte, ließ der dänische Oberst Holk an mehreren Stellen Pechtonnen aufflammen. In der Stadt erhob sich Feuerlärm. Sofort nahte Arnim heran. Die Vertheidiger lagen wohl vorbereitet auf den Brust= wehren, und ließen die Stürmenden bis auf Speereslänge herankommen. Dann brach ihr Feuer los, und entsetzt eilten die Wallensteiner zurück.

Gustav Adolf bereitete unterdessen auch in Schweden die kommenden Dinge vor. Er meldete dem Reichsrathe:[2] die Stralsunder hätten ihm geklagt, wie die Kaiserlichen sie bedrängten, um die Ostsee von dort aus zu beunruhigen und die angrenzenden Reiche und Städte unter päpstliche Knechtschaft zu bringen.

Dieß war trefflich berechnet, um den Fanatismus der Schweden gegen das Papstthum zu entflammen. Es war nur nicht wahr. Von einer Gefahr der päpstlichen Knechtschaft hatten die Stralsunder kein Wort gesagt. „In dieser großen Gefahr,“ berichtet ferner der König, „hat Stralsund uns aufgesucht, und wir haben nach vielem Bedenken von zwei Uebeln das kleinere gewählt.“ Umgekehrt lag die Sache. Nicht Stralsund hatte den König gesucht, sondern der König die Stralsunder. Darum auch hatte er gar kein Bedenken gehabt, sondern vielmehr der Sache eifrig nachgetrachtet.

Der Erfolg war immerhin derselbe, ob die Stadt den König suchte, oder ob er sich anbot. Aber für die geschichtliche Beurtheilung des Verhaltens der Stadt Stralsund ist dieser Unterschied wesentlich. Der Rath von Stralsund hat sich nicht anders bewiesen, als die anderen Obrigkeiten und conservativen Cor= porationen jener Zeit. Der Rath von Stralsund war deutsch und kaiserlich gesinnt, nicht schwedisch. Er hat sich nicht mit Vorbedacht dem fremden Könige hingegeben. Die Verkettung der Umstände haben die Stadt dahin geführt, daß sie in ihrer großen Noth die dargebotene Hand nicht zurückwies. Nachdem ein= mal dieß geschehen, durfte der Schwedenkönig für das Weitere seiner Geschick= lichkeit vertrauen. Einstweilen sendete er noch Geschenke. Erst am $^{20}/_{30}$ Juni

---

[1] Tagebuch der Belagerung abgedruckt bei Neubur a. a. O. S. 13.
[2] Geijer III. 147.

trafen 600 Mann schwedische Truppen unter dem Obersten Roslabin ein.[1] So viel, wissen wir, hatte der Rath von Stralsund gewünscht. Am $\frac{24. Juni}{4. Juli}$ folgten abermals sechs schwedische Fähnlein. Mithin war die gewünschte Zahl bereits doppelt überboten. Zugleich legte sich eine schwedische Flotte vor den Hafen von Stralsund.

Und nun konnten mit Nachdruck dem Rathe der Stadt Stralsund Vorschläge zu einem Vertrage mit Schweden gemacht werden. Der Dänenkönig hatte nach demselben Ziele gestrebt. Er war an thätiger Hülfe dem Schweden sogar zuvorgekommen. Allein das tumultuarische Verfahren des Obersten Holl hatte den Rath zurückgescheucht. Holl redete viel von der evangelischen Religion, von der Gefahr päpstlicher Knechtschaft und vom spanischen Dominat. Das gefiel einem großen Theile der geringeren Bürgerschaft. Sein Uebermuth und seine Hoffahrt beleidigte den Rath, der gern dieses Beschützers enthoben gewesen wäre. Darum arbeitete Holl mittelbar nur für den Schwedenkönig. Er ebnete diesem die Bahn.

Die Punkte des Vertrages wurden selbstverständlich von schwedischer Seite entworfen, und der Rath hatte nur zu bewilligen. Er fühlte ganz und voll das Mißliche seiner Lage.[2] Er suchte sich zu rechtfertigen durch ein altes Privilegium eines Herzogs von Pommern aus dem Jahre 1325. Nach diesem Privilegium war es der Stadt Stralsund gestattet, im Falle die Herzöge von Pommern wider die Privilegien der Stadt ihr Gewalt und Unrecht zufügen, sich mit Fremden zu verbinden. War das eine Rechtfertigung? Nicht Bogislav verübte das Unrecht, sondern Arnim und Wallenstein. Aber die Dinge waren dahin gekommen, daß die Rechtsfrage sich bog nach dem Gewichte der Thatsachen. Der Rath von Stralsund handelte nicht mehr frei. Er machte nur noch Einwendungen. Der dritte Artikel des Vertrages lautete:[3] die Stadt Stralsund verbleibt beständig bei dem Könige und der Krone von Schweden. Das war dem Rathe allzu viel. Er erläuterte dieß dahin, daß es nur von der Bundesgenossenschaft zu verstehen sei. Gustav Adolf und Oxenstjerna mochten solche Worte der Erläuterung dem Gewissen des bedenklichen Rathes der deutschen Stadt immerhin damals nachsehen, wenn nur die Sache selbst und die That bei ihnen stand. „Der ganze Handel beruht darauf," meinten die Schweden Salvius und Oxenstjerna, „daß der König mit seiner Armee hinkomme" und etwa Rügen besetze. Dann huldigt die Stadt auch in Wirklichkeit dem schwedischen Könige."

Der Rath unterzeichnete den Vertrag am $\frac{20. Juni}{5. Juli}$. Er mußte ahnen und voraussehen, daß das Ziel des abschüssigen Weges, den er halb gezwungen, halb gutwillig betreten, in der Umwandlung der bis dahin fast völlig freien deutschen Hansestadt Stralsund in eine schwedische Landstadt bestehe. Der Rath hatte unterzeichnet in der Noth: er wäre dann gar gern wieder davon los-

---

[1] Tagebuch der Belagerung, abgedruckt hinter Neubur S. 16.
[2] Neubur S. 157.
[3] Geijer III. 149. Nr. 1.

gewesen; aber der Schwede hatte einmal seine Beute erfaßt, und der Däne, ob willig oder unwillig, diente den Interessen des klügeren Schweden.

In Wallenstein, der gegen Ende Juni näher kam, stieg mit dem Zorne über den andauernden Widerstand der Stadt allmälig die Ahnung auf, daß er zu weit gegangen sei. Er wußte erst nur noch von einer dänischen Besatzung. Es war ihm zur Genüge bekannt, daß die Aufnahme von Truppen, mochten sie sein, welche sie wollten, von einer Stadt nur bewilligt wurde unter sehr dringenden Umständen, daß namentlich die Aufnahme der Truppen eines fremden Königs in eine deutsche Stadt eine That der Verzweiflung sei. Denn irgend eine Neigung zu dem Dänenkönige Christian durfte nach den Erfahrungen der letzten Jahre, nach seinem Walten im Lande Braunschweig und Lüneburg, in der Stadt Wolfenbüttel und sonst bei keinem deutschen Gemeinwesen angenommen werden. Aber die Dänen — denn nur von diesen zuerst wußte Wallenstein — waren einmal in der Stadt. Der Knoten war geschürzt: wie war er zu lösen? Wallenstein kannte abermals kein Mittel als Trug und Gewalt. Die Stadt betheuerte in jedem Schreiben, daß sie dem Kaiser getreu zu verbleiben gedenke. Daran hoffte Wallenstein sie zu fassen. „Wenn ihr dem Kaiser Treue beweiset und Reue über das Vergangene empfindet,“ sagt er;[1] „so werde ich nach Beschaffenheit der Sache mich billig finden lassen.“ Also meldet er am $\frac{22.\ \text{Juni}}{2.\ \text{Juli}}$ der Stadt. Dem Arnim dagegen schreibt er am selben Tage:[2] er dürfe mit der Stadt immerhin unterhandeln, jedoch nichts abschließen, viel weniger mit der Arbeit gegen sie inne halten. „Denn sie sind lose Buben und müssen gestraft werden. Wenn ich glimpflicher mit ihnen umgehe, so geschieht das nur, um sie schläfriger zu machen; aber das Uebel, das sie gethan, will ich ihnen gewis nicht schenken.“ „Ich will mit Gottes Hülfe,“ also sagt er am folgenden Tage, „die Canaille bald zum Gehorsam treiben.“

Am $\frac{27.\ \text{Juni}}{7.\ \text{Juli}}$ traf der Gefürchtete im Lager vor der Stadt ein. Am selben Abende ließ er seine Anwesenheit durch einen heftigen Anlauf auf die Stadt kund thun. Derselbe ward abgeschlagen. Und hierbei tritt uns eine Wahrnehmung nahe, auf die man bei der Betrachtung des schauerlichen Krieges vielleicht oft zu wenig Gewicht gelegt: es ist diejenige der Feigheit der Söldner.[3] Schon früher hatten die Bürger aus den Aussagen der Gefangenen vernommen, daß bei dem Zeichen zum Angriffe viele der Söldner weinten und klagten: sie würden nicht lebendig wieder kommen. Dießmal trieben die Officiere mit Schwertern und Partisanen ihre Leute zum Sturme, wie die Schafe zur Schlachtbank. Wallenstein hatte vorher geflucht: er wolle drei Tage und drei Nächte stürmen lassen. War vielleicht jene Wahrnehmung auch für ihn der Grund den Gehorsam der Söldner nicht einer so gewagten Probe auszusetzen? —

Aber auch in der Stadt nahm Furcht und Sorge überhand. Am $\frac{20.\ \text{Juni}}{v.\ \text{Juli}}$

---

[1] Förster, Wallenstein als Feldherr und Landesfürst, S. 119.
[2] Förster, Wallensteins Briefe I. 355. Nr. 215.
[3] Tagebuch der Belagerung, bei Neubur S. 11. 20.

fuhren abermals Schiffe mit Frauen und Töchtern der Stralsunder über das
Meer. Der Rath erkannte ganz und voll die schlimme Alternative, in welche
er gerathen war: Unterwerfung an Wallenstein, oder täglich zunehmende Herrschaft fremder Söldner und als das Ende die schwedische Dienstbarkeit. Die
Stimmung der Bürgerschaft war gedrückt. Der Rath benutzte das und bat um
Unterhandlung. Sie ward in günstigen Ausdrücken gewährt. Bei Wallenstein
waren nicht bloß Abgeordnete des Herzogs von Pommern, sondern auch des
Kurfürsten von Brandenburg, dem als Erben von Pommern nach Bogislavs
kinderlosem Tode alles daran liegen mußte, daß die Verbindung von Stralsund
mit Schweden und Dänemark nicht noch weiter gedieh. Es eröffnete sich die
Aussicht, daß noch alles zum Guten sich wenden könne. Der Rath gebot vorher
eine kirchliche Feier und Gebet um glücklichen Ausgang. Daran nahmen Alle
Theil, nur der dänische und der schwedische Oberst, obwohl geladen, blieben aus.

Die Gesandten der Stadt traten am $\frac{30. \text{Juni}}{10. \text{Juli}}$ vor Wallenstein.[1] Er war
freundlich, gnädig. Er hörte, wie er sagte, mit Rührung den Bericht des
Leides, welches die Stadt erduldet. Er fragte erstaunt, wie sie zu all dem
Wunder gekommen. Dann sprach er seine Geneigtheit zum Frieden aus. Er
wolle einen Generalpardon für die Stadt ertheilen, sagte er, ohne Ausnahme
einer Person. Er wolle der Stadt den Dänholm lassen. Er verzichte auf die
Besatzung in der Stadt, wenn nur die Garnison in derselben dem Herzoge von
Pommern schwöre. Er ermahnte die Gesandten diese Gelegenheit bei der Stirn
zu fassen; denn hinten sei sie kahl. Mit solcher Antwort kehrten froh die Ge-
sandten zurück. Der Rath legte sie den Bürgern vor, und der Bürgermeister
Steinwig forderte die Menge auf zum Danke gegen Gott und den Herzog von
Friedland ob einer so gnädigen Erklärung.

Woran denn lag es, daß man nun nicht weiter kam? Angenommen Wallenstein habe aufrichtig geredet und gehandelt, was doch nach seinem ganzen Verhalten nicht unzweifelhaft ist: so wuchsen andere Hindernisse empor. Am folgenden Tage merkte man schon, sagt das Tagebuch eines Bürgers von Stralsund,[2]
daß Stadtfreunde, wenn man so sie nennen mag, dazu gekommen, welche den
ganzen Handel verdarben. Der schwedische und der dänische Oberst waren gegen
den Frieden. Wir vernehmen den Wiederhall ihrer Worte aus der Forderung
des Wortführers der Bürger, daß man zur Vermeidung künftiger Gefahr diese
Tractaten abschließen müsse mit Vorwissen der Könige von Dänemark und
Schweden.[3] Dennoch kam man so weit, daß am Morgen des $\frac{2}{12}$ Juli die
Deputirten der Stadt zum Tribbeseer Thore hinausgehen sollten nach dem Hainholze zu Wallensteins Quartiere. Dieses Thor hielten die Dänen besetzt. Als
die Deputirten zum Thore hinausschritten, ließ Holk feuern. Die Wallensteiner
antworteten. Die Kugeln heulten umher. Die Deputirten der Stadt wagten

[1] Neubur S. 162. Förster, Briefe I. 361. Nr. 219
[2] Neubur S. 163.
[3] Neubur S. 163.

nicht den gefährlichen Weg nach dem Hainholze fortzusetzen.[1] Sie kehrten um in die Stadt. Zugleich aber auch berichteten sie, daß in den letzten zwei Tagen die Laufgräben Wallensteins bedeutend näher gekommen seien. Waren denn seine milden Vorschläge abermals nur das Mittel gewesen zur Einschläferung der Stadt, um sie desto leichter zu überraschen? Also mußte es scheinen.

Wallenstein erhob härtere Forderungen. Die Räthe von Pommern und Brandenburg traten am selben Tage mit den Abgeordneten der Stadt vor dem Thore zusammen.[2] Sie betheuerten mit einem Eide die Drohungen Wallensteins. Er verlangte namentlich die Einnahme einer Besatzung von 3000 Mann. Wo man nicht jede seiner Forderungen bewillige, habe er gesagt: so wolle er die Stadt schärfer angreifen, so werde er nicht nachlassen, bis er ihrer mächtig sei und sollte er darüber geschunden werden. Falle aber die Stadt in seine Gewalt: so wolle er auch des Kindes im Mutterleibe nicht verschonen. Wenn der Feld=herr solches im Sinne habe, erwiederte mit Ruhe einer der Abgeordneten: so müßten sie es Gott befehlen. Von Gott hange ihr Leben ab, wie ihr Tod. Bleibe auf der Erde kein Raum mehr für sie: so werde im Himmel ein solcher zu finden sein.

Mit der Frühe des nächsten Morgens schien Wallensteins Wort zur Wahr=heit werden zu sollen. Er begann ein heftiges, für damalige Zeiten unerhörtes Feuer aus allen Geschützen. Man zählte 1564 Schüsse. Das Rollen dieses Donners schien die Standhaftigkeit der Stralsunder brechen zu müssen. In Wahr=heit war das der Erfolg. Trotzdem daß eben wieder eine neue dänische Ver=stärkung eingetroffen war, erklärte sich am $^4/_{14}$ Juli der Rath von Stralsund zu fast allen Forderungen Wallensteins bereit. Sie seien hart, sagte er, aber die Noth sei härter. Es war ja für den Rath nicht bloß die Gefahr von außen, sondern mehr noch die von innen, die Gefahr der von dem schwedischen und dänischen Obersten genährten Hyder der Anarchie. Auch selbst Besatzung wollte der Rath einnehmen, nur nicht 3000, sondern 2000 Mann. Der Rath ver=traute, daß die Bürger einwilligen würden. Wiederum waren es die Fremden, die alles vereitelten. Da sie bei den gesetzlichen Autoritäten nichts vermochten: so wendeten sie sich an den großen Haufen.[3] Als die Bedingungen den einzelnen Quartieren der Bürgerschaft vorgelegt wurden, erwiederte in jedem derselben die Mehrheit: der schwedische und der dänische Oberst müßten die Tractaten vorher genehmigen. Man müsse eine Gesandtschaft an beide Könige schicken. Der schwedische und der dänische Oberst erklärten, daß sie zwar der Stadt gern den Frieden gönnten, aber ohne Befehl ihrer Könige den angetrauten Posten nicht verlassen würden.

Es lag vor Augen, daß es schon nicht mehr in Wallensteins Macht stand den Frieden zu bewilligen, selbst wenn er gewollt hätte. Die herrschende Partei

---

[1] Tagebuch, abgedruckt bei Neubur S. 21.

[2] a. a. O. S. 22

[3] Neubur S. 169.

der Bürger von Stralsund machte die Annahme seiner Zugeständnisse abhängig von dem Willen einer fremden Macht. Er hatte ihnen zugerufen, daß nur an der Stirn die Gelegenheit zu fassen sei, von hinten sei sie kahl: es kam darauf an ihm dieses Wort zurück zu geben.

Und schon wandten sich die Dinge. Wallenstein hatte Tilly, der doch nichts zu thun habe, dringend um drei Regimenter zur Unterstützung gebeten, und zwar dreimal, mit so freundlichen Worten, wie es sonst nicht seine Weise war.[1] Tilly weigerte sie, weil der Angriff auf Stralsund ein Unrecht war. Zu solcher Misbilligung trat die Ungunst des Himmels. Vom $^5/_{15}$—$^7/_{17}$ Juli gossen die Wolken in dichten Schauern ihren Regen nieder auf das Wallensteinische Lager. Keine Arbeit glückte mehr. Das Feuer schwieg. Die Zelte geriethen ins Treiben. Das Lager ward zum Moraste, zum See. Die Stimmung der Söldner vor der Stadt war sehr gedrückt. Sie sagten, die Pfaffen in Stralsund hätten ihnen dieß Wetter und den gewaltigen Regen auf den Hals gebetet.[2] Sie waren halb verklommen in Nässe und Kälte. In der Stadt dagegen kamen neue dänische Truppen an. Die Bürger faßten frischen Muth und riefen: man sehe nun augenscheinlich, daß Gott ihr Beistand sei. Der Rath ward gezwungen den Räthen des Herzogs von Pommern die Erklärung nachzusenden, daß die Capitulation zu nichts verbinde, bis die anwesende fremde Hülfe sich freiwillig zum Abzuge entschlossen hätte.

Wallenstein war ingrimmig gegen die Bösewichter,[3] wie er sagte. Dießmal hatte sein Zorn Grund; aber durfte er sich beklagen, daß man auch einmal ihm in seiner Münze auszahlte? Er wäre so gern des verdrießlichen Handels ledig gewesen. Der Vorwurf, daß seine Schritte gegen die Stadt mittelbar die Dänen und Schweden hereingezogen, lag gar zu nahe. Aber es war eine seltsame Forderung, die er und der Herzog Bogislav dann an die Stadt erhoben: sie solle die fremden Truppen hinwegschaffen. Sie solle Versicherung leisten, daß die Könige von Dänemark und Schweden nicht einen feindlichen Einfall in Pommern und die deutschen Reichslande beabsichtigten. Auch mit dem besten Willen, und diesen hatte sicherlich die Mehrheit des Rathes, konnte derselbe das nicht leisten. Auch ihm schwollen ja die Wogen dieser Hülfe über das Haupt empor. Der Rath betheuerte, daß er verharren wolle, wie es deutschen getreuen Unterthanen des Reiches und des Kaisers gezieme. Es fragte sich für ihn, ob auch das auf die Dauer in seiner Macht stand.

Der Herzog Bogislav selbst verfügte sich in das Lager vor Stralsund. Das förderte die Sache. Am $^{15}/_{25}$ Juli schien man einig zu sein. Die Bedingungen von beiden Seiten waren festgestellt: es fehlte nur der Vollzug.[4] In dieser wichtigen Frist verließ Wallenstein, ohne das Ende abzuwarten, das Lager und ging nach Güstrow, sei es daß es ihn drängte in herzoglicher Hobeii

---

[1] Hurter, zur Geschichte Wallensteins S. 270.

[2] Tagebuch bei Neubur S. 22.

[3] Förster, Wallensteins Briefe I. 361.

[4] Londorp III. 1020.

dort zu refidiren, oder daß die Nähe einer zahlreichen dänischen Flotte ihn einen Angriff auf sein Mecklenburg beforgen ließ. In derselben Nacht langten neun Schiffe mit neuen schwedischen Truppen, dazu auch Dänen vor Stralsund an. Bis dahin war der Wind ungünstig gewesen. Er wandte sich. Man fah die dänische Flotte 150 Segel stark, unfern der Küste. Der schon ausgemachte Vertrag ward in der Stadt nicht unterzeichnet.

Und nun war fast keine Hoffnung mehr. Wallenstein milderte seine Forderungen von Tag zu Tag. Es half nicht. Am 19/29 Juli bittet er Arnim die Sache so einzurichten,[1] „daß wir mit Ehren bestehen." Es handelt sich um das Aufgeben der Belagerung auch nur mit einiger Ehre. Auch Arnim schüttet den Räthen des Herzogs von Pommern seine Gedanken aus über das große Unheil. Er erörtert die Frage, warum doch Stralsund sich widersetzt. Sie hat sich vor Besatzung und Verlust ihres Handels gefürchtet, sagt er. „Denn von der Religion," fügt er hinzu,[2] „mag ich nichts erinnern, weil doch den verständigen und erfahrenen Leuten kundbar genug, wie in vielen unrechtmäßigen Sachen die liebe Religion zum Vorwande gebraucht wird, damit das Wort bei den gemeinen Leuten, ja auch wohl bei sonst Verständigen Haß und Verbitterung erwecke, auch großen Herren zu ihren Händeln als Deckmantel diene." Diese Ansicht Arnims war durchaus begründet. In den letzten Vorschlägen[3] zur Capitulation ist von keiner Seite die Religion auch nur erwähnt. Ueberhaupt hatte von einer Furcht der Stralsunder für ihr lutherisches Bekenntnis nie die Rede sein können. Aber den wahren Grund des Widerstandes der Stadt in sich selber, in seinem Meister, und dem ganzen Heere zu finden, welches diese beiden repräsentirten: das war nicht Arnims Sache. Er zog es vor der Stadt Stralsund das vergoffene Christenblut ins Gewissen zu schieben, im Predigertone sie zu ermahnen, daß sie erfahren werde, was es heiße: deines Bruders Blut schreit zu dir von der Erde.

Mit solchen Reden war der leidige Handel nicht zu Ende zu bringen. Wallenstein mahnte, drängte die Sache beizulegen, irgend einen Vertrag einzugehen.[4] Auch das war nicht mehr möglich. Wohl oder übel mußten Wallenstein und Arnim zuletzt in das Unabänderliche sich fügen nach all den hochtrabenden Reden, die sie geführt, nach allen Opfern, die sie hatten bringen laffen, von Stralsund abzuziehen, ohne auch nur das Geringste zu erreichen. Wallenstein resdirte in Güstrow. Glaubte er dort sicherer zu sein vor der Demüthigung als im Lager? Am 21/31 Juli gab er an Arnim den Befehl auf alle Weise zu fehen von Stralsund abzuziehen.[5] Der einzige Vorwand, der zur Verhüllung der Sache vor dem großen Haufen übrig blieb, war, daß es geschehe auf das Begehren des Herzogs von Pommern. Dieser selbst scheint

[1] Förster, Wallensteins Briefe I. 371.
[2] Förster, Wallensteins Briefe I. 372.
[3] Londorp. III. 1020.
[4] Förster, Wallensteins Briefe I. 376.
[5] a. a. O. 341.

geglaubt zu haben, daß ihm in der That eine Art Mitwirkung zu diesem Ent-
schluffe gebühre. Er beklagte sich, daß der Abzug nicht so schnell und sofort
geschehe, wie es versprochen. Aber Wallenstein war nicht entfernt Willens das
was er öffentlich vorgab, auch persönlich dem Herzoge Bogislav als Wahrheit
zuzugestehen. Er freute sich vielmehr hier in Pommern selbst eine Person gefunden zu haben, an der er seinen ganzen Unmuth auslassen könne. Denn
nur so, und freilich dabei mit der Rücksicht auf einen besonderen Hintergedanken
ist der beleidigende und höhnende Brief zu erklären, in welchem Wallenstein dem
guten ehrlichen Bogislav einen leisen Vorwurf zehnfach zurückbezahlt. Der Feldherr erhebt gegen den Reichsfürsten, der als Landesherr in seinen Rechten durch
den Widerstand der Stralsunder und namentlich durch die Aufnahme fremder
Truppen gekränkt war, der unablässig sich um eine gütliche Ausgleichung bemüht
hatte, gegen diesen Reichsfürsten erhebt Wallenstein mit Spott und Hohn über
die Verstandeskräfte desselben die Anklage: Bogislav habe mit den Stralsundern
unter einer Decke gelegen. Die Beschuldigung war empörend und unerhört,
weil sich aus dem ganzen Verlaufe der Dinge unzweifelhaft ergab, daß die
Stralsunder den Versuchen der Vermittelung, die ihr eigener Herzog machte,
nur mit schlecht verhehltem Mistrauen entgegen gekommen waren. Demnach
lag in dieser Anklage, die Wallenstein erhob, offenbar die Absicht der Beleidigung.

Ging diese Absicht bei Wallenstein nur aus der Aufwallung des Augenblicks hervor? So könnte es scheinen. Allein Wallenstein hatte dazu noch einen
tiefern Grund. Er nennt einige Tage später vor Arnim sein heftiges Schreiben
an den alten Herzog einen Filz, den er diesem gegeben.[1] Er fragt bei Arnim
an, was Bogislav dazu sage. Er hört von einem Landtage, den Bogislav berufen will. Er wünscht, daß der Herzog sich beleidigt fühle, daß er sich feindlich stelle gegen Wallenstein; denn dann, und das ist der Kern und Sinn des
Ganzen, „würde das Herzogthum Pommern sich dem Herzogthum Mecklenburg
glatt anfügen."

Der beengte Herzog Bogislav mochte dergleichen Absichten ahnen. Er
hütete sich dem furchtbaren Feldherrn auch nur einen leisen Grund zur Feindseligkeit zu geben. Er verschwieg seinen Zorn über den hochfahrenden Uebermuth, um denselben nur auf dem rechtmäßigen Wege der gemeinsamen Klage
aller Fürsten vor dem Kaiser geltend zu machen. Fürerst fügte er sich in die
gefahrvolle Zeit. Stralsund hatte eine Hülfe in sich aufgenommen, die dem
Herzoge eben so drohend erschien als Wallenstein. Die Dänen dort traten zurück,
theils gutwillig, weil der König Christian sie sonst bedurfte, theils wegen des
Widerwillens des Rathes und der Bürger gegen den brutalen Obersten Holk,
theils drückte auf sie das Uebergewicht der Schweden.[2] Die Truppen derselben
häuften dort sich an. Der Dänenkönig fügte sich in die Forderung, daß nur
300 Mann Dänen dort bleiben dürften. Was dagegen die Anhäufung der

[1] Förster, Wallensteins Briefe I. 390 ff.
[2] a. a. O. 388. Geijer III. 151. Nr. 3.

Schweden dort sollte, nachdem schon Wallenstein abgezogen war, deutete der Vertrag an, den Gustav Adolf der Stadt dictirt hatte. [1] Es war darin auf alle Fälle Bedacht genommen. Der Vertrag solle nicht zum Angriff dienen gegen irgend einen Feind, hieß es darin. Das war beruhigend für den friedliebenden Rath. Aber es folgte der unscheinbare Zusatz: es sei denn, daß der Krieg, der entstehen möchte, solches erfordere. Dieser Zusatz stellte die Ausführung ganz und gar in die Hand des Schwedenkönigs, machte die deutsche Stadt dem fremden Könige dienstbar zu seinen Zwecken auf das deutsche Reich. Denn das ist überhaupt die meisterhafte Kunst des Schwedenkönigs seine Verträge mit Anderen durch unscheinbare kleine Zusätze jederzeit so einzurichten, daß das Halten derselben, daß aller Vortheil überhaupt lediglich in seiner Hand steht. Er hatte ein Thor nach Deutschland sich eröffnet: es war nicht seine Absicht durch friedliebende Bürger sich dasselbe sperren, seine Lieblingshoffnung auf Krieg in Deutschland sich vereiteln zu lassen.

Bogislav ahnte diese Gefahr. Er bat, er flehte um Abführung der Schweden, nachdem die Furcht vor Wallenstein beseitigt sei. Oxenstjerna antwortete mit dem vollen Uebermuthe und Hohne des Bewaffneten gegen den Wehrlosen. Sein König, sagte er, [2] habe sich der Stadt auf ihre Bitte angenommen, weil sie wider den Befehl des Kaisers angefochten sei. Darum sei Gustav Adolf des Kaisers Freund. Er habe nicht den Willen sich des fremden Eigenthums anzumaßen, nur die Ostsee wolle er sichern. Das Bestreben des Kaisers eine kaiserliche Kriegsflotte zum Schutze der Angehörigen des deutschen Reiches zu gründen, nannten Gustav Adolf und der Dänenkönig einen Versuch Nester zum Seeraube anzulegen. Nur wenn die kaiserliche Armee Pommern verlasse, sagte Oxenstjerna, solle die schwedische Besetzung in Stralsund auch nicht eine Stunde mehr bleiben. Da dieß nicht erfolge, müsse man die Besatzung noch verstärken. Es geschah.

Auch Wallenstein war nicht ganz verblendet gegen die Gefahr, die der Schwede vorbereitete. Er bemüht sich diesen Gegner zu unterschätzen. Auf die Nachricht, daß sieben schwedische Regimenter zu Schiffe gegangen seien, meint er, [3] der schwedischen Canaille seien nicht über 3000 Mann. Auch wage der Schwede nichts im offenen Kriege, sondern praktizire heimlich. Dennoch kündigt er von seiner Residenz zu Güstrow aus im August 1628 dem Arnim pomphaft seinen Entschluß an: „Ich bin resolvirt: sobald der Feind etwa an einem Orte ausschiffen wird: so will ich ihm auf die Haube ziehen. Der Herr halte die Armee nur fertig zum Marschiren.“ War es denn noch nöthig, daß der Feldherr des Kaisers einen solchen Entschluß noch also ankündigte? Wiederum versichert er dann zu einer andern Zeit dem Arnim: „Vor dem Schweden graust mir gar nicht.“ Und dennoch scheint es nicht bloß aus solchen seltsamen Reden,

[1] Theatrum Europ. I. 1251.
[2] Theatrum Europ. I. 1250
[3] Förster, Wallensteins Briefe I. 387.

als ob Wallenstein bei dem Namen des Schweden noch etwas anderes fühlte als
Muth und Selbstvertrauen. Der Schwede stand wie eine schwarze Wolke an
Wallensteins Horizont. Es wäre ihm doch lieber gewesen, wenn diese Wolke
nicht da war. Wir haben gesehen, wie er von Anfang an die Anträge des
Schweden zu einem Bündnisse gegen Dänemark als heuchlerisch durchschaute, wie
er dem Schwedenkönige die Flotte anzünden wollte, so wie so. In denselben
Tagen als, damals noch ohne Vorwissen Wallensteins, die Hülfserbietungen des
Schwedenkönigs an die Stadt Stralsund gelangten, ließ Wallenstein Erkundigungen
einziehen nach dem Geburtstage des Schweden und andern Dingen, die ihm
dienen sollten demselben die Nativität zu stellen. [1] Was für ein Ergebnis seine
astrologischen Forschungen gebracht, wissen wir nicht. Da sich dieselben nach der
individuellen Ansicht der Astrologen zu gestalten pflegten: so ist zu erwarten,
daß Wallensteins Zutrauen zu Gustav Adolf dadurch nicht befestigt worden sei.
Nun hatte neuerdings der Schwede durch die Hülfe für Stralsund ihm die Erfüllung eines seiner liebsten Wünsche, die Ausführung seiner Rache an dieser
Stadt, unmöglich gemacht. Das schwellte den Haß. Dazu beklagte er sich, daß
Orenstjerna es vermeide ihm seinen langathmigen Admiralstitel zu geben. [2]
Wallenstein gebot die Oerter, wo man schwedische Besatzung finde, härter zu
verfolgen, als diejenigen mit dänischer. Er hatte noch andere Dinge gegen den
Schweden im Sinne, Dinge, die er dem Papiere an Arnim nicht vertraute.
Für die Ausführung eines besonderen Planes verhieß er dem Thäter 35,000
Thaler.

Was für ein Plan war dieß? — Man hat gesagt, auch dieser Plan habe
sich auf die Verbrennung der schwedischen Schiffe bezogen. Allein Wallenstein
hat kein Bedenken getragen diesen Plan auf den Brand der schwedischen Schiffe
zu einer Zeit, wo er mit Gustav Adolf im tiefen Frieden war, wo dieser das
kaiserliche Bündnis suchte oder zu suchen vorgab, unverholen in jedem Briefe
an Arnim offen zu legen. Diesen andern besonderen Plan deutet er dem Vertrauten Arnim nur an als die schwedische Sache. Er spricht von einem Schotten,
der sie ausführen solle. Er wünscht sie bald vollbracht zu sehen, ehe denn der
Winter kommt. Die Schiffe waren im Winter nicht gefährlich. Aber die Unterhandlungen über den Frieden mit Dänemark standen bevor. Sie sollten am
16. Januar zu Lübeck beginnen. [3] Wallenstein wollte keine Einmischung des
Schweden in dieselben. „Ich will mich mit dem Schweden,“ sagt er, [4] „in
keine Unterhandlungen einlassen; denn es ist bei ihm alles auf Betrug abgesehen. Deßhalb bitte ich den Herrn,“ — nämlich Arnim — „ganz fleißig, er
wolle sehen, daß wir bald Jemanden hinschicken, der das verrichten wird.“ Was
steckt in diesem letzten unscheinbaren Worte. das?

So viel ist aus der Sachlage klar, daß es nicht etwas Ehrenhaftes sein

[1] a a O. 338
[2] a. a. O. 397.
[3] a a. O S. 407.
[4] a. a. O S. 398.

tonnte; denn ehrenhafte Dienste bezahlt man nicht leicht mit 35,000 Thaler an einen Unbekannten.

Hat man aber darum ein Recht sich dem schwärzesten Verdachte hinzugeben? Ein Angebot von 35,000 Thlr. ist noch kein Beweis. Die Thatsache selbst, die Wallenstein wollte, hat er nicht ausgesprochen. Wir haben uns deshalb umzu= sehen, ob in seinem Leben analoge Momente sich finden, in denen er vielleicht ähnliche Plane gehabt, in denen er über ähnliche Plane sich deutlicher ausge= sprochen, in denen er dargelegt, zu welchen Dingen er vorkommenden Falles moralisch fähig war.

Wir haben gesehen, wie er gern den Schwedenkönig und den Bethlen Gabor auf gleiche Linie stellt. Er hat von beiden Schwägern dieselbe Meinung. Er spricht sich am 28. August 1627 gegen Collalto darüber aus, wie gegen Bethlen Gabor zu verfahren sei. „Um offensiv gegen ihn zu kriegen," meint Wallenstein, „muß man mehr mit Praktiken als aperto Marte verfahren. Solches aber müßte angesehen sein auf seine Person a la usanza de Italia." Dann müsse man die Zaporogischen Kosaken eine Diversion nach Siebenbürgen machen lassen. [1]

Also liegen die Thatsachen, und das Weitere ist Schweigen. Was auch Wallenstein damals gegen den Schwedenkönig vorgehabt haben mag: es ist ihm bekanntlich nicht gelungen. Ist es mislungen, weil etwa Arnim nicht wollte? Wir wissen darüber nichts zu sagen. Die wiederholte Besprechung der Sache mit Arnim deutet an, daß das Widerstreben des letzteren, wenn ein solches da war, für Wallenstein nicht erkennbar hervorgetreten sei.

Während des Sommers 1628 war der Krieg mit Dänemark nur matt ge= führt. Nach der Waffenthat Tillys von Stade lag das Heer desselben still in seinen Quartieren westwärts von der Elbe, nur genedt und gereizt im fernen Westen durch die holländischen Besatzungen auf deutschem Boden. Die Ver= theidigung von Stralsund hob wieder den Muth des Dänenkönigs. Zu Wasser ward jeder Versuch der Kaiserlichen leicht zunichte gemacht. Aber der Däne wagte sich weiter. Er unternahm eine Landung in Wolgast und befestigte diesen Ort. Hier endlich bot sich Wallenstein einmal eine Gelegenheit einen Gegner zu Lande zu finden, und durch ein Treffen von sich reden zu machen, daß er auch siegen könne. Der Dänenkönig rettete sich auf seine Schiffe. Abermals beging dann Wallenstein die Thorheit seinen Schimpf von Stralsund zu erneuern. Er rückte wieder vor die Stadt und ward abgeschlagen wie zuvor. Einige Wochen später, im October 1628, stieg gemäß der Drohung Oxenstjernas an den Her= zog Bogislaw die schwedische Besatzung in Stralsund auf 5000 Mann.

Ziehen wir das Ergebnis. Auf Wallenstein und seinem Diener Arnim lastet der schwere Vorwurf durch die Leidenschaft ihrer Habgier, ihres Zornes, ihrer Rache gegen den ausdrücklichen Willen des Kaisers eine deutsche, in den urtheilsfähigen Corporationen des Rathes und der besseren Bürger kaiserlich treu

---

[1] Chlumecky, Regesten Briefe Albrechts von Wallenstein S. 54. Nr. XCVII.

gesinnte Stadt dahin getrieben zu haben, daß sie aus Furcht vor der Vernichtung dem lockenden Worte des Verführers ihr Ohr, seinen Truppen ihre Thore öffneten. Auch da noch wäre der Rath gern deutsch und kaiserlich getreu verblieben; aber er hatte eine Macht bei sich aufgenommen, die nicht mehr er beherrschte, die durch die bethörten und verführten Bürger ihn zwang nach ihrem Willen. Also ist es geschehen, klein an sich, schwerwiegend in den Folgen. Auch für Stralsund ist die Strafe nicht ausgeblieben. Sie wurde nicht, wie Wallenstein es drohte, dem Erdboden gleich gemacht; aber die frühere Freiheit, der Wohlstand schwanden hin. Der Fußtritt des Schwedenkönigs hat sie nicht beglückt. Die damals noch so freiheitliebende Bürgerschaft lernte dienen unter schwedischen Königen. Sie mußte fortan sich und ihre Interessen opfern nicht für das deutsche Reich, nicht für die Nation, welcher sie angehörte, nicht für einen Landesherrn, der Theil hatte an ihrer Sprache, ihrer Sitte, ihrer Volksthümlichkeit, sondern für den Fremden.

Die Städte Rostock und Wismar, welche zu den Mecklenburger Herzögen in gleichem Verhältnisse gestanden, wie Stralsund zu Pommern, hatten nicht die Kraft des Widerstandes. Als Wallenstein selber unter den Mauern von Rostock erschien, nahm die Stadt Garnison ein. Dann zog Wallenstein nach Holstein, wo noch Glückstadt und Krempe in dänischen Händen waren und seit langer Zeit belagert wurden. Er that vor Krempe sein Herannahen kund mit ähnlichen Worten, wie er sie so oft gegen Stralsund gebraucht: es solle alles niedergemacht werden. Desungeachtet erlangte der Commandant Ahlefeld, den nur der Mangel zur Uebergabe zwang, Abzug mit allen Ehren. Glückstadt dagegen widerstand, und das kaiserliche Heer vor dieser Festung war sehr unlustig. Es nahte der Herbst mit seinen Stürmen, und das kaiserliche Lager war nicht sicher gegen die anschwellende Meeresfluth. Die Belagerung mußte aufgehoben werden.

Wir haben Wallenstein begleitet bei seinem Thun gegen eine deutsche Stadt. Wir haben gesehen, wie er unbekümmert um Rechte und Ansprüche anderer Menschen als die Richtschnur seines Handelns aufstellt das imperatorische: Ich will, und ich will nicht. Wir haben damit zu vergleichen, wie in derselben Zeit Tilly sich gegen eine deutsche Stadt benahm, nicht etwa, weil dieß Benehmen ähnliche für die Geschichte der deutschen Nation tief eingreifende und weit reichende Folgen gehabt hätte, wie Wallensteins Benehmen gegen Stralsund. Das Verhältnis des Generals Tilly zu der Stadt Osnabrück ist für das Ganze ein so wenig bedeutendes, daß keiner der Zeitgenossen in den größeren Sammelwerken desselben auch nur erwähnt, daß es bislang fast völlig unbekannt[1] war. Und doch sind diese Thatsachen, obwohl nicht folgenreich für die Gesammtheit, dennoch von höchster Bedeutung zur Charakteristik der Zeit und der handelnden Personen. Darum verdienen sie unsere Aufmerksamkeit.

In Osnabrück war Bischof Franz Wilhelm, ein Vetter des Kurfürsten

---

[1] Stüve in seiner Geschichte der Stadt Osnabrück Bd. 3 gibt Seite 81 f. eine kurze Hinweisung.

Maximilian von Bayern, aus dem Geschlechte der Grafen von Wartenberg, ein eifriger Mann, zäh und beharrlich in seinem Streben zur Herstellung der katholischen Kirche. Sein Bildnis in rother Cardinalskleidung auf dem Rathhause zu Osnabrück zeigt die Furchen, welche ein Leben voll Kampf, voll wechselnder Glücksfälle in das menschliche Angesicht zu graben pflegen. Es verkündigt uns den Mann des festen Entschlusses, weniger den des Wohlwollens und der Freundlichkeit. Franz Wilhelm fand das Fürstbisthum in einem eigenthümlichen Zustande vor. Von den früheren Bischöfen hatten einige sich dem Protestantismus zugeneigt, hatten den Stadträthen nach der üblichen Weise zu reformiren gestattet. So hatte namentlich der schwache, unselbständige Franz von Walded gethan, dessen mannigfache Fehlgriffe dem wilden Unsinne der Wiedertäufer in Münster die Bahn eröffneten zu dem Greuel der Verwüstung dieser Stadt. Die Stadt Osnabrück ward unter Franz von Walded im Jahre 1543 protestantisch. Also blieb es fortan. Die folgenden Bischöfe griffen nach keiner Seite hin energisch durch. Es bildete sich der Zustand aus, daß man Katholiken und Protestanten durch einander wohnen sah, ohne Abneigung, ohne Feindschaft. Noch liefen nicht die Ströme der Parteien in scharf geschiedenen Betten neben einander. Aber der Rath von Osnabrück war protestantisch. Eine Gewöhnung von siebzig Jahren schien dieses Bekenntnis festzustellen, und die Besorgnis, daß der Protestantismus dort nicht auf dem festen Boden der Reichsgesetze stehe, sondern auf dem unsicheren der Vergünstigung der Bischöfe, verlor sich durch diese Gewöhnung.

Anders dachte Franz Wilhelm. [1] Osnabrück war nicht eine freie Reichsstadt, sie war dem Landesfürsten, dem Bischofe unterthan. Nach dem Religionsfrieden von Augsburg gebührte dem Landesfürsten, dem Bischofe das Reformationsrecht, das Recht des cujus regio, ejus religio. Franz Wilhelm war eifrig für die katholische Kirche. Nach seiner Anschauung verbanden sich für ihn Recht und Pflicht die Stadt Osnabrück wieder katholisch zu machen.

Dazu trat ein äußerer Umstand. Wir haben gesehen, wie zwei Prälaten des Domcapitels von Osnabrück sich hatten bethören lassen im März 1626 der Ladung des Herzogs Johann Ernst von Weimar zu folgen, und aus der Stadt hervorzukommen. Johann Ernst zwang sie und die anderen Domherren einen dänischen Prinzen zum Coadjutor zu erwählen. Der Kaiser cassirte die Wahl, als formell ungültig in jeder Beziehung. Sie war es ohne Zweifel, und weder die Ritterschaft noch der Rath von Osnabrück erhoben dagegen einen Einwand. Dennoch hatte Johann Ernst den wuchernden Samen der Zwietracht ausgestreut. Er hatte den Religionskrieg proclamirt. Er hatte katholische Geistliche verjagt, protestantische dafür eingesetzt. Das Mistrauen wuchs empor. Sollte der Rath dem dänischen Beginnen im Herzen so fremd geblieben sein? Also dachten

---

[1] Die Quelle für das Folgende ist hauptsächlich das ehemalige Domcapitelarchiv in Osnabrück, mit der sehr reichhaltigen Correspondenz des Bischofs Franz Wilhelm. Ich habe dasselbe Verhältnis besprochen in den Forschungen zur deutschen Geschichte, herausgegeben von Waitz, Häusser, Stälin, Band I. Heft 1.

Bischof und Capitel. Jene beiden Prälaten erhoben gegen den Rath den Vorwurf, daß die Haltung desselben und der Bürger sie zur Nachgiebigkeit gegen
den Dänen gezwungen. Der Vorwurf war aller Wahrscheinlichkeit nach unge-
rechtfertigt. Aber er war einmal erhoben. Es wurden Schriften gewechselt,
anklagend und abwehrend. Sie verbitterten die Stimmung. Es reifte in Bischof
und Domcapitel der Entschluß das Reformationsrecht durchzusetzen, sobald sich
Gelegenheit dazu biete.

Dieß war nicht leicht, zumal da die Stadt dem neuen Bischofe Franz
Wilhelm noch nicht gehuldigt. Er besaß in der Stadt Osnabrück noch keine
Macht. Er mußte erst diese hineinzubringen suchen. Auch dazu boten sich die
Mittel. Franz Wilhelm war Mitglied der Liga, mithin einer der Kriegsherren
Tillys. Der General, von Wallenstein in seinen Quartieren mehr und mehr
beengt, war in Verlegenheit seine Truppen unterzubringen. Franz Wilhelm
schlug dem Kaiser vor eine Garnison ligistischer Truppen in Osnabrück aufzunehmen. Er entwickelte zugleich seinen Plan vermöge des Reformationsrechtes
des cujus regio ejus religio die Stadt wieder katholisch zu machen. Der
Kaiser genehmigte beides. Man sieht, es ist das nicht eine beliebige Willkür
des Katholisirens: der Kaiser und Franz Wilhelm stützen sich auf das positive
Recht des Religionsfriedens von Augsburg. Demgemäß ergingen die Befehle
an Tilly.

Die Stadt ahnte, was im Werke sei. Sie wendete sich an Johann Georg
von Kursachsen. Von dem Kurfürstentage zu Mühlhausen aus im Herbste 1627
gab Johann Georg dem Rathe von Osnabrück bei dem Kaiser das Zeugniß,[1]
daß die Stadt in ihrer Devotion zu dem Kaiser standhaft verharrt habe. Er
bat sie nicht mit Kriegsvolk zu belegen. Das hemmte die Sache nicht mehr.
Im November[2] 1627 verlangte Tilly gemäß seinen Instructionen, daß die
Stadt ein Regiment Soldaten aufnähme. Er mahnte sie an ihre Pflicht gegen
Kaiser und Reich. Ein Befehl des Kaisers kam hinzu. Der Rath war sehr
bestürzt. Er erinnerte den Bischof klagend und flehend, daß wenige Jahre zuvor
ein heftiger Brand ein Drittel der Stadt zerstört. Er bat nicht das über sie
zu verhängen. Franz Wilhelm beharrte. Der Rath mußte nachgeben. Nicht
ein volles Regiment, aber sechs Compagnien zum Belaufe von 1600 Mann
mit Weibern und Kindern hielten im Januar 1628 ihren Einzug. Schweigend
nahmen die Bürger sie auf. Die Verpflegung fiel allein der Stadt zur Last
mit monatlich 16,000 Thlr. Für diesen Sold hatten die Soldaten ihre Bedürfnisse sich selber zu kaufen. Es war die einzige bedeutende Stadt, welche Tilly
besetzt hielt. Die Verpflegungsordnung, die er damals ausgehen ließ, schärfte
den Obersten Nachsicht ein gegen das arme Volk. Man sollte die Contributionen
nicht allzu genau und ohne allen Nachlaß fordern, sondern mitleidig und barm-

---

[1] Schreiben vom 22. October 1627.
[2] Schreiben Tillys an die Stadt Osnabrück vom 27. November 1827 im Rathsarchive.

herzig verfahren. [1] Er machte dieß insbesondere dem Obersten Albers für Osnabrück zur Pflicht. [2] Er verbot das Marketenderwesen in der Stadt. Nur von
den Bürgern sollten die Soldaten ihre Bedürfnisse kaufen, und zwar, damit nicht
die städtischen Abgaben umgangen würden.

Desungeachtet war die Last erdrückend schwer. Und dann erst noch kam
das Andere.

Sobald die Truppen in der Stadt waren, kündigte Franz Wilhelm seinen
Entschluß an die Huldigung dort einzunehmen, und die Stadt zu reformiren.
Also fordere es sein bischöfliches, landesfürstliches Amt und Gewissen, also sei
er befugt vermöge der Constitutionen des Reiches. [3] Der Kaiser bestätigte es.
Die Stadt Osnabrück, erwiederte er auf die Bitte derselben, habe den Bischof
Franz Wilhelm anzusehen als ihren rechten Herrn in allen geistlichen und welt-
lichen Sachen, in allen billigen Dingen ihm Gehorsam zu leisten, auch in dem
Reformationswesen ihm zu folgen. Franz Wilhelm zog ein. Der Rath, die
Ritterschaft, einzelne Bürger wagten es bei der Formel des Huldigungseides die
Worte geltend zu machen: mit Vorbehalt der Religion. Sie wurden abgewiesen,
und leisteten den Eid auch so. Es gab außer dem Dome drei eigentliche Pfarrkirchen, eine katholische, zwei protestantische. In feierlicher Procession wurden
am 25. März 1628 zuerst die herrliche Marienkirche, einige Tage später die
Katharinenkirche den Protestanten genommen. Franz Wilhelm ging weiter vorwärts mit den in solchen Fällen üblichen Maßregeln. Die protestantischen Geistlichen mußten weichen, die protestantischen Schulen wurden geschlossen. Dazu
erging der Befehl an die Bürger hülfreiche Hand mitanzulegen bei dem Baue
der Citadelle Petersburg. Dort sollten die Bürger die eigene Zwingburg errichten.

Der Rath wandte sich flehend an die protestantischen Fürsten des Reiches:
an Christian von Lüneburg-Celle, an Johann Georg von Sachsen. Er wisse
sich in dem Punkte der Religion nicht zu rathen, sagte er, viel weniger zu
retten, noch zu trösten. Wußten es diese Fürsten? Das formelle Recht des
Bischofs Franz Wilhelm war unzweifelhaft. Christian bat, [4] daß die Bürger
gegen Bezeigung ihres schuldigen Gehorsams in der Stadt verbleiben, ihr Glaubensbekenntnis behalten, in ihren Häusern für sich die evangelischen Bücher lesen,
und wider ihr Gewissen von der im Reiche zugelassenen Confession von Augsburg
nicht verdrängt würden. Im selben Sinne sprach Johann Georg. [5] Was half
das den Bürgern von Osnabrück? Sie wendeten sich sogar an den Erzbischof

---

[1] Beilage **XXXVIII**.

[2] Wiederholte Schreiben an Albers, namentlich später. Albers soll unfehlbare
Vorsehung thun, daß der Stadt, wenn sie mit dem Unterhalte für die eingelegten
Soldaten nicht auf die gesetzte Zeit aufkommen könne, sondern im Rückstande verbliebe,
keineswegs mit ungenügenden Procedunren und Thätlichkeiten zugesetzt, sondern Geduld
mit ihr getragen werde.

[3] Beilage **XXXIX**.

[4] Schreiben an den Kaiser vom 21. April 1628. Abschrift im ehemaligen Domcapitelarchiv zu Osnabrück.

[5] Den 3. Mai cod. loco.

von Trier. Er entgegnete, er könne der Stadt nur rathen in allen Dingen sich dem Bischofe Franz Wilhelm zu unterwerfen, in geistlichen, wie in weltlichen. [1] Es ist kaum ein deutscher Fürstenhof, an welchem im Jahre 1628 diese Osnabrücker Angelegenheit nicht erörtert wurde. Die Agenten des Rathes berichten: man spräche von der Stadt mit Bedauern, aber helfen könne man nicht.

Die Stadt Osnabrück hatte nur noch eine Zuflucht. Diese Zuflucht war Tilly.

Er mochte anfänglich die Verhältnisse der Stadt nicht gekannt haben; denn seine erste Forderung verlangte die Aufnahme eines Regimentes. Ein solches war 3000 Mann. Er hatte sich dann mit 1600 Mann begnügt. Die Berichte der Stadt, ihre Deputationen zeigten ihm, daß auch diese Last zu schwer sei. Im April 1628 beginnen seine Fürbitten an den Fürstbischof Franz Wilhelm für die Stadt. Es ist dabei das Verhältnis im Auge zu behalten, daß Franz Wilhelm eines der eifrigsten und wirksamsten Mitglieder der Liga, mithin Tillys Kriegesherr war, daß ferner Franz Wilhelm seine Beiträge für das Heer der Liga immer pünktlich bezahlte, daß Tilly von ihm eine hohe Meinung hatte und dieselbe mehr als einmal bethätigte, wie wir später sehen werden. Das waren Beweggründe für Tilly den Bischof schalten und walten zu lassen nach eigenem Belieben. Aber sollte nun darum der Feldherr seine Truppen gebrauchen lassen, wie er selber sie nicht gebrauchte? Als Tillys erste Bitten nicht fruchteten, drängte er nachdrücklicher. Im Juni meldete er dem Bischofe: er wisse gewiß, daß die Last der Garnison für die Stadt allein zu tragen sehr beschwerlich und unmöglich falle. Deshalb wolle der Fürstbischof die Garnison lindern, damit die Stadt unter der Last nicht gar vergehe, sondern erhalten bleibe. Also ja erheische es das eigene Interesse des Landesherrn. [2]

Es ist zu bemerken, daß Tilly doch auch hier wieder gegen jede Einwendung des Bischofs sich den Rücken gedeckt hatte durch einen höhern Herrn. Bereits am 15. April [3] hatte auf die Klagen der Bürger von Osnabrück der Kaiser den Feldherrn ermächtigt: er möge sehen, daß der Stadt nach Möglichkeit geholfen werde.

Der Rath erkannte sofort die Aussicht, die hier sich bot. Er benutzte sie. Deputationen und Briefe folgten rasch auf einander nach Stade, nach Burtehude, wo Tilly weilte. Sie berufen sich auf die in aller Welt bekannte hochrühmliche Milde und Güte des Generals. Im Juli 1628 reist Tilly zu dem Tage der Liga nach Bingen. Auch dahin eilen die Boten der Stadt zu ihm: er möge Milderung bewirken. Tilly nennt am 20. Juli aus Mainz das Gesuch der Stadt Osnabrück ein billig mäßiges. Der Agent der Stadt vertröstete sie: daß noch nicht eine Ermäßigung eingetreten sei, müsse seinen Grund haben in der lauteren Unmöglichkeit andere Quartiere zu beschaffen. Denn der General werde täglich mit ähnlichen Bittgesuchen von allen Seiten umdrängt.

---

[1] a. a. O.

[2] Auf das sie, daran C. F. G. als Landesherrn zuförderst viel gelegen, noch ferner in esse und conservation erhalten bleibe. a. a. O.

[3] a. a. O.

Es gab allerdings eine Möglichkeit. Tilly hatte, wie es scheint, von An=
fang an bei der Einlagerung das ganze Fürstenthum im Auge gehabt. Die
Last sollte mit gleichen Schultern von Stadt und Land getragen werden. Nicht
also meinte es Franz Wilhelm. Das Land umher hatte sich seiner Forderung
der Katholisirung sofort gefügt. Die Stadt dagegen, obwohl auch dort die
Uebertritte rasch sich mehrten, sperrte sich noch. Sie sollte katholisch werden
unter dem Drucke der Soldaten. Das Land sollte um seines Gehorsams willen
geschont werden. Das war der Punkt, an welchem Fürst und Feldherr aus=
einander gingen. Tilly verlangte die Verlegung eines Theils der Truppen auf
das Land. Franz Wilhelm weigerte sie. Die Verschiedenheit dieser Meinungen
barg offenbar in sich einen principiellen Unterschied. Wir werden denselben
bald noch näher erkennen.

Im August kehrte Tilly heim in seine Quartiere zwischen Weser und Elbe.
Der Rath von Osnabrück vernahm es, und beeilte sich diesen günstigen Zeitpunkt
zu benutzen. Als Tilly durch Minden kam, trat eine Deputation der Stadt
Osnabrück vor ihn. Sie betheuerte, wie ihre Stadt je und allewege deutsch
und kaiserlich treu gesinnt gewesen sei, wie sie sich niemals mit dem Dänen
eingelassen, und wie sie dennoch, gleich als habe sie etwas verbrochen, seufze
unter der unerträglichen Last der Contribution für diese Besatzung. Sie bat
den Feldherrn sich persönlich davon zu überzeugen. Tilly war rasch entschlossen.
Am 20. August 1628 war er auf dem Wege von Minden nach Osnabrück.

Der Bischof Franz Wilhelm war fern in München. Er setzte am selben
Tage sich nieder, um Tillys letzte bringende Fürbitte für die Stadt zu beant=
worten. Statt einer Gewährung meldete Franz Wilhelm einen Vorwurf. Er
gibt dem Feldherrn zu verstehen, daß die Stadt Osnabrück sich wohl fügen
würde, wenn nicht die Halsstarrigkeit derselben gesteift würde durch Tillys Für=
bitte für sie. [1] Der Bischof ahnte nicht, daß in derselben Stunde Tilly mehr
that als bloß bitten.

Mit großem Erstaunen vernahmen Domcapitel und Räthe die völlig unver=
muthete Ankunft des Feldherrn. Sie gingen ihm entgegen, begrüßten ihn.
Tilly erwiederte, er sei gekommen, um auf die Klage der Stadt die Lage der
Dinge zu besichtigen. Am andern Morgen waren Kanzler und Räthe zeitig
wieder da. Sie zweifelten nicht, sagten sie, Excellenz werde von der Stadt
mit Klagen und Beschwerden vielfältig bereits angelaufen sein, werde auch
ferner noch bei dieser Anwesenheit damit behelligt werden. Sie hoffen aber,
das Stift werde nicht beschwert werden. — Das eben war der Kern der Sache.
Glaubten die Räthe so das etwa Drohende abzuwehren? Tilly erwiederte ihnen
durch seinen Auditeur: die Geistlichen möchten ihre Schuldigkeit thun, die Stadt

---

[1] a. a. O. So viel nun beide Puncte betreffen thuet (Entlastung von Osnabrück,
und Belegung der anderen Stadt Wiedenbrück), habe ich selbst mit dem Herrn Grafen
mündlich abgeredet, dabey es zwar auch sein Bewenden hätte, wenn nit B. vnd R.
der Statt O. sich auf dieses des Herrn Grafen schreiben lendeten, halsstarrig erzeigten
vnd alles mir impuriren wolten.

dagegen solle gebührenden Gehorsam leisten. Aber die Last müsse gemeinsam sein für Land und Stadt, damit nicht diese vergehe. Die Räthe wichen aus. Tilly überreichte ihnen die Beschwerden der Bürger mit der Weisung nachzudenken, wie man die Stadt erleichtere. Der Kanzler entgegnete: es stünde ihm nicht zu sich darüber auszulassen.

Dann stieg Tilly mit dem Kanzler und den Räthen auf den Gertrudenberg, um alle Punkte der Stadt in Augenschein zu nehmen. Dort trat eine Deputation der Bürger vor ihn, und überreichte ihm eine neue Bittschrift. Tilly las sie sofort.[1] Kanzler und Räthe erkannten, was in ihm vorgehe. Auch verhehlte er seine Meinung nicht. „Ich kann mich nicht genug verwundern,“ sagt er zu ihnen, „daß man in einer solchen Sache sich nicht zu rathen, noch zu helfen weiß. Die Nothwendigkeit ist da: die Stadt muß erleichtert werden. Ich muß thun, was ich verantworten kann: daß die Stadt in solcher Weise mit Gewalt unterdrückt wird, gereicht weder dem Bischofe selbst, noch der Geistlichkeit, noch dem Werke der Conversion zum Nutzen. Entweder muß das Land in die Stadt contribuiren, oder ich lege einige Compagnien aus der Stadt auf das Land.“ Kanzler und Räthe machten Einwendungen. Jedes ihrer Worte rief den Unwillen[2] des Feldherrn um so stärker hervor. Sie schwiegen.

Man sieht den Kardinalpunkt der Sache. Wir heben ihn abermals hervor. Franz Wilhelm will durch Zwang und Drang die Stadt katholisch machen. Tilly ist für seine Person nicht minder eifrig katholisch, als Franz Wilhelm. Und doch sinnt er darauf, wie er mittelbar die Plane des Fürstbischofs durchkreuzt, weil dieselben unvereinbar sind mit der Gerechtigkeit. Es steht nach dem Reichsgesetze dem Fürstbischofe zu von seinen Unterthanen zu verlangen, daß sie katholisch werden. Das erkennt Tilly an. Auch wünscht er, daß es geschehe. Aber es steht nicht dem Fürstbischofe zu, es ist weder billig, noch menschlich, einer solchen Sache zu dienen mit Zwang und Drang. Tilly will es nicht, und auch seine Truppen sollen es nicht. Die Last derselben ist gemeinsam. Katholiken und Protestanten, Stadt und Land sollen sie tragen ohne Unterschied.

Um so mehr hatte Tilly ein Recht zum Einschreiten, da in der Erwiederung der Räthe selbst eine gewisse Anerkennung des Unrechtes lag. Wir ersehen das aus dem nachherigen Vorwurfe des Bischofs an sie.[3] „Kanzler und Räthe hätten billig besser widersprechen sollen,“ sagt er. Aber sie hatten mehr gethan, als bloß nicht genug widersprochen. Franz Wilhelm erfuhr, daß sie selber die Last unerträglich genannt. „Ihr hättet wohl unterlassen können,“ zürnte er, „dem von Tilly das zu sagen.“

Tilly ging in den Dom. Als er wieder hervortrat, sah er eine Menge Volkes davor auf den Knien liegen. Sie hoben weinend und flehend die Hände zu ihm empor und klagten: sie vermöchten nicht mehr die schwere Bürde zu

---

[1] Beilage **XL.**

[2] Se. Excellenz sind gar en cholere uff die rähte getrungen. Besonderer Bericht des Rathes Henseler a. a. O.

[3] a. a. O.

tragen. Tilly beruhigte sie. Er gab ihnen und dem Rathe der Stadt sein Wort, daß binnen vierzehn Tagen eine Erleichterung eintreten solle.

Im Uebrigen handelt er nach seiner gewohnten Weise. Die Stadt bietet ihm zu Ehren ein Festmahl dar. Es ist nur für Tillys mitgebrachte Officiere. Er selbst speißt still und allein seine einfach mäßige Kost. Bei jedem anderen Generale jener Zeit wäre unter solchen Umständen das Anerbieten eines Geschenkes von Seiten der Stadt rathsam gewesen. Der Rath von Osnabrück hütete sich sehr mit dergleichen Dingen diesem Manne zu kommen. Es hätte die ganze Sache verdorben.

Alsdann bricht Tilly auf nach Verden, und erstattet sofort von da aus Bericht an den Fürstbischof Franz Wilhelm über das was er gethan. Es war das doch nicht so sehr leicht. Denn wir haben dabei nicht außer Acht zu lassen, daß der Bischof Franz Wilhelm einer der Kriegesherren Tillys war, daß er in München weilte bei seinem Vetter, dem Kurfürsten Max selbst, dem Haupte der Liga, der schon einmal im Jahre 1622 die Nachsicht Tillys in Heidelberg gegen calvinische Geistliche mittelbar mißbilligt hatte. Es konnte kein Zweifel sein, daß die Folge von Tillys Verfahren in Osnabrück auf jeden Fall eine Ermuthigung der Bürgerschaft zum Widerstande gegen die Plane des Bischofs nach sich zog. Tilly mußte, wenn auch nicht geradezu, doch mittelbar diesen Punkt berühren.

Er berichtet [1] dem Bischofe, wie verschiedene Briefe und dann eine Deputation zu Minden ihn gebeten die Augen in die große Noth der Stadt zu schlagen. Deßhalb habe er dahin einen Absprung gemacht. „Dort habe ich mit augenscheinlicher Besichtigung nicht allein das große Unvermögen der Stadt befunden, sondern auch selbst angehört, wie thätig, willig und hingebend die ganze Bürgerschaft von Osnabrück mit Weib und Kind sich zu aller Treue, Devotion und Gehorsam gegen Eure Fürstliche Gnaden als ihrer von Gott vorgesetzten Obrigkeit erbietet. Also haben sie sich erklärt mit fußfälligen Bitten, mit heißen Thränen. Das werden Domcapitel, Kanzler und Räthe bezeugen. Bei solcher Lage der Dinge ward ich beängstigt und gab ihnen mein Wort binnen vierzehn Tagen ihnen zwei Compagnien, ein Drittel der Last, abzunehmen. Ich wollte dieselben nach Herßfeld legen; allein Collalto, der mir die Räumung dieser Stadt zugesagt, hat nicht Wort gehalten. Deßhalb zwingt mich die Noth sie im Stifte selbst auf das Land zu verlegen." Er bittet unterthänig, der Fürst wolle dieß Verfahren von ihm im Besten aufnehmen. Durfte Tilly das hoffen? Durfte er es, zumal da er die Bitte hinzufügte, der Bischof wolle fortan in seinem Stifte selbst, in seiner Stadt Osnabrück verweilen? — Konnte Franz Wilhelm verkennen, daß in dieser Bitte mittelbar für ihn ein schwerer Vorwurf lag?

Die Antwort auf die früheren Bitten Tillys hatte Franz Wilhelm lange hinausgeschoben. Dießmal war er eiliger. Seine Antwort trägt das Gepräge des bitteren Gefühls, daß dieß Benehmen Tillys ihm einen argen Strich durch

---

[1] Beilage **XLI.**

seine Plane gemacht. Er wirft Tilly vor, daß er sich habe täuschen lassen durch unwahre Vorspiegelung. Tilly selbst werde noch wohl einmal erfahren, welch geringen Respect die Stadt auch ihm beweise. Dann fährt Franz Wilhelm ärgerlich fort: „Es ist mir zwar, wie der Herr General bemerkt, nicht geholfen, wenn die Stadt ganz herunter gebracht wird, was ich doch jederzeit verhütet habe; allein ich erwäge auch, daß weder mir, noch dem Herrn General, noch dem gemeinen Wesen damit geholfen wird, wenn die Unterthanen auf dem platten Lande, die bisher viele Hunderttausende für das Heer der Liga her-gegeben, von Haus und Hof verjagt werden sollten. In solchem Falle würde diese Art von Abhülfe nach allen Seiten schädlich, durchaus nicht reputirlich und nur der Stadt nützlich sein." Das geht dem Bischofe sehr zu Gemüthe. Er begehrt inständig, daß Tilly die Sache besser beherzige. Die zwei Compagnien aus Osnabrück müssen überhaupt aus dem Stifte abgeführt werden; denn er habe das nicht um die Liga verdient, daß man seine gehorsamen Unterthanen beschweren wolle. Auch wolle er den guten Rath Tillys beherzigen und in sein Stift heimkehren, fügt endlich der Bischof hinzu, es sei denn daß er um solcher Einquartierung willen lieber fern bleibe und alles preis gebe.

Tilly verantwortet sich abermals, männlich und fest. „Ich habe durch eigene Besichtigung," sagt er, [1] „den jammervollen Zustand der Bürgerschaft der Stadt erkannt. Sie haben mir gesagt, daß sie insgesämmt mit ihren armen Weibern und kleinen Kindern sich aufmachen wollten, um sich dem Kaiser zu Füßen zu werfen und ihn um Abhülfe zu bitten. Damit nicht die Bürger zur Verzweiflung kommen, habe ich sie erleichtern müssen. Im Uebrigen ermahne ich sie zum Gehorsam." Franz Wilhelm ist indessen damit noch lange nicht befriedigt. Der Briefwechsel geht noch Monate fort in dieser Weise, für die Stadt Osnabrück nicht zum Nachtheile. Im Beginne des folgenden Jahres nahm Tilly abermals zwei Fähnlein aus der Stadt.

Also handelte Tilly gegen die deutschen Städte, gegen die eine, wie gegen die andere je nach Lage der Dinge. Wir sehen ihn fort und fort bei jeder Gelegenheit seine Stimme erheben für die Selbständigkeit der Gemeinden, für die Selbstregierung, die einst eine so feste Säule und ein so herrlicher Schmuck des alten deutschen Reiches war. Mit den Gedanken der Wallensteiner ist ein selbständiges Bürgerthum, die Autonomie der Städte unvereinbar. Man muß sie brechen, sagt Wallenstein, durch Besatzungen, man muß ihnen ein Gebiß einlegen durch Citadellen. Tilly bittet, mahnt und warnt die deutschen Städte sich nicht einzulassen mit den Fremden, mit den Verwüstern, und zwar mahnt er sie, damit sie bleiben in ihrer Freiheit und Unabhängigkeit. Wir werden ihn noch mehr als einmal in solcher Weise erkennen.

[1] Beilage XLII.

Dreizehnter Abschnitt.

Wir haben gesehen, wie die Kurfürsten auf dem Tage zu Mühlhausen im Herbste des Jahres 1627 ihre Klagen erhoben gegen Wallenstein. Wir haben gesehen, wie sie in bestimmten Zügen dem Kaiser das Schalten und Walten des allgefürchteten, allverhaßten Mannes darlegten, wie sie baten um Abhülfe. Wir haben dann gesehen, wie diese Bitten, diese Mahnungen bei allem guten Willen des Kaisers erfolglos blieben, weil die Mehrheit der Umgebung des Kaisers in dem Solde Wallensteins stand. Wir haben gesehen, wie kurz nach der Erhebung solcher Klagen die Mehrheit der kaiserlichen Räthe dafür stimmte, daß Wallenstein seiner Forderung gemäß als Unterpfand seines Guthabens von dem Kaiser das Herzogthum Mecklenburg erhielt.

Im Jahre 1628 schwoll aus allen Theilen des Reiches, wo Wallensteins Söldner lagen, lauter und drohender die Unzufriedenheit empor. Die Länder und Völker wurden verdorben und zerrüttet durch die ungeheuren, die unerschwinglichen Contributionen. Es ist wahr, daß Wallenstein Tagesbefehle erließ für die Mannszucht, daß er strafte, hart und grausam sogar. Aber was konnte das alles bewirken bei dem entsetzlichen, dem ungeheuren Systeme, das schlechter nie erdacht und nie geübt worden ist: dem Systeme der Contributionen nach dem Willen der Obersten und Officiere? Da haben wohl Einige auf ihre Klagen einmal Recht und Abhülfe erlangt; aber den Umständen nach konnte nicht das die Regel sein. Der Geist, der von Wallenstein persönlich ausging durch die Stufenleiter seines Heeres bis unten zu, war auf deutschem Boden gleich demjenigen der Spanier in Mexico und Peru. Die Zeiten waren schlimmer, als diejenigen des eisernen Faustrechtes. Damals wehrte sich der Eine gegen den Anderen. Gewerbfleißige Städte schützten sich gegen den Uebermuth und die Habgier raubender Ritter daheim durch Wall und Graben, draußen durch bewaffnetes Geleit. Ihre Gemeinwesen erstarkten durch die stäte Gefahr, deren Wogen nie so hoch wuchsen sie völlig zu überfluthen. Die Städte schlossen sich zu Bündnissen zusammen, sicherten vereint den Frieden und zogen die Störer zur Rechenschaft.

Das Alles war nicht möglich gegen Wallenstein und seine Schaaren. Es war eine grausige Einheit des Systemes in dieser Contribution, die man erhob im Namen des Oberhauptes des Reiches, des berufenen Schützers der Ordnung und des Friedens. Immerhin fehlte es nicht an den Eingriffen der rohesten Art. Wallensteinische Soldaten lagen am Wege und lauerten Kaufleuten und Waarenzügen auf. Drei Wagen mit goldenen und silbernen Borten, die Kaufleuten von Frankfurt a. M. gehörten, wurden auf offener Heerstraße von friedländischen Reitern überfallen, das Geleit der bewaffneten Bürger erschlagen, die Habe geraubt im April 1628.[1] Tiefer jedoch griff das eigentliche System ein, das sich in Wallenstein selber personificirt.

---

[1] Hurter, zur Geschichte Wallensteins S. 237.

Der Feldherr nahm Herzogthümer, die ihm nicht gehörten und auf die er
keinen Anspruch hatte irgend welcher Art: sollten die Obersten und Officiere nicht
Aemter und Rittergüter nehmen? Sie wollten wie er die Gegenwart genießen
und für die Zukunft im Voraus sich die Mittel sichern zu gleichem Genuße.
Zwar sie konnten nicht Güter hinwegnehmen wie er, und sich die kaiserliche Genehmigung des Raubes erschleichen; aber sie konnten das arme Volk die Mittel
bezahlen lassen, durch welche sie dieselben erwarben. Der Feldherr drohte den
Abgeordneten der Herzöge von Mecklenburg, den diese im Sommer 1628 bittend
an ihn sandten: wenn er wieder komme, so solle ihm der Kopf vor die Füße
gelegt werden. [1] Will man da erwarten, daß seine Obersten eine andere Sprache
redeten gegen diejenigen, welche bei ihnen Klage führten über das durch sie ge-
schmälerte Recht? Der Feldherr begegnete den deutschen Reichsfürsten wie Bitt-
stellern und Untergebenen: [2] will man erwarten, daß seine Obersten und Hauptleute gegen die Obrigkeiten dieser Fürsten, seine Cürassiere und Dragoner gegen
die Unterthanen eine andere Sprache führten?

Ein jeder einzelne Oberst und Officier des Wallensteinischen Heeres that in
seiner Sphäre ganz dasselbe, was Wallenstein in der seinigen. Der Kaiser hatte
ihm eine Besoldung von 6000 fl. monatlich angewiesen. Die Summe für
Wallenstein ist lächerlich gering. Mecklenburg brachte ihm monatlich 20,000 Thlr. [3]
Wallenstein pflegte umherzuziehen mit einem Gefolge von 800 auch 1000 Pferden, und ließ sich bei seiner Reise nach Böhmen im Herbste 1627 die Kosten
für den Zug ausdrücklich aus der Contributionskasse vergüten. [4] Dieselbe Kasse
zahlte den Sold für die Personen des Gefolges, die Wallenstein „die Meinigen
von Adel" nennt. Dazu forderte er von den Ländern, welche er durchzog, die
Naturallieferungen für seine ungeheure Tafel. Sollten die Obersten und Hauptleute anders gehandelt haben? Wir nehmen dabei an, daß sie sich außerdem
mit ihrer festgestellten Besoldung begnügten. Aber, wenn sie es nicht thaten,
wenn sie es nicht thaten mit Genehmigung oder mit Vollmacht Wallensteins?
Arnim, bis zum April 1628 Oberst, erhielt damals das Patent zu der in jener
Zeit nächst höheren Stufe als Feldmarschall mit 1500 fl. monatlicher Besoldung. [5]
So viel gab das Patent an, das er vom Kaiser erhielt. Drei Monate zuvor
verlangte Wallenstein von dem Obersten Arnim eine Quittung, daß dieser Oberst
Arnim von Wallenstein als ersten Monatssold 18,000 Thaler empfangen. [6]
Wallenstein sagt ausdrücklich, daß er die Quittung verlange, damit der Kaiser
es ihm wieder erstatte. War die Erhöhung für Arnims besondere Dienste an
Wallenstein? Auch andere Obersten forderten für sich 8000 fl. monatlich. Was

---

[1] Mecklenburgische Apologie. Anlage CCLVII.
[2] Förster, Wallensteins Briefe I. 271 ff.
[3] Förster, Wallenstein als Feldherr und Landesfürst S. 396.
[4] Förster, Wallensteins Briefe I. 277. cf. 160. Nr. 90. S. 167.
[5] Förster, Wallensteins Briefe I. 331.
[6] a. a. O. 173.

sie daneben verlangten, ohne es durch ein Ausschreiben offen zu fordern, ist nur aus dem Schmerzensschrei der gequälten Menschen zu errathen.

Es fehlte nicht bloß die stetige Ordnung und Regel, welche auch schweren Druck noch erträglich macht: es fehlte bei Wallenstein und demgemäß bei seinen Officieren durch das ganze Heer hinab an dem nachhaltigen Willen zu dieser Ordnung und Regel. Es war auf Wallenstein und seine Officiere kein Verlaß, keine Sicherheit des gegebenen Wortes. Arnim hatte den Herzog Bogislav zum Vertrage von Franzburg gezwungen, durch welchen der Herzog sich der Einquartierung in seinem Lande für sechs Wochen bequemte. Aus den sechs Wochen wurden Monate und Jahre. Bogislav und die Landstände hatten den Strom, den sie nicht mehr abhalten konnten, in ein regelrechtes Bette zu leiten gesucht durch 33 Punkte des Vertrages. „Auch nicht e i n Punkt unter allen,“ klagten die Stände von Pommern ein halbes Jahr später dem Kaiser, [1] „ist gehalten worden: man haust bei uns wie im feindlichen Lande.“ Es war einmal keine Ordnung von oben herab. Wenn man hätte Ordnung halten wollen: so gab Tilly das Beispiel, wie dieselbe durch Verständigung mit den gesetzlichen Obrigkeiten möglich war. Wallenstein selbst setzte den Soldaten über alle bürgerliche Ordnung hinaus. Er untersagte dem Kurfürsten von Brandenburg die Anmahnung an die Unterthanen zur Zahlung anderer Abgaben, weil das sehr präjudizirlich für die Soldaten sei. [2] Wir wissen, wie Tilly nur durch landesherrliche Commissarien mit den besetzten Ländern in Beziehung trat, nur mit ihnen über Quartier und Contribution unterhandelte. Also lag es in der Natur der Sache. Also war es ferner den Gesetzen des Reiches gemäß. Wallenstein untersagte seinen Obersten und Officieren sich um die landesherrlichen Commissarien des Herzogs von Pommern zu bekümmern. [3] Er gebot ihnen ausdrücklich nach eigenem Gutdünken zu handeln. Daß der Soldat dem gequälten Bürger und Landmann den Fuß auf den Nacken setzte, war nicht bloß der unvermeidliche Erfolg des Wallensteinischen Systemes: es erschien nach solchen Worten als seine Absicht und sein Wille. Aus solchen Befehlen gingen die Aeußerungen selbst gewöhnlicher Söldner hervor, die der Kurfürst von Brandenburg dem Kaiser klagend berichtet: „Was fragen wir nach dem Kurfürsten?“ — „Will der Kurfürst es nicht gewähren: so wollen wir selbst es anordnen und das Verlangte suchen, wo wir es finden.“ [4]

Dabei stand das Unheil, das dieses sein System über die deutschen Länder brachte, Wallenstein in voller Klarheit vor Augen. Eben darum erhielt er seine eigenen Besitzthümer sowohl in Böhmen und Schlesien, als namentlich Mecklenburg rein von seinen eigenen Truppen. Daß sein Besitz von Mecklenburg der Grund war, weshalb dort nur wenige Truppen lagern durften, sagt er ausdrücklich an Arnim: „Denn Mecklenburg ist in guten Händen.“

[1] Hurter, zur Geschichte Wallensteins S. 244 vom 9. August 1628.
[2] Förster, Wallensteins Briefe I. 271.
[4] a. a. O. 410—411.
[4] Hurter, zur Geschichte Wallensteins S. 242.

Dennoch lagen einige Truppen in Mecklenburg. Wallenstein gebot dem
Collalto, dem Präsidenten des Hofkriegsrathes in Wien, die Contribution an
vier Compagnien Reiter unter Merode verabfolgen zu lassen aus den früheren
Quartieren, wie es scheint, in Schwaben. Das zu gestatten, hatte der Oberst
Ossa geweigert. „Der Herr Bruder," also meldet Wallenstein an Collalto,
„wolle es ihm befehlen. Hat Ossa es aus sich gethan, so obligirt er mich gar
schlecht." Und dann der Grund? „Denn man legt mir es aus, daß ich wenig
Verstand hätte, wenn ich die Truppen selber unterhalten wollte." Und eben
dasselbe galt für die Croaten Isolanis, die Wallenstein in Mecklenburg hatte.
Es blieben nach diesem Gebote in den ehemaligen Quartieren einige Reiter zurück,
welche die Contributionen betrieben. [1]

Es war nicht bloß Wallensteins Absicht diese Länder, die ihm gehörten,
der Unterthanen wegen zu schonen, sondern auch sie weiter zu benutzen. Das
merkwürdige Finanztalent, welches diesem Manne von Anfang an seine Laufbahn ermöglicht, bildete sich schärfer und gewandter aus von Jahr zu Jahr.
Wallenstein war nicht bloß der Anführer des Heeres mit all den Vortheilen, die
daraus ihm erwuchsen: er war zugleich der Lieferant mit den üblichen Vortheilen der Armee-Lieferanten, und zwar wiederum war er das aus seinen
eigenen Besitzungen. Namentlich das Herzogthum Friedland, das er von Einquartierung befreit, war ihm eine reiche Vorrathskammer. Von dort läßt er
schon im Februar 1626 dem Heere 17000 Strich Korn zusenden, dazu 1000
Centner Lunten, er läßt dort 10,000 Paar Schuh machen für die Knechte mit
ausdrücklichem Befehle, daß es in seinen Städten und Märkten geschehen müsse.
Dann folgt die Hauptsache. Er fordert für das alles genaue Quittungen, „auf
daß es mir nachher von Ihrer Majestät wiederum bezahlt werde." [2]

Wer denn stellte die Preise fest?

Nur so ist es möglich und erklärlich, daß im Jahre 1628, nachdem kurz
zuvor für eine Forderung von 700,000 fl. das Herzogthum Mecklenburg dem
Wallenstein verpfändet ist, der Kaiser an Wallenstein schulden soll: drei und
eine halbe Million Gulden. Für einen solchen Betrag konnte nach dem Mecklenburger Fuße noch manches deutsche Herzogthum verpfändet werden.

Aber wofür mochte eine solche Summe auch nur möglich sein? Wallenstein ließ die besetzten Länder Contributionen zahlen nicht bloß für die Verpflegung des Heeres, sondern auch für die Anlage von Befestigungen, für den
Bau seiner Schiffe, kurzum für alles, was zum Kriege erforderlich war. Woher denn noch die Schulden des Kaisers an ihn?

Wallenstein gewann und verdiente bei diesen seinen Lieferungen nicht bloß
nach der einen Seite durch das Verkaufen an den Kaiser, sondern auch durch
den Einkauf, wenn man so es nennen will. Im Herzogthum Friedland waren

[1] Chlumecky, Regesten u. s. w. S. 82 ff. 95 f. im Januar 1628. S. 84. Denn
man legt mir's aus: che ho poco cervello. u. s. w.
[2] Förster, Wallenstein als Feldherr und Landesfürst. S. 360.

1626 viele Steuern rückständig. Wallenstein wartet bis nach der Ernte. Dann gebietet er alle Reste einzutreiben, und zwar in Getreide. [1] Die Einwohner und die Beamten des Herzogs mochten geglaubt haben, daß sie mit einer Lieferung nach dem Preise vor der Ernte, mit zwei Scheffeln für fünf Thaler abkommen könnten. Nicht also hatte es Wallenstein gemeint. Er rechnete genauer. Er fordert, daß seine Unterthanen so viel Getreide geben, als man nach der Ernte für die schuldigen fünf Thaler bekommen kann. Dieß also gesammelte Getreide schickt er hinab in die niedersächsischen Stifter zur Verpflegung des Heeres oder sonst zum Verkaufe. Weder im Großen, noch im Kleinen entgeht irgend etwas auf den Gütern der wirthschaftlichen Aufsicht dieses Mannes. Er überwachte sein Gestüte, die Einbringung des Heues und Grummets, die Schwäne auf seinen Teichen, die Fütterung der Capaunen und Hühner, und die Kohlrüben in seinen Gärten. [2]

Man hat ihn gelobt wegen dieser Wirthschaftlichkeit. Man scheint dabei nicht erwogen zu haben, daß zur selben Zeit, wo Wallenstein allen diesen Dingen seine Aufmerksamkeit zuwandte, viele Menschen, die nie etwas verbrochen, in der Noth des bittern Hungers, den er und seine Söldner über sie gebracht, ihre Zuflucht nahmen zu dem Grase des Feldes und den Blättern der Bäume, um den Leib damit zu füllen und mit Fluch und Verwünschung gegen den Urheber ihres Elends auf den Lippen zu sterben. [3]

Ein solcher Mann hatte die Mittel Jahr auf Jahr neue Güter, neue Länder an sich zu bringen, und Paläste zu bauen, wie damals kein König sie besaß. Mit reichen Mitteln rief er von allen Seiten die Künste herbei zu seiner Verherrlichung. In seinem Palaste zu Prag sah man einen Festsaal ausgestattet mit allegorischen Figuren, mit Darstellungen aus der Geschichte der Helden alter und neuer Zeit. Das Deckengemälde zeigt den Herzog selbst als Triumphator auf dem Siegeswagen, einen leuchtenden Stern über seinem Haupte, von vier Sonnenrossen gezogen, von der Victoria gekrönt. Worauf bezog sich das? Wo waren die Siege, für welche dieser Mann also sich selbst verehrte? War das alles wegen des Mansfeld und seines Gesindels an der Dessauer Brücke?

Und dann, und vor allen Dingen mußte in dem Beschauer die Frage sich erheben: woher die Mittel zu dieser feenhaft orientalischen Pracht? Die deutschen Länder verdarben, und Wallenstein baute Paläste.

Und weiter erhob sich die Frage: was ist das Ziel dieses Mannes?

Drohend gährte der Unwille gegen den übermächtigen Feldherrn in allen Fürsten des Reiches. Er trat bei den katholischen Kurfürsten noch heftiger hervor, als bei den protestantischen. Der Grund lag nicht bloß darin, daß jene durch ein festeres Band geeinigt wurden, daß ihre Stimme um so nachdrücklicher, um so gewichtiger erscholl, weil sie von mehren zusammen ausging, sondern sie

---

[1] Förster, Wallenstein als Feldherr u. s. w. S. 394.
[2] Förster, Wallenstein als Feldherr S. 365.
[3] Klage der Pommern von 1630 im Theatrum Europ. II. 184. Ferner Wallensteins eigener Bericht bei Chlumecky.

waren auch zum Theile schwerer belastet. Während sie nach wie vor die Beiträge für das eigene Heer darbrachten, lagerten sich Wallensteinische Obersten
fern vom Schauplatze des Krieges mit Vorliebe in ihre Länder ein, bis auf
Bayern, welches sie nicht berührten. Die energische Persönlichkeit des Kurfürsten
Max schreckte sie. Johann Georg von Sachsen, Georg Wilhelm von Brandenburg gaben bei dem Kaiser schmerzliche Klagen ein über den Druck, welchen sie
erlitten. Die katholischen Kurfürsten, als deren Führer Max hervortrat, bedachten und erwogen die Mittel zur Abhülfe. Seit April 1628 regte sich nachdrücklicher als zuvor in den Fürsten der Liga der Gedanke: [1] es könne dahin
kommen, daß das eigene Heer zum Schutze gegen Wallensteins unerhörte Bedrückungen zu verwenden sei. Max von Bayern ließ Tillys Generalcommissär
Ruepp nach München kommen, und durch diesen den Feldherrn um seine Absicht befragen. Tilly billigte es nicht. Er entgegnete, daß ein solcher Bruch
mit dem Wallensteinischen Heere auch den Kaiser beleidigen würde. Aber wenn
es sein mußte: so war er bereit die ihm ertheilten Befehle nach bestem Wissen
und Vermögen zu vollziehen. [2] Denn Tillys erste Tugend war der Gehorsam.

Der Kurfürst Max gab darum den Gedanken nicht auf: er suchte nur um
so eifriger über Wallensteins eigentliche Entwürfe zur Klarheit und Einsicht zu
kommen. Denn das stand ihm fest: entweder dürfe man ohne äußerste Gefahr
nicht länger zusehen, oder man müsse sich ganz in die Discretion des kaiserlichen Feldherrn ergeben. [3] In gleichem Sinne erwiederte ihm der Mainzer: er
sei jederzeit der Meinung gewesen, und alle bisherigen Handlungen des Herzogs
von Friedland bewiesen es klar, daß derselbe nichts Gutes im Sinne habe.
Was Wallensteins Person betraf, so stimmten beide überein, [4] daß seine Arglist
und Verschlagenheit allen menschlichen Glauben übersteige. Er hat es dahin gebracht, meinen sie, seine eigenen Anschläge zu scherzen, nur um sie desto besser
zu verheblen. Er ist freigebig, um sich Anhang zu gewinnen, namentlich gegen
die Obersten. Er ist es ferner gegen diejenigen, welche sich unter seine heftige
und barsche Weise beugen; denn eben um dieser willen ist er so sehr gefürchtet,
daß sein Wille im kaiserlichen Rathe herrscht, ja daß auch der Kaiser selbst sich
ihm fügt. Er ist verschlossen, wie kein Anderer. Niemand weiß sein Inneres.
Dabei ist er erfahren in der Geschichte. Er hat den Gang des deutschen Krieges
mit aufmerksamem Auge beobachtet, und sein Urtheil ist scharf. Seine Entschlüsse sind fest, und in der Ausführung derselben scheut er vor keiner Beleidigung gegen Andere zurück. Selbst an die Einwendungen des Kaisers kehrt er
sich nicht. Eben noch hat ihn der Kaiser gebeten Kursachsen mit Einlagerung
zu verschonen. Wallenstein hat erwiedert: es könne nicht sein und legt dem
Kurfürsten drei Regimenter in die Lausitz. Sein Streben ist unumschränkte

[1] Hurter, zur Geschichte Wallensteins S. 199.
[2] Aretin, Wallenstein S. 52.
[3] Hurter, zur Geschichte Wallensteins S. 200.
[4] a. a. O. S. 202. Es ergibt sich aus dem Ganzen, daß beide Kurfürsten die
Aeußerungen des Vertrauten sich zu eigen machten.

Herrschaft, und nichts ist ihm unleidlicher als sich unterordnen zu sollen. Er ist dem Sohne des Kaisers, dem Könige von Ungarn abgeneigt, weil derselbe weder verschwenderisch, noch furchtsam ist, weil er erkennt, daß derselbe von den Untergebenen Gehorsam fordern würde. Er ist jähzornig und rachsüchtig, auch um geringer Dinge willen. Er stellt sich bei dem Beichtvater des Kaisers religiös durch Andacht und gute Werke, und bringt es dadurch dahin, daß der Kaiser meint: ein solcher Mensch könne ihn nicht betrügen. Er sucht bei dem Kaiser darzustellen: er habe keine Liebe beim Heere, weil er so strenge sei. Allerdings ist er streng, selbst hart im einzelnen Falle; aber er unterwirft der Gewalt der Soldaten das ganze Reich, und zwar so, daß das Heer allein von ihm abhängig ist und von Niemandem sonst. Denn auch der Kaiser hat über das Wallensteinische Heer nicht mehr Autorität, als Wallenstein es will, und Wallenstein bemüht sich jegliche weitere Autorität des Kaisers zu hindern. Darum nimmt er kein Geld von dem Kaiser zum Solde für die Truppen, sondern, wo der Kaiser Mittel hat, da zieht Wallenstein es vor anderen Kriegsbedarf anzunehmen. Spanien hat Geld angeboten, jährlich 600,000 Thaler. Darüber ist Wallenstein sehr unwillig geworden, und hat gemeint: es seien noch Mittel genug das Heer zu unterhalten und solle es auch 25 Jahre dauern. Der Kaiser wagt nicht mit Ernst und Entschiedenheit durchzusprechen, um so weniger, da er kein Entgegenkommen findet; denn die vornehmsten Minister am kaiserlichen Hofe sind in Wallensteins Händen. Es ist Keiner unter ihnen, der nicht Geld von ihm empfinge. Darum tritt er auf mit einer beispiellosen Kühnheit und setzt durch, was nur immer er will.

Also dachten die beiden ersten Kurfürsten des Reiches. Aber was sind seine weiteren Plane? Diese Frage mußte ihnen am schwersten aufs Herz fallen. Die unvermeidliche Folge des bisherigen Laufes der Dinge war eine militärische Dictatur. Auch wenn Wallenstein nicht offen gegen den Kaiser die Fahne des Aufruhrs erhebt, wird er doch über den Kaiser und alle Fürsten herrschen, als sei er der höchste. Darum ist sein nächster Plan das Heer des katholischen Bundes zu Grunde zu richten, nicht durch einen Angriff, sondern indem er den Soldaten der Liga die Quartiere entzieht, daß das Kriegsvolk verlaufen oder ihm zufallen muß. Dagegen geht er mit dem Gedanken der stätigen Vermehrung seines Heeres um, und behauptet zu diesem Vorwande die Nothwendigkeit eines Krieges gegen die Türken. Es ist ihm damit nicht Ernst: sein Ziel ist ein anderes.

Denn Wallenstein ist nur der General des Kaisers und keines anderen.[1] Der Kaiser kann sterben nach dem Gesetze der Natur oder durch fremde Zuthat. Dann bleibt das Kriegsheer dem Feldherrn verpflichtet und dem künftigen Kaiser. Wer wird dieser sein? Die Wahl desselben steht bei den sieben Kurfürsten. Aber die Kurfürsten werden oder sind bereits durch das Wallensteinische Kriegsheer zu Grunde gerichtet. Es ist die unvermeidliche Folge, daß zuerst das Heer

---

[1] a. a. O. S. 214 ff.

und dann ganz Deutschland den glücklichen Feldherrn als Erbkönig anerkennen wird. Darauf hinaus zielen alle seine Schritte.

Also dachten die Kurfürsten von Bayern und Mainz gemäß den Berichten, welche sie durch ihre Vertrauten vom kaiserlichen Hofe empfingen. Angenommen die Entwürfe des ehrgierigen, verschlossenen Mannes seien so hoch hinaus- gegangen — und es liegt in den Umständen nichts, was dem widerspräche —: so bleibt doch zu fragen, ob das Mittel, auf welches allein er sich stützte, ob das ungeheure Heer, welches die deutschen Länder von den Alpen bis zur Nord- see aussaugend bedeckte, ob dieses Mittel zu solchen Zwecken geeignet war. Mehr als einmal ist glücklichen Feldherren ein ähnliches Unternehmen gelungen. Kaum dreißig Jahre später machte Oliver Cromwell durch seinen folgerechten, un- bedingten Militärdespotismus aus der Republik England eine absolute Monarchie. Allein es war doch da ein großer Unterschied. Das Heer Cromwells war wesentlich verschieden von demjenigen Wallensteins. Jenes war geeinigt und gefestigt durch starke moralische Bande. Es hatte eine und dieselbe religiöse Anschauung, fanatisch, unduldsam, aber eben darum energisch und kriegerisch, wie keine andere. Cromwells näselnde Heilige mit der Bibel in der Linken hielten lange und sehr langweilige Reden von der Erweckung und Berufung; aber ihre Rechte lag am Schwerte, und sie fochten gleich Josua und Gideon. Ihre Kriegsdisciplin war eisern. Das Heer lechzte nach dem Blute seines Königs; aber das Eigenthum und die Habe auch des Geringsten war sicher vor ihrer Hand. Eine lange Kette von Siegen unter Cromwells Führung hatte ihnen gezeigt, daß nichts ihnen unwiderstehlich war, und mit ernster Freude gingen diese Männer ins Gefecht wider ihre Gegner, die nach ihrer Anschauung nicht ihre Feinde, sondern diejenigen ihres alttestamentlichen Gottes waren. Mit einem solchen Heere, das in Sachen des Kriegs dem Willen des Führers ge- horchte wie ein Uhrwerk, brach Cromwell den Thron der Stuarts in Stücke.

Wie so unendlich verschieden war das Heer Wallensteins! Es fehlte alle und jede sittliche Triebkraft, alles und jedes moralische Band. Sein Heer war nicht ein katholisches, nicht ein protestantisches: es kümmerte sich um kein Be- kenntnis überhaupt. Die Wallensteiner betraten katholische und protestantische Kirchen nur um Kirchenraubs willen, um nicht bloß Gefäße und Geräthe von edlem Metalle, sondern überhaupt alles an sich zu nehmen, was sich zu Gelde machen ließ. In solchen Dingen bestanden die Thaten dieses Heeres. Was geschehen war gegen die offenen Feinde des Reiches und des Kaisers, das hatte eine andere Hand vollbracht. Die lange Reihe der Siege stand gebucht auf Tillys Namen, auf den Namen seiner Tapferen, die zehn Jahre lang diesem ihrem Vater folgten in Noth und Tod. Eben zur selben Stunde, wo Wallen- stein sich trug mit den höchsten Plänen, setzte eine kleine deutsche Stadt anfangs ohne fremde Hülfe dem Andrange von fünfzehn wallensteinischen Regimentern ein Ziel. Eine Siegesfreudigkeit konnte in diesen Menschen nicht wohnen. Wir haben aus den Berichten der Augenzeugen vernommen, daß die Officiere die Söldner mit Schwertern und Partisanen gegen die Wälle von Stralsund trieben, wie die Schafe zur Schlachtbank, daß sie weinten und schrieen: dort sei es aus mit ihnen und man lebre nicht wieder. Und welche andere sittliche Triebkraft konnte dann noch vorhanden sein? Nur Gewinnsucht, nur die Begierde mühelos reich zu werden auf Kosten Anderer hatte diese Schaaren von Deutschen, Italienern, Franzosen und den Auswürflingen aller Nationen zu Wallenstein geführt, nur diese Habgier hielt das locker gefügte Heer zusammen. Die folgende Entwicklung der Dinge hat es Wallenstein erspart dieses sein Gebäude, das jeder festen Unterlage sittlicher Kraft entbehrte, noch unter seiner eigenen Führung beim ersten Sturme zusammenbrechen und zerfallen zu sehen; allein von jenseit des Meeres wachte ein klares, scharfes Auge über alles Thun dieser Wallensteiner. Gustav Adolf durchschaute frühzeitig seinen Mann. Er nannte Wallenstein einen Phantasten. Die Sache desselben, also äußert sich dieser genaue Kenner des Thuns und Wollens der Menschen, die Sache Wallensteins besteht in fama. [1]

Das Interesse aller Kurfürsten und Fürsten des deutschen Reiches war ge-meinsam. Die katholischen Kurfürsten, die allein nöthigenfalls zum Handeln entschlossen waren, ließen ihre Ansichten über die Lage der Dinge an Johann Georg von Sachsen gelangen.

Der Hohenzoller Georg Wilhelm von Brandenburg, von dem ein that-kräftiger Entschluß nicht zu erwarten stand, wurde, wie es scheint, nicht auf-gefordert. Auch Johann Georg zauderte und konnte sich nicht entschließen.

Also kamen nur die Abgeordneten der katholischen Kurfürsten am 25. Juni 1628 zu Bingen zusammen. [2] Die Stimmung war heftig, der Wille energisch. Zur guten Stunde traf noch vor der Berathung ein Schreiben des Kaisers ein, in welchem er Abdankung einiger Truppen, Abhülfe der Beschwerden in Aussicht stellte. So war wenigstens die Klage hinweggenommen, daß der Kaiser auf die Anträge von Mühlhausen nicht geantwortet. Aber der Unmuth machte sich darum doch kaum weniger laut geltend. Man nannte anfangs den Namen Wallenstein nicht. Man sprach von der bewußten Person, welche darauf aus-gehe das Reich umzukehren, welche zu diesem Zwecke unnöthige starke Heerhaufen auf Kosten des Reiches werbe und unterhalte. Das bittere Wort des Tacitus, daß man täglich gezwungen werde die eigene Knechtschaft neu zu kaufen, war damals in Aller Munde. Man unterschied jedoch scharf zwischen dem Feldherrn und dem Kaiser. Nur der Wille des einen Mannes, der bisher des Dominates im Reiche ohne einigen Respect sich angemaßt, müsse gebrochen werden. Die Kurfürsten wiederholen die Klagen, die sie ein halbes Jahr zuvor zu Mühl-hausen ausgesprochen. Sie erinnern daran, daß keine Abhülfe erfolgt sei. Sie setzen keinen Zweifel in das friedfertige Gemüth des Kaisers; aber sie mistrauen einigen Räthen desselben. [3] Sie weisen darauf hin, wie verächtlich bisher ernste

[1] Geijer III.

[2] Hurter, zur Geschichte Wallensteins S. 226.

[3] So auch drücken sie sich unter einander aus. Franz W. von Osnabrück an Ferdinand von Köln, Mai 1628: Es steht im Reiche trüb aus. Ich glaube, des Herrn Frombkeit und der ministrorum interesse sei unica causa. Ehemaliges Domcapitelarchiv in Osnabrück.

kaiſerliche Befehle von den Kriegsoberſten gehalten ſeien. 200 Compagnien Reiter liegen müßig im Reiche und fordern Contribution. Deßhalb haben die Kurfürſten, nicht aus Mistrauen gegen den Kaiſer, ſondern nur der begründeten Beſorgniß wegen ſich verglichen, daß wenn die bisherige Bedrückung länger fortdauere, zur Abwehr derſelben das Bundesheer zu verwenden ſei. Brandenburg und Kurſachſen ſollen eingeladen werden dieſem Plane der Vertheidigung beizutreten.

Alſo die Räthe der katholiſchen Kurfürſten zu Bingen im Juni 1628. Aber ſie gingen weiter. Der Kaiſer hatte Abhülfe der Beſchwerden verſprochen. Für den Fall, daß dieſe Abhülfe nicht erfolge, ſolle eine Geſandtſchaft an den Kaiſer geſchickt werden. Sie ſoll ihm ſagen, daß die Kurfürſten des Reiches es als eine Gewiſſenspflicht erachten auf Mittel Bedacht zu nehmen, wie dem reichsverderblichen Beginnen des Herzogs von Friedland geſteuert werden könne. Das geeignetſte Mittel dazu iſt die Entlaſſung Wallenſteins. Der Kaiſer wolle geruhen, alſo lautet die Inſtruction der Geſandtſchaft, die man im Falle der Nichtabhülfe an den Kaiſer ſchicken wollte, dem Herzoge von Friedland das Schwert, mit welchem er nur des Reiches getreue Stände verfolge, aus der Hand zu nehmen und ihn von der Armee abzuſchaffen. [1]

Die Kurfürſten wollten es nicht bei dieſer Bitte bewenden laſſen. Sie wollten ſchweren Ernſt dahinter zeigen. Wenn der Kaiſer zweifelhaft oder zögernd antworte: ſo hatte die Geſandtſchaft ihm zu melden: man ſehe, daß der Kaiſer ſeines Feldherrn zum Gehorſame nicht mächtig ſei, daß der Kaiſer dem Unheile nicht abhelfen könne, wie gern er auch wolle. Deßhalb werde der Kaiſer es den Ständen des Reiches nicht in Ungnade aufnehmen, wenn ſie durch ihre Vertheidigung den bemeldeten Herzog zum ſchuldigen Gehorſame anhielten. Es war offenbar die Abſicht einen Krieg des Bundesheeres gegen das Wallenſteiniſche nahe in Ausſicht zu ſtellen.

Wir müſſen dabei feſthalten, daß dieſer Beſchluß nur ein eventueller war, deſſen Ausführung bedingt ward durch die Willfährigkeit des Kaiſers auf die Beſchwerden einzugehen.

Eben damals drang Spanien lebhafter als ſeit mehreren Jahren auf offenen Krieg gegen die Holländer. Wir wiſſen, wie dieſe Forderung dem Wunſche Tillys, ſeiner politiſchen Grundanſchauung entſprach. Die Frage ward zu Bingen erwogen. Aber dießmal trat zu der alten Abneigung der Bundesfürſten noch der neue wichtige Grund hinzu: Tilly mußte verfügbar bleiben gegen Wallenſtein. Es war damals in Wahrheit nicht bloß die Abſicht einer Drohung. Tilly war anweſend. Man verlangte ſein Gutachten, wie die militäriſchen Maßregeln zu treffen ſeien. Die Fragen ſelbſt, die man ihm vorlegte, geben deutliches Zeugniß von dem Ernſte der Geſinnung. Man erörterte genau, wie das Bundesheer zu vertheilen, welche Päſſe zu beſetzen ſeien.

Dennoch wurden dieſe Beſchlüſſe von Bingen nicht ausgeführt, weil es

---

[1] Hurter, zur Geſchichte Wallenſteins S. 231.

eben damals, im Sommer 1628, Ernst zu werden schien mit einer Reform.
Wallenstein versicherte damals dem Kaiser und rief Gott zum Zeugen seiner
Worte an:[1] die Klagen aus dem Reiche thäten ihm eben so leid, als wenn er
sie von seinen eigenen Gütern vernähme. Also sprach derselbe Mann, der seine
eigenen Güter von jeglicher Einquartierung befreite. Er ersucht den Kaiser
eilends zum Corps des Grafen Wolf von Mansfeld Jemanden abzufertigen,
der die Verbrechen bestrafe und auf gute Ordnung halte. Er bittet den Kaiser
sich darauf zu verlassen, daß alle Ungebühr abgestellt werden solle. Er hält
dem Kaiser vor: wenn Jedermann mit Einquartierung hätte verschont bleiben
sollen: so würde der Kaiser solche Macht, wie jetzt ihm zu Gebote stehe, nicht
haben. Er bemüht sich nicht unmittelbar, aber auf Umwegen das Gedächtnis
Tillys beim Kaiser zu verdunkeln. Wenn Gott nicht Wunder gethan: so wäre
der Kaiser schon aller seiner Königreiche und Länder beraubt; denn alle Potentaten seien wider den Kaiser verbunden gewesen, und die Reichsfürsten mit
ihnen verschworen. Die Katholischen seien nicht im Stande gewesen Allen zu
widerstehen. — Die Arglist, die Entstellung, die Berechnung auf den Charakter
des Kaisers blickt aus jedem Worte. Wie war es ein so unsägliches Unheil für
die deutsche Nation, daß das vertrauende Gemüth des Kaisers gerade der Lüge
Wallensteins und seiner Creaturen immer zugänglich sein mußte! Ferdinand hielt
sie für seine getreuen Diener; die Reichsfürsten, also mochte er denken, hätten
ein Interesse gegen ihn.

Mit der Ausführung des Rathes, den Wallenstein dem Kaiser gegeben,
war es diesem sichtlicher Ernst. Ferdinand schickte Collalto aus zu diesem Zwecke.
Nach der Weisung der Bundesobersten kam im Anfange August 1628 Tilly zu
Würzburg mit Collalto zusammen.

Es ist merkwürdig die Urtheile von beiden Seiten über diese Zusammenkunft zu vernehmen. Wallenstein erzählt dem Arnim und beruft sich dafür auf
den Bericht von Collalto:[2] „Die Sache mit Bayern ist ganz und gar in ein
gutes Vernehmen gebracht. Die katholischen Kurfürsten haben besorgt, der
Kaiser wolle das Reich erblich machen." Hatte demnach vielleicht Collalto diese
Furcht ihnen benommen? Tillys Meinung über das Ergebnis der Zusammenkunft war eine ganz andere. Nach den Eröffnungen, die Collalto machte, überzeugte sich Tilly, daß alles nichtig, daß nichts zu hoffen sei, weder eine ernstliche Abdankung der übergroßen Reiterei, noch eine bessere Vertheilung der
Quartiere mit Rücksicht auf das beengte Heer der Liga. Tilly hielt es für
nöthig, daß der Kurfürst Max die anderen Kurfürsten, auch Johann Georg von
Sachsen von der Fruchtlosigkeit dieser Zusammenkunft in Kenntnis setze.[3]

Collalto berief sich für seine Thätigkeit darauf, daß er bereits mehrere
Obersten und Officiere verhaftet, daß er zur Herstellung der Sicherheit binnen
drei Monaten über sechszig Personen habe hinrichten lassen.

[1] Hurter, zur Geschichte Wallensteins S. 248.
[2] Förster, Wallensteins Briefe I. 376. Nr. 225.
[3] Hurter, zur Geschichte Wallensteins S. 252.

Konnte das etwas helfen, wo das faule System dasselbe blieb, wo man abermals, während Collalto in Mitteldeutschland einige wenige entließ, von neuen Werbungen Wallensteins im Norden vernahm? Es erhob sich die Frage, ob man nicht dennoch die Beschlüsse von Bingen dem Kaiser eröffnen, im Hintergrunde ihm das Heer Tillys im Anmarsche gegen Wallenstein zeigen, ob man nicht auf ungesäumte Entlassung Wallensteins bringen solle. Es ist merkwürdig und wichtig, daß der Kurfürst Max von Bayern sich dagegen erklärte. Wallenstein ist bei dem Kaiser in hoher Gunst, erwiederte er,[1] und wird dabei gehalten durch die ersten und vornehmsten Räthe des Kaisers. Der Kaiser wird sich daher entschieden sträuben. Und dazu war es Maximilians Ueberzeugung, daß der Kaiser allein dieses Mannes nicht mehr mächtig sei. Die Bitte um Entlassung desselben erschien ihm als ein Anfang zu großen Verwickelungen.

Deshalb zog er es vor noch einmal an den Kaiser selbst sich zu wenden. Sein Abgeordneter fand bereitwilliges Gehör. Der Kaiser erließ an Wallenstein den Befehl ohne weitere Einwendung die Reiterei im Reiche bis auf 40, höchstens 50 Compagnien abzudanken. Er erklärte ausdrücklich, daß er sofortigen unbedingten Gehorsam erwarte. Der Kaiser ging ganz in die Gedanken der Kurfürsten ein, und sprach dieselben seinem Feldherrn aus.[2] Die Stände, welche immer getreu geblieben sind, sagte er, werden gänzlich ruinirt. Die Gefahr eines allgemeinen Aufstandes wächst drohend heran. Ein Kampf zwischen dem Kriegsvolke und den Unterthanen ist mit allen seinen Greueln zu fürchten. Das väterliche und barmherzige Gemüth des Kaisers kann die Klagen nicht länger ertragen. Sein Gewissen, sein Beruf gemäß seiner Pflicht fordert von ihm die unrechtmäßig Bedrängten in Schutz zu nehmen. Das weiß der Herzog von Friedland und wird es erkennen. Die übermäßige Kriegsverfassung fördert nicht den Frieden, erhöht nicht das kaiserliche Ansehen, macht ihm nur alles schwer, namentlich die Aussicht auf die Nachfolge am Reiche für seinen Sohn. Die Zeit ist günstig zum Frieden für das Reich. England und Frankreich, Schweden und Polen sind im Kriege begriffen, Dänemark ist geschwächt und darum geneigt zum Frieden. Alsdann werden 5000 Mann zu Fuß und 3000 zu Roß hinreichen. Bei dieser Zahl bringt der Kaiser die Religionssache, d. h. das Restitutionsedict, mit welchem er damals umging, mit in Anschlag. Wenn das Wallensteinische Heer so weit verringert ist, wird der Kaiser auf gleichmäßige Abdankung des Heeres der Liga bringen.

Wie verbergen diese Worte eine so schwere, so gewichtige Thatsache! Es liegt darin das Zugeständnis des Kaisers, daß er, der von den Beschlüssen zu Bingen wenigstens einige Kenntnis hatte, der selbst gegen Max die Hoffnung ausgesprochen: man werde nicht zu solchen Mitteln wider das kaiserliche Ansehen greifen, daß dieser selbe Ferdinand keine Bedenken tragen dürfe sein Heer zu entlassen, wo das ligistische noch in voller Kraft bestand. Es liegt darin die

[1] Hurter, zur Geschichte Wallensteins S 261 vom 10. September 1628.
[2] Aretin, Wallenstein. Urkunde 13.

Anerkennung, daß der Grund zu Besorgnissen nicht von der Seite der Bundesfürsten und ihres Feldherrn ausgehe, sondern daß vielmehr nur von Wallenstein
her Grund zu Besorgnissen gegeben werde. Daß diese Anschauung die richtige
war, kann für uns Spätere keinem Zweifel unterliegen; aber daß dieß Verhältnis auch damals in dem Zeitalter des unglaublichen Mistrauens eine solche
Anerkennung fand, gereicht dem Kaiser und den Bundesfürsten auf gleiche Weise
zur Ehre.

Und noch eine andere Frage fesselt hier' unsere Aufmerksamkeit. Das Zeitalter war in Wahrheit dasjenige des Mistrauens. Ungeachtet aller sonnenklaren
Thatsachen ward es damals ausgestreut und häufig wiederholt, daß der Kaiser
beabsichtige das deutsche Reich in eine erbliche Monarchie für sich und sein Haus
zu verwandeln. Das ward später wiederholt, namentlich durch die Fremden,
die auf die Schicksale unserer Nation sowohl wie auf die Geschichtsanschauung
leider einen so betrübenden Einfluß gehabt haben. Wenn der Kaiser einen solchen
Entschluß gehabt, einen solchen Plan verfolgt hätte: so konnten bei demselben
nur die deutschen Fürsten verlieren, nicht die Nation, nicht die einzelnen Deutschen.
Aber der Kaiser Ferdinand hatte nicht diesen Willen, verfolgte nicht diesen Plan.
Daß er denselben nicht hatte, sprach er scharf und nachdrücklich gerade gegen
diejenige Persönlichkeit aus, die man am liebsten als Werkzeug dieser Plane
bezeichnet hat. „Es ist Eurer Liebden bekannt," schreibt Ferdinand eigenhändig
an Wallenstein,[1] „daß ich nicht Willens bin mein Haus durch Eigenmacht und
durch andere Mittel zu befestigen, als die Reichsverfassung und die von mir
beschworene Wahlbedingung mit sich bringen. Darum will ich mich zu Eurer
Liebden gänzlich und unfehlbar getrösten, daß Sie mit der Abdankung des
Kriegsvolkes meinem Gebote also nachkommen und Folge leisten werden, wie es
der Gesandte Questenberg aus hochdringlichen und hochwichtigen Ursachen über-
bringen wird." Und eben diese Vollmacht für Questenberg wiederholt den Satz,
daß es dem Kaiser niemals in den Sinn gekommen sei die Nachfolge im Reiche
oder einen sonstigen Nutzen seines Hauses anders als dem Herkommen und den
Wahlbedingungen gemäß zu erstreben.

Besäßen wir über die Zwecke des Kaisers Ferdinand kein anderes Aktenstück als dieß: so müßte das allein schon genügen.

Die Befehle des Kaisers wurden im Reiche mit hoher Freude vernommen.
Nun endlich schien die Hoffnung auf das Ende des Jammers, der unsäglichen
Mühsal aufzugehen. Aber war man dessen so sicher? So sehr auch Max von
Bayern Theil nahm an der allgemeinen Freude: so sprach er doch im ahnungs-
vollen Sinne:[2] bei Wallensteins Eigenthümlichkeit lasse auf nichts sich eine sichere
Rechnung bauen, man sähe es denn im Werke und in der That. Und Max
hatte richtig geahnt. Es liegen uns die klaren, die unzweifelhaften Zeugnisse
vor, wie der Kaiser bei aller seiner Ehrlichkeit, bei allem seinem guten Willen

---

[1] Hurter, zur Geschichte Wallensteins S. 259.
[2] Hurter a. a. O. 260.

abermals betrogen wurde, betrogen von den Männern, auf die er sein Vertrauen setzte, betrogen gerade da, wo er jeden Betrug zu vermeiden glaubte.

Der **Kaiser** bewies dem Grafen Collalto, dem Präsidenten des Hoftkriegsrathes, ein persönliches Vertrauen. Collalto hatte den Auftrag die Befehle des
Kaisers zur Entlassung der überzähligen Truppen, vor allem der **Reiter**, und
zur Erleichterung der Kriegslast überhaupt auszuführen. Aber der Kaiser kannte
auch oder ahnte das Einverständnis zwischen Wallenstein und Collalto. Es war
auch ihm denkbar und nicht unwahrscheinlich, daß die Instructionen, die Wallenstein an Collalto geben würde, nicht im Einklang mit den seinigen ständen.
Deshalb will der Kaiser vorbauen. Er verstärkt seine Befehle an Collalto
am 7. September 1628 durch einen eigenhändigen Brief. „Da das mein
wahrer Sinn und mein Wille ist," sagt der Kaiser:[1] „so hege ich zu Euch
das Vertrauen, daß Ihr diesen meinen Entschluß ausführen werdet, auch
selbst dann wenn Ihr von dem General andere Befehle haben solltet. Denn
ich will meinem Eid gemäß die Kurfürsten nicht mit Gewalt behandeln, sondern
in sanfter Weise." Der Brief ist ein durchaus vertraulicher; denn nachdem der
Kaiser diese wichtige Sache dem Collalto so dringend anbefohlen, erzählt er ihm
von dem letzten Hirsche, den er erlegt.

Derselbe Collalto, in welchen der Kaiser dieß Vertrauen setzt, meldet acht
Wochen später, am 17. November 1628 an Wallenstein:[2] „Katholische und
Unkatholische bestürmen mich ins Werk zu setzen, was der Kaiser befohlen hat.
Ich habe mir Zeit genommen für einige Monate. Nach Ablauf derselben werden
sie mit stärkerem Drängen wiederkehren, und wenn ich dann nicht Befehle von
Eurer Excellenz habe: so weiß ich nicht, wie ich mich verhalten soll. Aber
wenn ich dieselben habe, wenn ich zugleich von Ihnen erfahre, wie viel ich in
der Ausführung unberücksichtigt lassen darf: so weiß ich was ich zu thun habe.
Ich lege eine Liste bei, wie man die 60 Compagnien Reiter reduciren könne.
Euer Excellenz werden dieselbe nach Ihrem Gefallen ändern."

Es fehlt nur noch hinzuzufügen, wie Wallenstein an Collalto schreibt.
Schon einige Monate zuvor, im Juli 1628 meldet ihm Wallenstein:[3] „Der
Herr Bruder reformire etwas mehr von der Cavallerie als die 4000 Mann,
wie wir zu Reichenberg verabredet haben, werbe mehr Fußvolk. Insonderheit
aber kann er für sich ein anderes Regiment errichten, von wie viel Fähnlein
er will."

Das heißt mit andern Worten: vermöge Wallensteins Vollmacht hat Collalto
in den Contributionen, die er für sich nimmt, Maß und Ziel nicht zu beobachten.

In solchen Händen war der deutsche Kaiser. Wie konnte er ahnen, daß
diejenigen, die ihn umgaben, denen er sein Vertrauen schenkte, also ihn

---

[1] Chlumecky, Regesten u. s. w. S. 276. Essendo questo il mio vero animo
et volonta, sono sicuro, ancor che haverete altro ordine del Generale, che
esseguirete questa mia resolutione.

[2] a. a. O. S. 326.

[3] Chlumecky a. a. O. S. 78.

verriethen, der Eine an den Andern! Wir heben den Collalto hervor, weil von diesem es vorliegt. Gab es denn nicht mehre Collalto's, welche auf ähnliche Weise im Bunde mit Wallenstein das Vertrauen der Deutschen zu ihrer höchsten Obrigkeit, zu dem Schützer des Rechtes hinwegbrandschatzten?

So sehen wir denn auch diesen Collalto, der als einer der ersten im Rathe des Kaisers sitzt, zustimmen zu allem, was Wallenstein unternimmt. Collalto billigt den ungerechten Angriff auf Stralsund. [1] Wenn die Bürger beharren, so hofft er, daß Wallenstein ihnen einen Denkzettel geben werde, der auch für Andre diene. Er sieht dann, wie dort die Dinge gehen, daß Wallenstein abziehen muß. Und dennoch meldet er: „Die Bürger sind Ursache, daß sie hinein verwickelt werden in den Krieg, und Euer Excellenz haben sich nach meiner Ansicht aufs allerklügste benommen." [2] Wo doch wäre ein Deutscher damaliger oder späterer Zeiten, der nicht das Unrecht und die Thorheit in dieser Sache, beides auf der Seite Wallensteins gefunden hätte? Aber Collalto billigt und lobt abermals und abermals alles, was Wallenstein thut: seine neue Arglist in Rostock, damit Wallenstein aus dieser bislang freien Stadt eine ihm unterwürfige Festung mache, und was immer sonst es sei.

Und doch muß Wallenstein selbst gegen diesen unbedingten Diener Collalto seinen Ungehorsam gegen die Befehle des Kaisers auf irgend eine Weise bemänteln. Während im Herbste 1628 der Kaiser von der einen, die deutschen Fürsten von der anderen Seite den Collalto zur Ausführung der kaiserlichen Befehle drängen, befiehlt ihm Wallenstein mit der Abdankung der Reiter nicht zu eilen, und wo er solche entläßt, Fußvolk dafür wieder anzuwerben. [3] Der Grund ist die Besorgnis, daß die Pommern mit den Dänen unter einer Decke liegen: deshalb müsse mehr Volk nach Pommern hineingeführt werden. Also Wallenstein zu Collalto. Er hat für dieses Zuhalten der Pommern mit den Dänen kein anderes Zeugnis beigebracht, als diese seine Worte. Auch ist ein anderes Zeugnis von solcher Art nicht vorhanden. Der Herzog Bogislav und seine Stände waren weder dänisch, noch schwedisch, sondern deutsch gesinnt. Also haben sie es bewiesen durch die That, trotz Wallenstein. Aber Wallenstein verstärkt noch seine Reden. „Der Herr Bruder," sagt er, „kann mit den Reformen zurück halten, bis wir sehen, wo das Werk wird hinauswollen; denn mir macht der Feind nicht so viel Nachdenken, als daß ich Besorgnis hege vor der Untreue dieser Länder." Wallenstein selber weiß, daß der Dänenkönig nichts mehr vermag. „Er sitzt auf seinen Inseln, und säuft sich alle Tage voll. Hoffentlich wagt er einmal etwas im Rausche. Bricht er dann aus seinen wässerigen Orten hervor: so ist er unser." Aber dennoch muß geworben werden. „Denn die Pommern wollen abfallen."

Die Briefe Wallensteins an seinen andern Vertrauten, an Arnim, dienen

---

[1] a. a. O. S. 311 ff.
[2] a. a. O. S. 321.
[3] a. a. O. S. 77.

uns zur Ergänzung. Wir haben gesehen, wie Wallenstein es darauf anlegte den gutmüthigen Herzog Bogislav zu reizen und zu stacheln. Nicht wollten die Pommern abfallen, sondern sie sollten abfallen. Wallenstein wollte sie durch die Anhäufung der Einlagerung, die bis auf 31,500 Mann zu Fuß und 7500 Reiter stieg,[1] dahin bringen, daß sie Widerstand leisteten. „Denn dann würde Pommern sich Mecklenburg glatt anfügen." Das ja war der Kern der Sache.

In einem Punkte jedoch mußte Wallenstein sich bereitwillig erzeigen. Es war der ausdrückliche Wille des Kaisers, daß die Länder der Fürsten der Liga, welche für das eigene Kriegesheer contribuirten, nicht noch mit Wallensteinern belegt werden sollten. Der Kaiser hob ausdrücklich hervor, daß dieß ohne Unterschied gelten sollte für katholische oder protestantische Unterthanen der Bundesfürsten.[2] Erfurt, das unter dem Kurfürsten von Mainz stand, war protestantisch. Es steuerte mit für die Liga, nicht weil dort etwa die Truppen der Liga das erzwangen, sondern weil die Stadt in Frieden und Einigkeit mit ihrem Kurfürsten lebte, weil in der gemischten Bevölkerung der Stadt der Gedanke eines Religionskrieges nicht aufkam. Wir werden später ersehen, wie erst Gustav Adolf denselben erzwang. Die Wallensteiner überschwemmten auch Erfurt. Der Kurfürst erhob nachdrückliche Vorstellungen. Collalto traf andere Maßregeln, aber eben diese Maßregeln verschlimmerten die Sache. „Deine Befehle," schrieb ihm der Kaiser,[3] „setzen das Land vollends ins Verderben. Es ist billig und recht, daß Erfurt völlig verschont, und die Compagnien unverzüglich abgeführt werden." Auch Wallenstein bestätigte das. „Der Herr Bruder weiß, wie Ihre Majestät nicht gern etwas wider die Pfaffen thun. Deshalb mag man Erfurt verschonen."[4]

Die Briefe des Kaisers an Collalto lassen keinen Zweifel übrig, daß der Plan des Kaisers eine fast völlige Entwaffnung war. Es sollten im ganzen Reiche nur drei Regimenter zu Fuß und drei Regimenter zu Roß übrig bleiben, und zwar mit der bestimmt ausgesprochenen Absicht des Kaisers auch diese Zahl je nach den Umständen noch zu verringern.[5] Einige Tage vorher hatte der Kaiser dem Kurfürsten Max gemeldet:[6] es sei sein Wille gewesen bis auf 5000 Mann zu Fuße hinabzugehen; allein dieß dürfe er wegen der Menge seiner Widersacher nicht wagen. Drei Regimenter zu Fuß waren 9000 Mann. Der Kaiser gestattet dem Collalto auf seine Bitte an den Hof zu kommen, allein mit der ausdrücklichen Bedingung, daß dieß rühmliche Werk der Reformation nicht darunter leide, sondern unverzüglich und vor seiner Abreise glücklich ausgeführt werde.[7]

Wir sehen, es ist der Wille des Kaisers seinem Versprechen nachzukommen.

[1] Theatrum Europ. II. 190. Klagen des Herzogs Bogislav zu Regensburg 1630.
[2] Chlumecky, Regesten S. 271.
[3] Chlumecky a. a. O. S. 270. 4. October 1628.
[4] a. a. O. S 82. 16. November 1628.
[5] Chlumecky a. a. O. S. 272 am 15. November 1628.
[6] Hurter, zur Geschichte Wallensteins S. 299 vom 25. October 1628.
[7] Chlumecky a. a. O. S. 83 ff.

Auch finden sich eine Reihe von Befehlen Wallensteins weniger zur Entlassung von Reitern, als zur Auflösung schwacher Compagnien und Completirung der anderen. Nicht die Zahl der Reiter ward verringert, sondern diejenige der Compagnien. Dennoch behauptet Collalto schon im September 1628: er habe an der Ostseite der Elbe 24,000 Reiter gefunden, davon 13,000 entlassen. Der Kurfürst Johann Georg entgegnete: er verspüre davon keine Wirkung. [1]

Allmählig gerieth die Sache ins Stocken. Der Oberst Ossa hatte den Auftrag der Entlassung im schwäbischen Kreise. Auf das Drängen der Ritterschaft dort erwiederte er: [2] so lange nicht zuerst das Heer der Liga entlassen werde, könne auch der Kaiser nicht damit vorangehen. Wir haben gesehen, wie nicht das dem Willen des Kaisers, seiner ausdrücklichen Zusicherung entsprach. Mithin konnte eine solche Antwort ihre letzte Quelle nicht beim Kaiser haben. Aber auf den Kaiser konnte man einwirken durch das Vorhalten einer anderen Besorgnis, welche schon in seiner Antwort an den Kurfürsten Max vom October 1628 durchblickt. Schon damals war der Kaiser von seinem Entschlusse abgekommen nur noch 5000 Fußgänger zu haben, und zwar deshalb abgekommen, weil seine Widersacher aufs neue den Krieg nach Deutschland zu verpflanzen gedächten. Wir sehen, es ist die Einwirkung der wachsenden schwedischen Besatzung in Stralsund.

Also hangen die Geschicke der Menschen an einer Kette, deren Ringe sich seltsam verschlingen. Wallensteins Habgier und hochmüthige Thorheit des Angriffes auf Stralsund war die Ursache gewesen, daß die Stadt, um Hülfe und Rettung vor dem Wütherich zu finden, endlich auf die Schmeicheltöne der vermeinten Großmuth eines fremden Königs lauschte, daß sie dem Eroberer ihre Thore öffnete zum Eindringen in das deutsche Land. Und die Folge dieses Eindringens, obwohl es noch nicht über die Ringmauern von Stralsund hinausging, war wiederum die Fortdauer des Verderbens für die deutschen Länder und die deutsche Nation durch die Schaaren der Wallensteiner. Wie fügte es sich so unheilvoll für die deutsche Nation, daß jede neue Verkettung der Dinge zum Unheile für sie ausschlug, und keine zum Segen!

Die Lage Tillys ward dabei mit jedem Jahre und jedem Monate trüber. Seine Krieger hatten durch ihre Laufbahn wohlverdienten Anspruch auf Quartier und Pflege im Winter; aber Wallenstein schränkte ihn enger und immer enger ein. Es geschah mit Absicht. Wallenstein wußte sehr wohl, was er that. Schon als er im November 1627 mehr als 7000 Reiter über die Elbe schickte, bemerkt er gegen Arnim, [3] daß Tilly nicht mehr wisse, wo er Winterquartiere nehmen solle, daß Tilly deshalb nehmen werde, wo er etwas ledig finde. Damit ihm dieß nicht gelinge, gebot Wallenstein dem Arnim auf der Hut zu sein und alles wohl besetzt zu halten. Das war der Plan, den Wallenstein verfolgte. Er wollte

[1] Hurter, zur Geschichte Wallensteins S. 298.
[2] a. a. O.
[3] Förster, Wallensteins Briefe I. S. 159.

nicht bloß mehr, nicht bloß beſſere Quartiere haben, ſondern Tilly und das Heer der Liga ſollten zu Grunde gerichtet werden durch Mangel. Wußte das der Kaiſer? Auf die Klagen des Kurfürſten Max im April 1628 hatte der Kaiſer Ferdinand erwiedert: das Heer Wallenſteins ſei dreimal ſo ſtark, ● dasjenige der Liga: dennoch habe das Heer Tillys ungleich mehr Quartiere. [1] Wer doch mochte dem Kaiſer ſolche Berichte erſtatten?

Als die Zuſammenkunft Tillys mit Collalto zu Würzburg fruchtlos ab= gelaufen war, wandte der alte Feldherr ſich mit bittender Klage an den Biſchof zu Bamberg. [2]

„Die hochbringende Noth,“ ſagt er, „zwingt mich zu melden, was der tägliche Augenſchein leider ſchon mehr als zu viel zu Tage legt. Alle und jede meine Quartiere, beſonders aber dieſe in Niederſachſen ſind ſo überlaſtet, daß die armen Leute bis auf den äußerſten Grad erſchöpft und ausgemergelt ſind. Bei meiner Ankunft hier traten Soldaten und Unterthanen mir ſeufzend und wehklagend entgegen, daß ſie vor Hunger und Kummer, vor Peſtilenz und Un= gemach gänzlich zu Grunde gehen, ſterben und verderben müßten. Darum, wenn man mich länger in ſolcher Weiſe hier ſtecken und hülflos läßt: ſo weiß ich in höchſter Wahrheit keine Mittel noch Wege, um die troſtloſe Soldatesca, die dennoch dem gemeinen Weſen ſo vielfältige getreue und tapfere Dienſte erwieſen, vom Untergang zu erretten und zu erhalten. Deßhalb bin ich genöthigt nicht allein dem Kurfürſten von Bayern dieß zu klagen, ſondern auch zu Eurer Fürſt= liche Gnaden meine Zuflucht zu nehmen, weil ſie ſich um die Erhaltung des Heeres immer bemüht haben. Ich flehe alſo und bitte, daß man den kläglichen Zuſtand meines Heeres und den darauf unfehlbar erfolgenden völligen Untergang deſſelben mit mildem Gemüthe und Herzen gnädig erwäge, und daß Eure Fürſt= liche Gnaden mir entweder Quartier im Stifte Bamberg anweiſen, oder den Unterhalt von dort hieher ſchaffen. Ich bezeuge vor Gott, daß ich kein anderes Mittel weiß, wie ſehr auch ich mich darnach umthue. Graf Collalto hat mir nichts Gewiſſes verſprochen, und ich meines Theiles habe Grund zum Mistrauen. Er hat den Befehl einiges Kriegsvolk abzudanken; aber dieſe Abdankung geſchieht ſehr langſam, und unterdeſſen ſterben und verderben meine Soldaten häufig hinweg.“

Wir ſehen, Tilly ahnt den rechten Sinn des Collalto. Auch lag ja ihm die Erfahrung von drei Jahren vor Augen. Ob auch immer Collalto einige Reiter entließ: ſo lag doch nicht eine Erweiterung der Quartiere für Tilly in Wallenſteins Plane, ſondern abermals eine Berengerung. Tilly hatte gewünſcht einige Compagnien in die Priegnitz zu legen. [3] Wallenſtein ließ das Land vorher beſetzen, damit es nicht möglich war. Tilly hatte gebeten, daß ihm Raum an= gewieſen werde fünf Regimenter unterzubringen. Statt deſſen wurde er zurück=

[1] Hurter, zur Geſchichte Wallenſteins S. 292.
[2] Abſchrift im Königl. Archiv in Hannover 29. Auguſt 1628.
[3] Förſter, Wallenſteins Briefe I. S. 401. Nr. 233.

gedrängt, und fast so viele Quartiere ihm genommen. Er hatte das Fürstenthum Marburg, die Grafschaften Lippe, Bentheim-Steinfurt, Mark und Ravensberg inne gehabt. Er mußte von dort weichen. In dieser Lage der Dinge faßte er den Entschluß, den er vermieden hatte, so lange wie es ging: er forderte sämmtliche Fürsten der Liga auf nicht bloß wie bisher ihre Beiträge für das Heer zu entrichten, sondern einige Regimenter desselben in ihr Gebiet aufzunehmen. [1] Es geschah das einige Wochen später, als er aus der Stadt Osnabrück die zwei Compagnien genommen, um sie in das Stift zu verlegen. Mithin fiel für den Bischof Franz Wilhelm auch der Grund der Klage hinweg, daß unter den Fürsten der Liga er allein diese Behandlung erfahre. Tilly muthete ihm nichts mehr zu, als allen anderen.

Das Gemüth des alten Feldherrn ward bedrückt und schwer. Es ist hervorzuheben, daß er nicht bloß die Noth seiner Soldaten schildert, sondern mit gleichem Nachdrucke den gedrückten Zustand der Bewohner des Landes. „Man wolle bedenken," schreibt er am 4. October 1628 aus Stade, [2] „daß diese Länder bereits vorhin seit vier bis fünf Jahren von Feind und Freund, besonders von den Dänen dermaßen erösset und verderbt sind, daß die wenigen noch verbliebenen armen Hausleutlein anjetzo nichts mehr übrig haben, als das bloße kümmerliche Leben." Er wiederholt diesen Gedanken in jedem seiner Berichte, die er damals allwöchentlich einsendet. Dann aber auch verschweigt er nicht seine persönliche Klage. „Es ist jederzeit," sagt er, „mein Entschluß und Wille gewesen bei diesem Kriege Leib, Ehre, Gut und Blut aufzusetzen. Also ist es auch noch. Aber wo nicht bei Zeiten ins Mittel geschritten wird: so kann es dahin kommen, was ich ungern von mir schreibe, daß ich nämlich weiß es Gott wider meinen Willen gezwungen würde das Werk dem lieben Gotte zu befehlen, dasselbe ganz zu verlassen und davon zu gehen." Aber bevor es dahin komme, müsse und wolle er, der für sein Heer verantwortlich sei, seine Stimme erheben. Er erkannte dem Landgrafen Georg von Hessen-Darmstadt das Lob zu treu und fest an Kaiser und Reich gehängen zu haben, wie der Vater Ludwig. Er verhehlte es nicht selber mit dem Landgrafen in bestem Vernehmen zu stehen, und sich der fürstlichen Gewogenheit derselben zu erfreuen. Aber die Pflicht der Sorge für sein Heer erheische von dem Feldherrn, daß er ein Regiment dahin lege. Für die anderen vier, die er nicht unterzubringen wisse, müßten seine Kriegsherren sorgen.

Maximilian kannte seinen Feldherrn. Wir finden in einem Briefe Tillys die Bitte: wenn er allzu eifrig geworden sei: so möge der Kurfürst seinem getreuen Sinne für die Sache es zu gute halten. Max war weit entfernt sein Drängen und Bitten ihm übel aufzunehmen. „Tilly ist dermaßen betrübt,"

---

[1] Hurter, zur Geschichte Wallensteins S. 292

[2] Abschriften aller dieser Berichte scheinen an sämmtliche Bundestände versandt zu sein. Sie sind gerichtet an den Kurfürsten von Bayern. Das ehemalige Domcapitelarchiv in Osnabrück wenigstens enthält sie sämmtlich.

äußerte der Kurfürst im November 1628, [1] „daß er in schwere Melancholie verfallen ist." Der Kurfürst erwog ernstlich die Gefahr diesen Mann zu verlieren. „Welch ein Schade würde es sein," meint er, „wenn zu dieser Zeit, ehe Friede und Ruhe im Reiche hergestellt ist, dem tapferen Helden etwas Menschliches begegnen sollte! Seines Gleichen, der in solchem Maße Erfahrung und Glück im Kriege besitzt, in solchem Maße des Respectes und der Liebe der Soldaten sich erfreut, würde nicht zu finden sein."

Lauter und heftiger schwoll unterdessen von beiden kriegenden Parteien der Ruf nach Frieden empor. Schon im Herbste 1627 hatten die dänischen Reichsräthe den Kurfürsten von Sachsen um Vermittlung ersucht. Daß nicht der Kaiser, sondern Christian von Dänemark das Ende des Krieges hinaus zögere, scheint nicht bloß in Dänemark, sondern auch an vielen anderen Orten die allgemeine Meinung gewesen zu sein, und zwar so sehr, daß der Dänenkönig im Jahre 1628 eine eigene Schrift ausgehen ließ, um zu beweisen, daß nicht er die Schuld trage. [2]

Daß die gesammte deutsche Nation den Frieden wünschte und ersehnte, bedarf nicht des Beweises. Daß die protestantischen Fürsten den Frieden hofften, liegt eben so nahe. Sie hatten bei längerem Kriege von Freund und Feind nur zu verlieren. Johann Georg von Kursachsen war zur Vermittelung bereit zu jeder Stunde. Daß die Liga längst den Frieden wünschte, hatte sie dargethan auf dem Kurfürstentage zu Mühlhausen. Daß namentlich der Feldherr derselben, daß Tilly nichts anderes erstrebte und ersehnte, als den Frieden im Reiche, hatte er bewiesen durch jede Handlung seiner Laufbahn. Er war kriegeslustig, kriegessehnsüchtig nur gegen ein Land, nur gegen die Generalstaaten der Niederlande, weil ihm diese von Anfang bis zu Ende als die Wurzel alles Unheils, als die Verderber und Störer des Friedens der Völker erschienen. Mit Dänemark war von Anfang an nur der Friede sein Zweck. Darum hatte jegliche Veredung und Besprechung keinen eifrigeren Beförderer gefunden als Tilly.

Allein wie dachte Wallenstein über Krieg und Frieden?

Im Winter 1627—28 war es für Wallenstein um nichts Geringeres zu thun, als um die Eroberung des ganzen Königreiches Dänemark. Er wollte Christian IV. entsetzen, den Kaiser zum Könige wählen lassen, für das Reich den Sund erringen. Wenn die Dänen gutwillig sich nicht fügten: so sollten sie Leibeigene werden. [3] Eine mächtige Kriegsflotte unter der Flagge des kaiserlichen Adlers sollte den Gegner aufsuchen auf seinen bis dahin unnahbaren Inseln. Diese Hoffnungen ließen bald ein wenig nach. Im März 1628 meldet Wallenstein an Arnim: er zweifele, ob der Dänenkönig sich accommodiren werde, wie es sich gebühre. „Denn auf Schleswig und Holstein muß er nicht gedenken, daß er es wieder bekomme, und Jütland, wird er es wollen haben: so muß er es mit etlichen Millionen lösen." Beharrte Wallenstein bei diesem Sinne?

[1] Hurter, zur Geschichte Wallensteins S. 297.
[2] Londorp. III. 1025
[3] Förster, Wallensteins Briefe I. S. 158. Nr. 99. cf. S. 162. Nr. 92. —
S. 258. Nr. 119.

Seine Kriegsunternehmungen im Jahre 1628 liefen in der Hauptsache übel ab. Er belagerte Stralsund, und ward abgeschlagen. So gern er durch eine Kriegsflotte seinem pomphaften Admiralstitel eine wirkliche Bedeutung gegeben, seinen Namen auch auf dem Meere gefürchtet gemacht hätte: so mußte er doch allmählig zu der Ueberzeugung kommen, daß seitdem er dem Dänenkönige zu Gefallen muthwillig das Einverständniß mit der Hansa zerrissen, allein durch Zwang und Drang sich nichts Nachhaltiges und Erfolgreiches erlangen ließ. Seinen acht Kriegsschiffen leuchtete weder Glück, noch Stern. Wallensteins Eifer für diese Sache begann zu erlahmen. Er sah ein, daß er dem Dänenkönige über das Wasser hin doch nichts mehr anhaben könne. Da war es besser in gesicherter Pracht zu Güstrow in Meklenburg zu residiren. Damit dieß geschehen könne, empfahl sich der Friede mit Dänemark, und, wo möglich auch mit den anderen Nachbarländern. Da in Schweden alles auf die kriegsdurstige Persönlichkeit des Königs Gustav Adolf ankam: so gedachte Wallenstein gegen diesen, damit er nicht gefährlich würde, das Mittel anzuwenden, welches er einem namenlosen Schotten mit 35,000 Thlr. bezahlen wollte.

Dagegen begann er nun auch gar die Generalstaaten freundlich aufzusuchen. Derselbe Mann, der eben zuvor noch eine Kriegsflotte hatte gründen wollen, die ihn zum Herrn des Oceans machen sollte, ersuchte im Anfange des Jahres 1629 den holländischen Residenten Aitzema in Hamburg eine Reise nach dem Haag zu thun, um dort die Freiheit des neutralen Handels zu besprechen. [1] Er bat, daß auch die Städte, welche kaiserliche Garnison hätten, nämlich Rostock und Wismar, die Städte des Landes Meklenburg, das Recht des freien Seehandels haben möchten. Wie so unendlich bescheiden war dieß Verlangen gegen das imperatorische Auftreten des Jahres zuvor! Aber Rostock und Wismar waren ja nun seine Städte: mithin war es landesherrliche Pflicht und Eifer um die eigenen Einkünfte für dieselben zu sorgen.

Die Hochmögenden durchschauten sofort ihren Mann. "Er will sein Meklenburg in Ruhe genießen, sagten sie, und wirbt deshalb um Freundschaft bei seinen Nachbaren. Sie sagten das in Rücksicht auf das was sie wahrnahmen; denn um die anderen Schritte Wallensteins wußten sie nicht.

Wir haben diese Schritte zu verfolgen.

Es war Wallenstein wohl bekannt, daß die Fürsten der Liga ihn im Verdachte hatten den Frieden zu hindern. Deshalb schrieb er dem Arnim schon im September 1628, wo nach dem Mislingen des Planes von Stralsund zuerst die neuen Gedanken sich ihm darbieten mochten: „Wenn es zur Unterhandlung kommt: so wird man sehen, wer eher zum Frieden greift, ich oder der Graf Tilly. Denn so wahr ich selig zu werden begehre: so verlange ich auch den Frieden." Freilich gibt er dann dem Arnim einen gar seltsamen Grund an. „Denn ich wollte gern gegen die Türken ziehen, wozu ich Papst, Kaiser und alle Minister disponirt habe." [2]

[1] Aitzema II. 700
[2] Förster, Wallensteins Briefe I. S. 251. 9 September 1628.

Wo wäre unter den Deutschen einer gewesen, der nicht den Frieden mit Dänemark gewünscht hätte? Denn nach der Logik des gesunden Menschenverstandes verband sich ja mit dem Worte Frieden die Erlösung von dem unsäglichen Kriegsdrucke, für den deutschen Patrioten verband sich zugleich damit die Hoffnung auf die Besiegelung der Vortheile, welche die deutschen Heere im Norden erstritten hatten. Allein war das auch Wallensteins Ansicht?

Am 22. November 1628 kamen Tilly und Wallenstein zu Boitzenburg zusammen. Dort besprachen sich die beiden Feldherren zwei ganze Tage hindurch ohne Zeugen bis in die tiefe Nacht. [1] Was sie verabredet, blieb geheim; aber es verlautete alsbald so viel, daß der Zweck ihrer Unterredung die Friedensverhandlung gewesen sei. [2] Daß die Feldherren über die Bedingungen des Friedens nicht einig waren, liegt nahe. Wir sehen Wallenstein durch Collalto dem Kaiser die Meinung einflößen: Tilly im Auftrage des Kurfürsten Maximilian wolle nicht den Frieden. Hatte er ein Recht zu solchen Worten? Wir haben zuerst die Bedingungen kennen zu lernen: die man erhob: diejenigen des Kaisers und diejenigen Wallensteins. Es sind nicht dieselben.

Der Kaiser theilte im Januar 1629 seine Bedingungen dem Kurfürsten von Bayern mit. [3] Der König von Dänemark soll versprechen sich aller Reichshändel zu entschlagen, auf die deutschen Bisthümer verzichten. Er soll den Schaden und die Kriegskosten ersetzen. Er soll eintreten für die Schuld an Kursachsen, für welche der Kaiser die Lausitz verpfändet hat. Er soll den Sund eröffnen für den Kaiser und für die getreuen gehorsamen Stände des Reiches, die dem Kaiser in diesem Kriege so treulich beigestanden haben. Also lautete die Forderung, welche der Kaiser erhob am 5. Januar 1629, welche die Liga als begründet anerkannte und zu der ihrigen machte.

Im Uebrigen war der Kaiser mit der Wahl jedes beliebigen Ortes zur Unterhandlung zufrieden. Die Dänen schlugen Lübeck vor, weil ihr König sich in der Nähe auf der Insel Femern befinde. Der Kaiser genehmigte es. Seine Bevollmächtigten waren die beiden Feldherren Tilly und Wallenstein, die wiederum sich vertreten ließen. Die Abgeordneten erhoben in Lübeck die Forderungen, welche jener Ansicht des Kaisers entsprachen. Anders dachte Wallenstein persönlich. Er begann damit dem Kaiser die Noth des Heeres und der Länder in höchst eindringlicher Sprache vorzustellen.

„Mangel und Noth," also meldet Wallenstein am 26. Januar 1629, [4] „erscheint an allen Orten, und nimmt zu von Tag zu Tag. Die Länder, in denen wir Krieg führen, sind in den Grund ruinirt, so daß die Soldaten auf der Insel Rügen allbereits Hunde und Katzen essen, die Bauern aus Noth und Verzweiflung sich in das Meer stürzen. Dahin wird es in wenigen Wochen

---

[1] Bericht im Königl. Archive zu Hannover.
[2] Chlumecky S. 104, 107 u. a.
[3] Ehemaliges Domcapitelarchiv in Osnabrück. Schreiben des Kaisers vom 5. Januar 1629 in Ziffern.
[4] Chlumecky S. 91. Nr. CLXIII.

auch in anderen Ländern kommen." „Nicht allein," fährt er fort, „ist heuer ein großer Mißwachs gewesen, sondern es ist auf den Winter nichts angebaut worden, also daß Hunger und Noth uns wegtreiben werden, wenn wir nicht von anderen Orten her Zufuhr erhalten. Dadurch wird der Feind nicht nur alles dessen, was er bislang verloren, ohne Schwertstreich sich wieder bemächtigen können, auch der Soldat wird an vielen Orten ins Meutern gerathen."

Wie war abermals dieser Brief so wohl berechnet auf die Persönlichkeit des Kaisers! Wallenstein machte seinen Kriegsherrn dadurch nicht bloß zum Frieden geneigt, zum Frieden um jeden Preis, zu einem solchen Frieden, den der Däne so begierig ergreifen würde, wie Wallenstein es wünschte, sondern, indem Wallenstein selber die Klagen aussprach, die nur gegen ihn gewendet werden konnten, brach er denselben im Voraus die Spitze ab. So mochte es ihm immerhin gelingen den Kaiser zu täuschen, nur nicht die Pommern selbst, und die Nachwelt. Denn es ist ein unendlicher Abstand zwischen den Klagen, welche Tilly über den Zustand der Länder westwärts von der Elbe erhebt, und denen, welche Wallenstein hier in Betreff Pommerns vor den Kaiser bringt. Jene Länder hatten in vier bis fünf Jahren weitaus nicht das gelitten, was Pommern in fünf Vierteljahren.[1] Jene Länder ferner hatten hauptsächlich gelitten von den Dänen. Sie hatten Tilly und sein Heer als Schützer und Erretter begrüßt. Pommern hatte gelitten durch die Wallensteiner, nur durch die Wallensteiner, und zwar absichtlich nach dem Willen ihres Führers. Erst fünf Monate zuvor hatte Wallenstein Befehle gegeben, welche darthun, daß der Zustand des Landes, wie Wallenstein selbst im Januar 1629 ihn schildert, das eigene Werk und der Wille des Feldherrn war. Er und Arnim werfen den Ständen von Pommern vor, daß sie gegen die Wallensteinischen Truppen zu Barth sich nicht benommen, wie sie sollten. „Haben es nun die Herren Pommern gut gemacht," sagt[2] Wallenstein mit schneidigem Hohne: „so werden sie es gut haben. Ich lasse von allen Orten Volk zusammen ziehen, und solches will ich alles herein gebrauchen." Der Erfolg lag bald vor Augen. Die Kriegslast des einen Landes betrug, abgesehen von den Beschädigungen, in dem einen Monate August 1628 nahe an drei Millionen Gulden.[3] Wir kennen ja bereits den Zweck dieses Verfahrens. Derselbe kann nach den früheren Andeutungen, die Wallenstein selbst gemacht, nach seiner Redensart, daß Pommern sich dem bereits erlangten Mecklenburg glatt anfügen würde, nur darauf gerichtet gewesen sein, daß der Herzog und die Stände zur Auflehnung gegen das Heer getrieben werden sollten, damit Wallenstein eine Sache habe wider sie, einen Anlaß zur völligen Besitznahme des Landes. Für eine hohe Schuldforderung, gegen welche Wallenstein von dem Kaiser ein neues Pfand verlangen konnte, hatte er ja längst gesorgt. Die Pommern thaten ihm nicht den Gefallen. Sie rebellirten nicht. Aber er hatte

---

[1] Wir werden später bei Gelegenheit der Klagen zu Regensburg 1630 den Beweis führen.

[2] Förster, Wallensteins Briefe I. S. 392. Nr. 240 vom 15 August 1628.

[3] Hurter, zur Geschichte Wallensteins S. 246.

sie einmal mißhandelt, das Land veröbet. Daß dieß geschehen war, mußte nun wieder demselben Manne dienen, um den Frieden mit Dänemark empfehlens-werth zu machen.

Nachdem also der Boden bei dem Kaiser vorbereitet war, trat Wallenstein der Sache näher. Weil die dänischen Reichsstände den König bewogen hatten sich in die Friedenshandlung einzulassen, schlug Tilly vor mit den Ständen zu unterhandeln, um auch dann zum Frieden zu kommen, wenn der König nicht wolle. Wallenstein widerrieth das. Es zielt nur dahin, sagt er, daß man die Unterhandlung zerschlagen sehen will. Er wirft durch Collalto mit bekannter Meisterschaft einige Blicke auf diejenigen, welche dem Hause Oestreich übel wollen. [1] Dann erst tritt er mit seinem eigentlichen Plane hervor: unentgeltliche Rückgabe alles Gewonnenen an den dänischen König. Holstein, Schleswig, Jütland bis hinab zur Landspitze von Slagen sind in der Hand kaiserlicher Truppen. Alles das, sagt Wallenstein, muß unentgeltlich zurückgegeben werden. Dann wird der König und seine Nachkommen sich dem Hause Oestreich in die Hände geben und ihm getreu verbleiben. Aber man darf damit nicht säumen, es nicht auf die lange Bahn schieben. Also soll es Collalto mit dem Fürsten Eggenberg besprechen; aber sie sollen Sorge tragen, daß dieß Schreiben nicht im vollen geheimen Rathe des Kaisers verlesen werde. Diese beiden, Collalto und Eggenberg, denen der Kaiser ein, wie es scheint, unbedingtes Vertrauen schenkt, sollen erst im Stillen arbeiten.

Nachdem einmal das Eis gebrochen, drängt und treibt Wallenstein zu dieser Bewilligung fast in jedem Schreiben an Collalto Tag auf Tag. Man sieht klar, auf wen es ankommt: Collalto hat nur den Fürsten Eggenberg zu bereden, auf daß Alles bewilligt werde. [2] Wallenstein wartet nicht einmal auf eine Gewährung. Bevor eine solche da ist, meldet derselbe Feldherr, der die Vollmacht hat mit Tilly zugleich in Lübeck über den Frieden zu unterhandeln: er wolle in tiefstem Geheimnisse durch den Obersten Schaumburg, der bei dem Dänenkönige gefangen ist, dort erforschen, ob ein Mittel sei zum Frieden. [3] Er hatte ja das Mittel in seiner Hand, er bot es dar. Und doch klingt es bei Wallenstein, als ob die siegende Partei bei dem Angebote der völligen Herstellung des Besiegten noch zu fürchten habe: der Besiegte nehme es nicht an. Aber auch Collalto muß persönlich geneigt gemacht werden. Wallenstein mahnt ihn, der Herr Bruder möge bedenken, daß ohne den Frieden keine Möglichkeit ist unseren Damen aufzuwarten. [4] Wer sind diese Damen? Man wolle darin nicht eine besondere Galanterie Wallensteins suchen. Die Damen, die Wallenstein hier im Sinne hat, sind die Erwerbungen, die er gemacht, zunächst Mecklenburg, und woran er sonst denken mochte. Es scheint, daß er auch an das

---

[1] Chlumecky S. 105. 23. Februar 1629. Ebenso S. 106 vom 26. Februar.
[2] Chlumecky S. 109. CLXXVII.
[3] a. a. O.
[4] Chlumecky, S. 113. 8. April 1629.

Erzstift Magdeburg gedacht.[1] Für seine Dame Mecklenburg wünscht er die Aufhebung der Pfandschaft, Verleihung von Rechten an ihn gleich denen der italieni-
schen Fürsten, daß er nämlich Grafen und Marquis machen könne.[2]

Es ist ein seltsamer Widerspruch, der uns hier abermals entgegentritt.
Scheint es hier auf der einen Seite, daß Wallenstein nur von den Gelüsten getrieben werde in selbstzufriedener Hoheit mit den Rechten fast völliger Souveränität
zu Güstrow in Frieden zu residiren: so läßt er auf der anderen Seite werben
fort und fort. Sollte es ihm Ernst gewesen sein mit seinen Reden vom Türkenkriege, mit den hochtönenden Phrasen, daß er binnen drei Jahren dem Kaiser
die Krone zu Constantinopel aufsetzen wolle?[3] Wir wissen es nicht, aber soviel
ist gewiß, daß er vor Collalto seine Werbungen auf diesen Plan nicht gründet.
Er hat unter seinem Befehle mehr als 105,000 Mann, die auf das deutsche Reich
lasten drücken, wie in unseren Tagen eine halbe Million es nicht thun würde.
Ein Oberst der Liga tritt im April zu ihm über. Sogleich gibt Wallenstein
Befehl, daß 1500 Reiter für ihn geworben werden.[4] Der Däne Holk läuft zu
ihm. Wallenstein gestattet ihm ein Regiment Infanterie zu werben. Er beklagt
sich sehr, daß man nicht seinem guten Rathe gefolgt sei, daß man 3—4000
Pferde zu viel entlassen habe. Hätte ich sie nur wieder! meint er.[5] Wozu
denn? Er und Collalto stimmen überein, daß rastlos geworben werden müsse,
immer zu und immer mehr. Nach Wallensteins Wunsch und Bestreben steht der
Friede mit Dänemark in naher Aussicht. Pommern kann wegen Verödung seine
Truppen nicht mehr ernähren. Und dennoch immer mehr Truppen?

Es kam für Wallenstein darauf an, seinen Mitbevollmächtigten Tilly für
den Frieden mit Dänemark zu gewinnen. Auf die Einladung Wallensteins
reis't Tilly im Anfange April 1629 nach Güstrow. „Er ist zum Frieden im
Geringsten nicht geneigt", sagt Wallenstein.[6] „Aber das kommt aus seines
Herrn Küche." Er drängt und bittet abermals: man möge sich in Wien zum
Frieden entschließen, bald und schnell. Sonst verbinde sich der Däne mit fremden Potentaten. Seltsam: war denn nicht der Däne immer mit fremden Potentaten verbunden gewesen? — ·

Es gab dennoch einen Punkt, an welchem Tilly faßbar war für die
Entwürfe Wallensteins. Als Wallenstein mit anderen Gründen und Vorwänden
nicht durchzudringen vermochte, stellte er Tilly den Türkenkrieg in Aussicht. Das
wirkte besser.[7] Auf den Schlachtfeldern Ungarns im Kampfe gegen den Erbfeind
der Christenheit war Tilly emporgestiegen, dort hatte er die Thaten seiner Jugend
und seines ersten Mannesalters vollbracht. Dahin zu ziehen ermahnte er oft

[1] a. a. O. S. 123. CXCIV.
[2] a. a. O. S. 128. S 123 Conti und Marchesi.
[3] a. a. O. S. 117.
[4] a. a. O. S. 112.
[5] a. a. O. S. 116. 20. April 1629.
[6] a. a. O. S. 113.
[7] a. a. O. S 111. Nr. CLXXXIV.

die deutschen Fürstensöhne, welche die Rauflust nicht daheim ließ; dort sei ein würdigeres Ziel für ihren Ehrgeiz, als unter den Fahnen der Fremden gegen Kaiser und Reich. „Tilly ist gleich mit Händen und Füßen drein geplatzt," berichtet Wallenstein, „und sagt, das wäre ein heiliger, rühmlicher, leichter und nützlicher Angriff." Die beiden Feldherren erörtern den Gedanken nach allen Seiten. Eben damals kommt Nachricht, daß die Türken den Stillstand brechen wollen.[1] Das erfreut beide. Ihre Gründe zur Freude waren ja freilich sehr verschieden. Für Wallenstein winkte zunächst der ungestörte sichere Besitz seines Herzogthums Mecklenburg in Friede und Freundschaft mit dem Dänenkönige, Tilly sah im Geiste das Kreuz siegen über den Halbmond. Am 6. Mai einigten sich beide Feldherren zu dem Gutachten an den Kaiser, daß die Ruhe und der Friede des Reiches dem Besitze der eroberten Provinzen vorzuziehen sei.[2]

Am kaiserlichen Hofe sind es abermals der Fürst Eggenberg und Collalto, auf die Wallenstein vertraut. Ja, wir erfahren bei dieser Gelegenheit ausdrücklich von ihm selbst, daß diese beiden die Stützen sind, auf denen sein Ansehen bei dem Kaiser ruht, durch die er alles vermag. Er vernimmt eben damals, daß der Fürst Eggenberg in die Steiermark verreisen will.[3] „Das macht mich ganz perplex, daß ich nicht weiß, was ich dazu sagen soll; bitte um Gotteswillen, der Herr Bruder halte ihn davon ab." In gleicher Weise erhebt sich für ihn die Besorgnis, daß Collalto ins Reich verschickt werde." „Dann möchten," also sagt Wallenstein, „vom kaiserlichen Hofe, besonders wenn der Fürst Eggenberg abziehen sollte, solche Entscheidungen kommen, daß nicht allein im ganzen römischen Reiche alles über und unter ginge, sondern auch die Königreiche und Erblande Sr. Majestät in die äußerste Mühe gesetzt würden." Er bittet Collalto alles anzuwenden, daß der Dienst des Kaisers nicht leide. Es gäbe ein Auskunftsmittel, daß der Herr Werda, der nachherige Graf Werdenberg, die Mittelsperson sei, durch welche der Kaiser an Eggenberg die wichtigsten Angelegenheiten gelangen lasse. Wir haben früher gesehen, daß Wallenstein diesem Werda einmal 20,000 Reichsthaler zukommen ließ. Allein auch dieses Auskunftsmittel genügt für Wallenstein nicht. Die Anderen würden dem Werda bald das Fazit machen.

Es hatte keine Gefahr. Eggenberg und Collalto, die das unbedingte Vertrauen des Kaisers genossen, blieben, und somit war auch Wallensteins Ansehen fest begründet, wie zuvor.

Am 23. April 1629 ließ der Kaiser dem Kurfürsten von Bayern ein Schreiben zustellen, daß es nach Wallensteins Berichte und Gutachten seine Absicht sei mit Dänemark Frieden zu machen durch die Rückgabe aller Eroberungen.

[1] Chlumecky S. 114. Nr. CLXXXV.

[2] Adlzreitter. Annal. Boic. gentis Lib. XIV. p. 192 f. cf. Chlumecky S. 115. Nr. CLXXXVI. Wallenstein behauptet ausdrücklich, er habe Tilly umgestimmt und beruft sich auf das gemeinschaftliche Gutachten.

[3] Chlumecky S. 129. Nr. CCVIII.

Das Schreiben[1] des Kaisers spiegelt alle Worte wieder, die wir in den Briefen Wallensteins an Collalto lesen. Auch aus dem Berichte des Kaisers scheint es fast, als habe sich das Verhältnis völlig umgekehrt, als habe nicht der Besiegte, sondern der Sieger die Fortdauer des Krieges zu fürchten. Der Kaiser erzählt, es sei nicht sein Wille gewesen alles zurückzugeben. Allein diejenigen, welche des Königs eigensinnigen und widerwärtigen Humor kennen, versichern, daß Christian aus sich selbst nie zum Frieden geneigt, sondern nur den Bitten der Räthe und Stände nachgegeben, daß er ferner, wenn man ihm nicht alles vollständig wieder zurückstelle, vor dem eigentlichen Schlusse wieder anderer Meinung werden, alles umstoßen und zur Wiedererlangung des Verlorenen mit den Nachbarn sich wieder verbinden könne. Namentlich sei dann der Schwede zu fürchten, und bereits habe der Dänenkönig mit demselben eine Zusammenkunft gehalten. In diesem Sinne fährt das Schreiben fort.

Auch so schon genügt das Gesagte zu dem Urtheile, daß ein siegreicher deutscher Kaiser ein solches Aktenstück nur unterschreiben kann, wenn er sehr friedliebend gesinnt ist. Von dem Gedanken, den Wallenstein seinem Mitfeldherrn Tilly gegenüber geltend gemacht, daß die ganze Kraft des Reiches gegen die Türken gewendet werden sollte, war in dem Schreiben des Kaisers an den Kurfürsten von Bayern nicht die Rede. Es ist dem Kaiser zu thun um Frieden nach allen Seiten, und zwar verlangt das Schreiben die höchste Eile; denn es sei Gefahr im Verzuge. Es ist ganz dasselbe, was Wallenstein an Collalto schreibt.

Der Kurfürst erwiderte, daß es ihm allein ohne den Rath seiner Bundesgenossen zu schwer sei, sich darüber zu äußern. Wenn aber der Kaiser keine anderen Mittel habe, wenn die andringende Gefahr so groß sei: so könne er dem Kaiser nicht entgegen sein. Nur wolle er bitten, daß der dänische König sich verpflichte den Pfalzgrafen Friedrich nicht mehr zu unterstützen und in die Händel Niedersachsens sich nicht weiter einzumengen.

Erstaunt und verwundert schauten die anderen Fürsten der Liga diesen Umschwung an.[2] Kaum sind einige Monate vergangen, sagten sie, als man so hohe Forderungen erhob, und nun auf einmal fordert man gar nichts mehr, gibt man alles zurück! Wenn die Länder nicht ausreichten das Heer zu unterhalten: wie hat denn sich auf einmal jetzt urplötzlich diese Thatsache erschlossen? Konnte man das nicht auch damals schon erkennen oder ahnen? Und doch hat man fortgeworben gegen unsere Mahnung und bringende Bitte? Und doch wirbt man fort und fort auch noch heute? Das Ganze liegt diesen Fürsten vor wie ein Räthsel. Sie meinen, ein solches Verfahren der Nachgiebigkeit werde den Dänenkönig nur noch mehr steifen, er werde auch für die Mecklenburger Herzöge die Herstellung begehren, dazu ferner dies und jenes andere.

---

[1] Er ist in Ziffern. Beilage **XLIII** enthält einige wichtige Stellen der sehr ausführlichen Schrift.

[2] Beilage **XLIV.**

Die Fürsten, die solche Besorgnisse, solche Fragen des Zweifels erhoben, bedachten nicht, daß derselbe Mann, der früher so viel gefordert und dießmal alles nachgeben wollte, daß Wallenstein, der sichtlich allein von deutscher Seite diesen Frieden machte, selber persönlich das größte Interesse dabei hatte, daß der Dänenkönig sich um die vertriebenen Herzöge von Mecklenburg nicht bekümmerte, ihrer bei dem Frieden, den er schloß, nicht gedachte.

Obwohl Tilly im Allgemeinen den Vorschlägen Wallensteins in Güstrow endlich zugestimmt: so erschien doch er, oder seine Bevollmächtigten auf dem Congresse zu Lübeck als die minder Friedliebenden. Denn Tilly konnte sich schwer zu dem Gedanken herabstimmen, daß alle Siege, alle Erfolge dem Reiche und der Nation nun auch gar keine Frucht tragen sollten. Tilly, der immerdar den deutsch nationalen Standpunkt, das allgemein deutsche Interesse vertritt, suchte auch in Lübeck dasselbe festzuhalten, wie nur immer möglich. Er verlangte zu Gunsten des deutschen Seehandels die Aufhebung aller neuen Zölle im Sunde. Er forderte, wenn nicht die Kriegskosten, doch Schadloshaltung für den muthwilligen Frevel, den der Dänenkönig mit so kalter, wohl überdachter Grausamkeit und Tücke im Herzogthum Lüneburg geübt.

Der Herzog Christian brachte die Belege dar, daß der Schaden, den seine Länder erlitten, sich auf acht Millionen Thaler belaufe.[1] Wallenstein bewog Tilly alle solche Forderungen fallen zu lassen. Man wolle ja nur christliche Bedingungen, sagte er.

Diese wurden am 22. Mai 1629 bewilligt. Alle Siege Tillys', der Kriegszug bis in die Spitze von Jütland, den Wallenstein in Folge jener Siege hatte unternehmen können, erwarben für das deutsche Reich auch nicht die mindeste Frucht. Wallenstein durfte mit Recht sagen:[2] „Wenn der Dänenkönig nicht aller seiner Sinnen beraubt ist: so wird er mit beiden Händen nach diesem Frieden greifen." Wallenstein war sicher in der Lage dieß zu beurtheilen. In Wahrheit griff Christian IV. danach. „Nun wahrlich," rief er bei der Nachricht des Abschlusses aus,[3] „der Kaiser gibt mir mehr, als ich begehrt." Christian erhielt alle seine Länder zurück, und ihm ward keine Bürde irgend welcher Art auferlegt, es wäre denn daß man das völlige Opfer seiner Ehre als eine solche ansehen wollte. Er hatte für englisches und holländisches Geld den Krieg unternommen zur Herstellung des Pfalzgrafen Friedrich, und dieser hatte, wie er zu thun pflegte, da vertraut, wo er nicht hätte vertrauen sollen. In den Unterhandlungen über den Frieden ward des Thoren nicht erwähnt. Der dänische König hatte ferner die Herzöge von Mecklenburg in sein Geschick mit hinein gezogen. Es wäre seine Pflicht gewesen sie zu schützen, oder doch ihr Fürsprecher zu sein. Er gedachte ihrer auch nicht mit einem Worte. Er hatte ferner verkündet, daß er den Krieg unternähme für die evangelische Religion. Er hatte

---

[1] Königliches Archiv zu Hannover.
[2] Chlumecky S. 132 Nr. CCXIV.
[3] Aretin, Bayerns auswärtige Verhältnisse. Beilage S. 364.

in dem erſten Jahre des Krieges ſeinen Zweck erreicht einen großen Theil des armen unwiſſenden deutſchen Volkes mit dieſer Lüge zu bethören, und es hatte lange Zeit der Gerechtigkeit und Milde Tillys bedurft, um die Menſchen zurück= zuführen von dieſer Täuſchung. Wir ſehen die däniſchen Geſandten zu Lübeck noch einmal und zum letztenmal dieſen Punkt berühren, daß die Fürſten und Stände von Niederſachſen bei dem Religionsfrieden zu ſchützen ſeien. [1] Mit ſolchen Worten war dem Anſtande genug geſchehen, daß man das, wofür man ſo lange den unwiſſenden Haufen zu täuſchen geſucht hatte, nicht ganz mit Stillſchweigen überging. Die Kaiſerlichen würdigten dieſen Punkt keiner Ant= wort, und die Dänen waren auch damit zufrieden. In den Punkten des Ver= trages war von der Religion nicht die Rede, zum offenkundigen Beweiſe, daß die Dänen ſelber ihr Vorgeben vom Religionskriege als eine nach geendetem Kriege unbrauchbare Lüge anerkannten. Dieß ſtille Zugeſtändnis iſt um ſo wichtiger, weil beim Abſchluſſe des Friedens das Reſtitutionsedict bereits erlaſſen und allbekannt war.

Chriſtian von Dänemark hinterließ dieß Mittel zur Bethörung der armen Deutſchen einem glücklicheren Erben ſeiner Kriegesluſt, der es gewandter und geſchickter zu handhaben wußte.

Gegen das Ende des Jahres 1627 und zu Anfang 1628 hatte Guſtav Adolf von Schweden geſchwankt, ob er ſich mit Wallenſtein gegen den Dänen= könig, oder mit dem Dänenkönig gegen Wallenſtein verbinden ſollte. Es möchte eine allzu ſchwere Aufgabe ſein bis auf den Grund durchbringen zu wollen, wen der Schwedenkönig täuſchen wollte, ob Wallenſtein und den Kaiſer, oder ſeinen Nachbar von Dänemark. Das Wahrſcheinlichſte iſt, daß er zu Anfang darüber mit ſich ſelbſt nicht einig war. So viel jedoch ſteht feſt, daß im No= vember 1627 der Antrag zum Bündniſſe mit dem Kaiſer von ſchwediſcher Seite ausgegangen iſt. [2] Wallenſtein erwähnt bei der Gelegenheit, daß der Schwede ſchon ein Jahr zuvor ſeine Anträge gemacht, daß ſie aus ihm unbekannten Gründen damals nicht beachtet ſeien. Der Sachlage nach iſt es wahrſcheinlich, daß ſie damals an Tilly gekommen ſind, der ſie eines Wortes nicht würdigte. Wallenſtein dagegen ging darauf ein. Er verlangte nur die Bedingungen zu wiſſen. Es war ja dadurch die Möglichkeit gegeben den Dänen alles zu nehmen, Wallenſtein zu Lande, der Schwede zu Waſſer. Im Januar 1628 wünſcht Wallenſtein begierig eine Antwort auf die Frage nach den Bedingungen. [3] Die Antwort bleibt aus. Schon am 7. Januar ſteigt in ihm die Anſicht auf, daß der Schwede ein doppeltes Spiel treibt, und dieſe Anſicht wird allmählig zur Gewißheit. Der Vertrag bleibt liegen.

Erinnern wir uns, daß ſchon gegen das Ende des Jahres 1627 der Streit Arnims mit der Stadt Stralſund begann. Dieſer Handel iſt aller Wahrſchein=

---

[1] Theatrum Europ II 2.
[2] Förſter, Wallenſteins Briefe I. S. 154. Nr. 83.
[3] a. a O. S. 264. Nr. 127.

lichkeit nach der Schlüssel zu Gustav Adolfs Schweigen gegen Wallenstein. Mit Stralsund war mehr zu gewinnen, als mit der Besitznahme dieser oder jener dänischen Insel. Das erste Angebot des Schwedenkönigs an Stralsund ist vom 8. Februar 1628. Von da an ist von einem schwedischen Bündnisse mit Wallenstein gegen Dänemark nicht mehr die Rede. Der andere sehnliche Wunsch gelang. Wallenstein trieb dem Könige die deutsche Stadt in die Arme.

Ein wesentliches Mittel zum Kriege war dadurch gegeben. Es fehlte nur noch an einem einigermaßen haltbaren Vorwande. Gustav Adolf war seinem Schwager von Brandenburg ohne allen Vorwand in Preußen eingebrochen, hatte ihm Pillau genommen und die Unterthanen misbandelt. Ein solches Verfahren indessen war nicht gut anwendbar gegen den deutschen Kaiser. Gustav Adolf bedurfte gegen diesen um so mehr irgend einer Art des Scheines vor anderen Nationen, weil er das Banner des Religionskrieges, welches er vor den Deutschen zu entfalten gedachte, wohl bei den thörichten Deutschen selbst und den Schweden wehen lassen durfte, aber nicht vor den anderen Nationen, auf die er sonst hoffte: vor Franzosen, Italienern u. a. Vor diesen mußte er des Anstandes wegen irgend etwas Anderes aufzeigen können, irgend eine Beleidigung vom deutschen Kaiser. Es kam also darauf an eine solche zu erlangen. Stralsund mußte dazu dienen, und die Friedensunterhandlung in Lübeck.

Gustav Adolf schickte im Frühlinge 1629 zwei seiner Räthe auf den Weg nach Lübeck. Die Instruction derselben, namentlich diejenige des Salvius, war vorsichtig berechnet.[1] Ob er angenommen, ob er angewiesen wurde, eine Beleidigung mußte dabei herauskommen. Nahm man zu Lübeck ihn an: so sollte er das vorschlagen, was Gustav Adolf billige Bedingungen nannte. Dieß war die Forderung der Herstellung des Zustandes vor dem Kriege. Es war klar, daß auch die weitest ausschweifende Friedensliebe von kaiserlicher Seite das nicht gewähren würde. Das ja eben war es: das Nichtgewähren wollte der König. Erwiedern sie hierauf schimpflich, lautete nämlich weiter die Instruction: so soll Salvius sich um so mehr in Disputiren mit ihnen einlassen, auf daß er eine solche Resolution erpressen möge, aus welcher der König sicher ersehen könne, ob sie Freunde oder Feinde sein wollen.

Also hatte Gustav Adolf vorgebaut, um auch selbst in dem Falle, daß sein Gesandter in Lübeck zugelassen würde, für sich eine Beleidigung zu erwirken. Wahrscheinlicher indessen war die Nichtannahme. Denn wenn auch immerhin Gustav Adolf der deutschen Stadt Stralsund gegen Wallenstein Hülfe geleistet hatte: so stand doch Stralsund mit dem dänischen Kriege nur in einer sehr mittelbaren Verbindung. Nicht aus irgend welcher Zuneigung gegen den Dänenkönig, oder sonst irgend welcher Gemeinschaft mit ihm hatte Stralsund sich Wallenstein widersetzt, sondern lediglich zur eigenen Sicherheit. Deshalb auch konnte die Sache der Stadt Stralsund nicht ein Gegenstand der Friedensunterhandlung des Kaisers mit dem Könige von Dänemark sein. Und noch viel

---

[1] Geijer, Geschichte Schwedens III. S. 113. Nr. 1.

weniger war zu erwarten, daß die beiden Mächte, die unter sich Frieden schloffen, eine Geneigtheit an den Tag legen würden um Stralsunds willen eine dritte fremde Macht zu den Berathungen zuzulaffen. Nach dem alten Satze: dränge dich nicht zu einem Rathe, zu dem du nicht berufen wirst, durfte Gustav Adolf mit Sicherheit eine Abweisung gewärtigen. Die Kaiserlichen und die Dänen waren darüber einverstanden.[1] Der Rath von Lübeck erhielt Befehl die Schweden nicht einzulaffen. Salvius schickte von der Insel Langeland aus ein Schreiben, in welchem er sich für die Zulaffung auf das Völkerrecht berief.[2] Er erhielt nicht das freie Geleit. Deshalb schickte er einen Secretär Lehausen mit Briefen. Niemand wollte dieselben annehmen. Lehausen versuchte es auf verschiedene Weise. Es war vergeblich. Er drang bis an die Thüre des Berathungszimmers. Dort hörte er von ungefähr aus dem Saale die Worte fallen: sechszig Stockprügel. Lehausen wußte nicht, für wen dieselben bestimmt seien; allein eine leise Regung seines Gewissens mochte ihm eine entfernte Beziehung derselben zu seiner Persönlichkeit andeuten. Er hielt es für das Sicherste davon zu eilen. Er begab sich unmittelbar nach Nyköping, wo der König Gustav Adolf sich befand, und berichtete das Geschehene. Für diesen reichte das jedoch zu der gewünschten Beleidigung noch nicht hin. Lehausen erhielt den Befehl der sofortigen Umkehr nach Lübeck zu abermaligen Versuchen. Er bemühte sich dem kaiserlichen Baron Dietrichstein, als dieser gerade auf die Jagd gehen wollte, seine Briefe auf der Straße einzuhändigen. Auch das mislang. Dietrichstein erwiederte: nur die Versammlung und nicht er allein könne Briefe annehmen. Lehausen ging abermals dahin. Die Thür ward ihm nicht eröffnet. Er protestirte. Da weiter nichts zu erreichen war, kehrte er zurück. Der König Gustav Adolf begnügte sich auch dieß Geschehene als eine Beleidigung anzusehen. Er bedurfte derselben, wohl oder übel, und wir werden demnächst ersehen, wie er sie benutzt.

Noch in der letzten Stunde hatten die Gesandten der verschiedenen Mächte an der Nord- und Ostsee sich in Kopenhagen bemüht die Annahme des Friedens zu hintertreiben. Es gelang ihnen nicht. Der schottische Oberst Morgan unternahm einen Angriff während der Waffenruhe der Unterhandlungen. Wallenstein nahm es nicht sehr übel. „Das haben die schelmischen Holländer in Schuld,“ sagte er,[3] „denen Morgan mehr anhangt, als dem König.“ Wir haben gesehen, wie Wallenstein bei diesem selbst seiner Sache sicher war. Zwar Subsidien für den Krieg, den er nicht mehr führen wollte, hätte dieser dänische König auch nach dem Abschlusse des Friedens noch gern angenommen, und ließ sogar am 28. Mai im Haag darum anhalten.[4] Die Hochmögenden erwiederten dem dänischen Minister, daß ein solches Gesuch sie sehr befremde. Sie ließen ihn in ihre Versammlung führen, damit er im Namen seines Königs mit

[1] Pufendorf, de bello Suecico lib. II. §. 12.
[2] Der Bericht bei Harte, Gustav Adolf I. S. 191 (in der teutschen Ueberfetzung).
[3] Chlumecky S. 134. Nr. CCXVII.
[4] Aitzema II. S. 787.

derselben Münze bezahlt werde, die er so eben ausgegeben. Es ward ihm dort eröffnet, daß die Hochmögenden erst zwei Tage zuvor Willens gewesen seien einen Wechsel von 100,000 fl. als Subsidie für Dänemark zu zeichnen, daß jedoch inzwischen Nachricht gekommen sei von Glockengeläute und dem Abfeuern der Geschütze zu Lübeck wegen des geschlossenen Friedens. Der dänische Minister zeigte sich erstaunt über diese neue, ihm völlig fremde Nachricht.

Im Haag war man der Meinung, daß der König Christian und Wallenstein sehr gute Freunde seien. Auf die Verwendung des letzteren verlieh der Kaiser eben damals dem Dänen einen Zoll auf der Elbe.[1] Dieß stand in geradem Widerspruche mit den Privilegien, welche der Kaiser ein Jahr zuvor der Stadt Hamburg bestätigt, daß unterhalb derselben weder eine Festung an der Elbe angelegt, noch ein Kriegsschiff stationirt werden solle. Ferner hatte der Kaiser damals verfügt, daß zur Verhütung von Theuerung der Handel auf der Elbe völlig frei sein und nie mit Zöllen belastet werden solle. Der Kaiser hatte jederzeit seinen Eifer für die Hansestädte an den Tag gelegt. Er hatte mehr als einmal Versuche gemacht die Hansestädte durch Beförderung ihrer Interessen fester an sich und an das Reich zu binden. Wie mächtig mußte mithin der Einfluß dieses unendlich schädlichen Mannes Wallenstein sein, der von dem übel berathenen Kaiser gegen das Interesse der wichtigen Handelsstadt und des Reiches für einen fremden König solche Bewilligungen zu erlangen wußte!

Wallenstein hatte im Beginne seiner Feldherrnlaufbahn die Anhänglichkeit der Hansestädte an den Kaiser und das Reich rühmend und lobend hervorgehoben. Wir haben gesehen, wie namentlich der Rath von Hamburg mit Tilly in freundlichem Verkehre stand. Auf Tillys Verwendung gab der Rath von Hamburg die große Glocke der schönen Gudulakirche von Brüssel heraus, die in den Stürmen der Zeit des Abfalls der Niederlande durch die Watergeusen entführt war. Andere vielfache Beweise thun ein freundliches Einvernehmen dar. Konnte ein solches ferner bestehen bleiben nach den Schritten Wallensteins? Es war kaum eine Stadt der Hanse in seinem Bereiche, die er nicht kränkte in ihren Rechten, ihren Ansprüchen, ihren Hoffnungen. Die Hansa sah in dem Feldherrn des Kaisers nicht mehr den Schützer und Retter gegen die Gewalt der nordischen Könige, sondern den Unterdrücker.

Das Einverständnis des Dänenkönigs mit Wallenstein ward von verschiedenen Seiten geabnet. Schwedische Berichte muthmaßen den Plan einer Heirath zwischen dem dänischen Prinzen Ulrich und der einzigen Tochter Wallensteins, die mit überreichem Heirathsgute ausgestattet werden sollte.[2] Der Plan ward, wenn entworfen, nicht ausgeführt.

Dagegen glaubte Wallenstein für einen anderen Plan, der ihn seit längerer Zeit beschäftigte, in den Bedingungen des Friedens, wie er sie mit dem Dänenkönige vereinbart, eine geeignete Handhabe zu finden. Der Plan betraf die

[1] a. a. O. S. 794.
[2] Mauvillon, histoire de Gustave Ad. p. 189.

Person Tillys. Es war der wiederholte Versuch Wallensteins den Mann der Treue und Ehrlichkeit zu sich herüber zu ziehen in seine Bahn.

Wir haben auf diesen Plan und die Lage der Dinge näher einzugehen.

Der Maßstab der Sittlichkeit und Ehrenhaftigkeit, den wir an die Menschen jener Tage anzulegen haben, ist im Vergleiche zu denjenigen unserer Zeit ein sehr bescheidener. Es gibt zu' allen Zeiten manche Menschen, bei denen ein bis in die feinsten Spitzen ausgebildetes Ehrgefühl eine festere Grundlage der Sittlichkeit ist, oder doch zu sein scheint, als selbst die Religion. Die Zahl solcher Menschen war damals ersichtlich geringer als heutzutage: sie war es namentlich bei einem Stande, der vermöge seiner äußeren Lebensstellung mehr als andere dem Lobe einer solchen Ehrenhaftigkeit nachzustreben sich für berufen hält. Der Gedanke an Desertion, Uebertritt in die Dienste des bisherigen Feindes ist in unserer Zeit unter allen Umständen ehrenrührig. Das siebzehnte Jahrhundert hatte dieses Ehrgefühl nicht bis zu solcher zarten Erregbarkeit ausgebildet. Wir haben den Maßstab des Söldnerthumes anzulegen, nicht bloß an die Geringen, welche es über sich gewannen auf einem und demselben Paar Schuhe einer Reihe sehr verschiedener Herren den Fahneneid zu schwören, sondern auch an die Höheren, an die Officiere, die Obersten, die Generale und nicht zum geringeren Theile auch an die Fürsten. Nicht als ob es damals etwas Gleichgültiges, gar Tadelfreies gewesen wäre heute zu fechten für diesen und morgen für jenen; aber es geschah sehr oft, und es geschah sogar mehr als einmal in solcher Weise, daß die damalige Mitwelt, so weit die Stimme derselben zu uns herüber dringt, solche Menschen nicht völlig verworfen zu haben scheint. Eine Persönlichkeit wie der Bastard Ernst Mansfeld, der im Sommer 1622 bei vier verschiedenen Parteien zugleich sich anbot, im folgenden Winter mindestens bei drei, würde in unserer Zeit unter der Last der allgemeinen Verachtung erdrückt werden. Wir behaupten nicht, daß in jener Zeit die Deutschen gegen ihn ein anderes Gefühl gehabt haben, es wäre denn das hinzukommende des Abscheues und des Entsetzens; aber der König von England nannte diesen Menschen zwei Jahre später seinen lieben Oheim, der Cardinal Richelieu zahlte ihm viel Geld, und der dänische König erkannte ihn als seinen Mitstreiter und als selbstständigen General neben sich an. Auch andere Personen als Mansfeld sehen wir seltsame Phasen durchlaufen. Georg von Arnim ist zuerst in schwedischen Diensten, dann in kaiserlichen unter Wallenstein, berennt Stralsund und betheuert bei dieser Gelegenheit, daß das Vorgeben eines Religionskrieges erlogen sei. Er führt dann ein kaiserliches Heer zu den Polen gegen Gustav Adolf, vermittelt zwei Jahre später die Bündnisse deutscher Fürsten mit Gustav Adolf, befehligt die Sachsen bei Breitenfeld gegen die Kaiserlichen, führt dann ein sächsisches Heer gegen den Kaiser in Böhmen, predigt bei dieser Gelegenheit den Religionskrieg, und bleibt dabei im fortdauernden Einverständnisse mit Wallenstein. Der Däne Holk dagegen vertheidigt Stralsund gegen Arnim, und verkündet der Bürgerschaft von Stralsund, daß es den Kampf gelte um die evangelische Religion. Zwei Jahre später steht er jenem Arnim in Sachsen abermals gegenüber, nur mit vertauschten Rollen. Arnim predigt den Religionskrieg gegen den Kaiser, Holk verneint ihn für den Kaiser. Arnim und Holk sind Lutheraner. Wir gedenken des Obersten Fahrensbach hier nicht, weil er leider noch mehr als einmal uns Stoff darbieten wird. Der Oberst Fuchs ist 1619 während des Unionstages zu Nürnberg in kaiserlichen Diensten, 1626 fällt er bei Lutter als dänischer Anführer und eine der Hauptstützen Christians IV. Solcher Beispiele sind von Anfang des Krieges an unzählige.

Besonders bunt in ihrem Wechsel sind eine Reihe der kleineren deutschen Fürsten. Nachdem Johann Ernst von Sachsen-Weimar gegen Wunsch und Bitten seiner Landstände und Theologen bei Prag mitgekämpft und sich dann vielfach reichsfeindlich umhergetrieben, verspricht er auf die Bitten der Stände seines Landes 1624 dem Kurfürsten Johann Georg fortan den Kaiser als das Haupt des Reiches zu ehren und niemals gegen denselben die Waffen zu führen, weder in, noch außer dem Reiche. [1] Im folgenden Jahre sehen wir ihn als Obersten unter dem Dänenkönige, wie er die kaiserlich gesinnten Landstände des Fürstenthumes Calenberg mit Brennen bedroht, wie er dann das Domcapitel von Osnabrück zwingt einen dänischen Prinzen zum Nachfolger des Bischofs zu erwählen. Sein Bruder Wilhelm war bei Stadtlohn im Heere Christians von Braunschweig mitgefangen. [2] Die Fürsprache Tillys und Anderer erwirkt ihm 1625 die Freiheit ohne Bedingung. [3] Wilhelm meldet seinem Bruder Johann Ernst die freundliche Gesinnung des Kaisers. Es koste nur ein kleines Bittschreiben: so werde Johann Ernst die volle Gunst des Kaisers wieder erlangen. Johann Ernst zog es vor gemeinsam mit Mansfeld sich in wilder Fehde umherzutummeln, bis er starb, wie jener. Gleiche Rauflust bewährte damals der jüngste, später sehr bekannte Bernhard, den der Eifer eines weimarischen Haushistorikers sogar mit dem Namen des Großen geziert hat. Als die Dinge in Dänemark sich wandten, gelobte Bernhard im Anfange 1628 dem Wallenstein: er wolle fortan in des Kaisers Devotion getreu verharren, und sich weder in Kriegsdiensten, noch sonst gegen den Kaiser gebrauchen lassen. [4] Er hielt das Versprechen mit seinem früher begnadigten Bruder Wilhelm ein paar Jahre lang. Dann kam der Schwede. Sobald Gustav Adolf in Deutschland sich festgesetzt hatte, gelobten die beiden Brüder dem Schwedenkönige ihr Erbe, Land und Leute mit ihm zu wagen. Aehnlich trieben es Andere.

Nicht alle freilich fanden bei dem Wechsel ihr Glück. Bei Stadtlohn 1623 war unter den Gefangenen der Herzog Friedrich von Altenburg. [5] Er ward nach Wien geführt, that Abbitte und erhielt Verzeihung. Dann fragte ihn der Kaiser, warum er einige Monate zuvor auf spanische Bestallung geworben und dann doch Christian zugezogen sei. Der deutsche Reichsfürst erwiederte: er habe

[1] Röse, Bernhard der Große I. S. 111
[2] a. a O S 116.
[3] Khevenhiller X. 712.
[4] Röse, Bernhard der Große I. S 398.
[5] Khevenhiller X. 526.

damals das Volk mit schweren Unkosten zusammen gebracht, und eine geraume
Zeit auf spanische Bestallung gewartet. Weil aber nichts erfolgt, so habe er
sich zu demjenigen begeben, der Sold geboten, weil sonst sein Volk sich empört
haben würde. Wir sehen, wie dieser Herzog im Jahre 1622 die Wallensteinische
Art ein Heer zu unterhalten ohne allen Sold von seiner Seite, nur durch
Contribution, noch nicht kannte. Wenn nun, fuhr damals Friedrich von Altenburg fort, der Kaiser seiner begehre: so wollte er gern in kaiserliche Dienste
treten. Er habe das auch Tilly schon angeboten, der General es aber nicht
annehmen wollen. Ob der Kaiser vielleicht dachte: Tilly möge seine Gründe
haben? Wir finden denselben Herzog, der 1624 vom Kaiser begnadigt seine
Dienste anbot, 1625 im dänischen Heere. Als er bei Seelze unfern von Hannover verwundet hergeführt wurde, erkannte ihn ein kaiserlicher Officier, und
schoß mit höhnenden Reden über die Wortbrüchigkeit den jungen Herzog nieder.

Die hauptsächlichste Triebfeder dieses unehrenhaften Wechsels ist mehr noch
als Rauflust die Habgier. Denn ein Eifer zum Schlagen ist sehr selten erkennbar. Wir haben gesehen, wie der große Meister im Werben der Söldner, wie
Wallenstein durch das Auswerfen des Köders für diese Gier die Massen an sich
zog, wie es ihm eben dadurch gelang in das Heer Tillys, wo diese Leidenschaft
nicht die Aussicht auf Befriedigung fand, breite klaffende Lücken zu brechen.
Die stetige Einwirkung dessen, was man im Wallensteinischen Heere vor Augen
sah, wirkte zersetzend auf den Geist der höheren Officiere im Heere der Liga.
Im Beginne des Jahres 1629 schien Wallenstein seinem Ziele der moralischen
Desorganisation desselben um einen bedeutenden Schritt näher zu kommen.

Einer der ersten Officiere im Heere Tillys war der Graf Gallas. Der
Kurfürst Max hatte ihn bevorzugt, ihm eben noch ein Regiment gegeben. Im
März 1629 forderte Gallas trotzig seinen Abschied, [1] mit dem ausdrücklichen
Bemerken, daß er im Falle der Weigerung sich den Abschied selber nehmen
würde. Der Kurfürst Max war wegen des bösen Beispieles sehr erzürnt. Er
gebot Tilly den übermüthigen Obersten in Arrest zu legen. Tilly wagte es
nicht; denn Gallas, sagte er, habe das Patent als Generalwachtmeister unter
Wallenstein schon in Händen. Der Kurfürst beschwerte sich heftig bei Wallenstein
selbst. [2] Dieser wartete einige Zeit, dann erwiederte er: Gallas sei ja nicht in
fremde Dienste gegangen, sondern in diejenigen des Kaisers, von denen auch
der Kurfürst Nutzen habe. Darum möge Max dem Gallas das Benehmen bei
der Entlassung verzeihen. Wallenstein setzte höhnisch hinzu: wenn von seiner
Armee Officiere in den Dienst der Liga treten wollten, so werde er sie nicht
hindern, sondern vielmehr Gefallen daran haben. Aehnlich wie mit Gallas
stand es mit Andern. Der Graf Anholt, dessen Verdienste Tilly oft, namentlich
in der Schlacht bei Stadtlohn rühmend anerkannt, fing in Jever und Oldenburg

---

[1] Westenrieder, Beiträge VIII. S 166
[2] Chlumecky S. 135 Beilage zu CCXVIII. Maximilian am 7. April. Wallenstein am 31. Mai.

an nach der Weise Wallensteinischer Obersten zu fordern. [1] Auch früher schon waren er und seine Frau, die mit ihm umherzog, im Fürstenthum Osnabrück goldenen Ketten und silbernen Bechern nicht abhold gewesen. [2] Dießmal jedoch überschritt er alles Maß: er forderte gleich Arnim und Fahrensbach und ähnlichen dieser Art. Der scharfe Tadel des Kurfürsten Maximilian und des Feldherrn that ihm wehe. Zugleich vernahm er nun durch Gallas, wie wohlwollend Wallenstein gegen ihn gesinnt sei. Er war bereit in Wallensteinsche Dienste überzugehen, mit denselben Aussichten und Hoffnungen wie beim Heere der Liga. Er wollte die dritte Person im Heere Wallensteins sein. Dieser versprach ihm dazu noch ein Gut, gestattete ihm auch noch ein Regiment zu Roß, ein anderes zu Fuß zu werben. [3] Das klang erfreulich. Anholt lief über, und zog viele Officiere und Soldaten nach sich. [4] Pappenheim und Gronsfeld schwankten in der Erwägung des gleichen Entschlusses.

Nicht damit begnügte sich Wallenstein. Seine Plane gingen höher hinaus. Einen andern Mann wollte er gewinnen: auf Tilly selber war sein Absehen gerichtet. Diesen wollte er verstricken in seine Bahn. In seinem eigenen Sinne mochte Wallenstein Recht haben; denn bis dahin waren ihm, wie es scheint, die Mittel solcher Art noch niemals fehl geschlagen.

So bereitwillig die Liga in der Anerkennung der Verdienste ihres Feldherrn war: so zeigte sie sich doch wenig eifrig ihre Erkenntlichkeit auf die gebührende Weise durch die Schenkung eines Grundbesitzes darzuthun. Einen solchen Besitz wünschte Tilly. Mehr als einmal hatte er das Verlangen ausgesprochen die ihm noch übrigen Tage in Ruhe und Frieden hinzubringen, und namentlich lebhaft hatte sich in ihm dieser Wunsch geregt, als er im Jahre 1623 den deutschen Boden abermals gesäubert hatte von den Verderbern, und wider seinen Willen Halt machen mußte an der Grenze des Landes, von woher all das Unheil kam. Die Erfüllung ward ihm nicht vergönnt; aber der Wunsch blieb derselbe. Dennoch ist es nach der Persönlichkeit, nach dem Benehmen Tillys bei der Schenkung der Infantin und ferner auch in diesem Falle wahrscheinlich, daß der Greis mehr um seiner Neffen willen etwas gewünscht habe, als für sich.

Günstiger gestalteten sich diese Aussichten durch eine Schenkung des Kaisers. Ferdinand sagte für Tilly 300,000 Schock böhmische Groschen zu, die er erst auf 300,000 fl., und dann auf 400,000 Rthlr. erhöhte. Diese letzte Erhöhung war das Werk Wallensteins. Tilly wußte es. Er richtete am 17. März 1628 an Wallenstein eine Danksagung, daß dieser sich für ihn verwandt, und fügte hinzu: er würde es noch lieber sehen, wenn dieß Geschenk statt in Gelde ihm

---

[1] Winckelmann, Oldenburgische Chronik S. 190
[2] Verschiedene Angaben dieser Art im Archive der Stadt Osnabrück. Es ist einmal die Rede von einem Pokale 95 Loth schwer
[3] Chlumecky S. 149. 10 Juni 1629.
[4] Westenrieder, Beiträge VIII. S. 173.

in Grundbesitz angewiesen würde. [1] Dasselbe schrieb Tilly an den Kaiser. [2] Dieß ist nicht unwichtig, weil daraus erhellt, daß Tilly von weiteren Schritten Wallensteins nichts ahnte, sondern offen aussprach, was er dachte. Es ist möglich, daß Wallenstein geglaubt hat dadurch sich Tilly für seine nächsten Absichten willfährig zu machen. Er bat nämlich kurz nachher inständigst um Ueberlassung von drei Regimentern gegen Stralsund. Er wiederholte dreimal diese Bitte. Tilly schlug sie ab, weil er die Sache Wallensteins gegen Stralsund nicht billigte. Wallenstein, der sonst nicht leicht etwas vergaß, ließ sich dadurch in seinen ferneren Bestrebungen für Tilly nicht hindern. Sein Plan ging darauf hin für Tilly ein Reichsfürstenthum zu erlangen, wie er selbst ein solches an Mecklenburg besaß. Wallenstein ersah für Tilly das Fürstenthum Calenberg. Neben diesem sollte ferner der ausgezeichnetste Officier im Heere der Liga bedacht werden: Pappenheim sollte Wolfenbüttel erhalten. Mithin sollten Tilly und Pappenheim sich in die Länder des Herzogs Friedrich Ulrich theilen.

Der Plan war mit Meisterhand entworfen. Wallenstein fühlte sehr wohl und wußte sogar aus den Protestationen der katholischen Kurfürsten gegen die Verleihung von Mecklenburg an ihn, daß bei einer Wendung der Dinge die gesammten Reichsfürsten sich einig gegen ihn erheben würden. Es konnte ihm nicht verborgen bleiben, welche Berathungen im Schoofe der Liga gegen ihn gepflogen wurden, wie man dort mehr als einmal die Frage der Anwendung von Gewalt erhoben und erwogen hatte. Er wußte, daß Tillys Arm gegen ihn verfügbar war. Deshalb war es augenscheinlich von wesentlichem Vortheil, wenn es gelingen konnte den alten Feldherrn in eine ähnliche Stellung zu drängen, wie Wallenstein selber sie einnahm. Daß Tilly aus sich keinen Schritt von solcher Art thun würde, wie Wallenstein bei Mecklenburg gethan, sah auch Wallenstein mit Sicherheit voraus. Er selbst mußte diese Schritte für Tilly thun. Er für Tilly mußte den Kaiser bitten. Wenn dann der Kaiser selbst dem General Tilly das Geschenk darbot: so ließ sich nach Maßgabe aller anderen menschlichen Verhältnisse erwarten, daß die weltkundige Ehrlichkeit des alten Mannes dennoch ein kaiserliches Geschenk, und wäre es auch nur aus Gehorsam, nicht ausschlagen würde. Und auch in dieser Beziehung war es für den Plan Wallensteins vortheilhaft nicht bloß Tilly zu bedenken, sondern in ähnlicher Weise auch den ersten der Officiere des ligistischen Heeres, den Grafen Pappenheim, zumal da er der Willfährigkeit desselben sicher war. Eben diese Willfährigkeit konnte dazu dienen durch die Macht des Beispiels eine Art von moralischem Drucke auf Tilly auszuüben, den Feldherrn nachgiebiger zu machen. Aber nicht allzu früh durfte diesem die Sache vorgelegt werden. Sie mußte erst vollständig vorbereitet, sie mußte so zur Reife gebracht sein, daß an Tilly keine andere Zumuthung zu machen stand, als nur das Dargebotene doch nicht auszuschlagen.

Wenn Tilly sich dazu bewegen ließ: so war der Gewinn für Wallenstein

[1] Förster, Wallensteins Briefe I. S 129
[2] Mailáth, Geschichte Oestreichs III. 149.

von sehr bedeutsamer Art. Bislang stand er allein gegenüber den Reichsfürsten, deren schlecht verhehltes Grollen ihm ein aufsteigendes Unwetter in nahe Aussicht stellte. Anders lag die Sache, wenn Tilly und Pappenheim in der Hauptsache gegen diese Reichsfürsten eine gemeinsame Schuld auf sich luden. Denn das war die unvermeidliche Folge der Annahme eines dargebotenen Fürstenthumes: der Bruch mit dem ganzen Stande der Reichsfürsten. Allein die drei ersten Kriegeshäupter geeinigt durften immerhin dem Sturme, der auf einen solchen Bruch erfolgen konnte, getrost und sicher sich entgegenstellen: an der geeinten Kraft der drei Feldherren, denen Niemand einen Gleichen entgegenzustellen hatte, mußte jeder Sturm zerschellen. Die Reichsfürsten würden genöthigt sein diese drei als völlig Gleichberechtigte anzusehen: sie würden sich beugen vor Wallenstein. Und eben dasselbe würde Tilly thun, wie Pappenheim es längst schon that. Denn indem Tilly eine Schenkung annahm aus der Hand von Wallenstein, ordnete jener sich diesem unter. Und wenn Tilly sich unterordnete: so war das Bundesheer so gut wie zersprengt: so gehorchte es fortan Wallenstein als dem Herrn im Reiche. Also war der Plan.

Die Verhältnisse zur Ausführung schienen nicht ungünstig zu liegen. Tilly sollte Calenberg haben. Es kam zunächst darauf an diesem Feldherrn einen ähnlichen Rechtsanspruch darauf zu verschaffen, wie Wallenstein auf Mecklenburg gehabt. Wir haben bereits berührt, wie lange zuvor Wallenstein den Kaiser bewogen seine Schenkung an Tilly auf 400,000 Rthlr. zu bringen. Merkwürdiger Weise stimmte diese Summe genau überein mit einem Capitale, welches der Herzog Friedrich Ulrich von Calenberg dem Dänenkönige schuldig war. Die Stände von Calenberg hatten die Bürgschaft für 300,000 Rthlr. übernommen, für die anderen 100,000 Rthlr. hatte Friedrich Ulrich das Amt Syke zum Pfande gesetzt. Die Forderung bestand in voller Kraft.[1] Wallenstein bewirkte es in seinen geheimen Unterhandlungen mit dem Dänenkönige, daß Christian die ganze Forderung von 400,000 Rthlr. in dem Frieden von Lübeck dem Kaiser abtrat. Mithin war für den Kaiser die einfachste und leichteste Weise sein Versprechen an Tilly dadurch zu halten, daß er dem Feldherrn diese Forderung überwies. Tilly konnte und durfte nicht bloß, er mußte das annehmen.

Dieß war unzweifelhaft. Es blieb dann die andere Seite der Sache übrig: wie war es anzufangen, daß der Herzog Friedrich Ulrich seiner Länder verlustig erklärt würde? Das war offenbar nicht so leicht wie bei den Mecklenburger Herzögen. Dort hatte derjenige, der den Vortheil davon hatte, daß sie ihrer Länder verlustig erklärt würden, Wallenstein selber die Anklagen vorgebracht und trotz allen entgegen stehenden Zeugnissen mit Hülfe der bestochenen Räthe des Kaisers aufrecht erhalten, weil er es so wollte. Einen solchen Willen hatte Tilly nicht. Es erwuchs für Wallenstein nach seinem Plane die Aufgabe

[1] Archiv der Calenbergischen Landschaft zu Hannover. Nach einem Schreiben Friedrich Ulrichs an die Landschaft vom 29 November 1628 betrug der Rückstand der Zinsen damals für 1626—28 die Summe von 72,000 Thlr. Mithin kann von einer geschehenen Rückzahlung des Capitales in dieser Zeit gar nicht die Rede sein.

eine solche Anklage gegen den Herzog Friedrich Ulrich zu erheben, Beweise und Zeugnisse für diese Anklage zu bringen, bis ein kaiserliches Urtheil erfolge, welches dann auch Tilly anerkennen würde.

Wallenstein hatte sich sein Opfer auch diesmal trefflich ausgesucht. Es lag aus der Entwicklung der Dinge dieser letzten zehn Jahre klar vor Augen, daß die geistigen Kräfte Friedrich Ulrichs eben so wie diejenigen der Mecklenburger Herzöge das gewöhnliche Mittelmaß der Menschen nicht erreichten. Die Laufbahn dieses Unglücklichen, dessen weicher, nachgiebiger Sinn nur ein Werkzeug in der Hand stärkerer Charaktere war, zeigt eine Kette der trübseligsten Leiden für ihn selbst und für sein Land. Im Beginne des dreißigjährigen Krieges ward dort und fast wie unter seiner Obhut das schamlose Gewerbe des Kipper- und Wippe-wesens, die Münzfälschung, von den ersten Beamten des Herzogthums, von Mitgliedern der Ritterschaft in einer Weise ausgeübt, wie nirgends sonst in Deutschland. Friedrich Ulrich stand noch im jugendkräftigen Mannesalter, als schon die herbsten Lebenserfahrungen Schlag auf Schlag auf ihn niederfielen. Sein Weib ward ihm untreu und entfloh. Sein Bruder Christian betrog ihn, ebenso der Oheim von Dänemark, ebenso die eigenen Räthe, die in dänischem Solde standen, und den Fürsten und das Land zu unsäglichem Verderben der-selben an Dänemark verriethen.[1] Es ist nicht unwahrscheinlich, daß der dänische Oheim auf den Vorschuß der 300,000 Rthlr. mit der Bürgschaft der Landstände seine Plane gegen den Neffen gebaut, um diesen hinaus zu drängen. Denn Wallenstein sagt geradezu, wie wir gesehen haben, daß der Dänenkönig Absichten auf das Braunschweigische Land gehabt. Vielleicht ist sogar von daher für Wallenstein der erste Gedanke seines Planes entsprungen, nämlich der Gedanke, das Capital, welches Friedrich Ulrich ursprünglich dem dänischen Oheime, durch die Cession desselben dann dem Kaiser, durch die Schenkung wiederum des Kaisers dem General Tilly schuldete, dieses Capital in derselben Weise für seine Plane in Bezug auf Tilly zu nutzen, wie der Dänenkönig es für sich hatte benutzen wollen. Friedrich Ulrich tauschte nur den Gläubiger, im Uebrigen blieb für ihn die Sache dieselbe. Eben dieselben Räthe, die früher in der Umgebung Friedrich Ulrichs dem Dänenkönige zu Willen gewesen waren, die Friedrich Ulrich dann doch nicht entlassen hatte, wurden nun von Wallenstein und Pappenheim zu ihren Werkzeugen gegen den armen Friedrich Ulrich ersehen.

Ueberblicken wir die Thatsache.

Der Herzog Friedrich Ulrich hatte bis zum Tode seines Bruders Christian unter dem Drucke desselben und des Dänenkönigs zu diesem gehalten. Damals dachte man in Wien daran auch über ihn die Reichsacht auszusprechen.[2] Es kam nicht dazu, zumal da es sehr bald hervortrat, daß Friedrich Ulrich sich be-mühe, sich von Dänemark loszusagen. Noch mehrere Wochen vor der Schlacht

---

[1] Man vergleiche das Attenstück bei Decken I. S. 389. Nr. 69 ff. — Die Land-tagsproposition von 1628 im Archive der Landschaft Calenberg spricht diesen Verdacht des Verrathes den Landständen unverblümt aus.

[2] Man vergleiche Decken I. S. 271 ff.

bei Lutter knüpfte er Unterhandlungen mit Tilly an. Der Feldherr, der die Stimmung der Landstände kannte, war freundlich und bereitwillig darauf eingegangen, und hatte, obwohl anfangs in Wien die Stimmung für Friedrich Ulrich nicht günstig war, dennoch im Namen des Kaisers ihm Verzeihung für das Vergangene zugesichert. Die Verzeihung konnte sich offenbar nicht auf Christian erstrecken, der in offenbarer Rebellion gestorben war. Die Besitzungen, welche demselben angehört hatten, die Grafschaften Hohn- und Reinstein waren verwirkt. Hohnstein fiel für 60,000 fl. an den Grafen Thun, Rein- oder Regenstein für 50,000 fl. an den Grafen Max von Waldstein. Aehnlich erging es mit anderen Besitzungen. Auf die Wiedererlangung derselben hoffte Friedrich Ulrich vergebens. Näher lag es ihm seine eigenen Besitzthümer zu behalten. Und diese wurden bedroht durch die nicht offene, sondern geheime Anklage Wallensteins und Pappenheims, daß Friedrich Ulrich nach der kaiserlichen Verzeihung, die er im August 1626 durch Tilly erhalten, nicht freiwillig, sondern nur in öffentlichen Worten von Dänemark abgetreten, im Stillen dagegen mit dem Oheime nach wie vor im Bündnisse geblieben sei. Um dieses auszuforschen, um Anhaltspunkte für einen Verdacht dieser Art zu gewinnen, war Pappenheim in Wolfenbüttel thätig. Nachdem er diese Stadt gewonnen, verweilte er auch ferner da, zog die Räthe des Herzogs gefänglich ein, und ließ sie verhören. Es ward ihnen kaiserliche Verzeihung zugesichert, und dann bekannten sie, was sie wußten, und vielleicht auch was sie nicht wußten; denn Rautenberg, der gefährlichste von allen erklärte: ihm sei so zugesetzt worden, daß er das Feuer in der Asche habe suchen müssen.[1] Jedenfalls konnten sie nur bekennen, was sie selbst gethan hatten; denn Friedrich Ulrich war eine Puppe in ihrer Hand gewesen. Er selbst mochte nun bereuen nach der Schlacht von Lutter dem Begehren Tillys nicht vollständig entsprochen zu haben. Damals hatte Tilly die Auslieferung des Rautenberg und eines andern Rathes, Namens Elz, gefordert, weil diese beiden offenkundig im dänischen Solde standen. Friedrich Ulrich hatte es geweigert. Zum Danke dafür, daß Friedrich Ulrich diese Menschen der gerechten Strafe Tillys entzog, verriethen sie ihn an Pappenheim, der ihnen Straflosigkeit zusicherte. Und gleich als sollte in der schmutzigen Sache alle Schurkerei zu Tage gewühlt werden: so gesellte sich zu diesen Räthen noch derselbe Graf Solms,[2] der als Commandant von Wolfenbüttel dem gequälten Lande unablässig verkündigt hatte: es sei der Zweck seiner Räuberei die evangelische Religion zu schützen.

Pappenheim betrieb die Sache mit großem Eifer.[3] Es fehlte ihm ein dritter dieser Räthe, der sich zu Braunschweig aufhielt. Pappenheim lockte ihn mit List hervor, und führte dann alle drei nach Güstrow. Dort ward das Verfahren gegen diese drei Männer unter die Formen einer gerichtlichen Untersuchung versteckt. Pappenheim führte dabei den Vorsitz, und berichtete jeden Abend, was sich

[1] Havemann, Geschichte von Braunschweig r. Bd. II. Nr. 2.
[2] Königliches Archiv zu Hannover.
[3] Dessen I. S. 279 ff.

ergeben. Dazu trug Wallenstein auch Fürsorge in Wien. Er gebot dem Collalto darüber zu wachen, daß nicht Friedrich Ulrich von dem Kaiser zu der schon erlangten Verzeihung noch eine neue Zusicherung bekomme. Denn das sagt er, würde dem kaiserlichen Dienste und der Armee zum Nachtheile gereichen.[1] Wallenstein und Pappenheim erhoben die Anklage, daß Friedrich Ulrich im Sommer 1626 nur aus Noth und Furcht getrieben von dem dänischen Könige abgefallen, im Geheimen jedoch fortdauernd mit ihm im Einverständnisse geblieben sei.[2] Sie glaubten dieß erhärten zu können durch die Aussagen des Rathes Rautenberg. Demgemäß macht sich Pappenheim mit demselben auf den Weg nach Wien, um dort auf diese Weise die Acht gegen Friedrich Ulrich zu erwirken. Mit dem Ausspruche derselben schien der wichtigste Schritt gethan zu sein, und dann konnte man Tilly, der von allen diesen Dingen nichts wußte, ein Fürstenthum zur Annahme darbieten.

Die erste Nachricht von den Bemühungen in Wien erhielt der welfische Herzog Georg noch einige Wochen früher, als Wallenstein dem Kaiser durch Altringer diesen Vorschlag der Uebertragung Calenbergs für die 400,000 Rthlr. an Tilly machen ließ. Dieß geschah erst im März, schon im Februar wußte es Georg.[3] Er gehörte damals dem kaiserlichen Heere an, das in Italien stand. Die Gefahr bedrohte ihn nächst Friedrich Ulrich am meisten. Denn der Vetter Friedrich Ulrich hatte weder Sohn noch Bruder, und die Celle'sche Linie des Welfenhauses hatte den Herzog Georg zum Stammhalter erwählt. Mithin hatte Georg Aussicht auf das Erbe Friedrich Ulrichs. Er berichtete sofort an seine Brüder und Vettern: es sei der bestimmte Vorschlag Wallensteins für die 400,000 Rthlr. die der Kaiser an Tilly versprochen, diesem General das Fürstenthum Calenberg anzuweisen. Dann gab er seinen Rath, wie dem entgegenzutreten sei. Und hier ist gleich sein erstes Wort von großer Wichtigkeit. Er bittet seine Verwandten sich an Tilly zu wenden. Ein Jahr zuvor, als Wallenstein die Mecklenburger Herzöge aus ihrem Besitze stieß, hatten auch diese in gleicher Weise wie an die hauptsächlichsten Reichsfürsten sich Hülfe flehend an Tilly gewandt.[4] Immerhin konnten sie das thun wegen des allbekannten Charakters dieses Mannes. Sie konnten es ferner thun, weil Tilly sich beim Betreten von Mecklenburg so wohlgesinnt gegen sie erwiesen. Allein für das Welfenhaus lag die Sache wesentlich anders. Das befähigtste Glied desselben forderte seine Verwandten auf denselben Mann um Hülfe zu ersuchen, dem die in Wien wühlende Partei den hauptsächlichsten, augenfälligen Nutzen ihrer Umtriebe zugedacht hatte.

Indessen nicht bloß Georg, sondern auch der ältere Christian kannte Tilly aus langer Erfahrung. Er stimmte dem Rathe des Bruders bei und führte sofort ihn aus.[5] Er schilderte dem Feldherrn das Verfahren Pappenheims. Er

[1] Chlumecky S. 103 CLXX vom 21 Februar 1629
[2] Beilage XLV.
[3] Khevenhiller XI. 770.
[4] Mecklenburgische Apologie. Beilage XVIII. S. 93.
[5] Beilage XLVI.

sprach seine feste Zuversicht aus, daß Tilly dasselbe höchlichst misbilligen, dagegen darüber wachen werde, daß die gegebenen Versprechen treu und unverbrüchlich bleiben. Tilly entgegnete,[1] daß er von der ganzen Sache nichts wisse. Der Kaiser habe ihm eine Belohnung versprochen: wie und wann aber, und worin sie bestehe, sei ihm völlig unbekannt. Auf die Klage über Pappenheim gebot Tilly demselben die Diener Friedrich Ulrichs unangetastet zu lassen, und meldete das Benehmen desselben dem Kurfürsten Max. Es stellte sich heraus, daß Pappenheim bei Tilly um Urlaub nach Italien gebeten und diesen Urlaub benutzt hatte, die braunschweigischen Räthe nach Wien zu bringen.[2]

Unterdessen kamen mehr Nachrichten aus Wien. Die Sache ward drohender. Die Angehörigen des Welfenhauses schlossen sich enger zusammen und wirkten nach allen Seiten. Sie wenden sich an den Kurfürsten Max von Bayern, daß er ihr Fürsprecher bei dem Kaiser sei, daß er dagegen dem Pappenheim Einhalt gebiete. Sie beschließen eine Deputation an den Kaiser. Aber sie erschreken vor den Kosten derselben und rechnen den Anschlag von 15,000 Rthlr. auf 12,000 herunter. Auch diese Summe war schwer zu beschaffen. Zu einer Zeit, wo Wallensteinische Obersten monatlich für sich 8000 fl. fordern, meldet der Herzog Friedrich Ulrich, der Besitzer von mehr als einem fruchtbaren deutschen Fürstenthume, beklommenen Muthes seinen Vettern:[3] „Unser Credit ist bei der Zerrüttung des Krieges dermaßen gefallen, daß wir ohne die Bürgschaft unserer Vettern nicht 3 oder 400 Thaler erlangen können, auch wenn wir ein Großes damit retten sollten."

Näher lag zuerst eine Absendung an Wallenstein. Die welfischen Herzöge nennen den Mann, der mit dem Gedanken umging sie zu berauben, nach der Weise der Zeit ihren freundlichen lieben Herrn Oheim.[4] Sie schickten an ihn einen aus ihrer Mitte, den Herzog August. Die zaghafte und schüchterne Instruction beweist, welche Stellung Wallenstein den Reichsfürsten gegenüber einnahm, wie sehr sie ihn fürchteten. Nicht Ferdinand, sondern Wallenstein erscheint hier als der wirkliche Kaiser. Während alle Glieder des Welfenhauses wußten, daß Wallenstein die Triebfeder gegen sie war, soll ihr Bruder und Vetter August von fern her leise um das Wohlwollen dieses Mannes werben. Jeder Schritt vom Allgemeinen zum Besonderen wird ihm vorgezeichnet, von den Versicherungen der Treue und Ergebenheit gegen den Kaiser bis zur Klage über die Böswilligkeit der Uebelgesinnten, welche nachtheilige Gerüchte über das fürstliche Haus ausstreuen, bis zu der Bitte endlich um Nennung dieser Namen. Wallenstein hörte das alles geduldig an. Den Wunsch einer beständigen, vertraulichen, guten Correspondenz gewährte er sofort, weil ja das nur hohle Worte waren. Auch sei er bereit, sagte Wallenstein, zu allen gefälligen Diensten, besonders zu solchen

---

[1] Beilage XLVII.

[2] Bericht des Amtmanns Kahrstett vom 17. Juni im Königlichen Archiv zu Hannover.

[3] Königliches Archiv zu Hannover.

[4] Königliches Archiv zu Hannover.

welche zu dem Gedeihen des Welfenhauses ersprießlich sein möchten. Dann freilich kam etwas Anderes. Es thue ihm jedoch herzlich leid, fügte er hinzu, aus gewissen erheblichen Ursachen das Gesuch des Herzogs August nicht bewilligen zu können.

Zur selben Zeit wandten sich die Herzöge an Tilly. Sie schickten an diesen Mann, der im Lande Christians von Celle zu Winsen an der Luhe weilte, nicht ein Mitglied ihres Hauses mit stattlicher Begleitung. Bei Tilly galt das Wesen und nicht der Prunk der Form. Darum beauftragte der Herzog Christian von Celle seinen Amtmann zu Winsen zu dem Feldherrn zu geben und sich Audienz zu erbitten. Tilly gewährte das Gesuch, wie er zu thun pflegte, sofort. Auch kam es hier nicht darauf an sich der Hauptsache durch Umschweife und im Zickzack zu nahen, wie durch die Laufgräben einer belagerten Festung. Der Amtmann Kahrstett hatte den ganz bestimmten Auftrag Tilly zu fragen, ob er eine Ueberweisung des Fürstenthums Calenberg annehmen werde. Es liegt nahe, daß man eine solche Frage nur einem Manne stellen darf, dessen Seele dem Frager vorschwebt, wie ein reiner Spiegel der Ehrenhaftigkeit. In der Möglichkeit einer solchen Frage liegt für den, an welchen sie gestellt wird, das vollwichtige Zeugniß der Anerkennung für ihn. Tilly beantwortete die Frage, wie sie ihm gestellt ward. Er erwiederte, daß er sich zur Annahme der Ueberweisung des Fürstenthumes Calenberg nicht verstehen werde.[1] Also am 8. April 1629.

In denselben Tagen reiste Tilly nach Güstrow zu Wallenstein, um mit diesem die Friedenssache von Lübeck zu besprechen. Die Gelegenheit erschien für Wallenstein günstig. Er machte bei Tilly persönlich einen Versuch, was von ihm zu erwarten sei. Tilly wußte damals noch nicht, wessen Wallenstein und Pappenheim den Herzog Friedrich Ulrich anklagten. Also begann Wallenstein in Güstrow gesprächsweise zu ihm:[2] „Der Graf Pappenheim ist bei mir gewesen, und hat berichtet, daß sich der Herzog Friedrich Ulrich in viele Wege gegen den Kaiser verlaufen. Wenn dem also, so wäre er wohl einer guten Strafe würdig." Tilly entgegnete, das sei ihm fremd. Er that seine Ansicht über Friedrich Ulrich kund und fügte hinzu: „Ich habe nicht erfahren, daß er sich so böser Dinge unterstanden. Anfangs allerdings hat er nicht seiner Pflicht gemäß gehandelt; aber dann habe ich selbst im Namen des Kaisers ihm Verzeihung verheißen." Tilly verlangte zu wissen, was dann ferner geschehen sei. Wallenstein brach ab. Er ließ den Gegenstand fallen, und sprach von etwas Anderem. Damit indessen beruhigte Tilly sich nicht. Er zog bei Wallensteins Untergebenen Erkundigungen ein, ohne doch in dieser Sache zu einem Ergebnisse gelangen zu können. Um so fester stand seine Ansicht, daß ferner von Friedrich Ulrich nichts geschehen sei, was Wallenstein zu solchen Worten berechtige.

---

[1] Der Bericht des Amtmanns Kahrstett über diese Audienz bei Tilly liegt im Königlichen Archiv zu Hannover nicht mehr vor. Die Worte im Texte stützen sich auf verschiedene Briefe des Herzogs Christian, namentlich auf einen vom 20. April 1629. Die Worte lauten. „Tilly hat erklärt, daß er sich zu der berührten assignation des Fürstenthumbs Calenberg nicht verstehen würde."

[2] Beilage XLVIII.

Man könnte nun doch, gemäß der Tradition, die wir über jene Zeiten so vielfach noch in Deutschland herrschend sehen, sich der Ansicht zuneigen, als habe im Stillen noch eine Gemeinsamkeit zwischen Friedrich Ulrich und dem Oheime von Dänemark fortbestanden, eine Gemeinsamkeit etwa, die Tilly verborgen, dem schärferen Auge Wallensteins sich enthüllte. Wir haben dieser Frage weiter nachzuforschen. Zur Beantwortung derselben bietet sich uns ein Vortrag, den Friedrich Ulrich ein Jahr früher, im April 1628, vor seinen Landständen halten ließ, um darin seine Stellung zu dem ganzen Kriegswesen darzulegen. [1] Friedrich Ulrich bemüht sich darin seinen Landständen darzuthun, daß es niemals seine Absicht, sein Wille gewesen in irgend einer Weise feindlich gegen den Kaiser und das Reich aufzutreten. Er verwahrt sich bei Allem was hoch und theuer ist, daß er dieß nicht gewollt auf dem weltkundigen Unglückstage von Lauenburg im Frühlinge 1625: wie viel weniger denn nachher! Er versichert seinen Landständen mit den eindringlichsten Worten, daß der Kaiser ihn nach seiner Umkehr im Spätsommer 1626 anderen Reichsfürsten des Kreises zum Muster aufgestellt. Er betheuert, daß er selbst in das kaiserliche Wort das unerschütterlichste Vertrauen setze, daß er in dieser Treue nicht wieder wanken werde. Er legt das alles seinen Landständen dar, weil er weiß, daß bei ihnen die gleiche Gesinnung herrscht, daß seine Worte Wiederhall finden bei ihnen. Es ist nicht denkbar, daß ein Fürst, der also vor seinen Unterthanen sich darstellt, freiwillig abermals Gedanken des Verrathes gegen diesen Kaiser gehegt haben könne. Zum wenigsten ist es nicht glaubhaft ohne zwingende Beweise. Und da diese zwingenden Beweise von Wallenstein nicht beigebracht wurden: so hatte Tilly das Recht sein günstiges Zeugnis für die deutsche Gesinnung Friedrich Ulrichs auszusprechen.

Tilly kehrte von Güstrow nach Winsen an der Luhe zurück. Wußten es die welfischen Herzöge, wie er dort gegen Wallenstein sich geäußert? Jedenfalls hatten sie sein Wort, daß er auf die Pläne Wallensteins und Pappenheims nicht eingehen würde. Wenn mithin Tilly auch dadurch schon so offen andeutete, was er von der Rechtmäßigkeit des Verfahrens gegen Friedrich Ulrich halte: so ließ sich auch die Hoffnung hegen, daß er mehr thun, daß er seine gewichtvolle Stimme dagegen abgeben werde. Man durfte um so eher dieser Hoffnung sich hingeben, weil Tilly selbst dem Herzoge Friedrich Ulrich, als dieser im Jahre 1626 zu seiner Pflicht gegen Kaiser und Reich zurückkehrte, die kaiserliche Verzeihung zugesichert hatte. Man durfte sich berufen auf dieses sein Wort, und Jedermann wußte, daß und wie dieser Feldherr Wort und Zusage halte. [2] Die Herzöge täuschten sich nicht. Tilly gewährte auch diese Bitte. Er gewährte sie, obwohl Friedrich Ulrich zur selben Zeit den Kaiser ersucht hatte zu befehlen, daß

---

[1] Beilage XLIX.
[2] Archiv der Landschaft Calenberg. Die Stände von Calenberg schreiben an Friedrich Ulrich 22. December 1628: Herr General Graff von Tilly sind also gesinnt und hochrühmblich erkannt, das Se. Exc. Ihrer Parolle wirklich nachsetzen, und was Sie einmal zugesagt, nicht allein hohen sondern auch geringen Standespersohnen als ein hoch- und weltberühmbter dapferer Kriegesheld unverbrüchlich tuhn halten.

Klopp, Tilly. I.   33

Tilly die Besatzung aus Wolfenbüttel abberufe. Wie vorauszusehen, schlug Tilly in seinem Berichte an den Kaiser die letztere Bitte ab, weil ihm für die abzuführenden Truppen kein anderes Quartier offen stand. Dagegen entsprach er der Bitte des Herzogs um Verwendung gegen die Umtriebe Wallensteins und Pappenheims in vollstem Maße, und zwar so sehr, daß Tilly die Bitte des Herzogs Friedrich Ulrich zu seiner eigenen machte. [1] Den Anklagen, welche Wallenstein und Pappenheim mit den treulosen Räthen des Herzogs Friedrich Ulrich in Wien vorbringen, stellt derselbe Mann, für welchen jene als Frucht des Gelingens ihrer Anklagen ein Fürstenthum zu erlangen trachten, damit es ihm dargeboten würde, damit er es nur annehme — diesen Anklagen stellt derselbe Mann, der Fels der Ehre und Redlichkeit, bei dem Kaiser sein gewichtiges und vollgültiges Zeugniß entgegen, daß Friedrich Ulrich nach der erlangten Verzeihung, nach seiner Umkehr zu Recht und Pflicht in dieser Treue und diesem Gehorsam gegen den Kaiser wankellos sich bewährt habe. Und eben darum bittet Tilly: der Kaiser wolle den Herzog Friedrich Ulrich seiner Beschwerden entheben. Tilly thut mehr als das. Er fügt hinzu, daß er dafür dem Kaiser zeitlebens dankbar sein werde, wie für eine Gunst an ihn selbst.

Also Tilly am 17. Mai 1629. Zur selben Zeit waren auch schon Andere thätig. Die welfischen Herzöge hatten sich klagend an den Kurfürsten Max von Bayern gewendet, und Max trat, wie immer in solchen Dingen, bei dem Kaiser voran. War schon das formlose, von Wallenstein und Pappenheim ausgeübte Verfahren empörend für jedes Rechtsgefühl, so ward noch mehr das Standesinteresse des Kurfürsten Max als Reichsfürst beleidigt durch die Gewalt, die hier abermals einem seiner Mitfürsten von dem glücklichen Emporkömmlinge angethan wurde. Maximilian schilderte dem Kaiser das ganze rechtlose Verfahren mit den nachdrücklichsten Worten, die in jedem Buchstaben den eigenen Unmuth des Kurfürsten verkünden. [2] Selbst wenn der Kaiser vorher geneigt gewesen wäre auf Wallensteins Forderungen einzugehen: so mußte doch die Beschwerde des gewichtigsten Kurfürsten im Reiche, seine Enthüllung der tückischen Anschläge gegen den armen Herzog Friedrich Ulrich, dessen einziges Verbrechen seine gutmüthige Einfalt war, dem seine Landstände trotz aller seiner Misgriffe noch kurz zuvor ihre Anhänglichkeit in warmen Worten ausgesprochen, [3] den Kaiser zu besserer Einsicht in die Lage bringen. Wallenstein fühlte die Wirkung des Schreibens bei den kaiserlichen Räthen. [4]

Eine schärfere Sprache führt am selben Tage, dem 12. April 1629, der Kurfürst Max gegen den ligistischen General Pappenheim, [5] der durch Wallensteins Vorspiegelungen verlockt sich ein Herzogthum Wolfenbüttel geträumt hatte. Der Kurfürst faßt die Sache so auf, als könne Jemand glauben, daß Maximilian

---

[1] Beilage L.

[2] Das Actenstück bei v. d. Decken I. S. 390. Nr 71 vom 12. April 1629.

[3] Beilage LI.

[4] Chlumecky S. 152. Le lettere del Signore Duca di Bauiera hanno fatto gran danno e messo spauento in molti Ministri, schreibt ihm San Giuliano.

[5] Bei Decken I. S. 391. Nr. 72.

selber als Kriegsherr der Liga das Benehmen Pappenheims vorher gebilligt, oder gar befohlen habe. Von diesem Standpunkte aus mußten seine Vorwürfe gegen Pappenheim um so heftiger und schärfer werden. Mar gebietet dem General sofort von dem ertheilten Auftrage abzustehen, derselbe möge kommen, von wem er wolle. Die Hoffnung für Pappenheim war damit völlig aus.

Wir erinnern uns, daß in denselben Tagen, als der Kurfürst Mar diese Schreiben ergehen ließ, Tilly bei Wallenstein in Güstrow weilte und dort von diesem bei Wege lang über seine Meinung von dem Herzoge Friedrich Ulrich und ein etwaiges Verfahren gegen denselben ausgeforscht wurde. Da Tilly nicht befriedigend antwortete, brach Wallenstein ab. Es war klar, daß der Hauptplan nicht durchzuführen sei. Dennoch ließ Wallenstein die Sache noch offen. Nach vielen Reden über die Untreue Friedrich Ulrichs, die sich aus Pappenheims Beweisen ergebe, fordert er den Collalto [1] auf, die Sache dahin zu richten, daß Tilly für sein Guthaben in dem Herzogthum Braunschweig so viele Aemter angewiesen werden, als das kaiserliche Gnadengeschenk der 400,000 Rthlr. betrage. Wallenstein verlangt für sich den Auftrag der Einweisung Tillys in dieses Besitzthum.

Die Entscheidung des Reichshofrathes entspricht der Lage der Dinge, wie sie sich durch Tillys eigene Fürbitte für Friedrich Ulrich, durch die energische Verwendung des Kurfürsten Mar, durch das Schreiben Wallensteins an Collalto gestaltet hatte. Die Entscheidung ist weder kalt, noch warm. Der Reichshofrath erkannte zuerst die Anklage gegen Friedrich Ulrich als begründet an. [2] Er nannte diesen armen Herzog, der sein Lebenlang nur der Spielball fremder Tücke war, einen Hauptstifter und Urheber der Unruhe und Empörung im niedersächsischen Kreise. Aber alle diese Anklagen, die der Reichshofrath als begründet erkannte, bezogen sich auf die Zeit vor dem Vertrage Friedrich Ulrichs mit Tilly, vor der erlangten Verzeihung, und darüber ging keine hinaus. Dessen ungeachtet erklärte der Reichshofrath, daß der Kaiser an den Vertrag des Herzogs Friedrich Ulrich mit Tilly von Rechtswegen nicht gebunden sei; aber es folgt unmittelbar darauf der Zusatz, daß der Kaiser es bei der Einziehung der Grafschaften, und ferner bei der Anweisung von 400,000 Rthlr. an Tilly bewenden lasse.

Abermals machten die welfischen Herzöge einen Versuch bei Tilly selbst. [3] Er erwiederte wohlwollend und freundlich wie zuvor. Er schilderte offen den Hergang der Dinge, so viel er davon wußte. Er berichtete, welche Gespräche er mit Wallenstein über die Sache geführt, und ließ durchblicken, wie er die Plane desselben zu Gunsten seiner selbst entschieden mißbilligt. Aber dann legte er eben so offen seine eigenen Rechte dar. Der Kaiser habe ihm die Forderung des Dänenkönigs an Friedrich Ulrich abgetreten: er hoffe und bitte, daß man darin ihm keine Schwierigkeit machen werde.

Wir sehen, dieß Verhältnis ist ein völlig anderes. Tilly hatte von sich

---

[1] Chlumecky S. 121. Nr. CXCIII vom 30. April 1629.
[2] v. d. Decken I. S. 281.
[3] Vergleiche die bereits angeführte Beilage XLIX.

gewiesen, was nur durch ein Unrecht, wenn auch nicht von ihm ausgehend, zu erlangen war. Aber die Forderung der 400,000 Rthlr., das Verlangen dafür ein Unterpfand in Grundbesitz zu haben, war sein Recht. Tilly beharrte darauf.

Abermals wandte sich Friedrich Ulrich an Tilly selbst. Zu dem Unterpfande, welches Tilly verlangte, gehörte das Amt Syke, welches dem Dänenkönig für 100,000 Rthlr. verpfändet gewesen war. Der Amtmann von dort erschien im Namen Friedrich Ulrichs vor Tilly, und bat den Gang der Unterhandlungen am kaiserlichen Hofe abzuwarten. [1] Die dänische Forderung, behauptete dieser Amtmann, sei nichtig, und Christian von Halberstadt, dessen Güter man verlange, habe kein Erbtheil, sondern nur Schulden hinterlassen. Tilly war verletzt durch diese neue Zumuthung. Er habe, erwiederte er, dem ganzen römischen Reiche deutscher Nation große Dienste gethan. Dabei habe er nicht seinen Eigennutz, sondern das Beste des Reiches gesucht. Auch noch wolle er keinen Eigennutz. Dieß war augenscheinlich; denn Tilly bestimmte das eben Erlangte für seine Neffen. Aber daß er selbst es erhielt, war eine Ehrensache für den Feldherrn." Er fragte, wie man behaupten könne, daß der Herzog Christian kein Erbtheil hinterlassen. Christian habe dem Reiche großen Schaden gethan, sei ein Fürst und Erbe des Landes mit seinem Bruder gewesen, und habe die dargebotene Verzeihung niemals annehmen wollen. Er wies darauf hin, daß die kaiserliche Commission zur Execution bald eintreffen könne. Man möge sich nicht lange bedenken: er meine es gut. Und dennoch erklärte sich auf die wiederholten Bitten derselbe Tilly dann bereit die Executionscommissarien, die schon unterwegs seien, noch ein wenig aufzuhalten. Man möge, sagte er, wegen der Sache in Wolfenbüttel zusammen kommen, jedoch auch den Herzog Christian von Celle zu Rathe ziehen; denn ohne diesen wolle er nicht handeln.

Wir haben dabei zu erwägen, daß die Sache Tillys zunächst allerdings nur Friedrich Ulrich, mittelbar jedoch das ganze Welfenhaus berührte. In demselben zeigte sich schon damals das Bestreben auf die Wiedervereinigung aller welfischen Besitzthümer hinzuwirken. Aus diesem Grunde hatten Christian von Celle und seine Brüder nur den jüngsten, den Herzog Georg zum Stammhalter erwählt. Christian war der älteste. Indem Tilly erklärte, daß er in der Sache gegen das Welfenhaus nicht handeln, das ihm rechtmäßig Zuerkannte nicht in Besitz nehmen wolle ohne Verständigung mit dem Haupte dieses Hauses, bewies er dadurch einestheils sein volles Vertrauen in das Recht seiner Sache, andererseits das Bestreben in dem Durchführen seiner Forderung die größte Schonung walten zu lassen.

Er ging darin noch weiter. Die Execution, die der Kaiser an Wallenstein übertragen hatte, erfolgte nicht, weil Tilly sie nicht bloß nicht verlangte, sondern sie auch nicht dulden wollte. [2] Erst diese Weigerung vereitelte alle und jede Frucht, die Wallenstein von dem Plane noch hatte hoffen dürfen. Er mußte

---

[1] Vaterländisches Archiv von Spiel und Brönnenberg 1833. Bd. 2.
[2] v. d. Decken I. S. 292.

erkennen, daß in Tilly auch nicht eine Ader deſſen ſich regte, was ſeine ganze Seele ausfüllte. Tilly erhielt einige Aemter im Lande Friedrich Ulrichs als Pfand für ſeine Forderungen. Zu einem völligen Vergleiche mit ihm kam es im Drange der Zeiten nicht. Auch mit ſeinen Erben ſtand die Sache unerledigt hin, bis ſie 1648 zu Osnabrück durch die Bemühungen der Schweden zum Nachtheile der Erben Tillys abgethan wurde. Die Schweden begründeten zu Osnabrück dieſe Forderung durch den Hinweis auf die Verheerungen, welche Tilly in jenen Ländern, angerichtet.

War denn ſchon damals dieſe Lüge in voller Kraft? Wir werden die Urſprünge derſelben ſpäter zu erkennen ſuchen.

Es iſt merkwürdig, daß zur ſelben Zeit, als Wallenſtein darauf ausging den alten Feldherrn durch die Schenkung eines Fürſtenthums in ſeine eigene Bahn zu leiten, auch von einer anderen Seite an Tilly ein verhülltes Angebot gelangte. Im April 1629 ſchrieb der Schwedenkönig Guſtav Adolf an Tilly einen überaus freundlichen Brief.[1] Es iſt wichtig denſelben kennen zu lernen.

„Vortrefflicher und beſonders ausgezeichneter Graf," alſo redet Guſtav Adolf den alten Helden an, „aufrichtig von uns Geliebter. Der Ruf Eurer Tugenden, und die Freundſchaft, welche wir uns nicht weniger von Eurer Excellenz, als Eurem Kriegesheere und den Directoren der katholiſchen Liga verſprachen, hat uns bewogen Eure Excellenz zu begrüßen und zu verſichern, daß wo wir etwas zu thun vermögen, was die Ehre und den Vortheil Eurer Excellenz befördern könnte, Eure Excellenz dieß zweifellos von unſerem Wohlwollen ſich verſprechen dürfen, es ſei eine Gelegenheit welche es wolle. Der Ueberbringer dieſes Schreibens, der Baron Bielle, hat den Auftrag dieſe unſere Geſinnung gegen Eure Excellenz ausführlicher darzuthun, und wir zweifeln nicht, daß Eure Excellenz ihn darum ſich wohl empfohlen ſein laſſen wollen. Wir ſind Eurer Excellenz zu allen Erweiſungen königlicher Gunſt immer erbötig, und befehlen Euch Gott. Alſo gegeben zu Stockholm am 22. April 1629. Guſtavus Adolfus."

Was war der Sinn und Zweck dieſes Schreibens, dieſer Ausdrücke an den Feldherrn einer Macht, gegen welche derſelbe König, der dieſen Brief verfaßte, ſeit langer Zeit einen Krieg vorbereitete, gegen welche damals er loszubrechen faſt im Begriffe ſtand? Aller Wahrſcheinlichkeit nach war dieſer Sinn und dieſer Zweck bedingt durch Tillys Antwort.

Der Abgeſandte Bielle fügte einen langen Brief hinzu voll Klagen über Wallenſtein, voll von Vertheidigungsgründen für den König. Er habe Stralſund unterſtützt und beſetzt, ſagte Guſtav Adolf, weil es von Wallenſtein wider das Gebot des Kaiſers und die Geſetze des Reiches belagert, weil dadurch die Gefahr entſtanden ſei, daß die Stadt dem Könige von Dänemark, damals, alſo fügte Guſtav Adolf hinzu, dem Feinde des Kaiſers die Hand biete. Das aber würde für den Kaiſer ein größerer Schade geweſen ſein, ſagte Guſtav Adolf, als ſeine freundſchaftliche Geſinnung für den Kaiſer habe zugeben können.

[1] Adlzreitter, Annal. Boic. gentis III. p. 208.

Weiter redete das Schreiben in derselben Art und Weise, welche der Schweden=
tönig zwei Jahre zuvor den Abgeordneten von Preußen dargelegt hatte. Er
beklagte sich, daß auf dem Friedenscongresse zu Lübeck seine Gesandten nicht
zugelassen, daß seine Briefe an Bethlen Gabor aufgefangen, die Herzöge von
Mecklenburg unterdrückt, Hülfe gegen ihn nach Polen geschickt sei, und Aehn=
liches von gleicher Art. Endlich bat er: Tilly wolle die Briefe des schwedischen
Reichsrathes an die Kurfürsten des Reiches übermitteln, Tilly wolle mit dem
Bundesheere nicht zum Kriege gegen den König helfen. .

Es fragt sich, wie Tilly auf diese sonderbaren Briefe antwortete.

Er erwiedert in maßvoll bescheidenen Ausdrücken dem Könige schriftlich,
wie er, wo nur immer er könne, mit allen Kräften sich angelegen sein lassen
wolle, daß unter so vielen erlauchten Häuptern der christlichen Republik die alte
Eintracht und Freundschaft fest und sicher neu begründet werde. Das war der
Inhalt seiner schriftlichen Antwort. Dem Gesandten erwiederte er mündlich:
die schwedischen Gesandten seien zum Friedenscongresse in Lübeck deshalb nicht
zugelassen, weil die ganze Unterhandlung nur zwischen dem Kaiser und dem
Könige von Dänemark statt gefunden, und darum Niemand anders, auch nicht
die Fürsten des Reiches Zutritt dazu gehabt hätten. Ueber die Stadt Stral=
sund, über die Hülfe nach Preußen werde Wallenstein, den das betreffe, sich
näher erklären können. Damit entließ Tilly den schwedischen Baron Bielke.

Was auch immer Gustav Adolf bei Tilly gewollt haben mag: durch das
würdevolle Schweigen und die Ruhe, mit welcher der Feldherr die Lockungen
abwies, als wären sie nicht da, hatte er einmal für immer von dorther sich
Ruhe verschafft. Auf der anderen Seite liegt es in der menschlichen Natur, daß
die moralische Niederlage, die man durch eine solche Abweisung erleidet, nicht
leicht verschmerzt wird.

Eben so kurz kam Tilly in denselben Tagen mit dem Dänenkönige ab.
Christian IV. ließ ihm durch seinen Reichskanzler, einen Deutschen Namens
Marschalk, entbieten, daß er wünsche den Bundesfeldherrn einmal zu sehen. [1]
Tilly möge einen Ort angeben, wohin er kommen wolle, damit der Dänenkönig
sich in die Nähe verfügen könne. Der alte Feldherr zeigte dazu sehr geringe
Neigung. Er meinte, daß er ja doch dem Könige weder mit dem Trunke, noch
sonst auf eine Weise dienen könne. Er meldete dieß seinem Kurfürsten. Maxi=
milian gab ihm Recht, und überließ es ihm, mit welchen Complimenten er sich
entschuldigen wolle. Da Ueberlauf und Verrath damals so häufig vorkamen,
daß Christian in seinem Kriege gegen den Kaiser eine Reihe von deutschen
Reichsfürsten und anderen Verräthern an ihrem Vaterlande zu Generalen und
Obersten hatte, da sein freundliches Verhältnis zu Wallenstein damals ein öffent=
liches Geheimnis war: so ist es möglich, daß er auch in Bezug auf Tilly eine
verwegene Hoffnung dieser Art gehegt habe. Eine solche hatte dann allerdings
auf Erfüllung keine Aussicht.

[1] Westenrieder VIII. S. 171.

Beilagen. —

Nro. I.

Das folgende Actenstück findet sich als Abschrift für den Osnabrücker Bischof Franz Wilhelm im ehemaligen Domcapitelarchive zu Osnabrück.

Nos Fridericus D. G. Bohemiae rex, Comes Pal. Rhen., Sac. Rom. Imp. Elector, Bavariae dux etc.

Potentissime ac invictissime Ottomanorum Imperator Domine, Domine Sultan Osman, Amice et vicine noster magnificentissime!

Vestrae Majestatis dominus legatus in nostra residentia Pragensi, die — Julii jam currentis anni millesimi etc. (1620) comparuit, quem non solum libenter vidimus, verum etiam cum maxima animi laetitia et consolatione ex potentissimae Vestrae Majestatis benignissimis, supremique Visiri Alli Bascha humanissimis ad nos nostrique Regni Barones et nobiles datis litteris intelleximus, quibus modis potentissima Vestra Majestas a nostris officialibus tempore transacto missas litteras susceperit, in quibus cum gemitibus et lacrimis totius populi ac provinciarum afflicti Regni Bohemiae contra horrendam Ferdinandi crudelitatem gravamina sua exposuerunt; ad haec quae auxilia potentissima Vestra Majestas nobis contra eum missuram clementer se declaravit atque promisit. Eam ob rem agimus Potentissimae Vestrae Majestati gratias immortales, deinde precamur atque obsecramus, ut dignetur Potentissima Vestra Majestas hosti nostro aperto Ferdinando Caesari efficaciter inhibere, ne ulterius nos offendat. E contra nos regnumque nostrum ac provincias offerimus cum Potentissima Vestra Majestate perpetuam pacem, optimamque correspondentiam habituros et ad amplificationem nostrae amicitiae cum nostris legatis singulis annis pretiosa munera et omnia quae ad tributum sunt necessaria, ad Potentissimae Vestrae Majestatis beneplacitum et satisfactionem missuros. Quod Potentissima Vestra Majestas ex nostris legatis quos brevi sumus ablegaturi, prolixius percipiet. Nos, regnum nostrum Bohemiae ac provinciae in Potentissimae Vestrae Majestatis perpetua fide ac devotione permanebimus. Datum in arce nostra Pragensi Pragae 12 Julii 1620.

Der vorliegenden Abschrift dieses Actenstückes sind die Worte hinzugefügt: Tutto questo Sua Majestà C. ha havuto nel tempo della ribellione.

Nro. II.

Archiv zu Brüssel. Correspondance des Emp. avec les Gouv. des Pays-bas 1619—22. — Daß der Kaiser Ferdinand die Holländer von Anfang an vollständig kannte, beweist sein folgender Brief an den Erzherzog Albrecht, vom 20. October 1620.

„.... Wir werden von fürnehmen glaubwürdigen Orthen verständigt und es gibt imgleichen auch die tägliche Geschicht und erfahrung eß öffentlich zu erkennen, daß die unirten Staaden in Hollandt sich mit Kriegesmacht und Bereitschafft täglich je lenger, je mehr stärken, und auf unserm und des Reiches boden herein machen mit der ungezweiffelten Intention und Vorsatz unseren treulosen, mainaydigen boheimischen Rebellen, derselben Anhängern und Fautoren und bevorab mit Ihrem neu auffgeworffenen vermeinten unrechtmäßigen, für null und nichtig erklärten Haupt sich zu conjugiren, zu succurriren, Ihre bös verkehrten weit aussehenden Actiones zu behaupten und durchzubringen und also den ganzen Kriegessitz, so viel an den Staaden ist, herein ins Reich, unser geliebtes Vatterland deutscher Nation zu ziehen. Inmaßen dann mehrgedachte Staaden erst neulich im Rhein oberhalb Köln eine Schantze in einer Insel mit angegebener Justifikation, daß der Churfürst zu Brandenburg bey der Gülichschen und dazu gehörigen Landen praetention zu behaupten, zu bauen angefangen, in dem ungezweifelten Willen und Endt die am Rheinstrom gesessenen Geistlichen, Chur- und Fürsten, auch unsere und des heil. Reiches Statt Cöln mitt der Zeit zu subjiciren und vom heil. Reiche, wie es von ihnen den Staaden anderwärts mehr geschehen, abzureißen.“ —

Eben dort finden wir vom 4. December 1620 eine Danksagung des Magistrates von Cöln an den Kaiser, daß er sich der Stadt gegen die schädliche Festung Pfaffenmütz annehmen wolle.

Nro. III.

Aus dem ehemaligen Domcapitel- jetzt älteren Regierungs-Archive in Osnabrück.

Franz Wilhelm Graf von Wartenberg, damals Dompropst zu Regensburg, später Bischof von Osnabrück u. s. w. an Spinola 5. September 1621, aus Brüssel.

Essendo sua Alteza stat' avisato questi giorni come l' Imperatore era inclinato di far una sospensione d'armi tanto nel superiore quanto nell' inferiore Palatinato, e che a quest' intentione sua Majestà n' haveva scritto alla serenissima Infanta, cosi n' ha dato ordine al Sign. Bocholtz Prevosto della Cathedrale di Liegi — e mentre l'Elettore di Magonta, il Duca di Baviera e altri erano della medesima opinione, cosi non dubito che V. E. ne farà qualche consideratione di quelli ragioni etc.

---- --- -- --- ---

Nro. IV.

Eben daher.

Cordova an Spinola 25. September 1621.

Per la copia che il Lantgravio Ludovico mi manda d' una littera dell' Imperatore alla Infanta vedo il desiderio ch' a accio che qui si faccia suspensione d' armi, Jo scrivio a S. A. ch' in caso che si risolva a essa, sia servita trattenere la alquanti giorni, accio ch' Jo possi pigliar Keyserslutter, che sarà chosa facile, e haveremo dove alloggiar l' esercito, perche no sara possibile alloggiarlo nelli quartieri etc.

Nro. V.

Brüffeler Archiv. Sécrétairerie d'Etat. L'Allemagne et le nord. Correspondance de Wallenstein etc. Inſtruction für Rauilla. Instrucion de lo que vos Mos. de Rauilla haueis de declarar y assegnar a Hernesto de Mansfelt de vuestra parte. — Haviendo considerado lo que nos haueis representado de parte del Hernesto de Mansfelt, tocante a las pretensiones que tiene de que se le reciva mas gente en servicio, y se le del mas dinero, de mas de lo concedido enla Instrucion mia que se os dio los dias passados, ho resuelto lo siguiente. Que de mas de los seis mil infantes y mil cauallos que le estan concedidos de recivar al sueldo y servicio del Rey mi sénor, se te recivivan los otros quatro mill Infantes y mil cauallos etc. Daju 80,000 Kronen, von anderen Dingen iſt keine Rede.

Eben dort. Die Forderungen Mansfelds bagegen waren, daß die Infantin die mit Bayern verabredeten Punkte genehmige, ihm ſofort in Straßburg 200,000 Rthlr. und 100,000 Dukaten in Speyer anweiſen laſſe. Und weiter forderte er: Comme le dit Seigneur Comte M. depuis le dit traicté a entretenu son armée à grands frais l'espace de six mois, il demande cent mil escuz d'or pour pouvoir contenter ses soldats. Das Fernere, wie im Texte angegeben.

Nro. VI.

Daß in Heidelberg keine beſonderen Greuel verübt ſind, geht zur Genüge hervor aus Wilken: Geſchichte der Heidelberger Bücherſammlung, S. 195. Wilken war in der Lage eher Partei gegen, als für Tilly zu nehmen, einmal im Allgemeinen wegen der üblichen Vorurtheile, zweitens in dieſer beſonderen Sache der Bibliothek, und drittens, weil er S. 194 ſogar den brutalen van der Merwen lobt. Nun iſt W. zu dem Ergebnis gekommen: die Schilderung von der Erſtürmung Heidelbergs iſt übertrieben, die Erzählung des ehrlichen Predigers Schmid iſt ein Mährlein. Das genügt, zumal da auch das eifrige Theatrum Europaeum nichts Beſonderes weiß. Der Bericht deſſelben S. 740 (Ausgabe von 1635) beweiſt durch ſeine Allgemeinheit, daß es nicht beſondere Nachrichten geben will oder vielmehr kann, und darum nur die allgemeinen Züge gibt, wie es überhaupt nach ſolchen Eroberungen zugeht. Ich wiederhole die im Text gegebene Anſicht: es iſt ſehr zweifelhaft, ob überhaupt geplündert ſei.

Nro. VII.

Archiv zu Brüffel. Sécrétairerie d'Etat. L'Allemagne et le nord. Correspoudance de Wallenstein, Tilly, Pappenheim. Tom. II.

Propositions et demandes faictes de la part de Mr. le Prince et Comte Ernest de Mansfelt par ses envoyez le collonel Tournon et le Capt. Jean Flamant, vers la Serenissime Infante.

Sa demande et prétention est d'estre crée Chevalier de l'ordre de la toison d'or. Que l'armée qui est presentement sur pied et dont il a la disposition enthiere, Il en demeurera Gouverneur et Capitaine général pour estre employé au service de sa Majesté Catholique en tels lieux et pays qu'elle trouvera couvenir. Et à laquelle armée se pourra joindre telles aultres trouppes que sa dite Majesté, la Serenissime Infante, ou le Seigneur Marquis comme Mareschal general, trouveront convenir, le tout néantmoins soubz le commandement du seigneur Prince de Mansfelt estantes icelles joiuctes aux siennes.

Lui sera baillé quinze mille Escuz tous les mois pour subvenir à la despence de sa Maison, de ses gardes, et tous extraordinaires de la dite armée durant qu'il sera employé en la dite Charge.

Item la Serenissime Infante pourra s'il lui plait députer commissaires lorsque le temps le requerera, pour faire monstrer à toutes ces troupes qui seront traictées à la manière des aultres gens de guerre estantes au service de sa Majesté. lorsqu'elles ne recevront plus les contributions des pays où il est, et voisins.

Que les Princes, Contes, Barrons. Gentilshommes, Collonels, Capitaines. Officiers, Soldats et aultres de quelque qualitez ou conditions qu'ils soient. Estants présentement soubz sa charge et y continueront pour le service de sa dite Majesté seront remis en leurs biens et possessions, comme ils estaient auparavant soit soubz l'Empire ou aux provinces et pays appartenants à sa Majesté.

Aussytost que celluy qui sera député de la part de la Serenissime Infante sera arrivé auprès du dit seigneur Prince de Mansfelt avec les depeeches susdites, Il prestra le serment de fidélité à sa Majesté et donnera tout bon commencement à l'acheminement des affaires, attendant le temps et l'occasion propre pour aussy faire prester le serment à tous ceulx de son armée lorsqu'il plaira à sa Majesté ou à son Alteze; l'intention du dit Seigneur Prince estaut de mettre au pouvoir de sa dite Majesté une place principalle et de grande Importance, outtre cinq ou six aultres, où il a desia le pied, comme aussy quelques ports de mer, surtout (ceux sur les-quels) les hollandois ont l'œil et cherchent moyen de s'en emparer, s'ilz peuvent soubz pretext de quelque diuision ou mesentendu, qu'il y a entre le Seigneur direct et ses suicets. et dont les dits hollandois veuillent cognoistre et s'atribuent la iudicature et décision du dit différent, auquel effect ils ont desia interpellé le dit Seigneur pour responde et subir par devant eulx pour la troisième fois, sans que néant moins il ayt jusques lors voulu entendre.

Et après ceste exeeution et qu'il aura rendu la dite place priucipale. comme aussi les autres au pouvoir de sa Majesté il se portera avec son armée à quelques autres bonnes executions, et se saisira des passages les plus importans des rivières qui coullent aux villes de Breme et Hamburg, ce qui donnera grande incommodité aux hollandois d'aultant que la plus grande partie des blez, qui sont mesné en la Hollande passent par les dites rivières, ce qui se peut faire, sans que le Roi de Denemark en reçoive aulcuns interests.

Quant aux passages des nauires par mer apportans en Hollande blez, bois pour faire nauires et aultre usage venants de Norwege, Danzick, Prusse, Pomeranie, Mekelburg et Holstein, conviendrait faire provision de quelques nauires pour fortifier les dits ports de mer, et empescher les advenus et passages etc. ce qui leur tournera à grands frais.

En temps de paix le dit Seigneur Prince prétend et supplie qu'il lui soit accordé et assigné une pension on traictement de vingt mille Escus par an, soit en argent comptant, ou en fond de terre, afin de le pouvoir entretenir selon ses qualitez, considerez que tenant le party et servant sa dite Majesté il se deffera et quittera absolument toutes autres pensions qu'il tirait d'ailleurs, scauoir de France huit mille escus et des Venitiens douze mille ducats d'or, sans ce qu'il pouvait tirer tant de l'Angleterre que de la Hollande, oultres plusieurs aultres et grandes prétentions qu'il a sur le Palatinat montant à plusieurs millions, et dont il espère avec le temps pouvoir jouyr du moins d'une bonne partie par la protection et faueur de sa dite Majesté et après qu'il aura donné quelques preuves et effects de tout ce que dessus pour le plus grand seruice de sa Majesté et bien publicq en général. Icelle sa Majesté est suppliée de vouloir honnorer le dit Seigneur Prince de Mansfelt du tiltre du grand d'Espagne, à l'exemple de feu son Père, en regard mesme qu'il l'a eu recommandé par son testament à sa dite Majesté, afin qu'elle — servie de le promouvoir à quelques honorables charges selon la qualité en respect et pour considération des grands et signalés seruices que son dit Père a rendues tant à leurs Majestés d'Espagne qu'à toute la Maison d'Austriche, à laquelle il a tousiours été sy zéleux et affectionné, comme il est cognu à leurs Majestés et Altesse, Estant chose certaine, que doresnauant le filz à l'imitation de son dit feu père fera paroistre le mesme, puisque il y est enthièrement porté, et dont il taschera d'en donner des preuves sy suffisantes qu'on aura sujects de contentement de son costez, à tout quoi il supplie derechef d'auoir toutes bonnes considerations.

Les susdits députez certiffient par leurs signatures icy mises que les poincts et articles cy dessus couchés sont en tout selon l'intention de mon dit Seigneur Prince et Comte de Mansfelt. Et suivant la charge de commission qu'ils ont de lui. Faict à Bruxelles le 21 de Décembre 1622.

Tournon.   Jean Flament.

Am 25. December 1622 bewilligt die Infantin, wie im Texte. Sie fügt hinzu: Et au reste sa dite Majeste et son Altese l'auront en toutes aultres choses en particulière recommandation soubs espoir et asseurance que doresnauant il leur rendra tout son seruice à l'imitation de son bon père dont la mémoire est encore toute récente.

Bruxelles 25. Décembre 1622.   I.

Die Unterhandlungen gehen fort. Am 10. Februar 1623 reichen Tournon und J. Flament eine wichtige Erklärung ein. Mansfeld nimmt die Bewilligungen der

Infantin mit Danf an. Er bittet Reichsfürst zu werden u. f. w. Et afin que la chose soit tant plus asseurée de part et d'aultre, il sera bien (sous très humble correction) et dont il supplie très hnmblement que tout le sudit traicté soit ratifié de sa dite Majesté Catholique en trois mois, ou plustost s'y faire se peut et le plus bref sera le meilleur. Cependant il ne cessera de mesner, conduire et disposer le tout pour le seruice de sa dite Majesté.

Les souscrits ont signé ces articles X Fev. 1623 en vertu de la charge et pouuoir à eulx donné par le dit Seigneur Prince et Comte Erneste de Mansfelt.

Tournon.   J. Flament.

Die Verficherungsformel, welche Mansfelb zeichnen follte, lautet: Je Erneste Prince et Comte de Mansfelt Promects et m'oblige par ceste d'effectuer et suyure ponctuellement le contenu des poincts et articles cy dessus qu'il a pleu à la Serenissime Infante accorder sur la Remonstrance que luy a esté faicte de ma part par mes Deputez y denommez.

Ich habe diefelbe nicht unterfchrieben gefunden, auch ift bas Schriftftüd felbft nicht von Mansfelbs Hanb.

Mansfelbs Plan bie Jahbe zum Kriegeshafen zu machen. Entre le pays d'Olden-burg et celluy d'Emden y a un embouscheur et détroit sur le bord de la Mer, où on peut aborder à pleine voille et y mettre grande quantité de Nauières en asseurance par le moyen d'un port qui se peut faire auecq peu de fraiz d'aultant qu'en ce lieu il y a force bois propre à ce faire, et du dit détroit les dites nauires seront à la main pour empescher le passage des viures qui sont mesné en Hollande par les riuières de Bremen et de Ham-bourg. Et au cas que la dite ville d'Emden ne se réduise à la raison, elle en sera toute à faicte incommodée.

Nro. VIII.

Königl. Archiv zu Hannover. Der Amtmann zu Rabolfshaufen an Canzler unt Räthe von Grubenhagen $\frac{27.\ \text{Juni}}{7.\ \text{Juli}}$ 1623.

„Des Hern General Monsieur Tilly gantze Armee hat eine zeithero biefem Ambte fehr nahe ihr Quartier vnb Läger gehabt, vnb biefen Ambtsunterthanen im allergeringften feine Gewaltthätigfeit angemaßt ober gegen biefelbe vorgenohmmen." Dann aber erfolgt ber weitere Bericht, baß fie fich in ben letzten Tagen viel anbers benommen. Der Amtmann meint, bie Tillyfchen Solbaten haben geglaubt, baß bieß Amt bem Chriftian von Halberftabt gehöre.

Nro. IX.

Königl. Archiv zu Hannover.

Tilly am 9. Juli an Chriftian von Lüneburg-Celle.

— — Ich fuege bemnach Ewr. Fürftl. Gnaben vnterthänig zu vernehmmen, das ich alle vnd iede Beschwerde von E. F. G. angehörigen Dorffschafften, Dieneren vnd Vnterthanen von meinem vntergebenen Kriegesvolcke die verlittenen Tage begegnet, mit höchster condolenz vnd zum wehmuethigsten vermerckt, auch genzlich in gedancken vnd mutmaßung stehe, die Ansteckung E. F. G. Dorffes Hattorff vnd anderer örtter, darob ich ein besonderes mißfallen empfangen, rühre her von anderen widerwärtigen, vnd vebel affectionirten, welche durch dergleichen verschlagene mittel in E. F. G. Gemueht ein Mißtrauen zu erwecken vnd die Kayserliche Armee bey deroselben vnd menniglich verhaßt zu machen hoffnung geschöpffet. Denn meine bey dem Kriegeswesen biß dahero geführte ordinanz, mich deswegen auff die erfahrung, vnd aller ehrliebenden Caualiere Beuhrkunkung bezogen, ertheilt mir vor der ganzen ehrlichen Welt Zeugniß, das ich den laydigen verderblichen Brand, welchen doch wol andere vohr das principal vnd Hauptstück ihrer Kriegsverfaßung halten, vnd zu solchem schedlichen effect sonderbahre hohe Officirer mitt großem sold bestellt vnd angenommen, iedeweil abschewlich detestirt, inmaßen diejenigen auß meinen Soldaten, auff welchen nur der allergeringste verdacht des an E. F. G. Dorffschafften begangenen Frevels gehafftet, in beywesen vnd angesicht E. F. G. Diener mit Leibes vnd Lebensstrafe alsobald durch mein Geheiß belegt worden.

Gelangt deßhalb an E. F. G. meine vnterthenige bitte: es geruhen dieselben berürte Fewersgefhar vnd deren Vhrsache meiner Persohn nicht beyzumeßen, sondern diese feste zuuersicht dero fürstl. Gemuethe zu imprimiren, das E. F. G. gehöriger Landts vndt Leutte conservation ich bey der Armee selbst recommandirt seyn laßen will. Es wehre aber meines vnuorgreifflichen wißens nicht vnrahtsamb, wenn E. F. G. mir einen krigsverstendigen commissarium zuordneten, der mich E. F. G. Landesbeschaffenheit nachrichtlich erinnern, vnd mich sonst in einem vnd anders zu dessen verschonung behufige vnd diensahme adresse geben khöndte. Sofern auch E. F. G. Vnterthanen auf die auereißenden einzelnen Soldahten ein wachsahmes auge zu schlagen, dieselben gefenglich anzuhalten, oder im fahle gewaltsahmen widersetzens gar niederzulegen angesetzet würden: solte das Rauben vnd Plündern desto wenniger vberhandt nehmmen. Gestalt E. F. G. Landdrosten, Canzler vndt Rehten ich diese beiden mittel berayts wolmeinend angedeutet vnd gegen E. F. G. auß trewhertziger, vngeferbter affection zu widerholen nit vmbgehen khönnen. Dieselben ich göttlicher milde, Protection vnd neben anerbietung meiner vnterthenigen Dienste dero gegen mich zu beharrenden freundlichen faveur empfehle.

Gieboldehausen, den 9. Julii 1623.

E. F. G. vntertheniger
Johann grafe von Tilly.

Nro. X.

Königl. Archiv zu Hannover.
Tilly an Herzog Christian von Lüneburg-Celle am 17. Juli 1623.

— Ich bin der tröstlichen Zuuersicht, E. F. Gnaden werden nunmehro mein an dieselben sub dato Gieboldehausen den 9. Julii gethanes schreiben empfangen, vnd darauß gnedig vernommen habeu, waß vor hohes sonderbahres mißfallen mir ob der Soldahten in E. F. G. Obrigkeit, iedoch auß Mißuerstandt vnd Irrtumb verübten Muetwillen begegnet vnd widerfahren, verhoffentlich E. F. G. dieselbe eingewendete wahrhaffte entschuldigung vnd zu verabreichte Bestraffung der Verbrecher in Gnaden vormerken vnd der Zeit beschaffenheit nach alß eine giltige satisfaction acceptiren werden, zumahl sonst in einem vnd anderen alsolche ordinanz an sich geschaffet, das zuuersichtlich E. F. G. angehörige Land vnd Leutte fernerer Inconvenientien vberhoben bleiben sollen.

Johann graue von Tilly.

Nro. XI.

Den Inhalt des ersten Briefes, den Tilly am 22. August 1628 von Meppen aus an die Statt Emden schrieb, habe ich kurz angegeben in der Geschichte Ostfrieslands von 1570—1751, Seite 245. Das zweite Schreiben vom 4. September 1628 aus Wardenburg theile ich hier mit als Probe, wie Tilly an deutsche Städte schrieb, wie er denselben seine Gesinnung darlegte.

Rathhaus-Archiv der Stadt Emden.

Edle, Ehrenueste, Fürsichtige, Hoch vnd wohl Weise, besonders liebe Herrn vnd Freunde.

Derselben widerantworttlich Schreiben vom 28/18 nechstabgeflossenen Monats Augusti hab ich hauptsächlich dahin gerichtet verstanden, daß Sye erstlich guete Hoffnung zu deß Mannßfeldes Abzug geschöpfft; derohalben es ohnnötig die mir untergebene Kaysl. Kriegsarmee dahin zu employiren: Vors andere daß die guetliche hin und beyleggung zwischen Inen vnd Irem Landtsherrn sich erhaltender Mißverstendnusse albereits ein Anfang gewonnen, Vnd an gewünschtem progress vnd außgang nicht zu zweiflen sey: Derowegen es auch im vberfluß einige Kriegsgewalt wider des Reichs Verfassungen hierunder anzuwenden.

Belangendt nun den ersten punct, were der Statt Embben vnd ganzem Landt wol zu gönnen, daß die schwehre ohnertregliche pressuren durch angedeutten abzug dermaleinsten Ihre endtschafft erreicht. Es kombt mir aber ganz mitleidig zuuernemmen, daß hingegen das Mannßfeldisch vnd andere benachbarte Kbriegsvolcker der Statt Emden in wenigen tagen hero dergestalt feindtlich zusezzen, das solches einer Belägerung nicht ohnähnlich, wofehrn nun die herren solch einen Gewaldt abzuwehren iezziger Zeit gelegenheit nach bastant gnuegsamb, wie an Irer Dapferkeit vnd courage dißfalls nit zu zweiflen, will ich ganz gern Inen allein die glorie liberirter Statt zu rechnen, da sie aber meiner hilff bedörfftig, Inen dieselbe hiemit anerboten haben.

Vber den anderen puncten wünsche den herren ich zu förderlichster erfüllung der beuorstehenden glücklichen vergleichs Gottes als Stifter deß fridens vätterlichen vnd milten Segen, Vnd ist freylich kheines zwangs bey denienigen vonnöten, welche vor sich selbsten zue einigkhait beliebens, dahin auch mein anerbieten ganz nicht, sondern wider den Mannßfelder vnd seine Adhaerenten, welche ein so löblich nuezlich propos allein zu Irem eignen gewinst zu behinderen vnd dissoluiren sich besorglich vnterstehen würden, gemeint vnd angesehen geweßt. In welchem gesundten Verstandt eine friedenshandlung, daran das heylich Reich mercklich interessiert, ohnuerlezter Reichs-Constitutionen wohl befördert werden khan.

Füege demnach den herren ich hirmit abermahls mit aufrichtigem offenem Gemuecht zuuernehmmen, das von der Röm. K. M., vnserm A. H., ich eine expreßliche Commission empfangen, den Mannßfelder als einen behorrlichen stöhrer gemeinen fridens, vnd öffentlichen proscribirten Aechter zuuerfolgen, Vnd die vhralte löbl. Grafschafft Ostfrießlandt, sambt der Statt Embden auß vnd vber eine ohnrechtmäßige gewaldt, vnd dominat zu erretten, vnd zu befreyen, auch mich dahin zu bearbeiten, auf daß berürte Grafschafft vnd Statt Embden von aller slavereye vnd Dienstbarheit erlöset, dem Reich vnd dessen schuz vnd milten Gesaz, iedoch sambt conseruirung aller wolhergebrachten freyhait, priuilegien, vnd Immunitaten vnter deren fridtlichen genuß sy hiebeuor In stattlichem flor, aufwachs vnd wolstandt sich befunken, widerumb unirt vndt vergliedet werden möge. Dann Ire Kayl. M. die von Manßfelder vnd seinesgleichen vnterstandene dismembration dieser edlen prouintzien vom leib deß Röm. Adlers zuuerstatten vnd nachzugeben ganz nicht gemaindt, Es wierdt auch hoffentlich Ir. Mayt an Mitteln nit manglen, diesen löblichen vnd der ganzen Landtschafft zu ehren vnd nuzzen zihlenden Kayserl. vorsaz wider deß Manßselders, vnd seiner Adhaerenten violenz vnd Dettlichkeiten zu behaubten, vnd durchzubringen; Inmaßen meines daruorhaltens die herrn Staaden der Vereinigten Niederlanden Irer so öffters versprochenen Neutralitet, Vnd anderer resolution, wie auch beywohnenden Vorsichtigkheit vnd discretion gemeß, diese Irer benachbarten wolfarth nit behindern, sondern als an sich selbsten billich, vnd zue desto freyern vebung der commertien, vnd perpetuirung gueter nachbarschafft gereichendt mit allem fauor prosequieren, vnd befürdern werden. Dann auf den ohnuerhofften gegensahl gemelte Herrn Staaden sich in diese alß ohnleugbare Reichssache, darmit sie vberal nichts zu thun, einflechten sollten, möchten Ire Kayl. M. mir oder andern solche Ordinanz allergnedigst ertheilen, die des Reichs reputation, würde vnd ansehen gleichförmig, den herren aber grosses Ohngemach vnd nachtheil gebähren möchte.

An die herren gelanget schlißlich mein bitten, sie wollen zu ihrem eigenen nuz vnd besten, ja zu widereroberung Ires alten wolergehens, vnd beim Reiche hergebrachter libertet, die hand mit helffen anlegen, auß den sachen mit mir Verthrewlich correspondiren, vnd alle diffidentz, alß wann hierunter ichtwaß anders denn obangedeuteter heylsamer Zweck gesuecht würde, gänzlich ablegen, vnd hinwerffen; Gestalt ich die herren hierüber genuegsamb, vnd Irem selbsten begehrn nach zu assecuriern erbietig, Ire Gemuetsmeinung nachrichtlich mit dem ersten erwartend, vnd Inen annembliche behäglichkeit zu bezeigen ganz willig bin.

Datum Wartenburg den 4. September Ao. 1628.

Der Herrn

freundtwilliger

Johann grave von Tilly.

Nro. XII.

Rathhaus-Archiv zu Emden.

Der Kaiser an die Stadt 17. Februar 1624.

Ferdinand der Andere u. s. w.

Liebe getrewe, Ir werdet Euch ohne zweinel guetermaßen zu erinnern haben, Waßmaßen bey Busern Höchstgeehrten Vorfahren am Heil. Reich Römischen Kaisern vnd Königen, Christmiltister gedechtnus, sich Eure liebe Vor-Eltern, solang dieselbige vnter Irer, vnd des Heiligen Römischen Reichs Trew, Devotion vnd gehorsam standthafftig vnd vngeändert verbliben, vnter den Kay. Adlers Flügeln, Schuez vnd Schürm yederzeit in guet ruhig fridtlichem wesen vnd wolstandt befunden,

Dann obwohl sich ye zu Zeiten zwischen Eurer Herrschaften, den Grauen zu Ostfrießlandt, auch vorgenannten Euren Vor-Eltern vnd Euch Streitt vnd Irrungen zugetragen, So haben doch höchst gemelte Vnsere geehrte Vorfahren, aus tragenden Kay. Ober vnd hochrichterlichem Ampt, nach anhör- vnd vernemmung eines vnd des anderen Thailß eingewendten Behelff, Motiuen, Recht vnd Gerechtigkeiten, dasyehnige verordnet, was sich Rechtlicher Ordnung nach, vnd den beilsamen Reichs Sazungen gemeß, yedeßmals gepüren vnd der Sachen vmbstänbt vnd notturft hat eruorbern mögen,

Als sich aber mit der Zeit allerhandt solche Leuth vnd Gemüter herfür getban, vnd an Tag gegeben, welche mehr zu vngewisser Newerung, dann dem alten sichern Wolstandt lust vnd lieb getragen, vnd ausser eines Regirenden Römischen Kaysers alß des vnmittelbaren Oberhauptes, vnter angegebenem Schein der zu sehr weiten Ablegenheit, anderer nechst benachparter Orthen, Schuz, Schürm vnd Protection gesucht, vnd sich demselbigen vntergeben, So ist offenbar vnd am Tag, das solche protection vnd Schuzsuechung mehrern thaylß nicht nach dem pesten außgeschlagen, Sondern von einer Zeit zur andern allerhandt widerwertigkeit schädtliches Mißtrawen Vnrueh, Krieg vnd Landtverderbliches Wesen verursachet, vnd mit sich gepracht, wie dann solches alles den Augenschein schon von etlich Jahren her, vnter anderen fürnemblich mit Vnsers vnd des Reiches Veldtkündigen vheindts, Landtverderber, vnd gemeinen Fridenzerstörers, des proscribirten Ernsten Manßfelders, vnd seines zusammen rottirten Anhangs, vheindtlicher Einfahl in obbestimbte Graffschaft Ostfrießlandt, Verhör- Verwüst- vnd Verderbung, vnd vast genzliche Ruin vnd verderblichkait mit mehreren zu erkennen gegeben, desselbigen auch noch biß dato so vast kain Endt vnd aufhören zu spüren ist, in sonderbarer bedenckung, obschon vorgedachter proscribirte Manßfelder obgehörte biß auf den eussersten Grabt desolirt vnd verderbte Graffschafft Ostfrießlandt vnlengst quitiert vnd verlassen, vnd sich anderst wohin gewendet haben mag, das demselben doch in allen seinen actionibus (alß welcher biß her alle von Jhme selbst angepotene tractationes vnd Accord, allweil zu seinem boßhafftigen behelff vnd Vortheil gerichtet, vnd damit den mehrern Thail Jnn: vnd außlendischer Königen, Potentaten, Chur- vnd Fürsten betrüglich angeführet) gar durchaus nicht zu trawen, noch sich auff seine zusagungen vnd versprechen, Sy seyen so crefftig vnd verbindtlich als Sy ferner wollen, sicherlich zu verlassen, Jnmassen solches seine vnd seiner Adhaerenten, mit dem Bethlehem Gabor noch stäts continuirende gefahr vnd schädliche correspondenzen zu verstehen geben,

Disem allem nach, so erinnern, ermahnen vnd begern Wir an Euch sambt vnd sonders hiemit gnedigist, Jr wollet der Sachen oberzehlte gewiß vor Augen ligente beschaffenheit, Elendt, Jammer, Dienstbarkeit, Ruin vnd desolation, mit Jren vmbstenten, vnd auf sich tragenden weitern gefahr, sambt vnd lieben Jren alten vorigen splendor vnd Wohlstandt, vernünfftig bedencken, vnd zu gemüeth ziehen, vnd in Eure Vbralte Freyhait, vnter vnserm vnd des Heil. Reichs Schuez vnd Schürm, ohne schmelerung, abbruch vnd veränderung angeregter hergebrachten Freyhaiten, Priuilegien, Immuniteten, vnd zu derselben Vindicir- vnd auffschwingung tretten, Euch auch crafft vnserer zu mehr vnterschidlichen mahlen abgegangenen synceration vnd Assecuration Schreiben gewiß vnd versichert halten, das vnsere vnd obbemelter gehorsamen Chur-Fürsten vnd Stenden des Reichs sich, aus antrigender verursachung, obbesagter Vheindt, Aechter vnd Rebellen, in der angränzenden Nachparschafft ligende Armada zu kainem andern Zihl vnd Endt, dann ainzig vnd allain zu Eurer subleuation, Trost vnd Erquickung, vnd entgegen zu bempff- vnd außrottung Eurer

Vbeindt vnd niberfacher angefehen vnd gemaint feyn, Inmaßen dann zu folchem Endt der beftelte General Leutenant Graff von Tilly genießenen Beuelch hat,

Wolten Wir Euch auch vnfers tragenden Kay: Ampts obligenden vätterlichen lieb vnd Sorgfeltigkait nicht verhalten, denen Wir neben erwarttung Irer gehorfamften Antwort in Kay. gnaden wol genaigt feindt,

Geben in Vnferer Statt Wienn, den Sibenzehaben Februarij Anno Sechzehen-Hundert Vier vnd zwanzigften, Vnferer Reiche des Römifchen im Fünften, des Hungarifchen im Sechften, vnd des Behaimifchen im Sibenden.

Ferdinandt.

vidit Peter Heinrich v. Stralendorff.

Ad mandatum u. f. w.

Nro. XIII.

Archiv der Calenbergifchen Landfchaft zu Hannover.

Stelle aus dem Kreisabfchiede vom 16. März 1624.

— Diemeil den Buderthanen dergleichen contributiones lenger zu ertragen allerdings vnmöglich, fo hat man auff kaine newe Werbung fchließen können, fondern Fürften vnd Stende wollen den Kayferlichen fo hoch bethewreten sincerationibus vnd assecurationibus allerunterthänigft getrauen, der vnderthänigften zuuerficht, Ihre Kayf. Mayft werden Fürften vnd Stände fammt den Buderthanen vnd Angehörigen darwider nicht befchweren laßen.

Nro. XIV.

Archiv der Calenbergifchen Landfchaft zu Hannover. Aus der Landtagspropofition des Herzogs Friedrich Ulrich vom 23. April 1628.

Nachdem der Herzog berichtet, wie er von Anfang des Krieges an fich bemüht „gegen die Röm. Kayf. Mayft. Vnfern Allergnädigften Herrn den fchuldigen gehorfamb, aufrechte Liebe vnd Trewe vnausgefetzt zu beweifen" — fährt er fort: „Eß ift aber layder darauff ao. 1625 die bewufte armatur von der königl. Würde in Dännemark zu Hand genommen, ein newer Craytztag zu Lüneburg angeftellet, vnd zugleich der weltkundige vnglückfälige conventus zu Lawenburg gehalten, auch endlich auf dem Craytztag zu Braunfchweig auf eine anderweite werbung gefchloffen worden. Derowegen bezeugen nun S. F. G. hiemit lauter vnd gegen den Allwiffenden Gott, der ins Verborgene fiehet, gegen die Kayf. May. vnd das gantze Reich, daß Sie es nicht anders verftanden, gewuft, gemeint oder geglaubet, alß daß folches alles bloß zu einer erlaubten defension des Craytzes, vermöge vnd nach anweifung der execution-Ordnung angefehen gewefen, Nimmermehr ift aber derfelben jemals zu hertzen geftiegen von der allerunterthänigen trewe, fchuldigften gehorfamb vnd devotion gegen vor Allerhöchftgedachte Röm. Kay. May. alß Ihren von Gott vorgefetzten ordentlich erwelten vnd gefchworenen Kayfer vnd Oberhaupte fo gar eines Fingers breit abzuweichen, inmaßen Sie davor alfofort zu Lawenburg öffentlich bedingt, auch deffen, dafern es nötig fein folte, ein vnzweiuelhaftes zeugniß von einem vornehmen fürften jederzeit haben vnd erlangen khönnen." Er fchildert dann feine Beftürzung, wie er die Misbilligung des Kaifers vernommen.

Nro. XV.

Archiv zu Brüssel. Corresp. de Maxim. de Bavière avec A. et I. 15. Dec. 1625.

Adolf Friedrich und Hans Albrecht führen Klage bei Christian IV., daß Mansfeld in ihr Land eingebrochen und auf Befehl des Dänenkönigs requirirt habe. „Wir sind darüber zimblich perplex vnd bestürzt, in fernerer vnd sonderbarer Betrachtung, ob vnß wol genugsamb bekandt vnd wissend, daß E. Königl. Würden, wie auch vnserer vnd der anderen Fürsten des Craißes Intention vermüge des zu Lauenburg gemachten Schlusses vnd darauf erfolgten Craißabschiedes nur dahin gerichtet, daß durch diese Craißverfassung einzig vnd allein dieser Craiß defendirt vnd vertheidigt, vnd lant der vorigen Craißabschiede von anderen kriegenden Parteien, Durchzügen vnd Einquartierungen conservirt werden sollte. Dabey wir auch beständig zu verharren gedenken. So müssen wir doch nunmehr befahren, daß J. Kayſ. Maj. Vnser Allerg. Herr dahero daß man sich dem Grafen von Tilly widersetzt, den Grafen von Mansfeld aber, welchen Sie doch in die Acht erklärt vnd durch ganze Reich verfolgen laßen, anjetzo frei vnd vngehindert wider angezogene Craißabschiede (darin enthalten, daß anderen kriegenden Parteien die Durchzüge vnd Einquartierung solte abgeschnitten sein), paſſiren vnd logiren laſſen, in der gegen Fürsten vnd Stände dieses Craißes geschöpften suspicion, als wäre dieses des Craißes Verfassung nicht zu des Craißes defension, sondern auf andere vnd fremde Sachen (welches doch E. Königl. Würden so wohl als vns vnd anderen Fürsten des Craißes niemahlen in Sinn kommen) gemeinet vnd angesehen, nicht wenig conserviret vnd befestiget. Vnd derowegen gemelten Grafen von Mansfeld dieser Oerter zu verfolgen, vnd nachzusetzen vnzweifentlich Verordnung thun möchten. Daran wir darumb vm so vielen weniger zu zweiueln haben, weil die beiden Generale der Herzog von Friedland vnd Graf von Tilly in ihrer den Craißabgesandten eingehändigten Erklärung die Inducias betr. schon ausdrücklich den von Mansfeld von solchen Induciis excludiret vnd begehrt, daß bei mehrermeltem Stillstande denselben zu verfolgen vnd aufzuschlahen ihnen frei vnd bevorstehen vnd bleiben sollte." u. f. w.

Die Herzöge bitten nun flehentlich den Dänenkönig, er wolle seiner Freundschaft zu ihnen gemäß Sorge tragen, daß der gedachte Durchzug nicht geschehe, daß dagegen Disciplin gehalten werde. — Ferner hat der König an die Erlegung der Tripelhülfe in triplo gemahnt. Die Herzöge entschuldigen sich. Ihre Ritter- und Landschaft weigere sich dessen, und Gewalt können die Herzöge nicht anwenden.

15. Dzbr. 1625.

Ad. Friedr. u. Hans Albr.

Nro. XVI.

Archiv der Calenbergischen Landschaft zu Hannover.

Die Calenbergische Landschaft beschloß am 25. April 1625: „zu bitten, das die angemuthete defensious-Verfaßung auß obgedachten Vrsachen der offensio Caesaris mögte verbleiben, vnd notorischer impossibilitaet halben die Landschaft damit verschont sein."

Die Landschaft Wolfenbüttel bezieht sich für die Verwerfung der Vorlage Friedrich Ulrichs auf den Kreisabschied vom 16. März 1624 (vgl. oben Nr. XIII), und fügt hinzu: „zuuorab aber haben wir vnser vnd der Calenbergischen Landstende vnderthänige demonstrationes, warumb die newe Kriegsverfassung von S. Fürstl. Gn. nicht zu belieben, sondern dieselben sich dauon quocumque modo entledigen solten in welchen demonstrationibus wir die starken argumenta a non necessario, inutili et plane impossibili, offensio Caesaris von höchster gefahr, desgleichen die iezigen euentus mit hellen klaren worten angezogen vnd hingestellet." Im August 1625.

Nro. XVII.

Archiv der Calenbergischen Landschaft zu Hannover. Tilly am 10. Sept. 1625 an Friedrich Ulrich.

— — — „An E. F. G. deuotion aber wehre zwar gleichmeßig nicht zu zweiffeln, wenn nicht die hin vnd wider von Iren Vnderthanen gegen meine vnterhaltenden Soldaten biß dahero wider alles verschulden verübte grausame hostilitaeten zu widrigen gedanchen vrsach gegeben, dahero auch ganz vnnötig gewesen wehre zur Abschaffung der nach Poggenburg verlegten Saluegardi nachmahlen anmahnung zu thuen, zumahlen dieselbige vorhin aber ganz vngewöhnlicher vnd vnverantwortlicher weise bereit abgeschaffet, zudem nicht allein der Obrist Leitenant Johann Bieretz neben dem Rittmeister Sirach gefenklich hinweg geschleppt, sondern auch überdiß zugefahren vnd die daselbst hinterlaßenen Officirer vnd Knechte nachgehends bei den Kopf genohmmen vnd erschreklich tirannischer Weise darnieder gehawet vnd ermordet worden, wohero solte nuhn nicht erfolgen, das die Soldaten zur ungedult gebracht vnd zu vngebührlichen excessen (so zwar durchauß nicht durch mein verhengtnus, wissen vnd willen, dessen ich gleichfalls in meinem gewissen Gottlob genuglamb versichert bin, verübet, sondern mit scharffem ernst inhibiret vnd verbotten sind, auch tägliches verbotten werden) veranlaßt worden?"

Er bittet nochmals um Brod für seine Soldaten, 300 Fuder Korn aufs allerebeste, damit die Soldaten ihre Nothdurft haben. Andernfalls will er von allem Unheile entschuldigt sein.

Ganz eben so schreibt Tilly am 10. October 1625 an den Herzog Christian von L. Celle. Das Schreiben im Königl. Archiv zu Hannover.

„Nuhn gelebe ich der getrösteten vnterthänigen zuuerfichtlichen Hoffnung, es werden E. F. G. mich der beschehenen Excursionen, vnd da eine vnd andere Vnthat dabei verübt worden seind, gnedig vor entschuldigt halten, zumahlen ich dessen in meinem gewissen versichert bin, daß dergleichen übeles vnd vnverantwortliches prozediren mit meinem wissen vnd willen nicht beschicht, noch beschehen soll. Ich will aber auch dabenebens in keinen zweuel setzen, es werden E. F. G. also hoch nicht anziehen, oder zu gemüeth führen, daß von den Soldaten die Excursiones, vnd da dabei einige andere vnthat vorüber passirt, vorgenohmmen worden, in Betracht dieselbigen Ihres nottürfftigen Vnterhalts von allen ortten, da gleich die baare bezahlung dafür anerpotten, vnd bereits vorhanden gewesen, nit mächtig sein khönnen. Derowegen so bitte ich vnterthänig, Es wollen E. F. G. mich vnd meine vntergebenen Soldaten, denen zwar bei mir keinerlei muetwillen, Enormitaeten, vnd Exorbitantien in keinerlei weise noch weg iemahlen gestattet, viel weniger approbiret oder guet geheißen worden seind, in so viel gnedig vor entschuldigt halten, vnd danebens mitleidentlich ermögen, daß der arme Soldat bey anstehender ermangelung deß Vnterhalts zur conservirung

feines Lebens, alß welcher von Lufft nicht leben khan, vnb ohnebeß teglichs vnb stündt.
lichs mit vielfeltigem Cummer vnb Elend vmgeben ist, zur suchung seiner Leibesnahrung
nohtwendig auß natuerlicher lieb seiner selbst bewegt vnb getrungen werben mues."

Man vgl. bamit ferner ben Bericht bes Amtmannes Johannes Hennings aus
Wickensen an ben Herzog Friedrich Ulrich, vom 17. Sept. 1625, aus bem Königl.
Archiv in Hannover.

Nach einer Entschulbigung, baß er selbst wegen Krankheit beim Einmarsche ber
Tilly'schen Truppen nicht gegenwärtig gewesen, fährt Hennings fort: „Ist mir bennoch vnuermuhtlich fürkhommen, wie bie Bauersleut sich beim Einfalle gegen bie Tillyschen Solbaten gar Vnbarmhertzig sollen angestellet haben."

Nro. XVIII.

Archiv zu Brüssel. Corresp. de Maxim. de Bavière avec Alb. et Isab.

Max schreibt am 15. Juli: „Le Prince de Cologne doit voir et estre spec-
tateur des ravages et devastations que Mansfelt et Halberstat ont passez
naguères exercez en les Pays, sans aulcune assistance, parceque le comte de
Tilly (de la conservation des gens duquel le tout dépend) pendant que les
préparations de la guerre de Dennemarque luy sont si voisines, et devant
les yeux, et n'y estant separé que par l'interjection de la rivière de la Weser,
ne peut se quitter des trouppes d'Anholt."

Nro. XIX.

Königl. Archiv zu Hannover.

Verzeichnis von Tillys Hofstaate unb Verpflegungsorbnung besselben im Amte
Winsen an ber Luhe. 1627.

	Pferbe.
Se. Excellenz selbst eigene Leute unb Pferbe, babei ber Stallmeister, unb bann bei sich habenbe Knechte, item Reit- unb Fuhrpferbe	68
Kaiserl. Commissar von Walmerobe, Diener unb	10
General-Commissar Kuepp, D. u.	26
" " v. Lerchenfeld, D. u.	26
Commissar Masponi, D. u.	10
Felbbuchhalter Rieberer, D. u.	8
Kriegszahlmeister Khaubten, D. u.	8
Commissar Chr. Benigl, D. u.	1
Reg.-Commissar Meyer, D. u.	2
Secretär Niclassen, D. u.	2
" Mercator, D. u.	2
" Granvell, D. u.	2
" Bernhart, D. u.	2
" Johanns, D. u.	2

		Pferde.
	Uebertrag	169
Canzlist Jakob Seiler D. u.	. . . .	2
„ Steichart, D. u.	. . . .	2
„ Georg, D. u.	. . . .	2
Der Auditor General, D. u.	. . . .	3
General-Quartiermeister, D. u.	. . . .	8
General-Profoß sammt seinen Leuten, D. u.	. . . . .	16
Feldmedicus, D. u.	. . . .	6
G. Quartiermeister Lieutenant, D. u.	. . . .	4
Adjutant Caspar, D. u.	. . . .	7
„ la Ramée, D. u.	. . . .	7
„ Prange, D. u.	. . . .	4
„ Morrien, D. u.	. . . .	4
„ Jarop, D. u.	. . . .	7
General-Wagenmeister Lieutenant, D. u.	. . . . . .	5
Aufwärter v. Barsperg, D. u.	. . . .	3
„ v. Pöllnitz, D. u.	. . . .	4
Drei Edelleute, D. u.	. . . .	11
Feldapotheker	. . . .	1
Barbier	. . . .	1
Sechs Hofstaats-Einspännige, jeder zwei	. . . .	12
		278

Die obgesetzten Offiziere sollen, wenn sie anders in loco sind, mit Speise und Trank von den Einwohnern nothdürftig verpflegt werden; doch daß sich auch sowohl Offiziere als Diener mit den Bürgern und Unterthanen nach jedes Stand und Wesenheit gutwillig contentiren, selbige wider Gebür und Unvermögenheit im wenigsten nicht beschweren, oder ihnen die geringsten Geld-Contributionen anmuthen. Denn wofern die wenigste Beschwerde oder Klage vorkäme, soll dieselbe unfehlbar und gewis mit ernstlicher unausbleiblicher Strafe angesehen werden.

Was sonst andere durchreisende Offiziere und Personen anlangen thut, denen soll weder frei Quartier, noch sonst das wenigste zu fordern, mit nichten gestattet werden, ohne was jeder derselbigen vor sein baares Geld zehren und bezahlen würde.

Burtehude, d. 2. Decbr. 1627.

Tilly.

Aus einer Sammlung Flugblätter im Besitze des Verfassers.

Nro. XX.

Offener Anschlag des Grafen von Tilly.

Es ist verschienen Monats Martii underm Namen deß löblichen Nider-Sächsichen Cräyß Fürsten, und Stände, ein Patent sowol an desselben Vasallen, Buderthanen, und zugehörige, Als Außländische in offnen Truck außgangen, und hin und wider spargiert, so hauptsächlich dahin zihlet, das Hoch- und wolgedachten Crayses jetzige vor Augen schwebende Kriegsverfassung, allein zur defension, und versicherung der Teutschen Freyheit, Ubung der Augspurgischen Confession, und was von diesen

beyden Puncten dependirt, auch Abwendung angedrewter Einlägerung, vnb hostili-
teten angesehen, vnb gemeint. Deßgleichen das nicht allein Hertzogen von Friedt-
landts Fürstl. Gn. sonder auch der Hochwolgeborne Herr, Herr Johann Graff Tscher-
claes von Tilli, beyder der Röm. Käys. auch zu Hungarn vnb Böheimb Königl.
Mayst. vnb respectiuè der Churfürstl. Durchl. Pfaltz Bäyrn General Leutenant,
benente Teutsche Libertet vnbertrucken, die Augspurgische Confession außrreutten:
vnb allerhand grausame Gewalt: vnnd Thathandlungen verübt haben solle. Ob nun
wol gar nicht zuzweyfflen, es werden allerhöchstgemelte Röm. Käys. Mayst. als die
nicht wenig selbst, vnb sonderlich in jhren hohen officiern, vnb actionen, befelchen,
vnb handlungen, deßgleichen derselbe getrewe, vnb assistirende Chur-Fürsten, vnb
Stände, Hoch- vnb hart angegriffen, zu Erhaltung dero Käyserlichen Respects vnb
Authoritet, nothwentiger Ehrenrettung, vnb ableinung solcher schweren inzüchten
halben das Röthige vornehmen, vnb der Welt zuerkennen geben, auch deßwegen Hoch-
wolgemelter Herr Graff von Tylli derselben in dem wenigsten nicht vorgreiffen soll, vnnd
will, so haben doch S. Excell. ein Notturfft befunden, darzu für beren Person in parti-
culari vnber dessen nicht still zuschweigen, oder solche verkleinnerliche Aufflagen auff
sich liegen zulassen. Vielmehr andern so der Sachen nicht erfahren, (dann alle we!
intentionirte, vnpassionirte Verständige es ohne das zugenügen wissen) zu eynigem
Argwohn, als wann die sachen also beschaffen, vrsach zugeben, sonder alle wider-
wärtige inzüchten zu benemmen, So bethewret Hoch- vnnd Wolgedachter Herr General
vor GOtt vnnd den Menschen mit guter vnuersehrter Conscientz, vnb vrtheilen dessen
biß dahero geführte Actiones, vnb vnwidertreibliche helle Bekundtschafftung, daß
demselben bey seiner auffgetragnen hohen Kriegsverwaltung niemahls zu Gemüth,
vnnd Hertzen gestiegen, ichtwas fürzunehmen, vnnd ins Werck zustellen, welches zu
schwech- vnnd Niberdämpffung der rechten wahrhafften in den heylsamen Reichs-
satzungen gewidmeten, vnb von den lieben VorEltern hinterlassenen Teutschen Freyheit gereichet.

Vors Ander mögen alle, vnc jedweder der Augspurgischen Confession zugethane
Pfarrer, Prediger vnb Geistliche in gantzem Niber Säxischen Cräyß, vnb anderstwo
künlich auffrretten, vnb außsagen, ob jemand auß denselben von Hochbestimbten Herrn
General vertrieben, oder jhnen sonsten in versehung jhrer Aempter, vnb Kirchendiensten
jemals auch die geringste behindernuß, hem- vnb sperrung begegnet, dann man sich
gnugsam versichert weiß, vnb gibt es die vnbetriegliche notorietet, daß keiner vnber
jhnen mit grundes bestand den Mund zur Klag vnnd Beschwernuß diesfals eröffnen
kan, sondern vielmehr sie sambt vnb sonders wider allen Betrug vnb Betrang ge-
leisten starcken Schutz vnb Schirms sich werden zubedancken wissen.

Es ist auch zum dritten der Herr General mit seiner vnbergebenen Armada in
diesen Cräyß nicht zeitlicher geruckt, als da man durch vnerlaubte verdächtige, vnb
wie jetzo der fortgang deutlich zeiget, gantz gefährliche Armatur offenbahre Merck-
zeichen der Feindschafft, vnb Zerstörung gemeiner Ruhe, entgegen Jhrer Käyf. Mayst.
widerholte vnb geschärpffte Mandata auff vielfältige beschehne Zusag vnb Versprechnuß
auffgesteckt, und nach anleitung der Kriegs Reglen kein ander Mittel, zu Abwendung
androhenten Vberzugl, vnnd anderer schädlichen machination, als die Versicherung
deß Vorstreichs obhanden vnb zubefinden gewest, So sein die Vngelegenheiten, so
der Krieg nach sich führet, nicht dem Herrn General, welcher obangedeuter massen,
etliche Monat zuuor, durch vielfaltige trewhertzige Ersuchung, Warnung, vnnd Bitt-
schrifften den Cräyß von den verdächtigen starcken Werbungen vnnd Kriegsbereitschafften

beweglich abgemaynt, vnd was in gegenseyts der Creyß vor Ellendt Jammer vnd
Vnheil auff sich laden würde, verkündiget, sonderer den Ersten vorsetzlichen ver-
ursachern vnd Vrhäbern dieses Vnwesens anzurechnen. Dieweilen dann dahero er-
scheinlich, daß, soviel an dem Herrn General gelegen, die ihm Außschreiben mit
sondern Scheineyffer so hoch angezogne Teutsche libertet einen als den andern Weeg
in Jhren definierten Schrancken vngekrenckt vnd vnbetrübt verbleibet, so erwindet
sich darauß, vnd dem Land kundtbaren Verlauff, das vnder solchem Namen eygent-
lich nichts anderst bementlet vnd verborgen stecket, dann ein angezünte Begierdt
sowohl inner: als aufferhalb deß Craÿses vber Leib, Haab vnd Gütter, vollkomment-
lich eygnen gefallens zu dominiern, den schwächern vnder die Füß zutretten vnnd
zuuertilgen, Land, vnd Leuthe, Stiffter vnnd Herrschaften ohne rechtmessigen Titul
Armorum Iure an sich zureissen, Adel vnd Stätte vmb jhre mit darsetzung Leibs
vnd Bluts thewer erworbne Gerechtigkeit, Priuilegien vnd immuniteten zubringen,
darzu den Nothleydenden vnd Betrangten allen Zugang zum Rechten abzustricken, kein
Iustiz, kein Gesätz, keinen Richter, keine höhere Obrigkeit zugestatten, in Summa
das Stählene vnerträgliche Joch der Dienstbarkeit Ständen, Communen, vnd Priuat-
Personen vber den Hals zuwerffen, vnd auffzusätzlen.

Vnd wie kann doch denen die Erhaltung der Teutschen libertet Ernst: vnd sorg-
fältiglich angelegen seyn, welche sich mit deß Reichs Verdampten, Erklärten vnd pub-
licierten Feinden vnd Aechtern, denen nichts mehr zuwider, als ein Friedsamer,
einträchtiger Zustandt im Reich, vnd nichts angenehmers, als ein gemeine Zerrüttung vnd apertur, zuberaub: pllünder: vnnd beuastirung gantzer Prouintzien, dann
auch mit außwentigen Potentaten vnnd Respubl. benanbtlichen Enggeländern, vnd
Holländern, welche mit solchen proscribirten Rebellen vnnd Aechtern, zum härtisten
verknüpfft, in weit außsichtige dem Batterland hochschädliche Verbündnussen, Consoe-
derationes, Coniuncturn einuermengen, darburch andern Böldern Muth vnnd Hoffnung erwecken, auch Hülff vnd Handbiettung erweisen, sich mit deß Röm. Adelers
kostbahren Schwingfedern zu der Teutschen ewigen Beschimpffung, Schand vnd Spott
zuerhöhen vnd groß zumachen? Darburch dann auch die gerühmte Pietet zu der Augspurgischen Confession bey allen Verständigen vnd vnpassionirten Ribern: vnd zuboben
sinckt, dann zu beme tieselbe, von niemanden im gantzen Craÿß angefochten, oder
beleydigt wird, so stehet nicht zuuermuthen, daß zu deren Religion eine sonderbahre
Inflammirte Andacht vnd zuneygung getragen werbe, mit deren abgesagten vnd in den
Reichs Constitutionen selbst declarierten vnd verworffener Religion anhengern, die
in jhren Landen berührter Augspurgischen Confission, nicht die geringste Kirchen,
Cappellen oder Clause vergünstigen vnd einraumen, man sich also nahe vnd enge
verbündet, vielmehr hat man von solchen vnteutschen Gästen die gäntzliche ruin vnd
Außmusterung der Augspurgischer Confession, vnd ein erbärmliche einführung allerr-
hand Seelen verberblicher Secten vnd Spaltungen zugewarten. Welcher Theil dann
dem Craÿß, vnd den angräntzenden Landen mehr Schadens, verberb: vnd Verderbung
zugefügt, darff keiner Special Außführung. Ein wolbekandter Regierender Landt-
Fürst, vmb seiner Friedfertigkeit vnb gegen dem Oberhaupt im Reich habenden vnder-
thänigisten Respects willen, vnerhörten Exempels, auß seiner Fürstl. Residentz, in
den eusseristen Winckl seiner Landt verwiesen, vnd abgeschafft, die hochlöbliche Hertzogen
von Braunschweig vnd Lüneburg rc., ein vornemb wol meritiertes Mitglied deß
Craÿses also feindlich verfolgt, das Stifft Oßnabrugt ohne eynige Vrsach inuadiert,
vnnd vberfallen, die Statt Goßlar ebenmessig zu dem Craÿß gehörendt, wider gegeben

Glauben angesprengt, die bey der jüngsten Braunschweigischen tractation zu der hoch-
ansehentlichen Herrn delegierten vnterhandlern satten vergnügen vnd besiebnuß tiß-
seyts bewilligte vnd angebottene, aber von jener Seyten, so hochmüttig vnd verächtlich
repudirte vnd außgeschlagne Friedens Mittel, wie auch die vorgehende pressuren
im Stifft Hildeshaimb, deß Crayses angehörigem membro, sampt andern verhandlungen mehr, geben darüber ein klares Gezeugnuß. Deren beschaffenheit nach, geleben sein Excell. der festen zuuersichtlichen Hoffnung, es werde niemand durch vor-
bestimbtes Außschreiben, sich von seiner verpflichten Schuldigkeit, Trew vnd denotion
zu der Kayf. Mayst. wider die außgetruckte Göttliche, vnnd in seinem heyligen Wort
offenbahrte Verordnung abwendig machen lassen, sonder als ein redlicher, offrichtiger
Patriot, nach wie vor dabey beständiglich vnnd vnaußgesetzt, biß in die Grube vnd
letzten Athem perseuerirn, vnd verharren, innmassen solches Christlich, rühmlich, den
Göttlichen Gebotten gemeß, zu erhaltung Fried, Ruhe vnd Eynigkeit dienet, vnd sich
männiglich darbey wolbefinden, Auch Ihre Kayf. Mayst. Schirms, Schutz vnd anderer
Begnadigung zuerfrewen haben wird, dann je kein ander Mittel bey Ruhe, Frieden
vnd Sicherheit, gleich vnd Rechten vor deß mächtigern Vndertruck: vnd Verschlingung
freyer Vbung im Reich zugelassener Religion, dem Gebrauch verliehener Priuilegien
vnd Immuniteten, fortsetzung der vnendbedrlichen Gewerb vnd Commertien zuuer-
bleiben, als wann die Glieder dem Oberhaupt, von Gott verordnet, den gebührenden schuldigen respect vnd gehorsamb erweisen, demselben in aller fürsallenheit getrewlich assistirn, vnd wann sie von den Gewaltigern am Leib, Gutt oder Freyheit
sich widerrechtlich gekrenkt, verfolgt, vnd beschwert empfinden, desselben protection
vnd Handhaab hinwiderumb geniessen: Darinnen, vnd sonsten niergents bestehet die
vnuerfälschte Wahre Teutsche libertet, vnd ist alles widerwertiges einbilben, vnd
fürmahlen nur ein vnformbliche Chymoera vnd vergebentliche mißwürbige, vnd ins
eusseriste Verderben stürtzende bethör: verblend: vnd Verführung.

So mehr Hochgedachter Herr General zu nachrichtlicher Wissenschafft hiemit zu
publicirn vor nothwendig ermessen. Actum in Quartier zu Alfeld am vier vnd
zwantzigsten Tag Aprilis, Anno Sechzehen hundert vnd im sechs vnd zwantzigsten Jahr.

Nro. XXI.

Königl. Archiv zu Hannover.

Bericht des Landtrosten von Hodenberg an den Herzog Christian von Lüneburg-Celle.

— — „Vnd weil das Bergstädtlein, im Grund genannt, sich wegen der Kayserlichen Kriegsvölcker, so zu Gittelde vnd darunther allernächst demselben eine Zeitlang
einquartiert gelegen, sehr feindselig angestellt, auf den Straßen außgelauffen, vnd
viele Soldaten vnd Reiter, so sie nur mächtig werden können, geplündert, ermordet,
in ihren Quartieren oberfallen vnd vmgebracht haben, sonderlich haben sie im Hen-
richswinkel genannt, viel Mord begangen, also daß auch der Oerter fast kein Mensch
sicher vnd ohne Leibes- vnd Lebensgefahr mehr ziehen können: denn sich in demselben Neste viele entlaufene Bauern, die sich jetzo alle aufs Morden vnd Rauben begeben, aufgehalten: alß hat endlich der Herr Generel Tilly dem Werke nicht länger
zusehen wollen: sondern vor 3 oder 4 Tagen ungefährlich denselben Ort vnversehens
überfallen vnd in den Brand stecken lassen, daß nichts übrig geblieben.“

Nro. XXII.

Königl. Archiv zu Hannover.

Bericht vom Landdrosten, Kanzler und Räthen aus Osterode vom 12. März 1626.
— „Und ist an deme, daß leider nunmehr von den Königlichen oder Braunschweigischen uffm Clausthal unter dem Major Mutschefal — wir bemerken, daß Gustav Adolf diesen Mann später wegen Feigheit enthaupten ließ — liegend und de facto einquartierten Kriegsleuten mit E. F. G. Unterthanen daselbst mehr barbarisch als christlich wird gehandelt, und werden die Vornehmsten, sonderlich die etwas zum Besten haben, wie die Hunde gehalten, gefänglich eingesperrt, mit Aufhängen und Anderem bedroht, theils auch weg und an andere Orte geführt."

Nro. XXIII.

Königl. Archiv zu Hannover.

Bericht des Landdrosten von Hodenberg aus Osterode vom 20. März 1626.
„Sonntags früh um 7 Uhr ist der Herr General Tilly mit etlichen Regimentern zu Roß und Fuß allhie vorbei auf den Harz nach dem Clausthal und Zellerfeld marschiert (denen ich etliche, daß sie die verhauenen Wege im Harz erneuet, zugeben müssen), in Meinung das daselbst liegende Königl. Dännemarkische oder Braunschweigische Volk weg zu treiben, und selbige Oerter, wie auch andere Bergstädte mit ihrem Volke zu besetzen, wie er dasselbe denn auch glücklich ins Werk gerichtet. Sie haben aber seine Ankunft nicht erwartet, sondern sind alle davon geflogen, darüber (sc. Tillys Truppen) das Zellerfeld eingenommen, alles ausgeplündert, und was ertappet werden können, niedergehauen. Den Clausthalern aber haben sie kein Leid gethan, und sein die Leute daselbst erfreuet, daß sie also gefreiet und errettet worden. Worauf sie dann ferner fortgefahren und die übrigen Bergstädte als Wildemann und Lautenthal neben anderen Dertern daherum auch erobert, und weil sich dieselben nicht widersetzet, auch in eines Theils groß Gut gestehn gewesen, ist den Bürgern darin kein Leid geschehen. Und sollen über 300 der Erschlagenen gefunden sein, darunter viel der Zellerfeldischen Einwohner mit gewesen, welche des Lebens auch wohl verschont worden, wenn sie nicht Ihr Excellenz Leibcompagnie Trompeter, den er in seiner Ankunft zu ihnen abgefertigt, muthwillig erschossen, und sich sonst feindlich angestellt hätten. Es haben aber Ihre Excellenz ungefährlich ein paar Compagnien zu Fuß und etliche Reiterei auf den Clausthal gelegt, doch nicht in die Häuser, sondern mußten auf der Gassen bleiben, ausgenommen die Reiterei, ist auch selber bis dato allda geblieben und eine starke Schanze allda zu machen angefangen, wozu ich ihr dann bei die 600 Schanzgräber herthun müssen, der Meinung den Clausthal und den ganzen Harz des Endes daraus zu beschützen. Sie haben auch alle Ausgewichenen uf dem Zellerfeld wieder berufen und geboten, ein Jeder wieder sicher in sein Haus und an seine Arbeit zu gehen; doch sorge ich, es werden die meisten ausbleiben, auch das Bergwerk sobald nicht wieder in den Stand bringen, darin es zuvor gewesen ist. Und dürfen sie, die Zellerfeldischen, daß sie in diesen Unfall gerathen, die Schuld niemand als sich selbst beimessen, indem sie das braunschweigische Volk selbst heimlich hinaufgefordert und die Salve-Gardie (so ich ihnen mit großer Mühe von dem Herrn General Grafen von Tilly auf ihr inständiges Anhalten und Flehen, doch falscher Weise, bis ihnen das Volk zu Hülfe kommen, erhalten und zu Wege gebracht)

nicht geachtet noch getrauet, sondern sich selbst zu defendiern gemeint gewesen, dadurch sich nicht allein selbst ruiniert, sondern auch E. F. G. Fürstenthum bald in Noth und Gefahr gebracht und gesetzt hätten. Was auch solch Voll den Clausthalischen für Drangsal angethan, auch für bedrauliche Worte gegen uns allhier und das ganze Land ausgegossen, das ist männiglich bekannt, doch aber alles über ihren eigenen Hals ausgegangen. Daher sie denn itzo müssen erfahren, was sie den Clausthalischen also gewaltsamer Weise abgenommen, sie ihnen itzo doppelt aus ihren Häusern wieder ablangen und sich also wieder wohl bezahlt machen."

Nro. XXIV.

Ehemal. Domcapitel-Archiv zu Osnabrück.

Nachdem die Stadt Wiedenbrück durch Anholt wieder genommen war, protestirten Rath und Bürgerschaft gegen den Vorwurf einer Collusion mit Johann Ernst am 29. Juni: „Wir haben insgemein die geringste Ursach zu solchem Verlauffe und Verderben nicht gegeben, und bitten unterthänig, daß diejenigen so auf vorgehende inquisition schuldig befunden werden, der gebuer dafür angesehen werden möchten." An den Bischof Franz Wilhelm.

Nro. XXV.

Archiv zu Brüssel.

Tillys Zeugnis über Herford in einem Briefe an die Infantin zu Brüssel vom 5. Januar 1627.

„In Herford liegt eine Sauvegarde von 50 Mann — que Sa Maj. Imp. leur a accordée par escrit en considération de la fidélité et assertion, qu'en toutes ces occasions ils ont témoignée au service d'Icelle; aussy fault il que je leur donne ce témoignage, qu'ils ne se sont laissés esbranler par les pratiques de nos ennemis, lesquels n'ont manqué de les solliciter, nommément le duc de Weymar au printemps passé, qui leur fit des grandes promesses, pour les desbaucher de la devotion de Sa Maj. Imp., en laquelle neanmoins ils se sont conservés au notable bien et avantage des affaires publiques sur les asseurances que je leur ay données de la part de sa dite Maj. Imp. — Deshalb, sagt Tilly weiter, könne er die 50 Mann Salvegarde von Herford nicht wegnehmen. — In ähnlicher Weise rühmt Tilly einige Jahre später die Stadt Minden. Er entschuldigt sich bei derselben am 7. October 1629 ihr nicht mehr als eine Compagnie schicken zu können. Er gibt der Stadt die Zusicherung in allen anderen Gelegenheiten zu beweisen, daß er ihre Anhänglichkeit an Kaiser und Reich und die Wichtigkeit des Ortes anerkenne.

Nro. XXVI.

Brüsseler Archiv.

Correspondance du duc de Bavière avec A et I.

An die Infantin, aus Paris 20. März 1626. Zuerst die Nachricht, daß hessencaffelische Gesandte in Paris und wie man sie erkannt habe.

„Trattano con Marescalco e altri Huguenotti, ed ho scoperto la commissione la quale è di fare instante da parte del landgravio che Francia facesse la diversione verso Pallatinato inferiore, e in tal caso non solamente offer — tutto suo paese, ma assicura ancora, che non solamente egli ma ancora altri principi etc. si dichiaranno e si conjungeranno."

Nro. XXVII.

Archiv der Landschaft Calenberg.

Die Stände von Calenberg und Wolfenbüttel an Friedrich Ulrich 20. Juli 1626.

— — „Ob nuhn wol, gn. F. und H., die Tillischen ein seithero laut vnsers vorigen schreibens dieses ortes sich zimblich mitleidig vnd barmhertzig erzeigt also das wihr in starker sperantz gestanden, es solte die Fürstl. Lüneburgische Intercession bey den kriegenden Parteyen nicht wenig gefruchtet vnd so viel zu Anfang gewirkt haben, daß die Hostilitäten etwas solten suspendirt, vnd vnß so woll wie dem armen Bauersmann Raum gegeben worden seyn die wenigen vorhandenen Kornfrüchte sicherlich einzuernbten vnd in die Scheuern zu bringen: so haben doch die Königlichen vnß solche Hoffnung layder verderbt vnd zu wasser gemacht. (Es folgen dann die Einzelheiten.) Vnd machens layder so erbermlich vnd vnbarmhertzig, als wenn wihr vnd die arme leute, die ihnen doch nichts zu leide gethan, Türken vnd offenbare Feinde wären, vnd als wenn kein Gott im Himmel mehr lebete, der ein wachendes Auge auf vns hätte. Aber wihr besorgen vnß, daß wegen solcher crudelitat vnd grausambkeit sie wenig göttlichen Segens, Glück, auch Vberwindung haben werden. Inmittelst doch wir den lieben Gott geduldig außhalten, vnd seiner väterlichen errettung gewärtig seyn müßen.

Gelangt demnach zu E. F. G. vnsere nochmalige vnterthänige vnd vmb Gottes Willen Bitte, dieselben gnädig zu erwägen geruhen, was doch E. F. G., wenn Sie bey Ihren Aembtern nichts einzuheben, für einen fürstlichen Stand werden führen können. Wihr Geistliche vnd Adliche Personen auch je keine andere Mittel zu leben wißen, wenn vnsere jährlichen Intraden vnß abermals solten außbleiben: dahero wihr vnß des Bettelstabes nicht würden können entbrechen. Eine solche überaus große Vnchristlichkeit ist auch bei keinen Historien zu lesen. Vndt wollen demnach E. F. G. vnß die landesväterliche gnate erzeigen vnd bei Kön. Mayestät vnß im besten vorbitten, daß Ihr Mayestät doch vm deßen willen, der vnß alle geschaffen vnd erlöset hat, bey Ihrer soldatesca vnd den hohen vnd nieberen Offizieren die ernstliche verfügung vnd beschaffung thun wolle, das doch Sie die furcht Gottes bey sich etwas gelten laßen, alles Raubens, Plünderns, abnahme allerlei viehes sich enthalten, die lieben Kornfrüchte vndt getreide im feld vnverwüstet verschonen vnd einem Jeden das seinige ohne verhinderung einernbten laßen." (Sie zählen dann die einzelnen Officiere auf, an welche der Herzog Bitten um beßere Disciplin erlaßen möge.)

Nro. XXVIII.

Königl. Archiv zu Hannover.

Oeffentlicher Anschlag und Patent des Herrn Generals Grafen von Tilly unter Dato: Peine, 10. Maii. Anno 1627.

„Wir laßen unsere bißher geführte Prodecuren urtheilen, daß wir weder in der

hergebrachten Religion, noch Teutscher libertät jemahlen die geringste Enderung vorzunehmen unterstanden, gestalt von allerhöchster Ihrer Kayserlichen Mayestät wir
darauff nicht befehlt, noch dergleichen uns selbsten eignes Beliebens anzumassen gemeinet sein; sondern wie mehr Allerhöchstgedachte Ihro Kayf. Mayestät dem durch-
lauchtigen u. s. w. Herrn Friedrich Ulrich, Herzogen zu Braunschweig und Lüne-
burgk ꝛc. so wol der Religion, als hergebrachten Fürstl. Privilegien und Freyheit,
Allergnädigst assecurirt: Also wil uns gebühren solches Jederzeit in gebührlicher Ob-
acht zu halten ꝛc.

Johann grave von Tilly.“

Nro. XXIX.

Archiv der Stadt Hannover.

. Auszug aus dem Briefe eines höheren Officiers in Wolfenbüttel. 27. Sept. 1626.

— — „De Overste Loo unde ik weten nich, wo wi daranne sindt, undt
vorwar, hadde sick de König nicht an des Hertogen Deners gemaket, wy
worden bestaen syn, alse de Botter in der Sunnen. De Proviant-Commissarius
Barnstorp deit dat beste by der Sake, de weith alles upthodriven, in undt
uth Wulfenbüttel. Ick meine, wy hebben dem Hertogen unde Edellüden de
Speck und Kornboddem besocht. Wy latet nichtes mehr heruth, dar sindt
se dul genog umme. Unde dat het, gha thom Huse uth, Herr mit dem
Knechte, unde nim starkere in alse du bist. Se marken nuhmer, dat et
kein Religionskrig is, sundern dat it dem König umme dat Landt tho donde
is. De König het drey Söne unde eine Krone. se möten alle Land hebben,
wat gait dem Kaisser edder Ryke daranne aff, it hebbe we it hebbe. Ick
wete averst nich, (ob?) de König nich tho froe darvan geschreven hedde.
Man wil darvan seggen, dat it noch best wehre, wy bleiffen darby, et sy
ein Religionskrig: de Papen fallen uns sunst aff unde alle Lüde. Wy willen
underdes so vele beden unde loven, alsz uns gelegen. Wy kundt nich wisz
worden, wath de Hertog in Bronswick mit sinen Junckeren maket. Dr. Puch-
ner het düsse Weken mit dem Canseler Elsz schriven gekregen, de klaget
ock darover, Rutenberg isz krank. Hadde wy Dr. Steinbarch hier, de wolde
et wol heruth krigen, de versteidt sick beter up de Puszen.

Des Hertogen egene Deners sindt uns upt beste gewogen, mochte de
König noch wat daranne wagen, wy wolle öhrer noch mehr finnen. Se
menen, et sy alle recht gemaket, nu de König nagegeven, dat de Hertog
sick mit dem Kaiser verdragen mag etc. de dullen Lüde, ick kenne dem
König den Kop wol. De Hertog hatt den Proviant-Commissarius bespreken
laten, de fraget averst nich darna, he hefft sick alles getrostet. It isz gut
vor unsz, sůsz verlate sick de Düvel up ein ander tit up solcke Kerels, wo
wilt se komen, wenn de Konig öhrer genoch hett.

Segge des Königs Medico unde Secretarisen, dat se vaken an den Proviantmester schrivet, dat he bestendig blive, dat he schwere, et sy ein Religionskrieg, unde dat de Papisten nicht en holden, wat se schrivet unde segget.
Ick mag nich mehr darup schweren, de Düvel mochte ein Schelm wehren,
wile mick des Konnigs sin anders bekandt is. Powisch is uns öffel affgahn.
de wuste darvan tho vertellen, dat se it loven mosten. Wy möten ander

befehl vom König hebben; denn de Buren marken, dat wy neen recht en
hebben. Wenn se man beseggelt wehre (plancet) *(sic!)*, so kan de Proviantmester dar genoch schriven etc. He rekent uth, wan alle öhr guth den
Junkeren unde Börgeren genahmen werde, wu lange dat wy de Soldaten
darvan betalen künt. Dat möte wy hebben.

De König gift nicht gern Geld uth, it isz er ock nich up angefangen.
Wy willen dennoch dem Hertogen dat facit wol maken, alse hedde alles
verschoten, wo wolle wy süsz thom Lande komen? Wat wilt se endlick
dartho doen, wann se it schon marcken? Reden- sint Rehden, se hebben
dumme Koppe, wy sindt öhne veel tho subthyL De Proviantmester deit vele
arbet, verhopet groten lohn, wart dat aver krigen, als de Gubernator tho
Kalmar, wo it noch so guet wart, ick kenne dem König den kop wol.
Schrif nu, ofte noch gelt folgen kann, des Proviantmesters Künste mochten
thom ende lopen, so wol hier öffel blikendt sin.

Ick hope düsse soldate, so vom Kyle her, werde den braff wol dorch-
bringen. Wan ick wedder starck werde, wil ick sülver herover komen, it
staidt der Fedder nich alles tho vertruen. Beholt de König dat land nich,
so hefft he ock nich vele daran verloren, heft it thovoren nich gehat, et
kostet ehme ock nich vele, dat wy uth ander lüde büdel gekriget. Wy
seggen, man möte dem fynde nichtes versparen, willet et averst mit den
Soldaten wol finden, it gha over de Bronszwikers, wo it kan. Men moet
averst darvan nich lude ropen.

Hiermit Gott befohlen. Datum Wulfenbüttel veer dage voor Michaelis
no. 1626.

Dien broder allefyt."

(Name fehlt.)

Nro. XXX.

Königl. Archiv zu Hannover. Proclamation des Generals Tilly vom 17. Dec. 1626.

„Wir Johann Tserclaes Grave von Tilly urkunden vnd bekennen kraft dieses,
das alß wir auß hochdringender Noht, zumahl aber zu mehrer versicherung der eingenommenen Oertter vnd Päsße an dem Weserstromb, der besseren Verfolgung der denne-
marckischen Armee, auch Defendirung des hochw., durchl vnd hochgeb. Fürsten vnd
Herrn Hrn. Christian, erw. Bischoffe des Stifftes Minden u. f. w., alß eines recht
getrewen, auffrichtigen vnd devoten Fürsten des Reiches, land, leute vnd vnterthanen
vnd schleuniger wiedererbringung des edlen thewren Friedens in hochgeb. Sr. Fürstl.
Gn. Aembter vnd Vogteien eine Anzahl zu Roß vnd Fuß verlegen muessen: wir dahin
äusersten Fleißes bedacht sein wollen, daß mehr hocherw. Herzoge Christian zu Br.
vnd L. Land vnd vnterthanen beschützt, vertheidigt vnd vor allen feindlichen Einfällen
gesichert seyn vnd bleiben, insonderheit aber alles also angestellet werden solle, daß
es S. F. Gn. vnd den Vnterthanen erträglich, sie bei ihren Häussern vnd guettern
verbleiben, dauon mitt Gewalt, schlegen vnd anderen vngezimenden mitteln nicht verjagt, die Kirchen, Pastöre, Schuldiener, Küster vnd andere geistliche Persohnen, wie
denn auch die Vögte mit keinem Kriegsvolcke belegt, vnd zusambt den Mühlen vnbe-
nommen bleiben, zuvörderst aber der Gottesdienst, vnd was dem mit Besuchung der

kranken, Tauffung der Kinder, vnd sonsten anhengig, vnbehindert verrichtet, den leutten an allen Enden die Pferde vnd Ochsen zu dem holtz vnd anderen Fuhren, wie auch Handdiensten, Bestellung der Aecker, auch das Vieh, ohne welches die Aecker in Stand nicht erhalten werden khönnen, vnd sonst dasienige, eß sey was eß wolle, gelassen, vnd mit Fewersbrunst kein Schade zugefuegt, vnd alles also geordnet vnd verrichtet werden solle, das allethalben gueter wille vnd freundschafft gehalten werden möge. Wie wir denn, das diesem allem also wircklich vnd vnnachlessig so viel möglich gelebt werden solle, in allem vnd iedem Quartier dieses alles außblasen lassen, vnd vermittelst vnterschiedlicher Abdrücke vnd Copeyen, dem gleich diesem vnserem Originale vollkommen Glauben beigemessen werden soll, den Obersten, Bevelchshaltern, gemeinen Reittern vnd Soldaten mit höchstem Fleiße in Acht zu nehmen bei vermeidung Leibes- und Lebensstrafe beuehlen wollen. Alles getrewlich vnd ohne Gefehrde. Geben vnter vnserer Handschrift vnd auffgedrücktem Sekret.

Den 17. December 1626.   Siegel.

                           Johann grave von Tilly."

Nro. **XXXI**.

Königl. Archiv zu Hannover.

„Wir Johann Graff, Tserclaes Von Tilly, Freyherr zu Marbeiß, Herr zu Balastre, Montigni vnd Breiteneck, rc. Der Römisch. Käyserl. auch zu Hungarn vnd Böheim Königl. Mayest. vnd der Churfürstl. Durchl. in Bäyern Rath, Cämmerer vnd General Leutenant, rc. Entbieten allen vnseren angehörigen vnd vnserem Commando angewiesenen Hohen vnd Niedern Officirern, auch allen Soldaten zu Roß vnd Fuß, vom Obersten biß zum Vndersten, vnsern Gruß, freundlichen, günstigen vnd gnädigen Willen, dabeneben hiemit zuwissen fügen, Demnach die Nothturfft vnd Kriegsläufften erfordern, vns annoch mit etzlichen Regimentern zu Roß vnd Fuß, in dem Fürstlichen Lüneburgischen Landen, dißseyts der Elbe, auffzuhalten, daß wir die Lebens Nothturfft vnd bey jetziger vnser Anwesenheit ohnentberlicher natürlicher sustentation dieser Käyserlichen Soldatesca, nicht weniger, als der erschöpfften vnd verderbten armen Lands Vnterthanen respiration vnd wiederauffnehmen, zeitlich vorbetrachten, vnd zu Hertzen fassen müssen, der gestalt, daß wir vns sonderlich hoch angelegen seyn lassen, wie ermelte Vnterthanen nicht allein bey jhren, vom Feindlichen brennen, noch vbrigen Hütten vnd Häusern, bewohnlich erhalten, Sondern auch, die vom lieben Gott bescherte Feldfrüchten, in dieser annahenden Erndtzeit, sicherlich einernßten, vnd derselbigen Früchten, mit gutem Haußfrieden gedeylich geniessen, Auch die Pfarrer, jhrer anbefohlenen Seelsorg vnd Gottesdienst, zu Hauß vnangefochten, dergebühr pflegen vnd abwarten mögen.

Wann dann allen obbemelten vnsern angehörigen Soldaten grossen vnd kleinen, wol wissend ist, daß wir dieser Ort vnd dißseyts der Elb, nicht in Feinds, sondern Freunds Landen begriffen seynd, Hierumb so gebieten wir jhnen, sampt vnd sonders hiemit Ernstlich, Sie wollen nicht allein alle Fürstliche Lüneburgische Vnterthanen (denen wir Krafft dieses offenen Patents, vnsere Sicherheit vnd Geleyt, zu Hauß vnd zu Felde ertheylen thun) zu jhrem häußlichen Wesen, frey, sicher, vnd vnangefochten kommen, dabey verbleiben, jhre Pferde, Ochsen vnd ander Viehe, sampt den Wägen, so sie zur Einführung der Feldfrüchte vnd Haußhaltung nothwendig gebrauchen müssen, vnangefochten lassen. Vnd in Summa, sie mit einigerley Abnahm vnd Kriegs-

trangsaln, wie die Nahmen haben, im geringsten nicht beschweren, so dann sie mit
ihren Feldfrüchten vor, in, vnd nach der Erntzeit allerdings gewehren lassen. Also
vnd der gestalt, daß sie solche sicher einbringen, behalten, vnd mit Ruhe, sich, ihr
Weib vnd Kindern, in ihren Häusern vnd allenthalben davon ernehren mögen: Sondern
sie sollen auch die Pastores, Pfarrer, Beampten, Voigte, vnd andere Diener, in ihren
Verrichtungen, in der Kirchen, zu Hauß, vnd allen Orten, keines wegs beläßtigen,
sondern viel mehr dieselbe schützen, schirmen, vnd handhaben, vnd ihnen allen guten
Willen erweisen: Diesem allem also gehorsamlich nachsetzen, dawieder nicht thun,
als lieb einem jeden ist, Leib vnd Lebens Straff zuvermeyden, daran geschicht vnsere
ernstliche Meynung. Signatum Britting den 23. Iulij, Anno M. DC. XXVII.
                                                                    Tilly.“

Nro. XXXII.

Königl. Archiv zu Hannover.
Rundschreiben des Herzogs Christian von Lüneburg-Celle an seine Beamten vom
29. December 1626.

„Ein ieder der Beamtten soll bey Einlieferung der Gelder ein Specialverzeichnuß
vbergeben, waß ein oder andrer der Offizirer, Reutter oder Soldaten in den Aembtern
für sich vnd die Pferde verzehrt, schuldig, weggenommen, oder sonnst an Schaden
gethan, solches von den Herrn Commissarien bey der Aufzahlung zurück behalten,
vnd den Leutten, denen es gebührt, eingehändiget werden.“

Nro. XXXIII.

Königl. Archiv zu Hannover.
Ein Soldat hatte einen Schäferhirten erschossen. Auf den deßfälligen Bericht
des Herzogs Christian erklärt Tilly am 4. Nov. 1627: „Ich habe diese vnverantwortliche Verübung mit höchstem Mißfallen vernommen, vnd binn derowegen Kraft
dieses zufrieden, auff den Fall sich die Sache vorgewendeter Maßen also bewandt
befinde, daß wider den verhaffteten Thäter an demjenigen Orte, allwo er gefangen
gehalten wird, die heilsahme Justiz vollzogen werde, Anderen zu einem abschewlichen
Exempel.
Lauenburg, 4. Novbr. 1627.   Tilly.“

Nro. XXXIV.

Königl. Archiv zu Hannover.
Tilly an Pappenheim 16. December 1627 aus Burtehude.
„Waß von dem rc. Herzoge Christian für höchststrafbare vnverantwortliche Klagen
durch den Herrn Großvoigt Johann Behre vns sowol mündtlich als schrifftlich alhier
eingelangt, hat der Herr beikommend ab dem Originale zu ersehen, vnd habe ich
solche Klagen mit großer Befrembdung vernehmen mueßen. Wenn wir nuhn dergleichen Vnthaten ungeahnt und ungestrafft nicht vorüber gehen laßen mögen, alß ist
vnser ernstmeinender Beuelh hiermit, der Herr wolle nicht allein solche höchst strafbare

Enthaten ehestens vnd mit allem Ernste inhibiren vnd abstellen, sondern auch alsbald die Thäter ergreifen vnd Anderen zum Exempel mit ernstlicher Straffe ansehen
lassen, alsdann was gestalt es geschehen, vnß zu berichten."

Nro. XXXV.

Ehemaliges Domcapitel-Archiv zu Osnabrück. Das folgende Schreiben in Ori-
ginal findet sich dort, weil es von der Stadt Buxtehude bei dem Bischofe Franz
Wilhelm zur Milderung des Restitutionsedictes benutzt wurde. Ich habe dasselbe
abdrucken lassen in den Forschungen auf dem Gebiete deutscher Geschichte Band I,
Heft 1, S. 126; doch möge es hier wegen der Wichtigkeit zur Charakteristik des
Krieges noch einmal stehen:

„Von Gottes Gnaden Maximilian Pfalzgraf bei Rhein u. s. w.

Vnseren grueß zuvor. Fürsichtige Ersamb Weise, besondere Liebe. Bus ist Ewer
den 24. Novbr. a p. an vnß abgegangenes Schreiben zur Hand wol geliefert worden,
darauß wir abgesendt gern vernommen, wasmaßen Ir zu vnsrer bezeigung Ewer
beständigen vnd gehorsambsten deuotion gegen die Röm. K. M., vnsern allerg. lieben
Herrn vnd Better nit allein die dennemarkische soldatesca auß Ewrer Statt würcklich
geschaffet vnd entgegen kayserliche guarnison guetwillig auff vnd eingenommen, sondern auch erbietet bey höchstgedachter Ihrer Kays. Mayestät vnd der gerechten sache
allzeit beständig zu halten, vnß beinebens auch ersuechet Euch vnd Ewre Statt Ihrer
Mayestät auff das beste zu beuelhen, vnd Euch zugleich auch an vnserem ort allzeit
in guetter vnd gnedigster recommandation zu erhalten.

Mögen Euch hierauff in antwort nit verhalten, das vnß vorhero auch allbereith
von dem Generallieut. Graven von Tilly gebuerlich berichtet vnd sonders gerühmet
worden, waß Ihr ob angeregter maßen zur contestirung Ewrer zu der Kayserl.
Mayt. tragenden gehorsambsten deuotion für eine löbliche real demonstration erscheinen laßen, vnd wie vnß wol bewust, das solches Ihrer Kays. Mayt. von Euch
zu sonders gnedigstem Wolgefallen gereiche, vnd Sie Euch vnd Ewrer Statt vmb viel
mehr mit Kays. huld vnd genaden wol beygethan ohne zweuel auch geneigt, willig
vnd gedacht sein Euch solches zu aller begebenden occasion in dem werck wol ersprießlich genießen zu laßen, Alß möget Vuß Ihr gleichergestalt woll zu getrawen,
daß vnß solche Ewre dapfer demonstration vnd bezaigung, als die wir Euch vnd
Ewrer Statt mit genedigster affection alles guettes vnd deren beständigen Wolstant
sonderbar gönnen, gar lieb vnd angenehm zu vernehmen gewesen, Vnd wie wir vmb
so viel weniger vrsach zu zweuel haben, das Ihr mit gleichmeßigter vnterthenigster
vnd beständiger deuotion bey Ihrer Kays. Mayt., dem Römischen Reiche vnd dessen
anverwandten gehorsamben Chur-, Fürsten vnd Stenden in lieb vnd laydt, nach beschaffenheit ietziger gefehrlicher vnd geschwinder leufft alzeit thewrlich halten, Euch
durch widerwertige zumuetung mit Ewrer vnd Ewrer anvertrawten Bürgerschafft
höchsten gefahr niemahls einnehmmen, noch vberwinden laßen, sondern vermittels
Ewres beständigen gehorsambs Euch vnd die Ewrigen bey Ihrer Mayt. vnd dem
Reiche desto mehr angesehen vnd meritiert machen, Vnd dieselbe vnzweiffentlich ohne
daß alzeit wol genaigt sein werden, Euch auff iede occasion mit Kayserl. genaden
würcklich vnd allergnedigst anzusehen: So sind wir iedoch auch an vnserem Orthe
willig vnd erbietig, da wir Euch nit allain bey mehr höchstgedachter Ihrer Kays.

Mayt. beförberlich fein, fondern auch vor vnß felbft Euch vnt Ewrer Statt fonſt alles guettes vnb baburch Bnfere zu Euch tragenbe genebigfte affection beweiſen lönbten, vnß alzeit ſo genaigt alß willig erfinben zu laſſen.

Haben wir Euch antwortlich in genaben, mit benen wir Euch wol beygethan ſein, hiemit anfüegen wollen.

Datum München, 8. Januar anno 1628.   Maximilian."

An den Rath der Stadt Burtehube.

Nro. XXXVI.

Archio zu Brüſſel. .

L. von Schwartzenberg und Wentzel Dr. an den Kaiſer 14. Nov. 1627.

— — „Obwol nun aber, Allg. Herr, unß gantz nicht verborgen, daß E. R. M. dieſe von J. Fürſtl. Gn. eingewenbete separation unb geleiſtete Dienſte ohne bieß zur Genüge belant ſeyen, bahero Sie auch ſolches Ihr. Allerh. erleuchtetem Kayſerl. Urtheil nach verbientermaßen werben auffzunehmen wißen: Alß laßen zwar bey bero allergn. Erkentnuß wir es billig beruben, haben aber bennoch, in allergehorſamſter erwegung E. R. M. wir von hieſigen Orten und Landen Berlauff vnb Beſchaffenheit eigentlich nachrichtung zu ertheylen vnß ohne baß ſchulbig zu ſeyn erkennen, Jhr Fürſtl. Gnaben gleichfalß hierin zu wilfahren, beſto weniger bebencken getragen.

Bnd ſind wir demnach allermaßen glaubwürbig berichtet, welcher geſtalt bey E. R. M. anſehentlichſten Armada jüngſten Durchzügen und progreſſen, höchſt ermelte F. G. gegen berſelben mit gutwilliger barreichung allerhand erforberter nothwenbiger victualien, gebulbiger Ertragung ber beſchwerlichen Einquartierung, contribution vnb anberer laſthafftigen bebrengniſſe Ihr ſtanbhafftes fürſtl. gemüth alſo trewlich erwieſen haben, baß es hoffentlich E. R. M. fürnembſte Kriegsoffizire genugſamb werben bezeugen können; So haben wir auch nicht weniger newlich, ba ſich ein gählinges aufflauffen bes gemeinen Mans in ber Stabt Wißmar wegen der Einloſirung erregen wollen, ſolches in eigener Perſon (negſt reiffer erwegung ber großen erſprießlichteit, ſo Ewr. R. M. an benſelben Meeresporten hangen thut) glücklich geſtillt, welches ban nun gegen Ewr. R. M. mehr höchſtgemelte F. G. noch forthin in ebenmäßiger getreuſter Syncerität jezerzeit beſtänbig zu erzaigen ſich gehorſambſt erbieten, negſt alleruntertbänigſter Bitte, E. R. M. geruben ſolche von J. F. G. bißhero im werfe bewieſene getrewe Dienſtleiſtung, alß auch gleichfalß bie noch ins fünftige anerbottene gehorſambſte Offerten in milbreicher Kayſerl. Hulb zu vermercken, auch in allergn. Verhörung ber Abgeſanbten ihr Anbringen alſo auffzunehmen, bamit J. F. G. ihres trewen eiffers vnb erlittenen Kriegspreſſuren balb einige erlinberung empfinden mögen. Welches alles u. ſ. w.

Lübeck, 14. Nov. 1627.

L. von Schwartzenberg.   Wentzel Dr.

Nro. XXXVII.

Archio zu Brüſſel.

Johann Georg von K. S. am 30. Nov. 1627 gibt bem Herzog Johann Albrecht von Mecklenburg folgendes Zeugnis:

„Nun muß ich ermeltem Herzog Johann A. zu M. bas Zeugniß geben, wie

derselbe nichts liebers gesehen, als daß die Interpositionshandlung zu Braunschweig
einen anderen und besseren Außgang genommen, alß leider gefolgt, daher die reas-
sumption derselben empftig nrgirt. an diesem im nds. Kraÿße ergangenen Kriegswesen kein Gefallen getragen, und so viel mir wißend in kayserlicher Devotion beständig verharrt."

Nro. XXXVIII.

Ehemal. Domcapitel-Archiv in Osnabrück.

Tilly in seiner Verpflegungsordnung für das Fußvolk 1627.

„Nachdem den Obristen genuegsamb notorium vnd wißlich ist, wie hart die Länder bißhero die langwehrende beschwehrliche Einlägerung empfunden, vnd schwer den
Vnterthanen biß dato solche Last auff dem Halse gelegen ist, So wollen sie ein
solches consideriren vnd zu Gemüete ziehen, vnd es dahin also vermitteln, das nicht
eben darumb die bestimpten contributiones von den armen Leutten also praecise
vnd ohne einigen abgang von den armen erpreßt vnd erzwungen werden, sondern
das man in Ansehung der großen beschwernuß gegen die armen leutte mit commise-
ration vnd barmhertzigkheit erscheine, vnd von denenselben veber ihr vermögen
mehres nicht fordern noch erzwingen solle."

Nro. XXXIX.

Ehemal. Domcapitel-Archiv in Osnabrück.

„J. F. G. sind tragenden bischöfflichen, auch landesfürstlichen Ambtes vnd Gewissens halber nicht allein schuldig, sondern auch nach anleitung der Rechte befugt
die Pfarrkirchen zu repostuliren, auch sonnsten dasienige allermaßen in diesem falle
zu statuiren, zu verhängen vnd anzuordnen, waß einem Fürsten des Reiches bey
seinen Vntertahnen zu thun verstattet vnd zugelassen ist."

Nro. XL.

Ehem. Domcapitel-Archiv zu Osnabrück.

Aus dem Berichte von Kanzler und Räthen an den Fürstbischof Franz Wilhelm.

— — „Wir befanden S. Excellenz gantz commonirt, vnd derselben gemuetsmeinung zu der Bürgerschafft zimblich genaigt, vnd haben sich hinwider in effectu
dahin erklebret, sye khonden sich ober vnnß vnd das mann sich selbst nicht rahten,
noch helfen khonde, nit genuegsamb verwundern, einmahl seie die notturft die Statt
zu subleuiren, sye müsten thun was verantworttlich, were E. F. Gn. noch der
Carefey (sic) oder zur Conversion dienlich die Statt dergestalt mit gewalt zu oppri-
miren, muesten dahero in die Statt contribuiren, oder J. Exc. etliche Compagnien
darauß auff das land leggen, mit vielen starckhen motiuen vnd anzaigen, worauß
wie man nichts zu erhalten vermögt, sondern J. Exc. ie länger ie mehr offendiret
zu sein, vermerckht rc."

Nro. XLI.

Ehemal. Domcapitel-Archiv in Osnabrück.

Tilly an den Bischof Franz Wilhelm 23. Aug. 1628.

(Ich habe den Brief auch abdrucken laſſen in den Forſchungen zur deutſchen Geſchichte Band I, Heft 1; doch iſt er wichtig genug ihn hier zu wiederholen.)

„Hochwürdiger, Hochgeb. Fürſt, Gnädiger Herr, E. F. G. mag Ich hiemit ge-
horſamblich nit verhalten, waß geſtalt alß Bürgermeiſter vnd Rhat dero Statt Oßna-
brüigt durch vnterſchiedliche beſchwerungsſchreiben vnd Schickung bey mir nit nachge-
laſſen vnd zum flehentlichſten gepetten, das ich doch meine Augen in Jre anligende
große noth ſchlagen vnd Sy des vnüberträglichen Krigslaſtes in etwa benemmen vnd
erleichtern wolte, daß ich dahero von Minden auß ein abſprung dahin genommen,
vnd in augenſcheinlicher beſichtigung nit allein daß große vnuermögen der Statt befunden, ſondern auch ſelbſt angehört, wie thetig, willig vnd ergibig die ganze Oßna-
brückiſche Bürgerſchafft mit Weib vnd Kindern zu aller trew, deuotion vnd gehorſam gegen E. F. Gnaden alß Jhrem von Gott vorgeſetzten Landesfürſten mit gemeinem einhelligem fußfälligem ſuppliciren, mit fließenden heißen zehren vnd Thränen ſich in tiefer vnderthenigkeit erklert vnd erpotten, wie E. F. Gnaden von Thumb-
Capittel, Canzler vnd Rähten mit mehrem vernemmen werden, daß ich bey ſo be-
ſchaffenen ſachen faſt beengſtiget vnd genöttigt worden Jnen meine parole zu geben
vnd zu verſprechen, daß ich innerhalb 14 Tage dieſer E. F. Statt Oßnabrüch zwo
Compagnien abnemmen vnd anderswohin verlegen wolte.

(Er will ſie nach Hersfeld legen; allein Collalto, der die Räumung deſſelben
zugeſagt, hat nicht Wort gehalten.)

Dieweil ſich iedoch die delogirung des Kayſerl. Krigsvolckes der vnd anderer
Orthen verweilt, vnd Ew. F. G. bey ſo erzaigender trew vnd deuotion an dieſer
Statt vnterthanen ſo viel alß Landtsvnterthanen gelegen,

So werde ich äußeriſten notfalls verurſacht, berührte 2 Compagnien dem Landt
E. F. G. Stifftes ſo lang einquartieren zu laßen, biß mir im Reiche andere Plätze
vnd örter verſprochener maßen eingeräumbt werden mögen, dabei vnterthenig bit-
tent, E. F. G. ſolches mir im beſten vermercken vnd vffnemmen wollen. Nachdem
ich auch das newe fortificationsweſen (dabey gedachte E. F. G. bürgerſchafft in fleiß,
trew vnd eiffer hinkünftig beßer alß jemals zu erzeigen erpietig) alſo beſchaffen angeſehen, das deſſen vnd anderer heylſamen ſachen beförderung E. F. G. praeſenz vnd
zwar Residenz in der Statt Oßnabrüch eine Zeit lang zu continuiren erfordert
vnd ſolches, wo bälder ie beßer, Alß habe E. F. G. beßfals meine einfeltigen
gedanchen, iedoch ohne vnterthänige maßgebung eröffnen wollen.

E. F. G. damit in ſchutz vnd ſchirm des Allerhöchſten empfehlend u. ſ. w.
Werden, 23. Aug. 1628.

E. F. G.
vnterthäniger
Johann grane von Tilly.“

Nro. XLII.

Ehemal. Domcapitel-Archiv zu Osnabrück.

Aus dem Schreiben Tillys an den Bischof Franz Wilhelm vom 24. Sept. 1628.

Der Bischof werde wohl bereits gehört haben, daß die zwei Compagnien abgeführt, ferner auch von Domcapitel, Kanzler und Räthen benachrichtigt sein — — „wie willig vnd ergiebig sich die gantze Statt Osnabrück in meiner Gegenwart sich zu deroselben alß ihrem Landtsfürsten vnd Hern getrewer denotion vnd gehorsamb nicht allein erklert vnd erpotten, sondern auch wie schmerz- vnd flehentlich sie mit Weib vnd Kindt ire hoch vbermeßige last vnd bedrengtnuß mir vorgetragen vnd umb ersprießliche erleichterung erleichterung angetragen haben. Also daß bey solchem zustande vnd beschaffenheit, vnd weil ich die angezogene große vnuermögenheit in persönlicher besichtigung selbst erfunden, nicht anderes tuhn khonnen, alß der sache durch abführung berührter 2 Compagnien in etwaß Rhats vnd mittel zu schaffen, wofern man sonnsten besagte bürgerschafft nicht gar zur desperation bringen vnd sammt weib vnd khindt dauon zu geben verursachen wolte, maßen sie sich dann außdrücklich vernemmen laßen, daß sie insgesambt mit iren armen weib vnd kleinen ohnmündigen kindern sich zu der Röm. K. Mayestät füßen werfen, vnd bey derselben vmb allergnedigste remedirung demütigst bitten wolten ꝛc."

Nro. XLIII.

Ehemal. Domcapitel-Archiv zu Osnabrück.

Aus einem Schreiben im kaiserl. Auftrage von dem Abte von Kremsmünster an den Kurfürsten von Bayern. 22. April 1629. (In Ziffern, jedoch aufgelöst.)

- — „Ew. Churfürstl. Durchl. — habe ich vmbstendiglich vorzutragen, wie daß Ihre Kays. May. nach eingeholtem genugsamem bericht von dero Generalfeldhaubtman dem Hertzogen zu Friedtlandt ꝛc. bedacht wehren mit dem König zu Dennemark sich zu vergleichen vnd durch mittell der vollkommenen restitution aller bißher von Ihrer Mayestät Volck occupirten seiner Fürstenthumb vnnd landen den von Jedermenniglichen so hoch desiderirten frieden zu einem endtlichen schluß vnd würcklichen effect zu bringen. Dan ob man woll in hofnung gestanden durch die angestellte friedenshandlung die von Ihrer Kays. Mayestät vorgeschlagene conditiones wo nit alle iedoch mehreren theils zu entheben vnd zu behaubten, dannenhero auch Ihre Kayserl. Mayestät die von Ihro hierzu Deputirte dahin instruirt vnnd befelch gehabt in bemelten friedenstractaten gradatim zu gehen, vnd endtlich den König wegen restitution Jütlandts dan auch letzlich wegen Schleßwig vnd Hollstein guette vertröstung zu machen, ia nach befindung der sachen in selche restitution zu bewilligen, So haben doch Ihre Kays. Mayestät anietzo von denienigen, welchen des Königes hoch tragender Geist auch eigensinniger vnnd wiederwerttiger humor bestens bekant, diese gewiße nachrichtung empfangen, daß nicht allein der König für sich selbst niemaln zum frieden genaigt gewesen, Er auch einig vnd allein auff bewegliches antreiben der Reichs Rhätt vnd Stenden der Cron Dennemarck zu dieser tractation disponirt vnd bewegt worden, sondern daß auch nichts gewißeres, alß daß vnder wehrender solcher tractation, ob Ihnen schon nach vnd nach etwas mehrers eingeraumbt werden mögte, Er die hofnung der vollkommenen restitution verliehren, seine gedancken vor dem schluß verändern, auch vngeachtet dessen so albereit verglichen wehre alles

umbstoßen, vnd durch die Ihme von Frankreich, Engellandt, Schweden vnd denen
Steuben gemachte so große speranza sich einbilden mochte nitt allain des verlustes,
schimpff vnd schadens so Ihme durch so viel Niderlagh beschehen, sich zu rechen,
sondern auch alle seine verlohrene Fürstenthumb v.nd lande durch gewaldt der wapffen
zu recuperiren, Inmaßen Er sich dan ohnlengst in schonen mit dem Schweden abbo-
chirt auch ehist wieder zusamen kommen. Vnderdeßen aber Ihme große Zusagung
beschehen sein f. lle, hingegen doch Ihme durch die Reichs Rats gleichsamb vnver-
muhtlich der volligen restitution halber sicherheit gemacht werden solte, daß Er alß-
dan ohne ferner nachbencken, auch ehe vnd zuuor dieienige, welche dieße hanblung
auff alle weiß vnd weeg zu verhindern gebencken auch sich darob eußerst brauchen,
einige nachrichtung hatten, sich zum frieden bequemben auch alles genehmb vnd ge-
fellig halten würden.

Wan dan Ihre Kayf. Mayeßtät in fleißiger obachtung der ietzigen Zeit vnnb
lenff, auch dißes guedigßt erwogen, daß villeicht Frankreich bey so starker Verfaßung
sich nit allain umb das Italienische wesen annehmmen, Sondern wol auch Ihrer
Kayf. May. eigenthümblichen landen, dem Elsaß oder der VnberPfaltz vnd andern des
Hail. Röm. Reichs Mittgliedern zusetzen möchte, überhaupt dasienige, so Er vermag, nit vnterlaßen werde, denen Hollendern, indeme sie sich durch den erlangeten
raub¹ auß Ibren nöhten gerißen, der muht vber die maßen gewachßen, die sachen
auff der spanischen seitten in Niederlandt sich zu zimblicher gefahr ansehen laßen,
der Schwedt dem König in Polen hefftig zusetzt, die Polen auch ohne starcken
teutschen succurs denselben sich zu opponiren nit bastant, auch woll zu besorgen,
daß der Schwedt auß antrieb der vbell intententionirten den fueß gar in schleßien
setzen, den Türcken vnb Bethlem mit inß spill bringen, durch dieselben die flammen
dieser vnruhe weiters außbraiten, vnd also auch diese vnd dergleichen diuersiones
vnd der annahenden gefahr vorzukommen Ihrer Kayf. May. woll letzlich necessi-
tiren möchte die zum Königreich Dennemarck gehörige lauben nit ohne schmelerung
der höchsten reputation zu erlaßen, dero Kriegesvolck zu verficherung deroselben
Königreich vnd landen abzuführen vnd ahn denen ortten, wo es die notturfft erfordert zu gebrauchen."

Es folgen die anderen Gründe. Mit der Kriegsflotte will es nicht. Die Länder
sind ausgezehrt. Wallenstein hat schon alle Truppen von der Insel Rügen zurücknehmen müssen u. s. w. Dann fährt das Schreiben fort:

„Alß erachten dießem nach Ihre Kayf. Mayeßtät viell beßer, nützer vnd thuulicher
zu sein anietzo mit gueter manier vnd reputation den frieden zu schließen, auch dero
Erbkönigreich vnd lande in eine rechte beßtenbige guete sicherheit zu setzen, alß der
antrehenden gefahr so allem ansehen vnd verlauff nach balde zu nemmen vnd größer
werden, alß sich in etwas lindern möchte, sich zu vnderwerffen vnd zu erwarten, daß
bey so wißenden mängeln vnd der darauß erfolgender impossibilität, wan hernach
die necessitet mehres stringiren solte, wie in dergleichen fellen woll öffter zu geschehen pfleget, sie alßdann ad iniquiores conditiones nctträngentlich condescendiren
mueßen, Vnd alfo Ihre Kayf. Mayeßtät vmb mehrerer sicherheit willen, auch zuuer-
hueten, daß sich die tractation nit zerschlage, vnd weil Sie ia erkennen, daß einmahl
derselben eilt vnd ende den Krieg lenger zu continuiren vnmöglich halten will, des
allergnedigßten vorhabens vnd willens deme König zu Dennemarck die vollkommene

---

¹ Die Wegnahme der spanischen Silberflotte durch Piet Hein.

restitution Jütlandt, Schleßwich vnd Hollstein auch die incorporirten Lande Stor-
marn vnd Dietmarschen, doch mit vorbehalt dero hochheit vnd lehensgerechtigkeit zu
bewilligen vnd also den gewünschten frieden dieses orttes zu schließen vnd zu stabi-
liren u. s. w."

Nro. XLIV.

Ehemal. Domcapitel-Archiv zu Oßnabrück.

Der Kurfürst Ferdinand von Köln an den Bischof Franz Wilhelm von Osnabrück, bei Uebersendung des Schreibens, Beilage XLIII. 18. Mai 1629. (Mit
in Ziffern.)

„Mein freundtlich dienst u. s. w.

Ich mag E. L. hiebey freundtlich nit verhalten, waß maßen mir vor wenigh tagen
von meines mit-Churfürsten zu Maintz L. communicirt wordenn, waß die Kayf. Mayestät
Vnlengst durch deroselben Abgesandten den Abten zu Krembß Münster wegen deren
mitt dem König in Dennemarck vorgehenden friedenshandlung bey meines Herrn
Brudern deß Churfürsten in Bayern Lbd für anbringens vnd werbung thuen laßen,
wie diesem beygefügt.

Nun ist meines Herrn Bruders Antwortliche erklerung in effectu vngefehr dahin
gegangen, daß zwarn S. L. dieß werck alß die sembtliche Vereinte Chur Fürsten vnd
Stende mit betreffend fast schwer vnd also sich absonderlich darüber zu erklehren be-
dencklich vorkommen, Weil aber höchstgt. Ihre Kayf. Mayestät dero guetachten auff
fürderlichst allergnedigst begert, vnd dabey daß summum periculum in mora
anndeutenn laßen, So wolten S. L. vnuorgreifflich darfürhalten, Wan J. K. M.
keine andere mittell vnd wegh allen denen in vorermelte Kayserlichen gesandten
von allen örttern hero sich erzeigenden seyendtlichen antringenden gefehrligkeiten vor-
zuekommen vnnd dieselbe zu steuern findenn, vnd erhebenn konten, daß alstan mit
dem König in Dennemarck solcher gestalt wie es Ihre K. May. guett befindenn, vnd
vor sich habenn getroffenn, vnd geschlossenn werdenn mögte, darbey doch Ihre Liebde
die erinnerungb gethann, daß der König vor sich seine Erbenn vnnd nachkommen,
auch die Stende nebens Ihme versprechenn vnd versichern solten, daß sie deß Reichs
feinden vnd wiecerwertigen Pfaltzgraff Friederichen oder seinen adhaerenten uf
keinerley weiß hilff oder assistenz leisten, noch auch in deß Reichs vnd sonderlich deß
Nider-Sächsischen Crayßes handell sich weiters einmischen wolten.

Mir aber gehet dieß in sich wichtigh werck nit allein fast schwehr, sondern auch
nit wenig nachdencklich zu gemüthe, vnnd zwarn, Sinthemahln man vorlengst Ihrer
Kayf. Mayestät auch von dero getrewenn Chur- vnd Fürsten vor augen gestelt worden, daß durch die obermessige auch vnnöthige armaturen daß Reich selbst consumirt
vnnd es endtlich zu den extremitaten kommen müße, daß man endtlich zu annem-
mung eines disreputirlichen auch noch woll vngewissen hochgefehrlichen fridens
necessitirt werdenn mögte, So ist zu beklagenn, daß solche getreue erinnerungb so
langsamb in achtung genommen, vnnd derselben Anderer, so mehrers uf Ihr privatum
dan deß Reichs wollfartt gesehenn, consilia vorgesetzt wordenn, So ist auch befremdt-
lich, Weilen man erst vor wenigh monatenn den Friedens tractat angefangenn, vnnd
demahln eben so woll alß jetzo gewiß do vermuthen oder wißen konnen, daß der kayf.
exercitus deren entts nitt lenger würde vnderhalten werden können, daß man demahln
den friden nit mehrers facilitirt. die conditiones so hoch gesetzt hat, vnd darvonn jetzo

vrplötzlich alß von einem Extremo aufß anber abſpringenn vnb barburch vngezweifelt dem König zu mehrer muetfaſſung vrſach vnb veranlaſſung geben thuet.

Vnb ſtehet hierbey auch zu conſideriren, daß ber König nit allein mit ſeiner eigenen lanbten reſtitution nit zufrieden ſein, ſonbernn auch anbere . vmbgelegene occupirte örter alß Mecklenburgh vnnb waß ſonſtenn in Pomern eingenommenn, beren nahen annerwanbtnuß gehabter correſpondentz vnnb ſituation halber nit leichtſamb außer bem tractat laßen würde. So würbt auch in achtung zu nemmen ſein, wan dem König ſeine Lanbten reſtituirt, vnnb beß vbrig bern enbts auch accomodirt, Waß alſtan Ihr Kayſerl. Mayeſtät mit bem exercitu fürzunemmen , vnb wohin benn-ſelben zu führen vorhabens vnb entſchloßen ſein, vnnb baß Reich nit etwa nach wie vor im laſt eingeſteckt bleiben möchte; voirab weilln ber vom Friebtlanbt immerzu mit fernerenn werbungen zunterfahren im werck, vnnb zu einer newen leib guardi Tauſenb zu roß vnnb vierhunbert zu fueß werbenn ließe.

Welche vnnb anbere mir zugefallene bebenckhen Ich hinwiber Chur-Maintz, Auch meines herrn Bruders Lbb. wollmeinenbt angefügt, auch E. L. hierbey im vertrawen nit verhalten mag.

Sunnſten wirt zu Brüſſell außgeben, daß man ſich vom König in Frankreich auch allerhanbt bem Reiche geſehrlicher molitionen vnnb diſſegni zu beſorgen habe, Selbiger König auch nebens bern bereit in hanben habenben anſehulichen Krieges-bereitſchafft zu Verdun vnb of ben grentzen auch noch ſtarck volck werben laßenn ſolle.

Vnb ich habe es E. L. anbeuttenn wollen, von beren ich auch gewertig ſein wölln, waß Ihro bei bieſem weit außſehenbem werch zu gemüht gehenn möchte. Vnnb ich verbleibe E. L. u. ſ. w.

Bonn, ten 13. Maji 1629.   Ferbinanb. M. p.“

Nro. XLV.

Man wolle tie Darſtellung bei Decken: Herzog Georg Bb. I, 278 ff. mit ben Belegſtücken vergleichen. Ich füge aus bem königlichen Archive zu Hannover die Aktenſtücke hinzu, welche Tilly perſönlich betreffen, ober mir überhaupt zur Auf-hellung ter Sachlage wichtig erſcheinen. Die Anklage iſt zu erſehen aus ber In-ſtruction für tie Geſanbtſchaft nach Wien vom 24. April 1629.

1) Daß Wir (Herzog F. U.) früher mit zuziehung bes Königs in Dennemark ein geheimes conſilium aufgeſtellt vnb vns barin obligat gemacht, ohne J. K. Würden vorwißen nichts ſo bem zumiber, vorzunehmen;

2) baß Wir bem Könige vermittelſt eines von vns ſubſcribirten vnb voll-zogenen Contractes gegen eine Competenz in Dennemark vnſere Lanbe cedirt vnb abgetretten, barburch wir crimen laeſae M. et feloniam begangen;

3) vnb ob Wir wol im Juli 1626 documenta paritionis eingeſchicket: ſo wäre eß bech kein rechter ernſt geweſen, hetten Rautenberg mit einer inſtruction an ben König in Dennemark abgefertiget, beß Inhaltes, baß wir vns nimmermehr von ben-ſelben abſonbern wollen. Was geſchehen, wehre auß Roht und Furcht geſchehen.

Nro. XLVI.

Königl. Archiv zu Hannover.

Herzog Chriſtian von Lüneburg-Celle om 15. März 1629 an Tilly.

- · — „Nuhn ſetzen wir in keinen Zweiffel, baß ber Herr General an ſolchem

onuerantworttlichen Handeln, welches dem genanten Accord vnd den wiederholten since-
rationen J. K. M. gantz zuwider, nicht allein einiges gefallen nicht haben, sonder
vilmehr dasselbe zum höchsten improbiren vnd daran seyn werden, das vber dasienige
waß dergestalt versprochen, auch fest vnd vnverbrüchlich gehalten werden möge. Hiernit
ersuchen wir den Hern General hochfleißig, er wolle den von Papenheimb von solchen
vnzulessigen handeln abmahnen, das Ihre Lender wider obgedachten Accord vnd kayserliche Versicherung vber dero miltes Erbieten fortan nicht mehr beschwert werden möge."

Nro. XLVII.

Königl. Archiv zu Hannover.

Tilly an den Herzog Christian von Lüneburg-Celle am 30. März 1629.

— — „Nuhn weiß ich hierüber wenig zu berichten, alß das von J. K. Mayestät,
m. a. H., zur Erkenntniß meiner gelaisteten trewen Dienste ein Gnaden-recompens
versprochen worden, wie vnd wan aber, oder durch waß vor mittel dasselbige geschehen mögte, weßen ich mich dißfals zu versehen hette, kan ich noch zur Zeit selbst
nicht wißen. Vmb so vil weiniger nachricht oder wißenschafft aber habe ich, waß der
General zeugmeister Her Graff zu Pappenheimb in diser sache practiciren oder zur
hand haben mögte, weillen ich auch ohne dieß mit derselben oder anderen Privat-
sachen mich wenig bekümmere, allso daß ich in warheit dißfals anderß nicht zu berichten, oder mich zu erklehren gewust, getröste aber zuuersichtlicher hofnung, E. F. G.
mich solcher erklehrung halber vnguetlich nicht verdencken werden. — —

Winsen an der Luhe, 30. Merz 1629.

Johann grave von Tilly."

Nro. XLVIII.

Königl. Archiv zu Hannover.

Bericht des Amtmanns Kahrstett (nicht Ruhrstette, wie Decken schreibt) zu Winsen
an der Luhe, an Herzog Christian zu Lüneburg-Celle, vom 17. Juni 1629. Decken:
Herzog Georg Bd. I, S. 392, Nro. 73 hat nicht das vollständige Schreiben, sondern
Anfang und Schluß fehlt. Es scheint mir besser das Schreiben vollständig zu geben.

P. P.

Das von E. F. G. mir vnlengst zugefertigte Creditiv-Schreiben habe dem
Hern rc. Tilly ich außgeantwortet, vnd alß mir darauff alsobald guetwillige Audienz
verstattet, die mir auffgetragene vnd anbefolhene werbung gebuerlich abgeleget, vnd
hat sich wolgemelter Herr General für beschehene begrüß- vnd nachfragung höchlich
bedanckt, vnd dabei erklehret: S. Excellenz hetten gar vngern vernohmmen, das der
Herr Grave von Papenheimb sich der Erledigung vnd wegführung des von Hertzog
Friedrich Ulrich zu B. u. L. F. G. verstrickten Dieners Osterwald vnternohmmen. Vnd
wie von der Churfürstl. Durchl. zu Bayern, also were auch von S. E. auff hochgemeltes
Hertzogs Friedrich Ulrich zu B. u. L. F. G. Ansuchen dem Hern Graffen von Papenheimb ernstlich commandirt vnd anbefolhen dem Hertzoge den gefangenen Dr. her-
wider zu restituiren. Vom Vebrigen vnd (hier beginnt der Abbruch bei Decken)
welchergestalt gegen mehrbochgedachten Hertzog F. U. F. G. von dem Hern Graffen
v. Papenheimb eine praetension erhoben, hetten Sie, wie Sie mit warheitt reden
könten, ehe vnd benor Sie iüngst bei des Hern General vnd Hertzoge zu Friedland

F. G. zu Gustrow angelangt, daß geringste nicht erfahren, besondern hette des Herzogs zu Frieblanb F. G. vnter anderen im discurs gesagt, es ist bey mir allhie der Graff von Papenheimb gewest vnb hat bericht, das sich der Herzog von Braunschweig in viel wege legen bie Kays. Mayestät verlauffen, wenn bem also, were er wol einer guten straff würbig. Alß nun Sr. Excellenz solches gar frembbt vorgekommen vnbt dagegen berichtt, Sie wolten nicht hoffen, hettens auch nicht erfahren, baß ber Herzog v. B. F. G. sich so böser sachen vnterstanben, vnb obwoll beym anfangt des Kriegswesens etwaß mit vntergelauffen seyn mögte, were boch ber Kays. Pardon Jhro F. G. durch Se. Excellenz versprochen, Sie hetten hiervon etwaß mehr nachricht vnb information begehrt, aber Jhro F. G. wehren auff einen anberen discurs gefallen. So hetten Jhro Excellenz bey Sr. F. G. Leutten bieser wegen erkunbigungen angestelt, aber auch bauon nichts in erfharung bringen können, biß Jhro Excellenz vom Kays. Hofe dero Agenten zugeschrieben, ber Herr Graff von Papenheimb were mit etlichen von bes Herzogs zu B. vnb L. F. G. malcontenten, bie er mit sich bahin geschleppt zu Wien (ba boch berselbe bey Jhro vmb Vrlaub, baß Sie auch ertheillet in Italiam zu reisen angehalten) angelangtt vnb sollicitire sachen, welche Jhrer Excellenz an bero Gnabensache behinderlich wehren. Darumb bau Jhre Excellenz solche beschaffenheit ber Churfürstl. Durchlaucht in Bayern mit ben Bmbstenben zu verstehen gegeben, bie auch mehrgemeltem Graffen von Papenheimb ernstlich befolhen, er solte sich solcher praetensiones zumahlen gegen einen so vornehmen Fürsten bes Reiches genzlich eußern vnb enthalten. (Hier enbigt ber Abbruck bei Decken.) Wobei es annoch bestünbe, vnb würbe man vernehmen, waß weiteres vorginge. E. F. G. aber solten gewis versichert seyn, bas in biesem auch allem anberen Jhr Excellenz so viel an ihr vnb in ihrem Vermuegen wehre, sich alles besienigen, so zu E. F. G. auch bero Lanbt vnb leute bestem gereichen können, getrewlich angelegen seyn laßen wollten.

Diesem negst wehre es an behme, bas bie Röm. Kays. Mayestät Jhro Excellenz zu einem Gnaben-Recompens 400,000 Rthlr. Allergnebigst vnb zwar an ben Anforberungen, so bie K. Würben zu Dennemarl, Norwegen rc. an bas Fürstenthumb Braunschweig gehabt vnb in ber friebenshanblung cedirt vnb barneber alle briefliche Vrkunben herauß zu liefern versprochen, assignirt, wolten berowegen nicht allain hoffen, besondern auch gepetten haben, E. F. G. würben vnb wolten wegen ber am Fürstenthumb Braunschweig habenben Anwarttung Jhro, bas Sie förberlist bamit zu gueter richtigkeit gelangten, nicht behinderlich seyn, sonberu vilmer gnebige hanbbietung tuhn. Se. Excellenz wolten solches auffs beste zu verschulben vnb erwibern Sich angelegen seyn laßen, babey schließlich Eurer F. G. ben gehorsambsten Dienst vnb alles guete zu vermelden Sie begert u. s. w.

Barthold Kahrstett."

Nro. XLIX.

Archiv ber Lanbschaft Calenberg zu Hannover. Lanbtags-Proposition vom 28. April 1628.

Zuerst spricht ber Herzog F. U. ben Lanbstäuben seinen Dank aus, baß sie sich so zahlreich eingefunben. Er erörtert ben Beginn bes Krieges, unb führt bann fort:

"Gleichwie aber S. F. G. Jhnen je vnbt allewege bey Jhrem Fürstlichen Thun vnbt Laßen, consiliis unb actionibus nichts höheres ober mehres angelegen sein laßen, alß bamit Sie einen rechtschaffenen eiffer gegen bas reine Wort Gottes biß

ın Ihr letztes führen, Gegen die Röm. Kayſ. Mayeſtät u. a. H. den ſchuldigen gehorſamb, aufrechter Lieb und Trew unausgeſetzt fortſetzen, gegen andere Churfürſten
und Stände des Reiches ſich aller vertrawlichen freundſchafft und correspondenz
befleißen, und damit Sie Ihre Landesvätterliche Liebe, genedige affection und gut-
thätigkeit gegen Ihre geſambte Unterthanen demonstriren könten, deshalb ſie an
den vorgeweſenen factionen jederzeit einen wahren abſchew getragen, Sich aller
fremdden handlungen durchauß entſchlagen, und deshalb, wie eifferig man auch in
Sie deswegen getrungen, nicht allein niemahlen theilhafftig machen wollen, Sondern
auch Ihre displicentz bey unterſchiedlichen gelegenheiten realiter bewieſen. Wie
ſolches die Trennung auf dem Eichsfelde ao 1621, dann an der Weſer 1622, und
was auf dem Kreistage zu Lüneburg ao 1623 geſchloſſen, der gantzen welt überflüſſig
vorſtellen wird, und hetten nun S. F. G. von hertzen gern ſehen und wünſchen
mögen, weil in ao 1624 der Creyß ſich alles zur defension vor dieſem geworfenen
volckes und ſo lange zeit mit des landes überauß großem beſchwer unterhaltenen
tripli triplicati hinwider abgethan, das es dabei unverenderlich verpleiben, und die
zuvorhin auf march und dein erſchöpfften Unterthanen einsmals zu beſſerer reſpiration
und wiedererholung gelangen mögten, Eß iſt aber layder darauf ao 1625 die be-
wußte armatur von der Königl. Würden zu Dennemarck zu hand genommen, ein
newer Creyßtag zu Lüneburg angeſtelt, und zugleich der weltkundige unglückſelige
conuentus zu Lauenburg gehalten, auch endlich auff dem Creyßtage zu Braunſchweig im Maio auff eine anderweite werbung geſchloßen worden. Dabey bezeugen
nun S. F. G. hiermit lauter und gegen den Allwißenden Gott, der ins Verborgene
ſiehet, Gegen der Kayſ. Mayeſtät und dem gantzen Reich, daß Sie es nicht anders
verſtanden, gewuſt, gemaint oder geglaubt, alß das ſolches alles bloß zu einer erlaubten defension des Creyßes, vermöge und nach anweiſung der executions Ordnung
angeſehen geweſen, Nimmermehr iſt aber derſelben jemahlen zu hertzen geſtiegen von
der allerunterthänigſten trew, ſchuldigſten gehorſamb und deuotion Gegen vor Aller-
höchſtged. Röm. Kayſ. Mayeſtät alß Ihren von Gott vorgeſetzten, ordentlich erwelten
und geſchwornen Kayſer und Oberhaupt ſo gar eines Fingers breit abzuweichen, Inmaßen Sie davon alſoforth zu Lauenburg öffentlich bedingt, auch deſſen, dafern es
nötig ſeyn ſolte, ein unzweiffelhafftes zeugniß von einem vornehmen fürſten jederzeit
haben und erlangen können.

Hierauff und alß S. F. G. hernacher vernommen, daß J. K. M. dieſe Kriegs
praeparaturen für verdechtig gehalten, die Stände des Creyßes mit Kayſ. ernſt davon
abgemahnt, eine ſtarcke verfaßung unter dem Generalat des Hertzogs zu Frieblant
F. G. auff die beine gebracht, und denſelben mit dem herrn General Graffen von
Tilly in den Kreyß zu rücken anbevohlen: So ſind Sie gar hoch beſtürtzt worden,
und darauff den König in Dennemarck auffs flehend- und beweglichſte erſucht und
gebetten Sich S. F. G. Lender zu enthalten, und dieſelben mit Durchzügen und
Einquartierung gentzlich zu verſchonen. S. F. G. haben auch zur abwendung aller
ferneren beſorgenden extremitaten alſofort die gütliche beſprechung zu Braunſchweig
im Auguſt und die reaſſumirung zu Gardeleben im September gantz inſtendig ur-
girt, Inſonderheit aber hernach zu Braunſchweig erinnert, gebetten und gefleht, man
wolle ſich accommodiren, friedfertige gedancken ergreifen, bey den mediis pacis
den bogen nicht überſpannen, die mühſame und koſtbare interposition bei den Herren
Churfürſten zu Sachſen und Brandenburg in gutem reſpect halten, das übrige ſo
ohne daß zu ſolchen tractaten nicht, ſondern an andere Orte gehörig, zu beſſerer

zeit ausstellen, und mit dem, was man zu genugsamer exonerirung des Craußes albereit in Henden, begnügen sein, daß aber dennoch dieses alles ohne fruchtbarlichen erfolg abgangen, S. F. G. selbst darunter nicht geschont, sondern dieselben unter allerhand praetext zur übernehmung einer raise an andere Oertter bewogen worden, biß es mit der Festung Wolfenbüttel solcher leutte unveranttwortlichem practiciren nach zu einem anderen stand gebracht werden können. Solches müßen S. F. G. Gott und der Zeit bevelhen, Und ist leider darauff erfolgt, waß sich dieselben und alle redlichen patrioten besorget, daß nemlich diese herrliche stattliche provinzien zu einem raub und einem sonderlichen trawrigen Schauspiel außgestellet worden, darauff nicht nur eine, sondern unterschiedliche Armeen mit fewer, schwert und allen anderen feint-seligen grausambkeiten unauffhörlich fast gegen drey Jahr über wider einander grassirt gehabt, welches dann keines großen außführens bedarf. Die blutweinend anzusehende betrübte occupirung der Stadt Münden, der ablauff der Stadt Göttingen und an andern Ortten steht am hellen Tage, und schreit noch diese stunde um Rache und Vermaledeiung wider alle diejenigen, so zum Teil solchen handel gefordert, fomentirt, und zu den extremis gerathen, leider auch die Braunschweiger pacifications hand-lung schwerer gemacht und endlich gar außgestoßen.

Und als nun folgends Allerh. Kayf. Mayestät das bekante ernste Avocatorium außgelaßen, So stellen S. F. G. der ganzen Welt zu erkennen anheimb, Ob Jhro nicht Jhrer Pflicht und gewissens halber gebürt, dieselbe auch in Kraft des groß-vätterlichen Testamentes in alle weg schuldig gewesen den rühmlichen Fußstapfen Jhrer hochrühmlichen Vorfahren zu inhaeriren, Jhrer Kayf. Mayestät getrew und holt zu sein, und zu verbleiben, dadurch Jhrer selbst eigenen Fürstl. statum zu estimiren, und Sich nebens Land und leutten in assecuration zu setzen, auch andere weit-reichende ungelegenheit so viel möglich zu verhüten, und abzuwenden. Zu deßen mehrer bevestigung S. F. G. mit dem Herrn General Graffen von Tilly auf mit-einrathen des hochw. hochgeb. Fürsten und Herrn Herzog Christian u. s. w. gewisse accordaten getroffen, und in specie eine solche versicherung gemacht worden, daß S. F. G. an Dero Land und leutten, Graff- und Herrschafften auffs geringste nicht gefehrdet werden sollen, welches alles die Röm. Kayf. Mayestät Agbst. acceptirt und angenommen, auch ratificirt, und das Jhr darin zu höchst wolgefälligem contento und satisfaction geschehen, nicht allein gegen S. F. G. selbst, sondern auch den Herzog zu Lüneburg F. G. bezeugt, mit der angehengten allergnedb. Versicherung des Kayf. Wortes, das S. F. G. sambt dero Landstenden bey Jhren Rechten, Gerechtig-keiten, Freiheiten, Immunitäten, und insonderheit bem so hoch bethewerten Religions-und Profanfrieden mechtig geschützt, und dawider im geringsten nicht betrübt, be-leidigt oder beeintrechtigt werden sollten, darauff man sich gewis und sicherlich zu verlaßen hette, Wie denn Jhro Kayf. Mayestät noch lange zeit hernach unter dato den 29. November ao 1626 an vorgedachten Herrn Herzog Christian u. s. w. und Herrn General Gr. v. Tilly unter anderen auch dies Allergnedigst gelangen laßen, daß dieselben des Herzogs Friedrich Ulrich F. G. zu einer allgemein nützlichen consequenz sehr dienliches exempel für benachbarte Fürsten des niedersächsischen Craußes vor augen stellen, und denselben benebens J. Mayestät friedfertige intention, consilia und actiones insonderheit und zu allem überfluß zu gemüth führen, auch Sie darauff in J. Mayestät nahmen und von Jhretwegen dahin allermeist versichern solten, das Sie als Röm. Kayser und Vater des Vaterlandes deutscher Nation Niemand wer der auch sei, wider des heil. Reiches privilegia, Satz- und Ordnungen, insonderheit des hochbethewerten Religions- und Profanfriedens beschweren zu laßen, niemahln gesonnen gewesen, weniger Ihren Generalen wider die libertät das geringste für-zunehmen zugeben oder gestatten wollen, wann sich nur ein jeder selbst bei zeiten einer schuldigkeit erinnere, fremder hendel entschlagen, und seinen gehorsamb durch real demonstration obangedeutetem löblichem exempel nach bezeugen, und mit dem werdh zu erkennen geben würde, Ingleichen haben I. Kayl. Mayestät etliche vornehme Stende in und außerhalb des Crayßes von dato Wien 23. November ann. ejd. S. F. G. zu rühmlicher nachfolge und real parition hingestellt, denselben auch auf solchen fall nochmals Ihres Kayl. genedigen, mechtigen schutzes und protection ver-gewißert, wie solche schreibe sambt und sonders in dem archivis des einen oder des anderen oder auch in gemeinem offenen truck vorhanden sein. Dem haben uns S. F. G. nicht unbillig getrawet, trawen demselben auch nochmals, und wißen I. Kayl. Mayestät eines solchen tapferen, heroischen, gerechten gemuetes, daß Sie nicht den geringsten buchstaben Ihres Kayl. wortes einigen anstoß leiden laßen werden. Gleichwie denn nun auf dies unbewegliche fundament S. F. G. sich des verhofften effectes ganz versichert halten, und Ihrer lieben Unterthanen Totalbewährung gleich-samb in Ihren handen zu haben umb so viel unzweiffelhaffter vermeinen, weil Sie sich umb I. K. Mayestät willen keine Gefahr, ungemach, widerwertigkeit und ver-folgung besorgen, oder sich ichtwas von solcher teutscher fürstlichen intention abwentig machen laßen, sondern alles mit christlicher gedult überwinden: So müßen dieselben abermals mit höchster betrübnis vernehmen, daß die Statt Northeim in ihrer unfueg-samen widerwertigkeit halsstarriger weise continuirt" u. s. w.

Nro. L.

Königl. Archiv zu Hannover.
Tilly an den Kaiser Ferdinand II., aus Stade 17. Mai 1629.

P. P.

E. Kayl. Mayestät vom 24. Märtz jüngsthin wegen abführung der Garnisen auß der Bestung Wolfenbüttel hat der hochg. Fürst Friedrich Ulrich, Herzog zu B. v. L. mir dieser tage durch eigene schickung einliefern, und neben berürter ganz instendig gesuechter Abführung, dazu ich, in mangel anderer Quartiere, wie gern ich auch immer wolte und solte, auff fleißiges Umbsuchen nicht gelangen kann, deren-wegen mich Allergnedigst für entschuldigt zu nemmen, allerunterthenigst bittend, in-sonderheit bey mir anhalten laßen, alldieweil in denienigen zwischen S. F. G. und mir vor diesem getroffenen Akkorraten, auch darauff erfolgter Kayl. ratificationes salveguardien und protectoriis außdrücklich versehen, das S. F. G. an deroselben Lande und leute, Graff und Herschafften, recht und Gerechtigkeiten der geringste ein griff nicht geschehen solte, daß S. F. G. das sichere vertrawen zu mir trügen, wolten auch darumb gebetten haben, an E. K. M. sie dahin allerunterthenigst in schrifften zu reccommandiren, damit S. F. G. bey Kayserlicher hult und Gnade erhalten und krafft angezogener Akkorraten nicht nachgegeben, noch zugelaßen werde, daß Ihre ein Lant nach dem anderen, wie sie albereits in der That schmertzlich empfinden, entzogen werde. Ob ich nun woll auser allem zweiffel setze, E. K. Mayestät werden höchstger. S. F. G. in solichem ihrem höchst angelegenen suechen, auch ohne diese meine gehorsambste Vorbitte, Allergnedigst zu Gratificiren geneigt seyn: dieweil aber iedoch S. F. G. in dieser meiner geringfuegigen intercession ein sonderbahres steiffes

Vertrawen gesezet: so habe ich dieselbe zu ertheilen vmb so viel weniger bedenckhen getragen, weill Ihro Kayf. Mayeſtät Milde, Clemenz vnd Allergnebigſte affection gegen mehr hochgenante S. F. G. ich auß höchſt ermeltem an mich ergangenen Kayf. reſcripte zu ſattem genuegen vernommen, darin Sie Se. F. G. für einen gehorſamben denoten vnd beſtendigen Fürſten Allergnebigſt erkennen, wie benn ſolche Er. F. G. Kayſerliche trew vnd ſidelitet ſich biß hieher in der taht bermaßen ſehen vnd pruefen laßen, das S. F. G. waß Sie an Landt vnd leutten gehabt, bey Er. K. M. vndt deren Armada trewhertzig auffgeſetzet vnd mitgetaylet, alſo das woll zu glauben, S. F. G. die conservation Ihres fürſtl. Standes nunmehr, da der ietzigen klagenden beſchwehrung das ſuechende Kayſerliche remedium nicht gedeilich wiberfahren ſolte, inmaßen Sie bey mir gantz betawerlich erwehnen laßen, zumahlen ſchwer fallen tuhe: Gelangt demnach an E. Kayf. Mayeſtät meine alleruntertheniigſte vnd hochfleißigſte Bitte: Sie geruhen oftgedachte S. F. G. krafft obangezogener beſtetigter Akkorbaten der klagenden hohen beſchwehrungen Allergnebigſt wiberumb zu entheben, bamit ſie ſich ihrer bißhero in der Taht erzaygten beſtendigen devotion vnd dieſer meiner wollmeinlichen allervntertheniigſten Fürbitte fruchtbarlichen Genuß empfunden zu haben, erfrewen mögen.

Solliches wirdt S. F. G. in ihrer getrewweſten ſidelität hoch animiren vnd beſtetigen, vnd bin eß vmb Kayf. Mayeſtet ich meines Ortes auffs höchſte vnd eußeriſte zu verdienen zeitlebens willig vnd beraith u. ſ. w.

Johann graue von Tilly."

Nro. LI.

Archiv der Landſchaft Calenberg zu Hannover. Aus einem Schreiben der Landſtände an den Herzog vom 22. December 1628.

„Ja E. F. Gnaden müeßen wir das warhaffte vntertheniige gezeugnuß vnd rhum geben, das Sie zu einem enbt (bem Frieden) vnd wirklicher durchbringung eines ſo fürſtlichen vnd chriſtlichen intents nicht allein alle ihre gebanckhen bargeſtreckt, ſonbern auch an großen Speeßen vnd werbungen auß der fürſtlichen Cammer vnd Embtern ſo gar nichts ermangeln laßen, das Sie auch ſelbſt an fürſtlicher competenz vnd gebührendem nothwendigem Vnberhalt faſt mangel leiben vnd ſich hierüber in einen beſchwerlichen ſtanbt ſetzen müeßen."

Lightning Source UK Ltd.
Milton Keynes UK
UKHW021151050119
334854UK00008B/1403/P